현대 사회과 교육학·
사회과 교육론 신강

이 / 론 / 과 / 실 / 제

내일을여는지식 교육 19

현대 사회과 교육학·
사회과 교육론 신강

이 / 론 / 과 / 실 / 제

박은종 지음

KSI 한국학술정보㈜

온 누리의 지구촌 사람들이 희구(希求)하던 대망의 새천년이 밝은 지도 어느 덧 10년 가까이 되었다. 급격한 사회변동 속에서 오늘날 우리가 함께 사는 현대사회를 지식기반사회, 지식정보화 사회, 세계화·정보화 사회 내지 시대라고 일컫는다. 지식과 정보가 가히 폭발적으로 증가하며, 제반 사회 사상(社會 事象)의 모습이 역동적으로 변화하는 사회와 시대를 의미하는 것이다. 이러한 변화무쌍한 사회를 앞장서서 이끄는 견인차가 곧 교육이다. 교육을 인간의 바람직한 변화와 성장을 유도하는 계획적이고도 의도적인 활동이라고 정의할 때, 이 시대 진정한 교육은 그야말로 시대를 비추어 보는 거울이며, 사회를 담는 그릇의 역할을 한다. 동시대를 사는 우리는 동서고금을 통하여 모든 국가와 위정자가 교육을 국가백년지대계로 중시하는 이유도 음미해 보아야 한다.

사회과는 한편으로는 아주 매력적이면서도, 다른 한편으로는 골치 아픈 교과이다. 다양한 사회 현상을 대상으로 하며 이론과 실제의 연계를 지향하기 때문이다. 필자는 그동안 다년간 일선 학교 교사로서 직접 사회과를 지도하여 왔고, 교육청의 장학사와 교육연수원의 교육연구사로 사회과 교과교육 행정과 연구에 진력하여 왔으며, 여러 해 동안 몇 개 대학교와 여러 연수원에서 사회과 교육 강의를 담당하여 왔다. 그리고 몇 개의 연구소에서 연구원으로 사회과 교육 연구를 수행해 왔다. 현장 사회과 교육 실행 및 담당과 교육 행정, 교육 연구, 교수와 강의 등을 두루 섭렵해 왔다. 오랫동안 사회과 교육과 관련된 일을 담당해 왔다. 따라서 학교 현장의 사회과 교육의 실제와 교육 행정적·재정적 지원과 정책, 사회과 교육 연구의 실제와 동향, 그리고 사회과 교사 임용시험 관련 내용, 사회과 교육과정과 교수법을 비롯한 사회과 교과교육학 전반의 발전적 방향에 대해서 고뇌와 숙고를 거듭해 왔다. 이와 같은 이론적 기저와 실제적 내용을 종합하여 현장 사회과 교육에 도움을 주고자 본서를 집필하게 되었다.

본서는 사회과 교육학과 사회과 교육론을 기반으로 사회과 교육과정의 이해, 사회과 교수법 탐구를 도모하기 위한 개론서이다. 따라서, 교과로서의 사회과에 대한 학문적 본질과 특성을 규명하고, 이를 바탕으로 사회과 교육의 나침반이자 이정표인 사회과 교육과정 및 수업에 대한 이론과 실제를 고찰해 보고자 하였다.

본질 교과로서의 사회과(社會科)의 궁극적 목적은 민주시민의 자질 육성이다. 아울러 사회 사상(社會 事象)의 참모습인 사회현상을 올바르게 인식하고, 사회적 지식 습득과 함께 건전하고도 원만한 사회생활 영위에 필요한 기능을 익히며, 민주사회 구성원들에게 요청되는 바람직한 가치와 태도를 지님으로써 민주시민적 자질, 세계시민적 소양을 함양시키는데 교과교육의 초점을 두고 있다.

이와 같은 교육과정과 사회과의 개념 정의를 바탕으로 하면, 사회과 교육과정은 사회과 교육이 학교 현장에서 바람직하고도 적절하게 전개, 적용될 수 있도록 계획된 총체적 프로그램이라고 할 수 있다. 그런 의미에서 본다면 사회과 교육과정은 사회과 교육의 성패를 가름하는 중차대한 요소인 것이다. 특히, 사회과가 역동적이고도 동태적인 사회 사상을 대상으로 한다는 점을 전제하면 사회과 교육과정의 중요성은 아무리 강조해도 지나치지 않은 것이다.

사실, 해방과 함께 미국에서 도입된 한국의 사회과 교육과정은 교수요목기에서부터 '2007년 개정 교육과정'기에 이르기까지 그동안 아홉 차례의 제정·개정이 있었다. 이제 갑년(甲年)을 넘긴 한국 사회과가 정체성을 갖고 바로 서기 위해서는 우리 현실에 적합한 사회과 교육과정이 주춧돌로 떠받쳐야 한다는 점은 재론(再論)의 여지가 없는 것이다. 그동안 우리나라 사회과에 미친 미국의 사회과 및 사회과 교육과정, 일본의 사회과 및 사회과 교육과정을 전면적으로 부정할 수는 없지만, 이제 한국 사회과와 사회과 교육과정의 정체성(正體性) 확립은 이 시대 우리에게 부여된 소명인 것이다.

본서 출간은 이와 같은 한국 사회과의 정체성 확립이라는 점을 전제하고 출발하였다. 따라서 한국의 사회과 교육과 사회과 교육과정, 그리고 바람직한 사회과 교수·학습 방법 탐구에 초점을 맞추었다.

따라서 본서는 사회과 교육학과 사회과 교육과정의 사회과 교수·학습(교수법과 수업 등)의 기초와 본질, 핵심적 내용, 실천적 방법, 발전적 대안 등에 초점을 맞추어 집필하였다.

본서는 총 13부로 구성되어 있다. 제1부는 사회과 교육의 개관, 제2부는 사회과 교육과 사회과 교육과정의 발달, 제3부는 사회과 교육과 사회과 내용학: 사회과학, 제4부는 사회과 교육의 목적과 목표, 제5부는 사회과 교육과정의 체제, 제5부는 사회과 교육과정, 제6부는 외국의 사회과 교육과정 탐색, 제7부는 사회과 교육과정 내용, 제8부는 사회과 교수·학습안과 수업 분석, 제9부는 사회과 교과서와 교수 학습 자료, 제10부는 사회과 수업 모형과 학습 방법, 제11부는 사회과 교육의 평가, 제12부는 사회과 교육 연구, 제13부는 사회과 교육과 사회과 교사: 교사 전문성 등으로 구성되어 있다. 각 부별 내용은 일선 현장에서 두루 활용할 수 있도록 이론과 실제를 연계하고자 노력하였다.

처음 집필에 들어갈 때에는 옥고로 훌륭한 책을 펴내겠다고 야심차게 출발하였으나, 탈고하고 보니, 여러 가지 제약으로 만족할 만한 성과를 거두지 못한 것 같아 못내 아쉽기만 하다. 다만 본서가 사회과의 예비 교사인 교육대학교, 사범대학 학생들과 현직 교사인 초·중·고교 사회과 교사, 사회과 전공 교육전문직, 사회과 교육학자들이 두루 활용하며, 교수·학습 지도, 장학 행정, 연구 활동 등에 참고가 되었으면 하는 작은 소망을 갖고 있다. 아울러 앞으로 사회과 교육과정에 대한 다양한 연구를 위한 안내서·이정표가 되기를 기대하는 바이다. 특히, 사회과 교사 임용시험을 준비 중인 교육대학교, 사범대학, (교육)대학원 사회(과) 교육과 학(원)생들에게 실질적인 도움이 되기를 기대한다.

사회과 교육학은 사회과 교육에 대한 학문적·이론적·실제적인 정체성 확립에의 접근이다. 즉, 사회과 교육학은 사회과 교육에 대한 학문적·이론적 정선이며, 나아가 현장 사회과 교육의 실천적 적용과 밀접하게 관련되어 있다. 사회과 교육과정의 개선 없이 사회과 교육의 혁신은 공염불에 불과하다는 점을 전제하면, 사회과 교육과정은 사회 현실을 바탕으로 계속적으로 일신우일신(日新又日新)해야 할 것이다. 그러한 사회과 교육과정 개선, 사회과 교육의 혁신적 선구자적 역할을 일선 학교 사회과 교사, 사회과 교육전문가, 사회과 교육학자들이 앞장서서 담당해야 할 것이다. 모든 교과가 마찬가지지만, 일선 학교 교과교육 현장의 개선을 간과한 교육 개혁, 교과 혁신이란 탁상공론(卓上空論)에 불과하듯이, 교사와 학생들의 역동적인 상호 작용을 강조하는 사회과 교육의 바람직한 변화와 발전은 일선 초·중·고등학교의 사회과 교수·학습 개선에서부터 비롯되어야 하는 것이다.

본서를 세상에 내놓으면서 감사를 드려야 할 분들의 고마움을 다시 한 번 가슴 속에 되새기고 있다. 우선, 필자를 부단한 사랑으로 이끌어 주시고 학문적으로 지원해 주시는 공주대학교 사범대학 김병무 전 학장님, 일반사회교육과의 정종호 교수님, 김덕수 교수님, 임경수 교수님, 그리고 현승숙

조교님 등 여러분께 감사드린다. 또한, 필자를 사회과 교육 연구의 길로 이끌어 주시고 늘 격려와 용기를 북돋워 주시는 이종문 교수님(전 진주교대), 강상철 교수님(전 충남대), 권오정 교수님(일본 류오코우대),권낙원 교수님(한국교원대), 서재천 교수님(공주교대), 김언주 교수님(충남대), 김정겸 교수님(충남대) 등에게도 심심한 사의를 드리는 바이다. 그분들의 보살핌이 필자의 학문적·인격적 성장에 큰 자양분이 되고 있어 늘 고맙고도 행복하면서도 송구스럽다.

그리고 사랑스러운 제자인 공주대학교 사범대학 일반사회교육과, 역사교육과, 지리교육과 학생들에게도 고마운 마음을 전한다. 또한 영원한 동반자이자 건설적 비판자인 박명배 선생님(서울 자양초), 신현영 선생님(경기 포천초), 오정학 선생님(충남 대천여고), 명재덕 선생님(대전 동대전고), 신현복 선생님(충남 당진정보고), 차성우 선생님(충남 주산산업고), 김명순 선생님(천안 성거초), 김완선 선생님(아산 금곡초), 이종숙 선생님(공주 신관초) 등 여러 선생님께도 감사의 말씀을 드리는 바이다. 아울러 늘 가녀린 마음으로 기도하면서 인고의 기다림으로 필자를 성원해 주시는 사랑하는 가족들에게도 충심으로 감사를 드린다.

끝으로, 최근 출판 시장의 여러 가지 어려움을 무릅쓰고 본서를 출판하여 세상에 빛을 보게 해 주시고, 늘 필자에게 연구 의욕을 북돋워 주시는 한국학술정보(주)의 채종준 사장님과 편집과 표지를 담당하여 좋은 책으로 꾸며 준 출판기획부의 임은정·곽유정·박재규 선생님 등에게도 심심한 사의를 표하는 바이다. 모든 분들에게 앞으로 더욱 열심히 노력할 것을 약속드리며, 거듭 감사의 말씀을 드리는 바이다. 충심으로 모든 분들에게 고마운 인사를 드리며 더욱 학문 탐구에 정진하려고 다짐한다.

2009년 신춘(新春)에
천년 공산성과 유유히 흐르는 금강물이 바라보이는 연구실에서
박은종

목차(Contents)

제  부

◀◀ 사회과 교육의 개관 ▶▶

[Key Point]
　제1부에서는 사회과와 사회과교육의 개념과 정의, 그리고 사회과 교육의 특징과 모형, 유형 등을 중심으로 사회과 교육과 사회과 교육학의 전체적 특성을 개관한다. 아울러 사회과 교육의 경향과 동향 등 새로운 흐름(Trend)에 대해서 학습한다. 나아가 세계화 시대, 지식정보화 시대의 사회과 교육의 소명과 사명에 대하여 깊은 성찰(省察)을 모색한다.

제1부 학습의 개관 : 사회과 교육의 개관

<table>
<tr><td>학습 개요</td></tr>
</table>

○ 사회과와 사회과 교육의 특징과 성격
○ 사회과와 사회과 교육의 개념, 본질, 정의, 의미 탐구
○ 사회과 교육의 모형과 유형의 이해
○ 시민성 전수 모형, 사회과학 모형, 반성적 탐구 모형
○ 개인 발달 모형, 합리적 의사 결정 모형, 사회 비판 모형
○ 사회과(사회과 교육)의 유사 용어
○ 사회과 교육의 트렌드(Trend) 탐구

<table>
<tr><td>학습 목표</td></tr>
</table>

○ 사회과, 사회과 교육을 개관하고 이해한다.
○ 사회과 교육의 특징과 특성 및 성격 등을 이해한다.
○ 사회과 교육의 개념, 정의, 의미 등을 두루 이해한다.
○ 사회과 교육의 모형과 유형을 이해한다.
○ 사회과 및 사회과 교육의 유사 용어의 의미를 파악한다.
○ 사회과 교육의 최근 트렌드(Trend)를 이해하고 조망(眺望)한다.

<table>
<tr><td>핵심 개념 및 키워드</td></tr>
</table>

○ 사회과(사회과 교육)의 특징, 사회과(사회과 교육)의 성격
○ 사회과(사회과 교육)의 개념, 본질, 정의, 의미
○ 사회과 교육의 모형과 유형
○ 시민성 전수 모형, 사회과학 모형, 반성적 탐구 모형
○ 개인 발달 모형, 합리적 의사 결정 모형, 사회 비판 모형
○ 사회과(사회과 교육)의 유사 용어
○ 사회과 교육의 트렌드(Trend)

■제1장■ 사회과 교육의 개념과 정의

1. 사회과 교육의 개념

일반적으로 사회과는 인간의 사회생활과 사회현상을 대상으로 하며 이를 탐구하는 교과이다. 그러므로 사회 사상(社會 事象)을 탐구하는 사회과는 가장 본질적인 교과이다. 사회과는 인간의 삶과 사회현상에 바탕을 준 교과이다. 즉 바람직한 사회 인식을 통한 민주시민의 자질 함양을 목적으로 하는 사회과는 그 내용이 매우 다양하고 복잡하다. 전통적으로 사회과는 국민에게 시민으로서의 자질을 교육하기 위한 학교의 교과목이다. 그리고 이러한 교과목을 학생들에게 교수ㆍ학습하는 것이 사회과 교육이다. 즉 사회과 교육은 사회과에 관한 교수ㆍ학습이다. 따라서 때로는 사회과와 사회과 교육은 공통적인 의미로 사용되기도 한다. 사회과 자체가 사회과 교육이라는 교육 활동을 의미하기 때문이다. 물론 사회과는 사회 탐구와 가치 탐구를 사회현상 탐구의 이대(二大) 축(軸)으로 삼는다.

사회과는 국민공통기본교육과정의 10개 교과 중의 하나로 중요한 본질 교과이다. 그리고 여러 교과 중에서 가장 핵심적인 교과이다. 일반적으로 사회과는 '광의의 사회과학, 즉 정치학, 경제학, 법학, 사회학, 문화인류학, 윤리학, 역사학, 지리학 등을 어떠한 교육 목적하에 학교에서 가르치는 교과'라고 할 수 있다. 사회과학은 사회과학자들에 의해 수행되는 인간관계에 대한 고차적인 연구이다. 사회과학자들은 인간과 인간관계에 관한 지식, 인간과 환경에 관한 지식을 설명, 발견, 탐구하려고 한다. 그러므로 사회과는 학교 교육과정의 한 교과로서 사회과학의 내용과 연구 결과, 연구 방법을 교육목표에 맞추어 단순화하고 재조직한 것이다. 따라서 사회과는 인간의 생활양식, 기본적 요구 등을 충족시켜 가는 활동, 인간이 개발한 제도에 대해 이해시키는 교과, 나아가 인간과 인간, 인간과 사회의 사회적ㆍ물리적 관계에 주된 관심을 갖는 교과이다(강환국, 2005: 11).

사회과는 사회적 사실과 사회현상에 관한 지식을 발견하고 적용하는데 필요한 사고력과 판단력을 강조하는 교과이다(이종일 외, 2008: 366). 따라서 사회과는 논리적 사고력을 비롯하여 비판적 사고력, 창조적 사고력, 가치판단력, 의사 결정력 등 고급 사고력(high level thinking)을 신장시킬 수 있는 교수ㆍ학습을 지향하여야 한다.

물론 교과교육으로서의 사회과와 유사한 개념으로서 사회교육, 역사교육, 지리교육, 사회과학 등의 개념이 있는데, 이들은 사회과와 동일한 의미는 아니다. 사회과는 어디까지나 학교의 교육적인 교과목이므로 사회과학적인 지식이나 법칙을 독창적으로 발견하려는 것보다는 사회현상에 관한 지식을 생활과 관련해서 학생들이 이해할 수 있도록 하는 교육적인 측면이 중요한 것이다. 이는 사회과 내지 사회과 교육이 암기, 주입식 위주보다는 탐구, 활동 중심으로 진행되어야 하는 이유이기도 하다.

한국의 사회과 교육은 초기에 다분히 미국의 사회과 교육을 도입, 그대로 수용ㆍ답습하였기 때문에 미국의 사회과 교육과 체제와 내용 등이 매우 유사하다. 미국에서 사회과 교육을 전공한 차경수 교수는 사회과 교육을 "사회생활에 관한 인간관계를 중심으로 여러 가지 사회문제를 학생들의 요구에 의하여 학습하고 이를 통하여 사회생활에 필요한 지식, 기능, 가치ㆍ태도 등을 형성하여 국민으로서 필요한 자질을 교육하는 교과목이다.”라고 규정하고 있다(차경수, 2008: 18).

한편, 한면희 교수는 사회과 교육을 “학생들에게 민주시민의 자질을 길러 주기 위하여 문화유산과 사회과학을 비롯한 인문 및 자연 분야로부터 선정한 지식, 기능, 가치·태도 등의 내용을 학생들의 사회 문화적 경험을 통합하여 학습하게 하는 교과이다.”라고 정의하고 있다(한면희, 2004: 42). 전숙자 교수는 사회과를 “인간과 사회에 관한 총체적인 현상을 다루는 교과로 사회과학과 인문과학의 기본 원리나 지식·법칙을 발견하는 것보다 시민적 자질 함양과 실생활 연관 및 사회참여의 교육적 측면을 강조하는 교과이다.”라고 개념 정의를 하고 있다(전숙자, 2008: 14). 박상준 교수는 사회과를 “사회과학과 인문학에서 선택·추출된 지식의 구조, 보편적인 가치와 태도를 종합하여 민주적 시민성을 육성하는 교과교육이다.”라고 정의하고 있다(박상준, 2008: 20). 박은종 교수는 사회과를 “사회현상을 올바르게 인식하고 사회적 지식과 함께 건전하고도 원만한 사회생활 영위에 필요한 기능을 익히며, 민주사회 구성원들에게 요청되는 바람직한 가치와 태도를 지님으로써 민주시민적 자질, 세계시민적 소양을 육성하는 교과이다.”라고 정의하였다(박은종, 2008: 5).

한편, 현행 2009 개정 사회과 교육과정에서는 사회과를 “사회현상을 올바르게 인식하고 사회지식 습득과 사회생활에 필요한 기능을 익히며 민주사회 구성원들에게 요청되는 가치와 태도를 지님으로써 민주시민으로서의 자질을 육성하는 교과이다.”라고 규정하고, 세부적으로 사회과에서 기르고자 하는 민주시민을 “사회생활을 영위하는데 필요한 지식을 가지고, 인권 존중, 관용과 타협의 정신, 사회정의의 실현, 공동체 의식, 참여와 책임 의식 등의 민주적 가치를 해결하는 능력을 기름으로써 개인의 발전은 물론 국가, 사회, 인류의 발전에 기여할 수 있는 자질을 갖춘 사람이다.”라고 제시하고 있다(교육과학기술부, 2008a: 306－308).

아울러 ‘2009 개정 사회과 교육과정’에서는 사회과를 “지리, 역사 및 제 사회과학의 개념과 원리, 사회제도와 기능, 사회문제와 가치, 그리고 연구 방법과 절차에 관한 요소를 통합적으로 선정, 조직하여 사회현상을 종합적으로 이해한다. 나아가 우리 삶의 터전인 국토의 이해를 바탕으로 우리 민족의 역사와 활동에 대한 종합적인 파악과 현실에 대한 역사적인 시각에서의 이해 및 한국인으로서의 정체성과 세계시민으로서의 가치, 태도 등에 관한 요소를 중시한다.”고 규정하고 있다(교육인적자원부, 2008: 2－4).

사회과의 궁극적인 목표인 시민성 양성의 내용과 교육 방법에 대해서는 보는 관점과 시각에 따라 다양하지만 사회과 교육은 시민성(citizenship) 육성을 본질적인 목표로 한다는 점에서는 이론의 여지가 없을 것이다. 방법은 다양하지만 지향점은 간결하고 분명한 것이다.

사회과 교육과정은 이와 같은 시민성 육성을 위한 사회과학과 인문과학에서 추출된 지식의 구조를 중심으로 구성해야 한다는 점에서 사회과의 본질은 ‘시민성 육성’이라는 점에 초점을 맞추어야 한다. 다만 이와 같은 시민성은 매우 추상적이라는 점이 쟁점이며, 실제 시민성의 내용과 교육 방법은 매우 다양하다는 점에 유념할 필요가 있다.

현행 초·중·고교에 적용 중인 교육과정은 국민공통기본교육과정과 선택 중심 교육과정으로 구분된다. 국민공통기본교육과정은 제10학년제로 초등학교 제1학년에서 고등학교 제1학년까지 이수하는 교육과정으로, 그 교과는 국어, 도덕, 사회, 수학, 과학, 실과(기술가정), 체육, 음악, 미술, 외국어(영어) 등 10개 교과이다. 즉, 사회과는 국민공통기본교과 중의 하나로 다양한 사회과학을 교과의 내용으로 하는데 그 개념은 다양하게 정의할 수 있다(한면희 외, 1998: 13-18).

『교육학 대사전』에 따르면, "사회과 교육이란, 사회과학적 내용을 통하여 사회의 유능한 시민을 양성하기 위하여 탄생한 교과이다."라고 개념 정의를 하고 있다. 이 정의는 사회과를 바람직한 시민 양성이라고 보는 견해와 사회과학과 동일한 의미로 보는 견해, 그리고 이 양자(兩者)를 고려하여 사회과학을 통한 시민 육성이라는 관점으로 구분하여 논의를 전개할 수 있음을 시사하고 있다(한면희 외, 1998: 13-18).

일찍이 1916년 미국에서 탄생된 사회과는 시민 보통 교육과 더불어 발달한 진보주의 교육의 시민 정신 함양을 주로 담당하였다. 진보주의 교육의 시민 정신 함양, 시민교육을 담당한 사회과 교육은 실용성에 중점을 두고 교육받은 생활인 양성에 주력하였다. 이때의 사회과는 전통적인 교과교육 방식을 취함으로써 지리, 역사, 공민 등에 대한 체계적인 지식을 생활 준비의 수단으로 전수시켰던 교육으로부터의 전환이라고 할 수 있다. 즉, 사회과가 체계적인 지식 전수 위주에서 시민 정신 교육으로 전환된 것이다. 오늘날의 사회과 교육의 의미는 이러한 사회지식과 민주시민 교육, 반성적 탐구, 고급 사고력 신장, 의사 결정력 신장, 사회 비판적 접근 등 통합적인 방향에서 접근하여야 한다.

일찍이 미국 사회과 교육의 개척자인 웨슬리(Wesley)는 사회과를 다음과 같이 정의하였다.

"사회과학자들은 인간관계 및 인간과 환경 사회에 관한 지식을 설명, 연구, 발견하려고 한다. 사회과는 학교 교육과정의 한 분야로서 사회과학의 내용과 연구 결과, 연구 방법을 교육목표에 적합하게 단순화하고 재조직한 것이다. 따라서 사회과는 인간의 생활양식, 기본적 욕구의 충족, 그 욕구를 충족시켜 가는 활동 또는 인간이 개발한 제도에 대한 이해를 제공하는 교과이다."

한편, 1960년대 학문 중심 교육과정과 1970년대 신사회과 운동의 활성화는 사회과에 많은 변화와 전환을 초래하였다. 이 시기의 사회과는 곧 지식의 구조에 입각하여 사회과학의 내용을 가르쳐야 한다는 주장과 더불어 사회과학을 통하여 책임 있는 시민 양성에 주력하여야 한다는 주장이 병존하였다. 학문으로서의 사회과학과 사회과 교육의 목적이자 지향점으로서의 민주시민 교육이 심한 갈등과 혼란을 겪은 사회과 격동의 시대이기도 하다.

당시, 사회과 교육학자인 베레손(B. Bereson), 펜톤(E. Fenton), 마시알라스(B. G. Massialas) 등이 사회과에서 사회과학 중심의 교육을 강조하는 측면에서 사회과를 정의하였다. 즉 베레손은 "사회과는 책임 있는 시민을 양성하기 위한 수단으로서, 사회과학적 지식을 가장 유용하게 습득시키는 교과이다."라고 정의하였고, 펜톤은 "사회과는 정치학, 경제학, 사회학, 문화인류학, 심리학, 지리학, 역사학 등 제 사회과학의 복합적 학과로서 학생들이 학교를 졸업한 이후에도 독립적으로 학습할 수 있도록 사회과학의 탐구 양식을 학습하는 것을 중요한 목적으로 하는 교과이다."라고 정의하였으며, 탐구 학습의 대가인 마시알라스는 "사회과는 선량한 시민 양성을 위한 수단으로서 사고력 신장을 강조하는 교과이다."라고 정의하였다. 즉 이들 학자들의 사회과 교육에 대한 개념 정의의 최대공약수적 공통점은 사회과를 사회과학의 탐구와 민주시민 교육의 지향을 동시에 추구하였다는 점이다. 실제 이와 같은 사회과학 탐구와 민주시민 교육의 통합과 연계에 대한 오랜 갈등과 방황은 교과 역사 한 세기를 맞은 현대에 와서도 현재 진행형으로 계속되고 있다고 보아야 할 것이다.

이와 같은 사회과학의 구조를 강조하는 입장에 있는 학자들의 정의를 종합하면, 그 핵심은 사회과학의 학습을 강조하면서도 선량하고도 책임감 있는 시민을 양성하는데 중점을 두고 있다는 점이다.

한편, 스킬(D. J. Skeel), 엘리스(A. K. Ellis) 등은 학생들로 하여금 인간관계에 대한 연구를 통하여 개인적·사회적 자아실현을 이룰 수 있게 하는데 초점을 맞추고 사회과를 다음과 같이 정의하였다.

"사회과 교육은 아동들의 올바른 자아 개념을 발달시키고, 지구촌과 사회의 다문화적 요소를 인식하고 평가할 수 있도록 하며, 사회화 과정, 의사 결정과 사회참여 능력의 신장 등을 촉진시키는 것을 주된 임무로 하는 교과이다."

"사회과는 사람들이 타인 및 환경과 다양하게 상호 작용하면서 살아가는 방법을 배우는 교과이다."

한편, 앵글(S. H. Engle)은 사회과학 지식의 이해보다 의사 결정 능력을 길러 주는 것이 사회과 교수의 초점이 되어야 한다고 주장하였다. 뱅크스(J. A. Banks)도 사회과의 목적은 학생들이 합리적인 사회 행동을 통하여 개인적·사회적 문제를 해결할 수 있도록 돕는데 있다고 주장하면서, 앵글의 주장을 수용하여 사회과 교육의 역할을 다음과 같이 제시하였다.

"사회과는 학생들이 타인과 지역공동체 및 국가 통치와의 관계에 영향을 미치는 중요한 의사 결정을 할 수 있도록 도와주는데 큰 책임을 맡아야 한다."

그러므로 사회과 교육은 "사회과학과 인문학에서 선택·추출된 지식의 구조, 보편적인 가치와 태도 등을 종합하여 민주적 시민성을 육성하는 교과교육"이라고 정의할 수 있다(박상준, 2008: 18 - 20). 민주적 시민성은 현대 시민에게 요구되는 자질로서 시민이 민주적인 사회생활을 영위하는데 필요한 지식, 기능, 가치·태도 및 사회적 참여 행위 등을 종합적으로 포함한다. 사회과는 지리, 역사 및 제 사회과학의 개념과 원리, 사회제도와 기능, 사회문제와 가치, 그리고 연구 방법과 요소를 통합적으로 선정, 조직하여 사회현상을 종합적으로 이해하고 탐구한다. 사회과에서는 우리 삶의 터전인 국토의 이해를 바탕으로 우리 민족의 역사와 활동에 대한 종합적인 파악과 현실에 대한 역사적인 시각에서의 이해 및 한국인으로서의 정체성과 세계시민으로서의 가치, 태도 등에 관한 요소를 중시한다(교육인적자원부, 2007a: 138).

결국 사회과는 보는 방향과 시각에 따라 아주 다양하게 개념 정의가 되지만, 각각의 개념과 정의의 최대공약수는 '훌륭한 시민(good citizen) 양성 교과'라는 점이다. 사회과가 탄생한 이유가 곧 민주 시민성 함양을 통한 훌륭한 시민 양성에 있기 때문이다. 이는 곧 사회과 교육이 바람직한 인간 육성을 지향한다는 목적과 일맥상통하는 것이다.

2. 사회과 교육의 본질

1) 사회 인식과 시민성 교육

사회과는 학생들이 합리적인 사회 인식을 수행할 수 있도록 규명하는 점에 초점을 맞추어야 한다. 사회과는 인류 문명 전체에 대한 성찰을 시도하는 교과이다. 인류 문명은 시간적·공간적으로 맥락화된 상태이며, 지구라는 행성에서의 인류 문명이다. 인류는 자신을 에워싸고 있는 환경과의 관계 속에서 합리성을 실현하면서 독자적인 문명 체계를 형성하였다.

사회과는 교과의 일종으로 모종의 지적 안목을 형성시켜 주기 위해서 학교에서 가르쳐지고 있다. 사회과는 학습자가 사회현상에 대한 이해 방식, 사고방식 등을 발달시키는데 기여하기에 적당한 사회 인식 교과로서의 고유성을 가지고 있다.

사회과는 학습자가 합리적인 사회 인식을 수행할 수 있도록 교육적 의도를 가지고 있다면, 이러한 사회 인식의 효과를 밝혀 나가는 교과이다. 아울러 사회과는 인류의 문명 전체에 대한 세심한 성찰을 시도하는 교과이기도 하다.

그런데 오늘날 이와 같은 문명 체계가 순기능적으로 진화하지는 못하고 있다. 인류가 문명의 주인임에도 불구하고, 역으로 이 문명 때문에 인류가 공멸할 우려가 있음에 주목하여야 한다. 인류 문명의 획기적 발명이라는 총(銃)이 역설적으로 수많은 인명을 살상하였으며, 핵무기가 인류의 평안과 복지를 지향하기보다는 인류의 멸망을 위협하고 있음이 이를 반증한다. 산업화와 물질문명의 발달로 인한 환경오염으로 생태계가 파괴되어 인류가 위기에 봉착한 점도 이와 궤(軌)를 같이하는 것이다.

결국 인류는 자신들이 만들어 온 문명이라는 운명을 합리적으로 다루어야 할 처지이며, 사회과는 이러한 점을 해결하기 위하여 지성 함양을 도모하고 있는 것이다(남호엽, 2008: 10－12). 오늘날 사회과 교육이 환경 보전과 지속 가능한 발전을 어떻게 조화롭게 추구하느냐의 딜레마에 빠져 있는데, 이를 슬기롭게 극복하는데에 초점을 두어야 하는 과제를 안고 있다.

아울러 합리적이고 바람직한 사회 인식은 새로운 문화의 탄생 가능성을 내재하고 있다. 합리적인 사회 인식이 지적 탐구 과정의 산물이라고 할 때, 이러한 탐구는 개방적 사고의 가능성에 기초한다. 사회 인식의 고양은 이미 이루어진 것을 일방적으로 단순 재생산하는 것이 아니라, 비판적 검토와 대안의 모색이라는 창조성의 경지를 고려한다. 즉, 사회 인식의 과정은 지성적 사고와 태도에 기초하여 의미를 부여하는 과정이며, 이 과정은 생성과 변이의 가능성을 포함하고 있다. 사고의 결과를 맹목적으로 추종하는 것은 합리적 사회 인식과는 괴리(乖離)가 존재하며, 사고 과정을 존중하는 상태에서 기존 입장의 변형 가능성을 허용하고 있다. 사고 방법, 인식 방법은 상대적 자율성을 확보하고 새로운 인식 환경에서 기존 입장으로 환원할 수 없는 의미의 탄생이 가능하다.

이와 같은 입장을 전제하면, 사회과 교육의 목적에서의 시민성 함양이 본질이 된다. 시민성은 민주시민으로서의 바람직한 소양을 의미하며, 이는 곧 '민주적인 마음 상태(democratic mind)'를 의미한다. 합리적인 마음의 함양을 위하여 교과가 존재한다면, 사회과는 그러한 여러 가지 마음 중에서 '민주적인 마음'의 발달에 관여하고 있다.

이와 같은 점을 바탕으로 미국사회과교육협의회(National Council for Social Studies: NCSS)는 사회과의 본질을 다음과 같이 들고 있다(공주교육대학교 초등교육 연구소, 2003: 110－114).

첫째, 사회과는 시민으로서의 유능함을 길러 주는 교과이다. 일반적으로 '민주시민으로서의 유능함'이란, 사회 구성원으로서 바람직한 자질과 능력을 겸비한 상태를 의미하는 것이다. 즉 현실 사회생활을 원만하게 영위할 수 있는 자질과 능력, 그리고 가치 태도 등을 두루 겸비한 사람을 의미한다.

둘째, 사회과는 통합 교과이다. 이는 한 학문 내에서만 통합하는 것이 아니라 다양한 학문 간의 통합, 지식·기능·가치·태도 등의 영역 간 통합 등을 두루 포함하고 있다. 통합을 강조하는 것은 사회과에서 기르고자 하는 민주시민적 유능함, 즉 문제 해결력, 합리적 의사 결정력 등을 기르는데 필수적이라고 보기 때문이다.

셋째, 사회과는 학생들이 각 학문에서 확립된 지식과 태도를 구성해 나아가도록 도와주는 교과이다. 사회과를 이루는 사회과학에는 특유의 개념과 방법이 있다. 학문상의 개념과 당해 학문의 고유한 시각을 학생들이 습득해 나아가도록 돕는 것을 사회과의 주요한 본질 중의 하나로 보고 있다. 사회과에서의 지식은 개념 하나하나를 이해시키는데 중점이 있는 것이 아니라 사회를 이해하는데에 얼마나 도움을 주는가에 초점을 맞추어야 한다고 보고 있다.

모름지기 민주시민은 사회 속에서 살아가면서 사회현상에 대한 법칙적 이해를 수행하고, 개인의 자유와 책임, 의사 결정 등과 관련하여 발생하는 가치판단의 문제를 해결할 수 있다. 사회과는 '사회현상에 대한 법칙적 이해와 가치판단의 문제 해결'이라는 교육적 과제 해결을 위하여 학교 교육에서의 고유한 위상을 확보하고 있다(남호엽, 2008: 10 - 12).

민주시민으로서 합리적인 의사 결정을 하기 위해서는 많은 지식과 능력, 기능 등이 필요하며, 타인을 존중하고 이해하며, 배려하는 마음이 필요하다. 시민적 자질을 구성하는 요소는 매우 다양하다. 바아 등(Barr et al, 1977)은 시민적 자질의 핵심인 의사 결정 능력의 구성 요소로 지식의 습득, 정보처리 능력, 가치 분석, 지적 능력, 가치 명료화 능력 등을 제시하고 있다. 그리고 미국사회과교육협의회(NCSS, 1994)와 한국의 2009년 개정 사회과 교육과정에서는 지적인 면(지식), 기능적인 면(기능, 능력), 정의적인 면(가치·태도) 등을 구분하여 제시하고 있다. 이와 같은 사회과 목표로서 시민적 자질에 관한 개념 정의는 다양하지만 구체적 내용에 관한 견해들은 시민 행동, 사회참여를 기능이나 가치·태도 영역에 포함시키느냐 분리하느냐의 차이일 뿐 기본적으로 지식, 기능, 가치·태도라는 세 가지 목표 요소는 대체적으로 대동소이하다고 할 수 있다(최용규 외, 2008: 50 - 53).

〈표 1〉 사회과의 시민적 자질 구성 요소

학자(학회)	시민적 자질 주요 구성 요소
Massialas & Cox.(1966)	인지적 능력, 참여적 능력, 정의적 능력 등
Barr et al.(1977)	지식의 습득, 정보처리 능력, 가치 분석, 참여 등
Kaltsounis.(1979)	지식, 사회적 가치, 지적 능력, 가치 명료화 능력, 사회적 능력 등
NCSS(1994)	지식, 기능, 가치·태도 등
한국 교육과학기술부(2009)	지식, 기능, 가치·태도 등

* 출처: 최용규 외, 『사회과, 교육과정에서 수업까지』, 교육과학사, 2008: 51.

2) 성립기 사회과와 신사회과

사회과의 본질과 관련하여 1916년 성립기의 사회과와 1960년대 신사회과(new social studies)는 중요한 시사점을 준다.

1916년 미국교육협회(NEA)의 보고서에 '중등학교에서의 사회과(The Social Studies in Secondary Education)'라는 제목으로 사회과의 아이디어를 제시하였다. 이 아이디어는 기존의 역사교육 형식에서 벗어나, 교과의 접근 방식에서 새로운 접근 논리를 선보였다. 사회과 주창자들은 사회 개선과 사회복지의 차원에서 학교 교과가 기여할 수 있는 바를 모색하였고, 이 교과는 교육 내용과 교육 방법 측면에서 기존 교과와는 다른 차원이었다.

사회과는 시민성 함양을 위해서 학습자의 경험 세계에 자리한 공적인 쟁점 혹은 사회문제 등을 교육 내용으로 선정하고, 이 내용에 대한 간학문적 접근을 시도하였다. 교육 방법 측면에서는 학습자의 반성적 사고 과정을 존중하도록 하였다. 반성적 사고 과정은 성찰(省察)과 같은 의미로 전통적으로 사회과 교육 방법의 기본적인 경로로 설정되었다. 사회과는 그 출발에서부터 학습자들의 관심과 흥미를 존중하면서, 학습자들의 참여 활동을 매우 중시하는 교과인 것이다. 즉, 사회과는 그 탄생에서부터 독특한 교육과정 철학을 반영하면서 교과로서의 정체성을 가지고 있는데, 그 당시 그릇된 교과교육 풍토를 혁신하자는 교육 개혁의 논리를 표방하고 있다. 지나치게 교과 중심적인 교육과정에서 탈피하여, 실질적으로 학습자의 정신세계에 지적 안목을 형성시켜 줄 수 있는 방안을 모색하였고, 이 점이 새로운 사회과를 탄생시킨 것이다.

사회과는 진보주의 교육 사조 속에서 탄생한 교과로서, 특히 사회과학보다 사회생활을 강조하는 입장이었다. 교육은 교과(학문)를 가르치는 것이 아니라 학생(생활)을 가르치는 것이라는 진보주의 교육철학의 산물이 곧 사회과이다.

그러나 진보주의 교육철학의 결점을 비판하면서 본질주의 내지 실재주의 교육철학이 대두되자 사회과에 변화가 일기 시작하였으며, 실재하는 지식인 사회과학의 지식 체계를 강조하게 된 것이다. 실제로 1950년대 말부터 일어난 학문 중심 교육과정 개혁 운동은 사회과의 본질적 성격을 사회생활과보다는 사회과학과로 옮겨 가게 한 계기가 되었으나, 1970년대 초부터 대두된 인간 중심 교육과정의 영향으로 사회과는 다시 사회과학보다는 사회생활에 초점을 맞추게 되었다(강환국, 2007: 12-13).

물론 사회과가 탄생하고 널리 확산되면서 출범 당시의 의도가 온전히 준수된 것은 아니다. 1916년 성립기 당시의 사회과가 표방한 학습자 중심 교육관은 왜곡된 학생 중심 교육으로 변질되어 교육적 적절성을 상실한 경우가 존재하였다. 이러한 왜곡된 현실의 핵심은 학습자의 관심, 흥미를 존중하다 보니 교과 수업에서 무엇을 가르치고 배워야 하는지에 논란을 야기하였다. 즉, 사회과를 통하여 학생들이 배워야 할 것을 제대로 배웠는지 교육적 수월성에 대한 의구심이 발생한 것이다.

한편, 1960년대 이후의 신사회과 운동(New Social Studies Movement)은 이와 같은 의구심에 바탕을 둔 교육 혁신의 움직임이었다. 신사회과는 사회과 개혁 운동으로서, 교육 내용은 역사학과 사회과학의 구조이며, 교육 방법은 학자들의 탐구 방식을 학습자가 동일하게 수행하는 과정이다. 시민성 함양이라는 사회과의 근본적 목적을 학습자들이 사회과학적 탐구를 통해서 사회현상을 인식할 때 비로소 실현될 수 있다는 입장인 것이다. 학습자들이 사회현상을 과학적으로 인식하는 과정을 통해서 그들의 정신세계는 지적인 안목을 가질 수 있고 당면한 과제를 잘 해결할 수 있다는 것이다. 따라서 신사회과는 경험 중심 사회과의 전통을 왜곡시킨 사회과의 풍토를 바로잡으려는 의도를 반영하고 있으며, 학문 중심 교육과정 사조(思潮)의 아이디어를 적극 수용하고 있다(남호엽, 2008: 18-19).

3. 사회과 교육의 정의

일반 교과처럼 하나의 학문을 대상으로 하는 교과와는 달리 사회과는 다양한 사회과학을 교과의 바탕, 즉 교과 내용학으로 하기 때문에 매우 복잡하고 종합적인 의미를 갖고 있다. 사회과 내지 사회과 교육에 대한 정의는 매우 다양하다. 즉 사회과 교육에 관한 정의는 학자의 수만큼이나 많이 있다. 이는 사회과와 사회과 교육에 대한 개념 정의가 매우 다양하다는 의미와 함께 그 개념이 어렴풋하여 분명하지 않다는 의미를 동시에 담고 있는 것이다.

그러나 그중에서 가장 중요한 것은 사회과 교육은 인간과 사회의 바람직한 관계를 연구하면서 사회문제를 학습하고 사회생활에 필요한 국민의 자질을 형성하는 교육이라는 것이다. 그것은 학습의 한 영역이며, 여러 가지 사회과학의 연합체이며, 또 교육과정의 한 영역에 속한다. 교과교육의 하나로서 사회과 교육은 다음과 같이 정의될 수 있다.

"사회과 교육은 사회생활에 관한 인간관계를 중심으로 하여 여러 가지 사회문제를 학생의 요구에 의하여 학습하고, 그러한 학습을 통해서 사회생활에 필요한 지식, 기능, 태도 등을 형성하여 국민으로서 필요한 자질을 교육하려는 학교의 교과목이다."

이러한 측면에서 보면 사회과 교육은 바로 학교에서 학생들을 상대로 실시하는 민주시민을 양성하기 위한 시민교육(civic education)이나 시민성 교육(citizenship education)과 밀접한 관련을 맺고 있다고 할 수 있다. 물론 일반적으로 시민교육 내지 시민성 교육은 학교에서 실시하는 사회과 교육만을 의미하는 것은 아니며, 그 이외에 도덕교육이나 기타의 학교 교과목, 학교 밖에서 실시하는 시민생활에 관한 교육도 포함하기 때문에 사회과 교육보다는 넓은 의미를 지니고 있다. 2007년 개정 교육과정의 세 꼭지인 교과, 재량 활동, 특별활동 등의 결국 궁극적인 지향점은 시민교육 내지 민주시민의 자질 육성이라고 할 수 있다.

일반적인 교육 영역의 세 축인 가정교육, 학교 교육, 평생교육을 통틀어 최종적이고 궁극적인 목적은 시민교육이고 이는 바람직한 인간 육성, 사람다운 사람 양성에 있다. 학교 교육의 한 교과교육인 사회과 교육은 소정의 학교 교과목이기 때문에 교육과정의 이론이나 학교의 여러 가지 규정에 따라야 하는 특징이 있는데 비하여 시민교육은 이러한 제한을 직접적으로는 받지 않는다. 그러나 전술한 바와 같이 학교의 사회과 교육이 학교에서의 어떤 교과목보다도, 또 학교 밖에서의 어떤 활동보다도 근본적으로는 아동이나 청소년들을 위한 가장 중요한 시민교육의 한 형태라는 것을 우리는 명심해야 한다.

한편, 사회과 교육의 시민교육적 성격에 대해서는 사회과 교육의 학자들이 대부분 의견을 같이하고 있다. 뱅크스(Banks)는 "사회과는 지역사회, 국가, 세계의 시민생활에 참여하는데 필요한 지식, 기능, 태도, 가치관을 교수하는 초·중등학교의 교육과정"이라고 했으며(Banks, 1990: 3), 울에버와 스콧은 "사회과 교육은 과학적 방법으로 얻어진 지식과 체계적으로 형성된 개인적 가치관을 기초로 하여 합리적으로 결정하고 행동하는 것을 목적으로 하는 모든 경험의 총체"라고 했다(Woolever & Scott, 1988: 18-19). 마토렐라는 "시민성 교육을 위하여 응용된 사회과학적 정보와 탐구방식 및 개인, 집단, 사회의 이해를 위하여 관련된 정보와 탐구방식"이라고 정의하고 있으며(Martorella, 1991:

37), 마후드와 그 동료들 역시 1977년에 바아 등이 "시민성 교육을 목적으로 하는 인간관계에 관한 지식과 경험의 통합"(Barr et al., 1977: 69)이라고 정의한 것에 동의하면서 사회과 교육을 시민성 교육, 인간관계의 지식과 경험의 통합에 초점을 맞추고 있다(Mahood et al., 1991: 9 - 11).

이와 같은 학자들의 견해를 종합해 보면 1950년에 웨슬리가 주장한 "사회과는 사회과학이 교육적 목적으로 간략화된 것(Wesley, 1950: 34)"이라는 정의 이후 1977년에 바아 등이 사회과에서의 시민성 교육을 강조하였는데, 오늘날의 학자들은 모두 이들 시민교육을 사회과의 가장 중요한 목적이요, 본질 이라고 보고 있다는 것을 알 수 있다. 우리나라의 학자들 역시 민주시민 교육을 사회과의 중요한 본질 적 목적으로 인식하고 있다.

결국, 사회과 교육은 미래의 주역이 될 학생들에게 다양한 인간관계 및 인간과 환경과의 상호 작용에 관한 연구를 통하여, 개인적·사회적 자아실현을 할 수 있는 능력을 길러 줌과 동시에 책임감 있고 사려 깊은 시민적 자질을 길러 주는 교과라고 할 수 있다(한면희 외, 2006: 18). 아울러 사회과 는 학생들이 사회생활에 필요한 지식, 기능, 가치·태도 등을 형성하여 사회문제를 해결하고 민주사 회에 요청되는 시민의 자질을 함양하게 하려는 학교의 교과목이다(차경수·모경환, 2008: 17).

사회과 교육은 학생들이 주어진 사회적·문화적 환경 속에서 과거, 현재, 미래와 관련된 다양한 인간관계 및 인간과 환경의 상호 작용에 관한 연구를 통하여 사회생활에 필요한 지식, 기능, 가치· 태도 등을 함양하여 개인적·사회적 자아실현을 이룩하도록 하는 교과이다. 그리하여 성공적인 사회 생활을 함과 동시에 책임감과 사려 깊은 민주시민 양성을 목적으로 하는 교과이다. 또한 사회과는 학생들로 하여금 당면한 여러 사회문제를 합리적으로 해결하고, 변화하는 사회에 적응해 갈 수 있도 록 다양한 능력을 길러 주는데 강조점을 두는 교과이다.

〈표 2〉 사회과 교육의 정의와 핵심 개념 변화

시대(세기)	사회적 상황	⇒ 시민성 개념	⇒ 사회과의 정의
① 20세기 초반	·이민사회의 갈등 ·도시생활에의 적응	·문화유산의 준수 ·애국심	·전통적인 문화유산의 전수
② 20세기 중반	·스푸트니크 충격 ·교육과정개혁 운동 ·신사회과 운동	·사회과학적 탐구 능력 ·사회과학적 사고력	·사회과학적 탐구 방법의 교육
③ 20세기 후반	·사회문제의 심화 ·세계화, 정보화	·합리적 의사 결정력 ·문제 해결력	·합리적 의사 결정과 사회적 행위의 실천교육
④ 21세기 초반 (미래사회)	·세계화의 급진전 ·다문화 사회 진입	·지구촌 사회(global society) 구성원 역할 ·다문화 사회 주도	·의사 결정력 강화 ·세계시민 교육 자질 함양

4. 사회과 교육의 의미

일반적인 교과(敎科)의 역사는 그리스의 칠자유과(七自由科)인 문법, 수사학, 변증법(논리학), 산술, 음악, 기하, 천문 등에까지 거슬러 올라간다. 이렇듯이 교과는 '학교 교육의 달성을 위하여 인류의 문화유산을 교육적 관점에 따라 체계적으로 나누어 편성한 교육 내용의 단위'라고 할 수 있다. 사회과는 역사, 지리, 일반사회 등 내용 영역에서 이들 내용 영역을 나누는 기본 단위이다. 그런 의미에서 본다면 전통적인 교과의 의미는 과목과 별다른 차이가 없다. 사회과는 여타 교과들과는 다른 특이한 성격을 갖고 있다. 교과를 내용 구분 단위로 보았을 때, 사회과는 오히려 역사, 지리, 정치, 경제, 사회, 문화 등 여러 교과를 연합해 놓은 형태로 볼 수 있다.

사회과는 이와 같이 교육 내용 중심으로 분류한 교과의 개념보다는 내용을 학습자의 성장과 발달에 도움이 되도록 재구성한 교과라고 볼 수 있다. 근대 교육의 교과 개념에 바탕을 둔 교과가 곧 사회과인 것이다. 근대 교육의 최고의 목적이 민주시민성 함양이라고 볼 때, 사회과의 교과 의미는 더욱 분명해진다. 즉, 민주시민성을 한양하기 위하여 전통적인 교육 내용 구분의 교과 분류에서 벗어나 실제 시민성 교육에 적합하도록 재구성한 것이 곧 사회과인 것이다.

현행 2007년 개정 교육과정의 영역은 교과, 재량 활동, 특별활동 등 세 꼭지이다. 그중 교과로서의 사회과 내지 사회과 교육을 단선적으로 의미 규정을 하기는 어렵다. 물론 사회과는 국민공통기본교과 10개 중의 한 교과이다. 사회과 교육은 인간이 하나의 문화 구성체를 형성하여 일상의 살아가는 현상을 교육 내용으로 담은 교과이다. 사회과는 구체적인 생활 모습이 아닌 종합적인 생활 모습을 대상으로 한다. 구체적인 생활을 대상으로 할 경우에는 다른 교과 영역이 된다.

사회과의 터전인 사회는 또다시 접근법에 따라 공간적 사회, 시간적 사회, 그 밖의 다양한 시각으로 인간 생활 모습을 그려 볼 수 있다. 이와 같은 접근법에 따라 다양한 하위 영역으로 세분화할 수 있다. 따라서 인간 생활의 모든 모습이 사회과 속에 포함된다고 할 수 있다. 과학이 자연의 과학적 현상을 가르치는 교과라면, 사회과는 과학을 바탕으로 형성하는 사회화 현상까지도 교육 내용에 포함하게 된다. 오늘날 정보사회를 이끄는 컴퓨터를 운용하는 지식은 컴퓨터학에 해당한다. 그리고 컴퓨터에 의해 많은 지식이 축적되고 그에 따라 사회는 일정한 방향으로 발전하게 된다. 이와 같이 컴퓨터에 의해 나타나는 사회화 현상은 사회과에서 다루어질 수 있다. 결국 특수한 전문성의 학문, 예술 등도 모두 사회와 연결되면서, 사회과학이라는 소화 통로를 통과한 후에는 교육학적으로 사회과에 모두 흡수될 수 있다. 사회과는 매우 광범위하면서도 다양한 내용의 교과이다.

사회과 교육은 사회화 현상에 대한 지식이나 그를 토대로 한 사회적 능력을 배양하는 영역이다. 과거에는 인간이 살아갈 수 있는 어떤 생활 수단만을 터득하면 인간의 중요한 목표를 달성하였다고 인식하였다. 즉 기능주의 교육을 중시한 것이다. 그러나 현대는 생활 수단만이 아니라, '어떠한 인간이 되어야 하는 가'라는 매우 포괄적이고 고차원의 명제를 교육목표로 생각하게 되었다. 그것은 사람의 능력 가운데 이른바 암묵지라는 것이 있음을 인식하게 되었기 때문이다. 분명하게 드러나는 지식이나 기술도 중요하지만 그 형체나 실체가 분명하게 드러나지 않는 잠재되어 있는 능력도 그에 못지않게 중요한 것으로 인식하게 되었다. 그리하여 인간은 종합적이고 구조적으로 사회의 변화상을 인식하고,

그에 효과적으로 적응하며 활용하는 능력을 오히려 더 높은 차원의 능력으로 평가하게 되었다.

사회에 효과적으로 적응하기 위해서는 인간의 사회 활동과 관련되는 다양하고 많은 지식을 가질 필요가 있다. 사회의 구성 원리, 사회구조의 내용, 사회의 작동 등 사회화에 필요한 것은 인간이 창안한 모든 지식이 필요하다. 그래서 사회과에서는 가능한 많은 구조적 지식을 포함할 필요가 있다.

사회과 교육은, 미래의 주인공인 오늘의 학생들이 장차 그들이 접할 사회에서 성공적인 사회인이 되기를 기대하고 사회과학 내용을 가르치는 교과이다. 각 교과는 각기 특유의 교과 목표가 있는데, 이 가운데 사회과는 인간의 사회적 능력을 배양하는데 주력하는 교과이다.

사회 구성원으로서의 개인이 사회생활을 원만히 하기 위해서는 여러 가지 갖추어야 할 조건들이 있다. 참여하는 사회의 성격을 잘 파악하고 있어야 하며, 주변 사회 구성원들과의 원만한 인간관계, 그리고 사회에 지적으로 적용할 수 있는 다양한 소양을 갖추어야 한다. 그 밖에 도덕성, 규범성, 판단력, 참여 태도 등이 필요하다.

사회과학은 인간과 인간 사이의 관계 문제를 주제로 삼고 있다. 인간 사이의 관계 문제는 다른 어떤 관계 문제보다 훨씬 많은 변인이 작용하여 매우 복잡하다. 따라서 이에 효과적으로 적응하기란 매우 어렵다. 그러나 인간은 사회를 떠나서는 자아를 존립시킬 수 없고 성취할 수도 없는 사회의 한 구성원이다. 사람은 더불어 살아가는 것이며, 자신을 성취한다고 하는 것은 사회 속에서 자신의 인생 목표를 성취한다는 뜻이다. 어떤 문학가의 훌륭한 작품이 아니다. 결국 훌륭한 작품이 되기 위해서는 사회 속에서 인정되어야 한다. 지도자나 성인들이 주장하는 많은 가르침도 사회 사람들에게 받아들여졌을 때 비로소 의미와 가치가 있는 것이다. 작가와 독자, 지도자나 성인과 일반 시민의 만남이 이루어지는 것이 곧 사회화이며, 만나서 이루어진 관계 현상이 사회이다. 결국 사회참여는 나의 존립과 나의 성취를 위해서 반드시 필요한 것이며, 얼마만큼 사회참여가 적극적인가에 따라 자신의 성취 정도가 적극적인가에 따라 자신의 성취 정도가 다르게 나타난다.

사회과 교육은 사회과 내용을 통해서 사회에 대한 인식과 이해를 바르게 하여 사회현상과 사회화 특징을 파악하고 사회적 능력을 신장시키는 교과교육 활동이라고 할 수 있다.

교과로서의 사회과는 학습자의 요구, 학문의 발달, 시대 요구의 변천 등에 따라 탄력적으로 변화된다고 정의될 수 있다. 교과로서의 사회과는 20세기의 산물이며 미래 사회에서는 더욱더 새롭고도 역동적인 모습으로 변모될 것이다.

현행 2007년 개정 사회과 교육과정에서는 사회과의 의미를 다음과 같이 규정하고 있다.

"사회과는 사회생활에 필요한 지식과 기능을 익혀 이를 토대로 사회현상을 올바르게 인식하고, 민주사회 구성원들에게 요청되는 가치와 태도를 지님으로써 민주시민으로서의 자질을 갖추도록 하는 교과이다. 사회과에서 육성하고자 하는 민주시민은 사회생활을 영위하는데 필요한 지식을 바탕으로 인권 존중, 관용과 타협의 정신, 사회정의의 실현, 공동체 의식, 참여와 책임 의식 등의 민주적 가치와 태도를 함양하고, 나아가 개인적, 사회적 문제를 합리적으로 해결하는 능력을 길러 개인의 발전은 물론 사회, 국가, 인류의 발전에 기여할 수 있는 자질을 갖춘 사람이다."(교육인적자원부, 2007a: 2-3)

1. 사회과 교육의 성격

사회과는 사회과학의 제 영역이 지니고 있는 지식과 탐구 방법 체계를 학교의 교육 목적과 학생들의 발달 수준에 따라 통합하여 편성한 교과이다. 사회과는 국가와 사회가 필요로 하는 바람직한 시민을 기르는 것을 목적으로 하고, 사회적 사실과 현상을 탐구 대상으로 하는 교과이다. 사회과는 학생들에게 직·간접적으로 대면하는 사회의 실상과 현상들을 파악하게 하여 그 사회에서 바람직하게 살아갈 수 있는 시민을 육성하는 교과이다(진영은·조인진, 2008: 217−220).

사회적 사실과 현상을 파악하는 것을 사회 인식이라고 하며, 이러한 점에서 사회과를 사회 인식 교과라고 한다. 사회 인식은 사회적 사실과 현상의 본질을 객관적으로 파악하는 것이지만, 동시에 자아실현은 사회 속에서의 자기 인식을 동반하는 것이다.

사회과는 보는 관점과 시각에 따라 사회과학을 가르치는 교과로 보고 사회과학적 지식의 구조를 강조하는 입장, 민주시민의 자질을 양성하는 교과로 보아 사회생활을 강조하는 입장, 그리고 이 양자(兩者)를 통합하여 사회과학을 가르침으로써 민주시민을 육성하는 교과 등으로 성격 규정을 할 수 있다.

사회과는 사회생활에 필요한 지식과 기능을 익혀서 이를 토대로 사회현상을 올바르게 인식하고 민주사회 구성원들에게 요구되는 가치와 태도를 지님으로써 민주시민으로서의 자질을 갖추도록 하는 교과이다. 사회과에서 육성하고자 하는 민주시민은 사회생활을 영위하는데 필요한 지식을 바탕으로 인권 존중, 관용과 타협의 정신, 사회정의의 실현, 공동체 의식, 참여와 책임 의식 등의 민주적 가치와 태도를 함양하고 나아가 개인적, 사회적 문제를 합리적으로 해결하는 능력을 길러서 개인의 발전은 물론 사회, 국가, 인류의 발전에 기여할 수 있는 자질을 갖춘 사람이다(교육인적자원부, 2007a: 2−3).

사회과는 학문명과 교과명이 일치하지 않은 교과이다. 다른 교과가 주로 단일 학문을 배경으로 하지만 사회과는 다양한 사회과학을 배경으로 하는 통합 교과이다. 이는 사회과 탐구가 단선형으로 나아가서는 안 되며, 복선형, 통합형으로 나아가야 하는 이유이기도 하다. 특히, 사회과는 인간의 사회생활을 원만하게 영위하는데 관련되는 다양한 사회 사상을 주된 내용으로 하면서, 민주시민의 자질 육성을 목적으로 한다. 이와 같은 사회과의 일반적 성격을 요약하면 다음과 같다(한면희 외, 1998: 18−21).

첫째, 사회과는 올바른 민주시민적 자질을 길러 주는 교과이다. 사회과의 가장 전통적이고 고유하며 최종적인 목적이 민주사회를 원만하게 살아갈 수 있는 바람직한 민주시민 양성에 있다는 점은 사회과 교육의 본질과도 밀접하게 관련되는 것이다. 우리가 바라는 바람직한 시민이란 현대사회의 주권자로서 자신의 권리와 책무를 다하는 현명하고도 건전한 민주시민을 의미하는 것이다.

둘째, 사회과는 사회생활에서 접하는 다양한 사회 사상(社會 事象)을 학습의 대상으로 하여, 다양한 인간관계를 이해시키는 교과이다. 그러하기 위해서는 개인과 개인, 개인과 집단, 집단과 집단, 인간과 자연, 인간과 사회의 관계를 올바르게 인식하도록 하는데 중점을 두어야 한다. 즉, 학생들로 하여금 사회 사상을 바르게 볼 수 있는 안목을 갖게 도와주는 것이 중요하다. 그러므로 학생들이 사회 현상에 대한 보편적인 개념이나 원리의 이해는 물론, 특수 상황에 대한 자기 나름대로의 인식이 제고되도록 지도하여야 한다.

셋째, 사회과는 학생들의 개인적·사회적 자아실현을 원만하게 이루어 갈 수 있도록 돕는 교과이다. 사회과는 학생들로 하여금 자신이 속한 사회의 구성원임을 자각하게 하고, 자신과 타인과의 관계를 이해하며, 자아실현과 자기평가를 통해서 가치를 내면화하도록 하여야 한다. 즉, 자신과 타인의 상호 작용 속에서 스스로 사회화되어 가고 있으며 가정, 고장, 지역, 사회, 국가, 지구촌 세계 등의 여러 사회집단 속에서 자기의 역할이 무엇인가를 인식하여 올바른 사회생활을 영위해 갈 수 있도록 도와주어야 한다.

넷째, 사회과는 학생들의 반성적 사고력, 사회적 비판 능력, 집단생활에의 참여 능력 등을 신장시키는데 중점을 두는 교과이다. 사회과는 사회적 사실과 현상에 대한 지식을 발견, 적용하는데 필요한 사고력의 신장을 강조한다. 사회과는 학생들에게 사회적으로 의미 있고 관심 있는 문제와 쟁점을 다룸으로써, 장차 그들이 이러한 문제를 해결할 수 있는 사고력과 의사 결정력, 상호 협동력 등을 신장시키려는 교과이다. 특히, 지식기반사회, 정보화·세계화 시대를 맞아 세계시민적 자질과 소양 함양도 중요한 사회과의 목표가 되었다.

다섯째, 사회과는 사회과학을 비롯한 광범위한 분야의 자원으로부터 학습 요소를 선정하고 활용한다. 사회과는 인간과 환경에 대한 학습이 주류를 이루고 있다. 정치학, 경제학, 사회학, 문화인류학, 법학, 윤리학, 심리학, 역사학, 지리학 등 제 사회과학은 사회과 교육에 필요한 지식과 방법적 요소를 제공해 주는 주요 자원이다. 그 외에 광범위한 사회 분야와 기타의 학문으로부터 현대사회의 복잡한 여러 가지 문제와 쟁점에 관한 학습의 소재와 해결 방법을 찾아서 활용하지 않으면 안 된다. 특히, 오늘날과 같이 사회가 복잡다기화(複雜多岐化)된 현대사회에서는 시대적 변화와 요구를 적극 반영하여야 한다.

여섯째, 사회과는 사회현상에 관한 지식과 관련된 제반 가치·태도의 변화를 추구하는 교과이다. 인간이 다양한 사회문제를 해결해 가기 위해서는 중요한 것이 사회현상에 관한 지식이다. 이러한 문제 해결에는 자신의 가치·태도를 분명히 하는 것이 전제되어야 한다.

일곱째, 사회과는 종합적이며 통합적인 교과이다. 사회과는 다른 어느 교과보다도 여러 영역에 걸친 내용을 다룬다는 의미에서 종합성을 띠고 있으므로 사회현상에 대한 분석적 관점과 종합적 접근이 동시에 고려되어야 한다.

사회과는 지리, 역사 및 제 사회과학의 개념과 원리, 사회제도와 기능, 사회문제와 가치, 그리고 연구 방법과 절차에 관한 요소를 통합적으로 선정, 조직하여 사회현상을 종합적으로 이해하고 탐구한다. 또 사회과에서는 우리의 삶의 터전인 국토의 이해를 바탕으로 우리 민족의 역사와 활동에 대한 종합적인 파악과 현실에 대한 역사적인 시각에서의 이해 및 한국인으로서의 정체성과 세계시민으로서의 가치, 태도 등에 관한 요소를 중시한다.

사회과는 다양한 정보를 활용하여 사회현상에 관한 지식을 발견하고 문제를 해결하는데 필요한 비판적 사고력, 창의력, 판단 및 의사 결정력 등의 신장을 강조한다. 이를 위해서 다양한 탐구 방법을 활용하여 학습자 스스로 학습하는 기회를 제공하고, 흥미와 관심을 고려하여 개개인의 수준에 적합한 경험을 제공하는 효율적인 교수·학습 전략을 지향한다. 그리고 학교 특성에 따라서 지역성과 시사성을 고려하여 지도한다(교육인적자원부, 2007a: 2-3).

사회과는 학습자의 성장 발달 정도와 사회·문화적 경험을 고려하여 학교급별로 주안점을 달리한다. 학교급별 사회과 교육의 지향점은 다음과 같다.

초등학교에서는 학생들이 주변의 사회적 사실과 현상에 대하여 관심과 흥미를 가지며, 생활과 관련된 기본적 지식과 능력을 습득하고, 창의적인 자세로 일상생활을 할 수 있도록 한다. 이를 위하여 학생들은 사회적 사실과 현상을 이해하는데 필요한 기본적인 사실과 개념을 배우고, 이를 자신의 주변 환경이나 문제에 적용할 수 있는 사고력을 지녀야 한다. 또 이러한 지식과 사고를 사회적 행동으로 실천할 수 있는 적극적인 태도를 길러야 한다. 초등학교 사회과에서는 학생들이 주변의 사회적 사실과 현상에 대하여 관심을 가지고, 흥미를 느끼며, 생활과 관련된 기본적 지식과 능력을 습득하고, 창의적인 자세로 일상생활을 할 수 있도록 하는데 초점을 맞추고 있다. 특히, 초등학교 사회과에서는 사회적 사실과 현상을 이해하는데 필요한 기본적인 사실과 개념을 배우고, 이를 자신의 주변 환경이나 문제에 적용할 수 있는 사고력을 지니도록 하며, 이러한 지식과 사고를 사회적 행동으로 실천할 수 있도록 올바른 가치와 적극적인 태도를 기르는데 주안점을 두고 있다(교육과학기술부, 2008a: 308).

중학교에서는 초등학교에서의 학습을 바탕으로 각 영역에서 중요시하는 지식의 과학적 절차에 의하여 발견, 적용하고 개인적, 사회적 문제를 해결하는 능력을 길러서 공동생활에 자발적으로 참여하는 시민 정신을 발휘하게 한다.

고등학교에서는 초등학교와 중학교에서 습득한 지식과 능력을 바탕으로 사회현상을 종합적으로 이해하며 비판적 사고와 합리적인 의사 결정 능력을 함양하여 사회에서 발생한 공동의 문제를 해결하는데에 적극적으로 참여하는 시민 의식을 기른다.

2. 사회과 교육의 특징

1) 일반적 특징

인간과 시간(역사 영역), 인간과 공간(지리 영역), 그리고 인간과 사회(일반 사회 영역) 등에 관한 현상을 연구하는 사회과 교육은 그 성격상 다음과 같은 핵심적인 특징을 갖는다.

첫째, 사회과 교육은 사회의 주역인 인간이 당면한 사회적 문제를 대상으로 한다. 사회과 교육의 가장 중요한 특징은 시대적인 사회문제, 사회적 특징과 밀접하게 관련되어 있는 것이다. 따라서 사회과는 시대와 장소가 다르면 당연히 교육 내용이 달라지는 특징을 갖고 있다. 인간이 모여서 삶을 영위하는 공간이 곧 사회이다. 이러한 사회에서는 여러 가지 사회문제가 발생하게 마련이다. 인간과 사회가 당면하고 있는 가장 중요한 문제는 사회과 교육의 가장 중요한 내용을 이룬다. 사회과 교육의 정의가 무엇이든 사회과의 가장 큰 특징은 그것이 시대적인 사회문제 및 사회적 특징과 밀접하게 관계되어 있다는 점이다. 이러한 문제는 시대와 장소에 따라서 다른 것이므로 사회과의 교육 내용도 달라진다. 대략 과거 산업화 시대의 산업화와 개발, 민주주의와 인권 신장, 제2차 세계대전 후의 근대화와 개발도상국의 사회문제, 그리고 오늘날 세계적으로 인류가 공통적으로 당면하고 있는 문제들은 전쟁에서 오는 인류의 전면적인 파괴, 환경오염에서 오는 생존 위협, 인구 증가와 식량 부족의 문제, 가치관의 전도, 가치 갈등에 따른 아노미 현상 등 인류의 생존 그 자체에 대한 위협과 비인간화의 문제로 집약할 수 있을 것이다. 세계화 · 정보화 시대인 현대사회에서 야기되는 크고 작은 국내외적 사회문제와 사회현상 모두가 사회과 교육의 주요 내용인 것이다.

또 대부분의 국가에서는 근대화 · 현대화의 과정에서 오는 급격한 사회변동 때문에 전통적인 문화와 근대적인 문화의 양극 사이에서 심각한 가치관의 갈등과 대립을 경험하고 있다. 일부에서는 어떠한 규범을 좇아야 할지가 분명하지 않아 방황하는 현상이 나타나고 사회 해체 현상마저 일어나고 있다. 이러한 문제들은 사회과 교육의 중요한 관심이 되어야 할 것이다.

둘째, 사회과 교육은 국가적 및 사회적 여건과 환경의 지대한 영향을 받는다. 특히 정치적 상황에 민감한 영향을 받는다. 국가와 사회가 처해 있는 상황에서 중요한 내용과 가치들이 사회과의 핵심 교육 내용으로 다루어진다. 즉 사회과 교육은 다분히 정치적 성향을 띠고 있다. 그러므로 사회 및 국가의 상황, 시책 등으로부터 민감하게 영향을 받는다. 국가 및 사회가 처해 있는 상황에서 중요하다고 생각하는 내용이나 가치들을 학교에서 가르치도록 요구받게 되는 경우가 많이 있다. 때로는 정치적 사회화의 중요한 수단이 되는 것이다. 사회과 교육은 국가적 및 사회적 환경에 따라 중요한 가치를 학교에서 가르치도록 요구받는 경우가 많으며 이는 특히 사회과에서 강조되고 있으며 사회과 교육은 구체적인 사실의 암기와 같은 단편적인 지식의 습득보다는 문제를 근본적으로 이해할 수 있고 주어진 환경에서 문제를 합리적으로 해결할 수 있는 능력과 고급 사고력 신장 등을 강조한다.

우리나라에서 해방 후-1950년대의 반공, 방첩, 1960년대-1970년대의 시월유신(十月維新)과 한국적 민주주의, 1980년대 제5공화국의 사회정의, 1990년대 문민정부, 국민의 정부 출범 이후 정보화 사회에 대한 교육, 세계화, 민주시민 교육, 세계시민 교육, 참여정부의 혁신, 2008년 출범한 이명박 정부의 학교 및 교육 자율화와 실용주의 각종 교육정책 등이 한국의 사회과에서 강조되고 있는 것 역시 같은 이유에서인 것이다. 사회과 교육에서 구체적인 정보의 암기나 단편적인 지식의 습득보다도 문제를 근본적으로 이해할 수 있고 주어진 상황에서 가장 바람직하게 해결할 수 있는 능력이나 사고력이 강조되는 것은 이 때문일 것이다. 제7차 교육과정에서 세계화 교육, 세계시민 교육 등이 강조되었고, 2007년 개정 교육과정에서 역사(국사) 교육, 한국 정체성 교육 등이 특히 강조되고 있는 것과도 밀접하게 관련되는 부분이다.

셋째, 사회과 교육은 일반 교육의 중핵적 위치를 차지한다. 중핵 교육(中核 敎育)이란 그 핵심을 사회적으로 가치 있는 학습 범위로, 학생들의 필요 흥미를 중심으로 배열하여 이 중심 학습에 주변 과정을 통합한 형태를 의미한다. 실제 세상의 모든 교육이 결국 시민교육을 직접적인 목적으로 하고 있으므로 일반 교육의 중심에 있다. 그러므로 이 시민교육을 사회과의 핵으로 다른 과목들은 이것을 도와주는 역할을 하게 해야 한다고 말하는 것이다. 사회과 교육의 목적과 목표가 다른 교과, 학문의 목적과 목표와 일관성을 갖는 것도 사회과 교육이 교육의 중핵적 위치에 있기 때문이다.

넷째, 사회과 교육은 학문적인 배경과 과목의 이름이 동일하지 않은 교과이다. 사회과 교육은 다양한 학문적 배경을 갖고 있기 때문에 학문과 교과의 명칭이 동일하지 않으며, 이러한 종합 학문적 특성은 교사들에게 더욱 폭과 깊이 있는 소양을 요구하고 있다(조병철, 2003: 38). 국어과 교육, 수학과 교육 등은 교과명에 담고 있는 단일 학문명을 표시하고 있으나 사회과 교육은 그렇지 않다. 사회과 교육은 사회과학과 행동과학을 학문적으로 교수하는 것이 목적이 아니라, 이들 사회과학의 학문을 기초로 하여 시민 생활에 필요하다고 생각되는 내용을 교과로서 학습할 수 있도록 재조직한 것이다. 따라서 사회과학적인 방법을 이용하여 구체적인 사실로부터 일반적인 원칙을 발견할 수 있는 능력의 향상에 중점을 두어야 하며 이러한 일반 원칙으로부터 구체적인 사회생활을 설명하여야 하는 것이다. 사회과학이 각각 하나의 학문으로서 원리, 법칙 등의 탐구를 규명(糾明)하는데 비하여, 사회과 교육은 교과의 하나인 사회과를 통하여 민주시민 교육, 바람직한 사람 육성, 인간다운 인간 양성 등에 초점을 맞추고 있다. 물론, 사회과 교육에서 유념해야 할 사항 중의 하나는 사회과 교육이 다양한 사회과학을 내용으로 한다고 해서, 사회과학을 가르치는 교육을 곧 사회과 교육으로 단정해서는 안 된다는 점이다. 사회과 교육은 제 사회과학의 내용에다 다양한 사회 사상(社會 事象)을 중요한 내용으로 하고 있다는 점을 간과해서는 안 된다.

실제 인간과 사회에 관한 연구는 정치학, 경제학, 사회학, 인류학, 법학 등 여러 가지 사회과학이 있지만, 사회과는 이러한 사회과학이나 행동과학을 학문적으로 교수하지 않고, 이들의 기초 위에서 시민생활에 필요하다고 생각되는 내용을 초등학교에서 학습할 수 있도록 재조직한 것이다. 특히 최근에는 사회학이나 인류학이 인간과 사회의 문제를 이해하는데 커다란 업적을 이룩하고 있으므로 정치학이나 경제학 이외에 사회학, 인류학, 심리학 등이 사회과의 중요한 내용을 차지해 가고 있다. 이들의 사회과학적인 또는 행동과학적 연구 방법론도 사회과의 학습 방법에 중요한 영향을 미치고 있다. 이러한 사회과의 종합 학문적인 성격은 사회과의 교사들에게 사회과학이나 행동과학의 다양한 학문적인 배경과 함께 교육학적인 연구를 요구하고 있다. 분명히 유념해야 할 점은 사회과학이 사회과의 교과 내용학이라고 해서 사회과 교육이 사회과학을 있는 그대로 피상적으로 교육하는 것은 아니라는 점이다.

이것은 사회과의 주요한 영역을 차지하고 있는 역사의 경우에도 마찬가지라고 생각된다. 역사는 사실을 구체적으로 서술하는 것을 학생들에게 가르칠 뿐만 아니라, 사회과학적인 방법을 이용하여 구체적인 자료로부터 일반적인 원칙을 발견할 수 있는 능력의 향상에 강조점을 주어야 할 것이다. 또 지리의 내용에서는 인간이 자연환경을 어떻게 이용하고 있는지에 대한 일반적인 서술, 즉 인간과 환경과의 관계에 대한 일반화를 시도하고, 그러한 일반적인 원칙으로부터 구체적인 우리의 생활을 설명할 수 있도록 해야 할 것이다. 여러 가지 사회과학들이 시민교육이라는 관점에서 조직되어야 하며, 이것은 앞으로의 사회과 교육의 중요한 과제로 등장하고 있다. 다만, 중요한 것은 사회과 내지 사회과 교육이 인간과 공간, 인간과 사회, 인간과 사회 등 여러 영역에 걸쳐서 사회 사상, 사회 인식, 사회 탐구를 중심으로 바람직한 민주 시민의 자질을 함양하는 교과라는 점이다. 그와 같은 사회과 교육의 본질적 특징은 동서고금을 막론하고 변치 않고 계승되고 있다. 환언하면 사회과 교육은 사람다운 사람, 인간다운 인간 육성의 중심에 있는 교과인 것이다.

2) 교과(학문)적 특징

(1) 본질 교과로서의 사회과

사회과는 사회적 효율성 운동이라는 맥락(脈絡)에서 개발된 것으로 전통적인 역사·지리를 중심으로 한 사실적인 지식의 전수가 아닌 산업사회를 올바르게 살아갈 인간 형성, 시민 형성을 직접적인 목적으로 하는 교과라는 기본적인 성격을 갖는다.

21세기 현대 지식정보사회의 입장에서 사회과는 바람직한 민주시민 양성이라는 아주 기본적이고도 본질적인 역할에 충실하여야 한다. 일반적으로 사회과는 교육의 일반 목표와 구별하기 어려운 교과 목표를 가질 수밖에 없으며 내용 구성상의 난점(難點)은 있지만, 여타 도구 교과와는 달리 교육의 본질적인 목표를 추구하는 가장 본질적인 '인간 교육 교과'의 기능을 수행하는 교과라는 점을 간과해서는 안 될 것이다(진영은·조인진, 2008: 217-220).

다만 아쉬운 점은 2007년 개정 교육과정에서 형식상은 사회과에 일반사회, 역사, 지리가 통합되어 있으나, 실제적으로는 역사 과목이 독립의 형태를 취하고 있어서 일반사회, 지리만 통합되어 있는 기형(奇形)을 보이고 있으며, 향후 지리 과목도 분리를 주장할 개연성을 내포하고 있는 점이다. 따라서 이제 우리나라의 사회과도 60년 이상의 학문적 역사를 갖고 있는 이상 사회과의 통합, 즉 일반사회, 역사, 지리 과목의 바람직한 위상을 재고(再考)할 필요가 있다고 본다. 그리고 사회과의 통합 교육에 대해서도 진지한 입장에서의 재고(再考)가 필요하다.

(2) 시민교육 교과로서의 사회과

일반적으로 사회과는 민주시민적 자질을 육성하는 교과라는데 동서고금(東西古今)의 모든 사람들은 합의를 하고 있다. 물론 민주시민적 자질의 개념을 어떻게 정의할 것인가와 시민적 자질 육성이라는 과정을 어떻게 설정할 것인가에 대해서는 완전한 합의를 이루지 못하고 있다.

사회과에서 추구하는 민주시민적 자질은 포괄적인 사회 구성원으로서의 자질로 확대 해석하기보다는 정치적 공동체의 구성원으로서 적극적인 참여하에 합리적인 판단과 행동을 실행하는 인간이라고 할 수 있다. 이러한 인간의 육성은 직접적으로 특정 가치나 덕목을 주입해서 이루어지는 것이 아니라 과학적인 사회 인식을 토대로 한 시민 교과라는 점에서 조명하여야 한다.

한국의 시민교육은 독특한 특징을 가지고 있음을 간과해서는 안 된다. 과거의 한국 시민교육은 정권에 의하여 전제적 획일 교육, 집단적 국민 교육, 신민 교육(臣民 敎育), 이데올로기 교육 등의 양상으로 왜곡되어 왔다. 심지어 반공 교육이 시민교육으로 여겨지기까지 했다. 상당히 교화적(敎化的)으로 흘렀음을 부인할 수 없는 것이다. 이러한 시민교육은 현대 시민사회에 적합하지도 않을뿐더러 오히려 반시민사회적, 반시민교육적이었다. 그렇기 때문에 이처럼 굴절되고 왜곡된 시민교육은 한국 시민사회의 활성화에 기여했다기보다는 권위적인 국가 독재의 정당성 부여의 도구로 전락하고 말았다(강대현, 2008: 56-57).

특히 최근 세계화의 흐름 속에서 신자유주의적, 신시장주의적 논리가 득세하면서 모든 것을 개인의 경쟁력에 초점을 맞추면서 또 다른 시민교육의 양상이 나타나고 있다. 분명한 점은 이러한 시민교육의 왜곡은 교육의 논리를 경제 논리로 대체하는 문제점을 내포하고 있으며, 교육이라는 숭고한 공공 영역의 상업화를 초래한다는 점을 간과해서는 안 될 것이다.

(3) 종합적·통합적 교과로서의 사회과

사회과는 단선적 교과·학문이 아니다. 연계적이고도 통합적인 교과이다. 주지하다시피 사회과는 특정 학문을 그 계통에 따라 교수할 목적으로 개발된 교과가 아니다. 사회과는 과학의 논리보다 교육의 논리를 우선하는 점이 명확한 특징이다. 따라서 사회과는 학문적 계통성보다는 경험을 중시하고 실제 사회생활과 사회문제를 종합적·통합적 시각과 관점에서 조직하여야 한다. 이는 신사회과 운동 이후 개별 사회과학의 구조와 체계를 강조하면서도 종합적·통합적 교과로서의 사회과의 기본적 성격과 구조에는 변화 없이 일관성을 유지하고 있다.

사회과 교육은 다른 교과, 학문과는 달리 아주 다양하고도 종합적, 통합적인 내용을 담고 있다. 그리고 다양한 방법과 접근을 필요로 한다. 정치학, 경제학, 사회학, 문화인류학, 법학, 역사학, 지리학, 심리학, 윤리학 등 전통적인 사회과학에다 최근에는 환경학, 북한학, 여성학, 국제학 등을 사회과 교육에서 다루고 있다. 아울러 이러한 교과 내용학으로서의 사회과학의 내용을 중심으로 지식, 기능, 가치·태도 등의 다양한 영역을 취급하여야 하며, 방법 면에서도 아주 다양한 기법과 매체를 활용하여 학생 중심 교수·학습활동을 전개하여야 한다. 모든 학문과 교육이 학생 중심을 강조하지만 사회과와 사회과 교육에서 가장 학생 중심 교육이 활성화되어 실행되어야 한다.

(4) 교수·학습 방법 중시 교과(방법적 교과)로서의 사회과

사회과는 다양한 유형으로 분류할 수 있으며, 그 분류 기준 자체도 매우 다양하다. 내용과 방법 중 어디에 중점을 두느냐에 따라 사회과를 분류할 경우 사회과의 성격을 이해하는데 중요한 시사점을 발견할 수 있다. 즉, 초창기 경험주의 교육 이론에 치우쳤던 사회과나 학문 중심주의에 치우쳤던 신사회과, 그 이후의 사회과가 공통적으로 교수·학습의 방법 면을 중시하였다는 점에서 사회과는 기본적으로 방법 중시 교과라는 특징을 갖는다고 볼 수 있다. 특히 사회과에서는 방법적 지식보다는 방법적 지식에 큰 관심을 갖는다.

기본적으로 본질 교과인 사회과는 사회과학, 사회적 사실, 사회현상 등에 관한 내용의 인식과 이해(내용적 측면)도 중요하지만 사회 탐구와 가치 탐구를 위한 다양한 교수·학습 방법의 창안과 적용(방법적 측면)이 더욱 중요한 교과인 것이다.

3. 교육과정상의 특징

2007년 개정 사회과 교육과정에서는 사회과의 성격을 통합적으로 규정하고 있다. 즉 사회과는 사회현상을 올바르게 인식하고 사회지식 습득과 사회생활에 필요한 기능을 익히며, 민주사회 구성원들에게 요구되는 가치와 태도를 지님으로써 민주시민으로서의 자질을 육성하는 교과이다. 사회과에서 기르고자 하는 민주시민이란 사회생활을 영위하는데 필요한 지식을 가지고 인권 존중, 관용과 타협의 정신, 사회정의의 실현, 공동체 의식, 참여와 책임 의식 등의 민주적 가치와 태도를 함양하고, 나아가 개인적·사회적 문제를 합리적으로 해결하는 능력을 기름으로써 개인의 발전은 물론 국가, 사회, 인류의 발전에 기여할 수 있는 사람이다.

사회과는 지리, 역사 및 제 사회과학의 개념과 원리, 사회제도와 기능, 사회문제와 가치, 그리고 연구 방법과 절차에 관한 요소를 통합적으로 선정·조직하여 사회현상을 종합적으로 이해하고 탐구한다. 특히 사회과에서는 우리 삶의 터전인 국토에 대한 이해를 바탕으로 우리 민족의 역사와 활동에 대한 종합적인 파악과 우리 현실에 대한 역사적인 시각에서의 이해 및 한국인으로서의 민족적 정체성과 세계시민으로서의 가치·태도 등에 관한 요소를 중시한다.

사회과는 다양한 정보를 활용하여 사회현상에 관한 지식을 발견하고, 문제를 해결하는데 필요한 비판적 사고력, 창의력, 판단 및 의사 결정력 등의 신장을 강조한다. 이를 위하여 다양한 탐구 방법을 활용하여 학습자 스스로 학습하는 기회를 제공하고 흥미와 관심을 고려하여 개개인의 수준에 적합한 경험을 제공하는 효율적인 교수·학습 전략을 지향한다. 그리고 학교의 특성에 따라 지역성과 시사성을 적극 고려하여 지도하여야 한다(교육인적자원부, 2007a: 2-3).

초등학교에서는 학생들이 주변의 사회적 사실과 현상에 대하여 관심과 흥미를 가지며, 생활과 관련된 기본적 지식과 능력을 습득하고, 창의적인 자세로 일상생활을 할 수 있도록 한다. 이를 위하여 학생들은 사회적 사실과 현상을 이해하는데 필요한 기본적인 사실과 개념을 이해하고, 이를 자신의 주변 환경이나 문제에 적용할 수 있는 사고력을 지녀야 한다. 또 이러한 지식과 사고를 사회적 행동으로 실천할 수 있는 적극적인 태도를 길러야 한다.

중학교에서는 초등학교에서의 학습을 바탕으로 각 영역에서 중요시하는 지식을 과학적 절차에 의하여 발견, 적용하고, 개인적·사회적 문제를 해결하는 능력을 길러 공동생활에 자발적으로 참여하는 시민 정신을 발휘하게 한다.

고등학교에서는 초등학교와 중학교에서 습득한 지식과 능력을 바탕으로 사회현상을 종합적으로 이해하며, 비판적 사고와 합리적 의사 결정 능력을 함양하여 사회에서 발생한 공동의 문제를 해결하는데 적극적으로 참여하는 시민 의식을 기른다. 결국 사회과 교육과정상의 사회과의 특징은 초등학교 단계에서의 사회 현상에 대한 관심과 흥미 보유와 창의적인 생활 태도, 중학교 단계에서의 사회생활의 여러 문제 해결 및 공동 생활에의 자발적 참여, 그리고 고등학교 단계에서의 사회 현상의 종합적 이해와 의사 결정 능력 함양, 사회의 공동 문제 해결을 위한 시민 의식 함양이라고 종합할 수 있을 것이다.

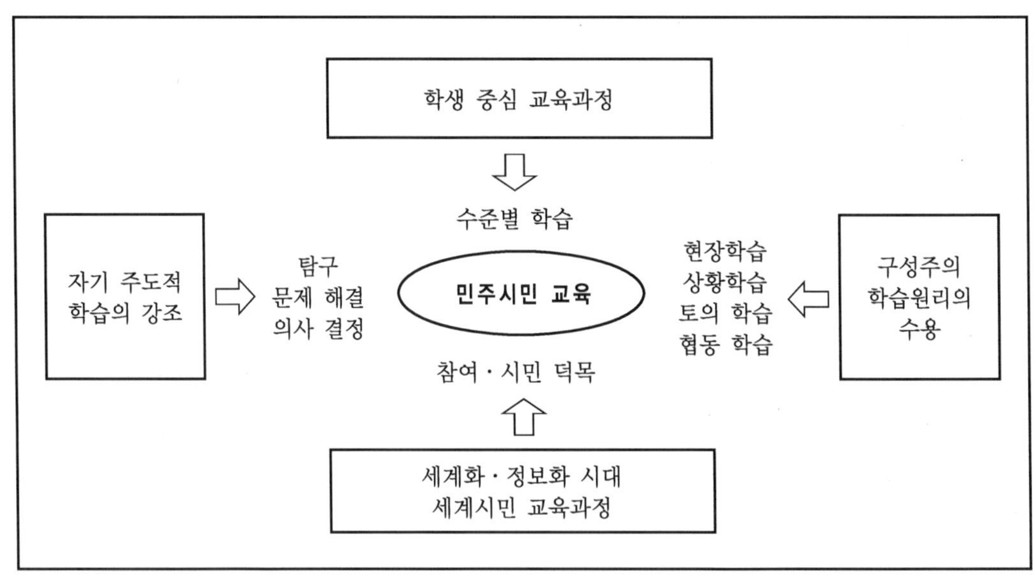

[그림 1] 교육과정과 민주시민 교육의 관계

4. 사회과 교육과정상의 사회과 특색

1) 사회과의 개념 및 목적 측면

현행 '2007년 개정 사회과 교육과정'에서는 사회과를 "사회생활에 필요한 지식과 기능을 익혀서 이를 토대로 사회현상을 올바르게 인식하고, 민주사회 구성원들에게 요청되는 가치와 태도를 지님으로써 민주시민으로서의 자질을 갖추도록 하는 교과"라고 성격 정의를 하고 있다. 이는 사회과가 민주시민으로서의 자질을 길러 주는데 주도적 역할을 하는 교과라는 점과 사회생활에 필요한 지식, 기능, 가치 · 태도 등을 고르게 습득함으로써 다양한 사회현상을 이해하고 우리 사회를 바람직한 방향으로 견인하는 능력을 함양하는 교과라는 점을 강조한 것이다(교육과학기술부, 2008a: 306 – 308).

사회과의 목적은 민주시민으로서 사회생활을 할 수 있는 올바른 자질을 길러 주는데 있다. 바람직한 민주시민이란, "사회생활을 영위하는데 필요한 지식을 바탕으로 인권 존중, 관용과 타협의 정신, 사회정의의 실현, 공동체 의식, 참여와 책임 의식 등의 민주적 가치와 태도를 함양하고, 나아가 개인적, 사회적 문제를 합리적으로 해결하는 능력을 길러 개인의 발전은 물론 사회, 국가, 인류의 발전에 이바지할 수 있는 자질을 갖춘 사람"이라고 정의하고 있다. 이는 바람직한 민주시민이 인간과 사회에 대한 기본적인 지식과 민주사회 구성원들에게 요구되는 민주적인 가치와 태도, 나아가 개인 · 사회문제를 합리적으로 해결할 수 있는 능력을 갖춘 사람이라는 점과 개인이 사회적으로 원만한 사회생활을 영위하고 자아실현과 더불어 사회와 국가의 발전과 번영에 이바지하며 궁극적으로는 세계시민으로서 인류 평화와 발전에 이바지할 수 있는 사람이라는 점을 밝힌 것이다.

2) 사회과의 내용 선정 및 조직 측면

현행 2007년 개정 사회과 교육과정에서는 사회과의 내용 선정과 조직의 원칙을 "지리, 역사 및 제 사회과학의 개념과 원리, 사회제도와 기능, 사회문제와 가치, 그리고 연구 방법과 절차에 관한 요소를 통합적으로 조직한다."고 규정하고 있다. 즉, 사회과의 내용 선정 및 조직 대상인 학습 요소는 사회과학을 비롯하여 인문과학 및 자연과학 등 광범위한 분야의 원천으로부터 나오는 지식과 연구 방법 및 절차, 사회문제 및 쟁점과 관련 가치·태도 등이다. 이들 학습 요소를 지식, 연구 방법과 절차, 가치 태도 등으로 구분하여 고찰하면 다음과 같다.

첫째, 지식과 관련된 학습 요소로는 역사, 지리 및 제 사회과학의 개념과 원리, 사회 구성원으로서 이해해야 할 사회의 기능적 요소, 현대사회의 문제와 쟁점에 대한 지식, 미래 사회에 대한 지식 등이다.

둘째, 연구 방법 및 절차와 관련된 학습 요소로는 설문 조사, 현장 답사, 참여 관찰, 사료 학습, 사례 학습 등 역사, 지리, 제 사회과학의 연구 방법에 기초한 탐구 방법에 관한 요소를 비롯하여 사고 과정, 문제 해결 절차, 정보의 활용 능력, 의사소통 능력 등을 들 수 있다.

셋째, 가치·태도에 관한 요소에는 인권 존중, 자유, 평등, 사회정의, 참여, 책임감, 의무, 협동심 등 사회생활 각 분야의 당위의 가치와 가치 갈등을 해결하는데 필요한 관용, 타협, 연대 등의 태도가 포함된다.

또한 사회과에서는 우리의 삶의 터전인 국토의 이해를 바탕으로 우리 민족의 역사와 활동에 대한 종합적인 통찰과 체계적인 역사의식을 가지는 것과 한국인으로서의 민족적 정체성과 세계시민으로서의 가치·태도를 갖추는 것을 중요한 학습 요소로 고려한다. 이러한 학습 요소들은 교육과정상의 주제를 중심으로 조직되어 사회과 교육 내용의 체계를 구성하고 있다.

3) 사회과 교수·학습 전략 측면

사회과는 고급 사고력과 의사 결정력의 신장을 강조하고, 이를 위해 학습자는 다양한 탐구 방법을 활용하여 스스로 탐구해 가는 학습 전략을 지향하고 있다. 사회과는 사회적 사실과 현상에 관한 지식을 발견하고 적용하는데 필요한 사고와 판단을 강조하는 교과이다(교육과학기술부, 2008a: 306 - 307). 따라서 사회과는 논리적 사고를 비롯하여 반성적 사고, 비판적 사고, 창조적 사고, 가치판단, 의사 결정 등의 능력을 신장시키기 위해서 다양한 교수 학습 방법을 적용하여야 한다. 이에 따라 발견학습, 탐구 학습, 문제 해결 학습, 가치 명료화 및 가치 분석 학습, 의사 결정 학습 등 각 영역의 내용을 학습하는데 적합한 학습 방법을 모색하여 적용하여야 할 것이다.

그리고 사회현상에 대한 올바른 인식과 다양한 사고력 신장을 위하여 학습자 스스로 관심 있는 분야를 선택하여 학습할 수 있는 자기 주도적 학습 기회를 많이 제공하고, 질적·양적 관점, 주관적·객관적 관점이 고려된 다양한 탐구 방법을 적용하여 학습할 수 있도록 안내하여야 할 것이다.

사회현상은 시간적·공간적 영향을 많이 받으므로 사회과 교육은 시대의 변화에 부응하여 시사 자료를 적절하게 활용하고, 학교와 지역사회 실정에 적합한 교재를 개발하여 다루어야 한다. 교재의 지역화와 재구성은 사회과 교육과정의 목표와 내용을 근간으로 하여 지역사회 특성에 적합하도록 개발하여 그 근본 취지를 충분히 살려야 할 것이다.

5. 사회과 교육에 대한 비판적 접근

1) 사회과 교육의 개념에 대한 비판

사회과학을 내용으로 하여 사회 사상(社會 事象)을 탐구의 대상으로 하는 사회과의 정체성에 대해서 비판적으로 접근하는 것은 사회과학도로서는 매우 중요한 인식과 태도이다. 실제 사회과에 대한 개념, 정의, 의미, 성격과 특징 등을 두루 고찰할 때 매우 광범위하고 다양하다는 것이 최대공약수일 것이다. 사실, 사회과 내지 사회과 교육을 '민주시민의 자질을 육성하는 교과', '올바른 사회 인식을 조장하는 교과', '사회과학적 지식을 함양하는 교과', '반성적 탐구를 통한 고급 사고력을 신장하는 교과', '바람직한 인간 육성, 사람다운 사람 양성을 목표로 하는 교과' 등으로 규정하고 있다.

그러나 이러한 사회과 교육에 대한 정의와 개념, 그리고 성격 및 특성 규정이 사회과 교육의 정체성을 충분히 담보하는 것은 아니다. 그만큼 사회과 교육은 단선적으로 정의할 수 없을 만큼 다양한 교과 속성을 갖고 있는 것이다. 사회과의 성격과 개념에 대한 정의는 학자 수만큼 다양하다고 할 수 있다. 사회과는 근본적으로 종합적이고도 통합적인 교과이기 때문이다. 특히, 사회과의 성격 규정에서는 다음과 같은 쟁점을 충분히 고려하여야 할 것이다(최용규 외, 2007: 12-13).

첫째, 민주시민의 자질 육성 교과가 유독 사회과만의 권리이자 책무인가에 대한 비판이 있다. 사회과의 특징이면서도 무특징인 것이 바로 민주시민의 자질 육성 기능이라는 점이다. 사실, 일반적인 교육의 목적과 목표가 바람직한 인간 육성, 인간다운 인간 육성에 있다. 이러한 교육의 일반 목적은 교육철학에서 시작하여 교육심리를 거쳐서 교육과정, 그리고 각 과 교육에 이르기까지 계승되는 것이다. 그러므로 교육의 일반 목적과 목표, 사회과 외의 다른 교과의 목표도 결국은 미래 사회의 주역이 될 학생들을 대상으로 바람직한 인간으로서의 성장을 도모해 주는데 있다는 점에는 이론(異論)의 여지가 없다. 학교 교육의 핵심적 목적이 바람직한 시민적 자질에 있다는 점에서 사회과의 목적은 학교 교육의 목적과 일맥상통한다고 볼 수 있는 것이다. 그러한 점을 전제하면, 다른 교과와 구별하여 사회과만이 고유한 시민적 자질 육성의 영역은 그리 넓지 않다는 지적인 것이다. 더 비판적으로 접근하면 사회과를 제외하더라도 여타 교과만 가지고도 민주시민의 자질 육성에는 아무런 장애가 없다는 혹독한 지적을 피상적으로는 면하기 어려운 것이 사실이다. 사회과의 특성에 대한 무색무취(無色無臭)를 주장하는 이유가 바로 여기에 있는 것이다. 실제, 동서고금(東西古今)을 막론하고 모든 교육은 민주시민 교육, 바람직한 사람 육성, 인간다운 인간 양성 등을 지향하고 있는데, 유독 사회과만이 이러한 교육에 중점을 두고 있다는 주장에는 일정한 한계를 가질 수밖에 없는 것이다.

둘째, 민주시민적 자질에 대한 개념의 애매모호성(曖昧模糊性)이 문제가 된다. 사회과의 근본적 목적인 민주시민의 자질 육성에서 '민주시민'이라는 핵심 개념이 지나치게 추상적이라는 비판인 것이다. 모든 사람들이 시민성, 민주시민성 등이라는 말을 많이 사용하지만 이는 실제 구체적이지 않을뿐더러 막연한 감이 없지 않다. 민주시민적 자질이 법과 질서 및 공중도덕를 잘 준수하는 것인지, 인간관계 등 원만한 사회생활 영위가 초점인지, 사회봉사 활동에 관심을 갖고 실천하는 것인지, 사회적 문제에 대한 비판 의식을 갖고 접근하는 것인지에 대한 실체가 명확하지 않은 것이다. 사회과 교육의 핵심 목적, 목표인 '민주시민'의 개념이 실제적으로 파고 들어가면 '뜬구름 잡는 식'으로 아주 추상적이고 남는 것이 없다는 점은 사회과의 또 다른 비판인 것이다.

셋째, 사회과 교수·학습이 민주시민적 자질 함양에 기여하는 방법에 구체성 결여이다. 도구 교과인 국어과, 수학과 등은 교수·학습 효과와 성과가 매우 명시적이고 계량적이다. 국어과의 경우 언어 구사력, 수학과의 연산 및 문제 해결력 등은 양적 측정과 비교가 가능하다. 하지만 본질 교과인 사회과에서는 사회 인식, 민주시민의 자질 함양 등을 계량적으로 나타내기가 매우 곤란한 난점이 있는 것이다. 이는 사회과가 단일 학문을 대상으로 하지 않는 유일한 교과이고, 나아가 개별 사회과학의 내용보다는 이를 바탕으로 한 사회 인식과 사회 탐구, 사회 사상(社會 事象)을 대상으로 하고 있다는 점과 깊은 관련이 있다.

넷째, 사회과 교육의 양대 목표인 '올바른 사회 인식'과 '민주시민적 자질 함양'의 인과관계가 확연하지 못하다는 지적이 있다. 사실, 사회적 지식을 습득하고, 사회 인식을 올바르게 한다고 해서 민주시민적 자질이 함양되는가에 대한 회의(懷疑)가 없지 않다. 민주시민적 자질은 사회적 지식뿐만 아니라, 사회적 기능, 민주적 가치·태도 등이 종합적으로 구비되어야 하는 것이다. 실제적으로 학교 현장의 사회과 교육에서 사회 인식과 민주시민의 자질을 상호 연계하여 교수·학습하기가 쉽지 않다. 다양한 주제를 통합하여 재구성, 지역화하는 교재 연구가 필수적인데, 현재 초·중·고교 사회과 교사가 처한 현실과 여건이 이를 수용할 만큼 한가하거나 녹록하지 못하기 때문이다.

다섯째, 사회과의 배경 학문이 각 사회과학의 개성, 특성이 매우 강하다는 점이다. 국어과는 국어학과 국문학, 수학과는 수학 등 단일 학문을 배경으로 하기 때문에 교과 내용학의 내용과 경계가 명확하다. 하지만 다양한 사회과학의 교과를 내용학으로 하는 사회과는 이를 단순하게 범주화하기가 곤란하다. 사회과의 배경 사회과학으로서 전통적인 역사학, 지리학과 19세기 이후에 등장한 정치학, 경제학, 사회학, 문화인류학, 심리학, 윤리학, 법학 등의 성격이 다르고, 최근 사회과의 내용학으로 진입한 환경학, 여성학, 통일학 등도 독특한 특성을 갖고 있다. 따라서 사회과의 교과 내용학인 이들 사회과학을 포괄하여 사회과의 개념, 성격 등을 규정한다는 것은 아주 복잡하고도 일정한 한계를 가질 수밖에 없는 것이다.

여섯째, 교과로서의 사회과를 이루는 과목인 일반사회, 역사, 지리 등의 사회 인식과 민주시민성 함양에 대한 개별적 방법론에 대한 문제이다. 일반사회 과목을 통한 사회 인식과 민주시민적 자질 함양과 역사 과목을 통한 사회 인식과 민주시민적 자질 함양이 같을 수 있느냐는 문제이다. 역시 지리 과목의 예도 마찬가지이다.

특히, 사회과의 오랜 쟁점인 일반사회, 역사, 지리 간의 통합과 분과의 문제도 사회과의 성격과 목표에 견주어 나란히 갈 수 있느냐의 지적이 있다. 아울러 통합을 강조하면서도 중등학교의 경우 교과서를 별도로 편찬하는 문제, 사범계 대학에서 일반사회교육과, 역사교육과, 지리교육과를 별도로 설과하면서도 실제 일선 학교에서는 통합적으로 지도하기를 기대하는 교과 체제와 제도적·행정적 문제도 짚어 볼 문제이다.

2) 사회과 교육의 특성에 대한 비판

사회과 교육은 사회 인식을 토대로 하여 민주시민의 자질을 함양하기 위해서 교수·학습하는 교과교육의 하나이다. 이러한 사회과 내지 사회과 교육의 특성은 올바른 사회 인식, 민주시민의 자질 함양, 세계시민적 소양 제고(提高), 고급 사고력 신장, 학생 중심적 활동, 탐구 학습의 실행, 의사 결정력 신장 등을 들 수 있다.

이와 같은 사회과 교육은 다른 교과교육과는 달리 목표, 내용, 교수·학습 방법, 평가, 피드백 등 전 과정에 걸쳐서 독특한 특성을 갖고 있다. 특히, 사회과 교육은 목적과 목표 면에서 교육의 일반 목적, 목표와 대동소이(大同小異)한 특성이 있다. 바람직한 인간 육성, 민주시민의 자질 함양 등은 교육의 일반 목표, 사회과 교육의 공통된 목표라고 할 수 있다. 환언하면, 구태여 사회과가 아니면 민주시민의 자질을 함양할 수 없느냐에 대한 답변의 궁핍성이다. 또한 사회과가 아니면 사람다운 사람, 인간다운 인간을 육성하기 어려운가에 대한 깊은 고민인 것이다.

사회과 교육의 특성과 관련하여 비판적 접근은 여러 가지 면에서 고찰할 수 있지만, 가장 근본적인 것은 사회과를 왜, 무엇을, 어떻게 가르치고, 평가하느냐에 귀결된다. 즉 목표, 내용, 지도 방법, 평가 및 피드백(feedback)에 관련된 사회과 내지 사회과 교육만이 가진 특성을 분석적으로 고찰해 보면 다음과 같이 요약할 수 있다.

첫째, 사회과 교육의 목적 및 목표에 대한 문제이다. 민주사회의 구성원인 학생들에게 사회현상을 올바르게 이해하고 판단할 수 있는 민주시민적 자질을 길러 줌으로써, 그 사회에 적극적인 참여자로서 행복한 삶을 살 수 있도록 배려하는 교육이라고 할 수 있다.

민주시민을 양성하고자 하는 교육은 제도적인 학교 교육뿐만 아니라, 가정과 사회 등 비제도적인 교육기관을 통해서도 상당히 많은 영향을 받게 된다. 민주사회의 지속적인 변화와 성장이 학교 현장에서 학생들을 대상으로 행해지는 민주시민 교육에 크게 의존하여 왔음을 부인할 수 없다. 학교에서 이루어지는 여러 교과교육 중에서 민주시민 교육의 가장 핵심적인 교과가 바로 사회과인 것이다.

민주시민이란 민주주의에 대한 기본적 가치를 인정하고 사회현상을 올바르게 이해할 수 있는 기본 지식과 타인과 상호 작용할 수 있는 기능과 공익을 위해서 적극적으로 참여할 수 있는 태도, 합리적인 판단 능력을 가진 사람이다. 이는 사회과 교육에서 기르고자 하는 민주시민과 일맥상통한다.

최근에는 세계화·정보화 시대를 맞아 사회과 교육의 목적이 민주시민의 자질 함양에서 세계시민적 소양 제고, 세계시민적 자질 함양으로 폭과 깊이가 심화되고 있다. 세계시민적 자질이란 빠르게 변화하는 세계화 사회에서 글로벌 지구촌 사회의 구성원으로서 개방적인 자세를 갖고 문제를 탐구적으로 이해하고 고급 사고력을 통하여 문제를 해결하고, 다양한 정보를 합리적으로 습득하고 적용할 수 있는 태도와 세계 사회문제에 대해 적극적이고 능동적인 해결 자세와 태도를 의미한다.

사회과 교육은 미래의 주역인 학생들에게 민주시민의 자질을 길러 주면서 사회현상을 올바르게 이해하고, 합리적인 판단 능력을 통하여 사회현상 탐구에 적극적인 참여자로서의 역할을 감당할 수 있도록 교육하는데 초점을 맞추어야 한다.

둘째, 사회과 교육의 내용 선정과 조직에 관한 문제이다. 사회과 교육의 본질적인 목적인 민주시민의 자질을 함양하기 위하여 '어떤 내용으로 사회과를 구성하는 것이 바람직한가?'에 대한 질문에 대한 답은 여러 측면에서 접근할 수 있다. 사회과 교육의 내용 선정과 조직의 문제는 '사회가 어떤 방향으로 변화, 발전되어 가고 있는가'와 밀접하게 연관되어 있다. 사회과 교육의 내용을 구성하고자 할 때에는 철학적·학문적 관점, 사회적·문화적 관점, 심리적·발달적 관점 등이 종합적으로 감안되어야 한다. 아울러 구체적으로 내용을 선정하여 배열할 때에는 범위(scope)와 계열성(sequence) 등을 적극 고려하여야 한다.

사회과에서의 범위(scope)와 계열성(sequence)의 문제는 1916년 미국에서 사회과가 성립될 당시의 역사, 지리 중심의 사회과에서, 사회과학의 발달, 사회의 변화와 발전 등으로 다양한 사회과학의 내용이 새로 추가되어 그 범위가 엄청나게 확대되었다.

계열성은 선정된 내용을 순서에 맞게 조직하고 배열하는 것이다. 사회과 교육의 계열성의 기본은 동심원적 확대법, 나선형식 교육과정 등이다. 즉, 사회과 교육의 내용의 배열은 단순한 것에서 복잡한 것으로, 연대기순 또는 역연대기순으로, 가까운 곳에서 먼 곳으로, 구체적인 것에서부터 추상적인 것으로, 일반적인 것에서 특수적인 것으로 배열하는 것이다. 따라서 '2007년 개정 교육과정'의 기본 이념과 정신에 따라 국민공통기본교육과정으로서 제1학년에서 제10학년(초등학교 제1학년-고등학교 제1학년)까지 사회과 내용을 배열할 때, 학생들의 연령, 발달 정도, 관심도 등에 따라 알맞게 배열하되, 동심원적 확대법, 나선형식 교육과정의 원리를 준용하여야 할 것이다.

셋째, 사회과 교육의 교수·학습 방법 및 자료에 관한 문제이다. 사회과에서 추구하는 목적을 실현하기 위하여 어떠한 방법으로 가르쳐야 할 것인가에 대한 많은 연구가 진행되었다. 사회과 교수·학습 방법은 목표와 내용에서 어떤 면을 강조하느냐에 따라 여러 가지 방법을 강구해 볼 수 있다.

사회과 교수·학습의 질을 제고하기 위하여 사회과 교사는 학습자의 특성, 학습 환경, 가르치고자 하는 내용에 따라 교수 전략을 다르게 수립하여야 한다. 가령, 교사가 사실, 개념, 일반화 등의 지식 위주로 가르쳐야 할 내용은 강의식, 탐구식 수업 방법을 적용할 것이며, 가치·태도 등을 가르치는 수업은 정의적 수업 모형을 적용할 것이다. 아울러 의사 결정 능력, 문제 해결 능력 등을 신장하고자 하는 수업은 의사 결정 수업 모형, 논쟁 문제 수업 모형 등을 적용해야 할 것이다.

현행 '2007년 개정 사회과 교육과정'에서는 탐구 및 문제 해결에 적합한 교수 기법으로 질문, 조사, 토의, 관찰 및 면담, 현장 견학, 자원 인사, 초빙, 역할 놀이와 시뮬레이션 게임, 인물 학습, 사료 학습 등을 강조하고 있으며, 정보사회에 적극 대응하기 위하여 정보 처리 기능과 창의적 사고력 신장을 위한 신문 활용 교육(NIE), 컴퓨터 보조 프로그램(CAI), 인터넷 활용 학습(IIE) 등을 권장하고 있다.

아울러 사회과 교육의 효과를 제고하기 위하여 지도 방법을 새롭게 적용하여야 하고, 각종 교수·학습 자료를 개발하여 적용하여야 한다. 사회과 교육에 적합한 자료에는 각종 시청각 자료, 인터넷 자료, 시사 자료 등을 활용하되, 학교의 여건과 학생의 수준에 맞게 재구성 및 지역화가 선행되어야 할 것이다.

넷째, 사회과 교육의 평가에 관한 문제이다. 교육 혁신은 평가의 혁신에서 비롯되어야 한다. 일반적으로 평가는 학습의 결과 학생들의 행동이 얼마나 긍정적인 방향으로 변화했는지를 측정해 보는 것으로, 교육 내용의 특성 및 목적에 따라 다양한 평가 방법을 적용하여야 한다.

21세기 세계화·정보화 사회에서는 기존의 진부하고도 상투적인 교육 평가에서 벗어나 새롭고도 창의적인 평가를 요구하고 있다. 물론, 지도 방법 면에서 자기 주도적 학습, 문제 해결 학습, 협동 학습 등이 주류를 이루어야 할 것이다. 평가 역시 지식 자체를 얼마나 암기하고 있느냐에서 탈피하여 창의력, 탐구력, 문제 해결력, 의사 결정력, 메타 인지 등 고급 사고력 측정에 초점을 맞추어야 할 것이다. 최근 지필 평가 외에 사회과 교육의 평가 방법으로 주로 사용되고 있는 기법은 참평가, 수행 평가, 직접평가, 포트폴리오평가 등이다. 아울러 자기평가, 동료평가, 보고서평가, 면접법, 관찰법 등이 아주 다양하게 적용되어야 할 것이다. 사회과의 개선은 사회과 교육과정 전반적인 혁신에 바탕을 두어야 한다.

6. 사회과 교육의 한계

민주시민 교육을 고유한 목적·목표로 하는 사회과 교육은 교육의 일반 목적 목표와 가장 밀접하게 연관된 교과교육이다. 모든 교육의 최종 목적·목표와 지향점이 사회과 교육의 목표인 '바람직한 인간 육성', '사람다운 사람 양성'에 있기 때문이다. 그럼에도 불구하고 사회과 교육의 한계와 제한점에 대하여 국내 사회과 교육학자들은 다음과 같이 지적하고 있다(전국사회교사모임, 2008: 2).

송현정 교수(2001)는 「시민사회의 개념 변화와 현대 시민교육의 방향 모색」이라는 연구에서 현재 학교 교육에서의 시민교육의 실태를 분석하고 문제점을 지적하면서 다음과 같은 대안을 제시하고 있다(송현정, 2001: 221).

"국가 주도 교육의 문제점을 제시하고 시민사회 영역이 자율성을 확보할 수 있는 정도의 긴장을 유지하는 시민교육이 요구된다고 생각한다. 또한 아직 시민사회 주도 시민교육의 실체가 명확하지 않지만, 국가가 주도하는 획일화된 학교 제도와 교육과정에 대항하여 학생과 교사, 학부모, 지역사회 인사 등이 두루 연합한 시민사회의 투쟁이 요구된다."

장원순 교수(2003)는 「한국 사회과 교육에서 시민의 실천 문제와 과제」라는 연구에서 사회과 교육의 문제점을 다음과 같이 지적하면서 대안을 제시하고 있다(장원순, 2003: 197−198).

"첫째, 사회과 교육에서 시민 실천성을 증진시키기 위해서는 사회과 교육의 외적인 문제인 시민교육의 제도적 미비와 도구화, 시민교육에 대한 인식의 결여와 무관심에 대한 해결뿐만 아니라, 사회과 교육 자체의 성격에 대한 이론적 분석과 비판, 재구성이 요구된다고 하겠다.

둘째, 사회과 교육에서 시민의 실천성을 증진시키기 위해서는 학습자의 시민으로서의 행위와 참여를 강조해야 할 뿐만 아니라, 이들이 구조화, 체계화되도록 해야 한다는 것이다. 시민의 실천성을 증진시키기 위하여 사회과 교육은 형식적이고 탈맥락적인 지식과 사고의 교육에서 시민으로서의 행위와 참여 중심의 교육으로, 그리고 더 나아가 구조화되고 체계화된 시민으로서의 행위와 참여 중심의 교육으로 그 초점이 변화되어야 할 것이다."

추정훈 교수(2004)는 「민주시민성 교육과정 속에서의 민주주의 교육」이라는 연구에서 현재 우리나라의 사회과 교육에서의 시민교육의 문제점을 다음과 같이 지적하고 있다(추정훈, 2004: 399-400).

"끊임없이 제기되는 의문이지만, 사회과 교육을 통해서 현대 민주사회를 성공적으로 살아갈 수 있는 민주시민적 자질을 양성할 수 있을까에 대한 반문을 하게 된다. 사회과 교육의 연구자로서 매우 당연하게 생각해야 하는 것들을 때로는 의심하게 된다. (중략) 사회과에서 의도하는 인간상(교육과정에 제시된)이 정치, 경제, 사회, 문화 등 각 분야에서 어떤 의미를 가지는가에 대하여 반성하지 않을 수 없다고 본다."

모경환·이정우 교수(2004)는 수도권 초·중·고교생들을 대상으로 실시한 「좋은 시민에 대한 학생들의 인식 조사 연구」에서 다음과 같이 제안하고 있다(모경환·이정우, 2004: 79).

"학생들은 '좋은 시민'의 자질로 '타인에 대한 배려', '일차 집단에의 헌신' 등을 가장 중요하게 생각하고 있으며, 반면, '권위에의 복종'을 가장 덜 중요하게 생각하고 있었다. 이를 몇 가지 차원으로 분석하여 고찰하여 보면, 학생들은 비정치적 차원, 소규모 공동체, 개인적 윤리와 관련된 시민성을 정치적 차원, 국가적 측면, 자발적 참여와 관련된 시민성보다 중시하고 있었다."

결국 국내 사회과 교육학자들도 외국의 사회과 교육학자들과 마찬가지로 사회과의 본질적 목적이자 지향점인 '민주시민의 자질 함양'에 대하여 그 중요성을 강조하고 있다. 하지만 이와 같이 중요한 소위 '민주시민', 내지 '민주시민성 육성'이 매우 추상적이고, 또 진정 현대 정보화 사회의 사회과 교육에서 충분히 달성될 수 있는지에 대하여 의문의 여지를 갖고서, 그 형태의 추상성과 함께 달성의 회의성(懷疑性)을 지적하고 있는 것이다. 이는 사회과의 목적·목표인 소위 '민주시민성 육성'이 아주 중요하지만 허공의 뜬구름처럼 구체성을 결여하고 있으며, 모든 교과와 교육의 지향점인 이 '민주시민성 육성'이 사회과만의 고유 목적·목표로서 특성화되기에는 일정한 한계를 갖고 있다는 전통적인 비판과 그 궤(軌)를 같이한다고 볼 수 있다.

아울러 세계화, 지식정보화 시대인 현대 사회의 사회과 교육에서는 '민주시민성의 육성'과 함께 '세계시민성 함양', '세계시민 교육' 등이 민주시민성 함양, 민주시민 교육의 확대, 연장선상에서 매우 다양하고도 역동적인 내용과 방법으로 새롭게 구현되어야 한다.

7. 사회과 교육 관련 유사 용어

사회과는 정치학, 경제학, 사회학, 문화인류학, 법학, 윤리학, 심리학, 역사학, 지리학 등 제 사회과학을 내용학으로 하는 교과이다. 그러므로 이와 같은 여러 사회과학은 유기적으로 각각 통합되어 사회과라는 과목을 형성하고 있는 것이다. 사회과는 종합 교과로서 현재 초·중·고교의 국민공통기본교과 중의 한 교과인데, 이와 유사한 용어가 많아 개념 혼동을 일으키는 경우가 많다. 따라서 사회과 교육학도로서 사회과 관련 유사 용어에 대한 개념 정의를 분명히 하는 것이 바람직하다.

첫째, 사회과 교육은 보통 사회과와 같은 의미로 사용된다. 즉 정치학, 경제학, 사회학, 문화인류학, 법학, 윤리학, 심리학, 역사학, 지리학 등 제 사회과학을 내용학으로 하는 교과인 사회과를 가르치고 배우는 교육 활동이다. 일반적으로 한국에서는 사회과와 사회과 교육을 구별하지 않고 있다. 대체로 동일한 의미로 사용하고 있는 것이다.

사회과와 사회과 교육의 개념 정의에서 유념할 점은 사회과가 일반사회 과목, 역사 과목, 지리 과목을 모두 포함한 교과라는 점이다. 환언하면, 사회과는 교과이고, 일반사회, 역사, 지리 등은 과목인 것이다. 현재 일부 사범계 대학에서 사회교육(학)과를 개설하고 역사, 지리 영역의 내용을 배제하고 일반사회 과목만을 교수(이수)하고 있는 것은 일반사회교육과와 비교하여 제고해야 할 대목이다.

둘째, 사회과학은 사회과를 이루는 교과 내용학인 정치학, 경제학, 사회학, 문화인류학, 법학, 윤리학, 심리학, 역사학, 지리학 등 개개 사회과학의 학문 자체를 의미한다. 사회과학이 법칙, 원리를 발견하려는데 초점을 맞추는 학문인 데 비하여, 사회과는 인간과 인간, 자연, 사회제도 등에 관한 사회과학적인 지식을 학생들에게 교육하기 위해서 재조직한 교수용 교과(instructional school subject)인 것이다. 사회과학의 목적은 진리의 발견과 같은 학문적 면을 중시하며 법칙의 탐구를 지향하는 학문의 무리이다. 사회과(교육)는 인간, 자연, 제도 등에 관한 사회과학적인 지식을 학생들에게 교육하기 위하여 재조직한 교수용 교과목이다. 그러므로 사회과(교육)는 교육 현장에서 사회과학적 내용을 현실 생활에 알맞게 재조직하고 교수될 수 있도록 하는 교과인 것이다. 아울러 사회과의 목적이 교과로서 바람직한 인간 육성인 데 비하여, 사회과학은 각 학문의 법칙, 원리 탐구와 규명인 점이 상이한 점이다.

셋째, 사회생활과는 사회과의 예전 교과명이다. 사회생활은 사회과 도입 초기 'Social Studies'를 한국식으로 번역한 것이다. 사회생활과는 사회과 교육이 인간의 사회생활을 중요한 내용으로 하고 있다는데에서 유래한다고 본다. 오늘날의 사회과를 해방 후에는 오랫동안 사회생활과라고 부르기도 했다. 실제 교수요목기의 초·중·고교 사회과와 교과과정기인 제1차 교육과정기의 초등학교와 중학교의 사회과명이 바로 '사회생활과'였다. 사회생활 내지 사회생활과라고 하는 용어는 오늘날도 많이 사용하고 있는데 이것은 사회과 교육이 인간의 사회생활을 그 중요한 내용으로 한다는데에서 유래된 것으로 보인다. 현행 유치원 교육과정에서의 '사회생활'은 건강생활, 표현생활, 언어생활, 탐구생활 등과 함께 중심적 활동 영역으로 편제되어 있다. 아울러 현재도 우리나라 사범대학 중에서 학과명으로 사회생활과를 개설·편제하고, 세부 전공으로 일반사회교육 전공, 역사교육 전공, 지리교육 전공 등을 둔 학교도 있다.

넷째, 일반사회과는 일반사회교육과를 약칭(略稱)한 것인데, 과거 교육과정의 공민과(公民科)의 의미와 현행 사범대학의 학과명 등 두 가지 의미를 갖는다. 즉 일반사회과 내지 일반사회교육과는 사회과 중에서 역사교육, 지리교육 관련 내용을 제외한 정치, 경제, 법, 사회, 문화 인류(학) 등에 관련된 과거의 이른바 공민과(公民科)를 의미한다. 일반사회과 내지 일반사회교육과라는 용어는 사회과에서 역사교육과 지리교육의 내용을 제외한 정치, 경제, 사회, 문화 법 등을 가르치고 배우는 교과 즉, 이른바 예전의 공민과(公民科)를 의미하는 용어로 사용되어 왔다. 현재, 우리나라 교육과정에서 '일반사회'라 하면 사회과에서 역사 영역, 지리 영역을 제외한 영역인 정치, 경제, 사회, 문화 인류, 법, 윤리, 심리(학) 등을 종합한 영역을 의미한다.

일반 사회는 용어상으로 '일반'이 넓은 의미의 사회과로 역사 영역, 지리 영역을 포함하여야 하나, 현행 우리나라 교육과정에서는 오히려 역사 영역, 지리 영역을 제외한 나머지 사회과학을 의미하고 있다. 따라서 사범대학의 일반사회교육과는 역사교육과, 지리교육과의 전공인 역사 영역, 지리 영역을 나머지 사회과학의 제 학문을 전공하는 학과로 자리매김 되었다.

다만 현재는 사회과의 과목 중에서 일반사회 과목은 여타 세부 소과목(특히 교과서)으로 분리되어 존재하고 있으며, 사범대학의 학과의 하나로서 일반사회교육과가 존재하고 있다. 사범대학에서 일반사회교육과, 사회교육학과의 일반사회 전공, 사회교육학부의 일반사회 전공을 두고 있는데, 이는 중등학교 교사 자격증 교과목명이 '일반사회'로 발급되는 것과 밀접하게 관련되어 있다고 본다. 우리나라 2007년 개정 사회과 교육과정에서는 역사(교육)가 영역 독립을 하여 사회과는 일반사회 영역, 지리 영역을 통합한 기이한 통합 형태를 이루고 있다.

다섯째, 사회교육은 사회과 교육을 줄여서 칭하는 의미와 학교 밖의 제도권 외의 교육인 평생교육의 의미를 가지고 있다. 특히, 초·중학교 교과서인 '사회'를 가르치는 교과가 사회교육이라고 할 때는 사회교육이 사회교육과 같은 의미인 것이다. 또 역사교육이나 지리교육에 대하여 사회 문화교육을 사회교육이라고 하기도 하고, 때로는 사회교육을 일반사회교육과 같은 의미로 쓰는 등 용어가 정교하게 구분되어 있지 않고, 혼동이 오는 경우가 많다.

사회교육의 의미에 대해서는 유념해야 할 점이 있다. 사회교육은 학교 안에서 실시되는 학교 교육과는 달리 학교 밖에서 실시되는 조직적이고 체계적인 교육을 사회교육이라고 부르고 있는 것이다. 정규 학제가 아닌 평생교육 차원의 교육 일반을 의미하는 것이다. 최근에는 평생교육, 성인교육, 비형식교육, 계속교육 등의 용어와 밀접한 관련을 가지고 사용되고 있다. 이 때문에 우리나라에서 사회교육이라 할 때에는 초·중·고등학교에서 학교의 교과목으로 교수되는 사회과의 교육 또는 사회과 교육을 의미하기도 하고, 또 학교 밖에서 학교에 다니지 않는 일반인들을 대상으로 하여 실시되는 교육을 함께 의미한다. 문화원의 꽃꽂이 교육, 평생교육원의 각종 프로그램, 방송통신대학교와 사이버대학교, 디지털대학교 등도 사회교육(평생교육) 프로그램, 교육기관이라고 할 수 있다.

여섯째, 민주시민 교육은 학교뿐만 아니라 학교 밖으로까지 확대되는 교육 프로그램으로서 개인·집단의 구성원으로서 갖추어야 할 지식, 기능 가치, 행동 등을 발달시킬 수 있도록 도와주는 교육을 의미하기도 하며, 한편으로는 사회과 교육의 목표로서의 민주시민 교육을 말하기도 한다. 이는 1916년 태동한 사회과의 근본적 목적, 목표가 민주시민성 양성이라는 점과 궤를 같이하는 것이다.

끝으로, 사회과 내지 사회교육과 유사한 용어로 사회봉사, 사회주의 사회복지, 사회문제, 사회 개혁, 사회혁신 등을 들 수 있다. 하지만 사회과 교육은 이들 용어들과는 완전히 다른 개념이다. 사회라는 글자가 붙어 있기는 하지만 그 근본적 의미는 각각 다르다. 사회봉사는 사회를 위해서 일을 한다는 의미이며, 사회주의는 분배를 지향하며, 사회의 생산수단을 공유해야 된다는 이념, 사상이며, 사회복지는 모든 사회 구성원들이 행복하고 인간다운 삶을 누릴 수 있도록 국가, 사회가 제도적으로 보장하는 정책이다. 또 사회문제는 범죄, 탈선, 낙태, 도덕적 해이(moral hazard), 환경오염 등 사회생활에서 발생하는 다양한 바람직하지 못한 문제를 의미하며, 사회개혁은 사회의 제도가 부적당하기 때문에 변화시키려고 하는 것이다. 사회혁신은 사회개혁과 궤를 같이하되 기존의 사회체제를 일시에 획기적으로 바꾸어 새로운 사회 변화를 지향하는 것이다. 다만 이러한 사회과의 유사 용어들의 전반적인 내용을 사회과에서 포함하여 교수·학습한다는 점을 유념할 필요가 있다.

〈표 3〉 사회과와 사회과의 유사 용어 비교

용어	주요 개념(의미)	비고
사회과(교육)	사회과학의 내용을 중심으로 바람직한 인간 육성을 위한 교과목	사회과 교육과 동일 의미
사회과학	인간관계 및 사회 현실을 과학적으로 연구하는 학문의 총체, 사회과학의 목적은 진리의 발견과 같은 학문적인 것을 중요시하며 법칙의 발견에서 신뢰도를 중시	자연과학에 대(對)되는 학문의 무리
사회생활(과)	사회과 교육이 인간의 사회생활을 중시하는데서 기인한 교과 명칭, 교수요목기와 제1차 교육과정기의 초·중학교 사회과 및 교수요목기의 고등학교 사회과의 교과목 명칭	일부 대학교 사범대학의 사회과계 학과 명칭
일반 사회(과)	사회과에서 역사, 지리 과목을 제외한 과목 명칭, 과거 교육과정의 공민(公民) 영역의 변경된 명칭, 사범대학 일반사회교육과의 약칭(略稱)	역사, 지리 영역을 제외한 사회과 영역 (일반사회교육과)
사회교육	학교 밖에서 학교를 다니지 않는 일반인(성인)을 대상으로 하는 교육(평생교육)	제도권 외 교육
사회주의	자본주의의 대척점에 있는 사회의 생산수단을 공유하는 사상, 이념의 형태	
사회봉사	사회와 사회 구성원들의 복지와 후생을 위해 일하는 활동	
사회문제	사회의 바람직하지 못한 여러 문제로 범죄, 탈선, 환경오염, 일탈 행위 등	
사회복지	사회의 모든 구성원들이 인간다운 생활을 할 수 있도록 국가가 제도적으로 보장하려는 노력	
시민교육	민주시민의 자질 육성, 바람직한 인간 육성을 위한 교육, 세계시민사회의 교육	일부 외국의 사회과 교육 명칭
정치교육	민주시민교육, 민주시민생활에 필요한 덕목인 자유, 평등, 인간의 존엄성 등에 관한 교육	시민교육, 민주시민교육과 일맥상통

1. 사회과 교육의 모형

사회과 교육학자인 바아, 바스, 셔미스(R. Barr, J. L. Barth, S. S. Shermis) 등은 사회과 교실 수업을 조사하여 사회과의 전통을 크게 시민성 전달(전수)로서의 사회과(social studies as citizenship transmission), 사회과학으로서의 사회과(social studies as social science), 반성적 탐구로서의 사회과(social studies as refoective inquiry) 등 세 가지로 제시하였다(Barr, et al., 1978: 39－194). 그리고 이들은 이러한 전통을 바탕으로 현실적인 사회과를 경험적으로 일반화하여 시민성 전수 모형(Citizenship transmission Model), 사회과학 모형(Social Science Model), 반성적 탐구 모형(Reflective Inquiry Model) 등 세 가지 모형을 제시하였다. 물론 이 세 가지 모형은 모두 최종적으로 민주시민성 함양이라는 사회과의 본질적이고도 궁극적인 목적을 지향하고 있다. 물론 시민성 전수 모형, 사회과학 모형, 반성적 탐구 모형 등 이 세 가지 모형은 모두 궁극적으로 시민성 함양을 지향하고 있다는 점에 유념할 필요가 있다.

그 후 1980년에 넬슨과 미카엘리스(J. L. Neoson & J. U. MIchaelis)가 사회과의 3가지 전통에 두 가지 전통, 즉 '사회비판과 사회적 행위로서의 사회과(social criticism and social action)', '학생의 개인적, 사회적 발달로서의 사회과(personal－social development of syudent)'를 추가하여 제시했다. 특히, 넬슨과 미카엘리스는 바아, 바스, 셔미스의 분류 중 시민성 전달로서의 사회과를 문화유산 전달로서의 사회과로 보았다(Nelson & Michaelis, 1980: 11－15). 이처럼 사회과의 개념과 목표가 무엇이고 어떤 지식과 기능을 가르쳐야 하며 어떤 방법과 자료를 사용해야 하는가라는 '당위적 문제'에 대한 이론적 관점(접근)은 다양하다. 사회과 교육자들은 이 문제에 대해 다양한 의견을 제시하고 있다.

이와 같은 분류를 종합하여 사회과의 본질과 목적을 기준으로 서로 유사한 의견과 입장을 묶어서 6가지 관점으로 분류할 수 있다.

사회과의 목적에 대한 6가지 이론적 관점은 크게 ① 시민성 전달 및 문화유산 전달로서의 사회과, ② 사회과학으로서의 사회과, ③ 반성적 탐구로서의 사회과, ④ 개인 발달로서의 사회과 ⑤ 합리적 의사 결정으로서의 사회과 ⑥ 사회 비판으로서의 사회과 등으로 분류 될 수 있다. 사회과의 목적을 중심으로 6가지 사회과 모형의 이론적 관점을 종합하면 다음과 같다(Woolever & Scott, 1988: 10－13, Barr et al., 1977; Nelson & Michaelis, 1980).

1) 시민성 전수(문화유산 전수) 모형(Citizenship transmission Model)

시민성 전수로서의 사회과는 비교적 초기의 사회과 모형의 핵심으로서 교육 내용에 대한 교과 중심적 접근의 전통을 이어받은 것이다(전숙자, 2008: 27). 시민성 전수 모형은 사회 안정과 적응을 중시하며 애국심을 강조하며, 이데올로기를 주입하여 정치적 교화(教化)를 도모하려는 보수주의적 입장이다.

　사회과 교육은 사회에서 전래되어 오는 문화적 유산을 학생들에게 전수하여 학생들이 미래 사회의 훌륭한 시민이 되게 하는 것이 목적이라는 전통적 사회과 교육의 모형이 곧 시민성 전수 모형이다. 민주시민성은 정체성, 덕목, 법률적 측면, 정치적 측면, 사회적 측면 등의 요소 구조, 지식, 기능, 가치·태도 등의 교육 요소, 그리고 세계, 대륙, 국가, 지방 등의 지리적 수준 요소 등 3차원적 구조로 구성된다. 이와 같은 입체적 구조를 통해서 학생들은 원만한 사회생활을 영위할 수 있는 민주시민성을 함양하게 되는 것이다.

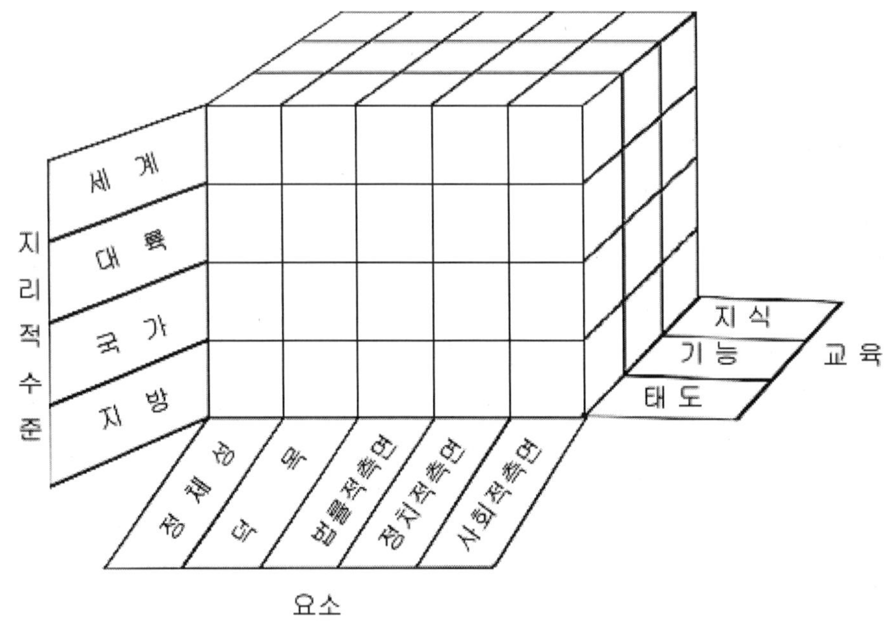

[그림 2] 민주시민성의 3차원적 구조

　이와 같은 사회과의 시민성 전수(Citizenship Transmission)의 관점은 교육은 기성세대가 후대에게 문화유산을 전달(전수)해 준다는 전통적인 교육관에서 비롯되었다. 미국의 건국 초기 다민족으로 구성된 미국 국민들이 미국의 역사와 지리, 그리고 전통적 문화유산에 대해 올바르게 이해하고 있어야 한다는 관점에서 출발하였다. 시민성 전수 모형에서의 훌륭한 시민이란 애국심이 강한 시민(국민)으로서의 각종 책무를 다하는 성실한 사람을 의미한다. 사회과 교육에서 시민성 전수 모형은 아주 본질적이고도 전통적인 모형이다.

　시민성 전수 모형의 주된 교육 방법은 설명식이며, 탐구 수업과 사고력 신장을 지향한다 하더라도 궁극적으로 의도하는 가치와 덕목을 전달하는데 있다. 따라서 이데올로기의 주입이라는 비판을 받으며, 다양한 가치들과 새로운 혁신에 대해서 소극적이며, 그렇게 때문에 역동적·입체적 교육에 관심이 많은 학생들에게 흥미를 끌기 어렵다는 비판이 있다(정문성 외, 2008: 11-12).

　사회과의 시민성 전수 모형(Citizenship Transmission Model)은 학습자는 시민성 함양을 위하여 바람직한 가치 수용을 하여야 하며, 교사는 이러한 가치 전수를 독려해야 한다는 입장이다. 가치의 정오(正誤) 여부는 기성세대에 의해 전통적으로 판단이 내려진 상태이기 때문에 학습자는 수용하기만 하면 된다는 입장이다. 그렇기 때문에 사회과 교수·학습은 교과서 암송, 교사의 주입 등이 주류를 이루며, 학습자는 수업의 주체라기보다는 객체로서 수업의 과정에서 주로 수동적 위치에 서게 된다(남호엽, 2008: 24-25).

시민성 전달 내지 문화유산 전달로서의 사회과는 사회 구성원인 민주시민으로서 갖추어야 할 자질이란 이미 사회적 합의를 얻고 있는 것으로 보고, 그것을 다음 세대에 전달, 전수하여 사회적 안정과 발전을 기대하려고 한다. 이와 같은 사회과 교육이 갖는 특징은 교육 내용으로서 중요한 것은 사회적 합의에 도달한 가치이고, 그것의 전수 방법으로서는 기본적 전달, 자유로운 교화라는데서 찾을 수 있다. 전달자로서의 교사는 훌륭한 시민을 어떤 가치와 태도를 견지하고 안정된 공공 활동에 참여하는 사람으로 규정하고, 이러한 사람을 육성하려는데 목적을 두고 있다. 여기서의 전달은 단순한 물리적 인계인수의 의미라기보다는 유의미한 교수와 학습의 의미이다. 현대 사회과 교육에서는 지구촌 사회, 세계화 사회를 맞아 이와 같은 민주시민성 함양, 세계시민성 배양이 더욱 강조되고 있다.

과거 시민성 전수 모형의 관점에서는 사회과의 핵심 목표를 젊은 학생들을 '훌륭한 미국 시민'으로 훈련시키는 것으로 간주하였다. 이 관점에서 훌륭한 미국 시민이란 미국의 역사, 지리. 정부, 경제체제에 대해 잘 알고 있고, 인간의 존엄성, 인권, 자유, 평화, 평등, 정의, 민주주의 등 미국적 가치를 공유하는 시민이다.

이 관점에 기초하여 사회과 교육이 이루어지면, 교육의 최종적인 결과는 기존의 사회질서와 현 상태가 그대로 유지된다는 것이다. 즉, 학생들이 사회과 교육을 통해 사회구성원으로서의 책임을 받아들이고 민주적인 생활 방식에 따르게 됨으로써, 결국 현 세대의 문화유산이 다음 세대로 전달되고 보존된다는 것이다.

문화유산의 선택적 전달자로서의 사회과는 영원한 진실과 가치를 창조한다는 점에서 교육철학의 항존주의와 유사하며 학생들이 인생을 준비하기 위해 필요하다고 생각되는 지식, 기능, 가치 및 태도 등을 추구한다는 점에서 본질주의와도 연계된다. 물론 문화유산 전수에서 전승하고자 하는 내용은 각 사회과학과 사회 탐구의 기초가 되는 것을 중심으로 하여 교사가 결정해야 한다(노정식 외, 2007: 38-39).

사회과 교육은 전통적으로 사회에서 전해 내려오는 문화적 유산을 학생들에게 전달하여 학생들이 미래의 훌륭한 시민이 되게 하는 것이 목적이라는 견해인 것이다. 사회의 안정을 위하여 의미가 있지만, 보수적이라는 비판을 받는다. 전통적인 사회과 교육의 모형이 여기에 속한다. 문화유산은 전통적인 사회과에 관련된 지식과 진리 등이 주류를 이루는 것이다.

일반적으로 시민성 전수 모형, 문화유산 전달 모형의 핵심인 민주시민성은 정체성, 덕목, 법률적 측면, 정치적 측면, 사회적 측면 등인 요소와 지식, 기능, 태도 등인 교육, 그리고 세계, 대륙, 국가, 지방 등인 지리적 수준 등 3차원적 구조로 구성되어 있다.

〈표 4〉 민주시민성의 목록

시민성의 책임		시민성의 권리	
부패한 형태	**참된 형태**	**참된 형태**	**부패한 형태**
· 법과 질서	· 정의	· 자유	· 무정부 상태
· 강제된 동질성, 복종	· 평등	· 다양성	· 불안한 다원주의
· 권위주의, 전체주의	· 권위	· 사생활	· 자유의 절대화, 사유화
· 다수결주의	· 참여	· 정당한 절차	· 범죄 취약성
· 가장된 위선	· 진실	· 소유권	· 인권보다 소유권 중시
· 국수주의, 외국인 혐오증	· 애국심	· 국제적 인권	· 문화적 · 민족적 제국주의
	민주적 시민성		

* 출처: 박상준, 『사회과 교육의 이론과 실제』, 교육과학사, 2008: 51.

2) 사회과학 모형(Social Science Model)

사회과학 모형(Social Science Model)은 학문 중심주의, 지식의 구조를 중시하면서 시민성 함양을 사회과학적 안목에서 찾는다. 사회과학 모형은 사회과의 핵심 목표를 학생들이 사회과학자와 같이 사고하도록 가르치는 것이다. 즉, 이 관점의 핵심은 미래 사회의 주인공인 학생이 사회과학적 지식의 구조, 사회과학적 지식과 탐구 방법 등을 배우고, 사회과학자가 경험적 문제를 해결하는 방법에 따라 학생이 과학적 문제의 해답을 찾는 활동에 능동적으로 참여하는 수업 방법이 사용되어야 한다고 믿는다. 이 모형은 사회과 교육의 목적을 '꼬마(어린) 사회과학자' 양성에 두는 입장이다.

사회과학(Social Science)적 관점은 구소련의 스푸트니크 인공위성 발사 이후 일어난 학문 중심 교육과정의 영향을 받아 '꼬마 사회과학자'의 양성으로 대표되는 전통이다. 사회과를 구성하는 학문의 지식 구조와 탐구 과정을 배우는 것이 가장 중요하게 강조되었다. 그러므로 매우 중립적이고 학생 스스로의 과학적 탐구 방법을 강조하여 개념과 일반화의 이해를 강조한다. 하지만 보편적인 가치와 현실 문제를 경시하고, 추상적이고 지적으로 우수한 학생에게 편향적이라는 비판을 받고 있다. 사회과학적 탐구력을 함양하는 것은 좋으나, 시민교육적인 차원이 소홀히 된다는 비판을 받고 있다.

사회과학으로서의 사회과의 입장은 인간생활의 법칙과 형식, 그리고 질서 확립 등을 추구한다는 점에서 사실주의와 상통하며, 인간관계를 연구하는 객관적이고 경험적인 방법을 강조한다는 점에서 과학적 실증주의와 상통한다. 사회과학으로서의 사회과의 주된 목적은 학생들을 사회과학의 기존 지식과 연구 방법에로 인도하는 것이다. 사회과학적 탐구 방법, 가설, 개념, 일반화, 원리, 이론 등이 내용으로 제시되며, 객관성의 추구, 증거의 추구 등이 강조된다(노정식 외, 2007: 38-39).

사회과학 모형은 학생들에게 각종 사회과학을 가르치는 것을 사회과 교육의 본질로 보는 입장이며, 사회과학의 지식, 개념, 일반화, 이론 등을 체계적으로 교육하고 가치중립적인 사회과학적 탐구력을 함양하는 것이 목적이다. 이 모형은 사회과학의 지식은 강조하나 사회과의 본질인 시민교육적 측면을 소홀히 한다는 비판을 받고 있다.

사회과학 모형은 1960년대 사회과학의 발달과 함께 등장한 학문 중심 접근의 전통을 이어받은 모형으로 교과의 구조, 지식의 구조 등을 중심으로 가르쳐야 한다는 것이다. 이는 다양한 학문 분야로부터 도출된 사실, 개념 및 일반화 등의 개념적 요소와 사회과학자들이 연구할 때 사용하는 탐구 방법적 요소 등을 중시한다(전숙자, 2008: 28).

사회과학 모형은 학생들은 사회과학자의 사고 과정을 통하여 지적 안목이 형성되며, 이와 같은 안목이 학습자로 하여금 선량하고도 훌륭한 시민으로 선도한다는 입장이다. 사회과학 모형에서의 교육 내용은 사회과학의 구조, 개념, 연구 방법 등이 핵심 아이디어이다. 따라서 사회과학 모형에서의 교육 방법은 사회과학자들의 연구 방법 및 문제 해결 방법이며, 이것이 수업의 구조를 결정한다. 즉 사회과학자들의 탐구 전략과 다양한 연구 기법들이 수업 방법의 원형을 제공한다(남호엽, 2008: 25).

사회과학으로서의 사회과는 사회과학의 연구 방법과 성과를 가르치는 것이다. 사회과학의 개념, 이론, 방법을 지나치게 강조함으로써, 학생들을 사회과학의 소비자로 만든다는 비판이 있지만, 사회과학의 구조와 탐구 방법을 학습함으로써 과학적 사고, 합리적 사고를 할 수 있고 그것이 바람직한 시민적 자질 향상의 기초가 될 수 있다는 견해가 핵심 주장이다. 또한 현실적으로 사회과학의 개념, 이론을 중심으로 다루는 사회과 교육이 강조되고 있다.

사회과학 모형의 교육 방법은 사회과학자들의 연구 방법 및 문제 해결 방법이며 이와 같은 교육 방법이 수업의 구조를 결정하는데, 사회과학자들의 탐구 전략과 연구 기법들이 교수·학습 방법의 원천이 된다. 이러한 사회과학의 각 학문 영역의 연구 방법에 기초한 것으로 사회과에서 적용하고 있는 학습 형태에는 참여 관찰 학습, 사례 조사 학습, 표본 조사 학습, 문헌 조사 학습, 현장학습, 사료 학습, 자원 인사 초빙 학습, 상황 분석 학습 등을 들 수 있다.

이런 탐구의 결과로 학생들은 과학적 탐구 방법을 사용하여 지식이 어떻게 획득되는지를 평가할 수 있고, 과학적 지식과 태도를 소요하게 될 것이라고 가정된다. 그 결과 학생들은 인간관계와 물리적 환경에 대해 과학적으로 이해하고 대중매체에서 제공되는 지식과 정보를 취사선택하여 유능하게 사용하는 소비자가 될 것이라고 간주된다.

사회과의 교과 내용학인 각종 사회과학을 가르치는 것을 사회과 교육의 본질로 보는 입장이다. 사회과학의 지식, 개념, 일반화, 이론 등을 체계적으로 교육하고 가치중립적인 사회과학적 탐구력을 함양하는 것이 사회과에서 중요하다. 상당수에 달하는 우리나라의 사회과 교사들도 생활과 관련된 문제 해결력보다 사회과학적 지식을 가르치는 것을 사회과에서 가장 중요한 것으로 보고 있다.

1957년 스푸트니크(sputnik)와 1970년대 신사회과 운동(new social studies)은 사회과에서의 사회과학의 재강조가 핵심이었다. 사회과에서의 사회과학 강조는 사회과 내용학인 사회과학의 학문적 구조에 의한 지식의 강조가 핵심적 요소이다.

사회과학 모형은 사회과학자들의 사유 방법과 탐구 기법, 기능, 아이디어 등을 학생들의 발달 수준에 적합하도록 재조직하여 가르침으로써 과학적 절차와 객관적 증거에 의하여 사회현상에 관한 법칙 발견을 도모하려고 한다. 물론 궁극적으로는 사회과학 탐구를 통해서 시민성 함양을 지향하고 있는 것이다. 결국 사회과학 모형은 지식의 구조를 바탕으로 제 사회과학의 개념과 원리를 사회과 교육의 교수학습에 적극적으로 적용하는 모델이다. 다만, 중요한 점은 사회과학 모형도 궁극적으로 사회과의 본질적 목표인 민주 시민의 자질 함양으로 지향한다는 점이다.

3) 반성적 탐구 모형(Reflective Inquiry Model)

반성적 탐구(Reflective Inquiry)는 듀이(Dewey)의 이론에 바탕을 두고 있다. 듀이는 일상생활 속에서 학생들의 욕구와 흥미를 중심으로 학생 스스로 학습 내용을 결정하기를 강조하였다. 체계적이고 과학적인 학습 과정을 통한 의사 결정을 하여 시민성 신장을 연습하는 교육을 강조한 것이다. 끊임없이 폭증하는 지식, 변화하는 사회, 사회적 쟁점의 등장 및 다원화 등에 대응하기 위해서는 애국심에 호소하거나 검증된 과학적 지식의 습득만으로는 충분하지 못하다. 학생들로 하여금 자신 및 사회와 관련된 문제가 무엇인지 확인하고, 그 문제와 관련된 사실과 가치에 대한 과학적이고 경험적인 검토와 토론, 그리고 상황에 부합되는 합리적 의사 결정으로 이어지는 과정이 탐구이며, 이것이 곧 시민성 함양이라는 입장이다(정문성 외, 2008: 11 - 12).

사회과의 반성적 탐구 모형(Reflective Inquiry Model)에서는 시민성 함양이 전적으로 합리적인 의사 결정 능력에 달려 있다고 본다. 의사 결정의 대상은 사회적 쟁점과 문제들이며, 이는 학습자들의 경험 세계에 바탕을 둔 흥미, 관심 등이 초점이다. 따라서 반성적 탐구 모형에서는 학습자들의 자기 주도적 학습에 주목하면서, 학습자가 교수·학습 과정에 능동적으로 참여할 수 있도록 교육 내용을 구체화해야 한다. 아울러 반성적 탐구 모형에서의 교육 방법은 사회문제 해결을 위한 지적 탐구 과정으로서 지식은 그 자체로 목적화되기보다는 문제 해결을 위한 도구이자 수단이 된다(남호엽, 2008: 25). 반성적 탐구 모형은 인지적 발달 모형이라고도 하며 체계적으로 사고하는 능력과 관련된 기능, 반성적 사고(reflective thinking) 등 인지적 기능 발달을 사회과 교육의 중요한 목적의 하나로 간주한다.

반성적 탐구 모형은 학생들이 반성적 사고 능력을 개발하도록 도와주는 것을 사회과 교육의 핵심 목표로 제시한다. 물론 '반성적 탐구' 또는 '반성적 사고'는 다양한 사고의 과정, 즉 비판적 사고, 문제 해결, 과학적 탐구, 귀납적 사고, 윤리적·법적 추론, 가치 탐구, 합리적 의사 결정 등을 포함한다. 이런 사고의 과정들의 공통점은 문제의 해답을 찾고 평가하기 위한 고도의 정신 과정의 사용을 포함한다는 것이다.

반성적 탐구, 반성적 사고로서의 사회과의 입장은 실용주의와 관련되어 있다. 반성적 탐구로서의 사회과의 주된 목적은 사회문제와 사회적 쟁점에 대해서 반성적 탐구와 반성적 사고를 통해서 학생들의 사고력과 의사 결정력을 발전시키는데 있다. 반성적 탐구로서의 사회과의 학습 내용은 학생들에게 중요하고 관심 있는 쟁점이나 문제를 다룰 수 있는 것이면 무엇이나 가능하다. 이 모형에서는 문제의 정의, 가설의 설정과 검증, 대안의 설정, 대안 결과의 분석, 결론 도출, 판단과 결정 등과 같은 과정으로 진행된다(노정식 외, 2007: 38 - 39).

반성적 탐구로서의 사회과는 교수·학습의 결과보다는 과정을 중시하며, 합리적인 의사 결정, 문제 해결에 필요한 지식과 가치를 탐구하는 과정에서 시민적 자질이 육성된다고 보고 있다. 반성적 탐구 모형의 지지자는 지식 획득과 가치 명료화 과정이야말로 교사가 진정으로 가르쳐야 할 것으로 보고 있다. 합리적 의사 결정자는 이 과정을 통해서 양성될 수 있다고 보기 때문이다. 사회과가 암기식, 강의식 수업, 교육이 되어서는 안 되며, 나아가 학생 중심의 탐구 학습에 초점을 맞추어야 한다고 주장하는 학자들에게 적극적인 지지를 받는 모형이다.

이 관점은 학생들이 단순한 암기나 주입이 아니라 사고하는 법을 배워야 한다고 가정한다. 이러한 사회과 교육을 받은 학생들은 지식(사실)문제와 가치문제에 대한 해결책을 찾기 위해 충분한 지적 능력을 사용할 수 있게 된다. 사고의 과정을 배우는 것을 더하여 학생들이 반성적으로 사고하는 법을 배우고 사고를 위한 사고의 즐거움을 경험할 수 있게 된다. 이러한 사회과 교육의 결과로 학생들은 개방적이고 책임감 있는 사회 구성원이 될 것이고, 사회는 더 높은 단계로 발전할 것이라고 가정된다.

반성적 탐구 모형에서의 시민성은 합리적인 의사 결정 능력에 달려 있다. 의사 결정의 대상은 사회적인 쟁점과 문제들이며, 이는 학습자의 경험 세계에 자리하고 있어서 흥미와 관심이 개입한다. 따라서 반성적 탐구 모형에서는 학습자의 자기 주도성에 주목하면서, 학습자가 수업의 과정에 능동적으로 참여할 수 있도록 교육 내용을 구체화한다. 교육 방법은 사회적 문제 해결을 위한 지적 탐구 과정이며, 이때의 지식은 그 자체로서 목적화되기보다는 문제 해결을 위한 수단 혹은 도구인 것이다(남호엽, 2008: 32−35).

반성적 탐구 모형은 사회생활에서 직면하는 문제를 해결하기 위하여 반성적 사고력을 기르는 것을 사회과 교육에서 가장 중요시하는 모형이다. 현대사회의 상황으로 보아 가장 적절한 모형으로 평가되고 있으나, 내용의 실체보다 방법론에 너무 치우친다는 지적이 있다. 또 사회과학적 지식 체계가 소홀이 될 우려가 있다는 비판도 있다. 이에 대한 반발로 기본적인 지식으로 돌아가야 한다는 '기초 복귀 운동(Back to Basics Movement)'이 일어나기도 하였다.

반성적 탐구 모형은 사회 이슈(issue) 및 쟁점, 문제 해결 과정을 통하여 학생들의 사고 능력을 향상시키는 것을 중시한다. 반성적 탐구 모형은 반성적 사고를 강조하면서 사회과 교육과정을 통해서 사회 변화를 이끌어 가고자 했던 보다 진보적인 관점을 취하는 것으로 정보사회에서 문제 해결 능력을 갖춘 시민 양성이 사회과의 중요한 목표가 되어야 한다는 주장과 궤(軌)를 같이하고 있다.

하지만 반성적 탐구 모형은 탐구 과정이 일선 학교 현장에서 매우 어려우며, 교사에게 많은 부담을 가중시켜서 상대주의에 빠질 우려가 있다는 단점을 내포하고 있다.

4) 개인 발달 모형

사회과의 개인 발달 모형은 학생 중심, 아동 중심 사회과 교육의 전통과 일맥상통한다. 개인 발달 모형은 사회과의 특성상 사회 구성원인 개인의 발달과 성장이 사회, 국가, 인류의 발달에 대한 초석이 된다는 관점에 바탕을 두고 있다. 개인과 사회의 조화로운 연계에 바탕을 두고 있는 모형이다.

개인 발달 모형은 학생들의 정체성 형성 및 자아실현을 도와 조화로운 인간의 성장 발달을 촉진하는 것을 사회과의 목적으로 보고 있다. 학생들의 개인적 · 사회적 발달로서의 사회과 모형은 학생 중심의 진보주의와 관련이 있으며, 일면 실존주의와도 연관이 있다. 개인 발달 모형의 주된 목적은 자기 이해, 자아실현, 타인과 자신의 관계를 이해하는 것으로 과학적이기보다는 인간적인 면을 강조하는 점이다. 따라서 자아 인식과 자기평가 등을 중시한다. 아울러 개인 발달 모형은 아동 중심, 학생 중심의 사회과 교육 전통을 이어받아 아동(학생)들의 흥미와 욕구, 잠재 가능성의 실현, 자아 인식, 자아실현, 인간성 회복 등을 중시한다.

학생들의 개인적 발달로서의 사회과의 입장은 학생 중심의 진보주의 사조와 밀접하게 관련되어 있으며, 실존주의와도 부분적 관련을 맺고 있다. 개인적 발달 모형의 주된 목적은 자기 이해, 자아실현, 타인과 자신과의 관계를 이해하는 것으로 과학적이기보다는 인간적인 측면을 강조한다. 따라서 자아실현과 자아 조절, 자아 인식, 자기평가 등을 강조한다(노정식 외, 2007: 38－39).

적극적인 자아 개념과 자아의 발달 및 성취, 개인적 효율성, 개인을 위한 취업 준비, 행복한 생활 능력 등의 함양을 중요한 내용으로 하는 모형이다. 모든 사람은 개인적인 생활을 가지고 있는 것이므로 이 모형도 중요한 부분을 시사하고 있으며, 이 부분을 너무 강조하다 보면 사회과 교육의 중요한 부분인 사회성이 소홀히 되는 단점을 가지고 있다. 또 개인적 발달 모형은 적극적인 자아 개념과 발달 및 성취, 개인적 효율성, 개인의 발달을 위한 취업 준비, 행복한 생활 능력의 함양 등을 사회과 교육에서 강조하나 사회과 교육의 중요 부분인 사회성 교육이 소홀히 되는 단점을 안고 있다(김현석·한관종, 2008: 4－5).

이 관점에 따르면 사회과의 핵심 목표는 학생 개인이 자신의 '잠재능력'을 최대한 발달시키도록 도와주는 것이다. 충분히 발달된 사람은 높은 자아 존중감을 갖고, 다른 사람들과 잘 지내고, 실제적인 목표를 달성하고자 노력하고, 일상적인 문제를 효과적으로 잘 처리하고, 독·서·산(讀·書·算) 등 기본적 능력과 직업기술을 개발하는 사람이다.

궁극적으로 사회과 교육의 목표는 바람직한 사회 구성원을 기르는 것이다. 개인적 발달의 목표를 달성하기 위해서 사회과 교사는 교사 중심·교과 중심 교육보다는 학생 중심 교육을 실시해야 한다. 아울러 개인 발달 모형에서는 사회생활에서 자신과 타인의 관계를 이해하고 다양한 삶의 의미를 추구하고 잠재 가능성을 발휘하여 개인적, 사회적으로 조화로운 성장 발달을 도모하고 있다고 전제한다.

5) 합리적 의사 결정 모형

사회과 합리적 의사 결정 모형은 사회과의 핵심 목표를 학생들에게 '합리적인 의사 결정'과 그 결정에 따른 행동을 가르치는 것으로 간주한다(Engle: 1960, 1988, Banks: 1977, 1990, Woolever & Scott: 1988). 합리적으로 의사 결정을 한다는 것은 개인적, 사회적 문제들을 해결하기 위해 최고의 지적 능력을 사용하는 것이다.

문제 해결을 위한 사고의 과정(방법)을 가르친다는 측면에서 이 과정은 반성적 탐구로서의 사회과와 많은 부분이 중복된다. 두 관점의 차이는 사고 능력이 가르쳐지는 '목적'과 사고 능력이 실천되는 '맥락'에 있다.

합리적인 의사 결정으로서 사회과에 있어서 목적은 개인 또는 집단이 개인적, 사회적 문제들에 대해 결정할 때 사고 능력을 사용하도록 하는 것이다. 반면에 반성적 탐구로서의 사회과에 있어서 목적은 학생들에게 다양한 이유에서 사고방법을 가르치는 것이다. '후자는 무엇을 해야 하는가'(가치 판단과 실천)에 대한 의사 결정을 필연적으로 요구하지 않는다. 예컨대 이 관점에 따르면, 학생들은 두발 또는 교복의 자유화를 허용할 것인가에 관한 찬·반 주장에 대해 객관적으로 생각하고 검토하겠지만, 두발과 교복을 자유화해야 하는가에 대해 구체적인 가치판단과 실천에 대해 의사 결정하지 않아도 된다.

그러나 전자는 의사 결정에 기초한 '사회적 행위의 실천'을 사회과의 목표로 포함한다. 학생들이 합리적인 의사 결정을 했다면, 어떤 방식으로든 그 결정에 따라 행동할 것이라고 가정된다.

이 모형은 합리적인 의사 결정 방법을 배움으로써, 학생들은 일생 동안 개인적, 사회적 문제에 직면했을 때 반성적이고 책임감 있는 인간으로 행동할 수 있다고 가정한다. 학생들은 합리적 의사 결정이 문제 해결의 가장 좋은 방법이라고 확신하고, 자신의 삶과 사회를 발전시키기 위해 그 결정 과정에 따라 실천하는데 헌신할 것이라고 가정된다.

6) 사회 비판 모형

사회 비판 모형은 과거의 이론과 실제, 제도, 문제 해결과 사고방식 등 전반적인 사회 시스템(system)을 새롭게 재검토하고 비판하며 새로운 대안을 추출, 제시하는 것이 사회과 교육에서 핵심적이고도 중요하다고 보는 모형이다. 사회 비판 모형은 사회적 문제에 대한 비판 능력을 사회과 교육에서 강조하나 이러한 비판 능력도 민주적 시민교육의 중요한 부분임에는 틀림없지만, 이 부분을 너무 강조하면 문화유산의 전수와 사회과학 교육이 소홀이 된다는 단점을 내포하고 있다(김현석 · 한관종, 2008: 4 - 5).

사회 비판 모형은 사회 정치적 참여 중심 모형이라고도 한다. 사회 비판 모형은 사회과 교육의 목적이 사회의 정의, 언론 · 집회 · 결사의 자유, 세계 평화, 세계화 등과 같은 목적을 위해 학생들에게 참여의 기회를 제공하고, 사회 비판이나 정치적 참여를 증진하는 것을 강조한다. 사회적 비판과 사회참여로서의 사회과에서는 학교는 현재보다는 미래를 위해 보다 더 다양한 개선, 개량에 초점을 두는 기관이라는 재건주의 입장과 관련된다. 사회 비판 모형의 주된 목적은 학생이 사회 상황과 사회문제를 비판적으로 분석하고, 사회 변화를 가져오는 방법을 제안할 수 있는 능력을 발달시켜야 한다는 입장이다. 따라서 사회적 비판의 기법이 강조되며, 정의와 기회에 대한 평등, 인간의 존엄성, 진보에 대한 신념, 문제 해결을 위한 지성 등과 같은 가치가 중요시되고 있다.

사회적 비판과 사회참여로서의 사회과의 입장은 학교는 사회를 개선, 혁신시키는 기관이 되어야 한다는 재건주의와 관련된다. 이 입장의 주된 목적은 학생들이 사회 상황과 사회문제를 비판적으로 분석하고, 사회 변화를 가져오는 방법을 제안할 수 있는 능력을 발달시키는 것이다. 비판의 기법이 강조되며, 정의와 기회에 대한 평등, 인간의 존엄성, 진보에 대한 신념, 문제 해결을 위한 지성 등과 같은 가치를 중요시한다(노정식 외, 2007: 38 - 39).

과거의 전통, 현재의 이론과 실천, 제도, 문제 해결과 사고방식 등을 새롭게 재검토하고 비판하며, 새로운 대안을 제시하는 것이 사회과 교육에서 가장 중요하다고 보는 모형이다. 1960년대에서 1980년대에 이르러 전 세계적으로 일어났던 반권위적인 지향 운동의 영향으로 비판적인 능력을 사회과에서 중시하는 것이다. 사회 비판 모형은 학교 내와 학교 외에서 실제적으로 정치 과정에 참여하고 리더십을 발휘하는 참여 능력 신장을 강조한다. 이 모형은 비판적인 능력도 민주적인 시민교육의 중요한 한 부분으로 보고 있지만, 이 부분을 지나치게 강조하면 문화유산의 전달이나 사회과학 교육이 소홀히 되는 단점을 가지고 있다.

<표 5> 사회과 3대 주요 모형의 특성 비교

구분		시민성 전달(전수) 모형	사회과학 모형	반성적 탐구 모형
출현 배경 (등장 환경)		· 미국 초기의 토착민과 이주민 사이의 갈등, 대립 완화, 인종과 민족의 통합과 협동심 함양	· 사회과학의 독립화, 스푸트니크 사건, 브루너의 '교육의 과정', 신사회과 운동 등	· 20세기 급격한 사회변동 · 사회문제의 합리적 해결 요구
주요 특징		· 대중이 널리 지지함 · 전달할 가치와 지식의 목록 분명	· 스푸트니크 충격 이후 급부상 · 학문의 구조 강조	· 상대주의적 가치관 · 가치 갈등의 현상
교육 목표	목표관	· 사회과의 과제는 바람직 한 가치 전달 · 보편적 절대적인 가치를 가르쳐야 함	· 사회과의 과제는 사회과학의 안목 형성 · 사회현상에 관한 합리적인 분석 능력, 사고 능력	· 사회과의 과제는 사회 문제 및 쟁점 대처 능력 · 학습자의 현재 삶이 곧 시민의 삶
	본질 목표	· 훌륭한(애국적)민주 시 민 양성 · 사회 가치, 규범의 내면 화와 준수 · 시민성은 올바른 가치 내 변화로 육성	· 학식을 갖춘 시민 양성 · 사회과학적 지식의 습득 · 사회과학적 탐구 방법 습득 · 사회과학자의 탐구 방법 (꼬마 사회과학자 양성) · 사회과학의 개념 과정으로 시민성 육성	· 사회문제의 객관적 분석 · 합리적 의사 결정 모색(의사 결정력, 문제 해결력) · 지식 활용, 문제 해결, 의사 결정 등으로 시민성 육성 · 사회적 문제 탐구
핵심 교육 내용		· 전통적 문화유산의 전수·가치, 규범 등의 내면화 · 권위에 의해 선정, 교사에 의해 해석, 가치·태도, 신념, 예시 등 · 사회, 시민 관련 기존 가치, 규범, 신념 등 지향	· 사회과학의 구조, 개념, 문제, 과정 등 · 제1차적 자료와 탐구 문제 · 사고와 탐구의 내용 · 과학자의 관심 문제 · 과학적 문제(사실) · 사회과학적 지식, 연구 방법 · 인간과 사회의 상호 작용 연구	· 사회문제 관련 자료 · 일상적 사회문제의 사실 과 가치 혼합 과제, 자료 · 문제, 학생의 흥미와 관심 등 · 일상적 사회문제, · 학생 관심 문제(사실, 가치) · 학생 참여의 민주적 문제
교사관		· 하나의 신념 수용 · 학생과일심동체(사제동행) · 내용의 전수자 · 대체로 보수적	· 방법의 전달자 · 결론의 불간섭	· 조력자 · 주제 선정, 내용과 방법에 불간섭
문제 성격		· 전통적으로 강조된 문제 · 기득권이 중시하는 문제	· 과학적 문제(과학적 사실) · 과학자가 관심을 갖는 문제	· 일상적 사회문제(사실＋가치) · 학생들이 관심을 갖는 문제
탐구 주체		· 교사	· 교사	· 학생
학습 과정		· 학생들은 교사의 전달 내용을 단지 수용	· 제시된 자료를 활용하여 질문의 해답 찾기	· 자료의 활용, 해석의 자율적 결정
교육 방법	교수 기법	· 전달, 주입, 교화가 핵심 직접적 전수, 간접적 전 수(주입, 행동 수정 기술) · 전수: 암송, 강의, 문답, 구조화된 기법 등으로 개념, 가치 준수	· 탐구 방법의 탐구(탐구 수업) · 사회 제 현상의 탐구 · 발견: 사회과학의 방법 발 견 및 적용	· 반성적 탐구와 토론 수업 · 가설 설정 후 검증 · 토론을 중심으로 전개 · 탐구: 문제 확인 통찰, 갈등 해결

구분		시민성 전달(전수) 모형	사회과학 모형	반성적 탐구 모형
교육 방법	수업 방법	·교화, 주입, 교사 중심 ·통제된 문제 해결 활동 ·주입식(기술＋설득), 행동 수정 기술, 강의식, 문답식 방법	·사회과학 탐구, 교사 중심 ·개별 사회과학에서 사용하는 방법들 ·탐구식 수업	·반성적 탐구, 의사 결정 수업, 학습자 중심 ·선정된 주제들에 적용되는 탐구 및 의사 결정 과정의 실제 수행 ·반성적 탐구와 토론 수업
	교과서 접근법	·기술적 접근법	·개념적 접근법	·역동적 접근법
비판과 평가 (문제점)		·사회 현실과 사회과학 내용, 학생의 요구 등 무시 ·사실 왜곡, 규범의 맹종 우려 ·특정 가치에 대한 지나친 확신	·실제적 사회적 현상과 유리(遊離) ·사회과학의 구체적 사회 상황 제시 곤란 ·의사 결정의 해결책 제시 곤란 ·가치중립 불가능 ·소수 엘리트에게 유리	·실제적 사회 현실과 시민 육성에 한계 ·합리적 의사 결정의 판단 곤란(가치 상대주의적) ·교사와 학생의 능력 결여 시 진행 곤란 ·교사에 너무 많은 것 요구 ·전통 파괴의 우려

한편, 사회과 수업을 중심으로 한 유형 분류는 올리버(Oliver)의 분류가 대표적이다. 올리버는 그의 논문 「사회과학의 범주(Categories of Social Science Instruction)」에서 사회과의 유형을 지혜로운 인간 형성을 위한 접근법, 사회과학 접근법, 조화로운 인간 형성을 위한 접근법, 위대한 국가상 정립을 위한 접근법, 법리적 접근법, 시민 행동 접근법 등 여섯 가지를 제시하고 있다. 각 접근법의 핵심은 다음과 같다.

첫째, 지혜로운 인간 형성을 위한 접근법(the wisdom approach)은 지식이란 학생들이 사물을 이해하고 지혜롭도록 하며, 그러하기에 유의미하다고 보는 입장이다. 이때 지식은 극도로 추상화된 기성의 지식이며 사실적 지식을 다룬다. 대체로 이 접근법은 사회과학의 내용이 유래하는 연구 방법에 대한 논의는 결여되어 있다. 학생들이 사회과학적 지식을 터득하는데, 이 지식이 학생들을 지혜롭게 만든다고 보았다. 다만 설명식 수업이 주가 되며, 학생들이 그러한 지식을 암기한다고 해서 진정으로 지혜롭게 되는가에 대해서는 비판적인 면에 직면하는 한계가 있다.

둘째, 사회과학 접근법(the social science approach)은 사회 인식의 결과 면 못지않게 인식의 방법 면을 중시한다. 사회과학의 아카데미즘을 강조하는데, 학문의 연구 성과에 대한 맹목적인 교수는 아니다. 수업의 절차는 관찰, 사건의 기록, 사건 해석을 위한 이론적 도구의 사용에 기초한다. 전반적으로 사회 사상(社會 事象)을 중심으로 한 사회과학적 탐구를 강조한다.

셋째, 조화로운 인간 형성을 위한 접근법(the harmonist approach)은 역사와 사회과학의 내용보다는 상대적으로 학습자에게 관심을 기울인다. 사회의 문화 통합을 목적으로 협력적 인간관계, 공동 작업, 교실 민주주의 등을 강조한다. 경쟁보다는 조화로운 인간관계 성취를 지향한다. 이 접근법은 특히 사회생활의 인간관계를 강조한다.

넷째, 위대한 국가상 정립을 위한 접근법(the image of greatness approach)은 학생들로 하여금 역사적 실체에 대한 감각을 형성하도록 하는데, 이는 동포들과의 유대감을 가지게 한다. 문화 통합을 목적으로 하면서, 동일한 국가 이미지를 학생들에게 제공하기 위하여 극적인 이야기체 역사를 제공한다. 국민 통합주의와 문화 상대주의 등도 이 접근법의 한 부류로 볼 수 있다.

다섯째, 법리적 접근법(the jurisprudential approach)은 이성에 기초하여 논쟁 문제를 해결하려는 것이 기본 정신이며, 갈등적인 논쟁점이나 정치적 주장, 결정에 앞서서 증거에 기초하면서 지적 절차의 수행, 정치적 문제를 다루기 위한 교육받은 이성과 설득을 위한 논증의 사용 등 세 가지 구성 요소가 있다. 특히 법리적 접근법은 사회체제의 공공적 문제에 초점을 맞추고 있다.

여섯째, 시민 행동 접근법(civic action approach)은 전통적인 학습 공간인 교실을 떠나 배운 내용의 적극적 적용을 중시한다. 즉, 지식과 행위가 통합되어야 민주시민으로서 바람직한 생활이 가능하다고 보고 있다(남호엽, 2008: 21-23). 시민 행동적 접근법은 사회 구성원으로서의 시민들의 참여와 활동을 적극 장려하고 있다.

〈표 6〉 올리버의 사회과 유형의 특징

유형	교육 목적	교육 내용	교육 방법
① 지혜로운 인간 형성	지식의 전수는 지혜로운 삶을 유도	사회과학의 사실적 지식	전달, 암기, 사고의 결과 강조
② 사회과학	사회과학의 안목 형성	사회과학의 구조	과학적 탐구, 사고의 과정 중시
③ 조화로운 인간 형성	문화 통합을 위한 상생의 자세 확립	조화로운 인간관계 성취를 위한 교리와 방법	협동, 집단 작업, 교실 민주주의
④ 위대한 국가상 정립	문화 통합을 위한 국가 이미지 내면화	국가 구성원이 공유하는 역사적인 문제 상황	교화, 주입
⑤ 법리적 접근법	합리적인 가치판단력 신장	사회 논쟁점, 정치 문제	합리적 근거와 절차에 기초한 논증
⑥ 시민적 행동	참여 민주주의 실현	학교와 지역사회의 문제, 국가 및 국제적인 관심사	지적 탐구와 사회적 행동

2. 사회과 교육의 유형

사회과 교육의 유형에 대하여 울에버와 스콧(Woolever & Scott)은 기존의 여러 학자들의 분류를 분석하여 그 중요성에 따라 합리적 의사 결정 및 사회적 행동, 사회과학 교육, 반성적 탐구 교육, 개인 발달 교육, 시민성 전달 교육 등으로 열거하였다. 합리적 의사 결정 및 사회적 행동이 가장 중요한 것은 우리 사회가 민주주의의 이상을 실현하고 유지하는데 가장 필요한 기능과 태도이기 때문이라는 점이다. 기존에는 우리 사회가 민주주의 이상을 완전히 실현 내지 유지하지 못했으므로, 이를 달성하고 유지하기 위해서는 시민들의 지적이고 합리적인 실천적 행동이 필요하다는 주장이다(정문성 외, 2008: 13-17).

첫째, 시민성 전달 관점이다. 미국 독립 이후 국민 통합과 민주주의 국가 건설을 위하여 모든 국민들이 민주시민으로서의 기본적 자질을 갖추어야 한다고 판단하였다. 이와 같이 국민 통합과 민주주의 국가 건설을 위하여 '사회과'가 탄생하였고, 이 사회과에서 추구하는 민주시민의 자질을 '시민성'으로 보았고, 당시 시민성의 보편적 가치들은 인간의 존엄성, 자유, 평등, 정직, 정의 등 오늘날까지 전승되는 민주주의의 이념들이었다.

둘째, 개인 발달 관점이다. 시민성 전달이 이데올로기 주입이라는 비판과 함께 개인의 인권과 개성이 존중되는 사회 분위기에 따라 교육에서도 개별화 교육과 개인의 잠재력 발굴이 본질이라는 주장이 출현하였다. 민주시민 교육은 개인의 자아실현을 도와서 생산적인 시민을 양성하는 것이며, 자아실현이 곧 사회의 자아실현으로 이어지며, 훌륭한 민주시민은 시민성의 기초 위에 자신이 가진 잠재력을 최대한 발휘하는 사람으로 정의되었다.

셋째, 반성적 탐구 과정이다. 시민성 발달을 비판하고 등장한 개인 발달 관점이 학생들을 편협한 개인주의자로 만들 뿐만 아니라 개인의 자아실현이 곧 사회의 자아실현으로 이어지지는 않는다는 비판을 바탕에 깔고 등장한 관점이다. 듀이(Dewey)가 "아는 것이 힘이 아니라 아는 방법이 힘"이라고 사고력을 강조하면서 기존의 시민교육의 패러다임(paradigm)이 변화하였다. 즉 훌륭한 시민은 시민성의 기초 위에 자아실현을 도모하되, 사고력 개발을 위하여 높은 수준의 지적 능력을 갖춘 사람이라는 것이다. 시민교육은 듀이가 말한 '반성적 탐구'를 통해서 사고 방법을 익히고 발견의 기쁨을 누리는 교육이 되어야 한다고 강조하였다.

넷째, 사회과학 교육 관점이다. 기존의 반성적 탐구 관점이 사고력만 강조하고 실천의 문제를 경시했다는 비판을 받는 가운데, 1957년 스푸트니크 충격으로 미국 교육계가 큰 충격에 빠진 배경에서 출범하였다. 미국이 구소련과의 우주 경쟁에서 패배한 진정한 이유는 교육, 특히 아동(학생) 중심의 진보주의 사도가 핵심적인 지적 훈련을 시키기 못했다는 반성과 함께 사고력을 강조하고 있음에도 불구하고 지식 주입식 교육 일변도의 교육에 치중했다는 비판에서 브루너로 대표되는 학문 중심 교육과정이 태동하였다. 즉 초 · 중등학교는 대학의 준비 기관으로 대학에서 배울 사회과학의 내용과 지식의 구조를 미리 배우는 곳으로 간주되었다. 훌륭한 민주시민은 사회과학적 지식과 방법을 잘 아는 사람을 의미하게 된 것이다.

다섯째, 합리적인 의사 결정과 사회적 행동의 관점이다. 사회과학 교육이 초 · 중등학교의 보통 교육의 기능과 정의적 측면을 도외시했다는 비판에서 출범하였다. 특히 산업사회를 거치면서 사회에 다양한 여러 가지 사회문제가 팽배하여 교육에 대한 역할, 기능이 제고되었다. 즉 교육은 학생과 사회가 직면한 문제 해결 능력을 가르치는 것이어야 한다는 자각을 하게 되었다. 진정한 민주시민 교육은 각 개인이 개인적, 또는 사회적 문제에 직면했을 때 이를 해결하게 하기 위해서 도와주는 것이며, 그 문제 해결은 합리적 의사 결정과 실천을 통해서만 가능하다는 입장이다. 합리적 의사 결정은 문제에 대한 사회과학적 지식과 시민성이나 잠재력 등을 고려한 통합적인 최선의 의사 결정을 의미한다. 아울러 훌륭한 민주시민은 합리적 의사 결정 능력을 보유한 사람이며, 나아가 이를 실천하는 사람으로 인식되었다. 결국 사회과 교육의 유형은 전통적인 시민적 전달의 관점, 사회과학 교육의 관점, 반성적 탐구의 관점 등 세 가지 모형에 개인 발달적 관점과 합리적 의사 결정과 사회적 행동의 관점 등 두 가지 모형을 추가한 형태이다.

<표 7>사회과 교육의 관점(울에버와 스콧(Woolever & Scott))

관점	출현 배경	핵심 내용	비고
시민성 전달(전수)	미국 국민 통합, 민주시민 교육	보편적 가치(인간의 존엄성, 자유, 평등, 정직, 정의 등) 수용, 민주시민 교육은 문화유산 전달로 성취	
개인 발달	개별화 교육과 잠재력 발굴 추구	자이실현을 통한 민주시민 교육, 개인적 자아실현이 사회적 자아실현	
반성적 탐구 과정	시민성은 사고력 개발 통행 성취, 사회과학적 사고방식 강조	과학적 사고방식을 통한 '발견', 탐구식 수업을 통한 민주시민 교육	
사회과학 교육	스푸트니크 충격, 학문 중심 교육과정과 지식의 구조	사회과학의 기초 개념과 내용 중시, 원리 등 핵심적 아이디어와 지식의 구조 강조	
합리적 의사 결정	보통 교육의 기능 외면과 정의적 영역 외면 비판, 학생의 직면한 문제 해결 지향	합리적 의사 결정과 실천을 통한 문제 해결, 지식과 시민성 및 잠재력 통합을 통한 의사 결정	

한편, 사회과의 유형화 중에서 대표적인 사례는 올리버(Olver)의 논문 「사회과학 수업의 범주들(Categories of Social Science Instruction)」을 꼽을 수 있다. '사회과학 수업의 범주들(Categories of Social Science Instruction)' 이 논문에서는 사회과의 유형을 지혜로운 인간 형성을 위한 접근법, 사회과학 접근법, 조화로운 인간 형성을 위한 접근법, 위대한 국가상 정립을 위한 접근법, 법리적 접근법, 시민 행동 접근법 등 여섯 가지를 들고 있다.

첫째, 지혜로운 인간 형성을 위한 접근법은 지식은 학생들이 사물을 이해하고 지혜롭도록 하며, 그러한 면이 유의미하다고 보는 입장이다. 이때 지식은 극도로 추상화된 기성의 지식이며, 사실적 지식을 다룬다. 사회과학의 내용이 유래하는 연구 방법에 대한 논의는 결여되어 있다. 먼 훗날 학습자들이 미래에 여러 모로 지혜로움을 제공할 것이라는 가정을 기초로 하고 있다.

둘째, 사회과학 접근법은 사회 인식의 결과 못지않게 인식의 방법을 중시한다. 사회과학의 아카데미즘을 강조하는데, 학문의 연구 성과에 대한 맹목적인 교수(教授)는 아니다. 수업의 절차는 관찰, 사건의 기록, 사건 해석을 위한 이론적 도구의 사용에 기초한다. 즉 사회과학의 과정 및 방법을 토대로 사회현상에 대한 이해를 도모한다.

셋째, 조화로운 인간 형성을 위한 접근법은 역사와 사회과학의 내용보다는 상대적으로 학습자에게 관심을 기울이다. 사회의 문화 통합을 목적으로 협력적인 인간관계, 공동 작업, 교실에서의 민주주의 등을 강조한다. 경쟁보다는 조화로운 인간관계의 성취를 지향하는 사회과의 논리이다. 민주시민은 인간 상호간의 협력적인 관계 형성에 달려 있으며, 사회과는 이 점에 초점을 두어야 한다.

넷째, 위대한 국가상 정립을 위한 접근법은 학생들로 하여금 역사적 실체에 대한 감각을 형성하도록 하는데, 이는 동포들과 유대감을 가지게 한다. 문화 통합을 목적으로 하면서 동일한 국가 이미지를 학생들에게 제공하기 위하여 극적인 이야기체 역사를 제공한다. 국가주의 및 과도한 민족주의에 의해 시민교육이 규정될 때, 이러한 유형으로 분류할 수 있다.

다섯째, 법리적인 접근법은 이성에 기초하여 논쟁 문제를 해결하려는 것이 기본 정신이며, 이는 세 가지 구성 요소를 갖고 있다. 이는 갈등적 논쟁점이나 정치적 주장, 결정에 앞서 증거에 기초하면서 지적 절차 등을 수행, 정치적 문제를 다루기 위해 교육받은 이성과 설득을 위한 논증의 사용 등이다. 즉 합리적인 논증 과정을 통해서 가치의 문제를 해결하는 것이 사회과의 요체(要諦)라고 보는 접근법이다.

여섯째, 시민 행동 접근법은 전통적인 학습 공간인 교실을 떠나서 배운 내용을 적용하는데 초점을 맞춘다. 지식과 행위가 통합되어야 시민으로서 유능해질 수 있다는 입장이다. 즉, 지행합일(知行合一)의 사회과 정신이 초점이다. 그러므로 학습자는 학교와 지역사회의 문제, 국가와 국제적인 관심사에 참여하는 것을 적극 권장한다. 참여 민주주의를 지향하는 것이다.

〈표 8〉 올리버의 사회과 유형의 접근법

유형 접근법	핵심 초점
지혜로운 인간 형성을 위한 접근법(The wisdom approach)	주로 '사회과학의 성과로서의 지식의 전달'을 목표로 생각한다. 곧 이와 같은 지식의 전달을 사회과 교육의 과제로 보고 있다. 이 접근법이 전제로 하고 있는 것은 '지식은 이해와 지혜에 도달하게 하므로 선이다.'라는 신념이다.
사회과학적 접근법 (The social science disciplines approach)	사회과학자들이 사회현상에 대해 연구하는 것과 같이 이론의 증명과정이나 사회현상의 인과적 설명방법의 학습에 중점을 둔다. 따라서 교수, 학습 과정에서는 증명에 도달하는 과학적 방법이나 분석적 개념을 중심하며. 사회과학의 성과로서의 지식을 가르친다 해도 그것 자체를 기억시키기 위해서가 아니라 새로운 문제를 밝히기 위한 도구의 제공이라고 생각한다.
조화로운 인간 형성을 위한 접근법(The harmonist approach)	역사나 사회과학의 내용 혹은 방법의 교수에 중점을 두지 않고 어린이의 조화로운 성장을 직접적으로 추구한다. 어린이로 하여금 될 수 있는 한 욕구불만 없이 성장할 수 있도록 하고 함께 생활하는 태도의 육성을 목표한다. 요컨대 이 접근법은 조화로운 인관관계를 형성할 수 있는 가치와 방법을 가르치는데 주목적을 두고 있다.
위대한 국가 사회상 정립을 위한 접근법 (The image of greatest approach)	학습자들에게 기본적인 인간문제나 소속 사회의 특수한 문화적 문제를 극적으로 해결할 수 있는 자극적인 상징(심벌)을 제공하는 것을 중심적인 목표로 삼는다. 이 접근법에서는 교수, 학습 내용의 객관성이나 진실성보다는 감동적 효과를 우선시키며, 개개인의 발달이라는 교육 본래의 목적보다 국가·사회체제를 위한 유용성을 앞세운다.
법리적 접근법 (The jurisprudential approach)	지식과 가치 사이의 갭(Gap)에 다리를 놓는 접근법이라고 볼 수 있다. 이 접근법에서 주로 다루는 것은 개인의 자유와 같은 기본권이나 공공정책의 문제를 둘러싼 갈등문제이다. 쟁점을 둘러싸고 있는 갈등이나 논쟁 문제를 분석하고 판단하는 능력을 기르려는 게 이 접근법의 목표이다.
시민적 행동 발달을 위한 접근법(The civic action approach)	교실에서의 학습을 학교 밖의 시민적 활동으로까지 확대해 가려고 시도한다. 그 목표는 물론 시민적 자질의 육성에 있겠는데 훌륭한 시민이란 무엇을 해야 할 것인가를 알고 있는데 그치치 않고 지역사회의 구체적인 생활 속에서 실천하고 사회 변혁을 위해 행동하는 인간이라고 본다. 실천적 행동의 훈련을 중시한다.

■제4장■ 한국 사회과의 이론 모형

1. 사회과 교육의 정초기(定礎期)

  해방 후 한국의 사회과 교육은 타율성에 의하여 형성된 시기로 미국의 고전적인 사회과 이론 모형이 직수입된 시기이다. 따라서 정초기인 제1기 우리나라 사회과 이론 모형은 미국식의 전통적 교과 중심 모형과 활동 중심 모형의 통합적 형태가 주류를 이루고 있었다. 한국 사회과 교육의 정초기는 사회과 교육이 걸음마를 시작한 시기로 한국사회과의 특성이 전무한 상태로 미국식의 사회과 모형을 맹목적으로 우리 사회과 교육 현장에 적용하던 시기라고 할 수 있다(안천, 2008: 22-23).
  이 시기는 우리나라 사회과의 정체성은 전혀 없고 미국식 사회과를 맹목적으로 도입, 수용하여 현장에서 적용하던 시기이다. 미국 사회과의 맹목적 도입기라고 할 수 있다. 다만, 이 시기의 한국 사회과 교육의 특징은 '한국 사회과 교육'이라는 주춧돌을 놓기 위한 첫 걸음마를 디딘 것이라고 할 수 있다.

2. 사회과 교육의 자생기(自生期)

  한국 사회과 교육의 자생기는 1962년 한국사회과교육연구회가 창립된 이후부터 제4차 사회과 교육과정이 공표되기 직전까지라고 볼 수 있다. 미국식 사회과에서 서서히 탈피하려는 움직임과 함께 우리나라 현실에 적합한 사회과를 모색하려는 경향이 서서히 자리 잡아 가던 시기이다. 특히 이 시기의 사회과와 사회과 교육은 국가주의적 입장에서 이데올로기와 경직된 교화주의적 사회과 형식이 큰 특징이었다.
  한국 사회과 교육의 자생기는 한국사회과교육연구회를 중심으로 꾸준히 발전하였으며, 제2차 교육과정과 제3차 교육과정이 이 시기에 적용되었으며, 이때부터 현장 사회과 교사는 사회과 수업을 탐구 수업으로 인식하였다.
  한국 사회과 교육의 자생기에 강조된 사회과 교육은 시민교육 모형의 일종인 국가 교육 모형이다. 국가 교육 모형은 5·16 군사 쿠데타 이후 반공 교육이 강조되고, 제3공화국과 제4공화국에서 국가주의적이고 민족 주체성을 강조하는 교육이 강조되었기 때문이다. 이는 남북 분단이라는 현실 속에서 통일이라는 민족적 과제를 실현하기 위하여 당연하다고 할 수 있다. 국민교육헌장 역시 같은 맥락이다.
  한편 이 시기에 강조된 모형으로는 사회 개발 모형이 있다. 1962년부터 추진된 소위 제5차 '경제개발5개년계획'을 뒷받침하는 사회과 교육으로서 당시 우리나라 사회과 교육은 사회개발적 성향이 강조되었다고 볼 수 있는 것이다.

3. 사회과 교육의 중흥기(中興期)

　여러 가지 우여곡절을 극복하고 한국 실정에 적합한 사회과와 사회과 교육이 나름대로 발전과 성장을 추구하던 시기이다. 제4차 교육과정기부터 제6차 교육과정기까지의 사회과를 사회과의 중흥기라고 부를 수 있다. 이 시기의 사회과는 한국교육개발원(KEDI)에 사회과교육연구실이 설치되어 교과 교육으로서의 사회과의 발전에 크게 이바지하였으며, 제4차 사회과 교육과정과 제5차 사회과 교육과정이 탄생하는 계기가 되었다. 이 시기의 사회과 모형은 산업화에 의한 환경문제를 강조하는 환경 개선 모형이 나타났으며, 21세기를 앞두고 한국도 산업사회가 최고조로 첨예화되면서 환경에의 본질적 접근이 강조되었다(안천, 2008: 22-23).

　이 시기의 사회과, 사회과 교육은 나름대로 우리나라 현실에 적합한 사회과로서의 발전을 추구하고, 한국적 사회과의 정체성을 점차 정착시켜 나아가는 사회과기라고 할 수 있다.

4. 사회과 교육의 발전기·성장기(發展期·成長期)

　1997년 고시된 제7차 사회과 교육과정기와 2007년 고시, 공표된 소위 '2007년 개정 사회과 교육과정기'를 의미한다. 사회과 교육이 중흥기를 넘어서 실질적으로 발전과 성장을 추구하는 시기이다. 이 시기의 사회과 교육과정은 국민공통기본교육과정 도입으로 학습자 중심 학습, 수준별 교육과정 적용, 재량 활동의 신설 등을 도입하였다.

　특히 학습자 중심 사회과 교육과 학습을 정착하기 위해서 기존의 일반사회, 역사, 지리 영역이 기계적 통합을 이루었던 것을 세 영역의 특성을 고려한 유기적 통합을 적극적으로 도모하였다. 아울러 과거 전통적으로 계승되어 오던 환경 확대법을 탄력적으로 적용토록 하여 교육과정 내용상에서 지역과 공간 및 시간을 유동적, 복합적 성격을 가진 존재로 파악하도록 하였다. 또한 기존 사회과 교육과정 내용과 활동이 중복되고 과다하다는 비판을 수용하여 사회과 학습 목표 및 내용을 정선, 조직하고 양과 수준의 적정화를 도모하였다. 따라서 제4기인 발전기의 한국 사회과 교육 이론 모형은 학습자 중심 모형으로 분류할 수 있을 것이다. 2007년 고시된 '2007년 개정 사회과 교육과정' 역시 한국 사회과 교육의 발전과 성장을 배경으로 하고 있다. 우여곡절은 있지만, 한국 사회과와 사회과 교육과정이 미래를 향해 점진적으로 발전하고 있다는 점은 분명한 것이다.

　특히, 기존의 사회과 교육과정의 진술 측면이 지나치게 상세화되어 있는 문제점을 해결하고자 내용과 주제 제시의 상세화와 대강화를 적절히 고려하였다. 결국 한국 사회과 교육의 이론 모형에서 발전기와 성장기는 전통적인 사회과의 초창기인 정초기, 자생기와 지구촌 시대 21세기 이후인 미래 혁신기의 가교 역할을 하고 있다.

〈표 9〉 한국 사회과 교육 이론 모형의 변천

시기 구분	제1기(정초기)	제2기(자생기)	제3기(중흥기)	제4기(발전기·혁신기)
교육과정기	교수요목－제2차 교육과정	제3차－제4차 교육과정	제5차－제6차 교육과정	제7차－2007년 개정 교육과정
이론 모형	교과 중심 모형	사회과학 모형	시민교육 모형	학습자 중심 모형
	활동 중심 모형	국가 교육 모형	환경 개선 모형	통합 모형
		사회 개발 모형		

* 출처: 김현석·한관종(2008), 『사회과 통합 교과교육론』, 서울: 형설출판사, 12.

5. 사회과 교육의 혁신기(革新期)

세계화·정보화 시대, 지식기반사회, 지식정보화사회를 맞아 전반적인 사회적 개혁이 강조되고 있다. 이와 같은 교육 개혁의 흐름은 전 세계적인 추세이기도 하다.

21세기 교육 트렌드(Trend)의 핵심은 과거 교육에 대한 진정한 반성과 숙고의 바탕 위에서, 미래 교육에 대한 혁신적·통합적 접근을 하고 있다는 점이다.

한국에서도 백년지대계(百年之大計)인 교육의 개혁과 혁신을 강조하고 있다. 이와 같은 교육 개혁과 혁신은 참여 정부와 이명박 정부에서 더욱더 강조되고 있다. 이와 같은 교육 개혁의 흐름 속에서 이명박 정부는 2009년 '학교 자율화 3단계'와 '미래형 교육과정(시안)' 등 획기적인 신교육 정책을 고포 하였다. 학교 자율화 정책의 핵심은 학교 급별 실행교육과정 적용, 연간 수업 시수 20% 증감, 선택 과목 신설, 단위 집중 이수제 실행 등이다. 미래형 교육과정은 국민공통기본교육과정기간 축소, 선택 중심 교육과정 기간 증가, 교과 과목군 축소, 초등학교 수업 시수 증대 등이다.

사회과 역시 이와 같은 교육 혁신의 큰 흐름 속에서 개혁을 지향하고 있다. 미래형 교육과정 시안에서 사회과는 도덕과와 함께 사회과·도덕과 교과 과목군으로 통합을 지향하고 있다.

교과 역사 100년을 맞이하고, 한국에 도입된 지 벌써 갑년(60년)을 넘긴 사회과 역시 환골탈태의 혁신을 지향하고 있다. 미래의 사회과에서는 세계시민 교육 강조, 통합 교육의 재고(再考), 통섭(通涉)교육 강조, 한국 사회과 교육의 정체성 재음미 등이 강조될 것이다.

사실 2009년 12월 23일 교육과학기술부 고시 제 2009-41호로 공표된 소위 '2009 개정 교육과정'은 '미래형 교육과정'에서 개칭된 교육과정으로 공통교육과정과 선택교육과정 도입, 교과군 도입, 학년군 도입, 집중이수제 도입, 수업시수 20% 증감 적용 등을 새롭게 도입하였다. 이에 따라 초등학교 제1-2학년, 제3-4학년, 제5-6학년, 중학교 제1-3학년, 고등학교 제1-3학년 등 5개의 학년군이 도입되었고, 사회과와 도덕과를 묶어서 사회·도덕 교과군을 적용하도록 하고 있다.

제5장 사회과 교육의 새로운 트렌드(Trend)

1980년대 이후 사회과의 내용과 교수 학습 방법에 커다란 변화가 일어났다. 아울러 2000년대 이후에는 사회과의 목표에 대한 제고와 사회과 평가에 대한 새로운 방향의 추구가 대대적으로 전개되고 있다(이종일, 2008a: 34－36).

세계화·정보화 시대를 맞이하여 이와 같은 사회과 교육의 새로운 동향은 전 세계적으로 일고 있다. 이러한 사회과 교육의 변화와 새로운 지향은 궁극적으로 사회과 교육의 개혁과 혁신에 있다고 볼 수 있다. 이와 같은 최근 사회과 교육의 새로운 트렌드(Trend)를 종합하면 다음과 같다.

첫째, 초등학교 저학년을 중심으로 사회과와 과학과의 내용(사회과적 내용＋과학과적 내용)을 종합하여 교과를 운영하는 통합교육과정 실행의 경향이 다분하다. 이와 같은 통합은 1970년대 독일의 '사물학습(Sachunterricht)'과 1989년부터 일본에서 구체화된 소위 '생활과'의 탄생과 밀접하게 관련되어 있다.

이와 같은 방법으로의 통합 교육의 흐름은 총체적인 삶을 교육의 핵심으로 여기는 흐름과 맥을 같이한다. 한국에서는 제4차 교육과정(1982년)에서 초등학교 제1, 2학년의 국어과, 사회과, 도덕과적 내용을 통합하여 '바른생활'이 탄생하였으나, 그 모순이 지적되어 제6차 교육과정(1992년)에서는 사회과, 자연과적 내용이 통합되어 '슬기로운 생활' 교과가 탄생하였다. 이는 독일과 일본의 사례와 같이 통합 기준의 대상에서 과학적 접근 방법의 유사성으로의 변화라고 할 수 있다.

한편, 최근 영국, 미국을 중심으로 활발하게 일고 있는 S.T.S 교수·학습 방법의 강조 또한 광의로 보면, 이와 같은 맥락과 궤(軌)를 같이한다고 볼 수 있다.

둘째, 초등학교에서 대상을 중심으로 전 교과를 통합하려는 경향이 농후하다. 범교과적 통합은 영국을 중심으로 발달된 교수·학습 방법으로 알려지고 있지만, 최근 세계화·정보화 사회에서 진행되고 있는 학교 교육의 질이 더욱더 실제 인간의 삶과 유리(遊離)되어 가고 있는 상황을 개선하고자 하는 노력으로 볼 수 있다.

셋째, 사회과에서 주제(Subject), 토픽(Topic) 중심의 토의 학습을 통한 의사 결정 능력을 강조하고 있다. 이는 본질적으로 사회과가 학생 중심 교과라는 점과 일맥상통하는 흐름이라고 볼 수 있다. 이러한 경향은 1980년대의 열린 교육, 신문활용교육(NIE), 인터넷활용교육(IIE), 각종 협동 학습 등의 활성화와 깊은 관련을 맺고 있다.

넷째, 사회과에서 학습자 중심의 탐구 수업을 통한 문제 해결 능력 신장을 강조하고 있다. 이는 사회과 교수 학습이 기본적으로 교사 중심에서 학생 중심으로 나아가야 한다는 전제에서 출발하고 있으며, 궁극적으로 사회과 수업의 개선에 초점을 맞추고 있다. 이는 최근 우리나라에서 주제 중심 학습, 프로젝트 학습 등이 활성화되고 있는 것이 좋은 사례이다.

다섯째, 새로운 학습관으로서 구성주의의 도입이다. 우리나라 사회과에서 구성주의적 학습관은 제6차 교육과정에서 일부 도입되어 시도되었고, 제7차 교육과정에서 주된 교수·학습 방법으로 정착되었으며, 2007년 개정 사회과 교육과정에서는 더욱 활성화를 모색하고 있다.

여섯째, 사회과의 새로운 평가 방법으로서 수행 평가가 일반화되었다. 수행 평가란 학습 결과보다 학습 진행 과정에 평가의 초점을 맞추는 것으로 제6차 교육과정에서부터 도입된 바 있다.

일곱째, 사회과 교수 학습 과정에서의 사회과 교과서관(敎科書觀)의 변화이다. 과거의 전통적인 교육에서는 교과서가 금과옥조적 성전(聖典)이었다. 하지만 세계화·정보화 사회에서는 교과서관이 획기적으로 변하였다. 즉 정보사회에서는 교과서 속의 지식을 정보로 인식하게 되었고, 이는 점차 교과서는 하나의 학습 자료에 불과하다는 인식을 낳게 하였다. 이러한 사고는 이미 미국 등에서는 보편적인 사고일 뿐만 아니라 실제 교수·학습 과정에서도 일반화되고 있는 경향이다. 이러한 흐름은 지난 수년간의 열린 교육 방법, 열린 교육 환경의 강조와 교사의 열린 교육 의식 등의 모습으로 우리나라에 도입되었다. 최근 많은 교사들이 교사들의 수업의 성공은 학습 자료 개발 없이 어렵다고 주장하는데, 이는 이러한 경향과 깊은 관련이 있는 것이다.

여덟째, 최근 사회과 교육의 새로운 시민성의 구체적 요소로서 프리즘(Prism)식 시민교육 경향이 있다. 과거 미국 사회는 1905년 이민 시기의 역사, 지리 중심의 사회과, 1930년대의 공적인 시민, 1960년대의 사회과학 중심의 신사회과조차도 넓게 보면, 바람직한 미국 시민 형성을 위한 사회과 교육이었던 것이다. 이 시민성 교육은 1980년대에 들어와 프리즘식 시민교육의 변화를 시도하였다. 이는 공산 진영의 퇴조로 자신감을 회복한 미국이 세계 속에 진출할 때 다양한 민족으로 구성된 미국 시민은 세계 속에서 각자 자기 목소리를 낼 수 있어야 한다는 주장으로 나타났다. 이러한 흐름은 학교 교육에서 이중 언어 교육, 다문화 이해 교육, 세계시민 교육 등의 필요성을 강조하는 모습으로 나타났다(이종일, 2008a: 34－36).

이와 같은 사회과 교육의 새로운 흐름은 우리나라 사회과에도 세계화와 관련된 세계시민 교육의 강조로 수용되었다. 세계화·정보화 시대를 맞이하여 전 세계가 지구촌 사회(Global society)가 된 마당에 전 세계의 모든 국가와 온 인류가 가족처럼 지내기 위해서는 전통적인 사회과의 목적인 민주시민 교육을 통함 시민성 함양에서 세계시민 교육을 통한 다중시민성 함양으로 나아가야 하는 것이다.

〈표 10〉 세계시민 교육의 내용 요소

구분	대 영역	세부 내용(구체적 내용)
지식 요소	사실(facts)	·국가 및 시민의 역할에 관한 역사적 맥락 ·상이한 공간에서 나타나는 주요 문제들과 쟁점들 ·자유, 권리, 의무, 정의 등과 관련된 헌법적 내 용들
	이해(interpretation)	·위의 사실들과 관련하여 자신과 자신이 소속 된 지역 혹은 국가의 위치와 처지를 이해하는 것
	개인의 역할(personal role)	·이해를 토대로 도출되는 개인의 역할
기능 요소	판단(judgement)	·자료의 수집, 분석, 평가, 비판적 사고력
	의사소통(communication)	·토의, 토론 기능
	행동(action)	·참여
가치 요소	자기 이해(self understanding)	·자신이 지닌 편견에 대한 인식 ·합리적이고 유연한 사고 추구
	타인 존중(respect for others)	·타인에 대한 관용 ·타인의 관점을 수용하는 자세
	다양한 가치 존중(repect for values)	·자유, 정의, 공정 등에 대한 헌신

* 출처: Heater, 1999, pp.337－338.

✍ 연구 문제

1. 사회과와 사회과 교육의 본질에 대해서 설명해 보시오.

2. 사회과의 개념과 정의에 대해서 약술(略述)해 보시오.

3. 사회과학과 사회과(교육)의 관계와 차이점에 대해서 기술해 보시오.

4. 미국에서의 사회과의 성립과 발달, 한국사회과의 도입과 성장에 대해서 설명해 보시오.

5. 1916년의 사회과, 1970년대 사회과, 1980년대 사회과, 2000년대 이후의 사회과에서 각각 핵심적으로 강조하고 있는 요소와 내용에 대해서 논해 보시오.

6. 사회과 교육과 민주시민 교육의 관계에 대해서 약술해 보시오.

7. 사회과의 모형인 시민성 전달(문화유산 전수) 모형, 사화과학 모형, 반성적 탐구 모형, 개인 발달 모형, 합리적 의사 결정 모형, 사회 비판 모형 등의 각각의 특징을 요약·정리해 보시오.

8. 개인 발달 모형, 합리적 의사 결정 모형, 사회비판 모형의 초점에 대해서 설명해 보시오.

9. 민주시민 교육의 3차원적 구조에 대하여 간단히 설명해 보시오.

10. 현대 사회과(교육)의 트렌드(Trend)에 대해서 논해 보시오.

제 ② 부

◀◀ 사회과 교육과 사회과 교육과정의 발달 ▶▶

제1장 미국 사회과 교육의 성립과 발달
제2장 신사회과와 역사·지리 중심 교육
제3장 사회과 교육의 도입
제4장 한국 사회과 교육과정의 변천과 발달

[Key Point]
　제2부에서는 사회과 교육과 사회과 교육과정의 변천과 발달에 대해서 학습한다. 이를 위하여 1916년 미국에서 태동한 사회과, 사회과 교육의 성립과 발달, 신사회과의 태동과 발달, 한국의 사회과 도입과 발달, 그리고 한국 사회과 교육과정의 변천과 발달 과정을 심층적으로 이해한다. 특히 한국 사회과 교육과정을 사회과 교수요목기로부터 2007년 개정 사회과 교육과정에 이르기까지를 특징 중심으로 이해한다.

제2부 학습의 개관: 사회과 교육과 사회과 교육과정의 발달

<table>
<tr><td>학습 개요</td></tr>
</table>

○ 사회과의 탄생, 사회과의 성립, 사회과의 발달 이해
○ 분과형, 통합형, 절충형, 역사ㆍ지리 중심 사회과 교육 탐구
○ 미국사회과교육협의회(NCSS), 한국 사회과 교육과정의 변천 이해
○ 해방 후의 사회과기, 교수요목기, 제1차 교육과정기, 제2차 교육과정기 체제와 내용
○ 제3차 교육과정기, 제4차 교육과정기, 제5차 교육과정기 체제와 내용
○ 제6차 교육과정기, 제7차 교육과정기, 2007년 개정 교육과정기 체제와 내용

<table>
<tr><td>학습 목표</td></tr>
</table>

○ 사회과와 사회과 교육의 탄생, 성립, 발달에 대하여 이해한다.
○ 사회과 교육의 분과형, 통합형, 절충형 구조에 대하여 이해한다.
○ 미국에서 강조된 역사ㆍ지리 중심 사회과 교육에 대하여 이해한다.
○ 한국 사회과 교육과정의 변천 과정에 대하여 이해한다.
○ 해방 후의 사회과기, 교수요목기의 사회과 교육과정에 대하여 파악한다.
○ 제1차 사회과 교육과정 – 2007년 개정 사회과 교육과정의 주요 체제에 대해서 이해한다.
○ 제1차 사회과 교육과정 – 2007년 개정 사회과 교육과정의 주요 내용에 대해서 이해한다.

<table>
<tr><td>핵심 개념 및 키워드</td></tr>
</table>

○ 사회과의 탄생, 사회과의 성립, 사회과의 발달
○ 분과형 사회과, 통합형 사회과, 절충형 사회과
○ 역사ㆍ지리 중심 사회과 교육의 특징
○ 해방 후의 사회과기와 교수요목기의 사회과의 특징
○ 제1차 사회과 교육과정기 – 2007년 개정 교육과정기의 체제
○ 제1차 사회과 교육과정기 – 2007년 개정 교육과정기의 내용과 특징

■제1장■ 미국 사회과 교육의 성립과 발달

1. 사회과의 탄생과 성립

사회과 내지 사회과 교육은 20세기 초인 1916년 미국에서 탄생하였다. 당시 미국에서 사회과가 탄생한 것은 미국의 특별한 사회적 환경과 여건에 기인한 것이다. 사회과의 발상지인 미국에서는 통합적 사회과가 탄생하기 전까지는 정치, 경제, 사회, 법, 문화, 역사, 지리 등 제 사회과학 영역이 독립적으로 교수되었다. 다민족 사회인 미국에서 이들을 통합하는 교과, 즉 사회과를 탄생시킨 계기는 그 당시 미국의 사회적·교육철학적 배경이었다. 미국 사회의 특수한 여건이 오늘날의 사회과 탄생의 단초가 되었던 것이다. 사회 통합이 사회과 탄생의 핵심적 동기였던 것이다.

물론 미국에서 사회과가 교과로 성립되기 시작한 것은 1910년대이지만, 진정한 의미의 사회과가 등장한 것은 1930년대부터이다(한면희, 2008: 51 − 56).

사회과의 탄생 초기인 1916년 미국의 사회적 배경 면을 고찰하려면, 우선 당시 미국의 사회상을 심층적으로 살펴볼 필요가 있다. 미국은 1776년 독립 이후 민주주의 이념으로 시민 정신을 크게 강조하여 왔다. 그런데 19세기 중엽에 접어들면서 미국 사회에서도 서서히 자본주의의 구조적 모순들이 나타나기 시작하여, 당시 사회적 문제인 극심한 빈부 격차, 기업 집중, 독점 기업 출현 등으로 심각한 노사 간 대립과 갈등이 초래되었다. 뿐만 아니라, 농민과 상공업자 간에도 이해의 대립과 정경유착(政經癒着)으로 인한 각종 부패와 부정, 그리고 부조리가 국민들로 하여금 정치적, 경제적인 개혁을 요구하도록 하였다.

1848년을 전후하여 미국 서부 캘리포니아(California)에서 개발된 금광(金鑛)의 영향으로 동부에 밀집되어 있던 인구의 서부 대이동이 전개되었다. 1869년 미국 대륙 횡단 철도가 미국 서해안까지 도달하면서 서부의 개척은 가속화되었고, 광활한 서부는 세계적인 불경기에도 불구하고 수많은 미국인들에게 안정과 부(富)를 보장해 주는 희망과 기회의 땅이었다. 따라서 국제적 이주민뿐만 아니라, 해외, 즉 유럽으로부터 이주해 온 사람들이 20세기 초에 이르기까지 백만 명을 넘었으며, 전체적으로 수백만의 인구가 이주 및 이민해 오게 되었다. 이러한 사회적 상황은 미국 교육에서 큰 문제점으로 등장하였으며, 강력하고 통일된 미국을 지향하는 미국의 정책 담당자들에게 해결하여야 할 중요 과제를 던져 주게 되었다. 이와 같은 현실적인 문제 해결을 위한 사회적인 요청으로서 민주시민 양성이라는 교육에 대한 검토와 반성의 교육 개혁 운동은 사회과의 탄생을 촉구하였다. 통일된 미국 국민으로서 국가의 발전에 이바지할 충성된 국민을 육성할 목적으로 통합된 사회과의 출현을 도모하였던 것이다.

한편, 사회과 출현의 교육·철학적 배경은 20세기에 접어들기까지 미국 내 초등학교의 수가 비약적으로 증가하였으며, 또한 의무교육 기간 연장으로 교육의 내용과 방법이 전환되지 않으면 안 될 상황에 놓이게 되었다. 종전에는 소수의 엘리트 계층만을 위한 지식 중심의 교육과정에서, 이제는 다수를 대상으로 하는 대중 교육으로 생활 중심 교육과정, 아동 중심 교육과정, 경험 중심 교육과정 등으로 전환되게 되었다.

이와 같은 현실적 변화를 더욱 촉진시킨 것은 20세기 초 듀이(J. Dewey)의 교육철학을 기초로 한 실용주의 교육 사상이었다. 이러한 실용주의적 교육 사조는 인간의 행동과 사고, 그리고 경험의 바탕을 연구하여 주입식의 전통적인 교육에 반대하면서 학습자의 흥미, 필요, 목적의식, 문제의식 등에 의한 생활에의 적응을 중요하게 생각하면서 스스로 사고하고, 스스로 활동하는 경험 중심 학습을 강조하게 되었다. 따라서 학습자의 흥미와 관심에 부합되는 교육과정을 구성하고 교육의 생활화, 교육의 사회화가 이루어져 민주사회에서 요구하는 유능한 인간을 형성해야 한다고 주장하였다. 이와 같은 움직임은 당시의 여러 가지 사회적 현실과 연관되어 교육은 '행동하면서 익히고, 생활하면서 배운다.'라는 방향으로 전환되기 시작하였다. 생활을 통해서 생활을 배운다는 것은 학문적으로 분류되고 계통적으로 배열된 교재의 한 토막 한 토막을 이해하고 암기하는 것이 학습이 아니라, 생활하는 가운데서 당면하는 여러 가지 문제를 해결할 수 있도록 지도되는 활동의 원칙이 곧 학습이라는 것이다. 가령, 갈등적 상황을 학습에 끌어들이고 가설적이나마 체험하게 하여 실제적 갈등 상황에 대처하려고 하였다. 이러한 학습에 대한 개념 변화는 생활에서 당면하는 문제 해결을 위한 경험 단원 학습이란, 새로운 학습 형태를 탄생하게 하였고, 이러한 학습 형태는 당시까지 독립적으로 다루어져 오던 교과 즉, 지리, 역사, 공민 간의 경계와 벽을 무너뜨려 통합 교과 출범의 계기가 되었다.

따라서 사회과의 내용은 학문적 체계를 이탈하여 학습자의 필요와 요구에 적합하도록 하려는 심리학적 요구와 다음으로, 교육의 생활화라는 명제하에 실제적으로 실제로 당면하는 문제를 합리적으로 해결할 수 있는 인간을 육성해야 한다는 사회적 요구가 일치되어 통합적 사회과를 탄생시키게 되었다. 즉 1916년 미국에서 태동한 전통적 사회과의 특징은 역사, 지리를 중심으로 한 통합적 사회과였다는 점이다.

2. 성립 초기 사회과 교육

미국 사회과 교육과정은 전체적인 교육과정의 맥락에서 이해하여야 한다. 미국 교육과정의 변천은 사회과 교육의 변천에 대한 이해 없이 밝히기 어렵고, 사회과 교육과정의 변천 또한 미국 전체 교육과정의 변천에 대한 이해 없이 명확하게 밝히기 어렵기 때문이다.

미국의 사회과는 역사적으로 1916년 역사와 지리의 통합을 기반으로 탄생되었지만, 그 이전에 이미 사회과는 1905년 미국에서 처음으로 'Social Studies'라는 교과목으로 시작되었다(이종일, 2007: 66-69). 1900년대 당시에 미국은 급속한 공업화 과정에 많은 노동력을 필요로 하여 유럽 등으로부터 갑작스러운 인구 유입이 진행되었다. 당시 미국에 일(직업)하러 온 유럽인들은 미국을 돈을 많이 벌 수 있는 것 외에는 그다지 매력적인 지역으로 생각하지 않았으므로, 그들은 미국에 일시적으로 왔다가 다시 돌아가는 경우가 많았다. 그렇기 때문에 미국에 대한 애착심이 부족하였다. 당시 미국 사람들은 이 외국인들이 미국에 와서 돈을 벌고 미국에 정착하기를 원했고, 이를 위해서는 그들에게 단합과 협동과 연계를 바탕으로 하는 '미국 시민화' 교육이 필요함을 깨닫게 되었다. 이 과정에서 미국인들은 역사학, 지리학을 하나의 교과목으로 묶어서 가르침으로써 미국 시민화 작업을 완성하려고 하였다. 즉 미국에서 경제적 부를 축적하여 자기 나라로 떠나려는 생각을 버리고, 향후 계속 미국에 정착하여 미국 국민으로서 살아갈 수 있는 인식 전환과 여건 마련이 우선이라는 점을 강조하였다.

1930년대에 이르러 사회과는 '경험 중심, 공민 중심, 진보적 사회과'라는 모습으로 변하게 되었다. 20세기 초기의 직접 민주주의 실행과 그에 따른 보통 의무교육의 확산은 이전 시기 엘리트 중심의 학교 교육에 많은 변화를 요구하였다. 보통 의무교육의 실시로 노동자, 농민들의 자녀들도 학교에 다닐 수 있게 되었으나 당시의 지역 예산으로 교육 환경을 개선하기 위해서는 역부족이었으므로 학급당 학생 수가 오히려 증대하였다. 이러한 이유 때문에 초·중등학교에서는 쉽고 간단하면서도 일반적이며 주변 생활 속에서 경험할 수 있는 내용들로 교육과정을 구성할 것을 요구하였다. 다른 한편, 1929년의 대공황(大恐慌)은 공급이 수요를 초과하는 현상으로 나타나 많은 공장들이 문을 닫게 되었고, 이 과정에서 많은 사람들은 직장에서 해고되어 거리의 실업자로 추락하였다. 이러한 상황은 미국 지식인들로 하여금 기존의 자유 민주주의의 완전성 속에서 기업가들의 이기주의적 행태를 막을 수 없다고 생각하였다. 이에 미국의 지식인들은 새로운 공적인 시민상 형성을 통하여 이 문제를 해결하고자 하였다. 이에 부응하여 사회과에서는 지리, 역사 외 공민(일반 사회) 등을 주요 영역으로 설정하고, 새로운 시민상으로 천박한 이기주의를 떠나서 사회 속에서 개인의 존재를 인정하는 사회적 자아(Social Self), 공동체적 공존을 사회과 속에서 구현하고자 하였다.

제2차 세계대전 이후 사회 변화는 1960년대에 이르러 '지식 구조 중심, 학문 중심, 사회과학 중심, 신사회과' 등의 모습으로 나타나 사회과의 성격 변화에 지대한 영향을 미치게 되었다. 스푸트니크 쇼크가 계기가 되어 학문 중심 교육과정이 적용되기 시작하였지만, 주된 원인은 20세기 인쇄 미디어의 발달과 그에 따른 지식의 폭발적인 증가에서 찾을 수 있다. 인쇄 미디어가 고도로 발달하기 이전까지 인간의 체험에 의한 지식은 일정한 시공간을 넘을 수 없었다.

그러나 20세기 초 인쇄 미디어의 보편화는 한 지역에 한정될 수밖에 없었던 지식을 전 세계에 전파할 수 있게 하였고 이는 사회적 측면에서 지식 폭증 현상으로 이어지게 하였다. 그래서 종래의 교육 방법과 기간으로는 이 문제를 해결하기에는 역부족이었다. 브루너, 타바 등의 교육학자들은 이 문제를 해결하는 과정에 학문 중심 교육과정을 주장하였다. 한편 제2차 세계대전까지 잠재되어 있던 미국 내부의 여러 가지 갈등 표출과 그에 대한 대응은 행동과학이 중시되던 사회과학 중심 사회과 교육을 요청하기에 이르렀다. 사회과 교육학자, 사회과 교육 연구자들은 이러한 특징을 바탕으로 이 시기의 사회과를 이전 시기의 사회과와 구별하여 '신사회과'라고 지칭하였다.

1960년대 후반기에 들어와 미국은 동서 체제 경쟁에서 어느 정도 자신감을 회복하였는데, 특히 1969년 아폴로 11호의 달 착륙은 미국의 자존심을 회복하는데 결정적인 역할을 하였다. 그 결과 자본주의 체제 경쟁 과정에서 등한시되어 온 조직 사회 속에서 인간의 자율성 상실이라는 문제들을 회고하게 되었으며, 교육학자들로 하여금 사회과학의 기본 개념을 토대로 한 과학적 인식의 형성과 조직 사회로부터 인간성 회복이라는 두 가지 문제를 교육 속에서 통일적으로 실현하려는 움직임이 나타나게 되었다. 이런 이유로 1970년대 사회과의 흐름을 현대 사회과 교육 학계에서는 '인간 중심·역사 사회과학 중심'의 시대로 지칭하고 있는 것이다.

미국 사회과의 성립, 변천 과정에 대한 원인을 찾아보면, 사회과는 성립, 변천 당시의 역사적·사회적 상황에서 생겨난 문제와 이를 해결하려는 인간들의 노력이 밀접하게 관련되어 있음을 알 수 있다. 사회과 교육의 주된 목적이 '바람직한 시민성 양성'에 있을지라도 바람직한 시민의 구체적 모습은 각 시대가 직면한 역사적·사회적 상황과 그에 대응하는 인간의 노력에 따라 달리 설정됨을 알 수 있다. 미국 사회과의 변천에 대한 지식 사회학적 접근으로 미루어 볼 때, 이 시점 한국의 바람직한 시민상의 구상 문제는 결국 현 시기 우리의 역사적·사회적 상황에서 출발하여야 함을 알 수 있다.

그러나 이 접근은 논리의 명료성은 있지만, 그렇게 간단한 문제가 아니다. 해방 이후 지금까지 차용하여 온 이론을 한꺼번에 무시하기가 쉽지 않으며, 뿐만 아니라 그 자리를 메울 만한 이론을 자체적으로 발전시켜 오지도 못하였기 때문이다. 그렇다고 하여 지금까지 차용하여 오던 방식대로 앞으로도 계속하여 미국 사회과의 내용과 교수·학습 이론을 차용하기에는 문제가 많다. 이러한 이유로 대부분의 사회과 연구자들은 미국 교육과정이 우리의 역사적 사회적 상황에 적합하면 수용하고 그렇지 못하면 수용하지 않아도 좋다는 논리를 겉으로는 펴면서도 실제로는 미국 교육과정의 이전·적용에 그치는 것을 볼 수 있다.

3. 사회과 교육의 발달

사회과는 성립 이후 사회적·교육철학적 요구에 부응하는 교과로서 그 중요성을 인정받게 되었고, 아울러 사회과에 대한 연구도 함께 발전적으로 이루어져 왔다. 1916년 사회과의 등장 이래 사회과는 당시의 사회적 연건과 교육 사조의 변화에 따라 그 운영이나 방법에 변화가 생긴 것이다.

미국의 사회과를 단계적으로 구분하면, 우선 사회과 초기인 1916년에서부터 1930년대까지를 전통적 사회과 시기라 할 수 있다. 이 당시 사회과의 고유 영역으로 인식되고 있던 역사, 지리, 공민의 교과 편성 유형은 세 가지 형태가 혼용되고 있었다. 역사, 지리, 공민이 따로 교수되는 분과형과 함께, 세 분과를 구분하지 않고 통합하는 통합형, 그리고 분과형과 통합형을 적절하게 혼합한 절충한 형태, 즉 교과 통칭만을 사회과라고 하고, 그 내용은 분과로 하는 절충형 등이 있다.

사회과의 역사 분류에서 흔히 1930년대 이후 1960년대까지를 진보적 사회과 시기라고 하는데, 진보적 사회과란 학문적 체계에서 탈피하여 생활에서 직면하는 제 문제를 중심으로 조직된 통합형 사회과를 의미한다. 1930년대를 전후하여 세계적인 대공황은 미국의 경제에도 엄청난 충격을 몰고 오면서, 생산은 왕성하나 실업률이 급증하면서 산업 활동의 마비로 이어지면서 수출·입의 축소는 경제의 위기를 불러일으키면서 각종 사회적인 문제들을 야기(惹起)했다. 이러한 경제적인 위기는 정치적인 위기감을 조장하면서 사회적으로 민주주의의 존립마저 위태롭게 하였다. 이와 같은 심각한 사회적 현실은 필연적으로 교육을 통한 해결책을 요구하였다. 사회과는 그 궁극적인 목표를 내세워서 사회 속에서 살아가는 한 구성원으로서 훌륭한 자질을 지닌 인격체 양성에 목적을 두고 사회적인 문제 해결에 합리적인 판단을 할 수 있는 인간 육성에 초점을 맞추는 통합 교과로 자리 잡게 되었다. 결국, 모든 학교 교육과정에서 중핵적 위치를 차지하게 되었고 지역사회와 학생들의 실태에 따라 학습 내용을 포착하여 실생활에서 제기되는 문제 해결을 위한 단원을 설정하고 지식과 생활 및 행동을 연관시킨 사회과 교육과정으로 형성되었다.

1960년대 이후의 사회과를 신사회과(New Social Studies) 시기라고 하는데, 냉전(冷戰)의 산물이라 할 이념적 대립의 경향이 교육에도 영향을 미쳤던 시기이다. 1957년 냉전의 종주국들 간의 우주 개발 경쟁에서 미국의 패배인 스푸트니크 충격(Sputnik Shock)은 미국 내 모든 교육에 일대 반성의 소리를 높였고, 학문적 개념과 체계를 중요시하고, 방법적인 면에서도 스스로 그것을 발견하고 탐구하여 논리적인 구성을 하도록 강조한 소위 학문 중심 교육과정 강조기이다. 이 시기에는 사회과학적 탐구 방법의 도입이 강화되고, 그러한 탐구 능력을 신장시키려는 의도가 강하게 반영되었으며, 사회과 속에서 사회과학적 개념과 원리, 법칙 등을 통한 지적 교육이 강조되었다. 이와 함께 내용적인 면에서는 사회과를 형성하던 기존의 전통적인 사회과 영역인 역사, 지리, 공민 외에도 사회과의 내용학인 정치학, 경제학, 사회학, 법학, 문화인류학 등과 같은 사회과학의 분야에서 이루어진 성과들도 도입하여 교육 내용을 구성하려는 시도가 과감하게 이루어졌으며, 지식과 아울러 방법의 학습도 매우 중요하게 다루어져서 지적 개발 및 탐구 과정이 강조되었던 시기였다(노정식 외, 2009: 12–13).

1970년대 이후는 사회과 교육은 인간화를 지향하는 교육 개혁 운동이 활발하게 전개되면서 인간화 교육에 초점을 맞추게 되고, 진보적 사회과와의 절충되는 경향을 보였다. 즉, 사회과학의 기본적 개념과 원리, 법칙 등을 통일적으로 실현하려고 모색하게 되었다.

1980년에서 1990년대에 들어와서 미국 사회과에서는 사회과 교육과정의 형성에서 학생들의 요구를 적극 반영하는 한편, 다양한 사회적 환경에 적응하고, 문제 해결력을 갖춘 참여적인 인간을 육성함을 목적으로 하고 있다. 따라서 인지적 지육(知育)과 정서적인 덕육(德育)을 함께 강조하였으며, 실생활에 적용할 수 있는 살아 있는 교육과 인간 교육을 강조하였다.

2000년대 이후 급속한 세계화·정보화 사회로의 발전과 세계적인 개방화 현상으로 사회과 교육에는 이론과 실천 면에서 많은 변화가 일어나고 있다. 무엇보다도 먼저 인지 심리학자들의 연구 결과에 따라서 사회과에서의 학습이 인지적 구성주의의 입장에서 학습 모형이 개발되고 있다는 점이다. 정보처리 모형의 발달과 개념 학습, 고급 사고력 학습 등에 관한 관심은 이러한 경향을 말해 주는 것이다. 이것은 과거에 행동주의에 입각한 학습 모형과는 매우 다른 것이다. 스키머(schme) 학습에 대한 연구도 이러한 경향에 속하는 것이다. 이와 함께 사회과학적 탐구에 의한 지식과 가치 탐구에 의한 가치 분석을 종합하여 의사 결정 학습 모형이 강조되는 것도 특기할 만하다. 의사 결정 모형은 인지적 모형과 정의적 모형의 종합이라고 할 수 있다.

교육 내용 면에서는 정치, 경제, 사회, 문화, 심리학, 지리, 역사 등의 전통적인 사회과학뿐만 아니라 철학, 문학 등의 인문학, 미술, 음악 등의 예술 대중매체, 미래연구, 생명과학, 환경문제, 다문화 교육, 대중문화, 여성학, 도시문제, 통일 문제, 인권 문제 등 수많은 학문적 영역과 생활 문제의 영역에서 문제를 발견하여 교육의 자료를 구성하고 있다는 점이다. 시민생활에 관한 모든 문제가 과감하게 도입되고 있다는 것을 말해 주는 것이다. 이와 같은 내용 폭의 확대는 내용 자체의 다양성만을 의미하는 것이 아니라 하나의 문제를 여러 학문적 관점에서 통합하여 고찰하는 학제적, 또는 종합 학문적 관점에서 문제를 학습하고 있다는 것을 말해 주는 것이다. 결과적으로 당연히 '전쟁과 평화', '환경과 인간' 등 주제 중심의 접근을 강화하고 있는 것이다.

가치 교육 면에서도 새로운 변화가 시도되었다. 가치 분석이나 가치추론과 같은 것이 1970년대에 가장 관심을 끄는 것이었으나, 이들이 주로 공정성과 정의와 같은 지적 판단력을 기초로 하고 있기 때문에 참다운 사랑과 이해를 함양하지 못한다는 비판을 받았다. 이러한 경향에서 참다운 인간의 사랑과 타인에 대한 봉사를 강조하는 친사회적 가치나 윤리, 타인에 대한 사랑과 봉사의 윤리가 강조되고 있다. 이들은 세계가 너무 살벌하고 이기적이기 때문에 지적 판단력보다 체험적이고 무조건적인 이타적인 사랑이 인류에게 요청된다는 교훈을 우리에게 전해 주고 있는 것으로 사료된다.

뉴밀레니엄(new millennium)이라고 일컫는 2000년대에 들어서 사회과 교육은 세계시민 교육의 강조와 배경 학문의 다양성과 그 교육의 강화를 지향하고 있다. 세계시민 교육은 사회과의 전통적인 고유한 본질이자 목표인 민주시민 교육의 폭과 깊이를 확대한 개념이다. 하지만 단순한 민주시민 교육의 물리적 확대가 곧 세계시민 교육의 개념은 아니다. 세계시민 교육은 전통적인 민주시민 교육에 통합적, 유기적으로 폭과 깊이가 더해진 개념이다. 사회과의 근본적 목적 내지 목표는 시민성 함양, 민주시민의 자질 함양이다. 이러한 시민성과 민주시민의 자질 함양은 향토, 지역사회, 국가 내에서의 가치와 덕목 함양이 주된 관심이었다. 반면, 세계시민의 자질 함양, 세계시민의 소양 제고는 글로벌 지구촌 시대이자 세계화·정보화 시대를 맞아 그 폭과 깊이를 인류 공동체, 세계 전 가족으로 확대한 광범위한 개념이다. 따라서 지구촌 구성원으로서 언어, 예절, 질서, 도덕, 문화 등의 기초적 자질과 소양을 초·중·고등학교에서부터 함양하도록 지도하여야 할 소명을 사회과 교육은 안고 있다.

한편, 2000년대 들어와 사회과 교육의 새로운 경향은 기존의 전통적인 내용학으로서의 사회과학인 정치학, 경제학, 사회학, 문화인류학, 법학, 윤리학, 역사학, 지리학 등의 학문 외에 심리학, 여성학, 환경학, 노인학, 인구학, 북한학, 통일학, 군사학 등이 새롭게 사회과 교육의 내용 영역으로 편입·포함되어 더욱 학문적 다양성을 지향하고 있다. 특히, 현대 사회과 교육은 사회과학 외에도 인문과학, 자연과학 등과의 경계가 낮아지고 완화되었으며, 일부 내용을 공유하는 방향으로 나아가고 있다. 지리학(지리교육), 환경학(환경교육) 등이 사회과학과 자연과학의 내용을 함께 넓혀 가고 있으며, 양자가 중첩되고 공유하는 영역이 넓어지고 있는 것이 그 사례이다.

21세기 세계화 시대인 현대 사회와는 물론 역동적인 미래 사회에서도 사회과 내지 사회과 교육은 발전과 혁신을 거듭할 것이다. 변화하는 사회와 시대의 모습과 요구를 교과 내용으로 충실하게 수용하고 반영하게 될 것이며, 인간의 삶에 대한 시간적·공간적 변화상을 슬기롭게 탐구하는 사회과 본연의 교과적 사명과 소명에 충실할 것이다. 그 중심에서 사회과와 사회과 교육이 요구하는 사회 사상(社會 事象)의 탐구, 사회 인식의 탐구, 민주시민의 자질 함양, 통섭(通涉)을 중심으로 한 종적횡적 연계와 조화된 교육을 지향할 것이다. 그러한 교과적 사명과 소명을 충실히 수행하는데 사회과 교육 학자와 사회과 교사가 중추적 소임을과 역할을 다하여야 한다는 점을 유념해야 할 것이다.

1. 신사회과의 태동과 초점

1957년 구소련의 스푸트니크(Sputinik) 사건 이후, 학교 교육과정에 대한 요청은 사회과를 사회과학 중심으로 나아가게 하였다. 1960년대에 이르러 지식의 폭증과 복잡하고 급변하는 현대사회에 부응하여 이를 이해하는데 불가결한 사회과학의 기본 개념과 원리를 발견, 탐구하며, 적용할 수 있는 능력을 기르는데 초점을 맞추었다. 이와 같은 경향은 사회과 교육이 보다 체계적인 학문으로서의 사회과학을 반영하여야 한다는 주장을 적극적으로 받아들이게 하였다(한면희, 2008: 54 – 55).

브루너를 중심으로 한 ESI(Educational Service Incorporated)에서는 사회과학 중심 교육과정의 한 교수요목으로서 초등학교 제4 – 6학년 사회과에 적용할 수 있는 교수요목을 개발하였다. 그 밖의 미국지리학회와 지리교육협회가 조직한 협동교육협의회에서 1961년에 시도한 고등학교 지리교육과정(High School Geography Project), 미국인류학회가 개발한 인류학 교육과정(Anthropology Curriculum Study Project) 등이 1960년대 초의 대표적인 것들이다.

팬턴(E. Fenton), 마시알라스(B. G. Massialas), 메트칼프(L. E. Metcalf), 자롤리맥(J. Jarolimek) 등은 당시 교육의 이러한 사조를 적극 반영한 것이다.

미국사회과교육협의회(NCSS)는 1965년에 사회과의 새로운 경향으로서 사회과학적 접근, 학습자와 학습 과정의 문제, 변화하는 사회적 여건과 사회적 필요에 대한 대응책으로 제시하였다. 하지만 1960년대 중반기부터 미국 민권 운동과 베트남 전쟁에 대한 국민들의 강한 반대에서 보듯이 정치적 · 사회적 불안정은 그때까지 지속되어 온 교육적 우선순위에 대한 또 다른 검토를 하게 하였다. 사회과는 역시 현존하는 사회적 실제에 좀 더 많은 주의를 기울여야 한다는 교육적 적절성에 대한 검토의 문제이다.

1970년대에 이르러 사회과학에 입각한 지나친 지적 교육은 전인교육에 적절하게 기여하지 못한다는 새로운 도전을 받게 되었다. 그리하여 광범위한 사회과학으로부터 본질적인 것을 찾아내고, 자유로운 민주사회를 유지시키는 제 가치의 실행과 인간 생활에 대한 지대한 관심을 갖게 되었다.

2. 역사 · 지리 중심 사회과 교육

미국의 사회과에서는 1970년대 말부터 역사와 지리 중심의 기초적 지식을 강조하고 시민교육에 중점을 두었다. 미국사회과교육협의회(NCSS)에서는 사회과 교육의 본질(Essentials of Social Studies)이라는 성명서에서 민주주의 사회와 상호 의존하는 세계 속에서 효과적인 역할 수행에 필요한 기초적 지식과 민주주의의 신념, 사고 기능, 사회참여, 기능 및 시민 참여 행동의 중요성을 부각시켰다.

1980년 말의 연구 과제들은 역사, 지리, 시민교육 등에 초점을 맞추었다. 미국지리학회(The national geography society)는 여러 주와 연합회를 구성하여 지리교육 지침을 실천하기 위한 방법을 제시하였다(한면희, 2008: 54-55).

1988년 캘리포니아 주에서는 유치원에서부터 제1-2학년까지를 위한 역사, 사회과학의 기본 체제(History Social science homework)를 발간하였으며, 같은 해 역시 브래들리(Bradley) 역사교육위원회는 유치원-제6학년용 역사 중심 교육과정을 개발하였다. 이러한 프로그램은 역사를 중심에 놓고 다른 내용을 통합하도록 하였다. 이와 같은 경향은 1990년대에도 계속되었다. 역사, 지리, 그리고 시민교육을 중심에 놓고 기타 사회과학의 주제와 내용을 통합하여 저학년에서 보다 많은 내용을 다루며, 과학·기술·사회, 종교, 지구촌 문제, 성의 평등, 환경 및 기타 사회적 관심사에 주의를 환기시켰다.

3. 현대 다기능적 사회과 교육

미국의 사회과 교육은 그야말로 우여곡절 속에서 성장하고 발달하였다. 미국의 현대 사회과 교육에 영향을 끼친 요소들은 매우 다양한데 이를 몇 가지로 종합하면 다음과 같다(정문성 외, 2009: 82-83).

첫째, 다문화 교육 및 다문화 이해 교육이다. 원래 미국 사회는 다인종, 다민족, 다국적인들로 구성된 국가로서 이질적인 배경과 환경을 가진 사람들이 더불어 조화롭게 살아가는 나라이다. 따라서 소수에 대한 배려와 인권 존중의 의식이 필수적으로 요청되었는데, 이에 따라 사회과 교육에서는 다문화 이해 교육을 크게 강조하게 되었다. 즉 인종, 성별, 민족, 종교, 장애 유무 등 다양한 문화를 그 나름대로 존중하고 배려하며 인정해야 한다는 점이 사회과 교육의 중요한 방향, 내용, 방법 등으로 구현되고 있는 것이다.

둘째 열린 교육 운동이다. 1960년대 말부터 1970년대 말까지 일어났던 열린 교육 운동도 사회과 교육에 지대한 영향을 미쳤다. 열린 교육 운동은 일찍이 영국의 유아 학교(infant school), 진보주의 교육 사상, 피아제(Piaget)의 발달론 등의 영향을 받아 발달하였다. 이로 인하여 적극적인 학생 참여 학습 활동, 구체적인 조작 학습 활동, 개별화 학습 활동, 통합 교육과정 운영, 교수·학습 방법의 다양화, 혁신적 교수·학습 자료의 개발과 활용 등 획기적인 변화들이 사회과 교육에 영향을 미쳤다. 특히 지적인 의사 결정 과정에서 학생들의 적극적인 참여와 활동, 선택의 자유, 촉진자로서의 사회과 교사 역할 등이 사회과 교육에 미친 열린 교육의 영향이었던 것이다.

셋째, 기초 기본 복귀 운동(back to the basics movement)이다. 이는 초등학교에서 독서산(讀書算) 등 등을 확실하게 강조 지도해야 한다는 점이다. 물론 사회과 교육에서는 자료 읽기, 지도 사용하기, 자료찾기, 의사 결정 잘 하기 등이 강조되었다.

넷째, 법교육, 경제교육 등이 사회과 교육의 중요한 내용으로 추가되었다. 또한 콜버그(Kohlberg)의 도덕성 발달 이론 세계화 교육, 정치교육, 에너지 교육, 환경교육, 인구교육 등 시대적인 쟁점과 이슈(issue) 등이 사회과 교육의 주요 내용으로 자리잡게 되었다.

▌제3장▐ 사회과 교육의 도입

우리나라에 현대적 의미의 사회과의 내용으로 볼 수 있는 교과교육이 실시된 시기에 대해서는 의견이 일치되지 않고 있다. 다만 미루어 보면, 과거 고구려의 태학, 경당, 그리고 고려의 구제학당 등과 같은 교육기관에서도 그 시대적 상황과 부합되는 교육을 했을 것으로 유추되고 있다. 조선에서도 서당이라는 보편화된 교육기관이 있었는데, 교육되는 내용은 주로 현실적인 목적을 달성하기 위하여 교수되는 강독, 제술, 습자 등이 중심이었다. 따라서 이들은 오늘날과 같은 제도화된 학교 교육이라고 보기 어려울 뿐만 아니라, 그 내용 또한 평등적 사상에 기초한 인권교육이나 자율적이고 능동적인 시민 육성 교육이라는 관점과는 거리가 멀었기 때문에 이러한 시대로 거슬러 올라가 사회과 교육의 기원을 고찰하는 것은 무리이다(노정식 외, 2007: 14 - 16).

실제로 1885년 우리나라에 최초의 근대식 학교인 배재학당이 설립되면서부터 그 뒤를 이어 관립, 사립의 각종 학교들이 설립되었는데, 오늘날의 초등학교의 전신인 보통학교들도 이때에 주로 설립되었다. 이들 학교에서 전통적으로 교수되던 교과들이 대체로 수신이나 지리, 역사와 같은 것들인데, 오늘날의 사회과의 구성 영역이라고 할 수 있다. 그러나 이때에는 일정한 교육과정이 존재한 것도 아니고 구체적인 교수 시간이 계획되어 있었던 것도 아니었기에 이를 우리나라 사회과 교육의 출발로 보기는 어렵다.

1910년 일제가 우리나라를 강점한 후에 근대적 의미의 관립 학교들이 본격적으로 설립되기 시작하였는데 이때에 만국 지리, 만국사 등의 교과가 비로소 교수되었다. 당시 교수된 만국 지리, 만국사 등은 진정한 세계의 지리나 역사를 교육한 것이 아니라 일본 제국을 세계의 중심으로 인식시키려는 식민 교육의 하나였고, 또 형식상으로도 만국 지리, 만국사라고 하였으나 실질적인 내용은 일본 지리와 일본 역사 중심이었다. 당시 일제에 저항하는 민족주의 인사들에 의하여 설립된 사립학교를 중심으로 하여 조선의 역사가 교수되기도 하였으나 짧은 기간에 그쳤고, 1930년대에 내려진 조선어 및 조선 역사 교수 금지 조치에 의하여 독립 운동가들의 민족주의 노선에 따른 교육은 비밀리에 이루어질 수밖에 없었다. 따라서 이 시기는 지리, 역사, 공민 등의 과목이 분리된 채로 교수되었으나 그 목적과 내용이 오늘날과 같은 민주적 시민을 위한 교육이 아니라 제국주의적이고 침략적인 식민지 국민 교육의 일환이었으므로 사회과의 본질적인 측면에서 미루어 진정한 사회과 교육이 이루어진 시기로 볼 수는 없고 오히려 파행적인 교육이 실시된 시기로 보아야 할 것이다.

1945년 제2차 세계대전이 종료되고 일제가 물러가면서 미 군정청이 우리나라의 독자적인 정부가 수립되어 독립적인 행정 수행력을 지닐 때까지의 과도 기간을 맡아서 행정을 수행하게 되었고, 따라서 교육 부문은 군정청 교육부가 담당하였다. 당시 교육에 있어서는 일제의 군국주의적 식민 교육의 내용과 방법을 청산하고 새로운 서구식 민주주의를 바탕으로 한 애국적이고 애족적인 한국 국민의 육성이 시급한 과제였다. 사회과 계통에서는 공민, 역사, 지리가 임시 교과목 편제에 선정되었으나 일제 강점기에 배워 오던 교과의 편제나 내용을 전면적으로 수정하여 우리나라의 실정에 알맞은 새로운 교과를 만들기에는 시간과 재정, 그리고 이론 등의 능력적인 면에서 강점기 35년이라는 세월이 너무나 긴 기간이었다. 따라서 체계는 그대로 두되 내용은 우리의 윤리, 도덕과 우리의 역사, 우리의 지리로 대체하였으며, 시간 운영은 시간 배당표를 작성하여 그 기준을 마련하였으나 엄격한 준수는 요구하지 않았고 가급적이면 학교의 실정을 감안하여 그 재량에 일임하였다.

미 군정청 문교부는 교수요목제정위원회와 교재편찬위원회를 설치하여 교수요목과 교과서 편찬에 들어갔으며, 일제의 잔재를 청산하고 서구식 민주주의를 바탕으로 한 민주시민 교육의 창달을 위하여 민주주의의 선진국인 자국의 교육을 모델로 삼아 이러한 작업을 진행시켜 나아갔다. 그리하여 미국 여러 주의 교육과정과 교과서가 입수되어 검토되었는데, 그중 우리나라의 자연적인 환경과 여건이 유사하고, 비교적 다른 주보다 사회과 교육에 대한 연구가 활발한 콜로라도(Colorado) 주의 교육과정에 초점이 모아졌고, 그중에서도 주도인 덴버(Denver) 시의 것을 따르기로 하는 한편, 당시 미국 내에서 가장 선진화된 버지니아(Virginia) 주의 교육과정도 참고하였다. 이러한 논의 과정에서 공민, 역사, 지리를 독립 교과로 하자는 안과 이러한 과목들을 종합하여 하나의 교과목으로 하자는 안이 대립하였으나, 결국 이를 통합하여 하나의 교과목으로 하자는데 의견이 모였다. 그러나 통합된 교과인 'Social Studies'를 우리말로 번역하는데에 문제가 제기되어 '사회 공부', '사회 연구', '사회생활' 등을 놓고 의견 조정을 거친 결과 최종적으로 '사회생활'로 결정되었다. 이러한 대강이 결정되자 미 군정청 문교부는 새로이 탄생한 교과인 '사회생활과'에 대한 이해를 돕기 위해 다양한 연수회와 강습회를 여는 한편, 교육과정과 교과서의 개발에도 박차를 가하여 1946년 초등학교 사회생활과 교수요목을 탄생시켰다. 이로써 우리나라 최초로 현대적 의미의 사회과가 도입되면서 민주적인 시민교육으로서의 사회과 교육이 출발하게 된 것이다. 이와 같이 우리나라에 사회과 교육이 도입될 당시의 사회과 교육과정은 미국의 영향이 절대적이었다(차경수·모경환, 2009: 32-33). 일제 강점기에는 일본 본토에서와 마찬가지로 일본 역사, 일본 지리, 그리고 도덕 교육에 해당하는 수신과가 독립적으로 교수되었다. 그러나 이와 같은 교과목들이 민주적이지 못하고 다분히 군국주의적이란 이유로 미군정청은 이들 교과목들을 폐지하였다. 그 대신에 자유와 평등, 인권 존중, 국민의 정치 참여 등을 내용으로 하는 민주주의적 사회과를 만들고자 하였다.

미군정기의 사회생활과 교육과정은 지리, 역사, 공민 등을 종합하여 민주 시민을 육성한다는 목적에서 편성되었다. 당시 편성된 우리나라 사회과 교수요목 중에서 초등학교 교수요목은 기본적으로 미국 콜로라도주 덴버(Denver)시의 초등 사회과 교육과정을 참고하여 조직된 것이다. 즉 초등학교 사회과 제1학년에서 가정과 학교, 제2학년에서 고장, 제3학년에서 여러 지역의 생활, 제4학년에서 우리나라의 생활, 제5학년에서 다른 나라의 생활, 제6학년에서 우리나라의 발달 등을 편제하였다. 미국의 덴버시의 8년 과정을 6년 과정으로 압축하면서 제6학년에 역사와 공민 영역이 함께 들어간 것이 특징이다.

초등 교육과정과 달리 중등 교육과정에서는 종합적인 성격의 사회과 도입에 대한 합의 도출에 실패하였다. 그 결과 중등학교의 사회과 교육과정에서는 사회과라는 교과 명칭 아래 역사, 지리, 공민 등이 분과형으로 편성되었다.

▌제4장▌ 한국 사회과 교육과정의 변천과 발달

우리나라에 체계화된 사회과 교육이 도입된 것은 8·15 해방 이후의 일이지만 넓은 의미의 시민성에 관한 교육은 전통 사회에서도 찾아볼 수 있다. 특히 사회과가 민주시민의 자질 함양, 인간다운 인간 육성, 사람다운 사람 육성이라는 본질적 목적을 가진 이상 도덕과 예절을 강조한 전통 사회에서도 그 이상(理想)은 충분히 강조되었던 것이다. 현재는 사회과가 도덕과, 윤리과 등과 교과 분리가 되어 있지만, 교과 초기에는 이를 포함한 종합 교과 형식을 띠고 있었던 것이다.

1945년은 해방을 맞아 한국 사회가 일본의 강제 식민지 상태에서 벗어나 자주적인 민족국가를 수립한 새로운 분기점으로부터 정치적인 측면에서는 민주주의 제도를 수용하게 되었고 교육적 측면에서는 민주시민 교육을 실시할 수 있는 계기가 되었다. 그러나 새로운 상황을 주체적으로 수용할 수 있는 여건이 부족한 상태에서 민주사회를 건설하고 민주시민을 양성할 수 있는 교육을 실현한다는 것은 어려운 일이었다. 더구나 정치·경제·사회·문화·교육 등의 영역에 식민지의 잔재가 남아 있는 상황에서는 문제가 많았다.

우리나라 사회과는 해방 후인 1945년에 '사회생활과'라는 명칭으로 도입되어 현재의 '2009 개정 교육과정'에 이르렀다. 사회과 교과 역사 60여 년이 된 것이다. 그동안 사회과는 신교육, 또는 민주주의 교육 실현을 위한 전형적인 교과로 평가되기도 하였고, 국가적·사회적 요구를 지나치게 추종하여 정부 성향이 강한 교과로 인식되기도 하였다. 1990년대 초기에는 소위 열린 교육의 소용돌이에 휘말리기도 하였었다. 사회 여건과 환경이 변화하면 법이 변화하듯이 사회 환경과 학문적 경향이 변화하고 사회의 요구가 발생하면 이에 따라 교육과정도 변화한다. 사회과도 예외가 아니다.

우리나라의 경우 1946년 미 군정하에서 만들어진 교수요목에 따른 교육과정 설정 이후 교과 중심 교육과정의 강조, 실생활에 기반을 둔 학습자의 경험 중시, 사회과학의 개념과 탐구 방법의 중시, 전인의 육성 등을 표방하며 사회과 교육의 목표와 내용 체계 및 지도 방향 등을 수정 보완해 왔으며, 현재까지 일곱 차례에 걸쳐 교육과정이 개정되었다.

해방 이전의 사회과를 기반으로 하여 교수요목 시기부터 '2009 개정 교육과정'까지의 한국 사회과 교육과정의 변천, 발달과 교육과정기별 특징은 당시의 시대상과 사회적 흐름(trend)을 담고 있다.

1. 해방 이전의 시기(1945년 이전): 전통적 사회과기

1) 구한말의 사회과 교육

근대 이전의 교육은 오늘날과 같은 분과 형태가 거의 이루어지지 않았다. 고려시대에서 시작되어 일제강점기 이전까지 생명을 유지한 초급교육기관인 서당에서는 천자문에서 시작하여 동몽선습, 통감, 소학, 사서삼경, 사기, 당송문과 당율 등을 학습 수준에 따라 차례로 가르쳤다. 주로 어학 교육에 큰 비중을 두었으나, 어학의 내용을 이루는 부분은 거의 대부분이 봉건적인 상부구조를 구성하고 있는 유교적 도덕, 정치윤리에 관한 것이었다. 중급 교육기관인 사학, 향교, 서원 등에서는 소학, 사서삼경 등을 가르쳤고, 이 과정에서 우수한 자들에게 생원과 진사시험에 응시할 자격이 부여되었다. 고등교육기관이라 할 수 있는 성균관에서는 사서오경이 주 교과서로, 문장과 작문 교육이 주를 이루었다.

근대적 의미의 학교 교육은 고종의 교육입국조서 발표(1893)에서부터 비롯되었다 할 수 있다. 이것이 자주적인 선언이었는가는 매우 의심스럽지만 이 선언으로 신교육이 본격적으로 출발하게 되는 계기가 되었다는 것은 부인하지 못한다. 이 선언은 구체제의 붕괴가 예상되는 시점에서 민중들의 이데올로기적 동요를 막고 한편으로는 제국주의적 침략에 대항하기 위한 새로운 지식과 기술을 습득할 기회를 제공하기 위한 의도에서 발표되었다.

이러한 목적을 충족하기 위한 중핵 교과가 수신 교육이다. 당시 수신 교과서는 일본 수신 교과의 영향을 받은 것으로 보이며, 내용은 존왕애국(尊王愛國)을 강조하고 인륜도덕의 요지를 가르치기 위한 교과였다. 수신 교과의 시간 배당은 매주 1시간이었다.

중세 사회에서 가장 먼저 교육에 공헌한 것은 정치 교재로서의 역사서였으며(강우철, 1991: 4), 경제학이나 지리학은 귀족주의적 교육관에서 탈피하여 근대적인 요소를 수용하는 19세기 말 개화기에 이르러서야 교과로 등장하였다.

1860년대 민족사회에 있어서 개화운동이 태동하면서, 1884년 갑신정변을 기점으로 근대학교들이 설립되고 갑오개혁 이후 마련된 산학제의 공포는 한국 교육사의 큰 전환점이 되었다. 19세기 말 설립된 근대 초기 학교로는 동문학, 육영공원이 있으며, 사립학교로는 원산학사가 있다. 이들은 교육목표를 봉건적 지배 체제의 재편 강화에 필요한 근대적 지식을 갖춘 인재 양성에 두었으나, 교육 내용에서는 전근대적인 성격을 벗어나지 못하였다.

역사, 지리 등의 근대적인 교과가 채택된 것은 1890년대이다. 이 당시 교육은 실용적인 면에 치중하여 국어, 역사, 지리, 이과 도서, 체조 등의 교과를 가르쳤으며, 여기서 역사는 본국 및 만국 역사, 지리는 본국 및 만국 지리를 다루었다.

또한 개화기의 사회과 관련 교육목표, 내용 등을 유추해 볼 수 있는 중요한 자료로 당시의 교과서인 수신서가 있다. 수신 교과서가 정식으로 발간된 것은 1906년 편찬된 『중학수신교과서』가 처음이며, 그 이후 여러 종의 수신 교과서가 발간되었다. 그 내용은 역대 천황의 은혜에 대해 서술하고 있다. 당시 수신은 물론 사회과 관련 교과인 역사, 지리, 법제 및 경제 등이 모두 정규과목으로 되어 있었다.

당시 역사와 지리 교과도 가르쳤는데, 내용은 우리나라에 대한 것만이 아니고 만국 역사, 만국 정치지리와 인문지리를 포함하는 것이었다. 소학교 심상과에서는 역사와 지리 모두 수의(隨意)과목이었고, 소학교 고등과에서는 한국지리와 한국사는 필수과목으로, 만국 지리와 만국 역사는 수의과목으로 지정되었다.

당시 관립학교의 교과서는 학부에서 직접 편집하거나 학부대신이 검정한 것을 쓰도록 되었던 데 비해, 사립학교에서는 교육과정에 대해 폭넓은 재량권을 가지고 있었다. 그러나 일제의 한반도 강점이 점차 완료되는 시점인 1908년, 사립학교령의 발표로 사립학교에 대한 탄압도 강화되었다.

1905년 이후의 사회과 시간배당을 보면, 보통학교에서의 수신은 매주 1시간씩 배정되었으며, 역사와 지리는 시간을 않고 수의로 교수하게 하였다. 고등보통교육에서는 수신을 졸업 시(제4학년)까지

각 한 시간씩, 역사와 지리는 제3학년까지 각 학년당 세 시간씩 배정되었다.

2) 일제강점기의 사회과 교육: 사회과 궤멸기

1910년 일제는 통감정치를 총독정치로 바꾸어 형식적이나마 남아 있던 국가 형태를 없애고 헌병경찰을 통한 무단정치를 감행하기 시작하였다. 이와 함께 한인에 대한 우민동화를 통해 식민지 노예를 만들기 위한 교육정책을 펴기 시작하였는데, 이는 제1차 조선교육령의 발표(1911)로 구체화되었다.

수신(修身) 교과의 명칭은 그대로 유지되었지만, 내용은 크게 변화하였다. 여기서 내용의 주요 변화는 조선 왕조의 조선 국가에 대한 충성을 일본 황실과 일본 국가에 대한 충성으로 대체한 것이었다. 1913년대 보통학교 수신교과서 편찬지침은 "국민 중추가 되는 충효관념의 양성에 치중하여, 각 권에 이에 관한 교재를 배당하고, 국체(國體)에 대한 관념을 밝히며, 천황·황후 양 폐하, 명치천황 및 조헌황태후의 성덕을 알게 하고, 특히 명치천황이 조선 인민에게 베푼 은택이 두터운 점을 각기 학년의 정도에 따라 될 수 있는 대로 정확히 알리도록 한다."고 하였다. 보통학교와 고등보통학교에서 각 학년 공히 주 1시간씩 배정되었다.

1938년 제3차 조선교육령이 발표되자, 이른바 "국세에 맞고 세운에 응하는 길은 국체명징(國體明徵), 내선일체(內鮮一體), 인고단련(忍苦鍛錬)의 3대 방침을 정하여 대국민 된 지조, 신념의 연성을 기간으로 하지 않으면 안 된다."는 방침에 따라 수신은 국체명징, 내선일체, 인고단련의 내용을 주입하는 핵심 교과로 취급되었다. 교과서도 이전에는 총독부에서 식민지를 위하여 따로 제작하였으나, 제3차 조선교육령 이후부터는 직접 문부성에서 만든 것을 사용토록 하였다. 그만큼 합병은 심화된 셈이다. 제4차 조선교육령(1943) 이후에는 수신 교과의 단위도 늘어 각 학년 공히 주 2시간으로 배정되었다. 내용도 전시 지침서와 같은 것으로 변하였다.

역사와 지리 교과는 일본 중심으로 편찬되었으며, 그 내용은 한인을 열등한 민족으로 묘사하여 이를 주입하는 내용이었다. 제1차 조선교육령 발표 직후 보통학교에서는 역사와 지리 시간을 따로 두지 않고 일본어와 우리말 시간에 그 내용만을 가르치도록 하였다. 이는 한국의 지리와 역사를 가르치지 않으려는 속셈이었다. 그렇다고 반발을 무릅쓰고 일본의 역사와 지리만을 가르칠 수도 없는 노릇이었다. 그러다 역사(일본사를 의미)와 지리(일본 지리를 의미)가 초등학교에 부과된 것은 제2차 조선교육령(1922) 이후부터였다. 고등보통학교에서는 제1학년 때 일본 지리, 제2학년 때 일본 역사, 3학년 때 만국 지리와 만국 역사, 제4학년 때 인문 지리를 각각 주 2시간씩 가르치도록 하였다. 제2차 조선교육령 직후에는(3·1 운동 직후) 교육 내용에 대한 반발이 심해지자 역사와 지리를 가르치지 않아도 좋도록 편법을 쓰기도 한 때도 있었으나, 제3차 조선교육령 이후 오히려 역사와 지리가 강화되어 주당 세 시간씩 배정되었다.

그러나 일제 강점기 시대에는 제4차에 걸친 '조선 교육령'의 시행에 따라, 모든 교육의 목적은 일본의 황국신민(皇國臣民)을 만드는데 있었다. 따라서 교육과정의 운영도 철저히 일본에 의해 그리고 일본을 위해서 이루어졌다. 이때에 공식적으로는 '일본 역사, 지리' 교과를 가르쳤으며, 우리의 역사, 지리 등은 계속 비밀리에 지도하였다.

미국은 1944년 8월부터 전후 일본의 점령을 예상하고 캘리포니아에 있는 민정기지나 군정학교에서 일본의 산업, 경제, 정치제도, 교육에 대한 자료를 준비하여 군정 요원을 양성하였지만(鈴木英, 1983: 140-142), 한국에 대해 거의 백지상태로 한국인에 대한 지식이나 정보는 물론 한국문화에 대해 아무런 이해를 갖지 못했다(김현진, 1994: 21).

종합적으로 판단하여, 미 군정기 3년간을 통해 미국의 대한교육정책은 그 당시 한국을 둘러싼 복잡한 국제정세나 한국 내의 정치적, 사회적 혼란 등의 영향으로 인해 정비된 방식으로 일관성 있게 전개되지 못하였다. 한국 점령 시초부터 미국 측의 준비부족으로 인하여 교육개혁의 실시에 있어서 실제로는 오히려 한국 측이 주도적인 입장에 섰던 적도 종종 있었다(鈴木英, 1983: 156). 그러나 이상과 같은 미 군정 초기의 교육정책이 미 군정의 한국에 대한 사전 정보나 준비의 부족으로 인하여 응급조치적인 현상유지로서의 정책일 수밖에 없었다 하더라도, 한국 내에 공산주의의 절대배제와 민주주의국가 건설이라는 일관된 기본정책 수행만은 교육운영을 통해서 철저하게 이루어졌으며, 그 실천 교과로서 사회과가 등장하였다고 할 수 있다. 미국의 대한 교육정책은 한국교육의 재건을 위한 '탈일본화', '민주화', '민족화'의 세 가지로 요약할 수 있으며, 이것들 중에서 핵심이 되는 이념이 '민주화'로서 '전체주의로부터 민주주의로'라는 시대의 커다란 조류 속에서 한국교육에 가장 큰 영향을 끼친 것은 무엇보다도 미국식 민주주의 교육이념이었다. 여기서 우리가 주목해야 할 점을 지적하면, 만약 한반도에서의 미국의 전략적 이해가 강력한 반공의 교두보가 될 국가를 형성하는데 있었다면 그로부터 존립의 정당성을 이끌어 낼 세 가지 요건 즉, ① 생산의 사회적 관계로서 자본주의 체제의 확립 ② 공산주의에 반대하는 반공 체제의 확립 ③ 정치체제의 형태로 의회제도에 바탕을 둔 민주주의 제도화가 충족되어야만 했다. 그러나 광복 이후 우리 사회의 조건은 이 세 가지 원리 자체가 서로 상층관계에 놓여, 단독정부가 수립(1948년)되는 과정에서 좌파와 민족주의 세력에 궤멸되었으며 이것은 바로 반공과 자본주의 체제가 구축되는 과정이었다.

1945년 조국의 광복 후, 미 군정청은 각급 학교의 개학과 교육 내용 문제에 관한 한국교육위원회(The Korean Committee on Education)의 건의를 받아 1945년 9월 17일 '일반 명령 제4호'를 공포하여, 각급 학교의 개학 명령과 함께 교과서 문제 등에 대한 응급조치를 취하였다.

이에 대한 구체적 지시로서, 미 군정청 학무국에서 일선에 시달한 교과목 편제 및 시간 배당표의 경우, 사회과 관련 교과목은 중학교나 고등학교의 공민, 역사, 지리의 편제였다. 그러나 국사를 제외하고는 교과서 공급이 되지 않아 일제의 식민지 교육 일소를 부르짖으면서도 교육 내용은 일제의 잔재를 답습하는 모순성을 드러내는 경우가 많았다. 공민은 일제강점기의 수신과와 공민과를 폐지하고 새로운 시민을 양성하기 위한 것이고, 역사의 경우는 일본 역사를 폐지하고 우리 역사가 파해진 것이다.

일제강점기의 것을 사용하지 말 것을 지시한 채로 교육과정이나 교과서를 당장 내놓지 못하고 임시로 교육에 관한 응급조치를 했던 군정청 편수 당국의 교과별 편수사들은 위원회(교수요목 재정위원회)를 조직하여 교수요목 제정에 들어갔다(홍웅선, 1982: 94). 그러던 중 1946년 9월 1일부터는 교육 심의회에서 결의하여 학무국에서 채택한 새로운 민주적인 교과목 편제를 시달하게 되어, 모든 교육은 이를 중심으로 구성하게 되었다.

이때의 교과목 편제에서, 특히 주목을 끄는 것은 '사회생활과'의 등장이다. 이것은 공민, 지리, 역사, 실업을 총괄하여 편성한 교과로서 사회생활을 영위하는데 필요한 기본적인 교양을 내용으로 하는 교과로, 특히 민주시민의 육성을 기도함에 그 주안점을 두고 편제하였던 것이다(함종규, 2006: 189). 이

것이 우리나라 사회과의 출발이 된 것이다. 교과목 편제에서 '사회생활과'를 탄생시킨 군정청 문교부는 이어 1945년 12월에는 국민학교 사회생활과 교수요목을, 그리고 약 1년 후에는 중등학교 사회생활과 교수요목을 제정하여 공포하였다.

2. 교수요목 시기(1946년 – 1954년): 사회과의 도입

한국의 사회과는 1946년 미 군정하에서 미국 콜로라도 주의 'Social Studies'를 도입하면서 성립하였다. 이때는 'Social Studies'를 '사회생활'로 번역하여 사용하였으며, 이는 공민, 지리, 역사, 실업을 종합한 교과로서 사회생활을 영위하는데 필요한 기본적인 교양을 내용으로 하였다.

교수요목 시기의 사회과는 사회 기능을 중심으로 선정된 주제를 바탕으로 동심원적 확대법에 따라 내용을 조직하고, 방법으로는 문제 해결 학습을 지향하고 있어서 생활 경험형 사회과 교육과정으로 접근하고 있다(교육과학기술부, 2008a: 298 – 302).

교수요목 시기는 미 군정하에서 '교수요목'을 제정, 실시하였던 시기이다. 광복 후의 교육에 있어서 무엇보다도 중요한 과제는 일제의 제국주의 교육방식을 청산하고 민주주의 정신을 기르는 일이었으며 그것을 이념으로 하지 않으면 안 되었다. 이를 위한 선도적인 교과로는 사회과라는 새로운 형태의 교과가 출현하였다. 1945년 광복 후 미 군정청 학무국은 '교육과정 및 교과서 문제는 각 당해 학교로 하여금 당분간 적당히 처리하되 산수나 이과와 같은 과목 이외에는 일본식민지 때의 것을 사용치 말 것'을 시달하였다(손인수, 1970: 133). 이때에 시달된 초등학교 교과목 중 사회과 계통의 교과목은 공민제(제1 – 6학년에서 매주 2시간 이수), 역사제(제5, 6학년에서 매주 2시간 이수), 지리제(제4학년 1시간, 제5, 6학년 각 2시간 이수)였다. 교수요목기에는 특히 사회생활과의 교수 목적을 기술하고 있는데 즉 사회생활과(Social Studies)는 사람과 자연환경 및 사회 환경과의 관계를 밝게 인식하여 사회생활에 성실, 유능한 국민이 되게 함을 목적으로 한다고 규정하고 있다.

군정청 학무국에서는 1945년 10월 1일부터 중등학교를 열기 위해 교과목 편제와 시간 배당표를 9월 30일에 발표하였다. 인문계 중등학교, 사범학교 심상과, 실업학교 공히 공민, 지리 및 역사의 교과를 두었다(정세구, 1977: 72). 이 시기의 중학교 사회과는 통합이 되지 못하고 공민, 역사, 지리로 구분하여 교수되었다. 1946년에 미 군정청에 의하여 교수요목이 공포되었으나, 교수요목의 고등학교 사회과 부분은 현재 남아 있지 않다. 간접적인 자료에 의하면 제1학년에서는 '정치편'을, 제2학년에서는 '경제편'을, 제3학년에서는 '윤리 철학'을 학습하도록 되어 있었다.

당시에는 중등교육, 특히 고등학교는 엘리트 교육의 성격이 강하였으므로 상당히 세분화되고 전문화된 과목들이 부과되었던 것 같다. 한 예로 휘문 중학교의 제4, 5, 6학년의 교과목 중에는 '공민' 이외에 '심리', '철학', '논리' 등의 과목이 있었다(문교부, 1988: 24에서 재인용). 이 시기에는 공민, 지리, 역사가 매 학년 주당 2시간씩 3등분 되어 있었으며, 교과서가 투입되어 있지 않은 것이 대부분이고, 교사들의 교육 배경 등의 관계로 일률적으로 시행되지 못하고 학교별로 차이가 심하였다.

해방 후의 우리나라 사회과는 일제 식민지의 잔재를 청산하고 새롭게 출발하기 위해 다양한 정책을 입안, 추진하였다. 당시 교육 주체들은 신교육, 민주주의 교육의 모델로서 사회과 도입을 결정한 것이다. 특히, 당시 시대적·사회적 상황은 학생 중심 교육, 문제 해결 학습 등을 주요 원리로 하는 경험주의 교육론에 바탕을 둔 사회과 교육론의 영향을 받으면서도 국내적으로는 신국가 건설을 위한 국민들의 의식 결여, 일선 교사들은 새로운 교육, 교과를 수용할 준비가 미흡하여 교실 환경은 새로운 교육이 착근(着根)하기 어려운 환경이었다.

사회과 교수요목은 '사회생활과 교수요목'이라는 명칭으로 초등학교는 1946년, 중등학교는 1948년에 제정되었다. 당시 사회과(사회생활과) 교수요목의 구성 요소는 '사회생활과의 교수목적', '사회생활과의 교수방침', '사회생활과 교수요목 운용법', '사회생활과 교수에 관한 주의', '사회생활과 교수사항' 등이 제시되었다. 당시 초등학교 사회과의 교수요목에 '자연관찰'과 '직업 보충 교재'가 편성되어 있는 것이 특징이기도 하다.

교수요목기의 사회생활과 교수 목적은 "사회생활과(Social studies)는 사람과 자연환경 및 사회 환경과의 관계를 밝게 인식시켜서 사회생활에서 성실 유능한 국민이 되게 함을 목적으로 한다."고 제시되어 있다.

사회생활과 교수 방침은 '단체 생활에 필요한 정신, 태도, 기술, 습관 등을 양성함', '단체 생활의 모든 관계를 이해하게 하며 책임감을 기름', '사람과 환경과의 관계를 이해하게 함', '우리나라의 역사와 제도에 관한 지식을 얻게 함', '우리나라에 적의한 민주주의적 생활 방법에 관한 지식을 함양함', '실천을 통하여 근로정신을 체득게 함' 등이 구체적 내용으로 사회생활에서의 실천적 측면을 강조하였다.

사회생활과 교수·학습 방법의 유의 사항은 '사회생활과 교수요목의 운용법'과 '사회생활과 교수에 관한 주의' 등을 제시하였다. 문제 중심의 학습을 강조한 '설문식 교육을 할 것', 사회과 학습 내용의 통합을 권장한 '역사, 지리, 공민의 혼연 융합을 기할 것', 교사 주도적 교육을 지양할 것을 제시한 '민주주의적 교육을 할 것', '다른 교과와의 관련성도 고려하도록 한 다른 과목과의 관련에 주의할 것' 등을 통해서 사회과 학습의 특징을 밝히고 있다.

사회생활과의 내용은 아동 중심 교육과정, 방법은 문제 해결 학습에 초점을 두고, 미국 콜로라도 주의 사회과 교육과정 내용을 중심으로 하고, 버지니아 주 사회과 교육과정 내용을 참고하여 '사회생활과 교수 사항'으로 제시하였다(정문성 외, 2008: 28－30).

당시 사회생활과 교수 사항은 제1학년 가정과 학교, 제2학년 고장 생활, 제3학년 여러 곳의 생활, 제4학년 우리나라의 생활, 제5학년 다른 나라의 생활, 제6학년 우리나라의 발달, 제7학년 이웃 나라, 제8학년 먼 나라, 제9학년 우리나라, 제10학년 인류 문화사, 제11학년 우리 문화사, 제12학년 인생과 문화 등이었다.

이 시기의 초등학교 사회과인 '사회생활과'는 단체 생활에 필요한 정신, 태도, 기술, 습관을 양성하고, 단체 생활의 모든 관계를 이해하게 하며 책임감을 기르고, 우리나라의 역사와 제도에 관한 지식을 얻게 하는 것 등을 중요한 교수 지침으로 표방하였다. 초등학교 사회생활과의 편제는 제1학년에서 제6학년까지 학생들의 생활 범위 확대에 따라 구성되는 사회생활과, 농업에 관한 실천적 지식으로 구성된 직업 보충 교재(제5－6학년 남자), 생물, 천체, 기상, 암석 등의 이과적 성격을 띤 자연관찰(제1－3학년) 등 세 영역이 통합적 편성된 광역 교과형 성격을 띠고 있다. 내용상 구성의 특징으로는 주제의 배열이 동심원적 확대법에 따른 점, 단원 형식의 도입과 단원 내용을 설문 형식으로 제시하여 문제 해결 전통을 시사한 점, 주제의 선정이 사회 기능을 중심으로 이루어졌다. 하지만 중등학교의 경우는 분과적으로 편제되어 정치, 경제, 역사, 지리 등 계통, 통사적으로 조직되었다.

교수 방법으로 교수요목의 단위마다 설문식으로 강목을 제시한 것을 학생들에게 교수할 것을 강조하였으나 각 단위를 중심으로 가르칠 것을 교수요목의 운영 사항으로 제안했다.

중학교 교수요목은 제1－3학년에 걸쳐 공민, 역사, 지리 영역으로 나뉘어 조직되었으며, 목표로 공민, 역사, 지리로 나뉘어 진술되었다. 이를 이른바 ‘천(川)’자형의 배열, 책꽂이형 배열이라고 하였다. 분과적 성격이 농후하였던 것이다.

중학교 공민 영역의 경우 교육목표는 ‘신생 국민으로서 또는 재생국민으로서 새로운 민족문화 건설을 앞두고 공민으로서 정당한 정치에 관심을 갖게 하여 향토 개발의 의무와 자치 정신을 배양케 하기 위해 필요한 일반 공민 생활의 기초를 습득게 하는 것’이었다.

지리 영역은 ‘우리나라 생활은 물론 서로 다른 특질을 가진 동·서양 내지 세계 전체의 생활을 이해하기 위하여 지역적으로 구분하여 교수하지만 국토의 자연환경과 인문 조건을 체득시켜 한 세계적 추세에서 우리의 처지와 사명감을 인식게 하는데’에 두었다.

역사 영역의 목표는 ‘우리나라를 중심으로 동양 및 서양 전체에 긍하여 문화생활을 이해시켜 우리 민족의 발전적 자립정신 앙양에 기여케 하며 국제친화를 위해 노력하는 태도를 기르는 것’이었다.

고등학교의 경우, 1946년에 미 군정청에 의해 공포된 고등학교 사회과 교수요목은 현재 남아 있지 않다. 이 시기의 공민, 지리, 역사가 매 학년 주당 2시간씩 3등분 되어 있었으며, 교과서가 투입되어 있지 않는 것이 대부분이고 상당히 세분화되고 전문화된 과목 등이 부과되었던 것처럼 보인다.

결국, 교수요목기의 사회과 교육과정은 초등은 통합형, 중등은 ‘사회생활과’라는 교과명 아래, 종래와 같은 분과적 성격을 띠고 있다. 교수요목기의 이러한 비정상적인 교육과정 편제는 사회생활과 도입을 둘러싼 논쟁의 결과가 아닌가 한다. 특히 민족주의를 우선시한 국사, 지리 관련 인사들의 완강한 반대가 그 주된 이유였다.

3. 제1차 교육과정기(1954년－1963년): 교과 중심 교육과정

1954년에 교육과정 시간 배당 기준령과 1955년에 중학교 교육과정이 제정, 공포됨에 따라 사회과의 시간 배당 기준과 목표, 내용이 정해졌다. 새로 제정된 ‘사회과(사회생활과)’ 교육과정은 교수요목에 비하여 지적 체계를 따르는 ‘교과 중심 교육과정’이었다. ‘교과과정’으로 공포된 하나의 교과과정이었던 것이다. 이는 당시 미국이 지향하고 있던 사회생활과(Social Studies)의 진보주의 교육관에 큰 영향을 받아서 경험주의 교육과정을 동시에 지향하고 있다고 볼 수 있고, 이를 통해서 제1차 사회과 교육과정은 교수요목의 연장선에 있었다고 볼 수 있다. 실제 1952년부터 내한한 미국의 교육사절단으로부터 경험 중심 교육과정 이론이 소개되고, 국내적으로는 전후(戰後)의 사회 혼란을 수습하기 위한 국민 통합이 절실한 시기였다.

제1차 교육과정 시기는 우리나라 교육의 과도기로서, 6·25 전쟁 이후의 사상적 혼란, 재정 파탄,

물질주의적 사고의 팽배 등의 국가적 난국을 타개할 필요성에 따라 당시의 가장 중요한 교육적 과제는 반공사상의 고취와 기술교육 등이었다. 특히 도덕교육에 대한 사회, 국가적 요청에 따라 도덕과가 사회과에서 분리되어 설치된 것이 특징이다.

　정부가 수립된 후 교육법이 공포되어 교육의 기본 방침이 확립되자, 문교부는 미 군정기 급속히 만들어졌던 교수요목의 불비점을 인정하고 '교수요목 제정 심의회 규정'을 제정하여, 각급 학교의 교육과정을 근본적으로 개정하는 작업에 착수하였다. 이 작업은 6·25 전쟁으로 일단 중단되었다가 다시 착수하여, 1954년 '초등학교·중학교·고등학교·사범학교 시간 배당 기준령'(문교부, 1963 b: 5-19)을 정하고, 이듬해 8월 1일 각급 학교 '교과과정(문교부령 제44호, 제45호, 제46호)을 제정 공포함에 따라, 사회과(사회생활과)의 시간 배당 기준과 목표, 내용이 정하여져 사회과의 위치나 성격이 뚜렷해지게 되었다. 교수요목이 교과 상호간의 횡적인 관련을 짓지 못하였으며, 교과 내에서도 지적인 체계가 소홀히 되고, 문자 그대로 교사가 학생에게 가르쳐야 할 내용의 주제 또는 제목을 열거한 데 부과했던 것에 비하여, 본 교과과정은 지적 체계를 극히 존중하는 교과 중심 교육과정 개념이 침투되어 있었고, 특히 당시의 시대적 요구였던 도의교육을 강조하고 있었다(이홍우 외, 1979: 18-23).

　제1차 교육과정 시기의 사회과와 관련된 전체적인 특징을 알아보면 다음과 같다.

　첫째, 통합 교과로서의 사회생활과의 정착이다. 교수요목 시기에는 사회생활과로 명칭상의 통합을 이룩하였으나 교사의 이해 부족, 교과서 미비 등 여건이 충족되지 않아, 지리, 역사, 공민으로 분과해 가르치는 경향이 있었다. 그러나 이 과정은 분과적 또는 계통적으로 다룰 것이 아니라 통합적으로 다루어야 할 것을 교육과정의 목표 다음에서 강조하고 있어 통합 교과로서의 성격을 명확히 했으며, 후에 나온 교과서의 명칭도 '사회생활'이 되었다.

　둘째, 사회생활과의 중요성 인식이다. 교과 순서를 8개 교과 중에 국어 다음에 놓았고, 시간 배당량도 제3차 교육과정 이후에 비하여 많아 국어 다음의 순위였다.

　셋째, 교육과정 운영에 신축성을 부여하였다. 즉 각 학교별로 최저, 최대량을 나타낸 복수시간 배당으로 두어 지역의 설정, 계절의 변화에 따라 사회과의 내용을 신축성 있게 지도할 수 있도록 하였다.

　중학교 교육과정 시간 배당 기준표에서는 사회생활과라는 통합된 교과명으로 제1학년 175시간(주당 5시간), 제2학년 175시간(주당 5시간), 제3학년 140시간(주당 4시간)을 배당하고 있으나, 사회생활과 교육과정에서는 지리, 역사, 공민으로 갈라 천자형(川字型) 편제(권오정, 1987: 70)를 이루고 있었고, 통합의 명분과는 달리 3분법이 공식화되었다. 따라서 시간배당도 영역별로 나누어 제시하고, 목표와 지도 내용도 각 영역별로 제시하고 있다. 그러나 세 영역을 합쳐 한 교과로 통합하여 지도할 수 있는 길도 터 놓고 있다. 교수요목 시기에 비해 달라진 것은 역사 분야가 동양사, 서양사, 국사로 되어 있던 것이 국사와 동, 서양사를 합친 세계사로, 지리 분야는 이웃나라, 먼 나라, 우리나라 지리를 우리나라 지리와 이웃나라, 먼 나라를 합쳐 다른 나라 지리로 축소하여 3년 동안 이수하도록 융통성 있게 한 것이다. 도의교육을 위한 시간은 사회생활과의 총 이수 시간 중에 매 학년당 35시간씩 확보하도록 함으로써 사회생활과 내에서 할애, 교수되었다.

　제1차 교육과정에서 고등학교 사회과의 특징은 첫째, 교과명이 초·중학교와 같은 '사회생활과'로 되어 있었다. 둘째, 분과주의를 택하고 있어 사회과 전체의 목표나 유의점이 없었다. 셋째, '일반 사회'가 공민 분야를 대표하는 새로운 과목명으로 등장했다. 넷째, 필수와 선택의 구분이 생겼다. 다섯째, 지리, 역사, 공민 중 공민 영역(여기서는 일반사회와 도덕)의 상대적 비중이 훨씬 높았다. 여섯째, 교육과정의 진술 형태가 과목별로 통일되어 있지 않았던 것 등이다.

고등학교 사회과의 목적은 정치, 경제, 사회, 문화를 중심으로 하고, 역사와 지리를 배경으로 하여 민주사회의 공민적 자질을 기르는 것으로 되어 있다. 제1차 교육과정에서는 '일반 사회'란 테두리 아래 제1학년에서는 '정치와 사회', 제2학년에서는 '경제와 사회', 제3학년에서는 '문화와 사회'를 학습하도록 되어 있었다. 1946년 교수요목과 비교한다면 '윤리, 철학'이 '문화와 사회'로 바뀌어 도덕적인 내용이 분리되고 사회과학적인 내용이 중심이 되었다고 할 수 있다.

특히 '일반 사회' 교과는 중학교 사회생활과 공민 부분의 연장이며, 고등학교 제 사회 교과 중 지리적인 면, 역사적인 면, 도덕적인 면을 제외한 정치, 경제, 사회, 문화의 면을 주로 담당하는 과목이었다. 뿐만 아니라, 정치, 경제, 사회, 문화를 중심으로 민주주의 생활 원리와 양식을 도야시키는 중요한 사명을 띠고 있으며, 이와 관련하여 도덕교육, 사상 선도의 역할도 아울러 담당하는 교과였다. 이 시기에 지리의 경우는 교수요목기와 같이 인문 지리 중심이었다. 또한 세계사의 경우는 국사 필수와 세계사 선택으로 세계사 교육이 악화되었는데, 시간 배당은 2년간 주당 2시간에서 3시간으로 늘어났다.

제1차 사회과 교육과정은 사회과의 성격 규정에서 내용을 분과적이나 계통적으로 다루어야 할 것이 아니라, 통합적으로 다루어야 함을 강조하여 교수요목기에 도입된 통합 교과로서의 성격을 분명히 하고, 교과 명칭을 '사회생활과'로 유지하였다. 다만 초등학교의 사회과 교육과정에서는 교수요목기에 통합, 편제되었던 '자연 관찰'과 '직업 생활'에 관한 내용이 사회과에서 분리되었다.

제1차 사회과 교육과정의 내용 선정 배열은 사회기능법과 경험확대법을 따랐다. 비록 고등학교 국사 영역의 선택 과목의 단원은 주제 형태로 구성되었지만, 대부분의 교육 내용은 몇 개의 질문으로 구성하였다.

단원을 질문 형식으로 구성한 것은 단원을 하나의 문제로 보고 그 문제를 해결해 가는 과정을 밝히기 위한 것으로 볼 수 있다. 따라서 이 시기의 교육과정에서 단원은 지식의 토막이 아니라 학습자들이 문제를 발견하고 그것을 풀어 가는 과정으로 보았다고 할 수 있다.

교수요목기에 있던 초등학교 제3학년의 다른 나라의 생활이 없어지고 제5학년에 제시되어 있던 세계에 대한 학습도 제6학년으로 올라갔다. 특히, 초등학교 사회과 내용상으로는 도덕 단원 편성, 내용 기능 중시, 환경 확대법에 의한 내용 배열 등이 특징이다.

따라서 제1차 사회과 교육과정에서 초등학교의 내용 편제는 제1학년 우리 집, 우리 학교, 제2학년 이웃 생활, 제3학년 고장 생활, 제4학년 우리 고장의 내력, 제5학년 산업의 발달, 제6학년 우리나라의 발전과 세계 등이었다.

중학교의 경우에는 사실적 지식을 중심으로 중학생의 생활 경험 확대에 맞추어 학습 내용을 구성하였다. 중학교 사회과는 제1-3학년에 걸쳐 지리, 역사, 공민으로 나누어 조직되었으며, 편제상의 분과와 함께 목표 진술도 각 부분별로 이루어졌으며 시간 배당, 지도 내용도 각 부분별로 제시되었다. 공민, 역사, 지리 영역이 형식상으로는 통합(統合)되었으나, 실제적으로는 분과(分科) 형식을 띠고 있었다.

특히 중학교에서는 사회생활과의 일정 부분을 도의교육에 할애하였으며, 도덕교육과 관련한 내용 추가는 전후 국가 재건과 부흥을 위한 여러 지식과 덕목을 사회과 교육에서 취급하여 국가·사회 발전에 공헌토록 할 의도였다.

고등학교에서는 사회과에 '일반사회' 과목이 처음 등장하였다. 따라서 사회과는 일반사회, 도덕, 국사, 세계사, 지리의 5분과로 이루어졌으며, 그중 일반사회, 도덕, 국사의 3분과는 모든 고등학교의 필수가 되었고, 세계사와 지리는 학교에 따라 학생에 따라 선택할 수 있는 선택 과목으로 되었다. 특히, 고등학교의 경우 교수요목기에 사회생활과였던 교과명이 사회과로 변경되었으며, '도덕'과 '일반 사회' 과목이 등장하였다. 일반사회는 고등학교 사회과가 담당하는 영역 중 역사, 지리, 도덕 분야를 제외한 정치, 경제, 사회, 문화, 법 등을 중심으로 한 과목으로, 중학교 사회생활과 공민 영역의 연장이라고 할 수 있다. 이후 사회과를 삼분하여 일반사회, 역사, 지리 과목으로 부르게 되었으며, 교원자격증 표시 과목도 이 세 과목에 공통 사회 과목이 추가된 정도로 현재에 이르고 있다.

제1차 사회과 교육과정은 민주시민 육성을 위한 민주주의 교육의 핵심 교과로서의 역할과 광복 이후 국가의 재건과 부흥을 위한 여러 가지 지식의 덕목을 사회과 교육 내용에 포함시킴으로써 국가, 사회 발전에 이바지해 보려는 교과로서 자리매김하게 되었다.

따라서 제1차 사회과 교육과정에서는 사회 기능을 중심으로 범위(scope)를 결정하고, 동심원적 확대법에 따라 계열성(sequence)을 추구하였기 때문에 구성 논리는 이전의 교수요목과 매우 유사했다. 특히 교과교육과정으로서 내용으로는 학년별 단원명과 제목을 제시하였는데, 동심원적 지역 확대 원칙에 따라 생활 경험 중심으로 구성하였다(교육과학기술부, 2008a: 298－302).

4. 제2차 교육과정기(1963년－1973년): 경험 중심 교육과정

1963년에 공포된 제2차 교육과정은 제1차의 교과 중심 교육과정에서 학생들의 경험을 보다 강조하고자 하는 경험 중심 또는 생활 중심 교육과정이었다. 이때부터 교육과정 이론에 따라 이론상의 체제가 일관성을 갖춘 교육과정의 틀 속에서 사회과 교육이 이루어지기 시작하였다. 이 시기는 5·16 군사 쿠데타와 같은 정치적 변화에 따라 정치, 경제, 사회, 문화 면에서 새로운 변화를 맞은 시기이다. 따라서 제2차 교육과정은 1958년부터 개정을 위한 여론 조사 등 기초 작업을 실시하여 오다가, 1961년 5·16 군사 쿠데타 후 정권을 잡은 박정희 군사정부의 정책을 많이 반영한 교육과정이다.

제2차 사회과 교육과정에서는 우선 교과 명칭이 '사회생활과'에서 '사회과'로 변경되었다. 또한 사회생활과에 단원 내용으로 통합되어 있던 도덕 내용이 '반공·도덕 생활'로 독립되었다.

교육과정의 내용 면에서는 자주성, 생산성, 유용성을 강조하고, 조직 면에서는 합리성을, 운영 면에서는 지역성을 강조하였다.

편제 면에서 보면 우선 교과 명칭이 '사회생활과'에서 '사회과'로 변경되었고, 사회생활과 내의 반공·도덕 내용이 '반공·도덕생활' 영역으로 옮겨 가게 되었다. 그 결과 이수 시간도 이전 교육과정보다 축소되었다.

이 시기의 중학교 교육과정은 '경험 중심'을 표방하였지만 오히려 이전의 교육과정보다 생활 경험이 보다 적게 관련되었으며 사실적, 단편적 지식의 나열이 많았다. 내용 체계 면에서는 제1차 교육과정과는 달리 지리, 역사, 공민의 내용을 학년별로 체계화하였다. 즉, 종전의 학년마다 지리, 역사, 공민 내용이 포함되어 있던 방식인 '책꽂이형·천(川)자형' 배열에서 세 영역이 횡적 연계를 갖는 '방석식·삼(三)자형' 배열로 통합을 강조하였다.

제1학년은 지역 확대법에 따라 향토, 각 지방, 우리나라 전체, 세계의 각 지역, 세계 전체, 세계와 우리나라로 구성되었으며, 국토 이해, 애향심과 애국심, 자연의 개발과 이용, 국제 협력, 지역성 등이 강조되었다.

제2학년은 고대, 중세, 근대, 현대사에 걸쳐 국사와 세계사의 내용이 기계적으로 합쳐져 구성되었으며, 이로 인하여 국사교육이 소홀해졌다는 비판이 제기되었다. 그러나 이것은 오히려 이후에 국사과가 독립되는 계기가 되었다.

제3학년은 인간과 사회생활, 민주정치, 경제생활, 문화와 사회문제, 국제 관계 등을 취급하고 있는데, 민주사회생활의 원리 이해, 반공, 당면 문제의 해결, 국제 협력 등이 강조되었다.

고등학교 사회과 교육과정에서는 역사, 지리, 일반사회 영역의 삼분(三分)이 더욱 강조되었다. 일반사회 영역에서는 '정치·경제' 과목이 나타나면서 '일반 사회'도 영역의 의미보다 과목의 모습으로 변하였다.

사회과 교육과정에서도 민주적 신념의 확립과 더불어 반공 의식이 투철한 자주적 인격을 강조하였으며 국민윤리, 국사, 지리Ⅰ, 지리 Ⅱ, 세계사, 정치·경제 과목은 우리나라의 현실적 문제점을 발견하여 이를 해결하는 기능을 기르는 것을 강조하였다.

이 시기는 우리나라 교육과정의 개편기로서 종전의 '시간배당 기준표'와 '교과과정'을 묶어서 '교육과정'으로 명명하였다. 4·19 혁명 및 5·16 군사정변 이후의 제3공화국에서는 혁신적인 정책적 전환을 하여 민족 주체성의 확립, 근대화, 반공통일 등의 과제를 교육적 과제로 하여 교육과정의 개편작업에 착수하였다. 1963년 문교부는 1955년의 교과과정의 단점을 보완하고 시대의 변화와 문화의 발전에 맞추기 위해 각급 학교의 교육과정을 손질하여 '교육과정령'을 제정, 공포하였다. 이 교육과정은 교과목으로 조직된 내용보다 학생들의 경험을 중요하게 생각하는 교육 사조를 받아들인 경험 중심 또는 생활 중심 교육과정으로서, 그 내용 면에서 자주성, 생산성, 유용성을 강조하고, 조직 면에서는 합리성을, 운영 면에서는 지역성을 강조하고 있다.

당시의 '교육과정 개정의 요점'에 나타난 특징을 보면 ① 기초 학력의 충실을 기하기 위해 최소한도 각 교과의 지도 내용 요소 선정 ② 교육과정의 계열과 일관성 유지 ③ 생활 경험 중심의 종합 지도 ④ 교육과정의 전체 구조를 교과활동, 반공, 도덕 생활 및 특별활동으로 편성(고등학교는 교과활동과 특별활동) ⑤ 중학교 교과의 공통 필수화 ⑥ 고등학교의 단위제도 도입 ⑦ 관리(management) 교육의 강화 ⑧ 시간 배당 계획의 융통성 ⑨ 교육과정 체제의 정비[총론에 일반 목표 신설, 각론의 전개를 각 교과별로 목표, 학년 목표(고등학교 제외), 지도상의 유의점으로 통일] 등이다. 사회과와 관련되는 것으로 특기할 만한 것은 초·중학교의 반공, 도덕 내용이 사회과에서 분리되어 학교 교육 활동에 관련되는 대영역인 '반공·도덕 생활'이 되었고, 교과의 명칭이 '사회생활'에서 '사회과'로 바뀐 것이다.

중학교에서도 도의교육은 반공, 도덕 생활로 분리되어 나갔고 교과 명칭이 사회과로 바뀌었다. 특기할 점은 사회과 내의 과목 구분, 즉 지리, 역사, 공민의 구분을 철폐하여 사회1, 사회2, 사회3의 순으로 가르치는, 이른바 '삼자형'의 교과 편제를 마련하여 종합적 지도의 실효를 거두도록 한 점이다.

교과과정에는 지리, 역사, 공민이 각 학년에 걸쳐 종적으로 체계화되었으나, 본 과정에서는 학년별로 지리(제1학년, 주당 3 – 4시간), 역사(제2학년, 주당 3 – 4시간), 공민(제3학년, 주당 2 – 4시간)을 중심으로 하여 사회과 본질을 살피는 방향으로 편성하였다.

고등학교에서는 제1차 교육과정과 비교하여 사회과 내의 과목이 더욱 분화되었다(문교부, 1963: 232). 사회과 내의 과목 수가 구교육과정의 5개 과목에서 7개 과목으로 증가되었고, 학습 지도 계획이 학년별, 시간별에서 단위제로 바뀌었으며, 진술 체제가 구교육과정과는 달리 사회과 전체의 목표에 이어 각 과목별 목표, 내용, 지도상의 유의점이 제시되어 있다. 구교육과정에서 상대적으로 많은 비중을 차지했던 일반사회의 비중을 줄여 역사, 지리와 같은 수준으로 조정하였고, 초·중학교와는 달리 반공, 도덕 분야가 사회과 속에 첨가되었다. 일반사회는 일반사회와 '정치·경제'로 분리되며, 종전의 3학년에서 다루던 '문화와 창조'는 국민윤리과로 분리되어 나가게 된다. 1955년 교수요목에서 통합 사회과였던 일반사회는 그 범위가 축소된 것이다. 일반사회와 정치, 경제는 상하의 관계 혹은 총론과 각론의 관계에 있었다고 생각된다. 즉 일반사회에서 사회현상에 관한 기초적 사항을 지도하고, 그 위에 구체적인 정치, 경제 현상을 학습하게 하였던 것이다.

제2차 교육과정의 구성 방향은 첫째, 일반사회와 정치·경제 모두 사회적 현실을 강조하였다는 것이다. 즉, 제2차 교육과정은 5·16 군사정변 이후에 나온 교육과정으로 당시 정부에서는 농촌의 피폐를 개선하고 경제 발전에 도움이 되는 교육을 강조하였다. 이에 따라 일반사회에 '국토 건설', 정치·경제에서는 '우리나라의 경제' 등이 포함되어 이러한 방향을 나타내 주고 있다. 둘째, 반공 교육이 강화되었다는 점으로 국민윤리의 신설은 반공 교육 강화방침과 관련이 있었다. 당시의 제3공화국 정부는 반공 교육의 강화를 추진하고 있었는데, 이는 곧 일반사회나 정치·경제의 내용 구성에 영향을 끼치게 되었다. 그 결과 일반사회에 '공산주의 비판' 단원이 신설되고, 정치·경제의 1단원에서는 '사회주의, 공산주의 정치 비판'이라는 주제가 들어가게 되었다. 이와 같이 경제 개발에 도움이 되는 내용, 반공에 관한 내용이 강조되어, 상대적으로 개인의 흥미나 기본적 인권에 관한 내용은 다소 소홀히 취급된 면이 없지 않았다.

특히, 제2차 교육과정에서는, 제1차 교육과정의 고등학교와 마찬가지로 초등학교·중학교 사회과의 교과명이 '사회생활과'에서 '사회과'로 변경되었다. 그리고 제2차 교육과정에서는 목표상의 특징은 사회 인식을 바탕으로, 사회 재건 및 국가 발전을 위한 자질 육성을 강조하고 있다. 구체적으로 민주국가 건설, 국토 개발의 의지, 반공과 민주주의, 경제 재건 등과 같이 국가·사회적 요구를 많이 반영하고 있다. '지도상의 유의점'을 제시하여 사회과에서 추구하여야 할 교수·학습 방법을 강조하고 있다. 특히, 제2차 교육과정 사회과의 방법론 중 핵심적인 형태가 문제 해결식 교수·학습이다. 아울러 종래의 사회 기능을 중심으로 하고 지역 확대법에 따라 내용 구성은 계속 유지되었으며, 내용상으로는 사회생활을 이해시키고 사회에 올바르게 적용하게 하는 한편, 사회를 진보·향상시키는 능력과 태도를 기를 것을 목표로 하는 것 또한 계속 유지되었다. 또한 타 교과의 지도 내용과의 중복을 피하고, 영역별로 재구성할 수 있는 융통성을 부여하였다.

제2차 사회과 교육과정은 제1차 사회과 교육과정과 마찬가지로 아동(경험) 중심 교육과정으로서, 생활 경험을 활용한 학습을 강조하였다.

〈표 11〉 제2차 사회과 교육과정의 학년별 주요 내용(초등학교)

학년	주요 내용
1	즐거운 우리 학교, 선생님과 동무, 학교 가는 길, 이웃의 놀이터, 여러 가지 행사
2	마을의 기관, 물건을 대어 주는 사람과 시설, 소식을 전하여 주는 사람과 시설, 여행, 물건의 수송, 안전을 지켜 주는 사람과 기관, 마을의 생활
3	고장의 자연환경, 고장의 기관과 시설, 고장의 산물, 여러 고장의 생활, 옛날의 우리 고장
4	우리나라의 자연환경, 산림녹화, 우리나라의 명승지, 우리나라 여러 지방의 생활, 모듬살이, 농업의 발달, 우리 지방의 발달
5	근로와 우리 생활, 자원의 이용, 기계의 발달과 산업, 경제생활과 금융기관, 교통과 상업, 우리나라 산업의 발달
6	우리나라의 발달, 민주주의와 정치, 세계 여러 나라의 생활, 한국과 국제연합, 새로운 문화생활, 우리의 할 일

5. 제3차 교육과정기(1973년 – 1980년): 학문 중심 교육과정

제3차 사회과 교육과정기는 학문 중심 교육과정이 융성했던 시기로 미국 유학파인 교육학자들이 기존의 아동(경험) 중심 교육과정을 비판하고, 그 대안으로 학문 중심 교육과정을 강조하였다. 학문 중심 교육과정에 따라 학문의 구조와 개념, 핵심 아이디어 중심의 교과 편성이 요청되었고, 이로 인하여 사회과 내의 과목들도 학문별로 분화되면서 교과서에 통합교육과정의 원리가 약화되었다.

제3차 교육과정은 기본 방향 면에서 국적 있는 교육의 강화, 방법적 원리 면에서 학문적 접근 방식을 배경으로 하여 개정된 것이다. 이때는 '한국적 민주주의, 조국 근대화, 국가 안보' 등을 강조하는 시기였다. 그러므로 '국민교육헌장'의 이념을 구현하려는 국가적 요구와 과학적인 접근 방법을 중시하는 학문적 요구를 반영하려고 하였다. 따라서 국가적 요구와 학문적 요구의 조화라는 사회과 교육의 과제가 첨으로 제기된 교육과정으로서 여러 측면에서 한국화된 성격의 교육과정이다. 그리고 개본 개념의 이해, 지식의 구조적 학습, 탐구 방법과 능력을 강조하는 사회과학으로서 사회과의 성격을 중시하여, 사회과 교육 내용을 전체적으로 사회과학적 지식을 바탕으로 체계화하려고 노력하였다.

제3차 교육과정기는 유신 체제 시기로 한국적 민주주의의 토착화, 민족 주체성의 확립, 분단의 극복과 통일의 문제가 중요 이념이었다. 학교 교육 및 교육과정 측면에서는 종전의 경험 중심 교육과정에 대한 비판과 새로운 교육 이론의 도입이 요청되는 시기였다. 특히, 제3차 교육과정은 국민교육헌장 이념 구현, 유신 이념의 실행 등 국가 사회적 요구를 십분 포함한 교육과정이다. 특히, 학문 중심 교육과정에 의한 신사회과(New Social Studies)가 뿌리를 잡은 시기이다.

이로 인하여 국가적 요구와 학문적 요구의 조화라는 사회과 교육의 과제가 처음으로 제기된 교육과정이 되었으며, 여러 면에서 한국화된 교육과정으로서의 성격을 지니게 되었다. 그리고 기본 개념의 이해, 지식의 구조적 학습, 탐구 방법과 능력이 강조되는 사회과학으로서 사회과의 성격을 중시하여 이를 보다 분명하게, 그리고 교육 내용 전체를 사회과학적 지식을 바탕으로 체계화하려고 하였다.

제3차 사회과 교육과정 개정 당시의 취지는 사회과 교과 성격의 명확화, 한국인 상의 정립, 지식의 구조화를 위한 노력, 탐구 절차의 중시 등에서 찾아볼 수 있다. 사회과는 제1-2차 교육과정 당시처럼 중핵적인 교과적 성격이 아니라 타 교과와 동일선상의 독립적 교과화되었다. 그리하여 도덕(초·중), 국민윤리(고), 국사(중·고) 등이 하나의 교과로서 분리·독립되어 소위 'social studies'가 지녔던 통합 교과로서의 성격이 크게 약화(弱化)되는 파행적 구조를 맞게 되었다(교육과학기술부, 2008a: 298-302).

이 시기는 우리나라 교육과정의 발전기로서, 이때는 국제사회가 종전의 이념적 양극대립에서 실리추구의 다국 관계로 전환됨에 따라 한반도에 공산침략의 위험이 고조되었고 국내적으로도 급격한 경제성장에 따른 각종 사회문제가 나타나 국민정신 교육과 국력의 집결이 요청되고 있었다. 제3차 교육과정은 교육의 방향 면에서 국적 있는 교육의 강화, 교육의 방법적 원리 면에서 학문 접근 방식을 배경으로 하여 개정된 것으로서, 국민 교육 현장의 이념을 기본 방향으로 삼고, 국민적 자질의 함양, 인간 교육의 강화, 지식과 기술 교육의 쇄신을 기본 방침으로 삼았다. 그리고 구체화된 학교 교육의 일반 목표로 개인에서의 자아 발견, 사회 면에서의 국가 발전 및 민주적 가치의 강조 등으로 요약될 수 있는 32개 항을 제시하고 있다.

기본 개념의 이해와 지식의 구조적 학습 및 탐구의 능력을 중시하는 제3차 교육과정은 1960년대부터 미국에서 새롭게 대두된 학문 중심 교육과정의 사조를 받아들였지만, 그 내용이나 형식은 지금까지의 교육과정과는 달리 개정 사유로 내걸었던 국적 있는 교육이라는 슬로건과 같이 여러 면에서 한국화된 우리의 교육과정으로서의 성격을 지니고 있었다. 편제상으로 달라진 점은 구교육과정의 반공, 도덕 생활이 도덕, 국민윤리과로 교과활동 중의 1교과로 됨에 따라 교과활동과 특별활동의 2종류로 편성되었고, 중·고등학교의 국사가 독립되었다는 점이다.

구교육과정과 마찬가지로 중학교에서는 사회과라는 종합 교과로서의 틀 아래에 제1학년 지리 영역, 제2학년 역사 영역, 3학년 공민 영역 중심으로 편성되어 있다. 그러나 국사교육 강화책의 일환으로 2학년의 국사 부분이 교과로 독립되어 제2-3학년에 이수하도록 했는데 개략적인 특성은 다음과 같다.

첫째, 종래 사회과 내용의 일부였거나 가장 깊은 관계를 가졌던 국사와 도덕이 교과로 독립하였다. 따라서 종합 교과로서의 사회과는 파행적 구조를 지니게 되었고, 이러한 구조 속에서나마 관련 교과목과의 유기적 관련을 고려하여 내용 조정을 하게 되었다.

둘째, 급격하게 변모하는 사회현상에 대응하여 사회과의 내용을 보다 현대화하여 현대사회 이해의 도움이 되도록 하였다.

셋째, 전부터 중요시되어 온 민주적, 세계시민적 인간 형성의 관점에서 국민적 문제, 국민적 자세를 더 강조하게 되었다.

넷째, 사회과학 분야에서 새로 발전되고 있는 문화인류학, 인구학, 환경학 등 새로운 학문의 성과를 반영하였다.

다섯째, 지식 그 자체보다도 지식을 획득하고 이를 활용하는 능력의 신장에 특별한 역점을 두었다.

여섯째, 내용의 진술 체계를 개선하여 학습 체제, 학습 절차와 그 수준, 학습 결과로서의 주요 개념을 하나의 체계 속에 종합하여 제시하고 있다.

제3차 교육과정은 이른바 학문 중심 교육과정 사조의 영향 아래 나온 것이었다. 학문 중심 교육과정에서는 교육과정을 구성하는 기본 원리가 학문의 구조에 있다. 이러한 관점에서 보면 종전의 교육과정의 일반사회는 그 성격이 모호한 것이 되었다. 즉, 공민 영역에 관계되는 것에 따른 것이 아니었기 때문이다. 결과적으로, 제3차 교육과정에서는 종전의 '일반 사회'가 없어지고, '정치·경제'와 '사회·문화'의 두 과목으로 편성되었다.

1974년이라고 하는 시기는 1972년에 10월 유신이 일어난 2년 뒤로서, 교육에 있어서 국가주의적 경향이 두드러지던 때였다. '국적 있는 교육'이 강조되어, 교육은 한국적인 정통성에 뿌리를 두고 민족과 국가에 봉사할 수 있는 인간을 길러 내야 한다는 것이 강조되었다. 이러한 배경 아래, 공민 영역에서도 한국적인 것, 우리만의 특수한 것을 강조하는 방향에서 내용을 구성하게 되었다. '정치·경제'와 '사회·문화'의 첫 단원에는 '우리나라의 현실과 민족중흥', '우리나라의 현실과 민족의 진로'라는 단원이 각각의 맨 처음에 들어가게 되었는데, 이는 학생들에게 우리가 처한 특수한 상황을 이해시키기 위한 것이었다. 둘째는 학문적 지식을 체계적으로 제시하는 방향에서 내용을 구성하였다는 것이다.

제1차 교육과정에서는 학생의 관심, 흥미가 내용 구성의 중심이 되고, 제2차 교육과정에서는 사회의 개량이 내용 구성의 중심이 되었으나, 제3차 교육과정에서는 학문의 범위와 논리적 순서가 내용 구성의 중심이 되었다. 그 결과, 태용이 전체적으로 '체계'가 잡혔으며, 대학 교재의 목차와 비슷하게 되었다. 또, 단원을 제시함에 있어서도 의문문의 형식이 아니라, 요목의 형식이어서 체계성을 중시하고 있음을 나타내 주었다.

당시에는 교육과정에서 사회과학의 구조와 함께 그 구조를 학습해 가는 방법, 절차 등이 중요시되었다. 이 시기의 초등학교와 중학교 교육과정에서 단원의 제목과 항목 사이에 학습 상황이나 학습 방법 등의 학습 조건을 제시하는 안내문을 도입하였다. 안내문은 학습의 절차 혹은 방법을 제시해 주는 것이라고 할 수 있다.

초등학교 교육과정에서는 사회과의 편제에 생활 경험 중심 교육과정의 원리가 많은 영향을 미쳤으며, 기존 교육과정의 '반공·도덕생활' 영역이 '도덕과'로 독립, 분과되었다.

중등학교에서는 국사교육을 통한 민족 주체성 교육을 강조하였는데, 이는 결국 국사과가 사회과에서 독립되어 분과되는 결과를 초래하였다. 도덕 영역도 중학교에서는 '도덕과'로 독립되었고, 고등학교에서는 '국민윤리과'로 분리되었다.

중학교 교육과정에서는 급격하게 변모하는 사회현상에 대응하여 현대사회의 이해를 추구하였고, 사회과학 제 분야의 새로운 학문적 성과를 반영하면서, 이전부터 있었던 민주적, 세계시민적 인간 형성의 관점에서 국민적 문제와 자세를 보다 강조하였다.

목표 면에서는 국민교육헌장의 이념 구현을 기본 방향으로 삼고 '국민적 자질'의 육성을 강조함으로써 궁극적으로 바람직한 한국인의 육성이 주체성, 발전 지향성, 협동 총화성, 효율성 등에 목표가 있음을 분명히 하였다. 즉 사회과의 궁극적 목표를 소망스러운 한국인 상에 두고 사회과학이 추구하는 목표, 국가·사회적 요구를 반영한 일반 목표, 학년 목표 등을 제시하였다. 또, 구교육과정과 마찬가지로 사회과라는 종합 교과로서의 틀 아래 제1학년에 지리, 제2학년에 역사(세계사), 제3학년에 공민(일반 사회)을 편성하여 제2차 교육과정의 이른바 '삼(三)'자형의 구조를 유지하였다.

내용 면에서는 지식 그 자체보다도 지식을 획득하고 활용하는 능력의 신장에 특별히 역점을 두었다고는 하지만 내용의 선정이나 배열에서 사회과학의 개념이나 법칙, 원리를 통해 구조화하기보다는 제반 사회과학의 학문적 성과를 직접 도입하고자 했다. 특히 국사교육이 체계화되고 강화되었으며, 전체 구성은 동심원적 지역 확대법과 시간 소급법에 따라 학생들의 관심사를 반영하기 위하여 탐구를 중심으로 하는 학습 절차를 중시하였다. 또 각 학년의 모든 학습 단위에 학습 절차, 방향 또는 수준을 제시한 후 그 다음에 주요 개념과 제재를 제시하였다.

고등학교 사회과의 경우, 제2차 교육과정 시기의 고등학교 사회과의 일반사회, 국민윤리, 국사, 지리 Ⅰ, 지리 Ⅱ, 세계사, 정치·경제 등의 과목으로 편제되었던 것과는 달리, 이 시기에는 정치·경제, 사회 문화, 세계사, 국토 지리, 인문 지리, 국사 등의 과목으로 편제되었다. 즉, 기존의 '일반 사회' 과목이 사라지고, 대용으로 '정치·경제'가 등장하고, 새롭게 '사회·문화' 과목이 편성되었다. 지리 영역에서는 학문적 분화의 성격을 반영하여 '국토 지리'와 '인문 지리'가 새로 사회과에 편제되었다.

특히, 고등학교에서는 도덕이 국민윤리과로 분리되었으며, 국사과가 별도 교과로 독립되었다. 제3차 교육과정기에는 전통적으로 통합 사회과의 주요 구성 영역이었던 도덕, 윤리 영역과 국사 영역이 사회과와 동등한 하나의 교과로 독립하여 분리되어 사회과의 통합 측면에서는 파행을 맞은 시기이다.

제3차 교육과정의 사회과는 학문 중심 교육과정 사조의 영향으로 개정되었음에도 불구하고, 교육과정 전반에서는 학문 중심 교육과정의 전형적인 원리인 '탐구 학습'이 크게 강조되지는 않았다.

6. 제4차 교육과정기(1981년 ~ 1987년): 인간 중심 교육과정

제4차 교육과정은 경험 중심, 학문 중심 등 교육과정 관점상의 뚜렷한 특징을 지니지 않고 있다. 제3차 사회과 교육과정이 학문적 적합성을 강조한 것이라면, 제4차 교육과정은 개인적인 적합성과 관련되는 인간 중심 교육과정의 성격을 강조하였다. 이는 1979년 유신 체제가 붕괴되고, 1980년대 소위 '서울의 봄'으로 국민들의 민주화 열기와 새로운 교육 개혁의 열망을 충실히 반영하고자 의도한 교육과정이다.

1977년의 이른바 교과서 검정 과정에서의 비리로 인해 발생한 '검인정 교과서 사건'으로 문교부는 교육과정 및 교과서 개발을 연구 기관인 한국교육개발원에 위임하는 정책을 채택하게 되었다(홍웅선, 1987: 12). 제4차 교육과정에서는 앞으로 다가올 미래 사회(민주사회, 고도 산업사회, 건전한 사회, 문화 사회, 통일 조국)에 기대되는 인간상(건강한 사람, 심미적인 사람, 능력 있는 사람, 도덕적인 사람, 자주적인 사람)(문교부, 1982: 1)과 제5공화국 출범에 따른 교육 개혁 조치를 고려하여 개정된 것으로, 구성의 기본 방향을 국민정신 교육의 체계화, 전인교육의 충실, 과학기술 교육의 강화에 두고, 건전한 심신의 육성, 지력과 기술의 배양, 도덕적인 인격의 형성, 민족 공동체 의식의 고양을 강조하고 있다.

교육과정 목표와 편제상에서 두드러진 특징은 각급 학교의 교육목표 신설, 교과목의 축소화 노력, 특별활동의 영역 축소(4개 영역→ 3개 영역), 실과 및 실업, 가정과 사건의 감소 등과 초등학교 제1, 2학년에서 교과 통합 시도, 중학교에서의 자유 선택 과목 신설, 고등학교에서의 일반계, 실업계, 기타계 교육과정의 통합 단일화, 일반계, 실업계 기타계 공통 이수의 공통 필수교과목 선정, 보통 교과목의 강화(30－40%에서 40－60%로), 실업계 고교 전문과의 통합 조정 등이다(문교부, 1982 a: 25－39: 문교부, 1982b: 31－37: 문교부, 1982c: 31－37).

중학교 사회과의 교육과정이 구교육과정에 비하여 특히 달라진 점은 한층 더 통합을 위한 접근을 시도했다는 것이다. 즉, 종래의 1학년 지리, 2학년 세계사, 3학년 공민 영역이 1학년 공민·국토 지리, 2학년 세계지리·세계사, 3학년 세계사·공민 영역으로 편성되었는데, 이것은 어디까지나 보다 통합된 사회과로 가는 과도기적 편성이라고 할 수 있다(문교부, 1982b: 76－77).

또한 고등학교 사회과에서도 통합적 접근을 위하여 과목명이 ‘사회 Ⅰ, Ⅱ’, ‘지리 Ⅰ, Ⅱ’로 바뀌었고, 과목은 Ⅰ은 공통 필수로, Ⅱ는 과정별 선택으로 된 것과 세계사 시간이 상대적으로 감소된 것이다. 즉, 제3차 교육과정에서 ‘정치·경제’와 ‘사회·문화’로 분리되었던 고등학교 공민 영역은 제4차 교육과정에서 ‘사회 Ⅰ, Ⅱ’로 구분되었다. ‘사회 Ⅰ’은 인문계, 실업계의 공통 필수과목으로, 고등학교를 졸업한 학생이라면 누구나 다 알아야 할 사회현상에 관한 기초적인 지식을 제공하는 과목이었고 ‘사회 Ⅱ’는 그 정도가 좀 더 높은 것으로, 인문계 고등학교의 인문, 사회 계열 학생들에게 부과되는 것이었다. 따라서 ‘사회 Ⅰ, Ⅱ’의 양쪽에서 모두 정치, 법, 경제, 사회, 문화에 관련되는 내용을 일부분씩 다루고 있었다. 예를 들어, 정치 관련 단원을 보면 ‘사회 Ⅰ’에서는 국가적 현실과 국민적 과제에 비중을 두었고, ‘사회 Ⅱ’에서는 학생들의 장래 전공 연구에 도움을 주기 위하여 사회과학의 내용을 다소 비중 있게 다루었다(문교부, 1982: 64－65).

또, 초등학교는 제1·2학년은 사회과적 내용과 도덕과적 내용을 통합하여 ‘바른생활과’ 교과가 탄생되었다. 제4차 사회과 교육과정의 이루어졌던 교과서 통합에서 나아가, 비로소 교과 간 통합이 실제적으로 사회과에서 실현된 것이다. 또한 제3·4학년을 대상으로 고장과 시·도를 중심으로 하는 지역화 교육이 시작되면서, 지역화 교과서가 편찬되기 시작하였다.

제4차 교육과정에서의 교과서 수준 통합을 명실상부한 교과 수준 통합으로 발전시켰다. 초등학교의 사회과 목표는 사회생활에 관한 지식, 기초적 지식, 민주국가 국민으로서의 자각, 올바른 판단 능력, 사회·국가 발전에 기여할 수 있는 민주시민적 자질 등의 요소로 구성되어 있다.

중학교의 경우 편제상에는 별다른 변화가 없으나, 전체적으로 학년별 내용 구성에서 학생들의 발달 수준과 학습 영역의 관련성을 고려하여 일부 조정이 이루어졌다. 제1학년은 지리와 세계사 영역, 제2학년은 세계사와 일반사회 영역, 제3학년은 일반사회와 지리 영역을 통합하여 내용을 구성하였다.

중학교 사회과 교육과정의 목표 면에서 사회·국가의 번영과 인류공영에 이바지할 수 있는 국민적 자질 향상을 위하여 사회현상에 대한 자료를 바르게 수집, 해석, 활용하고 사회문제를 합리적으로 해결할 수 있는 능력을 강조한다. 지도 방법 면에서는 다양한 교수·학습 자료 및 교수·학습 방법과 시사적인 내용의 활용을 강조하고 있을 뿐 구체적인 문화적 특성의 비교를 강조하였다.

고등학교 사회과 교육과정은 과목 명칭이 다시 학문적 분류를 바탕으로 환원되었다. 즉 ‘정치경제’, ‘사회문화’, ‘한국지리’, ‘세계지리’ 등이 되었고, 세계사는 여전히 사회과의 과목으로 존재하였다. 사회현상의 다각적인 인식, 당면한 사회문제에 대한 관심, 각 지역의 지역적·역사적·문화적 특성의 이를 강조하였고, 교수·학습 자료, 교수·학습 방법 등의 창의적 도입과 활용을 강조하였다.

학년별 영역 배분은 학생들의 발달 수준과 학습 영역 간의 관련성 등을 고려하여 합리적으로 조정하였다. 제1학년에서는 지리와 세계사 영역, 제2학년에서는 세계사와 공민 영역, 제3학년에서는 공민과 지리 영역으로 구성하여 공간 의식, 시간 의식, 사회 인식 및 사회 경험으로 심화되도록 하였다.

제4차 교육과정은 국민정신교육의 강화, 전인교육에 기여할 수 있는 사회과 교육 내용의 선정, 체계적인 국사교육을 위한 계속적 보완, 초·중·고교의 계열성 확립, 내용량과 기준의 적절성 고려 등의 방향으로 개정되었다. 목표 측면에서 가치·태도가 강화되었으며 국가, 사회적 요구 사항을 중점적으로 강조하였다. 이 시기부터 사회과의 통합적 성격이 보다 강화되고, 학교급별로 사회과의 특성이 분명하게 나타나게 되었다.

교육과정의 내용 면에서는 사회과학의 각 영역에서 기본적으로 취급되는 내용 및 국가·사회적으로 요청되는 시대적인 문제와 가치를 우선으로 선정하고, 우리 사회의 원활한 기능을 유지하고자 사회 구성원들이 이해하고 있어야 할 요소와 사회현상의 탐구에 필요한 과정으로서의 지식 중심으로 선정하였다. 내용 조직에서는 지역 확대법과 시간 소급법을 적용하여 이전 교육과정을 보완하고자 하였다(교육과학기술부, 2008a: 298 – 302).

통합교육과정의 접근과 내용의 정선 및 수준의 적정화가 강조되면서, 초등학교 제1 – 2학년에서는 생활 중심의 통합이 교과서 수준에서 시도되었다. 즉, 초등학교 제1 – 2학년의 사회과는 국어과, 도덕과 등과 통합하여 교과서 수준의 '바른생활'로 통합되었다. 아울러 초등학교 제5 – 6학년 사회과에서는 그동안 국사와 지리, 공민 영역을 구분하여 제시하던 기존 형태에서 벗어나 영역 간 구분 없이 통합하여 내용을 제시하였다.

초등학교에서는 내용상으로 민주생활의 습관화, 국토와 민족에 대한 애정, 국가 발전, 민족문화 창달 및 인류 공영에 이바지하려는 태도 함양을 강조하였다. 초등학교에서는 사회 기능 및 기초·공통 개념, 사회문제 등을 축으로 하여 시간적(역사), 공간적(지리) 내용을 통합하는 융합형을 이루었다. 특히, 사회과가 도덕과, 국어과 등과 통합되어 교과서인 '바른생활'이 편찬되었다. 아울러 지식의 탐구 절차를 강조하여 사회과 탐구 학습의 지향을 교과 목표로 강조하고 있음은 특징적이다. 또한 내용 구성에서 나선형식 확대 원리가 체계적으로 반영되어 초등학교에서는, 시대적인 문화와 가치를 우선적으로 선정하여 사회 기능적 요소와 사회문제를 관련시켜 배열하였다. 초등학교 사회과의 지도 방법 면에서, 지역사회 자료의 활용, 견학, 조사, 관찰, 자원 인사 초빙 학습, 토의 등의 다양한 학습 활동과 개념, 원리 이해, 시사 자료 활용, 집단적 사고 신장을 강조하였다.

중등학교의 사회과와 국사과는 독립된 교과 체제를 유지하였다. 중학교의 학년별 사회과 내용 편성은 지리, 세계사, 일반사회 등이 학년별로 구분되었던 것을 통합하였다. 중학교에서는 학년별로 2개 영역을 배치하였다. 제1학년에 공민(일반 사회)과 지리(한국지리), 제2학년에 지리(세계지리)와 역사(세계사), 제3학년에 역사(세계사)와 공민(일반 사회)을 편성하였다. 이는 영역 간 관련 내용을 같은 학년에 배치하여 학습의 효율성을 높이고자 하는 상관형 통합형이었다. 중등학교의 내용 배열은 통합 과정으로서의 접근, 국민정신 교육의 체계적인 반영, 현대사회가 당면한 제 문제, 경제 건설과 사회복지 증진에 기여하는 내용을 강조하였다. 지도 방법 면에서 다양한 학습 자료 활용과 토론, 발표, 야외 관찰, 조사, 사례 연구, 인물 학습 등을 강조하고 있다.

고등학교는 사회과 교육과정은 사회 Ⅰ, 사회 Ⅱ, 지리 Ⅰ, 지리 Ⅱ, 세계사 등의 과목으로 편제함으로써 통합을 지향하는 모습을 보이기도 했다. 사회 Ⅰ은 정치·경제 중심으로 편성하였고, 사회 Ⅱ는 사회·문화 중심으로 편성하였다. 지리 영역도 기존에 '국토 지리'와 '인문 지리'로 구분되어 있던 것을 '지리 Ⅰ', '지리 Ⅱ' 등으로 통합하여 운영하였다. 지리 Ⅰ에서는 우리나라 및 세계의 지리를 우리나라 중심으로 계통적으로 이수하였고, 지리 Ⅱ에서는 우리나라 및 세계 여러 지역의 특성을 기능과 주제 중심으로 학습하도록 하였다. 고등학교의 지도 방법 면에서는, 학습 지도 방법의 개선을 강조하고 통합적인 능력, 탐구 능력, 정보의 선별적 수용 능력 신장을 더욱 강조하였다. 제4차 사회과 교육과정은 초등학교는 융합형, 중학교는 통합형, 고등학교는 분리형의 성격을 갖는 등 학교급별로 사회과의 특성을 달리한 점이 특징이다.

7. 제5차 교육과정기(1987년 – 1992년): 사회과의 성숙

제5차 교육과정은 기본적으로 이전의 제4차 교육과정의 목표, 내용, 방법적 요소와 골격 등을 대체적으로 유지하면서도 지속적이며 점진적인 변화를 유도하였다. 제5차 교육과정은 급변하는 시대적 요구의 반영, 국가 사회의 당면 과제 해결 중시라는 측면에서 교육과정의 보완, 학문적·국가적·사회적·개인적 적합성을 함께 고려하고 지역화, 개방화에 대비하는 교육과정을 기본으로 하고 있다. 다양한 변화와 미래 사회에 대처하는 인간상을 반영하였고, 특정 사조(思潮)나 이념(理念)을 표방하지 않고 사회 기능 중심, 학문 중심, 인간 중심, 사회 재건 및 미래 중심의 접근이 보다 조화를 이루도록 하였다. 그동안 우리나라 사회과 교육에서 논의되었던 탐구 활동의 중시, 의사 결정 능력의 신장 등과 같은 구체적인 문제들을 중심으로 사회과 교육과정을 정착시키려고 노력하였다(교육과학기술부, 2008a: 298 – 302).

제5차 교육과정은 자율화, 개방화, 정보화, 국제화되는 고도산업사회로 발전하게 되는 21세기를 주도할 주체적이고 창조적이며 도덕적인 한국인을 기르고, 다가올 복지국가 건설과 반드시 이룩해야 할 조국 통일에 대비하는 미래 지향적인 교육을 강조하기 위해 개정되었다(문교부 고시 87 – 9호, 별책 1: 87 – 9호, 별책 2: 87 – 7호: 제88 – 7호).

사회과와 관련된 주요 특징으로는 초등학교 저학년의 교과 통합(교과서 수준에서만 통합되었던 것을 교육과정 수준에서 통합하여 통합교육과정 구성), 교육과정의 지역화 등이다. 특히 편제 면에서 사회과와 관련된 큰 변화는 제1, 2학년의 사회과와 도덕과의 내용을 주축으로 기타 관련 내용을 통합한 '바른생활'이 탄생한 것이다.

제5차 교육과정에서의 사회과는 제4차 교육과정의 보안, 학문적, 국가·사회적, 개인적 적합성을 함께 고려하고 지역화, 개방화에 대비하는 교육과정 구성을 기본 방향으로 하여, 제4차 교육과정 사회과와 기본적 체계를 유지하고 있다. 그런 가운데 사회과가 지니고 있었던 문제점들, 즉 학습량 과다의 높은 수준의 문제, 지나친 분과적 내용구성의 문제, 학교급별 특수성과 그 연계성의 미비 문제, 습득한 지식에 대한 실생활에서의 실제 활용성 결여 문제, 지나친 탐구의 강조 문제 등에 대하여 수정, 보완한다는 원칙 아래 목표와 내용 조직을 개선하고자 하였다(김용만, 1989: 57 – 87).

이러한 일반적 원칙에 따라 중학교 사회과 교육과정의 기본 방향을 요약해 보면 다음과 같다.

첫째, 대폭적인 교육과정의 변경보다는 개정의 필요성이 분명히 밝혀진 것, 즉 이론적으로나 실제 면에서 충분히 그 정당성이 확립된 것에 한하여 개정을 시도한다.

둘째, 국내외의 급변하는 사회에 잘 적응해 나갈 뿐만 아니라. 그것을 구체적으로 이끌어 나갈 수 있는 미래 사회의 주인공을 양성하기 위한 지적, 기능적 요소와 정의적 교육에도 관심을 기울인다.

셋째, 종래의 교육과정이 지닌 장점을 찾아내고, 종래의 교육과정 개정에서 이미 내려온 기본 정신을 좀 더 활성화시키는 방향으로 노력한다.

넷째, 중학교 사회과 지도 내용의 범위와 계열을 구조화하기 위하여 지도 내용을 체계화하고, 제4차 교육과정부터 본격적으로 추진해 온 통합화의 정신을 살려 보다 진일보한 통합화를 시도한다.

다섯째, 지도 내용의 전국적인 획일화를 탈피하여 지역의 특성에 맞는 교육과정 운영을 시도할 수 있도록 교육과정의 지역화를 시도한다. 이상의 개정 방향에서 특히 통합화를 위한 새로운 시도와 교육과정의 지역화, 시도가 핵심이라 할 수 있다(문교부, 1989: 109).

제5차 고등학교 사회과 교육과정에서는 일반계 고등학교의 경우 '정치·경제'(6단위) '한국지리'(4단위)가 공통 필수과목으로 되고, 일반계 고등학교 인문·사회과정에서는 '세계사'(4단위)를 이수하도록 되었다. 실업계 고등학교(기타 계열 및 일반계 고등학교의 직업과정 포함)에서는 공통 필수과목 이외에 '세계사', '사회문화', '세계지리' 중 1과목(4단위)을 선택 이수하도록 되었다. 경제교육 강화 방안의 하나로 제4차에 비하여 '정치·경제'가 공통의 과목의 성격을 그대로 가지면서 그 단위수가 증가된 것이 특징이다. 따라서 제5차 교육과정기에 분과로 된 것은 제4차 교육과정기에 학문 중심 교육과정의 영향을 받아 분과된 것과는 그 성격이 좀 다르다.

1987년도에 시장경제체제를 옹호하고 그에 대한 확고한 신념을 심어 주기 위하여 '사회 Ⅰ, Ⅱ'에서 경제 부분만을 별도로 개편하려는 사업이 추진되었다. 경제 분야의 전문가가 망라되어 교과서를 대폭 개편하게 되었고, 경제교육을 강화하는 의미에서 '정치·경제'를 공통 필수과목으로 정하였으며, 그 단위수를 종전의 '사회 Ⅰ'보다 높였다. 교육과정의 시안을 개발했던 한국교육개발원의 안에 의하면 제5차 교육과정에서도 처음에는 '사회 Ⅰ, Ⅱ'로 나누었으나, 이와 같은 경제교육의 강화 시책의 결과로 '정치·경제' 과목이 부활하게 된 것이라고 볼 수 있다.

이 시기에 지리의 경우는 한국지리와 세계지리로 구성되었으며 전반적으로 지역지리이다. 당초에는 지리 Ⅰ(한국지리), 지리 Ⅱ(세계지리)로 구성되었다가 지리교육과정 논의 과정에서 위원들의 강력한 제기에 따라 한국지리와 세계지리로 바뀌었다.

특히 교육과정 개정에서 다양한 변화와 미래 사회에 대처하는 인간상을 반영하고자 노력하였다. 기본적으로 제4차 교육과정의 목표, 내용, 방법적 요소 등 기본적 골격을 그대로 유지하면서 지속적이며 점진적인 변화를 꾀하였다. 제5차 사회과 교육과정은 국제화, 비역화, 개방화 등의 사조를 강조하였지만, 제4차 사회과 교육과정과 견주어 큰 변화는 없었다. 다만 과감한 통합으로 단원의 축소를 시도하였으며, 전통문화 관련 학습을 강조하였다(정문성 외, 2008: 36-37).

다양한 변화와 미래 사회에 대처하는 인간상을 반영하였고, 특정 사조나 이념을 표방하기보다는 사회 기능 중심, 학문 중심, 인간 중심, 사회 재건 및 미래 중심의 접근의 조화를 중시하였다.

이 시기에는 그동안 우리나라 사회가 교육에서 많이 논의되었거나 부분적으로 시도되어 온 탐구 활동의 중시, 의사 결정 능력의 신장과 같은 구체적인 문제들을 중심으로 사회과 교육과정을 정착시키려고 노력하였다.

　제4차 교육과정에서부터 나타난 학교급별 사회과의 특성이 보다 분명해지고, 초·중·고등학교에 걸친 통합의 틀이 굳어지면서 사회과는 보다 성숙되었다. 제4차 교육과정에서 나타난 초등학교에서의 융합적 통합, 중학교에서의 융합과 분리의 중간적 통합, 고등학교에서의 분리의 틀에 따라, 중학교 사회과는 저학년에서 고학년으로 갈수록 공간 의식, 시간 의식 그리고 사회 인식과 사회 경험을 심화·확대하였다. 제5차 사회과 교육과정은 내용 수준의 조절, 통합 단원의 구성, 전통문화와 관련된 내용 강화, 역사 내용의 사회과 통합 편제 등이 구체적 특징이라고 할 수 있다(교육과학기술부, 2008a: 298－302).

8. 제6차 교육과정기(1992년－1997년): 통합 교육과정의 정착

　사회과 교육과정의 개정 취지는 민주화, 정보사회화, 고도 산업화, 국제화, 통일 대비 등 사회적 변화에 대응하고, 학교 교육의 질적 향상을 추구할 필요성에 두어졌다. 사회과 교육의 목표 설정에서도 과거에 강조하던 '국민적 자질'이 '시민적 자질'로 수정되었다.

　제6차 교육과정에서는 사회과가 통합적 성격을 보다 강력하게 추구하였는데, 편제 면에서 독립 교과였던 국사과(영역)를 사회과로 복귀시켰으며, 고등학교에서는 통합형 과목인 '공통 사회'가 출현하였다. 국사과의 사회과 회귀를 통하여 시간적·공간적 차원을 고려한 사회 인식을 바탕으로 사회과 목표인 시민의 자질 함양을 추구할 수 있게 되었다. 내용 배열도 통합을 강화하면서 계통적 학문 체계에서 탈피하여 실생활 경험과 사회문제 중심으로 내용의 선정 및 조직을 시도하였다. 교과의 총괄 목표에서는 사회 인식 교과, 시민 형성 교과로서의 성격을 적극 부각시켰으며 사회 인식 면, 시민 양성 면의 목표 달성을 뒷받침하고자 합리적 의사 결정 능력과 같은 기능 면이 많이 보강되었다. 아울러 영역별 목표를 보다 구체화, 상세화하였으며, 초·중·고교 학교급별로 성격 차이를 분명하게 하였다. 동시에 모든 과정에 걸쳐서 창의적 사고력과 학습 방법, 학습 방법의 학습, 학습 과정 등을 두루 강조하였다(교육과학기술부, 2008a: 298－302).

　제6차 교육과정 개정은 민주화, 정보사회화, 고도 산업화, 국제화, 통일 대비 등 급격한 시대적, 사회적 변화에 대응하고, 교육 현실의 문제점을 개선하여 초·중등학교의 기초·보통교육의 질적 향상을 이룩한다는 목표 아래, 미래 사회에 필요한 도덕성의 함양과 창의성의 개발에 특히 역점을 두고 개정되었다.

　개정의 중점은 지금까지의 사회과 교육에서 노출된 여러 가지 문제점들을 바로잡아 사회과 교육의 본질에 더욱 충실하면서 사회의 변화, 학문의 발전 내용을 보강하도록 하는데 중점을 두었다. 그래서 민주시민으로서의 자질 육성과 사회적 효율의 증진이라는 기본적 이념에 더욱 충실하면서, 그동안 교수·학습 현장의 문제로 되어 왔던 여러 가지 형태들을 개선하는데 중점을 두게 되었다. 즉, 바르지 못했던 사회과 교과관, 사회과의 목적과 목표에 대한 이해 부족, 지식 체계 중심의 내용 체계, 지식 중심의 교수·학습에 따른 사고 기능을 비롯한 학습 기능의 소홀과 사회적 가치·태도 학습의 경시, 평가에 대한 그릇된 인식과 바람직하지 못한 방법, 학습 결과의 비적용성 등을 개선하기 위한 것이었다.

제6차 교육과정 개정에서 나타난 편제나 시간 배당상의 변화는 초등학교 저학년에서 생활 주변의 사회현상과 자연현상, 그리고 학생들의 노작 활동 등이 통합된 광영역 통합 교과 '슬기로운 생활'의 신설, 중·고등학교에서 국사과의 사회과로 회귀, 그리고 고등학교 사회과의 공통 필수과목으로 '공통 사회'와 '국사'를, 과정별 필수과목으로는 '정치', '경제', '사회·문화', '세계사', '세계지리'를 설정하였다.

초등학교 저학년의 '슬기로운 생활'의 창설은 어떻게 보면 저학년에서의 사회과 포기, 또는 해체로 볼 수도 있지만 미분화 상태에 있는 저학년에게 주변의 사회·자연현상은 사회과학이나 자연과학과 같이 뚜렷하게 구분되어 파악되는 현상이 아니고, 동일한 현상으로 파악될 것이기 때문에, 주변의 사물과 현상을 통하여 사회 및 자연현상을 파악하면서, 그 속에서 성장해 가는 자기를 인식하도록 하는 것은 넓은 범위에서 볼 수 있는 사회과 교육이라 할 수 있다(김용만, 1997: 107).

제6차 교육과정 초등학교 사회과에서 선정된 내용들은 다음과 같은 원칙에 의하여 조직되었다.

첫째, 각 학년의 주제를 설정하여 지도 내용의 핵심과 범위를 제시하고, 이를 중심으로 학년별 내용을 배정하였다. 즉, 제3학년은 우리 고장의 생활환경, 제4학년은 지역사회에서의 공동생활, 5학년은 우리나라 생활과 문화, 제6학년은 세계와 더불어 살아가는 우리를 주제로 구성하였다.

둘째, 각 영역의 공통적인 개념이나 원리 및 기능적 요소들을 내용의 중핵으로 하여 현대의 사회문제와 논쟁점, 가치 요소, 실생활에 관한 내용, 방법적 지식들을 통합하고 지식, 경험, 생활이 적절하게 관련을 맺도록 하였다.

셋째, 각 영역의 기본적 요소가 발전적으로 심화·확대될 수 있도록 함으로써 각 영역 간의 계열성이 유지되도록 하고, 한 단원 내에서도 기본적 요소가 심화·발전되도록 하였다. 먼저 공간 확대의 원칙으로 다음과 같은 원칙 수준에서 학생의 실정, 내용 수준에 따라 확대 또는 축소하였다. 즉, 3학년은 고장(시·군·구) 수준, 제4학년은 시·도 지역 수준, 제5학년은 국가 수준, 제6학년은 우리나라와 세계 수준을 기준으로 구성하였다. 그리고 역사 인식의 범위 설정 원칙 및 역사 학습 접근 방법이다. 즉, 제3학년은 가족 및 고장 생활의 변화 인식(약 100년 정도의 시간 소급), 4학년은 역연대적 접근을 통한 민족 생활의 변천 인식(경제, 문화생활 발달 중심), 제6학년은 인물 및 사례 접근을 통한 민족 및 국가의 형성과 발전 과정 인식에 중점을 두었다.

넷째, 제3, 4학년에서는 생활 기능적 요소와 융(통)합성을 강조하고, 제5, 6학년에서는 중학년보다 학문적 성격이나 개념의 특성, 사회문제의 체계적 접근이 점진적으로 드러나게 하였다.

중학교 사회과 내용 구성 원칙 및 개정 중점은 다음과 같다(최병모, 1994: 415).

첫째, 국사과를 사회과에 통합시켜 역사적 현상을 지역 및 사회현상과 연계시켜 학습하도록 하였으며, 시간과 공간 및 사회현상을 구조화하여 통합의 관점에서 사회를 종합적으로 인식하고 문제를 해결하도록 하였다. 따라서 생활 주변의 사회현상 파악으로부터 국가·세계적 사회현상 및 문제 해결 관련 내용으로 확대시켜 나가도록 하였고 지식 중심의 사회과에서 생활 경험 중심, 문제 중심의 사회과에 강조점을 두었으며 내용 선정도 실생활 관련 주제 중심으로 구성하였다.

둘째, 공간 및 시간 관련 현상을 동시에 인식시킨 후 사회의 구조를 인식하고 사회문제를 해결하는 내용 전개 체계를 잡았다. 따라서 제1, 2학년에서는 지리(공간), 역사(시간) 내용의 통합, 3학년에서는 사회구조 파악 및 사회문제 해결 내용을 중심으로 조직(시·공간 인식의 기반 위에서 사회구조의 파악 및 문제 해결)하였다.

당시 교육과정의 학년별 내용 조직의 기준을 좀 더 구체적으로 알아보면, 제1학년은 주변의 사회현상의 종합적 접근과 한국과 이웃나라의 시·공간적 배경을 중심으로 구성하였고, 제2학년은 먼 나라의 공간적 배경, 근·현대사 중심의 시간적 배경, 현대사회의 형성과 특성 중심으로 구성하였으며 이어서 국사 영역에서는 실학 이전의 우리나라 시대사를 전개시켰다. 제3학년은, 세계적인 시각에서 본 우리나라의 정치, 법 경제, 사회, 문화 현상 및 문제와 실학 이후의 국사를 전개시켰다.

셋째, 민주시민 양성을 위한 지식과 기능, 사회적 가치 습득에 중점을 두고 초등학교와 연계를 고려하여 내용을 체계화하고 양과 수준을 하향 조정하였다.

고등학교 사회과의 과목은 공통 필수과목으로는 공통 사회(8단위), 국사(6단위), 선택과목으로는 세계사(6단위), 세계지리(6단위), 정치(4단위), 사회 문화(4단위)로 편성되었다.

여기서 특기할 것은 공통 사회인데. 당초 공통 사회과 전 영역을 포괄하는 사회과의 대표 과목으로 현대사회와 시민을 주제로 하는 것을 의도했으나, 가르칠 교사의 자격문제, 교원 수급 문제, 현장 및 학계의 반대 등에 부딪혀 일반사회 영역(4단위)과 한국 지리 영역(4단위)으로 2분되고, 교과서도 나누어 편찬하도록 하는 절충안이 채택되었다. 또한 수교 과정의 '정치·경제'가 '정치'와 '경제'로 분화된 것은 제6차 교육과정 개발의 특징으로 과정별 선택과목을 다양화하기 위한 의도였다.

제6차 사회과 교육과정을 교육목표의 면에서 보면 중학교의 경우, 문제의 합리적 해결과 민주시민의 기본 자질을 강조하고, 현상의 체계적 이해와 문제의 파악, 탐구, 의사 결정, 사회적 참여 등을 모두 강조하고 있다. 고등학교의 경우도 사회문제의 합리적 해결을 위한 절차와 방법의 교육, 사회문제의 해결과 미래 사회에 기여하는 시민적 자질, 사회현상의 체계적 이해와 탐구력 배양, 의사 결정 능력 함양 등을 강조하고 있다.

내용의 구성에 있어서도 중·고등학교 공히 단순한 지식 나열적 교과서에서 벗어나려 교육과정에서 크게 노력하고 있다. 실제, 1995년부터 사용되는 중학교 교과서나 고등학교 공통 사회(상), 일반사회 교과서에는 탐구의 절차와 사회문제의 해결을 위한 논의에 초점이 맞추어져 내용구성이 이루어지고 있는 것으로 여겨진다. 한 예로 중학교 사회의 경우 탐구 활동 사례가 교과서 내용으로 구성된 것은 과거에 비해 미우 획기적인 것으로 평가되고 있다. 또한 가치와 태도의 측면이 교과 내용에서 크게 강조되고 있는 점 역시 그 이전의 교육과정 내용과는 다른 점이다(조영달, 1995: 331).

제6차 교육과정은 21세기를 바라보며 민주화, 고도 산업화, 국제화 및 통일에 부응할 수 있도록 대폭 개정되었다. 이 시기에 나타난 교육과정의 중요한 변화는 국가 수준 교육과정의 축소와 지역 수준 교육과정 체제의 확립이다. 이에 따라 국가 수준의 교육과정은 큰 개요나 원칙만 제시하고 실제 운영을 위한 교육과정은 시·도 교육청이나 학교 수준으로 넘겨 주었다. '학교 수준 교육과정'을 처음으로 도입한 것이다. 제6차 사회과 교육과정은 사회·문화적 관점, 학문·철학적 관점, 학습자 관점 등을 두루 포괄할 수 있는 내용을 선정하고 내용 조직 면에서는 학년별 주제에 따라 내용의 범위와 핵심을 결정하였다. 아울러 내용의 통합성을 강화하여 학년 내 또는 단원 내에서 사회 기능 및 실생활 주제나 문제를 중심으로 시·공간적 내용, 방법적 지식 등을 통합하도록 하였으며, 공간 확대 원칙과 역사 학습 접근 방법도 기존의 틀을 유지하면서 사회과 교육의 본질 구현에 도움이 되도록 보완하였다.

특히, 제5차 교육과정 시기까지 지속적으로 지적되어 왔던 편제 문제(사회과의 중 영역인 국사 영역의 독립 교과화), 학문 계통의 존중으로 인한 통합 교과로서의 미정착, 지나친 탐구 방법의 강조, 지식 위주의 학습으로 인한 기능 능력 학습과 가치·태도 학습의 소홀, 내용량의 과다로 높은 수준으로 인한 교수·학습 부담 가중 등의 문제를 해결하여 사회과 교육의 본질을 구현하는데 주안점을 두었다.

기존에 노출되었던 문제점 중 편제와 불완전한 통합 문제를 개선하고자 중학교의 국사 영역을 사회과로 회귀시켜 명실 공히 통합 사회과로서의 틀을 갖추고자 노력하였으며 고등학교에서도 최초로 강력한 통합형의 과목인 '공통 사회'를 만들기도 하였다.

학년별 목표와 단원별 목표를 직접적으로 제시하지 않고 각 학년의 단원 안내문과 내용, 내용 체계, 지도 방법의 내용을 통하여 학년별 강조점을 추출할 수 있도록 하였으며 지역성과 시사성을 보다 강조하였다.

초등학교에서는 내용의 축소와 수준의 하향 조정을 위하여 구체적 경험과 활동 중심의 사회과 학습이 되게 하고 재미있는 사회과가 되게 하였다. 이를 위하여 한국지리와 국사의 계통적 내용과 체계적 지식, 그리고 거시 경제 부분은 중학교에서 다루도록 내용의 범위를 제한하였다. 초등학교 제1·2학년의 '바른생활' 교과에 속해 있던 사회과 내용은 과학과의 내용과 통합되어 사회현상과 자연현상을 탐구하는 '슬기로운 생활과' 교과로 편성되었다. 또 제3·4학년에서는 지역화 교육을 강조하여 지방자치단체별로 지역화 교과서를 개발하여 수업의 주 교재로 활용하였으며, 전반적으로 내용 구성에서도 실생활 중심의 내용 구성을 위하여 교과의 진술 방식이 다변화되었다.

중학교에서는 학문적인 내용 체계의 중요성과 통합교육과정의 정신을 살리고자 노력하였다. 이를 위하여 제1학년과 제2학년에서 공간 의식과 시간 의식에 관련한 현상을 동시에 인식한 이후에 제2학년과 제3학년에서 사회의식(공민 영역)을 학습하게 하도록 내용을 배열하고 조직하였다.

생활 주변의 사회현상 파악으로부터 각 지역, 국가, 세계의 사회현상 파악 및 문제 해결 내용으로 확대시켜 나가는 내용 체계가 되도록 내용을 배열하고 조직하였다.

이에 따라 중학교 제1학년은 주변 사회현상의 종합적 접근, 우리나라와 이웃 나라의 시·공간적 배경을 중심으로 내용이 구성되었다.

제2학년의 학습 내용은 먼 나라의 공간적 배경, 근현대사 중심의 시간적 배경, 현대사회의 형성과 특성 중심, 실학 이전의 우리나라의 시대사 등으로 구성되어 있다.

제3학년의 학습 내용은 세계적인 관점에서 본 정치, 법, 경제, 사회문화 현상과 문제, 현대사회의 제 문제, 실학 이후의 우리나라 역사 전개 등으로 구성되었다.

고등학교 사회과 교육과정에서는 공통 필수과목으로 '공통 사회' 과목을 신설하고, 이를 사회과 필수과목화하여 통합의 정신을 구현하였다. 공통 사회 과목은 사회과의 전 영역을 포괄하는 기초적 내용을 다루도록 하였다.

그러나 '공통 사회' 과목은 '일반 사회'와 '한국지리'로 이루어짐으로써 역사 영역이 누락되어 불완전한 통합이라는 비판을 받기도 하였다.

정치 과목과 경제 과목을 신설하여 선택 과목의 다양화를 꾀하고 초·중·고등학교의 연계성을 고려하여 내용을 체계화하고 학습량을 축소하였으며 수준을 하향 조정하고 내용을 원리나 이론보다 주제나 문제 중심으로 조직하고 실생활과 관련된 의사 결정 능력과 문제 해결 능력을 신장시키도록 하였다.

9. 제7차 교육과정기(1997년 ~ 2007년): 국민공통기본교육과정 도입, 학습자 중심의 교육과정 구현

제7차 사회과 교육과정의 최대 핵심은 학생들의 자기 주도적 학습력 신장을 추구하기 위한 국민 공통기본교육과정의 도입이다. 따라서 전체적으로 학습자가 지식을 스스로 구성할 수 있도록 교재를 개발하고, 학습 방법을 구안할 것을 강조하는 것이 전체적인 교육과정의 방향이었다. 이러한 교육과 정의 취지에 따라 지식정보화 사회의 시민적 자질로서 고급 사고력을 강조하는 사회과의 지향점이 맞물리면서 사고력을 바탕으로 한 활동 중심, 문제 중심 교육과정 운영이 강조되었고, 세계화와 지 구촌의 이해가 중요한 교육 내용으로 포함되었다.

제7차 사회과 교육과정은 종래의 사회과 교육과정과 차별화되어 교육과정의 체제 및 편성 운영상 의 획기적 변화를 도모하였다. 21세기 정보화 사회에 부응하는 민주시민적 자질 함양이라는 궁극적 목적 달성을 위하여 학습 과정의 이원화, 수준별 교육과정 도입, 재량 활동의 신설 등이 특징이다. 학습 과정의 이원화는 10년간의 국민공통기본교육과정과 2년간의 선택 중심 교육과정으로의 구분을 의미한다. 제10학년인 고등학교 제1학년까지는 학년제로, 고등학교 제2·3학년인 제11－12학년은 단 위제로 운영함으로써 향후 학제 개편을 염두에 둔 학습 과정이라고 볼 수 있다.

제7차 사회과 교육과정의 내용 구성에서는 제3－10학년 교과명을 '사회'로 정했으며, 내용 구성을 위한 영역 설정에서도 '역사, 지리, 일반사회'라는 전통적 명칭을 사용하지 않고 '인간과 공간', '인 간과 시간', '인간과 사회'라는 명칭을 사용하였다.

초등학교의 사회과 내용 구성에서는 환경(지역) 확대법을 탄력적으로 적용하였으며, 교육과정의 지역화 부분에서는 과거와 달리 '목적으로의 지역화'보다는 '수단으로서의 지역화'를 강조하였다. 고 등학교 과정인 제10학년의 '공통 사회' 과목은 '사회' 과목으로 대체되었다. 아울러 고등학교 제2－3 학년 과정인 제11－12학년에서는 선택 중심 교육과정이 적용되었다. 선택 과목 중 일반 선택 과목으 로는 '인간 사회와 환경'이 편제되었고, 심화 선택 과목으로는 '한국지리', '세계지리', '경제지리', '한국 근·현대사', '세계사', '법과 사회', '정치', '경제', '사회·문화' 과목이 각각 편제되었다. 선택 과목은 학습자들이 흥미와 장래 진로에 따라 학습 영역을 선택할 수 있다는 점에서 의의가 있는 것 이다(정문성 외, 2008: 38－40). 수준별 교육과정은 학습자 중심 교육을 구현하기 위한 구체적 방안 으로서 학습자의 흥미, 관심, 적성, 학습 능력과 요구 등에 상응하는 차별화된 교육 내용, 교육 방법, 기회를 제공하고자 계획하는 것이다.

자기 주도적 학습활동은 학교와 교사의 교육과정 편성·운영의 재량권을 확대하고자 초등학교에 서는 보다 확대되고, 중등학교에서는 신설되었다. 아울러 수행 평가를 특히 강조하였다.

제7차 사회과 교육과정은 시민성 함양 교과로서 통합성과 내용 학문 간의 계통성 조화를 추구하고 교육과정 지역화를 구현하는데 중점을 두었다. 목표 체계의 측면에서는 사회현상의 인식과 사고력 신장을 통한 민주시민 육성을 목표로 설정하고, 이를 구현하기 위한 구체적 내용 체계의 측면에서는 국민공통기본교육과정과 선택 중심 교육과정 및 수준별 교육과정을 강조한 것이다(교육과학기술부, 2008a: 298－302).

제7차 사회과 교육과정은 학습자 중심 교육을 지향하고 있다. 학습자 중심 교육을 지향하기 위하여 교육과정을 수준별 교육과정으로 편제하였으며, 학습 내용을 성취 기준으로 제시하고, 수행 평가를 강조한 점 등이 특징이다.

제7차 사회과 교육과정은 정보화·세계화·개방화·다양화·전문화 등 사회적 요구를 반영하여, ‘만들어 가는 교육과정’의 기저인 구성주의가 철학적 바탕이 되고 있다. 이와 같은 제7차 사회과 교육과정의 특징은 다음과 같다.

첫째, 정보화·세계화·개방화·다양화·전문화 시대의 사회 변화를 주도할 민주시민적 자질 육성에 역점을 두고 있다. 사회과 교육의 궁극적 목적을 바람직한 민주시민적 자질 육성이라고 할 때, 바람직한 시민적 자질이란 사회 사상을 바르게 인식하고 건전한 사회생활을 영위할 수 있는 자질과 태도라고 할 수 있다.

둘째, 학습자 중심 교육과정을 지향하고 있다. 사회과의 수준별 교육과정의 정신을 구현하기 위해서 내용을 기본 과정과 심화 과정으로 구성하였다. 즉, 학습자의 능력과 흥미를 반영한 다양한 활동을 제시하고, 사고력 신장을 강조하여 개별 학습자들이 사회과 교육의 성취를 극대화하도록 하였다.

셋째, 사회과는 민주시민성 함양의 교과로서 통합성과 계통성을 강조하고 있다. 또한 초·중·고교 간 계열적 특성을 강조하였는데, 초등학교에서는 생활 경험과 지식의 통합성, 중학교에서는 내용 통합과 사회과학의 개념 체계 고려, 고등학교에서는 사회과학의 탐구 원리와 지식 체계 탐구 등을 강조하였다.

끝으로, 사회과 교육과정의 지역화를 구현하고, 지구촌 사회의 요구에 부응하기 위해서 지구촌 관점, 세계화 관점을 고려하였다. 사회과 관련 학문 분야의 내용을 지역사회의 실정에 알맞게 재구성하는 일은 학습자의 흥미와 필요에 부합되는 일이며, 나아가 사회과 교육의 질 개선과 밀접하게 관련되는 활동이다.

제7차 교육과정은 1997년도에 고시된 이후로 현재까지 적용되고 있다. 학습자 중심의 교육 실현은 제7차 교육과정 제정 과정에서 가장 중시한 방향이다. 이를 구현하기 위하여 교육과정을 수준별 교육과정으로 편제하였으며, 학습 내용을 성취 기준으로 제시하는가 하면 평가에서도 수행 평가 활용을 강조하는 등 구체적인 방안을 교육과정에 명문화하려는 노력을 기울였다.

제7차 교육과정 이후의 교육과정인 2007년 개정 사회과 교육과정은 2007년 2월 28일 고시(告示)되었는데, 제7차 사회과 교육과정의 이념과 정신, 그리고 지향점을 계승하고 있는 점이 특징이다.

10. '2007년 개정 교육과정'기(2007년 이후): 학습자 중심 교육과정의 정착

'2007년 개정 교육과정'은 '제7차 교육과정'의 내용 일부를 수정한 형식을 취하고 있다. 따라서 기본적인 골격은 그대로 유지하고 있는 점이 특징이다.

2007년 2월 28일 교육인적자원부 고시 제2007-79호로 공포된 2007년 개정 교육과정은 제7차 사회과 교육과정의 부분 개정 형식을 띠고 있는 점이 특징이다. 2007년 개정 교육과정은 초·중등교육법 제23조 제2항에 의거하여 고시된 국가 수준 교육과정으로, 초·중등학교의 교육 목적과 교육목표를 달성하고자 하였다. 따라서 2007년 개정 교육과정은 초·중등학교에서 편성·운영하여야 할 학교 교육과정의 공통적·일반적 수준을 제시한 국민공통기본교육과정이므로 초등학교에서 고등학교에 이르기까지 연계적·통합적으로 구성되어 있는 것이 특징이다(박은종, 2007c: 129-131).

2007년 개정 사회과 교육과정은 역사교육의 강화가 가장 큰 특징이다. 역사교육의 강화에 따른 변화는 교육과정 구성 측면에서 통합 사회과의 기능을 약화시켰다. 사실 사회과의 통합에서 일반사회, 역사, 지리 영역 간의 통합에 대해서는 자고로 쟁점이었다. 그런 가운데 최근 중국과 일본 등 주변국의 역사 왜곡에 대한 대응 차원에서 역사교육 강화라는 사회적 요구도 강력하게 대두되면서 사회과 교육과정도 큰 영향을 받게 된 것이다. 역사교육의 강화는 역사의 독립 교과화까지는 초래하지는 않았지만, 중등학교에서 '역사' 과목이 분리되었고, 내용 체제도 크게 변하였다. 중학교와 고등학교 제1학년(제10학년)에서는 국사와 세계사가 통합되어 독립 과목인 '역사'가 탄생하였다. 역사 영역의 과목 분리로 제7-10학년의 '사회' 과목은 기형(奇形)인 일반사회와 지리가 통합된 형태가 되었다. 하지만 영역 간의 통합은 약화되고 영역 내 통합이 강조되어 통합의 정도는 크게 완화된 것이다.

또한 2007년 개정 사회과 교육과정에서 고등학교의 경우 제1학년의 일반사회 영역에서 이슈(issue) 중심의 통합을 추구한 것은 획기적인 변화이다. 기존의 학문적 내용을 바탕으로 내용을 구성하지 않고, '문화', '정의', '세계화', '인권', '삶의 질' 등 주제 중심으로 통합적 접근을 지향하고 있다.

아울러 고등학교 제2-3학년(제11-12학년) 선택 중심 교육과정의 과목 편성에도 변화가 있다. '한국 근현대사'는 '한국 문화사'로 대체되었고, '세계사'는 '세계 역사의 이해'로 과목명이 변경되었다. 또한 근린국(近隣國)들의 역사에 대한 이해를 제고하기 위하여 '동아시아' 과목이 신설되었다. 그리고 고등학교 사회과의 일반 선택 과목이었던 '인간 사회와 환경' 과목은 폐지되었다(정문성 외, 2008: 40-42).

이와 같은 2007년 개정 교육과정은 '제7차 교육과정의 수정판'으로 불릴 정도로 제7차 교육과정의 부분 수정 형식을 취하고 있다. 2007년 개정 교육과정은 사회과에서 학생 중심 교육 강화, 역사교육 강화, 한국 정체성 교육 강조 등이 큰 특징이다. 2007년 개정 사회과 교육과정의 특징은 다음과 같이 요약할 수 있다(교육과학기술부, 2008a: 304-305).

첫째, 기존의 사회과 통합의 틀을 최대한 유지하는 범위 내에서 단원을 조직하였다. 통합적 단원과 함께 일반사회, 역사, 지리 관련 단원을 계통성 있게 배열하였다.

둘째, 교육과정을 대강화하고 단위 학교의 자율성을 크게 확대하였다. 국가 수준 교육과정이 지나치게 상세화되면 단위 학교의 자율성을 침해하여 획일적 운영을 부채질하게 된다. 그러므로 주제와 성취 기준을 중심으로 단위 학교의 자율성을 최대한 보장하였다. 단원별로 대강화된 성취 기준만을 제시하고, 성취 기준에 도달하고자 학습자들이 수행하는 학습활동에 사용할 학습 내용과 학습 방법에 대해서는 궁극적으로 학교 현장의 사회과 교사가 결정하도록 재량권을 부여하였다.

셋째, 교육과정의 영역별로 다음과 같은 점을 강조하였다. 성격 면에서 사회생활에 필요한 지식과 기능을 익혀서 사회현상을 인식하는 능력을 함양하고자 하였다. 목표 면에서는 역사, 지리 및 제 사회과학의 기본 개념과 원리를 발견하고 탐구하는 능력을 함양하고자 하였다. 내용 면에서는 학년별 교육 내용의 중복·중첩을 최소화하여 학습 분량을 적정화하고 지리, 역사, 일반사회 영역의 통합적인 사고를 지향하였다.

교수·학습 방법 면에서는 학습자의 여건 및 교육 환경을 고려하여 가장 효과적인 교수·학습 방법을 자율적으로 선택하여 실시하도록 하였다. 이와 함께 사회현상에 대한 종합적인 인식을 위하여 다양한 교수·학습 방법의 적용을 강조하였다. 학생들의 고급 사고력을 자극할 수 있도록 적절한 탐구 상황을 설정하고 다양한 발문 기법을 활용하도록 하고, 교수·학습의 효율성을 높이도록 다양한 교수·학습 자료를 활용하도록 권장하였다. 평가 면에서는 내용의 대강화와 교수·학습 방법의 자율화에 알맞은 다양한 평가 방법을 활용하도록 하였다. 평가는 개개인의 학습 과정과 성취 수준을 이해하고 발달을 돕는 차원에서 시행되어야 하므로 지식, 기능·능력, 가치·태도 등 영역별로 균형을 유지하여 시행되어야 함을 강조하였다(교육과학기술부, 2008a: 304-305).

특히, 사회과가 국민공통기본교육과정으로서 초·중·고교를 아우르는 보통 교육의 핵심적 본질 교과로서, 학습자인 학생 중심 사회과 교육과정을 강조하였다는데 의의가 있다. 아울러 2007년 개정 교육과정은 우리나라에 교육과정의 상시(常時) 개정 체제를 도입했다는 점에서 큰 의의가 있다. 이러한 교육과정의 상시 개정 체제 도입으로, 앞으로는 수시로 교육과정의 부분적 수정·보완 여건이 마련되어 교육과정 개발·실행의 탄력성·자율성·창의성 보장에 새로운 계기가 될 것으로 사료된다(박은종, 2007c: 129-131).

2007년 개정 사회과 교육과정에서는 역사 영역의 강화와 독립에 따라 일반사회, 역사, 지리 영역 등이 두루 통합되었던 전통적인 사회과 교육과정은 큰 변화를 겪게 되었다. 역사 영역을 제외한 일반사회 영역과 지리 영역만의 통합은 통합의 형태는 유지되겠지만, 국민공통기본교육과정에서 사회과 통합은 영역 내 통합이라는 불완전한 통합으로 유지될 수밖에 없다. 그리고 향후에는 지리 영역도 독립을 주장할 개연성을 갖게 되었다.

특히 제7차 사회과 교육과정의 사회과 영역인 '인간과 시간', '인간과 공간', '인간과 사회'의 세 영역이 2007년 개정 사회과 교육과정에서 '역사 영역', '지리 영역', '일반 사회 영역' 등으로 수정된 것은 사회과의 분과적 경향을 여실히 보여 주는 사실이다. 사회과 교육과정의 본질은 통합교육과정 운영인데, 역사 영역이 독립되었고, 향후 지리 영역까지 독립되면 통합을 강조하면서도 사회과에 일반사회 영역만 존재하는 이율배반적 상태에 직면할 우려가 있는 것이다.

2011학년도부터 전국의 초·중·고교에 연차적으로 적용하고 있는 2009 개정 교육과정은 교과와 창의적 체험활동 등 두 영역으로 편제되었으며, 사회과는 도덕과와 사회·도덕 교과군(敎科群)으로 통합되어 있다.

〈표 12〉 한국 사회과 교육과정의 특징 변천

구분	교육과정기	사회적 배경	주요 교육 정책	사회과 교육과정 개정 방향
사회과 도입기	교수요목기 (1946년 - 1954년)	· 8.15 해방 · 미군정 시기 · 대한민국 정부 수립 · 한국전쟁	· 일본어로 된 교재 폐기, 한국어 사용 · 교과서 편찬 사업 및 보급 · 교육제도의 민주화 · 문맹자 퇴치교육	· 일제 잔재의 청산 · 자유민주주의 도입 · 반공 이데올로기 강조 · 미국 중심의 이데올로기 강조
	제1차 교육과정 (1954년 - 1963년)	· 전후 복구 시기 · 남북 체제, 이데올로기 강화 · 사회 전반의 대미 의존 심화	· 민주주의, 민족주의 교육 · 반공 교육	· 국사과의 확대를 통한 민주주의 강조 · 도덕교육 확대를 통한 도의교육, 반공 교육 강조
사회과 정착기	제2차 교육과정 (1963년 - 1973년)	· 제3공화국 · 산업화 통치 체제의 시기 · 유신체제의 확립 · 관료적 권위주의 체제	· 국민교육헌장 선포 · 반공 교육 · 정신문화 교육 · 과학기술 교육	· 교육과정기의 개편 · 반공·도덕 교과 강조 · 산업화 시기에 맞추어 '정치·경제' 교과 등장
	제3차 교육과정 (1973년 - 1980년)		· 안보 교육 체제 정비 · 국민적 자질 함양 · 인간 교육의 강화 · 지식·기술 교육 혁신	· 민족 주체성 확립 위한 국사과 단위 시수 증가 · 직업교육 강화 차원에서 과목명의 확실한 구분
	제4차 교육과정 (1981년 - 1987년)	· 유신 체제의 붕괴 · 제5공화국 출범 · 민주화에 대한 열의 · 자유주의적 개방 경제 전환	· 1980.7.30 교육개혁 '교육 정상화 및 과열 과외 해소 방안' 발표 · 국민 공동체 의식 배양 강조 · 국민정신 교육의 강조	· 사회과의 통합 유도 · 과목에서 선택 기회 확대 · 국민윤리, 국사과의 확대를 통한 국민정신 교육 강조
	제5차 교육과정 (1987년 - 1992년)		· 기초교육의 내실화 · 과학기술 교육의 강조 · 교육 내에서의 민주화 추진 · 기회 균등 교육, 평생교육 · 통일교육	· 후기 산업사회 대비 분과주의 체제 전환 · 국사, 국민윤리 강조 · 정치, 경제, 세계사, 세계지리의 강화를 통한 국제 경쟁력 강화 모색
통합 사회과 구축기	제6차 교육과정 (1992년 - 1997년)		· 개인의 소질과 창의성을 개발하는 다양한 교육 · 수요자(학생, 학부모) 중심 교육으로 방향 전환 · 자율 중심 교육으로 전환	· 통합 교과 '공동 사회' 신설: 미래 사회 대비 · 교과 선택의 폭 확대 · 학교 수준 교육과정의 강조
	제7차 교육과정 (1997년 - 2007년)	· 구소련의 해체와 동구권의 몰락을 통한 냉전체제의 확립 · 자유주의 시장경제체제의 구조적 확립 · 시민사회 영역의 확대 · 세계화 국제 경쟁의 시대	· 신자유주의 교육 정책 · 수요자 중심 교육 강화 · 사회복지 교육의 강화	· 국민공통기본교육과정(10교과)과 선택 중심 교육과정(11 - 12학년) 도입 · 일반 선택, 심화 선택 과목을 통합 수요자 중심 교육 추진 · 사회과 체험 학습, 현장학습 강조(학생 중심)
	2007년 개정 교육과정 (2007년 이후)		· 실용주의 교육 강화 · 신자유주의 교육 정책 강화 · 개인의 창의성, 학교의 다양성 강조	· 국민공통기본교육과정, 선택 중심 교육과정의 체계화 · 역사(국사) 교육의 강화 및 역상 영역 독립 · 한국 정체성 교육 강화

〈표 13〉 한국 사회과 교육과정의 체제 변천

시대 구분(년)	근거	체제	주요특징

교수요목기
(1946~1954)
	사회생활과
	교수요목
	(1946.9.22)
		· 교수 목적
		· 교수 방침
		· 교수요목의 운용법
		· 학년별 교수 사항
		· 직업 보충 교재
		  (제5, 6학년 남자용)
			· '사회생활과'의 도입
			· 시간배당 기준 많음
			· 제1~3학년 자연 관찰, 제5~6학년은 남자용 직업교육
			· 일제 식민지 교육에서 민족 자주 교육으로 전환
			· 교수요목 운용 면에서 향토에 대한 적응, 국가에 대한
			  이해, 민주주의 교육, 인륜 도덕의 실천·체득 강조

제1차 교육과정 (교과과정기: 1954~ 1963)	교육부령 제44호 (1955.8.1.)	· 사회생활과의 목표 · 사회생활과의 내용 - 단원 일람표 - 학년별 내용	· 통합 교과로서의 사회생활과 · 사회생활과의 중요성 부각 · 사회 기능 기반, 지역 확대법 적용 (아동 중심, 경험 중심 교육 원리 적용) · 전통문화 계승 발전 · 민주 국민 자질 향상 · 국제 이해 교육 · 도덕교육 강조 · 전쟁 후의 부흥 지양

제2차 교육과정
(1963－1973)
	교육부령
	제119호
	(1963.2.15.)
		· 교과 목표
		· 학년 목표
		· 지도 내용(학년별)
		· 지도상의 유의점
			· 사회생활과를 사회과로 개청함
			· 반공 도덕률 사회과에 흡수함
			· 교과 목표를 5개 항에서 7개 항으로 늘임(반공, 국
			  토 통일과 산업진흥)
			· 학년 목표 신설, 지도상의 유의점 제시
			· 시간 배당을 제1－2학년 2~3시간, 제3－6학년 3~4
			  시간으로 함
			· 사회 기능 중심의 사회과 교육 유지
			· 운영 원칙에 지역화 강조

제3차 교육과정
(1973－1981)
	교육부령
	제310호
	(1973.2.14.)
		가. 목표
		1) 일반 목표
		  1항 종합 목표
		  2~5항 영역 목표
		2) 학년목표
		나. 내용
		※ 단원 안내문 제시
		다. 지도상의 유의점
			· 국민교육헌장 이념 구현
			· 사회과학 중심 교육과정
			· 기본 개면 정신 및 구조화
			· 탐구 과정 중시
			· 반공 도덕률 사회과에서 분리
			· 국사교육 강화
			· 제5학년 생활사
			· 제6학년 생활사
			· 교육 내용 선정 기준 적용
			· 시간배당 기준, 재조정
			  제1~2학년 주당 2시간
			  제3~4학년 주당 3시간
			  제5~6학년 주당 4시간
			· 교과서 개편 과정기 실험본에 의한 실험

제4차 교육과정 (1981~1987)	교육부고시 제442호 (1981.12.31.)	가. 교과 목표 · 종합 목표 · 영역별 목표 나. 학년 목표 내용 다. 지도 및 평가상의 유의점 1) 지도 2) 평가	· 국민정신 교육의 체계화 · 교육 내용의 적절성 고려 · 인간주의 교육 고려 · 교육 내용의 양과 수중 조절 · 체계적 국사교육의 강화 · 교과서 수준에서 바른생활(국어, 사회, 도덕)으로 통합

시대 구분(년)	근거	체제	주요특징
제5차 교육과정 (1987 – 1992)	교육부고시 제87 – 9호 (1987.6.30.)	가. 교과 목표 ·종합 목표 ·영역별 목표 나. 학년목표 및 내용 다. 지도 및 평가의 유의점	·교육과정 개정 주기를 8~10년에서 7년으로 단축 ·제4차 교육과정의 골격 유지 ·지식의 실생활 적용 ·미래 지향적 교육 ·국제 이해 교육 강화 ·제1, 2학년 통합교육과정: 바른생활(도덕, 사회)
제6차 교육과정 (1992 – 1997)	교육부 고시 제1992 – 16호 (1992.9.30.)	1. 성격 2. 목표 ·종합 목표 ·영역별 목표 3. 내용 가. 내용 체계 나. 학년별 내용 4. 방법 5. 평가	·사회과 교육의 본질 추구 –여러 교육관의 조화로운 반영 ·올바른 사회 인식 방법 제고 –경험 분석적 접근, 상황·해석적 접근 ·사회 변화에 대응하는 사고력 배양 ·교수·학습부담의 경감 ·실생활과의 관련 강조 ·제1, 2학년 슬기로운 생활로 통합 ·내용 선정 기준의 체계적 적용
제7차 교육과정 (1997 – 2006)	교육부고시 제1997 – 15호 (1997.12.30.)	1. 성격 2. 목표 ·종합 목표 ·영역 목표 3. 내용 가. 내용 체계 나. 학년별 내용 4. 교수·학습 방법 5. 평가	·국민공통기본 교육과정 –제1, 2학년–슬기로운 생활로 통합 –제3–10학년–보충심화 과정 ·제11–12학년 선택 과정 ·학습자 중심의 사회과 교육 –수준별 교육과정 –자기 주도적 학습→ 구성주의 적용 ·교육과정의 지역화 ·학습 내용의 감축 ·학습 내용을 활동형으로 제시
2007년 개정 교육과정(2007–)	교육인적자원부 고시 제2007–79 (2007.02.28.)	1. 성격 2. 목표 ·종합 목표 ·영역 목표 3. 내용 가. 내용 체계 나. 학년별 내용 ·주제명 ·주제 안내 ·성취 수준 4. 교수·학습 방법 5. 평가	·교과서 개발자에게 주제 구성 재량권 부여 ·초등 과정은 사회과에 역사, 지리 영역 통합 ·역사(국사) 영역의 강조 ·중등 과정에서는 역사 과목 분리 ·영역 변경: 인간과 공간→ 지리, 인간과 시간 → 역사, 인간과 사회→ 일반 사회 ·방법 및 평가의 체계화 강조
2009 개정 교육과정(2011-)	교육과학기술부 고시2009-41호(200 9.12.23)	1. 성격 2. 목표 ·종합 목표 ·영역 목표 3. 내용 가. 내용 체계 나. 학년별 내용 ·주제명 ·주제 안내 ·성취 수준 4. 교수·학습 방법 5. 평가	

✍ 연구 문제

1. 1960년대 이후 정착, 발달하기 시작한 신사회과의 출현 배경과 초점, 지향점 등에 대해서 약술(略述)해 보시오.

2. 미국에서 1970년대 말부터 1980년 말에 이르기까지 풍미한 역사·지리 중심 사회과 교육의 특징에 대해서 설명해 보시오.

3. 한국에서의 구한말(舊韓末) 사회과 교육의 특징을 요약해 보시오.

4. 일제강점기의 조선교육령 시기의 사회과 교육의 특징과 주요 내용에 대해서 설명해 보시오.

5. 교수요목기의 사회과 교육의 특징과 주요 내용에 대해서 약술해 보시오.

6. 역대 사회과 교육과정의 변천에서 '사회과 목표'의 변천에 대해서 열거하고 설명해 보시오.

7. 제7차 사회과 교육과정과 2007년 개정 사회과 교육과정의 공통점(유사점)과 차이점에 대해서 설명해 보시오.

8. 미국 사회과 교육과정과 한국 사회과 교육과정의 공통점과 차이점에 대해서 약술해 보시오.

9. 한국 사회과 교육과정의 변천과 교육과정의 사조(思潮)인 교과 중심 교육과정, 경험 중심 교육과정, 학문 중심 교육과정, 인간 중심 교육과정을 상호 연계하고 간단히 설명해 보시오.

10. 2007년 개정 사회과 교육과정의 구조에서 역사 과목(영역)의 독립과 사회과 통합교육과정의 기본적 지향점에 대해서 상호 연계하여 논해 보시오.

제 **3** 부

◀◀ 사회과 교육과 사회과 내용학: 사회과학 ▶▶

[Key Point]
　제3부에서는 교과교육학으로서의 사회과 교육과 교과내용학으로서의 사회과학을 상호 비교, 분석, 이해한다. 따라서 사회 현상, 사회과학, 사회과 교육의 상호 관계를 이해한 바탕 위에서 사회과 교육의 교과내용학인 정치학, 경제학, 사회학, 문화인류학, 역사학, 지리학의 개념과 중요성을 파악하고, 나아가 사회과 교육과 사회과학의 상호 관계를 심층적으로 이해한다.

제3부 학습의 개관: 사회과 교육과 사회과 내용학: 사회과학

학습 개요

- 사회과(사회과 교육)와 사회과학의 관계
- 사회과와 사회과학의 유사점과 차이점
- 정치학과 정치 교육의 주요 개념
- 경제학과 경제교육의 주요 개념
- 사회학과 사회교육의 주요 개념
- 문화인류학과 문화교육의 주요 개념
- 역사학과 역사교육의 주요 개념
- 지리학과 지리교육의 주요 개념

학습 목표

- 사회과(사회과 교육)와 사회과학의 관계를 이해한다.
- 사회과와 사회과학의 유사점과 차이점을 파악한다.
- 정치학과 정치 교육의 주요 개념을 이해한다.
- 경제학과 경제교육의 주요 개념을 이해한다.
- 사회학과 사회교육의 주요 개념을 이해한다.
- 문화인류학과 문화교육의 주요 개념을 이해한다.
- 역사학과 역사교육의 주요 개념을 파악한다.
- 지리학과 지리교육의 주요 개념을 파악한다.

핵심 개념 및 키워드

- 사회과 교육의 정체성
- 사회과, 사회과학, 사회과 내용학
- 정치학, 정치 교육, 경제학, 경제교육, 법학, 법교육
- 사회학, 사회교육, 문화인류학, 문화교육
- 역사학, 역사교육, 지리학, 지리교육
- 사회과학과 사회과 교과교육의 관계
- 사회과학, 사회현상, 사회 인식과 사회과 교육

■ 제1장 ■ 사회과 교육학의 정체성(正體性, Identity)

사실 사회과와 사회과학의 관계 규명은 사회과 교육학자, 사회과 교육자, 사회과 교육 전문가들의 오랜 관심사이다. 그리고 그것은 현재까지도 완전하고도 명쾌하게 결론 내려지지 않은 부분도 있다. 어쩌면 사회과가 존재하는 한 사회과와 사회과학의 쟁점은 알파와 오메가 형태로서 계속적인 진행형으로 상존할지도 모른다. 교과 내용학으로서의 사회과학은 사회과 교육학에서 한편에서는 본질이면서도 다른 한편에서는 변죽인 면이 없지 않은 것이 사실이다.

사회과와 사회과학은 아주 밀접한 관련을 맺고 있으면서도, 서로 완전하게 동일(同一)하지 않은 개념 관계인 것이다. 특히, 사회과학은 정치학, 경제학, 사회학, 문화인류학, 법학, 윤리학, 심리학, 역사학, 지리학 등 여러 학문을 통합하여 지칭하는 학문 분류인 데 비하여, 사회과는 이러한 사회과학의 내용을 교과 내용학으로 추출하여 학생들에게 가르치는 하나의 교과인 것이다. 물론 사회과에서는 사회과학을 가르치는 것이 내용의 전부는 아니다. 사회의 변화 모습인 사회 사상(社會 事象)을 탐구하는데 더 중요한 초점을 맞추고 있는 것이다. 사회과학의 내용을 치밀하게 가르치는 것이 훌륭한 사회과 교육이 아니라는 점에 유의할 필요가 있는 것이다.

사회과학은 인간관계 및 사회현실을 과학적으로 연구하는 정치학, 경제학, 사회학, 문화인류학, 법학, 윤리학, 심리학 등의 학문을 총칭(總稱)하는 말이다. 사회과학의 목적은 일반적인 법칙의 발견에 있으며 여러 가지 변인들 간의 인과관계를 밝혀내려고 한다. 이러한 법칙의 발견은 여러 차례의 실험을 통하여서 가능해진다. 즉 어떠한 원리를 발견하고, 증명하고, 보고하는 것은 사회과학자의 중요한 임무인 것이다.

사회과학자와 교육자의 개념을 구분하여 볼 때, 사회과학자는 사회현상에 존재하는 법칙을 발견하려는 사람인 데 비하여, 교육자는 학생들이 그러한 법칙을 잘 이해할 수 있도록 도와주고 교육을 하는 사람이다. 학자는 연구실에만 앉아 있어도 학자가 될 수 있다. 하지만 교육자는 교실 등에서 학생들과 함께 있어야 한다. 학자와 교육자는 개념적으로는 구분되지만, 현실적으로는 양자가 서로 겹쳐 있는 것이 보통이다. 학자가 교육을 하기도 하고 또 교육자가 연구를 하는 경우가 많은 것이다. 대학 교수 대부분이 학자인 것이 그 예이다.

사회과학이 법칙, 원리, 이론 등을 발견하려는 학문인 데 비하여, 사회과는 인간과 인간, 자연, 사회제도 등에 관한 사회과학적인 지식을 학생들에게 교육하기 위해서 재조직한 교수용 교과목(instructional school subject)이다. 따라서 독창적인 법칙을 발견하려는 것은 사회과학의 초점이지 사회과의 근본 목적이 아니다. 사회과의 내용은 모든 학생들이 알 수 있도록 단순하고 쉽고 매력적이며 흥미 있고 학습에 적합한 것이어야 한다. 사회과학이 진리의 발견과 같은 학문적인 것을 중요시하고 법칙의 발견에서는 신뢰도를 귀중하게 생각하는데 비하여 사회과에서는 교육 현장에서 사회과학의 내용을 현실 생활에 맞게 재조직하고 교수될 수 있도록 하는 면을 중요시한다. 사회과학이 학문적 탐구를 중시하는데 비하여, 사회과 내지 사회과 교육은 '교과교육적 교육'에 초점을 맞추고 있다.

결국, 사회과는 사회생활에 관한 인간관계를 중심으로 하여 사회문제를 학습하고 학생들이 사회생활에 필요한 지식, 기능, 태도를 형성하여 국가와 사회에 공헌할 수 있는 국민의 자질을 형성하게 하는 학교의 교과목이다. 사회과는 그 교과목의 성격으로 보아서 시대적인 또는 정치적인 영향을 많이 받는 교과목이다. 최근에는 전통문화와 근대문화의 갈등, 비인간화의 갈등, 비인간화의 문제, 환경오염 등이 사회과에서 관심을 끌고 있다. 사회과는 궁극적으로 사회 사상(社會 事象)을 대상으로 한 사회 탐구에 초점을 맞추고 있다.

사회과와 관련된 유사 용어도 많이 있다. 사회교육은 때로는 사회과와 같이 학교의 교과목을 가리키지만(사회과 교과서명이 '사회'이듯이), 한편으로는 학교 밖에서 실시되는 조직적인 교육을 의미하는 경우도 있다. 이는 사회교육이 평생교육의 의미로 사용되는 경우이다. 이때의 사회교육은 학교교육과는 상대적으로 사용된다. 성인 대상의 학교 밖 교육을 의미하는 것으로 받아들여지기 때문이다. 최근 각 대학교에 부설 평생교육원이 개설되어 각종 강좌를 운영하고 있는 것이 사회교육의 좋은 예가 된다. 또 사회생활과, 일반사회과 등 비슷한 용어가 많으므로 사회과 연구와 탐구에서는 혼동하지 않도록 특별한 주의가 요구된다.

그러나 가장 중요한 것은 사회과와 사회과학의 구별인 것이다. 사회과학은 사회현상을 과학적으로 연구하여 법칙을 발견하려고 하는 학문인 데 비하여 사회과는 사회과학적인 지식을 우리의 일상생활과 관련해서 학생들이 쉽게 이해할 수 있도록 교육적으로 편성한 학교의 교과목인 것이다. 따라서 사회과학에서는 법칙의 발견이라고 하는 학문적인 활동을 생명으로 하지만 사회과에서는 학생의 이해라고 하는 교육 현장의 교육적인 면을 더 중요시하는 것이다. 사회과 교육의 정체성은 사회과가 다른 교과, 학문과 특별히 비교, 구별되는 고유한 '그 무엇'인 것이다.

1. 교과교육학과 사회과 교육학의 특성

1) 교과교육학의 일반적 특성

일반적으로 교과교육이란 학교에서 국어, 도덕, 사회, 수학, 과학 등의 교과를 가르치는 교육 활동을 의미한다. 이를테면 2007년 개정 교육과정의 국민공통기본교육과정의 교과인 국어과, 도덕과, 사회과, 수학과, 과학과, 실과(기술·가정), 체육과, 음악과, 미술과, 외국어(영어)과 등이 교과이며, 이들 교과에 관한 교육 활동이 곧 교과교육인 것이다. 교과교육학이란 이러한 교과교육을 탐구하는 교육학의 한 분야이다. 이러한 교과교육학은 1930년대 미국에서 태동하여 1960년대 일본, 1980년대 한국에서 각각 도입하였다(조광준, 2006: 20). 특히 한국에서는 1980년대 한국교원대학교가 설립되면서 교과교육론을 필수과목으로 채택하면서 교과교육에 대한 관심 제고, 성격 규명, 연구 열기 고조 등이 교육학자들을 중심으로 이루어졌다(김경배 외, 2008: 16-17).

학교는 이들 교과교육을 통해서 학교 교육의 목표나 바람직한 인간 형성, 이상 사회의 건설 등을 실현하고자 한다. 개별 교과의 목적과 지향점을 통합하면 결국 바람직한 인간 형성, 인간다운 인간 육성으로 귀결되는 것이다.

교과교육이란 학교의 여러 교육 활동 중에서 생활 지도나 특별활동과는 구별되는 교육과정의 영역을 의미한다. 한국에서는 교과교육에서 다루어야 할 교과의 종류를 규정하고 있다. 그러므로 교과교육은 국가 수준 교육과정에 의하여 지정된 교과를 지정된 이수 시간만큼 이수하는 활동이라고 할 수 있다. 교육과정에서 교과를 규정하는 것은 그것이 교육받은 사람이라면 누구나 갖추어야 할 기본 요건이 되기 때문이다(서울대학교 교육연구소, 2000: 80－81).

결국 교과교육이란 교육받은 사람으로서의 자격을 갖추기 위하여 국어, 도덕, 사회, 수학, 과학 등 정해진 교과를 소정의 이수 시간만큼 가르치는 것을 의미한다. 현행 2007년 개정 교육과정에서는 교육과정의 영역을 교과, 재량 활동, 특별활동 등으로 삼대별하고 있다. 이중에서 교과는 국민공통기본 교육과정에서 규정하는 공통 교과는 국어과, 도덕과, 사회과, 수학과, 과학과, 실과(기술·가정과), 체육과, 음악과, 미술과, 외국어과 등 총 10개 교과이다.

교과교육학은 이와 같은 여러 교과에 대한 교수 이론과 교수 방법, 교수 기법 등을 연구하는 교육학의 한 학문 분야이다. 현재 교육대학교, 사범대학 등의 각 학과에서는 일반 교육학, 교과 내용학과 더불어 교과교육학 과목을 심도 있게 이수하도록 되어 있으며, 교육대학원의 각 과 교육과, 일반 대학원의 각 과 교육학과 등의 석·박사 과정에서 활발하게 연구되고 있다.

2) 사회과 교육학의 정체성

모름지기 교과교육학은 순수 학문(내용)과 실제 수업(방법)적 구조의 양면성을 갖는다. 교과는 당해 교과의 기저를 이루는 배경 학문의 구조와 학습자들이 교과 내용을 파악해 가는 과정의 두 구조를 갖는 것이다.

사회과 교육은 사회과학과 교육학을 기반으로 한다는 점에서 타 교과와 구별되는 정체성을 갖는다. 사회과 교육은 사회과학을 교육 논리에 따라 재구성하여 교수·학습에 적용하는 교과교육이다.

사회과 교육의 정체성은 결국 사회과 교육의 독자성과 밀접하게 결부되는데, 다음과 같은 특징적 면에 대한 분석적 검토가 필요하다.

첫째, 사회과 교육은 다른 영역과 중첩되지 않는 고유한 연구 대상을 가지고 있는지 검토해 보아야 한다. 사회과학 자체나 일반 교육학은 사회과 교육의 고유 연구 대상이 아니다. 사회과 교육은 목표 면에서 '시민성 교육의 본질'과 내용 면에서 '시민교육의 내용 요소', 그리고 방법 면에서 학생들의 '사회적 개념 인지 발달 과정 이해' 등을 고유 연구 대상으로 볼 수 있다.

둘째, 사회과 교육이 독자적인 구조적 이론을 가지고 있는가의 검토가 필요하다. 사회과 교육학이 독자적인 명제를 창출하지 못한다면 독립된 이론으로 바로 서기 어렵다. 다만 교과교육학은 관련 학문의 명제를 도입하여 교육적으로 변환시켜서 학습자의 인지 발달과 연계시킬 수 있다면 학문적 정체성을 인정받을 수 있다. 가령, 민주시민성을 목표로 하는 경제교육은 경제학 명제만 가지고는 안 된다. 경제 원리를 수단으로 삼아 경제적 시민성을 함양하기 위해서는 순수 원리와 가치 함축성이 조화를 이루어야 하기 때문이다. 결국 경제교육학은 경제학과 다른 함축적 명제를 설정할 수 있다.

셋째, 사회과 교육은 독자적인 방법론을 가지고 있는가를 검토해 보아야 한다. 현재 학문적 패러다임은 각 분과 학문마다 고유한 방법론이 따로 존재한다기보다는 범학문적 공통 자산으로 방법론을 사용하는 경향이다. 사회과 교육학 연구도 일반 사회과학적 방법론을 사용할 수 있다. 그러한 방법론이 어느 한 학문 분야의 배타적인 전유물이 아니기 때문이다. 사회과에서 시민성 형성 과정에 대한 가설을 설정하고 이를 검증할 때에는 실증주의적인 설문 조사, 사회과 교수·학습 과정에서 교사와 학생의 상호 작용 유형을 규명하고자 하면 참여 관찰법을 사용할 수 있다. 현대에는 이러한 방법론이 사회과 교육학의 성립에 절대적인 제약 요소는 아니다.

중요한 것은 사회과학의 방법을 다양하게 차용하여 학습자의 사회과학적 개념 형성과 사회적 행동 과정을 관찰하여 실증적인 증거로 명제적 지식을 만들어 내는 것이다.

3) 사회과 교육학의 구조

일반적으로 교과교육의 내용 요소는 학습자, 교수자, 교육 내용, 교육 방법 등 네 가지이다. 그 중심에는 교과교육의 목표가 있다. 사회과 교육의 목표는 민주시민성이므로, 이를 중심으로 사회과 교육학도 논리 체계를 구성할 수 있다.

사회과 교육학의 내용은 교과 내용론, 교과 해석론, 교과 교수(방법)론, 사회과 교사론, 사회과 학습자론으로 구별해 볼 수 있다. 이를 간략하게 요약하면 다음과 같다.

첫째, 교과 내용론은 사회과 교육의 내용으로 도입되어 있는 정치, 경제, 역사, 지리 등 사회과학의 명제적 지식에 관한 것이다. 사회과 학습은 이러한 명제적 지식의 의미를 이해하는 것이지만, 그 명제가 교과의 본질과 목표에 적합한 가치를 가지고 있는지를 포괄적으로 이해해야 명제적 내용이 교과 안에서 교육적으로 정당화될 수 있기 때문이다.

둘째, 사회과학의 명제를 교과 논리에 비추어 이해하는 것이 교과 해석론이다. 사회과의 경우, 교과 해석은 시민성 함양을 준거로 해야 될 것이다. 물론 시민성 자체의 의미에 대한 견해는 어느 하나로 통일되어 있는 것이 아니고, 사회현상에 대한 지식과 사회문제의 판단 기준이 되는 가치 및 사회적 참여 태도 등이 필수적인 속성이라는 점에는 이견이 없을 것이다.

셋째, 교과 내용을 가르치기 위한 수단이 교수(방법)론이다. 교수론은 단순 기능이 아니라 가치 함축적인 합목적 활동이기 때문에 교과에 대한 종합적인 이해를 전제로 한다. 사회과 교육의 목표와 내용의 요소별 교수·학습 방법 및 결과 평가가 모두 정합성을 유지하는지 실증적으로 분석하고, 그 배경과 조건을 이론적으로 설명하는 것이 교수론의 목표이다.

2. 사회과 교육학과 사회과 교사의 전문성

일반적으로 교사는 교과 지식의 생산자이며, 동시에 소비자이고, 교사의 전문성은 교육과정 이론과 운영의 전문성을 의미한다. 초·중등교육의 전문가는 교사이므로 교사가 사회과 교육학의 운영 주체가 되어야 한다.

교육과정 운영은 교사가 전문성을 발휘할 수 있는 분야이며, 교사가 전문성을 가지고 있기 때문에 자주성을 보장할 수 있다. 사회과 교사의 전문성은 수업 전문성이 핵심인데, 특히 수업 전문성과 관련하여 다음과 같은 점을 고려하여야 한다.

첫째, 사회과 교사는 사회과 수업에 대한 전문적인 지식을 가지고 기본 개념과 사실을 정확하게 가르쳐야 한다. 사회과 교사는 정치, 경제, 사회, 문화, 법, 윤리, 역사, 지리 등 사회과학의 여러 부문을 모두 가르쳐야 하기 때문에 법학자와 사회과 교사의 전문성도 서로 달라야 한다. 사회과 교사의 전문성은 다학문적 통합과 학제적 접근을 다 같이 할 수 있는 능력이다.

둘째, 사회과 교사는 가르치고자 하는 내용을 가장 효과적으로 전달하는 교수 방법의 전문성을 가져야 한다. 학습에는 교수(교사) 의존, 자기 주도, 우연적 계기 등 세 가지가 있다. 이 중 자기 학습과 우연적 계기의 학습 시에는 학생들의 오개념을 정정해 주어야 한다.

셋째, 사회과 교사는 평가의 전문성을 구비하여야 한다. 대부분의 학습자는 교사가 제시하는 평가 방향과 문항에 따라 공부할 내용과 방법을 정한다. 가령, 교사 주변의 일상생활 문제를 소재로 내놓고 법적 판단을 묻는다면, 학생들은 법 내용과 현실을 연결시켜 해석하는 사례 연구 쪽이 중요하다고 본다.

넷째, 사회과 교사는 수업을 하기 위하여 교육과정을 분석, 비평하고 새로운 것을 구성하여야 한다. 국가 교육과정은 모든 학교의 상황은 같다는 전제하에 개발된 것이다. 그러므로 교사를 의미 있게 해 나가기 위해서는 학교 실정에 맞게 교육과정을 재구성하고 교수·학습 자료를 개발하여야 한다.

사회문제 해결에 필요한 시민적 역량을 기르기 위한 새로운 교육 프로그램을 창안하는 일이 바로 사회과 교사의 전문성을 보이는 것이다. 교사의 전문성 향상을 위한 연수 체제가 얼마나 갖추어져 있으며 교사의 임용이 얼마나 정밀하게 측정, 평가하느냐에 달려 있다.

특히 앞으로 더욱 강조해야 할 것은 교수 내용 지식(내용 지도 교수법, 교육학적 내용 지식, PCK: Pedagogical content knowledge)이다. 가르치려는 내용에 따라 적합한 내용이 따로 있다는 점에서 내용 지식을 강조하게 된다. 즉 사회과 교사는 사회과의 특성에 바탕을 두고 사회과 교육에서 교수·학습해야 할 목표, 내용, 방법, 평가 등에 대하여 광범위한 전문적 식견을 함양하여야 한다.

같은 내용이라도 지역, 시기, 학교 상황, 교수 자료에 따라 가르치는 방법이 달라져야 한다. 그러므로 교사가 자료를 개발하고 적용하는 과정에서 전문성이 축적되는 것이다. 한편, 사회과 교사는 사회과 교육과 사회과 교육과정 실행의 전문가가 되어야 한다. 즉 사회과 교사는 사회과 교육학의 전문가가 되어야 하는 것이다. 물론 사회과 교사의 사회과 교과 교육학적 자질 중에서 가장 으뜸이 되는 것은 교육과정 전문성과 수업 전문성이다. 특히 사회과 교사는 교육과정 전문성과 관련하여 교육과정 전달자, 교육과정 조정자, 교육과정 이론가, 교육과정 실행자로서의 역할에 충실하여야 한다.

첫째, 사회과 교육과정 전달자로서의 사회과 교사 전문성은 보다 전통적인 개념이다. 즉 사회과 교사는 사회과 교육과정에 제시된 내용을 충실하게 학생들에게 교수하여야 한다는 전문성으로서 상당히 수동적 입장이다. 즉 사회과 교사는 사회과 교육과정의 공식적, 명시적 내용을 충실하게 가르쳐야 한다는 입장이다.

둘째, 사회과 교육과정 조정자·실행자로서의 사회과 교사의 전문성은 공식적인 사회과 교과서, 교육과정 내용을 그대로 전수하는 것이 아니라 자신의 방법과 소신, 가치관대로 재구성, 지역화하여 조정하고 실제로 학교 현장에서 가르쳐야 한다는 입장이다.

셋째, 사회과 교육과정 이론가로서의 사회과 교사는 교육과정 개발자와 참여자로서의 역할을 강조하는 입장이다. 과거처럼 사회과 교사가 국가, 정부 차원에서 제시된 교육과정, 교과서를 가르치고 소위 사용자로서의 입장에서 진일보하여 교육과정을 실제 개발, 참여하여 보다 현장친화적인 교육과정 개발자의 역할에 충실해야 한다는 전문성이다.

〈표 14〉 교육과정 운영상 사회과 교사의 전문성 구성 요소

영역	주제	구성 요소	사례 내용	비고
교육 내용	1. 교수 내용	1) 내용 이론 체계	가. 교과 내용학의 기초 이론, 철학 나. 교과 내용학(제 사회과학 내용 등) 다. 사회적 전통, 가치관, 의식, 행태 등 라. 핵심적 사회지식, 사회현상	
		2) 핵심적 내용		
	2. 교수 내용의 쟁점	1) 세부 내용		
		2) 내용에 대한 쟁점		
		3) 핵심 내용의 발달 과 정		
	3. 교수 내용 체계	1) 교육목표 및 기본 개념	가. 교육과정의 내용 나. 관련 내용의 비교 다. 내용과 체계 분석	
		2) 교육 내용 세부 체계		
		3) 교육 내용 비교		
교육 방법	1. 교수·학습 자료	1) 교과서 활용	가. 다양한 유형, 판례 나. 정보, 신문, TV, 인터넷 등 다. 기법, 탐구 학습, 모의재판, 사례 조사, 토론 학습 등 라. 학생, 흥미 관심, 선행 학습 등	
		2) 보조 자료 개방 및 활용		
	2. 교수·학습 기법	1) 목표-내용-방법의 연계		
		2) 유형별 교수 기법		
	3. 학습자	1) 학습자의 동기 유발 기제		
		2) 학습자의 인지 발달 정도		
교육 평가	1. 평가의 원칙	1) 평가 목표별 내용 선정	가. 내용 지식의 평가기준 설정 나. 내용의 평가 문항 개발 다. 기능, 태도 평가 방법 라. 평가 결과의 활용 방법	
		2) 목표-내용-방법-평가의 체제적 정합성		
	2.평가 방법	1) 다양한 평가 기법		
		2) 공정한 채점		
	3.평가 결과의 활용	1) 평가 결과 해석		
		2) 결과의 학습 피드백		
교육 과정 구성	1. 현안 비평	1) 비평의 기준 설정	가. 교육과정 평가 전문성 나. 교육과정 개발 전문성	
		2) 내용, 방법의 문제점 분석		
	2. 대안 개발	1) 대안 개발의 체제 구축		
		2) 내용 선정 및 실천 계획		

3. 사회과 교육학의 탐구

사회과 교육학에 대한 탐구는 최근 상당히 관심을 기울이는 분야 활동이다.

인간의 삶을 바탕으로 하는 사회과 교육을 탐구하는 사회과 교육학은 이론과 실제를 함께 연계하고 규명하고자 한다. 따라서 사회과 교육학 탐구는 사회과 교육학과 사회과 교육론의 이론적 기저를 바탕으로 학교 현장의 사회과 교육이 이루어지는 현실과 개선 방향에 대한 현장적 접근이다. 따라서 사회과 교육학 탐구와 사회과 교육학의 연구에 일선 학교 사회과 교사들이 적극 참여하여야 하는 이유가 여기에 있다.

사실 과거에는 사회과 교사가 교육과정에 제시된 내용만을 충실하게 가르치면 되었다. 하지만 21세기 세계화 시대인 현대에는 일선 학교 사회과 교사들이 사회과 교육과정, 사회과 교과서에 제시된 내용만을 그대로 가르치는 것만으로는 부족하다. 사회과 교사들도 교육과정에 대한 학문적, 이론적 식견을 겸비한 새로운 교육자이어야 하기 때문이다. 그러므로 일선 학교 사회과 교사들은 교육자의 소명을 다하는 가운데, 사회과 교육과정 전문가, 사회과 수업의 달인(達人)이 되어야 하는 것이다.

■제2장■ 사회현상과 사회과 교육학

1. 사회현상의 의의

사회현상은 인간의 생활 자체이지만, 자연현상은 인간과 관계없이 이루어지는 점이 다르다. 사회현상을 안다는 것은 곧 우리 자신을 이해하는 것이다. 사회과 교육학은 사회현상을 인지하는데 무엇이 필요하며, 그것을 어떻게 규명하는지 교육적 관점에서 설명하는 학문이다.

사회과학자는 사회현상을 정치 현상, 경제 현상, 문화 현상 등으로 나누어 설명하면 되지만, 사회과는 그러한 현상을 교육적으로 전환시켜 설명하여야 한다. 그러므로 사회과 교육학은 사회과학과 교과교육학의 융합을 전제로 한다.

현행 '2007년 개정 사회과 교육과정'에서는 사회현상에 대해서 다음과 같이 제시하고 있다. 사회현상과 탐구를 강조하고 있는 것이다.

"1) 사회현상을 올바르게 인식하고(후략) 2) 사회현상을 종합적으로 이해하고 탐구(후략) 3) 사회현상에 관한 지식을 발견하고(후략) 4) 사회현상에 관한 기초적 지식과 능력을 길러……(후략)."(교육인적자원부, 2007a: 2 - 3).

결국 사회과 교육과정에 반영된 사회현상의 요소는 '사회현상의 올바른 인식, 사회현상의 종합적 이해와 탐구, 사회현상에 관한 지식 발견'이다. 이는 사회현상의 탐구→ 종합 이해→ 올바른 인식→ 사회지식 발견→ 사회지식 창출, 사회지식 적용→ 사회현상 탐구 등으로 이루어지는 교수·학습 과정을 의미한다.

사회현상의 올바른 인식이란 현상을 객관적으로 관찰하고 체계적으로 정리해야 하는 것이다. 사실 관계를 확증하는 것은 지식이고, 가치판단을 하는 근본은 신념이다.

사회현상에 대한 지식이 옳다고 하는 주장에는 전통, 권위, 고집, 과학 등 여러 가지가 있다. 현대사회에서 과학적 언명이 아닌 다른 경로로 주장하는 주장은 진실성이 약하다. 분명히 전통과 권위는 개인의 고집보다 설득력은 더 있을지 모르나, 진정성은 담보하지 못한다. 검증이 되지 않은 개인의 견해 내지 소신이기 때문이다.

중요한 점은 사회현상을 올바르게 인식하기 위해서는 편견, 선입견(관) 등의 오개념(誤概念)에 빠지지 않도록 유의하여야 하며, 자신의 이해관계를 벗어나 사회의 다양한 통합적으로 관찰하여야 비로소 올바른 이해가 가능한 것이다.

2. 사회 사상의 특성

사회과의 탐구 대상은 사회 사상(社會 事象)이다. 사회 사상(社會 事象)은 사회생활에서 나타나는 모든 사회현상을 통칭한다. 따라서 사회 사상을 이해하기 위해서는 여러 가지 기준에 따라 나누고 개별 이해를 한 후, 다시 종합적인 이해를 하여야 한다.

인간은 생물적 존재이면서 사회적 존재이다. 사회현상은 구성 조건으로 인간, 공간, 시간이라는 세 요소로 구분할 수 있다. 사회생활은 많은 인간이 모여서 상호 작용을 통해서 사회적 관계를 만들어 가는 과정이다. 이는 사회가 개인과 개인, 집단과 집단, 즉 인간의 사회의 관계라는 특성을 말하는 것이다.

그리고 인간의 삶은 자연 생태계의 한 부분이기 때문에 사회현상은 인간과 공간의 관계로 나타내고, 그 삶이 세월에 따라 계속 변해 가기 때문에 시간을 떠난 사회는 있을 수 없다.

문화는 인간을 사회적 존재로 만들어 주는 요인인, 사회 사상의 내용적 특성을 문화 개념으로 설명할 수 있다. 문화는 인간과 공간, 인간과 시간, 집단과 집단의 관계라는 망 속에서 형성되고 변해 가기 때문에 사회 사상의 형식적인 특성을 상호 관계에서 찾고자 하는 것이다. 사회와 문화의 형성과 변천을 알기 위해서는 인간과 시간, 인간과 공간, 집단과 집단의 관계를 파악하여야 한다.

문화를 기준으로 한 사회현상의 특성은 항상성과 변혁성, 보편성과 특수성, 유일성과 다원성 등을 들 수 있다. 사회현상은 유사 이래 계속성을 유지하면서도 정치와 경제 및 문화 등의 내용은 계속 변해 왔다. 정치 현상에서 지배, 피지배 현상은 보편적이지만, 역사가 발전해 오면서 자유를 누리는 사람이 점점 증가하는 자유의 확대라는 변혁이 일어났다. 사회는 다른 사회와 만나는 과정에서 같은 현상을 공유하기도 하지만 자연환경과 역사적 전통에 따라 서로 다른 제도를 만들기도 한다. 이는 보편성과 특수성이다.

사회적 관계의 세 가지 유형인 협동, 갈등, 경쟁은 일상적으로 경험하는 현상이다. 공동 목표의 달성을 위하여 협업, 분업을 하는 것은 모두 협동의 형식이다. 하지만 희소가치를 나누는 과정에서 구성원 간의 경쟁이나 갈등이 야기되기도 한다. 따라서 공정한 경쟁과 적절한 수준으로 갈등 관리를 잘하여 개인의 능력과 공동체의 화합을 함께 살리도록 노력하여야 한다.

3. 사회 사상과 사회과 교육의 방향

1) 현대 사회의 특성

(1) 현대 사회의 의미

일찍이 1973년 다니엘 벨(Danie Bell)이 『후기 산업사회의 도래(The coming of post-industrial society)』를 출간한 이래, 대부분의 학자들은 한결같이 현대사회, 산업사회, 자본주의 사회 등으로 명명되어 왔던 현재의 사회구조에 대대적인 구조적 대전환이 집행되고 있음을 인지하게 되었다.

그러나 새로이 등장하는 사회의 성격을 정확하게 규정할 수 없었던 사회과학자들은 다가오는 사회를 막연하게 '후기' 또는 '탈(Post)'이라는 접두어를 붙여 명명하게 되었다. 즉 다니엘 벨이 명명한 후기 산업사회(Post industrial society)는 그와 같은 불명확한 미래 예견의 사례인 것이다.

그 외의 다른 미래 학자들은 현대사회를 거시적인 사회변동의 흐름(Trend)에 초점을 맞추어, 현대의 사회변동을 '제3의 물결(The third wave)', '거시 경향(Megatrends)', '불연속성의 시대(Age of discontinuity)' 등으로 표현하기도 하였다.

미래 사회의 성격을 나름대로 규정하기 위하여 다미엘 벨은 후기 산업사회를 지식 사회(Knewledge society)라고 명명하였다. 아울러 브랜진스키(Brzezinski)는 기술 전자사회(Technetronic society)라고 불렀으며, 최근에는 다수의 학자들이 현대사회를 정보사회(Information society)라고 부르고 있다.

사실 여러 학자들이 오늘날 진행되고 있는 사회의 모습을 정보사회라고 명명하는 것은 충분한 공감을 얻고 있다. 정보사회는 디지털 문화가 단순히 매개체적 성격이나 도구적 특성만을 갖춘 것을 의미하지는 않는다. 이는 새롭게 도래하는 환경으로서 사회현상 전반을 변화시키는 패러다임(Paradigm)의 대체이다. 현대사회는 디지털 네트워크를 통해서 지구촌 사회 곳곳에 끊임없는 의사소통과 지식의 공유가 이루어지고 있으며 이로 말미암아 현대사회는 시시각각 변모하고 있다(박기범, 2008: 10 - 11).

(2) 현대 사회의 특징

오랜 역사를 가진 인류는 문명의 발달사적 구분을 통하여 방랑 생활을 하던 수렵 시대, 목축과 농경 정착 단계였던 농업 사회, 18세기 중엽 제임스 와트(James Watt)의 증기기관 발명을 시작으로 에너지 시대의 막이 열리게 된 산업사회, 위너(N. weiner)의 사이버네틱스(Cybernetics) 이론과 섀넌(C. Shannon)의 커뮤니케이션 이론 등을 모태로 하여 태동한 정보과학과 컴퓨터의 발달을 통한 정보사회로 구분할 수 있다.

다니엘 벨은 정보 혁명에 의해서 진행되고 있는 현대와 미래 사회를 정보사회(Imformation society) 또는 탈공업 사회(Post - Industrial society)로 정의하였다. 그는 '후기 산업사회의 도래(The coming of post - industrial society)'와 '정보사회의 사회구조(The Society framework of the information society)'에서 정보사회를 아주 포괄적으로 분석하여 사회관계나 계층적인 구조 변화까지 제시하였다. 정보사회에 관하여 다니엘 벨은 다음과 같이 그 특징을 규정하고 있다.

첫째, 제품 생산 중심의 사회에서 서비스 생산 중심의 사회로 변화한다.

둘째, 기술 혁신에 기여하는 이론적 지식을 집대성하는데 중점을 둔다.

셋째, 시스템 분석 및 의사 결정 이론의 주요 도구로써 새로운 지적 기술을 창조한다.

한편 미래학자인 앨빈 토플러(A. Toffler)는 '제3의 물결(The third wave)'에서 21세기 문명사회는 고도로 기술적이고 반산업적인 성격을 띠고 있음을 주장하였다. 고도 기술 사회의 양태는 재생 가능한 에너지 자원, 대부분 조립 라인을 구식으로 만드는 새로운 생산 방식, 새로운 비핵 가족제도, 재택근무 등 가내 전자 근무체제(Electronic cottage)라고 부를 수 있는 새로운 제도, 그리고 근본적인 변화된 미래의 학교와 기업체 등에 기반을 두고 있다고 보고 있다. 전자 정보 산업을 근간으로 하는 제3의 물결은 산업사회의 특징인 극대화, 전문화, 표준화, 동시화, 중앙집권화 등을 붕괴하여 다양성과 분산성을 특징으로 하는 인간적이고 다양한 민주적 사회를 지향하고 있다.

결국 산업사회 이후의 사회현상의 특징에 대한 다니엘 벨, 마뉴엘 카스텔, 앨빈 토플러 등을 주장을 종합해 보면, 한결같이 정보 기술로 인해 발생하는 분산성, 다원성, 불확실성, 사회현상의 지식기반성 등을 기저로 하여 산업사회 이후(Post)를 설명하고 있다(박기범, 2008: 11−14).

2) 사회 사상과 미래 전망

사회 사상 내지 사회현상은 급속하게 변동하지만 학교 교육은 비교적 급속하게 변하지 않는 속성이 있다. 민주시민을 양성하는 사회과 교육도 이제 미래를 준비하는 역량 중심의 방향으로 전환되어야 한다.

미래에 일어날 사회변동을 체계적으로 예상하여 실시하는 교육을 미래주의 교육이라고 하고, 있음 직한 미래에 대한 적응과 바람직한 미래의 창조를 미래주의 교육의 사명으로 본다.

사회현상을 대상으로 하는 사회과 교육도 교육 목적과 내용, 교사 교육 등 교과 전반에 걸쳐서 사회변동의 미래주의적 시각을 도입하여 '미래 대응 능력과 창의적 사고력'을 신장하여야 한다.

사회현상은 인간의 의지와 가치 및 제도에 따라 창설, 변화되므로, 현재는 과거의 영향을 받고 미래는 현재의 영향을 받을 수밖에 없다. 개인은 미래의 동향을 읽어야 하며, 미래 사회가 요구할 인재상에 맞추어 진로 선택 준비를 체계적으로 할 수 있고, 조직은 미래 소비자의 요구에 맞는 상품과 서비스를 제공하여야 한다.

미래학자 앨빈 토플러(A. Tofler)는 미래 경제의 동향으로 '스피드, 개인 맞춤형 생산, 초복잡성, 경계 붕괴(통합)' 등을 화두(Key word)로 제시하였다. 스피드는 사회생활 제 영역 간의 속도이고, 개인 맞춤형 생산은 고객이 생산에 직접 참여하는 형태이다. 초복잡성은 형식보다 실용성을 추구해야 한다는 의미이고, 경계 붕괴는 모든 영역들이 상호 작용(interaction)을 하면서 주어진 기능을 다하는 것이다.

또한 경영학의 대가인 피터 드러커(P. Drucker)는 "미래를 예측하는 가장 좋은 방법은 직접 미래를 만드는 것이다."라고 하였다. 미래에 대한 역동적인 주도적 전환을 강조하고 있는 것이다. 사회과 교육은 미래 동향을 예측하면서, 동시에 인류가 바라는 바람직한 미래를 만들기 위해서 무슨 일을 어떻게 수행해 나아갈지를 안내하여야 한다. 이는 인간과 시간의 관계 속에서 변해 가는 시간에 맞도록 문화를 늘 새롭게 바꾸는 실마리를 사회과 교육이 주도적으로 풀어내야 한다는 의미이다.

21세기 대변환(mega trend)은 세계화, 정보통신 혁명, 고령화 등이다. 인류의 삶이 농경사회→ 산업사회→ 지식정보사회로 변해 오면서 사회가 요구하는 인간상도 변해 왔다. 무한 경쟁이 트렌드(Trend)인 미래 사회에는 어느 한 부문만의 전문가보다 여러 부문의 전문가가 되어야 한다는 전망도 있다.

미래 사회의 방향이라 할 수 있는 지식·정보 중심의 탈산업사회에서는 정보 산업, 지식산업의 비중이 부가가치 창출의 주류를 이루는 요소로 등장하게 된다. 지식정보사회에서는 시공을 초월한 통신을 할 수 있어서 일상생활에 많은 변화가 예견된다. 세계 사회에서 인위적 국경이 실질적으로 폐지되어 지구촌이 단일 시장화되며, 사회 모든 부문에서 삶의 공간이 국가에서 전 세계로 확대될 전망이다.

3) 미래 사회와 교육의 대응

미래 사회의 변화 동향은 학교 교육에도 많은 시사점을 준다. 교육은 사회를 선도하고 견인하는 핵심 요소이다. 따라서 교육은 미래 사회를 선도하는 입장에서 다음과 같은 소명을 다하여야 할 것이다.

첫째, 미래 사회를 주도해 나갈 미래지향적인 시민성을 함양하여야 한다. 세계화·정보화 사회를 선도할 수 있는 인간의 사회적 수요를 충족시킬 수 있는 교육이 필요하다.

둘째, 교육 내용 면에서 급속한 시대 변화를 반영하여야 한다. 사회변동과 개방에 따른 지식에 대한 인식도 달라져야 한다. 동태적인 사회에서는 지식, 정보 교육을 강조하고 세계화 추세와 관련하여 인류의 보편적 가치, 태도, 행동 및 의사소통, 그리고 인류 공동 문제에 대한 인식과 공동 대응 등이 매우 중요한 일이며, 문화 이해 교육을 강화할 필요가 있다.

셋째, 다원주의 사회에 맞는 가치 교육의 방향과 내용 및 방법도 새롭게 정립해 나아가야 한다. 가치 상대주의 입장을 강조해야 하며, 민주주의 교육, 인성 교육, 창의성 교육, 환경교육, 국제이해 교육, 정조 교육, 세계화 교육 등에 중점을 두어야 한다.

아울러 미래 사회는 창의력을 기본 자산으로 하는 지식사회가 될 것이며, 개개인들의 창의적인 사고를 존중하게 될 것이다. 학교 교육도 전통적인 지식을 절대화시켜서 일방적으로 가르치는 것은 현실적으로 큰 의미가 없게 된다. 즉, 지식을 맹목적으로 암기하는 것은 별 의미가 없으며, 기존 지식을 활용하면서 동시에 새로운 지식을 만들어 갈 수 있는 개방된 사회에서 열린 교육을 해야 한다. 주체적인 인간, 창의적인 인간을 기르기 위한 민주시민 교육, 세계시민성 교육이 보다 요구되고 있다.

4) 지식과 정보의 폭증

우리가 사는 현대사회는 지식기반사회, 지식정보화 사회, 정보화·세계화 사회 등으로 통칭된다. 구성주의의 입장에서 지식과 정보가 폭증하며 변화, 발전하는 열린사회를 의미한다. 특히, 현대사회는 지식과 정보가 컴퓨터 등 정보 기기에 의해 처리되고 누적되는 정보화 사회이다.

우리는 역사를 통해서 지식을 그 시대와 장소에서의 생존에 필요한 것들로 끊임없이 변화·발전시켜 왔다. 각 사회는 계속적인 창조의 과정에서 그 사회 나름대로의 특정한 지식을 선택한다.

과거에 지식과 정보의 폭발적 증가의 원동력은 과학과 기술이었다. 과학적 지식의 새로운 경향은 과학적 지식 체계에 내재되어 있는 원리, 개념 자체보다는 이를 적용하는데 필요한 방법적 지식이었다. 따라서 현대 과학은 지식의 개념을 확대하고, 그 생성과 적용에 큰 관심을 두고 있다.

지식과 정보의 폭발적 증가는 지식 사회의 출현과 지식정보화 사회의 도래에서 연유한다. 지식정보화 사회의 특징은 지식과 정보가 사회적 행위의 주된 기반이 됨과 동시에 현대사회의 중심적 역할을 한다(한면희 외, 1988: 26 - 28).

현대사회는 새로운 지식을 창조해 내는 위대한 인간과 새로운 지식을 활동으로 전환하는 평범한 인간 모두를 요구하고 있다.

지식정보화 사회의 지식은 현대사회의 근원을 이루고 있으며, 사회 행동의 기본 원칙이 되어 가고 있다. 정보화 사회에서는 정보가 부가가치를 높이는 가장 중요한 수단이다. 현대사회에서의 지식과 정보의 폭증과 확대 재생산은 더욱더 크고 강력한 사회변동의 요인이 되고 있다. 이러한 변화는 사회과에서 가르쳐야 할 사회 사상(社會 事象)에 대한 내용의 재구성을 요구하고 있다.

5) 기술과 과학의 발달

인간의 역사를 돌이켜보면 과학과 기술의 발달은 사회변동의 원동력이었다. 과학과 기술은 인간이 자연에 도전하여 물질을 생산하는 수단으로서 물리적·물질적 도구 생산 과정, 기술자와 같은 일련의 조직을 이루고 있다.

과학기술과 관련하여 유념해야 할 것은 유사(有史) 이래 우리가 현재 사용하고 있는 발명의 태반이 과거 두 세대 동안에 이루어졌다는 사실이다. 그만큼 과학, 기술의 발전 속도가 더욱 빨라지고 있는 것이다. 그리고 앞으로 새로운 과학·기술은 지수 곡선적(指數 曲線的)으로 증가하고 있으며, 앞으로의 속도는 더욱 빨라질 것이다. 과학, 기술의 변동과 발전은 누적적이고 새로운 발명에 대한 기대를 증가하게 한다. 따라서 인간의 과학, 기술의 발달에 대한 희구와 기대는 무한대라고 할 수 있다.

과학, 기술의 획기적 발달은 산업화를 촉진시켰고, 나아가 지식정보화를 진전시켰다. 이러한 사회적 변동은 인구 증가, 산업화에 따른 공해 문제, 생태계 파괴, 조직의 거대화와 관료화의 역기능 초래, 인간의 가치관 혼란 등의 역기능을 야기(惹起)하였다.

앞으로 더욱더 과학, 기술의 발달은 속도를 낼 것이다. 따라서 우리는 중요한 인간의 존엄성 매몰과 오히려 생활의 질을 저하시킬 우려에 대해서 고민해야 할 것이다. 실제로 과학, 기술의 발달에 따라 대응하는 제도적 준비는 사회질서의 대처만이 아니라, 새로운 질서에 대한 인식을 제고하고 인간의 삶의 질 향상과 물질 만능 사상으로 파생되는 여러 가지 사회문제 해결에 능동적으로 임하는 것이다. 사회과 교육은 이러한 새로운 사회질서에 대한 올바른 인식을 고양하고 그 대안을 모색하는 데 초점을 맞추어야 한다. 특히, 사회과 교육에서는 자연과학적 측면인 과학, 기술의 발달이 사회과학적 측면인 사회변동과 사회 발전에 어떠한 영향을 미치고 상호 작용하는지에 대해서 능동적인 파악과 접근이 필요하다 하겠다.

6) 사회 발달과 사회문제

사회의 변화와 발전은 인구 증가, 환경오염, 생태계 파괴, 자원 고갈, 사회 갈등, 국가 간 과잉 경쟁의 역기능 등을 초래한다. 사회 발전이 마냥 긍정적이지만은 않다는 점에 유념할 필요가 있다. 사회 발전으로 인한 격변으로 지구촌 위기를 초래할 우려도 있는 것이다.

브라운(L. R. Brown)은 현대사회의 제반 문제를 지구의 수행 능력, 지구 공동 운명체의 비극, 인구 과잉, 에너지의 급감, 식량 부족, 경제 악순환, 개인·국가 간의 빈부 격차, 기술 진보에 따른 불이익 문제, 사회변동의 수용 태세 등 9가지로 요약하여 제시하였다(한면희 외, 『사회과 교육』, 1988: 28-31).

한국의 정치는 1980년대 민주화 시대를 거쳐서 그동안 많은 변화와 발전을 거듭하였다. 제2차에 걸친 남북 정상 회담, 북한의 핵 실험과 남북통일, 6자 회담 문제, 문민정부, 국민의 정부, 참여 정부를 거쳐, 이명박 정부에 이르면서 서서히 본질적인 민주주의와 민주정치의 발전을 거듭하고 있다.

한국의 경제는 1950‒1960년대의 보릿고개를 넘어 '경제개발5개년계획'을 바탕으로 한 산업화, 공업화를 거치면서 획기적인 성장을 이루었다. 1990년 말 소위 IMF 국제구제금융 사태를 초래하기도 하였으나, 2009년 현재 국민소득 2만 달러 시대에 생활하고 있다.

앞으로, 한국 경제의 과제는 급격한 경제 발전으로 인한 빈부의 양극화 해소, 고용 기회의 확대, 경제 운용의 공정성 확립, 주택 및 보건 등 사회복지 확충, 출산율 제고를 통한 인구 증가 등을 들 수 있다. 특히, 과거 산업화 시대의 가족계획에 따른 출산율 제한이 인구의 감소를 가져와 향후 국가 경쟁력 향상을 위해 다양한 출산 장려책을 강구하고 있는 점이 최근 사회 정책 중의 하나이다.

사회적·국가적 관점에서 볼 때, 현대사회는 여러 가지 문제를 안고 있는 것이 사실이다. 이러한 여러 가지 문제들은 단시일 내에 해결될 수 있는 문제가 아니고 장기적·정책적으로 접근해야 할 문제들이다. 우리는 이러한 문제들을 방치해서는 안 되며, 사회 전체적 구조 속에서 슬기롭게 해결하려는 노력을 강구하여야 할 것이다. 특히, 이러한 현대사회의 여러 문제들은 근시안적 처방으로 접근해서는 곤란하며, 미래 사회, 지구촌적 관점으로 해결책을 모색하여야 할 것이다.

특히, 사회 사상(社會 事象)을 다루는 사회과에서는 학생들이 다양한 사회문제를 고급 사고력을 중심으로 해결 방안과 대안을 모색해 보는 자기 주도적 학습과 연계하여야 할 것이다.

7) 세계화와 세계 시민 사회

현대 사회는 세계화 사회이다. 지구촌적 세계화와 더불어 '지구적 세계'의 중요한 요소로 등장한 것이 세계 시민 사회이다. 세계 시민 사회는 지방·국가·세계 수준에서 사회의 여러 다른 영역에서 활동하는 단체와 기구(협회·시민 운동 단체·비정부 기구)의 총칭이다. 그들이 하는 작업과 활동의 목표는 개개인과 사회의 생활 조건을 개선하는 데 있다. 세계 시민 사회의 특성은 다음과 같다.

첫째, 그것은 스스로 개발되는 지구적 양심 혹은 도덕의식의 기능을 떠맡고 있다. 세계 시민 사회는 새로운 도덕적 시민상을 요구하고 있다.

둘째, 여러 가지 측면에서 세계 시민 사회는 인간 개발·자유·평등·평화·연대·정의의 물음에 대한 인류의 대변자 노릇을 한다. 많은 단체와 기구가 대변하는 이러한 수요는 사회 정의, 인간의 존엄성, 정치적 민주주의, 경제적 번영, 공동체 개발, 문화적 정체성과 자유에 대한 소망을 포괄한다.

셋째, 세계 시민 사회는 혁신적인 정치적 행동 방식에 대해서 지구적 활동 공간을 제공한다. 세계 시민 사회는 전적으로 도적적인 판단을 내리는 것도 아니며, 필요와 소망의 정식화에만 국한되지 않는다.

1. 사회과학과 사회과 교육

1) 사회과학과 사회과 교육의 본질

일반적인 사회에 대한 과학적 지식의 토대 위에서 제 사회과학이 지니는 각 분야를 대상으로 하는 사회과 교육은 사회과학의 복잡성과 마찬가지로 매우 복잡하다.

각 사회과학 간 상호 관련성을 충분히 고려하는 것이 사회과 교육의 본질이다. 그렇기 때문에 올바르고 효과적인 사회 인식을 위하여 사회과학을 사회과 내용 속에 체계 있게 도입한다는 것은 매우 어려운 작업이기도 하다. 사회과를 과학적 사회과로 이끌어 올려야 하고, 그러기 위하여 이것을 사회과학의 성과 위에 정립하여야 한다.

과학이란, 인류의 총체적 경험을 체계적으로 정리한 것이다. 그리고 인류 문화의 총 유산을 과거의 인류가 자연과 사회에 대하여 얻은 경험과 지혜와 기술 전체를 가장 중요한 기저 부분에 걸쳐서 계승시키는 것이 본래의 목적이다. 때문에 사회과는 과학적 사회 인식론의 논리적 전제 위에서 성립하는 것이며, 그것은 과학적 판단력과 주체적 실천력의 획득과 관련된다.

사회과는 어느 의미에서는 정치 교육이다. 사회 진보를 달성할 수 있는 정치적 인간을 육성하는 것이 목적이기 때문이다. 사회과의 정치 교육은 정치의식, 정치적 사상과의 대결, 민족이 당면한 역사적 과제에 대한 의식 등의 정치 문제를 의미하는 것이 아니라, 장기적인 미래에 정치적 과제에 직면했을 때, 스스로의 역량으로 해결할 수 있는 인간을 기대한다는 의미이다.

교육에서 직접적으로 사회문제를 해결하기는 한계가 있다. 다만 미래 사회를 위한 토대를 장기적인 계획에 따라 길러 내는 것이 교육의 역할이다. 그러면서 교육은 그러한 사회적 사상들을 직접 교과의 내용에 끌어들여 추구하지 않으면 안 된다. 즉, 정치의 논리와 교육의 논리는 통일되어야 하며, 직접적으로 명백하게 구분되어야 한다. 이것은 매우 어려운 문제이다. 정치와 교과를 구분하면 진정한 정치 교육의 지향점을 놓치게 되고, 반대로 정치와 교육을 밀접하게 연관시키면 무비판적 정치주의적 인간을 양성할 우려가 있기 때문이다.

사회과학과 관련하여 사회과에서 중요한 것은 사회 사상을 어떻게 보고, 어떻게 생각하느냐 하는 인식과 행동, 태도를 바르게 기르는 것이다. 사회과학의 근본적 목적은 학문 지식 추구에 있고 사회과의 목적은 올바른 생활인 양성에 있다. 사회과는 일반 시민교육을 강조하여 '바람직한 사회인 육성'을 강조하고 있다. 사회과 교육의 목적이 민주시민 교육에 있다면 전문적 학자가 될 지식만을 강조해서는 안 된다. 그렇기 때문에 사회과는 통합 교과를 지향하는 것이다. 이런 점을 전제하면 현행 우리나라 사회과 교육과정과 초 · 중 · 고교 사회과는 통합적으로 운영되는데, 양성대학인 사범대학은 일반사회교육과, 역사교육과, 지리교육과 등으로 분과적으로 양성되고 있는 점은 재고해 보아야 할 점이다.

이와 같은 점을 전제하면 사회과가 요구하는 교과로서의 생명은 사회 사상에 대한 문제의식을 고취하는데 있고, 이 문제의식이란, 정치의 논리가 교과의 논리로 순조롭게 소화될 수 있는 가장 중요한 방법상의 통로라고 볼 수 있다. 이러한 의미에서 문제의식은 학생들에게 만들어진 것을 쥐어 주는 것보다 스스로 만들어 나가게 하는 것이 바람직한 사회과의 목표이다. 그러한 태도와 사고방식 등은 과학적 사회 인식의 바탕 위에 서 있는 것이고, 사회과학의 인식 정도에 좌우되는 것이다(강우철 외, 1975: 108－110).

〈표 15〉 사회과학과 사회과(교육)의 상호 비교

구분	사회과학(social sciences)	사회과(social studies)(교육)
의미	○ 사회현상의 과학적 연구를 모색하는 정치학, 경제학, 사회학, 문화인류학, 역사학, 지리학, 심리학, 윤리학, 법학 등의 총칭 ○ 인간관계 및 사회현상을 과학적으로 연구하는 정치학, 경제학 등 개별 학문을 포괄하여 일컫는 말로 사회현상을 과학적으로 연구하여 법칙을 발견하는 학문을 의미	○ 사회생활, 사회문제 학습을 통한 지식, 기능, 태도를 형성하려는 학교의 교과 ○ 사회생활에 관한 인간관계를 중심으로 사회문제를 학습하고, 학생들이 사회생활에 필요한 지식, 기능, 가치 태도를 형성하여 국가와 사회에 공헌할 수 있는 국민의 자질을 형성하게 하려는 학교 교과목
목적 (목표)	○ 사회현상의 과학적 연구 ○ 사회현상의 설명과 예측 ○ 복잡한 사회현상에 대한 과학적인 설명, 예측 ○ 사회과학자는 사회문제 해결, 사회 개혁보다는 사회현상의 과학적 설명·예측 위해 연구	○ 민주시민성의 육성 ○ 사회과학적 지식, 기능, 가치·태도 함양 ○ 민주시민성 육성을 목표로 하고, 시민성 교육이 본질적 목표 ○ 시민성 육성을 위하여 사회과학, 인문과학의 지식을 선택·추출하여 내용 재구성
내용	○ 과학적 연구 방법과 연구 결과들(사회과학 적 지식의 구조) ○ 각 분과 학문의 과학자(역사학자, 지리학자 포함) 연구 방법과 연구 결과	○ 시민성 육성을 위해 재구성한 사회과학 및 인문학적 지식과 보편적 가치 및 태도 ○ 사회과학적 지식들에 기초하고 있지만, 시민성 육성을 위해 필요한 내용을 사회과학적 지식들에서 선택·추출한 내용으로 재구성
방법	○ 특정한 사회현상의 분석 ○ 사회현상에 대한 과학적 연구를 목표로 하기 때문에, 사회과학자는 각 분과 학문의 고유한 관점 또는 연구 방법에 기초하여 특정 사회현상을 해부하고 분석 ○ 각 분과 학문마다 연구하고자 하는 사회현상이 특정하게 정해져 있고, 그 현상을 연구하는 방법론이 제한적이기 때문에 사회현상을 세부적으로 분석하여 복잡한 요소들의 상관관계와 인과관계 규명(가치중립적이고, 과학적 태도 유지, 객관성·논리성·가치중립성 중시)	○ 사회과학 및 인문학적 지식, 가치 및 태 도의 종합 ○ 사회적 삶 속에서 올바르게 행동하는 시민을 기르는 것을 목표로 하기 때문에 시민성 교육에 도움이 되는 사회과학 및 인문과학 지식들과 보편적 가치와 태도 종합 ○ 훌륭한 민주시민으로서의 사회문제를 올바르게 해결하고 참여하는 결정적 요소는 사실적 지식보다는 궁극적으로 가치·태도(사회과학, 인문과학의 지식과 보편적 가치와 태도 종합)

* 출처: 강우철 외, 사회과 교육, 주식회사 능력개발, 1975: 108－110.

2) 사회과학과 사회과 교육의 관계

사회과학과 사회과 교육은 불가분의 관계이다. 사회과학은 사회과 교육의 중요한 원천이고 내용이다. 사회과학은 사회과 교육의 교과 내용학이다. 사회과학은 문화의 다양성과 사회현상의 폭넓은 인식 및 연구 방법 안내를 통하여 책임 있는 시민으로서 살아갈 학생들이 21세기 변화에 적응할 수 있는 지적 기초를 제공하는 것이다. 사회과 교육이 사회과학, 사회과학 교육은 아니지만, 양자는 내용적으로 상당히 밀접한 관련을 맺고 있는 것이다.

사회과학은 사회현상을 연구 대상으로 하는 종합 과학이자 종합 학문의 통칭이다. 사회과학 내에는 정치학, 경제학, 사회학, 문화인류학, 역사학, 지리학, 법학, 윤리학, 심리학, 철학 등이 포함되어 있다. 이들 사회과학들은 사회현상 내에서 제각기 자기 분야의 독자적 위치를 차지하면서 보편적 법칙을 인식하려는 연구 목적상의 공통점을 갖고 있다. 사회과학은 사회적인 인간의 과학으로서 객관적으로 존재하는 사회현상을 설명, 기술하고 있다.

사회과학의 지식은 다양하고도 복잡한 사회적 관계와 사회현상을 보다 과학적으로 이해하여 대처하는데 도움이 된다. 즉 복잡한 사회현상과 사회문제를 이해하고 합리적으로 해결하기 위해서는 그것들에 대한 기본적인 지식과 안목이 필요한데 사회과학적 지식과 탐구 방법이 그러한 요구를 어느 정도 충족시켜 주는 것이다. 사회과학적 지식은 사회문제의 해결책을 찾을 때 중요한 근거를 제시해 줄 수 있으며, 사회문제의 해결과 사회참여를 위한 지적 능력 향상에 기여한다.

사회과학과 사회과 교육은 그 대상을 같이한다는 점에서 공통점이 있다. 그러나 그 각각의 목적에 근본적인 차이가 있다. 사회과학의 일차적 목적은 사회현상에 관한 보편적 법칙을 탐구, 발견하고 체계화시키는데 있다. 반면, 사회과 교육은 사회과학의 연구 결과를 활용하여 유능한 시민적 자질을 함양시키는데 있다(한면희 외, 1988: 21 - 24).

사회과학은 가능한 한 가치를 배제시키려고 하는 반면, 사회과 교육은 그 자체가 교육인 이상 가치 함유를 할 수밖에 없다. 바람직하고도 유능한 인간, 사람다운 사람, 인간다운 인간이란 어떤 인간이며, 그러한 사람이 되기 위하여 어떠한 가치 있는 행동을 하여야 하는가가 중요한 과제이다.

사회과 교육은 사회과학의 연구 결과를 기본적 자원과 내용으로 한다. 물론 사회과 교육의 내용 선정과 조직에서의 기본 입장에 따라 기능적 요소, 사회과학의 개념, 사회문제 등의 고려 정도가 달라질 수 있다. 하지만 광범위하게 보면 사회과 교육의 내용이 대부분 사회과학으로부터 추출된 것이다. 사회과학은 사회현상의 모든 측면을 연구 대상으로 하며, 그 결과의 전체를 체계화하고 설명하려는데 중점을 둔다. 반면, 사회과 교육은 시민적 자질 함양에 필요한 내용만을 선정한다. 따라서 어떤 내용을 선정하고 조직해야 하는가가 초점이 되는 것이다.

사회현상을 올바르게 이해하는데에는 편협한 관점만으로는 바람직하지 않기 때문에 사회과는 모든 사회과학만이 아니라 자연과학과 인문과학 등을 비롯한 다른 영역까지 결합시켜야 한다. 특히 인간 사회의 변혁 요인인 에너지 자원과 산업 기술 및 사회 시스템 등을 제대로 이해하려면 모든 학문의 경계를 구분하지 말고 통합적으로 접근해야 한다.

일반적으로 사회과학은 사회현상의 설명, 이해 혹은 해석을 하는 학문이지만, 사회과 교육학은 그것을 교육하는 상황을 전제로 하여 교육받는 대상, 교육할 내용, 그리고 대상과 내용의 관계로서 성립되는 교육적 상황의 구조와 과정을 대상으로 하는 교과 학문이라는 비교가 가능하다. 사회과 교육은 사회과라는 교과를 교수·학습하는 활동을 의미한다. 특히 학문 중심 교육과정에서는 사회과가 사회과학의 구조를 가르치는 교과로 보는데 비하여, 인간 중심 교육과정에서는 사회과학의 체계를 시민교육의 수단으로 본다.

사회과 교육은 사회현상을 종합적으로 이해하고 탐구하는 교과인데, 이해하고 탐구하는 내용과 방법에는 과학의 이론과 과학적 방법론이 포함된다. 사회과학적 방법이란 사회현상의 일반적인 상식이나 사실을 분리하여 암기하는 것이 아니라, 체계화된 지식의 구조를 과학적 탐구 학습 방법이라고 해석할 수 있다. 사회과 교육은 기존에 이루어진 연구 방법과 결과를 적용하여 학생들이 알기 쉽고 흥미를 가질 수 있도록 지도하는 것이다. 그러므로 사회과 교육은 사회과학으로부터 풍부한 자료를 구하고 있으며, 사회과학적 요소를 중심으로 교육적 관점에서 내용 요소를 선정하고, 이를 학생들의 요구, 흥미, 발달 정도에 따라 적합하게 재구성하여 민주시민의 자질 향상을 모색하는 교과이다.

사회과 교육에서 사회과학의 연구 방법과 성과를 교수 내용으로 도입하는 것은 사회현상의 인식에 있어서 과학 자체가 갖는 의미의 중요성 때문이다. 과거 교육이 문화유산 전승이나 구체적 사실 암기에 치중하여 시민교육의 소명을 다하지 못했던 일도 있었기 때문이다.

결국, 사회과 교육과 사회과학이 반드시 일치하지는 않지만, 완전히 분리된 것도 아니다. 오히려 사회과학과 사회과 교육은 불가분의 밀접한 관련을 맺고 있는 것이다. 즉, 사회과 교육계는 사회과학의 성과를 활용하고, 사회과학계도 사회과 교육을 통해서 학문적 저변 확대 효과를 볼 수 있다.

복잡성과 급변성, 다양성이 기반인 현대사회에서 시민들이 사회를 전체적으로 신뢰할 수 있는 논리에 따라 이해하려면 역사학과 사회과학의 학문적 성과에 대한 이해가 필요하다. 그러한 점을 전제하고 보면 사회과 교육학의 역할은 모름지기 사회과 교육의 이론과 실제에 관한 일반적인 명제를 종합, 분석하여 그것에 내재된 의미를 밝혀내는 것이다.

사회과학은 분석적인 검증과 반증을 거치는 탐구 과정에서 실증 근거를 가지고 판단하는 능력을 사회과 교육에서 사회과학을 활용하여 가르쳐야 한다. 사회과 교육 내용은 일차적으로 역사학, 지리학, 정치학, 경제학, 사회학, 문화인류학, 심리학, 윤리 및 철학 등의 연구 결과를 활용한다. 사회과학의 연구 결과로서 사실, 개념, 원리 등의 지식을 중요한 요소로 활용한다. 그리고 각 분야의 독특한 탐구 방법들 또한 중요한 내용으로 활용된다. 특히 정보화 시대인 오늘날의 사회과 교육에서는 이러한 방법적 요소들이 중요한 교육 요소로 활용되어야 한다. 지리 분야의 야외 관찰, 지도 이용, 역사 분야의 사료법(史料法), 인물 연구, 정치, 경제, 사회·문화, 심리 분야의 실험법, 통계 조사, 사례 연구 등과 더불어 과학적 관찰, 방법 등이 고려되어야 할 것이다. 이러한 사회과학적 방법은 질적 측면과 양적 측면이 동시에 고려되어야 한다.

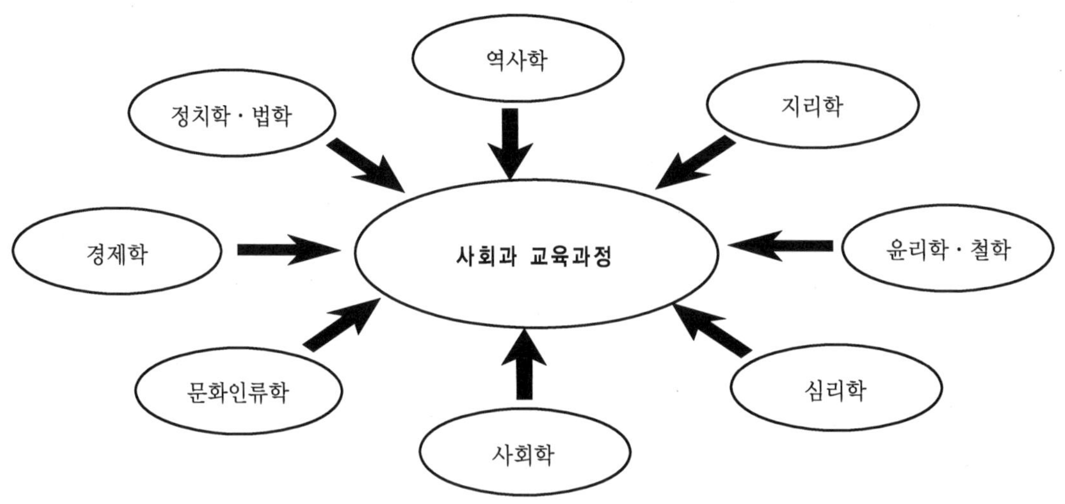

[그림 3] 사회과 교육의 교과 내용학: 사회과학

3) 사회과학과 신사회과(New social studies) 운동

1957년 구소련의 인공위성 스푸트니크(Sputnik) 사건 이후, 미국을 중심으로 한 공식적인 학교 교육과정에 대한 새로운 요청들은 사회과를 사회과학 중심의 방향으로 크게 변화시켰다. 즉, 1960년대에 이르러 지식의 폭등과 복잡하고 급변하는 현대사회에 부응해서 이를 이해하는데 불가결한 사회과학의 기본 개념과 원리를 발견, 탐구하며, 적용할 수 있는 힘을 기르는데 관심을 기울였다. 이러한 추세는 사회과 교육이 좀 더 체계화된 학문으로서의 사회과학을 반영하여야 한다는 주장을 적극적으로 받아들이게 하였으며, 이에 관한 연구는 여러 사회과학 각 분야에서 이루어졌다.

브루너를 중심으로 한 ESI(Educational Service Incorporated)에서는 사회과학 중심 교육과정의 한 교수요목으로서 초등학교 제4-6학년 사회과에 적용할 수 있는 '인간: 교수요목'(The Man Course of Study)을 개발하였다. 그 밖에 미국 지리학회와 지리교 협회가 조직한 협동교육협의회에서 1961년에 시도한 고등학교 지리교육과정(H.S.G.P: High School Geography Project), 미국 인류학회에서 개발한 인류학 교육과정(Anthropology Curriculum Study Project) 등이 1960년대 초의 대표적인 것들이다. 팬톤(E. Fennton), 마시알라스(B. G. Massialas), 메트칼프(L. E. Metcalf), 자롤리맥(J. Jarolimek) 등은 당시 교육의 이러한 사조를 잘 반영하였다.

미국사회과교육협의회(NCSS)는 1965년에 사회과의 새로운 경향으로서 ① 사회과학적 접근, ② 학습자와 학습 과정의 문제, ③ 변화하는 사회적 여건과 사회적 필요에 대한 대응책 등을 제시하였다. 그러나 1960년대 중반기부터 미국 민권 운동과 베트남 전쟁에 대한 많은 국민들의 반대에서 보인 사회적·정치적 불안정은 그때까지 지속되어 오던 교육적 우선순위에 대한 또 다른 검토를 하게 하였다. 사회과는 역시 현존하는 사회적 실제에 좀 더 많은 주의를 기울여야 한다는 교육의 적절성에 대한 검토의 문제이다. 요즈음 사회과 교육에 요청되는 주제들을 보면 인종 연구, 다민족주의, 여성 연구, 성교육, 환경교육, 지구 교육, 소비자 교육, 법률 교육, 가치 교육, 직업교육, 미래 교육, 에너지 교육, 인구와 자원 교육 등 다양하다.

1970년대에 들어서면서부터 신사회과에 바탕을 둔 사회과 교육, 그리고 사회과학에 입각한 지나친 지적(知的) 교육은 전인교육에 적절하게 기여하지 못한다는 새로운 도전을 받게 되었다. 그리하여 광범위한 사회과학으로부터 본질적인 것을 찾아내고 자유로운 민주사회를 유지시키는 제 가치의 실행과 인간사에 대한 강한 관심을 가지고, 인간의 조건을 설명하는 창조적·직관적 방법에 깊은 관심을 가지게 되었다.

1980년대 이후에는 사회과 교육에서 합리적 의사 결정력 신장이 크게 강조되었으며, 2000년대 이후에는 세계화·정보화 시대를 맞아 세계시민 교육, 다문화 이해 교육, 지구촌 이해 교육, 지구촌 환경교육 등이 사회과 교육의 새로운 이슈(issue)로 부각, 강조되고 있다.

4) 사회과학 교육의 의의

사회현상을 이해하는데 필요한 자료와 정보는 수없이 많이 있어 왔다. 우리가 세상을 상식적으로 본다는 것은 주어진 정보를 분리하여 해석하는 경우가 많다. 그러한 정보는 체계적으로 정리하여 사물의 관계를 분석하여 놓은 지식이기 때문에 어느 상황에서나 적용할 수 있는 보편성을 지니고 있다.

사회과 교육에서 과학적 방법을 도입하는 것은 과학적 지식 체계를 가르쳐 사회현상을 올바르게 이해하도록 하려는 목적 때문이다. 즉, 사회과학을 가르친다는 것은 인간 세계, 그리고 자신과 자신의 삶을 이해하는 안목이나 사고의 틀을 제공하며, 그러한 삶의 방식을 개발하고 창조하는 능력을 도야하도록 하려는 것이다. 현대와 같이 복잡다기한 사회에서는 사회과학을 분리하여 한 부분만 이해하는 분과주의보다는 전체적 구조를 이해하는 종합적·통합적 접근이 중요하다.

2. 사회과학의 구조

1) 사회과학 지식의 유형

지식정보사회에서는 인적 자본이 중요한 자산이다. 지식은 경험, 가치, 정보 판단, 전문적 식견 등 다양한 요소의 결합체로서 문제를 해결하고 의사 결정을 할 때의 보편적 기준이 된다. 그러므로 사회과는 사회현상의 정확한 지식을 효과적으로 가르쳐야 한다. 일반적으로 사회과학 지식은 상식적 지식, 학문적 지식, 이념적 지식 등으로 구분된다.

첫째, 상식적 지식은 감각기관을 통하여 누구든지 경험하여 알게 되는 지식이다. 상식은 현상을 체계적으로 설명하고, 상황을 예측하는데에는 한계가 있다. 상식의 차원에서는 사물을 있는 그대로 보지 못하거나 보고 싶은 것만 선별적으로 보는 경우가 많기 때문이다.

둘째, 학문적 지식은 실제 자료를 바탕으로 누구든지 인정하는 방법으로 결론을 이끌어 내어 합리성, 일관성, 정밀성을 규명하는 것이다. 그러므로 사회현상과 자연현상을 경험적인 틀과 방법으로 정리해 놓은 것이다.

셋째, 이념적 지식이란 감각, 이성을 넘어서 신념의 세계로 내용을 분석적으로 신념, 직관으로 보는 것이다. 민주시민 교육을 하는 사회과에서 이념형을 도입하면 교수·학습이 가치 주입과 내면화로 진행되어 문제가 된다. 특정 이념이나 가치보다는 좀 더 객관적이고 실증 가능한 지식을 가르쳐야 한다.

이와 같은 사회과학 지식의 생성과 교류·유통 과정은 데이터(data: 대상에 존재하는 모든 개별적, 객관적 사실)→ 정보(데이터의 의미와 목적이 가미된 것)→ 지식(정보를 직접 체계화하여 얻은 보편적 결과)→ 지혜(지식을 기초로 한 추론과 문제 해결력) 등으로 발전해 간다.

2) 사회과학 지식의 구조

(1) 사실(fact)

사실은 감각기관을 통하여 인식하고 누구든지 확인할 수 있는 현상 자체이다. 사실에 대해서는 논쟁이 있더라도 그 사실 자체를 확인하면 쉽게 해결된다. 정보원이 분명하고 신뢰할 수 있는 경우는 제공된 사실을 그대로 믿을 수 있으나, 가상공간에서는 변형된 사실도 유통될 수 있다는 점을 유념하여 쟁점의 사실 관계는 실증 절차를 거쳐야 한다.

사실은 모든 사회현상, 사건의 기본이 되는 것으로서, 이들을 종합하여 한 차원 높은 개념을 도출하는 것이 의미 있는 일이다.

(2) 개념(concept)

개념은 학문적 지식 구성의 기본 단위이다. 개념은 개별 사물에서 추출해 낸 공통적 일반적 성질을 추상화시킨 표상이다. 사실 하나하나에 내재된 공통된 속성을 한 단계 차원 높게 표현한 것이다. 사실은 존재하는 구체물이지만, 개념은 학계가 어떤 의미로 사용하기 위해 만들어 낸 관념상의 구성체이다.

개념도 이에 대응하여 가치(규범) 개념, 경험적 개념, 논리적 개념 등으로 나눌 수 있다. 정의, 민족적 사명 등과 같이 규범성을 내포한 가치 개념은 사람마다 그 의미를 달리 해석할 수 있기 때문에 공동 주관성을 지녀야 과학적 목적을 달성할 수 있다. 경험적 개념은 사실을 기술하기 위한 것인데, 계층, 정보, 합의 등과 같은 과학적 연구의 핵심 요소들이다. '만일 ～라면 ～이다' 등과 같은 논리적 개념은 현상을 설명하고 예측하는 개념이다.

개념의 조작적 정의는 그 의미를 측정하여 계량화할 수 있도록 양적으로 재구성한 것이다. 조작적 정의를 주장하는 사람들은 방법론적 실증주의를 바탕으로 경험적 관찰과 양적 검증이 가능한 것만이 과학의 대상이 된다고 주장한다. 그러나 사회현상에는 양적으로 평가할 수 없는 정의적인 가치가 많고 또 어떤 용어의 개념을 조작적으로 정의한다고 해도 그 내용의 타당성에 대한 논의도 있을 수 있다.

학문적 의사소통의 수단이 바로 이 개념 체계이기 때문에 개념 정의가 혼란스러우면 학문적 의사소통 자체가 왜곡되기 쉽다. 그러므로 개념 인식과 소통은 명확해야 하는데 현실적으로는 그렇지 못하다. 특히 개념상 오류에는 오개념, 애매성 및 모호성 등이 있다.

오개념은 개념의 뜻을 당초와 다르게 이해한 개념이다. 애매성은 의미가 분명하지 않아 두 가지 이상의 방식으로 이해되는 것이고, 모호성은 지시하는 범위가 불분명한 것이다. 이러한 오개념을 정립하는 것이 올바른 사회 탐구의 인식 과정이다.

(3) 일반화(generalization)

일반적으로 일반화(一般化)는 둘 이상의 개념들 간의 상호 관계를 표현한 것이다. 즉, 보편적이고 일반적인 이론과 원리를 의미한다.

물론, 이와 같은 일반화된 지식도 절대불변의 것은 아니다. 사실 사회과학적 지식은 사회 사상, 사회현상을 토대로 계속적으로 발전하며, 사회 탐구의 결과 수정을 거듭한다. 사회 사상, 사회현상의 탐구를 통해서 추출되는 사실, 개념 및 원리, 법칙으로서 사회문제를 합리적으로 판단하고 결정하는 데 결정적인 역할을 수행한다. 따라서 사회과 교육을 통해서는 단순하게 사회적 사실의 습득에만 머무르지 말고 이와 같은 구체적인 지식을 바탕으로 개념적 지식과 보다 고차적인 일반적 지식으로 발전시키는 것이 필요한 것이다.

(4) 이론(theory)·법칙(law)

이론과 법칙은 사건의 사실과 개념을 토대로 얻어 낸 일반화된 결론이다. 과거 사건의 인과관계를 밝히면, 역사 이론이 되고, 자연과 인간의 관계를 설정하면 지리학 이론이 되며, 인간이 사회 속에서 어떻게 행동하고 상호 작용하며 조직화하는가를 설명하면 사회학 이론이 된다.

이론과 법칙은 현상을 설명하고 미래에 발생할 가능한 일을 예측한 체계화·일반화된 원리이다. 일반적으로 설명한다는 것은 어떤 현상에 대한 객관적이고 타당한 논거를 제시하는 일이다. 이론을 학습하면 체계적 지식을 쌓고, 법칙 적용의 범위를 설정하며, 지식의 확장에 도움을 받을 수 있다.

3. 사회과학 방법론

1) 과학적 방법의 의의

사회과학 탐구에서 과학적 방법이란, 현상에 내재된 실재성을 인식하기 위한 절차, 과정을 의미한다. 사회현상을 보는 방법에는 개인의 주관적 판단이나 전통적 신념, 또는 권위자의 의견 추종 등 여러 가지가 있을 수 있다. 그러나 그 어느 것도 절대적으로 신뢰할 수 있는 결과를 보장하지 못하므로 과학적 방법을 도입하게 된다.

사회과학의 방법은 근대 과학 혁명을 계기로 하여 전통적인 철학적 방법에서 과학적 방법으로 전환하였고, 현대에 들어와서 과학주의를 비판하는 과정에서 후기 행태주의와 해석학적 방법 등으로 나아가고 있다.

사회과학 방법론에 대한 쟁점은 방법론적 일원화(사회과학 연구에 자연과학 방법과 동일한 방법을 사용)를 지지하는가 여부가 관건이다. 일원론을 주장하는 부류는 자연과학의 실증적 방법을 사회과학의 연구 방법에도 사용해야 한다고 주장한다.

반면, 자연과학의 방법론을 사회과학 방법론에 적용하는 것을 반대하는 부류는 해석학적 방법의 도입을 강조한다. 사회현상도 설명, 예측, 통제가 가능한가를 둘러싼 관점의 차이에 있다. 이 차이는 사회현상을 설명하는 실증적 사회과학을 지향한 콩트(Comte)와 인간사의 의미를 이해해야 한다는 현상학과 해석학의 딜타이(Dilthey) 논리에서 찾을 수 있다.

2) 실증주의 방법론

(1) 환원주의(reductionism)

전체는 부분의 합과 같다고 보고, 무엇을 이해하기 위해서는 그것을 세부 구성 요소로 나누어 부분 하나하나를 알고 나서 모두 합치면 전체를 알 수 있다고 하는 것이 환원주의이다. 이는 연구 대상을 여러 가지 요소로 잘게 나누어 놓고 하나하나를 따로따로 연구하려는 방법이다. 사물의 전체가 부분의 총계와 같다는 인식을 전제로 하는 것이다. 과학은 특정 부문을 대상으로 하는 환원주의적 연구를 하는 것이다. 학문의 분화도 이런 환원주의적 사고와 유사하며, 사회과학 역시 이러한 사고 토대 위에서 이루어질 수 있다.

(2) 물질주의(materialism)

경험주의자는 실험 가능한 증거를 보여 줄 수 있는 것, 즉 물질과 같은 가시적인 존재만을 대상으로 연구한다. 그 외에 인간의 의식이나 지각 등 분명하게 존재는 하지만 감각적으로 확인할 수 없는 것은 연구 대상에서 제외시킨다. 물론 눈(目)에 보이는 것만을 탐구하므로 한계가 있다.

(3) 객관주의(objectivism)

누구든지 똑같이 경험할 수 있는 객관적인 세계는 개인의 의식이나 사고 차원인 주관적인 세상과는 분명히 다르다. 객관적인 것은 신뢰할 수 있지만, 주관적인 것은 다수가 인정해서 어느 정도 객관적인 결론에 이르기 전까지는 신뢰성이 떨어진다.

(4) 합리주의(rationalism)

사회현상을 이성(理性)에 기초한 선험적인 논리에 따라 인식하는 것이 경험에 따른 결론보다 더 정확하다고 보는 것이 합리주의이다. 이는 이성적 사고, 감정에 치우치지 않는 합리성, 타당한 논리를 구사하는 것이 개별 사례에 따른 오류를 줄일 수 있다고 본다.

(5) 양적 분석(quantitative analysis)

현상을 부분으로 환원시키는데에는 무게나 부피와 같이 감각적인 경험을 통해 수량화할 수 있는 자료가 가장 좋은 것이다. 그러나 과학의 진화에 따라 전체는 부분의 총합계 이상이 된다는 점, 즉 대상을 분할하면 상실되는 부분이 생긴다고 인식하게 되면서, 이러한 환원주의 방법론을 대신하여 전체를 나누지 않고 포괄적으로 인식하려는 총체주의(wholism) 방법론이 대안으로 제기되었다. 복합 체계(complex systems)는 환원주의 방법으로 인식할 수 없는 대상을 나타내는 개념으로서, 다양한 요소가 상호 작용을 통하여 어떤 양상을 형성하며, 다시 그 양상은 역으로 각 요소에 영향을 주는 것이다.

실증주의 방법론은 인과관계를 가치중립적인 관점에서 관찰하기 때문에, 경험 분석 과학은 사회를 있는 그대로(as it is) 보게 되므로, 사회질서가 어떻게 되어야 할 것인지에 대한 가치 함축적인 논의는 하지 않는다. 방법론적으로 실증주의는 인간을 하나의 사물이나 대상으로 인식하기 때문에, 인간관계의 복합성을 놓치게 되며, 가치와 사실을 분리시켜서 도덕적 가치를 배제한다는 문제점을 안고 있다.

3) 해석적 방법론

과학적 방법은 합리적인 지식을 크게 증대시켰으며, 특히 현대사회의 발전을 가능하게 만든 토대가 되었다. 그러나 과학만이 보편타당한 지식을 얻을 수 있다고 하는 배타성을 주장하기는 어렵다.

사회과학을 바탕으로 하는 사회과 교육도 사회과학의 근대 과학적 패러다임에 내재된 문제점을 비판적으로 분석하여 도입해야 된다. 그렇지 않고 현재 실증주의 방법론만 사회과 교육에 사용한다면, 학습자는 물질주의적 사고·인간과 환경의 이분법화·계량분석 등에 한정될 가능성도 배제할 수 없다. 만일 그렇게 된다면 사회현상의 부분은 보되 전체를 조망하지 못하고, 인간 자체의 내재적 가치 및 사회적 관계망에 필요한 가치 의식 등에 대해 사고할 기회를 놓치게 될 것이다.

이러한 실증주의 방법의 문제를 해결하기 위한 대안으로 비판 이론과 해석학적 '이해' 방법론이 나오게 되었다. 비판 이론(critical theory)은 귀납적인 방법론이 타당성을 얻기 위해서는, 충분히 많은 사례를 다양한 배경 조건에서 조사하여, 그 결과와 모순되지 않는 결론을 내려야 한다는 점이다.

사회현상은 근본적으로 인간의 의식 작용에 의한 행동의 결과이고 그것은 어떤 동기에 의하여 이루어지며, 따라서 반드시 '의미'를 가진 것이기 때문에 자연과학적 인과법칙에 의해 객관적으로 설명되거나 예측될 수 없다고 보는 것이 해석학의 방법적 전제이다. 해석학적 방법의 연구는 감정 이입을 통한 이해를 지향하는데, 그 이해도 어느 정도 객관성을 유지해야 하므로 공동 주관성 (intersubjec-tivity)이 확보되어야 한다.

그러나 이와 같은 사회과학의 연구 방법과 연구 결과를 사회과 교육의 내용과 방법으로 그대로 도입하기에는 많은 문제가 있다. 어느 하나의 이론 체계나 방법론에만 기반을 두고 사회현상을 보면 인식의 편향성을 초래하게 된다. 그러므로 실증 자료에서 얻은 확실성을 토대로 하여 사회현상의 의미를 해석하는 '실증적 방법론과 해석적 방법론의 조화'가 사회 인식의 올바른 방법론이라 할 수 있다.

이 방법의 근간은 해석학적 이해에 두고, 그 배경으로 작용하는 인간관도 자유로운 의사 선택이 가능한 반실증주의적인 것이다. 그러나 해석학적 이해가 지나치게 주관적이 되지 않도록 하기 위해서는 실증적인 방법에 따른 연구 성과의 도움을 받아 좀 더 객관적이고 확실한 결론을 내리자는 것이다. 즉, 해석학적 '감정 이입'(empathy)의 지나친 주관성을 제어하기 위한 방편으로 실증주의 방법을 적절히 첨가하여 사용하는 것이 바람직하다.

4. 사회과 교육의 내용학으로서의 사회과학

사회과학과 사회과 교육은 불가분의 관계를 맺고 있다. 사회과학은 사회과 교육의 교과 내용학이다. 사회과 교육은 사회 인식을 바탕으로 사회 탐구, 가치 탐구를 지향한다. 아울러 사회과 교육은 제 사회과학을 내용학으로 하기 때문이다. 다만 사회과 교육이 사회과학의 연구 결과와 방법을 활용하기는 하지만 사회과학이 곧 사회과 교육은 아니다. 사회과 교육과 사회과학이 아주 밀접한 관계를 맺고 있지만, 양자(兩者)가 완전히 동일한 것은 아니라는 점을 유념하여야 한다.

사회과학은 사회현상을 연구 대상으로 하는 학문이다. 다양한 사회과학에는 정치학, 경제학, 사회학, 문화인류학, 법학, 윤리학, 심리학, 철학, 역사학, 지리학 등이 포함된다. 이들 사회과학들은 각각 사회현상 안에서 제각기 독자적 위치를 차지하면서, 보편적 법칙을 인식하려는 연구 목적상의 공통점을 내포하고 있다. 물론 이와 같은 사회과학은 사회과 교육의 교과 내용학이 된다.

하지만 사회과학은 사회적인 인간의 과학으로서 객관적 존재하는 사회현상을 설명·기술하고, 예언·통제하는 특색을 갖고 있다. 사회과학은 인간 행동에 관한 관계적인 원리의 체계를 구축해 가는 질서 정연한 탐구를 지향하고 있다(한면희 외, 1988: 21-23).

사회과학과 사회과 교육은 대상을 같이한다는 공통점이 있으나, 그 목적에 있어서는 근본적인 차이점이 있다. 사회과학의 일차적 목적은 사회과학에 대한 보편적 원리·법칙을 탐구·발견하고 이를 체계화하는데 있다. 반면, 사회과 교육은 이와 같은 사회과학의 연구 결과를 활용하여 민주시민의 자질을 함양하는데 있다. 사회과학이 학문적 탐구를 지향하지만 사회과 교육은 교육적 접근을 지향하고 있는 것이다.

사회과학은 가급적 가치를 배제하려고 하는데 비하여, 사회과 교육은 그 자체가 가치를 함유하고 있다. 일반적으로 '교육(敎育)' 그 자체가 가치를 내포하고 있기 때문이다. 사회생활을 원만하게 영위할 수 있는 바람직한 시민이란 어떤 사람이며, 그러한 사람이 되기 위해서는 어떠한 가치 있는 행동의 변화를 보여야 하는지가 중요한 과제인 것이다. 물론, 사회과 교육은 사회과학적 소양을 포함하여 민주시민적 자질을 함양하는데 일차적 목적이 있다. 사회과는 사회과학 그 자체는 아니지만, 사회과학의 중요한 개념과 연구 결과를 바탕으로 성립하고 있다. 즉 사회과학은 사회과의 중요한 내용을 구성하고 있는 것이다.

아울러 사회과 교육은 사회과학 연구 결과를 제 자원으로 한다. 사회과 교육 내용 선정에서의 기본 입장에 따라 사회 기능적 요소, 사회과학의 개념, 사회문제 등의 고려 정도가 달라질 수 있다.

물론, 사회과 교육의 내용 전반은 사회과학에서 추출되고 있다. 사회과학은 사회현상의 모든 측면을 연구 대상으로 하며, 그 결과의 전체를 체계화하고 설명하는데 중점을 둔다. 하지만 사회과 교육은 그중에서 민주시민적 자질 함양에 필요한 내용만을 선정한다.

사회과학은 순수한 발명, 발견인 데 비하여 사회과 교육은 학생들이 쉽게 탐구하도록 교육과정에 따라 교재를 재구성하는 것이다. 사회과학은 새로운 문제를 적절한 연구 방법을 동원하여 해결하려고 한다. 사회과 교육은 이미 연구된 결과나 방법을 적용하여 학생들이 쉽고 흥미 있게 탐구해 나아가도록 교육과정을 선정, 조직하고 지도하여야 한다. 물론, 사회과 교재를 구성함에 있어서 학문적·철학적 측면, 사회적·국가적 측면, 발달적·심리적 측면 등을 적극적으로 고려하여야 한다.

사회과 교육은 사회과학으로부터 풍부한 자원과 자료를 구하고 있으며, 사회과학은 사회과 교육에 사회과학적 인식과 실천을 기대하고 있다. 사회과 교육이 사회과학과 근본적으로 다른 점은 제 사회과적 요소를 교육적인 관점에서 선정하고, 이를 학생의 요구, 욕구, 흥미, 동기 등에 적절하게 교재화함으로써 바람직한 민주시민의 자질을 함양하고, 민주시민 교육에 기여하는 것이다.

최근에는 사회과 교육에서 교과 내용학으로서 사회과학이 크게 강조되는 추세이다. 사회과 교육에서 사회과학에 대한 새로운 이해와 접근이 요구되고 있는 것이다. 사회과학에 대한 선행 연구가 결여된 사회과 교육 탐구는 공허한 것이기 때문이다.

〈표 16〉 사회과학의 주요 개념

사회과학	기본 개념	중심 개념
1. 정치학	① 권력	통치, 통제, 질서, 정치 행위
	② 권위	주권, 정당성, 민주성, 정치사회화
	③ 정치제도(체제)	정치조직, 정치형태, 정치 기능
	④ 국제성	도덕성, 협동성, 국제 문제, 자주성
2. 경제학	① 생산	노동, 자본, 기술, 공급, 이윤 추구, 기업
	② 소비	개인 소비, 사회적 소비, 수요, 결핍
	③ 성장과 계획	투자, 저축, 국민소득, 상호 의존
	④ 화폐	제도, 기능, 금융, 재정
	⑤ 교역	시장, 가격, 무역
3. 사회학	① 인간 집단	조직 community, association 계층
	② 역할	수행, 성취 지위, 신분, 남녀
	③ 사회 체계	하위 체계(부자, 부부), 가정 제도적 기능, 규범
	④ 가치	심미적, 정서적, 행동적, 지적
4. 문화인류학	① 문화 유형	문화 내용, 문화요소, 문화 복합
	② 문화 전승	전통, 발생, 문화절대주의, 문화상대주의
	③ 문화 접변	전파, 선택, 통합, 변용(變容)
5. 역사학	① 변천	일반성과 특수성(정치, 경제, 사회, 문화)
	② 시대성	일개체와 합체(고대, 중세, 근대, 현대)
	③ 민족	주체성, 민족문화, 민족의식
	④ 혁명과 갈등	개혁, 내분, 문화적 갈등, 전쟁
6. 지리학	① 자연과 인간	자원 개발, 자원 보전, 재해
	② 지역	성격, 차이 구분, 공업계
	③ 공간	방향, 거리, 넓이, 축척, 입지 분포, 이동과 교류
	④ 자연환경	지형과 지질, 기후와 식생활, 토양, 육수(陸水), 해양

* 출처: 강우철 외, 사회과 교육, 주식회사 능력개발, 1975: 31.

1. 정치학의 개념

　정치학은 정치를 연구하는 학문이다. 정치란 희소한 사회 가치의 권위적 배분을 의미한다. 즉, 정치란 희소한 사회 가치를 추구하는 개인과 집단들 사이의 갈등과 경쟁의 해결과 연관된 사고나 행위로서, 이들 사이의 질서를 확립하고 시민권을 보호하기 위한 권력, 권위 등에 관심을 갖는 학문이 정치학이다. 정치학은 사회과학의 중심 학문으로 정치 현상을 서술하고 해명, 비판하는 과학이다. 이에 비하여 정치 교육은 정치적 안정과 유지를 위한 지식과 기능을 습득할 수 있도록 하는 정치 사회화를 목적으로 하는 사회과의 영역이다. 정치학은 법학, 경제학, 사회학, 문화인류학 등 보다 그 학문적 역사가 오래되었음에도 불구하고, 학문으로서의 체계화나 내용의 통일이 확연하지는 않다.

　정치 현상은 그 배후에 '정치적인 것'이 있다는 점을 전제로 한다. 정치적인 것이 무엇인가에 대해서는 간명한 대답을 하기는 곤란하다. 정치적인 것이 하나의 현상으로 나타나서 전개되는 상황을 정치적 상황이라고 하고, 정치를 추진하는 에너지를 정치권력이라고 하며, 정치가 일상화되는 형태를 정치 조직 또는 정치 제도라고 한다. 그렇기 때문에 정치적인 것의 실체 파악은 단순하지 않다.

　그렇기 때문에 범위를 좁혀서 정치학이 연구 대상으로 하는 정치 현상의 본질 즉, 정치적인 것의 참된 실재가 무엇인지를 규명해 보아야 한다. 이러한 연구는 필연적으로 정치학이 과학이 되는 발달 과정을 고찰하는데서 출발하여야 한다.

　정치학은 근본적으로 인간에 대한 학문이다. 인간이 사회를 구성하고 그 사회가 원만하게 유지, 발전되도록 유지하는 것을 연구하는 학문이 정치학이다. 민주주의란 인간들이 모여서 생활하는 양식이자 생활의 장(場이)다. 인간은 누구나 인간으로서의 대접을 받고, 또 모든 인간은 그가 타고난 소질과 역량을 발휘하고 재능을 개발하여 보람 있는 삶을 영위하고자 하는 소망을 안고 있다.

　민주주의는 인간의 집단생활 형태로서는 개인의 인격과 자유를 가장 잘 존중해 주는 제도라고 받아들여진다. 그러므로 현대에 있어서는 모든 국가가 민주주의 국가임을 표방하기에 이르렀다. 따라서 정치학이 당면한 현대의 과제는 인간의 집단생활인 사회나 국가 생활을 보다 더 원만하게 하는 방법이나 제도를 개발하는 일이다.

　인간은 아직도 본질과 내면이 완전하게 구명(究明)되었다고 볼 수 없다. 그만큼 인간은 오묘하고도 복잡한 존재인 것이다. 인간은 합리적인 면과 불합리한 면 등 양면을 지니고 있다. 인간이 조직한 현대사회의 원만한 운영이나 목적 달성에 있어서는 확고부동한 공식과 공리(公理)가 있는 것은 아니다. 정치학에는 정립되고 항구불변한 공식과 정리(定理)가 없는 것이다. 인간이 역사의 주역이고 만물의 영장이라고 하지만 이해하기 곤란하고 부정형의 존재라는 사실도 간과해서는 안 되는 것이다.

　모두가 새롭고 새로운 문제에 당면하여 차근차근 해결해 나아가야 한다. 그렇기 때문에 정치학은 고대 사회나 21세기인 오늘날이나 그 발전이 확연하지 않은 느낌을 갖게 된다. 서서히 진보하는 것이다. 정치학이 인간을 대상으로 하는 인간학이기 때문이다. 그러므로 절대적인 가치 기준이 없고,

가치 그 자체도 없다. 모든 것이 상대적이다.

민주주의와 민주정치 제도는 다분히 상대적 입장에서 바라보아야 한다. 좋고 나쁨이 상대적이기 때문이다. 정치학의 이해는 근린 사회과학인 법학, 경제학, 사회학, 문화인류학 등과 같은 학문적 탐구를 통해서 보다 심오한 정치학 연구와 정치 현상 접근이 가능할 것이다.

2. 정치학의 특징

사회과학은 초기 시민사회의 과학으로 출발하였으며, 그중에서도 시민사회를 만들어 내는 과학으로 정치학이 성립되었다. 정치학은 절대주의를 둘러싼 공방전 속에서 절대주의의 긍정과 부정, 절대 군주의 존재 이유를 다지기 위한 이론적 방어책으로 등장하였다. 이러한 관점은 현대사회에서도 어떤 제도나 사상, 체제 등에 대한 긍정과 부정 및 그 존재 이유를 규명하는데 이론적 구실을 하고 있다.

사실, 정치 현상은 인간의 역사만큼이나 그 역사가 길다. 정치가 무엇이냐는 질문에 대해서는 너무 다양한 견해가 있어서 한마디로 말하기가 어렵다. 정치학의 정의는 매우 다양하다. 고대 그리스의 플라톤에 있어서 정치는 철학으로서 참다운 이데아를 추구하는 것이었으며, 그의 제자 아리스토텔레스에게 있어서 정치는 공동체의 선을 추구하는 것이었다. 이렇게 보면 정치는 이해와 갈등을 조정하여 훌륭한 공동체의 사회를 건설하는 것이라고 넓게 생각할 수 있으며, 이러한 것을 연구하는 것이 정치학이다. 정치현상이나 공동체의 선을 추구하는데는 수없이 많은 요소들이 포함되어 있으므로 정치학은 종합 학문이라고 할 수 있다.

사실, 전통적인 사회과를 이루는 내용학으로서는 정치학이 가장 핵심적인 위치에 있다. 즉, 정치학은 사회과의 아주 중요한 내용을 이루고 있다. 전통적인 민주시민 교육은 곧 정치 교육을 의미하였다.

정치학에 있어서 가장 오래된 전통은 철학적인 것으로서 정치의 가장 이상적인 형태는 어떤 것이며, 정치가 어떻게 되어야 하는가의 당위성에 대해서 연구하는 것을 정치학이라고 하는 입장이 있다. 정치의 도덕성과 이상을 중시한 장점이 있지만, 현실적인 정치를 과학적으로 분석하지 못하는 한계가 있다. 두 번째는 정치제도에 대한 연구를 정치학이라고 보는 견해가 있다. 국가의 구성과 정부의 형태 등 정치제도는 정치가 현실적으로 이루어지는 가장 중요한 틀이므로 법률적인 규정과 정치의 제도를 정치학의 가장 중요한 과제로 보는 것이다.

셋째는 권력 획득을 위하여 경쟁하는 집단 간의 투쟁을 연구하는 것을 정치학이라고 하는 입장이 있다. 정치현상에서는 권력이 가장 중요한 요인이 되는 것이므로 권력 획득에 관한 연구를 정치학이라고 하는 것이다. 정치현상의 핵심을 서술하고 있기는 하지만 정치적 행위는 권력과 관계없는 것도 포함하고 있기 때문에 이 정의는 너무 정치를 협소하게 본다는 지적이 있다. 넷째 이들보다는 좀 더 포괄적으로 정치학은 사회를 위하여 가치를 유권적으로 분배하는 것을 연구하는 학문이라고 정의하는 사람들이 있다. 각 집단이나 각자가 바람직하다고 생각하는 가치를 권력에 의해서 분배해 주는 것을 연구한다는 것은 집단 내의 이해관계와 갈등을 잘 조정하여 이 문제를 해결한다는 것을 의미하는 것으로서 정치학의 기본을 잘 설명하고 있다. 유명한 정치학자 이스턴(D. Easton)이 내린 정치학의 정의가 바로 이러한 것이다.

　이상의 정치학에 관한 네 가지 정의 중에서, 학자들은 이들 중 어느 하나가 완벽하고 다른 것은 부족하다고 생각하지 않고, 이들 모두가 정치학의 성격을 잘 대변해 주고 있는 것으로 보고 있다. 정치의 현상이 너무 복잡하고 다양하며, 종합적이기 때문일 것이다. 우리는 어느 하나를 택하고 다른 것을 버리기보다는 이들 정의들을 종합적으로 고찰하는 것이 바람직하다고 하겠다.

3. 정치학의 접근 이론

　정치학을 연구하기 위한 접근방법에는 철학·사상적 접근, 법률·제도적 접근, 행동주의적 접근, 체제적 접근, 후기 행동주의적 접근 등으로 나누어 볼 수 있다. 이들은 바로 정치학의 주요 이론을 구성하고 있다.

　철학·사상적 접근은 규범적 접근이라고도 하고, 전통적 접근이라고도 한다. 정치학은 가장 이상적인 정치의 이념과 형태를 제시하는 것이 임무라고 하면서 도덕적·철학적·사상적 접근을 시도하는 방법이다. 플라톤과 아리스토텔레스 이후 가장 오랫동안 정치학을 연구해 온 전통이다. 너무 이상에 치우쳐 현실적인 정치행동을 소홀히 한다는 비판을 받는다.

　이에 비하여 정치학을 법률과 제도적인 측면으로부터 연구하려고 하는 것이 법률적·제도적 접근이다. 정치에서 법률과 제도는 매우 중요한 관계를 가지고 있기 때문이다. 법률학자와 정치학자들은 이러한 관점에서 밀접한 관계를 가지고 있다. 우리나라에서 법률학, 행정학, 정치학의 학자들이 밀접한 관계를 가지고 있는 것은 이러한 이유 때문이다. 제도에 포함되지 않는 비공식적인 집단의 정치현상을 포함하지 못한다는 단점이 있다.

　행동주의적 접근은 과학적 접근이라고도 하는데, 투표나 정치적 사회화 등 현실적인 정치행동을 과학적·경험적으로 연구하려는 것이다. 보편성 있는 정치학의 이론을 수립하여 정치학을 하나의 고도의 과학으로 발전시키려는 것이 이들의 목적이다. 규범적 접근이나 제도적 접근에 대한 반발이라고 할 수 있으며, 1960년대에 있었던 사회과학 전반에 걸친 강력한 행동주의의 유행과 함께 나타났다. 수량적으로 자료를 수집하여 통계적으로 분석하는 것을 특징으로 하며, 당위성보다는 현재의 상황 분석에 관심의 초점이 있다. 사회학 및 심리학 등과 밀접한 관계를 가지고 연구를 진행한다. 경험적으로 연구하는 장점이 있지만, 가치의 문제를 적절하게 취급하지 못하는 단점이 있다는 비판을 받았다.

　체제적 접근은 행동주의의 일종으로서 정치를 투입, 구성원의 요구와 지지, 정치적 체제, 의사 결정 또는 정책, 산출 등의 모형으로 설명하려고 하는 것이다. 앞서 서술한 바 있는데이비스 이스턴에 의하여 이 이론이 주장되었다. 투입에서는 여러 요소의 균형적인 역할, 기능 수행이 필요하고, 이러한 투입의 결과 사회발전이라고 하는 산출이 있다고 하는 등 이 이론은 사회학의 기능주의 이론인 파슨스(T. Parsons)의 체제 접근 이론과 흡사하다. 정치현상을 과학적으로 설명하려고 하는 장점을 가지고 있으나, 개념이 모호(模糊)한 데가 있고 정치현상을 너무 단순화한다는 단점이 있다.

　끝으로, 후기 행동주의적 접근은 이상의 경향을 비판하고 정치학은 좀 더 가치와 정책의 문제 등

인간적인 측면에 관심을 가져야 한다는 것을 주장하고 있는 연구 경향이다. 여기에는 포스트모던이즘, 해석학적 접근, 비판적 이론, 신마르크스주의, 갈등론 등 다양한 비판적인 이론들이 종합적으로 영향을 주고 있다. 인간의 가치문제를 제기한 장점이 있으나, 이론이 너무 다양하고 복잡하며, 추상적이라는 비판이 있다.

정치학의 의의와 성격에서 보듯이 정치 교육은 어느 하나를 선택하고 다른 것을 버리기보다도 다양한 접근방법이 의미하는 바를 종합적으로 검토하는 것이 바람직하다고 할 수 있다. 그 이유는 그렇게 해야 어느 하나의 좁은 편견에 빠지지 않고 넓은 시야를 가지고 균형 있게 사회현상을 볼 수 있기 때문이다.

4. 정치학의 주요 개념

일반적으로 정치학의 주요 개념으로는 권력, 이익 집단, 민주주의, 자본주의, 정부, 권위, 사회, 정당, 공산주의, 선전, 소수 집단, 헌법, 사회 통제, 정치체제, 민족주의, 제도, 독재 정부, 국제성, 조직, 선거, 이념, 자유, 정의, 국가, 정치적 사회화, 왕정, 시민, 평등, 정치적 자유, 정치 참여, 사회주의, 인권 군사력 등을 들 수 있다.

5. 정치교육의 초점

일반적으로 정치 교육은 민주적인 교육이념과 교육 방법을 토대로 한다. 민주 교육은 민주사회의 일원으로서 지녀야 할 자질과 소양을 함양하는데 초점을 맞춘다.

한국 교육에서는 이른바 민주 교육을 실시해 오고 있다. 민주주의를 배우고, 민주적으로 생활하며, 민주적인 태도를 함양하는 것이 교육의 목적이기도 하다.

민주주의는 지식수준에서만 접근하는 것이 아니며, 인간의 존엄성을 깨닫고 실천하는 과정이 중요하다. 따라서 교육 활동은 인간의 존엄성을 구현하는 합리적인 정신과 사고방식, 태도, 가치관을 습득하는 과정이다.

정치 교육은 사회질서와 정치체제 유지 및 안정을 위한 국민적 지지를 형성하기 위한 교육이다. 아울러 정치 교육은 정치체제의 가치관과 규범을 구성원이 내면화하는 과정 혹은 정치체제의 규범과 가치관을 한 세대에서 다음 세대로 전승해 가는 과정을 의미한다.

유념해야 할 점은 정치 교육이 단순하게 정치학을 가르치는 교육이 아니라는 점이다. 정치 교육이 곧 정치학 교육이 아닌 것이다. 인간의 존엄성을 구현하는 정치 교육은 정치학의 지식 습득과 완전히 동일한 것은 아니다. 그럼에도 불구하고 과거에는 정치학의 지식을 두 내용으로 하여 정치 교육을 실시하여 왔다. 이러한 현상은 교과 중심 교육과정에 근거하여 교육 활동이 전개되었을 때 현저히 나타난 현상이다. 오늘날의 정치 교육은 정치학 지식 자체를 종전처럼 크게 중시하지는 않는다. 오히려, 정치학적인 시각과 안목에서 정치학의 연구 방법을 활용하여 지식을 탐구하는 교육 활동을 강조한다. 아울러 공동생활을 영위하는데 요구되는 정치 교육에서의 합리적인 태도, 합리적인 가치관 등을 계발하기 위한 의도적이고 조직적인 교육 활동을 강조하고 있다. 따라서 정치 교육은 인간을 존중하고 합리적으로 생활하는 바람직한 인간 육성을 지향하고 있다.

정치 교육이 효과적으로 이루어지기 위해서는 사회과 교사가 민주적인 교실 분위기를 조성해 주어야 한다. 민주적인 교실 분위기, 허용적인 수업 분위기가 형성되어야 학생들은 주변 문제에 대하여 개방적으로 토론하고 참여하게 된다. 이것이 곧 정치 교육의 출발점이다.

정치 교육에서는 가정, 학교, 사회 및 대중매체가 더 효과적인 기능을 수행한다. 한국에서는 제도권 학교 교육이 정치 교육에 상당히 강력한 영향을 주고 있는 것으로 보이지만, 정확한 정치사회화의 과정을 연구하는 것은 미래의 과제이다. 또 개인과 사회 및 국가와의 관계에서 개인주의적이고 이기적인 태도의 불식과, 도덕과 질서, 그리고 법규범에 대해서는 부정적이고 소극적인 의식을 가지고 있는 사회 병리 현상의 극복 등이 미래 정치 교육의 중요한 과제라고 할 수 있다.

6. 사회과에 적용되는 정치학의 일반화

다른 모든 학문의 경우와 마찬가지로 사회과 교육과정에 영향을 미치는 정치학으로부터 구성된 정치학 내용의 중요한 일반화 예는 다음과 같다.

첫째, 모든 사회는 통치권이라고 부를 수 있는 어떤 종류의 권력구조를 가진다. 그러한 통치권에는 강제적인 힘이 부여된다.

둘째, 안정된 통치권은 사회와 국가의 경제적 발전을 촉진시킨다.

셋째, 모든 사회는 구성원들이 어떻게 함께 어울려 살아갈 것인가에 관련한 정책 또는 법을 만들어 왔다.

넷째, 일정한 사회를 위해 만들어진 결정, 정책, 법은 그 사회의 가치, 신념, 전통을 반영할 뿐만 아니라 그것을 토대로 하고 있다.

다섯째, 역사를 통해 인류 사회는 많은 다양한 통치 체제들을 실험해 왔다.

▌제5장▌ 경제학

1. 경제학의 개념

경제학은 인간의 욕구를 충족시켜 주기 위한 재화 및 용역의 생산, 분배, 교환, 소비 등에 관해 연구하는 학문이다. 경제학은 인간의 의식주 등 삶과 밀접하게 연관되어 있는 사회과학이다. 인간의 의식주와 관련된 핵심 학문이 곧 경제학이다. 일찍이 영국의 시민사회 발달은 자본주의 사회의 발달과 맥을 같이한다. 시민 세력의 핵심은 화폐적 부(富)의 힘이고 그것은 자본의 축적에 기반을 두고 있다. 이와 같은 전형이 가장 발달했던 곳이 영국이고 영국에 대한 시민사회 생성 발전의 과정을 연구하면 할수록 영국이 세계 경제활동의 중심적 역할을 수행했음을 알 수 있다. 그러한 의미에서 시민사회야말로 경제적 측면에서 가장 특출한 사회라고 할 수 있다. 실제로 사회과학으로서의 경제학의 토대는 영국의 스미스(A. Smith), 프랑스의 케네(F. Quesnay) 등에 의해서 성립되었다.

자연법의 기초를 세운 케네의 자유방임 사상은 당시 프랑스의 절대주의가 위기에 직면하고 있음을 직감했기 때문이다. 당시의 지배 계층은 그들의 무기력과 방종, 타락 등을 감싸기 위해서 통제와 간섭을 강화하였다. 지배 계층들이 아래로부터 일어나는 자유로운 활동을 극단적으로 억압했음에도 불구하고 결국 그것은 시한부에 지나지 않는다는 당시의 정세인 자유주의적 힘의 확장이 점차 고조되고 있는 필연성을 강과했기 때문이다.

케네는 이와 같은 현실이 국가가 인위적 정책을 집행함으로써 자연의 질서를 억압했기 때문이라고 보고, 본래 있어야 할 자연의 질서가 바로 경제 질서 이론이라고 주장하였다. 이와 같이 케네가 그의 저서 『경제표(經濟表)』에 경제 이론을 제시하여 경제학이 사회과학으로 출발한 것이다.

1776년 출판된 아담 스미스(A. Smith)의 역저(力著) 『국부론(國富論)』도 사고 과정에 있어서는 케네와 유사하다. 케네가 국가 사회를 인간 유기체처럼 사고한 데 대하여 스미스는 이것을 정밀한 시계(時計)와 비교하여 국가 사회를 하나의 메커니즘(mechanism)으로 이해하였다. 스미스는 국부의 원천을 노동력으로 보았고, 국가는 일체의 국민경제생활을 개인의 자유에 방임해야 함을 주장하였다. 이리하여 개인은 자기가 희망하는 바에 따라 이익을 추구하며, 그 결과 얻어진 최대 이익의 총화에 의해서 국가는 최대 이익을 창출한다고 보았다.

이와 같은 점에서 케네와 스미스는 새로운 경제생활 속에서 자연의 질서를 내세웠다는 점에서 일맥상통한다. 즉, 자연의 질서는 자연법칙이고 사회법칙이며 경제법칙으로 연계할 수 있는 것이다. 이와 같은 자연 질서의 실현을 위해서 일체의 보호와 간섭과 특권이 배제되어야 한다는 결론에 도달한 것이 바로 시민사회의 사회과학으로서의 경제학의 탄생인 것이다.

경제사회는 물질적 부(富)에 관계되는 사회이다. 부의 가치는 화폐로 계량될 수 있고, 부와 부의 교환은 화폐를 매개로 하여 이루어진다. 경제라는 세계처럼 정확하고 엄밀한 법칙이 존재하는 세계는 없다. 케네와 스미스 등에 의하면, 이와 같은 경제법칙의 작용은 모든 사람들이 자유로운 경쟁 속에서 자연적으로 이루어지는 것이다. 자유 경쟁은 장녀적인 시민의 조화와 국가 사회의 번영을 가져다주는 자연적 자유의 체제인 것이다. 스미스와 같은 자유주의적 입장에서는 중상주의(重商主義) 정책의 반대 방향을 취하는 경제정책이 국민경제의 증진을 도모하는 방도로 이해되었던 것이다.

결국, 자연으로부터 부여된 숭고한 개인의 자유를 존중해야 하고, 따라서 개인의 이익 추구를 방임하는 것을 개인의 집합체인 사회, 국가의 부와 복지를 증진하는 근원으로 보는 것이 경제학 이론의 핵심인 것이다.

2. 경제학의 특징

경제학은 시민사회를 분석하고 해부하는 과학으로서 성립되었다. 시민사회에 있어서 시민 정신의 담당자와 시민 세력의 핵심은 자본가 계층에 의한 화폐적 부의 힘, 즉 자본의 축적에 있었다. 따라서 국가·사회의 힘이 유지되기 위해서는 부(富)의 생산과 재생산을 따지지 않으면 안 된다. 이것은 곧 시민사회의 근본적인 역량을 해부하는 것이고, 경제학의 성리 동기인 것이다.

인간의 생활에서 물질적인 부분이 차지하는 중요성을 생각할 때 경제학은 민주적인 시민교육을 위해서 빼놓을 수 없는 부분이다. 우선 경제학의 의미와 성격을 살펴보고, 다음에 주요 이론과 개념, 일반화 등을 고찰하고자 한다.

"사람은 빵만으로 살 수 없다."는 말이 있는 것처럼 재화와 용역을 생산하고 소비해야 살 수 있다. 그러나 이 중요한 문제는 그렇게 간단하게 해결되지 않는다. 물건을 가지고 싶어 하는 사람의 욕망은 끝이 없지만, 물자의 존재는 한계가 있어 유한하기 때문이다. 또 이러한 한계 안에서 생산을 한다 해도, 생산을 하기 위한 원료가 있어야 하고, 최소의 비용을 들여 최대의 효과를 얻어야 하며, 생산을 한 후에는 가장 합리적으로 소비를 해야 한다. 생산에 참가한 사람들에게는 그 기여도에 따라서 공정하게 분배가 돌아가야 사람들의 불평이 없어지는 것과 같은 복잡한 문제가 관련되어 있다. 이처럼 사람이 물자를 생산, 소비, 분배하는 것은 경제라고 하고, 이러한 현상을 연구하는 것을 경제학이라고 한다.

경제학적인 관점에서 볼 때 가장 중요한 것은 인간의 무한한 욕망과 자원의 희소성 문제이다. 만약 인간의 욕망이 한계가 있거나 자원이 무한하게 존재한다면 경제학적인 문제는 완전히 달라졌을 것이다. 이처럼 무한한 욕망과 유한한 자원의 희소성 때문에 어떻게 해서 합리적으로 욕망을 만족시킬 수 있는가 하는 것이 경제학의 가장 큰 관심이 것이다. 무엇을 어떻게 얼마큼 생산하며, 누구에게 무엇을 얼마큼 분배할 것인가의 문제가 모두 이러한 관점에서 근본적으로 제기되는 것이다. 또 소비의 문제에 있어서도 유한한 재화를 가지고 소비를 해야 하기 때문에 가장 만족도가 큰 방법으로 소비를 하지 않을 수 없게 된다. 인간의 경제활동을 자유스럽게 두는 것이 좋은가 아니면 계획적으로 통제하는 것이 좋은가의 문제도 궁극적으로는 이러한 경제 현상의 특수성과 관련되어 있는 것이라고 볼 수 있다. 이 점은 경제교육에서 계속적으로 유의해야 할 부분이 될 것이다.

그러나 인간의 다른 생활 부분은 반드시 이러한 경제적인 현상과 조화로운 것은 아니다. 때로는 물질적인 희생이 있더라도 인간의 사랑이나 다른 정신적 가치를 선택해야 하는 경우도 생겨나게 된다. 여기에서 경제적인 가치와 다른 인간의 정신적 가치가 충돌하게 되는 사회문제를 발생하게 되기도 한다. 최근에 크게 대두되고 있는 경제 윤리의 문제도 이러한 것을 반영하고 있는 것으로 볼 수 있다.

3. 경제학의 연구 대상과 이론

경제학의 주요 이론은 여러 가지로 구분할 수 있지만, 여기에서는 크게 봐 경제 현상 연구에 있어서 가치판단의 여부, 연구 대상의 유무, 경제주체에 대한 자유의 허용 정도 등에 따라서 살펴보고자 한다.

첫째, 경제 현상 연구에 있어서 가치판단의 개입을 연구 대상으로 하느냐 또는 경험적 현상 그 자체를 연구 대상으로 하느냐에 따라서 분류할 때 실증경제학과 규범경제학의 두 가지로 나누어 볼 수 있다. 실증경제학(positive economics)은 흔히 경제분석(economic analysis)이라고도 하는데, 경제 현상을 있는 그대로 분석하는 것으로서 경제 현상과 관련된 변인들 사이의 인과관계를 발견하여 경제 법칙을 정립하는 것이 그 목적이라고 하겠다. 그리고 있어야 할 당위적인 경제 현상과는 관계가 없다. 이에 비하여 규범경제학(normative economics)은 경제 현상이 나아가야 할 방향과 있어야 할 당위적인 경제 현상, 경제 윤리, 경제정책 등을 연구의 대상으로 하는 것이다. 과학으로서의 경제학 연구는 당연히 실증경제학이 할 일이며, 경제 현상의 법칙 발견으로 인류의 경제생활에 공헌할 일이 크게 기대된다. 그러나 경제 윤리나 경제정책 역시 최근에 그 중요성이 점증하고 있다.

둘째, 연구 대상의 규모로 볼 때 미시경제학과 거시경제학으로 나눌 수 있다. 미시경제학(micro economics)은 가게, 기업, 정부 등 경제활동의 한 단위를 대상으로 하여 경제활동을 연구하는 경제학이다. 이러한 경제활동의 단위들은 경제활동에서 중요하기 때문에 이들 단위를 중심으로 한 생산, 교환, 분배 등의 연구는 경제학의 기초적인 연구가 된다. 1776년 아담 스미스가 『국부론』을 저술한 이래 미시경제학은 경제학 연구의 대명사처럼 되어 왔다. 그러나 자유경쟁의 부작용이 심각해지면서 국민경제 전체를 대상으로 연구하려는 움직임이 나오면서 거시경제학이 나타났다. 거시경제학(macro economics)은 하나의 경제 단위를 중심으로 연구하는 것이 아니라 하나의 국가 안에서 국민 전체를 대상으로 하여 경제의 흐름을 종합적으로 연구하는 경제학의 이론이다. 1940년대에 미국의 경제학자 케인즈에 의하여 주장되기 시작하였으며, 주로 국민소득을 분석하는 것을 중심으로 한다. 오늘날 경제의 이론은 미시경제학이나 거시경제학 어느 하나만을 선택하고 다른 것을 버리는 것이 아니라 양쪽의 연구를 모두 필요로 하며, 서로 보완하면서 이론을 구성하고 있다.

셋째, 경제주체의 자유의 허용 정도에서 보면 시장경제. 계획경제, 혼합경제 등으로 나누어 볼 수 있다. 시장경제(market economy)는 위에서 언급한 아담 스미스의 국부론에 의하여 처음 시작되었다고 볼 수 있으며, 경제주체의 자유로운 활동을 보장하고, 시장가격이 '보이지 않는 손'의 역할을 하여 생산과 소비, 수요와 공급을 조절하여 경제 질서가 자연적으로 형성된다는 이론이다. 이에 비해 1917년의 러시아혁명과 함께 국가의 철저한 계획에 의하여 생산, 소비, 분배 등 모든 경제활동을 통제하는 사회주의 경제가 나타났는데, 이것이 계획경제(planning economy)이다. 한편 자유주의 사회에서도 1920년대 세계적인 경제공황으로 시장경제에서의 가격의 조절기능이 수행되지 못하자 국가가 경제활동에 간섭하게 되었다. 이러한 모형은 자유로운 시장경제를 기초로 하면서 국민 전체의 안정적인 경제생활을 위해 국가의 기간산업이나 대기업의 독점 등 중요한 부분에만 국가가 간섭하게 되었는데, 이러한 것을 혼합경제(mixed economy)라고 한다. 오늘날 대부분의 세계 국가들은 혼합경제체제를 취하고 있다.

4. 경제학의 주요 개념

경제학의 주요 개념으로는 희소성, 생산, 교역, 분배, 분업, 소비, 저축, 재화, 용역, 경제적 욕망, 시장, 은행, 기회비용, 화폐, 세금, 실업, 경제체제, 수입, 기업, 자본, 독점, 이윤, 경제 제도, 소득, 국민소득, 성장과 계획, 인플레이션, 경제 공황 등이 있다.

5. 경제교육의 초점

경제교육은 경제와 관련된 기본 개념을 이해하는 것과 문제 해결력, 탐구 능력, 분석 능력, 해석 및 비교 능력 등 경제적 사고력과 관련된 기능의 습득 등의 요소로 구성된다. 이와 같은 요소들을 익히게 되면 학생들은 미래 경제활동 영역에서 경제활동자로서 자신이 해결해야 할 개인적·사회적 문제에 대한 경제적 사고력을 신장하게 된다.

인간의 삶과 직결되는 경제생활에 대한 이해는 유능한 시민성 함양의 필수적 요건이다. 경제생활을 이해하지 않고서는 다른 사람과 원만한 상호 작용, 상호 관계를 수립하기 어렵고, 자신이 생활하고 있는 사회의 발전을 위해서도 부여된 소임을 다할 수 없기 때문이다. 따라서 경제생활의 원리를 이해하도록 하는 것이 바람직한 민주시민을 육성하기 위한 경제교육의 목표인 동시에 지향점이기도 하다.

경제정책 입안자를 비롯한 모든 국민들이 자신과 사회, 양자(兩者)의 이익을 위하여 갖고 있는 지식을 활용하여 경제의 실상을 이해, 평가하고 합리적인 의사 결정을 하여 국민경제의 여러 문제에 공동으로 대처하여야 하는데, 이렇게 하려면 경제의 주요 개념과 원리를 자세하게 이해하여야 한다. 이는 학교 경제교육의 필요성이며, 경제교육을 하는 이유이기도 하다.

특히, 21세기인 2000년대에 들어서서 우리나라는 IMF 경제 위기, 고유가 문제, 실업자 문제, 고물가 문제, 소득의 불균형, 생활수준의 양극화 문제 등 여러 가지 경제문제로 말미암아 생활에 큰 어려움이 있다. 이와 같은 실생활에서의 경제문제들은 정책 결정자, 경제 전문가 등의 의사 결정만으로 해결이 곤란하다. 경제 주체인 국민 모두의 경제에 대한 이해와 협력, 동참이 필수적인 것이다. 그러므로 국민 각자가 경제체제를 정확하게 이해하고 경제제도의 본질을 명확하게 파악하는 것이 중요하다. 학생들이 현재는 소비자이지만, 장래에는 경제생활의 모든 영역에서 경제활동의 주체들이기 때문에 경제교육 프로그램에 의한 내실 있는 경제교육이 초·중·고교에서 이루어져야 하는 것이다. 경제학은 의식주 등 인간의 삶에 대한 본질적인 내용이며, 경제교육은 이러한 경제학을 교과 내용학으로 하여 합리적인 경제생활 영위자, 바람직한 민주시민을 육성하기 위한 사회과 교육의 세부 교육으로서 중요한 의의를 갖는 것이다.

1. 사회학의 개념

우리가 사는 사회는 인간과 인간이 모여서 이루어진 집합체이다. 사회과학과 사회학은 모두 사회를 연구 대상으로 한다. 일반적으로 사회과학이 사회현상의 일반을 탐구하는 과학이라고 한다면, 사회학과 어떻게 다른지가 관건이 된다. 즉, 사회과학의 연구 대상인 '사회'와 사회학의 연구 대상인 '사회'가 어떻게 다른지가 초점이 된다.

사회과학은 과학이란 체계를 생명으로 하고 있는 이상, 그 학문적 성격에 대해서 피상적인 연구가 진행되면 잡다한 지식이 의미 없이 축적될 뿐이고, 지식의 체계적인 집대성으로서의 과학은 발전할 수 없다. 사회학에 있어서도 그 학문적 성격의 구명은 최소한의 전제가 되지 않으면 안 되는데 문제는 그것이 매우 곤란하므로, 다른 과학 이상으로 중요하게 다루어져야 한다. 그런 의미에서 사회학은 사회과학을 이루는 중심 학문 중의 하나인 것이다.

사회학은 사회의 구조, 집단, 제도, 문화 등을 연구하는 학문으로 주로 개인과 집단의 행동에 영향을 미치는 다양한 사회적, 문화적 현상에 초점을 맞춘다. 사회학은 인간의 사회적 공동생활을 연구하는 과학이다. 사회학은 인간의 사회적 공동생활을 공통분모로 하여 정치, 경제, 사회, 법, 종교, 교육 등 다양한 사회적 현실과 현상을 실질적 내용과의 관련 위에서 연구하는 과학이다. 사회학 이외의 사회과학은 그 인식의 초점이 사회현상의 어느 한 측면에 주어지고, 그것이 다음으로 전체로 확대되어 가지만, 사회학은 처음부터 전체적인 면에서 출발하여 특수적 면과의 관련성을 갖는 일종의 입체적 관련성 밑에서 사회 연구를 추구해 가는 학문이다.

정치학, 경제학, 문화인류학 등의 독립적인 특수 과학만으로는 처리될 수 없는 사회현상이 무수히 존재한다는 점에서 이와 같은 개별 과학만으로는 어느 사회현상의 본질을 완전히 구명하기가 어렵게 된다. 여기에 인간 사회의 공동생활의 전반적인 인식체로서 사회학의 방법론적 기초 위에서 다른 개별 과학의 연구가 다루어져야 한다.

결국, 사회의 제 현상은 정치, 경제, 법, 종교, 교육 등 기능 분야별로 생겨나지만, 실제로는 이것들의 기능 분야는 구분이 명확하게 갈라지는 것이 아니라, 서로가 상대적 자율성을 가지면서 불가분의 관계로 연계되고 침투된다. 어디서 어디까지가 정치 현상이고, 경제 현상인지 그 경계가 명확하지 않은 것이다. 사회현상의 상호 관련성을 전제로 하여 공통으로 나타나는 집단, 조직, 제도 등에 초점을 맞추어 인간과 사회와의 관계라는 관점으로부터 사회현상을 바르게 인식하는 것이 사회학의 특성이라고 할 수 있다.

2. 사회학의 특징

　시민사회는 초기에 당초 생각했던 것과 같이 반드시 선(善)도 아니고 합리적인 것도 아니었다. 시민사회가 내포하는 불합리성과 모순(矛盾)의 발전은 많은 사회학자들에게 반성의 기회를 제공하였다. 프랑스혁명 후, 영국 산업혁명의 여파가 겹친 불안과 혼란 속에서 사회 재조직에의 요구에 응하여 콩트(A. Comte)가 사회학을 성립한 것은 이와 같은 역사적·사회적 반성에 기인한 것이다. 이것은 당시 사회 현실에 대한 반항이기도 하였다는 점에서 브링크만(C. Brinkmann)이 사회학을 반대 과학(Opposition Swissenschaft)이라고 명명한 점도 유념할 필요가 있다.

　사회 사상(社會 事象)을 내용으로 하는 사회과에서는 사회학의 내용이 중요한 위치를 차지한다. 사회학은 19세기 중엽에 콩트(A. Comte)에 의해서 사회학이라는 이름으로 명명되어 출발하였다. 그후 스펜서, 뒤르켐, 만하임 등에 의해서 발달하였고, 파슨스와 머튼 등 미국의 사회학자에 의해서 크게 발전하였다. 사회학은 처음 인간의 사회를 개선해야 한다는 도덕적인 신념에 의해서 출발하였다. 오늘날 사회학은 인간의 집단생활에 관한 체계적인 연구라고 정의되고 있다. 사람은 언제나 가족, 촌락, 국가 등 집단의 한 구성원으로서 생활해 오며, 혼자서 사는 경우는 극히 예외적이다. 이렇게 볼 때 인간의 집단생활에 관한 연구는 인간의 가장 본질적인 연구의 하나라고 하겠다. 19세기 중엽 프랑스의 사회철학자 콩트(A. Comte)는 인간의 집단이라는 뜻을 가진 'socius'라는 라틴말과 연구를 의미하는 'logos'라는 라틴말을 합쳐서 사회학, 즉 'sociology'라는 말을 처음 사용하였다.

　사회학은 집단과 개인의 관계 또는 집단이 개인에게 주는 영향을 연구하는 것이라고 할 수 있다. 따라서 집단과 관계가 없는 순수한 개인의 행동은 사회학적인 연구의 대상이라고 하기보다는 오히려 심리학의 연구 대상이라고 하겠다. 또 최근의 사회학은 과학적인 연구를 특징으로 하기 때문에 경험적인 자료를 분석하여 연구하는 것을 주로 하고 있다. 통계적인 분석 방법이 매우 정교하게 발달하여 사회학의 중요한 연구 방법이 되고 있으나, 최근에는 면접과 참여관찰 등 질적인 연구 방법에 대한 관심이 많아지고 있다. 사회학적인 연구는 집단에 관한 연구이기 때문에 집단이 어떻게 변할 것인가를 예측할 수 있지만, 어떤 특수한 개인이 어떻게 될 것인가를 예측하는 것은 아니다. 예컨대 대도시에는 범죄가 많다는 것을 연구의 결과로 알 수 있지만, 어떤 특수한 개인이 어떤 범죄에 빠지게 될 것인가를 밝혀 주지는 않는다.

3. 사회학의 주요 이론

　최근에 사회학의 이론은 크게 보아 대개 기능주의 이론, 갈등론, 해석학적 이론 등 셋으로 나누는 것이 보통이다. 여기서는 이들 이론을 상세하게 서술할 수가 없기 때문에 간략하게 소개하고자 한다. 기능주의(functionalism)는 사회를 구성하고 있는 요소들의 기능과 역할을 중심으로 사회를 보는 관점이다. 각 요소들이 기능을 최대로 수행할 때 그 체제는 균형 상태에 있다고 보며, 최적의 상태로 규정한다. 균형 상태를 이상적인 것으로 생각하기 때문에 보수적이라는 비판을 받지만, 과학적이고 실증적인 연구 방법을 수반하기 때문에 사회학의 주류적인 위치를 점유해 오고 있다. 프랑스의 사회학자 뒤르켐은 기능주의의 대표적인 학자이며, 1970년대에는 파슨스 등 미국의 사회학자가 이러한 입장에서 사회학을 발전시켰다. 이에 비하여 갈등론(conflict theory)은 변화하는 상황을 인간 사회의 자연적인 현상으로 보며, 사회를 구성하고 있는 요소들 사이의 갈등을 중심으로 사회를 보는 관점이다. 기능주의가 소홀히 한 사회적 갈등을 중요시한 공로가 있으나, 사회 전체의 안정을 소홀히 하는 결함이 있다. 마르크스주의는 대표적인 갈등론이며, 그 이외에도 재생산이론, 저항이론 등 신마르크스적인 입장에 있는 다양한 갈등론이 있다.

해석학적 이론(interpretive theory)은 이들과 입장을 달리한다. 기능주의와 갈등론이 모두 거시적인 구조적 결정론적인 입장인 데 비하여, 해석학적 이론은 행위자의 주관적 의미와 창조적 행위를 중요시하는 입장이다. 인간은 환경의 구조적 영향을 받지만, 그러한 환경 속에서 역사를 창조하는 주체적인 의지를 가지고 있다고 보며, 따라서 이러한 주관적인 의미가 중요하다고 주장한다. 인간의 주체적 정신을 중요시한 것은 바람직하지만 환경과 구조를 소홀히 하는 잘못에 빠진다는 비판을 받는다. 해석학적 이론은 미시적이며, 통계적인 분석보다는 면접, 참여관찰 등 질적인 연구 방법을 주로 사용한다. 1970년대의 영국의 신교육사회학자들이 이러한 방법을 주로 주장하였다.

4. 사회학의 주요 개념

사회학의 주요 개념으로는 인간 집단, 제도, 사회화, 역할, 가족, 사회적 지위, 사회조직(체계), 사회계급과 사회계층, 인구, 상호 작용, 규범, 지역사회, 출생률과 사망률, 사회운동, 사회 이동, 기능, 사회, 가치, 구조, 사회질서, 일탈(逸脫), 문화 등을 들 수 있다.

5. 사회교육의 초점

인간의 활동은 주로 사회적 활동이다. 한 인간이 타인과의 관계로부터 완전하게 고립되어 있다는 사실을 가정하기는 어렵다. 사실 인간의 행동은 타인과 전혀 무관하게 이루어지는 경우는 매우 드물다. 실제 인간 행동의 대부분은 다른 사람과의 상호 작용 속에서 이루어진다. 대다수 사람들은 가정, 학교, 조직, 사회, 국가 등 다양한 조직체를 이루며 생활하고 있다. 사회교육은 사회상을 반성적으로 탐구하고 비판적으로 분석하여, 주체적이고 능동적으로 참여하는 민주시민의 자질을 육성하기 위한 교육으로, 인간의 사회적 행동과 문화의 특성 및 여러 사회문제 등으로 내용이 구성된다.

이와 같이 다른 사람과의 관계 속에서 살아가는 인간이 행동할 때에는 그저 되는 대로 마음대로 행동하는 것이 아니다. 개인은 자신의 행위에 대하여 다른 사람들의 긍정, 부정, 동의, 반대, 협력,

배척 등 다양한 방식으로 반응할 것이라고 예측하고, 그 반응을 예측한 바에 따라 행동을 하게 마련이다. 물론, 일상적인 생활에서는 그렇게 구체적으로 예측하지 않고 상호 작용이 순조롭게 이루어진다. 하지만 이와 같은 경우는 쌍방이 서로 상대방이 어떻게 반응할 것인가를 이미 인지하고 있기 때문에 가능하다. 사회교육은 이와 같이 사람과 사람 간의 상호 작용을 가르치는 교육 활동이다.

이와 같이 인간의 상호 작용 행동을 이해하도록 하는 것이 사회교육의 핵심이다. 사회교육의 핵심인 인간의 행동은 경험뿐만 아니라, 내적 동기, 태도, 관심, 감정, 가치, 신념 등을 포함한 인간의 태도 전반을 의미한다. 인간의 행태에 대하여 객관적으로 설명하려고 하는 학문적 경향을 행동과학이라고 하는데, 사회교육은 바로 이러한 학문적 특성에 근거하여 이루어지는 행동과학 중심의 교육이다. 즉, 사회교육과 문화인류학에 대한 교육인 사회 문화 교육은 인지적 방법에 의한 정의적 목표를 달성하려는 교육인 것이다.

6. 사회과에 적용되는 사회학의 일반화

사회학에서의 강조점을 중심으로 성립된 개념으로 사회과의 내용을 구성하는데 사용할 수 있는 사회학적 개념의 대표적인 일반화의 예를 제시하면 다음과 같다.

첫째, 가족은 모든 문화에서 가장 기초적인 사회단위이고, 한 문화 내에서 가장 근본적이고 필수적인 학습의 근원자(소재)이다.

둘째, 비록 계층구분의 기준과 계층구조의 견고성 정도가 다양하긴 하지만, 사회계층은 모든 사회에서 항상 존재한다.

셋째, 어떤 사회라도 그 사회 안에서의 개인과 단체의 행동을 일정한 방향으로 이끌기 위해 역할이나 규범, 가치, 강제라고 하는 제도를 가지게 된다.

넷째, 모든 사회는 사회통제 체제를 개발한다. 개인의 자유와 사회의 통제라는 두가지 가치를 함께 추구하는 사회에서는 종종 분쟁이 발생한다.

다섯째, 사람이 자라나고 생활하는 사회적인 환경은 그 사람의 성장과 개인적인 발전에 깊은 영향을 준다.

▌제7장▌ 문화인류학

1. 문화인류학의 개념

문화인류학(cultural anthropology)은 인류학(anthropology)의 한 분야이다. 인류학은 말 그대로 인간에 대한 학문이다. 문화인류학은 문화를 주요 연구 대상으로 파악한다. 그러므로 인류학자들은 언어, 음악, 미술, 문학, 종교, 법 등과 같은 관점에서 인간을 파악하려 한다. 인간의 행동은 자고로 모든 사회과학의 연구 대상이 되고 있는데, 특히 문화인류학은 특히 민족의 행동과 민족 구성원들의 신체적 특성에 초점을 맞춘다. 문화인류학이 인간의 생물학적 특성 간의 관계에 관심을 갖고 있는 것은 타 학문에 비하여 문화인류학만이 갖고 있는 두드러진 특징 중의 하나이다. 인간에게서 나타나는 보호 양육 기간의 장기성, 두 발로 직립하여 생활하는 능력, 용적이 큰 뇌, 상징화의 능력 등의 특성이 인간의 문화 창조와 습득을 가능하게 한 생물학적 특성이다.

문화인류학을 이루고 있는 모든 개념, 일반화, 이론 등은 인류학자들만이 문화라고 부르는 인간의 활동, 가공물, 신념 체계와 관련되어 있다. 실제 문화는 인간에게서만 나타나는 독특한 특성이다. 많은 동물들이 사회적이고 무리를 지어 살고 있지만, 문화를 갖고 있는 것은 아니며, 인간만이 문화를 창조하는 유일한 존재인 것이다. 문화라는 개념에 관심을 집중하고 그 문화를 총체적인 방법에 의하여 연구한다는 점 또한 문화인류학을 다른 행동과학과 구별 짓는 특징 중의 하나이다. 문화인류학자는 문화를 어느 한 사회를 연구할 때, 사회의 한 면에만 관심을 갖는 다른 사회과학자들과는 달리 기술, 언어, 역사, 종교 등 그 사회의 모든 면에 관련된 자료를 수집한다. 문화인류학자가 어느 한 사회의 혼인과 같은 문화 복합에 관한 타당한 일반화를 도출하려고 하는 경우, 그는 그 사회의 다른 모든 제도에 대해서 능통해야 하는 것이다.

문화인류학은 다른 행동과학들과 마찬가지로 일반화를 도출하는 학문이다. 그런데 문화인류학에서는 일반화를 도출하기 위하여 자연과학적인 방법을 활용하기는 하지만 자료를 해석하는 과정에서 유추와 문화 간 비교 방법을 두루 활용한다는 점에서 구별된다. 문화인류학적 탐구는 인간 행동의 다양성과 차이를 설명하는 것을 목적으로 하고 있기 때문에 인간 행동 차이의 우열을 평가하기 위한 보편성을 띤 도식을 강조하지 않는다. 인류학적인 탐구 방법의 특징은 유추와 문화 간 비교를 통하여 일반화를 도출하려고 하는 점, 그리고 이를 위한 자료의 수집 방법이 핵심이다.

2. 문화인류학의 특징

사회학이 인간의 집단생활인 사회에 관한 연구인 것처럼 인류학은 인간에 관한 연구이다. 사회문화 현상은 우리의 생활에서 중요한 부분을 차지하고 있고, 문화에 관한 연구 분야가 바로 문화인류학이기 때문이다. 인간에 관한 연구는 많은 사회과학에서 이루어지고 있지만, 인류학은 인간을 전체로 하여 연구 대상으로 하고, 인간의 문화와 인간의 신체적 특징을 연구의 대상으로 한다는 점에서 인간의 심리를 연구하는 심리학이나 집단을 연구하는 사회학과 다르다. 인간의 신체적 특징을 주로 연구하는 분야를 체질 인류학(physical anthropology), 문화의 생성, 발전, 전파, 변동 등을 연구하는 분야를 문화인류학(cultural anthropology), 한 민족을 단위로 하여 문화를 연구하는 분야를 문화기술학(ethnography), 과거의 인간과 문화를 연구하는 분야를 고고학(archeology)이라고 한다.

문화인류학은 인간의 문화를 총체적으로 관련하여 연구한다는 특징을 갖는다. 예컨대, 결혼이나 청소년문화 등을 연구한다고 할 때, 그것만을 떼어 내서 연구하는 것이 아니라 그것들을 다른 전체와의 연관 속에서 연구한다는 것이다. 그러기 때문에 부분적이고 독립적으로 연구하는 경우보다 더 심층적으로 이해할 수 있는 장점이 있다. 또 어떤 법칙을 발견하려고 하는 과학적인 연구보다도 있는 현상의 서술과 역사적인 발전, 비교연구 등에 가장 큰 관심이 있다. 그러나 일부의 인류학자들은 법칙의 발견에 관심이 있으며, 최근에는 많은 일반화를 시도하여 학교의 인류학 교육에 기여하고 있다. 이러한 인류학의 성격 때문에 어떤 사회과학자들은 인류학의 연구에서는 주관적인 부분이 많아서 객관적인 연구가 되지 못한다고 비판하고 있다.

또 많은 문화인류학자들은 원시사회에 대한 관심이 많아서 그들의 인류학에 관한 가설을 주로 인디언 사회와 아프리카, 남태평양 등의 원시사회를 대상으로 하여 연구하는 특징을 보였다. 그러나 최근의 문화인류학자들은 쓰레기와 도시생활, 환경문제, 청소년문제, 교육문제 등 현대사회를 대상으로 하여 문제를 연구함으로써 지금까지의 경향과는 다른 현상을 보여 주기도 한다. 그리고 인류학의 연구 방법은 많은 표집을 통하여 자료를 수집하고 이들 자료를 통계학적으로 분석하는 수량적인 방법보다 참여관찰과 면접을 통하여 연구하는 특징을 가지고 있다. 이러한 연구 방법은 일반화하는데는 약점이 있지만, 문화 현상을 심층적으로 이해할 수 있는 장점을 가지고 있다.

3. 문화인류학의 주요 이론

테일러(E. B. Taylor)와 모르건(L. H. Morgan) 등 초기의 인류학자들은 문화의 발전을 진화론(evolutionism)으로 설명했는데, 이들은 문화는 단계적으로, 그리고 직선적으로 발전하고, 서구의 여러 나라들은 최고의 발전단계에 와 있다고 설명했다. 이에 비하여 보즈(F. Boas)와 같은 역사학파(historicism)는 문화는 일반적인 법칙으로 설명할 것이 아니고, 구체적인 역사적 현실을 중심으로 설명해야 한다고 함으로써 문화의 특수성, 구체성, 역사성 등을 강조했다. 전파주의(diffusionism)는 문화는 유럽과 북아프리카 등 세계의 몇 군데서 생성되어 다른 곳으로 전파되어 가는 것이라고 주장했으며, 마리노브스키(B. Malinowski)와 래드클리프 브라운(A. R. Radcliffe Brown) 등의 기능주의(functionalism)는 문화의 요소들이 수행하는 기능을 중심으로 설명했고, 해리스(M. Harris) 등의 문화적 물질주의(cultural materialism)는 문화발전에서 물질적인 것이 차지하는 중요성을 강조했다.

사회와 문화의 발전에 대해서 이들이 주장하는 것은 제각기 다르지만, 크게 보면 몇 가지로 나누어 볼 수 있다. 문화의 발전이 일정한 법칙에 의해서 일원론적으로 이루어지는 것이냐 아니면 문화마다 다르게 다원적으로 이루어지는 것이냐, 정신적인 것과 물질적인 것 중 어느 것이 중요한가, 또 서구사회 중심인가 비서구사회 중심인가, 사회의 구조나 기능 중심인가 또는 인간의 의식 중심인가 등으로 나누어 볼 수 있다. 어느 하나로 설명하기는 어렵지만, 일원적이고 서구중심적인 이론은 최근에는 비서구중심적이고 다원적인 이론으로 발전해 오고 있다고 볼 수 있다.

4. 문화인류학의 주요 개념

문화인류학의 주요 개념으로는 문화, 대가족, 핵가족, 결혼 습관, 전파, 문화 변동, 전통, 인종, 가치, 언어, 문화적 상대주의, 문화 접변, 문화화(文化化), 의식(儀式), 자민족중심주의(문화절대주의), 문화 유형, 문화 전승 등을 들 수 있다.

5. 문화인류교육의 초점

사회과 교육에서 문화 인류 교육은 사회교육과 밀접하게 연관되어 있다. 실제 문화 인류에 대한 교육은 사회교육과 통합되어 사회 문화 교육으로 이해되고 있기도 하다. 인간이 모여서 사회를 이루고, 인간의 사회생활의 자취와 흔적, 생활 방식과 생활양식이 곧 문화인 것이다.

21세기 세계화 · 정보화 사회를 맞아 문화 교육 내지 문화 인류 교육은 매우 중요한 위치를 차지하게 되었다. 시공을 초월하여 문화 상대주의의 입장에서 우리 문화에 대한 정체성을 확립하고, 세계화 시대를 맞아 지구촌 구성원으로서의 문화인류학적 접근과 탐구가 요구되고 있기 때문이다.

일반적으로 문화 인류 교육은 역사교육, 지리교육, 사회교육 등과 연계하여 실시하는 것이 바람직한데, 사회 발전과 시대 변화에 따라 사회과 교육의 중요한 위치를 차지하게 된 문화 인류 교육의 핵심적 초점을 요약하면 다음과 같다.

첫째, 학교급에 맞는 우리 문화 바로 알기 교육에 초점을 맞추어야 한다. 문화 인류 교육은 문화인류학을 내용학으로 하는 교육 활동이다. 초등학교 수준, 중학교 수준, 고등학교 수준에 알맞게 교재 내용을 재구성하여 문화 인류 교육을 실시하는 것이 우리 문화 바로 알기 교육에 효과적이다.

둘째, 우리 문화의 정체성 확립을 강조하여야 한다. 따라서 문화 상대주의적 입장에서 우리 문화에 대한 탐구적 접근과 함께 우리 문화의 정체성에 대해서 비판적으로 접근하는 안목을 길러야 한다. 과거처럼 무조건 우리 문화가 우수하고, 다른 나라의 문화는 열등하다는 교화적 교육에서 벗어나, 우리나라의 문화와 다른 나라의 문화를 비판적으로 바라보고, 문화란 그 시대, 지역의 가장 일반적인 생활 방식, 생활양식이란 점을 전제하고, 문화 상대주의적 입장에서 접근하는 것이 바람직하다.

셋째, 사회과 제 영역 간 교육의 통합적 접근이 요구되고 있다. 문화 인류 교육도 사회과 교육의 세부 교육 영역이다. 문화인류학의 내용으로 사회과 교육을 시행하는 것이다. 따라서 문화 인류에 대한 교육은 사회과 교육의 관련 교육 영역인 사회교육, 역사교육, 지리교육 등과 유기적인 관련 속에 통합적으로 이루어지는 것이 바람직하다.

넷째, 세계화·정보화 시대를 맞이하여 다문화 이해 교육이 활성화되어야 한다. 전 세계가 지구촌 사회로 되고, 일일 생활권이 형성된 현대사회에서는 문화 상대주의적 입장에서 다른 나라, 다른 나라 사람들을 이해하고 배려하려는 입장에서 다문화 이해 교육이 학교 교육, 사회교육, 평생교육 등을 망라하여 이루어져야 한다.

6. 사회과에 적용되는 문화인류학의 일반화

사회과 교육의 내용을 개발할 때 개념 정립에 활용할 수 있는 문화인류학의 일반화 사례는 다음과 같다.

첫째, 모든 사회는 그들 자신들의 문화라 일컫는 믿음, 지식, 가치, 전통 그리고 기술에 대한 그들 자신만의 어떠한 체제를 형성하고 있다.

둘째, 문화는 사회적으로 습득되는 것이며, 어떤 주어진 사회적 환경 내에서 인간의 행동에 대한 잠재적인 안내자 역할을 수행한다.

셋째, 이 세상 모든 사람들이 심리적으로나 생리적으로 똑같은 필요에 직면하고 있다 하더라도, 이런 필요를 충족하는 방식은 그들 문화에 따라 다르다.

넷째, 한 나라 사람들의 예술, 음악, 건축, 음식, 옷, 스포츠 그리고 그들의 관습은 그 국가적 정체성을 형성하는데 영향을 미친다.

다섯째, 거의 모든 사람들은 그 인종이나 민족적 배경과는 상관없이(불구하고) 어떤 문화를 이루는데 참여하고 기여하는 능력을 지니고 있다.

7. 문화인류교육의 실제

사회과에서 통합적 내용들은 사회 현상의 전체성을 다룬다는 개념에서 볼 때, 다른 어떤 사회과학보다도 문화인류학과 밀접한 관계를 가진다. 사회과의 내용 중 문화인류학을 강조하는 학습에서 활용될 수 있는 활동 사례는 다음과 같다.

첫째, 특정 도구의 사용과 발달 과정을 추적해보기, 생활방식과 도구의 사용을 연관시켜 보기

둘째, 언어와 통신체계의 발달과정을 원시적인 신호와 기호들에서부터 현대의 정보전달 장치에 이르기까지 따라가 보기

셋째, 발명이 문명의 변천을 가져온 방식들을 인지하기

넷째, 학생들로 하여금 그들이 속해 있는 집단(사회)에 참여하여 관찰하게 하기

▌제8장▐ 역사학

1. 역사학의 개념

일반적으로 역사(歷史)란 과거에 일어난 사실과 과거의 사실에 대한 이해의 상태이며 탐구 과정이다. 하지만 과거의 사실이라고 하여 모두 역사적 사실로서의 가치와 의미를 갖는 것은 아니다. 인간이 오랜 역사를 통해서 이룩해 놓은 크고 작은 많은 사실 중에서 중요한 의미와 가치가 부여되었을 때 비로소 사실(historical resources)로서 인정받는 것이다. 역사가가 사실을 선택하는 기준은 시대와 사관에 따라 다르다. 그러므로 역사적 사실과 사관이란 결코 고정불변이 아니며 항상 가변성을 갖는 것이다.

역사학이란 인간이 사회적 존재로서 시간적·공간적으로 이루어지는 발전의 제 사실을 심리적 인과관계와 사회적 가치와 연관되는 인과관계에서 구명(究明)하고 서술하는 독립된 학문이다. 역사학이란 인간이 이룩해 놓은 과거의 사실을 현재성을 생명으로 하여 탐구하는 독립된 학문이다. 역사학을 바탕으로 한 역사의 주요한 개념은 인간과 시간, 그리고 변화를 그 대상으로 하고 있는 것이다.

인간이란 개인적·집단적으로 양자의 상호 작용으로 크고 작은 많은 사실을 이룩해 왔다. 인간이 이룩한 사실이란 고정불변이 아니고 시간의 흐름에 따라 변천, 발전하여 왔다. 이러한 사실은 인문과학, 사회과학, 자연과학 등에 이르기까지 매우 많다. 시간이란 단순한 물리적 시간이나 단절된 시간을 의미하는 것이 아니다. 즉, 인위적인 도막 난 시간이 아니라 비약하거나 역행할 수 있는 현실로서의 시간이며, 연속적인 시간의 흐름을 의미하는 것이다. 변화란 단순한 진보만을 의미하는 것이 아니며, 역사적인 시간의 연속적인 흐름 속에서 변천, 발전하여 온 것을 의미한다. 이러한 점을 전제하면, 역사학은 인간을 시간이란 차원에서 인식하고 있는 학문, 즉 '시간에 대한 인간학'이라고 개념 정의를 할 수 있다.

2. 역사학의 특징

역사란 인간이 살아온 과정이며 흔적이다. 곧 역사란 국가와 인류가 지난 세월 지나온 역정(歷程)인 것이다. 한 나라의 민족의식은 낙후된 상태 속에서 한층 더 강력하게 결집되고 함양된다. 한 민족은 그 자체가 하나의 전체요 하나의 유기체이다. 민족은 민족 독자의 생명을 가진 개체이자 생활체이다. 때문에 하나의 민족은 다른 민족과 대치할 수 없는 역사와 문화를 갖게 된다.

민족을 기반으로 하여 성립한 국가와 국민의 경우에도 마찬가지이다. 19세기의 독일이 정치적·경제적으로 방황하고 있을 때, 독일 국민의 독자적인 존재 방식을 정신적인 면에서 강조하기 위하여 역사적 연구 방법이 고조된 것도 그러한 이유에서이다. 이것은 근대 시민사회에서의 민족적·국가적 경쟁과 대항, 그리고 더 나아가서는 자기반성의 과학으로서의 역사학 성립의 계기가 되었다.

역사학과 지리학과 더불어 사회과의 시민교육에서 가장 오래된 역사와 전통을 가지고 있다. 최초의 사회과 교육 모형인 사회과 출범 당시인 미국의 1916년의 사회과 모형은 실로 역사와 지리 중심의 통합 사회과 교육이었다.

역사는 두 가지의 중요한 의미를 가지고 있다. 첫째는 역사는 실제로 존재했던 인간의 과거 그 자체를 의미한다. 이것은 과거에 일어났던 사건과 인간의 삶의 사실 그 자체를 가리키는 것이다. 둘째는 과거에 있었던 일에 대해서 연구자들이 기록한 기록을 의미한다. 이것은 사람이 기록한 것이기 때문에 실제로 일어났던 일 그 자체와는 다른 것이다. 그리고 이들 두 가지를 연구하는 학문을 역사학이라고 하며, 이러한 것을 연구하는 사람들이 역사학자이다. 때로는 역사는 역사에 대한 연구, 즉 역사학을 가리키기도 한다.

인간은 과거에 있었던 일이 이미 지나가 버렸을 경우에는 그것을 실제로 보거나 경험할 수 있는 사람은 아무도 없다. 따라서 역사는 지난 역사에 대한 연구나 과거에 대해서 서술하거나 기록한 것을 의미하게 된다. 말하자면 역사는 사건이나 사실 그 자체가 아니라 그러한 것에 대해서 기록한 서술이라는 뜻이다. 역사를 이처럼 과거에 대한 역사가의 서술로 생각할 때 거기에는 서술하는 개인들의 의견이나 편견이 들어갈 수 있는 것은 당연한 일이다. 물론 역사가들은 자료를 충분히 수집하고 객관적이고 과학적으로 분석하여 편견이 들어가는 것을 막으려고 노력하지만 과거를 서술에 의해서 재생시키는 것이기 때문에 모든 사람의 서술이 가기는 어려울 것이다.

역사의 서술에서 편견이 불가피하게 들어가게 되는데는 몇 가지 이유가 있다. 먼저 옛날의 선사시대처럼 과거의 기록이 전혀 없는 경우도 있고, 또 있다 해도 불완전하기가 쉽다. 이런 경우에는 서술자의 상상에 의존할 수밖에 없는 것이다 또 남성, 여성, 지배층, 피지배층, 지역적 차이 등에 대해서 사실을 보는 시각이 다를 수 있고, 적대관계를 가지고 투쟁하는 쌍방인 경우, 전쟁의 승리자와 패배자가 보는 사건의 시각 등은 다를 수밖에 없을 것이다. 여성들에 대해서 쓴 과거의 역사와 현재의 역사, 흑인에 대한 백인과 흑인들의 서술, 한국에 대해서 쓴 한국인과 일본인들의 서술에 차이가 있는 것은 모두 이러한 것을 잘 말해 주는 것이다. 따라서 교사들은 역사를 과거의 사건 자체로 보지 말고 과거의 서술로 보아 편견이 있을 수 있다는데에서 학습을 시작해야 할 것이다.

3. 역사학의 주요 이론

역사학은 인문학인가 아니면 사회과학인가에 대한 논쟁이 있다. 역사학은 오랫동안 가설을 검증하거나 법칙에 의해서 미래를 예측하는 과학으로서가 아니라 인간의 과거 역사를 서술하는 '서술로서의 역사'로 발전해 왔다. 여기에는 불가피한 이유가 있다. 즉, 과거의 역사를 연구하는데는 기록이 항상 불충분하기 때문에 서술하는 사람의 상상력에 크게 의존하는 경우가 많기 때문이다. 따라서 역사는 일종의 문학이나 예술이라고 생각되는 경우도 많았다. 지금도 역사학과가 사회과학대학에 소속되지 않고 서울대학교처럼 인문대학에 소속되어 있는 경우가 많다. 그러나 이런 경우 항상 역사서술의 객관성이 문제가 되어 왔다.

19세기 독일의 역사학자 랑케는 역사를 이러한 서술로서의 역사로부터 탈피하여 객관적인 실증의 역사로 연구할 것을 주장하여 실증사학(實證史學)의 길을 여는데 크게 공헌하였다. 실증사학은 역사의 해석을 엄격하게 경험적인 증거에 의한 것으로 제한하려는 것이다. 실증사학은 역사학의 객관성과 학문적 발전에 크게 공헌하였다. 또 1960년대 이후 사회현상의 연구에서 통계적 분석을 시도한 행동과학의 발달에 따라서 과학적인 자료 수집법에 의해서 자료를 수집하고 가설을 설정하여 검증하며, 통계적인 분석을 통하여 일반화를 시도하는 연구 방법도 역사학을 연구하는데 이용되고 있다. 아직은 그렇게 활발하지는 않지만, 이런 경우는 과학으로서의 역사학을 연구하는 것이라고 할 수 있다. 역사학과 사회과학대학에 소속되어 있는 경우는 이러한 경향을 나타내는 것이다.

실증사학 못지않게 마르크스의 유물사관도 영향을 많이 미쳤다. 유물사관은 널리 알려진 것처럼 역사의 발전을 상부구조와 하부구조로 나누어 물질적인 하부구조가 상부구조를 결정한다는 이론이다. 1970년대에도 신마르크스주의 이름으로 정치, 경제, 사회, 문화의 각 영역에서 많은 논쟁을 불러일으켰으나 동구 사회주의권 국가의 몰락으로 유물사관은 그 세력이 약해졌다. 한편 20세기에 와서 역사의 연구에서 과거의 왕조 중심의 연구에서 벗어나 일반 서민들의 사회, 경제생활에 대한 연구가 활발해졌는데, 이것을 흔히 사회문화사의 연구라고 부르고 있다. 우리나라에서도 사회문화사의 연구는 앞으로의 커다란 과제로 제기되고 있다.

우리나라의 역사 연구에서는 식민사학과 민족사학에 대한 논의가 많이 진행되어 왔다. 식민사학은 일본이 한국을 식민지화하면서 한국의 역사는 열등하며 후진적이라고 왜곡한 역사이다. 이러한 식민사학에 대항하기 위하여 민족의 자주독립과 발전을 위하여 역사를 올바르게 연구하고 민족의 정체를 확립하려는 역사 연구가 민족사학이다. 식민사학은 확실히 왜곡된 역사인식으로서 배척되어야 할 역사관이며, 민족사학은 한국의 주체적인 발전을 위하여 바람직한 것이라고 하겠다. 객관적인 자료에 의해서 민족의 역사를 올바르게 연구하는 것이 앞으로의 과제이다.

4. 역사학의 주요 개념

역사학의 주요 개념으로는 시대성, 변천, 갈등, 역사적 편견, 민족, 전쟁, 내란, 조약, 탐험, 문명, 식민주의, 제국주의, 군사 지도자, 정치 지도자, 역사적 사건, 역사적 기록, 혁명과 갈등, 종교적 지도자 등을 들 수 있다.

5. 역사교육의 초점

역사교육은 역사학의 학문적 연구 성과의 바탕 위에서 교육 목적을 달성하고자 하는 교과교육 활동이다. 역사교육은 역사에 중점을 두었을 때와 교육에 중점을 두었을 때의 의미가 자못 다르다. 역사에 중점을 두었을 때의 역사교육이란 역사를 가르치는 역사적 사실의 탐구라는 역사학적 방법론에 바탕으로서의 지식으로서의 역사교육을 의미한다. 반면, 교육에 중점을 두었을 때의 역사교육은 교육 목적을 달성하기 위하여 역사로서 가르치는 교육의 한 분야로 개념 정의를 할 수 있다. 교육의 목적이 개인의 성장과 사회, 국가의 발전에 있다고 할 때, 그러한 교육의 목적을 달성하고자 역사학에서 이루어 놓은 학문적 연구 성과의 바탕 위에서 역사로서 가르치는 교과목으로서의 역사교육인 것이다. 그러므로 역사교육에서는 역사학의 학문적 방법을 원리, 원칙대로 적용한다면, 그것은 참다운 역사교육으로는 부족한 것이다.

현대의 역사교육에서는 역사 연구 방법을 교육 현장에 도입시키려고 노력하는 경향을 보이고 있다. 즉, 역사교육, 역사 학습에 있어서 사료(史料)의 활용을 통한 역사교육 개선을 위한 일선 학교 사회과 교사들의 노력이 활발하게 진행되고 있다. 이러한 측면에서 보면, 역사학과 역사교육은 상호 불가분의 함수 관계에 놓여 있을 뿐만 아니라, 학교 현장의 역사교육이 역사학에 큰 영향을 미칠 것이다. 역사가들에 의해서 창출된 지식과 사실은 역사교육을 통해서 교육에 활용되고, 역사교육 현장에서 일어나는 여러 문제는 역사학에서 문제 해결을 하여 다시 현장 역사교육에 환류(feedback)되어야 바람직한 역사교육이 이루어질 것이다.

6. 역사교육의 일반화

역사교육의 요소는 계층, 인종, 종교, 급진주의자, 그리고 성비구조와 그 관계의 변화 유형, 이민, 이주, 그리고 사회적 이동, 학교교육의 영향, 역사수업에서 나타나는 여성, 소수민족, 그리고 일반사람들의 새로운 두각, 그리고 정치적 힘과 영향력 있는 엘리트들 간의 관계, 다문화(multicultural) 사회의 특징, 조화와 부조화의 영향 등이다. 그런데 이러한 주제들에 스며있는 개념들은 교육과정상의 목표달성을 위해 핵심사상 혹은 주요 일반화를 중심으로 조직되어진다. 다음은 역사영역의 수업을 위한 교육과정에서 쓰이는 주요 일반화의 사례이다.

첫째, 한 국가의 역사는 문화, 전통, 신념, 태도 그리고 사람들의 생활방식과 같은 관계가 있다.

둘째, 사람들은 그들의 환경에 의한 것뿐만 아니라 가치, 관념, 그리고 물려받은 제도에 의해서도 영향을 받는다.

셋째, 많은 문명은 인류사회의 역사에서 때로는 진보(성장)하고 때로는 쇠퇴해 가고 있다 ; 많은 문명을 형성시키는 데 큰 기여를 했다.

넷째, 인류사회에서 모든 변화가 진보적인 것만은 아니라도, 다양한 자극에 대해서 우리가 반응하듯이 인류사회는 변화해왔고, 지금도 변화하고 있다.

다섯째, 현재의 모든 사상(사실과 현상)에 대한 사고와 행동을 이해하는 길은 사회의 역사적 배경으로부터 얻어진다.

■제9장■ 지리학

1. 지리학의 개념

인간은 특정한 장소를 통해서 자신의 생명과 활동을 확인하는 경향에 따라 자신의 삶이 영위되는 장소의 속성에 대한 관심과 함께 영역을 확대하려는 욕망을 갖고 있다. 이 같은 성향은 인간의 기본적 본성과 깊숙하게 관련되어 있는 것으로 지리학에서는 장소감(sence of place)이라고 부른다(서태열, 1993: 47). 이러한 지리적 본성은 발전하여 삶이 영위되는 장소와 지역에 대한 인식을 보다 체계화시키고, 개인적·사회적 삶의 양상에 영향을 미치는 공간에 대한 관심으로 발전한다. 그리고 나아가 자신의 생활 터전인 지표 공간에 대한 의사 결정자로서 자신의 행위를 투영(投影)하게 된다. 이 같은 인식의 전개 과정에 따라 인간은 자연환경의 하위 체제로부터 특정 사회의 공간적 관계에 이르기까지 그 관심의 영역을 확대해 나가게 된다.

인간이 자신의 삶이 영위되는 지역과 장소에 대한 호기심을 갖게 된 데서 지리는 시작되었다. 따라서 고대 그리스 시대에 지리학(geography)이라는 말이 사용되었으며, 그 어원(geographia)에서 보듯이 '토지(geo)'에 관한 모든 것을 '기술한다(graphia)'는 것이 지리학의 초기 기초 개념이었던 것이다. 이것이 한때 과학의 어머니라고 불리게 된 것이며 천문학, 물리학, 지질학 등의 자연과학과 각종 사회과학의 발생을 촉진한 계기가 되었다. 지리학은 이처럼 최고의 오랜 전통에도 불구하고 그 연구 대상이 지나치게 광범위하고 복잡할 뿐만 아니라 한계가 불분명하여 독립적인 학문적 지위를 확보하지 못하다가, 19세기 이후에 비로소 근대 과학의 모습을 갖추게 되었다.

이와 같은 지리학의 학문적 특성과 지리학의 사조와 변천에 따라 지리학의 개념에 대해서 학자들 간, 학파들 간에 서로 다른 의견이 있는 것이 사실이다. 하지만 이들의 견해를 종합하여 보면, 대체로 지리학이란, 지역의 차이에 대한 연구, 공간 조직과 공간 패턴의 규명, 자연환경과 인문환경 간의 상호 작용 등과 같이 몇 가지로 요약할 수 있다. 따라서 지리학은 지역, 공간, 자연이라는 세 가지 핵심 요소 속에서 장소의 연구, 공간의 연구, 환경의 연구라는 핵심 성분으로 구성되어 있다.

지리학의 개념에 대한 정의는 매우 광범위하여 명확히 하기는 어려우나, 지리학에 대한 상이한 정의들을 통하여 최소한의 합의 수준에서 종합적으로 제시하면, '지리학은 이질성이 매우 높은 인문환경·자연현상들이 상호 연관된 통합체로서 지리 공간을 분석, 종합함으로써 인간 생활공간의 세계인 지구(地球)를 바르게 이해하는 학문'이라고 할 수 있다.

2. 지리학의 특징

지리학은 고대 그리스 시대까지 거슬러 올라가는 매우 오래된 전통적 학문이다. 자연과학적인 성격을 가지고 있어 사회과학 중에서는 자연과학에 가장 가깝다고 여겨지며, 인문학과 사회과학의 성격도 가지고 있는 복합성을 지니고 있다. 지리학은 인간이 살고 있는 지구의 지표, 즉 땅, 강, 고원, 계곡, 기후 등과 이러한 환경이 인간의 생활에 어떤 영향을 주었는가를 연구하는 학문이다.

이러한 성격에 따라서 지리학은 그 내용을 몇 가지로 나눌 수 있다. 땅, 기후, 계곡, 지형 등 지구의 자연적인 환경에 대한 연구가 자연지리학(physical geography)이며, 이에 비하여 인간의 생활과 환경과의 관계, 즉 정치, 경제, 문화 등을 지리적 환경과 연결하여 연구하는 것이 문화 지리학(cultural geography) 또는 인문 지리학이다. 정치지리, 경제지리 등이 포함된다. 이들 못지않게 오랜 전통을 가지고 있는 것은 하나의 지역을 중심으로 하여 환경과 문화를 동시에 연구하는 지역연구(area studies), 지도와 지도 작성을 연구하는 지도학(cartography), 지리적 연구를 역사적으로 하는 역사지리학(historical geography), 지리교육(geography education)에 대한 연구 등이 있다.

전통적으로 지리학의 연구는 한 지역을 중심으로 하는 지지(地誌)적인 것이었으나, 1960년대 이후 지리적인 요소와 문화적인 요소 사이에 있는 일반적인 원리와 유형을 발견하려고 하는 사회과학적인 연구가 활발해졌는데, 이들이 계통지리학이다. 사회과학적인 연구는 수량적인 자료를 수집하여 통계적으로 분석하는 방법을 주로 사용하며, 지리교육에서 중요한 일반화의 추출에 많은 공헌을 하고 있다. 그리고 지표와 기후 등에 관한 연구인 자연지리학은 자연과학의 일종이라고 말할 수 있다.

3. 지리학의 주요 이론

지역 연구에서부터 발달해 온 지리학은 일반적인 사회과학적인 이론을 많이 가지고 있지 않은 것으로 지적되고 있으나, 인간의 생활과 지구의 환경에 관하여 매우 중요한 이론들을 최근에 정립해 왔다. 지리학 중에서 주로 도시 지리 등 문화 지리학에서 주로 발달해 온 이론을 몇 가지 제시해 보면 다음과 같다. 이들 중에서 위치이론(location theory)은 인간의 경제활동과 자연환경과의 관계에 관하여 중요한 지식을 제공했는데, 경제발달의 입지조건 등에 관하여 일정한 유형을 제시하고 있다. 이 이론에 의하면 목장, 우유공장, 쇠고기 통조림공장 등은 일정한 지역에 발달하지 않을 수 없으며, 이러한 입지조건을 갖춘 곳이 이들 산업의 중심지가 된다. 이들 이론에 따라서 최적의 경제활동 지역의 모형을 제시할 수 있게 된다.

중심지 이론(central place theory)은 20세기에 와서 대도시가 형성되면서 고속도로망, 도시의 발달과 형성조건, 도심지의 기능 등 주로 도시 지리학의 중요한 이론으로서 발달해 온 것이다. 이 이론은 오늘날의 대도시를 설명하는데 매우 중요한 역할을 하고 있다. 결국 중심지로서의 역할을 수행할 수 있어야 도시가 발달할 수 있으며, 도심지 역시 이러한 기능을 수행하는 것이다. 중심지 이론이 더욱 발달하여 촌락, 소도시, 중도시, 대도시, 거대도시 등이 구조적으로 형성되는데, 이러한 것에 관한 이론이 공간구조 이론(spatial structure theory)이다. 공간구조 이론은 한 지역의 도시와 촌락들이 왜 그런 모양으로 발달해 왔는가를 경험적으로 분석하여 그 인과관계를 과학적으로 설명하고 있다. 이들 이론에 의하면 일정한 지역이 어떤 모습으로 도시화를 이룩할 것인가를 예측하고 있다.

4. 지리학의 주요 개념

지리학의 주요 개념으로는 지도, 토양, 산, 계곡, 위치, 인구, 인구밀도, 습도, 날씨, 거대도시, 공간, 강, 온도, 사막, 호수, 기후, 도시의 내부 구조, 도시의 공간적 유형, 자연환경, 위도와 경도, 문화적 전파, 환경에 대한 지각, 자연과 인간, 지역 등을 들 수 있다.

5. 지리교육의 초점

지리교육은 학교의 사회과 교육에서 지리학적 내용을 교재로 하여 교육목표를 달성하려는 교육활동이다. 지리학과 지리교육은 내용에는 별다른 차이가 없으나, 목적은 출발부터 상이하다. 지리학이 사회과학의 하나로서 개념과 논리적 법칙을 추구하는 것을 목적으로 하는 공간 과학이라고 한다면, 지리교육은 사회, 국가에서 요구하는 바람직한 인간 양성을 목적으로 하는 교과교육 활동인 것이다. 따라서 지리교육은 지리학을 가르치는 것이 아니라, 지리학으로써 가르치는 것인 것이다. 만약 지리교육에서 본연의 교육 목적이 강조되지 않는다면, 학교에서 가르치는 지리는 지리교육이 아니고, 단지 지리학을 전수하는데 그치게 될 것이다. 지리교육은 교육 목적이 강조됨으로써 학문으로서의 지리학과 구별되는 것이다.

다만 지리교육에서 유념해야 될 것은 아무리 지리교육이 지리학과 구별된다고 하더라도 지적 기반을 지리학에 두고 있다는 사실이다. 따라서 지리교육을 명확하게 이해하고, 지리교육을 바르게 수행하기 위해서는 지리학의 가치와 역할, 학문적 속성과 지식 체계, 내용의 지역화와 재구성 등에 대한 인식과 이해가 선행되어야 할 것이다.

모든 교과교육이 다 그러하듯이 지리교육 역시 사회적 산물이며, 사회와 절대 분리될 수 없다는 사실이다. 지리학, 지리교육의 원천, 기반에 사회가 있는 것이다. 지리교육 역시 그 시대의 요청에 따라, 사회적 필요성에 의해서 실시되고, 사회적 요구를 적극 수용하기도 하는 것이다. 특히 지리교육에서는 미래 사회의 주역이 될 학생들에게 사회적 사실의 인식, 공간적 상황에 대한 이해와 탐구 정신을 길러 주는데 주안점을 두어야 할 것이다.

〈표 17〉 사회과학 영역별 핵심 개념과 요소 체계

학문(영역)	핵심 개념	요소 체계
정치학	① 정치권력 ② 정치 과정 ③ 정치 형태 ④ 정치 문화 ⑤ 정치 발전 ⑥ 국제 정치 ⑦ 한국 정치의 특수성	- 사회 통제, 권위, 정당성 - 정치, 집단, 정치적 의사 결정·시행, 정치 기구 - 민주주의와 독재 정치, 정부 형태 - 정치의식, 정치 사회화, 정치 이데올로기 - 정치적 발전 관계, 정치 변혁, 개발도상국의 정치 발전 - 국제 관계의 특질, 국제 정치 체계, 국제 정치 질서 - 분단 상황, 안보, 통일
경제학	① 희소성 ② 시장 ③ 생산 ④ 소비 ⑤ 화폐와 금융 ⑥ 재정 ⑦ 국민소득 ⑧ 경제 변동 ⑨ 국제경제 ⑩ 경제체제	- 희소성, 경제적 선택, 효율성 - 수요, 공급, 가격, 시장 제도의 변천 - 분업과 전문화, 생산의 요소, 요소 가격과 분배, 기업, 산업 - 합리적 소비, 소비 함수 - 화폐, 금융기관, 물가 - 세입과 세출 - 국민소득의 순환, 국민소득의 결정, 국민소득의 배분 - 경기 순환, 경제성장, 경기 대책 - 국제 무역, 경제 협력 - 자본주의 경제체제, 혼합 경제체제, 사회주의 경제체제
사회학	① 사회적 상호 작용 ② 사회조직 ③ 사회 문화 변동 ④ 사회문제 ⑤ 과학적 인식	- 사회적 행위, 사회 통제, 사회화 - 집단, 지위(역할), 사회계층, 사회제도, 지역공동체 - 인류 사회, 사회 발전 - 사회문제, 미래 문제 - 계획적 관찰, 관찰 방법, 객관성
문화 인류학	① 인간 특성 ② 문화	- 인류, 사회성 - 문화(유형), 가치
역사학	① 변천 ② 지속성 ③ 민족 ④ 문명	- 시간성, 발전성, 관련성, 변화 요인, 갈등 현상, 시대성 - 경향성, 전통성, 현재성 - 민족성, 주체성(정체성) - 문명 요소, 문명의 일반성과 특수성, 문명권, 문화 교류
지리학	① 자연과 인간 ② 지역 ③ 공간 ④ 지도	- 환경으로서의 자연, 자연의 이용 개발, 인간 생활의 자연 영향 - 지역성, 지역 간 유사성과 상이성, 지역 간 의존 관계, 지역변천 - 입지, 중심지, 공간구조, 분포, 순환 - 지도의 종류, 지도의 구비 조건, 지도 투영법

* 출처: 정병기 외, 『사회과 교육론』, 교육출판사, 1995: 147 – 170.

✍ 연구 문제

1. 사회과 교과교육학과 교과 내용학에 대해서 설명해 보시오.

2. 사회과 교육에서 교과 내용학이 중요한 이유를 간단하게 설명해 보시오.

3. 다른 교과교육학과 구별되는 사회과 교육학의 정체성에 대해서 약술(略述)해 보시오.

4. 사회현상과 사회과 교육학의 특징에 대해서 기술(記述)해 보시오.

5. 현대 세계화·정보화 사회의 특징을 들고 제 사회과학의 개념과 관련하여 설명해 보시오.

6. 사회과학과 사회과 교육의 의미, 목적, 내용, 방법 등을 항목별로 비교해 보시오.

7. 사회과학의 지식의 구조인 사실, 개념, 일반화 등에 대해서 간단히 설명해 보시오.

8. 정치학과 경제학의 개념을 열거하고, 이를 각각 정치교육, 경제교육과 견주어 기술해 보시오.

9. 역사학의 개념을 열거하고, 이를 역사교육과 견주어 기술해 보시오.

10. 지리학의 개념을 열거하고, 이를 지리교육과 견주어 기술해 보시오.

제  부

◀◀ 사회과 교육의 목적과 목표 ▶▶

제1장 사회과 교육의 목적
제2장 사회과 교육의 목표 분류
제3장 사회과 교육과정의 사회과 교육목표
제4장 사회과 교과목별 교육목표: 2007년 개정 사회과 교육과정 중심
제5장 사회과 교육목표의 진술

[Key Point]
　제4부에서는 사회과 교육의 목적과 목표를 분석하고 이해한다. 전통적인 사회과의 본질 목표인 민주시민의 자질 함양과 세계화 시대의 사회과 목표인 세계 시민적 자질 함양을 상호 견주어 이해한다. 아울러, 사실, 개념, 일반화 등을 중심으로 한 지적 목표, 기능적 목표, 정의적 목표 등 사회과 교육의 영역별 목표, 그리고 현행 2007년 개정 사회과 교육과정의 목표 등도 심층적으로 접근한다.

제4부 학습의 개관: 사회과 교육의 목적과 목표

<table>
<tr><td>

학습 개요

o 사회과(사회과 교육)의 목적 탐구
o 사회과의 목표, 구체적 목표, 추상적 목표, 지적목표, 기능적 목표, 정의적 목표 이해
o 교육의 일반 목표와 사회과 교육목표의 관계
o 사회과 교육의 총괄 목표, 교과 목표, 영역별 목표 이해
o 사회과 교육의 목표 분류, 목표 분류의 체계
o 학교급별 일반 목표와 사회과 목표 이해
o 2007년 개정 사회과 교육과정의 교과 목표, 과목별 목표 이해

</td></tr>
</table>

<table>
<tr><td>

학습 목표

o 사회과(사회과 교육)의 근본적 목적을 이해한다.
o 사회과의 목표를 구체적으로 이해한다.
o 교육의 일반 목표와 사회과 교육목표의 관계를 파악한다.
o 사회과 교육의 총괄 목표와 영역별 목표를 분석하고 이해한다.
o 사회과 교육의 목표 분류를 이해한다.
o 학교급별 일반 목표와 사회과 목표를 비교하고 이해한다.
o 2007년 개정 사회과 교육과정의 사회과 과목별 목표를 이해한다.

</td></tr>
</table>

<table>
<tr><td>

핵심 개념 및 키워드

o 사회과의 목적, 사회과의 목표, 총괄 목표, 영역별 목표
o 일반 목표, 교과 목표, 과목별 목표
o 지식 목표, 기능·능력 목표, 가치·태도 목표
o 목표 요소, 지식 요소, 기능 요소, 가치 요소
o 추상적 목표, 구체적 목표
o 인지적 목표, 기능적 목표, 정의적 목표
o 2007년 개정 사회과 교육과정의 목표(교과 목표, 과목별 목표)

</td></tr>
</table>

1. 사회과 교육의 목적·목표 설정 요건

1) 교과의 철학적·학문적 요건

사회과 교육은 사회적 적절성을 고려한 민주시민적 자질의 함양, 사회현상의 이해 및 합리적 사고력 배양, 개인의 발전 및 인간존중 사상의 고취 등을 중시하는 철학적·학문적 요건을 갖고 있다. 이와 같은 철학적·학문적 요건을 종합하면 다음과 같다(한국사회과교육연구회, 1989: 36 - 39).

첫째, 사회구조주의와 사회 기능 및 미래주의 등과 관련시켜야 한다. 구조주의와 기능주의의 주된 관점은 사회의 질서 및 균형에 있으며, 사회 기능 중심의 사회과 교육의 목적은 사회의 존속과 유지, 발전에 필요한 가치와 구성원들의 역할을 습득시켜 주는 것이다.

따라서 소극적으로는 자라나는 세대를 기성세대에 적응시키는데 중점을 두고 있으며, 적극적으로는 사회를 개조하는 교육의 역할을 규정한다.

둘째, 사회과학주의, 즉 교육철학의 본질주의 및 항존주의 등과 관련시켜야 한다. 사회과학 중심의 사회과 교육을 주장하는 사람들은 급변하는 현대사회에서 폭증하는 지식에 대비하기 위해서는 변화하는 사회를 넓고 바르게 볼 수 있는 기본적인 안목을 길러 주어야 한다. 따라서 사회과 교육은 좀 더 체계화된 학문으로서의 사회과학을 반영해야 한다는 것이다. 그러므로 사회과학 이론에 의하여 사회현상을 이해하고 사회과 교육은 학생들로 하여금 사회과학 구조의 탐구 및 발견 과정을 통하여 합리적인 사고의 활동을 함양하여 사회를 이성적으로 개선해 나아갈 수 있는 능력을 길러 주어야 한다.

셋째, 낭만주의, 실존적 현상학, 비판철학, 인간주의 심리학 등과 관련시켜야 한다. 현대 비판철학자들은 산업사회의 여러 가지 병폐로부터 인간성을 회복시키는데 중점을 두고 있다. 이간 소외 현상, 환경오염 및 훼손, 핵 문제 등 국제적 위협 등의 역기능을 극복하기 위하여 현대사회에 대한 반성을 통해 인간성 회복에 관심을 가져야 한다고 보고 있다. 인간주의 심리학자들은 인간의 삶은 그 자체가 책임을 져야 하고, 인간의 자율성과 창조성은 최대한 존중되어야 한다고 보고 있다.

그러므로 사회과 교육에서는 인간의 내적 발달과 자아의 발달을 중시하여 학생들로 하여금 사회적 상호 작용 속에서 사회현상에 관한 지식을 자기 책임하에 추구해 갈 수 있도록 하여야 한다. 따라서 전인교육, 인격교육 등에 적극적으로 기여하고, 객관적인 삶의 방식 이외에 주관적인 삶의 방식에 의한 지식교육이 고려되어야 한다. 현대 사회과 교육은 학생들로 하여금 다양한 인간관계 속에서 자신의 내적 성찰을 통하여 삶의 의미를 추구하고, 잠재 가능성을 발휘하여 개인과 사회의 조화로운 발전을 꾀할 수 있는 방향으로 나아가야 한다. 사회과 교육은 삶과 생활에 관한 교육이기 때문이다.

2) 교과의 사회적 · 문화적 요건

　사회과 교육에서 고려하여야 할 사항은 우리나라가 직면하고 있는 사회적 · 문화적 과제이다. 따라서 우리나라의 사회적 · 문화적 전통을 계승하면서 현대 국가, 사회에서 새롭게 요청되고 있는 문제를 충실하게 반영함으로써 사회과 교육의 적절성을 기할 수 있을 것이다. 특히 우리나라에서는 1990년대 이후의 사회정의를 바탕으로 한 민주화가 정착되었고, 2000년대 이후 급속한 세계화 · 정보화의 도래로 사회과 교육의 목표와 내용, 방법, 평가 등 일련의 사회과 교육과정 체계에 획기적인 전환점을 맞고 있다.

　첫째, 사회과 교육의 목표의 사회적 · 문화적 요건으로 민주주의와 자본주의를 들 수 있다. 정치체제로서의 민주주의는 자유민주주의 체제의 우월성에 대한 인식과 민주주의 사회의 제 기능을 습득하기 위하여 민주주의의 본질과 이상, 민주주의 생활양식과 민주정치의 실제, 민주주의의 발전 과제 등의 인식이 강조되어야 한다. 경제체제로서의 자본주의는 자유 시장경제체제의 우월성 및 복지사회 건설을 위하여 경제 발전과 자본주의 윤리관, 복지사회 구현, 사회 보장제도의 실현 등이 강조되어야 한다.

　그 외에도 산업화, 정보화, 세계화의 급격한 진행으로 초래되는 비인간화, 몰인정성 등의 현상은 인본주의를 강조하게 되고, 나아가 인간 가치의 인식, 자율성, 평등 의식, 분배의 평형과 조화, 다양성, 책임감, 사회정의, 참여 의식, 타인에 대한 배려, 민주적 의사 결정 등이 사회과 교육에서 강조되어야 한다.

　셋째, 민족주의에 대하여 고려하여야 한다. 민족주의 이념을 실현하기 위하여 전통 사상 및 민족문화와 민족사에 대한 이해와 수용, 주체적 시각에서의 역사 이해, 민족의 미래에 대한 확신 및 적극적 자세 등이 중요한 요소로 다루어져야 한다. 특히 세계화 시대에 대응하여 민족정신이 뚜렷하면서도 국제 협력 정신을 잘 발휘할 수 있는 고급 인력 양성에 주력하여야 할 것이다.

　넷째, 평화통일을 강조하여야 한다. 변화하는 국제 정세와 더불어 평화통일과 반공 교육에서는 많은 변화가 예상된다. 통일된 사회는 우리 민족 모두가 인간답고도 평화롭게 살 수 있는 사회여야 하며, 통일의 방향은 남북한의 상호 민주화를 촉진하고 다양한 접촉과 교류를 통하여 평화적인 방법으로 이루어져야 할 것이다. 평화통일을 이룩하기 위하여 우리는 독자적이며 다변적인 외교를 통하여 북한 사회에 평화와 자유 의식의 물결을 고취시켜야 하며, 민족의 동질성 회복에 노력하여야 한다.

　그 외에도 우리 민족과 국가적 · 사회적 입장에서 강조되어야 할 점은 세계화 시대의 공동체 의식 함양, 민족의 정체성 확립, 민족문화의 창달 등 여러 요소가 고려되어야 할 것이며, 나아가 범세계적인 환경문제, 생활 문제, 노동과 여가 문제, 국제분쟁, 과학기술 교육의 발달, 다양성과 의사소통, 청소년 문제, 환경문제, 인구와 성교육 문제 등이 적절하게 고려되어야 한다.

3) 학습자의 심리적 · 발달적 요건

　사회과 교육은 학생들로 하여금 자신들의 공동생활 경험과 민주적인 생활을 통하여 획득된 도덕적 양심에 의하여 자유로운 사회생활을 영위할 수 있도록 도와준다. 따라서 학습 환경이나 환경에서 학생들의 관심, 흥미 등이 최대한 고려되고 자유로운 학습활동이 보장되어야 할 것이다. 이를 중심으로 학생들의 발달 단계에 따른 사회과 교육의 학습 요건을 제시하면 다음과 같다.

첫째, 초등학교 단계는 구체적 조작기로서 학생들로 하여금 사회생활에의 관심과 흥미 유발에 중점을 두고, 구체적 사실이나 경험을 토대로 기초적인 지식을 이해시키고 태도를 형성하는데 중점을 두어야 한다.

둘째, 중학교 단계는 형식적 조작기로서 사회현상에 관한 지식을 체계적으로 이해시키고 그에 따른 문제 해결력, 탐구력, 창의력, 의사 결정력, 메타 인지(meta cognitive) 등 고급 사고력을 배양하여야 한다.

셋째, 고등학교 단계는 예비 성인기로서 사회과학적 개념과 원리를 이해하고 보다 합리적으로 사회문제를 해결할 수 있는 다양한 능력을 기를 수 있도록 하여야 한다.

2. 사회과 교육의 목표관

사회과 교육의 목표관에 대해서는 학자별, 견해별, 관점 및 시각별, 인식관 등에 따라 매우 다양하게 제시되고 있다. 사회과가 단일 학문을 배경으로 하는 다른 교과에 비해 독특한 특성을 갖고 있기 때문이다. 사회과는 사회과학을 중심으로 하면서도 사회 사상(社會 事象)을 내용으로 하는 교과 특성상 단순하게 목표 정의를 하기 어렵기 때문이다. 그럼에도 불구하고 궁극적인 사회과의 목표관은 민주시민의 자질 육성, 올바른 사회 인식 등 두 가지로 종합할 수 있을 것이다.

1) 민주시민적 자질 육성(함양)

원래 1916년 미국에서 사회과가 태동할 당시부터 시민성 함양은 사회과의 핵심 목표였다. 당시 이민족이 혼합된 미국 사회에서의 사회 통합과 안정을 위한 민주시민성 함양은 아주 중요한 교육적 화두였다. 민주시민의 자질 함양이야말로 사회과 교육의 핵심적 목표인 것이다.

사실 사회과 교육에서 민주시민의 자질 육성은 본질과 같은 것이다. 사회과의 목표관은 시민적 자질 함양과 밀접한 관련이 있다. 이와 같은 관점에서는 사회과 교육의 목표를 민주시민적 자질의 육성을 지향하고, 그러한 입장에 바탕을 두어 사회 인식 형성과의 관계를 설정해야 한다고 보고 있다.

사회과의 목표는 시민성의 실현이다. 시민성의 함양은 어느 단계에서 도달할 수 있는 구체적 목표가 아니다. 시민성은 사회과를 통해서 기르고자 하는 교육 인간상으로 항구적으로 도모해야 할 가치이다. 시민성을 함양하기 위하여 특정한 시공간적 좌표 속에서 교육 내용을 선정하고 이 내용의 집약적인 추상화가 곧 사회과의 목표이다. 사회과의 목표는 교과가 추구하고 달성하고자 하는 바를 명시적으로 드러낸 결과이다. 시민성의 함양이라는 추상적인 과제를 해결하기 위하여 보다 구체적으로 교육받은 상태를 표방하고 있으며, 이는 곧 사회과 목표 차원의 논의이다(남호엽, 2008: 38).

이와 같은 시민성 함양, 민주시민의 자질 육성 등 사회과의 목적과 목표는 현대 사회과에서도 본질적이고 핵심적 위치에 있다. 사회과 교육의 궁극적 목적과 목표가 결국 바람직한 사람, 인간다운 인간을 기르는데 있기 때문이다.

사회과 교육의 목표로서의 민주시민의 자질은 매우 다양한 면을 조명할 수 있을 것이다. 일반적으로 시민성(citizenship)이란 두 가지 의미를 갖고 있다. 그 하나는 훌륭한 시민성을 사회의 가치 있는 멤버십(membership)과 같은 의미로 보는 경우이고, 다른 하나는 시민성을 정치적 역할로 풀이하여 민주정치에 참여하는 멤버십(membership)으로 보는 경우이다. 전자는 경제 주체로서의 행동, 사회집단 속에서의 의식, 공공시설에 대한 태도, 자녀 교육의 방법 등 각 사회 구성원으로서의 개개인의 시민적 자질이 그 사회의 존속, 안전을 위하여 중요한 의미를 갖게 되며, 나아가 그 구성원들이 훌륭한 시민적 자질을 갖도록 하는 것이 시민성 교육으로 해석된다(권오정·김영석, 2007: 12).

현대사회에서 민주시민으로서의 사회생활을 영위하면서 합리적인 의사 결정을 하기 위해서는 다양한 지식과 능력, 기능, 가치·태도 등이 구비되어야 하며 타인과의 원만한 인간관계를 유지하는 마음 자세도 필요한 것이다. 민주시민적 자질을 구성하는 요소는 매우 다양한데, 바아 등(Barr et al, 1977)은 시민적 자질의 핵심인 의사 결정 능력의 구성 요소로 지식의 습득, 정보 처리 능력, 가치 분석, 참가 등을 들고 있으며, 칼소우니스(Kaltsounis, 1979)는 지식, 사회적 가치, 지적 능력, 가치 명료화 능력, 사회적 능력 등 다섯 가지를 들고 있다. 미국사회과교육협의회(NCSS, 1994)와 한국의 제7차 사회과 교육과정과 '2007년 개정 사회과 교육과정'에서는 민주시민적 자질로 지식, 기능, 가치·태도 등을 제시하고 있다(최용규 외, 2007: 49 - 53).

민주시민의 자질에 대한 정의는 다양하지만 민주시민의 자질에 대한 구체적 내용에 대한 견해들은 시민 행동, 사회참여를 기능, 가치·태도 영역까지를 포함하느냐, 아니면 별도로 제시하느냐의 차이가 있을 뿐이지 기본적으로는 지식, 기능(능력), 가치·태도 등의 인지적 자질, 기능적 자질, 정의적 자질 등을 두루 구비한 종합적 자질 함양을 지향하고 있다.

〈표 18〉 민주시민 자질의 구성 요소

학자(기관)	민주시민적 자질 세부 요소
마시알라스와 콕스(Massialas & Cox)	인지적 능력, 참여적 능력, 정의적 능력
바아 등(Barr et al)	지식의 습득, 정보 처리 능력, 가치 분석, 참가
칼슈니스(Kaltsounis)	지식, 사회적 가치, 지적 능력, 가치 명료화 능력, 사회적 능력
미국사회과교육협의회(NCSS)	지식, 기능, 가치·태도
한국 교육인적자원부(2007)	지식, 기능, 가치·태도

* 출처: 최용규 외, 『사회과, 교육과정에서 수업까지』, 교육과학사, 2007: 50.

이와 같은 바람직한 시민적 자질 육성을 사회과의 목표관으로 보는 입장에서는 사회 인식을 시민적 자질 육성의 수단으로 보는 입장과 사회 인식을 통해서 시민적 자질을 육성한다는 두 가지 세부 입장으로 구분하여 고찰할 수 있다. 전자는 시민적 자질의 틀을 정해 놓고 그 목표를 도달하는 수단으로서의 사회 인식을 위치시키는 입장이다. 민주시민의 자질 육성을 강조하는 바아(Barr) 등은 사회과의 세 가지 전통 중에서 시민적 자질 전수로서의 사회과 유형에서 볼 수 있듯이 바람직한 가치·태도를 설정해 놓고 이를 달성하기 위한 수단으로 지식과 가치·태도, 신념 등을 함양시키는 것이

다. 반면, 후자는 바람직한 가치·태도를 고정시키지 않고 사회문제에 대한 반성적 접근을 토대로
합리적인 의사 결정과 문제 해결을 시도해 가는 능력 신장을 강조하는 것이다. 즉, 사회 인식 형성
과정에서 과학적 탐구 능력이나 의사 결정 능력이 발달하고, 이 발달된 능력이 구비되었을 때 바람
직한 시민으로서의 가치·태도 함양과 바람직한 사회적 행동을 기대할 수 있다는 입장이다. 이 견해
는 사회과 목표관에서 보편적인 지지를 받고 있는데, 이는 과학적 사회 인식과 바람직한 시민적 자
질의 육성인 과학의 논리와 사회의 논리를 조화시키는 교과교육의 본질에 충실하기 때문이라고 본
다. 기본적으로 사회과는 타 교과에 비해서 본질적인 성격 규명이 곤란한 입장에 있다. 그리고 본질
적인 성격 규명을 등한시하는 경향이 있으며 이로 인하여 사회과 교육의 이론 구성이나 실천 수행
에서 많은 혼란을 야기해 온 것이 사실이다(권오정·김영석, 2007: 13-14).

2) 올바른 사회 인식

사회과를 올바른 사회 인식을 형성시키는 기본적 교과라고 보는 입장에서는 사회과 교육의 목표를
사회과학 연구의 결과나 과정의 습득과 같은 지적 측면에 중점을 두고 민주시민적 자질 육성에는 직
접적으로 관여하지 않아야 한다는 입장이다. 즉, 사회과 교육에서 사회과학 지식은 하나의 지식이기
때문에 교수하는 것이며, 이와 같은 사회과학적 지식이나 방법이 습득되면 직접적으로 의도하지 않더
라도 민주시민에게 요구되는 합리적인 의사 결정이 가능하다고 보는 입장이다(최용규 외, 2007: 48).

3. 사회과 교육의 지향 목적

사회과의 궁극적인 목적은 교육의 일반 목표와 밀접하게 연관되어 있다. 우리나라 교육기본법 제
1조(교육이념)에 "교육은 홍익인간의 이념 아래 모든 국민으로 하여금 인격을 도야하고, 자주적 생
활 능력과 민주시민으로서의 필요한 자질을 갖추게 하여 인간다운 삶을 영위하게 하고, 민주국가 발
전과 인류 공영의 이상을 실현하는데 이바지함을 목적으로 한다."라고 규정하고 있다. 이를 통하여
우리나라 교육의 전반적인 지향 목적이 민주시민의 양성에 있음을 알 수 있다. 해방 후 우리나라에
사회과가 처음 도입되었을 때 사회생활과라는 명칭을 사용하여 교과의 성격을 사회생활을 준비하기
위한 교과로 이해되었다. 사회과 교육의 근본적 목적은 사회생활을 유능하게 영위해 나갈 민주시민
의 육성에 초점이 있다. 따라서 사회과는 학생들이 반드시 이수해야 할 국민공통기본교과로서 민주
사회의 공동체 생활을 올바르게 영위할 수 있는 책임과 능력을 발전시키는데 바탕이 되는 중핵 교
과라고 할 수 있다(김원겸, 2007: 24).
일반적으로 민주시민의 자질 육성에 초점을 맞추고 있는 사회과는 종합 교과이면서 통합 교과이
다. 따라서 사회 사상을 중심으로 한 통합적 접근이 필수적이다. 이와 같은 종합적·통합적 접근과
지도가 중요한 사회과 교육은 본질 교과교육으로서의 특성을 갖고 있다.
사실, 교육의 일반 목적(목표), 사회과 교육의 목적, 사회과 교육의 목표를 명확하게 구분하기는

쉽지 않다. 삼자(三者)의 중첩되는 부분이 많기 때문이다. 즉, 바람직한 인간 육성, 민주시민 육성, 사회생활을 원만하게 영위할 수 있는 도덕적인 사람 양성 등이 핵심적 지향점이다. 이와 같은 점을 전제하고 사회과 교육의 목적을 종합하면 다음과 같이 제시할 수 있다(노정식 외, 2007: 51－54).

첫째, 사회과 교육의 목적은 학생들의 사회과학적 기초 능력을 육성하는데 있다. 즉, 기초적인 사회과학의 입문적 능력 신장에 있는 것이다.

사회과학적 기초 능력이란 사회의 기본적 개념의 이해와 지적 기능의 양면을 의미한다. 이해는 인식이며, 인지를 뜻하는데 비하여, 지적 기능은 문제 해결력으로서 방법적 지식을 의미한다. 이는 당면 과제 및 문제를 해결하기 위하여 추구하는 방법적 기능을 연마하는 것으로서 자료의 수집·종합·분석·표현·판단력 등을 종합적으로 의미한다.

웨슬리(E. B. Wesley)는 사회과 교육의 목적을 사회과학적 지식에 중점을 두고, 사회과는 "간소화한 사회과학을 학생들에게 이해시키는 것"이라고 했고, 그로스(R. B. Gross)는 "인간의 생활 방식, 인간의 기본적 요구와 이를 충족시키기 위한 여러 활동과 제도에 대한 이해를 학생들에게 부여하는 것"이라고 주장하였다. 베렐손(B. Berelson)은 "사회과학적 지식을 책임성이 강한 시민의 양성이라는 목적을 위한 수단으로 가르쳐야 한다."고 하였으며, 부르너(J. S. Bruner)는 "사회과학자들이 전개하는 사회과학적 지식 추구와 지적 활동에 학생들이 가담하는 문제에 관심을 갖고 탐구 과정에 역점을 두어야 한다."고 주장하였다(노정식 외, 2007: 52).

이와 같이 여러 사회과 교육학자들이 주장한 사회과 교육의 목적을 종합하면, 사회과학적 지식의 이해에 두고 그 효과적 전달이 중요하다는 입장이다. 사회과 교육의 사회과학적 기초 능력의 육성이란, 단순한 사회과학적 지식의 이해에만 그쳐서는 안 되고, 지적 기능과 연계되어야 한다. 그러므로 사회과학적 기초 능력이란 엄밀하게 말하면, 당면한 사회문제를 해결할 수 있는 능력까지를 포괄하는 종합적인 개념인 것이다.

둘째, 사회과 교육의 목적은 훌륭한 민주시민을 양성하는데 있다. 민주시민의 자질과 소양을 함양하는데 근본적 목적이 있는 것이다. 이는 올바른 가치관·사회관·국민관·인생관·세계관 등과 관련된 것으로서, 인간 사회에서 이상적인 조직과 운영에 직결된 민주국가의 미래에 이바지할 수 있고, 국가적, 세계적 발전에 기여할 수 있는 시민적 자질과 지식, 기능, 가치·태도 등을 함양하는데 근본적 목적이 있음을 의미한다.

사회과 교육의 보편적 성격의 유지와 객관적 과학성의 부여를 위하여 가치문제를 가급적 사회과에서 조심스럽게 접근해야 한다는 주장이 없지 않으나, 미래 사회의 주인공이 될 학생들에게 가치·태도 등 정의적 영역을 특히 강조해야 한다는 주장도 많다는 점을 사회과 교육자는 유념하여야 한다.

앵글(S. H. Engle)은 가치판단에 대한 의사 결정과 시민적 자질 함양이 사회과 교육의 초점이 되어야 한다고 주장하면서, "보다 나은 시민적 자질이란, 사회생활에서 해결하여야 할 여러 가지 문제에 대해서 자기 결정을 하는 질적 수준에 의존한다. 책임 있는 자기 결정이 근본적인 사회과의 목적이라고 한다면, 가치의 형성은 사회과 교육의 핵심적 관심사가 되어야 한다."고 하여 시민적 자질의 육성은 사회과학적 지식 전달에 의하여 이루어지는 것이 아니고, 지식의 습득과 함께 가치판단에 의해서 통일된 자기 결정을 내리는데 의의가 있다고 강조하였다.

마시알라스(B. Massialas)도 환경과 인간과의 관계를 규정하는 기본적인 개념이나 일반적인 원리가 사회과의 중심이 되어야 하고, 급격하게 변화와 발전을 거듭하는 여러 가지 생활환경 속에서 직접 탐구하고 발명하는 학습활동을 수행하여야 하며, 일상생활에서 부딪칠 수 있는 가치 갈등에 관한 이해와 해결 방안을 모색하는 학습활동 내용이 사회과 교육의 핵심적 위치를 차지해야 한다고 주장하였다. 팬톤(E. Fenton)도 가치문제를 중요시했는데, 그 가치의 내용을 행동 가치, 순서 가치, 실재 가치 등 세 가지로 분류하고, 그중에서도 실재 가치에 대해서 역점을 두었다. 교사가 학생들에게 사고하기 쉽고 단순한 가치를 주입하기보다는 학생 각자에게 자기 나름대로 사고할 기회를 많이 부여하여 실재 가치를 갖고 있게 하거나, 변하게 하거나 택일하도록 하여야 한다고 주장하였다.

물론, 사회과학적 지식과 탐구 기능이 미래 사회에 적합한 훌륭한 사람을 육성하는데 필요조건은 되지만, 충분조건을 아니다. 그러므로 사회과 교육의 목적 설정은 사회과학적 지식 전달 외에 가치·태도 등 정의적인 면을 간과해서는 안 된다. 현대 지식기반사회에서 민주시민으로서 다양한 개인적·사회적 문제를 합리적으로 해결하기 위해서는 지적 이해만으로는 부족하고, 기능적인 면과 함께 정의적 영역인 가치·태도의 변화를 유도하는 것이 중요하다. 특히 미래의 민주시민으로서 바람직한 자기 결정을 할 수 있는 유능한 인간을 육성하려면, 지적 능력과, 기능적 능력, 시민적 자질로서의 가치·태도를 함양하여야 한다. 이는 시민교육, 인간 교육의 기반이기도 하다.

하지만 사회과의 종합적인 목적이자 지향점인 훌륭하고도 바람직한 시민이란 민주시민으로서의 신념이 투철하며, 시민적 연대 의식과 공동체 의식이 투철한 사람이다. 그러므로 자신의 생활을 슬기롭게 영위하고, 타인과의 원만한 인간관계를 유지하며, 사회와 국가 발전에 공헌함은 물로, 나아가 세계시민으로서 자질과 소양이 함양된 사람이다.

4. 교육의 일반 목표와 사회과 교육의 목표

일반적으로 교육의 일반 목표는 인간다운 인간 육성, 바람직한 사람 양성으로 귀결된다. 이는 동서고금의 교육의 목적이자 목표이기도 하다. 이러한 광의의 교육의 목표는 모든 교과, 재량 활동, 특별활동을 포괄하여 교육과정 전반에 걸쳐서 길러야 할 최종적인 목표이자 지향점이기도 하다. 실제 교육에서 모든 교과와 영역에 걸쳐서 사회 구성원으로서 바람직한 삶을 영위할 수 있는 지식과 기능, 가치·태도를 함양한 인간 육성을 목표로 한다. 따라서 교과로서의 사회과의 목표는 교육의 일반 목표, 교육의 지향점, 교육과정의 이상(理想)과 맥락을 같이한다고 볼 수 있다.

인간의 사회 사상(社會 事象) 탐구를 대상으로 하는 사회과는 학생들의 개인적 발달, 사회적 자아실현을 돕는 것을 강조한다. 사회과는 타인과의 상호작용(interaction) 속에서 자기의 잠재가능성을 발휘하여 다양한 인간관계를 터득하게 함으로써 원만한 사회생활을 하도록 지원하는데 초점을 맞추고 있다. 이러한 사회과의 일반적 목표는 학교 교육에서 강조하는 교육의 일반 목표인 주체적 자아실현, 자기표현력 신장, 인간존중의 태도, 더불어 사는 공동체 의식의 함양, 바람직한 사회생활을 위한 가치·태도 형성과 밀접하게 연관되는 것이다.

아울러 사회과는 사회현상을 올바르게 바라볼 수 있는 혜안(慧眼)을 길러 준다. 미래 사회의 주역인 될 학생들에게 사회과학의 기초적 개념을 익히게 하여, 사회현상을 직시할 수 있는 안목을 갖게 하고, 나아가 새로운 관점에서 사회의 여러 모습을 바라보고 사고할 수 있도록 돕는다. 학생들에게 이러한 사회를 바르게 바라볼 수 있는 혜안과 안목을 길러 주는 것은 미래 사회를 살아갈 능력과 자질 함양에 아주 중요한 실질 교육인 것이다.

한편, 교육의 일반 목표와 결부하여 사회과의 목표는 사회 사상에 대한 사회과학적 탐구와 합리적인 문제 해결 능력을 바탕으로 한 탐구력, 창의력, 비판력, 의사 결정력, 메타 인지(meta cognitive) 등의 고급 사고력(high level thinking) 신장을 강조한다. 이를 통하여 교과교육으로서의 사회과의 중요한 목적 중의 하나는 학교 내외의 생활 경험을 통해서 유능하고 바람직한 민주시민을 육성하는 것에 초점이 모아진다.

사회과 교육은 곧 민주시민 교육이라고 할 때, 사회과 교육에서 민주시민 교육은 본질적이고도 핵심적인 개념이다. 따라서 사회과 교육의 궁극적인 목적은 민주시민에서 규명할 수 있다. 사회과 교육의 목적은 훌륭한 민주시민의 양성, 즉, 학생들이 민주시민으로서의 신념과 행위를 기르는데 기초가 되는 바람직한 사회적 행위를 위한 지식과 기능, 가치·태도 등을 계발하는데 있다.

인간의 존엄성이 기본 이념인 민주주의는 기본 가치로서 인권 존중, 공익을 위한 협동과 봉사, 자유와 책임, 준법, 지적 방법에 대한 신념과 그의 유능한 구사, 자치 생활에의 책임 있는 참여 등을 들 수 있다.

민주시민에서의 시민은 지역과 국가를 초월한 개념이다. 즉 시민은 자기가 속한 지역, 국가에 대한 공동체적 책무를 감당할 수 있는 의식을 가졌을 뿐만 아니라, 세계 인류 공동체에 대해서도 마찬가지의 책무 의식을 가진 존재이다. 반면, 국민의 개념은 국가가 전제된다는 점에서 주체적 인간으로서의 보편적 권리와 의무를 앞세우는 시민의 개념과 대비된다. 시민의 개념은 국가를 초월하여 긴 인류의 역사를 두고 발전해 온 보편적 개념이다. 정치·사회 주체로서 보다 가치 있는 인간 삶의 조건을 마련할 수 있는 공동체 구성을 위하여 새로운 시도를 부단히 하면서 동시에 그 자신의 결정에 책임을 질 수 있어야 한다. 따라서 민주시민은 민주주의를 자신의 삶을 영위하는 중요한 체제로 인식하고 그 가치에 헌신하여야 하며, 자신의 삶의 질을 높이기 위하여 무엇보다도 발전할 수 있도록 하는데 적극 참여하여야 한다(김원겸, 2008: 24-30).

사회과 교육에서는 사회의 유지와 발전에 필요하고, 구성원으로서의 다양한 역할에 중요한 요소를 학습한다. 즉, 사회 사상과 문화, 사회적 가치와 규범, 집단 내의 역할과 기능 수행, 합리적 의사 결정력, 민주시민으로서의 참여 능력 등을 강조한다.

이와 같은 사회과 교육의 목표와 지향점은 학교 교육의 일반 목표인 건전한 민주시민 의식 함양, 올바른 가치판단력 신장, 합리적인 의사 결정과 행동 실천력 신장 등과 매우 밀접한 관련을 맺고 있다.

특히, 2000년대 이후, 교육의 일반 목표와 사회과 목표에서는 지식기반사회, 지식정보화 사회를 맞아 전 세계가 하나의 지구촌 구성원으로서 세계시민적 자질 함양을 강조하고 있다. 이는 전통적인 교육의 일반 목표와 사회과의 교과 목표 중의 하나인 민주시민의 자질 함양에 대한 폭과 깊이를 더욱 심화한 현실적 목표인 것이다.

5. 사회과의 목표 분류 체계

사회과 교육의 궁극적이고 근본적인 목적이 훌륭한 시민, 즉 시민교육에 있음을 분명히 인식하고 있는 교사에게는 교과 목표를 파악하고 나아가 교수·학습 목표를 설정해야 할 과제가 기다린다. 사회과 교사의 교수 계획과 교수 행위에 직접적으로 영향을 주며 성취 기준으로 작용하는 것은 교사에 의해 설정되는 교수·학습 목표인 것이다. 다시 말하면, 교수·학습 목표란 특정 학년의 특정 단원 내용과 연계를 이루며 구체적이고 단기적으로 설정한 목표로서 그 목표들의 달성을 위해서 일정한 수업들과 학습 평가 활동이 이루어진다.

교과를 교과답게 가르칠 수 있게 되려면 무엇보다도 교과의 목적에 합당한 교수·학습 목표들을 설정할 수 있어야 한다. 교과의 목적에 합당한 교수·학습 목표들은 인지적, 정의적 영역에 걸쳐 제시되는 교과 목표들을 단원의 내용들과 결합시켜 구체화함으로써 설정되는 것이다. 결국, 교과 목표야말로 차시별 교수·학습 목표를 합당하게 설정하기 위한 토대인 것이다. 그렇기 때문에 교수·학습 목표를 합당하게 설정해야 하는 교사에게는 이론적으로 분류해 제시하는 교과 목표에 대한 폭넓은 이해가 요구된다.

사회과 교과 목표는 사회과 교육과정론자들에 따라 다르게 설정되고 있을 뿐만 아니라 지금까지의 우리나라 사회과 교육과정에서도 체계적이고 일관성 있는 목표를 제시하지 못하고 있는 것이 오늘의 실정이다.

사회과 교육과정 개발자나 현장교사로서는 여러 학자나 교육과정마다 다르게 설정하여 제시한 것처럼 보이는 목표들 중에서도 공통적이거나 유사한 목표들을 확인하고 주목함으로써 사회과 교과 목표의 체계성과 경향성을 기본적으로 이해할 필요가 있다.

1) 한국교육개발원(KEDI)의 사회과 목표 분류

한국교육개발원 사회과교육연구실에서는 다음과 같이 사회과 목표를 설정, 분류하여 제시하고 있다.

> (1) 지식 ① 사실, ② 개념, ③ 일반화
> (2) 기능 ① 정보 습득·처리 기능 ② 탐구 기능 ③ 민주적 결정·참여 기능
> (3) 가치·태도 ① 바람직한 가치·태도 ② 합리적인 가치·태도

(1) 지식(knowledge)

사회현상에 대한 지적 탐구를 통하여 습득된 사실 지식, 개념 지식, 일반화 지식을 바르게 이해시키려는 목표이다.

① 사실 지식(facts)

어떤 정보 내용이 기억되었다가 다시 상기(재생)됨으로써 이용되는 정보들을 뜻한다. 다시 말하면, 감각에 의해 입증될 수 있는 사건, 시기, 장소, 인물, 그 외 다른 현상에 관한 구체적 근거가 되는 정보들인 것이다.

② 개념 지식(concepts)

많은 개별적인 특수 사실들을 하나의 일반적인 사례로 만드는 범주이다. 따라서 하나의 개념은 사실들을 분류해 낼 수 있게 하며 복잡한 정보들(즉, 사실지식)을 간단명료하게 표현해 낼 수 있게 한다.

③ 일반화 지식(generalizations)

어떤 현상과 현상 사이에, 또는 현상 내에서 관찰하고 진술된 관계들로서 원리나 법칙과 같은 것이다. 사회과학자들은 사회현상 속에서 사실 및 개념들 간의 믿을 만한 관계를 발견하여 이를 법칙화하려고 하는데, 이와 같은 관계를 지닌 타당한 진술을 일반화라고 한다.
일반화 진술 속에 내포된 사실이나 개념들 간의 관계성에 따라서 대체로 인과적 일반화, 상관적 일반화, 설명적 일반화의 3가지로 구분된다. 인과적 일반화란 현상 속에서 사실이나 개념들이 원인과 결과의 관계를 지니는 진술이다. 상관적 일반화란 두 개의 개념 또는 현상이 상호 영향을 미치는 관계를 지닌 진술이다. 설명적 일반화란 시대와 장소에 따라 보편화된 현상 간의 논리적 관계를 나타내는 진술이다. 대체로 '설명'의 논리적 구조는 법칙과 사실을 전제로 결론을 이끌어 내는 형식인데 설명적 일반화도 그와 비슷한 형식으로 도출된 진술이다. 예컨대, '토지는 생산에 이용된다.', '어느 사회든지 인간사를 다스리기 위해 규칙이 생겨난다.'와 같은 진술이 설명적 일반화이다.
일반화는 또한 '인간의 기본적 활동에 대하여 과거 혹은 현재에 공통적으로 적용될 수 있는 가장 높은 수준의 추상성을 지닌 진술'이라고 정의된다. 그것은 분석 자료의 고찰에 기반을 둔 결론으로서 나타날 수도 있고[추론], 사태의 형편이나 추세에 대한 어림일 수도 있으며[가정], 인간 행동이나 사회를 다스리는 규칙으로서 지정되기도 하며[원리], 미래에 대한 상당한 근거가 있는 예측일 수도 있으며[추리], 어떤 사건의 해답 또는 설명일 수도 있는 것이다. 이와 같이 사실이나 개념으로부터 일반화 지식을 발견하고 이해하기 위해서는 다양한 사고력을 활용하도록 자극하여야만 한다고 볼 수 있다.

(2) 기능(skill)

사회과학적인 여러 방법과 절차를 거쳐 사회현상에 관한 지식들을 찾아내거나 습득된 지식을 새로운 사태에 적용하는 능력을 뜻한다.

① 정보의 습득·처리 기능

사회현상을 설명하거나 사회문제를 해결하는데 필요한 정보와 지식을 획득하기 위해서 자료를 찾고 그 의미를 분석, 요약, 해석하거나 그 결과를 선정 또는 종합할 수 있는 능력이다. 이런 부류의 기능은 다른 학자들의 목표 분류에서는 '연구 기능' 혹은 '정보의 획득 기능'으로 설정되어 있다.

② 탐구 기능

탐구의 과정(또는 절차)에서 요구되는 여러 가지 능력 ―문제를 바르게 인지하는 능력, 가설 설정의 능력, 증거의 제시 능력, 주어진 자료와 증거에 입각한 결론을 이끌어 내는 능력 등― 을 모두 포함하면서 탐구의 절차에 숙달할 것을 목표한다. 탐구 기능에 포함되는 기능 유목들을 잘 파악하고 있다면 그러한 일련의 기능 유목들 중 일부만을 평가해 보는 것이 현실성 있는 평가 방안이 될 수 있을 것이다. 원래 탐구(inquiry)의 본질은 Dewey가 강조한 '반성적 사고'로 알려져 있으므로 탐구 기능을 목표한다는 것은 곧 반성적 사고 기능을 목표화한다는 의미가 된다. 탐구 기능은 다른 학자들의 목표 분류에서 '탐구 기능'이나 '정보의 조직 및 활용 기능'으로 가장 많이 설정되고 있다.

③ 민주적 결정·참여 기능

공동의 문제를 해결하는 과정에서 민주적 원칙에 따르면서 결정을 내리고, 다른 사람과 협조적으로 활동하고 설득과 타협을 할 줄 아는 능력이다. 따라서 이 기능은 다른 기능과는 달리 인지적인 측면과 정의적인 측면을 아울러 지닌다고 할 수 있다. 이런 기능을 다른 학자들의 목표 분류에서는 '사회적 기능', '집단 참여 기능', '집단 작업 기능' 등으로 설정되고 있다.

(3) 가치·태도

① 바람직한 가치·태도

우리의 국가·사회적 현실에 비추어 대다수 사람이 바람직한 것으로 여기는 가치·태도를 내면화시키려는 목표이다. 우리의 객관적 현실에 비추어 바람직한 가치라는 것은 우리의 사회체제를 유지해 왔고 발전시키는데 필수적인 가치들이기 때문에 주로 전통적인 규범과 사상, 그리고 지배적인 국가·사회 이념들 중에서 찾아볼 수 있는 것이다. 이런 의미에서 '바람직한 가치·태도'를 '사회통합적 가치·태도' 또는 '공동체적 가치·태도'로 지칭하는 것이 더 적합하다고 본다.

② 합리적인 가치·태도

합리적 의사 결정을 요하는 개인적·사회적 문제에 직면하여 그에 관련되는 대립적이고 갈등적인 가치들 중에 개인에 따라 다르게 선택될 수 있는 가치·태도를 뜻한다. 수많은 '바람직한 가치'들이 내면화되어 있는 개인들이라 하더라도 현실의 생활 속에서는 그런 가치들이 상호에 옮긴다는 것은 합리적 의사 결정으로 문제를 해결한다는 뜻이 된다. 그런 의미에서 이 '합리적인 가치·태도'는 가치 수용 모형에 의해 '내면화시킬 수 있는 것인 데 반해, 이 '합리적인 가치·태도'는 특정한 가치를 학생에게 내면화시키려는 게 아니라 가치 명료화 모형을 적용하여 학생이 갈등하는 가치들 중에 하나를 명료화하도록 돕는 것이 목표이다.

2) 프란켈(Fraenkel)의 사회과 목표 분류

(1) 지식

구체적이고 단편적인 정보들과 아이디어를 습득하고 이해하는 것을 목표로 한다. 여기서 말하는 '정보들과 아이디어'라는 것은 지식의 구조를 이루는 사실 지식과 개념, 일반화 지식을 달리 표현하고 있는 것이다.

(2) 기능

① 사고 기능(thingking skills)

사고 기능의 유목으로서 기술하기, 정의 내리기, 분류하기, 가설 세우기, 일반화하기(결론 이끌어 내기), 예측해 보기, 비교와 대조하기, 새로운 idea 내놓기 등을 열거하고 있다.

② 학구적 기능(academic skills)

학구적 기능에는 탐구 기능(research skills)이 포함된다고 보면서 탐구 기능의 유목으로서 문제의 확인 또는 규정, 가설 형성, 자료출처의 조사와 자료 수집, 자료의 분석, 분석한 자료에 비추어 가설 평가, 결론의 도출을 열거하고 있다. 그 밖의 학구적 기능 유목을 열거하면, 읽기, 개관하기, 쓰기, 말하기, 듣기, 지도 읽기와 해석하기, 개요 작성, 그래프, 차트 작성, 노트 작성 등이다.

③ 사회적 기능(social skills)

· 그룹별 계획에 따라 남들과 조화롭게 협력하기
· 집단 과제와 토의에 효율적으로 기여하기
· 필요하고 적절한 때 지도력(리더십) 발휘하기

(3) 태도

① 지성적 행동 지향 태도

· 인간 행위에 대한 과학적 접근 · 타인의 행위에 대한 인본주의적 사고방식

② 사회적 행동 지향 태도

· 의식, 자각 · 흥미, 관심 · 책임 의식 · 참여

(4) 가치

민주적인 사회를 유지하고 발전시켜 나가는 핵심 가치들(core calues)은 사회과 교육에서 매우 중요한 의미를 갖는다.

가령, 개인의 가치와 존엄성, 개인의 자유, 평등, 정의, 평화와 질서, 경제적 복지, 동료 간의 책임과 우애, 법에 의한 통치, 적법 절차, 법 앞의 평등, 국민에 의한 정부(국민대표권) 등이 그것이다

프랑켈(Fraenkel)의 목표 분류에서는 정의적 영역인 가치와 태도를 분립된 영역으로 설정한 점이 특징이며 나머지 대부분의 영역별 분류는 한국교육개발원(KEDI)의 것과 매우 유사한 분류라고 보인다. 좀 더 자세히 보면, 지식 목표 설정에서는 KEDI의 것과 차이가 없고 기능 목표 설정에서 학구적 기능에 탐구 기능을 포함시켜 강조하고 있는 점이라든가 민주적 공동체 구성원에게 필요한 기능들을 사회적 기능으로 설정한 점, 정의적 목표인 태도 목표를 지성적 행동 지향 태도와 사회적 행동 지향 태도로 구분해 설정하고 있는 점이 KEDI의 분류와 너무 흡사한 분류이다. 특히 여기에서의 지성적 행동 지향 태도와 사회적 행동 지향 태도는 각각 KEDI의 목표인 합리적인 가치 · 태도와 바람직한 가치 · 태도에 해당하는 목표임을 알 수 있다. '지성적 행동 지향 태도'라는 것은 인간 행위에 대하여 과학적 접근을 할수록 인간적인 문제나 사회현상과 관련하여 편견이나 왜곡 없이 객관적인 이해를 통해 합리적 행동을 하게 되며 다른 개인이나 집단을 인본주의적 사고방식으로 대할수록 지성적인 행동이 될 수 있다고 본 것이다. 또한 '사회적 행동 지향 태도'라는 것은, 예를 들어 환경 보전이 사회적으로 바람직한 행동의 일종이라고 볼 때 환경 보전에 대한 의식과 자각이 강해지거나, 환경 보전에 대한 흥미와 관심이 증진되거나, 환경 보전에 대한 책임 의식을 갖게 되거나, 환경 보

전을 위한 사회운동에 참여하게 되도록 태도 변화를 목표하는 것으로 해석된다. 이렇게 볼 때, Fraenkel이 구분, 설정한 한두 가지 태도 목표는 각각 한국교육개발원 목표 분류인 '합리적 가치·태도'와 '바람직한 가치·태도'에 해당하는 것임을 알 수 있다.

Fraenkel이 강조하는 가치 목표는 어디까지나 민주사회의 유지와 발전을 위해 필수적인 가치들이기 때문에 민주시민으로서 당위적이고 규범적인 것을 강조하는 셈이고 그런 점에서 '바람직한 가치·태도'에 귀결될 수 있는 목표이다.

3) 미카엘리스(Michaelis)의 사회과 목표 분류

(1) 개념 목표

① 정보 자료, 개념, 주제, 일반화에 대한 이해 수준을 향상시키기

· 가정, 이웃, 지역사회, 국가에 있어서의 개인들의 역할, 상호 작용, 상호 의존성
· 우리나라와 다른 나라들의 가족제도, 정부제도, 교육제도, 기타 제도들의 기능
· 모든 사회에 공통적인 기본적 인간 활동(교통·통신, 통치, 교육, 생산, 소비, 자원 보존 등)
· 인류의 문화적 전통 변화에 대한 개인 및 집단의 공헌
· 환경문제의 관심과 인식, 공해의 원인과 영향
· 가치, 전통, 기술 공학적 발전, 교육, 기타 문화적 측면들이 개인 및 집단에 주는 영향
· 지역사회, 국가 내에서의 의사 결정의 목적, 과정, 문제점, 개인과 집단이 정책 결정에 영향을 끼치는 방법
· 학습할 주제와 관련된 지리적·역사적·사회적·경제적·정치적 요소들

② 민주생활양식을 유지·발전시키는데 필수적인 민주적 신념들

· 인간 존엄과 개인의 가치
· 법 앞의 권리와 자유를 누릴 책임
· 언론, 집회, 신앙, 학문의 자유
· 정의, 안정, 기회균등
· 자치 능력에 대한 신념
· 인간의 문제들을 지성적으로 해결
· 국민의 동의에 의한 정부
· 공익을 위한 협력
· 소수자를 존중하는 다수의 지배
· 세계 평화를 위한 협력

(2) 탐구 목표

탐구 목표는 탐구 양식, 탐구 방법, 탐구 과정의 활용 능력을 증진시키려는 목표이다.

① 탐구 과정들의 사용(생각해 내기, 관찰하기, 비교·대조하기, 분류, 해석, 정의, 일반화, 분석, 종합, 추론, 예측, 가설 형성, 평가하기)
② 학습 주제 및 문제의 탐구 계획 세우기, 자료의 수집, 자료의 조직과 처리, 결론 이끌어 내기, 탐구 성과와 절차를 평가하기
③ 문제 해결 과정을 유동적으로 활용하기(일반화가 도출되는 분석 양식, 개별 사건들과 조건들이 재구성되는 통합 양식, 여러 대안들이 검토되는 의사 결정 양식에 주의를 기울이기)
④ 기본 개념들을 내포한 질문하기(관찰, 해석, 분류, 기타 탐구 절차 사용에 도움이 되는 질문들)
⑤ 적절한 증거에 입각하여 결론 진술하기(둘 이상의 개념들이 의미 깊은 관련성으로 결합된 증거)
⑥ 정당화된 결론과 그렇지 못한 결론의 구별, 사실적 진술과 견해의 구별, 일반화와 그 증거의 구별, 규범적·당위적인 것의 진술과 서술적·사실적인 것의 구별, 시간적·지역적 한계를 지닌 일반화와 그런 제한이 없는 일반화의 구별
⑦ 토의 활동에서 효과적인 탐구에 요구되는 태도 드러내기(증거가 부적합할 때 판단 보류, 가설 검증이나 예측을 위한 기초 기반 검토)

(3) 기능 목표

다음과 같은 여러 가지 사회과 기본 기능들을 활용하는 능력을 증진시키고자 하는 목표이다.

① 다양한 자료 출처를 이용하기(제1·2차 자료, 교과서, 도서관 자료, 시사 간행물, 지역사회 자료, 시청각 자료)
② 정보의 탐색, 수집, 검토, 요약, 보고하기
③ 사회과 자료들을 비판적으로 읽기, 비판적으로 청취하기, 독자적으로 연구하기
④ 각종 지도, 그래프, 표, 연대표, 기타 그림 형태 자료들을 해석하기와 작성하기
⑤ 사건들의 경과, 시대, 연대표, 추세를 해석하기
⑥ 다양한 출처로부터 얻은 자료들을 조직하여 제시하기(사진, 서면, 그림 형태, 구두 표현)
⑦ 집단의 한 성원으로서 활동하기(의사 결정에 참여, 계획 수행, 집단 규범을 준수하기, 개인 및 집단의 노력 결과를 평가하기)

(4) 정의적 목표

이것은 개개인의 태도, 가치, 감정을 개인 행동 및 집단행동에서 확인하고, 기술하고, 드러내도록 하는 것을 목표로 한다.

① 합리적 탐구에 있어서 객관성, 깊은 의문 앎에 대한 희구, 논리적 사고의 존중, 전제와 결과에 대한 고려, 자료와 그 의미 탐색을 중시
② 개인의 감정과 견해들이 해석과 관점에 반대되는 증거, 일반화의 한계를 고려
③ 사건의 복합적인 원인, 개인의 관점에 반대되는 증거, 일반화의 한계를 고려
④ 쟁점과 문제들을 보는 새로운 시각, 창의적인 생각, 그것들을 다루는 새로운 방법 탐색
⑤ 인간사에 대한 도덕·윤리적, 정신적 가치의 영향에 민감
⑥ 민주적 신념들, 인간의 자유, 시민적 책임 의식, 애국심, 기타 전통적 가치들을 존중
⑦ 문화적 유산에 대한 개인 및 집단의 공헌을 소중히 여김(학자들의 공헌을 포함하여)
⑧ 합당하게 확립된 권위, 적법한 법의 절차 등을 존중
⑨ 자기 존중과 함께 타인을 존중하기
⑩ 개인 및 집단의 안녕복지를 맡은 사람들의 행동을 비판적으로 검사
⑪ 민주적 신념들을 실천하려는 자신의 행동과 다른 사람들의 노력을 평가하기
⑫ 책임감 있고 협동적이며 창조적인 사람으로서 집단 활동에 있어 남에 대한 관심을 나타내기

J. U Michaelis의 사회과 목표 분류 체계를 앞의 두 가지 목표 분류와 체계와 비교해 볼 때, 특징적인 것은 인지적 영역과 정의적 영역을 균형 있게 포괄하면서도 특히 '탐구적 목표'와 나머지인 '기능 목표'를 구분 설정함으로써 사회과의 탐구 기능을 강조하고 있는 점과 지식 영역인 개념 목표, 기능 영역인 탐구 목표와 기능 목표, 정의적 목표 영역마다 그 하위 유목들을 풍부하게 설정해 제시하고 있는 점이라 하겠다. 그러한 상세화된 목표 유목들의 설정은 교사로 하여금 학생의 학습 과정과 다양한 활동을 촉진하기 위한 교수·학습 목표를 상세화하는데 많은 도움을 줄 것으로 여겨진다.
또 다른 특징은 정의적 영역의 목표로 볼 수도 있는 '민주적 신념들'을 지식 영역인 개념 목표로 설정 분류함으로써 인지적 교수 전력의 활용 가능성을 열어 놓은 점이라 하겠다.
Michaelis의 목표 분류 체계 중 '탐구 목표'라고 분류한 것은 Fraenkel의 분류에서 Research skill(탐구 기능)에 해당하는 것이며, '정의적 목표' 중 ①항~⑤항까지의 목표들은
Fraenkel의 '지성적 행동 지향 태도'에 해당하며 ⑥항~⑫항까지의 목표는 '사회적 행동 지향 태도'에 해당한다고 할 수 있겠다.
또한 Michaelis는 가치와 태도라는 목표를 분리하지 않고 있는데 반해, Fraenkel은 가치와 태도의 목표 영역을 분리해서 제시하고 있다는 점도 알 수 있다.

4) 자롤리멕(Jarolimek)의 사회과 목표 분류

자롤리멕(Jarolimek)은 사회제도로서의 학교는 어린 시민들(즉, 학생들)을 사회화시키는 과정에서 중요한 역할을 담당하고 있는데 한 세대에서 다음 세대로 문화가 전승되려면 어린이들에게 학습되어야 할 일정한 이해, 태도, 가치 및 기능들이 있다고 보아 4영역의 사회과 목표로 내세운다.

(1) 이해(사회과 목표로서의 이해 지식)

① 세계, 세계의 민족, 여러 민족의 문화
② 자기 나라의 성립과 성장
③ 이웃, 지역사회(공동체), 고장: 생활 모습과 일의 세계, 삶을 위한 기본 욕구의 해결 방식, 사람들의 상호 작용 및 상호 의존
④ 지역사회 및 국가의 법체계와 정치 체계
⑤ 일의 세계와 다양한 직업에 대한 안내
⑥ 인간 사회의 기본적 제도들(가족제도 등)
⑦ 지구 환경의 이용과 오용
⑧ 현대의 사회문제들
⑨ 사회적 기본 기능: 재화·용역의 생산, 유통, 분배, 소비, 교육, 오락, 정부의 마련, 인적 자원 및 자연자원의 보호와 보존, 심미적·종교적 욕구의 표현, 타인들과의 의사소통

(2) 가치와 태도

① 우리 사회의 공통 가치를 알기
② 경합적인 가치들 중에 선택·결정을 할 수 있는 능력
③ 모든 시민에게 보장되는 기본적 인권을 알기
④ 애국심의 계발
⑤ 국가 이상, 전통, 제도에 대한 존중심 계발
⑥ 인류애 정신 계발하기

(3) 기능

① 사회적 기능(social skills)

· 함께 어울려 생활하며 활동하기(차례 지키기, 남의 권리 존중, 사회적 공동 관심사에 민감)
· 자기 통제 및 자율의 능력

· 생각이나 경험을 다른 사람과 공유

② 학습 기능 및 직업 습관

· 정보 소재의 탐색과 정보 수집
· 보고서 작성, 발표하기, 다른 사람의 보고나 지시를 경청하기
· 여러 목적에 따라 사회과 자료 읽기
  (대의 파악, 구체적 사실 탐색, 결과 예측, 필자의 편견 간파하기, 비교와 대조하기)
· 지도, 지구본, 차트, 그래프, 기타 그림 자료와 사진 자료 활용하기
· 이용하기 편리한 구조로 정보를 조직하기(개요 작성, 차트 작성, 연대표 작성, 그림 혹은 분석
  자료들의 분류, 사상·사건·사실 들을 순서대로 배열하기, 기록 보존하기, 요약문 준비하기)
· 관심 있는 문제에 대한 탐구

③ 집단 작업 기능

· 소집단 내에서 회합에 어울려 활동하기 및 여러 역할 담당하기
· 집단 토의에 참여하기, 토의를 진행시키기
· 집단 의사 결정에 참여하기

④ 지적 기능(intellectual skills)

· 문체의 규정 및 확인(현재의 탐구를 위한 선행 경험과 관련시켜)
· 가설의 형성 및 검증(사실 정보에 근거한 결론 도출)
· 자료의 분석 및 종합
· 사실과 견해의 구별
· 인과관계의 지각
· 서로 다른 관점의 비교·대조하기
· 의사 결정 속의 가치적 요소 인식하기

Jarolimek의 사회과 목표 분류에서는 지식 영역의 목표를 '이해(understanding)'라고 설정하면서 사회과에서 이해시켜야 할 지식의 주요 범주를 열거한 점이 우선 독특하다. 그리고 정의적 영역인 '가치와 태도'를 인지적 목표인 '이해' 다음의 둘째 목표 영역으로 설정하면서 '기능' 목표를 셋째 영역으로 설정하고 있는 점이 주목을 끈다. 이것은 사회과 교육과정에서 인지적 목표와 정의적 목표를 긴밀하고도 균형 잡히게 설정하여야 한다는 것을 강조하려는 의도로 받아들일 수 있을 것이다. 가치와 태도만을 사회과의 정의적 목표로 한정해서 강조한다.

또한 '기능'의 하위분류에서 흔히 집단 참여 기능이라고 할 만한 것을 '① 사회적 기능'과 '③ 집

단 작업 기능’으로 구분해 설정하고 있는 점이 특이하다. 다른 학자나 연구 기관의 분류에서 강조한 탐구 기능은 상대적으로 약하게 설정되고 있는 것으로 비춰진다. 즉, ‘④ 지적 기능’ 속에 열거한 기능 유목들 중 일부가 탐구 기능을 시사해 주고 있을 정도에 그치고 있다.

5) 스킬(D. J. Skeel)의 사회과 목표 분류

Skeel은 사회과의 목표를 4영역으로 유목화하여 다음과 같이 제시하였다.

(1) 지식
(2) 이해
(3) 가치와 태도
(4) 기능(사회적 기능, 지적인 기능, 심체적 기능)

Skeel은 ‘지식’ 영역의 목표들은 어떤 ‘이해’를 조장하고 촉진할 수 있는 것들로 산정되어야 한다고 함으로써 사실 지식들은 어떤 주제 또는 문제에 대한 이해에 도움이 되지 못하면 무의미한 것으로 보아 ‘이해’ 영역을 사회과 교육의 가장 중요한 측면으로 강조한다. ‘이해’는 단편적인 여러 정보들을 종합하고, 기존의 지식과 새로 습득한 정보와의 연관성이 파악되도록 정보들을 서로 관련지을 때 가능해지는 목표라 하였다. 다시 말하면, 어떤 문제를 해결하기에 앞서서 다양한 단편적 정보들[지식]이 서로 조립되었을 때[이해] 가능한 해결책이 나올 수 있다. 또한 [이해] 목표의 성취 여부는 종합된 지식을 새로운 상황에 적용할 수 있느냐의 여부로써 평가되는 것이다.

그는 또 태도란 사물 또는 상황에 대한 비교적 영속적인 신념의 조직이라고 정의하였으며 어떤 태도 조직체에 내재하는 신념은 ① 인지적 요소 ② 정의적 요소 ③ 행동적 요소 3가지 요소를 모두 지니는 것으로 보았다. ‘태도’ 또는 ‘가치’의 평가는 주어진 상황 속에서의 개인 행동들을 관찰함으로써 가장 잘 이루어진다고 하였다.

‘기능’이란 체계성을 가지면서 발전되어 가는 것이며 기능 목표의 용인할 만한 도달 수준은 개인의 성숙도에 따라서 달라지기 때문에 ‘기능’ 영역의 교수 목표를 진술함에 있어서는 개인의 잠재적 능력이 결정되어야 한다.

‘기능’ 목표 영역의 하위 영역들 중, ‘사회적 기능’은 집단 내에서의 개인들 사이의 상호 작용과 관련된 기능들을 말하며(예: 지도성 능력, 협동적 계획 수립 기능) ‘지적 기능’이란 조사연구, 비판적 사고, 문제 해결, 구두 및 서면 보고, 개요 작성하기, 노트 작성 기능 등을 의미하고 ‘심체적 기능’은 구성하기, 그리기, 색칠하기의 예와 같이 주로 손으로 직접 하는 활동의 숙달도와 관련된 기능을 목표로 하는 것이다.

6) 프레스텐과 허만(R. C. Presten & Herman)의 사회과 목표 분류

(1) 지식 및 이해: 과거 세대로부터 계승되어 온 중요 사실들과 이상들

① 아동이 살고 있는 사회의 문화사, 전통, 가치
② 선정된 다른 사회들의 문화사, 전통, 가치
③ 인류가 그들의 취락과 맺고 있는 관련성
④ 상호 의존성에 따른 모든 국가의 움직임
⑤ 사회마다 자원 관리와 이용
⑥ 직업 세계

(2) 학습 지향 태도: 탐구 정신, 지적 호기심, 그리고 새로운 지식과 이상을 발견하는 상상력을 목표로 보는 영역

① 학습(연구)할 주제에 대한 호기심
② 의문과 문제에 관하여 가설을 형성하는 경향
③ 사회과 영역을 수업 외의 상황에서 계속 탐험하고 숙달하고자 하는 갈망
④ 고정된 관점과 시각을 거부하고 현상들을 새롭게 검토하려는 욕구
⑤ 애매모호성, 부분적 해결책에 대하여 인정하고 관용하는 태도

(3) 사회적 가치와 태도

① 사회에 대한 가치 · 태도: 정의와 통합을 위한 사회적 욕구를 인식
② 사람들에 관한 가치 · 태도: 인간 존엄성, 다른 사람의 감정에 민감
③ 지역사회와 국가에 대한 가치 · 태도: 국가 · 지역사회에 대한 책임감
④ 자연자원 · 환경에 대한 가치 · 태도: 자원 · 환경을 보호, 보존하고 현명하게 이용하려는 욕구
⑤ 증거에 대한 가치 · 태도: 증거를 중시하기, 증거를 지배하는 규칙 인정

(4) 기능

① 언어 기술적 기능: 책 읽기와 해석하기, 보고 · 토의 · 인터뷰를 위한 구두 의사소통, 노트 요약문 · 보고서 쓰기, 의사 진행에 적합한 기능들
② 연구 · 학습 기능: 정부 수집 및 조직, 정보 근원의 타당성 검사, 기억을 향상시키는 기법 활용, 노트 작성
③ 비판적 사고 기능: 자료들을 객관성 있게 검토하기, 자료들의 적절성을 분류하고 판단하기, 근

거에 비중을 두기, 가설의 형성, 문제 해결의 기능
④ 지도 및 지구본에 관한 기능: 지도와 지구본의 기호들 해석하기, 거리 계산하기, 방향 결정하기, 위선과 경선을 이용하기
⑤ 그림 자료 해석 기능: 그래프, 표, 차트, 연표를 읽고 해석하기
⑥ 협동적 집단 활동 기능: 집단 계획 조직하기, 남과 협력해 활동하기, 리더십을 교대로 발휘하기

프레스톤(Preston)과 허먼(Herman)의 사회과 목표 분류에서 첫째 특징은 인지적 영역의 목표를 '지식 및 이해'와 '학습지향 태도'는 그에 포함된 유목들로 보아 일반적으로 탐구 기능 혹은 비판적 사고를 길러 주기 위한 '성향'으로서 중요시되는 것이다. 둘째 특징의 정의적 영역의 목표를 '사회적' 가치와 태도로 설정한 점인데, 이는 사회과의 정의적 목표를 어디까지나 사회통합적인 가치와 태도에 국한시키려는 의도로 해석된다. 셋째의 특징은 기능 영역의 목표가 사회과의 특성을 잘 나타내는 기능들로 다양하게 분류되어 설정된 점이다.

7) 사회과 교과 목표 체계의 주요 경향

사회과 교육의 여러 학자들의 사회과 교과 목표 분류 체계들을 면밀하게 비교, 대조해 보면, 사회과 교과 목표 설정의 주요 경향을 다음과 같이 파악할 수 있다.

첫째, 사회과 교과 목표 설정의 기본 영역은 '지식'(또는 이해), '기능' 및 '가치·태도'의 셋으로 파악된다. 다만 4개의 목표 영역을 설정한 경우는 '가치'와 '태도'를 분리시켜 본 경우라든가 지식 영역에서 지식의 종합과 적용을 강조한 '이해'라는 목표를 '지식' 목표 외에 추가한 경우, 그리고 기능 영역에서 탐구 기능을 강조하여 독립된 목표 영역으로 설정한 경우일 뿐이다.

둘째, 지식 영역 목표에 있어서는 기억, 재생되는 '사실' 정보로서의 지식보다도 그런 지식을 관련·종합하여 현상을 이해하는데 필수적인 '개념과' '일반화'를 강조하는 경향이 뚜렷하다. 그만큼, 지식 영역의 목표를 '사실', '개념', '일반화'의 셋으로 설정하는데 있어 학자들의 견해가 대체적으로 합치된다.

셋째, 사회과의 기능 영역의 목표로서 단연 우세하게 강조되고 있는 것은 사회과학 탐구 과정을 숙달시키려는 이른바 '탐구 기능'이며(KEDI - 탐구 기능, Fraenkel - 연구 기능, Michaelis - 탐구 목표, Jarolimek과 Skeel - 지적 기능, Preston & Herman - 비판적 사고 기능), 탐구 기능과 아울러 강조되고 있는 기능 목표는 '정보의 조직 및 활용 기능'이라고 볼 수 있다(KEDI - 정보 습득·처리 기능, Fraenkel - 사고 기능, Preston & Herman - 연구 학습 기능, 그림 자료 해석 기능, 지도 및 지구본에 관한 기능 등). 또한 민주시민 교육을 목적으로 지닌 사회과의 특성상 집단생활 속에서 합리적인 문제 해결을 위해 요구되는 '집단 참여 기능'이 강조된다(KEDI - 민주적 결정 참여 기능, Fraenkel, Jarollimek, Skeel - 사회적 기능, Jarollimek, Skeel, Preston & Herman).

다섯째, '가치'와 '태도'를 통합시킨 하나의 목표 범주로 본다 하더라도 여기에는 두 가지 목표 범주가 있는데 KEDI 사회과 연구팀은 이를 '바람직한 가치·태도'와 '합리적인 가치·태도'와 매우 유사한 것으로서 민주사회의 유지와 발전을 위해 필수적인 '핵심 가치(core value)'로 여겨지는 것들이

다. Michaelis의 정의적 목표 범주에도 Fraenkel의 '지성적 행동 지향 태도'와 '사회적 행동 지향 태도'로 설정하고 있다. Fraenkel이 '태도' 목표와 구분하여 설정한 '가치' 목표는 KEDI의 '바람직한 가치·태도'와 매우 유사한 것으로서 민주사회의 유지와 발전을 위해 필수적인 '핵심 가치(core value)'로 여겨지는 것들이다. Michaelis의 정의적 목표 범주에도 Fraenkel의 '지성적 행동 지향 태도'에 해당되는 목표들(①~⑤)과 '사회적 행동 지향 태도'에 해당하는 목표들(⑥~⑫)이 설정되어 있음을 발견하게 된다.

6. 사회과 교육의 일반 목표

1) 사회과 교육의 지향 목표

일반적으로 사회과는 인간이 사회참여 과정에서 효율적으로 적응하는데 필요한 지식, 기능(능력), 가치·태도 등의 신장과 함양을 목표로 한다. 사회과 교육은 사회과 교육과정에 바탕을 두고 사회과 교수·학습 내용을 매체로 하여 미래의 주인공인 학생들이 성장하여 사회에 적극적으로 참여하려는 태도와 그 과정에서 필요로 하는 다양한 지식을 체계 있게 인지하도록 하여 바람직한 사회생활을 영위하는 사람이 될 수 있는 능력을 배양하는데 근본적인 목표가 있다.

현대사회는 궁극적으로 사회 구성원 다수의 이익을 위하여 다수가 이끌어 가는 사회이다. 그 결과 소수가 소수만의 이익을 위한 의사 결정보다 다수의 의견을 존중하고 이를 따르는 사회를 갈망하게 되었다. 모든 사회 구성원은 자신의 의견이나 권익과 다르다 하더라도 다수의 의견과 이익을 따르고 수용하려는 자세가 기본적으로 필요하다.

사실 오랜 역사와 전통 속에서 수많은 선량한 시민의 생명을 담보로 하여 취득한 민주주의 사회는 아직까지는 가장 바람직한 사회체제로 인식되고 있다. 우리 인간이 사회 구성원으로서 요구하는 가장 바람직한 인간상은 곧 '선량한 민주적 사회인'이다. 민주적이란 의미는 단순히 독재적·전제적이라는 의미의 반대 개념이나 민주정치체제에서의 법질서 준수만을 의미하지는 않는 것이다. 민주적이라는 개념은 매우 광범위한 의미를 함축한 개념이다. 민주적이라는 의미는 사회 구성원 여러 사람의 인격, 권익, 의견 등을 바탕으로 사회 모든 질서가 유지된다는 광범위한 의미인 것이다.

사회적으로 다수의 의견을 바탕으로 윤리적이고 협력적이며 사회적 법질서를 존중할 줄 알며, 논리적이고 나아가 합리적 판단을 하며 현실을 직시하는 원만한 태도 형성 등 복합적 의미를 함축하고 있기도 하다. 현대는 물론 미래 사회에도 오랫동안 인간이 추구하고 주도하는 최고의 가치인 것이다. 따라서 사회교육의 목표는 종합적으로 '원만한 민주적 사회인 양성'이라고 했을 때, 이는 매우 포괄적인 의미를 갖는 것이다.

물론, 사회과 교육을 충실히 이수했다고 하여 진정 민주적이고 합리적이며 원만한 사회인이 되느냐 하는 문제이다. 이는 사회과 교육에서 기대하는 목표이며 희망이다. 따라서 사회과 교육의 바람직한 방향은 사회적 능력과 인격 도야의 책임도 함께 고려하여야 한다. 사회적 기능은 본질적으로 훌륭한 사회인의 자질을 기르는데 필요한 사회과적 지식과 사고력, 판단력 등을 연마하는 것이다. 바람직한 판단력, 의사 결정력은 합리적 사고력에 바탕을 두고 있다. 합리적 사고력 신장은 수많은 정보를 토대로 종합적 사고를 통하여 기대할 수 있다(김정호 외, 2007: 17-19).

역사적으로 오랫동안 동서고금을 통하여 사회과 교육의 목표 설정에 대해서는 많은 논쟁이 계속되어 왔다. 즉, 사회과의 목표를 바람직한 시민 양성, 사회과학 연구의 결과 및 과정 습득, 반성적 탐구를 비롯한 고급 사고력 신장, 합리적인 의사 결정력 신장 등 어느 것에 보다 중점을 둘 것인가가 쟁점이 되고 있다.

일반적인 사회과 교육의 목표를 종합하기 위해서는 사회과 교육학자들의 사회과의 목표관을 요약하면 다음과 같다.

<표 19> 사회과 교육의 목표에 대한 학자들의 견해

학자명	사회과 교육의 목표 초점
베렐손 (B. Berelson)	·믿을 만한 사회과학 지식을 책임감이 강한 시민 양성의 수단으로서 가르칠 수 있다.
펜톤(E. Fenton)	·사회과는 아동들로 하여금 선량한 시민이 되도록 한다. ·사회과는 아동들에게 어떻게 생각할 것인가를 가르친다. ·사회과는 다음 세대에 문화유산을 전달한다.
마시알라스와 콕스 (B. G. Massialas & C. B. Cox)	·선량한 시민 양성의 수단으로서 사고력을 신장시킨다.
스킬(D. I. Skeel)	·아동들의 올바른 자아 개념을 발달시키고, 다문화적 요소를 인식하고 평가하며 사회화 과정, 의사 결정 및 사회참여력을 신장시켜야 한다.
뱅크스 (J. A. Banks)	·구성원들이 속해 있는 지역사회, 국가, 세계의 공동생활에 적극 참여하여 신중하게 결정할 수 있는 지식과 능력을 습득하게 한다. ·사회과의 궁극적 목표는 지적인 사회 행위자들을 가르치는데 있다. 한 개인이 합리적인 의사 결정을 내리는 능력을 계발했을 때, 지적으로 행동할 수 있다.

이상과 같은 학자들의 사회과 교육의 목표에 대한 주장과 견해를 종합하면, 공통적으로 사회과 교육의 궁극적 목표를 '바람직한 시민의 양성'에 두고, 그러한 목적에 도달하기 위한 수단으로서, 사회과학적 지식과 사고력, 탐구력, 그리고 합리적인 의사 결정력 등을 강조하고 있음을 파악할 수 있다(한면희 외, 2008: 162-172). 사회생활에서의 이성적 행위와 자유롭고 행복한 사회생활의 영위를 통한 민주시민성 함양이 강조되어야 한다.

따라서 사회과 교육의 최종적인 목적은 민주시민적 자질 함양, 세계시민적 소양 신장 등에 있으며, 이는 지식기반사회, 지식정보화 사회의 지구촌 시대 시민 의식 및 자질 함양과 밀접하게 연관되어 있는 것이다.

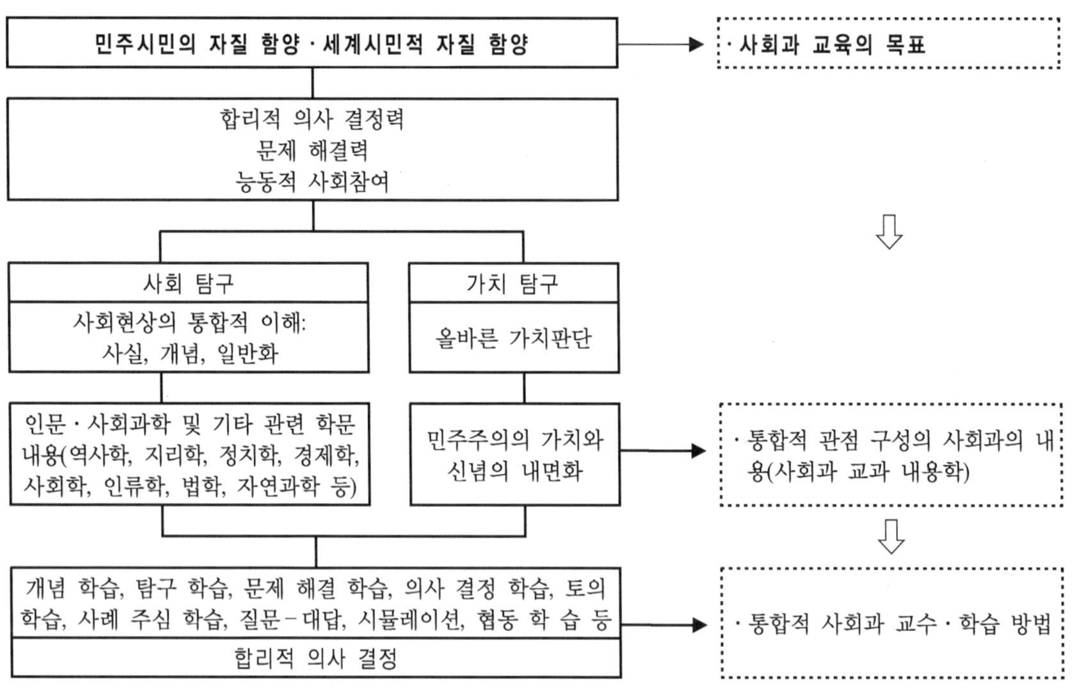

[그림 4] 사회과 교육의 지향 목표 체계도

한편, 사회과 교육의 최종 목표는 민주시민적 자질 향상에 있으며 이러한 민주시민성 함양을 위한 영역별 목표의 하위 범주는 지식, 기능, 가치 · 태도, 사회참여 등으로 구분하여 고찰해 볼 수 있다(한면희, 2008: 119 – 121).

2) 사회과 교육목표의 범주화

사회과 교육의 목표는 사회과 유형화 차원에서 시민성 전수 모형, 사회과학 모형, 반성적 탐구 모형으로 구분하여 고찰할 필요가 있다. 시민성 전수 모형은 사회적 요구가 보다 강조되고 있고, 사회과학 모형은 학문적 요구, 그리고 반성적 탐구 모형은 학습자의 요구를 강조한다(손병노 · 권오정, 1996: 64 – 69).

사회과의 유형에 따라 목표 정립의 기초가 상호 차별적인 이유는 사회과 목적으로서 시민성에 대한 의미 규정이 서로 다르기 때문이다. 즉 사회과 유형별로 사회과를 통해서 추구하는 인간상으로서 시민성의 내용에 대한 관점이 다르기 때문이다.

실제 시민성에 대한 상호 갈등적인 가정이 있을지라도 시민성 함양을 추구하기 위하여 사회과의 목표를 전략화하는 상황에서는 동일한 범주가 나타나고 있다. 사회과 목표의 기본 범주는 지식 목표, 기능 목표, 가치 · 태도 목표 등이다. 경우에 따라서는 사회참여 목표를 별도로 설정하기도 한다. 이는 올리버(Oliver)의 유형화 중에서 시민 행동 접근으로서의 사회과 계보에 바탕을 둔 것이다.

목표 범주	주요 의미
지식	사회현상에 대한 탐구 과정을 거쳐서 이해 및 획득된 사실, 개념, 일반화 등
기능	효과적으로 능숙하게 과제를 완수하기 위하여 사용하는 능력, 정보 습득 기능, 정보의 조직 및 사용 기능 등
가치 · 태도	사회현상에 관련된 판단 및 신념의 기준
사회참여	학교와 지역사회의 여러 집단 작업에 관심을 가지고 주어진 역할을 수행하는 능력

사회과 목표의 범주는 사회과에서 가르치고자 하는 내용이 교육의 과정을 고려하여 추상화된 것이며, 궁극적으로 사회과에서 시민성 함양이라는 교육 목적을 실현하는 과정에서, 목표의 체계화 및 범주화가 이루어진다. 특히, 이러한 사회과 목표의 범주화에 대한 구체적인 내용은 지역과 국가에 따라, 시대에 따라, 교육과정 개발 주체에 따라 상이한 양상이 나타난다(남호엽, 2008: 30‒32).

〈표 21〉 사회과 훌륭한 시민 자질과 교수 · 학습 방법

사회과 교육의 발전	'훌륭한 시민' 구성 요소	교수 · 학습 방법
사회과 성립기	공민으로서의 자질 (공동선에 대한 헌신, 민주주의, 준법정신)	전통적 교수법 활동 중심 수업 (프로젝트, 문제 해결)
학문 중심 교육과정	합리적 사고 (비판적 사고, 문제 해결 및 탐구 능력)	개념 학습탐구 학습 (사회과학적 탐구, 반성적 탐구)
쟁점 중심 교육과정	사회참여 기능, 의사 결정 능력	의사 결정 학습, 가치 학습
인간 중심 교육과정	타인에 대한 배려, 공동체 의식, 협동심	활동 중심에서 능동적 학습으로 이행
학습자 중심 교육과정	학습자의 의미 구성, 다원성과 다양성 인정, 창의적 사고, 다중시민성	구성주의 학습 이론 수용

* 출처: 최용규(2008), 「초등 수업 개선 어떻게 하여야 하나」 공주교육대학교 교육대학원, 수업 개선 자료, 49.

7. 사회과 교육목표 설정

일반적으로 교육목표를 설정할 때는 사회적 상황, 학습의 준비도 등을 고려하여야 되는데, 사회과의 교육목표를 설정할 때에는 특히 이 점이 중요하다. 왜냐하면 사회과는 개인과 사회 및 국가와의 관계를 직접적인 내용으로 취급하기 때문이다. 사회과의 목표는 사회적 또는 국가적인 목표와 조화되지 않으면 안 된다. 사회과의 교육목표는 국가적 교육목표의 하위개념이라고도 할 수 있다. 사회과의 교육목표는 문제 해결 능력과 같이 일반적으로 표현되면서도 민주화, 민족의 발전, 경제성장, 복지사회의 실현, 공동체 의식의 증진 등 사회적 · 국가적 목표와 조화되지 않으면 안 된다. 이와 함께 학습자의 심리적 발달 상황이나 준비도 등과도 연결되어야 한다. 심리학자인 피아제(J. Piaget)나 도덕교육학자 콜버그(L. Kohlberg) 등이 주장하고 있는 바와 같이 초등학교의 저학년에서는 구체적인 행동과

습관화를 주요한 교육의 목표로 하고 고학년으로 올라갈수록 일반적이고 추상적인, 그리고 형식적인 개념, 원리, 명제를 이해하는 것을 목표로 해야 할 것이다. 피아제와 콜버그의 이론은 인간 발달과 교수·학습에 대해서 많은 시사점을 제시하고 있다(차경수, 2007: 44-47).

사회과의 목표는 또 학교 교육의 교육목표와도 조화되어야 하고, 실현 가능한 것이어야 한다. 사회과 교육은 국어·영어·수학교육 등과 같이 교과교육의 일종이며 그것은 학교 교육의 범위 내에서 실시되는 것이다. 다만 다른 교과교육이 대부분 하나의 학문을 배경으로 하는데 비하여 사회과 교육은 다양한 사회과학을 바탕으로 한다는 점이 특징이다. 그러므로 구체적으로는 도시학교 및 농촌학교, 인문계학교 및 전문계학교 등과 같이 학교의 종류에 의해서 영향을 받을 수도 있고, 전인교육과 같이 최근에 우리나라에서 주장되고 있는 학교 교육의 목적으로부터도 많은 영향을 받는다. 그리고 학교 교육이라는 관점에서 고찰할 때는 사회과 교육은 수업을 통하여 실시되는 것이므로 수업을 통하여 실현이 가능한 것이어야 한다. 학교와 지역사회에서 실시되는 구체적인 학습활동이 사회과 교육의 목표가 될 수도 있다.

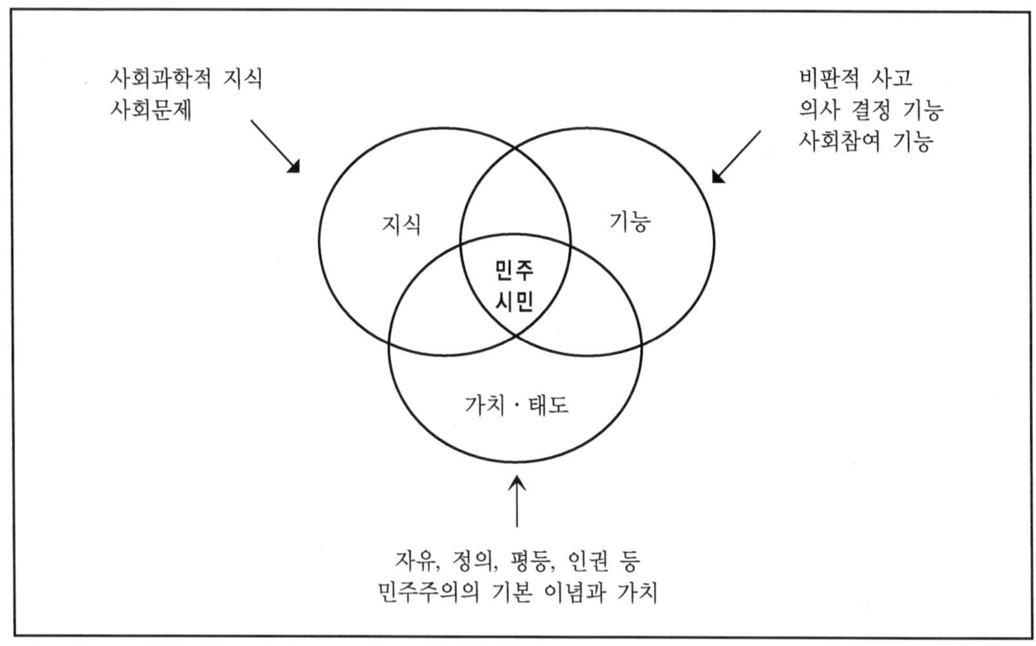

[그림 5] 민주시민 교육의 구조도

1) 추상적 목표와 구체적 목표

추상적이고 포괄적인 사회과 교육목표는 사회과 교육이 달성하고자 하는 적극적인 목표이고, 이러한 궁극적인 목표는 최종적인 인간상 또는 사회과 교육의 기본 방향을 의미한다. 그 사회과의 중요한 목표는 바람직한 민주시민 양성, 사회과학 연구의 과정과 결과 습득, 합리적인 의사 결정력 함양 등이다. 다만 추상적으로 서술된 교육목표는 교육의 방향을 구체적으로 제시하기 곤란한 단점이 있다.

사회과의 교육목표는 추상적으로 서술될 수도 있고 구체적으로 서술될 수도 있다. 추상적이고 포괄적인 사회과의 교육목표는 사회과 교육이 이룩하고자 하는 최종적인 인간상, 사회과 교육의 기본 방향 들을 의미한다. 추상적으로 서술된 교육의 목표는 교육의 방향을 일반적으로 제시하기가 곤란한 단점이 있다. 가령, 영국의 신사, 합리적인 프랑스인, 우리나라 조선 사회의 선비 등은 그 사회를 대표하는 하나의 인간상이라고 할 수 있다. 오늘날 우리에게 요청되는 인간상은 한마디로 표현하기는 어렵지만 사회과 교육이 이상적으로 지향해야 할 인간상은 '2007년 개정 교육과정'에 제시된 전인적 성장 위에 개성을 추구하는 사람, 기초 능력을 토대로 창의적인 능력을 발휘하는 사람, 폭넓은 교양을 바탕으로 진로를 개척하는 사람, 우리 문화에 대한 이해와 토대 위에서 새로운 가치를 창조하는 사람, 민주시민 의식을 기초로 공동체의 발전에 공헌하는 사람 등으로 제시할 수 있을 것이다.

추상적 교육목표는 교육의 방향을 제시하지만 학습활동을 구체적으로 제시하지는 못한다. 따라서 학습활동을 구체적으로 제시할 수 있는 교육목표를 서술할 필요가 있다. 이것은 행동으로 관찰할 수 있도록 교육목표를 제시하는 것이며 대개 수업 목표라고 불린다. 수업 목표는 구체적인 학습활동을 관찰할 수 있도록 제시해 주는 장점이 있는 반면에 어떤 경우에는 구체적으로 수업 목표를 서술하기가 곤란한 경우가 있기 때문에 그 점에서 제한이 따른다.

사회과 학습활동을 구체적으로 제시할 수 있는 교육목표는 수업 목표이며, 이는 구체적인 학습활동을 관찰할 수 있는 미시적 관점이라는 장점이 있는 반면, 국가·사회적 조망과 사회 변화에 적절하게 대응하지 못한다는 단점이 있다.

2) 인지적 목표와 정의적 목표

일반적으로 사회과의 교육목표를 행동적으로 표현할 때에 인지적 목표와 정의적 목표로 구분한다. 이러한 구분은 교육목표의 서술방법의 개선에 커다란 공헌을 한 블룸(B. S. Bloom) 등이 저술한 『교육목표의 이원적 분류』라는 저서에 의해서 명백하게 되었다. 그 후 교육 현장에서 일반화되었고, 특히 1990년대 이후 사회과 교육에서 가치·태도 교육이 강조되면서 정의적 목표에 대한 관심이 증대되고 있다. 그리고 2000년대 이후 이러한 가치·태도를 중심으로 한 정의적 영역의 목표는 더욱 강조되고 있는 추세이다.

사회과 교육의 목표 진술 방법도 교육학 일반의 발달로부터 많은 영향을 받는다. 인간의 행동은 크게 나누어 정보를 암기하거나 수학문제를 푸는 것과 같은 지적인 행동과 수학을 좋아하거나 싫어하는 것과 같은 수학에 대한 태도, 또는 사회와 국가에 대한 신념과 가치관 등으로 구분해서 고찰될 수 있다. 즉 수학을 좋아해도 수학문제를 푸는 능력은 낮을 수 있고, 수학을 싫어해도 수학문제는 잘 풀어 좋은 점수를 맞을 수 있는 것을 상상할 수 있다. 따라서 이해력, 문제 해결력과 같이 지적인 행동을 발전시키려는 목표를 인지적 목표(cognitive objective)라고 하고, 바람직한 가치와 태도 등을 형성하려는 목표를 정의적 목표(affective objective)라고 한다.

블룸(Bloom)은 인지적 목표를 지식, 이해, 적용, 분석, 종합, 평가 등 6가지의 행동 영역으로 나누었다. 이러한 행동 영역 중에서 지식은 어떠한 정보나 과거의 경험을 암기·회상·재생할 수 있는 능력이다. 이해는 한 번 들은 정보나 자료를 자기 자신이 해석하여 자기의 언어로써 표현할 수 있는 것을 의미한다. 그림표를 보고 설명할 수 있거나 개념을 자기 자신의 언어로 서술할 수 있는 것은 이해했다는 증거이다. 정보를 암기하는 것은 이해 없이도 가능하지만 이해는 지식을 바탕으로 한다. 적용은 한 번 학습한 개념, 규칙, 이론 등을 새로운 상황에 맞추어서 이용할 수 있는 것을 의미한다.

분석력은 여러 가지 기준을 설정하여 수집한 정보를 분류하거나 재편성하여 거기에서 의미를 찾을 수 있는 능력이며, 종합력은 단편적으로 분류된 요소들을 다시 재결합하고 추상적 개념을 형성해 내는 능력이다. 그리고 평가는 증거에 의해서 결론이 자연스럽게 제시되었는지 또는 분석·종합된 자료들이 전체적으로 무엇을 의미하고 있는지를 찾아내는 것이다. 사회과에서 인지적 목표는 이상에서 설명한 것과 비슷한 방법으로 사회현상에 대한 지식 및 이해, 개념이나 원리의 적용, 단편적이 정보의 분석 및 종합, 전체적인 평가 등으로 생각해 볼 수 있을 것이다. 이들에 대해서는 다시 사회과의 기능에 대해서 서술할 때 자세하게 살펴볼 수 있다.

정의적인 목표는 태도와 가치에 관한 것인데 인지적인 목표만큼 이론적으로 구체화되어 있지는 않다. 그러나 애국심을 기른다든지 국가와 민족을 사랑하는 것과 같이 사회과 교육의 중요한 목표는 많은 부분이 태도 및 가치관과 관련된 인간의 정의적인 행동인 것이다. 이로 보아 정의적인 행동이 사회과에서 차지하는 중요성을 충분히 인정할 수 있다. 블룸의 교육목표의 이원 분류에 의하면 정의적인 행동을 감수, 반응, 가치화, 조직화, 일반화·성격화 등 5가지로 구분할 수 있다. 감수와 반응은 가장 낮은 차원에서의 자극에 대한 의식 내지 흥미의 수준이며, 가치화는 그 차원을 넘어서서 개인적인 의미를 부여하는 단계이다. 그리고 조직은 가치화를 보다 더 체계적으로 유형화시키는 단계이다. 그리고 일반화·성격화의 단계는 일반적인 기준을 자기의 인격 속에 내면화시켜 안정된 퍼스낼리티를 형성하고 있는 단계이다. 사회과 교육에서는 가정, 사회, 국가 등의 사회집단과 돈, 인격, 명예 등 여러 사회적인 현상에 대한 안정된 태도와 가치관을 형성하는 것이 중요한 정의적 교육목표가 될 수 있다(차경수, 2008: 44-47).

3) 기능적 목표

기능(skill)은 능력, 특히 탐구 기능의 신장을 목적으로 한다. 탐구 기능이란 사회과학적인 여러 가지 방법과 절차를 거쳐서 사회 현상에 대한 지식을 찾아내고 적용하는 능력을 의미한다.

카(E. D. Carr)교수가 주장하는 기능목표를 보면 ① 비판적 사고, ② 전달 기능으로서의 읽기·쓰기·듣기·말하기, ③ 지도와 지구본의 사용과 설명, ④ 그래프자료의 사용과 설명, ⑤ 연대표의 적절한 사용능력 등이며, 존스(E. Johns)와 프레이저(D. M. Fraser)교수의 사회과 기능분석을 보면, 사회과에 부분적 책임이 있는 기능으로서는 ① 정보의 위치 탐색, ② 정보의 조직, ③ 정보의 평가, ④ 독서를 통한 정보의 획득, ⑤ 듣기와 관찰을 통한 정보의 획득, ⑥ 구두나 필기로 의사전달, ⑦ 그림·차트·그래프·표의 해석, ⑧ 다른 사람과의 공동 작업 등을 들고, 사회과의 주요 책임인 기능으로서는 ① 사회과 자료의 해독, ② 문제 해결과 비판적 사고 기능을 사회 문제에 적용, ③ 지도와 지구본의 해석, ④ 시대와 연대기의 이해 등을 들고 있다(박인현, 2009 : 91-92).

〈표 22〉 사회과의 행동 영역별 목표

학자	영역		세부 행동 영역
블룸 (B. Bloom)	인지적 영역	지식	기억, 암기, 회상
		이해	번역, 해석, 추론
		적용	새로운 상황의 원리 적용
		분석	요소, 관계, 원칙의 분석
		종합	요소의 도출, 구조화, 일반화
		평가	내적 평가, 외적 평가
	정의적 영역	감수	주의 집중, 감지, 자진 감수
		반응	만족, 자진 반응, 반응
		가치화	수용, 채택 확신
		조직화	개념화, 조직
		일반화·성격화	안정된 퍼스낼리티 형성
자롤리맥 (J. Jarloimek)	이해		지식과 지적 활동
	태도		가치, 감성, 이상과 느낌
	기능		사회적 기능, 학습 기능, 집단 작업 기능, 지적 기능
타바(H. Taba)	사고		특수 사고 기능(개념 형성, 추리, 일반화, 원칙)
	지식		개념, 주요 아이디어, 특수 사실
	태도·가치		가치 분석 및 이해
	기능		학습 기능, 사회 기능
라이언(F. F. Ryan)	지식		사실, 개념, 통칙
	기능		기본 기능, 탐구 기능
	가치·태도		학문적 가치 및 태도, 사회적 가치
	사고·과정		추리, 가설 설정, 비교, 대비 평가

▌제2장▐ 사회과 교육의 목표 분류

1. 사회과 목표의 요소

1) 지식 요소(Knowledge component)

사회과의 목표인 합리적 의사 결정은 과학적 탐구에 의해 도출된 지식에 근거하고 있어야 한다. 그래서 사회과의 내용은 다양한 사회과학, 인문과학, 자연과학 등에서 선택된 지식들로 구성된다.

2) 기능 요소(skill component)

의사 결정과 행위기능을 가르치는 것에 부가하여 사회과 프로그램은 기본적 기능인 읽기, 계산, 의사소통, 사고, 과학적 조사, 컴퓨터의 사용, 지도 활용 같은 능력 등을 익히고 사용할 기회를 제공해야 한다. 이런 기능은 의사 결정과 행위기능을 발달시키기 위한 본질적인 토대이다.

3) 가치 · 태도 요소(value · attitude component)

사회과는 학생들이 자신의 지성을 최대한 잘 활용하여 문제를 합리적으로 결정하고 그에 따라 행동하는데 확신을 갖도록 만들어야 한다. 그래서 사회과는 학생들이 소위 민주적 가치인 인간 존엄성, 정직, 자유, 평등, 협동 등을 믿고 준수하도록 가르쳐야 한다.

2. 사회과 교육목표의 영역

정보화 · 세계화 · 다원화 · 전문화 사회 도래 등으로 현대사회가 급변하고 사회적 상황과 시민들의 요구가 변화되면서, 사회적 상황과 요구를 충분히 반영할 수 있도록 사회과의 목표를 더 구체화시킬 필요가 생겼다.

이런 상황에서 1984년 파커와 자롤리맥은 민주적 시민을 충분한 지식을 갖추고 민주적 가치에 헌신하고 정치적 · 사회적 · 경제적 과정에 참여하는 사람으로 규정하면서, 사회적 행위(실천)가 없다면 지식, 기능, 가치 · 태도는 무력해진다고 지적했다. 사회과의 궁극적인 목표는 시민들이 정치적 · 사회적 · 경제적 과정에 자발적으로 참여하는 것이다(Paker & Jarolimek, 1984: 6).

이와 같은 맥락에서 뱅크스(Banks)는 탈산업사회와 세계사회의 특성을 고려할 때, 사회과의 주요 목표는 공동체, 국가, 세계 속의 사회생활에서 반성적으로 의사 결정하고 사회에 참여할 수 있는 유능한 시민을 양성하는 것이라고 보았다. 뱅크스에 따르면, 사회과 교육과정은 학생들이 4가지 목표의 영역 인 지식, 기능, 가치와 태도, 사회참여(시민 행동) 등을 달성하도록 도와주어야 한다(Banks, 1990: 4－7).

1) 지식 영역 목표

미래 사회의 주역인 학생들은 사회문제를 반성적·합리적으로 의사 결정하고 사회생활에 효과적 으로 참여하기 위해서 지식을 습득해야 한다. 사회과에서 배워야 할 지식은 보통 반성적인 의사 결 정과 실천에 도움이 되는 사회과학과 인문학에서 도출된다. 학생들이 자신의 가치를 명료화하고 대 립된 가치를 분석하기 위해 철학에서 가치와 윤리가 선택되기도 한다. 학생들이 반성적인 의사 결정 을 하기 위해서는 고차원적 지식(개념, 일반화, 이론 등)을 활용해야 하기 때문에, 사회과는 이러한 고차원적 지식을 가르치는 것이다.

지식이란 확실한 근거에 바탕을 둔 보편타당성이 있는 인식이며, 이러한 인식 작용의 결과를 의 미한다. 즉 알기 위한 활동이 인식이며, 인식 작용의 결과가 지식이며, 이 인식과 지식은 밀접하게 연관되어 있다.

사회과 교육의 지식의 인식과 이해는 중요한 요소이다. 사회과의 지식의 핵심인 사회과학적 지식 은 시공(時空)의 교차점 위의 사회 사상을 토대로 발전하며 사회 탐구의 결과 변화되고 누적된다. 사회현상에 관한 탐구를 통하여 누적되는 사실 및 개념, 그리고 원리와 법칙으로서 사회문제를 합리 적으로 해결하는 열쇠가 된다.

탱크(M. C. Tanck)는 지식의 구조를 사실(fact), 개념(concept), 일반화(generalization) 등으로 구분하 였다. 사회과학적 지식인 사실, 개념, 일반화는 서로 다른 것을 인지한 결과이며, 서로 구별할 수 있 는 특질을 갖고 있으나, 독립적인 것이 아니고, 상호 밀접하게 관련되어 있다. 지식의 구조는 사실, 개념, 일반화가 하나로 조직되어 체계화된 추상적 위계인 것이다.

다양한 사회에서 살아갈 시민들이 필요로 하는 지식은 사회과학을 비롯하여 인문학과 자연과학 등 다양한 분야로부터 선정한다. 그 밖에 현대사회의 여러 문제나 개인적·사회적으로 요청되는 사 항들이 이에 포함된다. 그러므로 사회과 교육 내용이 될 수 있는 지식들을 광범위한 분야로부터 선 정하여야 한다. 결국 이러한 지식들은 사회현상에 관한 탐구 과정을 거쳐서 획득된 사실(fact), 개념 (concept), 일반화(generalization)들로서, 사회과 지식 목표에서 주요하게 다루어져야 할 요소인 것이다.

(1) 사실(Fact)

사실적 지식은 특수한 사실이나 과정에 관한 지식이다. 사실적 지식은 보다 상위의 일반화를 구성 하고 수정, 발전시키는 소재가 된다. 사실은 사물, 사건, 현상 등 단순하고 단정적인 표현이다. 사실은 감각기관을 통하여 인식하고 확인할 수 있는 현상 자체를 의미한다. 그것은 지각에 의하여 입증될 수 있고, 또한 동시에 입증을 위한 자료가 되기도 한다. 사실은 논쟁이 있더라도 그 사실을 확인함으로써 해결된다. 이와 같은 사실들의 원천은 기억된 경험, 견학, 실험 등이다.

사실은 모든 사회현상의 기본이며 한 차원 높은 개념의 바탕이 되는 것이다. 기억된 경험으로부터의 자료는 학생들 자신의 경험이나 교사, 부모, 전문가 등의 기억된 경험, 도서, 신문, 잡지 등에서 얻을 수 있다. 현장 견학이나 실험 등을 통해서 얻어지는 자료는 학생들로 하여금 현장학습을 흥미 있게 참여하도록 하고, 성인들이 추출해 놓은 사실들을 학생들 스스로가 탐구 과정을 통하여 재발견하도록 한다. 이와 같은 여러 측면에서 터득된 사실들은 개념과 일반화를 도출하는 열쇠 역할을 하게 된다. 가령, 사실은 전문직이라는 개념을 이루는 교수, 의사, 연구원 등과 1945년 해방, 1988년 서울 올림픽, 2002년 한·일 월드컵, 2007년 제17대 한국 대통령 선거 등이다.

(2) 개념(Concept)

개념(槪念)이란 여러 사실을 종합하여 공통의 속성을 바탕으로 논리적으로 추상화시킨 것이다. 인간 생활에서 당면하게 되는 여러 가지 사물, 사건, 현상 등을 일정한 의미와 관련지어 분류하는데 이용되는 추상적인 단어이다. 개념은 학문적 지식 구성의 기본 단위로, 경험한 것을 집단별로 묶은 범주이다. 범주(範疇)는 속성, 특성에 따라 집단화하는 것을 의미한다. 즉, 범주는 일정한 기준에 따라 비슷한 것끼리 분류하고 이름을 붙인 추상적인 용어이다.

개념은 개별 사물에서 추출한 일반적·공통적·보편적 특성을 추상화시킨 표상이다. 개념은 경험한 사실 하나하나에 내재된 공통적 속성을 한 단계 높게 표현한 것이다. 그러므로 개념은 추상적인 사고와 창조적인 사고를 가능하게 해 준다(차경수, 2007: 112 - 121). 개념은 복잡한 사실들을 분류하고 사회 사상을 설명하는데 간편하고 간단하게 표현할 수 있게 한다. 직공, 수위, 서기 등의 사실들을 묶어서 근로직이라는 개념으로 이야기하는 것이 사례이다.

개념은 소개념이 모여서 중심 개념이 되고 중심 개념이 모여서 주개념(major concept), 기본 개념(basic concept)이 된다. 주개념, 기본 개념은 일반화, 구조 등과 동의어로 볼 수 있다. 그러므로 개념적 지식은 각각의 사물이나 사상(事象)으로부터, 공통적·일반적 성질을 추출하여 이루어진 일반적이고 본질적인 지식과 관념을 의미한다. 한 단계 차원 높은 추상적, 보편적인 단어를 의미한다.

복잡다단한 사회현상이 특징인 현대사회에서는 사회과 교육도 개념 학습을 크게 중시하고 있다. 폭증하는 지식과 정보를 일목요연하게 정선하는 개념 학습이 매우 중요하기 때문이다. 따라서 개념 학습은 학습 방법의 기초가 되며 기본적 학습 요령이기도 하다.

개념은 사회현상의 탐구에 매우 중요한 요소인데, 일반적으로 개념 정의는 실질적 정의, 명목적 정의, 조작적 정의 등으로 구분한다(김정호 외, 『사회과 교육학 신론』, 문음사, 2007: 91 - 93). 실질적 정의는 사용 중인 용어의 인정된 의미를 기술하는 것이다. 명목적 정의는 일정한 용어에 특별한 의미를 부여하기로 약정한 것이다. 조작적 정의는 그 의미를 측정하여 계량화할 수 있도록 양적 용어로 재구성한 것이다.

한편, 부르너(J. S. Bruner)는 개념을 접합(종합) 개념, 이접 개념(離接 槪念), 상관(관계) 개념 등으로 구분하였다. 접합(종합) 개념(conjunctive concept)은 몇 개의 속성이 통합된 개념으로서, 교육, 수입, 직업 등이 모여서 사회계급을 형성하는 것과 같은 개념이며, 이접 개념(disconjunctive concept)은 개념을 형성하는 기준이 여러 개의 대안을 갖고 있되, 각각 독립적, 대안적인 개념으로 택일(擇一)의 의미를 나타내는 것이다. 즉 출생, 귀화, 결혼 등으로 국민이라는 개념을 형성하는 경우이다. 상관 (관계) 개념(relational concept)은 속성, 또는 특성 간의 특별한 연관성을 갖는 개념을 의미한다. 상관 (관계) 개념은 고정된 특질을 갖고 있지 않기 때문에 오직 다른 것과 비교, 사건, 대상 등의 관계에 서만 성립되는 개념이다. 사회과에서 많이 사용되는 '정의롭다', '평화롭다' 등이 일정한 기준과 비 교할 때 개념의 의미가 확연하게 드러나지, 그렇지 않고 단독으로는 그 의미가 막연한 것과 같다. 따라서 상관(관계) 개념은 속성보다는 그 개념이 사용되는 상황과 맥락이 아주 중요하다.

한편, 헌트(M. P. Hunt)와 메트칼프(L. E. Metcalf)는 개념 학습의 단계를 인식, 분류, 정의, 일반화 등 4단계로 제시하고 있다.

(3) 일반화(Generalization)

일반화는 개념보다 상위 수준으로 둘 이상의 개념들의 상호 관계를 표현한 지식이다. 이것은 보 편적·일반적 특성을 갖는 것으로서, 정리, 가설, 추론, 원리 등을 의미한다. 일반화는 지식의 구조의 최상위에 위치하는 지식으로 둘 이상의 개념의 상호 관계를 의미한다. 따라서 일반적인 보편성을 갖 는 이론이나 원리를 의미한다. 그러나 현실적으로 사회현상을 설명하는 사실이나 개념이 많기 때문 에 측정하기 힘든 여러 가지 사회지식으로서의 일반화에는 어려운 문제가 수반된다. 일반화의 지식 은 절대적인 것이 아니다. 사회과학적 지식은 사회 사상 등을 토대로 계속 개발, 발전되며 사회 탐 구의 결과 지속적인 수정이 이루어진다. 이는 사회현상에 관한 탐구를 통해서 얻어지는 사실 및 개 념, 원리, 법칙 등으로서 사회문제를 합리적으로 판단, 해결하는데 아주 중요한 역할을 한다.

사실과 일반화는 총합적 진술이고, 개념은 분석적 진술이다. 사실과 일반화는 경험적 증거에 의하 여 입증되기 때문에 가변성을 갖고 있으나, 개념은 논리적 관계에 의해서만 입증되기 때문에 불변성 이 있다. 부르너(J. S. Bruner)는 지식의 계층에 대하여 사실, 소개념, 중심 개념, 기본 개념 등으로 분류하여 사실에 가까울수록 구체적인 것이라고 하고, 기본 개념에 가까울수록 추상적인 것이라고 하였다. 그러므로 개념, 즉 분석적 진술은 구체적인 데 비하여, 일반화, 즉 총합적 진술은 추상적 성 격이 더 강한 것이다. 일반화는 항상 수정되고 부정될 수 있다. 일반화가 아무리 충분히 입증되고 폭넓게 수용되었다 하더라도 새로운 증거는 항상 이를 부정할 수 있는 것이다. 따라서 일반화를 형 성하는 단계는 얼마나 광범위한 증거를 제시하는가와의 관계에 있고 사회현상의 변화에 따라 일반 화도 바뀔 수 있다는 논리가 성립되는 것이다.

사회과학의 일반화는 가장 대표적인 연구가 1953년 미국 스탠퍼드대학교(Stanford university)의 연 구이다. 한나(P. H. Hanna), 그로스(R. Gross) 및 일단의 대학생들에 의해 시도된 이 연구는 사회과 내용의 선택을 위한 지침을 모색하기 위하여 사회과학으로부터 일반화를 모색하려고 하였다. 그들 연구진은 일반화를 "기본적인 인간 활동에 종사하고 있는 과거, 현재, 미래에 관한 수준을 유지하고, 어디에서나 통용될 수 있는 진술"이라고 정의하였다. 당시 스탠포드대학교 연구에서의 사회과 일반 화 사례로는 다음과 같이 아홉 가지를 들고 있다.

첫째, 인류, 혹은 자연의 자원과 재산을 보호·유지하는 것.

둘째, 의식주, 그리고 다른 소비적인 재화와 용역을 생산, 교환, 분배, 소비하는 것.

셋째, 인간과 재화를 교류하는 것.

넷째, 아이디어와 감정을 상호 전달하는 것.

다섯째, 교육을 행하는 것.

여섯째, 오락을 행하는 것.

일곱째, 사회를 조직·통치하는 것.

여덟째, 도구, 기술, 사회 정돈을 창조하는 것.

아홉째, 미적·정신적 자극을 표현·만족하는 것.

2) 기능 영역 목표

일반적으로 기능은 학습자가 무엇인가를 수행할 수 있는 능력을 의미한다. 미래 사회의 주인공인 학생들에게 민주시민의 자질 육성을 초점으로 하는 사회과는 기존의 사회문제, 기존의 사회지식만으로 가르쳐서는 한계가 있다. 따라서 당면한 여러 문제에 대한 문제 해결 방법과 새로운 지식을 창출하는 학습 기능을 가르쳐 주는 것이 중요하다. 즉, 학생들에게 연구 기능(study skills), 비평적 사고 기능(critical thinking skills)을 길러 주는 것이 중요하다. 이와 같은 기능과 능력은 학생들이 학습 과정에서 당면하는 여러 가지 문제에 대해서 합리적이고도 바람직한 일반화와 결론을 내리는데 도움이 되는 기능·능력을 의미한다. 사회과에서의 기능은 사회생활 내지 사회 사상을 이해하고 인식하는 능력, 사회생활 속에서 부딪치는 여러 문제를 합리적으로 해결하는데 필요한 능력이다. 특히 세계화·정보화 시대인 21세기 현대사회에서는 단순히 사회과학적 지식뿐만 아니라, 이를 토대로 당면한 사회문제를 해결할 수 있는 능력이 필요한 것이다.

블룸(B. S. Bloom)은 지적인 탐구 기능을 '자료와 문제를 다루는 조직된 조작 방법이나 일반화된 방법'이라고 보고, 지적 영역을 지식과 지적 기능 두 가지 측면에서 파악하였다. 그리고 사회과 기능 영역인 지적 기능을 단순한 것에서 복잡한 순으로 이해력(comprehension), 적용력(application), 분석력(analysis), 종합력(synthesis), 평가력(evaluation) 등 5가지로 제시하였다.

이해력은 자료와 관련시키거나, 어떤 자료와 기회를 이용할 줄 아는 능력으로, 자료나 언어로 된 것을 다른 것으로 옮겨 놓는 역량인 번역, 자료를 설명하거나 요약하는 역량인 해석, 그리고 주어진 자료를 토대로 일정한 경향이나 추세를 정확하게 추측하는 추론 등을 포함하는 것이다.

적용력은 일반적이고 추상적인 것을 구체적인 상황에서 이용하는 것이며, 분석력은 진술한 하나의 사태를 구성 요소나 부분으로 나누며, 요소들 간의 상호 관계를 규명해 내는 능력을 의미한다. 또한 종합력이란 요소나 부분을 하나의 전체가 되도록 조직, 결합시키는 것으로 독특한 사태 진술 자료의 창조, 계획 또는 조작안의 제작, 추상적 관계의 도출 등과 같은 능력을 의미한다. 평가력이란 자료나 방법이 어떤 목적과 기준에 적합한지의 여부를 판정하는 것으로 정확성과 일관성을 판단하는 내적 기준에 의한 판단과 선택되거나 기여된 표준에 따라 자료를 평가하는 외적 기준에 의한 판단 등이 있다(노정식 외, 1996: 59-60).

카(E. D. Carr)는 기능 목표를 비판적 사고, 전달 기능으로서의 읽기·쓰기·듣기·말하기, 지도와 지구의의 사용과 설명, 그래프 자료의 사용과 설명, 연대표의 적절한 사용 능력 등 5가지를 들고 있다.

존스와 프레이저(E. Johns & D. M. Fraser)는 사회과에 부분적 책임이 있는 기능으로 정보의 위치 탐색, 정보의 조직, 정보의 평가, 독서를 통한 정보의 획득, 듣기와 관찰을 통한 정보의 획득, 구두(口頭)나 필기로 의사 전달, 그림·차트·그래프·표의 해석, 다른 사라들과의 공동 작업 등 8가지를 들고 있고, 사회과에 주요 책임이 있는 기능으로 사회과 자료의 해독, 문제 해결과 비판적 사고 기능의 사회문제 적용, 지도와 지구의의 해석, 시대와 연대기의 이해 등 4가지를 들고 있다.

마시알라스와 콕스(B. G. Massialas & C. B. Cox)는 비판적 사고력, 반성적 사고력 신장을 위한 사회과 탐구의 과정을 안내 단계, 가설 설정단계, 정의 단계, 탐색 단계, 증거 제시(입증) 단계, 일반화 단계 등 6단계로 제시하고 있다.

한편, 사회현상에 관한 지식의 발견 및 적용이나 또는 그와 관련된 가치문제를 명료화하는데 필요한 능력의 신장에 관한 목표로 정보의 획득 기능, 정보를 조직하고, 이용하는 기능(사고 기능, 의사 결정 기능, 초인지 기능), 탐구 기능, 의사소통 기능, 협동 및 상호 작용 기능 등을 들 수 있다.

사회과 교육과정은 학생들이 사회문제를 반성적으로 사고하여 해결하는데 필요한 능력을 개발하도록 도와주어야한다. 이런 점에서 기능은 사회과에서 매우 중요한 영역이다. 사회과에서 가르쳐야 할 기능은 사고 기능, 사회과학적 탐구 기능, 분석 기능, 집단 기능 등이다. 각 기능별 특징은 다음과 같다.

첫째, 사고 기능은 지식을 개념화하고 해석이나 분석하고, 적용할 뿐만 아니라 지식을 평가할 수 있는 능력을 포함한다.

둘째, 사회과학적 탐구 기능은 과학적 문제(가설)를 설정하고, 자료를 수집·분석하고, 가설을 검증하여 일반화(결론)를 도출할 수 있는 능력이다.

셋째, 분석 기능은 정보를 수집하여 활용하는 능력, 의사소통하는 능력, 관련 자료와 지도를 해석하는 능력을 포함한다.

넷째, 집단 기능은 집단의 문제를 해결하는데 지도자 또는 추종자로서 성공적으로 행동하는 능력, 집단의 목표를 달성하는데 기여하는 능력, 집단에서 효과적으로 의사소통하고 집단의 문제를 해결할 수 있는 능력 등을 포함한다.

⟨표 23⟩ 사회과의 기능 분류

학자(학회)	기능 대분류 / 기능 소분류
1. NCSS(미국사회과교육협의회)	1. 정보 획득 기능 (1) 읽기 기능 　① 이해 ② 어휘 ③ 목적과 상황에 따른 독서 속도와 정도의 조절 (2) 학습 기능 　① 색인, 목차 등을 통한 정보의 발견 　② 요약, 개요 작성 등 목적에 따른 획득한 정보의 변형 (3) 참고 자료 발견 기능 　① 도서관 ② 연감, 백과사전 등 특수 참고 자료③ 지구, 지구의, 그림 　④ 지역사회의 자료 (4) 전자 기구 기술 기능 　① 컴퓨터 ② 전화 및 텔레비전 통신망 2. 정보 조직 이용 기능 (1) 사고 기능 　① 정보의 분류 ② 정보의 해석 ③ 정보의 분석 ④ 정보의 요약 　⑤ 정보의 종합 ⑥ 정보의 평가 (2) 의사 결정 기능 (3) 메타 인지 기능 3. 인간관계, 참여 기능 (1) 개인적 기능 (2) 집단 상호 작용 기능 (3) 사회적 정치적 참여 기능
2. 울에버와 스콧(Woolever & Cott)	(1) 읽기, 쓰기 등 기초적인 의사소통 기능 (2) 지도, 지구의, 그림, 시 간에 관한 기능 (3) 컴퓨터 기능 (4) 분석과 평가 등 사고 (thinking)의 기능 (5) 가치 갈등의 해결 등 가 치 판단에 관한 기능 (6) 협동, 투표 등 사회참여에 관한 기능 (7) 가설 설정, 자료 분석 등 사회과학 탐구 기능 (8) 집단 기능 및 사회참여 기능
3. 앵글과 오초아(Engle & Ochoa)	(1) 지적인 기능 (2) 정치적 기능 및 집단 기 능
4. 뱅크스(Banks)	(1) 사고의 기능 (2) 사회과학 탐구 기능 (3) 학습에 관한 기능(읽기, 쓰기, 지도, 도표 보기, 시간 등) (4) 집단 기능(협동, 토론 등)
5. 마후드 등(Mahood et al)	(1) 듣기와 말하기 (2) 읽기 (3) 쓰기와 생각하기 (4) 특수 기능(지도, 시간, 도표, 그림 등)

학자(학회)	기능 대분류 / 기능 소분류
6. 마토렐라(Martorella)	(1) 연구와 분석 기능 ① 해석과 자료의 비교 ② 논쟁의 분석 ③ 그림에서 추출하는 정보 ④ 차트, 도표, 그림의 해석 (2) 시간 기능 ① 시간에 관한 비교 개념 ② 시계열에서의 사건과 차트의 기록 (3) 공간 기능 ① 공간적 전망에서 오는 충격 ② 지도 만들기와 이용 ③ 사회과 수업에서의 지도와 지구의의 통합적 이용

3) 가치 · 태도 영역 목표

가치 · 태도 등 정의적 영역의 목표는 인지적인 목표만큼 이론적으로 구체화되어 있지 않다. 하지만 사회과 교육의 핵심적 목표는 많은 부분이 가치 및 태도 등과 관련된 인간의 정의적 성향인 것이다. 정의적 행동이 사회과 교육에서 차지하는 중요성은 매우 중요하다 하겠다.

가치 · 태도 목표는 사회현상에 관한 문제와 관련된 이해 및 수용, 명료화 과정 등을 거쳐서 획득되어 나름대로 체계화한 행위의 절차에 관한 지식, 판단 기준, 신념, 태도 등을 의미한다. 시민들이 사회문제를 반성적으로 의사 결정을 하고 그에 따라 일관성 있게 행동하려면 민주적 가치에 대한 확신을 갖고 실천해야 한다. 사회과에서 민주적 가치에 대한 확신을 가르치는 방법은 주입이 아니라 가치 명료화와 가치 분석의 과정을 통해 이루어져야 한다. 즉, 학생들이 자신의 가치 원천을 확인하여 가치를 분석하고 그 가치를 정당화하는 과정에 따라 자율적으로 배워야 한다.

스미스(B. O. Smith)는 가치 교수의 단계를 다음과 같이 5단계로 제시하였다.

첫째, 평가 대상과 평가 종류를 제시한다. 평가의 대상과 종류를 제시하여, 특별한 가치 대상에 대한 토론을 시작하는 계기를 찾는다.

둘째, 가치 대상이 토론으로 규명된다. 가치 대상의 속성에 대한 기술(記述)에 의하여, 가치 대상의 특색을 초래하는 예를 비교함으로써, 그 대상을 밝히고자 한다.

셋째, 가치 대상이 평가된다. 가치 대상의 평가는 비교 형태를 취한다. 즉, '좋다, 나쁘다, 정당하다, 부당하다' 등의 형태로 나타낸다.

넷째, 평가를 위한 평가 기준이 진술 · 검토된다. 평가 기준은 의미에 관하여 토론하거나, 제안된 다른 평가 기준과 관련지어 탐구한다.

다섯째, 평가 기준을 옹호, 또는 부정하기 위해 증거를 제시한다. 평가 기준은 개인이 선택하는 일반적 기준과 양립하는 것을 보완한다.

클래드홀(Krathwohl)은 교육목표의 이원 분류에서 정의적 행동을 감수, 반응, 가치화, 조직화, 일반화 · 성격화 등 5가지로 제시하였다(강우철 외, 1975: 91－93). 감수와 반응은 가장 낮은 차원에서의 자극에 대한 의식 내지 흥미의 수준이며, 가치화는 그 차원을 넘어서서 개인적인 의미를 부여하는 단계이다. 그리고 조직화는 가치화를 보다 더 체계적으로 유형화시키는 단계이다. 일반화 · 성격화 단계는 일반적인 기준을 자기의 인격 속에 내면화시켜서 안정된 퍼스낼리티를 형성하는 단계이다.

사회과 교육에서는 가정, 사회, 국가 등의 사회집단과 금전(부), 인격, 명예 등 여러 사회적인 현상에 대한 안정된 태도와 가치관을 형성하는 것이 중요한 정의적 목표가 된다(차경수, 2007: 46 - 47).

전통적으로 가치 학습은 사회과 교육에서 홀대되어 왔다. 사회과는 사회적 사실에 입각한 지식과 사회과학의 내용을 가르치는 교과로 치부되어 왔기 때문이다. 특히, 우리나라와 같이 치열한 입시 준비 교육의 과정에서 가치 학습이 중시되기가 쉽지 않았다.

하지만 최근 사회과 교육이 민주시민 교육에서 가장 중요하고도 핵심적 위치를 차지한다는 인식이 다시금 제고되면서 가치 교육이 강조되고 있다. 특히, 우리나라와 같이 사회변동이 심한 사회적 특성을 가진 국가에서는 가치 갈등이 매우 중요한 사회문제로 대두되는바 가치 학습의 중요성은 더욱 강조되고 있다.

사회현상에 관한 문제와 관련된 가치의 이해 및 수용, 명료화 과정 등을 거쳐서 획득되며, 자기 나름대로 체계화한 행위 절차에 관한 지식, 판단 기준, 신념, 태도 등에 관한 목표로서 중요한 의미를 갖는다. 사회과에서 가치·태도 목표를 중시하는 것은 사회과가 단순한 사회 인식의 결과로서의 지식, 이해의 습득만을 목표로 하는 것이 아니라, 학생들의 사회생활에서 실천적으로 기능, 활동하는 것을 기대하는 교과이기 때문이다.

사회과 정의적 측면의 목표에서 인간의 존엄성, 민주적 절차, 평화와 정의, 합리적 의사 결정 태도 등이 강조되어야 한다. 민주시민의 가치·태도와 가치의 내면화, 올바른 것과 그릇된 것에 대한 명확한 구분, 인간과 사회, 국가, 세계시민에 대한 협동적이고 바람직한 태도 형성 등이 매우 중요한 목표인 것이다. 아울러 가치 내면화를 통한 올바른 태도와 행동이 중요하다. 환경 보호, 인권 보호, 지역사회 발전, 타인에 대한 봉사, 정의에 대한 추종과 실천 등이 중요한 가치로 존중되어야 한다.

4) 사회참여(시민 행동) 목표

사회과는 학생들이 정치적 효능감을 증대시키는 활동과 프로그램에 참여할 기회를 제공하고, 사회제도에 영향을 미치는데 있어서 유용한 기능을 가르쳐야 한다. 1979년 이미 미국사회과교육협의회 (NCSS)는 사회과 교육에서 시민행동의 중요성을 강조했다. 실제, 학생들이 공동체의 활동에 광범위하게 참여하는 것은 사회과에서 본질적인 것이다. 사회참여는 견학, 회의 참석, 캠페인 활동, 사회봉사, 집회 참석 등의 형태를 취할 수 있다. 사회과에서는 사회참여와 통로뿐만 아니라 사회참여 프로그램을 실질적으로 제공해야 한다.

사회과의 사회참여와 체험 프로그램은 단지 사회에 봉사하기 위한 것이 아니라, 학생들이 개인적·사회적 효능감을 달성할 수 있는 경험을 제공하는 것이다.

사회참여는 사회과의 핵심적 요소이다. 인간은 사회를 이루며 공동생활, 사회생활을 영위한다. 이와 같은 사회생활, 공동생활의 기본이 되는 것이 참여이다. 미래 사회의 주역이 될 학생들은 가정, 학교, 사회의 다양한 활동 참여를 통해서 공동생활의 규범과 민주주의의 질서와 도덕률 배워 나간다.

특히, 현대사회와 같이 다분화된 지식기반사회, 지식정보화 사회에서는 구성원들의 협동적 참여와 역동적인 역할 수행이 바람직한 사회를 지탱하는 요소가 된다. 따라서 학교는 민주주의의 실험실, 시민사회의 온실, 사회의 축소판으로서의 역할 수행에 최선을 다해야 한다. 학생들은 가정, 학교, 지역사회의 다양한 활동에 적극 참여함으로써 자신의 권리와 책무를 다하고 바람직한 민주시민으로서의 자질과 세계시민으로서의 소양을 함양하게 된다. 나아가 성인이 되면, 선거와 투표 참여, 국민의 권리 주장과 의무 이행, 법과 질서의 준수, 도덕과 규범 준수, 원만한 공동체 구성원으로서의 상호 작용과 호혜(互惠)의 활동 등을 이행하게 되는 것이다. 사회과 교육은 이와 같은 민주주의의 예비 실험실 역할을 충실하게 수행하여야 한다는 것이다.

학교나 지역사회의 공공 문제 및 집단 활동에 관심을 가지고, 참여하여 주어진 역할을 수행할 수 있는 민주시민의 실천 능력에 관한 목표로서 다음과 같은 요소를 예시할 수 있다.

① 타인의 감정에 대한 민감성, 건설적 비판의 제기와 수용, 전형적 사고와 선입견 등의 제기, 이기주의적 지각의 고려, ② 집단의 계획, 토의 평가, 문제 해결 및 의사 결정에의 참여, 역할 수행, ③ 학습의 장으로서의 학교와 지역사회의 활용, ④ 타인과의 상호 작용에 의한 자기 성찰, ⑤ 집단의 다양성, 상황의 판단, 필요한 변화를 이루게 하는 건설적 방법의 인식, ⑥ 학교, 지역사회, 국가, 세계가 처하고 있는 여러 상황과 관련된 문제에 대한 결정에의 협력 및 참여, ⑦ 가족, 친구, 근로자, 소비자, 시민 등 구성원으로서의 역할의 중요성 인식 및 실천 의지 등이다.

<표 24> 사회과의 목표 영역 및 범주

영역	목표 요소(내용)	범주
지식	사회과학과 인문학에서 도출된 지식	사회현상에 대한 탐구 과정을 거쳐서 이해 및 획득된 사실, 개념, 일반화
기능	사고 기능, 탐구 기능, 분석 기능, 집단 기능	효과적으로 능숙하게 과제를 완수하기 위하여 사용하는 능력, 정보 습득 기능, 정보의 조직 및 사용 기능 등
가치·태도	민주적 가치, 가치 분석, 가치 명료화	사회현상에 관련된 판단 및 신념의 기준
사회참여 (시민 행동)	사회적 행위의 실천, 사회참여(시민 행동)	학교나 지역사회의 여러 집단 작업에 관심을 가지고 주어진 역할을 수행하는 능력

3. 사회과 교육의 본질 목표 고찰: 민주시민성의 신장과 함양

사회과 교육은 제 사회과학과 인문학에서 선택된 지식의 구조와 가치·태도를 종합하여 민주적 시민성을 육성하려는 교과교육이다. 사회과학이 원리와 법칙 탐구에 초점을 두는 반면, 사회과 교육은 민주시민의 자질 육성에 핵심적 목적이 있다. 1975년 미국사회과교육협의회는 '시민성 교육(citizenship education)'을 사회과 교육의 주요 목적으로 규정하였고, 그 후 시민성 교육이 사회과 교육의 본질로서 일반적으로 받아들여졌다. 즉, 사회과의 본질적인 목적이 시민성의 육성이라는 점에 대부분 동의한다(Woolever & Scott, 1988: 33). 그런데 사회과에서 길러야 할 '훌륭한 시민성(good citizenship)'이 무엇인가에 대해서는 학자들마다 의견과 해석이 다르다.

1892년 미국 교육학회 10인위원회에서 공교육의 목적을 훌륭한 시민성을 육성하는 것으로 제시했을 때, 그리고 1915년 같은 학회의 사회과위원회에서 사회과를 신설했을 때, '훌륭한 시민성'이란 오늘날 일반적으로 받아들여진 의미가 아니라 애국적인 미국 시민이 갖추어야 할 자질을 의미하였다. 즉, 애국적인 미국 시민은 기존의 법과 질서를 준수하고, 각종 의무를 잘 이행하고, 권위에 복종하고 국가에 무조건 충성하는 사람으로 묘사되었다(Hartley & Vincent, 1967: 38, Barr & Shermis, 1970: 744). 이와 같이 시민성을 애국적 시민의 자질로 이해하는 전통은 1960년대까지 사회과 교육과정과 수업 과정을 지배했고, 현재에도 보수적인 정부관료, 정치인, 사회과 교사들에 의해 널리 지지되고 있다. 기본적으로 시민성의 목표는 사회과 목표, 사회과 교육의 목표 중 가장 본질적인 목표이다.

1960년대에서 1970년대에 신사회과운동이 유행하면서 사회과에서 길러야 할 시민성은 사회과학의 탐구 방법과 사고력으로 간주되었다. 신사회과를 주장한 학자들에 따르면, 훌륭한 시민은 사회과학 적 탐구 방법과 고급 사고력을 획득한 사람이었다(Barr & Shermis, 1970: 747). 마시알라스와 콕스는 과학적 사고력이 발달된 시민을 훌륭한 시민으로 제시했다(Massialas & Cox, 1966: 1-24).

1984년 파커와 자롤리멕(W. Paker & J. Jarolimex)은 훌륭한 시민에 대해 새롭게 규정했다. 그들 에 따르면, "민주적 시민은 충분한 지식을 갖추고 민주적 가치에 헌신하고 정치적·사회적·경제적 과정에 참여하는 사람"이다(paker & jarolimek, 1984: 6).

다른 한편, 1960년-1970년대부터 앵글과 뱅크스는 합리적 또는 반성적 의사 결정 능력을 사회과 의 핵심 목표로 제시했다. 이런 맥락에서 1988년 울에버와 스콧은 미국사회과교육협의회와 사회과 교육학자들의 입장을 정리하여 사회과에서 길러야 할 훌륭한 시민성을 합리적 의사 결정과 사회적 행위의 실천으로 규정하였다. 그들에 따르면, '훌륭한 시민성'은 자신의 삶과 사회를 발전시키기 위 해서 합리적 의사 결정 과정을 통하여 사회문제의 해결책을 찾고 그 결정에 따라 행동하는 사람이 다(Woolever & scott, 1988: 17).

마찬가지로 1944년 미국사회과 교육협회는 사회과를 시민의 능력을 증진시키기 위하여 사회과학 과 인문학을 통합한 교과라고 규정하고, 사회과의 기본 목표는 문화적으로 다양한 민주사회의 시민 으로서 공공선을 위하여 충분한 정보에 기초하여 합리적 의사 결정을 할 수 있는 능력을 육성하는 것이라고 제시했다(NCSS, 1944: 3).

사회과의 본질적 목표인 시민성을 의사 결정 능력 또는 문제 해결 능력과 사회참여로 규정하는 입장 이 오늘날 일반적으로 받아들여지고 있고, 한국의 2007년 개정 교육과정에도 중점적으로 반영되어 있다.

이와 같이 시민성은 사회에서 요구되는 바람직한 시민의 모습이기 때문에, 사회적 상황과 요구가 변하면서 훌륭한 시민성이 무엇인가에 대한 해석이 달려져 왔다. 시민성이 무엇인가에 대한 해석은 학자들마다 매우 다양하지만 대체로 유사한 것들을 묶어 보면 시민성이 무엇인가에 대한 관점은 국 가에 대한 충성, 모범적 행동, 어린 사회과학자, 사회 비판, 사회 재건, 사회 실천 등 크게 6가지로 분류할 수 있다(Nelson & Michaelis, 1980: 9-10).

사회과 목표로서 훌륭한 시민을 기르기 위한 민주시민성 개념은 사회과의 발전 과정을 거치며 확장 된 개념으로 변모하여 왔는데, 교육과정 시기별로 달라진 민주시민성의 구성 요소와 탐구 학습을 중심 으로 한 사회과 교수·학습 방법은 <표 25>와 같다(최용규, 공주교육대학교 교육대학원, 2008: 49). 이 는 훌륭한 시민에 기대되는 자질 즉, 사회과 교육의 지식, 기능, 가치·태도 목표로서 추구해야 할 요소들은 교육과정 사조의 영향을 받아 새로운 능력의 인성적 측면을 강조하였음을 보여 주고 있다. 하지만 교육과정의 시기를 달리하면서도 일관되게 변하지 않는 것은 결과로서의 지식이 아닌 지식 습득 과정에서 길러지는 사고력과 성향의 강조이다.

〈표 25〉 교육과정별 사회과의 민주시민성 목표와 탐구 학습 방법

사회과 교육의 발전(변화)	민주시민성의 구성 요소	탐구적 교수·학습 방법
사회과 성립기	공민으로서의 자질(공동선에 대한 헌신, 민주주의, 준법정신 등)	·전통적 교수법 ·활동 중심 수업(프로젝트, 문제 해결 등)
학문 중심 교육과정	합리적 사고 (비판적 사고, 문제 해결 및 탐구 능력 등)	·개념 학습 ·탐구 학습(사회과학적 탐구, 반성적 탐구 등)
쟁점 중심 교육과정	사회참여 기능, 의사 결정 능력	·의사 결정 학습 ·가치 학습
인간 중심 교육과정	타인에 대한 배려, 공동체 의식, 협동심 등	·활동 중심 수업→능동적 학습
학습자 중심 교육과정	학습자의 의미 구성, 다원성 인정, 창의적 사고, 다중시민성 등	·구성주의 학습 원리 수용 ·학생 중심 교수·학습

* 출처: 최용규, 「초등 수업 개선 어떻게 하여야 하나」, 공주교육대학교 교육대학원 수업 개선 자료, 2008: 49.

4. 사회과 교육목표의 분류

바람직하고도 유의미한 사회과 교육을 위해서는 사회과 교육의 목표를 체계적으로 구성하고, 또 목표를 상세화하기 위해서는 목표의 분류 체계를 분명히 밝히는 것이 중요하다. 사회과 교육목표 분류에서 행동 영역의 구분은 다양하다. 블룸(B. Bloom)은 지적·정의적 영역으로 구분하고, 지적 영역은 심리적 조작의 수준에 따라 다음과 같이 6단계로 구분하였다(한면희, 2008: 121 - 125).
- ·600 평가: 내적·외적 평가
- ·500 종합: 요소의 도출, 구조화, 일반화
- ·400 분석: 요소, 관계, 원칙의 분석
- ·300 적용: 새로운 상황에 원리 적용
- ·200 이해: 번역, 해석, 추론
- ·100 지식: 회상, 기억

그리고 정의적 영역은 7.00: 감수(감지, 자진 감수, 주의 집중), 8.00: 반응(복종반응, 자진반응, 만족), 9.00: 가치화(수용, 채택, 확신), 10.00: 조직화(개념화, 조직), 11.00: 성격화(일반화, 인격화) 등으로 구분하였다.

한편, 파커(W. C. Parker)와 자롤리맥(J. Jarolimek)은 아이디어와 정보 목표, 가치·태도 목표, 기능 목표(민주적 참여 기능, 학습 및 탐구 기능, 지적 기능) 등으로 제시하였고(Parker, W. C, & Jarolimek, 1997) 마이클리스(J. U. Michlaelis)는 지식, 기능(학습 기능, 사고 기능, 개인 및 집단 기능), 가치, 사회참여 등으로 분류하였다. 그리고 뱅크스(Banks, J. A, & Banks, Cherry, A. M) 등은 지식,

기능(사고 기능, 사회과학 탐구 기능, 학습 기능, 집단 기능), 태도 가치, 시민 행동 등으로 구분하였으며(Banks, J. A., & Banks, Cherry, A. M., 1999) 미국사회과교육협의회(NCSS)는 지식, 기능(정보 획득 기능, 정보의 조직과 이용 기능, 인간관계와 사회참여 기능), 가치 등으로 목표를 구분하여 제시하였다(NCSS, 1994).

1) 사회과 교육목표의 변화

사회과(social studies)는 20세기 초 미국에서 훌륭한 민주시민의 자질을 가르치기 위해 만들어진 목적 교과이다. 교과 탄생이 미국의 사회·문화적 환경 여건과 매우 밀접하게 관련되어 있다.

미국은 아메리카합중국을 건설하면서 정치적으로는 민주주의, 경제적으로는 자본주의를 표방하였다. 특히 정치적으로 절대 왕정에서 겪었던 독재를 견제하면서 시민에 의한 민주주의를 완성하고 동시에 다양한 이민족의 통합과 넓은 아메리카 대륙을 통치하기 위한 강력한 중앙집권적인 권력을 추구하다 보니 자신들만의 독특한 대통령제를 만들게 되었다. 즉, 대통령은 시민이 민주적으로 선출하되 대통령에게는 임기 동안 강력한 권력을 보장한 것이다. 결국 대통령을 선출하는 시민의 수준이 민주주의의 이상을 실현하려는 미국의 운명을 결정하게 되자 후세들에게 민주시민의 자질을 육성해야 할 필요성을 느꼈고, 이것이 훌륭한 민주시민을 양성하기 위한 사회과라는 교과를 만들게 된 계기가 되었다.

우리나라는 해방 이후 미 군정이 실시되고 경제적으로는 자본주의와 정치적으로는 민주주의를 채택하면서 거의 모든 분야의 제도와 문화를 미국식으로 수용하게 되었다. 교육제도는 물론 '사회과'라는 교과 역시 미국의 사회과를 그대로 이식하다시피 받아들이게 되었다. 근대론자와 민족주의자들의 갈등이 있기는 하였지만 결국은 미국식 사회과를 채택하면서 우리나라는 비슷한 과정을 겪은 일본과 함께 미국의 사회과와 비슷한 변화와 발전 과정을 걸어오게 되었다.

사회과가 목적 교과인 만큼 '훌륭한 민주시민의 양성'이라는 교과 목적은 과거나 지금이나 미래에도 변함이 없을 것이다. 다만 훌륭한 민주시민의 자질이 무엇(what)이며, 어떤 방법(how)으로 그 목적을 달성할 것인가에 대한 논의만 변화 발전되어 왔다. Woolever와 Scott(1988)는 사회과 교육목표의 변화를 역사적으로 발달되어 온 순서대로 다섯 범주로 설명하고 있다. 이들 범주는 '훌륭한 시민(good citizen)'의 양성에는 동의하면서 시대적 요청에 의하여 그 훌륭한 시민이 갖추어야 할 자질이 무엇이냐 하는 점과 그 방법은 무엇이냐에 대한 관점의 차이에서 변천되어 온 것이다.

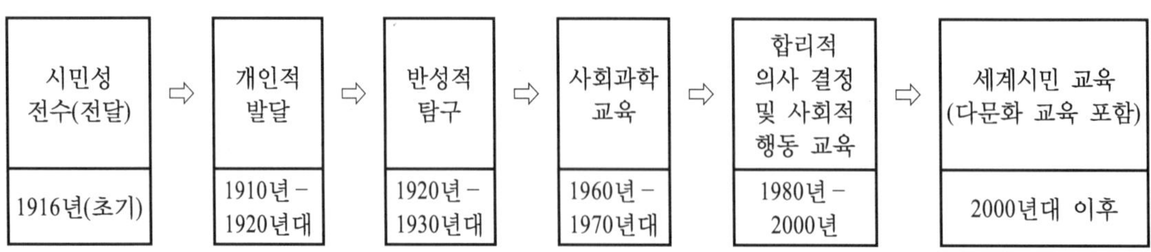

[그림 6] 사회과 교육의 목표 변천

  첫째로, 시민성을 전달(citizenship transmission)하는 교과로서 사회과는 애당초 교과로서의 사회과가 창설되면서 처음 시작된 개념이다. 시민성 전달의 목표는 사회과의 목표 중 가장 전통적이면서도 본질적인 목표이다. 독립 초기 미국은 다민족으로 구성된 국민들이 국가 이념을 중심으로 통합하고 이상적인 민주주의 국가 건설을 위해서 국민 모두가 민주시민으로서의 기본적 자질을 갖추어야 한다는 필요성 때문에 학교제도권에서 민주시민 교육을 위한 '사회과'라는 교과를 만들게 되었다. 이때 시민이 갖추어야 할 민주시민의 자질은 '시민성(citizenship)'으로서 인간의 존엄성, 자유, 평등, 정직, 정의 등 보편적인 가치들을 말한다. 사회과는 이러한 가치들이 스며들어 있는 문화유산을 학습자에게 전달해 줌으로써 민주시민의 자질을 갖추게 된다고 보았다. 그래서 그러한 문화유산들, 즉 역사와 지리 등의 사회과 내용을 배우면 훌륭한 민주시민이 될 수 있다는 가정하에 교과 중심의 주입식 교육을 민주시민 교육의 틀로 삼았던 것이다. 그러므로 평가에 있어서도 주입받은 내용을 얼마나 잘 암기하고 있는가에 초점이 주어졌다. 그러나 이러한 관점은 학습자의 자율권과 선택권을 무시하고 일방적인 시민성 전달을 함으로써 이데올로기 주입이라는 비판을 받게 되었다.

  둘째로, 개인 발달(personal development)을 도와주는 교과로서의 관점은 미국이 경제적으로 부강한 국가로 성장함에 따라 국민 개인에 대한 관심과 복지가 확대되면서 나타났다. 개인의 인권과 개성이 존중되고 교육에서도 개별화 수업과 개인이 가진 잠재력을 발굴하는 것이 교육의 본질이라는 주장들이 나오게 되었다. 민주시민 교육은 개인의 자아실현을 도와주어서 생산적인 시민을 양성하는 것이며, 개인의 자아실현이 곧 사회의 자아실현으로 이어진다고 주장하게 되었다. 그래서 훌륭한 민주시민은 시민성을 내면화 한 기초 위에 자신이 가진 잠재력을 최대한 발휘하는 사람으로 정의되었다. 사회과는 학문적 지식뿐만 아니라 사회생활 전반을 폭넓게 다루는 교과이기 때문에 다른 어느 교과보다 아동의 잠재력을 잘 발견할 수 있는 교과로 인식되었다. 그러므로 사회과는 아동의 잠재력을 발굴하고 신장시켜 주는 아동 중심의 교육활동을 통해 생산적 시민을 양성하는 것을 목적으로 하였다. 따라서 수업 방법도 아동 중심의 개별화 수업이 강조되었다. 평가에서도 절대 평가와 개인의 수준을 확인하는 평가를 시도하였다. 그러나 이 관점은 아동을 편협한 개인주의자로 만들뿐만 아니라 개인의 자아실현이 곧 사회의 자아실현을 가져오지는 않는다는 비판도 받았다.

  셋째로, 반성적 탐구력(reflective inquiry)을 기르는 사회과는 듀이(J. Dewey, 1910)가 "아는 것이 힘이 아니라 아는 방법이 힘"이라고 하며 사고력을 강조하면서 나타난 관점이다. 듀이(J. Dewey)가 '반성적(reflective)'이라는 형용사를 붙인 것은 그가 주장하는 사고(思考)가 단순한 생각이 아닌 고급 사고력을 강조하기 위해서였다. 시민교육의 틀이 또 한 번 바뀌게 된 것이다. 즉, 훌륭한 시민은 시민성의 기초 위에 자아실현을 도모하되 특히 사고력의 개발을 통하여 높은 수준의 지적 능력을 갖춘 사람이라는 것이다. 듀이(J. Dewey)는 가장 사고를 잘하는 사람은 과학자들이며, 그 과학자들이 사고하는 방식을 '반성적 탐구(reflective inquiry)'라고 하였다. 그래서 사회과는 학습자가 사회과학적 사고방법을 배우고 발견의 기쁨을 누리는 교육이 되어야 한다고 생각하였다. 이때부터 사회과에서 탐구 수업은 가장 일반적인 수업 모형으로 자리 잡았다. 평가에서도 사고력을 평가하는 도구들이 개발되었다. 그러나 이 관점은 사회과가 사고력만 강조하고, 실천의 문제를 도외시했다는 비판을 받게 되었다.

  넷째로, 사회과를 사회과학을 가르치는 교과로 보는 관점이다(social science education). 이것은 사회과 교육의 본질에서 벗어난 관점으로 1957년 스푸트니크호 충격으로 인해 미국 교육계가 충격에 휩싸인 배경에서 탄생하게 된다. 미국이 소련과의 우주경쟁에서 패배한 이유는 훌륭한 과학자를 배출하지 못했기 때문이며, 그 실패의 내용은 아동 중심 진보주의 교육이 아동의 지적 훈련을 제대로 시키지 못했다는 점과 사고력의 강조에도 불구하고 여전히 지식 주입식 교육에 머물렀기 때문으로 진단되었다. 그래서 학문 중심의 교육과정으로 대변되는 브루너(Bruner, 1961)의 교육과정이 탄생하였다. 초·중등학교는 대학을 준비하는 곳이며, 대학에서 배울 사회과학의 기초적인 지식과 방법을 미리 배우는 곳으로 간주되었다. 그래서 사회과의 목표로서 훌륭한 민주시민은 사회과학적 지식과 방법을 잘 아는 사람을 의미하게 되었다. 이 사건은 사회과를 비롯해서 거의 모든 교과에 주지 주의적 교육관을 심어 주는 계기가 되었다. 평가도 지식을 객관적으로 측정하는데 치중하였다. 이 관점은 초·중등학교의 보통 교육의 기능을 외면했을 뿐만 아니라 정의적 측면을 무시하였다는 비판을 받았다.

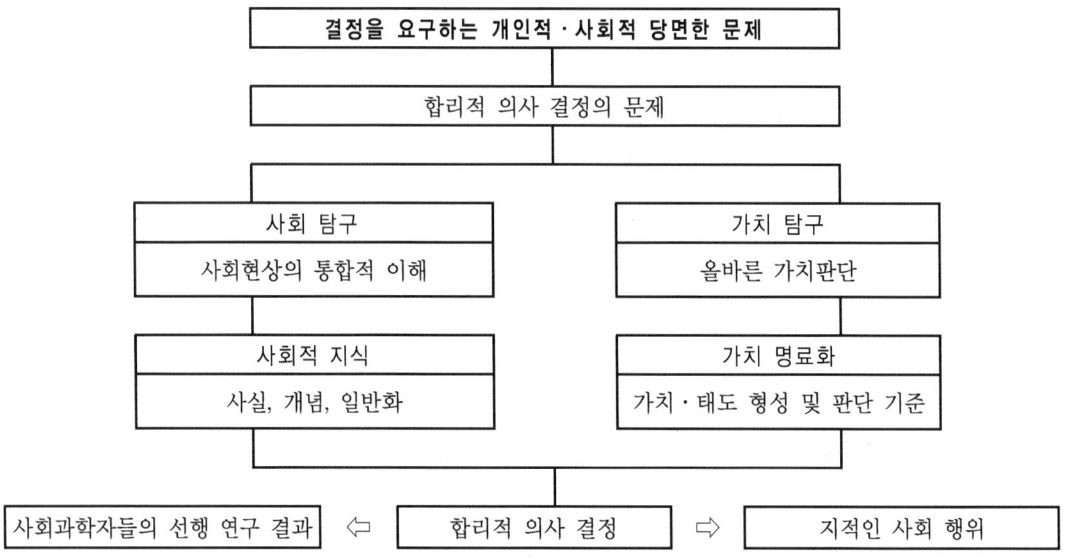

* 출처: 노정식 외(1996), 『사회과 교육』, 서울: 형설출판사, 66, 김일남·이광성(2008), 사회과 의사 결정 수업 모형 탐구, 서울: 양서원, 73.

[그림 7] 합리적 의사 결정 모형

다섯째로, 합리적 의사 결정과 사회적 행동의 관점은 1960–1970년대 산업사회가 본격화되면서 수많은 사회문제가 등장하였고, 풍부한 사회과학 지식을 가진 청소년들이 그러한 문제에 직면하여 당황하고 현실을 도피하는 현상이 발생하자, 그동안의 사회과 교육에 대한 반성에서 나타났다. 이러한 상황에 대해 교육자들은 교육은 아동이 문제에 직면하여 배운 지식과 방법, 그리고 가치 탐구 등을 통해 이를 해결하는 능력을 가르치는 것이어야 한다는 자각을 하게 되었다. 지식을 아무리 많이 가지고 있어도 그것을 이용하여 문제를 해결하는 경험을 학교에서 배우지 못하면 학교에서 배운 그 많은 지식은 모두 죽은 지식에 불과하다는 것을 깨달은 것이다. 그래서 사회과의 목표는 개인이 개인적 또는 사회적 문제에 직면했을 때 이를 해결하도록 도와주는 것이며, 그 문제 해결은 합리적 의사 결정과 그에 따른 실천을 통해서 가장 효과적으로 해결된다고 보았다.

합리적 의사 결정은 사회문제와 사회 사상(社會 事象)에 대한 사회과학적 지식과 그 문제와 관련된 가치 갈등의 위계 분석을 통해서 지식과 가치가 통합된 최선의 의사 결정을 하는 것을 의미한다. 즉 합리적 의사 결정과 사회적 행동의 관점에서의 훌륭한 민주시민은 합리적 의사 결정 능력을 가진 사람이며 나아가 이를 실천하는 사람으로 인식되었다. 1980년대 이후 중요한 사회과의 핵심적 초점이 되었다.

미국 사회과 교육목표의 변화는 사회과를 교과로 채택하고 있는 한국과 일본에도 큰 영향을 끼쳤다. 사실상 한국과 일본은 1945년 이후 미국의 사회과를 그대로 전수·계승하였다. 따라서 사회과 교육의 변화 발전은 미국에서 사회과 교육이 교과로 성립한 초기 상황을 제외하고는 세 나라가 거의 비슷한 과정을 겪었다고 볼 수 있다.

해방 이후 경제적으로는 자본주의, 정치적으로는 민주주의를 채택한 한국으로서는 동일한 체제의 모범이라고 할 수 있는 미국의 교육체제를 그대로 모방할 수밖에 없었고, 특히 민주시민 양성의 핵심 교과인 사회과는 미국의 사회과 교육을 거의 이식하다시피 하여 만들어졌다. 일부 학자들의 주체적인 사회과 교육 정립 움직임이라는 긍정적 모습도 있었으나 권위주의적 정치체제가 사회과를 정치적 이데올로기의 교화로 이용하기도 하였다. 입시 위주 교육 환경의 영향으로 단순한 암기과목으로 전락한 것도 한국사회과의 현실이었다. 그러나 적어도 이론적으로나 교육과정의 문서상으로는 미국, 일본, 한국의 사회과 교육의 경향은 비슷하게 흘러가고 있음을 확인할 수 있다.

여섯째, 새천년(New millennium)인 2000년대 이후, 사회과 교육에서는 초기의 민주시민성 함양의 연장선에서 세계시민 교육이 특히 강조되고 있다. 국제결혼, 유학, 무역, 이민 등 국제 교류가 활발해진 지구촌 사회(Global society) 시대를 맞이하여 다문화 교육을 중심으로 한 세계시민 교육은 매우 중요하고도 의미 있는 사회과 교육의 핵심 목표가 되고 있는 것이다.

<표 26> 세계화 · 정보화 시대의 사회과 목표로서의 세계시민의 자질

목표 영역	세계 시민의 핵심 자질
지식	· 우리나라의 역사적 · 지리적 · 정치적 · 경제적 · 사회적 · 문화적 배경에 대한 지식과 이 지식을 세계의 다른 나라들에 적용하여 구분하고 비교하는 능력 · 공유된 시민 가치와 그 다양성을 존중하는 관용과 우리나라 가치 체계에 대한 발전된 지식 · 시간과 공간을 초월하여 세계의 문명과 국가 간의 다른 가치 체계에 대한 지식 · 발전된 미래를 위해 도움이 되는 역사적인 과거와 유동적인 현재, 미래 등에 관련된 지식
기능	· 말하고 쓰는 유형에서 명쾌하게 의사소통하는 능력뿐만 아니라, 합리적이고 창조적인 사고 능력 · 정보 활용 능력 · 중요한 이슈를 이해하고 공공선을 증진시키는 것을 목적으로 하는 긍정적인 시민 반응을 계획하기 위해 반성하고, 연구하고 토론하는 것을 포함하는 시민의 참여 기술
가치 · 태도	· 기본적인 시민 가치를 수행 · 다양성에 대한 존중의 긍정적인 영향과 긍정적인 공헌을 위해 수행 · 학급, 학교, 공동체, 국가, 세계 등에서 일어나는 문제를 해결하기 위한 사회과 교육의 지식, 기능, 가치 · 태도의 적용

* 출처: 전숙자(2008), 『사회과 교육의 새로운 이해』, 파주: 교육과학사.

한편, 그동안의 사회과 교육과정 변화에 따른 특징을 비교해 보면 <표 27>과 같다. 즉 국제사회와 한국사회의 시대적 변화에 따라 사회과 교육과정이 변해 왔음을 알 수 있다. 제7차 교육과정도 최근의 사회 변화를 반영하기는 하였지만, 연구 기간과 준비 기간 동안에도 급속한 사회 변화가 일어나고 있기 때문에 막상 교육 현장에서 실천될 때는 적합하지 않은 문제들도 발생한다. 가령, 올림픽 및 월드컵 등의 개최, 남북 정상의 만남이라든지, IMF 사태의 극복과 재위기설 등 급격한 경제 여건의 변화 등이 그 예이다.

〈표 27〉 한국 사회과 교육과정의 특징 변천

교육과정기(년)	주요 특징
교수요목기(1946 – 1954): 초기 사회과의 성립	·'사회생활과' 교수요목은 미국 콜로라도 주의 8년 과정을 6년으로 압축한 것 ·교육 목적은 '사람과 자연환경과의 관계를 밝게 인식시켜 사회생활에 성실 유능한 국민이 되게 함' ·사회 기능을 중심으로 선정된 주제를 바탕으로 동심원 확대 방법에 따라 내용 구성, 방법으로는 문제 해결 학습을 지향한 생활 경험형 교육과정 ·지리, 역사, 공민, 직업 등의 여러 영역을 융합한 단원을 구성한 통합 교과 ·사회생활과가 교과의 중핵적 위치
제1차 교육과정기 (교과과정기, 1954 – 1963): 초기 사회과 시대, 교과 중심 교육과정	·교과 중심 교육과정과 함께 경험 중심 교육과정을 동시에 지향 ·동심원적 지역 확대 원칙에 의한 생활 경험 중심으로 구성 ·통합 교과로서의 성격을 뚜렷이 하였고, 교과서의 명칭도 '사회생활'로 변경
제2차 교육과정기 (1963 – 1973): 사회과의 정착기, 경험 중심 교육과정	·경험 중심 또는 생활 중심 교육과정으로서, 교육과정 내용 면에서는 자주성, 생산성, 유용성을 강조하고, 조직 면에서는 합리성, 운영 면에서는 지역성 등 강조 ·교과의 명칭이 '사회생활'에서 '사회과'로 변경, 사회생활과 내의 반공·도덕 내용이 '반공·도덕 생활' 영역으로 분리 ·종래의 사회 기능을 중심으로 하고 지역 확대법을 따르는 내용 구성 계속 유지
제3차 교육과정기 (1973 – 1980): 사회과의 토착화 시기, 학문 중심 교육과정	·교육의 방향 면에서 국적 있는 교육의 강화, 교육의 방법적 원리 면에서 학문 접근 방식 ·'국민 교육 헌장' 이념 구현 등 국가·사회적 요구를 반영 ·기본 개념의 이해와 지식의 구조적 학습 및 탐구 능력 등을 중시하는 학문 중심 교육과정의 사조 및 학문적 요구 반영 ·제1, 2차 교육과정 때의 중핵 교과적 성격의 교과가 아니라, 국어, 자연 등과 동열선상에 있는 하나의 교과화(敎科化) ·도덕(초·중)·국민윤리(고)와 국사(중·고)가 각각 하나의 교과로서 분리·독립됨으로써, 사회과는 통합 교과로서의 성격을 포괄하지 못하는 파행적 구조 ·교육의 방향 면에서 국적 있는 교육의 강화, 교육의 방법적 원리 면에서 학문 접근 방식 ·'국민 교육 헌장' 이념 구현 등 국가·사회적 요구 반영 ·기본 개념의 이해와 지식의 구조적 학습 및 탐구 능력 등을 중시하는 학문 중심 교육과정의 사조 및 학문적 요구 반영 ·내용 면에서는 국사교육이 강화(제5·6학년에서 국사 내용을 50% 정도로 확보하고, 지리·공민 영역과 분리 편성함)

교육과정기(년)	주요 특징
제4차 교육과정기 (1981 – 1987): 사회과의 성숙기 – 되돌려진 시계추, 경험·학문·인간 중심 관점의 통합	·인간 중심 교육과정의 성격을 강조하는 측면이 있지만, 어느 한 측면에 치우치지 않은 개인적, 사회적, 학문적 적합성의 조화 ·국민정신 교육의 강화, 사회과에서 길러야 할 인간상의 확립, 전인교육에 기여할 수 있는 사회과 교육 내용의 선정, 초·중·고의 특성 및 계열성의 확립, 내용량과 기준의 적절성 고려, 체계적인 국사교육 강화 ·제1·2학년의 경우, 교과서 수준에서 국어, 도덕과와 통합 편찬되어 교과 간 통합이 시도됨
제5차 교육과정기 (1987 – 1992): 사회과와 성숙기, 통합과 지역화의 강조	·학습량이 과다하고 내용의 수준이 지나치게 높은 문제, 지나친 분과적 내용 구성의 문제, 학교급별 특수성과 그 연계성의 미비 문제, 습득한 지식의 실생활에서의 활용성 결여 문제, ‘탐구’를 지나치게 강조한 문제 등을 수정, 보완 ·가치·태도 교육 강조, 합리적 의사 결정 능력, 집단생활에서의 참여 능력 강조, 미래 지향적 교육 및 국제 이해 교육 강조, 전통문화 존중 및 계승 내용 강조, 교육과정의 지역화 정신 반영, 국가·사회적 요구 사항의 반영 ·제1·2학년에서 사회과와 도덕과 내용을 주축으로 하고 기타 관련 내용을 통합한 ‘바른생활’과가 탄생하였고, 제3·4학년에서는 우리 고장과 우리 시·도를 주제로 한 지역화
제6차 교육과정기 (1992 – 1997): 사회과의 본질 구현기, 쉽고 재미있는 교과 지향	·사회과의 본질을 보다 강력하게 추구 ·편제 면에서는 통합 사회과로서의 틀을 구성, 사회과의 성격 규정이 교과 목적의 차원에서는 본질 교과, 교과 구조의 측면에서는 종합적·통합적 교과, 교수론적 차원에서는 방법 중심 교과로서의 성격 제시 ·학문 계통과 통합 교과의 특성 간 갈등, 탐구 방법의 지나친 강조, 지식 위주 학습 및 이로 인한 기능·능력, 가치·태도 학습에 대한 상대적 소홀, 내용량의 과다 해결 모색 ·민주시민의 자질 육성(참여, 의사 결정의 강조, 문제 해결 방법 보완), 올바른 사회 인식 능력 제고(사고, 방법, 과정의 중시), 통합 사회과로서의 성격 강화, 교수·학습 부담의 경감(내용량의 축소, 수준의 하향화), 실생활과 관련 강조(경험의 교육과정화, 학습 적용력 강화), 사고력 신장 강조, 초등 사회과로서의 성격의 명확화, 사회 변화와 학문 발전 내용의 수용, 지역화의 강조 ·‘국민적 자질’에서 ‘시민적 자질’로 바뀌었고, 시민 양성의 목표 달성 위한 합리적 의사 결정 능력 등의 기능 면 보강
제7차 교육과정기 (1997 – 2007): 국민공통기본교육과정	·국민공통기본교육과정 도입(국민공통기본교육과정, 선택 중심 교육과정) ·10학년 편제에 ‘국사’ 표기 ·사회과 공통 기본 교육 영역(인간과 공간, 인간과 시간, 인간과 사회 영역) ·수준별 교육과정 도입(보충·심화 과정)
2007년 개정 교육과정 (2007 이후): 국민공통기본교육과정의 심화	·제8 – 10학년(중등 과정)의 ‘역사’ 과목 분리 독립 ·한국 정체성 교육 강화 ·역사(국사) 교육의 강화(역사 교과서 독립 편찬) ·사회과 기본 개념 및 원리의 이해, 문제 해결 강조 ·수준별 교육과정 권장 ·사회과 공통 기본 교육 영역 환원(역사, 지리, 일반사회 영역)

▌제3장▐ 사회과 교육과정의 사회과 교육목표

1. 교육이념과 학교급별 교육목표

1) 한국 교육의 인간상

대한민국의 헌법은 교육목표를 직접적으로 규정하고 있지 않으나, 헌법 제22조 제①항에 "모든 국민은 학문과 예술의 자유를 가진다.", 제34조 제①항에 "모든 국민은 인간다운 생활을 할 권리를 가진다."라고 규정하여 교육의 권리를 간접 규정하고 있다. 그리고 교육기본법 제2조는 교육의 이념과 목적을 다음과 같이 밝히고 있다. "교육은 홍익인간의 이념 아래 모든 국민으로 하여금 인격을 완성하고 자주적 생활 능력과 공민으로서의 자질을 갖추게 하여 인간다운 삶을 영위하게 하고, 민주국가 발전과 인류 공영의 이상의 실현에 이바지하게 함을 목적으로 한다."고 규정하고 있다. 또한 초·중등교육법 제23조 제①항은 "학교는 교육과정을 운영하여야 한다."고 규정하고 있으며, 동 조 제③항은 "학교의 교과는 대통령령으로 정한다."고 규정하고 있다. 또, 초·중등교육법시행령 제①, ②, ③항에 걸쳐서 각각 "초·중·고교는 국어, 도덕, 사회, 수학, 과학, 실과(기술·가정), 체육, 음악, 미술, 외국어(영어)와 교육인적자원부장관이 필요하다고 인정하는 교과로 한다."고 규정하고 있다. 물론, 2008년 '이명박 정부'가 들어서면서 교육인적자원부가 진통 속에 교육과학기술부로 개칭되어, 현재 한국의 국가 수준 교육과정 고시권, 관할권은 교육과학기술부장관이 갖고 있다. 특히 주목해야 할 점은 '이명박 정부'에 들어서면서 교육 영역의 규제 개혁 차원에서 기존에 정부(교육과학기술부)에서 관할하던 초·중등교육의 많은 업무가 광역 시·도 교육청으로, 대학(전문대학)입시 등 관련 업무가 대학(전문대학)교육협의회로 이양되기는 하였지만, 평생교육, 교육정책 등 핵심적 정책 결정권은 교육과학기술부장관이 계속 관할하고 있다.

아울러 '이명박 정부'는 국정 과제로 '지방 교육 자치의 내실화'를 채택하고, 이에 따라 교육과학기술부는 2008년 4월 15일 소위 '4·15 학교 자율화 추진 계획'을 발표하여 총 29개 항의 불필요한 지침을 폐지·수정하도록 하였다. 이를 통하여 광역(시·도 단위) 교육청, 지역(시·군·구 단위) 교육청, 단위 학교의 자율성, 창의성, 다양성을 최대한 보장하고자 하였다(충청남도교육청, 2008: 2).

우리나라 교육은 홍익인간(弘益人間)의 이념 아래 모든 시민이 인격을 도야하고 자주적 생활 능력과 민주시민의 자질을 갖추게 하여 인간다운 삶을 영위하고, 민주국가의 발전과 인류공영에 이바지하게 하는 것을 목적으로 한다. 이와 같은 교육이념을 바탕으로 현행 교육과정이 추구하는 인간상은 다음과 같다(교육부, 1997: 2). 이와 같은 교육이념에 기반을 둔 추구하는 인간상은 제7차 교육과정에 이어 '2007년 개정 교육과정'에서도 그 핵심적 내용은 변하지 않고 계승되어 다음과 같이 제시되고 있다(교육인적자원부, 2007: 2 - 3).

가. 전인적 성장의 기반 위에 개성을 추구하는 사람

나. 기초 능력을 토대로 창의적인 능력을 발휘하는 사람

다. 폭넓은 교양을 바탕으로 진로를 개척하는 사람

라. 우리 문화에 대한 이해의 토대 위에 새로운 가치를 창조하는 사람

마. 민주시민 의식을 기초로 공동체의 발전에 공헌하는 사람

2) 초등학교 교육 일반 목표

초등학교의 교육은 학생의 학습과 일상생활에 필요한 기초 능력 배양과 기본 생활 습관을 형성하는데 중점을 둔다.

가. 몸과 마음이 균형 있게 자랄 수 있는 다양한 경험을 가진다.

나. 일상생활의 문제를 인식하고 해결하는 기초 능력을 기르고, 자신의 생각과 느낌을 다양하게 표현하는 경험을 가진다.

다. 다양한 일의 세계를 이해할 수 있는 폭넓은 학습 경험을 가진다.

라. 우리의 전통과 문화를 이해하고 애호하는 태도를 가진다.

마. 일상생활에 필요한 기본 생활 습관을 기르고, 이웃과 나라를 사랑하는 마음씨를 가진다.

3) 중학교 교육 일반 목표

중학교 교육은 초등학교 교육의 성과를 바탕으로, 학생의 학습과 일상생활에 필요한 기본 능력과 민주시민으로서의 자질을 함양하는데 중점을 둔다.

가. 심신의 조화로운 발달을 추구하고, 자기 발견의 기회를 가진다.

나. 학습과 생활에 필요한 기본 능력과 문제 해결력을 기르고, 자신의 생각과 느낌을 창의적으로 표현하는 경험을 가진다.

다. 다양한 분야의 지식과 기능을 익혀 적극적으로 진로를 탐색하는 경험을 가진다.

라. 우리의 전통과 문화에 대한 자긍심을 지니고, 이에 발전시키려는 태도를 가진다.

마. 자유 민주주의의 기본적 가치와 원리를 이해하고, 민주적인 생활 방식을 익힌다.

4) 고등학교 교육 일반 목표

고등학교 교육은 중학교 교육의 성과를 바탕으로, 학생의 적성과 소질에 맞는 진로 개척 능력과 세계시민으로서의 자질을 함양하는데 중점을 둔다.

가. 심신이 건강한 조화로운 인격을 형성하고, 성숙한 자아의식을 가진다.

나. 학문과 생활에 필요한 논리적, 비판적, 창의적 사고력과 태도를 익힌다.

다. 다양한 분야의 지식과 기능을 익혀, 적성과 소질에 맞게 진로를 개척하는 능력을 기른다.

라. 우리의 전통과 문화를 세계 속에서 발전시키려는 태도를 가진다.

마. 국가 공동체의 형성과 발전을 위해 노력하며, 세계시민으로서의 의식과 태도를 가진다.

<표 28> 교육과정상의 인간상과 학교급별 목표의 관계(2007년 개정 교육과정)

추구하는 인간상	학교급별 교육목표		
	초등학교	중학교	고등학교
1. 전인적 성장의 기반 위에 개성을 추구하는 사람	·몸과 마음이 균형 있게 자랄 수 있는 다양한 경험을 한다.	·심신의 조화로운 발달을 추구하고, 자기 발견의 기회를 갖는다.	·심신이 건강한 조화로운 인격을 형성하고, 성숙한 자아의식을 가진다.
2. 기초 능력을 토대로 창의적인 능력을 발휘 하는 사람	·일상생활의 문제를 인식하고 해결하는 기초 능력을 기르고, 자신의 생각과 느낌을 다양하게 표현하는 경험을 한다.	·학습과 생활에 필요한 기본 능력과 문제 해결력을 기르고, 자신의 생각과 느낌을 창의적으로 표현하는 경험을 가진다.	·학문과 생활에 필요한 논리적, 비판적, 창의적 사고력과 태도를 익힌다.
3. 폭넓은 교양을 바탕으로 진로를 개척하는 사람	·다양한 일의 세계를 이해할 수 있는 폭넓은 학습 경험을 한다.	·다양한 분야의 지식과 기능을 익혀서 적극적으로 진로를 탐색하는 경험을 가진다.	·다양한 분야의 지식과 기능을 익혀, 적성과 소질에 맞게 진로를 개척하는 능력을 기른다.
4. 우리 문화에 대한 이해의 토대 위에 새로운 가치를 창조하는 사람	·우리의 전통과 문화를 이해하고 애호하는 태도를 가진다.	·우리의 전통과 문화에 자긍심을 기르고. 이를 발전시키려는 태도를 가진다.	·우리의 전통과 문화를 세계 속에서 발전시키려는 태도를 가진다.
5. 민주시민 의식을 기초로 공동체의 발전에 공헌하는 사람	·일상생활에 필요한 기본 생활 습관을 기르고, 이웃과 나라를 사랑하는 마음씨를 가진다.	·자유 민주주의의 기본적 가치와 원리를 이해하고, 민주적인 생활 방식을 익힌다.	·국가 공동체의 형성과 발전을 위해 노력하며, 세계시민으로서의 인식과 태도를 가진다.

2. 학교급별 사회과 목표

　1997년 12월 30일 교육부 고시 제1997-15호로 공표된 '제7차 사회과 교육과정'과 2007년 2월 27일 교육인적자원부 고시 제2007-79호로 공표된 '2007년 개정 사회과 교육과정'에서는 초등학교 제1학년부터 고등학교 제1학년까지의 10학년(10년간)을 국민공통기본교육과정기로 정하여 운영하도록 편성되어 있다.

　사회과는 사회생활에 필요한 지식과 기능을 익혀 이를 토대로 사회현상을 올바르게 인식하고, 민주사회 구성원에게 요청되는 가치와 태도를 지님으로써 민주시민으로서의 자질을 갖추도록 하는 교과이다. 사회과에서 육성하고자 하는 민주시민은, 사회생활을 영위하는데 필요한 지식을 바탕으로 인권 존중, 관용과 타협의 정신, 사회정의의 실현, 공동체 의식, 참여와 책임 의식 등의 민주적 가치와 태도를 함양하고, 나아가 개인적, 사회적 문제를 합리적으로 해결하는 능력을 길러 개인의 발전은 물론, 사회, 국가, 인류의 발전에 기여할 수 있는 자질을 갖춘 사람이다.

사회과는 지리, 역사 및 제 사회과학의 개념과 원리, 사회제도와 기능, 사회문제와 가치, 그리고 연구 방법과 절차에 관한 요소를 통합적으로 선정, 조직하여 사회현상을 종합적으로 이해하고 탐구한다. 또한 사회과에서는 우리의 삶의 터전인 국토의 이해를 바탕으로 우리 민족의 역사와 활동에 대한 종합적인 파악과 현실에 대한 역사적인 시각에서의 이해 및 한국인으로서의 정체성과 세계시민으로서의 가치·태도 등에 관한 요소를 중시한다.

사회과는 다양한 정보를 활용하여 사회현상에 관한 지식을 발견하고 문제를 해결하는데 필요한 비판적 사고력, 창의력, 판단 및 의사 결정력 등의 신장을 강조한다. 이를 위하여 다양한 탐구 방법을 활용하여, 학습자 스스로 학습하는 기회를 제공하고, 흥미와 관심을 고려하여 개개인의 수준에 적합한 경험을 제공하는 효율적인 교수·학습 전략을 지향한다. 그리고 학교 특성에 따라서 지역성과 시사성을 고려하여 지도한다.

사회과는 학습자의 성장 발달 정도와 사회·문화적 경험을 고려하여 학교급별로 주안점을 달리한다.

초등학교에서는 학생들이 주변의 사회적 사실과 현상에 대하여 관심과 흥미를 가지며, 생활과 관련된 기본적 지식과 능력을 습득하고, 창의적인 자세로 일상생활을 할 수 있도록 한다. 이를 위하여 학생들은 사회적 사실과 현상을 이해하는데 필요한 기본적인 사실과 개념을 배우고, 이를 자신의 주변 환경이나 문제에 적용할 수 있는 사고력을 지녀야 한다. 또한 이러한 지식과 사고를 사회적 행동으로 실천할 수 있는 적극적인 태도를 길러야 한다.

중학교에서는 초등학교에서의 학습을 바탕으로 각 영역에서 중요시하는 지식을 과학적 절차에 의하여 발견·적용하고, 개인적, 사회적 문제를 해결하는 능력을 길러 공동생활에 자발적으로 참여하는 시민 정신을 발휘하게 한다.

고등학교에서는 초등학교와 중학교에서 습득한 지식과 능력을 바탕으로 사회현상을 종합적으로 이해하고 비판적 사고와 합리적 의사 결정 능력을 함양하여, 사회 공동 문제 해결에 적극적으로 참여하는 시민 의식을 기른다.

<표 29> 사회과 교육과정기별 목표 변천 비교

교육과정	강조점 및 인간상	종합 목표	영역별 목표 및 학년 목표 구성
교수요목		·목적에 제시됨 -사람과 자연환경 및 사회 환경과의 관계 인식 -사회생활에 성실 유능 한 국민이 되게 함	·교수 방법에 제시 -단체 생활 정신, 태도, 기술, 습관 양성 -단체 생활의 관계 이해, 책임감 -사람과 환경과의 이해 -우리나라 역사와 제도에 관한 지식 획득 -우리나라에 적절한 민주주의 생활 방법에 관한 지식 -실천을 통한 근로정신
제1차 교육과정			1) 자타의 개성과 권리 이해, 자주적 사고 태도 2) 집단의 이해 및 태도 3) 사회 기능 이해, 사회참여 태도 능력 4) 인간과 자연과의 관계 이해 및 적응 5) 제도, 시설, 습관 및 문화유산의 이해
제2차 교육과정	※교육과정 전체에서 ·자주성 ·생산성 ·유용성		·교과 목표 1), 2), 3), 4), 5)항은 제1차와 같음 6) 자유 민주국가 생활 이해, 반공, 국제 협력 7) 민족, 국가의 중요 과제, 국토 통일, 산업 진흥 ·학년 목표 -1, 2, 3, 4, 5학년 목표 각 5개 항 -6학년 목표 6개 항
제3차 교육과정	※사회과 인간상 ·주체성 ·발전 지향성 ·협동 총화성 ·효율성	-교과 목표 '가'항에 제시 -가정, 사회, 국가에 대한 애정 -국가 발전, 국가 과제 해 결에 적극 참여하는 국민적 자질	·교과 목표(나~마항) 나) 사회생활 분야에 관한 이해, 태도 다) 인간과 자연환경에 관한 이해 태도 라) 전통, 민족문화에 대한 이해 및 발전 태도 마) 사회현상에 관한 이해, 사고 판단, 문제 해결 능력(기능) ·학년 목표 -1학년 목표 2개 항 -2학년 목표 3개 항 -3, 4학년 목표 4개 항 -5, 6학년 목표 5개 항
제4차 교육과정	※총론의 인간상 ·건강인 ·심미인 ·능력인 ·주체인 ※사회과 인간상 ·주체성 ·인간존중사상 ·자율적 태도 ·협동성 ·합리적 사고	·별도 항목으로 제시 -사회생활에 대한 기초적 지식 획득 -민주국가 국민으로서 자각 -사회, 국가 발전에 기여할 수 있는 국민적 자질	·교과 목표를 지식, 이해, 기능, 가치, 태도로 구분 1) 공동생활의 기초적 원리 및 민주생활의 특질 이해(지식) 2) 인간과 자연환경과의 관계 및 지역의 특질 이해 3) 민족의 발전 과정과 민족문화의 특질 이해 4) 자료의 수집 활용, 탐구 절차 문제 해결 기능 5) 민주생활 습관화, 국토와 민족에 대한 애정, 민족문화 창달, 인류 공영에 이바지 ·학년 목표 설정 -1학년 목표 3개 항 -2학년 목표 5개 항 -3~6학년 목표 6개 항

교육과정	강조점 및 인간상	종합 목표	영역별 목표 및 학년 목표 구성
제5차 교육과정	※총론의 인간상 ·주체성 ·도덕성 ·창조성	−별도 항목으로 제시 −사회생활에 대한 기초적 지식 익힘 −민주국가 국민으로서 자각, 올바른 판단력 −사회, 국가 발전에 기여하는 국민적 자질	·교과 목표를 지식, 이해, 기능, 가치, 태도로 구분 −공동생활과 경제생활의 기초적 원리 및 민주생활의 특질 이해 −인간과 자연환경과의 관계 및 지역의 특질 이해, 국제 협력의 필요성 인식 −민족의 발전 과정 및 민족문화의 특징 이해 −자료의 수집 활용, 합리적 문제 해결, 집단생활에 참여 능력 −민주생활 습관화, 국토와 민족에 대한 애정, 국가 발전과 인류 행복 증진에 이바지 ·3학년부터 학년 목표 설정 −3, 4학년 목표 5개 항 −5, 6학년 목표 6개 항
제6차 교육과정	※총론의 인간상을 　충실하게 반영 ·자주적 인간 ·창조적 인간 ·도덕적 인간 ·건강한 인간	·별도 항목으로 제시 ·국민적 자질을 시민적 자질로 바꿈 −사회적 사실과 현상에 관한 기초적 지식 및 우리 사회의 특징 이해 −올바른 판단 능력 신장 −개인, 사회, 국가 및 인류 발전에 기여하는 민주시민 자질	·교과 목표를 지식 이해, 기능 가치 태도로 구분 가) 기본 개념과 원리 이해 및 적용 나) 사회 기능 요소 이해(역할 수행) 개인, 사회 자아실현 다) 사회 종합적 이해와 당면 문제 해결 라) 정보의 수집 활용, 합리적 문제 해결, 공동 생활에의 참여 마) 민주적 생활의 습관화, 고장, 국토, 민족에, 통일과 국가 발전에 기여, 세계와의 협력 ·학년 목표를 설정하지 않음
제7차 교육과정	※총론의 인간상을 　충실하게 구현 ·개성 추구인 ·창의적 능력 발휘인 ·진로 개척인 ·새로운 가치 창조인 ·공동체 발전에 기 　여인	·별도의 항목으로 제시 −사회현상에 관한 기초적 지식과 능력 −사회과학의 기본 개념과 원리 발견 및 탐구 능력 습득 −우리 사회와 세계 여러 모습의 종합적 이해 −다양한 정보 활용력 −현대사회문제의 합리적 해결 −공동생활의 참여 능력 −개인, 국가, 사회, 인류 발전에 기여하는 민주시민 자질 −사회, 국가 발전에 기 여할 수 있는 국민적 자질	·교과 목표를 지식, 이해, 기능, 가치, 태도로 구분 가) 여러 현상의 종합적 이해 나) 인간과 자연의 상호 작용, 인간 생활의 다양성 다) 전통문화의 특성, 문화와 민족사의 발전상, 인류 생활의 발달 과정과 각 시대의 문화적 특징 이해 라) 사회생활에 관한 기본적 지식 이해, 정치, 경제, 사회, 문화 현상에 관한 기본적 원리의 종합적 이해 마) 현대사회의 성격과 문제 파악 지식과 정보의 획득, 조직, 활용 능력 탐구, 의사 결정, 사회참여, 합리적 문제 해결력 바) 민주적 생활 태도, 사회문제에 관심, 민족문화 및 민주국가 발전에 이바지하려는 태도 ·학년 목표를 설정하지 않음

교육과정	강조점 및 인간상	종합 목표	영역별 목표 및 학년 목표 구성
2007년 개정 교육과정	※총론의 인간상을 충실하게 구현 ·개성 추구인 ·창의적 능력 발휘인 ·진로 개척인 ·새로운 가치 창조인 ·공동체 발전에 기여인	별도의 항목으로 제시 -사회현상에 관한 기초 적 지식과 능력 -사회과학의 기본 개념 과 원리 발견 및 탐구 능력 습득 -우리 사회와 세계 여러 모습의 종합적 이해 -다양한 정보 활용력 -현대사회문제의 합리적 해결 -공동생활의 참여 능력 -개인, 국가, 사회, 인류 발전에 기여하는 민주시민 자질 -사회, 국가 발전에 기여할 수 있는 국민적 자질	교과 목표를 지식, 이해, 기능, 가치, 태도로 구분 가) 여러 현상의 종합적 이해 나) 인간과 자연의 상호 작용, 인간 생활의 다양성 다) 전통문화의 특성, 문화와 민족사의 발전 상, 인류 생활의 발달 과정과 각 시대의 문화적 특징 이해 라) 사회생활에 관한 기본적 지식 이해, 정치, 경제, 사회, 문화 현상에 관한 기본적 원리의 종합적 이해 마) 현대사회의 성격과 문제 파악 지식과 정보의 획득, 조직, 활용 능력 탐구, 의사 결정, 사회참여, 합리적 문제 해결력 바) 민주적 생활 태도, 사회문제에 관심, 민족문화 및 민주국가 발전에 이바지하려는 태도 ·학년 목표를 설정하지 않음

3. 교과 목표(총괄 목표·종합 목표)

1) 사회과 교육과정의 사회과 목표 설정 방향

모든 교과는 교육과정에서 제시되는 목표의 위계성이 있다. 우리나라에서도 지난 제5차 교육과정까지는 각 교과의 목표, 학교급별 목표, 학년 목표, 단원 목표 등을 위계적으로 각각 제시했었다. 그러나 학교 교육과정을 본격적으로 도입한 제6차 교육과정부터는 학년 목표가 폐지되어 교과 목표, 학교급별 목표, 단원 목표, 각 단위시간의 수업 목표 등으로 목표 위계를 이루고 있다. 그러다가 국민공통기본교육과정과 선택 중심 교육과정을 도입한 제7차 교육과정부터는 학교급별 목표를 폐지하고, 원칙적으로 교과 목표와 단원 목표만이 제시되어 왔다.

교과 목표인 사회과의 목표는 다시 총괄 목표(교과 목표·종합 목표)와 항목화된 영역별 목표로 구분되며, 단원 목표는 '학년별 내용'에서 단원의 지식, 기능, 가치·태도 등과 관련된 목표를 문단의 형태로 제시하였다. 2007년 개정 사회과 교육과정에서는 제7차 사회과 교육과정과 같이 교과 목표와 단원 목표만이 제시되어 있다. 총괄 목표인 교과 목표는 제7차 사회과 교육과정과 같으나, 단원 목표는 내용상의 변화에 따라 서술 형태가 달라졌다. 즉, '학년별 내용'에서 단원의 지식, 기능, 가치·태도 등과 관련된 목표를 문단의 형태로 제시하는 것은 유사하지만 교육과정의 대강화(大綱化)에 따라 대단원 아래의 소주제가 삭제된 관계로 단원 목표가 보다 상세하게 제시된 것이 특징이다.

총괄 목표로서의 사회과 교과 목표는 사회과가 지향하는 교육의 목적을 포괄적인 수준에서 제시하고 있다. 사회과 교과 목표의 형식상의 특징은 총괄 목표와 영역별 목표로 구분하여 제시한 점과 초·중·고교의 수준의 목표가 아니라 10학년제 국민공통기본교육과정의 목표로 설정된 것이다(교육과학기술부, 2008a: 308 − 313).

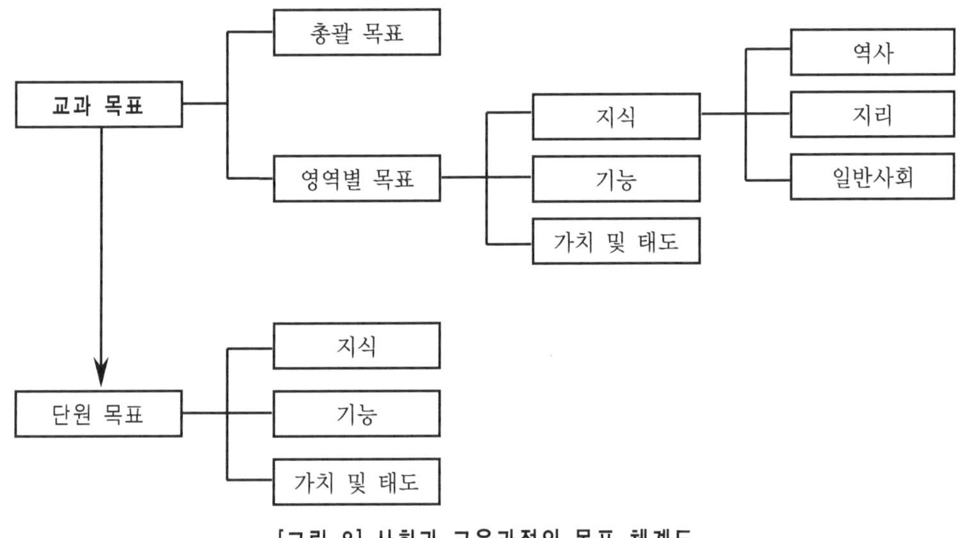

[그림 8] 사회과 교육과정의 목표 체계도

2) 사회과 교육과정의 사회과 목표

'2007년 개정 사회과 교육과정'에서는 제7차 사회과 교육과정과 마찬가지로 사회과의 교과 목표 (총괄 목표)인 종합 목표 1개 항과 영역별 목표 5개 항으로 목표 체계를 편성하고 있다. 특히, 학년 목표를 폐지하여 10학년제 국민공통기본교육과정의 기본 정신에 충실하도록 목표 체계를 구성하여 종합 목표인 교과 목표와 단원 목표를 직접 연계하도록 편성하고 있다. 이와 같은 사회과 교과 목표 (총괄 목표·종합 목표)는 다음과 같다.

"사회현상에 관한 기초적 지식과 능력은 물론, 지리, 역사 및 제 사회과학의 기본 개념과 원리를 발견하고 탐구하는 능력을 익혀, 우리 사회의 특징과 세계의 여러 모습을 종합적으로 이해하며, 다양한 정보를 활용하여 현대사회의 문제를 창의적이며 합리적으로 해결하고, 공동생활에 스스로 참여하는 능력을 기른다. 이를 바탕으로 개인의 발전은 물론, 사회, 국가, 인류의 발전에 기여할 수 있는 민주시민의 자질을 기른다."

교과 목표, 즉 총괄 목표(종합 목표)는 사회과 교육의 궁극적인 목적인 민주시민 육성을 지향점으로 하여, 교육과정을 통하여 최종 달성하려는 지식, 기능, 가치·태도 목표를 포괄하여 제시하였다. 교과 목표의 핵심 요소들을 분석해 보면, 순차적·지속적으로 추구되는 목표와 궁극적인 목표로 구분할 수 있다.

총괄 목표는 사회과의 다양한 목표 요소와 그에 대한 견해들을 종합하고 있으며, 국민공통기본교육과정에서 순차적, 또는 지속적으로 추구되는 목표 요소와 궁극적인 목표 요소로 구성되어 있다. 순차적·지속적으로 추구되는 목표 요소로는 사회현상에 관한 기초적 지식과 능력, 기본 개념과 원리의 탐구 능력, 우리 사회의 특징과 세계의 여러 모습에 대한 이해, 다양한 정보의 활용 능력, 창의적이고 합리적인 문제 해결 능력, 공동체 생활에서의 참여 능력 등이 제시되어 있으며, 궁극적인 목표 요소로는 개인의 발전 및 사회, 국가, 인류의 발전에 이바지하는 민주시민의 자질이 제시되어 있다(교육과학기술부, 2008a: 311).

총괄 목표에 나타난 핵심 요소들은 '개인의 발전 및 국가, 인류의 발전에 기여할 수 있는 민주시민의 자질 육성', '사회현상에 관한 기초적 지식과 능력', '기본 개념과 원리의 탐구 능력', '우리 사회의 특징과 세계 여러 모습의 이해', '다양한 정보의 활용 능력', '창의적이고 합리적인 문제 해결 능력', '공동생활에서의 참여 능력' 등으로 요약할 수 있다.

교과 목표 구성 체계는 종합 목표와 영역별 목표로 구분하여 제시하였으며, 제3학년부터 제10학년까지의 국민공통기본과정의 목표로 설정하였다. 종합 목표는 민주시민의 양성을 사회과의 최종 목표로 하였고, 이러한 목표 달성에 필요한 지식, 기능, 가치·태도 요소를 종합하여 한 문단으로 제시하였다.

사회과의 총괄 목표의 특징을 종합하면 다음과 같다(교육과학기술부, 2008a: 311).

첫째, 전통적인 방식대로 '기초 지식과 기능' 목표가 '시민적 자질의 육성' 목표에 앞서 제시되어 있어서, 전자가 후자의 수단이 되면서 '시민적 자질의 육성'에 초점을 맞추도록 구조화되어 있지만, 극단적으로 규범적이고 이념적인 시민적 자질만이 강조되지 않도록 사회 인식의 형성과 관련된 다양한 목표 요소들이 제시되고 있다.

둘째, 사회 인식의 형성을 위하여 기초적 지식과 능력, 기본 개념과 원리에 대한 탐구 능력, 다양한 정보의 활용 능력이 강조되어, 지식 및 탐구 방법의 이해가 사회 인식의 기본이라는 관점을 유지하고 있다.

셋째, 종래에 지속적으로 강조되어 오던 '국민적·민족적 자각과 신념의 육성'이 배제되고 제6차 교육과정에서부터 강조되어 온 '시민적 자질'이 더욱 중시되고 있으며, 개인과 사회가 균형적으로 고려되도록 개인의 발전과 사회의 발전을 동시에 강조하고 있는 점이 특징이다.

총괄 목표에 나타난 핵심 요소들을 추출해 보면, '개인의 발전 및 국가, 사회, 인류의 발전에 기여할 수 있는 민주시민의 자질 육성'과 '사회현상에 관한 기초적 지식과 능력', '기본 개념과 원리의 탐구 능력', '우리 사회의 특징과 세계 여러 모습의 이해', '다양한 정보의 활용 능력', '창의적이고 합리적인 문제 해결 능력', '공동체 생활에서의 참여 능력' 등으로 요약할 수 있다. 이들 핵심 요소 간의 관계를 분석해 보면 국민공통기본교육과정에서의 순차적·지속적으로 추구되는 목표 요소와 궁극적인 목표 요소로 구분할 수 있다.

사회과 교육에서 이와 같은 핵심 요소들이 강조하는 바를 고찰하면, '민주시민 자질의 육성'은 사회과의 근본적이고 궁극적인 목적을 명시한 것으로, 오늘날 사회과 교육을 통하여 기르려는 참된 민주시민이란, 개인의 자아실현이나 행복 추구를 국가의 이상이나 목표와 조화시켜 나아가는 시민인 동시에 이류의 발전에도 이바지하는 세계시민임을 강조한 것이다.

'기초적 지식과 능력' 및 '기본 개념과 원리의 탐구 능력'은 학년 수준에 따라 차례로 강조되어야 할 요소이다. '탐구 능력'에 대해서는 제1차적으로는 기본 개념의 탐구 능력을 기르고, 제2차적으로는 이를 강화하여 기본 원리들의 탐구 능력까지 추구하여야 할 것이다.

총괄 목표에 추구하는 민주시민은 세계화, 정보화 시대를 주도할 자율적이고, 창의적인 능력을 갖춘 건전하고 품위 있는 한국 시민을 뜻한다. 우리가 오늘날 기르고자 하는 민주시민은 일차적으로 자기를 바르게 인식하고, 건전한 인품을 형성하여 자기가 바라는 바 아름다운 사회생활을 적극적으로 영위하려는 의지가 굳건한 사람이다. 그리고 인간의 존엄성을 바탕으로 다른 사람을 배려하며 자유와 평등의 조화로운 실현, 권리의 주장과 의무의 수행, 사회정의의 실현 등을 통해서 공공의 선을 추구하려는 시민 정신이 투철한 사람을 기르려는 것이다.

따라서 사회과는 학생들로 하여금 우선적으로 우리의 사회·문화적 상황 속에서 과거, 현재, 미래와 관련된 다양한 인간관계 및 인간과 환경과의 관계에 대한 연구를 통해서 사회현상에 관한 기본적 지식을 이해하게 하고 탐구할 수 있는 능력을 갖추게 하여야 할 것이다. 그리고 나아가 다양한 정보를 활용하여 당면한 사회문제를 창의적이며 합리적으로 해결하고, 바르게 판단하며, 행동할 수 있는 능력과 태도를 길러 국가 사회는 물론 인류의 발전에 기여할 수 있는 세계시민성을 동시에 길러 주어야 할 것이다.

<표 30> 사회과 교육과정 교과 목표의 요소 구분

제1차적 목표	제2차적 목표	궁극적 목표
·기초적 지식과 능력 ·기본 개념의 탐구 능력 ·우리 사회 전반 특징 이해 ·다양한 정보 활용 능력 ·공동생활의 참여 능력	·기본 개념과 원리의 탐구 능력 ·우리 사회의 특징과 세계의 현실 이해 ·정보 활용과 문제 해결 능력 ·사회참여 능력	·개인의 발전 및 국가 사회, 인류의 발전에 기여하는 민주시민의 자질

4. 영역별 목표

2007년 개정 사회과 교육과정의 영역별 하위 목표는 총 6개 항으로 구성되어 있다. '가'항은 역사, 지리, 사회과학의 상호 관련하에 통합적 관점을 강조한 목표이며, 이하의 항목들은 학년이 올라갈수록 교과의 특성상 분명하게 드러나는 행동 영역별 목표들이다. 즉, 영역별 목표는 1개 항의 교과 특성 관련 통합 목표와 5개 항의 행동 영역별 목표로 구성되어 있다.

개인의 발전 및 국가 사회, 인류의 발전에 기여하는 민주시민의 자질을 교과 목표로 하는 사회과의 영역별 목표는 다음과 같다.

가. 사회의 여러 현상과 특성을 그 사회의 지리적 환경, 역사적 발전, 정치·경제·사회적 제도 등과 관련지어 이해한다(통합 목표).

나. 인간과 자연 간의 상호 작용에 대한 이해를 통하여 장소에 따른 인간 생활의 다양성을 파악하며, 고장, 지방 및 국토 전체와 세계 여러 지역의 지리적 특성을 체계적으로 이해한다(지리 영역 목표).

다. 각 시대의 특색을 중심으로 우리나라의 역사적 전통과 문화의 특수성을 파악하여 민족사의 발전상을 체계적으로 이해하며, 이를 바탕으로 인류 생활의 발달 과정과 각 시대의 문화적 특색을 파악한다(역사 영역 목표).

라. 사회생활에 관한 기본적 지식과 정치·경제·사회·문화 현상에 대한 기본적인 원리를 종합적으로 이해하고, 현대사회의 성격 및 민주적 사회생활을 위하여 해결해야 할 여러 문제를 파악한다(일반 사회 영역 목표).

마. 사회현상과 문제를 파악하는데 필요한 지식과 정보를 획득, 분석, 조직, 활용하는 능력을 기르며, 사회생활에서 나타나는 여러 문제를 합리적으로 해결하기 위한 탐구 능력, 의사 결정 능력 및 사회참여 능력을 기른다(기능·능력 목표).

바. 개인과 사회생활을 민주적으로 운영하고, 우리 사회가 당면한 문제들에 관심을 가지고 민주국가 발전과 세계의 발전에 적극적으로 이바지하려는 태도를 가진다(가치·태도 목표).

영역별 목표 6개 항은 통합적 목표 1개 항과 세부 영역 목표 5개 항으로 구성되어 있다. 즉, '가'항은 통합적인 교과 운영을 강조한 목표이며, '나-라'항은 지식 영역의 목표들로서, 각각 지리 영역, 역사 영역, 정치·경제·사회·문화 영역에 관한 목표를 제시한 것이고, '마-바'항은 사회과의 기능·능력 목표와 가치·태도 목표를 제시한 것이다(교육과학기술부, 2008a: 312-313).

사회과의 영역별 목표는 6개 항으로 구성되어 있는데 '가'항은 어느 특정 영역에 속한 목표가 아니라, 학습 주제를 가르칠 때 지리, 역사, 정치, 경제, 사회, 문화 등의 관점을 상호 관련시켜 다루게 하려는 교과의 통합적 운영을 강조한 것이다. 통합적 지도를 강조하는 사회과에서는 고장, 지역, 국가, 세계, 지구촌 등에 관한 학습 주제를 시간과 공간 및 공동생활의 측면에서 종합적으로 이해시키도록 하여야 할 것이다.

'나'항은 지리 영역에 관한 목표를 제시한 것이다. 이 목표에서는 일차적으로 '인간과 자연과의 상호 작용에 관한 이해'를 강조하며, 이러한 기본적 요소의 이해를 토대로 사람들의 삶의 터전이 달라지는데 따른 '인간 생활의 다양성'과 여러 지역의 특색을 파악하게 하는 목표이다. 지역 확대법의 원칙에 따라, 지리적 관점에 대한 이해를 자기가 살고 있는 고장에서부터 시작하여 지역, 국토 전체와 세계로 확대하여, 여러 나라의 생활 특색을 파악하도록 하여야 할 것이다.

'다'항은 역사 영역에 관한 목표이다. 이 목표는 국사 영역과 세계사 영역으로 구분해 볼 수 있으며, 특히, 생활사 중심의 역사 학습을 먼저 하게 하고, 이어 이를 바탕으로 우리나라 각 시대의 특성을 파악하도록 함으로써 우리 문화와 민족사의 발전상을 자연스럽게 이해시킬 수 있을 것이다. 한편 역사 학습은 지리적 조건과 더불어 정치, 경제, 사회, 문화 등의 요인을 상호 관련시켜 통합적으로 지도해야 하는 분야이다. 우리의 생활사와 국사에 대한 통합적 이해를 바탕으로 세계의 역사와 문화를 이해함으로써 인류 발전에 기여하려는 마음을 싹트게 할 수 있을 것이다.

'라'항은 정치, 경제, 사회·문화 현상(일반 사회 영역) 등 일반사회 영역에 대한 기본 원리를 종합적으로 이해시키는 것을 일차적인 목표로 하고 그러한 지식을 바탕으로 하여, 현대사회의 성격과 여러 문제들의 특성을 파악하고 해결하는데 중점을 둔 목표이다. 따라서 공동생활 및 경제생활의 기초적 원리를 이해시키고, 민주생활의 특질을 파악하게 하는데 주안점을 두어야 할 것이다.

'마'항은 기능 영역에 관한 목표로서 지식을 발견하고 적용하며, 가치를 분명히 하는 일과 관련시켜 길러져야 할 능력의 성취 수준을 제시한 것이다. 사회현상에 관한 지식을 발견하고, 적용하며 문제를 해결하기 위하여 우선적으로 다양한 정보를 수집 활용할 수 있는 기초적 능력이 갖추어져야 하며, 탐구하고 사고하며 선택 결정하는 고차적 능력이 또한 있어야 한다. 민주시민 생활을 원만하게 영위하려면 여러 분야의 공동생활에 참여하여 맡은 바 역할을 수행할 수 있어야 한다. 특히 사회과에서는 지도, 연표, 도표, 인터넷 검색 등의 다양한 정보를 수집 활용함으로써 당면 문제를 이치에 맞게 해결하고, 집단 공동생활에 참여하여 다른 사람과 어울려 살아갈 수 있는 기초적 능력을 길러 주어야 한다.

'바'항은 가치·태도와 관련된 목표로서 학생들이 건전한 시민으로서 성장하게 하는데 중요한 요소가 되는 목표이다. '민주적 생활 태도'는 정치, 사회생활과 더 밀접한 관계가 있고, '민족문화 발전에 이바지하는 태도'는 역사 영역과 관련시켜 지도하여야 할 것이다. 그리고 '사회문제에 대한 관심'과 '민주국가 발전에 이바지하는 태도'는 모든 분야의 지식과 관련된 가치·태도 목표이다(한면희, 2007: 125-128). 가치·태도 영역의 목표는 사회과 교육에서 정의적 영역의 교육이 매우 중요함을 강조하고 있다.

<표 31> 사회과 교육과정 영역별 목표의 핵심 요소

목표(항)	영역	핵심 요소
가	지식 (전 영역 통합)	· 사회의 여러 현상과 특성의 통합적·체계적 이해
나	지식 (지리 영역)	· 인간과 자연과의 상호 작용 이해 · 삶의 터전에 따른 인간 생활의 다양성 이해 · 지역의 지리적 특성 이해
다	지식 (역사 영역)	· 우리의 역사적 전통과 문화의 특수성 파악 · 우리 문화와 민족사의 발전상 이해 · 인류 생활의 발달 과정과 각 시대의 문화적 특색 파악
라	지식 (일반사회 영역)	· 사회생활에 관한 기본적 지식 이해 · 정치, 경제, 사회, 문화 현상의 기본적 원리의 이해 · 현대사회의 성격과 사회문제들의 파악
마	기능·능력 영역	· 지식과 정보의 획득·조직·활용 능력 · 탐구 능력, 의사 결정 능력, 사회참여 능력, 합리적 문제 해결 능력
바	가치·태도 영역	· 민주적 생활 태도 · 당면한 사회문제에 대한 관심 · 민족문화 및 민주국가 발전에 이바지하려는 태도

* 출처: 교육과학기술부, 『초등학교 교육과정 해설(Ⅲ)』, 한솔사, 2008: 313.

사회과 교육과정의 목표는 사회과의 이념과 성격에서 비롯된다. 사회과의 목표는 사회과 교육에서 근본적으로 달성하고자 하는 '예상 도착점'이다. 추구하고자 하는 이상(理想)이기도 하다.

2007년 개정 사회과 교육과정에서는 총괄 목표로서 교과 목표, 행동적 목표로서 영역별 목표 6개 항을 제시하고 있다. 그리고 그 밑에 단원 목표, 주제 목표를 제시하였고, 학교 교육과정 차원과 교사 수준 교육과정 차원에서 단위 시간의 수업 목표 등을 설정하여 교수·학습하도록 목표 편제가 되어 있다. 즉, 제7차 사회과 교육과정과 마찬가지로 2007년 개정 사회과 교육과정에서는 학년 목표를 제시하지 않고 있다. 이는 국민공통기본교육과정 10학년제의 근본 정신에 따라 학교급과 학년의 구분 칸막이를 배제하고 교과 특성과 단위 수업의 특성을 최대한 살려서 사회과 교수·학습을 수행할 수 있도록 기대하고 있는 것이다.

5. 학년 목표와 단원 목표

국민공통기본교육과정을 처음 도입한 제7차 사회과 교육과정과 2009학년도부터 연차적으로 초·중·고교에 적용되는 '2007년 개정 사회과 교육과정'에서는 학년 목표를 별도로 제시하지 않았다. 그 이유는 교과 목표 및 단원 목표와의 진술상의 중복 요소가 생기기 때문이다. 즉, 사회과 교육과정에서 단원 목표들이 엄밀하게 항목화하여 제시되지 않고, 단원의 지식 목표와 가치·태도 목표를 위주로 한 문단 형태로 제시되어 있다.

하지만 단원에 따라서는 기능 목표와 그 목표 달성에 적합한 지도 방법 및 자료까지 나타내는 형태로 제시되어 있기도 하다. 단원 목표를 이러한 형태로 제시한 의도는 사회과 지도 교사의 단원 지도 계획 수립 과정에서 목표를 더욱 수정, 보완하여 더 세분화, 항목화할 수 있도록 한 것이다.

단원 목표들이 교과 목표 중 각 영역별 목표와 높은 연계성을 갖게 될 때, 교육과정에서 전체적으로 목표와 내용 간의 연계성이 제고될 수 있고, 나아가 '민주시민성 함양'이라는 고유의 사회과 목적도 달성할 수 있기 때문이다.

특히, 제7차 사회과 교육과정에 이어 '2007년 개정 사회과 교육과정'에서도 학년 목표를 별도로 제시하지 않고, 교과 목표와 단원 목표를 직접 연계한 것은 목표의 중복성 외에도 각 학교의 학교 교육과정의 편성·운영 시 지역사회와 학생들의 특성과 여건을 충분하게 반영하여 학년 목표를 별도로 설정할 필요가 있기 때문이다. 이와 같은 학년 목표의 설정을 위한 기본적 방식은 교과 목표에 기반을 두고 위계화(位階化)하는 접근 방식과 단원 목표에 기반을 두고 그 목표를 종합하는 방식 등이 있다.

6. 사회과의 영역별 학년 목표 설정

2007년 개정 사회과 교육과정을 분석하여 사회과의 교과 목표와 학년 목표를 각 영역별로 별도로 구안하여 체계화하면 <표 32>와 같다. 사회과 교육과정의 목표는 사회과의 이념과 성격에서 비롯된다. 사회과의 목표는 사회과 교육에서 근본적으로 달성하고자 하는 '예상 도착점'이다. 추구하고자 하는 이상(理想)이기도 하다.

2007년 개정 사회과 교육과정에서는 총괄 목표로서 교과 목표, 행동적 목표로서 영역별 목표 6개항을 제시하고 있다. 그리고 그 밑에 단원 목표, 주제 목표를 제시하였고, 학교 교육과정 차원과 교사 수준 교육과정 차원에서 단위 시간의 수업 목표 등을 설정하여 교수·학습하도록 목표 편제가 되어 있다.

즉, 제7차 사회과 교육과정과 마찬가지로 2007년 개정 사회과 교육과정에서는 학년 목표를 제시하지 않고 있다. 이는 국민공통기본교육과정 10학년제의 근본 정신에 따라 학교급과 학년의 구분 칸막이를 배제하고 교과 특성과 단위 수업의 특성을 최대한 살려서 사회과 교수·학습을 수행할 수 있도록 기대하고 있는 것이다.

〈표 32〉 사회과 영역별 학년 목표 체계표(예: 제3－6학년분)

영역＼학년	교과 목표	3	4	5	6
모든 영역 (종합적 이해)	·사회의 여러 현상과 특징을 그 사회의 지리적 환경, 역사적 발전, 정－경제－사회적 제도 등과 관련시켜 이해한다.				
역사 영역	·각 시대의 특색을 중심으로 우리나라의 역사적 전통과 문화의 특수성을 파악하여 우리 문화와 민족사의 발전상을 체계적으로 이해하며, 이를 바탕으로 인류 생활의 발달 과정과 각 시대의 문화적 특색을 파악한다.	·생활 도구, 교통, 통신, 놀이와 행사의 변화를 중심으로 고장 생활의 변화 과정을 이해한다.	·옛 도읍지의 문화재를 통해 우리나라 역사의 큰 흐름을 이해하고, 박물관의 기능을 중심으로 문화재의 중요성과 보존·계승의 필요성을 이해한다.	·과학기술의 발달이 우리 겨레의 생활 문화에 끼친 영향을 파악하고, 농경 생활을 기초로 한 우리 민족의 공동체 의식이 현대사회에서 갖는 의미를 이해한다.	·우리 민족의 성립, 발전, 변화 과정과 각 시대의 특징을 여러 분야에서 활약한 인물을 중심으로 이해한다. ·근대 이후 우리 민족이 겪은 시련과 대외 항쟁을 파악하여 민족의 자주와 독립, 통일의 역사적 의의를 이해한다. 광복 이후 우리나라의 발달 과정을 파악한다.
지리 영역	·인간과 자연 간의 상호 작용에 대한 이해를 통하여 장소에 따른 인간 생활의 다양성을 파악하며, 고장, 지방 및 국토 전체의 세계 여러 지역의 지리적 특성을 체계적으로 이해한다.	·고장의 자연환경과 이를 이용한 생활 모습에 대하여 파악하고 이를 실생활에 활용할 수 있다. ·교통과 유통 기능을 중심으로 고장 사람들은 서로 어울려 살아가고 다른 고장과 상호 의존 관계를 맺고 있음을 이해한다.	·시－도 지역의 독특한 자연환경과 그에 따른 주민들의 유통·생산 활동의 모습을 파악하여, 자연환경과 주민 생활 모습과의 관계 및 지역 간의 상호 의존 관계를 이해하게 한다.	·우리나라의 자연환경과 인구 및 국토 개발 모습을 파악하고, 우리나라의 도시와 촌락의 특징 및 상호 의존 관계를 이해한다.	·세계 여러 나라가 지구촌화하고 있는 모습과 우리나라와 세계 여러 나라와의 관계를 이해하고, 통일을 위해 우리가 해야 할 일을 파악한다.
일반 사회 영역	·사회생활에 관한 기본적 지식과 정치－경제－사회－문화 현상에 대한 기본적 원리를 종합적으로 이해하고, 현대사회의 성격 및 민주적 사회생활을 위하여 해결해야 할 여러 문제를 파악한다.	·고장의 공동생활의 모습을 이해한다. ·고장 생활 속에 나타나고 있는 사회문제들을 확인하고, 이를 해결함으로써 보다 나은 고장 생활을 할 수 있음을 이해한다.	·지역사회의 주민들이 생활을 편리하게 하고 지역사회의 문제를 해결하기 위해 노력하는 모습을 파악한다. ·사회의 변화에 따른 가정생활의 특징을 이해한다.	·우리나라의 경제 발전 모습과 정보화 시대의 변모하는 산업 활동을 파악하고, 우리의 산업 경제 발전을 위한 여러 가지 과제를 파악한다.	·헌법에 나타난 국민의 기본권과 민주정치 조직의 기초 원리를 이해한다.

영역 \ 학년	교과 목표	3	4	5	6
기능	· 사회현상과 문제를 파악하는데 필요한 지식과 정보를 획득 – 조직 – 활용하는 능력을 기르며, 사회생활에서 나타나는 여러 문제를 합리적으로 해결하기 위한 탐구 능력, 의사 결정 능력 및 사회참여 능력을 기른다.	· 고장의 모습을 관찰, 견학, 조사하고, 지도, 연표, 그래프, 문헌 영상 자료 등 다양한 자료를 활용하여 문제를 해결할 수 있는 기초적 능력을 기른다.	· 여러 가지 자료로 지역사회의 현상을 조사하여 지도, 연표, 그래프 등 다양한 방법으로 타나내고 지역사회의 문제를 합리적으로 해결할 수 있는 기초적 능력을 기른다.	· 자연환경과 산업 경제활동에 관한 각종 지도의 도표 등을 바르게 읽고 작성하며, 갈등적인 여러 문제에 대해 합리적 결정을 할 수 있는 기초적 능력을 기른다.	· 지도, 연표, 도표 등의 다양한 자료를 이용하여 정보를 수집 – 분석하고, 문제를 합리적으로 해결하며, 공동생활에 참여하여 다른 사람과 어울려 생활할 수 있는 기초적 능력을 기른다.
가치 · 태도	· 개인 생활 및 사회생활을 민주적으로 운영하고, 우리 사회가 당면한 문제들에 관심을 가지고, 민족문화 및 민주 국가의 발전에 적극적으로 이바지하려는 태도를 가진다.	· 고장 생활에 관심을 가지고 고장의 발전에 이바지하려는 태도를 기른다.	· 지역의 일상생활에서 다른 사람과 협력하는 민주적인 생활 태도를 습관화하고, 지역의 공동생활에 관심을 가지고 참여하려는 태도를 갖는다.	· 국토 환경을 소중히 여기고 보전하려는 마음과 경제 발전에 이바지 하려는 태도를 가지며, 겨레의 슬기와 멋에 대한 자긍심을 가진다.	· 조상들의 업적과 문화재에 긍지를 가지며, 일상생활 속에서 민주적인 태도를 습관화하고, 국가 발전에 기여함은 물론 세계 여러 나라 사람들과 협력하며 살아가는 태도를 가진다.

2007년 개정·고시되어 2009학년도부터 전국의 초·중·고교에 연차적으로 적용되는 '2007년 개정 사회과 교육과정'의 사회과와 사회과 관련 과목별 목표를 교과(과목)별로 제시하면 다음과 같다.

1. 교과: '사회과'

사회현상에 관한 기초적 지식과 능력은 물론, 지리, 역사 및 제 사회과학의 기본 개념과 원리를 발견하고 탐구하는 능력을 익혀, 우리 사회의 특징과 세계의 여러 모습을 종합적으로 이해하며, 다양한 정보를 활용하여 현대사회의 문제를 창의적이며 합리적으로 해결하고, 공동생활에 스스로 참여하는 능력을 기른다. 이를 바탕으로 개인의 발전은 물론, 국가, 인류의 발전에 기여할 수 있는 민주 시민의 자질을 기른다.

① 사회의 여러 현상과 특성을 그 사회의 지리적 환경, 역사적 발전, 정치·경제·사회적 제도 등과 관련지어 이해한다.
② 인간과 자연 간의 상호 작용에 대한 이해를 통하여 장소에 따른 인간 생활의 다양성을 파악하며, 고장, 지방 및 국토 전체와 세계 여러 지역의 지리적 특성을 체계적으로 이해한다.
③ 각 시대의 특색을 중심으로 우리나라의 역사적 전통과 문화의 특수성을 파악하여 우리 문화와 민족사의 발전상을 체계적으로 이해하며, 이를 바탕으로 인류 생활의 발달 과정과 각 시대의 문화적 특색을 파악한다.
④ 사회생활에 관한 기본적 지식과 정치·경제·사회·문화 현상에 대한 기본적인 원리를 종합적으로 이해하고, 현대사회의 성격 및 민주적 사회생활을 위하여 해결해야 할 여러 문제를 파악한다.
⑤ 사회현상과 문제를 파악하는데 필요한 지식과 정보를 획득, 조직, 활용하는 능력을 기르며, 사회생활에서 나타나는 여러 문제를 합리적으로 해결하기 위한 탐구 능력, 의사 결정 능력 및 사회참여 능력을 기른다.
⑥ 개인과 사회생활을 민주적으로 운영하고, 우리 사회가 당면한 문제들에 관심을 가지고 민주국가 발전과 세계의 발전에 적극적으로 이바지하려는 태도를 가진다.

2. '역사' 과목: 과목 독립

'역사' 과목에서는 우리나라와 세계의 역사를 종합적이고 체계적으로 이해하는 것을 지향한다. 과거 사실에 대한 폭넓은 지식을 바탕으로 비판적 사고력과 합리적 판단력을 향상시킨다. 학생 스스로 다양한 역사적 자료를 활용하여 학습할 수 있도록 함으로써 과거에 대한 서로 다른 해석과 시각이 존재할 수 있음을 인식하고 이를 통하여 역사에 대한 통찰력을 기르도록 한다.

'역사' 과목의 세부적인 목표는 다음과 같다.
① 우리나라와 세계 역사를 체계적이고 종합적으로 파악한다.
② 현대와 가까운 과거에 대한 이해를 심화함으로써 현대 세계와 우리 국가와 사회에 대한 통찰력을 확대한다.
③ 다양한 역사적 자료를 탐구하고 해석하는 과정을 통해 스스로 문제의식을 가지고 비판적으로 사고하는 능력을 기른다.
④ 현대사회가 직면한 문제들에 대한 역사적 배경과 상호 관련성을 파악하여 그 의미와 가치를 평가할 수 있도록 한다.
⑤ 다양한 삶의 방식에 대한 이해를 기초로 다른 문화와 전통을 존중하는 태도를 기른다.

3. '한국 지리' 과목

'한국 지리' 과목의 목표는 자연 및 인문환경의 지리적 이해를 바탕으로 우리 국토에서 일어나는 다양한 지리적 현상을 종합적으로 파악하고, 우리들의 삶의 터전을 보다 살기 좋은 공간으로 만들기 위한 지리적 분석력, 사고력, 창의력 등을 기르며, 국토의 지리적 환경과 공존할 수 있는 자세를 가지게 하는데 있다.

① 국토의 다양한 지리적 현상을 종합적으로 이해하고, 세계화의 흐름 속에서 우리의 삶의 공간이 갖고 있는 의미를 파악한다.
② 우리나라 각 지역의 특성과 지역 구조의 변화 과정을 다양한 관점에서 파악하고, 이를 통해 다면적·복합적인 국토 공간의 특성을 인식한다.
③ 국토 공간 및 자신이 살고 있는 지역의 당면 과제를 인식하고, 이를 합리적으로 해결할 수 있는 지리적 기능 및 사고력, 창의력을 기른다.
④ 일상에서 접하게 되는 다양한 지리 정보를 선정·수집·분석·종합하고, 이를 지리조사 및 여가 등에 활용할 수 있는 능력을 기른다.
⑤ 자연 및 인문환경과 주민 생활의 연관성을 유기적·생태적인 사고를 바탕으로 이해함으로써 국토 공간과 환경에 대한 가치를 올바르게 인식할 수 있는 태도를 지닌다.
⑥ 국토분단, 주변국과의 영역 갈등과 같은 우리 국토가 당면하고 있는 국토 공간의 정체성 문제를 올바른 시각에서 이해하고, 바람직한 국토관과 국토애를 함양할 수 있는 태도를 기른다.

4. '세계 지리' 과목

'세계 지리'의 목표는 세계 각 지역의 지리적 현상을 종합적·체계적으로 이해하고, 세계화 시대에 지역 간 협력 및 상호공존의 길을 모색하며, 지구적인 시각에서 우리 삶의 터전을 보다 살기 좋은 공간으로 개발·이용·보존하기 위해 노력하는 자세를 기르는데 있다.

① 세계의 다양한 자연환경과 인문환경에 대해 체계적이고 종합적으로 이해하는 능력을 기른다.
② 세계 여러 지역에 대한 지리 정보를 수집·분석·평가하고, 그 지역에 대한 주제를 선정하고 탐구하는 능력을 기른다. 아울러 수집·분석된 지리 정보를 도표화·지도화하는 능력을 함양한다.
③ 지역 간 협력 및 상호 공존의 길을 모색하며, 지역 간 갈등과 분쟁을 이해하고 이를 해결하려는 태도를 기른다.

5. '경제 지리' 과목

경제활동을 지리적 관점에서 종합적으로 고찰하여 경제활동의 지역적 특성을 체계적, 종합적으로 이해하고, 이를 바탕으로 우리나라 및 세계 각 지역이 경제적으로 보다 바람직한 삶을 영위할 수 있도록 노력하는 자세를 가진다.

① 경제활동을 지리적 관점에서 파악하여, 우리나라 및 세계 각 지역의 경제활동의 특성을 체계적이고 종합적으로 이해한다.
② 경제활동과 생산품의 분포, 생산 및 소비, 이동의 특성과 그에 따른 문제점을 이해하고 그 해결 방안을 모색한다.
③ 경제활동의 발달, 구조, 입지 원리 및 공간적 분포의 특성과 그에 따른 문제점을 이해하고 그 해결 방안을 모색한다.
④ 지리적 개념 및 원리에 의하여 경제활동의 지역적 특성을 파악하고, 나아가 경제활동에 관한 합리적인 의사 결정 능력을 기른다.
⑤ 지역에서의 경제활동에 관한 각종 통계 및 현지 조사 자료를 지도화, 도표화하고, 이를 분석, 해석할 수 있는 능력을 기른다.
⑥ 개방화, 세계화되는 세계 경제 속에서 우리나라가 나아갈 방향을 탐색하고, 세계 각 지역의 경제 발전을 위해서 국가 간, 지역 간에 상호 협력하고 공존할 수 있는 가치관과 태도를 기른다.

6. '한국 문화사' 과목

'한국 문화사' 과목은 우리 문화가 형성 변천되어 온 과정을 파악하고, 현재의 한국 문화가 우리 역사의 산물임을 이해하며, 나아가 현재 한국인의 삶을 이해하는데에 중점을 둔다.

① 각 시기 문화의 특징에 영향을 미치는 경제, 사회, 정치적 요소를 이해한다.
② 각 시기 문화 현상과 요소를 탐구하여 우리 문화가 가지는 특성과 맥락을 이해한다.
③ 우리 역사가 외부 세계와 교류하면서 각 시대마다 새로운 문화를 수용하여 전통문화를 형성 · 발전시켰음을 파악하여 열린 문화적 안목을 기른다.
④ 각 문화 현상과 관련된 자료를 분석, 비판, 종합하는 활동을 통해 역사적 탐구력을 키운다.
⑤ 우리 역사를 삶의 과정으로 이해하여 새 문화 창조와 사회 발전에 능동적으로 참여하는 태도를 기른다.

7. '세계 역사의 이해' 과목

'세계 역사의 이해' 과목에서는 현재의 세계가 형성되기까지 나타난 각 지역의 역사적 경험과 그 상호 작용을 이해함으로써 현대 세계의 성격과 과제를 인식한다. 다양한 자료를 활용하여 역사적 사고력과 판단력을 기르고, 세계사 속에서 자신을 발견하고, 개방적인 국제 이해와 협력의 자세를 가지도록 한다.

① 각 지역의 독특한 문화 발전과 통치 체제, 경제 발전을 비교하고, 세계적으로 확산되어 다양한 문화에 영향을 미쳤던 종교와 사상을 중심으로 그 형성 및 확산 과정, 사회적, 문화적 영향을 이해한다.
② 지역 간 교류와 갈등을 통해 이루어진 경제적, 문화적 상호 작용의 전개 과정을 시기별로 이해함으로써 세계적인 상호 의존성의 증대 과정을 역사적으로 이해한다.
③ 획기적인 과학기술의 발달, 민족 문제, 인종 문제, 계급 문제, 정치적 · 경제적 · 종교적 대립과 갈등 등 현대 세계의 성격과 쟁점을 이해하고, 역사적으로 탐구한다.
④ 세계의 다양한 문화 특징을 이해하고, 그 문화를 존중하는 태도를 함양한다.
⑤ 다양한 역사 자료를 활용한 학습활동을 통해 역사적 사고력을 신장시킨다.

8. '동아시아사' 과목

'동아시아사' 과목은 동아시아 지역의 역사 전개 과정을 주체적이고 개방적인 관점에서 종합적이고 체계적으로 이해하여 이 지역의 특성과 과제를 올바로 인식하는데 목표를 둔다. 다양한 관점에서 자료를 활용하여 역사적 사고력과 역사의식을 기르고, 나아가 동아시아 지역의 발전과 평화에 이바지하는 자세를 갖도록 한다.

① 객관적이고 균형 잡힌 시각으로 동아시아 지역사를 파악하여 역사를 주체적으로 이해하는 안목을 기른다.
② 각 시기 사회와 문화의 특징을 드러낼 수 있는 공통적이거나 연관성 있는 요소를 주제별 접근 방식을 통해 이해한다.
③ 동아시아 역사와 문화의 다양성을 탐구하여 그 특징을 파악하고 타자를 이해하고 존중하는 태도를 함양한다.
④ 각 시기에 전개된 교류와 갈등 요소를 탐구하여 문제 해결의 방향을 모색하는 자세를 갖는다.
⑤ 주제와 관련된 자료를 비교, 분석, 비판, 종합하는 활동을 통해 역사적 사고력을 신장시킨다.

9. '법과 사회' 과목

'법과 사회' 과목은 기본적인 법 이론에 대한 이해를 통하여 일상생활에서의 문제 상황을 민주사회의 법이념에 따라 합리적·합법적으로 해결해 나갈 수 있는 능력을 함양하는 것을 목표로 한다. 궁극적으로는 개인의 기본권이 보장되고 정의가 실현되는 사회를 이룩하는데 필요한 민주시민으로서의 법적 소양, 가치관 및 태도를 지니게 한다.

① 현대 민주국가에서의 법의 필요성과 기능을 이해하고, 기본적인 법 이론을 활용하여 각 구성원 간의 법률관계를 분석하고, 생활의 각 영역에서 발생하는 법적 문제 상황을 이해한다.
② 법적 문제 상황에 관련된 기록, 정보 및 자료에 대한 분석을 통하여 문제 상황을 법적으로 해결할 수 있는 능력을 길러, 다양한 사회적 쟁점에 대한 법적 해결 방안을 모색할 수 있다.
③ 국·내외의 사회 구성원 간에 의견이 엇갈리는 쟁점들의 내용을 법적으로 이해하고, 관련된 개인 혹은 집단의 입장에서 각각의 주장들을 합리적·합법적으로 판단할 수 있는 능력을 기른다.
④ 다양한 분쟁 해결 방식의 원리와 절차를 이해하고, 이를 활용하여 개인적·사회적 분쟁을 합리적·평화적으로 해결하는 능력과 태도를 기른다.
⑤ 법의 보호적 기능을 인식하고, 개인의 권익의 보장과 그 침해에 대한 구제를 위한 제도들을 이해하고 활용할 수 있다.

⑥ 민주적 법체계와 절차를 존중하고, 건전한 법의식과 법문화를 지니며, 민주사회의 실현에 능동적으로 참여하는 자세를 갖는다.

10. '정치' 과목

정치 현상을 체계적으로 이해하기 위한 기본 개념과 원리, 그리고 민주주의의 근본 가치와 원리를 학습하고, 정치적 쟁점과 문제를 해결하기 위해 비판적으로 사고하고 종합적으로 분석하여 합리적으로 의사 결정을 내리는 능력을 함양한다. 또 정치 과정에 능동적으로 참여하여 공동체 발전에 이바지하는 민주시민의 자세를 가진다.

① 민주정치의 발전, 우리나라 정부 조직 형태와 통치 원리, 국제 정치 등 정치 현상에 관한 기본 개념과 원리 및 특징을 파악한다.
② 헌법에 기초한 국민의 권리와 의무, 정치 과정과 참여 방법 등 국민의 정치적인 권리 행사와 관련하여 기본적인 정치 현상의 지식을 이해한다.
③ 정치 현상과 관련된 국내외의 다양한 정보 및 자료를 수집, 분석하며, 이를 문제 해결에 활용하여 반성적 탐구 능력, 문제 해결 능력, 의사 결정 능력, 비판적 사고력 등을 함양한다.
④ 다원화된 사회에서 정치적 관계를 인식하고 갈등 상황에서 정치 공동체와 타인의 입장을 합리적으로 분석하고 평가하여 공존을 모색할 수 있는 능력을 함양한다.
⑤ 정치 공동체의 구성원으로서 민주주의의 기본 가치를 내면화하여 시민 생활에서 누릴 수 있는 권리와 사회적 책임을 인식하고, 민주적 자질을 함양하여 공동체의 발전에 능동적으로 참여하는 태도를 기른다.
⑥ 지역사회와 국가, 국제사회의 특성과 정치적 운영 원리를 이해하고, 지역·국가·국제사회의 문제에 관심을 가지고 해결 과정에 능동적으로 참여하는 자세를 가진다.

11. '경제' 과목

현실 경제의 다양한 현상과 경제사회의 변동을 파악하고 경제문제를 해결해 나가기 위해 관련 지식을 체계적으로 습득하고, 실천적 탐구 방법을 익히며, 문제 해결에 필요한 올바른 가치관과 실천적 자세를 가진다.

① 경제 현상에 대한 체계적인 지식을 활용하여 경제의 운영 원리를 이해하고, 경제 현상에 내재된 인과관계를 설명하며, 미래의 경제 변동을 전망하여 창의적으로 대응할 수 있도록 한다.

② 국내외 사회·경제 정보를 수집·분석·평가하여, 개인과 공공의 경제문제 해결을 위한 합리적인 의사 결정에 활용하고, 능동적으로 사회에 참여할 수 있는 능력을 함양한다.
③ 소비자, 생산자 등 경제 주체로서 갖추어야 할 경제가치 및 태도를 바탕으로 책임 있는 민주시민의 역할을 수행하여 개인 생활과 국민경제 발전에 이바지할 수 있도록 한다.

12. '사회·문화' 과목

'사회·문화' 과목에서는 현대사회의 특성과 변화 양상을 파악하고 이에 대한 탐구 방법을 습득하여 스스로 사회·문화 현상에 대한 지식과 관점을 형성할 수 있는 능력을 함양한다. 그리고 민주사회 시민으로서의 가치와 태도를 함양하여 개인과 공동체의 문제에 대한 합리적 대안을 탐색할 수 있는 통찰력을 기른다. '사회·문화' 과목의 세부적인 목표는 다음과 같다.

① 사회·문화 현상에 관한 기본 개념과 원리를 습득하여, 개인과 사회구조, 문화 현상, 사회제도, 사회변동과 사회문제 등 인간의 사회적 행위와 문화의 여러 측면을 다양한 관점에서 이해한다.
② 사회·문화 현상에 대한 여러 가지 자료를 수집, 분석, 종합, 평가하여 지식을 구성하는 능력과 사회·문화적 쟁점에 대한 가치 탐구 능력을 기른다.
③ 사회·문화 현상에 대한 이해와 탐구 방법을 토대로 공동체의 문제에 대한 합리적인 해결책을 탐색하는 문제 해결력과 의사 결정 능력을 함양한다.
④ 변화하는 세계 속에서 비교 문화적 이해 능력과 개방적 태도를 지닌 세계시민으로서 주체적으로 사회에 참여할 수 있는 능력을 함양한다.

1. 사회과 교육목표의 위계

일반적으로 사회과 교육에서 기대하는 최종적인 목표, 즉 '민주시민의 자질 육성', '바람직한 시민 양성'이라는 의도의 성취는 매 시간에 이루어지는 사회과의 구체적인 수업에 의해서 실현된다는 가정에 의한 것이다. 그러므로 홍익인간의 교육이념, 초·중등교육법에 제시된 교육 목적, 학교급별 교육목표, 사회과 목표, 단원 목표, 주제 목표, 수업 목표 등은 항상 일관성을 유지하도록 하여야 한다. 특히, 제7차 사회과 교육과정에 이어 '2007년 개정 사회과 교육과정'에서도 공식적으로는 학년 목표를 제시하지 않았지만, 각 단위 학교 차원에서는 학교의 환경과 여건, 학생들의 수준 등을 고려하여 단원별·주제별 학년 목표를 별도로 설정하여 지도할 수 있을 것이다. 이는 곧 의도된 사회과 교육과정과 실현된 사회과 교육과정을 가능한 한 일치시켜 보려는 한 의미 있는 시도라고 볼 수 있다.

그러므로 사회과 교육과정 전문가, 교육 전문직, 교육 행정직, 사회과 교사들은 상위 목표의 의미를 분석적으로 검토하고 이를 점차 세분하여 의미 있는 하위 목표를 찾아내고 그 수업 전략을 모색하여야 한다. 이러한 작업은 사회과 교육과정의 상세화에 의해서 이루어진다. 특히, 제7차 사회과 교육과정에 이어 2007년 개정 사회과 교육과정에서는 교육과정의 대강화를 강조하고 있기 때문에 학년 목표의 설정, 단원 목표의 상세화 등을 학교 수준 교육과정, 교사 수준 교육과정에서 고려하여야 할 것이다.

일찍이 키블러(R. J. Kibler), 바커(L. L. Barker), 마일즈(D. T. Miles) 등은 교육과정 목표를 상세화하는데 도움이 되는 목표 위계상의 분류법을 제시하였다. 그들은 목표를 위계에 따라 일반적 교육목표, 정보 목표, 계획 목표 등으로 구분하였다.

일반적인 교육목표는 매우 포괄적이며 추상적인 목표로서 이념이나 교육 관련 법령상의 목표, 학교 교육 및 교과교육과정 목표 수준의 것을 말한다. 정보 목표는 비교적 덜 추상적인 목표로서 학년 목표, 단위 목표 등 블룸이 제시하는 정도의 포괄성을 띠는 목표이다. 그런데 이 수준의 목표의 기능은 성취시켜야 할 구체적인 표적으로서보다는 교장과 교사, 장학진 등 간에 가르쳐야 할 지표를 분명히 확인할 정도로 정보의 교환에 도움이 된다고 보는 것이다. 그리고 계획 목표는 매 수업 시간에 구체적으로 도달하여야 할 행동 목표와 전략까지도 명료하게 제시된 목표로서, 그 의도성이 강하고 매우 구체성을 띤 목표라고 할 수 있다. 메이거(F. Mager)의 구체적 수업 목표(조건, 도착점 행동, 준거 등의 제시)는 이 수준의 목표를 제시하는데 적합할 수도 있다고 했다. 따라서 이와 같은 위계성을 고려하여 추상적인 상위 목표로부터 구체적·조직적 하위 목표에 이르기까지의 사회과 교육목표 상세화 작업은 수업 전에 이루어지는 것이 바람직하다.

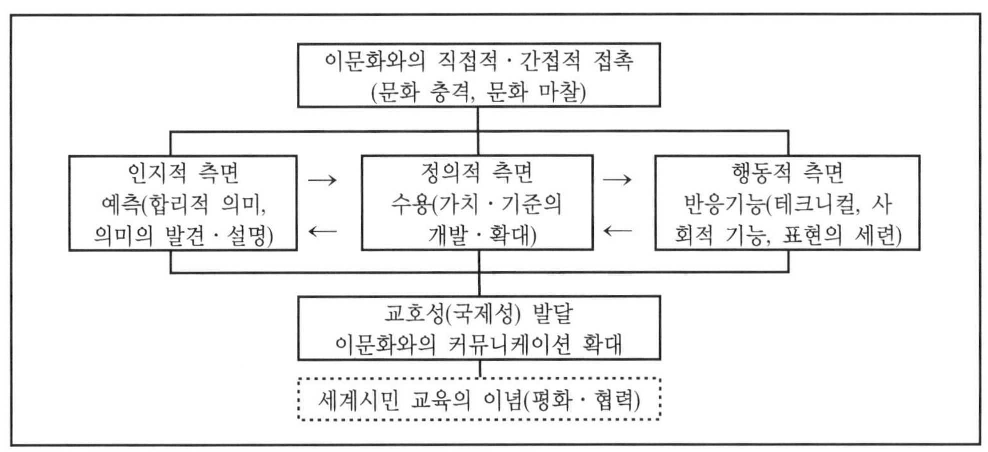

[그림 9] 민주시민 교육의 목표 구조

2. 사회과 교육목표의 진술

일반적 교육목표나 교과의 목표 등은 '민주시민의 자질 함양', '공동체 협동 의식 배양' 등과 같이 포괄적 의미의 함축된 용어로 진술한다. 이러한 목표는 장기간에 성취된 추상적 목표로서의 기능을 가지고 있다. 그러나 학년 또는 단원 수준 이하에서는 가르쳐야 할 내용과 기대되는 행동 특성들이 드러나야 하며 주제 목표나 구체적 수업 목표일수록 내용이 세분화되고 행동 특성이 분명하여야 한다. 반면에 단원 목표 수준의 목표를 지나치게 구체적으로 진술하는 것은 오히려 목표의 부분적 요소에 치우칠 우려가 있다. 메이거(F. Mager)는 수업 목표의 진술 속에 조건, 준거, 도착점 행동을 제시함으로써 학생들의 행동 변화가 가능하도록 하여야 한다고 주장한다. 그러므로 이러한 목표를 진술할 때에는 명세적 동사를 사용하는 것이 목표를 분명히 하는데 도움이 된다는 것이다. 메이거의 목표 진술 방식에 의하여 재구성된 사회과 수업의 구체적 목표의 예는 다음과 같이 제시할 수 있다.

〈표 33〉 메이거의 목표 진술 방식(예)

영역	목표 진술 내용(예)
지식	·행정중심복합도시(행복 도시)인 세종시의 계획을 알고, 중요한 내용, 세부적인 내용 등을 말할 수 있다.
사고 기능	·행복 도시인 세종시의 계획서를 읽고, 앞으로 30년 후의 세종시의 발전 상황을 창의적인 도표를 이용하여 제시할 수 있다.
기초 기능	·색연필과 크레파스를 이용하여 행복 도시인 세종시의 지형도를 그릴 수 있다.
가치·태도	·행복 도시인 세종시의 미래에 대한 교사의 설명을 듣고, 도시 개발에 대한 문제점(자연환경 훼손, 문화재 보존, 인구문제 등 도시문제)을 중심으로 자신의 주장을 제시하고 정당화할 수 있다.
사회 참여	·주 5일 수업제에 의한 토요휴업일에 부모님과 함께 현장 체험 학습으로 행복 도시인 세종시 건설 현장을 견학하고, 도시 계획과 건설에 대해서 지대한 관심을 갖는다.

물론 이와 같은 구체적 목표가 모든 사회과의 수업 목표 진술에 적용되기는 어려울 것이다. 실제로 그렇게 하는 것이 바람직한가에 대해서도 많은 의견과 이견(異見)이 있다. 그러나 일반적으로 조건과 목표 행동은 분명하게 제시하는 것이 좋을 것이다. 목표 진술은 내용과 행동을 포함한 이원 목적 분류에 의거하여 진술하는 것이 바람직하다.

한편, 사회과 교육의 목표 진술에 필요한 행동 동사를 제시하며 다음과 같다.

〈표 34〉 사회과 목표 진술의 행동 동사

구분	암시적 동사	명세적 동사
지식	이해한다. 안다. 파악한다.	·기술한다, 찾아낸다, 명명한다. ·열거한다, 이름을 말한다, 지저한다, 기억한다. ·의미를 말한다, 예를 들어 말한다, 요약한다.
사고	분류 비교 대조 예측	·나눈다, 기준에 따라 기른다, 선택한다, 지적한다. ·차이를 말한다, 특성을 제시한다, 유사성을 말한다. ·차이나 반대점을 제시한다, 비교하여 차이점을 보여 준다. ·결과를 사진에 말한다, 미리 짐작해 본다.
	가설	·전제를 구체적으로 진술한다, 가정된 조건이나 원칙을 제안한다, 잠정적으로 결론을 내린다, ~원리를 적용한다, 문제 해결의 방향을 제시한다, 예측한다.
	추론	·암시에 따라 생각한다, 미루어 생각한다, 결론이나 결과를 이끌어 간다, 결과를 막연하게 암시한다, ~을 근거로 삼아 결론을 짓는다.
	적용	·변화시킨다, 수정한다, 응용한다, 푼다, 보여 준다.
	분석	·구성 부분으로 나눈다, 차이를 구별한다, 요인을 밝힌다, 변별한다, 관련시킨다, 세분한다, 분리해 낸다, 검토해 본다, 분해한다.
	해석	·의미를 말한다, 다른 말로 바꾼다, 예를 들어 설명한다, 번역한다, 다른 형식으로 나타낸다.
	종합	·고안한다, 새롭게 만든다, 조직한다, 재구성한다, 요소 간의 관계를 짓는다, 통합한다, 결론을 내린다. 편집한다, 재배열한다.
	평가	·평정한다, 대조한다, 비교한다, 비평한다, 좋아한다, 기린다, 변별한다, 타당화한다, 주장한다, 정당화한다.
가치·태도	판단	·변별한다, 수정한다, 기린다, 좋아한다, 정정한다, 해결한다, 일반화한다, 고수한다, 제안한다.
	신념	·고수한다, 결심한다, 굳은 마음을 갖는다, 확신한다, 복종한다, 따른다, 실행한다, 실천한다.

3. 사회과 교육목표 진술 방법

1) 목표의 의의와 기능

사회과 교육의 목표는 사회과의 기본 방향을 제시하는 것이며 사회과의 내용 선정과 조직, 지도 방법, 교육 평가 등에 중대한 영향을 미치는 것이기 때문에 목표의 개념과 서술방법을 분명하게 하는 것이 서두에서 필요하다.

일반적으로, 사회과의 목표 서술에 가장 많은 영향을 미친 것은 추상적 목표와 구체적 목표의 진술 방법, 인지적 목표와 정의적 목표의 구분 및 시민의 자질 등으로 요약할 수 있을 것이다.

교육목표는 일반적으로 교육이 달성하고자 하는 궁극적인 종착점을 의미한다. 때로는 좀 더 좁혀서 교육에 의해서 변화시키고자 하는 행동의 상황을 의미하기도 한다. 교육목표가 '무엇을 의미하느냐'라고 하는 문제를 근본적으로 생각해 볼 필요가 있다. 교육은 현재의 상태가 불만족스럽고 불충분하다고 생각하기 때문에 좀 더 만족스럽고 충분한 상태를 이룩하고자 하는 인간의 노력인 것이다. 즉 교육이 실시되고 난 다음에 인간이 달성하기를 원하는 상태, 그것이 교육의 목표가 된다. 이러한 교육의 목표는 '민주시민의 육성'과 같이 매우 추상적으로 표현될 수도 있고 '이 수업이 끝나고 나면 아침에 일찍 일어나서 집 앞의 청소를 한다.' 등과 같이 구체적으로 표현될 수도 있다.

교육목표는 교육의 방향을 제시하며 지향점의 도착지 역할을 한다. 그러므로 교육목표는 교육 활동에서 매우 중요한 기능을 수행한다. 가장 핵심적인 것은 교육의 기본 방향을 제시해 준다는 점이다. 교육목표는 교육의 내용, 교수ㆍ학습 방법, 평가 등 일련의 과정에 중요한 영향을 미친다. 예컨대, 민주적인 시민의 육성이 교육의 목표라고 하면 그러한 목표를 달성하기 위하여 적합한 내용을 선정하고 의사 결정 능력의 향상, 자율성의 함양 등을 위하여 주입식 교육방법보다는 토론식 교육방법을 선택하게 되는 것이다. 또 교육 평가는 결국 교육목표가 달성되었는지의 여부를 검토하는 것이므로 교육목표가 분명하면 평가도 분명하게 되지만 교육목표가 분명하지 못하면 평가도 분명하지 못하게 된다.

2) 사회과 목표의 설정 요건

일반적으로 교육목표를 설정할 때는 사회적 상황, 학습의 준비도 등을 고려하여야 되는데, 사회과의 교육목표를 설정할 때에는 특히 이 점이 중요하다. 왜냐하면 사회과는 개인과 사회 및 국가와의 관계를 직접적인 내용으로 취급하기 때문이다. 사회과의 목표는 사회적 또는 국가적인 목표와 조화되지 않으면 안 된다. 사회과의 교육목표는 국가적 교육목표의 하위개념이라고도 할 수 있다. 사회과의 교육목표는 문제 해결 능력과 같이 일반적으로 표현되면서도 민주화, 민족의 발전, 경제성장, 복지사회의 실현, 공동체 의식의 증진 등 사회적ㆍ국가적 목표와 주화되지 않으면 안 된다. 이와 함께 학습자의 심리적 발달 상황이나 준비도 등과도 연결되어야 한다. 심리학자인 피아제(J. Piaget), 도덕교육학자 콜버그(L. Kohlberg) 등이 주장하고 있는 바와 같이 초등학교의 저학년에서는 구체적인 행동과 습관화를 주요한 교육의 목표로 하고 고학년으로 올라갈수록 일반적이고 추상적인, 그리고 형식적인 개념, 원리, 명제를 이해하는 것을 목표로 해야 할 것이다. 이 이론은 중등학교 학생들에게 까지 확장하여 지도할 수 있을 것이다.

사회과 교육의 목표는 또 학교 교육의 교육목표와도 조화되어야 하고, 실현 가능한 것이어야 한다. 사회과 교육은 국어, 영어, 수학 등과 같이 교과교육의 일종이며 그것은 학교 교육의 범위 내에서 실시되는 것이다. 그러므로 구체적으로는 도시학교 및 농촌학교, 인문계학교 및 실업계학교 등과 같이 학교의 종류에 의해서 영향을 받을 수도 있고, 전인교육과 같이 최근에 우리나라에서 주장되고 있는 학교 교육의 목적으로부터도 많은 영향을 받는다. 그리고 학교 교육이라는 관점에서 고찰할 때는 사회과 교육은 수업을 통하여 실시되는 것이므로 수업을 통하여 실현이 가능한 것이어야 한다. 학교와 지역사회에서 실시되는 구체적인 학습활동이 사회과 교육의 목표가 될 수도 있다.

(1) 추상적 목표와 구체적 목표

사회과의 목표에서 추상적인 목표는 거시적 관점, 구체적 목표는 미시적 관점에서 접근하여야 한다. 사회과의 교육목표는 추상적으로 서술될 수도 있고 구체적으로 서술될 수도 있다. 추상적이고 포괄적인 사회과의 교육목표는 사회과 교육이 이룩하고자 하는 최종적인 인간상, 사회과 교육의 기본 방향 들을 의미한다. 추상적으로 서술된 교육의 목표는 교육의 방향을 일반적으로 제시하기가 곤란한 단점이 있다. 영국의 신사, 합리적인 프랑스인, 우리나라 조선 사회의 선비 등은 그 사회를 대표하는 하나의 인간상이라고 할 수 있다. 오늘날 우리에게 요청되는 인간상은 한마디로 표현하기는 어렵지만, 사회과 교육이 이상적으로 지향해야 할 보편적인 인간상은 주체적인 인간, 도덕적인 인간, 심미적인 인간. 능력 있는 인간, 건강한 인간 등으로 개념화할 수 있을 것이다.

추상적 교육목표는 교육의 방향을 제시하지만 학습활동을 구체적으로 제시하지는 못한다. 따라서 학습활동을 구체적으로 제시할 수 있는 교육목표를 서술할 필요가 있다. 이것은 행동으로 관찰할 수 있도록 교육목표를 제시하는 것이며 대개 수업 목표라고 불린다. 수업 목표는 구체적인 학습활동을 관찰할 수 있도록 제시해 주는 장점이 있는 반면에 어떤 경우에는 구체적으로 수업 목표를 서술하기가 곤란한 경우가 있기 때문에 그 점에서 제한이 따른다.

수업 목표를 구체적으로 제시하려고 하는 움직임은 행동주의 또는 조작주의라고 하는 학문적인 경향에 의하여 많은 영향을 받았다. 인간의 본성에 대한 행동주의나 조작주의를 신봉하는 사람들은 추상적인 개념을 관찰할 수 있는 행동으로 표시하기를 좋아한다. 이들은 경험적인 자료를 가지고 사회적인 현상을 연구하려고 하기 때문에 사실상 개념을 조직적으로 정의하는 것이 연구의 과정에 있어서 필수 불가결한 것이 된다. 예컨대 종교적이라고 하는 개념은 재즈 음악 대신 찬송가 음악을 더 좋아하고, 운동 대신 기도하는 것을 더 좋아한다든지 하는 식으로 정의하지 않을 수가 없는 것이다.

(2) 인지적 목표와 정의적 목표

사회과의 교육목표를 행동적으로 표현할 때에 인지적 목표와 정의적 목표로 나누어 고찰하는 것도 매우 유익하다. 이러한 구분은 교육목표의 서술방법의 개선에 커다란 공헌을 한 블룸(B. S. Bloom)과 그 동료들이 저술한 『교육목표의 이원적 분류』라는 저서에 의해서 명백하게 되었다. 그후 인지적 목표와 정의적 목표는 교육 현장에서 두루 적용되었고, 특히, 현대에 들어와 세계 각국의 사회과에서 가치·태도 교육이 강조되면서 정의적 목표에 대한 관심이 증대되고 있다. 이러한 인지적 목표와 정의적 목표는 세계화·정보화 시대인 오늘날에도 강조되고 있다.

사회과 교육의 목표 진술 방법도 교육학 일반의 발달로부터 많은 영향을 받는다. 인간의 행동은 크게 나누어 정보를 암기하거나 수학 문제를 푸는 것과 같은 지적인 행동과 수학을 좋아하거나 싫어하는 것과 같은 수학에 대한 태도, 또는 사회와 국가에 대한 신념과 가치관 등으로 구분해서 고찰될 수 있다. 즉 수학을 좋아해도 수학문제를 푸는 능력은 낮을 수 있고, 수학을 싫어해도 수학문제는 잘 풀어 좋은 점수를 맞을 수 있는 것을 상상할 수 있다. 따라서 이해력, 문제 해결력과 같이 지적인 행동을 발전시키려는 목표를 인지적 목표(cognitive objective)라고 하고, 바람직한 태도나 가치관을 형성하려는 것을 정의적 목표(affective objective)라고 한다.

블룸의 저서인 『교육목표의 이원적 분류』에 의하면 인지적 목표는 지식, 이해, 적용, 분석, 종합, 평가 등 6가지의 행동 영역으로 분류된다. 지식은 어떠한 정보나 과거의 경험을 암기·회상·재생할 수 있는 능력이다. 미국의 수도를 '워싱턴'이라고 가르친 후, 미국 수도명을 질문하여 '워싱턴'으로 답하면, 곧 지식이다. 이해는 한 번 들은 정보나 자료를 자기 자신이 해석하여 자기의 언어로써 표현할 수 있는 것을 의미한다. 그림표를 보고 설명할 수 있거나 개념을 자기 자신의 언어로 서술할 수 있는 것은 이해했다는 증거이다. 정보를 암기하는 것은 이해 없이도 가능하지만 이해는 지식을 바탕으로 한다. 적용은 한 번 학습한 개념, 규칙, 이론 등을 새로운 상황에 맞추어서 이용할 수 있는 것을 의미한다. 예컨대 지도의 요소와 작도법 등을 가르친 후, 지형도 등을 실제 그려 보는 것이다.

분석력은 여러 가지 기준을 설정하여 수집한 정보를 분류하거나 재편성하여 거기에서 의미를 찾을 수 있는 능력이며, 종합력은 단편적으로 분류된 요소들을 다시 재결합하고 추상적 개념을 형성해 내는 능력이다. 그리고 평가는 증거에 의해서 결론이 자연스럽게 제시되었는지 또는 분석·종합된 자료들이 전체적으로 무엇을 의미하고 있는지를 찾아내는 것이다. 사회과에서 인지적 목표는 이상에서 설명한 것과 비슷한 방법으로 사회현상에 대한 지식 및 이해, 개념이나 원리의 적용, 단편적인 정보의 분석 및 종합, 전체적인 평가 등으로 생각해 볼 수 있을 것이다. 이들에 대해서는 다시 사회과의 기능에 대해서 서술할 때 자세하게 살펴볼 수 있다.

정의적인 목표는 가치와 태도에 관한 것인데 인지적인 목표만큼 이론적으로 구체화되어 있지는 않다. 그러나 애국심을 기른다든지 국가와 민족을 사랑하는 것과 같이 사회과 교육의 중요한 목표는 많은 부분이 태도 및 가치관과 관련된 인간의 정의적인 행동인 것이다. 이로 보아 정의적인 행동이 사회과에서 차지하는 중요성을 충분히 인정할 수 있다. 블룸의 교육목표의 이원 분류에 의하면 정의적인 행동을 감수, 반응, 가치화, 조직화, 일반화·성격화 등 5가지로 구분할 수 있다. 감수와 반응은 가장 낮은 차원에서의 자극에 대한 의식 내지 흥미의 수준이며, 가치화는 그 차원을 넘어서서 개인적인 의미를 부여하는 단계이다. 그리고 조직은 가치화를 보다 더 체계적으로 유형화시키는 단계이다. 그리고 일반화·성격화 단계는 일반적인 기준을 자기의 인격 속에 내면화시켜 안정된 퍼스낼리티를 형성하고 있는 단계이다. 사회과 교육에서는 가정, 사회, 국가 등의 사회집단과 돈, 인격, 명예 등 여러 사회적인 현상에 대한 안정된 태도와 가치관을 형성하는 것이 중요한 정의적 교육목표가 될 수 있다.

(3) 시민적 자질

사실 민주시민의 자질 또는 민주시민성(citizenship)은 사회과 교육에서 아주 오래된 전통적인 교육목표이면서도 그 추상성 때문에 오랜 기간 동안 현재 진행형인 논쟁점이다. 시민의 자질이 어떠한 것인지 한마디로 이야기하기는 대단히 어렵지만, 분명한 점은 개인으로서 행복한 생활을 할 뿐만 아니라 주민의 한 사람으로서 국가발전에 공헌할 수 있는 사람이 시민이나 공민의 자격을 갖춘 사람이 될 것이다. 이것은 바로 정치, 경제, 사회, 문화, 역사의 여러 면에서 기본적인 지식을 갖추고 사회생활에서 부딪치는 문제를 해결할 수 있는 능력을 갖춘 사람을 의미한다. 그러한 사람은 자기의 의무와 책임을 다하고 국가와 민족을 사랑하는 애국심이 넘쳐흐르며 민족문화에 대한 이해가 깊고 다른 사람과 협동하면서 사회생활을 할 수 있는 사람이다.

특히 민주주의 사회에서 민주시민이라 할 때에는 민주주의적인 이념과 원리를 신봉하고 그에 따라서 행동하는 사람이라는 뜻이 강하게 나타날 것이다. 민주주의의 기본 특징은 자유와 평등, 인간의 존엄성, 국민의 정치적 참여 등에서 찾을 수 있다. 자유와 평등은 인간이 원하는 가장 기본적인 것이며 인간의 가장 본질적인 일부분을 구성하고 있다고 생각하는 것이 민주주의적인 사고방식이다. 어떤 경우에도 인간은 인간 이외의 어떤 목적을 달상하기 위한 수단으로 이용되어서는 안 되며 인간은 목적으로서 존중되어야 한다. 그리고 직접이든 간접이든 간에 국민이 정치에 참여하여 국민이 국민 자신의 일을 결정하는 것이 민주주의의 근본원리이다. 따라서 우리의 교육 목적은 궁극적으로 이상과 같은 민주주의의 근본원리와 이념을 신봉하는 인간을 형성하는 것이라고 할 수 있다.

사회과에서 민주시민의 자질은 가장 기본적인 개념이지만, 실제로 시민의 자질은 여러 가지 뜻으로 달리 해석할 수도 있을 것이다. 세계화·정보화 사회인 21세기 우리나라와 같이 성실성과 사회성이 요청되는 경우에는 그러한 덕목 자체가 중요한 시민의 자질이 될 것이다. 물론 21세기 이전에는 자원의 결핍과 환경오염, 산업화의 문제점, 인구의 증가와 과잉 도시화 등이 안정된 생활을 위협하는 것으로 논의되고 있으며, 그러한 경우에는 이들 문제에 대한 의식을 날카롭게 갖는 것이 당시에 중요한 시민의 자질이 되었다. 이런 관점에서 보면 결국 시민의 자질에서 가장 중요한 것은 어떠한 구체적인 행동을 하는 것이라고 하기보다는 일반적으로 문제를 의식하고 해결할 수 있는 문제의 분석력, 문제 해결력, 예리한 가치 의식, 도덕성 등과 같은 인간의 행동 발달 등이 될 것이다.

교육목표는 교육의 기본 방향을 제시하고 교육 내용의 선정, 교수·학습 방법, 평가 등을 이끌어가는 매우 중요한 기능을 가지고 있다. 교육목표는 사회적·국가적 목표와 조화되어야 하며 학습자의 상장 과정, 학교의 교육목표 등과도 적절하게 연결되어야 한다. 사회과의 교육목표는 민주시민의 형성과 같이 추상적으로 서술될 수도 있고, 정부 기능의 이해와 같이 구체적으로 서술될 수도 있다.

추상적 교육목표는 교육의 방향을 제시해 주는 대신 목표의 달성 여부가 측정되기 곤란한 단점을 가지고 있다. 또 구체적인 교육목표의 서술은 학습활동을 직접적으로 시사해 주지만, 구체적 목표의 진술이 곤란하거나 적절하지 못한 경우도 있다.

사회과의 교육목표는 블룸과 그 동료들이 교육목표를 인지적 목표와 정의적 목표로 구분하여 서술하면서 그 영향을 많이 받았다. 지식, 이해, 적용, 분석, 종합, 평가 등은 인지적 목표이며 바람직한 태도와 가치관의 형성은 정의적 목표이다. 그러나 목표가 어떠한 방법으로 서술되든지 간에 시민의 자질 형성은 사회과의 중요한 교육목표가 되어 왔다. 시민의 자질이 무엇을 의미하는지 한마디로 이야기하는 것은 쉽지 않지만 애국심, 의무와 책임의 수행, 협동, 민족문화에 대한 이해, 민주적 가치의 신봉 등을 의미하는 것으로 볼 수 있다.

이러한 여러 가지 목표의 서술 방법에 비추어 우리나라 사회과 교육의 목표를 적절하게 서술하는 것은 앞으로의 과제이다. 한국 사회과 교육의 교육목표 재설정은 한국 사회과 교육의 정체성 확립과 밀접하게 관련되어 있다는 점도 유념하여야 한다.

사회과 교육의 목표는 사회과의 내용, 사회과의 교수·학습 방법, 사회과의 평가 등 일련의 사회과 교육과정의 체계를 아우르는 이정표, 나침반과 같은 역할을 하는 것이다.

✍ 연구 문제

1. 사회과(교육)의 목적·목표 설정 요건에 대해서 설명해 보시오.

2. 사회과 교육의 목표 체계에서 총괄 목표와 영역별 목표에 대해서 설명해 보시오.

3. 2007년 개정 사회과 교육과정의 총괄 목표를 제시하고, 그 초점과 특징을 설명해 보시오.

4. 사회과 목표로서의 제1차적 목표, 제2차적 목표, 궁극적 목표를 제시하고 설명해 보시오.

5. 2007년 개정 사회과 교육과정의 사회과 교과 목표와 사회과 내 여러 과목의 과목 목표를 열거해 보시오.

6. 세계화·정보화 시대 사회과 목표로서의 지식 목표, 기능 목표, 가치·태도 목표를 설명해 보시오.

7. 2007년 개정 사회과 교육과정의 초·중·고교 등 학교급별 추구하는 인간상을 열거해 보시오.

8. 사회과 교육의 목표와 관련하여 뱅크스(Banks)의 합리적 의사 결정 모형을 설명해 보시오.

9. 각 교육과정기별로 변천된 사회과 목표를 열거하고 그 핵심 초점을 설명해 보시오.

10. 사회과 교육의 기능 목표를 제시하고, 이를 간단히 설명해 보시오.

제  부

◀◀ 사회과 교육과정의 체제 ▶▶

[Key Point]
　제5부에서는 사회과 교육과정의 체제(System)에 대해서 학습한다. 이를 위하여 사회과 교육과정의 개발과 유형, 그리고 쟁점과 체제 등에 대해서 다양하게 분석, 접근해 본다. 아울러 다양한 사회과 교육과정의 유형에 대한 현실적 적용과 접근을 모색한다.

제5부 학습의 개관: 사회과 교육과정의 체제

<table>
<tr><td>학습 개요</td></tr>
</table>

○ 교육과정의 개념과 수준의 기초적 이해
○ 국가 수준 교육과정, 지역 수준 교육과정의 이해
○ 학교 수준 교육과정, 교사 수준 교육과정의 이해
○ 교육과정 개발의 요구 사정 과정
○ 사회과 교육의 성격과 특징 파악
○ 사회과 교육과정의 유형 이해
○ 사회과 교육과정의 쟁점 탐구
○ 한국 사회과 교육과정 개발 체제 이해

<table>
<tr><td>학습 목표</td></tr>
</table>

○ 교육과정의 개념과 수준을 구체적으로 이해한다.
○ 교육과정 개발의 요구 사정 방법과 요소를 이해한다.
○ 사회과 교육의 성격과 특징을 파악한다.
○ 사회과 교육과정의 유형을 이해한다.
○ 사회과 교육과정의 쟁점을 분석하고 이해한다.
○ 한국 사회과 교육과정 개발 체제의 특징과 과정을 이해한다.

<table>
<tr><td>핵심 개념 및 키워드</td></tr>
</table>

○ 교육과정의 개념과 수준
○ 국가 수준 교육과정, 지역 수준 교육과정
○ 학교 수준 교육과정, 교사 수준 교육과정
○ 교육과정 개발의 요구 사정 과정
○ 사회과 교육의 성격과 특징
○ 사회과 교육과정의 유형
○ 사회과 교육과정의 쟁점
○ 한국 사회과 교육과정 개발 체제

■제1장■ 교육과정(Curriculum)의 개념과 수준

일반적으로 교육과정은 교육의 핵심인 교수·학습을 이끄는 설계도로서, 교육의 성패를 가름하는 중요한 요소이다. 아울러 교육과정은 교육의 전반적인 방향을 설정하는 나침반과 같은 역할을 한다. 교육과정은 보는 관점과 시각에 따라 매우 다양한 개념 정의를 할 수 있다. 특히, 현대 교육과정은 학교의 교육 활동 전체를 아우를 정도로 범위가 확대되었다.

사회과 교육과정은 교과로서의 사회과와 교육학의 내용 영역으로서의 교육과정을 연계한 전체적인 학교 교육 프로그램이다. 사회과는 민주시민의 자질 육성, 사회과학 교육, 반성적 탐구 등을 본질로 한다. 이와 같은 본질 추구를 위하여 사회과에서는 올바른 사회 인식과 사회생활을 통한 사회 사상(社會 事象)의 탐구를 지향한다. 나아가 사회현상과 사회문제, 사회적 이슈(issue)에 대한 사회과학적 접근과 탐구를 통하여 문제 해결력, 탐구력, 창의력, 의사 결정력 및 메타 인지(meta cognitive) 등의 고급 사고력(high level thinking) 신장을 강조하는 교과이다.

사회과 교육과정은 사회과를 학교 교과로서 바람직하게 실행할 수 있도록 구성한 총체적 설계도·전개도이자 나침반이다. 일반적으로 교육과정이 총론, 각론을 포괄한 교육과정 영역 전체를 다루는데 비하여, 사회과 교육과정은 사회과에 초점을 둔 교과교육과정인 것이다. 환언하면, 사회과 교육과정은 사회현상의 탐구, 사회문제의 해결, 민주시민의 자질 함양 등을 지향하는 사회과를 학교 현장에서 바람직하게 가르치고 배울 수 있도록 짜인 경험의 총체로서, 목표, 내용, 교수·학습 방법, 평가 등 일련의 교육과정 체계(체제)를 모두 포함한다.

일반적으로 교육과정(curriculum)의 분석과 개발은 교육과정 자체에 대한 개념 정의에서 출발하여야 한다. 교육과정의 개념과 정의를 명확하게 알아야, 교육과정 이론에 대한 고찰, 교육과정 분석, 그리고 교육과정 개발에 이르기까지 일련의 과정에 바람직한 접근을 할 수 있기 때문이다. 교육의 설계도, 나침반으로서의 교육과정이 갖는 본질적인 개념과 정의를 분명히 규명하고, 교육과정의 특징과 교수·학습에 미치는 영향 등을 상세하게 파악할 때, 교육과정 연구의 튼실한 기초가 되기 때문이다.

교육과정의 수준은 국가 수준 교육과정, 지역 수준 교육과정, 학교(교사) 수준 교육과정 등으로 위계를 정할 수 있다. 국가 수준 교육과정은 국가적 공통성을, 지역 수준 교육과정은 지역의 특수성을, 그리고 학교(교사) 수준 교육과정은 단위 학교와 각 교사의 독창성, 자율성, 재량성, 현실성 등을 특징으로 한다.

교육과정의 수준에서 국가 수준 교육과정은 교육과정의 대 강화 차원에서 공통적 범주, 영역, 요소 등을 종합적으로 규정한 교육과정이다. 지역 수준 교육과정은 지역성, 지리적 특성과 환경 등을 고려하여 당해 지역 학교에 제시한 교육과정이다.

학교 수준 교육과정과 교사 수준 교육과정은 가장 상세화된 교육과정으로 당해 학교, 담당(지도) 교사 차원의 특수성을 최대한 반영한 실천 중심형 교육과정이다.

1. 교육과정의 개념과 정의

1) 교육과정의 개념

최근 교육학에서 교육과정은 본질적이고도 핵심적 개념으로 받아들여지고 있다. 실제 교육과정의 개념과 의미, 그리고 정의는 매우 광범위하고 다양하다고 볼 수 있다.

교육과정은 바라보는 시각과 관점에 따라 여러 가지로 해석되고 의미를 부여할 수 있다. 시각과 관점의 범위, 전제와 중점, 수준과 준거, 교육 내용과 교육 방법 결정 요소 등에 따라 개념 정의를 다르게 할 수 있다(이경환 외, 2002: 1).

전통적으로 학교는 끊임없이 학생들에게 무엇인가를 가르쳐 왔다. 그 가르쳐 온 행위 자체는 곧 '교육(敎育)'이고, 가르쳐 온 내용은 '교육과정(敎育課程)'이 되는 것이다. 따라서 '의도적인 학교 교육을 통하여 학생들에게 주어진 교육목표를 성취시키기 위하여 교육 내용을 선정하고 조직해 놓은 공통적인 기준'을 '교육과정'이라고 개념 정의를 하는 것이 일반적인 경향이다.

사실, 교육과정이란 용어는 매우 추상적이기 때문에 그 의미 자체가 모호하고 보는 사람의 철학적 배경 또는 견해, 관점에 따라 제각기 다른 정의를 내려 왔다. 즉, 교육과정을 '학교에서 학생들에게 가르쳐야 할 내용과 주제의 개념을 열거한 것, 학교의 지도 아래 계획적으로 제공하는 모든 경험, 학습 프로그램, 교과목의 모음, 학교 내의 모든 교육 활동 총체' 등으로 다양하게 정의하고 있는 것이다.

실제, 교육과정은 교과와 교과목으로서의 교육과정, 경험으로서의 교육과정, 목표로서의 교육과정, 계획으로서의 교육과정으로 볼 수도 있고, 의도된 교육과정, 전개된 교육과정, 영 교육과정 등으로 구분하기도 한다.

아울러 교육과정은 위계 및 결정 주체와 역할 분담에 따라 국가 수준 교육과정, 지역 수준 교육과정, 학교 수준 교육과정, 교사 수준 교육과정으로 보기도 하고, 교육 내용을 규정하는 교육 사조에 따라서는 교과 중심 교육과정, 경험 중심 교육과정, 학문 중심 교육과정, 인간 중심 교육과정 등으로 유형 분류를 하는 것이 일반적이다. 물론, 교과교육학으로서 사회과 교육과정은 교과 중심형 사회과 교육과정, 경험 중심형 사회과 교육과정, 학문 중심형 사회과 교육과정, 반성적 탐구형 사회과 교육과정으로 구분하는 것이 일반적이다.

이와 같은 점에서 보면 교육과정에 대한 개념 정의는 지식, 인간, 사회, 자연, 환경, 문화 등을 기반으로 아주 다양한 의미 해석을 할 수 있는데, 총체적·포괄적으로 의도적이고 계획적인 학교 교육에 적용하고자 하는 교육과정은 '형식적인 교육목표와 교육 내용, 교수·학습 방법, 교육 평가 등을 체계적으로 조직한 교육 계획'이라고 정의할 수 있다.

2) 교육과정의 정의

우리나라 초·중등학교의 교육과정은 교육기본법, 초·중등교육법에 의거하여 운영하도록 규정되어 있다. 교육기본법 제2조에는 홍익인간(弘益人間)의 교육이념이 제시되어 있고, 초·중등교육법 제23조에는 초·중등학교의 교육과정을 교육인적자원부장관이 정하도록 규정하고 있다. 또 이를 근거로 시·도 교육감은 지역 수준의 교육과정 편성·운영 지침을 작성할 수 있으며(동법 제23조 제2항), 이에 대하여 "학교는 교육과정을 운영하여야 한다(동법 제23조 제1항). 교육인적자원부장관은 교육과정의 기준과 내용에 관한 기본적인 사항을 정하고, 교육감은 교육인적자원부장관이 정한 교육과정의 범위 안에서 지역의 실정에 적합한 기준과 내용을 정할 수 있다(동법 제23조 2항)."고 명시되어 있다. 이와 같은 교육과정 관련 법규에 의하여 초·중등학교 교육과정은 국가 수준에서 '기준'을 결정하고 이를 문서로 고시(공포)한 후 시행하여 왔다. 이 문서화된 계획이 제정, 공포 또는 고시된 기준 순차별로 각각 제 몇 차 교육과정이라고 통칭하고 있는 것이다.

우리나라 법규 문서에서 교육과정이라는 용어를 처음으로 사용한 것은 문교부령 제35호(1954.04.20.)로 공포된 '초등학교, 중학교, 고등학교, 사범학교 시간 배당 기준령'으로 이 기준령에서는 교육과정을 "각 학교의 교과목 및 기타 교육 활동의 편제를 말한다."고 규정하였다(제1장 총칙의 제2조). 그 후 문교부령 제119호(1963.02.15.)로 공포된 제2차 교육과정에서는 교육과정을 "학생들이 학교의 지도하에 경험하는 모든 학습활동의 총화"를 의미한다고 규정하였다.

결국, 교육과정은 '학습자의 학습 경험을 선정·조직하여 교육 경험의 질을 구체적으로 관리하는 교육의 기본 설계도'이다. 또한 교육과정은 '왜, 무엇을, 어떻게, 어느 수준과 범위로 가르치고 평가해야 하느냐'를 문서로 계획한 교육 설계도이기 때문에, 교육과정을 협의로 단순한 교육 내용으로만 볼 것이 아니라, 교육목표, 교육 내용, 교수·학습 방법, 교육 평가, 환류(feedback) 등을 포괄하는 아주 광범위한 개념과 정의로 이해하여야 할 것이다.

2. 교육과정의 수준과 위계

우리나라 교육과정은 '문서화된 계획'으로서의 의미를 지니고 있다. 교육과정은 교육 내용을 결정하는 주체에 따라 국가 수준 교육과정 기준, 지역 수준 교육과정 편성·운영 지침, 학교 수준 교육과정 적용 등 세 가지 기준으로 구분된다.

최근 우리나라의 교육과정은 교육과정 결정의 분권화, 교육과정 구조의 다양화, 교육과정 내용의 적합화, 교육과정 운영의 효율화 등을 위하여 교육과정 편성·운영의 역할 분담 체계를 도입하고 있다. 국가, 지역(시·도 및 지역교육청), 학교가 교육과정 편성·운영에 관한 역할을 분담하여 교육의 과정(過程·process)과 결과의 질적 수준을 유지, 관리하고, 국가 수준의 공통성과 지역, 학교, 개인 수준의 다양성을 동시에 추구하고자 하였다. 즉, 교육부가 법률에 의거하여 결정, 고시하는 국가 수준의 교육과정 '기준'과 시·도 교육청에서 지역의 특수성과 교육 중점을 반영한 지역 수준의 각급 학교 교육과정 편성·운영 '지침', 그리고 직접 학생을 교육하는 단위 학교에서의 학교의 실정과 학생의 여건에 알맞게 조정한 학교 수준의 '학교 교육과정'을 모두 포괄하여 교육과정의 의미를 제시하고, 그 기능과 역할을 부여하고 있다(이경환 외, 1994: 156).

이러한 학교 중심 교육과정의 도입은 '교과서 중심' 학교 교육을 '교육과정 중심' 학교 교육으로 전환시킴으로써 의도된 교육과 전개된 교육, 실현된 교육을 최대한 연계하여 모색하고자 하는 시도 (試圖)이다. 교육과정의 편성·운영이 교육부, 시·도 교육청, 지역 교육청, 학교 등으로 순차적·일방적으로 내려오던 과거의 불합리한 관행을 탈피하여 이들 교육과정 조직들이 상호 쌍방향적·보완적 의사소통이 유기적으로 이루어지도록 기대하는 것이다.

교육인적자원부, 시·도 및 지역 교육청, 학교가 교육과정 편성·운영의 역할 분담 체제를 확립한 것은 교육의 질을 효과적으로 지도·관리하기 위한 교육과정 정책의 획기적 변화라고 할 수 있다. 이는 다양한 교육과정의 운영과 자율화를 도모하고 교육 내용과 방법 개선의 활성화를 모색하려는 것이다.

국민 공동 이익을 추구하기 위한 공교육을 국민으로부터 위탁을 받아 국가 관리 체제로 수행하고 있는 현대 국가들은 불가피하게 교육 내용과 질의 보증에 관여하지 않을 수 없게 되었다. 국가에서 계획된 교육과정 문서는 그 자체가 '학교 교육과정'과는 거리가 있는 상위 수준의 추상적, 공통적, 일반적, 기본적, 대강적(大綱的), 요강적(要綱的) 기준이기 때문에, 정부의 고시 문서인 '국가 수준 교육과정' 그 자체를 단위 학교의 '학교 교육과정'과 동일시해서는 안 되는 것이다.

<표 35>는 우리나라를 비롯한 세계 주요 국가의 교육과정 개발의 위계 수준을 비교한 표이다. 이 표에 제시된 대로 미국, 영국, 프랑스 등 선진국에서는 대체로 교육과정 개발의 위계 수준이 하향식으로 민주적 운영을 하고 있다. 적절한 수준의 교육과정 개발과 실행 권한을 지역 및 단위 학교에 이양하고, 그 권한도 최대한 위임하고 있는 점이 오늘날 교육과정의 분권화·분산화와 일맥상통한다고 볼 수 있다. 최근 많이 분권화되었다고는 하지만 아직도 중앙 집중형의 교육과정 개발 방식을 취하고 있는 우리나라에 시사하는 바가 크다고 본다(이경환 외, 2002: 306-308).

다만 2008년 출범한 소위 '이명박 정부'는 교육의 자율화와 다양화 정책의 기조 아래, 초·중등교육과정 행정의 대부분을 광역 교육청에, 대입 선발 제도 등 대학 관련 업무는 각 대학에 위임, 이양하여 우리나라 교육과정과 교육 행정의 분권화·분산화를 강화하고 있는 추세이다.

〈표 35〉 세계 주요 국가의 교육과정 개발 위계 수준

국가	국가 수준	지역 수준	학교 수준	비고
미국	1. 주(州) 정부가 공립 초·중등학교의 교육과정에 포함시켜야 할 교과에 관한 대강을 정함. 2. 주 교육 행정기관은 교육과정의 대강적 기준으로 제시할 문서를 작성함(문서의 명칭이 다양함). : Course of study, Program Guide, Curriculum, Curriculum Guidelines, Minimum Educational standards	1. 지방 학구 내의 학교에서 실제로 적용되는 교육과정 결정 권한은 최종적으로 지방 학구 교육위원회에 귀속. 2. 지방 학구 교육위원회는 교육과정위원회를 조직하고, 주가 정한 제 규정에 따라서 학구 내의 학교의 교육과정 기준을 정해 주거나 표준적 교육과정을 제시함.	1. 학교는 지방 학구 교육위원회가 정한 교육과정 기준을 토대로 하여 학교의 교육과정 기준을 토대로 하여, 학교의 교육과정을 편성함. 2. 학급 편제(다학년, 무학년제 등), 지도 방법(팀티칭, 교과 담임제 등) 등에 창의적으로 대 응한 교육과정(학교)이 편성됨.	1. 연방 및 주 정부, 전국적 교육단체, 교육 관계 민간 재단, 대학, 연구소 등이 교육과정 편성에 대한 정보 자료를 제공하고, 연구회, 현직 교육 등을 폭넓게 실시하고 있음. 2. 교육과정 개발, 교육 계획 수립에 있어서 연방 정부의 역할이 확대되는 경향임.
영국	1. 1981년까지는 교육과학부가 교육과정 기준을 정하지 않고, 중앙교육심의회를 통해서 간접적으로 관여하고, 책임시학관을 통해서 강습회, 지도서 등으로 교육 내용 및 방법에 관한 지방당국, 교장, 교원 등을 지도 조언함. 2. 1988.7.29. 'Education Reform Act'를 공포하고 동(同)법에 의거 국가 교육과정을 제정함(중핵 교과, 기본 교과)	1. 지방 교육 당국은 시학이 교육과정 편성에 대하여 교장, 교원들에게 지도, 조언을 함. 2. 교원 Center가 지방 수준에서 교육 현장에 알맞은 교육과정 개발에 공헌하고 있음.	1. 국가 교육과정에 의거 도달 목표, 학습 지도 계획(학습 Program), 평가 계획 등의 구체적 인 실천 계획을 세우고 운영함.	1. 교육과학부는 칙임 시학관을 통해 지도함. 2. 칙임 시학관은 지도서 등을 작성하고 교육과학부 주최의 강습회 지도자가 됨. 3. 학외 시험 제도 (GCSE: General Certificateof SecondaryEducation)가 있어서 그 출제 요목이 교육과정의 대강적 기준의 역할을 함.
독일	1. 학교의 교육목표는 각 주별로 주 헌법, 학교법, 교육부령에 규정되어 있음. 2. 각 주 교육부는 전문가 로 구성된 위원회의 보고에 기초를 두어 교육목표를 구체화한 교육과정 기준(명칭, 내용 다양)을 부령 혹은 규칙으로 작성 공포함. 3. 각 주 교육부 장관 상시회의(KMK)는 교육과정 편성의 기준 방침에 대해 전국적인 관점에서 조정 을 하게 됨.	1. 원칙적으로 관여하지 않음.	1. 학교는 교육과정 기준의 범위 내에서 지역과 학교의 특성을 고려하여 당해 학교의 교육과정을 편성함.	1. 연방 교육부는 교과서의 검정을 실시하고, 교원용 지도서 및 해설서를 편찬 배포함. 2. 각 교육 단계별로 각 학교, 교원에 대 하여 지도·조언을 실시함.

국가	국가 수준	지역 수준	학교 수준	비고
프랑스	1. 교육 기준법에 초등학교, 중등학교 교육의 목표, 이념과 "교육의 내용은 부령으로 정한다."고 규정됨. 2. 교육부 장관이 초·중등학교의 교과별, 학년별 주 간 수업 시수, 연간 학습 지도 계획의 기준을 결정하고 공포함. 3. 교육부 장관은 위와 같은 내용을 자문 기관인 국민고등교육심의회에 회부함.	1. 대학구 총장, 대학구 시학관은 지방, 지역의 상황에 알맞게 교육 내용 의 일부를 변경, 조정할 수 있는 권한을 부여받고 있음.	1. 학교장은 교육부 장관이 공포한 교육과정 및 그 편성상의 유의점, 세목에 의거 주 수업 시간표 및 지도 계획을 수립하여 실천함.	1. 각 지도단계별로 시학관이 각 학교, 교원에 대하여 지도, 조언을 실시함.
일본	1. 문부 대신이 교육과정의 국가기준으로서 '학습 지도요령'을 작성 고시함 (유·소·중·고교). 2. '학습 지도요령'을 작성하고 개정할 경우, 문부 대신은 교육과정 기준 기본 방침에 대하여, '교육과정 심의회'에 자문함과 동시에 협력자 회의, 교육위원회 등의 관계 기관, 실험 연구 학교 등의 협력을 요청함.	1. 도(都), 도(道), 부(附), 현(縣) 교육위원회는 지방 기준을 규정함(예: 동경도 공립 중학교 교육과정 편성 요령). 2. 시(市), 정(町), 촌(村) 교육위원회는 교육 내용의 기본적 사항을 정함.	1. 학교는 국가, 지방 기준의 범위 안에서 지역 의 실태 및 학생의 특성을 고려하여 교육과 정을 편성함. 2. 학습 지도요령총칙 제1항에 의거하여 학교의 교육과정 편성을 제시하고 있으며, 각 현(縣), 시(市), 정(町), 촌(村) 교육위원회의 규칙으로 학교 교육과정 편성 보고를 규정하고 있음.	1. 문부성은 연구 협의회, 강습회 등을 개최하고, 교원용 해설서를 작성하여 배포함. 2. 문부성은 교과를 관리 담당함. 3. 문부성은 도(都), 도(道), 부(附), 현(懸), 시(市), 정(町), 촌(村) 교육위원회에 대하여 필요한 지도, 조언을 함.
중국	1. 중앙집중식 교육과정 개발을 하되, 지방(지역)의 자율성 최대 보장. 2. 수시 개정 체제 채택 3. 일반적으로 약 10년 주기로 개발. 4. 교육부(기초교육사+기초교육과정교과서 발전센터) 주관.	1. 각 지역별 의견 조사 실시(도시, 농어촌 등). 2. 전체적 골격은 중앙에 서 결정하여 고시하나, 세부적인 실행 사항은 지방(지역)에서 관장.	1. 전 학교가 개정·개발 된 교육과정의 실험학교 화. 2. 신교육과정의 안정적 착근 강조. 3. 각 학교에서 학교 실 정, 학생 수준 고려 선택 과목 선정 이수.	1. 건국 이후 7차례 개정. 2. 2001년 대대적, 획기적 개정. 3. 교육과정 개정 시 총론, 각론, 교과서, 교사용 지침서, 학습 자료 공동 개발.
싱가포르	1. 중앙의 교육부 주관. 2. 국가 수준 교육과정 질 관리. 3. 지역의 특수성을 고려한 개발. 4. 학력 시험, 상급 학교 진학 시험 (PSLE,GCE)과 연계된 교육과정 개발.	1. 교육부의 국가 수준의 범위 내에서 지역 교육과정 개발 제공. 2. 각 지역별 교육과정에 대한 개발팀제 운영.	1. 학교 단위의 교육과정 개발과 실행이 활성화됨. 2. 특성 있는 학교 교육과정 개발 운영 (학교 특성화).	1. 초등 6년, 중등 4 년의 공통 교육과정 운영. 2. 1981년 사회과 교수요목 선정 3. 사회과+도덕교육.

국가	국가 수준	지역 수준	학교 수준	비고
한국	1. 교육부 장관이 초 · 중등 교육법 제23조 제2항에 의거하여 초 · 중등학교 교 육 목적과 교육목표를 달성하기 위하여 국가 수준 교육과정 기준을 문서로 결정, 고시함. 2. 초 · 중등학교에서 편성 · 운영하여야 할 학교 교육과정의 공통적, 일반적인 기준을 제시함. 3. 교육부장관은 관계 전문가, 연구기관 등에 교육과정안의 개발을 위탁하여 작성하게 하고, 대통령 령 제14920호에 의거 설치된 '교육과정심의회'의 자문을 얻어 결정함.	1. 시 · 도 교육감은 초 · 중등교육법 제23조 제2항 에 의거하여, 교육부 장관이 정한 국가 수준 교육과정의 범위 안에서 지역 실정에 적합한 기준과 내용을 정함. 2. 시 · 도교육감은 국가 수준의 교육과정에 의거하여 각급 학교 교육과정 편성 · 운영 지침을 작성하고, 이를 관내의 지역 교육청과 각급 학교에 제시함. 3. 시 · 도는 교육과정의 편성 · 운영에 관한 조사 연구와 자문 기능을 담당할 교육과정위원회를 구성하여 운영함. 4. 시 · 군 · 구의 지역 교육청에서는 시 · 도의 각급 학교 교육과정 편성 · 운영에 관한 지침을 기초로 하여 학교 교육과정 편성 · 운영에 관한 실천 중심 장학 자료를 작성하여 관내 초 · 중등학교에 제시함.	1. 학교는 초 · 중등교육법 제23조 제1항에 의거하여 학교 교육과정을 편성 · 운영함. 2. 학교는 국가 수준의 교육과정과 시 · 도의교육과정 편성 · 운영 지침, 지역 교육청의 학교 교육과정 편성 · 운영에 관한 장학 자료를 바탕으로 하여 학교 실정에 알맞은 학교 교육과정을 편성 · 운영함(학교장). 3. 학교 교육과정의 합리적인 편성과 효율적인 운영을 위하여 교원, 교육과정 전문가, 교과 전문가, 학부모 등이 참여하는 학교 교육과정위원회를 구성하여 운영함. 4. 학교는 학교 교육과정 편성 · 운영 계획을 바탕으로 학년, 학급, 교과목별 교육과정을 편성할 수 있음.	1. 교육부, 시 · 도 및 지역 교육청, 학교가 교육과정 편성 · 운영의 역할을 분담하고 있음. 2. 교육부, 시 · 도 교육청, 지역 교육청별로 장학진이 교육과정 편성 · 운영에 대한 지도 조언을 함. 3. 교육부가 교육과정 해설서를 발간, 보급함. 4. 교육부가 교육과정과 병행하여 시 · 도 대표 교원 및 교육 전문직에 대한 연수를 실시하고, 시 · 도 교육청, 지역 교육청 및 학교에서는 자체 연수 계획을 수립하여 교육과정 연수를 실시함.

* 출처: 한국교육과정평가원, 2005: 6−147, 교육인적자원부, 1997: 10−50, 이경환 외, 2002: 306−308. http://www.inca.org.uk 등의 자료를 종합하여 연구자 재구성.

1) 국가 수준 교육과정

초·중등학교의 교육 목적과 교육목표를 달성하기 위하여 초·중등교육법 제23조 제2항에 의거하여 교육인적자원부 장관이 문서로 결정, 고시(告示)한 교육 내용에 관한 전국 공통의 일반적인 기준이 '국가 수준 교육과정'이다.

국가 수준 교육과정은 초·중등학교에서 편성·운영하여야 할 학교 교육과정의 교육목표, 교육 내용, 지도 방법, 교육 평가, 운영 방식 등에 관한 국가 수준의 기준 및 지침이 제시되어 있다. 이 국가 수준의 교육과정은 학교 교육과정의 기준으로서 법적 구속력을 갖고 있다.

교육과정의 결정이 국가, 광역(시·도) 교육청 및 지역(시·군) 교육청, 학교에서 분권화되어 역할을 분담하고, 지역 실정과 학교 여건에 부합되게 편성·운영의 자율권이 점차 확대되고 있는 추세인데, 국가 수준 교육과정이 국가고시(國家 告示) 형태를 띠는 이유를 고찰하면 다음과 같다(이경환 외, 2002: 11).

첫째, 초·중등학교 교육은 보통 교육이기 때문에 국민으로서 필요한 공통적이고 일반적인 기준이 적어도 국가 수준에서 설정되어야 한다.

둘째, 전국의 모든 학교에서 일정한 수준과 질의 교육을 보장하기 위해서는 전국 공통의 기준이 필요하다.

셋째, 단계별 교육은 교육 내용의 영역, 범위, 수준, 학습량 등에 있어서, 계통성과 일관성을 필요로 하기 때문에 교육 내용의 학년, 또는 단계적인 체계 및 일관성을 유지하기 위해서는 국가 수준의 기준이 필요하다.

넷째, 각급 단위 학교에서 이루어지는 교육이 공교육의 입장에서 객관적으로 질 관리가 되도록 교육의 일정 수준을 유지, 향상시키기 위해서는 국가 수준의 기준이 필요하다.

다섯째, 교육에 가해질 우려가 있는 부당한 압력이나 간섭, 편향된 교화(敎化), 선전 등을 방지하여 교육의 중립성을 확보하기 위해서는 국가 수준의 기준이 필요하다.

이와 같은 국가 수준 교육과정의 의미는 지역 및 학교 교육과정의 범위와 경계를 정한다는 의미에서 매우 중요하다. 특히 국가 수준 교육과정은 법적 구속력을 갖고 학교 교육과정의 편성·운영에 관한 권력적인 관여를 하고 있으나, 융통성 있고 탄력적인 적용과 전문적인 지도, 조언 등의 비권력적인 관여가 조화롭게 병행되어 교육의 목적 달성에 필요한 교육적인 기준으로서 지역 및 학교의 자율성 보장을 염두에 두는 것이 중요하다.

2) 지역 수준 교육과정

국가 수준의 교육과정 기준은 전국의 모든 학교에서 편성·운영하여야 할 교육 내용의 공통적·일반적·포괄적인 기준이므로, 각 지역의 특수성과 각 학교의 다양한 요구와 필요를 국가 수준의 교육과정에 모두 반영한다는 것은 불가능한 것이다. 따라서 시·도 교육청 수준에서는 국가 수준의 교육과정에 획일적으로 제시하기 어렵거나 세밀하게 규제함이 바람직하지 않은 사항을 당해 지역의 특수성과 학교의 실정, 학교의 실태, 학부모 및 지역사회의 요구, 그리고 해당 지역과 학교의 교육 여건 등에 알맞게 정하고, 지역의 교육 중점 등을 선정하여 관내 각급 학교가 교육과정을 편성·운영할 때 준거로 활용하도록 하기 위해서, 시·도 교육청별로 '교육과정 편성·운영 지침'을 작성하여 학교에 제시하는 일이 필요하다.

지역 수준 교육과정은 시·도 단위, 또는 시·군·구 단위의 지역 특성과 실정, 필요, 요구 등이 반영된 국가 기준의 보완적이고 재구성적인 교육과정 편성·운영 지침이라고 할 수 있다. 지역의 특수성과 실정에 알맞게 조정한 편성·운영 지침이 곧 지역 수준 교육과정인 것이다.

우리나라에서는 현재 초·중등교육법 제23조 제2항에 지역 수준 교육과정 편성·운영의 법적 근거가 제시되어 있다. 자율과 창의를 바탕으로 하는 교육과정의 편성·운영을 위하여, 시·도 교육청 수준에서 각급 학교 교육과정 편성·운영 지침을 작성하여 관내 지역 교육청과 각급 학교에 제시하여야 할 책무를 부과하였을 뿐만 아니라, 시·군·구의 지역 교육청에서도 학교 교육과정 편성·운영에 관한 '실천 중심 장학 자료'를 개발하여 관내 학교에 제공하도록 규정하였다(교육법전편찬회, 2007: 23).

따라서 국가 수준 교육과정 기준에 시·도 교육청과 지역 교육청 등에서 지역 수준의 교육과정 편성·운영 지침과 장학 자료를 개발, 제시, 제공할 수 있는 근거를 마련해 줌으로써 시·도 교육청, 지역 교육청이 각급 학교의 교육과정 편성·운영에 전문적·기술적으로 관여하게 되었으며, 장학의 핵심적인 업무가 교육과정의 편성과 운영으로 자리 잡을 수 있게 되었다. 특히, 지역의 특수성에 따른 교육 의도와 교육 중점을 각 시·도의 지침을 통해서 제시함으로써, 각급 학교가 교육과정의 정상적인 편성 운영을 통해서 이를 실천하고, 지역과 학교에 부여된 자율권, 재량권을 충분히 발휘할 수 있는 여건이 마련된 것이다.

3) 학교(교사) 수준 교육과정

학생들을 교육하는 학교에서, 학생들에게 무엇을, 얼마나, 어떻게 가르치고 평가하느냐의 문제는 교육의 핵심적인 일이다. 그러므로 교육의 본질 차원에서 학교 교육에서 학교 교육과정의 중요성은 아무리 강조해도 지나치지 않을 것이다.

실제적으로 학교 교실 교육의 최종 결정자는 곧 교사이다. 교사는 실제적으로 교육을 담당하고 있는 학교 교육의 주체이고 실행자·실천자이기 때문이다. 국가 수준 교육과정과 지역 수준 교육과정 편성·운영 지침을 아무리 세밀하고도 훌륭하게 만들어도 학교 교육의 실천자가 목표와 내용을 명확하게 하지 않거나, 교실에서의 교육과정을 다양하게 운영하지 않으면 효율적인 교육 실행과 효과적인 목표 달성은 기대하기 어렵기 때문이다.

단위 학교가 일련의 교육 실천 계획을 수립하고, 중점 교육 내용과 방법을 선택하고자 할 때, 그 근거는 어디까지나 국가 수준의 기준과 지역 수준의 지침이기 때문에, 각 단위 학교에서는 이 기준과 지침을 면밀하게 분석하여 당해 학교의 실태와 여건을 파악하여 세부 계획을 수립, 실행하여야 한다.

학교 교육과정은 국가 수준 교육과정 기준과 지역 수준의 교육과정 편성·운영 지침, 실천 중심 장학 자료 등을 근거로 하여 지역의 특수성과 학교의 실정 및 여건에 알맞게 학교별로 마련된 '의도적인 교육 실천 계획(school program)'이다(이경환, 1994: 48). 즉, 학교가 수용하고 있는 학생들에게 책임지고 실현하여야 할 교육목표, 교육 내용, 교수·학습 방법, 교육 평가 등 일련의 교육과정(過程)에 관한 실천 가능한 구체적인 실행 교육과정이고, 특색 있는 당해 학교 교육의 설계도이며, 나아가 상세한 학교 교육 운영의 세부 실천 계획이다.

그러므로 학교 교육과정의 내용은 지식과 이를 구성하는 사고의 양식, 생활 경험, 공동체 경험 등을 포함하여 구체적 교수·학습 과정을 의미하므로 학교 교육을 둘러싸고 있는 제반 관련 요인들과의 상호 유기적인 관계를 중시하는 개념으로 보아야 한다.

이와 같은 점을 전제하고, 발전하는 현대사회에서 교육의 질 제고를 위한 학교 수준 교육과정, 교사 수준 교육과정을 편성·운영해야 하는 필요성은 다음과 같다.

첫째, 교육의 효율성을 고양하기 위해서 학교 교육과정은 필수적이다. 국가 수준, 지역 수준의 교육과정을 당해 학교(교사)의 실정을 알맞게 지속적으로 보완, 조정함으로써 학생의 실태에 적합한 학습자 중심의 교육과정을 다양하게 운영하는 것이 중요하다.

둘째, 교육과정의 적합성을 높이기 위해서 학교(교사) 교육과정이 필요하다. 실제, 학교 교육과정 편성·운영은 국가 수준의 공통성과 지역, 학교, 개인 수준의 창의성·다양성 등을 동시에 추구하는 교육과정이라는 성격을 지니고 있으므로 교원·학생·학부모 등 교육 공동체 모두가 함께 실현해 나가는 교육적인 노력이 필요한 것이다.

셋째, 교원의 자율성과 전문성 신장을 위해서 학교 교육과정이 필요하다. 학생들의 능력과 욕구를 가장 잘 이해하고, 학교의 지역적인 특수성을 잘 알고 있는 교사들이 학교(교사) 교육과정 편성·운영에 능동적으로 참여하도록 유도함으로써, 자율성과 전문성을 신장시킬 수 있는 교사의 '교육과정 편성·운영권'은 교원의 전문성 및 교권 신장의 시발점인 것이다.

넷째, 교육의 다양성을 추구하기 위해서 학교(교사) 교육과정이 필요하다. 즉, 구태의연하고 획일화된 교육 내용, 교육 방법, 교육 환경에서 탈피하여 다양성을 전제로 한 '한 줄로 세우는 교육에서 여러 줄로 세우는 교육'으로, 그리고 '교과서 중심 학교 교육 체제에서 교육과정 중심 학교 교육 체제'로의 전환을 모색하여야 하는 것이다.

다섯째, 학습자 중심의 교육을 구현하기 위해서 학교(교사) 교육과정이 필요하다. 교육 수요자인 학생들의 다양한 요구와 흥미, 적성 등을 수용하고, 교육 내용에 대한 학생들의 선택권을 확대하기 위해서는 발달 단계에 알맞은 구체화된 당해 학교의 교육과정이 필수적이다.

결국, 교육과정의 기본 정신을 구현하기 위해서는 국가에서 부여한 '주어지는 교육과정'의 틀에 안주하기보다는 교육 실천·실행이 이루어지는 학교 현장에서 '만들어 가는 교육과정'의 흐름으로 교육과정 관점과 시각의 전환이 필요하다. 따라서 교육과정 기준 자체의 타당성이나 적합성은 물론, 앞으로는 학교 현장에 이미 주어져 있는 교육과정 편성·운영의 자율성, 융통성, 창의성을 어떻게 발휘하느냐가 보다 중요한 것이다. 교육과정 개발과 실행은 이론과 실제의 종합적 접근이기 때문이다. 그리고 그 중심에 학교와 교사가 있기 때문이다.

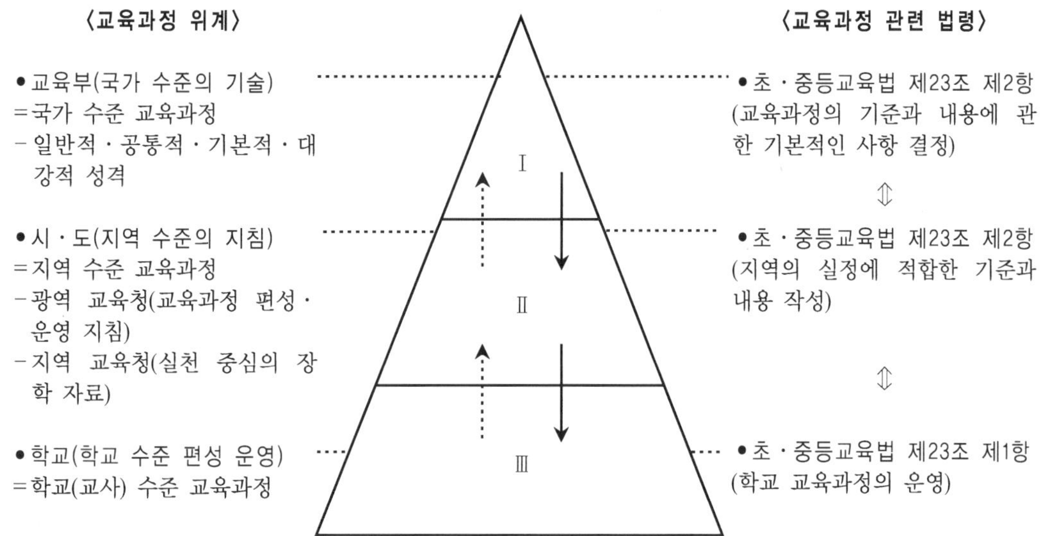

기본적으로 교육과정이 지역·학교·교사 수준에서 적합성을 발휘하기 위해서는 국가 수준 교육과정은 전국적인 차원의 교육 이념과 목표, 기본적으로 다루어야 할 교육 내용의 선정, 교과목 및 공통 필수 과정 등을 설정하는 정도에서 교육과정의 전반적인 틀과 기준을 정해 주고, 그 밖의 편제에 대해서는 지역과 학교, 교원(교사)들에게 과감하게 권한을 이양하는 것이 필수적이다. 우리나라 교육과정 결정권의 분권화는 제6차 교육과정기부터 이루어져 왔다. 즉 제1차 교육과정에서부터 제5차 교육과정까지는 교육과정의 결정권이 국가 독점의 경향이 매우 강하였다면, 상대적으로 제6차 교육과정부터 2007년 개정 교육과정까지는 교육과정의 결정 권한이 지역과 학교, 교원(교사)에게 상당히 위임된 체제 구조를 유지하고 있다.

이와 같은 교육과정의 자율 결정과 운영 논리가 학교 현장에서 실천되고 있다는 민주적 담론이 형성되기 위해서는 기존의 단위 학교 책임경영제의 강화와 아울러 몇 가지 성립 조건들에 대한 검토와 실천이 병행되어야 할 것이다.

첫째, 교과서의 다양화이다. 국정이나 검정 교과서 혹은 인정 교과서로는 2007년 개정 교육과정과 학교 문화의 소통을 하기 어렵다. 교육과정 철학이나 기본 방향에서 크게 벗어나지 않는다면 학교에서 사용되는 교재는 교과 담당 교사나 학년 담당 교사의 수만큼 다양해질 필요가 있다. 학교 문화의 전문성 실현에 필수적인 선행 조건이다.

둘째, 학교 수업 시수 운영의 자율화이다. 국가 수준에서는 이미 연간 수업 시수가 지정되어 있다. 이것도 사실은 변경되어야 할 국제적 수준의 단위 학교 운영이 가능해질 것이나 현재의 여건으로는 시간이 필요한 과제이다. 따라서 단위학교 수준에서 주5일수업제, 집중이수제 등을 실행하여 방학 기간을 탄력적으로 증감하는 교육과정 탄력성으로 단위 학교 교육과정 자율 운영의 제도적 장치를 마련해야 할 것이다.

셋째, 다변화된 교육 제도로서의 변화가 필요하다. 앨빈 토플러(A.Toffler)가 지적한 대로 산업 사회의 공장식 교육 방식에서 벗어나 네트워크식 교육 제도로 혁신하기 위한 학교 문화로의 개혁이 필요하다. 나아가 교사, 학생, 학부모 등 교육공동체들이 여러 가지의 교육과정에서 선택하여 이수할 수 잇는 교육과정 제도 마련으로 세계적 교육 기반 사회에 대응해 나아가도록 해야 할 것이다(김용신·김남규, 2009: 33-35).

▌제2장▐ 교육과정 개발과 요구 사정(要求 查定)

교육과정 개발은 교육과정 자체의 실제적 설계, 편성, 구안의 의미와 함께, 소위 '만들어진' 교육과정을 실제 학교 현장에서 실행·적용하는 의미의 두 가지 의미를 모두 포함하고 있다. 최근에는 대체로 설계와 실행을 모두 포함하는 개념으로 이해하는 것이 주류이다.

한편, 교육과정의 요구 사정(要求 查定, need assessment)은 교육과정 관련자들의 기대와 희망을 분석하여 정책과 사업에 반영하는 것이다. 교육과정 개발의 요구 사정에서는 교육 및 교육과정과 관련되는 인사들의 요구와 기대, 그리고 제안 사항을 수렴, 분석하여 교육과정 개발에 적절하게 반영하기 위해서 실행하여야 한다.

1. 교육과정의 개발

일반적으로 교육과정의 개발은 두 가지 의미가 있다. 하나는 교육과정의 설계, 편성, 구안의 의미이고, 다른 하나는 이렇게 '만들어진' 교육과정을 실제 학교 현장에서 실행·적용하는 의미이다. 최근에는 대체로 설계와 실행을 모두 포함하는 후자의 논리에 의견을 같이하는 추세이다.

본 절(節)에서는 교육과정 개발의 기초적 이론 고찰로서, 교육과정 개발의 기본적 원리, 일반적 이론 등을 고찰하여, 교육과정 분석과 교육과정 개발의 일반적 준거를 추구하고자 한다.

1) 교육과정 개발의 의미

일반적으로 교육과정 개발(開發)은 교육과정 설계(設計, design)와 교육과정 작동(作動, engineering), 즉 실행(implementation)의 두 가지 의미를 모두 포함하고 있다(이성호, 2006: 34). 이 두 가지 의미는 베어캠프(G. A. Beauchamp)가 제시하고 있는 교육과정 이론의 하위 이론으로서, 설계 이론과 작동 이론으로 구분하여 고찰해 볼 수 있다.

우선, 교육과정 설계는 각급 학교 교육을 통해서 성취해 나가도록 정리·배열해 놓은 목표와 문화 내용의 실체(實體)와 조직(組織)을 의미한다. 반면, 교육과정 작동은 학교에서 교육과정 체계가 그 기능을 수행해 나가는데 필요한 모든 과정(過程)의 실행을 의미한다. 이때 가장 기본이 되는 과정으로는 교육과정 계획, 교육과정 실천, 그리고 교육과정 평가가 포함된다.

교육과정 개발에서 설계는 다분히 이론적인 측면에 초점이 있다고 볼 수 있으며, 교육과정 작동은 교육과정 편성 및 운영이라는 실제적 측면에 초점을 맞추고 있다고 볼 수 있다.

교육과정 설계는 교육과정 조직의 여러 요소들, 즉 목표, 내용, 학습활동, 평가 등 일련의 과정과 시스템을 구안, 계획하고 선택하는 의사 결정이 주류를 이룬다. 이러한 의사 결정은 여러 가지 관련된 철학적·심리적·사회 문화적 기초의 면밀한 검토와 분석 위에 이루어지게 마련이다(이성호, 2006: 34-40).

교육과정 작동은 교육과정의 내용을 실제로 행동에 옮기는 활동, 즉 교수·학습 현장에서 적용, 실천하는데 따르는 절차와 과정에 대한 문제를 검토하게 되는 것이다. 즉, 교육과정 작동은 교육과정 실행(implementation)을 의미한다.

교육과정 개발을 계획과 실행의 종합으로 간주하는 소트(E. C. Short)는 교육과정 실행(implementation)과 실천(practice)을 구분한다(E. C. Short, 1993: 77). 교육과정 개발은 근본적으로 교육과정 설계와 작동(실행)의 두 측면을 모두 포함한다. 따라서 교육과정 개발은 이론과 실제의 통합을 이루려는 시도이다(이성호, 2006: 35).

교육과정 개발은 이론적인 문제의 검토에서 시발한다. 누구에게, 무엇을, 어떻게, 어떠한 목표를 갖고, 어떠한 교수 원리 아래, 그것들을 어떻게 관철시킬 것인가를 구체화하고 정당화시키는데 따른 여러 가지 역사적, 철학적, 심리적, 사회 문화적 요구와 질문들을 분석하고 규명하는 일이 중요한 과제이다. 교육과정은 언제나 실천, 실행이 전제되어야 하지만 반드시 튼튼한 기반의 이론 아래 개발되어야 하는 이유가 바로 여기에 있는 것이다.

그런 의미에서 고원(D. B. Gowin, 1981)이 교육과정을 "교수·학습의 개념 체계에 관련된 여러 가지 사상(事象)들을 분석한 지식과 가치 주장들을 논리적으로 연계시켜 모아 놓은 일련의 모음"이라고 정의한 것은 교육과정 개발의 본질적인 과업을 명확하게 밝혀 준 것이라고 할 수 있다.

다음, 교육과정의 작동(실행)은 교육과정의 편성과 운영이라는 실제적 운용(運用) 측면이다. 베어챔프(G. A. Beauchamp, 1981)는 교육과정 실행 및 작동에 대해 다음의 세 가지 내용을 제시하고 있다.

첫째, 교육과정의 계획(計劃)이다. 교육과정 개발의 참여자들이 구체적인 실천 계획을 수립하는 것으로서, 의사 결정을 명세화하고, 또 실제로 교육과정을 실천에 옮기는 사람들이 활용할 수 있는 구체적인 운영 지침을 제시하는 것이다.

둘째, 교육과정의 실천(實踐)이다. 교육과정의 계획을 실제 행동으로 옮기는 것으로, 좁게는 교실 현장에서, 넓게는 학교 내외에서 이루어지는 학교 활동 전반까지를 포괄한다.

셋째, 교육과정 계획에서 교육과정 시행으로 이어지는 일련의 교육과정 작동은 결국 평가(評價)로 이어진다. 즉, 교육과정 평가는 교육과정 개발의 마지막 단계이다. 물론, 다시 환류(feedback)를 거쳐서 이론적 검토, 계획, 실천, 평가 등의 일련의 과정을 개선해 나가는 계속적 절차를 수행하게 되는 것이다.

한편, 교육과정 개발은 현대사회의 변화와 발전으로 인한 교육과정 변화에 대한 요구에서 출발한다. 변화와 발전이 특징인 현대사회는 지식의 양적 팽창, 교육에 대한 학습자와 사회의 끊임없는 요구, 문화적 다양성, 가치관의 혼미, 권력의 다원화 등을 초래하였고, 교육과정에 많은 시사점을 제시하였다(권낙원, 1997: 222).

2) 교육과정 개발의 원리

(1) 종합적 과정

교육과정 개발은 교육과정 계획·실천·평가·환류에 이르는 일련의 과정에 관련되는 제 요소들을 체계적으로 분석하고 통합하는 종합적 과정이다.

교육과정의 역사에서 되돌아보면, 과거의 교육과정 개발은 주로 기계적이고 단순한 작동적, 운용적 기술에 지나치게 많은 관심을 치중한 것이 사실이다. 즉, 목표 설정에서부터 내용 선정과 조직, 실천 그리고 평가로 이어지는 단순한 선형적 모형(linear model)에 따라 기계적으로 움직여 온 것이다. 교육과정 설계를 위한 심오한 이론적 연구에 바탕을 둔 연역적 논리보다는, 실천을 통한 경험에서 발전되는 귀납적 경향이 농후했던 것이다. 따라서 대부분의 교육과정 개발은 전반적이고 종합적이라기보다는 대체로 특수적이고 부분적인 경향이 많았다고 볼 수 있다. 물론, 교육과정 개발이 미시적이고 부분적인 것이 배제되어서는 안 되겠지만, 그것이 교육과정 전체라는 범주 안에서 부분 간에 상호 유기적인 관련성을 견지하지 못할 때, 교육과정 소기의 목적 달성은 상당한 난관에 봉착한다는 점을 유념하여야 한다.

(2) 자아실현의 과정

일반적으로 교육과정 개발은 이를 주도하는 기관 내지 사람(人士)들의 자아실현의 과정이라고 할 수 있다. 이러한 자아실현의 과정은 학교는 물론, 지역, 사회, 국가와도 두루 관련성을 맺고 있는 것이다.

과거 한국의 교육과정은 서구(西歐) 교육과정과 교육제도 및 서구 문화를 맹목적·무비판적으로 수용한 경향이 있었으므로, 이제 우리나라 나름대로의 교육적 특성을 추출하는 연구가 절실하다고 하겠다. 한국의 교육과정이 한국적 특성이 별로 없다는 지적은 이와 같은 서구 등 외국의 교육과정을 무비판적으로 수용하였다는 반증이기도 하다.

교육과정의 창의성과 독창성 확립 차원에서, 모든 학교들이 획일화된 틀 속에서 단순히 똑같은 하나의 학교에 불과한 미분화된 존재로부터, 학교별로 정체성(正體性)을 확립하고 단위 학교별로 특성(성실·정직한 개발·integrity)을 기할 수 있는 자아 분화(ego differentiation)를 이룩하는 일은 바로 당해 학교의 교육과정 개발에 달려 있다고 할 수 있다(이성호, 2006: 36). 모든 학교가 나름대로의 자아실현을 위한 개별성, 독창성, 자율성, 재량성 등을 신장시키기 위한 교육과정의 개발 과제를 안고 있는 것이다.

특히, 1990년대 이후, 한국에서도 학교 교육과정이 활발하게 설계·적용되고 있고, 각 학교마다 특성 있는 교육과정을 편성·운영하고 있는 편이다. 이는 이제 어느 정도 각 학교의 여건과 특색을 살린 자아실현의 교육과정을 구현하고 있는 과정이라고 볼 수 있어서 과거에 비해서 상대적으로 매우 고무적이라고 볼 수 있다. 이러한 학교 교육과정의 특성 추구는 제7차 교육과정, 2007년 개정 교육과정의 기본 정신이기도 하다.

(3) 점진적 개혁 과정

교육과정 개발은 우리가 당면하고 있는 교육의 부단한 질문들에 대한 유용한 해답을 추구하며, 미래의 보다 나은 교육의 실현을 위한 점진적 개혁 과정이다.

사실, 유토피아(utopia)에 대한 인간의 본능적인 동경은 인간의 이상을 끊임없이 상승시켜 왔으며, 그것을 따라 가려고 하는 현실 간의 간격(gap)을 인류의 역사에 항존(恒存)시켜 왔다. 이러한 이상과 현실 간의 차이는 인간들로 하여금 현실의 교육에 대한 많은 이의와 물음을 제기하여 왔으며, 그 해답을 찾음으로써 현실과 이상 간의 간격을 최소화하려고 노력하였다.

과거에는 교육과정 개발이 학교의 여러 가지 과업에서 주변적이고 부차적인 것처럼 보인 경우가 많았다. 하지만 교육과정 개발은 미래의 학교와 교육이 어떠한 모습이 되어야 하고, 무엇을 해야만 하는가에 대한 이상과 발전 방향을 끝없이 창출해 내는 선도적 기능을 수행하는 활동이다.

시대 변화와 사회 발전의 복잡성, 다양성, 신속성, 전문성을 더해 가는 현대사회에서 교육은 당연히 시대와 사회를 선도하고 변화를 반영해야 한다. 교육과정 개발은 현시대와 사회의 사회 변화에 대한 교육적 질문에 대한 정제된 대답이자, 미래 사회 변화 발전에 대한 교육적 대안을 창출하는 개혁 과정인 것이다(이성호, 2006: 38).

(4) 집단 의사 결정 과정

교육과정 개발은 요구 사정에서부터 교육과정 개발에 참여하는 많은 사람들 간의 협동적인 합의에 바탕을 둔 집단 의사 결정 과정 중의 하나이다.

사회 분화가 덜 되었던 과거에는 학교 제도가 단순하고, 학교의 수나 학생 수가 많지 않았고, 또 단위 학교의 크기나 규모가 크지 않았다. 그와 같은 정태적 사회에서는 교육에 대한 요구가 대체로 단순하고 동질적이었으며, 관련자들의 의사소통과 합의 과정이 복잡하지 않았다. 하지만 현대사회처럼 양적으로 대량화되고, 질적으로 복잡성이 심오해진 가운데 교육에 대한 기대는 날로 다양화되고 그 합의와 의사 결정이 쉽지 않게 되었다.

실제, 현대사회의 교육과정 개발에서는 학습자 입장, 교과 전문가 입장, 국가·사회의 입장, 교육행정가의 입장, 지역사회 인사 및 학부모의 입장 등 다양한 각계각층 사람들의 갈등의 폭과 깊이가 날로 증대해지고, 나아가 이념과 철학이 풍부해지고 있다.

동서고금을 막론하고, 교육에서는 수많은 개혁적 구호, 슬로건, 정책 등을 제시하여 왔다. 하지만 그러한 것들이 실제로 현실적으로 교육 현장에 어떠한 프로그램으로, 어떻게 투입되었으며, 또 그 실천 결과는 어떠했는지를 검증하는데는 소홀히 하여 온 것이 사실이다.

교육과정 개발은 그동안 존재하여 왔던 이론가와 실천가들, 이념적 구호와 실천적 행동을 통합시키는 일련의 과정이다. 미래의 교육이 가야 할 길, 갈 수 있는 길에는 선택의 여지가 많다. 교육 활동의 다양한 가능성 속에서 최선·최적·최량의 것을 선택·조직하는 의사 결정 과정이 곧 교육과정의 개발인 것이다(이성호, 2006: 39).

소수 몇 사람의 철학과 이념에 의해 좌지우지(左之右之)되고 의존되어 왔던 과거의 교육과정 개발 방식으로는 더 이상 다양하고도 역동적인 교육 수요자들의 요구를 충족시킬 수 없게 되었다. 세분화된 전문가들의 영역도, 이제는 단순히 교육과정 전문가라는 통칭 아래 교육과정 개발을 소수 몇 사람의 의도대로 끌고 가던 것을 더 이상 만족시켜 주지 못하게 되었다. 분명히 현대 교육에서의 교육과정 개발은 각계각층의 다양한 참여 인사들의 협동적인 의사 결정 과정이 전제되어야 하는 것이다.

(5) 참여적 발전 과정

교육과정 개발은 교육과정 개발에 참여하는 모든 사람들의 부단한 자아 혁신 개발 노력과 그 교육기관 조직의 개발을 위한 노력을 통해서 성취될 수 있는 참여적 발전 과정이다.

교육 개혁은 교육을 주도하는 사람들의 개혁이 없이 교육 현상만을 바꾼다고 해서 이루어지는 것이 아니다. 교육과정 개발은 교육과정을 계획하고, 시행하며, 평가하는 모든 사람들 자신의 변화와 발전을 전제로 이루어진다. 개개인들의 자발적인 참여와 변화는 곧 관련자들의 책무 의식을 고양하고, 그것은 교육 개혁과 발전의 원동력이 되는 것이다. 과거의 많은 교육 개혁, 교육과정 혁신이 소기의 성과를 거두지 못한 점도 이러한 다양한 사람들의 자발적 참여를 도외시한 채, 밀실에서 소수 몇 사람들에 의해 개발·개정되었던 문제점 때문이라는 점을 부인할 수 없는 것이다.

3) 교육과정의 개발 전략

교육과정 개발의 근본적 과업은 어떤 학습 내용을 누구에게, 어떤 방법으로, 그리고 그것들을 어떻게 관련시켜서 가르칠 것인가를 구체화하고 정당화시키는 일이다. 교육과정 개발의 전략은 그러한 개발 과업을 성취하기 위해 고안된 일련의 절차를 의미한다. 이와 같은 교육과정 개발에서 사용되는 전략은 다음의 세 가지 준거에 따라 달라진다(E. C. Short, 1983: 45-49).

첫째, 교육과정 개발의 근거를 어디에 두느냐에 따라 사용자 중심의 교육과정 개발과 외부에서 개발된 교육과정으로 분류된다. 워커(D. E. Walker)는 이를 '지역 제한적 교육과정 개발'과 '보편적 교육과정 개발'이라고 명명하였다(Walker, Schaffarzick & Sykes, 1979: 45).

지역 제한적 교육과정 개발은 지방 교육기관에서 교육과정이 개발되어 그 지역에서만 적용되는 것이다. 보편적 교육과정 개발은 행정적·사법적 권한을 갖지 않는 대행 기관에 의해 교육과정이 개발되어 특정한 지역에 국한되지 않고 널리 적용되는 것이다.

둘째, 교육과정 개발에 참여하는 사람들에 관한 것으로, 의사 결정의 과정에서 교육과정 전문가가 주도하는 전략과 교육전문가가 주도하는 방법, 참여자들의 의사·요구 간에 균형을 유지하는 방법 등으로 분류된다.

셋째, 교수·학습이 일어나는 실제 환경을 얼마나 고려하는가이다. 즉, 학습자의 연령, 능력, 흥미, 시간이나 내용의 제한, 새로운 프로그램에 의해 야기되는 변화에 적응하고 새로운 관점을 받아들일 수 있는 교사의 능력 등을 얼마나 고려하는가 등이다.

넷째, 준거에 따라 교육과정 개발자가 처방해 놓은 그대로 교육과정을 사용하게 되는 교사 배제

(teacher-proof) 교육과정 개발과 교육과정의 제한된 수정 보완이 가능하기 때문에 교사가 적극적인 수행자 역할을 하는 경우와 교육과정이 적용되는 현장을 가능한 한 많이 고려하는 교사 참여 교육과정 개발로 분류할 수 있다. 이상의 세 가지 준거를 고려하여 볼 때 교육과정 개발 전략은 다양하다고 볼 수 있는데 이를 도시(圖示)하면 [그림 11]과 같다(E. C. Short, 1983: 48).

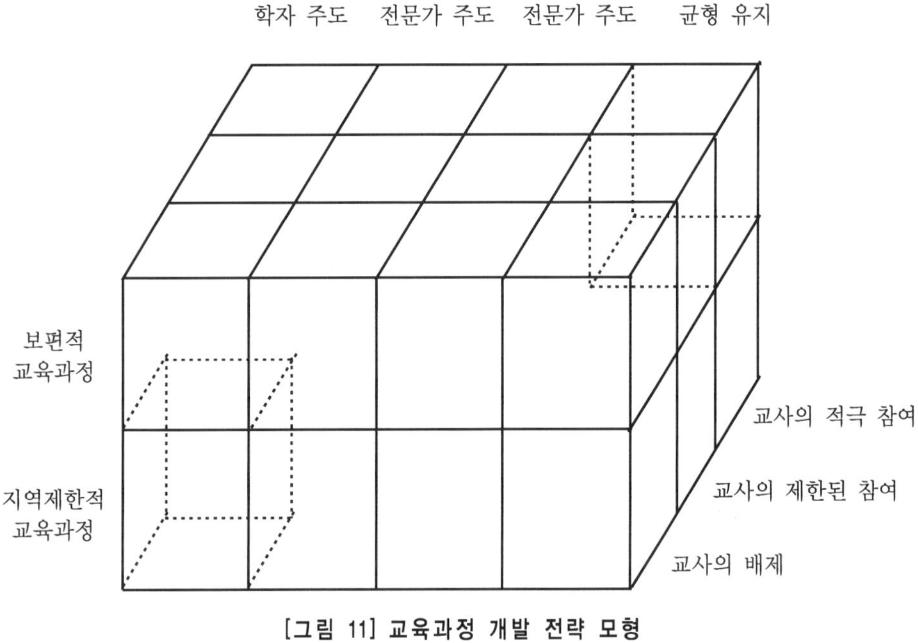

[그림 11] 교육과정 개발 전략 모형

* 출처: E. C. Short, 1983: 48, 최병모, 1992: 51 재인용.

교육과정 계획을 실천에 옮기기 위해 실제 상황에서 쓰이는 전략과 함께 사용되어 일정한 유형을 나타냄을 알 수 있다. 교육과정 개발의 전략들은 다음 세 가지 유형으로 집약할 수 있으며, 이들의 구체적인 특징은 다음과 같다(최병모, 1992: 50-52).

(1) 전략 제1유형: 학자 주도, 교사 배제 교육과정 개발

제1유형은 현재까지 교육과정 개발에 가장 널리 사용되어 온 전략으로서, 1950년대부터 1960년까지 미국 연방 정부에 의한 프로그램이나 중앙 집중적 교육과정 개발 모형을 취하는 나라들에서 사용하는 전략이다. 따라서 이 유형은 연구 개발, 현장 검증, 개정, 보급, 수행 등의 절차를 거쳐서 중앙에서 지방에 사용될 교육과정을 개발하며, 교과 전문가들이 의사 결정에서 주도권을 행사한다.

(2) 전략 제2유형: 교육전문가 주도, 교사 소극적 참여

학교 밖의 전문 기관이 교육과정을 개발하는 경우로, 개발자에 의해 제시된 한계 내에서 수정이 가능하며, 다양한 교육 환경에 적용이 가능한 전략이다. 교육이 이루어지는 문화적 환경이나 사회에 관한 전문 학자 등의 의견이 최대한 반영되므로, 교육에서 관심을 끌지 못한 지체 부자유자, 중도 탈락자 등에 대한 고려에 유용한 유형이다.

(3) 전략 제3유형: 지역의 제한적 균형 유지, 교사 적극 참여

교육과정이 적용될 실제 교육 현장에서 교육과정이 개발되는 전략이다. 그러므로 학교 환경, 수업, 학생 등의 여러 조건에 따라 교육과정이 적정하게 수정될 수 있도록, 교사가 교육과정 개발에 적극 참여한다. 의사 결정 과정에 다양한 관련 전문가들이 참여하는데, 그중 교육과정 전문가가 협의 과정에서 지도자의 역할을 수행한다.

실제 교육과정 개발에서는 이와 같은 여러 전략 중에서 어느 것을 선택, 적용하느냐가 중요하다. 즉, 어떤 전략이 실제적이고 기술적인 준거를 가장 잘 만족시키느냐가 중요하다. 교육과정 개발에 있어서 가장 적합하고 바람직한 전략은 실용성, 유목적성, 현실성, 공정성 등의 준거들을 만족시키는 전략이다(E. C. Short, 1983: 56-60).

2. 교육과정 개발의 요구 사정(要求 査定)

일반적으로 요구 사정(要求 査定, need assessment)은 관련자들의 기대와 희망을 분석하여 정책과 사업에 반영하는 것이다. 특히, 요구 사정은 반응자들이 현장에서 실행한 결과를 토대로 응답하기 때문에 상당히 실천적·실행적 성격을 갖는다. 특히, 요구 사정은 연구에서 지나치게 이론에 치우쳐서 현실적인 면이 간과되었을 경우, 이를 보완하여 이론과 실제의 균형추 역할을 한다.

교육과정 개발의 요구 사정은 교육 및 교육과정과 관련되는 인사들의 요구와 기대, 그리고 제안 사항을 수렴, 분석하여 교육과정 개발에 적절하게 반영하기 위해서 실행한다. 과거의 교육과정 개발에서는 대체로 상의하달식(下意上達式) 개발 체제를 유지하였기 때문에, 주로 상부 기관, 고위 관계자들의 의견과 인식이 일방적으로 교육과정에 반영되어 왔다. 하지만 학교 교육과정, 실행 교육과정을 지향하는 현대 교육과정 개발에서는 학생을 포함한 각계각층 인사들의 적극적인 참여와 견해, 의견을 반영하고 있다. 즉, '밑에서 위로'의 교육과정 개발인 하의상달식(下意上達式), 쌍방향적(雙方向的) 내지 수평적 의사소통을 통한 교육과정 개발 차원에서 요구 사정은 매우 중요한 의의를 갖는 것이다.

1) 요구 사정의 의미와 대상

교육과정 개발과 관련한 요구의 개념은 현재의 상태나 수준, 바라고 기대하는 이상적인 소망 상태, 즉 목적과 수준 간의 차이를 지칭한다. 이러한 목적과 현재 실태, 또는 이상과 현실 간의 차이를 조사, 분석하고 각각의 형편에 적합한 결정을 내리는 의사 결정 활동이 곧 요구 사정이다(이성호, 2006: 306).

교육과정에서 요구 사정의 필요성과 합리성은 교육과정 자체의 편성·운영, 시행 및 평가 노력의 방향을 제시해 주는데 목적이 있으며, 나아가 교육과정 개발의 출발점이 된다. 교육과정 요구 사정은 교육과정 개발자에게는 교육의 제도적 개혁에 도움을 주는 필수적 절차이며, 교육의 수요자에게는 진단과 처방의 필수적 절차이다.

일반적으로 교육과정 요구 사정은 사람, 프로그램, 조직 등 세 가지 요소가 중요한 초점이 된다(이성호, 2006: 307). 첫째, 교육과정 요구 사정의 인적 요소인 사람은 모든 학습자, 교육 행위에 종사하는 교수자나 행정가, 학부모와 지역사회 인사 등이다. 둘째, 교육과정 개발의 프로그램은 학습자를 위한 교육과정과 수업 전략, 교육과정 및 교육 관련 업무 종사자를 위한 현직 교육과 계속 교육 프로그램, 성인들을 위한 교육기회 프로그램 등이다. 셋째, 조직은 학교의 여러 가지 행정 조직이나 수업 집단 등 조직의 의사소통 체제, 단위 학교 내 및 학교 상호간의 의사소통 관계까지를 포함한다.

2) 요구 사정의 체제적 과정

의사소통의 체제적 과정은 실증적 자료를 바탕으로 계속적인 의사 결정을 해 나가는 작용하는 합리적, 논리적 과정이다. 카우프맨(R. A. Kaufman) 등은 교육과정의 체제적 순환 과정을 다음과 같이 제시하였다(이성호, 2006: 308 – 313).

(1) 제1단계: 문제의 구명(究明)

현재의 성취 결과와 바람직한 성취 결과 간의 차이를 결정, 우선순위를 배열하고 중요하고 시급한 요구의 서열을 결정한다.

(2) 제2단계: 해결 요건의 결정과 해결 대안의 구명

현재 상황에서 바람직한 성취 결과로 이동해 나가는데 필요한 요건을 결정한다. 행동적인 목표 진술이 도구로 사용된다. 가능한 해결 방법과 수단을 구명하고 각 방법과 수단의 장단점을 분석한다.

(3) 제3단계: 해결 전략의 선정

구명된 대안 중 가장 가능성 있는 전략을 선택한다. 대안의 해결 전략의 방법으로는 체제 분석, 비용·효과 분석, 기획예산제도(PPBS · Planning-programing budgeting system) 등을 적용한다.

(4) 제4단계: 선정된 방법과 수단의 시행

선정된 방법과 수단을 실제 행동으로 실현하기 위해 시도한다. 그리고 원만하게 시행되면 다음 단계로 나아가고, 그렇지 못하면 선정된 수단과 방법을 재고(再考)한다. 특히, 선정된 방법과 수단을 다양하게 적용하려는 노력과 연구가 아주 중요하다.

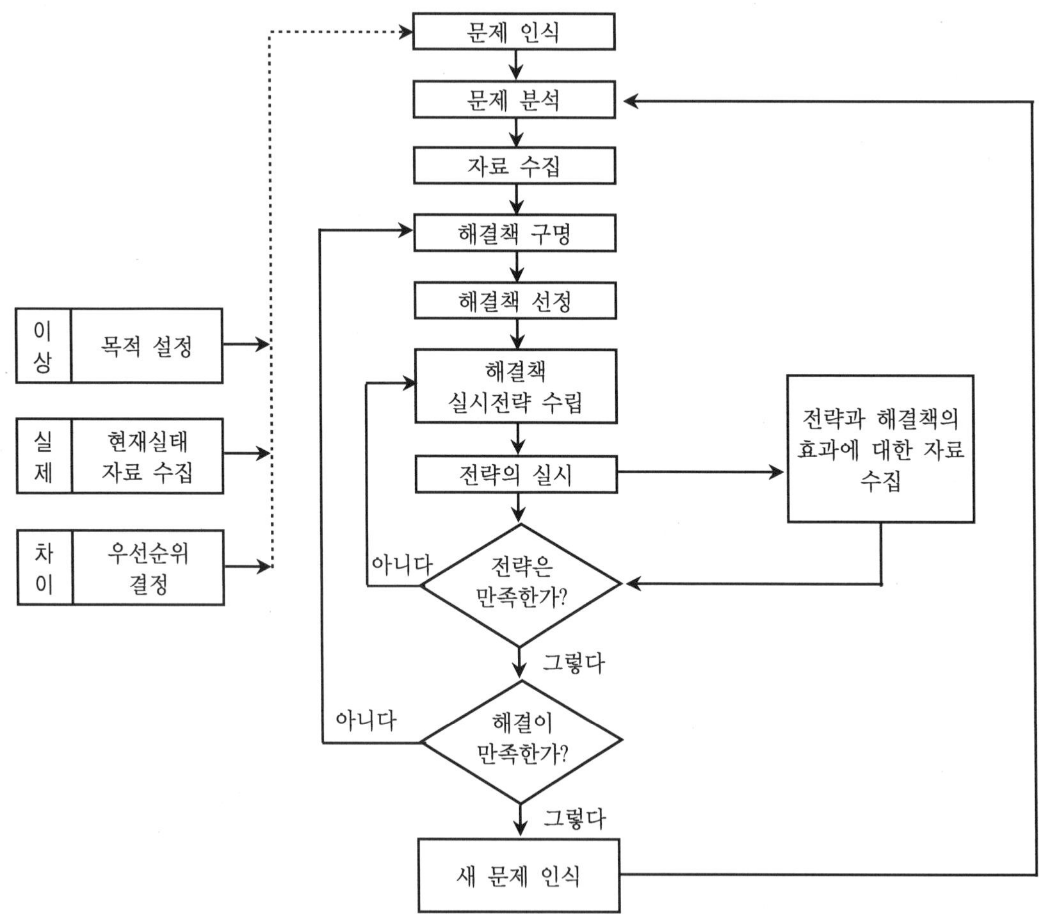

[그림 12] 교육과정 요구 사정 단계와 체제적 계획 과정

* 출처: 이성호, 2007: 310.

(5) 시행 효과의 결정

시행 결과 잘된 점과 부족한 점을 파악한다. 그리고 방법과 수단의 효과와 효능을 분석한다. 일종의 총합·종합적 평가의 단계이다.

(6) 개정(改訂)

시행 과정, 시행 효과에 문제가 발견·추출되면 적절한 개정적 변화를 기한다. 일종의 형식적 평가로 교육과정 적용에서 시대 변화와 사회 발전으로 주기적으로 개정과 개발이 이루어진다. 카우프맨(R. A. Kaufman)은 이와 같은 순환적, 체제적 단계 중에서 어느 단계에서든지 요구 사정이 이루어지는 것으로 보았다. 따라서 각 단계별로 시작해서 적용할 수 있다는 점을 전제하고 여섯 가지 요구 사정의 유형을 제시하였다(이성호, 2006: 309).

첫째, 알파(Alpha)형 요구 사정: 문제 구명(問題 究明) 단계에서의 요구 사정이다.

둘째, 베타(Beta)형 요구 사정: 해결 요건 결정과 해결 대안 구명 단계의 요구 사정이다.

셋째, 감마(Gamma)형 요구 사정: 해결 전략 선정 단계의 요구 사정이다.

넷째, 델타(Delta)형 요구 사정: 선정된 방법과 수단 시행 단계의 요구 사정이다.

다섯째, 입실론(Epsilon)형 요구 사정: 시행 효과 결정 단계의 요구 사정이다.

여섯째, 제타(Zeta)형 요구 사정: 개정 단계형 요구 사정이다.

이와 같이 체제적 계획 과정은 기본적으로 당면한 핵심적 '문제'에서 출발하고 있다(이성호, 2006: 309). 즉, 문제로부터 출발하여 최선의 해결책을 탐구하는 체제적 계획 과정은 교육과정 개발의 요구 사정에 적용될 수 있다고 본다.

3) 교육과정 개발의 목적·목표의 설정

(1) 교육과정 목적·목표의 구명(究明)

교육과정의 목적·목표 구명은 총체적 교육 체제에 관한 일반적 접근과 특정 프로그램에 대한 중점적 접근 등 두 가지 접근법이 있다.

총체적 교육 체제에 관한 일반적 접근법은 학교의 전체적 프로그램에 대한 총체적, 일반적 목적 구명을 하는 것이며, 특정 프로그램에 대한 중점적 접근법은 특정 요구 영역, 특정 문제를 초점으로 하여 특정 중점 목적을 구명하는 세부적 접근법이다.

(2) 목적·목표의 우선순위 결정

요구 사정 과정에서 목적·목표들이 구명되면, 그 목적·목표의 우선순위를 결정해야 한다. 우선순위를 결정하는 기준에는 첫째, 가장 많은 관심이 집중되어 있는 목적·목표는 어느 것인가? 둘째, 가장 중요한 목적·목표는 어느 것인가? 셋째, 가장 강조해야 할 목적·목표는 어느 것인가 등이다. 이와 같은 기준을 사용하여 목적·목표의 우선순위를 결정하는 방법에는 델파이(delphi) 방법, 집단 과정 방법 등이 있다. 아울러 우선순위 결정의 반응 조사 방법에는 평정척(rating scales)을 사용하는 방식과 서열 절차(ranking procedures)를 사용하는 방식 등이 있다.

(3) 목적·목표의 분석과 종합

교육과정의 목적과 목표를 설정하는데 있어서는 이미 구명되고 우선순위가 결정된 각각의 목적·목표들을 정리, 분석, 종합하는 절차가 필요하다. 이때에는 각 목적·목표의 평균 점수를 산출하고 표준편차 등을 추구하여야 한다.

4) 교육과정 개발의 요구 사정 자료 수집

일반적으로 교육과정의 요구 사정은 교육과정에서 바라는 소망 상태인 목적과 현재 상태 간의 차이를 비교, 규명하여 바람직한 대안 추출의 방안을 추구하는 일이다. 현재 상태를 바르게 분석한 뒤에 적정한 대안을 모색할 수 있다는 점은 자명한 일이다. 교육과정의 요구 사정을 위한 자료 수집을 보다 효율적으로 진행하려면, 다음과 같은 절차로 진행하는 것이 바람직하다(이성호, 2006: 318-322).

첫째, 자료 수집 계획을 잘 설계하는 일이다. 자료 수집의 범위를 결정하는 것은 목적의 상대적 중요성, 자료 수집의 비용, 자료의 타당성, 자료 수집의 가능성, 자료 수집이 가져올 영향 등을 고려하여야 한다.

둘째, 자료원(資料源)을 구명(究明)하는 일이다. 자료원은 인적 요소인 사람, 프로그램, 조직의 세 가지 요소에서 찾아야 하며, 문서적인 것과 비문서적인 것 등이 있다.

셋째, 표집 과정이다. 모든 사람, 누구에게나 전부 현재 실태 파악 분석에 참여하게 할 수는 없다. 표집의 크기는 대체로 조사 도구의 신뢰도, 표본 선정 방법, 모집단의 크기, 조사 비용, 허용 시간, 자료의 통계적 분석 방법 등을 복합적으로 고려하여 결정하여야 한다.

넷째, 조사 도구를 새롭게 개발, 제작하거나 이미 제작되어 있는 도구를 선택하는 일이다. 조사 도구는 요구 사정의 세 가지 요소인 사람, 프로그램, 조직의 지표를 어떻게 사용할 것인지를 탐색하여야 한다.

끝으로, 자료를 수집하고 분석하는 일이다. 자료의 분석을 위해서는 요구 사정에 종사하는 모든 사람들이 기본적인 통계 처리 소양을 구유(具有)하여야 한다.

한편, <표 36>은 교육과정 개발에 대한 요구 사정 시 고려해야 할 변인과 영역을 나타낸 표이다.

교육과정 개발의 요구 사정에서는 인적 요소, 프로그램, 조직 등 세 가지 요소에 중점을 두어야 한다. 교육과정 개발에 관련되는 인적 요소로는 학생, 교사, 교육·학교 행정가, 학부모, 학교 운영 위원, 지역사회 인사 등의 의견이 고려되어야 하고, 교육과정 관련 프로그램 요소로는 교육과정 자체의 프로그램과 각 단원 및 모듈 등을 고려하여야 한다. 그리고 교육 관련 조직·행정 요소로는 정책과 방침 등의 관리, 행정, 경영 분위기 등을 고려하여 요구 사정을 하여야 한다.

<표 36> 교육과정 개발 요구 사정의 변인과 영역

요소	대 영역	소 영역	주요 변인
인적 요소 (사람)	학생	·개인적 특성 ·태도, 가치, 흥미 ·목표, 우선순위 ·지식과 행동 ·사회적 특성	·연령, 성별, 종교 등 ·태도, 가치, 흥미 ·목표, 우선순위 ·지식과 행동 ·사회적 특성
	교사	·개인적 특성 ·학생, 학교 등에 대한 태도 ·목표, 우선순위 ·능력과 행동	·연령, 결혼 여부 등 ·자율성에 대한 태도 등 ·교직 생애 계획 등 ·교과 지식, 의사 결정 유형 등
	교육행정가, 학교 행정가	·개인적 특성 ·태도, 가치, 흥미 ·능력	·학위, 종교, 교육 경험 등 ·교육과정에 대한 태도 등 ·문제 해결 능력, 예산 관리 능력 등
	학부모, 지역 사회 인사	·개인적 특성 ·현재 조건 ·학생, 학교 등에 대한 태도 ·목표, 우선순위 ·사회적 특성	·주거지, 생활수준 등 ·연령 분포, 문화 기회 등 ·학교, 교사에 대한 태도 등 ·자녀 학업 성취 열만도 등 ·학부모회 활동, 자녀 수 등
프로그램	교육과정 프로그램	·내용과 계열성 ·전략과 방법 ·자원	·각종 교육과정 영역 등 ·각종 교육 전략 등 ·도서관, 체육관 등
	단원 및 모듈	·내용과 계열성 ·전략과 방법 ·자원	·내용 선정과 조직 등 ·교수·학습 전략 등 ·교수·학습 자료 등
조직·행정	통어관리 (統御管理, Gevernance)	·방침(정책) ·구성 체제	·학칙, 인사 원칙 등 ·이사진의 구성 등
	행정	·인사 ·시설 ·학생 ·수업	·직무 배정 및 훈련 등 ·학교의 건축, 시설 사용도 등 ·정원, 편입학 등 ·업적 평가, 인정 등
	경영 분위기	·학교 만족도 ·대인관계	·자퇴율, 학생과 교사의 사기 ·교사 간의 인간관계 등

* 출처: 이성호, 2007: 321을 참조하여 연구자 재구성.

사회과 교육과정의 발전적 모형 개발을 위해서는 사회과 교육과정 및 사회과 교육과정 개발의 이론적 뒷받침이 필수적이다. 사회과의 참모습이 무엇인지 정체성 파악이 우선인 것이다. 사회과 교육의 성격은 민주시민적 자질을 함양하기 위하여 인간관계, 자아실현, 광범위한 분야를 통한 학습 요소, 통합적 교과 등을 들 수 있고, 사회과 교육의 특징으로는 사회현상의 올바른 인식을 통한 다양한 탐구 활동을 통한 사고력 신장에 초점을 두고 있다. 사회과 교육의 목표는 올바른 사회 인식을 통한 민주시민의 자질 함양을 바탕으로 바람직한 인간 육성에 있는 것이다.

1. 사회과 교육의 접근

사회과는 사회현상을 올바르게 인식하고, 사회지식 습득과 사회생활에 필요한 기능을 익히며, 민주 사회 구성원들에게 요구되는 가치와 태도를 지님으로써, 민주시민으로서의 자질을 육성하는 교과이다.

사회과에서 기르려는 민주시민은, 사회생활을 영위하는데 필요한 지식을 가지고 인권 존중, 관용과 타협의 정신, 사회정의의 실현, 공동체 의식, 참여와 책임 의식 등의 민주적 가치를 함양하며, 나아가 개인적, 사회적 문제를 합리적으로 해결하는 능력을 길러서, 개인의 발전은 물론 사회, 국가, 인류의 발전에 기여할 수 있는 자질을 갖춘 사람이다.

사회과는 역사, 지리 및 제 사회과학의 개념과 원리, 사회제도와 기능, 사회문제와 가치, 그리고 연구 방법과 절차에 관한 요소를 통합적으로 선정, 조직하여 사회현상을 종합적으로 이해하고 탐구한다. 특히, 사회과에서는 삶의 터전인 국토의 이해를 바탕으로 민족의 역사와 활동에 관한 종합적인 파악과 우리 현실에 대한 역사적 시각에서의 이해 및 한국인으로서의 민족적 정체성과 세계시민으로서의 가치·태도에 관한 요소를 중시한다.

아울러 사회과는 다양한 정보를 활용하여 사회현상에 관한 지식을 발견하고 문제를 해결하는데 필요한 비판적 사고력, 창의적 사고력, 판단 및 의사 결정력 등의 신장을 크게 강조한다. 이를 위하여 다양한 탐구 방법을 활용하여, 학습자 스스로 학습하는 기회를 제공하고, 흥미와 관심을 고려하여 개개인의 수준에 적합한 경험을 제공하는 효율적인 교수·학습 전략을 지향한다. 그리고 학교의 실정에 따라서 지역성과 시사성을 고려하여 지도하여야 한다. 그러므로 사회과는 미래 사회의 주역이 될 학생들에게 다양한 인간관계 및 인간과 환경과의 상호 작용에 관한 연구를 통하여 개인적·사회적 자아실현을 할 수 있는 능력을 길러 줌과 동시에 책임감 있고 사려 깊은 국민적 자질을 함양하는 교과이다(오영태, 1996: 13-21). 특히, 정보화 시대의 사회과는 내용의 엄선, 정보 기능 중시, 판단력·의사 결정력 중시, 지구촌적 관점 파악 등을 강조하고 있다(서재천, 1997: 35-41).

사회과 교육은 학생들이 주어진 사회·문화 상황 속에서 과거, 현재, 미래에 관련된 다양한 인간 관계 및 인간과 환경과의 상호 작용에 관한 탐구를 통하여 사회생활에 필요한 지식, 기능, 가치·태도, 습관, 성격 등을 함양하여 자아실현을 이루도록 한다. 그리하여 성공적인 사회생활을 영위함과 동시에 책임감 있고 사려 깊은 민주시민을 양성하는 것을 목적으로 하는 교과이다. 사회과는 학생들로 하여금 당면한 여러 사회문제를 합리적으로 해결하고, 변화하는 사회에 적응해 갈 수 있는 능력을 길러 주는데 강조점을 두는 교과이다. 아울러 사회과는 사회과학 및 광범위한 사회 분야의 자원으로부터 선정된 내용과 연구 방법을 학습 요소로 하는 교과인데, 그 일반적인 성격을 종합하면 다음과 같다.

첫째, 사회과는 올바른 국민적·시민적 자질을 신장하는 교과이다. 사회과는 세계화·정보화 시대를 올바르게 살아갈 현명한 한국인을 육성하는데 주된 목적이 있는 것이다. 사회과 교육의 최종적, 궁극적 목적이 바람직한 민주시민 양성에 있다는 것은 사회과 교육의 본질과도 밀접한 연관을 갖는 것이다.

사회과 교육은 학생들로 하여금 역사적 맥락과 세계적인 시야에서 오늘날의 상황을 이해하고, 우리 국가·사회가 지향하고 있는 이념과 민족적 과제를 올바르게 인식하도록 하며, 창의적으로 슬기롭게 해결해 갈 수 있는 능력을 길러 주어야 할 것이다. 나아가 이러한 국민적 과제 해결에 적극적으로 참여하는 태도를 함양함으로써, 국가의 발전을 이룩함은 물론, 인류 공영에 기여할 수 있는 자질을 기르는 교과인 것이다.

둘째, 사회과는 사회현상을 학습의 대상으로 하여 다양한 인간관계를 이해시키는 교과이다. 그러기 위해서는 개인과 개인, 개인과 집단, 집단과 집단, 인간과 자연과의 관계를 올바르게 인식하도록 하여야 할 것이다. 즉, 학생들로 하여금 사회를 올바르게 볼 수 있는 혜안(慧眼)을 갖도록 지도하여야 한다. 그러므로 학생들이 사회현상에 관한 보편적 개념이나 원리의 이해는 물론, 특수 상황에 대한 자기 나름대로의 인식이 이루어질 수 있도록 하여야 한다.

셋째, 사회과는 학생들의 개인적·사회적 자아실현을 원만하게 이루도록 돕는 교과이다. 사회과는 학생들로 하여금 그가 한 사회의 구성원임을 자각하게 하여, 자기와 타인의 관계를 이해하게 하고, 자아실현과 자기 조절, 자기평가를 통하여 가치의 내면화를 도모하도록 도와주는 교과이다. 즉, 자신과 타인의 상호 작용 속에서 가정, 학교, 사회, 국가, 세계 및 인류 속에서 자신의 역할과 책무가 무엇인가를 인식하여 올바른 사회생활을 영위해 갈 수 있도록 지원하는 교과인 것이다.

넷째, 사회과는 학생들의 고급 사고력(high level thinking) 신장을 도모하는 교과이다. 현대사회에 요구되는 고급 사고력은 창의력, 탐구력, 문제 해결력, 의사 결정력, 메타 인지 등을 들 수 있다(박은종, 2006 a: 13). 아울러 반성적 사고력, 사회적 비판 능력, 집단생활 참여 능력 등을 포함한다.

사회과는 사회적 사실과 현상에 관한 지식을 발견, 적용하는데 필요한 사고력의 신장을 강조한다. 또, 사회과에서는 학생들에게 중요하고 관심 있는 논쟁점과 문제를 다루게 함으로써 장차 그들이 이러한 문제를 해결할 수 있는 고급 사고력 신장에 중점을 두는 교과이다. 특히, 현대사회에서 인간의 존엄성, 자유, 평등, 인구문제, 양성평등 문제, 다문화 이해 교육, 세계화·정보화 교육 등 다양한 여러 문제를 두루 취급하여 학생들에게 상상력과 대안 모색 및 대처 능력을 길러 주고, 미래주의적이며 세계시민적 의식을 높이는 것도 사회과의 중요한 역할이다.

다섯째, 사회과는 사회과학을 비롯한 광범위한 분야의 자원으로부터 학습 요소를 선정, 활용한다. 사회과는 인간과 환경에 관한 모든 학습을 포괄한다. 정치학, 경제학, 사회학, 문화인류학, 지리학, 역사학, 심리학, 윤리학, 철학 등 제 분야와 학문이 사회과 교육에 필요한 지식과 방법적 요소를 제공하는 주요 자원이다. 그 밖에 광범위한 사회 분야와 기타 학문으로부터 현대사회의 여러 문제와 쟁점에 관한 학습의 소재와 해결 방법을 찾아 활용하여야 한다. 특히, 현대사회와 같이 세계화·정보화가 최고조로 이루어지고 다원적 변화가 무쌍한 사회에서는 사회과가 시대적 변화와 요구를 수용하는 열린 자세를 가져야 한다.

여섯째, 사회과는 사회현상에 관한 지식과 관련된 제반 기능과 가치·태도의 변화를 추구하는 교과이다. 인간이 사회문제를 해결해 나가기 위해서는 1차적으로 사회현상에 관한 지식을 필요로 한다. 하지만 지적 분석이나 판단만으로는 올바른 행동을 결정, 수행하기 어렵다. 각각의 가치와 태도를 분명히 하여야 그에 따른 명확한 자기 행동을 결정할 수 있는 것이다.

일곱째, 사회과는 교과 특성이 종합적, 통합적, 연계적인 교과이다. 사회과는 다른 어느 교과보다도 다양한 영역에 걸친 내용을 다룬다는 의미에서 종합성, 통합성을 지니고 있으므로, 사회과 교육에서는 사회현상에 대한 분석적 관점과 종합적 시각이 동시에 고려되어야 한다. 한 현상에 대한 종합적 이해와 해결, 구체적 현상과 지식과의 관련 등은 통합적·종합적 지도와 밀접하게 관련되는 것이다. 현행 10학년제 국민공통기본교육과정의 개발 정신도 사회과에서 초·중·고교의 각 학년 간, 여러 교과와 영역 간, 제 사회과학의 여러 분야 간에 걸친 유기적으로 연계된 통합적·종합적 지도를 지향하는데 있는 것이다.

2. 사회과 교육의 정체성

사회과는 궁극적으로 민주시민의 자질 육성을 지향하는 교과인데, 사회생활 과정에서 일어나는 여러 가지의 사회현상에 관한 지식을 이해하고 습득할 수 있는 사고력, 기능과 능력을 기르는 것을 목표로 하고 있다(이태언, 1999: 212－216).

사회과는 사회현상을 올바르게 인식하고, 사회지식 습득과 사회생활에 필요한 기능을 익히며, 민주사회 구성원들에게 요구되는 가치와 태도를 지님으로써 민주시민으로서의 자질을 길러 주는 교과이다. 즉, 사회과는 민주시민의 자질을 길러 주는 교과라는 점과 사회 인식을 바탕으로 지식, 기능, 가치·태도 등을 고르게 습득해야 하는 교과인 것이다.

사회과는 민주사회의 본질적 특성과 사회 구성원으로서 갖추어야 할 자질에 대한 요소로부터 목표를 추출하고, 사회과학과 그 밖의 분야로부터 내용을 선정하여 학생들의 경험을 바탕으로 사회현상을 학습하게 하는 교과이다(김재복 외, 1997: 429－432).

사회과 교육에서 기르려는 바람직한 시민이란, 사회생활을 하는데 필요한 지식을 가지고 인권 존중, 관용과 타협의 정신, 사회정의의 실현, 공동체 의식, 참여와 책임 의식 등의 민주적 가치와 태도를 함양하고 나아가 개인적 발전은 물론 사회, 국가, 인류의 발전에 기여할 수 있는 자질을 갖춘 사람이다. 즉, 바람직한 시민은 우리나라 및 세계의 사회·문화적 상황 속에서 21세기를 현명하게 살아가는 한국인을 의미한다.

따라서 사회과는 현명한 한국인을 양성하기 위하여 사회과학을 비롯한 주위의 사회 사상에 관한 지식의 이해와 더불어 여러 사회적 상황 속에서 바르게 판단하고, 행동할 수 있는 여러 가지 능력과 태도를 익히도록 하는데 충실하여야 한다.

사회과는 사회과학을 비롯한 광범위한 분야의 자원으로부터 학습 요소를 선정한다. 즉, 사회과는 정치학, 경제학, 사회학, 문화인류학, 심리학, 철학, 윤리학, 지리학, 역사학 등의 제 사회과학에서 사회과 교육에 필요한 지식과 기능, 그리고 가치·태도, 그리고 학습 방법과 절차, 학습 자료 등에 관한 요소를 선정하여 통합적으로 조직하여 지도한다.

지식에 관한 요소로는 각 사회과학의 학문 분야의 개념과 원리, 사회 구성원들에게 이해시켜야 할 사회 기능적 요소, 미래에 관한 요소, 현대사회문제와 논쟁점에 관한 것이다. 또, 학습 방법의 절차적 요소로는 제 사회과학의 연구 방법에 기초한 탐구 방법 등에 관한 요소를 비롯하여 사고 과정과 문제 해결 절차, 정보 활용 능력, 의사소통 능력 등을 들 수 있다. 또, 가치·태도에 관한 요소로는 인권 존중, 자유, 평등, 사회정의, 참여, 책임감, 의무, 협동, 충성심 등 사회생활 각 분야의 당위적 가치와 가치 갈등 요소가 포함된다. 이러한 요소들은 학문적 개념이나 생활의 주제를 중심으로 통합되어 사회과 교육 내용의 체계를 이룬다. 그리고 각 학년의 단원 내용을 구성함에 있어서는 학문 및 생활 영역이나 지식, 기능, 가치·태도 등이 통합되도록 구성해야 한다.

따라서 사회과 교육과정 운영 및 단원의 학습 전개에 있어서도 이러한 통합의 원칙을 고려하여 인간과 환경, 인간과 시간, 인간과 사회 등의 내용 체계를 종합적으로 이해하도록 하고 지식, 경험, 생활을 통합하여 습득한 지식을 실생활 적용하도록 지도하여야 한다.

사회과는 사회적 사실 현상에 관한 지식을 발견하고 적용하는데 필요한 사고력과 판단력을 강조하는 교과이다. 그러므로 논리적 사고를 비롯하여 비판적 사고력, 가치판단력, 의사 결정력 등을 신장시킬 수 있는 교수·학습 방법을 적용하여야 하며, 사회현상에 관한 지식을 발견하고 이를 적용하는 발견학습과 문제 해결 학습, 의사 결정 학습, 가치 명료화 학습 등을 적절하게 활용하여야 한다. 또, 각 영역의 내용을 학습하는데 필요한 방법, 적합한 방법을 적용하여야 한다.

한편, 사회현상의 올바른 인식과 다양한 사고력의 신장을 위하여 학습자 스스로 관심 있는 분야를 선택하여 학습할 수 있는 기회를 많이 제공하고, 질적·양적 또는 주관적·객관적 관점이 고려된 다양한 탐구 방법을 적용함으로써 사회현상을 합리적으로 인식하도록 하는 능력을 갖게 한다. 즉, 사회과학의 실증적 방법과 해석적인 인식 방법의 조화를 도모하여 어느 한 관점에서만 사회를 보지 않도록 유의하여야 한다.

아울러 사회과에서는 시사성과 지역성을 강조한다. 사회현상은 시간적·공간적 영향을 받으므로, 사회과 교육은 시대의 변화에 부응하여 시사적 자료를 적절하게 활용하고, 학교와 지역사회 실정에 알맞게 교재를 지역화하여 다루어야 한다. 교재의 지역화는 교육과정의 목표와 내용을 근간으로 하여 그 근본 취지를 충분히 살려야 한다. 모름지기 사회과 교육이 살아 있는 교육이 되어 한다는 점은 곧 지역화와 재구성을 중심으로 한 학생 중심 교수·학습 활동으로 나아가야 한다는 점을 의미한다. 따라서 사회과 교육에서는 과거처럼 암기 중심, 강의식 수업, 주입식 교수, 웅변식 교화 등이 사라져야 한다는 점은 사회과 교육의 정체성 확립의 제일의 필수 요소라고 할 수 있다.

3. 사회과 교육의 목표와 지향점

사회과는 사회현상을 올바르게 인식하여 올바르게 행동하는 바람직한 민주시민 육성을 고유한 목적으로 한다. 사회과의 목표는 학문·철학적 측면, 국가·사회적 측면, 학습자·개인적 측면 등의 다양한 면에서 접근하여야 한다. 학문·철학적 측면에서는 사회과 전문가, 학자들이 중요하다고 강조하는 내용, 철학적 관점 등을 목표에 반영하여야 하고, 국가·사회적 측면에서는 국가 사회의 환경과 주요 관심사를 사회과 목표 설정에 반영하여야 한다. 한편, 학습자·개인적 측면에서는 학습자 개인의 심리적 특성인 흥미, 욕구, 기대 등을 적극 목표에 반영하여야 한다. 사회과 교육의 목표는 크게 '사회 인식의 형성'과 '민주시민의 자질 육성' 등 두 가지에 근본적인 초점을 맞출 수 있다(최용규 외, 2007: 46-47).

즉, 사회과는 민주시민의 자질 육성, 올바른 사회 인식을 바탕으로 지식, 기능, 가치·태도 등을 고르게 습득시키는 교과이다. 아울러 사회과는 민주사회의 본질적 특성과 사회 구성원으로서 갖추어야 할 자질에 관한 요소로부터 목표를 추출하고, 사회과학과 그 밖의 분야로부터 내용을 선정·조직하여 사회현상을 학습하게 하는 교과이다.

사회과 교육의 궁극적 목표는 민주시민으로서 생활하는데 필요한 올바른 자질을 길러 주는데 있다. 학교 교육에서 길러 주려는 바람직한 시민이란, 사회생활을 영위하는데 필요한 지식을 구유(具有)하고, 인권 존중, 관용과 타협의 정신, 사회정의의 실현, 공동체 의식, 참여와 책임 의식 등의 민주적 가치와 태도를 함양하고, 나아가 개인적·사회적 문제를 합리적으로 해결하는 능력을 기름으로써 개인의 발전은 물론 국가, 사회 발전에 기여하는 사람이다.

사회과 교육은 학생들로 하여금 그들의 지식과 능력을 최대한으로 적용하여 바람직한 행위 요소를 개선하는데 초점을 맞춘다. 사회과의 바람직한 행위 요소는, 사회현상에 관한 지식의 이해와 기능, 사회적 행위와 관련된 가치·태도, 사회 활동에의 참여 능력 등이 중요하다(한면희 외, 2004: 162-163).

결국, 사회과 교육의 목표는 사회생활을 원만하게 영위하기 위한 민주시민을 육성하기 위하여, 사회과학을 비롯한 주위의 사회 사상(社會 事象)에 관한 지식의 이해와 더불어 여러 사회적 상황으로부터 바르게 판단하고, 행동할 수 있는 제반 능력과 태도를 함양하는데 있는 것이다(김만곤 외, 2002: 19-27).

사회과 교육의 전통적 목표인 민주시민 교육의 종합적 초점에 대하여 다이네손(Dynneson)은 신념 사회화 주입의 시민성, 인류애적 발전으로서의 시민성을 중시하고, 앵글과 오초아(Engle & Ochoa)는 환경 연구, 뉴만(Newman)은 가치 명료화·도덕성 개발을, 파커(Parker)는 강한 시민 등을 강조하고 있다. 이와 같은 민주 시민 교육의 핵심 접근법의 요소로는 사회과학의 선택 과목, 법과 관련된 교육, 지역사회 참여 활동, 비판적 사고와 과학적 사고, 사회 문제 연구, 정보화 능력 및 정보 윤리 등을 들 수 있을 것이다.

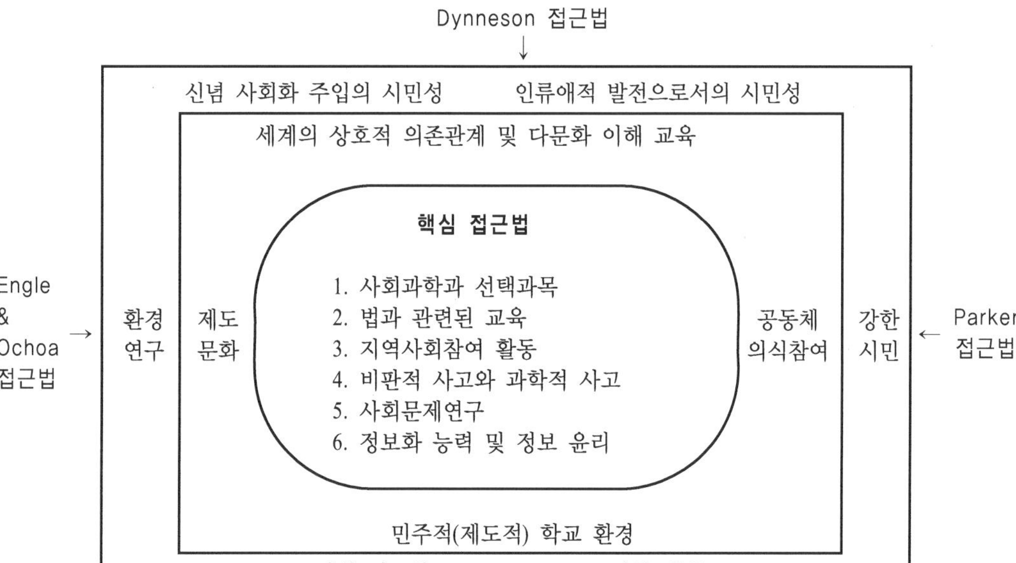

[그림 13] 민주시민 교육의 종합적 접근법

사실 다양한 사회과학을 내용으로 하는 사회과 교육의 유형은 학자들마다 다양하게 제시하고 있다. 올리버(D. W. Oliver)는 지혜로운 인간 형성의 사회과, 사회과학적 사회과, 조화로운 태도 형성의 사회과, 위대한 국가사회상 정립을 위한 사회과, 시민적 행동 발달을 위한 사회과, 법리적 사회과 6개 모형을 들고 있다. 엥글(S. H. Engle)은 사회과 교육의 유형을 단순화된 사회과학으로서의 사회과, 시민교육으로서의 사회과 등 2개 유형으로 대분류를 하고, 시민교육으로서의 사회과를 통합 사회과, 교화주의 사회과, 의사 결정 중시 사회과 등으로 세부 분류를 하였다. 또한 바아(R. D. Barr)·바아스(J. L. Barth)·셔미스(S. S. Shermis) 등은 사회과 교육의 유형을 시민성 전수를 위한 사회과, 사회과학으로서의 사회과, 반성적 탐구로서의 사회과 등 3개 유형으로 분류하였다(권오정·김영석, 2006: 77-90).

한국의 강우철(1978)은 사회과 교육과정을 교과 중심 교육과정, 경험 중심 교육과정, 학문 중심 교육과정 등 세 유형으로 제시하고 있다(강우철, 1978: 25-26). 권오정·김영석(2006)도 강우철의 이론을 따르고 있다(권오정·김영석, 2006: 133-141). 김용민(1992)은 사회과 교육과정을 강우철의 세 유형 외에 인간 중심 교육과정을 포함하여 네 유형으로 제시하였다(김용민, 1992: 89-90).

이와 같은 여러 학자들의 사회과 교육, 사회과 교육과정 분류를 기반으로 공통적 요소를 종합하여, 우리나라 사회과 현실을 바탕으로 고찰하면 사회과 교육과정 유형을 교과 중심형·경험 중심형·학문 중심형·반성적 탐구형 사회과 교육과정 등 네 가지 유형으로 분류하여 모색하는 것이 바람직하다고 본다.

1. 교과 중심형 사회과 교육과정

1) 교육과정 내용의 관점

교과 중심형 교육과정에서 바라보는 사회과 교육 내용에 관한 관점은 바로 문화유산(文化遺産)이 핵심이다(권오정·김영석, 2006: 133). 문화유산이란 오랜 전통과 생활에서 선정되고 세련화된 지식으로서, 교재로서의 보편적이고 절대적 가치가 검증된 것이다. 즉, 문화유산은 과거와 현재의 교육과 사회, 생활에서 이미 검증된 것이기 때문에 학생들에게 중요하게 가르쳐야 한다고 여겨지는 것이다. 문화유산은 사회과 교육 내용의 핵심이라는 시각인 것이다. 교과는 일반적으로 교수요목으로도 정의된다(권낙원, 1997: 101).

교과 중심형 사회과 교육과정에서 교육 내용을 구성하는 것은 문화를 기술해 놓은 사실적 지식에서부터 원리, 사회규범, 의미, 도구 및 기계, 제도, 행동 양식 등 다양한 측면들 가운데, 후대들에게 가르칠 만한 가치가 있다고 판단되는 것들이다. 즉, 교과 중심형 사회과 교육과정에서는 교재(敎材)가 주된 내용이 된다.

교과 중심형 사회과 교육과정에서는 교재를 인간의 행동을 훈련시키는 도구, 다양한 마음을 형성하는 기제로 보고 있다. 즉, 교재는 형식 도야론(形式陶冶論)의 입장에서 지각, 파지, 재생, 연상, 주의 집중, 의지력, 감정, 상상, 사고 등의 각기 다른 능력을 반복 훈련을 통해서 신장시킬 수 있는 도구가 된다고 보는 것이다. 아울러 교재는 외부로부터 제시되는 표상들 간의 연합, 배열, 복합 등의 관계를 자연스럽게 나타내고, 결국 다양한 생각과 마음을 형성시키는 역할을 하게 하는 것이다.

결국, 교과 중심형 사회과 교육과정에서는 교재로서의 내용을 통해서 인간의 정신을 훈련시킴은 물론 나아가 마음을 형성할 수 있다고 보기 때문에, 내용을 많이 접하면 접할수록 학습자의 발달을 촉진시키는 내용 중심의 교육과정인 것이다.

2) 교육과정의 원리

교과 중심형 사회과 교육과정에서는 문화유산으로서의 지식들을 서로 비슷한 것들끼리 체계적·논리적으로 분류해 놓게 되는데, 이것이 곧 하나의 교과(敎科)가 된다.

가령, 서양의 칠자유과(七自由科)처럼 지식을 논리적으로 체계화해 놓은 것은 학교의 입장에서는 교과 또는 과목이 되고, 학자의 입장에서는 학문의 계통이 된다. 즉, 학문의 계통이 교과 내지 과목이 되는 것이다. 사회과의 교과 내용학인 제 사회과학에 관한 지식의 구조와 학문의 체제를 강조하는 교육과정이다. 다만 일반적으로 사회 발전과 변화, 그리고 학문의 체계가 변하면 교과가 변하게 된다. 과거의 칠자유과가 산업혁명과 사회 발전으로 말미암아 오늘날의 국어, 수학, 사회, 과학 등의 학교 교과로 변화한 것이다.

교과 중심형 사회과 교육과정에서는 비슷한 내용끼리도 조직하는 순서가 중요하다. 일반적으로 쉬운 것에서부터 어려운 것으로, 가까운 곳에서부터 먼 곳으로, 동서남북의 순으로, 원인과 결과의 순으로, 논리적 선후 관계에 따라서 등 체계적으로 구성, 조직하는 것이 무엇보다도 중요하다. 교과 중심형 교육과정에는 분과형, 상관형, 융합형 등이 있다(권낙원, 1997: 103 – 104).

2. 경험 중심형 사회과 교육과정

1) 교육과정 내용의 관점

경험 중심형 사회과 교육과정은 학습자들이 경험을 통해서 지식을 터득하게 하려는 입장이다. 경험은 단순한 체험과 활동이 아니라 일련의 지적 활동의 결합체이다. 경험이 의미 있게 되려면 사고가 결합되어야 한다. 즉, 단순히 뭔가를 하는 것이 아니라 그 행동의 결과로 어떤 결과가 올 것인가를 예측하는 것이 사고가 결합된 지성적 경험인 것이다. 학생들은 사고가 결합된 의미 있는 경험을 통해서 경험의 폭과 깊이를 넓혀 가게 된다. 이러한 경험의 재구성 과정을 통해서 개인적 자아에서 사회적 자아로 나아가고, 주관적 자아에서 객관적 자아로 성장하게 된다. 경험 중심형 사회과 교육과정은 생활, 활동, 경험, 흥미 등을 학생들이 학습하기 편리하도록 조직해 놓은 것이다(권낙원, 1997: 108–115).

경험 중심형 사회과 교육과정에서는, 교육 내용으로서의 경험은 각각 구별 지을 수 있는 지식이나 개념이라기보다는 질 높은 경험을 해 가는 과정 그 자체라고 할 수 있다. 사고(思考)가 개입된 경험의 과정은 하나의 문제 해결 과정과 같다. 사고란 항상 그 결과가 확정되지 않은 불확실한 사태에서 유발되고, 이는 학습자를 당혹하게 만드는 문제 사태가 많기 때문이다. 문제 해결의 과정 속에서 학습자는 타자(他者)의 경험과 지식을 도구로 활용하여 자신의 문제 혹은 공동체 문제를 보다 지적으로 해결해 가는 방법을 익히게 되는 것이다.

경험 중심형 사회과 교육과정에서의 경험은 학습자의 지적 흥미를 유발할 수 있는 소재에서 출발하여야 하고, 놀이와 생활 등 자연스러운 활동 과정을 통해서 접근해야 하며, 학습자의 경험의 지평을 넓혀 갈 수 있는 의미 있는 내용이어야 한다.

2) 교육과정의 원리

경험 중심형 사회과 교육과정에서 경험을 교육 내용으로 구성하는 방식에는 여러 가지가 존재한다. 경험을 구체적으로 어떻게 해석하느냐에 따라 내용 선정에 다음과 같은 구분을 하여 분석할 수 있다.

첫째, 학습자가 현재 경험하고 있는 생활 세계나 필요, 욕구 등을 중심으로 내용을 구성하는 방식이다. 학생들의 활동 내용을 관찰, 활동, 이야기, 솜씨 발휘 등으로 구분하고 이를 중심으로 교육 내용을 선정한다. 특히, 학생들이 흥미와 관심을 갖고 있는 주제를 먼저 학습하게 하는 흥미 중심 배열을 적용하는 것이 바람직하다.

하지만 경험 중심형 교육과정 내용 구성은 자칫 개인적이고 즉흥적인 내용으로 흐르거나, 성인 중심의 자의적 내용 선정 및 배열이 이루어질 우려가 있다.

둘째, 학습자가 장차 성인이 되어 경험하게 될 사회생활의 영역에 따라 내용을 구성하는 방식이다. 성인이 되어 경험할 언어활동, 건강 활동, 시민 활동, 사회 활동, 여가 활동, 종교 활동, 직업 활동 등으로 구분하여 내용을 편성할 수 있다.

사회 기능 및 사회 활동 중심으로 경험 중심형 사회과 교육과정을 편성할 때에는 동심원적 확대법을 적용하는 것이 바람직하다. 즉, 사회생활의 범위를 크기에 따라 가정, 지역사회, 국가, 세계 등으로 학습활동을 진행토록 조직하는 것이다.

다만 사회 기능 및 사회 활동 등은 별도의 학교 교육이 없어도 사회화의 과정 속에서 자연스럽게 습득 가능한 상식적인 지식이라는 점, 그리고 현실 사회의 논리를 비판 없이 학생들에게 전달하는 보수적인 교육과정으로 흐를 가능성 등이 지적된다.

셋째, 현실 사회에서 발생하는 여러 가지 문제들을 추출하여 이를 해결해 가는 과정을 경험하게 하는 방식이다. 학생들은 학교 교육을 통해서 현실 사회의 논리를 비판 없이 그대로 전달하는 사회화 과정뿐만 아니라, 현실 사회의 문제점을 파악하고 해결해 가는 분석적 과정도 경험하게 하는 것이다. 학생들은 이러한 현실적인 여러 가지 문제를 분석하고 해결해 가는 과정을 경험함으로써 사회적 발전을 이끌어 갈 민주시민으로 성장할 수 있다는 입장이다.

결국, 현실 사회문제 중심으로 한 경험 중심형 사회과 교육과정을 편성할 때의 문제점으로는 저학년 학생들의 주제 난이도 조정, 민감한 주제 지도에서의 교사의 입장 견지, 전 과정의 모든 내용을 두루 사회문제 중심으로 편성·조직의 곤란성 등을 열거할 수 있다.

3. 학문 중심형 사회과 교육과정

1) 교육과정 내용의 관점

일반적으로 학문 중심형 사회과 교육과정에서의 학문이 독립적으로 이해되고 인정되기 위해서는 고유한 연구 대상, 개념 체계, 이론·법칙, 연구 방법 등 네 가지 조건을 충족시켜야 한다(권오정·김영석, 2006: 138). 학문이란 고유한 연구 대상에 관한 개념, 법칙 등의 지식 체계와 이런 지식 체계를 구성해 가는 방법의 체계가 결합된 하나의 덩어리라고 할 수 있다. 학문에서는 개별 구성 요소인 연구 대상, 개념 체계, 이론·법칙, 연구 방법 등이 하나의 구조 속에서 유기적인 관계를 맺고 있다. 지식의 구조는 학문의 기저를 이루고 있는 일반 원리, 일반적 아이디어, 기본 개념 등을 중심으로 의미 있게 조직되어 있어야 한다는 입장이다(권낙원, 1997: 119).

학문 중심형 사회과 교육과정에서 교육 내용으로서의 학문은 일종의 '지식의 구조'라고 할 수 있으며, 이는 구조를 이루는 구성 요소인 연구 대상, 개념, 이론·법칙, 연구 방법 등 지식 하나하나뿐만 아니라, 이들 간의 유기적인 관계까지도 고려한다.

특히, 교과 중심형 사회과 교육과정이 사실, 개념, 일반화 등 구체적인 개별 요소 자체의 학습을 강조하는데 반해, 학문 중심형 사회과 교육과정은 학문의 구조를 이루는 개별 요소들 간의 통합적 관계, 즉 보다 높은 차원의 지식을 구성해 가는 과정, 그리고 보다 높은 차원의 지식을 통해서 새로운 현상을 설명해 가는 과정을 중시한다는 점이 비교되는 것이다.

결국, 사회과에서의 학문 중심형 교육과정은 지식의 실질 구조(substantial structure)보다 구문 구조(syntactic structure)가 중요하다. 즉 지식의 구조를 강조하되 그 내용적 지식보다 지식을 구성해 가는 방법을 강조하는 것이다. 학문 중심형 사회과 교육과정은 경험의 내용 자체보다 지적인 경험 과정과 절차를 중시하는 것이다.

2) 교육과정의 원리

학문 중심형 사회과 교육과정의 내용 구성에서 가장 중요한 것은 학문의 분류 기준이다. 즉, 동일한 지식의 영역이라도 분류 목적이나 기준에 따라 여러 가지 형태로 영역화·범주화될 수 있기 때문이다. 일반적인 학문 중심형 사회과 교육과정에서의 학문 분류 기준은 대학의 학과 체계를 반영한 사회의 지배적인 학자 공동체의 분류 전통이다(권오정 · 김영석, 2006: 62).

사회과의 기저 학문인 제 사회과학의 경우, 정치학, 경제학, 사회학, 문화인류학, 심리학, 지리학, 역사학 등으로 분류하는 방법이 일반적인 방법 기준이다. 하지만 변화무쌍하고 다원화된 현대사회에서는 학제 간 연구가 다양하게 전개되고, 새로운 학문의 연구 분야가 증가하는 현실적 측면을 고려하여, 전통적 분류 기준과 방식을 고집하기 어렵게 된 것이 사실이다. 학문 중심형 사회과 교육과정의 핵심은 설명과 탐구 등 두 가지 기법이다(권낙원, 1997: 121 - 122).

특히, 교육적 입장에서는 전통적 분류 기준과 방식을 따르기보다는 학습자에게 지식의 본질을 보다 효과적으로 전달할 수 있는 방안을 모색해야만 한다. 그러한 견지에서 보면 피닉스 (P. H. Phenix, 1964)가 제시한 지식의 영역화는 매우 시사하는 바가 크다고 할 수 있다. 피닉스는 수많은 지식의 종류들을 구조적 유사성이라는 기준하에 기호적 영역(symbolics), 경험적 영역(empirics), 심미적 영역(esthetics), 통관적 영역(synoptics), 통합적 영역(synthetics), 윤리적 영역(ethics) 등 여섯 가지로 유목화(類目化)하고 있다. 이러한 학문적 영역화를 기준으로 지식의 구조적 특성을 학습함으로써 불필요한 학습의 중복을 피할 수 있음은 물론 학습의 전이력(轉移力)을 신장시킬 수 있다는 주장한 것이다. 이러한 여섯 가지 학문의 유목 중에서 학문 중심형 사회과 교육과정의 내용 학문인 사회과학은 경험적 학문, 통관적 학문, 통합적 학문 등에 초점을 맞추고 있다.

4. 반성적 탐구형 사회과 교육과정

1) 교육과정 내용의 관점

반성적 탐구형 사회과 교육과정은 존 듀이(J. Dewey)의 사회 인지 심리학과 사고 학습에 대한 실용주의 철학이 토대를 이룬다(사회과 연구 모임, 2007: 90 - 91). 반성적 탐구형의 사회과 교육과정에서는 '시민성 함양'을 위한 사고력 신장과 의사 결정력 신장이 핵심이 된다. 하지만 다른 모형 · 유형들과는 달리, 이 반성적 탐구형 사회과 교육과정 모형에서의 시민성은 특정한 사회 · 정치학적 맥락 내에서 의미 있는 의사 결정을 강조한다.

반성적 탐구형 사회과 교육과정의 입장에서는 사회과 교육의 목적을 학생들에게 특정한 사회 · 정치적 맥락에서 학생 개개인들에게 직접적으로 영향을 주는 개인적 · 사회적 문제에 대해서 의사 결정을 하는데 필요한 능력을 함양시켜 주는 것이다. 가령, 민주주의 학습에서는 민주주의에 대한 다양한 문제를 확인하고, 자료를 수집 · 분석 · 평가하며, 이를 바탕으로 합리적인 의사 결정을 할 수 있는 민주시민을 육성하려는 것이다.

탐구 및 의사 결정력을 중시하는 반성적 탐구형 사회과 교육과정에서는 학생들로 하여금 다양한 탐구와 판단, 결정 과정 자체에 중점을 두고 있다. 따라서 사회과 교육을 학생들의 지적 능력, 즉 바르게 사고하고 판단, 결정하는 능력을 터득하게 하는데 초점을 맞추고 있다(한면희, 2006: 106).

반성적 탐구에 대한 존 듀이(J. Dewey)의 주장은 실용주의 교육 이론을 발전시켜 왔는데, 많은 사회과 교육 이론가들이 지속적으로 반성적 탐구형 교육과정에 관심을 갖고 발전시켜 왔다. 이러한 반성적 탐구형 사회과 교육과정은 기초 복귀 운동(back to basics)과 소위 '닫힌 영역'의 문제, 그리고 특정한 사회문제의 맥락에서 시민성 함양과 의사 결정력 함양에 초점을 맞추고 있다.

2) 교육과정의 원리

반성적 탐구형 사회과 교육과정의 기본적 사고는 다양한 활동과 참여를 통한 시민성 함양에 있다. 아울러 참여와 대화·타협을 통한 의사 결정력 함양을 강조한다.

사회과가 본질적으로 다양한 사회생활을 통한 민주시민성 함양과 의사 결정력 신장을 강조한다는 점을 전제하면, 반성적 탐구형 사회과 교육과정은 다른 유형, 모형의 기초가 된다고 볼 수 있다. 반성적 탐구로서의 사회과는 시민적 자질을 기대되는 가치나 덕목의 수행 차원이 아니라, 의사 결정 과정으로 파악한다. 즉, 사회생활에서 다양한 사회문제를 파악하고 올바른 의사 결정을 할 수 있는 훌륭한 민주시민 육성에 초점이 있는 것이다(권오정·김영석, 2006: 87-90).

특히, 개인과 개인이 모여서 사회를 이루고, 사회생활을 원만하게 영위하기 위한 민주시민성과 합리적인 의사 결정력이 중시되는 만큼 반성적 탐구형 사회과 교육과정은 학습자 중심의 활동을 조장하는 사회과에서 가장 중요한 위치에 있는 것이다.

반성적 탐구형 사회과 교육과정에서의 사회과 교육의 목적은 학생들로 하여금 다양한 정보를 활용하여 사회과학적 탐구로 문제를 해결하며, 의사 결정의 학습 경험을 바탕으로 비판적이고 창의적으로 사고, 선택, 결정하는 능력을 길러서 사려 깊은 시민적 자질을 함양하고자 한다. 반성적 탐구형 사회과 교육과정에서는 사회과 정보 처리 능력, 과학적 탐구, 문제 해결, 발견학습, 의사 결정, 고급 사고력, 사려 깊은 행동 등을 강조한다(한면희, 2006: 106).

▌제5장▐ 사회과 교육과정 개발의 쟁점

변화와 발전이 특징인 사회현상과 사회 사상(社會 事象)을 교육과정의 내용으로 하는 사회과는 그 내용(contents)이 획일적·고정적으로 정해져 있지 않은 특징이 있다. 수학과, 과학과 등 자연과학이나 이과 계통 교과는 전통적으로 전수되어 오는 교과의 지식과 내용의 본질이 정해져 있으나, 사회과는 변화하는 사회의 제반 모습을 대상으로 하기 때문에 교육과정의 내용이 고정·불변적이지 않다. 오히려, 국가적·사회적 요구, 시대 변화와 사회 발전에 따라 교육과정의 내용이 신속하게 달라져야 하는 것이다.

그렇기 때문에 사회과 교육과정은 그 내용 선정과 조직에 대하여 일관된 견해를 결집하기가 쉽지 않다. 사회과 교육과정을 보는 관점과 시각에 따라 다양한 입장과 주장이 되는 이유가 여기에 있다.

일반적으로 사회과 교육과정 개발의 쟁점은 크게 내용 구성의 영역별 집중화 문제, 교육과정 체제의 대강화와 상세화 문제, 교육과정에서의 이념적 중립성 문제 등을 들 수 있다. 영역별 집중화 문제는 사회과 교육과정의 구성에서 통합과 분과의 문제가 핵심이다. 통합도 다학문적 통합, 간학문적 통합, 탈학문적 통합 등 방법이 있다. 교육과정 체제의 대강화와 상세화는 상대적 입장인데, 대강화를 강조하면 지역·학교 교육과정의 탄력성으로 창의적인 교육과정 개발이 장려되는 반면, 상세화를 강조하면 국가 수준 교육과정에 치중하게 된다.

한편, 가치문제를 다루는 사회과에서는 이념적 중립성이 강조되므로, 교육과정 개발에서도 쟁점이 되고 있다. 사회과 교육과정 및 사회과 교과서 개발에서는 분명한 이념적 중립성을 견지하여야 한다.

1. 사회과 내용 구성의 통합과 집중화

사회과는 사회현상을 바르게 인식하기 위하여 통합적 학습을 강조한다. 초등학교 제1학년에서부터 고등학교 제1학년까지 국민공통기본교육과정의 바탕 위에서, 사회과는 '인간과 공간(지리 영역)', '인간과 시간(역사 영역)', '인간과 사회(일반사회 영역)'를 묶어서 통합형 교육과정을 구성해 왔다. 사회과는 다양한 정보를 활용하여 사회현상에 대한 지식을 발견하고 문제를 해결하는데 필요한 사고력, 창의력, 판단력 및 의사 결정력 등을 강조하기 때문이다(교육부, 1997 a: 28-29).

사회과 통합은 교육과정 차원에서 생활 사례 중심의 초학문적 통합, 스트랜드(要素, strand) 중심의 학제적 통합, 영역별 내용 중심의 병렬적 구성 등이 있고, 교과서 차원에서는 교육과정을 재구성하여 통합적 단원 구성, 그리고 교수·학습 차원에서는 교과서를 통합형으로 재구성한 자료로 활용하는 방법 등이 있다(김정호, 2006: 7-9).

사실, 사회현상 자체는 지리, 역사 또는 일반사회 등이 어느 한 영역만으로 이해할 대상이 아니라서, 사회과학계도 분화와 통합을 거듭하여 왔다. 다만 과목별·영역별로 부여되는 교사 교육과 교원 자격증 부여 때문에 많은 논란을 야기하여 왔다.

현행 사회과 교육과정은 공통 과정의 각 학년마다 세 영역을 배열해 놓은 융합형 통합 방식을 시행하여 왔다. 그런데 이 융합형은 어느 한 영역을 전공한 교사가 다른 영역까지 지도해야 하는 어려움이 있는 것이 사실이다. 공통 사회 과목도 이러한 취지에서 출발한 것이다. 따라서 향후 사회과 교육과정은 중학교에서 학년별 한 영역 집중 학습제로 전환을 주장하는 분위기가 있다. 즉, 중학교의 각 학년마다 한 영역만으로 내용을 구성하여 영역별로 교과서, 학습 자료 통합을 모색할 수 있을 것이다.

중학교 지리 영역은 한국 지리와 세계 지리를 통합하고, 고등학교 제1학년 국사는 한국사, 세계사와 통합하여 역사로 명칭을 통합 변경하고, 일반사회 영역도 국민공통기본교육과정의 제10학년인 고등학교 제1학년 내용은 스트랜드(strand: 요소, 주제) 중심으로 구성하여 영역 내 통합을 고려해야 할 것이다. 이를 통하여 사회과 교사가 특정 전공 영역 중심으로 가르쳐 교수·학습의 질을 제고할 수 있을 것이다.

사회과에서 통합과 분과는 오랜 쟁점이자 지향점으로 논란이 되어 왔고, 앞으로도 계속적인 연구 과제이자 쟁점(爭點)으로 남을 것이다.

2. 교육과정 체제의 대강화(大綱化)

국가 교육과정의 구성 형식과 내용 정도에는 크게 대강화(大綱化)와 상세화(詳細化)의 두 줄기가 있다. 교육과정의 대강화는 교육과정의 개발과 편성의 권한을 지역과 단위 학교에 위임하는 형태이고, 상세화는 국가(중앙)에 교육과정의 개발과 편성 권한을 집중하는 형태이다. 교육과정의 선택 준거는 크게 공교육 체제에서 정부와 지역, 단위 학교가 할 일, 교과서 저자와 수업 지도를 하는 교사의 자율권·재량성 범위 등으로 나눌 수 있다.

국가 교육과정의 편성·운영권을 시·도 교육청과 단위 학교에 부분 위임·이양하는 대강화는 구체적인 내용 요소를 모두 열거하는 형식이 아니라, 반드시 성취해야 할 최소 필수 목표 중심으로 교육과정을 구성하는 것이다.

이와 같이 되면, 교과서 저자는 그 목표를 이루기 위한 다양한 전략을 써야 하기 때문에 교과서의 다양화, 차별화라는 검정 취지를 살릴 수 있고, 교사도 내용 암기 유도적 수업 대신에 학습자 수준에 알맞은 내용과 방법을 도입하여 문제 해결식 수업을 할 수 있게 될 것이다. 이를 위하여 교육과정은 선택과 집중, 성취 목표의 최소 필수화, 단원 구성의 유연화 전략 등을 다양하게 전개할 수 있을 것이다.

교육과정의 개발 권한을 중앙에서 지역, 단위 학교에 이양해야 한다는 '정부 규제 완화, 교육의 권한 지방 분화, 교과서 저자와 학교 교사의 재량권과 자율권 강화, 교육과정 실천 과정의 다양화' 등의 실천 수단이 교육과정의 대강화이다. 물론, 국가 교육과정은 성취 기준을 상세화하여, 그 기준만 보고도 교수·학습을 진행할 수 있도록 해야 한다는 주장도 있다.

그러나 교육 내용이 상세화(詳細化)되면 될수록 교육과정과 교과서 실천 과정은 전국적으로 획일화될 수밖에 없으며, 이런 상황에서는 교사가 자율적 재량권을 갖기가 상당히 어렵다. 따라서 교육

과정 내용 감축과 다양화 및 자율화를 지향하는 시대정신에 따라서 대강화(大綱化)를 지향하되, 대
체적으로 대강화와 상세화를 적절하게 조율하여 통합하는 것이 바람직할 것이다.

[그림 14]는 사회과 교육과정 연구·개발의 교과서 중심 모형이고, [그림 15]는 교육과정 중심 모형이
다. 과거에는 사회과를 비롯한 대부분의 교과가 교과서 중심 모형이었으나, 지식기반사회인 현대사회에
서는 대체로 교육과정 모형을 취하고 있는 것이 특징이다.

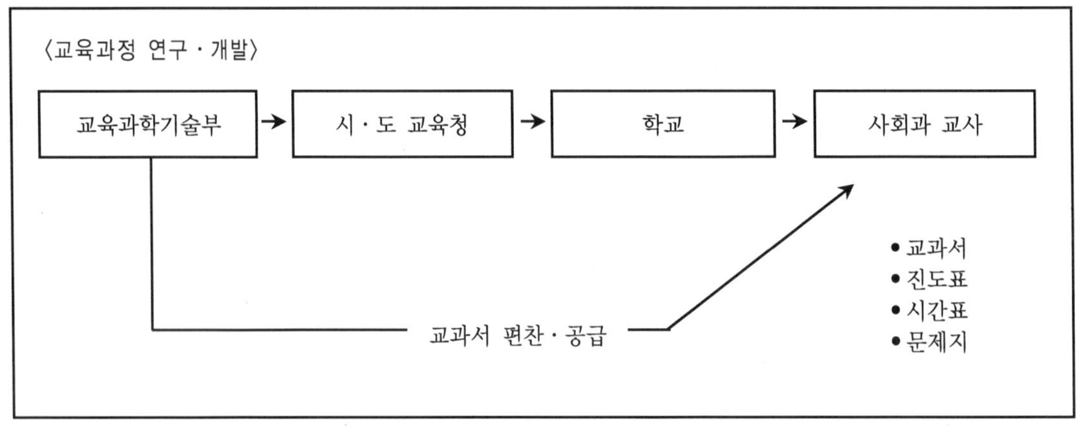

[그림 14] 교과서 중심 사회과 교육 모형

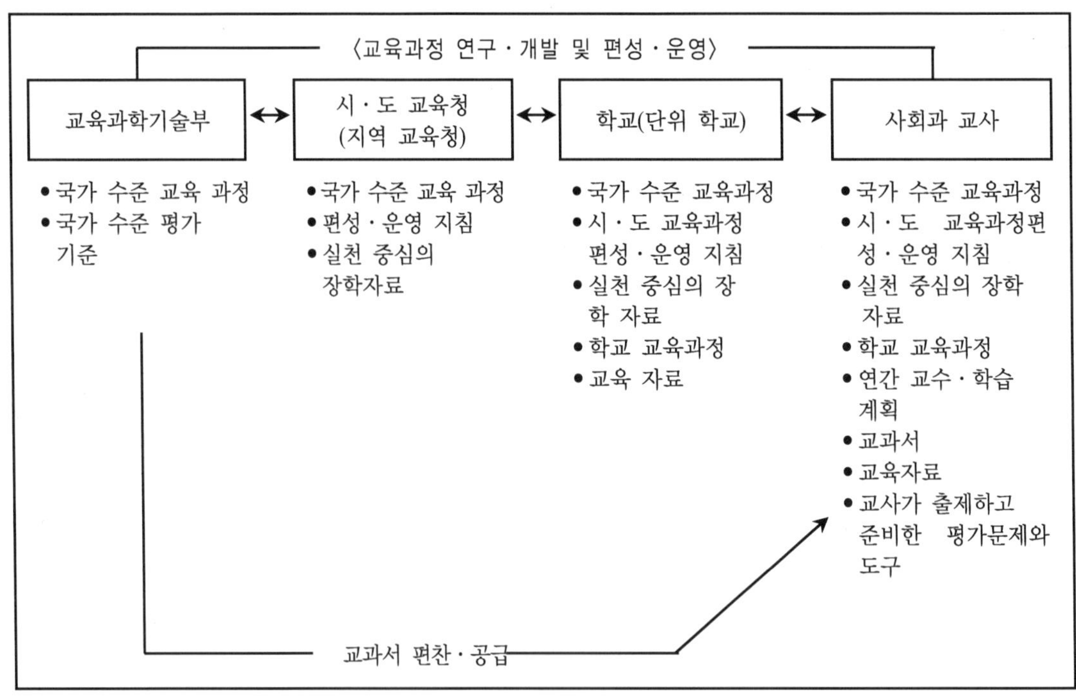

[그림 15] 교육과정 중심 사회과 교육 모형

3. 사회과 교육의 이념적 중립성

사회현상에는 사실 관계와 가치 체계가 있다. 사실 관계는 진위로 바로 확인할 수 있다. 하지만 가치판단이 개입되는 상황은 좀 더 복잡하다고 할 수 있다.

일반적으로 교육과정에서 이념을 선전하거나, 일방적으로 비판하는 등 가치 편향적이어서는 안 된다. 분명히 특정 가치를 학생들에게 일방적으로 주입·강요하는 것은 교육이 아니라 이념적 강요일 뿐이다.

교육의 자주성, 전문성, 정치적 중립성 보장, 이념적 편향성 금지 등은 법으로 규정되어 있으며, 이는 사회과 교육에 직결되는 규정이다. 교육과정은 이 법규를 전제로 하고 있으나 교과서 차원에서 시비가 있는 것이 사실이다. 사회과는 교육과정과 교과서 전체를 아우르는 입장에서 이념적으로 중립성을 견지하여야 한다.

〈표 37〉 사회과 교육과정 개발의 지침(指針)

학회(학자)	주요 지침
미국사회과 교육협회 (NCSS, 1979)	① 사회과 교육 프로그램은 학생들의 연령, 성숙도, 관심 등과 직접적으로 관련되어야 한다. ② 사회과 교육 프로그램은 사회의 현실을 다루어야 한다. ③ 사회과 교육 프로그램은 인간의 경험, 문화, 신념을 대표하는 타당성 있는 지식으로 구성되어야 한다. ④ 목표는 신중하게 선택되고 명백하게 서술되어서 프로그램의 방향을 제시해 줄 수 있어야 한다. ⑤ 학습활동은 학생들이 능동적이고 직접적으로 몰두할 수 있는 것이어야 한다. ⑥ 교수 및 학습 환경의 전략은 광범위한 학습 자료를 기초로 해야 한다. ⑦ 사회과 교육 프로그램은 경험의 조직을 촉진해야 한다. ⑧ 평가는 프로그램의 목표와의 관련에서 유용하고, 체계적이며, 포괄적이고, 타당성이 있어야 한다. ⑨ 사회과 교육은 생명력 있고 책임 있는 한 부분으로서 강력한 지지를 받아야 한다.
앵글과 오초아 (S. H. Engle & A. S. Ochoa, 1988)	① 교육과정은 많은 제목을 피상적으로 다루는 대신 소수의 제목을 철저하게 다루어야 한다. ② 선택된 제목은 깊은 사고와 논쟁을 충분하게 자극할 수 있어야 한다. ③ 학생들은 사실 이해, 가치판단, 가설 창조 등의 기회를 끊임없이 가져야 한다. ④ 사회과학의 여러 학문은 학습해야 할 진리로서가 아니라, 질문에 대한 대답을 도울 수 있는 정보의 원천으로 다루어져야 한다. ⑤ 인문학 등 사회과학 이외의 영역에서의 정보가 학습에 이용되어야 한다. ⑥ 교육과정은 다양한 원천에서 소수의 제목을 깊이 있게 찾아서 구성해 야 한다. ⑦ 교육과정은 질문에 응답하기 위해서는 학생의 경험에서 나와야 한다.
공통점	① 모두 학생들의 경험을 강조함 ② 앵글과 오초아의 주장은 소수의 주제에 대한 집중 교육 강조, 사실 인 식과 가치판단, 가설 창조 등 강조, 사회과학 외의 인문학의 중요성 강조, 고급 사고력과 논쟁 문제 등을 중시함

* 출처: 김현석·한관종, 사회과 통합 교과교육론, 서울: 형설출판사, 2008: 106.

▌제6장▌ 한국의 사회과 교육과정 체제

한국의 사회과 교육과정은 그동안 국가 수준 교육과정의 각론으로 개발되어 왔다. 특히, 교과교육과정의 특성을 살리지 못하고, 전면적·총체적인 교육과정 개정 체제에 휘말려 개정되고 실행되어 왔다. 아울러 전통적인 목표 중심 교육과정 개정이 전반적인 경향이었다.

한국 사회과 교육과정 개발의 문제점은 의사 결정의 관점, 교과교육과정의 관점에서 살펴보고, 새로운 사회과 교육과정 개발을 위한 접근법의 입장에서 개발 관련자들의 민주적 참여, 합의를 통한 개발 등을 모색해 보는 것이 바람직하다.

1. 한국 사회과 교육과정 개발의 특징

한국의 사회과 교육과정 개발 절차는 그동안 대체적으로 안정적 정형화된 체계를 이룩하였다. 한국의 사회과 교육과정 개발 및 개정에 대한 주요 특징을 요약하면 다음과 같다(이혁규, 2003: 153).

첫째, 한국은 과거 주로 국가 주도로 교육과정이 개발되어 왔다. 각 개발 및 개정 시기별로 약간의 차이는 있었지만, 대부분 중앙 교육 행정 조직에서 교육과정을 결정하고, 지방 교육 행정 조직은 결정된 교육과정을 학교에 전달하며 학교는 전달된 교육과정을 시행하는 체제를 유지하고 있다.

교육과정 개발과 개정은 중앙 교육 행정 조직을 중심으로 이루어지는 교육과정의 결정 행위이다. 교육과정 개발 과정은 중앙 교육 행정기관의 발의로 시작되어 교육과정 연구 기관을 중심으로 연구와 개발이 이루어지고 학교로 전달되는 연구-개발-확산 모형을 유지하고 있다.

둘째, 교육과정 개발 방식이 전면적·주기적·일시적으로 이루어지고 있다. 모든 학교급의 교육과정, 그리고 모든 교과의 교육과정을 동시에 개정하기 때문에 일시적이고, 모든 학교급의 전 교육과정을 전체적으로 개정하므로 전면적 개정이다. 아울러 교육과정 개정·개발은 일정한 간격을 두고 주기적으로 이루어져 왔다. 이러한 우리나라의 교육과정 개발·개정은 사회적, 정치적 필요에 의해서 이루어지는 경우가 많은데, 특히 교육개혁의 명분 아래 시행되는 경우가 대부분이다.

셋째, 우리나라 교육과정의 개정 방식은 공학적 모델의 형식을 취하고 있다. 일반적으로 우리나라의 교육과정 결정 모형은 타일러(R. W. Tyler) 등이 주도한 목표 모형으로 볼 수 있다. 즉, 목표 모형은 목표를 우위에 두고 가르칠 내용을 선정, 조직, 평가하는 투입, 산출의 체제 접근적 논리에 입각한 절차 처방 모형이다. 사실 현행 우리나라의 교육과정 개발과 개정은 이러한 목표 모형을 바탕으로 한 타일러(R. W. Tyler)식의 기술공학적 모형을 신봉하고 이에 아주 강한 의존을 하고 있는 것이다. 실제, 그동안 우리나라에서는 오래전부터 타일러(R. W. Tyler)의 합리적 모형으로 교육과정을 개발·개정하여 왔다.

2. 한국 사회과 교육과정 개발의 관점

1) 교육과정 의사 결정의 관점

한국의 교육과정 개발 절차는 교육과정 의사 결정의 성격이 본질적으로 요구하는 숙의(deliberation)의 의미를 담보하는 적절한 체제라고 하기는 어렵다. 현행 교육과정 개발 절차는 교육과정 의사 결정이 여러 사회적 세력들이 관여, 개입하고 상호조정이 필요한 '합의 과정'이라는 점을 경시하는 풍조가 있는 것이 사실이다. 공식적인 보고서와 교육과정 해설서를 보면, 교육과정의 개발 절차는 탈맥락적인 중립자들의 조화로운 의견 수렴 과정처럼 묘사되어 있다. 각 교육과정이 개정, 개발될 때에는 각계각층 인사들의 의견을 수렴하여 합리적으로 추진된 것처럼 기술되어 있으나, 실제는 다양한 세력들의 충돌과 갈등의 산물인 것이다. 우리의 공식적 교육과정 문서들은 이러한 적나라한 이익 충돌 과정을 공식적 기록과 담론의 과정에서 밀어내고 교육과정 의사 결정 과정을 합리적, 탈맥락적인 것으로 미화하는 경향이 농후하다. 그러나 보니, 교육과정 개발·개정 과정에 필연적으로 발생, 야기할 수밖에 없는 이해 집단의 개입은 합리적인 개정 절차 진행에 장애 요인이 될 수도 있는 것이다. 그런 관점에서 보면, 다양한 이해 집단의 목소리는 공론의 장에서 다루어져야 할 주요한 요인이라기보다는 배제되고 억압되어야 할 비합리적, 비도덕적인 것일 수도 있다는 점을 간과해서는 안 된다(이혁규, 2003 b: 153 - 154).

교육과정 개정 과정에 자연스럽게 개입할 수밖에 없는 합의적 요소를 무시하는 것은 교육과정 문서 형식을 통해서 확인할 수 있다. 문서 형식 또한 총론 개발에서 각론 개발, 그리고 교과서 개발과 보급 등으로 이어지는 일련의 단계가 연쇄적 구체화의 관계로 연결되어 있다. 이것은 효과성과 능률성이라는 공학적 기준만이 작용하는 직선적 과정이다. 그리고 그 과정에 참여하는 전문가들은 역사적, 사회적, 정치적, 도덕적 고려를 배제한 채, 탈맥락적인 의사 결정을 하는 것으로 간주한다. 이러한 문서 형식 속에 반영된 개발 절차는 총론 과정에서 참여하는 특정한 전문가들의 견해를 다른 사회 세력의 주장보다 우위에 놓는 권력 효과를 낳는다.

한편, 교과 이기주의와 변화를 거부하는 요인이 없는 것은 아니지만, 이러한 요인들은 때로는 심각하게 합리적이고 바람직한 방향으로 개혁을 가로막는 요인으로 작용할 우려가 있다. 현행 제도와 같이 총론 단계에서 중요한 의사 결정이 내려지고, 그 이하 단계에서는 이를 구체화해 가는 실행의 단계로 개념화하는 한, 상위의 규정이나 지침에 반하는 조치를 할 수는 없는 것이다. 이렇게 교육과정 의사 결정자들의 논의의 지평을 불평등하게 야기한 결과, 교육과정 의사 결정의 합의의 과정은 왜곡되고 숙의(deliberation)의 과정이 간과될 우려가 있는 것이다. 분명한 사실은 바람직한 사회과 교육과정 개발에서는 다양한 이해 당사자, 교육 공동체 구성원들의 참여와 숙의(deliberation), 그리고 합의(agreement)가 전제되어야 한다는 점이다.

2) 교과교육과정의 관점

우리나라 교육과정은 의사 결정과 관련된 복합적 요소들을 일시에 전면적이고 포괄적으로 개정함으로써 개정하지 말아야 할 것을 억지로 개정하고, 개정이 시급한 것을 불충분하게 검토하거나 논의를 간과하는 문제들을 반복해 왔다. 교육과정 요소에 따라서 상이한 개정의 논리와 절차와 시간이 필요한 것을 우선순위가 없이 한꺼번에 묶어서 개정, 개발함으로써 발생하는 문제이다(이혁규, 2003: 157 – 162).

첫째, 포괄적 개정, 개발의 문제이다. 우리나라 교육과정은 그동안 여러 차례나 개발, 개정되면서 그동안 교과와 특별활동, 재량 활동 등의 시간 배당 기준을 변화시켜 왔다. 개별 교과교육 입장에서 보면 5 – 10년에 한 번씩 그 교과목의 시수에 변화가 생기며, 결국 교과의 존폐와 당해 교과 전공자의 실직(失職)까지 야기하여 왔다. 그리하여 교과 이기주의를 심화시켜 왔다.

교육과정상 교과 시수의 감소는 많은 과원 교사를 발생시키고, 해당 교과 전공 교사를 실업(失業) 상태로 만들며, 해당 교과 전공 교수들의 입지와 장래를 매우 불안하게 한다. 그렇기 때문에, 이해 당사자들이 동원 가능한 자원을 총동원하여 교육과정 개발·개정 과정에 영향력을 미치려고 하는 것은 교과 이기주의(利己主義) 이전에 지극히 정상적인 것이다. 모든 사람들이 자신의 직업적 안정과 존엄을 지키려고 한다는 점을 전제하면, 설령 그러한 영향력 행사가 일면 교과 이기주의라고 하더라도 우리는 교육과정 개정·개발에 아주 신중하게 대처해야 한다는 결론에 이르게 된다.

한 교과목의 시간 수를 증감하거나, 교과목의 존폐를 결정하는 것은 수많은 변인들에 큰 영향력을 미친다. 가령, 교사 양성 기관의 변화, 현직 교사들의 재교육과 연수, 대학 교수들의 구조 조정, 일선 초·중·고교의 교육과정 운영 등에 막대한 영향을 준다. 이러한 요인들은 적어도 수십 년 이상의 장기적 조정이 필요한 사항이다. 그럼에도 불구하고, 그것을 매 개정 시마다 다시 논의를 하는 것 자체가 비합리적이다. 최근 이루어진 초등 영어과, 중등 기술·가정과 통합, 컴퓨터 및 정보 교과, 환경 교과 등의 신설과 통합처럼 시대 변화와 사회 발전에 따라 새로운 교과가 교육과정에 진입하는 현대사회에서, 교육과정 개정 시마다 편제와 시간 배당을 다룰 논리적 이유와 실용성은 크지 않다고 본다. 그것은 오히려, 교과의 성격과 목표, 내용, 교수·학습 방법, 평가 등을 논의하는 교과교육과정 쪽에서 고려하는 것이 바람직할 것이다.

둘째, 전면적 개정에 따른 문제이다. 전면적 개정이란 교육과정의 요소를 모두 포함한 개정, 개발을 하는 것이다. 교육이 추구하는 바람직한 인간상과 교육목표에서부터 각 교과의 성격, 목표, 내용, 학습 방법, 평가 등에 이르기까지 모든 요소들을 개정하는 것이다. 하지만 전면적 개정은 그 필요성 여하를 불문하고 관행이라는 인식이 강하다. 현행 교육과정이 아무리 좋더라도 그것을 수정하지 않고 동일한 내용으로 두는 것은 개정 관계자들의 무관심과 연관될 우려가 있다. 따라서 대외적 발표를 위해서도 하다못해 교육과정과 교과의 '성격'이라도 고쳐야 한다는 관행이 교육과정 개정과 개발의 현실인 것이다.

셋째, 전면적 개정이 구조화된 방식의 문제이다. 이는 주로 총론과 각론으로 이분화되어 진행되는 개정 절차와 관련이 있다. 총론의 결정은 각론 참여자들에 의해서 번복되기 어렵다.

사회과는 다학문적 배경을 갖고 있고 일반사회, 역사, 지리 등 다학문적 전공 집단들의 과목·영역 이기주의 때문에 기본적인 교육과정의 범위와 계열성을 정하는 것이 교육과정 개정·개발 시마다 큰 쟁점이 되어 왔다. 이러한 상황에서 사실상 학제 개편의 의미를 갖고 있는 국민공통기본교육과정과 선택 중심 교육과정의 도입은 사회과 교육과정의 기본 체제를 근본적으로 재검토할 것을 요구하는 중요한 사안이다. 선택 중심 교육과정 역시 타 교과와 비교해 볼 때, 사회과는 인지적 수준에 차이를 두고 교육과정을 구성하는 것보다 흥미, 관심, 적성 등 내적 특성에 다른 선택의 다양성을 보장하는 것이 더 바람직하다는 입장이다.

사회과 교육과정 개발에 참여하는 개발자들은 수준별 교육과정에 대한 개인적 동의 여부를 떠나 기술적으로 이를 구현하기 위해서 많은 노력을 해야 한다. 교육과정 기본의 재구조화 역시 큰 관심을 갖고 임해야 한다.

셋째, 조급한 개정, 개발에 관련된 문제점이다. 실제 교육과정을 개정, 개발하는 정체 기간은 보통 2년 남짓에 불과하다. 제7차 교육과정과 2007년 개정 교육과정의 개정, 개발 기간은 각각 2년 남짓 소요되었다. 이 기간 중 각론인 사회과 등 각 교과교육과정 개발에 소요된 기간은 1년 정도에 불과하였다. 그리고 한 교과목의 교육과정 개발비도 턱없이 부족하다. 인적, 물적 지원이 충분하여야 훌륭한 교육과정이 만들어진다는 사실은 자명(自明)하다. 따라서 조급한 개발보다는 기간, 예산, 인력 등이 충분히 지원되도록 여유를 가져야 할 것이다.

이와 같은 열악한 교육과정 주변 여건과 개발의 조급증은 진지한 논의와 숙고를 곤란하게 만든다. 불충분한 예산과 개발 기간은 교육과학기술부의 교육과정 개발 기관 선정 구조와 맞물려서 여러 가지 역기능을 낳고 있다. 2007년 개정 사회과 교육과정의 경우, 교육과학기술부(당시 교육인적자원부)가 개발 기관을 선정한 후, 개발 기관에서 학자 등 참여자들을 섭외하는 형식으로 운영되었다. 그런데 개발 기관 선정이 객관적 기준도 없고 그 선정 과정도 공개되지 않았다. 개별 참여자들은 섭외를 받을 때부터 자신의 전공 학문에 대한 이해관계를 반영시켜야 한다는 부담감 때문에 쉽게 참여 결정을 내리기가 어렵다. 개발 기관은 한정된 연구비로 전문적 학자들을 참여시키기가 쉽지 않다. 그러다 보니, 소수의 학자들을 중심으로 개발이 힘겹게 진행되는 것이다.

아울러 교육과학기술부의 이러한 부족한 지원 금액과 짧은 개발 기간은 바람직한 교육과정 개발에 장애가 될 수밖에 없다. 실행되고 있는 교육과정에 대한 요구 사정은 현장 교사에 대한 형식적인 설문 조사에 그치게 되고, 다양한 이해 집단에 대한 의견 수렴은 수회의 공청회로 가름하게 된다. 개발 예산이 부족하고 기간이 부족하다 보니, 연구가 끝나는 시점에 설문 조사 결과가 분석되는 경우도 있다. 교육과정 총론의 방향이 결정되어 있는 상태에서 설문 조사의 결과는 다분히 요식 행위적 성격이 강하기 때문이다. 따라서 교육과정 개발은 계획(計劃)을 넘어 기획(企劃)으로 추진되어야 한다.

넷째, 주기적 개정에 대한 문제점이다. 우리나라의 교육과정은 과거에는 10년 정도의 개정 주기를 갖고 있었으나, 근래에는 사회 발전에 따라 개정·개발 주기도 빨라지고 있다. 특히, 교육과정 개정이 정치적 요인과 같은 외생적 변인으로 이루어지는 경우가 많기 때문에 그 개정 시기를 예측할 수가 없는 게 현실이다. 교육 외적 요인으로 갑자기 개정되는 것이다.

새로운 교육과정이 초·중등학교에 완전히 도입·정착되기도 전에 차기 교육과정 개정을 준비하는 것이 우리나라 교육과정 개정과 개발의 현실이자 문제점이다. 이러한 체제에서는 학교 현장에서 적용되는 교육과정의 개선을 위한 귀납적 논의는 물리적으로 불가능할 수밖에 없다. 현행 제7차 교육과정에서 10학년제 국민공통기본교육과정을 의욕적으로 도입하였으나, 이러한 개정 주기가 반복되면 단 한 번의 완전한 시행도 하지 못하고 차기 교육과정을 개정해야만 한다. 당국에서는 향후 교육과정의 상시 개정 체제 도입을 천명하고, '2007년 개정 교육과정'에서 이를 도입하였지만, 근래 현행 교육과정의 개정 시안을 만들고 공청회를 개최하는 등 움직임은 이러한 역기능을 반증하는 것이다. 특히, 우리나라에서 초·중·고교 각 학교급을 망라하여, 시행 1차 연도에 초등학교 제1·2학년, 2차 연도 초등학교 제3·4학년과 중학교 제1학년, 3차 연도에 초등학교 제5·6학년과 중학교 제2학년, 고등학교 제1학년, 4차 연도에 중학교 제3학년, 5차 연도에 고등학교 제2·3학년 등 연차적으로 시행하는 현행 제도도 재검토해 보아야 할 것이다. 국민공통기본교육과정은 통합과 연계가 핵심인 만큼 전 학년 동시 실행·적용을 신중하게 고려해야 할 것이다. 이제 그러한 전향적인 교육과정 정책·행정이 실현되어야만 할 것이다.

3. 한국의 사회과 교육과정 개발 접근 방법

1) 민주적 참여와 맥락성 회복

일반적으로 교육과정 의사 결정의 성격과 기반은 숙의(deliberation)와 합의(agreement)이다(이혁규, 2003: 163). 그럼에도 불구하고 우리나라 교육과정 개정 절차는 전문성과 민주성을 담보하지 못하고 있다. 특정한 전문성과 민주성을 특권화하고 수단 목적적, 기계론적 비유에 의해서 설계된 개발 과정에 따르고 있는 것이다. 광범위한 의견 수렴과 절차적 진행보다는 소수에 의한 협소한 추진이 반복되고 있는 실정이다.

모름지기 사회과 교육과정 연구 개발은 실행 연구적 접근과 체제론적 접근에 따라야 한다. 실행 연구는 실천지(實踐知)와 새로운 성찰(省察), 참여적 연구, 탐구의 과정 등을 중시한다. 실제 교육과정 연구와 개발에서 실행 연구의 아이디어를 진지하게 고려하려면, 비민주적 독단과 정치권력의 개입, 그리고 권위화된 학문적 전문성을 극복하고 전문성과 민주성의 담보, 이론과 실천의 병행, 문서 교육과정과 실천 교육과정의 조화 등이 실행되어야 할 것이다.

사회과 교육과정 개발은 맥락성을 수반하므로, 기계론적 비유가 아니라, 유기체적 은유를 지향하여야 한다(이혁규, 2003: 164). 단선적인 접근이 아니라 네트워킹적인 상호 작용으로 접근하여야 한다. 교육과정 개발의 체제적 사고는 수많은 요인들이 상호 작용을 하면서 역동적으로 변화하는 교육과정의 의사 결정 과정의 국면을 개념화하고, 이에 기반을 두어 현실의 문제를 개선하여야 한다. 체제적 사고는 상당히 오랜 기간 이론적 변화 과정을 거쳐서 오늘에 이르고 있다. 체제론적 접근의 네 범주는 과정 체제, 구조 체제, 의미 체제, 지식·권력 체제 등이다. 이러한 체제론적 접근을 우리나라 교육과정 개발에 적용한다면, 교육과정 문제 상황을 개선할 수 있는 유용한 개념의 틀을 추출할 수 있을 것이다.

교육과정의 현실적 개선을 위해서 관련 주체들의 민주적이고 참여적인 개입을 중시하는 실증 연구적 안목과 상호 유기적 연관성을 강조하는 체제적 접근의 아이디어에 관심을 갖는다면, 교육과정 의사 결정 체제의 맥락성을 회복하고 교육의 본질 회복에 기여하게 될 것이다.

2) 합의된 교육과정의 개발

사회과 교육과정의 민주성을 담보하기 위해서는 개발과 실행의 전 과정이 투명하고 민주적으로 이루어져야 한다. 사회과 교육과정 의사 결정 과정에서 여러 사회적 이해관계자들의 정당한 자기 목소리를 수용하는 합의적 특성 및 참여자들의 연구와 공동 협의 과정을 통해 조절되고 간주관성을 확보해 가기 위해서는 교육과정 개발의 의사 결정 민주성 담보, 숙의적 전문성 확보, 교육과정 문서의 실효성 확보, 주기적 국가 교육과정 개발·보급 등에 대해서 숙고해 보아야 할 것이다. 이러한 점을 기반으로 하여 향후 바람직한 교육과정 개발의 고려점을 제시하면 다음과 같다.

첫째, 국가 수준 교육과정의 내용이 폭과 깊이를 어느 정도로 해야 하는가를 고려해야 할 것이다. 우리나라 교육과정은 교육적 인간상에서부터 편제, 성격, 목표, 내용, 교수·학습 방법, 평가 등에 이르기까지 모든 것을 담고 있다. 따라서 학습 내용과 학습 방법도 성취 기준을 중심으로 망라되어 있다. 그렇기 때문에 지역 교육청, 학교, 교사들의 자율성·창의성이 개입될 여지가 별로 없는 실정이다. 교육과정의 상세화가 지나쳐서 대강화를 간과하고 있는 것이다.

미래 사회에 부응하는 교육과정을 개발하기 위해서는 교육과정(curriculum)과 교육과정의 틀(curriculum framework) 개념을 구분하여야 한다. 국가 수준의 교육과정 문서는 교육과정의 기본이 되는 기본 원칙과 초·중·고등학교의 대체적인 방향과 틀만을 제시하여야 한다. 그래야만 이 최소의 기준을 바탕으로 하여 교육과정의 다양성, 자율성, 창의성이 발휘될 수 있다. 가령, 사회 발전과 시대 변화의 패러다임(paradigm) 속에서 범위와 경계만을 제시한 국가 수준 교육과정 속에서 지역에 따른 공모 형식을 거친 복수의 교육과정 도입 등이 모색되어야 할 것이다.

둘째, 교육과정 문서 구성 형식에서 총론과 각론의 명확한 구분 문제이다. 교육과정이 총론과 각론으로 이분화되어 나타나는 의사 결정의 왜곡 문제를 해결하기 위해서는 전면 개정과 부분 수정의 개념을 도입하여 총론과 각론의 관계를 분석적으로 구조화할 필요가 있다.

현대 교육과정에서 굳이 총론과 각론을 구분하여 제시해야 하는가도 고려해 보아야 한다. 궁극적으로는 총론과 각론의 구분을 해체, 통합하는 방법도 고려하여야 한다. 총론과 각론을 통합했을 때의 문제점도 없지는 않으나, 오히려 분리했을 때의 문제점이 더 많다는 점을 간과해서는 안 된다.

교육과정 개발자들은 자신들이 별로 중요하지 않다고 생각하는 것의 개혁을 강요당해 온 측면이 있다. 반대로 이러한 구조적인 조건을 자신들이 성실하게 직면하여 개선하여야 할 교과교육과정의 내부 문제를 방치하는 수단으로 활용한 감도 없지 않다.

셋째, 교과교육과정의 문서도 전면 제정 형식에서 부분 개정 형식으로 바뀌어야 한다. 현재 대체로 교육과정 개정·개발은 5−10년 주기로 개정되고 있다. 사회과 역시 주기에 따라 교과의 성격과 목표를 다시 기술한다. 개정되는 교육과정에 따라 매번 비슷한 교과의 성격과 목표 등이 수정되어 기술되는 것이다. 물론 획기적으로 새로운 내용은 없다. 단지 개정하라고 하니까 다시 기술(記述)되는 것이다. 그러다 보니 매 교육과정마다 사회과의 성격과 목표는 대동소이(大同小異)하다. 그저 논점이 절충주의적이고 미사여구(美辭麗句)가 본질을 감싸고 있을 뿐이다. 한마디로 교육과정이 미학적 연성 문서화되고 만 것이다(이혁규, 2003: 168−169).

세계화·정보화 시대인 미래의 교육과정 개발의 많은 부분이 관련 집단의 치열한 논의 결과가 충분히 반영된 소위 경성 문서화되어야 할 것이다. 그 의미 역시 법적 문서처럼 명료하여야 한다. 그래야만 현행처럼 교육과정 개정 시마다 교육과정 전체를 송두리째 바꾸는 방식을 방지할 수 있다. 나아가 교육과정을 논쟁과 고민이 집대성된 의미 있는 계획으로 만들 수 있을 것이다.

넷째, 교육 공동체, 학교 공동체 구성원 모두의 참여를 통한 교육과정 개발이 보장되어야 할 것이다. 다양한 집단, 조직 및 관련 인사들의 참여를 바탕으로 한 교육과정이 개발되어야 한다. 현재까지 우리나라 교육과정 개정·개발에서의 비판과 지적의 핵심은 소수정예주의를 지향하여 온 점이다. 사회 발전과 시대 변화에 부응하여 최대한 다수의 집단, 조직 및 사람들의 요구와 기대를 수용하여 교육과정을 개정, 개발하여야 함에도 불구하고 개발 과정에 소수의 관련 집단, 조직, 인사들만이 참여해 온 것이 관행이었다. 그러나 보니 교육과정 개발 과정에 불만을 품은 이해 당사자와 학회 등은 여론 조성, 언론 플레이, 로비 등 비공식적·정치적 활동을 통해서 영향력을 행사하려고 하였다.

아울러 모든 교과가 마찬가지이지만, 사회과의 배경을 이루는 사회과학의 학문 집단 간의 관계는 협조적이기보다는 상호 배타적 경향이 있는 것이 사실이다. 사회과의 진정한 발전과 변화를 모색하기 위해서는 이러한 비생산적 논의 구조의 재구조화가 필요하다. 특히, 일반사회교육학계, 역사교육학계, 지리교육학계의 명망 있는 학자들이 대표성을 갖고 참여할 수 있도록 예산과 인력 등이 충분하게 지원되어야 할 것이다(이혁규, 2003: 168-169).

다섯째, 교육과정과 현장과의 관계 재정립이 필요하다. 현행 교육과정에서 교육과정의 이론적 지향과 학교 현장의 괴리는 매우 크다. 여러 가지 제도적·행정적 문제의 해결도 선행되어야 한다.

원칙적으로 교과교육과정의 본질상 사회과의 통합을 주장하지만 교사는 분과로 양성하고 있어서, 상치교사(相馳 敎師)가 증가하고 있으며, 현장의 상황에 대한 충분한 검토도 없이 새로운 실험과 정책을 남발하는 등 관념적 교육과정 개발과 적용이 사라져야 할 것이다. 분명히 교육과정은 현장의 실행을 중심으로 개정, 개발되어야지, 이론적 이상에 치우친 탁상공론으로는 소기의 목적을 거둘 수 없는 것이다. 사회과 교육의 분과와 통합은 매우 미묘하고도 지난(至難)한 과제임에 틀림없으나, 교육 현실 및 학교 현장의 실정을 바탕으로 교육공동체 모두의 숙고와 합의를 통한 운영의 융통성과 탄력성이 요구되는 것이다.

4. 한국 사회과 교육과정 개발의 실제

전통적으로 한국의 교육과정 개발 체제와 절차는 중앙 집중형·집권형이었다. 지역 분산형·분권형인 학교 교육과정이 강조된 것은 1990년대 초인 제6차 교육과정 때부터이다. 사실, 제7차 교육과정 이후, 과거보다 많이 시·도 교육청, 지역 교육청, 단위 학교에 교육과정 개발, 편성, 운영, 실행 권한이 위임·이양되었지만, 아직도 교육과학기술부 등 중앙의 권한이 절대적이다. 학교 수준 교육과정보다 국가 수준 교육과정이 강조되는 이유이기도 하다.

그러므로 시대 변화와 사회 발전에 따라 '위에서부터 아래로의 교육과정' 개발·실행에서 탈피하여 '아래로부터 위로의 교육과정' 개발·실행으로 교육과정의 개발 체제가 혁신되어야 할 것이다. 현재, 한국의 교육과정 개발은 중앙인 교육과학기술부에서 국가 수준의 교육과정을 개발하여 고시

(告示)하면, 광역(시·도) 교육청에서 편성·운영 지침(指針)을 내리고, 지역(시·군·구) 교육청에서 장학 자료를 제공하며, 단위 학교에서 편성·운영하는 체제이다.

한국의 사회과 교육과정은 그동안 아홉 차례의 개발·개정 과정을 거치면서, 독자적인 교과교육과정의 개발 성격보다는 총론과 각론을 포괄하는 전면적 교육과정 개발에서의 하나의 교과로서 기능을 수행하여 왔다. 즉, 특성화된 교과교육과정으로의 개발보다는 교육과정 전체적 흐름 속에서 개발되어 왔다. 한국 사회과 교육과정 개발의 체제를 현행 제7차 교육과정을 중심으로 고찰하면 다음과 같다.

현행, 제7차 교육과정은 ⓐ 신교육체제 수립 교육개혁 방안 보고(교육개혁위원회)→ ⓑ 교육과정 개발 기본 계획 수립→ ⓒ 기초 연구, 총론 개발→ ⓓ 합동 세미나, 공청회 등 개최→ ⓔ 총론 시안 검토·수정→ ⓕ 총론 개정안 확정→ ⓖ 각론 연구 개발 계획 수립→ ⓗ 각론 연구 개발→ ⓘ 각론 시안 검토·수정→ ⓙ 종합 심의 및 정리 작업→ ⓚ 개정안 보고→ ⓛ 교육과정 고시(告示) 등의 체제와 절차를 거쳐서 확정되었다.

아울러 제7차 교육과정은 1994년 발족한 '교육개혁위원회' 내에 1995년 '교육과정특별위원회'를 설치하여 교육과정의 골격을 만들었는데, 1996년 '초·중등학교 신교육과정'의 개혁 방안을 대통령에게 보고하였다. 즉, 제7차 교육과정은 교육개혁위원회의 신교육을 위한 교육 개혁 차원에서 개발된 것이다(이경환 외, 2002: 154-156).

교육개혁위원회로부터 '초·중등학교 교육과정개혁안'을 보고받은 교육부는 한국교육개발원(KEDI)에 제7차 교육과정 개발을 위한 기초 연구 및 총론 개발 시안 개발을 위탁하였는데, 연구 위탁 과제와 연구팀은 '현행 교육과정의 분석·평가 연구(교육과정연구회·연구개발팀장 김재복)' 등 8과제(팀)였다. 이후, 교육부는 총론 개발 시안 연구 기관과 여러 차례의 협의회, 세미나, 공청회, 심의회 등을 개최하여 1997년 2월 교육과정 총론을 확정하였다.

한편, 교육부는 총론이 최종 마무리되던 시기인 1996년 12월 각론 개발 계획을 수립하고 14개 기관에 교육과정 각론 개발을 위탁하였다. 초등학교의 각론은 20개 연구 기관(팀)에 위탁하였고, 중학교 각론은 19개 연구 기관(팀)에 각각 위탁하였는데, 사회과 교육과정은 초·중등 함께 한국교원대학교(연구 개발 책임자 김일기)에 위탁·개발하였다(함종규, 2006: 682-683).

한국교원대학교에서는 사회과 교육과정 개발을 위탁받자 '사회과 교육과정 개발연구위원회'를 조직하고, 전체 연구진 협의회, 교과목별협의회를 구성하였다. 국민공통기본교과인 사회과 연구진은 초등 분과, 중등 분과, 국사 분과 등으로 구분하여 연구하였는데, 국사 분과 연구 개발은 별도로 국사편찬위원회에 재위탁하였다. 선택 교과 연구는 지리 소분과, 일반사회 소분과, 역사 소분과, 일반선택 과목(인간 사회와 환경) 소분과, 환경(중학교 선택 과목) 소분과 등 5개 소분과연구위원회를 조직하여 세부 연구를 진행하였다. 그리고 연구 결과를 1997년 10월 '1997년도 교육부 위탁연구과제 답신보고서'로 교육부에 보고하였고, 교육부에서는 1997년 12월 제7차 교육과정을 확정하여 고시하였다.

<표 38>은 제7차 교육과정 개발 사례로 본 한 한국 교육과정 개발 체제 및 과정을 종합한 것이다(소경희, 2006: 10-11). 한국의 교육과정 개발은 일반적으로 위탁 기관에 개발을 의뢰하여 연구, 개발하는 체제를 취하고 있다. 그 과정에서 각종 세미나, 공청회, 토론회 등 모임을 수차례 진행하고 시안을 심의한다. 아울러 시안에 대한 연구학교를 지정하여 미리 현장 적용을 해 본 후 개정안을 확정한다. 각론은 각 교과별로 별도의 연구 기관, 대학교 등에 위탁하는 체제로 운영하고 있다.

<표 38> 한국 교육과정 개발의 세부 체제 및 과정(2007년 개정 교육과정)

개발 체제(과정)	시기(년, 월)	담당	비고
● 교육과정 개정 기초 연구 - 초·중등학교 총론, 국민공통기본교과 - 기타계고, 전문계고	2004~2005	한국교육과정평가원 한국직업능력개발원	● 신교육과정 체계 구안 - 한국교육과정평가원 - 한국직업능력개발원
● 교육과정 개정 시안 연구·개발 - 초·중등학교 총론, 국민공통기본교과(’05 – 14과제) - 중·고 선택 과목(’06 – 39과제)	2005~2006	한국교육과정평가원	● 위탁기관: 한국교육과정평가원
- 전문 교과(’06 – 13과제)	2006	한국직업능력개발원	● 위탁기관: 한국직업능력개발원
● 교육과정 개정 시안 제1차 공청회 - 연구 개발된 초·중등학교 총론, 국민공통기본교과(14개 교과) - 초·중등학교 총론, 교과(영역) 교육과정 등	2005.11~12	한국교육과정평가원	● 장소: 한국교육과정평가원
● 교육과정 개정 시안 현장 적합성 검토 - 총론, 국민공통기본교과(’06.4~10), 선택과목(’06.9 – 10) - 한국교육과정평가원 홈페이지 활용 - 한국직업능력개발원 홈페이지 활용	2006.4~10	학교 현장	● 검토학교: 3,760개 교 ● 교과교육연구회: 37개 회 ● 교육과정·교과서발전협의회 ● 한국교육과정평가원 홈페이지(KICE) ● 한국직업능력개발원 홈페이지(CUTIS) ● 장소: 한국교육과정평가원
● 교육과정 개정 시안 제2차 공청회 - 초·중등학교 교육과정 총론, 국민공통기본교과, 선택·전문교과 등 - 교과(영역)별로 실시	2006.12~2007.1		
● 각계각층 여론 수렴 협의회(’07.1.31.) - 교육과정 개정 사항에 대한 각계각층의 폭넓은 여론 수렴 - 학부모 단체, 교육단체, 교육관련 시민 단체 대표, 전문가 등 참석	2007.1.31	한국직업능력개발원	● 장소: 한국교육과정평가원
● 각론 연구 개발(사회과 포함) - 교과별 기초연구 및 각론 연구 개발 - 교과별 협의회 운영 - 각종 조정 워크숍 - 교과별 세미나(공청회)	2004.9~2007.	한국교육과정평가원 한국직업능력개발원	● 장소: 한국교육과정평가원 ● 각 각론 분과별 시행

개발 체제(과정)	시기(년, 월)	담당	비고
● 교육과정 심의회(사회과 포함) - 교육과정 총론, 각론의 심의본에 대한 심의회 소위원회 - 교육과정 총론, 각론의 심의본에 대한 심의회 운영위원회	2004.9~2007.	한국교육과정평가원 한국직업능력개발원	● 장소: 한국교육과정평가원 ● 개발 장소: 각 각론 분과별 장소
● 개정안 보고 ● 2007년 개정 교육과정 고시(교육인적자원부 2007 - 79호)	2007.2.28	교육인적자원부	● 총체적 일괄 고시
※2007년 교육과정 적용(사회과 등) ① 2009.03: 1 - 2학년(초 1 - 2년) ② 2010.03: 3 - 4학년(초 3 - 4년), 7학년(중 1년) ③ 2011.03: 5 - 6학년(초 5 - 6년), 8학년(중 2년), 10학년(고 1년) ④ 2012.03: 9학년(중 3년), 11학년(고 2년) ⑤ 2013.03: 12학년(고 3년) ※2007년 교육과정 적용(수학과, 영어과) ① 2009.03:1 - 2학년(초 1 - 2년), 7학년(중 1년), 10학년(고 1년) ② 2010.03: 3 - 4학년(초 3 - 4년), 8학년(중 2년), 11학년(고 2년) ③ 2011.03: 5 - 6학년(초 5 - 6년), 9학년(중 3년), 12학년(고 3년)	2009.3~2013.3	교육과학 기술부	● 연차적 적용 ● 수학과, 영어과 교육과정은 2006.8 고시

* 출처: 김진숙, 「2007년 개정 교육과정의 주요 내용 및 특성」, 『한국교과서연구학회지』, 2007: 68 - 69, 교육과학기술부, 『초등학교 교육과정 해설(Ⅰ)』, 2008: 94 - 96.

[그림 16]은 우리나라 국가 수준 교육과정 개발 과정을 나타낸 것이다. 우리나라 국가 수준 교육과정 개발은 대체적으로 기초 연구는 교육과학기술부에서 한 후, 총론 및 각론은 각 연구 기관, 대학교 등에 위탁 개발하는 체제를 취하고 있다. 아울러 총론 연구·개발위원회에서 총론을 개발한 후, 이를 바탕으로 각과 교육과정인 각론을 개발하고 있다. 그리고 각론이 개발되면, 이를 바탕으로 교과서 개발과 일선 보급을 위한 교원 연수 등을 통하여 전국 각급 학교에 적용하고 있다.

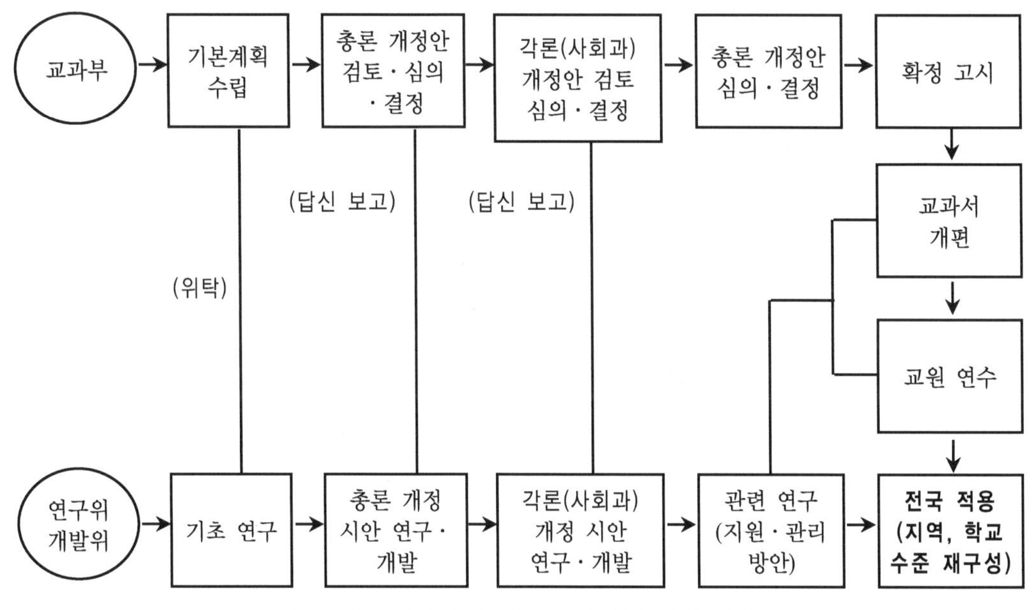

[그림 16] 한국 국가 수준 교육과정 개발 과정

* 출처: 박현주, 2007: 230.

<표 39>는 한국교원대학교(사회과 교육과정개정위원회)에 위탁하여 개발된 현행 2007년 개정 사회과 교육과정의 개발 절차를 요약한 것이다. 표에 제시된 것처럼 각론인 사회과 교육과정 개발에 연구진 협의회 4회, 협의회 4회, 전체 연구진 회의 2회, 공청회 1회, 심의 회의 1회 등을 거쳐서 완료되었고, 그 기간도 6개월 정도이다. 교육과정 총론이 1년 정도 걸린 데 비하여, 각론 개발은 기간이 짧아 졸속 개발될 우려가 있는 교육과정 개발 체제라고 볼 수 있다.

<표 39> 2007년 개정 교육과정의 개발 절차(과정)

추진 내용	시기·일자(요일)	담당	비고
○ 교육과정 개정 기본 계획 수립 －관계 전문가와의 협의 및 종합 검토 －실무 작업반 구성·운영 －기본 계획 수립, 결재 －개정안 연구 개발 위탁	2003 이전	교육인적자원부	
○ 교육과정 수시 개정 체제 도입 계획 발표	2003.10	교육인적자원부	
○ 교육과정 개정 요구 수렴 －교육과정·교과서 발전 협의회 운영 －교육과정·교과서 정보 서비스 홈페이지 구축	2004.12 － 2006.12 2005.9 － 2006.12	교육인적자원부	○ 정부 시관 및 비정부기관 교육과정·교과서 개편 요구 ○ 교육과정 개정 요구 및 의견 수렴
○ 교육과정 개정 요구안 검토		교육과정심의회	
○ 초·중등학교 교육과정 총론과 교과별 교육과정 및 유치원 교육과정의 실태 분석, 개선방안 추진	2004.8. － 12	한국교육과정평가원	○ 14개 과제
○ 교육과정 수시 개정 체제 활성화 방안 발표	2005.2.25	교육인적자원부	
○ 전문계 및 기타계 전문 교과, 특수학교 교육과정 실태 분석 및 개선 방안 연구 추진	2005.4. － 12	한국교육과정평가원 한국직업능력개발원 국립특수교육원	
○ 초·중등학교 교육과정 총론과 국민공통기본 교과교육과정 개정 시안 개발 연구	2005.4. － 12	한국교육과정평가원	○ 14개 과제 ○ 한국교육과정평가원내에 '교육과정개정연구위원회' 설치·운영
○ 초·중등학교 교육과정 총론과 국민공통기본 교과교육과정 개정 시안 공청회	2005.11 － 12	한국교육과정평가원	
○ 초·중등학교 교육과정 총론과 국민공통기본 교과교육과정 개정 시안 현장 적합성 검토	2005.4 － 5	교육인적자원부 한국교육과정평가원	○ 전국 총 3760개 학교 교사 참여, 전국 단위 교과연구회 37개 참여, 교육과정·교과서 발전협의회 참여, 정부 부처 및 위원회 ○ 교육인적자원부, 교육과정·교과서 정보 서비스 홈페이지 활용 각계각층 의견 수렴
○ 영어·수학 수준별 교육과정 개정 시안 심의회	2006.5 － 7	교육과정심의회	
○ 영어·수학 수준별 교육과정 개정 시안 수정·보완	2006.6	한국교육과정평가원	
○ 영어·수학 수준별 교육과정 개정 시안 공청회	2006.7.14	교육인적자원부	
○ 영어·수학 수준별 교육과정 개정 고시	2006.8.29	교육인적자원부	

추진 내용	시기·일자(요일)	담당	비고
○ 고등학교 선택과목 및 전문 교과 교육과정 개정 시안 현장 적합성 검토	2006.9 - 10	교육인적자원부 한국교육과정평가원	○ 전국 총 3760개 학교 교사 참여 ○ 교육인적자원부, 교육과정·교과서 정보 서비스 홈페이지 활용 각계각층 의견 수렴
○ 유치원과 특수학교 및 중·고등학교 선택 과목과 전문 교과교육과정 개정 시안 개발 연구	2006.4 - 12	한국교육과정평가원	○ 39개 과제 ○ 한국교육과정평가원내 '교육과정개정 연구위원회' 설치·운영
○ 초·중등학교 교육과정 개정 시안 수정·보완 연 구	2006.4 - 12	한국교육과정평가원	○ 13개 과제 ○ 교육과정 총론 개정 시안 개발 참여자(연구진 8명, 교과전문가 50명, 연구협력진 128명, 초·중·고교 교사 186명, 총 372명)
○ 초·중등학교 교육과정 개정 시안 토론회	2006.12 - 2007.1	교육인적자원부	
○ 교육과정 개정 시안 작성을 위한 집중 검토 회 의	2007.1.24 - 25	교육인적자원부	
○ 교육과정 개정안 심의	2007.1 - 2	교육과정심의회	
○ 2007년 개정 교육과정 확정 고시	2007.2.28	교육인적자원부장관	
○ 2007년 개정 교육과정에 따른 교과서 개발	2007.3		○ 학교급별, 학년별 교과서 연차별 개발 및 교과서 상시 검정 체제
○ 유치원 교육과정 개정 시안 현장 적합성 검토	2007.6 - 8	교육인적자원부 한국교육과정평가원	
○ 2007년 개정 교육과정 해설서 연구 개발(국민공통기본교육과정)	2007.4 - 9	한국교육과정평가원	○ 15개 과제
○ 유치원 교육과정 개정안 심의회	2007.9.14	교육인적자원부	
○ 유치원 교육과정 고시	2007.12.19	교육인적자원부장관	
○ 특수학교 교육과정 고시	2008.2.26	교육과학기술부장관	
○ 2007년 개정 교육과정 해설서 연구 개발(선택 중심 교육과정)	2008.4 - 9	한국교육과정평가원	
○ 2007년 교육과정 적용 - 2009.3: 초 1, 2 - 2010.3: 초 3, 4, 중 1 - 2011.3: 초 5, 6, 중 2, 고 1 - 2012.3: 중 3, 고 2 - 2013.3: 고 3 ○ 수학, 영어 교육과정 적용 (2006.8 고시) - 2009.3: 초 1, 2, 중 1, 고 1 - 2010.3: 초 3, 4, 중 2, 고 2 - 2011.3: 초 5, 6, 중 3, 고 3	2009.3 - 2012.3		○ 연차적 적용, 실행

* 출처: 교육과학기술부, 『초등학교 교육과정 해설(Ⅰ)』, 한솔사, 2008: 94 - 94.

아울러 미래의 사회과 교육과정은 교육과정의 지역성과 통합성을 더욱 강조한 바탕 위에서, 교육과정의 상시 개정 체제를 도입, 일반화될 것이다. 실제 2007년 2월 28일 제2007-79호로 고시한 교육과정은 제8차 교육과정이란 명칭을 사용하지 않고 공식적으로 '2007년 개정 교육과정'으로 명명(命名)하였다. 그리고 앞으로는, 현재와 같이 일정한 기간을 운영한 후, 일률적·총체적으로 개정하여 일제히 다시 적용시키는 중앙 집중적 개발 및 적용 체제를 배제하고, 교육과정의 개정·개발·부분 수정 권한을 대폭 지역과 학교에 위임하여, 지역과 단위 학교의 실정에 맞도록 개정·개발하여 적용하도록 교육과정 개발 체제를 획기적으로 개선할 계획이다.

우리나라 사회과 교육과정의 개발·개정은 국가·사회적인 요구에 부응해서 이루어져 온 것이 사실이다. 따라서 학교 현실 즉, 학교가 지니고 있는 독자적인 분위기나 상황에 대한 고려가 부족하였으며, 교육은 국가·사회적 요구에 부응해야 한다는 명분으로 교육과정 개발 과정에서 중앙 집중적인 경향을 띠었던 점을 지적할 수 있다.

특히, 교육과정 개발에 참여하는 인사들의 폭과 인원수 등을 살펴볼 때, 교육과정 개발자, 교육행정가, 교사, 학자, 학교 행정가 및 교육 전문직 등이 주로 참여하고 있다. 현장 교사들의 참여 폭이 좁고, 출판 관계자, 교육과정 전문가, 학부모 등의 참여도 미미한 실정이다. 교육과정 개발 참여 폭이 좁은 것은 아주 오래된 문제점이다. 그렇기 때문에 사회 각계각층의 요구를 적절히 수렴하지 못하고 있으며, 교육과정 개발에 참여하는 인사들의 성향이 교육과정 결정에 결정적 영향을 미치고 있는 것이다.

✍ 연구 문제

1. 교육과정의 수준인 국가 수준 교육과정, 지역 수준 교육과정, 학교 수준 교육과정, 교사 수준 교육과정 등의 특징과 초점에 대해서 설명해 보시오.

2. 세계 주요 국가들의 교육과정 개발 위계와 수준에 대하여 상호 비교, 설명해 보시오.

3. 교육과정 개발의 요구 사정(need assessment)이 필요한 이유를 사회과를 중심으로 설명해 보시오.

4. 사회과 교육과정의 설계(편성)와 실행(운영)의 관계를 설명해 보시오.

5. 교육과정 개발의 원리인 종합적 과정, 자아실현의 과정, 점진적 개혁 과정, 참여적 발전 과정 등의 각 과정별 특징에 대해서 간단히 설명해 보시오.

6. 교육과정 개발 전략의 준거인 개발 주도자, 교사 참여 정도, 교육과정의 형식 등 세 측면에 대하여 구체적으로 기술해 보시오.

7. 민주시민 교육의 종합적 접근법에 대해서 간단히 설명해 보시오.

8. 사회과 교육과정 개발의 쟁점 중 교육과정의 대강화와 상세화에 대하여 설명해 보시오.

9. 한국 사회과 교육과정 개발의 문제점과 특징을 열거하고, 바람직한 대안을 구체적으로 제시한 후 설명해 보시오.

10. 한국 사회과 교육과정 개발 체제에서 합의된 교육과정 개발, 민주적 교육과정 개발을 담보할 수 있는 방안에 대해서 설명해 보시오.

제 **6** 부

◀◀ 외국의 사회과 교육과정 탐색 ▶▶

제1장 미국의 사회과 교육과정
제2장 영국의 사회과 교육과정
제3장 독일의 사회과 교육과정
제4장 프랑스의 사회과 교육과정
제5장 스웨덴의 사회과 교육과정
제6장 일본의 사회과 교육과정
제7장 중국의 사회과 교육과정
제8장 싱가포르의 사회과 교육과정
제9장 북한의 사회과 교육과정
제10장 외국 교육과정의 체제와 동향(Trend)

[Key Point]

　제6부에서는 외국의 사회과 교육과정의 체제와 내용에 대해서 분석적으로 접근한다. 사회과 교육과정 국제 비교 연구 차원에서 다른 나라의 사회과 교육과정을 탐색하고 우리나라 사회과 교육과정과 비교, 분석해 본다. 이를 위하여 미국, 영국, 독일, 프랑스, 스웨덴 등 서양 각국 사회과 교육과정, 그리고 일본, 중국, 싱가포르, 북한 등 동양 각국 사회과 교육과정을 심층적으로 이해하고, 21세기 세계 사회과 교육과정의 흐름(Trend)을 파악해 본다.

제6부 학습의 개관: 외국의 사회과 교육과정 탐색

<table><tr><td>

학습 개요

</td></tr></table>

- ㅇ 외국의 사회과 교육과정 체제
- ㅇ 북미권·유럽권 국가(미국, 영국, 독일, 프랑스)와
  아시아권 국가(일본, 중국, 싱가포르) 사회과 교육과정의 비교
- ㅇ 미국의 사회과 교육과정의 특징과 체제
- ㅇ 영국의 사회과 교육과정의 특징과 체제
- ㅇ 독일의 사회과 교육과정의 특징과 체제
- ㅇ 프랑스의 사회과 교육과정의 특징과 체제
- ㅇ 스웨덴의 사회과 교육과정의 특징과 체제
- ㅇ 일본의 사회과 교육과정의 특징과 체제
- ㅇ 중국의 사회과 교육과정의 특징과 체제
- ㅇ 싱가포르의 사회과 교육과정의 특징과 체제
- ㅇ 북한의 사회과 교육과정의 특징과 체제

학습 목표

- ㅇ 외국의 사회과 교육과정 체제를 구체적으로 이해한다.
- ㅇ 북미권·유럽권 국가(미국, 영국, 독일, 프랑스)와
  아시아권 국가(일본, 중국, 싱가포르) 사회과 교육과정의 비교하고 이해한다.
- ㅇ 미국 사회과 교육과정의 특징과 체제를 파악한다.
- ㅇ 영국 사회과 교육과정의 특징과 체제를 파악한다.
- ㅇ 독일 사회과 교육과정의 특징과 체제를 파악한다.
- ㅇ 프랑스 사회과 교육과정의 특징과 체제를 파악한다.
- ㅇ 스웨덴의 사회과 교육과정의 특징과 체제를 파악한다.
- ㅇ 일본 사회과 교육과정의 특징과 체제를 파악한다.
- ㅇ 중국 사회과 교육과정의 특징과 체제를 파악한다.
- ㅇ 싱가포르 사회과 교육과정의 특징과 체제를 파악한다.
- ㅇ 북한 사회과 교육과정의 특징과 체제를 파악한다.

핵심 개념 및 키워드

- ㅇ 외국의 교육과정, 외국의 사회과 교육과정 체제
- ㅇ 미국의 사회과 교육과정 특징, 미국의 사회과 교육과정 체제
- ㅇ 영국의 사회과 교육과정 특징, 영국의 사회과 교육과정 체제
- ㅇ 독일의 사회과 교육과정 특징, 독일의 사회과 교육과정 체제
- ㅇ 프랑스의 사회과 교육과정 특징, 독일의 사회과 교육과정 체제
- ㅇ 스웨덴의 사회과 교육과정 특징, 독일의 사회과 교육과정 체제
- ㅇ 일본의 사회과 교육과정 특징, 일본의 사회과 교육과정 체제
- ㅇ 중국의 사회과 교육과정 특징, 중국의 사회과 교육과정 체제
- ㅇ 싱가포르의 사회과 교육과정 특징, 싱가포르의 사회과 교육과정 체제
- ㅇ 북한의 사회과 교육과정 특징, 북한의 사회과 교육과정 체제

1. 미국 교육과정 일반

　모든 비교 연구가 나름대로 일정한 한계를 갖지만, 특히 교육과정의 국제 비교 연구는 더욱 여러 가지 제한 사항이 많다. 실제 세계 각국의 사회, 문화 및 제도 등이 다르기 때문에 사회과 교육과정을 상대적으로 비교하기는 쉽지 않은 일이다. 특히 교육과정의 실제적 실행 실태를 정확하게 파악하지 못하고 문헌만을 이용한 분석은 구조적 분석을 결여하게 마련이다.

　세계 각국의 사회과 교육과정 연구에서 직접 비교할 수 있는 부문은 편제와 내용 제시 방식 등이고, 내용 제시 범위인 대강화와 상세화 및 통합 과목의 존재 여부는 비교 판단하기 어려운 상황이다. 즉 사회과 교육과정의 대강화와 상세화를 판단하기 위한 기준을 잡기 어렵고, 통합 과목도 교육과정만으로는 제대로 파악하기 어렵기 때문이다.

　연방 국가인 미국의 대부분의 주에서는 우리나라 교육과정 총론에 해당하는 내용을 주 교육법에 규정하고 있다. 가령 캘리포니아 주의 교육법에서는 초·중등학교에서 가르쳐야 하는 주요 교과와 범교과 학습 내용 등을 제시하고 일부 교과의 시간 배당 등도 명시하고 있다. 이러한 내용의 개정, 즉 총론 개정은 주 의회의 의결에 의하여 이루어지므로 주기적으로 실시하는 것이 아니라, 필요한 경우에만 부분적으로 첨사하는 수준에서 이루어진다.

　각 교과의 교육과정 개정은 교과용 도서 채택과 연계되어 주기적으로 이루어진다. 우리나라의 경우에는 교육과정이 개정된 이후, 이에 의거하여 교과용 도서 검정이 실시되는데, 미국의 경우는 교과용 도서 채택 일정이 먼저 확정되고 일정을 역산(逆算)하여 현행 교육과정 개정 후에 변화된 사항을 반영하는 수준에서 교육과정 개정이 이루어진다(노희방, 2008: 9-10).

2. 미국 교육과정과 사회과

　미국 교육은 지방 분권적 교육과정이며, 학제(學制)도 주(州)마다 다른 복선형이다. 미국의 주 정부는 교육과정에 대해 일반적인 지침을 규정한다. 교육과정 개발 및 운영과 관련된 구체적인 권한은 주 교육위원회, 지방교육위원회, 주 교육과정위원회 등이 가지고 있다. 교수해야 할 교과목을 법적으로 규정하고 있는 주는 극소수이지만, 반드시 가르쳐야 할 내용 요소에 법적으로 명시하고 있는 주가 대부분이다(교육인적자원부, 2007: 67). 미국의 교육목표는 학생의 학습에 필요한 기본적인 기능을 계발시킬 뿐만 아니라, 그가 살고 있는 세계를 이해할 수 있도록 하여 지적 능력과 더불어 바람직한 가치 체계를 태도와 함께 터득하게 하는데 있다. 즉, 학습에 대한 기본적인 기능 및 지식과 긍정적인 태도를 갖도록 조력하고, 그의 욕구와 능력에 따라 성장과 진보를 촉진함에 그 목적이 있다고 볼 수 있다(김준택, 1988: 7−10).

사회과 교육과정은 현명하고 책임 있는 민주시민 정신을 증진시키고 인간과 인간이 구성하는 사회에 관한 기초적인 이해를 제공하려고 하는데 중점을 두고 있다. 주 정부는 관내 초·중등학교에서 채택할 교과목의 최소한의 종류만을 제시하고, 나머지는 지역 교육구나 단위 학교의 교육과정에서 구체화된다(김준택, 1988: 7−19, 이미영, 1987: 9−25, 최병모, 1992: 79−129, 주태원, 1989: 19−51).

<표 40>은 세계 주요 국가의 초·중·고교 교육과정의 개설 교과목 편제 일람표이다. 단, 연방 국가로 각 주(州) 정부에서 교육과정을 개발, 적용하는 국가는 특정 주의 교육과정을 중심으로 한 교과목 개설 상황이다(이경환 외, 2002: 301−304). 이 표에서 보는 바와 같이 세계 주요 국가에서 초등학교는 6−10교과목, 중학교 7−13교과목, 고등학교 7−10교과목씩을 각각 편제하고 있다. 특히, 사회과는 대부분의 국가에서 통합적인 사회과(교과)로 개설하거나, 분과적인 사회(공민), 역사, 지리(과목) 등으로 개설하고 있다. 사회과는 모든 국가에서 사회, 역사, 지리 과목의 명칭으로 개설하고 있는데, 독일에서는 과학, 실과 등과 통합하여 '사물 학습' 과목명으로 편제한 것이 특징적이다. 아울러, 대부분의 국가에서는 우리나라처럼 '일반 사회'라는 과목 명칭을 사용하지 않고 '사회', 또는 '공민'이라는 과목명을 사용하고 있다.

일반적으로 미국 주 정부에서 채택하는 초·중등학교의 교과목은 언어(국어), 수학(이과), 사회, 과학, 건강, 예술(음악·미술), 체육, 외국어 등이며, 세분화된 교과목은 연방 헌법, 체육, 미국사, 일기, 지리, 작문과 문법, 쓰기, 철자법, 수학, 주사(州史), 정치 지식, 주 헌법 등이다.

미국은 연방제 국가이므로 사회과 교육과정의 제 계획과 시행에 관한 책임과 권한은 지역 학교구와 학교장에게 귀속되어 있다. 지역 학교구는 주 정부에서 개발한 교육과정 지침에 의거하여 상세화된 교수·학습 계획과 자료를 개발한다. 지역 학교 교장, 교사들의 협조 또는 공동의 노력으로 계획 수립과 자료 개발에 임하게 된다. 이러한 자료 개발은 지역 학교구청 또는 국(局)이 주관한다. 한편, 세계 각국별, 학교급별 사회과 교육과정의 교과목 편제를 보면 미국은 초등학교 사회, 중학교 역사, 사회, 고등학교 사회이다. 영국은 초·중·고교 공히 역사, 지리이다. 다만, 고등학교에서는 역사, 지리 과목 중 한 과목을 선택하여 이수한다. 독일은 초등학교 사물학습, 중·고등학교는 각각 역사, 사회이다. 프랑스는 초등학교 역사, 지리, 공민, 중학교 역사, 지리, 고등학교 역사·지리 등이다. 일본은 초등학교 사회, 중학교 사회, 고등학교는 역사, 지리, 사회 과목 중 세부 3 과목, 중국은 초등학교 푼덕과 사회, 중학교 역사와 사회, 고등학교 사상 정치, 역사 지리 과목이다. 싱가포르는 초등학교 사회과(역사, 지리), 중·고등학교 공민 역사, 지리이다. 북한은 초등학교 경애하는 수령 김일성 대원수님 어린 시절, 위대한 령도자 김정일 장군님 어린 시절, 항일의 녀성 영웅 김정숙 어머님 어린 시절 등이고, 중학교(6년제)는 위대한 수령 김일성 대원수님 혁명 활동, 위대한 령도자 김정일 대원수님 혁명 활동, 항일의 녀성 영웅 김정숙 어머님 혁명 활동, 항일의 녀성 영웅 김정숙 어머님 혁명 력사, 력사, 지리 등이다. 고등학교 과정은 김일성 위대한 수령 김일성 대원수님 혁명 력사, 위대한 령도자 김정일 원수님 혁명 력사, 항일의 녀성 영웅 김정숙 어머님 혁명 력사, 당 정책, 력사 등이다.

<표 40> 세계 주요 국가의 교육과정 교과목 편제 현황

학교급	구분	미국	영국	독일	프랑스	일본	중국	싱가포르	북한	한국
초등학교	필수과목수	6	9	8	9	9	9	8	11	10
	교과목명	국어	국어	국어	국어	국어	국어	국어	국어	① 국어
			수학	수학	수학	산수	수학	수학	수학	④ 수학
		이과	이과	사물 학습	과학	이과	과학	과학	자연	⑤ 과학
		사회	역사		역사	사회	품덕과 사회	사회과 (역사, 지리)	김일성 김정일 김정숙	③ 사회
			지리		지리					
					공민					
		체육	체육	체육	체육	체육	체육	체육	체육, 위생	⑦ 체육
		예술	예술	미술	예술	도화, 공작	예술 (음악, 미술)	예술(음악, 미술)	음악, 도화공작	⑨ 미술
			음악	음악		음악				⑧ 음악
			기술		테크놀로지	가정				⑥ 실과
				외국어 (영어)			외국어	외국어		⑩ 외국어 (영어)
				종교						
						생활	종합실천활동			
						도덕	(품덕과 사회)	도덕교육	사회주의도덕	② 도덕
	참고 사항 (기준)	캘리포니아 주 (교육위원회 지정 과목 별도)		사물학습: 사회, 지리, 생물, 물리, 화학, 교통, 교육, 성교육 통합		생활:1－2학년 이과:3－6학년 가정:5－6학년				2007년 개정 교육과정

학교급	구분	미국	영국	독일	프랑스	일본	중국	싱가포르	북한	한국
중학교	필수과목수	7	11	13	10	8	8	11	14	10
	교과목명	국어	국어	국어	국어	국어	국어	국어	국어, 한문	① 국어
		수학	수학	수학	수학	수학	수학	수학	수학	④ 수학
		과학	과학	생물	생명 지구과학	이과	과학(물리, 화학, 생물)	과학		⑤ 과학
				물리/화학						
		역사/사회	역사	역사	역사/지리	사회	역사와 사회	공민	김일성 김정일 김정숙	③ 사회
			지리	사회				역사	력사	
								지리	지리	
		체육	체육	체육	체육	보건체육	체육과 건강	체육	체육	⑦ 체육
		예능	미술	음악	조형예술	미술		미술	미술	⑨ 미술
			음악		음악	음악		음악	음악	⑧ 음악
			기술	직업생활	기술	기술 · 가정		기술		⑥ 기술 · 가정
				가정경제						
		외국어	외국어	외국어(영어)	외국어		외국어		외국어	⑩ 외국어(영어)
			종교(/PSE)	종교			종합실천활동		실습	
				교육학	시민교육		사상품덕	도덕교육	사회주의도덕	② 도덕
	참고 사항 (기준)		PSE: Personal & Social Ed							2007년 개정

학교급	구분	미국	영국	독일	프랑스	일본	중국	싱가포르	북한	한국
고등학교	필수과목수	7	9	10	8	10	15	12	.16	10(1)
	교과목명	국어	국어	국어	국어	국어	국어	국어	문학, 한문	① 국어
		수학	수학		수학	산수	수학	수학	수학	④ 수학
		과학	과학	생물	물리·화학	이과 과목 중 2과목	물리	과학	물리 화학 생물	⑤ 과학
				화학	생물·지학		화학			
							생물			
		사회	역사, 지리 중 택 1	역사	역사·지리	역사, 지리, 사회 과목 중 세부 3과목	사상 정치 역사 지리	공민	김일성 김정일 김정숙 당 정책	③ 사회 (역사)
				사회				지리		
								역사	력사	
		체육	체육	체육	체육	체육 및 보건	체육과 건강	체육	체육	⑦ 체육
		예능	미술	음악	조형예술	미술	예술(미술)	미술		⑨ 미술
			음악		음악	음악	예술(음악)	음악	음악	⑧ 음악
			기술	직업생활	기술	기술·가정	기술(정보일반 기술)	기술	제도 컴퓨터	⑥ 기술·가정
				가정경제						
		외국어	외국어	외국어(영어)	외국어		외국어	외국어	외국어	⑩외국어(영어)
			종교(/PSE)	종교					실습	
				교육학						
	교과목명				시민교육		연구학습 사회봉사 사회실천	도덕교육	사회주의도덕	②도덕

학교급	구분	미국	영국	독일	프랑스	일본	중국	싱가포르	북한	한국
고등학교	참고 사항 (기준)	캘리포니아 주의 S.F지역 교육구	key stage 4－Y 10의 필수과목	중간 학교 10학년	고등학교 1학년	현행 고등학교 · 역사, 지리, 사회 과목: 1) 세계사 A, 일본사 B, 2) 일본사 A, 일본사 B, 지리 A, 지리 B, 3) 현대사회, 윤리, 정치 · 경제	현행 (2001년 개정)	현행 (2000년 개정)	현행 (2002년 개정)	2007년 개정 교육과정

* 출처: 이경환 외, 2002: 301－304, 교육인적자원부, 1997: 100, 한국교육과정평가원, 2005: 60－147, 교육인적자원부.
* 북한의 중학교는 6년제임(중학교＋고등학교 수준)
* 김일성: (소) 경애하는 수령 김일성 대원수님 어린 시절, (중) 위대한 수령 김일성 대원수님 혁명활동, 위대한 수령 김일성 대원수님 혁명 력사.
  김정일: (소) 위대한 령도자 김정일 장군님 어린 시절, (중) 위대한 령도자 김정일 원수님 혁명활동, 위대한 령도자 김정일 원수님 혁명 력사.
  김정숙: (소) 항일의 녀성 영웅 김정숙 어머님 어린 시절, (중) 항일의 녀성 영웅 김정숙 어머님 혁명 활동, 항일의 녀성 영웅 김정숙 어머님 혁명 력사
  당 정책: 현행 당 정책

3. 미국 사회과 교육과정의 표준

현대 미국 사회과의 지배적인 경향은 '표준화'이다. 사회과 교육과정의 문서가 이러한 추세를 보여 주고 있고, 학교의 책무성 강화와 책임 교육제도와 결부된 정책이다. 사회과 교육의 이러한 관점은 국가 수준, 주(지역) 정부 수준, 그리고 전문 학술 기관 수준 등 다양한 수준의 정책 문서에 명시되어 있다. 최근 사회과에 대한 표준 중심 교육 개혁은 미국 사회과교육협의회의 공식적인 정책 보고서(Standard-based educational reform)와 각 주의 교육과정 지침에 명백하게 나타나 있다.

미국 사회과교육학회(National Council for the Social Studies: NCSS)는 1994년에 다양한 교육과정 틀에 대한 용인을 포기하고 단일 표준을 지지하였다. NCSS는 K-12 교실에서의 이러한 표준들이 실행되기를 권장하였고, 최근에는 대학의 교사 교육 프로그램에서도 NCSS 표준의 사용을 추진하고 있다. 1994년 '사회과 교육과정을 위한 표준(Curriculum Standards for Social Studies)'을 출판하였는데, 이 표준에서 사회과의 핵심 스트랜드(Strand) 10가지를 선정하였다. NCSS에서 제시한 10개의 핵심 주제 스트랜드는 ⓐ 문화, ⓑ 시간, 계속성 및 변화, ⓒ 사람, 장소 및 환경, ⓓ 개인의 발달과 정체성, ⓔ 개인, 집단 및 제도, ⓕ 권력, 권위 및 통치, ⓖ 생산, 분배, 소비, ⓗ 과학, 기술, 사회, ⓘ 세계 속의 시민, ⓙ 공민적 이상과 실천 등이다.

주제 중심으로 제시된 NCSS와는 대조적으로 전국역사과협의회(National Center for History in Schools: NCHS)는 역사과 표준을 학습 내용과 학습 방식을 연계하여 제시하였다. 즉, 구체적으로 제5-12학년을 위한 '미국 및 세계사 역사 표준'의 경우, 사고방식과 관련한 '역사적인 사고 표준'을 제시하고, 학습 내용과 관련하여 '미국 역사 표준'과 '세계사 표준'을 따로 구분하고 있다. 1994년 통합 사회과 표준이 제시된 이후, 미국에서는 미국사와 세계사, 공민, 지리, 경제학, 심리학 등 사회과의 각 분야별로 표준 교육과정이 연이어 발표되었다. <표 41>은 이러한 미국 사회과 교육과정의 표준을 종합하여 나타낸 것이다. 1990년대 미국의 교육은 수월성에 대한 추구와 표준에 대한 강조로 요약된다. 1980년대 이후에는 교육의 질 저하에 대한 우려와 국가의 경제 문제를 해결하는데 교육이 공헌하기 위해 교육과정을 변화시켜야 한다는 인식이 팽배하게 되었다. 이러한 반성은 부시 정부, 클린턴 정부, 오바마 정부로 이어지면서 교육과정의 표준화 운동으로 계승되고 있다.

학생들이 무엇을 배워야 하는지, 교사들이 무엇을 가르쳐야 하는지를 미리 알고, 학교에서의 진급과 고교 졸업은 이 내용의 습득 여부에 따라 결정하도록 하는 것이 표준 중심 교육과정 개혁(standard based reform)의 요지이다. 1970년대-1980년대 교육 개혁을 주도했던 세력들은 교육과정과 유리된 평가 제도를 시행했거나 수업의 질을 고려하지 않고 필수 과목의 수만 늘이는 것이 문제가 있다고 인식하게 되었다. 이와 같은 문제 의식이 교육 내용의 표준화와 내용과 일치된 평가 제도 도입의 필요성을 제기하게 되었다.

미국의 사회과 교육과정은 담아내어야 할 지식과 기능, 행동 등에 대한 정치적 갈등의 장이 되었다. 최근 사회과 교육과정의 핵심 트렌드(trend)인 표준 교육과정은 미국 공교육의 성과에 대한 불만에서 촉발되어 학문적 성취 기준을 제정함으로써 학생들의 학업 성취를 고취시키려는 노력을 반영하고 있다(한국교육과정평가원, 2005: 74-75).

〈표 41〉 미국 사회과 교육과정의 표준(Standards)

사회과 표준	후원	학년	편제	국제 홈페이지(URL)
사회과 교육과정 표준	미국사회과교육학회 (National Council for the Social Stidies)	K - 12	주제 스트랜드 (Thematic strands)	www.socialstudies.org
역사과 표준	전국역사과협의회 (National Center for History in the Schools)	K - 4	주제와 시기 (Topics, eras)	www.sscnet.ucla.edu/nchs
미국사 및 세계사 표준	전국역사과협회 (National Center for History in the Schools)	5 - 12	주제와 시기 (Topics, eras)	www.sscnet.ucla.edu/nchs
공민과 정치 표준	공민교육협회 (Center for Civic Education)	K - 4 5 - 8 9 - 12	문제 (Questions)	www.civiced.org/stds.html
생활 지리: 지리 표준	지리교육협의회 (National Council for Geographic)	4, 8, 12	표준 (Standards)	www.ncge.org/tutorial.
경제 내용 표준	전국경제교육협의회 (National Council on Economic Education)	4, 8, 12	표준 (Standards)	www.economicsamerica.org/standards
고등학교 심리학 표준	미국심리학협회 (American Psychological Association)	High school	분야 (Domains)	www.apa.or/ed/natlstandards.html

* 출처: 한국교육과정평가원, 2005: 70.

4. 미국 사회과의 특징과 경향

1) 미국 사회과의 특징

1916년 역사, 지리의 통합적 교육을 본질로 하여 태동한 미국 사회과는 현재 주 마다 다르게 편제, 조직, 운영되고 있다. 각 주의 교육과정 관련 문서들을 고찰, 분석하면 다음과 같은 목표와 강조점을 추출할 수 있다.

첫째, 사회적 참여 능력을 함양하기 위한 기능의 향상과 지적 발달을 위한 목표.

둘째, 직업 선택을 위한 의사 결정, 직업을 위해 필요한 기능, 그리고 그 일에 대한 태도 등을 중심으로 하는 직업교육의 목표.

셋째, 사람들 사이의 이해와 공민적 참여, 문화적 융화 및 도덕적 성숙을 중심으로 한 사회 문화적이고 공민적인 목표.

넷째, 개인 자신의 정서적인 안정과 심미적인 표현, 그리고 자아의 실현을 중심으로 한 개인적인 성취 목표.

이와 같은 미국 사회과의 목표들은 결국 바람직한 인간 육성이라는 사회과의 본질 추구에 귀결되는 것이다. 광범위한 전인교육을 지향하고 있는 것이다.

한편, 미국의 사회과는 식민지 시대 이후, 몇 번의 커다란 변화를 경험하였다. 식민지 시대(1607년 - 1776년)의 사회과가 기억을 통한 심성의 계발에 있었다면, 공화정 시대의 사회과는 새로운 국가의 훌륭한 시민상을 바탕으로 도덕적이고 애국적인 인간 육성에 초점을 맞추었다. 그리고 시민전쟁 이후에서 1957년 소위 '스푸트니크 쇼크(sputnik shock)'까지의 민주정 시대의 사회과는 '인간의 마음은 근육과 같이 훈련에 의해 단련될 수 있다는 생각'에서 '인간의 배움은 위대한 고전(古典)에 기반을 두어야 한다는 생각'이 주류를 이루었던 초기에서 후기로 넘어오면서 경험과 실제적 학습을 중시하는 '진보주의 교육 운동'의 강력한 흐름에 휩쓸리게 되었다.

그 후, 미국의 사회과는 '스푸트니크 쇼크(sputnik shock)'라는 제2차 대전 이후 가졌던 충격을 스스로 경험하였고, 전례 없는 사회적 혼란을 겪으면서, 다양한 경향들을 경험 및 수용하게 되었다. 이러한 경향과 관련하여, 미국 사회과에서 초기 주지주의적 경향이 후기로 넘어오면서 점차 의사 결정을 강조하고, 시민성 교육이라는 그 이전의 경향까지를 새롭게 강조하고 있음을 지적할 수 있다(차경수, 1983: 22 - 34).

미국 사회과의 분석적 고찰에서 다음과 같은 경향을 파악할 수 있다(J. Jarolimek, 1983). 즉, 신사회과 교육 운동, 사회적 비판주의, 의사 결정, 시민성 교육 제고, 사회 개혁을 위한 수정주의, 사회적 행동 등이다.

최근의 사회과는 전체적 경향 속에서 목표 진술에서 1960년대·1970년대와는 달리 뚜렷한 몇 가지 경향을 발견하게 된다(최병모, 1992: 97 - 98). 우선, 1960년대 - 1970년대 사회과가 사회적 지식이나 반성적 사고에서 출발하는 기능의 측면을 강조하였으며, 그 이전의 사회과가 애국심과 같은 단순한 주입적 가치를 강조하였다면, 1980년대 이후의 사회과는 의사 결정력과 사회적 참여를 강조하고 있다는 특징을 보이고 있다.

사회적 참여는 집단 내에서의 계획과 의사 결정에서 효과적으로 수행하기, 다른 집단과의 이해관계를 융화시키기, 설득하고 타협하고 협상하기, 자신의 목표를 달성하기 위하여 참고 인내하기, 문화적 차이에서 오는 상황을 경험하고 이해하기 등이 포함되어 있으며, 이러한 경향은 1960년대와 1970년대를 통하여 수없이 발생한 많은 미국적인 사회문제들은 미국 사회 구성원들의 '지성적인 사회참여'에 의하지 않고서는 해결할 수 없다는 사회적 의견을 반영해 주는 것이라 하겠다.

한편, 1960년대와 1970년대, 탐구 기능의 강조와 함께, 기능의 측면에서 '사람들 사이의 관계에서 중시되어야 할 기능'들이 강조되고 있다. 즉, 다른 사람의 견지에서 사물을 보는 것, 다른 사람의 가치와 감정의 태도를 이해하고, 그것들이 사회적 관계에서 어떤 영향을 끼치는가를 이해하는 것, 임의적으로 개인을 분류하지 않고 집단의 일반적인 경향을 함께 고려하는 것, 한 집단의 구성원으로서 다른 사람과 효율적으로 일해 나갈 수 있는 자질을 갖는 것, 건설적인 비판을 행하고 이를 수용하는 것, 타인의 개성과 권리를 존중하고 자신의 의무를 받아들이는 것 등이 중요한 사례이다.

끝으로, 미국 사회과의 가치 교육의 중시 현상이다. 미국 사회를 발전시키기 위해 지켜야 할 가치로서 융화를 위한 가치와 다원적 사회를 유지하기 위한 가치를 동시에 강조하고 있다는 점이다. 즉, 정의, 평등, 진실, 책임, 권위, 참여, 개인과 개성의 존중, 공익을 위한 개인적 의무 등은 융화를 위한 다원적 사회를 이끌어 가기 위한 가치들이다. 가치 교육에서 단순한 주입 방법이나 가치 명료화, 가치 분석 등을 중시함에서 한발 더 나아가 상대방과 자신을 위한 윤리와 전체를 위한 사회적 행동의 가치 등을 강조하고 있다. 이러한 경향들은 미국 사회에서 개인을 타인과의 독립적인 존재가 아닌 서로 연결된 존재로 파악하려는 경향과 맥을 같이하는 것이다.

이와 같은 미국 사회과의 경향들은, 그것들이 모든 사회에 적용될 수 있는 이상적인 방향을 제시한다기보다는 상당한 정도로 미국 사회의 역사적 전개나 사회의 시대적 요청을 표현해 주는 것이라고 해석되는 것이다(조영달, 1990: 65 - 71).

2) 미국 사회과의 주요 경향

현대 미국 사회과의 지배적인 흐름은 표준화이다(한국교육과정평가원, 2005: 68 - 71). 사회과의 공식적인 교육과정 문서가 이런 추세를 보여 주고 있고, 학교 교육의 책무성을 강화하기 위해 실시되는 고부담 시험(high - stakes test) 및 여타 책임 교육제도 등도 마찬 가지이다. 사회과 교육의 이러한 관점은 국가 수준, 주 정부 수준, 그리고 전문 학술 기관 수준 등 다양한 수준의 정책 문서에 명시되어 있다. 최근의 표준 중심 교육개혁(Standard -based educational reform)은 미국 '사회과교육학회'의 공식적인 정책 보고서와 각 주의 교육과정 지침서에 명백하게 드러나 있다. 또한 수준 향상과 학교의 책무성 강화가 미국 공립학교를 개선하는데 필수적이라는데에 미국인 모두에게 동의가 이루어져 있다.

미국사회과교육협의회(National Council for the Social Studies: NCSS)는 1994년에 다양한 교육과정 틀에 대한 요인을 포기하고, 단일 표준을 제시하였다. 즉, ① 문화, ② 시간·계속성과 변화, ③ 사람·장소 및 환경, ④ 개인의 발달과 정체성, ⑤ 개인·집단 및 제도, ⑥ 권력·권위 및 통치, ⑦ 생산·분배·소비, ⑧ 과학·기술·사회, ⑨ 세계 속의 시민, ⑩ 공민적 이상과 실천 등이다.

5. 미국 사회과의 기본 구조

미국에서는 1970년대에도 사회과학 중심의 사회과 교육과정의 틀이 유지되었다. 다만 1960년대 사회과학 중심 교육과정이 학생들의 정의적 발달을 간과하고, 역사학을 등한시한다고 비판받으면서, 이를 시정하기 위한 노력이 활발해졌다.

1970년대 후반에서 1980년대 초반에 걸쳐 사회과 교육과정의 실제 모습을 살펴보기 위한 대규모 연구가 이루어졌다. 그 예로 전미과학재단(National Science Foundation)이 지원하는 프로젝트의 일환으로 이루어진 스테이크와 아이슬리(Stake & Easley), 웨이스(Weiss), 윌리(Wiley)의 연구, 그리고 프로젝트 스판(SPAN)의 보고서 등을 들 수 있다(한국교육과정평가원, 2005: 72). 이들 연구 결과는 당시 실행되고 있던 사회과 교육과정의 가장 보편적이고 핵심적인 학년별 내용을 다음과 같이 제시하였다.

즉, 유치원은 자기 자신, 가정, 학교, 지역사회, 제1학년은 가족, 제2학년은 이웃, 제3학년은 지역사회, 제4학년은 주요 지역과 주(州)의 역사, 제5학년은 미국사, 제6학년은 세계사, 제7학년은 세계사, 세계 문화, 세계 지리, 제8학년은 미국사, 제9학년은 세계사, 세계 문화 혹은 공민과 정부, 제10학년은 세계사, 세계 문화, 제11학년은 미국사, 제12학년은 미국 정부 또는 사회학, 심리학, 경제학 등이다.

이와 같은 틀은 미국 교육협회(NEA)의 사회과위원회에서 발표한 1916년으로 거슬러 올라갈 수 있으며, 결국 초등 사회과에서는 '환경 확대법'의 준거 틀이 비판받고 있지만, 오랫동안 지속되어 왔음을 의미한다. 또한 제7-12학년의 사회과 유형은 '환경수렴법'의 제2주기 패턴을 보이는데, 이러한 교육과정의 유형 또한 1916년 보고서로 거슬러 올라가 고찰할 수 있다.

결국 사회과에서 무엇을 가르쳐야 하는가에 대한 사회과 교육의 다양한 전통들이 활발한 논의를 해 왔지만, 실제로 사회과는 변화보다는 상당히 일관성을 유지하여 왔다. 사회과 교육과정의 기본 골격이 상당한 기간 동안 별 변화 없이 유지되어 왔다는 것은 뜨거운 논쟁과 이론을 전제할 때 의외의 일이다. 사회과 영역에서 벌어지고 있는 논쟁은 무엇인가 가르쳐야 하는 것에 대해서는 아직도 합의가 이루어지지 않았다. 거시적 차원에서 교육과정의 핵심이 그대로 유지되어 온 것을 무의미한 것으로 간주해서는 안 된다. 그것은 굳건한 토대가 유지되었기 때문이며, 보다 진보적인 추진력으로 작용할 수 있기 때문이다.

6. 미국 사회과의 최근 쟁점

1) 사회과 통합 대(對) 분과 지식

2000년대 이후 미국 사회과의 쟁점은 크게 사회과 대 분과 지식, 다문화 교육, 세계 교육 등을 들 수 있다(한국교육과정평가원, 2005: 79-82).

사회과 대 분과 지식은 오랜 갈등의 계속이다. 최근 미국 사회과의 동향은 학교가 과거를 가르치기보다는 현재와 미래를 가르쳐야 한다는 입장에서, 초등학교에서 역사를 배제하고 환경 확대법을 강조하고 있다. 즉, 사회과의 내용 지식보다 적극적인 활동을 강조하고 있는 것이다.

그러나 최근 환경 확대법이 내용 지식의 부실, 실용주의적 접근, 학생들의 흥미와 경험의 강조 등 과거보다는 덜 교과 중심적 경향을 보이고 있다. 아울러 과거 사회과는 정치적이고 피상적인 주제인, 평화, 환경문제, 성 평등 문제, 다문화주의, 사회적·경제적 정의 등을 강조해 온 결과, 학생들은 학문적 내용 지식을 소홀히 배워 왔다는 지적이 많다. 최근에는 다시 사회과의 분과적 지식보다 통합적 지식과 교육을 강조하는 경향이 각 주(州)별로 고조되고 있다.

2) 다문화 교육: 문화적 다원주의 대(對) 분리주의

최근 미국 사회과 교육계에서는 다문화 교육을 강조해야 한다는 입장과 다문화 교육의 방향성에 대해서 논란이 많다. 다문화주의는 서구 중심, 백인 남성 중심의 세계관을 비판하면서, 미국 사회의 다양성을 존중하고, 새로운 사회질서의 형성을 주장한다. 다문화주의자들은 사회과 교육과정에 미국 내 소수민족에 대한 비중을 높이고, 비서구 국가들에 대한 내용의 강화를 주장한다.

반면, 다문화주의 비판자들은 문화적 다원주의와 비판적 분리주의의 입장에서 문화 민족적 차이를 강조하고, 다양성의 이상을 실제적으로 실현하지 못한 국가적 실패를 사례로 든다.

다만 세계화가 진행되고 있는 현실에서 미국에서는 소수민족의 권익 신장에 초점을 두면서, 다문화 교육이 여러 방면에서 강조되고 있다는 점이다.

3) 세계 교육: 서구 대(對) 비(非)서구

최근 미국 사회과 교육계에 세계 문화, 세계시민 교육, 비서구 사회에 대한 교육과정의 비중을 증대시켜야 한다는 주장을 강조하면서, 세계 교육의 방향성을 비판하고 있다. 세계 교육의 중요성에 대해서는 동의하지만 진정한 세계 교육은 교과 중심보다는 문제 중심을 강조해야 한다는 입장이다. 학생들이 세계시민으로서의 적극적 참여를 바탕으로 한 학습 경험을 중시한다. 그러나 학생들의 자연적 본성인 도덕적 판단 성향을 억제하고, 서구의 문화 전통을 무시하며, 다른 문화에 대한 억압적 지위만을 강조하는 이러한 이념은 권위에 대한 부정, 시민적 수동성과 냉소를 만들어 낼 가능성을 높이고 있다는 것이 비판의 논점이다.

<표 42> 한국과 미국의 교육과정기별 사회과 비교

미국	시기(년대)	교육과정기	한국
· 사회과 교육의 출현 '미국 시민의 형성'이라는 목표하에 역사와 지리를 통합하여 교수 함	1910년대	1945년 해방 이전 시기	-각종 민족계 사립학교 등 근대학교의 설립, 일제 말기에는 황국신민화 교육이 이루어짐
· 1921년 미국 사회과 교육연합회 (NCSS) 창립	1920년대 - 1930년대		
· 생활 중심의 경험주의	1940년대	교수요목기	-일제 잔재의 불식과 민주적 생활 방식을 실제 생활에 적용할 수 있는 내용을 강조
· 신사회과 시기 ① 사회과학적 접근 ② 학습자의 학습 과정의 문제 ③ 변화하는 사회적 여건과 사회 변화의 필요에 대한 대응책	1960년대 - 1970년대	제1차 교육과정기	-한국 사회과 교육과정의 출발, 교과 중심 교육과정
		제2차 교육과정기	-사회과의 정립 시기, 통합 사회과의 지향, 경험 중심, 생활 중심 교육과정 시기
		제3차 교육과정기	-학문 중심 분과주의, 도덕과와 사회과 의 분리
· 시민성, 공민교육에 대한 새로운 운동 · 다문화주의 시기, 세계시민, 국제이해, 지구촌 문제, 통합 내용 강조	1980년대 이후	제4차 교육과정기	-개인적 적합성을 중시하는 인간 중심 교육과정의 성격 부각
		제5차 교육과정기	-제4차 교육과정의 기본 틀 유지, 인간 중심 교육과정, 통합 교과서로서의 모 습 구비
		제6차 교육과정기	-전인교육 강화, 통합 교육 지향
		제7차 교육과정기	-국민공통기본교육과정 및 선택 중심 교육과정 체제 유지
		2007년 개정 교육과정기	-국민공통기본교육과정, 고교 선택 중심 교육과정의 심화 적용

1. 교육과정 개관

영국은 연방국가로 영국(英國, The UK)을 구성하는 잉글랜드(England), 스코틀랜드(Scotland), 웨일스(Wales), 북아일랜드(Northern Ireland) 중 잉글랜드 중심의 교육과정은 전통적으로 개별 학교 및 교사와 교사 단체가 자율적으로 운영하고 있다.

하지만 지속적으로 하락하는 학업 성취도 및 공교육 전반에 대한 불만과, 지엽적으로 다양하고 복잡하게 운영되던 교과과정을 국가적 차원에서 통일적으로 운영할 필요가 있다는 사회의 요구를 반영하여, 1988년 처음으로 국가교육과정(National Curriculum)을 제정하기에 이르렀다. 이후 1991년, 1995년, 2000년, 2003년 등에 걸쳐 부분 또는 전면적으로 국가 교육과정이 개정됐고, 최근에는 2007년에 우리의 중등교육에 해당하는 Key Stage(Key Stage는 1~4까지로 구성되며, 1은 1~2학년(5~7세), 2는 3~6학년(7~11세), 3은 7~9학년(11~14세), 4는 10~11학년(14~16세)을 말한다.) 3과 Key Stage 4의 교육과정이 개정돼 올해 9월부터 단계적으로 일선 학교 현장에서 적용될 예정이다.

영국의 교육과정은 '모든 아이들이 중요'하다는 소외계층 서비스 강조, 영국의 국가 교육과정 개정 2년 연구 후 2개월간 콘퍼런스 등 420여 회 걸쳐 여론 수렴, 중등교육과정 2008년 9월부터 적용, 교과별 아닌 '전 과목 공통 학습 프로그램' 첫 제시, '개인복지', '경제복지와 재정능력', '법정 외 교과 신설' 등이 전체적인 동향(Trend)이다. 원래부터 영국에는 교과로서의 사회과가 존재하지도 않았고 지리, 역사, 시민 교과가 독립적으로 편제, 운영되고 있다. 영국의 교과목 중에서 우리나라 사회과와 유사한 내용의 교과목은 시민 교육과 시민 교육과정이다. 초등학교와 중학교의 역사 과목과 지리 과목만으로는 복잡해지는 사회 문제를 해결하고 바람직한 시민을 육성하는데 문제가 있다는 점이 1990년대 초부터 제기되어 10여년 간의 논란 끝에 학교 정규 과정으로 시민교육을 도입하여 2002학년도부터 적용하기 시작하였다. 2000년대 이후 영국 교육과정의 가장 획기적인 변화는 시민교육(Citizenship) 교과를 도입하게 된 점이다. 이와 같은 시민교육의 교육과정은 정치적, 경제적, 사회적, 문화적, 종교적 쟁점과 문제에 대하여 관심을 가지고 탐구하며, 그들의 공동체 내에서 책임감 있는 시민으로서 살아가는데 요구되는 민주 시민으로서의 자질 육성에 그 근본적인 목적이 있다.

시민교육은 2000년 8월부터 개정되어 실시되는 국가 교육과정에 따라 핵심 단계(key stage) 1-2 단계에서 비법정 교과로 개인, 사회, 건강교육(PSHE)과 시민교육의 일부가 되었다. 또 2002년 8월부터 핵심 단계(key stage) 3-4단계의 학생들에게는 시민교육이 정식 국가 교육과정 교과로 채택되어 운영되고 있다. 하지만, 현재는 학교별로 다른 교과와 연관지어 다양하게 교육과정을 기획하도록 허용하고 있다.

영국의 사회과인 시민교육의 일반적인 내용 체계는 시민으로써 알아야 할 지식과 기능에서 학생들이 반드시 배워야 할 요소를 추출하고, 그 핵심 내용을 각 단계별로 학습할 수 있도록 구성하고 있다(전국사회교사모임, 2008: 3-5).

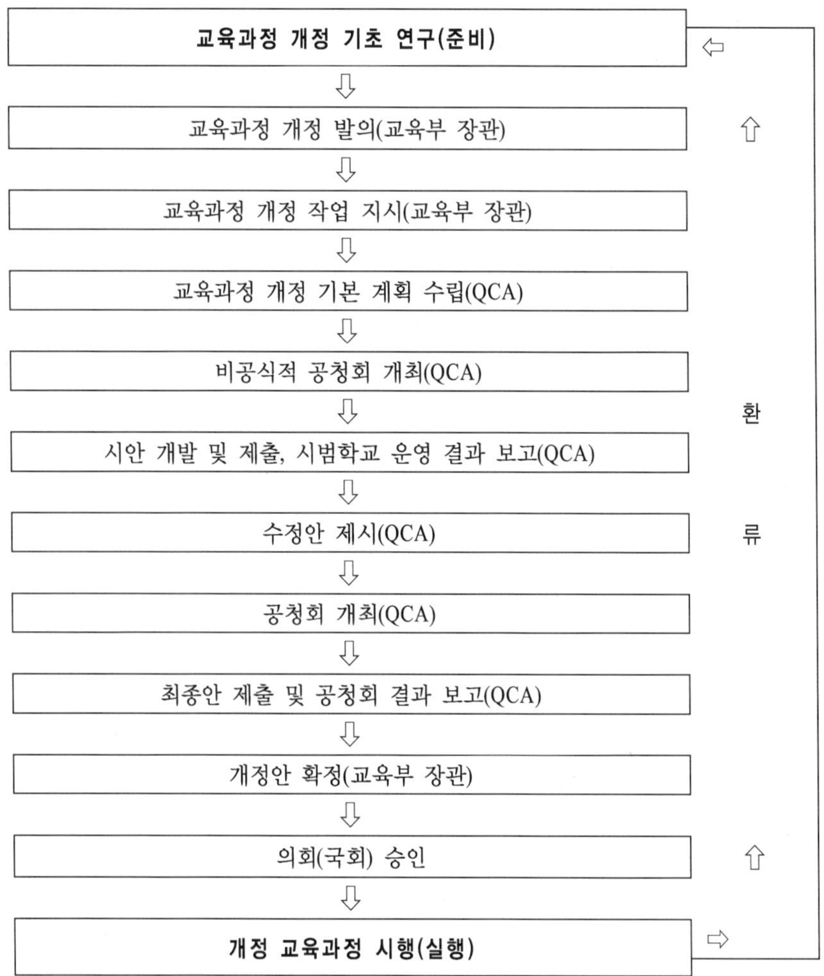

[그림 17] 영국의 교육과정 개정 절차

　영국의 교육과정은 다양한 절차와 검증을 거친 후 고시되고 실제 학교 현장에서 적용된다. 이번 국가 교육과정 개정의 과정을 예로 들면, '자격인증 및 교육과정원(Qualifications and Curriculum Authority: QCA)'은 2005년 3월 교육부(현재의 Department for Children, Schools and Families: DCSF)장관으로부터 개정 요청을 받았다. QCA는 '1997년 교육법령(Education Act 1997)'을 근거로 설립된 비정부공영기관(Non-departmental public body: NDPB)으로, 교육과정·평가·자격인증에 관한 상시적 검토와 연구·개발 및 수행 후 관련 정보를 교육부장관에게 제공하고 일선학교에 보급하는 등 영국 교육에서 중추적 역할을 담당하는 기관이다.

　교육부로부터 개정 요청을 받은 QCA는 교육과정 개정의 의도와 방향이 대략적으로 어떤 것인지를 언론과 홈페이지 등을 통해서 일반에 공개하고, 교육부와 협의해 개정 일정 등의 세부 내용이 담긴 국가 교육과정 개정에 관한 기본 계획을 수립했다. 이후 QCA가 상시적으로 해 오던 교육과정 기초연구를 바탕으로 2005년 6월부터 이듬해 5월까지 1년간 학교 방문을 비롯하여, 콘퍼런스, 포럼,

세미나 등의 다양한 방식의 비공식 공청회를 개최해 교육계와 사회 각층의 의견 수렴을 한 뒤, 2006년 5월에 국가 교육과정 개정 초안을 교육부장관에게 제출했다. 이렇게 제출한 초안을 바탕으로 교육부와의 협의를 거친 수정안을 같은 해 9월에 다시 교육부장관에게 보고했는데, 이때는 새로운 교육과정을 시범적으로 적용한 실험학교의 운영 결과 내용이 추가적으로 포함됐다.

2007년 2월부터 4월 사이에는 공식적인 공청회가 개최됐고 개정 시안(총론 및 각론)이 처음으로 일반에 공개됐다. 이 기간 중 QCA는 콘퍼런스 200회, 세미나 224회 등 다양한 형태의 공청회를 통해 총 1만 613명으로부터 의견을 수렴했고, 온/오프라인 설문조사 및 전화인터뷰를 통해 총 1,891명으로부터 의견을 듣는 노력을 기울였다.

이와 같은 과정을 거쳐 완성된 최종 보고서가 2007년 6월에 교육부장관에게 보고됐고, 교육부장관이 확정하고 국회에서 승인한 국가 교육과정 개정 확정 고시안이 2007년 9월에 마침내 공표되기에 이르렀다. 이때 실험학교에서 시행된 교육과정 적용 사례 연구에 대한 결과가 함께 공개됐다.

이런 과정을 거쳐 적용될 새로운 국가 교육과정에서는 크게 목표, 학습 프로그램, 그리고 새로운 학습 영역이 눈에 띈다. 먼저 '모든 아이들이 중요하다(Every Child Matters)'라는 국가 교육과정의 새로운 정책 기조를 제시했는데, 이는 0~19세 어린이와 청소년 등 교육 대상자와 가족, 특히 소수 집단이나 소외받은 계층을 대상으로 한 국가 공공부문 서비스 향상을 위한 국가정책의 일환으로서, 교육을 통해 모든 아이들이 건강하게 자라고(be healthy), 안전한 삶을 영위하며(stay safe), 즐겁고 성취할 수 있는 생활을 하면서(enjoy and achieve), 사회에 긍정적 기여를 하고(make a positive contribution), 경제적 복지를 달성하도록(achieve economic wellbeing) 하고 있다.

이와 같은 정책 기조를 바탕으로 새로운 교육과정을 통해 배우기를 즐기고, 스스로 향상하고 성취하는 성공적인 학습자(successful learners), 자신의 안전을 도모하고, 건강하며, 만족할 만한 삶을 추구하는 신념 있는 학습자(confident individuals), 사회 발전에 기여하는 책임감 있는 시민으로서의 모범적 학습자(responsible citizens)를 육성하는 것을 목표로 한다.

이전 국가 교육과정에서는 교과별 프로그램을 제시했지만, 이번 개정에서는 처음으로 전 과목 공통의 학습 프로그램(programme of study)을 제시했다. 이는 각 교과별로 지향해야 할 지식과 기술의 범위를 정의하고 있는데, 공통 구조로서 해당 교과를 학습해야 할 중요성과 학습 후 기여도를 기술한 '과목의 중요성(Importance statement)', 해당 교과의 주개념인 '핵심 개념(Key concepts)', 주요 과정이 설명되는 '핵심 과정(Key process)', 교사가 다뤄야 할 폭과 이에 대한 설명인 '영역과 내용(Range and content)', 그리고 더욱 폭넓은 교육과정으로의 연계와 학습을 강화하고 풍부하게 만들기 위한 계기를 규명하는 '교육과정 계기(Curriculum opportunity)' 등이 제시되고 있다.

마지막으로 사회적 현상을 반영하여 실용적이고 새로운 학습 영역을 도입했는데, '개인 복지(Personal wellbeing)'와 '경제 복지와 재정 능력(Economic wellbeing and financial capability)' 등의 영역을 법정 외 교과로 신설, 국가 교육과정에서 큰 틀의 지침(guideline)을 제시한 후 지방교육청과 일선 학교에서 자유롭게 교육 내용을 다룰 수 있도록 했다.

특히 이들 교과는 이전 교육과정의 개인과 사회건강, 경제교육, 성 교육, 진로교육, 직업교육, 사업 및 근로 현장 연계 학습 등의 교과를 통합한 것으로 볼 수 있다. 이와 함께 학교의 형태(지역사회학교, 재단설립학교, 특별학교, 종교단체운영학교 등 설립 주체와 운영 목적에 따른 다양한 초중등학교)와 관계없이 모든 학생에게 적용되는 공통의 국가 교육과정으로는 먼저 Key Stage 3의 미술과 디자인, 시민교육, 디자인과 기술, 영어, 지리, 역사, 정보통신 기술, 수학, 현대외국어, 음악, 체육, 과학 등이 있고, Key Stage 4에서는 시민교육, 영어, 정보통신 기술, 수학, 체육, 과학 등이 지정돼 있다.

영국의 개정 국가 교육과정은 2008년 9월, 새 학년이 시작되는 Key Stage 3 학생들로부터 단계적으로 적용된다. 이렇게 적용될 교육과정의 결과는 해당 학생들이 3년 뒤에 치르는 전국 학력 평가를 통해 가늠이 될 것이다. 아울러 올해 11월을 기한으로 2년간 초등학교 교육과정 연구가 한창 진행되고 있는데, 이와 관련한 1차 조사 연구 보고서가 지난해 11월에 발표됐고, 이를 바탕으로 아동 교육 및 복지 향상을 목적으로 하는 장기 프로그램인 'The Children's Plan' 비전이 제시된 초등학교 교육과정 개정계획안을 2007년 12월에 교육부가 발표했다. 따라서 Key Stage 1과 Key Stage 2에 해당하는 교육과정 개정 작업도 본격적으로 이뤄질 것으로 예상된다(민병수, 한국교육신문 한교닷컴, 2008.05.14).

2. 교육과정 일반

영국의 교육부는 우리나라의 국가 수준 교육과정과 같은 국정 교과과정(National Curriculum: NC)을 설정하여 이를 각 학교에 내려 보내고, 교사는 이 교과과정에 따라 교재를 만들거나 선택하여 지도한다. 국정 교과과정을 보면, 과목당 의무교육 11년 동안 가르쳐야 하는 내용이 약 100쪽 분량에 지나지 않으며, 이것은 '내용'을 서술한 것이 아니라, '주제'를 나열한 것이다.

영국에는 국정이나 검정 같은 교과서가 없고, 교사가 어떤 교재를 사용해야 한다는 의무 조항도 없다. 민간 출판사에서는 교사가 국정 교과과정을 가르치는데 도움이 될 수 있도록 다양한 형태의 교재를 만들어 판매하고 있으며, 이것은 자유발행제이다. 즉 한국의 교사는 국가 수준 교육과정, 교과서, 교재 등 세 가지를 갖고 있지만, 영국에는 교과서가 없고, 국정 교과과정과 교재만 있다. 15세에서 18세 사이, 4년 동안에는 '어워딩 보디(Awarding Body, 자격증 수여 기관)'가 출판하는 교재를 사용하지만 이것은 어디까지나 교재 중의 주된 교재일 뿐이어서 교과서가 아니다.

일반적으로 영국의 학제는 유치원 2년, 초등학교 6년, 중등학교 7년, 그리고 대학교 3년으로 구성되어 있다. 보통 중등교육은 7년으로 묶여 있지만, 교과과정에 따라 나누면 'Key stage 3과정 3년', 'GCSE 과정 2년', '6th form 과정 2년' 등으로 3등분 된다.

영국의 QCA(Qualification and Curriculum Authority)는 1990년대에 설립된 교육부 산하의 정부 기관이며, 독립된 공사(公社) 형태이다. 이 공사의 수장은 교육부 장관이 임명하지만 운영 형태는 산업체 대표, 학계 인사 등으로 구성된 위원회에서 한다.

3. 사회과 교육과정 개발 방식

영국의 교육과정은 오랫동안 지방 분권적인 성격을 지니고 있었기 때문에, 다양성에 특징이 있다. 영국에서는 1988년 최초로 국가 수준의 교육과정이 도입되었다(한국교육과정평가원, 2005: 84-85). 국가 수준의 교육과정을 도입한 취지는 학생들이 성취해야 할 수준을 분명하게 제시하고, 실제로 학생들이 성취한 수준을 확인하고자 한 데 있다.

영국 사회과 교육과정에서는 2000년부터 '시민교육'을 신설하였다. 역사와 지리 교과는 이전의 교육과정에서부터 계속적으로 독립 교과로 제시되었다. 초등학교의 사회과는 역사와 지리를 필수 교과로 가르치고 있다. 영국의 교육과정은 시간 배당에 대한 기준이 별도로 제시되지 않는다. 영국 교육법에 각 교과에 필요한 시간을 배당하는 것을 금지하고 있기 때문이다. 중등학교에 해당하는 3단계 (key stage 3)에서의 국가 수준 교육과정은 역사와 지리가 독립된 교과로 지도되고, 2002년부터 '시민교육'이 필수과목화되어 이수되고 있다.

4. 사회과 교육과정의 내용

1) 지리

2000년부터 적용되고 있는 영국의 새 교육과정에서 지리교육은 입지를 확실히 하여 공적인 쟁점과 사회, 환경문제에 대한 보다 많은 관심을 기울여야 한다는 진보적인 입장을 표명하였다. 영국의 지리교육과정은 크게 학생들이 배워야 할 학습 프로그램과 기대되는 학생들의 성취·목표로 구성된다.

지리교육은 지리적 고등 사고 능력을 갖고 지리적 관점으로 지역을 이해할 수 있는 능력을 기르는데 목적을 두고 있다. 지리교육에서 강조하는 내용은 '지리적 탐구', '지리적 기능', '장소에 대한 지식과 이해', '유형과 과정에 대한 지식의 이해', '환경 변화와 지속 가능한 발전에 대한 지식과 이해' 등이다. 특히, 영국의 지리교육은 장소를 강조하는데, 자연적 특성과 인문적 특성을 장소로 결합하여 지리적 독해력, 탐사 기능과 탐구 학습 등에 중점을 두고 있다.

2) 역사

영국의 역사교육은 인간의 삶과 생활 방식 및 사건과의 끊임없는 의사소통을 통하여 현재 자신의 삶을 보다 넓은 차원에서 분석하여 미래의 삶을 설정할 수 있도록 하는데 중점을 두고 있다. 역사교육은 제1단계(key stage 1)에서 학생들은 인간의 삶과 생활 방식에 대하여 학습하는데, 지역적 범위를 전 세계로, 시간적 범위는 최근과 먼 과거로 하고 있다. 제2단계(key stage 2)에서는 최근과 먼 과거의 주요 인물, 사건, 장소 등에 대하여 학습하는데, 지역의 변화와 영속성에 대하여 집중적으로 학습한다. 제3단계(key stage 3)에서는 중세부터 20세기에 이르기까지 영국 역사의 주요 사건, 인물 등에 대하여 학습하고 있다.

역사교육의 내용 체계는 역사적 지식과 기능에서 학생들이 반드시 배워야 할 것을 추출하고, 핵심 내용을 각 단계(stage)별로 학습할 수 있도록 내용을 구성하고 있다. 지식 영역에서 반드시 배워야 할 핵심 내용은 '연대기의 이해', '과거의 사건, 사람, 변화에 대한 지식' 등이고, 기능 영역에서 배워야 할 것은 '역사 탐구 기능'과 '역사 해석 기능' 및 '조직과 의사소통 기능' 등이다.

3) 시민교육

영국의 교과목 중에서 한국의 일반사회교육 내용의 성격과 가장 가까운 것이 시민교육과정으로서, 2002년도부터 도입되었다. 시민교육은 한국의 중등학교 교육과정에 해당하는 'key stage 3-4'의 필수과목으로 편제되어 있다. 시민교육과정은 정치적·경제적·사회적·문화적·종교적 쟁점과 문제에 대하여 관심을 가지고 탐구하며, 공동체 내에서 책임감 있는 시민으로 살아가는데 요구되는 민주시민으로서의 자질 육성에 근본적 목적이 있다.

시민교육의 내용 체계는 시민으로서 알아야 할 지식과 기능에서 학생들이 반드시 배워야 할 것을 먼저 추출하고, 그러한 핵심 내용을 각 단계(stage)별로 학습할 수 있도록 내용을 구성하였다. 지식 영역에서 반드시 배워야 할 핵심 내용은 '바람직한 시민이 되기 위한 지식과 이해', '탐구와 의사소통 기능' 및 '참여와 책임감 있는 행위를 위한 기능' 등이다.

〈표 43〉 영국 주요 학습단계(key stage)에서의 사회과 필수과목

학년	주요 단계(key stage)	사회과 필수과목	학년	주요 단계(key stage)	사회과 필수과목
1-2	key stage 1	지리, 역사	7-9	key stage 3	지리, 역사, 시민교육
3-6	key stage 2	지리, 역사	10-11	key stage 4	시민

* 출처: 한국교육과정평가원, 2005: 85.

5. 사회과 교육과정 실행

영국은 교육과정 및 학교 운영 체제에서 다양성과 자율성을 보장하고 있다. 학제, 교육과정, 평가 등의 분야가 획일적이지 않고 다양하기 때문에, 학생들의 다양한 선택권을 보장하는 교육과정을 운영하고 있으며, 학생들은 자신에게 맞는 교육과정을 선택하여 자신의 잠재력을 충분히 발휘할 수 있다(교육위원회, 2002: 1-8).

영국의 사회과, 특히 역사 및 지리 분야는 사회과에 포함되는 여러 선정 주제에 대한 학습에 중점을 두고 있다. 영국의 사회과 교육과정은 분과형(分科形)이 주된 형태이지만, 사회과를 역사·지

리·일반 사회 등 초보적 경계 영역으로 편성된 교육과정의 형태를 지니고 있다.

영국에서는 경제 이해력의 증진, 환경교육, 국제 이해 교육, 정치적·사회적 여러 문제, 소비 문제의 교육 등에 대한 요구 등이 사회과 교육과정에 반영되고 있다.

영국의 사회과 교육과정 운영은 교사의 능력과 지역적 상황에 따라 일정한 범주와 범위 내에서 학교, 교사에 따라 달라져야 함을 강조하고 있다. 또한 학생들의 능력에 따라 교육과정을 다르게 취급, 적용할 것을 권장하고 있다.

사회과 평가에서는 학생들의 학업 성취 자체를 평가하는 것보다는, 학교, 교사, 교육과정 등 학생들의 학업을 돕는 제반 조건의 질과 그 수업의 과정이 적절한 것인가를 평가하는데 관심을 쏟고 있다. 아울러 평가자와 피평가자의 분리된 관계 속에서의 평가가 아니라, 교육을 주도하는 교사가 자기 자신의 열성, 능력을 평가하는 자율적 평가 노력이 강조되고 있다.

6. 사회과 교육과정의 내용: 시민교육

영국의 사회과인 시민교육의 핵심 내용은 학식이 있는 시민이 되기 위한 지식과 이해, 탐구와 의사소통 기술, 참여와 책임감 있는 행위를 위한 기술 등이다. 각 핵심 내용별 세부 내용은 다음과 같다.

먼저, 학식이 있는 시민이 되기 위한 지식과 이해의 세부 내용은 다음과 같다.

첫째, 법적 권리, 인간적 권리, 사회를 안정시키기 위한 책임감, 주요 법 체제의 기본 측면 등이 젊은 사람들과의 관련성

둘째, 국가적, 지역적, 종교적, 인종적 정체감의 다양성과 상호 존중과 이해의 필요성

셋째, 중앙 정부와 지방 정부들이 제공하는 공적 서비스와 그들의 재정을 처리하는지를 이해하고 기여하는 기회

넷째, 의회 제도와 다른 정부 형태의 주요 특징

다섯째, 선거 체계와 투표의 중요성

여섯째, 국가적, 국제적 자원 집단인 지역 사회의 업무

일곱째, 갈등을 공정하게 해결하는 것의 중요성

여덟째, 사회에서의 매체의 중요성

아홉째, 세계화되는 세계의 정치적, 경제적, 사회적, 환경적 의미와 유럽연합(EU)의 역할, 공동의 부와 국제연합(UN)

다음, 탐구와 의사 소통의 기술에 대한 세부 내용은 다음과 같다.

첫째, 정보와 ICT 기반 자료를 분석함으로써 주제별 정치적, 정신적, 도덕적, 사회적, 문화적 쟁점, 문제, 사건 등에 대한 사고

둘째, 그와 같은 쟁점, 문제, 사건에 대하여 개인적인 의견을 구두나 글로써 표현하고 정당화

셋째, 탐구를 위한 집단 수업에 기여하고 토론에서 일부 역할 수행

한편, 참여와 책임감 있는 행위를 위한 기술의 세부 내용은 다음과 같다.

첫째, 다른 사람들의 경험을 생각하는데 그들의 상상력을 이용하고, 이에 대하여 생각할 수 있으며, 다른 사람들의 관점을 표현하고 설명하며 비판적으로 사고

둘째, 학교와 지역 사회를 기반으로 한 활동에서 책임감 있게 협상하고 결정하며, 결정 사항을 수행

셋째, 참여의 과정을 반성 등이다(전국사회교사모임, 2008: 4-5).

■제3장■ 독일의 사회과 교육과정

1. 교육과정의 개관

독일 교육과정의 가장 기본적인 틀은 각 주(州)의 교육 주권이다. 독일의 기본법(GG) 제30조에는 국가 권한의 행사와 국가적 과제의 성취는 각 주의 관할 사항이라고 밝히고 있으며, 방송에 관한 문제에서부터 국립 도서관, 극장, 그리고 각급 학교 및 대학에 이르는 문화 정책에 대해 근본적으로 주가 입법과 행정 권한을 갖고 있다(김정호 외, 2005: 99 – 100).

독일 중앙 정부가 구체적인 교육 정책을 제시하지 않고, 주 정부가 교육과정 결정권을 갖고 있으며, 주 수준에서 중앙집권적인 교육과정을 운영한다. 하지만 각 주들은 교육의 동질성을 유지하기 위하여 '주 교육부 장관 협의회'라는 기구를 통하여 교육의 내용과 수준, 분량 등을 결정한다. 그러다 보니, 교육기관의 종류나 명칭의 차이는 물론이고, 전국적으로 통일되지 않은 '대학 입학 자격시험(아비투어)'과 '교사 양성 체제'를 지니고 있다.

독일의 교육과정 개발은 전적으로 각 주 정부의 소관 사항이다. 그에 따라 연방 차원에서의 전형적으로 독일 특색적인 교육과정은 찾아볼 수 없으며, 주 정부의 교육부 담당 관료나 교육과정 개정에 참여하는 교사와 대학 또는 사회 전문가들을 제외하면, 교육과정에 대해 제대로 알고 있는 사람은 많지 않다. 교육과정의 개발 내지 구성 및 개정에 대한 사회적 관심 또한 많지 않다.

교육과정을 교육에 직접 적용하는 각급 학교의 경우에도 교사에게 주어진 자유로운 판단과 선택의 문제이기 때문에, 교원 단체를 통해서 전개되는 교육과정의 개정에 대한 의견을 제시할 수 있으며, 교육과정 개정에 참여할 수 있다. 교육과정 개정에 대한 구체적인 조처는 대개 교육부의 담당 부서가 취하게 된다.

교육과정 개정이 주 정부의 소관이기는 하나 한국처럼 일정한 주기로 개발·개정하지는 않는다. 교육부 담당 관료들은 교육과정이 시대적·사회적 변화에 상응하기 위해서는 10년 정도에 한 번씩 개정의 필요성을 느끼고 있다. 하지만 개정의 절차가 복잡하고 개정에 소요되는 기간이 길며, 예산상의 문제도 있어서, 약 20년 정도에 한 번씩 점검하는 정도이다.

그런데 각 교과별, 부분적 개정 내지 수정은 수시로 이루어진다. 방법상으로는 언제든지 개정이 가능하다는 것이다. 그런 의미에서 베를린의 모든 교육과정에 항상 '잠정적'이란 단어가 붙어 있다. 교육과정의 정식 명칭이 '베를린 주 학교의 수업과 교육을 위한 잠정적 교육과정'이며, 그 밑에 학교와 학년의 종류가 명시되고, 교과가 제시된다. 그렇다고 해서 각 교과의 교육과정이 자주 개정되는 것은 아니다.

결론적으로, 독일의 교육과정은 각 주 정부의 의지와 각 교과 차원에서의 필요성에 따라 수시로 개정될 수 있지만, 각급 학교 단위별 전면적 개정 성격을 지닌 개정은 한 10년 정도로 보아야 한다.

교육과정 개정은 대체로 모든 학교급에서 전면적으로 추진되지는 않는다. 해당 학교급의 교과별로 이루어지는 것이 일반적이다. 그러나 사회적 요청과 필요에 의한 개정의 경우, 거의 모든 교과를 포괄하는 개정이 될 수 있다. 하지만 사회적 요청과 필요에 의해 전면적으로 개정할 경우, 전면적 또는 부분적 개정이 가능하다. 개정 작업에서는 학교 교육 내용과 방법의 약 60% 정도를 교육과정이 구속력 있게 규정하고, 나머지 40% 정도는 학교에서 자율적으로 교육할 수 있도록 조절한다.

개정 작업의 흐름을 고찰하면, 교육부의 담당 부서가 소집한 교육과정위원회에서 주(州)의 학교자문위원회, 주 의회의 학교분과위원회, 교원 단체 등에서 나온 의견을 종합하여 검토한 뒤, 개정할 내용과 범위를 결정한다. 개정할 내용과 범위는 이전 교육과정의 20% 안팎이며 위원들의 합의에 의해서 이루어진다.

교육과정이 개정되면, 그에 따라 교과서가 개정된다. 교과서 개발은 대체로 출판사가 담당하며, 출판사들은 개발한 교과서를 교육부에 제출하고, 인정을 받아 학교에 공급한다. 각 학교에서의 새로운 교육과정의 실행이 교과서의 공급과 연계되어 있으나, 학교의 예산 사정에 따라 교과서의 공급이 원활하지 못한 경우에는 단계별로 교육과정이 시행된다.

한편, 독일의 학교 제도는 우리나라와 상당한 차이가 있다. 일반적으로 학령 전 교육(유치원), 초등교육(초등학교), 중등교육(중학교, 고등학교), 그리고 고등교육(전문대학, 대학교) 등으로 구분된다.

독일의 교육제도 역시 이와 같이 분류되나, 중등교육 부분에서 세 방향으로 분화되고 있다는 점이 특징적이다. 초등학교를 졸업하면, 독일의 학생들은 하웁트 슐레(Haupt schule), 레알 슐레(Real schule), 김나지움(Gymnasium) 등으로 진학한다. 따라서 독일의 교육제도는 복선형이다.

2. 독일 교육과정의 특징

독일의 초등학교에서는 학생 스스로 문제를 풀어 나가는 방식을 고수한다. 물리와 화학, 그리고 생물 등 과학 과목도 일상생활에서부터 기본 문제의식을 도출해 내는 방식이다. 다양한 질문을 제시한 후 학생들의 자유로운 답변과 토론으로 수업을 진행한다. 이때 표준화된 정답보다는 서로 협력해서 문제를 해결해 나아가는 과정에 교육의 핵심이 있다.

독일에서의 교육은 만 3세부터 시작한다. 의무교육은 아니지만 우리에게도 유치원으로 잘 알려진 킨더가르텐(Kindergarten)에 가는 나이가 3세부터이기 때문이다. 유치원 보육비는 부모의 수입에 따라 측정된다.

독일의 공식적인 교육 시스템은 우리나라의 초등학교에 해당하는 그룬트슐레(Grundschule)부터 시작한다. 독일은 연방 국가이기 때문에 각 주 정부마다 교육시스템이 조금씩 구별되지만, 초등학교 과정은 거의 모든 주 정부에서 일반적으로 4년제를 채택하고 있다. 다만 수도 베를린과 그 주변에 있는 주 정부인 브란덴부르크 주에서는 6년제로 운영되고 있다. 초등학교 4년을 마치면 학생의 초등 학교 성적과 적성에 따라 선생님과 학부모가 상의하여 상급 학교 진학을 결정한다. 상급 학교로는 대학 진학을 위한 인문계 학교인 김나지움(Gymnasium)과 종합 학교인 게잠트 슐레(Gesamt schule), 그리고 기능직 직업교육을 위한 하웁트 슐레(Haupt schule)와 전문 직업교육을 위한 레알 슐레(Real schule)가 있다. 물론 학습 부진아와 장애 아동을 위한 특수학교도 있다.

인문계 학교인 김나지움을 졸업하려면 초등학교 4년을 포함해 총 12년 또는 13년이 걸리고, 하웁트 슐레는 9년, 레알 슐레는 10년이 소요된다. 일부 주 정부에서 실시하고 있는 종합 학교인 게잠트 슐레는 이들 세 가지 형태의 성격을 모두 갖춘 학교로 초등학교 4년을 마치고 인문계(Gymnasium)와 직업계 학교(Haupt schule 또는 Real schule)를 선택해야 하는 학생들이 너무 이른 결정으로 인한 잘 못된 선택을 하지 않도록 하자는데 근본적인 목적을 둔 시스템이다. 독일 연방의 총 의무교육 기간 은 어느 학교를 다니든지 상관없이 총 9학년 또는 10학년까지이다(이경섭, 『꿈나래 21』, 제318호, 교육과학기술부, 2009.01.: 42).

3. 교육과정 체계

독일 사회과 교육과정의 중심에는 현대의 문명사적 문제들이 내포되어 있다. 현재와 미래의 도전 과 과제들 속에 개개인들이 개별적으로는 어떻게 대처해야 하는지, 그리고 사회적으로는 어떤 공동 체 삶을 영위해야 하는지가 교육의 주요 과제가 된다. 현행 독일 사회과 교육과정의 과제를 요약하 면 다음과 같다.

첫째, 공동체적 삶의 기본 가치와 그것을 제한하는 요소 등에 대한 탐구

둘째, 다양한 문화, 종교, 사회 형태 속에서의 평화로운 공존의 생활 이해

셋째, 급변하는 사회적인 생활 조건의 가능성과 위험성 인식

넷째, 핵심적인 사회 과제로서 가정, 직장, 사회, 국가에서의 남여 평등 실천

독일 사회과 교육과정은 주별로 독자적인 교육과정을 갖고 있다. 주 교육과정은 사회과 교육의 목적과 과제, 수업 목표, 교수학적 원칙, 교수 방법, 주요 교육 내용, 지도 계획 작성 시의 유의 사항 등을 담고 있다. 독일 사회과의 교육과정은 교육 내용뿐만 아니라, 교육 방법적 차원을 포괄하고 있 다. 교과 통합적 수업, 문제 중심 수업, 프로젝트 수업, 개별화 수업, 매체 활용 수업을 위한 다양한 가능성 등을 제공하고 있다. 독일 사회과 교육과정은 학생들이 중심이 되는 교육과정이라는 점에서, 모든 학생들이 자신의 소질과 능력을 최대한 발휘할 수 있도록 하는 학습 상황을 만드는데 기여하 도록 하고 있다. 더불어 학생들의 상호 의사소통과 협력을 자극하고 있으며, 학교 교육의 질을 개선 하는 활동을 통하여 학교가 발전하도록 하는데에 목적을 두고 있다.

독일의 사회과 교육과정 내용은 우리나라와 달리 지리, 역사, 일반사회 등 교과별로 독립적인 교 육과정이 마련되어 있다. 하지만 초등학교(제1-4학년)에서는 지리, 역사, 일반사회, 과학 등이 통합 된 '사물 학습'이란 교과가 운영되고 있다. 사물 학습은 사회과, 과학과, 실과 등을 통합적으로 가르 치는 교과로서 사회과 교육을 담당하고 있는 사물 학습의 시간은 학년에 따라 주당 3시간 정도로 배당되어 있다. 시간 편제상 사회과는 국어과, 수학과 다음으로 중시되고 있다.

〈표 44〉독일 학교 제도와 사회과 교육과정 편제

단계	학교 유형	주요 특징	학년		사회과 관련 필수 교과(주별)	
					바덴, 뷔르템베르크	튀링겐
후기 중등 교육	직업학교	상업, 섬유, 가정 경제, 종합 직업학교 현장과 이론 접목	13	2	역사(2), 사회(2)	-기초 과정: 역사(2), 지리(2), 사회(2), 경제·법(2) -심화 과정: 역사(6)
				1	역사(2), 지리(2)	
			12	2	역사(2), 지리(2)	
				1	역사(2), 사회(2)	
	김나지움 상급반	인문 교육 실시, 아비투어 시험 대비	11		지리(1), 역사(1), 사회(2)	
전기 중등 교육	종합 학교	한 학교에 전기 중등학교를 모두 설치, 학생들이 선택	10		역사(2), 사회(2)	역사(2), 지리(1), 사회 (2), 경제·법(1)
			9		역사(2)	역사(2), 지리(1), 사회 (1), 경제·법(1)
			8		지리(2), 역사(2)	역사(2), 지리(1)
	하웁트 슐레	기초적 인문 교육 실시 이류 계급의 시민 학교	7		지리(2), 역사(2)	역사(2), 지리(1)
	레알 슐레	직업교육과 인문 교육 동시 실시	6		지리(3)	역사(2), 지리(2)
	김나지움	대학 진학을 목적으로 실시	5		지리(2)	역사(1), 지리(2)
초등 교육	기초학교		4		사물 학습(3)	사물 학습(3)
			3		사물 학습(3)	사물 학습(3)
			2		사물 학습(3)	사물 학습(3)
			1		사물 학습(3)	사물 학습(3): 사회과+과학과+실과 통합

* 출처: 한국교육과정평가원, 2005: 103.

4. 교육과정의 내용

1) 사물 학습(초등학교)

독일의 초등학교(제1학년에서 제4학년까지)에서는 사회과가 별도로 편성되어 있지 않고, '사물 학습'이라는 교과에서 일부 다루어지고 있다. 사물 학습 교과는 사회과, 과학과, 실과 등을 통합한 종합 교과이다.

사물 학습 교과에 제시된 초등학교 사회과 교육의 목표는 학생들에게 지역사회의 주요 문제, 공동생활의 규칙, 민주적인 생활 방식 등을 가르쳐서 미래 사회의 주인공으로서 필요한 도덕적이고, 사회적인 자질을 기르는 것을 목표로 한다. 특별히 가치 교육은 학생들의 일평생을 좌우한다는 점에서 매우 강조되고 있다. 이웃과의 결속력, 상호 존중, 이웃을 돕는 태도 등이 가치 교육에서 강조되는 부분이다. 더불어 도덕적이고, 사회적이며, 정치적인 판단 능력을 갖추도록 하는 것도 주요 과제로 제시되고 있다. 이를 통하여 현대사회의 민주시민으로서 자질을 함양하고, 사회적 책임을 인식하도록 하며, 스스로 의미 있는 삶의 가치를 책임 있게 추구하도록 하는 것이 목표이다<표 45>.

<표 45> 독일 사물 학습과의 사회과 영역 내용 구성

학년	대주제	중주제	소주제(내용)
1·2	·자기 발전과 공동 생활 ·공간과 시간에 대한 이해와 적응	·학교 공동체 놀이 ·도로 교통 ·생활공간으로서의 학교 ·달력	·학급 친구, 교사, 학급 공동체, 학년, 학교, 규칙, 가치, 행동에 대한 책임, 공동 작업, 타인에 대한 배려, 갈등 극복, 개인 축제, 학교 및 지역 축제 ·공동의 놀이, 관용적 태도 ·보행자, 운전자, 교통수단의 공동 운영, 위험, 교통 상황 인지 능력, 교통 규칙, 교육 수단의 장단점, 승하차 방법, 안전 수단 ·학교, 교직원, 학교생활 일정, 학교 표지만, 수업 시간, 휴식 시간, 자유 시간 ·하루의 구분, 일 년의 구분(연, 월, 일 등)
3·4	·자기 발견과 공동체 생활 ·공간과 시간에 대한 이해 와 적응	·학교공동체 ·어린이의 발달 ·진학 학교 형태 ·고장, 도시의 공동 과제 ·도로 교통 ·지역 축제와 관습 ·지역의 역사 ·지도와 표지판	·학교: 학교 전통, 학생 참여 ·어린이의 발달: 수정, 임신, 탄생, 부모의 책임, 아동기, 사춘기, 성인기의 남녀 행동, 성장의 개인차, 타인의 차이 인정 ·진학 학교: 학교의 종류, 진학 가능 학교 ·고장, 도시: 계획, 자문, 결정, 실행, 협력, 관용 ·도로 교통: 보행, 도로, 철도, 선박, 비행기, 자전거의 장 점, 자전거 이용 규칙 ·지역 축제와 관습, 탄생, 내용, 역사, 의미, 형태 ·지역의 역사: 문화재, 기념관, 자연의 미 ·지도와 표지판: 자석, 컴퍼스, 지도, 학교 설계도면, 지도(도로, 주요 장소, 주요 건물, 하천 등), 고장과 이웃 도시의 위치, 산과 하천, 토지의 종류, 식물, 농업, 임업, 산업, 거주지, 교통, 자연 파괴와 자연 보호

* 출처: 한국교육과정평가원, 2005: 105.

독일 초등학교 사회과 교육과정은 통합교육과정으로 구성되어 있다. 첫째, 역사, 지리, 사회과가 통합적으로 운영되고 있다. 이 중 지리와 사회 교과가 주축이 되어 있다. 둘째, 독일 사회과 교육과정에서는 해당 지역의 고장 생활에 대한 내용이 강조되어 있다. '우리 고장의 이해'가 현재는 사회과에 통합되어 있으나, 전통적으로 독립된 교과로 구성되어 있었고, 현재도 그 영향이 남아 있다. 셋째, 독일 초등학교 사회과 교육과정은 나선형식 교육과정을 이루고 있다. 교수요목이 다루는 지역의 범위는 가정, 학교, 이웃, 지역사회, 국가, 세계 등으로 확대된다. 친숙한 생활 세계에서 출발하여 점점 덜 친숙한 환경으로 학습이 범위를 확장하여 나아간다. 넷째, 초등학교 사회과 교육에서는 공동체 교육, 성 교육, 평등 교육, 관용 교육, 평화 교육, 국제 이해 교육, 생태 교육, 경제교육, 문명 비판 교육, 여가 교육 등 현대 사회과의 주요 주제들이 망라되어 구성되어 있다. 기초교육 단계에서부터 현대사회의 문화인으로서 필요한 자질들을 함양하려는 의도가 엿보인다.

2) 전기 중등학교 역사

민주시민으로서의 중요한 자질 중의 하나는, 과거를 비판적으로 성찰(省察)하여 현재를 형성하고, 미래를 계획하는 것이다. 역사 교과의 본질적인 목적인 학생들에게 역사적 주제 또는 문제를 테마로 하여 역사를 이해하게 하고, 역사를 비판적으로 볼 수 있도록 하는데 중점을 두고 있다. 역사과 교육과정 내용을 분석하면, 역사 일반, 독일 역사, 사회 간 관계 및 갈등이라는 세 가지 범주로 나눌 수 있는데, 전기 중등학교 역사·지리·일반 사회의 각 주제별 세부 내용은 <표 46>과 같다.

〈표 46〉 독일 전기 중등학교 역사·지리·일반 사회교육 내용

교과	주제	세부 내용
역사	1. 역사 일반	① 역사에 대한 이해 ② 시대 구분 ③ 역사의식 비판 ④ 역사학 연구 방법
	2. 독일 역사	① 고대 그리스·로마 문명 ② 중세 봉건주의 사회 ③ 근세 서구 역사 ④ 근대 서구 및 독일 역사 ⑤ 제1, 2차 세계대전 ⑥ 이념 갈등과 동·서독 체제
	3. 사회 간 관계 및 갈등	① 역사상의 집단의 특성과 갈등 ② 평화를 위협하는 사회 내적, 간 사회적 구조 ③ 전쟁의 원인, 조건 및 전쟁이 인간에게 미치는 영향 ④ 갈등 해결 방법과 평화를 향한 노력들
지리	1. 공간과 자원	① 자연 지리적 사실들 ② 지구의 자연 공간 체계 ③ 자연 공간 조건의 자연적 변화 ④ 천연자원의 산출 과정과 저장 상태
	2. 인간과 공간	① 자연 공간적 조건들과 인간의 삶에 미치는 영향 ② 자연과 융화하는 삶의 태도 ③ 인간을 통한 자연 공간적 조건들의 변화 ④ 인간을 통한 삶의 공간 형성과 보호 ⑤ 지리적 공간 위험의 가능성 ⑥ 자연 자원의 이용
	3. 공간과 미래	① 자연적 삶의 필요성과 가능성 인식 ② 공간에 영향을 미치는 기준과 문제 제기 ③ 성장과 개발에 대한 갈등과 인식, 자신의 태도 형성 ④ 지리적 조건에서의 문제점 및 삶에 대한 연구 ⑤ 지리적 공간 활용의 선택과 비교 고찰
일반 사회	1. 개인과 사회	① 사회집단의 삶의 세계에 대한 이해 ② 개인에 대한 사회적 기대, 사회적 역할 및 과제에 대한 이해 ③ 사회제도적 영향 ④ 상이한 문화와 전통 ⑤ 사회적 행위에 대한 가치관, 이해관계 등
	2. 사회적 구조	① 사회구조적 특징과 사회계층 ② 사회계층과 사회 발전에 영향을 미치는 요인 ③ 남녀평등을 가능하게 하는 요인 ④ 세계 각국의 자원과 부의 분배 ⑤ 사회적 변혁의 조건과 영향들 ⑥ 평화를 위협하는 조건들과 이해관계들
	3. 제도와 정치체제	① 정치적 지배 권력의 기초와 형태 ② 지배 권력 행사와 통제 ③ 의회 민주주의의 헌법적 기초와 기구 ④ 정치적 지배 권력을 통제하는 제도와 법 ⑤ 사회제도 ⑥ 현대사회에서의 정당의 과제와 의미 ⑦ 의사 결정의 과제와 방법 ⑧ 갈등 상황과 국제 기구의 역할
	4. 정치 행위의 기준과 가능성	① 공적 사안의 필요성과 가능성 ② 타인과의 갈등을 극복하고 해결하는 가능성 ③ 정치의 기본 가치, 문명사회 기초로서의 민주주의와 인권 ④ 개인의 권리, 의무, 영향력, 정치적 참여 가능성 ⑤ 사회적 책임 간의 긴장 관계 ⑥ 현대사회의 이해관계와 갈등 양상 ⑦ 정치적 지배 권력의 정당성 ⑧ 정치적 행위의 가치 지향성 ⑨ 사회적 논쟁에 대한 의견 표출 ⑩ 인간적인 미래 형성의 가능성 모색

독일의 전기 중등 역사과 교육과정의 목표와 내용, 그리고 교수요목을 분석해 보면, 단순히 역사적 지식을 전달하는 것 이상의 내용을 포함하고 있음을 알 수 있다. 독일 역사과 교육과정의 특징은

다음과 같다.

첫째, 교육의 목표가 지식 영역과 기능 영역 둘로 나뉘어 있다. 역사적 사실을 해석하고, 이해할 수 있는 차원에서 더 나아가, 역사 문헌을 분석할 수 있는 능력을 강조하고 있다.

둘째, 역사 내용이 단지 제도와 사건의 나열이 중심이 되는 제도사 중심에서 벗어나, 사회사적 패러다임에 따라 구성되어 있다. 교수 방법에 있어서도 역사적 사실의 연대기적 서술보다는 주제 중심으로 역사적 사실 또는 사건을 깊이 있게 이해하는 것을 강조하고 있다.

셋째, 역사 내용에서 현대사가 강조되고 있다. 현대 세계사에서 독일 민족이 범한 과오의 원인과 결과를 소상히 정리하여, 학생들의 자기반성을 유도하고, 올바른 역사관을 갖추도록 하고 있다.

넷째, 역사교육은 기본적으로 가치 교육이라는 입장이 강조되고 있다. 자신의 역사의식을 반성하는 것과 더불어, 다른 문명에 대한 전통과 생활 가치관에 개방적 태도를 취하게 강조하고 있다.

3) 전기 중등학교 지리

지리과 교육의 근본 목적은 인간의 삶의 기초인 공간을 이해하고, 공간과의 상호 작용 관계를 인식하고, 이해하는 것이다. 지리과 교육 내용을 분석하면 크게 공간과 자원, 인간과 공간, 인간과 미래 등 세 가지 범주이다.

지리과 교육과정은 기본적으로 지리적 공간에 대한 이해를 위한 교과이다. 독일의 지리과 교육과정에서도 공간에 대한 이해를 기초로 자원, 인간, 환경문제 등을 폭넓게 다루고 있다. 지리과 교육에서도 역사과 교육과정과 마찬가지로 교육의 목표가 지식 영역과 기능 영역 둘로 나뉘어 있다. 첫째, 단순한 인문 지리와 자연 지리에 대한 이해 차원을 넘어서, 지도 독해 능력, 지리 학습 방법, 독자적인 지리 과제 수행 능력 등을 전기 중등 과정에서 강조하고 있다. 그리고 지식 영역에서는 자연 친화적인 태도와 행동, 타 문화 공동체와의 평화로운 공존 등 태도 영역을 포함하고 있다. 둘째, 독일의 지리과 교육에서는 환경교육이 특별히 강조되고 있다. 더불어 전기 중등교육 수준에서 개발의 의미와 문제점을 다루는 점이 특징이다. 셋째, 역사 교과와 마찬가지로 지리 교과도 독일 중심이라기보다는 세계 지리가 중심이 되고 있다. 교육과정 편성에서 현대사회의 과제인 세계화를 구현하려는 노력이 엿보인다. 또한 자기 문화 중심에서 벗어나 타 문화공동체에 대한 이해를 강조하고 있다.

4) 전기 중등학교 사회(일반사회)

일반사회과 교육의 목적은 민주주의 사회의 사회적이고 정기적인 삶에 참여하는 기초가 되는 지식과 능력, 자질을 함양하는 것이다. 일반사회과 교육 내용을 분석하면, 크게 개인과 사회구조, 제도와 정치 체계, 정치적 행위의 기준과 가능성 등 네 가지 범주로 구분된다.

독일의 전기 중등 일반사회과 교육과정은 정치, 경제, 사회, 법을 모두 포함하고 있다. 일반사회과 교육과정의 특징은 첫째, 독일 사회라는 제한된 범위를 초월하여 현대사회의 제 문제 영역을 폭넓게 다루고 있다. 인권, 민주주의, 법치 국가, 사회적 구조, 이해관계, 정치 행위 등 다원주의적이고, 민주적인 사회제도에 대한 폭넓은 이해를 강조하고 있다. 이 점은 일반사회과 교육과정의 핵심 요소로서 민주주의, 평화, 환경, 신기술, 국제화, 시장경제, 법 등이 강조되고 있는데서도 확인되고 있다. 둘째, 전기 중등학교 일반사회과 교육에서는 '핵심 자질(Schlusselqualifikation)'을 갖추는 것을 목표로 하고 있다. 단순히 사회제도와 사회관계를 아는 차원을 넘어서 현대사회에서 갖추어야 할 필수적인 자질인 판단 능력, 토론 능력, 비판 능력, 참여 능력 등 핵심 자질을 함양하는 것을 중요한 과제로 제시하고 있다. 셋째, 독일 전기 일반사회과 교육은 민주시민 교육, 또는 정치 교육을 궁극적인 목표로 제시하고 있다. 민주적인 사회에서 반드시 필요한 민주적인 사고와 태도, 관용, 타협 정신, 갈등 해결 방법, 문제 해결 방법 등을 가르치는 것을 강조하고 있다. 독일 일반사회과 정치 교육은 독일 통일 과정의 갈등을 평화롭게 해결한 원천으로 긍정적으로 평가되고 있다. 넷째, 일반사회과 교육 역시 역사교육과 더불어 가치 교육의 장이라는 점이 강조되고 있다. 독일은 별도의 윤리 교과가 없어서 종교 교과와 일반사회과에서 가치 교육을 담당하고 있다. 일반사회교육과정에서는 민주적이고 올바른 가치관 형성을 중시하고 있다.

5) 후기 중등학교 사회과

한국의 고등학교에 해당되는 후기 중등학교 교육은 전기 중등학교 사회과 교육을 심화·확대하는 것을 목표로 하고 있다. 따라서 기본적인 목표와 내용 구성에서는 전기 중등학교의 그것과 크게 다르지 않다.

후기 중등학교 사회과 교육과정은 사회과의 심화 학습을 목표로 구성되었다. 따라서 학습 내용이 지식 중심이라기보다는 획득한 지식을 바탕으로, 그것을 응용하는 관련 사실을 분석하고 설명할 수 있는 능력을 갖추게 하는 것을 강조하고 있다. 기능 영역에서도 고차원의 문헌 분석 능력, 판단 능력 등을 강조하고 있다. 후기 사회과 교육과정의 또 다른 특징은 그것이 대학의 학문 연구를 위한 준비 과정의 의미를 갖고 있다. 대학에서 학문 연구 방법을 배우는 것이 핵심적인 것처럼, 후기 중등 사회과에서는 관련 교과의 학문적 기초를 파악하는 것에 주안점을 두고 있다.

<표 47> 독일 후기 중등학교 사회과 내용

교과	주요 내용
역사	① 역사적 주요 사건의 과정, 시대에 대한 식견 ② 역사적 사건의 본질적 내용 및 현재와의 관련성 이해 ③ 역사의식의 소유 ④ 상이한 역사 서술 이론 배움 ⑤ 역사적 사실의 설명과 분석 능력 ⑥ 역사 이해 방법과 기술 활용 능력
지리	① 자연 지리, 생태 구조에 대한 이해 ② 선진국 및 개발도상국의 공간구조와 문제점 파악 ③ 독일과 유럽의 경제 및 공간구조 변화 ④ 지리적 사실의 독자적 판단 능력 ⑤ 지리적 사실의 판단 능력과 지식, 기술 습득 ⑥ 지리적 사실의 분석 능력
사회	① 현대사회구조와 사회적 혁신에 대한 이해 ② 사회적 문제 해결 능력 ③ 독일 연방 정부의 통치 구조 ④ 국제 관계 이해 능력 확대 ⑤ 사회적 문제 분석 및 판단 능력 ⑥ 교과 특수적인 방법론 파악과 적용
경제	① 인간 삶에서 경제적 차지하는 본질적 의미와 기능 ② 경제 운용의 법칙 ③ 주요 경제정책의 상이한 의견 파악 능력 ④ 교과 특수적인 서술 방법 및 작업 방법 이해 ⑤ 주요 내용: 경제정책의 목적, 시장, 가격 형성, 경쟁의 원리, 기업 경영, 투자, 분배 정책, 무역 정책, 환율 정책, 유럽의 경제 관계, 성장 정책과 구조 정책
법	① 독일 연방의 헌법 ② 민주적 사회의 법과 법정의 의미 ③ 법의 보호 기능, 평화 기능, 정치적 차원, 이해 관련성 파악 ④ 법적 규범의 구조적 특징과 집행 방법 ⑤ 범죄 사건에 대한 자신의 의견 ⑥ 주요 내용: 법의 기초와 발전과 기능, 재산과 계약, 국가 시민으로서의 인간, 결혼과 가족제도, 경제생활, 노동 시장에서의 인간

1. 교육과정 개관

예술의 나라, '톨레랑스(관용)'의 나라, 유치원부터 대학까지 무상교육의 나라, 경쟁보다 사회주의적 평등 이상을 지향하는 나라, '바칼로레아'(수능)를 논술형으로 치는 나라, 고등학교에서 철학이 필수 교과이자 철학 수업 시수가 가장 많은 나라로 알려진 프랑스의 교육과정 최근 동향을 살펴본다. 프랑스 교육과정은 '개별화 교육과정'에 초점을 맞추고 있으며, 공통 핵심 역량 기반 횡·종적 연계로 모든 교과 재구조화, 대학 자율권 확대, 경쟁 및 책무성 강화 등 고등교육 개혁, 초등 2회, 중학 졸업 시 3회 평가 후 개별 교육과정 제안, 보충수업 학기 내 계속, 주 4일 방과 후 2시간 동안 진행 등이 전체적인 트렌드(trend)이다.

1) 최근의 교육 개혁

프랑스 교육부는 미래 사회 경제의 요구에 부응하며, 미래 교육의 청사진을 모색하고자 2003년 9월 15일부터 1년간에 걸쳐 학교의 미래에 대한 전국적 토론을 주도하고 대국민 여론을 수렴했다. 지역별 공청회, 전국 토론회, 인터넷 여론 조사 등의 다양한 방식을 통해 국민의 의견을 수렴, 2004년 10월 '모든 학생들의 성공을 위하여'라는 보고서를 발표했다.

이 보고서는 교육 문제에 대한 전문가적 진단을 바탕으로 장기간 사회 전반에 걸쳐 대대적으로 실시한 의견 수렴 과정을 바탕으로 한 실천적 개선안을 제안했다는 점에서 획기적인 보고서로 평가되고 있다. 보고서에 의하면, 모든 학생의 성공을 위해 다음과 같은 8대 과제를 실천해야 한다는 것이다. 즉 의무교육 기간에 살아가는데 필요한 교과 핵심 지식과 역량 및 사회 행동 규범을 필수적으로 습득할 수 있어야 하며, 중학생들이 학업 및 진로 계획을 세우고 실행할 수 있도록 지원하며, 고교의 계열을 보다 특성화해 학생들에게 학습 동기를 부여할 수 있어야 하며, 학생들의 사회계층 간 혼합을 도모하며 학교의 교육 활동 주도권과 책무성을 강화한다는 것이 주요 골자이다.

보고서에서 제안된 내용들이 현재 상당 부분 개혁의 주된 내용으로 추진됐다. 즉 학업 이수에 어려움이 있는 학생과 장애인 등 사회 소외 계층에 대한 지원 강화와 개별화 지도, 현행 교육과정을 공통 핵심 역량 기반 교육과정으로 재조직, 학군제의 점진적 폐지, 대학 자율권 확대와 자유 경쟁 및 책무성 강화를 통한 고등교육 개혁, 유럽 개방 교육·문화 교류 등이 그것이다.

〈표 48〉 프랑스 교육과정의 10대 우선 방향

순	우선 방향(내용)
1	장애 학생의 취학 증진
2	공통 핵심 역량 기반 교육과정 적용에 따른 교육목표의 명료화 및 학업 결과의 효율적 평가
3	문화 예술 교육의 강화
4	직업 탐색과 진로 지도의 강화
5	실업계 교육의 개선과 다양한 진로 계열의 평등과 존엄성 보장
6	보다 많은 학업적 평등을 보장하기 위한 교육투자 우선지역의 교육 효과 개선
7	계층 간 학업 기회 균등을 위하여 학군제의 완화
8	개별화 지도의 강화
9	모든 종류의 학교 폭력 및 인종 차별 투쟁 및 방지 교육
10	프랑스의 유럽연합 의장직 수행을 계기로 한 유럽 개방 교육 강화

* 출처: 전효선, 「세계의 신교육과정」, 한국교육신문 인터넷 한교닷컴, 프랑스편, 한국교육과정평가원 자료, 2009.

2) 프랑스 교육의 10대 우선 방향

최근 프랑스 교육의 10대 우선 방향은 2008년 9월 신학년도 요강(2008년 4월 4일령)에 의하면 다음과 같다.

프랑스 교육부의 2008년 6월 5일자 '회람 2008-082'에 의하면, 모든 초등학교의 주당 시수는 24시간이며, 여기에 학습 부진생의 개별 지도 2시간이 추가된다. 주당 시수는 월화목금의 주 4일제로 일일 6시간으로 조직하거나 월요일부터 금요일까지 9회 반나절로 조직할 수 있다. 개별 지도는 매일 30분씩 4일간 또는 1시간씩 이틀간으로 조직이 가능하다. 이러한 조직적인 자율은 학구 장학관의 주관 아래 지역 사정과 학생들의 다양한 교외활동을 고려하여 탄력적으로 조직할 수 있도록 하기 위한 것이다. 교육과정과 관련하여 프랑스가 최대 주력하고 있는 공통 핵심 역량 기반 교육과정 개정과 개별화 교육과정은 다음과 같다.

(1) 공통 핵심 역량 기반 교육과정

공통 핵심 역량 기반 교육과정은 의무교육 내용을 구성하는 문화적 소양과 시민성 함양을 강조하며, 의무교육과정을 이수한 모든 학생이 갖추어야 하는 7가지 핵심 역량을 제시한다. 이것은 2005년 4월 23일 공포된 '학교의 미래를 위한 방향과 교육과정법'의 주요 사안이다. 이 법령에 의하면, 의무교육은 '지식과 역량의 총체로 구성된 공통 기반을 습득하도록 필요한 모든 것을 각 학생에게 보장하는 것'이 중심 임무다. 이것은 1882년 페리(Ferry)법 이후 처음으로 국가에서 의무교육의 핵심 내용을 정립한 것이라고 할 수 있다. 공통 핵심 역량 기반 교육과정에서는 모든 학생이 성공적인 학업 이수, 진학, 진로(직업) 선택, 성공적인 사회진출 등을 하는데 바탕이 되는 가치, 지식, 언어, 실무 지식 전체를 제시하고 있다. 공통 핵심 역량 기반 교육과정은 초등 및 중학교의 교육과정을 대치하는 것이 아니라, 의무교육 종료 때까지 간과되어서는 안 되는 핵심 목표를 상정한 것이다. 즉 기존의 교과는 그대로 둔 채, 교과별 지식과 역량들을 횡·종적으로 서로 연계해 일관성을 가지도록 역량 중심으로 재조직한 것이다. 이것은 다음과 같은 프랑스어 구사 능력, 외국어 구사 능력, 수학 및 과학기술의 기초 지식, 정보통신 기술 사용 능력, 인본주의 문화, 사회성 및 시민성, 자율성 및 주도성 등 7개 역량으로 구성되어 있으며, 각 역량은 지식, 능력, 태도 측면에서 정의된다.

(2) 프랑스어 구사 능력

프랑스어를 읽고, 쓰고, 말하는 능력은 모든 지식 분야에 접근하고 모든 종류의 역량을 습득하는 데 반드시 필요한 것이다. 프랑스어는 기회의 평등, 시민의 자유와 문화 향유를 위한 첫 번째 도구이다. 언어를 통해 다양한 상황에서 문서나 구두로 의사소통을 할 수 있으며, 자신의 권리와 의무를 이해하고 표현할 수 있기 때문이다.

(3) 외국어 구사 능력

외국어로 의사소통을 하기 위해서는 다양한 상황(구두, 문서)에서 생각이나 감정, 사실을 이해하고, 표현하며, 해석하는 능력을 갖추어야 한다. 또한 외국어를 둘러싸고 있는 문화를 파악하고 이해해야 한다. 외국어를 구사함으로써 고정적인 시각을 넘어설 수 있는 것이다. 유럽위원회가 만든 '언어를 위한 유럽 공통참조기준'은 외국어 교육, 학습, 평가를 위한 기본적인 참조 문서다. 이 문서에 명시된 A2 수준(기본적인 언어구사력)이 의무교육에서 습득해야 하는 수준이다.

(4) 수학 및 과학기술의 기초 지식

학생들이 세상에 대해 일관된 시각을 갖고, 주변 환경을 이해하기 위해 필요한 과학적 소양을 갖도록 하기 위한 것이다. 수학과 과학의 구체적이고 실제적인 접근은 추상적인 개념을 이해할 수 있게 된다. 수학, 실험, 기술은 과학적 사고의 필수 요소인 지적인 엄정성을 길러 준다.

(5) 정보통신 기술 사용 능력

디지털 문화는 정보 기술 사회에 대한 비판적이고 안정된 사용을 전제한다. 모든 경제사회 분야에 파고든 정보, 멀티미디어, 인터넷 등이 이에 속한다. 이 기술은 학교 밖에서 경험을 통해 배우는 지식이 대부분이다. 학생이 컴퓨터 관련 기술을 더 효과적이고 제대로 사용하기 위해 필요한 역량을 가르치는 것이 필요하다. 중학교 B2i(정보, 인터넷 자격증)를 취득하기 위해 필요한 지식과 능력은 의무교육의 기본교육 내용에 속한다.

(6) 인본주의 문화

인본주의적 소양을 통해 학생들은 연속성과 단절, 정체성과 이타성의 의미를 습득하게 된다. 프랑스와 유럽의 기원, 오늘날 세계에서의 프랑스와 유럽의 위치를 알게 됨으로써, 학생들은 자신의 미래를 보다 확실하게 그려 볼 수 있다. 인본주의적 소양은 판단력, 취향, 감수성을 길러 준다. 다양한 장르의 문학작품과 예술문화 교육을 통해 인본주의 소양을 쌓을 수 있다.

(7) 사회성 및 시민성

학생이 성공적으로 학업을 이수하고 미래를 설계하고 사회에서 성공적인 삶을 살아가며, 시민으로 권리와 자유를 완전히 누리며 살아가고 책임감 있는 인간으로 자라도록 사회성 및 시민교육도 해야 한다. 목표는 사회·직업 생활에 효과적이고 건설적으로 참여하고, 타인의 권리를 존중하는 가운데 자신의 자유를 행사하며, 폭력을 거부하도록 하는 것이다.

(8) 자율성 및 주도성

인간의 자율성은 인권의 필수적인 요소이다. 이러한 역량을 통해 원인 인식과 판단력을 키움으로써 교류하고 행동하고 선택할 수 있다. 자율성은 성공적인 학업이수, 올바른 진로선택, 개인/직업/사회생활로의 적절한 적응을 위한 조건이다. 학생은 예술, 스포츠 혹은 사회경제적 영역에서 개인적으로 혹은 그룹으로 프로젝트를 실행할 수 있어야 한다.

이와 같은 역량은 다양한 상황에 대처할 수 있는 지식과 능력이자, 평생 살아가는 동안 필요한 삶의 태도로 구성된 것이다. 공통 핵심 역량에 의거해 교육목표를 제시한 교육과정이 2006-2007학년도에 처음 공표되었으며, 2007년 신학기부터 적용되고 있다. 프랑스 교육부는 학생들이 공통 핵심 역량 기반 교육과정의 수립 조치와 함께 공통 핵심 역량 기반 교육과정을 제대로 습득했는지 평가하기 위해 3단계 평가시기를 수립했다.

① 초등학교 2학년 학년 말(CE1): 읽기와 쓰기 능력 습득 여부
② 초등학교 졸업 시점(CM2): 기초 문법, 기초 계산, 사칙 연산의 습득 여부
③ 중학교 졸업증(brevet): 7개 핵심 역량의 습득을 증명함. 각 핵심 역량은 2008학년도 중학교 졸업증 취득 시험(brevet)부터 평가된다. 정보 통신 및 인터넷 학력증(B2i), 유럽연합공동 외국어 자격시험(A2 수준) 등이 그 예이다.

개별 학생 기록부를 통해, 학생 본인과 가족, 교사들은 학생의 7개 핵심 역량의 습득 과정을 살펴볼 수 있다. 이러한 학생 기록부는 2007-2008학년도에 시험적으로 실시됐다. 공통 핵심 역량 기반 교육과정의 이수에 어려움을 겪는 학생들에게는 '학업 성공을 위한 개별화된 교육과정'(PPRE)이 제안된다.

3) 학업 성공을 위한 개별화 교육과정

학업에 어려움이 있거나 과정별로 요구되는 핵심 역량을 습득하지 못한 학생들에게 개별화된 도움을 제공하여, 학업 성공을 돕고 유급을 방지한다. 누구나 지원만 하면 개별 보충 수업 혜택을 받을 수 있으며, 방과 후 보충 수업은 과제나 수업 내용의 복습을 지원하거나, 스포츠·예술, 문화, 멀티미디어 활동을 제공한다. 보충 수업은 학기 내내 계속되며, 한 주에 4일에 걸쳐 방과 후 2시간 동안 진행된다. 보충 수업은 과제와 수업 내용 복습, 스포츠 활동, 예술 및 문화 활동의 다음 3가지 종류가 있다. 또한 방학 중에도 초등 고학년 학업 부진 학생에게 15~20시간의 보충 수업을 제공한다.

(1) 과제 및 수업 내용 복습

수업 시간에 배운 내용에 대한 심화 학습을 하거나 과제를 한다. 필요한 경우에 도움을 받는다. 특별한 도움이 필요하지 않은 경우에는 다른 학습활동을 할 수 있다. 예를 들어, 학습법 배우기, 과목별 심화학습, 독서, 자료 조사 등이 있다. 그리고 여러 과목을 아우르는 학습 프로젝트를 할 수도 있다.

(2) 스포츠 활동

스포츠 단체나 해당 중학교의 스포츠 그룹에서 보유하고 있는 시설 및 장비 조건에 따라 스포츠 활동이 결정된다.

(3) 예술 문화 활동

모든 종류의 예술 문화 활동이 가능하지만 학교 및 외부 강사의 여건에 따라 현실적으로 가능한 활동을 하게 된다.

이와 같이 프랑스는 유럽연합 의장직 수행을 계기로 유럽 개방 교육을 강화하고 국가 교육의 미래를 유럽 차원에서 제고하며 교육에 자율과 경쟁을 도입하고 기업과 같은 경쟁 논리로 교육의 수월성 확보를 위한 일련의 개혁들을 추진하고 있다. 그러나 신자유주의적 성향의 사르코지 정부가 추진하고 있는 개혁 조치들은 사회주의적 평등 이상을 지향하는 대다수 국민의 거센 저항을 받아, 소외 계층을 지원하고 학업 부진 학생에 대한 개별화된 도움과 의무교육 단계의 공통 핵심 역량을 극대화해 교육의 수월성을 확보하는 방향으로 점진적 제도 개선이 이루어지고 있다.

우리나라도 최근 급격한 자율과 경쟁의 요구에 직면해 있다. 사회주의적 평등과 자율·경쟁 간의 갈등을 인간주의적 가치와 관용을 바탕으로 조율한 프랑스의 사례는 우리의 교육 개혁 방향 설정에 시사를 준다(전효선, 한국교육신문 한교닷컴, 2008.11.04).

2. 사회과 교육과정 개발 방식

프랑스 교육제도의 특징은 원칙적으로 국가가 주관한다는 점이다. 프랑스에서는 16세까지의 의무교육, 학교 설립 등 교육의 자유, 학위 발급의 국가 독점, 교육의 중립성과 비종교성 유지, 교육의 평등성 보장 등이 특징이다(한국교원대학교, 2004: 334-340). 실제 프랑스에서는 국가가 교육 정책과 전국의 교육 프로그램을 결정, 실행하며, 대부분이 공무원인 채용과 양성, 그리고 급료 지불을 담당한다.

프랑스 교육제도는 피라미드 모양을 띠고 있다. 교육부 산하의 아카데미(Academies)는 정부가 임명한 학구장이 운영하며, 각 도에 있는 교육 담당 장학관의 지원을 받는다.

프랑스의 초등교육은 초급 이전 교육(유치원, 2·3세에서 5세까지), 초급교육(초등학교, 6세에서 10세까지)을 담당하는 학교에 의해 실시된다. 공무원인 교사의 봉급을 제외한 학교 운영에 필요한 경비는 전적으로 시(市)의 부담이다.

중등교육은 중학교(15-16세)와 고등학교에서 실시된다. 원칙적으로 중학교에서 모든 학생들은 같은 교육을 받는다. 다만 중등교육을 이수한 학위인 바깔로레아(Baccalaureat)를 준비하는 고등학교에서는 학생들이 각자의 적성에 따라서 서로 다른 교육을 받게 된다. 일반계는 보통 고등교육과 관리자 양성으로 이어진다. 공학계는 기술자 양성을 위한 단기 고등교육으로 이어진다. 실업계는 노동시장으로 연결되거나, 숙련공으로 활동하게 된다.

프랑스 교육은 2004년 교육 현황의 평가와 개혁안을 보고하였으며, 이 보고안을 토대로, 2005년 새로운 교육법을 제정, 공포하였다.

프랑스의 사회과 교육은 국가적 측면에서 자유 시민의 교육을 개인적 측면에서는 학생들의 개성 및 전문성의 육성을, 사회적인 측면에서는 삶과 교육의 조화를 이루는 것을 교육의 궁극적 목표로 설정하고 있다.

3. 사회과 교육과정의 체계

프랑스 사회과 교육의 특징은 한국의 교육과정과는 다르게, 통합 사회과라는 교과를 두지 않고 있다. 프랑스 교육과정은 초등학교와 중학교 과정에서 역사, 지리를 하나의 독립 교과로 분리하고 있다. 그러나 초·중학교 교육과정은 한국의 일반사회와 윤리 교과를 통합한 시민 교과가 역사, 지리와 같은 영역에 포함되어 있다(한국교육과정평가원, 2005: 120-130). 하지만 고등학교의 시민 교과는 시민 교과와 완전히 분리된 독립 교과이다.

프랑스의 사회과인 역사, 지리교육과정의 특징은 다음과 같은 세 가지로 종합할 수 있다.

첫째, 국가에 의해 규정된다는 점이다. 프랑스 교육과정의 일반적 특징은 집권적 국가 체제를 유지하여 온 프랑스의 역사적 전통에서 연유한다고 볼 수 있다. 평등을 강조하는 공화국의 이념 때문에 국가가 모든 학생들에게 동일한 정보를 제공하는 역할을 담당하기 때문이다. 그러므로 국가는 역사, 지리교육과정에서 다양한 교육 목적을 부여하고, 모든 학생들을 그 목적에 부합되게 교육시키는 역할을 담당한다.

둘째, 초등학교에서 고등학교에 이르기까지 학교급별, 과정별로 계열화되어 있다는 점이다. 교과교육

목표는 국민적 기억을 상기시키는 것으로부터, 지적 훈련을 통한 민주시민 양성으로, 단계화되어 있다.

셋째, 초등학교에서 고등학교에 이르기까지 역사, 지리 교과가 독립 교과, 필수 교과라는 점이다. 최근, 초등학교에서 중학교의 교육과정까지 역사, 지리 교과는 시민 교과와 함께 하나의 교과 영역으로 편성되어 있지만, 통합 사회과는 존재하지 않는다. 역사, 지리 교과는 여전히 독립 교과로 존재하는 것이다. 역사, 지리교육과정은 초등학교의 마지막 단계인 3개 학년(제3 - 5학년)에서 시작된다. 중학교의 적응 과정, 중간 과정, 진로 모색 과정, 그리고 고등학교의 진로 결정 과정, 최종 과정 등을 통틀어 역사, 지리는 시민 교과와는 별개의 독립 교과이다.

4. 교육과정 내용

역사 교과, 지리 교과가 국가 주도 교육과정의 필수 교과를 유지하고 있는 이유는 국민 의식, 시민 의식을 함양시키는 역할을 하기 때문이다. 초등학교에서 고등학교에 이르기까지의 교육과정에서 역사, 지리 교과는 이러한 역할 기능을 갖고 있다. 이 교육목표는 크게 과거 사실의 기억, 지적 훈련, 시민교육 등 세 가지이다.

초등학교 역사교육의 내용은 연대기적으로 구성되어 있다. 학생들이 역사적 시기의 계속성을 분명하게 규정하는데 가장 큰 어려움을 느끼기 때문이다. 연대기적 기준에 입각하여, 교육과정 내용은 역사적으로 중요한 시기의 다양성과 특이성에 관한 일반적인 개관을 하는 것을 중점으로 하여 구성되었다. 초등학교 지리교육의 내용은 세계의 입문, 유럽의 고찰, 프랑스 연구 등 세 개의 주제이다. 세계의 입문에서는 세계의 대륙과, 대양, 기후 등을 이수하고, 유럽의 고찰에서는 유럽 대륙의 다양성과 통일성을 중심으로 배우며, 프랑스 연구에서는 프랑스의 지리적 영역과 유럽에서 프랑스가 차지하는 지리적 위치의 특징을 중심 내용으로 한다(한국교육과정평가원, 2005: 120 - 130).

중학교 역사, 지리 교과의 교육과정 내용은 역사와 지리 학습에서 빼놓을 수 없는 비판적인 문제 해결 방식을 적용하는 내용 중심으로 구성되어 있다. 따라서 역사와 지리 내용 모두 주제 중심으로 되어 있으며, 각 주제는 시간과 공간을 인식하기 위하여 기억해야 할 다양한 지식을 제시하기 위하여 설정되었다.

고등학교 역사, 지리 교과교육과정 내용은 기초 지식을 기반으로 하여 새로운 학문적 성과들을 수용하면서, 문제 해결 방식으로 수업이 진행될 수 있도록 구성되어 있다. 고등학교의 역사, 지리교육과정 내용은 제1학년에서는 동일하지만 제2학년부터는 일반계와 기술계에 따라 내용이 다르다. 일반 계열인 문학계, 사회·경제계에서 역사, 지리교육 내용이 특별히 강조되고 있다. 이는 다른 교과교육과의 일관성을 유지하면서, 각 교과의 심화 학습의 필요성을 강조하는 고등학교 교육개혁의 의도가 반영된 것이다.

이와 같은 목표를 바탕으로, 읽기, 쓰기, 언어, 표현 등 기초 학습 기능의 습득과 함께 전인적 자질의 육성을 강조하고 있다. 아울러 가정을 통하여 도덕교육과 공민교육을 강조하고 있는 것이 특징이다.

사회과 교육에서 교사와 학부모의 관계를 좀 더 밀접하게 유지함으로써 획일적인 교육과 일방적 규제 등을 배제하고 있다. 이와 같은 조치는 프랑스에서 학령 전 교육과 초등교육에서 실시되어, 강한 영향력을 미쳐 왔다.

프랑스 사회과 교육의 특징은 교육과정 운영의 유연성과 자율성이다(김준택, 1988: 12 - 15). 이와 같은 특징은 프랑스인들이 무슨 일이든지 획일성을 배제하고, 개인의 자유를 최대한 존중하는 그들의 사회가 가지고 있는 지적 전통에서 비롯된 것으로 볼 수 있다.

한편, 프랑스에서는 교과별 시간 배당이 매우 중요시되고 있다. 그것은 시간 배당에 따라 교육 효과가 달라지고, 사회적 평등에 문제를 가져다주기 때문이다. 프랑스의 사회과 역사·지리 영역에서는 지식을 재현(再現)시키고, 그 지식을 재활용하여 얻은 지식을 다시 다른 영역에 전이시킨다는 관점에서의 평가를 강조하고 있다.

5. 교육과정의 개정 일반

프랑스에서의 교육과정과 관련한 첫 공공 지침은 1887년까지 거슬러 올라간다. 이것이 프랑스 교육과정의 원조이다. 1887년의 이 교육 지침은 1923년의 교육 개혁에서 그대로 답습되어 1975년 아비 교육부장관이 대대적인 교육 개혁을 실행할 때까지 거의 변하지 않고 지속되었다. 1975년 아비 교육과정은 1985년에 유·초등교육 주기에 맞추어 재개편되었다.

1985년의 주기별 교육과정은 최초로 교육과정 전문가 그룹에 의해 개발되었으며, 또한 최초로 전국 교원 집단의 여론을 수렴하였다. 이후 2004년의 교육과정 개정에서 전국 교원 집단 여론 수렴 방식은 제도적으로 완전히 정착되었다. 1992년에 다시 초등교육과정을 개정하였는데, 주안점은 활동 중심 능동적 교수·학습법을 도입하는 것이었다. 프랑스 교육부는 1999년 '2000년대의 중학교'라는 중학교 교육과정 개정 시안을 제시하였다. 주요 개혁 영역은 학생 개인 지도를 위한 방안, 국어 사용 능력 방안, 다양한 진로 지도와 과목 간 연계 학습, 기술 교육, 시민교육 등을 강화하는 것이었다.

프랑스 교육부는 1998년 '고등학교에서는 어떤 지식을 가르쳐야 하는가?(Quels savoirs aenseigner au lycee?)'라는 주제로 심층적 논의를 주도하였다. 국어, 역사, 지리 등을 비롯한 전 교과에 의미(지식)와 방법(기술)을 동시에 습득하게 하는 교수·학습 내용과 활동이 요구되었으며, 이때부터 중등의 모든 교육과정에 교과적 지식뿐만 아니라, 그러한 지식을 스스로 구축할 수 있는 학습 방법을 가르치는 것을 전 교육과정에 도입하였다.

1998년부터 시작된 고등학교 교육과정 개정이 마무리된 시점인 2002년에 프랑스 교육부는 중학교 교육과정을 새롭게 개정하게 된다. 이렇게 상대적으로 짧은 주기의 반복적인 개정은 프랑스 교육과정사에서 상당히 보기 드문 행보로서 계층 불평등으로 인한 학교 폭력과 학업 실패 등이 중학교 단계에서 가장 심하게 나타났기 때문이다.

프랑스 교육부는 2006년에 '공통 기초교육 지식 및 능력(socle commun de connaissances et de competences)'이라는 새로운 교육과정을 제정하여 발표하였다. 이 교육과정은 초·중등 의무교육 기간(6-16세)에 걸쳐 모든 학생이 습득해야 할 지식 및 능력을 정의한 것으로서 기존의 교과별 교육과정을 주요 7대 목표 능력을 중심으로 습득해야 할 지식을 종적, 횡적으로 풀어서 연계한 교육과정이다.

6. 교육과정 개정 주기

프랑스 교육과정 개정 주기는 계열 또는 교과에 따라 다소 불규칙적으로 이루어지지만 교육부의 목표는 최소 10년 주기로 각 계열별의 교과교육과정을 개정하고자 한다.

일반적으로 프랑스에서는 교육과정 개정을 할 때에는 반드시 학교 과정의 사이클에 맞추기 때문에 중등 개혁의 경우, 중학교 1년 반과 고등학교 1년 반을 그 시발점으로 하며, 초기 실행단계에서 완료에 이르기까지 중학교 4년, 고등학교 3년이 소요된다. 여기에 교육과정 개정 전의 장학관, 특임 연구단에 의한 조사나 진단 연구, 교육전문가들 간의 상반된 의견 교환과 대립 등의 민주적 절차를 거쳐야 하기 때문에 통상적으로 사전 준비 기간이 최소 2-3년 소요된다.

그리고 개정이 완료된 후에도 신교육과정의 도입에 따른 학습 결과와 영향에 대한 분석과 연구를 하는 후기 추수 지도 및 평가 과정 2-3년을 포함하면 중등교육과정 개편에 최소한 10년이 걸린다. 그러므로 프랑스 교육과정 개정 주기는 상당히 현실적인 사정을 고려한 것이다.

7. 사회과 교과서의 특징

프랑스의 학교 교과서의 특징은 다양한 학습 자료를 제공하는데 거의 대부분의 분량을 할애하고 있다는 점이다. 학습 자료의 출처는 신문 기사, 학술 저널, 법조문, 유명한 삽화, 통계 자료, 사진 등 매우 다양하다. 교과서는 핵심적인 개념들을 간략하게 소개하고 다양한 학습 자료를 제시하면서 학생들로 하여금 스스로 그 자료들을 읽고 이해하게 하며, 그에 대한 질문을 통하여 학습 활동을 유도한다. 이러한 종류의 교과서는 토론 위주의 수업이 이루어지기 위해서 필수적이다. 프랑스의 교과서는 제시하고 있는 학습 자료의 출처를 밝히고 다양한 자료를 제시하여 학생들의 흥미를 유발시킬 뿐만 아니라, 교과서에 제시된 학습 자료와 유사한 다른 자료를 일상 생활에서 보고 읽을 때 학교에서 배운 것을 쉽게 적용해 볼 수 있도록 하고 있다. 즉 프랑스의 교과서는 학생들이 필요한 자료를 스스로 찾아서 읽고 정리하고 핵심적인 개념에 비추어 나름대로 자신의 견해를 세워보는 등 학생 중심 활동을 유도하는데 그 특징이 있다.

프랑스의 학교에서는 근로자들의 시위와 파업, 실업자 운동, 실업으로 인한 문제, 전국노조가 중심이 된 사회 운동 등에 관한 사진 자료나 신문 기사 등과 같이 시사성이 매우 높은 학습 자료를 교재로 활용한다. 이는 학교 교육의 보편적인 지식과 가치를 가르쳐야 한다는 일반적인 관념과 상당히 동떨어진 것으로 보인다. 하지만, 일상적인 고나계가 먼 보편적인 것만을 가르쳐서는 실천이 무엇보다 중요한 영역에서 제 효과를 발휘하기 어렵다. 프랑스에서는 시상성이 높은 학습 자료로 활용함으로써 학생들로 하여금 현실의 문제에 보다 깊은 관심을 가지도록 유도하고 있으며, 그렇게 함으로써 교육 경험이 실천으로 쉽게 연결되도록 하였다.

그렇다고 보편적인 지식이나 가치를 등한시하는 것은 아니다. 사회적 갈등과 분쟁은 항상 사회가 보편적으로 추구하는 가치에 부합하는 방식으로 조정되어야 함을 끊임 없이 강조하고 있다. 프랑스 사회가 보편적으로 추구하는 가치에 대한 교육은 초등학교에서부터 아주 착실하게 가르치고 있다. 또 그런 가치가 형성되기까지의 역사 공부를 통하여 그것이 자연적으로 주어진 것이 아니라 끊임 없는 갈등과 대립, 화해와 타협 속에서 힘들게 쌓아온 것임을 가르치고 있다(전국사회교사모임, 2008: 32).

■제5장■ 스웨덴의 사회과 교육과정

1. 교육과정의 개관

평생 학습 사회의 수립과 유럽 제일의 학교를 목표로 하는 개혁으로 OECD도 주목하고 있는 스웨덴에서, 기초학교(제9학년까지) 학습 지도요령은 1962년에 고시되고, 1980년과 1994년에 크게 개정되었다. 한편, 종합제 고등학교 학습 지도요령은 1970년에 고시되고, 1994년에 대폭 개정되어 현재에 이르고 있다.

스웨덴에서는 전국적으로 균질의 교육을 보장하는 것을 목표로 하고 있으며, 학습 지도요령은, 그 총칙이 의회의 승인을 거쳐 고시되어 법적 구속력을 갖는다.

현행 기초학교 학습 지도요령은, 종래의 저학년 중학년 고학년의 구별을 폐지하고, 오리엔테이션 과목으로서 종합적으로 다루어지던 내용을 사회계 과목과 이과계 과목에 배분하고 있다. 기초학교 9년간의 최저 수업 시수는 6,665시간으로 되어 있고, 6개의 영역으로 커리큘럼이 구성되어 있다. 즉 기초적 기능(국어 영어 수학), 실천적·예술적 과목, 사회과학, 자연과학, 선택외국어 및 선택과목이 그 6영역이다.

학습의 평가는 MVG(우수) VG(양호) G(가능)의 3단계로 절대 평가가 제8, 9학년에 행해져서, 공립학교에서는 읽기 쓰기 셈하기의 성취도를 조사하기 위하여 전국 테스트도 실시된다.

한편 기초학교 이후 종합제 고등학교 학습 지도요령은, 모두 3년제로 국가가 정하는 16가지 코스가 있으나, 특별 코스 개인별 코스도 인정되고 있다.

16가지 코스는 아동 여가, 건축 전자공학, 에너지, 예술, 운송, 상업 경영, 수공예, 호텔레스토랑, 공업, 식품, 미디어, 천연자원 이용, 자연과학, 복지, 사회과학이다. 3년간 최저 수업 시수는 직업 코스의 경우 2400시간, 보통교육 코스에서 2180시간이다. 직업교육 코스에서는 전 수업 시수의 최저 15%가 실습에 충당되어야 한다.

또한 공통필수교과로서 국어 영어 사회과학, 예술 자연과학 스포츠 보건이 정해져 있고, 어떤 코스를 수료하여도 대학입학 자격이 부여된다. 평가는 각 과목 종료 시에 IG(불가)까지 포함된 4단계로 행해진다.

북유럽은 최근까지 7세 취학으로, 1년간의 취학전 교육은 거의 전면적으로 정착되어 있으나, 최근에는 6세 취학 쪽으로 움직이고 있다. 스웨덴에서는 1997년부터는 희망자 전원을 지방자치단체가 받아들이도록 의무화되었다. 또한 커리큘럼 입안이나 평가에, 학생과 학부모의 참가가 한층 강화되는 방향으로 바뀌고 있다. 나아가 기초 기본을 중시하나, 종합적인 학습도 행해지고 있어, 국어에서도 다문화 사회, 공생사회의 시점을 도입하고, 지리의 교과서에서도 환경 보전의 문제를 다루고 있다. 국가가 정하는 학습 지도요령을 준거로 삼는 것을 당연히 받아들이면서도, 지역사회의 실정에 따른 유연한 대응을 요청하고 있다. 그 전형적인 것으로 스웨덴에서는 과목별 시간배분에 대한 규제를 철폐하는 등의 실험을 거쳐서 정착시켰다.

2. 학습 지도요령의 교육목표

1994년 대폭 개정된 스웨덴의 '학습 지도요령'에 제시된 학교 교육의 기본적 이념은 다음과 같다 (Ame Lindquist & Jan Wester, 2003, 192-204).

우리나라의 교육과정 격인 스웨덴의 학습 지도요령 제1장 학교의 가치기준과 임무, 제1절 '기초가 되는 가치관'에서는, 학교의 기초는 민주주의이고, 민주주의 가치관 즉 생명 자유 인권 남녀평등 약자와의 연대감 존중 등을 학생들에게 갖추도록 하는 것이 학교의 임무라고 하고 있다. 이와 함께 이러한 가치관들을 기독교의 전통 및 서구의 휴머니즘에 근거한 가치들인 공정 인내 관용 책임감을 육성할 때 달성되는 것이라고 주장하고 있다. 제2절 '이해와 동포애'에서는, 타인을 내면적으로 이해하는 능력 육성, 타인의 가치관을 이해하는 능력 육성, 차별대우, 불관용 등과 맞서 싸울 것을 요구하고 있다. 사회의 국제화가 진행되는 것과 동시에 세계의 문화적 다양성을 이해하는 능력을 갖추는 것의 중요성이 지적되고 있다.

아울러 제6절 '학교의 임무'에서는 다음과 같이 학교의 임무 및 학교 교육목표가 제시되고 있다 (Ame Lindquist & Jan Wester, 2003, 192-204).

(1) 학생에게 가치관 전통 언어 지식 등의 문화유산을 전달한다.

(2) 학생은 열심히 학습하여, 새로운 지식을 획득하고, 그것을 유용하게 상용할 방법을 익힌다.

(3) 학생은 사회생활에 대한 준비를 하고, 지금과 같이 급격히 변화하는 복잡한 정보사회에 적응할 수 있는 능력을 익힌다.

(4) 학생은 자기 자신의 과제를 설정하고, 자신이 주도적이 되어 결과에 책임을 진다.

(5) 학생들이 심신이 조화된 발달을 성취하도록 하고, 지적 작업과 동시에 육체적 작업능력을 기르게 한다.

(6) 과학적 진리나 예술적 표현 등, 지식의 다양한 존재 형식에 주의를 기울이도록 한다. 드라마 댄스 리듬 음악 회화 문장 조형 등 지식의 다양한 표현법을 발달시킨다.

(7) 수업에는 ① 역사적 관점, ② 환경적 관점, ③ 국제적 관점, ④ 윤리적 관점의 네 가지 관점이 관찰되도록 한다.

3. 사회과의 목표: 시민교육 중핵 교과

학습 지도요령의 사회과 학습 목표를 고찰하면, 우선 총론 부분에, 기초학교의 과제는 민주주의의 가치관을 내면화한 시민을 육성하는 것이라고 진술한 후에, 사회생활에 참가하고, 영향을 미치는 사람이 되기 위해서는 나라 내외의 사회문제와 그 배경에 대하여 지식이 필요하고, 그 지식을 획득하기 위해서는, 여러 가지 정보원을 이용할 수 있어서, 정보를 종합하고, 평가하고, 분석하여, 자신의 견해를 가질 수 있어야 하는데, '사회'는 그것을 위한 교과라고 규정하고 있다.

사회과에서 지향해야 할 목표로는, 다음의 여덟 개 항목이 조목별로 제시되어 있다.

(1) 민주주의 원칙을 이해하고, 실천할 수 있을 것. 동시에, 다른 이데올로기나 전통을 배경으로 가지는 사람들은, 다른 사회관을 가지게 된다는 것을 이해한다.

(2) 스웨덴 사회의 발전의 방향, 그 조직구조, 남자 여자 아동들의 생활이나 노동의 상황을 이해한다. 외국과의 비교를 시도한다.

(3) 여러 가지 정보원에 접근한다. 정보를 종합한다. 표명되어 있는 의견 견해를 비판적으로 검토하는 능력을 익힌다.

(4) 국제 관계나 국제 상황을 경제사회 정치 문화의 각 측면에서 분석할 수 있는 능력을 기른다.

(5) 국제분쟁의 원인 평화유지국제협력의 의미나 결과에 대하여 이해한다.

(6) 사회와 자연과의 협조 관계를 역사 발전적으로 이해한다. 환경문제의 경제적 정치적 제 측면에 대해 깊이 있게 인식한다.

(7) 사회 상황, 권리 의무에 대한 지식을 가진다. 아동이나 청소년이 놓인 사회 상황을 이해한다.

(8) 자신의 의견을 발표하고, 토론하는 능력을 기른다. 그를 통하여 시민으로서 사회발전에 공헌할 수 있다는 자신을 획득한다.

4. 교육과정의 내용

1) 사회과의 교과구조

스웨덴 사회과의 내용은 대부분 스웨덴 시민교육 내용의 중핵을 이룬다. 그 사회과의 교과구조는 아래의 표와 같다. 여기에 성교육, 건강교육, 환경교육 등이 학교 선택 시간에 포함되어 실시되고 있다(江口勇治, 2003, 135 참고하여 재구성).

<표 49> 스웨덴 사회과의 구조

역사	지리	경제	법률	공민	종교	철학	문화사	후기 중등
종교(공통교육과정) + 공민(공통교육과정)								
지리		역사		공민		종교		전기 중등 초등
사회과								

2) 학습 목표를 통한 교육 내용

제5학년 종료 시 도달해야 할 목표의 사회과 부분을 보면, 제5학년까지 사회과 내용의 틀을 알 수 있다. 스웨덴의 학습 지도요령에는 제5학년 말과 초기 의무교육이 종료하는 제9학년 말에 전체 학생들에 대한 평가를 실시하기로 되어 있다. 제5학년의 통일 시험에 불합격한 학생에 대해서는 학교가 특별한 지원을 하는 것이 의무로 되어 있다.

① 제5학년 종료 시 도달해야 할 목표(사회과)

(가) 스웨덴의 민주주의 체제의 기초를 이해하고 있다. 민주적으로 일처리를 하는 방식, 민주적 결정의 방식을 알고 있다.
(나) 사회의 기본적 규범이나 법률관계를 이해하고 있다.
(다) 거주지역의 사회 상황을 알고 있다.
(라) 사회문제에 대한 정보를 문학 논픽션 신문 사전 등으로부터 수집할 수 있다.

② 제9학년 종료 시 도달해야 할 목표(사회과)

(가) 인간의 기본적 권리, 의무, 민주주의적 자유에 대하여 이해하고 있다. 학교에서 민주적 일처리 방식, 결정의 방식을 실천할 수 있다. 스웨덴의 기본적 규범, 법체계의 의의를 이해하고 있다.
(나) 스웨덴의 통치기구의 발전과 전국 지방 지역 수준의 사회제도의 구조를 이해하고 있다. 북구 여러 나라, 그 외의 외국과의 비교가 가능하다.
(다) 여러 수준에서 국민경제문제나 환경문제를 이해하고 있다. 외국과의 비교가 가능하다.
(라) 성(性), 사회, 문화가 인간의 생활 패턴에 어떠한 차이를 초래하고 있는 가를 고찰할 수 있다.
(마) 스웨덴이 왜 국제적으로 활동하고 있는가를 이해하고 있다. 스웨덴의 외교 안전보장 정책에 대하여, 국제협력이나 국제분쟁문제 해결을 위한 노력에 대하여 이해하고 있다.
(바) 여러 가지 지식의 원천을 이용하여, 수집한 정보와 견해를 종합하여, 가공하고, 검토하여, 평가할 수 있다.

5. 교육과정의 특징

첫째, 가정과 학교의 관계: 스웨덴의 학습 지도요령 제6절 '학교의 임무'에서는 우선 학교의 사업은 항상 가정과의 협력을 토대로 실행되어야 한다고 규정되어 있다. 아동의 양육과 발달에 대한 책임을 지는 것은 가정이고, 학교의 역할은 가정에 대한 지원이라는 인식이 깔려 있는 내용이다.

둘째, 시민 윤리 육성을 중시: 학습 지도요령에 1장 1절 '기초가 되는 가치관'에서는, 학교의 기초는 민주주의이고, 민주주의의 가치관 즉 생명 자유 인권 남녀평등 약자와의 연대감 존중 등을 학생들에게 갖추도록 하는 것이 학교의 임무라고 하고 있다. 제2절에서는 '이해와 동포애'에서는, 타인을 내면적으로 이해하는 능력 육성, 타인의 가치관을 이해하는 능력 육성, 차별대우, 불관용 등과 맞서 싸울 것을 요구하고 있다. 윤리를 중시하는 스웨덴의 신학습 지도요령의 특징이 잘 나타나 있다.

셋째, 학교에서 민주적 일처리 방식, 민주적 결정의 방식을 실천할 수 있도록 하는 것을 목표로 한다. 이는 학습 지도요령의 사회과 부분 9학년 종료 시 도달해야 할 목표에 명시되어 있으며, 학교 운영위원회에도 학생들의 대표가 교사대표 지역대표와 함께 참가하여 의결에 투표권을 행사하고 있다. 더 나아가 학생들의 정치활동이 허용되어 14세에 정당에 가입하여 활동하고, 18세에 시의원에 당선되는 경우도 있다.

넷째, 평등과 생애학습 강조: 북구의 민주주의는 모든 계층의 사람들을 평등하게 할 수 있는 복지의 실현을 기본이념으로 하여 성립하였다. 교육정책도 그러한 이념을 향하여 추진되고 있다. 스웨덴의 교육법에도 이것이 두 가지 기본이념으로 명시되어 있다. 즉 우선, 모든 아이들은 평등하게 교육을 받을 권리가 있다고 규정한 것. 그리고 성인의 교육받을 수 있는 권리를 확충한 것이 그것이다. 이들의 교육제도는 특수학교, 지적 장애자, 사메족, 성인, 이민자 모두 그들에게 맞는 교육과정을 이수한 후 상급학교에 계속 진학할 수 있도록 구성되어 있다(江口勇治, 2003, 130 참고하여 재구성).

다섯째, 사회과의 내용 면 방법 면의 특징: 신학습 지도요령은 교육의 목표를 명시하였고, 학교와 교사의 자유와 책임범위를 확대하였고, 학생의 학습에 대한 참가와 책임을 확대한 것에 특징이 있다. '학교와 교사의 자유와 책임 확대'는 일정한 범위 내에서 자유로운 수업 내용 결정, 수업 방법과 교재 선택의 자유, 나아가 수업 시간 배분의 자유를 의미한다. '학생의 학습참가와 책임의 확대'는, 학생이 수업 계획 작성에 참가하는 것, 학습하고 싶은 교과의 선택범위 확대를 의미한다. 각각의 학생이 자기의 의지와 의욕을 보다 많이 발휘할 수 있고, 보다 큰 만족과 기쁨을 얻을 수 있는 학교가 되도록 한다는 것이다.

<표 50> 스웨덴의 학교 학습 체제

취학 전 교육	의무교육			
	사메학교 6년간	후기 중등교육 학교(3년)		
특수학교(10년간)				
지적 장애자를 위한 초등 중등학교		지적 장애자를 위한 후기 중등교육 학교		종합대학 단과대학 사회인 생활 상급 직업학교
이민을 위한 스웨덴어 학교				
지방자치구의 성인교육				
성인 기초교육		성인 후기 중등교육	성인 보상 교육	
지적 장애자를 위한 성인 교육				

▌제6장▌ 일본의 사회과 교육과정

1. 교육과정 개관

일본의 국가 교육과정 기준인 '학습 지도요령'은 지금까지 거의 10년 주기로 개정되어 왔다. 이 학습 지도요령 개정에 의해 교육목표와 내용이 제시되어 일본의 학교 교육과정의 방향성을 변화시켜 왔다. 일본의 학습 지도요령은 1947년 시안(試案)에서 출발하여, 1958년 개정 때부터 법적 구속력을 가지는 '고시(告示)' 형태를 취해 왔다.

1977년 학습 지도요령 개정부터는 '여유 교육관'에 기반을 둔 학교 교육과정 구성을 도모하여 1989년 개정과 현행 학습 지도요령인 1998·1999년 개정까지 그 관점이 계승되었다. 특히 1998·1999년 개정은 2002년 4월부터 시행된 학교 주 5일 수업제 전면 실시에 대비한 개정이기도 하다. 그렇지만 이러한 여유 교육관에 기초한 교육과정은 2008년 3월 28일에 고시된 초등학교와 중학교 학습 지도요령에서는 '학력(學力)' 중시의 교육관으로 전환되는 커다란 변화를 단행하였다.

2008년의 학습 지도요령 개정은 초등학교와 중학교 학습 지도요령 개정이고, 고등학교는 현재 개정 작업이 진행 중이며 내년 3월경에 고시될 전망이다. 또한 이번의 개정은 교육기본법 및 학교 교육법 개정에 따라 이루어졌고, 2008년 1월 17일의 중앙교육심의회 답신 '유치원, 초등학교, 중학교, 고등학교 및 특별지원 학교의 학습 지도요령 등의 개선에 대해서'에 입각하여, 교육과정 기준의 개선을 도모한 것이다. 초등학교는 2011년 4월 1일부터, 중학교는 2012년 4월 1일부터 시행된다.

2008년 교육과정 개정 틀의 기반이 된 중앙교육심의회의 답신에서는 교육과정 개정의 기본 이념으로 다음의 6가지, 즉 ① '살아가는 힘'이라는 이념 공유, ② 기초·기본 지식·기능 습득, ③ 사고력·판단력·표현력 등의 육성, ④ 확실한 학력을 확립하는데 필요한 수업 시수 확보, ⑤ 학습 의욕 향상과 학습 습관의 확립, ⑥ 풍요로운 마음, 튼튼한 체력 육성을 위한 지도 충실을 제시하고 있다. 이와 같은 기본 이념을 바탕으로 이루어진 다음의 개정 중점 사항을 주목해 볼 필요가 있다. 일본의 최신 교육과정은 '여유'에서 '학력' 중시로 교육관 일대 전환, 주 5일 수업 실시 이전 수준으로 수업 시수 증가, 일본 초등학교 제1학년 우리보다 수업 시간 5050분이나 과다, 국어, 수학, 과학, 체육 등 교과 수업 시수 확대, 중학교 선택교과 삭제, 초등학교 제5·6학년 영어 신설 등이 전체적인 흐름이다.

① 언어활동의 충실

언어는 지적 활동과 커뮤니케이션, 감성·정서의 기반으로 본다. 따라서 국어과에서 읽고 쓰기 등의 기본적인 힘의 정착을 도모함과 동시에, 각 교과 등에 있어서의 기록, 설명, 논술, 토론이라고 하는 학습활동을 충실히 하도록 제시하고 있다.

② 수학·과학 교육의 충실

과학기술의 토대인 수학·과학 교육의 충실을 도모하기 위해서 국제적 통용성, 내용의 계통성, 초·중학교 학습의 연계 지도 내용을 충실하도록 제시하고 있다.

③ 도덕교육의 충실

도덕교육은 학교 교육활동 전체를 통해서 실시하는 것임을 명확히 하였다. 또한 도덕교육 추진교사(주로 도덕교육을 담당하는 교사)를 중심으로 전 교사가 협력해서 도덕교육을 전개할 것을 명확히 하고 있다.

④ 체험 활동의 충실

학생의 사회성과 풍부한 인간성을 육성하기 위해서, 그 발달 단계에 따라, 집단 합숙활동이나 자연체험활동(초등학교), 직장체험활동(중학교)을 중점적으로 추진할 것을 밝히고 있다.

⑤ 외국어 교육의 충실

적극적인 커뮤니케이션을 도모하는 태도를 육성하고, 언어와 문화에 대한 이해를 높이기 위해서, 초등학교 고학년(제5, 6학년)에 외국어활동을 도입하였고, 중학교에서는, 커뮤니케이션의 기반이 되는 어휘 수를 충실히 함과 동시에, 듣기, 말하기, 읽기, 쓰기를 종합적으로 행하는 학습활동을 충실히 하도록 하였다.

개정의 중점 사항에서도 볼 수 있듯이 이번 개정은 확실히 지금까지 유지해 왔던 '여유'보다는 '학력' 향상에 초점이 맞추어져 있음을 알 수 있다. 이러한 것은 국어 및 수학, 과학, 체육 등의 교과 수업 시수의 증가, 우리나라의 재량 활동 중 특히 범교과 학습 영역과 유사한 종합적 학습 시간의 수업 시수 삭감, 중학교 선택교과 삭제, 초등학교 제5, 6학년 외국어(영어) 신설 등에서 잘 나타난다.

일본에서 1998·1999년 초·중등학교 학습 지도요령 개정이 1977년 학습 지도요령에서 비롯된 여유 교육관을 지속적으로 계승하였으나, 금번 학습 지도요령에서는 이 여유 교육관에 대한 근본적인 재고를 하여 '학력관'을 기반으로 한 교육과정을 구성하였다는 커다란 특징을 지닌다. 여유 교육관은 1998·1999년 개정 시 주 5일 수업제의 전면 도입에 따른 수업 시수 감축 및 종합적 학습 시간의 도입 등으로 정점에 이르렀다고 할 수 있지만, 2003년 TIMSS 조사 및 OECD/PISA 성취도 평가에 따른 저하된 학력 조사 결과에 충격을 받고 여유 교육에 대한 전면적 재고(再考)를 하기에 이르렀다.

<표 51> 일본의 초·중학교 신학습 지도요령 수업 시수

| 학교급 (학년) | | 각 교과 수업 시수 | | | | | | | | | 도덕 | 특별 활동 | 선택 교과 | 종합적 학습 시수 | 외국어 (활동) | 총수업 시수 |
		국어	사회	산수 (수학)	과학	생활	음악	미술	가정 (기술 가정)	체육 (보건 체육)						
초등학교	1학년	305		136		102	68	68		102	34	34				850
		272		114		102	68	68		90	34	34				782
	2학년	315		175		105	70	70		105	35	35				910
		280		155		105	70	70		90	35	35				840
	3학년	245	70	175	90		60	60		105	35	35		70		945
		235	70	150	90		60	60		90	35	35		105		910
	4학년	245	90	175	105		60	60		105	35	35		70		980
		235	85	150	90		60	60		90	35	35		105		945
	5학년	175	100	175	105		50	50	60	90	35	35		70	35	980
		180	90	150	95		50	50	60	90	35	35		110	35	945
	6학년	175	105	175	105		50	50	55	90	35	35		70	35	980
		175	100	150	95		50	50	55	90	35	35		110	35	945
중학교	1학년	140	105	140	45		45	45	70	105	35	35	35	50	140	1015
		140	105	105	45		45	45	70	90	35	35	35	(70-100)	(105)	980
	2학년	140	105	105	35		35	35	70	105	35	35	35	70	140	1015
		105	105	105	35		35	35	70	90	35	35	35	(70-105)	105	980
	3학년	105	140	140	35		35	35	35	105	35	35	35	70	140	1015
		105	85	80	35		35	35	35	90	35	35	35	(70-130)	105	980

* 주: 1) 상단의 시수는 신학습 지도요령의 시수, 하단의 시수는 구학습지도요령 시수
    2) ( ) 안의 교과(영역)는 중학교 교과(영역) 명칭.

현행 학습 지도요령과 개정된 새 학습 지도요령의 수업 시수를 비교 제시하면 초등학교 수업 시수와 중학교 수업 시수에서 주요 교과 시수는 상당히 증가한 반면, 여유 교육관의 대표적인 표상이었던 종합적 학습 시간 시수는 삭감되었음을 알 수 있다. 종합적 학습 시간은 특정 테마를 중심으로 통합적 교육과정을 지향하고 있는 것으로, 종래의 교과 틀을 초월한 학습 지도를 구상하면서, 현행의 각 교과와 밀접한 관련을 갖고 전개된다. 또한 종합적 학습 시간은 현행의 교과교육과정을 유지하면서 교과 편중의 교육과정을 극복함과 동시에 새롭게 출현하는 교육 내용, 예컨대 국제이해교육, 환경교육, 정보교육 등을 종합적 학습 시간 교육과정이라는 틀에서 수용하고자 하고 있는 것이다.

이 종합적 학습 시간이 초등학교의 경우 시수가 약 35%, 중학교가 10~43% 삭감되었다. 또한 중학교에서 여유 교육 표상의 하나로 '선택교과제'를 들 수 있는데 이것도 이번 학습 지도요령 개정에서 없어졌다. 중학교의 선택교과제는 각 학교의 자율적인 판단으로 학생의 특성 등을 기반으로 다양한 학습활동을 폭넓게 전개할 수 있는 시간이다. 이 선택교과제는 1977년 학습 지도요령 개정 때 신설되어 단계적 확대를 통해 오늘에 이르기까지 일관되게 보급되어 온 것이다. 그렇지만 이번 개정에

서 전면 재검토가 이루어진 결과 없어졌다.

학년별 총 수업 시수를 보면, 현행 학습 지도요령에 비해 새 학습 지도요령에서는 초등학교 1학년 68시간, 2학년 70시간이 증가하였고, 3학년에서 6학년까지는 각각 35시간 증가하였다. 초등학교의 경우는 수업 시수의 1단위시간은 45분으로 하고 있다. 중학교의 경우 수업 시수의 1단위시간은 50분으로 하고 있다.

중학교는 현행에 비해 1학년에서 3학년까지 각각 35시간 증가하였다. 주 5일 수업제의 전면 도입 이전의 학습 지도령인 1989년 개정의 것과 비교해 보면, 새 학습 지도요령에 제시된 수업 시수는 초등학교 1학년에서 2년까지는 같고 3년에서 6학년까지 약간 밑돌고 있음을 볼 수 있다. 1989년 학습 지도요령의 경우 초등학교 1학년 850시간, 2학년 910시간, 3학년 980시간, 4학년 1,015시간, 5학년 1,015시간, 6학년 1,015시간이다. 중학교의 경우 1학년에서 3학년 모두 각각 1050시간인데, 이것은 새 학습 지도요령보다 35시간 많은 것이다. 따라서 새 학습 지도요령의 수업 시수는 주 5일 수업제 실시 이전의 비슷한 수준으로 되돌아갔다고도 할 수 있을 것이다.

일본의 새 학습 지도요령에 나타난 수업 시수는 우리나라 '교육과정'과 비교해 보아도 과도하게 많은 것이다. 우리나라의 경우 2007년 개정 교육과정이 2007년 2월에 고시되었는데, 이 교육과정에 나타난 수업 시수와 일본의 새 학습 지도요령에 나타난 수업 시수를 분(分)으로 환산해 동일선상에서 비교해 보면 알 수 있다. 예컨대 1단위시간을 45분으로 하고 있는 일본의 초등학교는 1학년의 경우 총 38,250분 수업 시간인 데 비해, 1단위시간을 40분으로 하고 있는 우리나라 초등학교는 1학년의 경우 33,200분이다. 중학교 3학년의 경우를 보면, 1단위시간을 50분으로 하고 있는 일본은 5만 750분인 데 비해, 1단위시간을 45분으로 하고 있는 우리나라는 5만 490분이다. 따라서 초등학교 1학년의 경우 일본이 우리나라보다 5,050분이 많고 중학교 3학년은 일본이 우리나라보다 260분이 많다.

전체적으로 초등학교와 중학교 전반에 걸쳐 이와 같은 양상을 나타내고 있다. 문제는 일본의 경우 현재 주 5일 수업제를 전면 실시하고 있는 상황에서의 시수인 데 비해, 우리나라는 전면 실시를 하지 않고 있는 상황에서의 시수라는 점이다. 주 5일 수업제의 전면 실시에 대비해 수업 시수 조정이 필요할 것으로 예상된다(정영근, 「세계의 교육과정」, 한국교육신문 한교닷컴, 2008.06.18).

2. 교육과정 일반

일본의 중앙교육심의회는 '학습 지도요령(學習 指導 要領)'의 개정을 위해서 심의를 거듭하여 2008년 1월 17일에 답신보고서를 정리했다. 유치원, 초등학교, 중학교, 고등학교 특별 지원 학교 등의 교육과정을 규정한 이 답신보고서를 중심으로 문부과학성은 '살아가는 능력'을 육성한다는 이념을 실현하기 위한 구체적 방안으로 학습 지도요령을 개정하였다.

일본의 현행 교육과정인 학습 지도요령은 그 이념인 '살아가는 능력'을 육성하는 것이 그 기본 방향이다. 살아가는 능력은 기초·기본을 확실하게 익혀 사회가 어떻게 변화되어도 스스로 과제를 찾아 주체적으로 판단하고 행동하여 문제를 보다 잘 해결할 수 있는 자질이나 능력, 스스로 지키고 다른 사람과 함께 협조하고, 다른 사람을 배려하는 마음이나 감성 등이 풍부한 인간성, 씩씩하게 살아가기 위한 건강이나 체력 등을 의미한다.

일본의 문부과학성에서는 2008년 2월에 소·중학교 학습 지도요령을 공표하였다. 그리고 2009학년도부터 이행 조치 과정을 거쳐서 소학교는 2011년부터, 중학교와 고등학교는 2012년부터 완전 적용할 계획이다.

3. 일본 사회과 교육과정 개발 방식

일본의 교육과정 개발 및 편성·운영 방식은 우리나라와 유사하다. 실제 학교 교육 및 교과서 개발에 큰 영향력을 갖는 것은 국가 수준 교육과정인 소위 '학습 지도요령(學習 指導 要領)'이다(한국교육과정평가원, 2005: 130). 학습 지도요령의 앞부분에는 법적 근거가 명시되어 있고, 총론과 각론으로 구성되어 있다.

일본의 교육과정 개발은, 개발에 대한 여건이 성숙되면, 문부과학대신의 자문 의뢰로 교육과정 개발 발의가 일어나며, 교육과정심의회에서 교육과정 기준을 위한 방향 모색, 심의 및 답신(答信)이 작성, 제출되고 이 과정에서 학습 지도요령 작성자 회의에서 학습 지도요령이 지속적으로 개발된다. 이렇게 개발된 학습 지도요령은 교육과정심의회의 학교급별 분과위원회, 교과별·영역별 위원회, 학습 지도요령 작성자 회의에서 심의, 수정을 거쳐서 문부과학대신이 고시한다(교육과정평가원, 2005: 130).

일본의 교육목표는 교육기본법 제1조의 "교육은 평화로운 국가 및 사회의 건설자로서 책임감과 독립 정신을 가지며, 일을 신성시하고 개인의 가치를 존중하며, 진리와 정의를 사랑하는 심신이 건전한 인간을 기르며 원만한 인격을 계발하는 것을 목적으로 한다."에 통합적으로 제시되어 있다(김준택, 1988: 7-19).

일본의 교육과정은 학교 교육법 시행 규칙에 의거 문부 대신이 공시하는 '학습 지도요령(學習 指導 要領)'으로 개발, 제시된다. 문부성의 초·중등교육국 및 체육국에서는 그 관장 사무에 관련되는 초·중등교육에 관하여 학습 지도요령을 작성하도록 하고 있다. 이를 근거로 초·중등교육국과 체육국에서는 학습 지도요령의 편수 및 개정에 관한 업무를 담당하고 있다.

문부성에서 학습 지도요령을 작성할 때, 문부 대신, 초·중등교육국장, 체육국장, 관계 과장, 심의관, 시학관, 교과 조사관 등의 전문직만으로 학습 지도요령을 작성하는 것은 아니다. 학습 지도요령 작성에 참여하는 기관으로는, 교육과정심의회가 있다. 교육과정심의회는 문부성 설치법 제27조에 의거하여 교육과정에 관한 사항을 조사, 심의하는 자문 기관으로, 학습 지도요령의 제·개정을 심의하고, 문부 대신의 자문 요청에 응하여 심의 결과를 답신한다.

문부성은 교육과정심의회의 답신을 받아서, 학습 지도요령을 작성하기 위하여 학습 지도 작성 협력자 회의를 구성한다. 이 회의는 소·중·고교별, 교과별, 과목별, 부회별(部會別)로 구성된다(최병모, 1992: 107-129).

4. 일본 사회과의 특징

1) 수신과 폐지와 종합 사회과 체제

일본의 사회과는 제2차 세계대전 후에 탄생한 교과이다. 당시 사회과는 민주주의를 지향하는 목표, 교재 구성 방법이 학생의 생활 경험을 바탕으로 하고 있는 점, 학습 방법이 학생들의 문제를 중심으로 하여 이루어지는 점 등의 특징이 있었다. 그 결과 사회과는 큰 주목을 받았다. 많은 학교에서는 사회과를 중심으로 하여, 학교 교육 계획을 수립하였다. 당시 일본의 사회과는 신교육의 핵심이었다.

한편, 당시에 사회과를 둘러싼 여러 가지 논쟁이 끊이지 않았다. 교육목표에 대한 대립, 종래의 수신(修身), 지리, 역사, 공민에 대한 통합 교과로 탄생한 사회과가 종래의 교과를 단순히 집합한 것이 아니고 그 이상의 교과라는 주장에 대한 대립, 학생들의 일상 경험을 중심으로 하는 학습 방법이, 학생들에게 확실한 지식을 심어 주는데에 대한 실패 여부의 의문 등에 대한 문제 제기 등이 쟁점이었다.

1945년 종전(終戰)과 함께 일본에서는 새로운 공민교육의 방향이 모색되었다. 연합국 사령부는 극단적 국가주의를 학생들에게 주입했던 이전의 일제(日帝) 수신, 일본 역사, 일본 지리의 교수를 금지시켰다. 또한 문부성은 1945년 소위 '공민교육쇄신위원회'를 설치하고, 공민교육의 목표를 '평화적 문화 국가 건설'에 두고, 국민의 교양을 높이고, 사회의식을 깊게 하여, 건전한 공동생활을 영위하는 데 도움이 되는 자질을 강조하였다(최병모, 1992: 118).

그 당시의 공민교육에서는 기존의 사회질서를 유지하는 것보다는 비교적 새로운 사회를 적극적으로 만들어 가는 것에 중점을 두었는데, 이러한 경향은 공민교육을 사회과에 통합한 1947년 사회과 교육과정 개정으로 이어졌다.

2) 애국심 교육론의 등장

1950년대 일본의 사회과는 주변 정세에 의하여 큰 변화를 맞게 되었다. 한반도에서 6·25 전쟁이 발발하여 일본 사회는 보수화 경향을 띠게 되어 기존 사회과를 비판하게 되었다. 당시 사회적 문제로 야기된 것이 소위 '교과 파동'인데, 이 사건은 당시 사회과 교과서의 일부가 마르크스·레닌주의에 지나치게 편향되었다고, 당시 일본 민주당이 지적하여 사회의 여론화가 일어난 것이다. 이 사건 이후 고등학교 '일반 사회' 교과서를 비롯한 교과서 검정 제도가 이전보다 엄격하게 진행되고 있다.

1950년대에 들어서면서, 사회과 교과서에 대한 비판 이외에 사회과 자체에 대한 비판도 고조되었다. 그리하여 등장한 것이 소위 '애국심 교육론'이다. 사회과에 대한 비판은 결국 도덕교육의 강화로 이어졌고, 이 결과 1951년 도덕교육진흥에 관한 교육과정 심의회 답신이 나오고, 동년 문부성에 의하여, 도덕교육 지침서 요강이 발표되었다. 하지만 1950년대 초 도덕과 교육 강화 방침은 도덕과를 분과로 설치하는데까지는 이르지 못하고, 사회과에 도덕과를 귀속시켜 더욱 강조하게 되었다(최병모, 1992: 120−121).

일본의 도덕과 교육 강화 문제는 1957년 도덕과 특설 형태로 재론되었다. 도덕과 특설을 둘러싸고, 찬반 의견이 대립된 결과, 1958년 교육과정에서 '도덕'은 교과도 아니고 특별활동도 아닌 별도의 형태로 오늘날까지 계승되고 있다.

3) 종합 과목 '현대사회' 등장

일본은 1980년 교육과정의 전면 개편을 통하여 고등학교에서 '현대사회' 과목을 필수로 편제하였다. '현대사회' 과목이 출현하게 된 배경에는 현대의 고등학교 교육이 학생 개개인의 능력, 적성, 진로, 희망, 필요 등 제반 환경과 여건, 요구 등을 충분히 수렴, 대처하지 못했다는 비판에서이다. 현대사회는 지식, 정보, 과학, 기술 등이 고도로 발달하고, 정치, 경제, 사회, 문화 등이 새로운 패러다임으로 급변하는 문명사적 전환기이다. 여기에 21세기를 주도하고, 사회 구성원으로서 적절한 인식과 사고, 행동을 할 수 있도록 적절한 지도가 필요하다는 입장에서 '현대사회' 과목이 등장한 것이다.

현대사회는 사회 발전과 시대 변화를 바탕으로 스스로 자각하고 정확하게 판단하는 주체성을 가진 사람을 육성하려고 한다. '현대사회' 과목의 개설 목적은 주체적인 학습 태도로 현대사회의 다양한 문제에 대하여, 생각하고 해결하기 위하여 견학, 조사, 자료, 정보의 수집, 분석, 토의 등에 의하여 사회 인식을 올바르게 하기 위해서이다. 따라서 '현대사회' 과목의 교수 학습에는 분과적인 학문적 사회과학의 지식보다 사회문제, 사회 주제에 대한 탐구가 더욱 중요한 것이다. '현대사회' 과목의 신설은 일본 사회과의 문제 해결 중심으로의 전환을 의미한다(최병모, 1992: 121－122).

〈표 52〉 일본 사회과의 구조와 시수

학교 급별	학년	시수	주요 과목									관련 교과
소학교	3	70	사회과	지역사회 학습(공공시설의 이용, 생산 활동과 소비 생활, 지역의 변천, 지역의 현재 개발)							도덕과	총화 학습 시간
	4	85										
	5	90		일본 산업과 국토 학습								
	6	100		일본 역사, 일본 정치, 국제 이해 학습								
중학교	1	105	사회과	역사적 분야			지리적 분야					
	2	105										
	3	85		공민적 분야								
고등학교	1	1단위 =35 시간	지력과 (地歷科: 지리과＋역사과)						공민과			
	2		세계사 A(2)	세계사 B(4)	일본사 A(2)	일본사 B(4)	지리A	지리B	현대사회 (2)	정치·경제 (2)	윤리 (2)	
	3		1과목 필수	1과목 이상 반드시 선택					1과목 이상 반드시 선택			

* 출처: 한국교육과정평가원, 2005: 134.

5. 일본 사회과의 최근 동향

1) 주 5일 수업제와 사회과 교육

일본은 2000년대 초 주 5일 수업제를 도입하여 수업 시수 감축, 종합적 학습 시간 도입 등 교육과정 개정을 단행하였다.

최근 일본 사회과의 특징은, 첫째, '국제사회에서 주체적으로 살아가는 일본인으로서 요구되는 자질과 능력의 육성'이라는 방향에서, 둘째, '내용의 중점화와 주체적인 학습을 중시하는' 방향에서 교육과정 개발을 하고 있다. 일본의 학생들은 사회과를 통해서, 소학교에서는 지역의 생활, 국토의 모습, 일본의 역사와 전통을 배우고, 중학교에서는 1·2학년에서 지리, 역사를, 3학년에서는 공민을 이수한다. 고등학교에서는, 먼저 세계사 A와 세계사 B 중에서 한 과목을 선택하고, 일본사 A, 일본사 B, 지리 A, 지리 B 중에서 한 과목을 선택하고, 현대사회, 윤리, 정치경제 과목 중에서 한 과목을 선택하여 최소한 3과목을 이수하도록 편제 개편을 하였다(교육인적자원부, 2007: 132 – 134).

2) 소·중·고교의 사회과 편제 및 목표 개편

일본의 사회과는 소학교에서부터 중학교까지는 사회과를 필수적으로 이수하는데, 다만 편제는 우리나라와 다르다. 중학교에서는 역사적 분야, 지리적 분야로 나누어 12학년에서 이수하고, 공민적 분야는 주로 3학년에서 이수하도록 되어 있다. 고등학교에서는 사회과 관련 여러 과목을 개설하고 이 중에서 3과목을 선택 이수하도록 편제를 개편하였다(교육인적자원부, 2007: 134).

한편, 새로운 일본 사회과의 목표는 소·중학교에서는 '공민적 자질의 이해', 고등학교에서는 '국제사회에서의 일본인으로서의 자각'을 강조하는데, 이를 학교급별로 종합, 정리하여 도시(圖示)하면 <표 53>과 같다.   일본의 국가 교육과정 기준인 '학습지도요령'은 지금까지 거의 10년 주기로 개정되어 왔다. 이 학습지도요령 개정에 의해 교육목표와 내용이 제시되어 일본의 학교 교육과정의 방향성을 변화시켜 왔다. 과거 일본의 교육과정은 여유 교육관에 기초한 교육과정이었다고 할 수 있는데, 2008년 3월 28일에 고시된 초등학교와 중학교 학습지도요령에서는 '학력(學力)' 중시의 교육관으로 전환되는 커다란 변화를 단행하였다.

이번 학습지도 요령 개정 틀의 기반이 된 중앙교육심의회의 답신에서는 교육과정 개정의 기본 이념으로 다음의 6가지, 즉 ① '살아가는 힘'이라는 이념 공유, ②기초·기본 지식·기능 습득, ③사고력·판단력·표현력 등의 육성, ④확실한 학력을 확립하는 데 필요한 수업시수 확보, ⑤학습의욕 향상과 학습 습관의 확립, ⑥풍요로운 마음, 튼튼한 체력 육성을 위한 지도 충실을 제시하고 있다. 아울러 핵심 목표로 언어활동 충실, 수학·과학교육 충실, 도덕교육 충실, 체험활동 충실, 외국어 교육 충실 등이다(정영근, 세계의 교육과정(일본),한교닷컴, 2008.06.18.).

〈표 53〉일본 사회과의 학교급별 목표

학교급	대요소	소요소	핵심 요소
소학교	공민적 자질의 기초	이해	−지역의 생활 모습, 국가의 산업과 국토의 모습, 사회의 발전에 기여한 선인들의 노력, 정치의 적용과 국제사회에서의 일본의 역할
		애정	−지역사회, 일본의 산업과 국토, 일본의 역사와 전통
		기능	−사회적 사상을 관찰, 조사, 지도·통계·연표 등의 각종 자료 활용, 조사 내용의 표현
중학교		이해	−일본과 세계의 지리적 사상과 지역적 특색, 환경 조건과 인간 적 영위와의 관련, 일본사의 커다란 흐름과 각 시대의 특성, 역 사적 사상과 일본의 문화 및 전통, 역사 발전에 기여한 인물과 문화유산
		관심·애정	−국토, 국사, 지리적·역사적·사회적 사상, 역사상의 인물과 문화유산, 타민족의 문화와 생활 및 국제 협조
		기능	−지리적·역사적 눈과 사고 방법의 육성, 지리적·역사적 사상, 각종 자료에 대한 다면적·다각적 사고 고찰과 공정한 판단
고등학교	국제사회에 사는 일본인으로서의 자각과 자질	이해	−일본 및 세계 형성의 역사적 과정, 생활 및 문화의 지역적 특색, 문화의 다양성과 현대 세계의 특질, 일본의 문화와 전통의 특색, 현대 세계의 지리적 제 과제
		관심·애정	−역사적 사고력의 육성, 지리적 눈과 사고 방법의 육성, 역사상 인물과 문화유산, 타민족의 문화와 생활 및 국제 협조, 세계 평화의 실현과 인류 복지의 증대
		기능	−지리적·역사적 눈과 사고 방법의 육성, 지리적·역사적 사상, 각종 자료에 관한 다면적 다각적 고찰과 공정한 판단

* 출처: 이명희, 2001: 43.

3) 고등학교 사회과의 해체

1987년 일본의 교육과정심의회는 최종 단계에서 고등학교 사회과를 지력과(地歷科)와 공민과(公民科)로 해체한다는 보고서를 채택하였다. 초등학교 저학년의 사회과가 폐지되고, 고등학교 사회과가 해체됨으로써, 결국 통합적·종합적 사회 인식 형성을 위한 실질적 교육 기간은 12년에서 7년으로 줄어들었다.

사회과의 해체는 역사의 독립, 그리고 '현대사회'의 선택 과목화와 하나의 고리를 이루는 것이다. '현대사회' 과목이 등장한 시점에서는 이 과목에 대한 비판과 혼란도 있었지만, 실천을 쌓아 가는 사이에 통합적 사회 인식을 형성하는 교육의 장으로서 귀중한 가치가 인정되었다. 중학교에서 지리, 역사, 공민이라는 분화된 학습 경험을 문제, 주제 중심으로 하는 '현대사회'에서 통합적 사회 인식과 비판적 사고력을 신장시킬 수 있다고 본 것이다. 이러한 실천적 축적을 무시하고, '현대사회'를 필수로부터 배제하고 사회과를 해체시킨 데에 대한 저항은 매우 강력하게 진행되었다.

4) 사회과 교육과정의 보수화

(1) 지력과(地歷科) 출현

일본의 사회과에서 1987년 사회과를 해체하고, 역사를 독립시킨 것은 정치적 산물이라는 지적이 많다(최병모, 1992: 123 – 129). 당시 집권당인 자민당과 정부가 사회과 해체를 주장하게 된 이유는 교육과정의 보수화와 국가주의화(國家主義化)에서 찾아야 한다. 교육과정 전체적 구조에서 볼 때, 국가를 존중하고, 역사적 인물에 대한 학습을 강화하는 보수화 경향이 뚜렷하고, 사회과의 개선 방향에서도 그러한 보수·국가주의적 성향이 분명해진 것이다. 즉, 초등학교 저학년에서 생활과 신설, 생활도덕교육 강화, 초등학교 중학년에서, 지역 학습, 지역 인물 학습, 향토애, 애국심 진작, 초등학교 고학년에서 국가 학습, 문화유산, 역사적 인물 학습 강화, 중학교에서 일본인으로서의 자각, 고등학교에서 사회과 해체, 일본사 중심의 전통문화 학습 강조 등으로 연계적 관계를 유지하고 있는 것이다.

전 세계가 지구촌 가족으로서 상호 긴밀한 연계 속에서 살아가며, 5대양 6대주가 글로벌 일일 생활권이 된 지금, 세계화는 거역할 수 없는 시대 조류이다. 그럼에도 불구하고, 일본에서는 역사, 지리 학습을 강조하고 일본과 세계의 각 시대와 지역의 풍토, 생활양식과 문화, 사람들의 살아가는 방법과 사고방식 등의 학습을 통해서, 다른 문화를 지닌 사람들과 상호 이해하고 협력하는 일이 가능하도록 일본인으로서의 자질 강화를 추구하고 있다. 즉, 일본의 사회과에서는 세계화는 곧 일본화이고, 일본화는 곧 세계화와 일맥상통한다고 보고 있는 것이다.

이와 같이 역사, 지리 학습의 중요성을 고양시키는 시대적 요청을 근거로 역사, 지리교육에 대한 독립 교과로서 지력과(地歷科)를 신설하고, 내용의 충실을 도모하였다.

지력과에서는 민주적, 평화적인 국가, 사회의 구성원으로서 자질을 함양하고, 현대 일본과 현대 세계의 생활과 문화의 지역적인 특색 등에 대한 이해와 인식을 심화하고, 국제사회에서 살아가는 일본인으로서의 자질과 소양 함양에도 중점을 두도록 하였다.

고등학교에서는 역사, 지리교육의 전문성, 계통성을 중시하고, 적절한 선택 이수가 가능하도록 일본사 A, 일본사 B, 세계사 A, 세계사 B, 지리 A, 지리 B 등으로 과목을 설정하였다.

내용 구성에서, 일본사 A는 현대 일본의 형성 과정을 세계사적 시야에서 이해하고, 특히 국가의 근·현대 역사를 우리 국가를 둘러싼 국제 환경 등과 관련시켜서 고찰할 수 있는 내용 위주로 편성하였다. 일본사 B는 국가의 역사를 세계사적 시야에서 종합적으로 이해시키고, 역사적 사고력을 신장함과 동시에 우리 국가의 문화와 전통의 특색에 대한 인식을 심화시키는 일에 중점을 두었다.

세계사 A는 현대 세계의 형성 과정에 중점을 두고, 문화를 포함한 세계 각국의 상호 관련에 대하여, 근·현대사를 중심으로 학습하도록 내용을 구성하였다. 세계사 B는 세계사의 취지를 근거로 하여 세계 역사의 주요한 구조를 이해시키고, 문화의 복합성과 다양성에 대해서도 학습할 수 있도록, 내용을 구성하였다.

지리 A는 세계 여러 지역의 상황과 문화에 관련된 특성과 공통의 과제에 대한 중점화를 기하는 학습이 가능하도록 내용을 구성하였다. 지리 B는 현행 지리를 취지로 현대 세계의 지리적 여러 조건과 인간의 삶과의 관련을 지역적 관점으로부터 파악하여, 세계와 일본을 비교하며 학습할 수 있도록 내용을 구성하였다.

(2) 공민과 부활

시대 변화와 사회 발전의 흐름에 수반하여, 상대적으로 청소년기에 자아의 형성이 느려지고, 사회적 연대감과 책임 의식의 저하가 발생하고 있는 오늘날, 고등학교에서 국가, 사회의 구성원으로서의 자각을 심화시켜서 국가, 사회의 발전에 구체적으로 기여하도록 하는 태도를 신장하는데 초점을 맞추어야 한다.

이를 위하여 중학교까지의 학습 성과 위에 민주주의 본질에 관한 이해를 심화시켜서, 현대에 있어서의 정치, 경제, 사회, 문화적 기본 문제에 대하여 이해와 사고를 깊게 하는 학습을 중시하여야 한다.

이와 같은 시대적 요청에 따라 공민과를 부활하고, 보다 넓은 시야에서 현대사회의 기본적인 문제에 관한 이해와 인간으로서의 존재 방식, 삶의 방식에 관한 자각을 심화시켜서, 변화가 격심한 오늘날의 사회를 살아가는 민주적, 평화적인 국가, 사회의 유익한 형성자로서 필요한 공민적 자질 함양을 목적으로 한다.

현재 일본 고등학교 공민과의 편제는 현대사회, 윤리, 정치·경제 등으로 구성되어 있다.

첫째, '현대사회'는 사회와 인간에 관한 기본적 문제를 학습하게 하고, 그와 관련하여, 인간으로서 존재하고 살아가는 방식에 대해 생각하는 힘을 기르는 학습을 가능하게 하는데 중점을 두었다.

둘째, '윤리'는 청년기의 과제를 근거로, 인간으로서 존재하고 살아가는 방식을 일본과 동서양의 기본적 철학과 사고에 따라 학습하게 한다.

셋째, '정치·경제'는 국제화의 변화에 대응하는 과정으로부터, 일본 경제와 세계 경제의 연관과 비교 정치에 관한 내용을 강조하게 하였다.

(3) 학력 위주 교육과정 지향

2008년 일본의 교육과정인 '학습지도 요령' 개정은 현재까지 유지해 왔던 '여유'보다는 '학력' 향상에 초점이 맞추어져 있음을 알 수 있다. 이러한 것은 국어 및 수학, 과학, 체육 등의 교과 수업시수의 증가, 우리나라의 재량활동 중 특히 범교과 학습 영역과 유사한 종합적 학습시간의 수업시수 삭감, 중학교 선택교과 삭제, 초등학교 제5, 6학년 외국어(영어) 신설 등에서 잘 나타난다.

금번 신 학습지도요령에서는 이 여유 교육관에 대한 근본적인 재고를 하여 '학력관'을 기반으로 한 교육과정을 구성하였다는 커다란 특징을 지닌다. 여유 교육관은 1998·1999년 개정 시 주5일 수업제의 전면 도입에 따른 수업시수 감축 및 종합적 학습시간의 도입 등으로 정점에 이르렀다고 할 수 있지만, 2003년 TIMSS 조사 및 OECD/PISA 성취도 평가에 따른 저하된 학력 조사 결과에 충격을 받고 여유 교육에 대한 전면적 재고를 하기에 이르렀다(전영근, 한교닷컴, 세계의 신 교육과정(일본), 2008.06.18).

▌제7장▐ 중국의 사회과 교육과정

1. 교육과정 개관

중국 정부는 2001년 7월, 새로운 교육과정을 공포하였다. 새 교육과정은 중국 정부가 추진하는 교육 개혁의 일환으로 개정되었다. 3년간의 실험 단계를 거쳐서 2005년부터 일선 학교에 적용되고 있는 새 교육과정은 창의성 교육, 소질교육 등 새로운 교육이념에 의해 탄생된 획기적인 교육과정의 발전이라고 볼 수 있다(한국교육과정평가원, 2005: 140-143).

중국의 교육과정 개발과 운영은 교육부의 기초교육사(基礎敎育司)에서 주관한다. 2001년 교육과정은 기초교육사와 인민출판사가 공동으로 개발하였다. 특히, 중국에서는 2001년 이후 교육과정 개정 형식에서도 상당한 변화를 보이고 있다. 즉, 교육과정 개정 항목들을 프로젝트(project) 형식으로 전국에 공포하고, 전문가 그룹(group)을 대상으로 공모하는 방식을 취하고 있다.

중국의 교육과정은 총론과 각론 두 부분으로 구성되어 있다. 2001년 교육과정이 개정되면서 총론에 해당하는 부분을 '교육과정 설치', 각론에 해당하는 부분을 '과정 표준'이라고 칭하고 있다. '교육과정 설치'에는 전체 배양 목표, 국가 교육과정의 개설 요구 및 보충 내용 등의 부분이 주가 되고, '과정 표준'에는 국가 교육과정의 구체적인 달성 목표와 내용이 포함되어 있다. 이러한 중국의 새 교육과정은 국가 교육과정, 지방 교육과정, 학교 교육과정 등 세 가지 단계 유형으로 구조화되어 있다.

중국의 사회과 교육과정은 소학교와 중학교에서는 '품성과 생활', '품성과 사회', '사상 품덕' 등 도덕과 국민윤리와 통합 연계되어 있고, 고등학교 단계에서는 인문과 사회 학습 영역에서 사상 정치, 역사로 구분되고, 과학 학습 영역에서 지리가 물리, 화학, 생물 등 자연과학 영역과 함께 편제되어 있다.

2. 교육과정 내용

중국의 의무교육은 9년간의 일관적인 과정 설계 방식으로 설정되어, 학과 위주의 과정 체계, 과다한 교과목 및 체계 이탈 상황을 바꾸어 9년 과정 교과목과 시간 배당 기준을 전체적으로 설정하고 있다. 또한 종합 과정도 설정하여, 서로 다른 지역과 학생들의 발전 요구에 부응함으로써 교육과정 체계의 균형성, 종합성, 체계성을 보장하고 있다(한국교육과정평가원, 2005: 142).

중국은 소학교 단계에서는 주로 통합 교과를 설정하고 있다. 소학교 저학년에서는 품덕과 생활, 국어, 수학, 체육, 예술(혹은 음악, 미술 선택) 등의 교과를 개설하고 있고, 소학교 고학년에서는 품덕과 사회, 국어, 수학, 과학, 외국어, 종합 실천 활동, 체육, 예술(혹은 음악과, 미술과) 등의 과목을 개설하고 있다.

중학교 단계에서는, 교과교육과 통합 교육 방식을 종합하여 교육과정을 편성하는 방식을 취하고 있다. 중학교에 개설한 교과로는 사상 품덕, 국어, 수학, 외국어, 과학(혹은 물리, 화학, 생물 선택), 역사와 사회(혹은 역사, 지리 선택), 체육과 건강, 예술(혹은 음악, 미술 선택), 종합 실천 활동 등이 있다.

일반 고등학교의 새 교육과정 개혁은 네 가지 뚜렷한 특징이 있다. 즉, 과정 체계와 내용상의 모듈제 도입, 필수 내용을 이수한 바탕 위에서 선택제 실시, 과정 관리에서 학점제 실시, 1개 학년에서 4개 소학기제 구분 등이다.

고등학교의 새 교육과정 구조는 횡적, 종적 연결과 구축에 중점을 두어 기초를 중요시하고 다양화, 고차원, 종합적인 과정 체계를 구현함으로써, 학생들로 하여금 자율적으로 선택하고 자발적으로 학습하는 가운데 개성을 발전시키도록 하였다.

고등학교의 개설 과목은 필수과목과 선택 과목으로 나누는데, 필수과목으로는 사상 정치, 국어, 수학, 외국어(영어, 일어, 러시아어 등), 물리, 화학, 생물, 역사, 지리, 정보·기술, 체육과 보건, 예술, 종합 실천 활동 등 교과가 있고, 선택 과목으로는 수학, 물리, 화학, 생물, 역사, 지리, 정보기술 등 7개 교과와 지역과 학교에서 특설한 개설 과목이 있다.

3. 교육과정의 개혁

중국의 교육과정 개혁은 개방·개혁의 확대와 함께 1990년대 초반부터 본격화되기 시작하였다. 1990년 국가교육위원회는 '현행보통고중교육계획 조정에 관한 의견(關于現行普通高中敎育計劃調整的意見)'을 발표하였는데, 주요 핵심은 교육 내용의 감소와 선택 과목 확대에 있었다.

즉, 현재까지 하나의 교육과정과 하나의 교과서로 운영되던 체제를 이른바 복수의 교육과정, 교과서 체제로 개선하였다. 이러한 획기적 변화는 교학대강(敎學大綱)으로부터 과정 표준으로 이행하면서 더욱 급속하게 추진되고 있다. 2001년 국무원의 '기초교육 개혁과 발전에 관한 결정(關于基礎敎育改革興發展的決定)'과 교육부의 '기초교육과정 개혁 강요(시행)'가 발표되면서 각 성(省, 區)은 그에 대한 많은 의견을 발표하고 교육과정 개혁에 착수하기 시작하였다.

2001년 11월 교육부는 '의무교육과정 설치 실험 방안'을 제정, 공포하였으며, 이후 각 성(省, 區)은 이를 점진적으로 추진하여 왔다. 저장 성(浙江省)의 경우, 의무교육과정으로 2002년 가을부터 실험구에 적용하여 2003년에는 35%, 2004년에는 65% 수준까지 확대할 것을 고시하였으며, 후베이 성(湖北省)의 경우도 2001년부터 2003년 사이에 10-35% 수준까지 실험 적용을 확대하였다.

2005년 보도 자료에 의하면, 기초교육과정 중에서 초급 중학교(중학교)까지는 2005년 9월부터 과정 표준을 전국에 시행하였다. 한편, 고급 중학교(고등학교)의 경우는 2005년 9월부터 실험구에 적용하기 시작하여 의무교육과정과 마찬가지로 점차 확대해 나아가고 있다. 의무교육과정의 확대에 비추어 보면, 보통 고급 중학교는 2008년부터 과정 표준을 전면 시행할 것을 천명하였다.

이런 가운데 현재는 교학대강에 의한 기존의 교과서와 과정 표준에 의거한 실험 교과서가 동시에 적용되고 있다. 하지만 실험 기간이 끝나면 과정 표준 체제로 전면 이행되고 이전의 교학 대강 교과서는 폐지될 것으로 보인다. 당초 계획이라면 소학교 및 초급 중학교의 경우 과정 표준에 의한 실험 교과서가 2005년 가을 신학기부터 전국에 사용될 예정이었으나, 2007년 가을까지도 전면 시행되지 않고 있다. 고급 중학교의 실험 교과서 역시 실험 기간을 거쳐서 2008년 2학기 이후부터 전면 사용되고 있다(구난희, 2008: 11 – 12).

4. 교육과정 개혁의 특징

정치적 사회주의와 경제적 자본주의를 동시에 운영하고 있는 현재 중국 사회의 특성상, 개방과 자율이라는 흐름으로 이행하는 것은 결코 쉽지만은 않다. 특히 1986년 4월 5일과 1989년 6월 4일에 일어났던 제1차, 제2차 천안문 사태 이후 개혁과 개방 가운데 사회주의 체제를 어떻게 변함없이 이끌어 나갈 것인지 심각하게 고민하게 되었음을 감안한다면 충분히 이해가 된다.

이로 인해 중국은 제도 개혁과 동시에 사회주의 현대화를 위한 국가주의 이념의 유지, 강화는 새로운 관계로 부각되었다. 특히 장쩌민(江澤民) 총서기는 공식적인 자리에서 수차례에 걸쳐 '애국주의 및 애국주의 교육'을 강조해 왔다. 1990년 애국주의는 각 민족 인민의 정신적 지주이자 역사 범주라고 정의하고, 현 계급에 있어서 애국주의는 사회주의 현대화 사업을 건설하고 촉진하는데 헌신하기 위한 주요한 표현이며, 이는 사회주의와 본질적으로 통일된 것임을 강조하였다.

결국 중국의 교육과정은 자율과 경쟁, 그리고 애국주의 강화라는 이질적인 정책 방향을 동시에 추구하고 있는 교육 개혁의 중심에 있으며, 이러한 중국의 교육 개혁은 필연적으로 사회과 교육과정, 사회과 교과서 개정, 개편과 맞물려 있는 것이다.

5. 중국의 최근 교육 정책

중국은 개혁 개방 이후 사회주의 시장경제의 발전에 따라 국가의 교육 체제도 큰 변화와 발전을 가져왔다. 1985년 중국공산당중앙위원회는 '교육체제에 관한 결정'(中共中央關于敎育體制改革的決定)을 공포해 "교육은 사회주의 건설을 위해 봉사해야 하며, 사회주의 건설은 반드시 교육에 의거해야 한다."는 교육에 관한 지도 사상을 확립했다. 중국은 1986년 4월 전국인민대회 제4차 회의에서 '의무교육법'을 선포해 9년의 의무교육제도를 확립하였다.

1993년 당 중앙과 국무원은 '중국 교육개혁과 발전 요강'(中國敎育改革與發展綱要)을 반포하여 21세기 말까지 중국 교육 발전의 기본 목표와 임무를 결정하였다. '중국 교육개혁과 발전 요강'의 주요 내용은 다음과 같다(손민정, 2009: 3).

첫째, 9년 의무교육을 보급하고, 청장년의 문맹을 없앤다.

둘째, 교육 경비가 국민총생산의 4%에 이르도록 한다.

셋째, 정부가 학교를 독점 운영하지 않고 사회 각계에서 학교를 운영하는 체제로 바꾸고, 고등교육을 질적으로 개선한다.

1995년 전국인민대표대회에서는 교육에 관한 기본법인 '중화인민공화국교육법'이 통과되었다. 1999년 제3차 전국교육사업회의에서는 '교육개혁을 심화하고, 소질교육을 전면적으로 추진하기 위한 결정'(中共中央關于深化教育改革全面推進素質教育的決定)을 통과시켜 국민의 소질을 향상시키고자 소질교육을 강조하였는데, 이는 21세기를 맞이하기 위한 중국의 교육 개혁 지침이라고 할 수 있다.

2001년에는 국무원에서 전국기초교육사업회의를 개최하고, 2003년에는 '2003~2007년 교육진흥행 동계획'(敎育振興行動計劃)>을 수립하였다(2008년에는 교육부가 '2008-2012년 교육진흥행동계획'을 수립하였다.). 2006년에는 '의무교육법'을 수정하고, 2007년에는 국무원에서 '국가교육사업발전 '십일 오'(11번째 5개년 계획을 가리킨다. '十五' 時期는 2000년부터 2005년까지를 말하며, '十一五' 時期는 2006년부터 2010년을 말한다.) 계획 요강'(國家教育事業發展'十一五'規划綱要)을 반포하였다. 이 요강 은 '중화인민공화국 국민경제·사회발전 '십일오' 계획 요강'에 의거하여 특별히 제정한 것으로서 교육이 우선 발전하여 중국의 현대화에 기본적이고 선도적이고 전면적인 작용을 하기 위함이다. 이 요강에 의거하여 2006년부터 2010년까지의 주요 교육 계획을 살펴보면 다음과 같다.

첫째, 당의 교육 방침을 전면적으로 관철시키고, 소질교육을 전면적으로 실시한다.

둘째, 의무교육법을 철저히 실시하여 9년 의무교육을 확대하고 공고히 한다.

셋째, 직업교육을 더욱 강화하여 노동자의 소질을 계발한다.

넷째, 고등교육의 질과 양을 높이는데 주력하여 대학교의 창의성과 업무 능력을 강화하는데 노력한다.

다섯째, 교사의 역량을 높인다.

여섯째, 학교 지도 간부층과 당 조직 형성을 강화한다.

일곱째, 현대화된 교육체계를 조속히 수립하고, 학습하는 사회 건설을 적극 추진한다.

여덟째, 교육의 국제 합작과 교류를 활성화하고, 교육의 대외적인 개방 수위를 높인다.

아홉째, 건전한 지원 체계를 수립하여 가정형편이 어려운 학생들의 교육기회를 보장한다.

'십일오' 계획은 '십오' 기간(2000-2005년)의 성과를 바탕으로 지속적으로 추진해 나가는 것인데, '십오' 기간의 성과는 다음과 같다.

〈표 54〉 중국 교육사업의 '십오(十五)' 시기 주요 성과

교육 시기		2000년	2005년	증가율(2000/2005년)
취학 전 교육	취학 전 3년간 유치원 입학률(%)	37.7	41.4	3.7
의무교육 시기	초등학교 졸업생 진학률(%)	94.9	98.4	3.5
	중학교 졸업생 진학률(%)	51.2	69.7	18.5
고등학교 단계	고등학교 입학률(%)	42.8	52.7	9.9
	재학생(만 명)	2518	4031	1513
	일반 고등학교 재학생	1201	2409	1208
	직업 고등학교 재학생	1284	1600	316
대학교육 단계	입학률(%)	12.5	21	8.5
	재학생(만 명)	1230	2300	1070

중국 교육부에서 표방한 중요한 교육 관련 사업(重大敎育工程)은 다음과 같다.

첫째, 서부 지역의 두 가지 기본 사업 추진 계획(國家西部地區"兩基"攻堅計划)이다. 동부 지역보다 상대적으로 낙후한 서부 지역에 두 가지 기본(兩基) 즉 9년 의무교육을 보급하는 것과 청장년의 문맹을 해소하는 것을 공격적으로 추진하는 계획이다.

둘째, 농촌 지역에 기숙형 학교를 건설하는 사업(農村寄宿制學校建設工程)이다.

셋째, 빈곤 지역에 의무교육을 실시하는 사업(國家貧困地區義務敎育工程)이다.

넷째, 농촌 지역 학교에 현대화된 장비로 원격 교육을 하는 사업(農村中小學現代遠程敎育工程)으로, TV나 DVD, 위성 시설, 인터넷, 멀티미디어 등을 활용하여 수업을 할 수 있도록 장비와 교사를 갖추는 사업이다.

다섯째, 교육 정보화(敎育信息化)로서 교육·관리 부분의 정보화 사업을 말한다.

여섯째, 211공정(211工程)으로 21세기 초까지 100개의 우수한 대학을 선정하여 이들을 세계적인 수준으로 중점 육성하는 정책을 말한다.

중국은 경제 발전에 따라 동부와 서부 지역, 도시와 농촌 간에 빈부 격차가 점차 심해짐에 따라 교육 정책도 크게 두 갈래로 나뉘어 진행된다고 할 수 있다. 낙후된 지역에는 의무교육을 비롯하여 재정과 각종 시설을 지원하여 교육기회와 혜택을 늘리고, 발전한 지역에는 더 나은 교육에 대한 수요를 충족시키기 위하여 대학교육을 집중 관리, 육성하는 것이다. 또한 경제 발전에 따른 사회적 수요에 부응하기 위하여 직업교육과 대학교육을 통하여 고급 인력을 양성하고, 소질교육을 강화하여 창의성 있는 인재를 양성하고, 평생교육 체제를 도입하여 학습하는 사회를 건설하는 것이다.

1983년 덩샤오핑이 "교육은 현대화를 지향하고, 세계를 향하며, 미래를 향해야 한다(敎育要面向現代化, 面向世界, 面向未來)."라고 말한 이후 교육에 관한 각종 정책은 이를 기본 방향으로 삼아 경제 발전에 따른 사회적 요구와 변화에 맞추어 대체로 5년에서 10년 단위로 수립되고 추진되어 왔다. 이러한 경향(Trend)은 일관성 있는 교육 정책의 계획과 진행을 가능하게 한다.

6. 중국의 학제와 교육과정

중국의 학제는 취학 전 교육, 초등교육, 중등교육, 고등교육으로 나눌 수 있는데, 중등교육은 중학교와 고등학교 과정을 함께 가리키고, 고등교육은 대학교육을 가리킨다.

취학 전 교육은 3~5세의 아동이 유치원에서 교육받는 과정을 말한다. 전국에는 11만 1752개의 유치원이 있고, 유치원 교직원은 90만여 명에 달하며, 유치원 재학 아동은 2036만여 명이다. 해당 연령 아동의 유치원 입학률은 43.8%이다(2008년 주한중국대사관 http://www.chinaemb.or.kr '중국교육체계'). 유치원은 일반적으로 민간이 설립한다.

중국은 9년제 의무교육을 보급하기 위하여 힘쓰고 있는데 의무교육은 초등교육과 중학교를 포함한다. 9년제 의무교육의 교육과정은 다음과 같다(손민정, 「세계의 교육과정: 중국」, 한국교육신문, 제2391호, 2009.03.09. 제3면).

〈표 55〉 중국 의무교육 교육과정 설정표

학년								
1	2	3	4	5	6	7	8	9
품성과 생활 (品德與生活)	품성과 사회(品德與社會)					사상 품성		
						역사와 사회(혹은 역사, 지리)		
	과학					과학(혹은 생물, 물리, 화학)		
국어						국어		
수학						수학		
	외국어					외국어		
체육						체육과 건강		
예술						예술		
	종합 실천 활동					종합 실천 활동		
지역과 학교 편제 교육과정						지역과 학교 편제 교육과정		

중등교육은 12~17세의 청소년이 중등학교에서 교육받는 과정을 말한다. 우리나라의 일반 중학교에 해당하는 것이 초등중학교(初中)이고, 일반 고등학교에 해당하는 것이 고등중학교(高中)인데, 학제는 각각 3년이다. 중학교를 졸업하면 일반 고등학교로 진학하거나 직업고등학교로 진학한다. 전국에는 9만 3,968개의 중·고등학교가 있다.

고등교육기관인 대학은 大學(대학교), 學院(단과대학), 고등전문대학이 있다. 이 밖에도 성인 기술훈련이나 전문교육, 문맹퇴치 교육을 담당하는 평생교육기관이 있다.

〈표 56〉 중국 의무교육 교육과정 교과목별 시간 및 비율

구분	학년									9년 총시간 (비율:%)
	1	2	3	4	5	6	7	8	9	
교과목	품성과 생활	품성과 생활	품성과 사회	품성과 사회	품성과 사회	품성과 사회	사상품성	사상품성	사상품성	7-9%
							역사와 사회, 역사·지리 선택			3-4%
			과학	과학	과학	과학	생물, 물리, 화학 선택			7-9%
	국어	국어	국어	국어	국어	국어	국어	국어	국어	20-22%
	수학	수학	수학	수학	수학	수학	수학	수학	수학	13-15%
			외국어	외국어	외국어	외국어	외국어	외국어	외국어	6-8%
	체육	체육	체육	체육	체육	체육	체육과 건강	체육과 건강	체육과 건강	10-11%
	예술(혹은 음악, 미술 선택)									9-11%
	종합 실천 활동									6-8%
	지역과 학교 개발 혹은 선택된 과정									
주당 총시간	26	26	30	30	30	30	34	34	34	274
학년 총시간	910	910	1050	1050	1050	1050	1190	1190	1122	9522

1. 교육과정 개관

싱가포르는 우리나라와 같이 국가 수준에서 교육과정과 교육 평가 등 질 관리를 하고 있다. 싱가포르는 학업 능력이나 적성에 따라 세분화되어 있어서, 교육 체제의 이해가 쉽지 않은 것이 특징이다.

싱가포르의 학교급별 수업 연한은 초등학교 6년, 중등학교 전반기(제1·2학년), 중등학교 후반기(제3·4학년) 등으로 구분되고, 중등교육이 끝나면 직업 선택, 대학 진학 등을 위해 다양한 수련 및 학업의 기회가 마련되어 있다(김정호 외, 2005: 94).

정규 과정을 마치게 되면, 성취 정도를 평가하는 시험에 응시하는데, PLSE(Primary school leaving examination), GCE(General certificate of education), 'N' Level GCE, 'O' Level GCE, 'A' Level GCE 등이 그것이다. 이러한 시험을 통해서 학력과 상급 학교 진학이 결정될 만큼 학교 교육에서 자격시험이 차지하는 비중이 크다. 인문계 학생이 대학에 입학하기 위해서는 PLSE→GCE 'O' Level→GCE 'A' Level 순으로 시험을 치르는 것이 일반적이다.

2. 교육과정의 체계

싱가포르에서 1974년 이전에는 초등학교에서 공민, 역사, 지리가 각각 별도의 과목으로 각각 독립되어 있었다. 그러다가 1974년 지리와 역사는 새로운 과목인'생활교육(education for living)'으로 통합되었다. 생활교육은 역사, 지리, 공민을 통합한 과목으로, 싱가포르 역사와 지리적 환경뿐만 아니라, 책임 있는 시민성, 동서양의 가치 등을 주요 교육목표로 삼고 있다. 그런데 1978년 교육부 보고서와 1979년의 소위 'One Teng Cheng' 보고서는 공민의 내용이 지리, 역사의 내용과 함께 가르치기에 적합하지 않다는 결론을 내려 결국, '생활교육'은 '도덕교육(moral education)'과 '사회과(social studies)'로 분리되었다.

1981년 싱가포르 최초의 교수요목은 싱가포르의 독특한 자연적, 역사적, 사회적, 경제적, 문화적 특징과 패턴에 대한 지식에 기초를 두었으며, 사회과를 통해서 자신이 살고 있는 세계를 이해하고, 사회와 환경에 효과적으로 참여하는데 필요한 지식, 기능, 태도를 기르고자 하였다.

아울러 1994년과 2000년의 교수요목 개정을 거쳐서 현재에 이르고 있으며, 개정 시기별 주요 내용을 발췌하면 <표 57>과 같다. 1994년에 비해 2000년의 사회과 교수요목은 체제와 내용에서 많은 변화가 있었다. 첫째, 제4학년부터 가르치던 사회과를 제1학년부터 가르치게 되었고, 둘째, 초등학교 고학년 부분에서 싱가포르의 건국과 관련된 현대사 부분을 강조하였다.

〈표 57〉 싱가포르 교수요목 개정 시기별 사회과의 주요 내용

학년	1981년 개정 주요 내용	1994년 개정 주요 내용	2000년 개정 주요 내용
1			· 학교
2			· 이웃
3			· 사회: 다민족 사회
4	· 학교의 환경 · 우리나라(민족)	· 학교의 환경 · 우리나라 역사의 시작	· 우리나라 자연환경 · 외국의 지배
5	· 우리나라 환경 · 우리나라 요구	· 우린 나라 환경과 요구 · 우리나라 발전	· 독립을 위한 노력 · 독립 국가의 수립
6	· 우리나라의 발전 · 주변 국가들	· 국가 공동체 · 주변 국가들	· 변화와 발전 · 다른 나라들과의 관계

* 출처: 한국교육과정평가원, 2005: 95.

싱가포르에서는 역사와 지리를 통합한 사회과와 윤리와 일반사회를 통합한 도덕교육이 있어서, 상당 부분 통합된 형태의 교과로 운영되고 있다. 중등학교에서는 지리, 역사, 시민 윤리교육 과목이 개설되어 있으며, 대학 전 과정에서는 역사, 지리, 경제학이 개설되어 있어서, 분과형으로 운영되고 있다.

이러한 방식은 한국과 매우 유사한 형태로, 사실상 초등은 통합, 중등은 분과 형태로 볼 수 있다. 이러한 접근 방식은 초등학교 수준에서는 내용의 양과 수준이라는 측면에서, 교과 수를 줄이고 학습 부담을 조정한다는 측면에서, 중등학교에서는 흥미와 수준, 그리고 연계성을 유지한다는 측면에서 매우 현실적인 방안이라고 보인다.

3. 교육과정의 내용

1) 초등 사회과

싱가포르 초등 사회과의 내용은 지리, 역사와 더불어 기초적인 경제 및 사회학의 내용을 담고 있으며, 어릴 적부터 공동체와 국가에 대한 소속감을 기르고, 사회적 결속을 강화하는데 초점을 맞추고 있다. 사회과 교수요목은 21세기에 대한 올바른 이해와 더불어, 그들이 살고 있는 사회와 환경에 효과적으로 참여할 수 있는 인간 양성을 목표로 한다. 싱가포르가 직면한 도전과 제약에 대한 이해를 강조함으로써, 싱가포르의 지정학적 불안정한 위치와 더불어 외세의 침략 및 지배를 어떻게 극복했는지를 강조하고 있다.

싱가포르의 초등 사회과가 통합을 목적으로 탄생했지만, 지리와 역사가 내용의 약 8할을 차지하고 있으며, 내용 구성의 골격을 이루고 있다. 시간 배당은 제1학년에서 제3학년까지의 저학년은 주당 1시간이 배당되어 있으며, 학교, 이웃, 사회로 점차 대상 지역이 확대됨에 따라 그곳을 구성하는 사람들과 장소를 살펴보게 된다. 제4학년은 주당 2시간, 제5·6학년은 주당 3시간이 배당되고, 내용도 확대된다.

싱가포르의 자연환경에 대한 이해와 식민 지배 및 독립 국가 형성 과정과 같은 근현대사 부분이 강조되고 있다. 이러한 내용 구성은 싱가포르의 지정학적 위치, 도시 국가라는 물리적 환경, 그리고 과거 침략의 역사를 되풀이하지 않으려는 의도로 해석할 수 있다.

싱가포르 사회과 교육의 계열성은 지평 확장 모델과 나선형식 교육과정으로 설명된다. 즉, 교수요목이 다루는 지역의 범위가 학교→ 이웃→ 사회→ 국가→ 세계 등으로 범위(scope)가 넓어지는 나선형식 교육과정으로 확대되는 것이다.

2) 중등 지리

지리교육과정은 중등학교부터 독립되는데, 계통 지리 위주로 구성되어 있으며, 싱가포르의 지리나 세계 지리를 따로 가르치지는 않는다. 지리의 핵심 주제로서 '인간과 자연환경의 상호 작용'을 강조하고 있으며, 나머지 주제들은 이 핵심 주제들을 설명하기 위한 절차 및 사전 단계로서의 의의를 갖고 있다.

중등 제1·2학년은 학생들이 지리에 관심을 갖게 하는데 목적이 있다. 자연과 인간의 상호 작용에 대한 전체적인 이해를 하도록 하고, 지리적 정보를 획득, 적용하는 능력을 기르는데 초점을 두고 내용을 구성한다. 중등 제1학년에서는 지리 입문, 경관, 자연경관의 구성 요소, 인문 경관의 구성 요소 등을 학습하고, 중등 제2학년에서는 지표면을 변화시키는 인간의 역할을 긍정적인 입장에서와 부정적인 입장에서 살펴보고, 천연자원과 인간 거주지로서의 지구를 학습한다.

중등 제3·4학년의 경우, 자연현상과 인문현상의 분포와 특징을 이해하고, 자연과 인간의 상호 작용을 이해하며, 자연환경과 인문환경에 영향을 미치는 요인들을 이해하는 방향에서 교육 내용이 선정되고, 조직되는데 이는 궁극적으로 다른 환경에서 살아가는 사람들이 맞이하는 기회와 제약에 대한 이해를 기르고, 세계에 대한 이해를 통하여 다른 공동체와 문화에 대한 이해를 기르기 위해서이다.

중등 제3학년의 경우, 자연 지리와 지도 읽기를 집중적으로 학습한다. 자연 지리의 학습 내용은 날씨와 기후 요소, 식생, 판구조론, 풍화, 하천, 해양 등이다. 각 자연 지리의 핵심 내용을 가르치는데, 자연 지리의 이론을 먼저 가르친 후, 지역 지리의 사례 학습이 이루어지도록 조직되었다. 특히, 지리 과목은 싱가포르의 초·중등학교에서 주요 과목으로 가르치고 있다.

3) 중등 역사

중등학교의 전반기 역사 교수요목의 특징은 "1819년부터 1971년 사이의 역사를 잘 이해한다. 특히, 전후 자치와 독립을 이끈 정치적 발전, 독립 국가로의 제약, 경제 발전을 위한 난관 등을 이해한다."와 같은 내용 목표 진술에서 그대로 나타난다. 중등학교 후반기까지 동시에 고려한다면, '싱가포르의 외세 침략과 지배, 독립'과 관련된 기간의 역사가 전체 교수요목의 약 4분의 3을 차지할 만큼 중요하게 다루어진다. 또한 기능 영역에서는 '역사적 관점의 이해', '역사적 정보의 획득과 처리', '비판적·창조적 사고력 신장' 등과 같은 측면을 강조하고 있다.

4) 중등 일반사회

싱가포르의 공민과 도덕교육(civics and moral education)은 한국의 윤리 과목의 성격과 내용이 유사하다. 초·중등학교 필수과목이기는 하지만 시험 과목이 아니라는 것은 주지 교과가 아니라는 설명이 되고, 한국사회과의 일반사회 영역에서 강조하는 시민적 내용(civics)이 윤리교육과 함께 제시되었다는 점은 이 양자(兩者) 간의 간격이 지리와 역사와의 간격에 비해 좁다는 것을 의미한다.

1. 북한의 교육과정 개관

북한의 교육 정책은 공산주의 강령과 최고 지도자의 성향 등에 바탕을 두고 수립되기 때문에 유치원, 소·중학교, 대학의 교육과정에서 공산주의적 교육이념을 포함한다. 북한은 교육을 통하여 혁명화, 노동 계급화하여 지덕체를 두루 갖춘 '공산주의적 새 인간'을 기른다는 교육의 기본 방향을 추구하고 있다. 북한의 교육과정은 1947년 제정되었고, 그 후 1983년, 1992년, 1996년, 2002년에 각각 개정되었다(차우규, 2007: 25−26).

북한 교육과정의 두드러진 특징은 김일성·김정일 일가의 우상화를 위한 정치사상 교육의 강조이다. 특히, 북한은 공산주의적 새 인간 양성을 목표로 교육과정 전반에 걸쳐서 정치사상 교육에 교육의 초점을 맞추고 있다. 북한은 정치사상 교육을 강조하기 때문에 학생들은 물론 교원들에게도

북한에서 교육과정에 관련된 문서가 처음 나온 것은 1950년 4월 8일 '조선민주주의인민공화국 교육성'이 발표한 '각급 학교 규정'이었으며, 교육과정에 관한 구체적인 입장이 체계적으로 발표된 것은 1977년 9월 5일에 발표된 '사회주의 교육에 관한 테제'에서이다. 교육법 공포 이후에는 교육법에 따라 교육과정을 운영하고 있다.

북한은 교육법 제4장인 '교육 내용과 방법' 조항에 교육과정에 관한 사항을 규정하고 있다. 이에 의하면, 북한에서는 남한의 교육과정에 해당되는 용어로 '교육강령'을 사용하고 있다. 교육강령에는 남한의 교과목 편제표에 해당하는 '교육과정안'과 교육과정 각론에 해당하는 '교수요강'이 제시되어 있다.

일반적으로 교육강령은 중앙 교육 지도 기관인 교육성에서 작성하도록 되어 있으며, 국가는 교육강령과 교과서의 심의를 위하여 중앙 교육 기초 기관과 해당 기관에 '비상성심의위원회'를 두고 이 위원회의 승인 없이는 교육강령과 교과서를 개정, 개편할 수 없도록 규정하고 있다. 따라서 각급 학교 교원은 교육강령에 따라 담당 교과목의 '교수안'을 작성하여야 하고, 이 교수안은 교원의 전체 협의를 거쳐서 완성하도록 되어 있다.

북한의 각급 학교 교원의 임무는 '사회주의 교육에 관한 테제'에 잘 드러나 있다. 이에는 북한 교육의 기본 방향과 지침을 집대성한 것으로 북한의 교육법이 정식으로 채택한 1999년까지 북한 교육에 관한 기본법 역할을 하였다.

사회주의 교육에 관한 테제에 따르면, 북한의 교원의 임무는 학생들을 공산주의적 인간으로 육성하는 것이며, 이를 위하여 교원들 스스로 혁명 계급화, 노동 계급화되어야 함을 강조하고 있다. 즉 인민을 교화할 임무를 맡고 있는 교원들 스스로 공산주의 사상을 철저히 익혀서 학생들을 공산주의적, 혁명적 인간으로 육성시켜야 함을 강조하고 있는 것이다.

2. 소학교 교육과정

북한의 모든 교육과정은 정치사상 교육과 기술 교육의 양대 과목 위주로 편성되어 있다. 소학교는 4년 동안 '경애하는 수령 김일성 대원수님 어린 시절', '위대한 령도자 김정일 장군님 어린 시절' 등을 위시하여 '사회주의 도덕', '국어', '수학' 등 11개 과목을 교육하고 있다.

이 중에서 사회과 관련 교과는 '경애하는 수령 김일성 대원수님 어린 시절', '위대한 령도자 김정일 장군님 어린 시절' 등을 위시하여 '사회주의 도덕' 등을 들 수 있다.

북한의 1학기는 16주, 2학기는 18주로 총 34주로 남한과 유사하다. 대체적으로 북한의 여름 방학은 8월 1일부터 8월 31일까지, 겨울방학은 1월 1일부터 2월 16일까지이다(통일부 통일교육원, 2008: 82-85).

〈표 58〉 북한의 소학교(4년제) 교육과정

순	교과목	학년별 주당 시수				계
		1학년	2학년	3학년	4학년	
1	경애하는 수령 김일성 대원수님 어린 시절	1	1	1	1	4
2	위대한 령도자 김정일 장군님 어린 시절	1	1	1	1	4
3	항일의 녀성 영웅 김정숙 어머님 어린 시절	1	1	1	1	4
4	사회주의 도덕	1	1	1	1	4
5	수학	5	5	6	6	22
6	국어	8	8	7	7	30
7	자연	2	2	2	2	8
8	위생	1	1	1	1	4
9	음악	2	2	2	2	8
10	체육	2	2	2	2	8
11	도화 공작	1	1	1	1	4
계	11과목	25	25	25	25	100

3. 중학교 교육과정

북한의 중학교는 6년제이다. 중학교는 6년 동안 '위대한 수령 김일성 대원수님 혁명 활동', '위대한 령도자 김정일 원수님 혁명 활동', '현행 당 정책', '수학' 등 총 23개 과목을 교육한다.

이 중에서 사회과 관련 교과는 '경애하는 수령 김일성 대원수님 혁명 활동', '위대한 수령 김일성 대원수님 혁명 력사', '위대한 령도자 김정일 장군님 혁명 활동', '위대한 령도자 김정일 장군님 혁명 력사', '항일의 녀성 영웅 김정숙 어머님 혁명 력사' '사회주의 도덕', '력사', '지리 등이다.

그 밖에 일과 후에는 하루 1-2시간씩 체육 등 특기 교육을 실시하고 있다. 또한 중학생들은 견학 명목으로 공장, 기업소, 협동 농장 등에 파견되어 1주일간씩 노동을 하여야 하며, 방학 기간에는 김일성·김정일 혁명 전적지·사적지 등을 답사하여야 한다.

북한의 대학은 전공 분야와 상관없이 공통 과목으로 '주체 철학', '혁명 력사', '주체 정치 경제학', 등을 이수하여야 하며, 전공에 따라 20-30개 과목을 이수하도록 되어 있다. 또한 영어, 러시아어 등을 비롯한 외국어를 1개 이상 수료하도록 하는 등 외국어 교육을 강조하고 있다. 북한의 중학교 연간 수업 주수는 제1-3학년(중학 수준) 50주, 제4-6학년(고교 수준) 40주 기준이다.

〈표 59〉 북한의 중학교(6년제) 교육과정

순	과목명	학년별 주당 시수						계
		1학년	2학년	3학년	4학년	5학년	6학년	
1	위대한 수령 김일성 대원수님 혁명 활동	1	1	1				3
2	위대한 수령 김일성 대원수님 혁명 력사				2	2	2	6
3	위대한 령도자 김정일 원수님 혁명 활동	1	1	1				3
4	위대한 령도자 김정일 원수님 혁명 력사				2	2	2	6
5	항일의 녀성 영웅 김정숙 어머님 혁명 력사				1			1
6	사회주의 도덕	1	1	1	1	1	1	6
7	현행 당 정책				1주	1주	1주	3주
8	국어	5	5	4				14
9	문학				4	3	2	9
10	한문	2	2	1	1	1	1	8
11	외국어	4	3	3	3	3	3	19
12	력사	1	1	2	2	2	2	10
13	지리	2	2	2	2	2		10
14	수학	7	7	6	6	6	6	38
15	물리		2	3	4	4	4	17
16	화학			2	3	3	4	12
17	생물		2	2	2	3	3	12
18	체육	2	2	2	1	1	1	9
19	음악	1	1	1	1	1	1	6
20	미술	1	1	1				3
21	제도					1	1	2
22	컴퓨터				2	2	2	6
23	실습(남·여)	1주	1주	1주	1주	1주	1주	6주
계	23과목	28 (1주)	31 (1주)	32 (1주)	38 (2주)	37 (2주)	34 (2주)	200 (9주)

4. 북한의 사회과 관련 정치사상 교양 내용과 방법

1) 교육 내용

북한의 핵심 교육 내용으로는 과학기술, 체육, 정치사상 등이 있는데, 이 중에서 사회과 관련 교육 내용으로는 정치사상 교양이 대표적이다.

2) 정치사상 교양의 내용

정치사상 교양 교육의 내용에는 수령 우상화·신격화 영역으로 수령은 대중-당-수령 상호 관계에서 뇌수, 조선의 하느님, 수령의 유일사상, 유일지도 확립 등이 있고, 전쟁 관점으로는 전쟁을 통해 조국통일 성취, 전쟁에서 육체적 생명 초개와 같이 바치는 정신 등이 있으며, 계급교양 영역으로 착취계급 증오, 착취계급과 비타협적 투쟁 등이 있다.

3) 정치사상 교양과목 비중

북한의 교육과정에서 전 과목 총 시간에서 정치사상 교양과목이 차지하는 비중은 소학교 13%로 김일성 어린 시절, 김정일 어린 시절 등을 배우고, 고등중학교는 13%로 김일성 혁명 활동, 김일성 혁명 역사, 김정일 혁명 활동, 김정일 혁명 역사, 현행 당 정책, 공산주의 도덕 등을 익힌다. 대학은 20%로 김일성 노작, 김일성 혁명 역사, 김정일 노작, 김정일 혁명 역사, 철학, 정치경제학, 현행 당 정책 등을 이수한다.

4) 과외 및 정치조직(소녀단, 청년동맹, 당)을 통한 정치사상 교양

북한 교육의 과외조직 및 정치조직은 김일성 혁명사상연구실에서 정치 학습토론으로 노작, 혁명 역사 학습토론, 김 부자(父子) 덕성실기 학습토론, 문답식 학습경연 등을 익히고, 그 외의 조직 활동으로는 정치시사 강연회, 영화문헌 학습(수령이 등장하는 영화 관람, 토론), 조직별 주 생활 총화, 사회정치 활동(당 정책 해설 선전), 혁명 사적지 및 전적지 답사, 항일투사 및 전투영웅 상봉 모임 등이 있다.

5) 정치사상 교양 방법

부간 교육에서 정치사상 교양의 방법으로는 탁아소, 유치원 어린 시절부터 정치사상 교양 시작, 피교양자 앞에서 교양자의 솔선수범(이신착신), 긍정적 모임에 의한 감화교양, 사상교양을 위한 꾸준한 해설과 설복, 부정적 현상에 대한 일상적 비판 등이 있다.

5. 남북한 교육과정 비교

남북한은 그동안 60여 년 동안의 분단과 대립으로 사회적·문화적 이질화를 초래하였다. 교육에서도 예외가 아니다. 학제와 교육과정이 근본적으로 다르게 조직, 운영되고 있다. 이와 같은 점을 전제하고 남북한 교육과정을 체제적으로 비교하면 다음과 같다.

첫째, 교육이념 면에서 남한의 교육이념은 홍익인간인 데 비하여, 북한의 교육이념은 주체형의 공산주의적 새 인간 육성이다.

둘째, 교육목표 면에서 남한의 교육목표는 민주국가, 인류 공영에 이바지할 민주시민 육성인 데 비하여, 북한의 교육목표는 지덕체를 두루 갖춘 공산주의적 새 인간 육성이다.

셋째, 학제 면에서 남한은 6 - 3 - 3 - 4(년)제인 데 비하여, 북한의 학제는 1 - 4 - 6 - 4(년)제이다. 유치원이 공교육으로 학제에 편입되어 있고, 초등교육 기간이 상대적으로 짧다.

넷째, 교육과정의 결정 과정 면에서 남한은 과거 중앙집권형에서 점차 분권형으로 변화되고 있으나, 북한은 분단 이후 계속적으로 중앙집권형을 고수하고 있다.

다섯째, 교육과정 개정 주기 면에서 남한은 시대 변화와 사회 발전에 따라 교육과정이 5 - 10년 주기로 개정되나, 북한의 교육과정은 김일성·김정일 등 지도자의 지시나 관심에 따라 수시로 개정되고 있다.

여섯째, 교육과정 구성 편제 면에서 남한은 국민공통기본교육과정을 도입하고 있으나, 북한은 공산주의적 교과와 공산주의 사상 교육에 초점을 맞추고 있다.

일곱째, 운영 방법 및 방식 면에서 남한은 중앙집권형에서 점차 지방·학교 분권형으로 나아가고 있으나, 북한은 당의 방침, 지시, 명령 등에 따라 교육과정이 개정되고 있다.

〈표 60〉 남 · 북한 초등(소)학교 교육과정의 상호 비교

구분	초등학교(남한)	소학교(북한)
교육이념	홍익인간	주체형의 공산주의적 새 인간
교육목표	민주국가 발전과 인류 공영의 이상을 실현하는데 기여함	지덕체를 갖춘 공산주의적 새 인간 육성
학제	6(초) - 3(중) - 3(고) - 4(대)제	1(유) - 4(소) - 6(중) - 4(대)제
교육과정 결정 과정	민주적 절차, 지방 분권, 단위 학교의 자율성 부여	철저한 중앙집권형 교육과정
교육과정 개정 주기	사회의 변화 속도와 시대 변화의 추이, 개정의 필요성 등에 따라 5 - 10년('2007년 개정 교육과정'부터 상시 개정 체제 도입)	지도자의 지시나 관심에 따라 수시로 개정(근본적 변화는 없었음)
구성 편제	국민공통기본교육과정 도입 민주시민 육성을 위한 10개 교과	체제 유지, 공산주의적 새 인간을 기르는 데 필요한 교과, 사상 교육 교과 강화
운영 방법	단위 학교의 자율성 확대 현장학습, 자율 학습 강조	당의 지시에 따라 노동과 전쟁에 필요한 인력 양성을 위한 사상과 체육 강조

1. 교육과정의 동향

최근 각국의 국가 교육과정 개선에는 다양한 동인이 작용하고 있다. 그중의 한 가지로서 미래 사회에 필요한 핵심 역량(key competencies)은 지식기반사회가 본격적으로 전개되는 가운데서 살아가야 할 인재가 갖추어야 할 핵심 능력과 자질이 새롭게 요구되는 만큼, 모든 국민에게 미래 사회에 필요한 기초 소양과 핵심 역량을 강화해야 할 필요가 있음을 시사한다. 관련 예로 OECD(2004)의 DeSeCo(Definition and Selection of Competencies) 프로젝트라든가 우리의 경우 한국교육개발원(2002~2004)의 국가 수준의 생애 능력 표준 개발 노력을 들 수 있다. 이러한 맥락에서 본서에서 다룬 9개 국을 포함한 여러 국가 및 주 수준의 교육과정 개정의 동향을 종합하면 다음과 같다.

첫째, 지식기반사회의 특징과 요구를 보다 적극적으로 반영하고 있다. 지식기반사회에 대비한 교육과정 개발의 필요성에 대해서는 오랜 기간 인식해 왔다. 개인이 매일 직면하게 되는 복잡한 요구와 도전에 잘 대응하기 위해서는 교육의 모습이 달라져야 한다고 보는 것이다. 예로서 영국과 뉴질랜드, 호주, 핀란드에서는 복잡한 사회에서 학생들이 성공적으로 살아가기 위해서는 기존 교육과정의 분과적 틀에서 벗어나 학생 중심적이고 보다 통합적인 방식으로 교육과정을 조직할 필요가 있음을 강조한다. 가족생활과 사회적 관계, 경제 구조, 직업 조직 등의 변화에 따라 학교 교육 체제에 대한 근본적 재고의 필요성이 제기되었으며, 교과 내용을 중시하되 지식기반사회가 요구하는 지식, 기능, 태도를 통합하려는 노력이 엿보인다. 요컨대 기존의 교과 중심의 학교 교육과정을 미래 핵심 역량과 핵심 학습요소를 중심으로 개편하도록 추진하고 있다.

둘째, 학력 저하에 대한 우려가 깔려 있다. 각국에서는 학력 저하가 국가 경쟁력을 약화시켜 국가의 위기를 가져올 수 있다는 점에 주목한다. 캐나다의 경우 80년대 중반 이후부터 대학, 산업체, 학부모 등이 학력 저하를 거론하자 학업 기준, 문해력(literacy), 수학 능력에 대해 관심을 갖고, 사회적 기대와 기초 능력 강화에 학교 교육이 주목해야 한다는 점을 강조하고 있다. 특히 미국의 경우 학력 저하가 국가 경쟁력 약화와 국가적 위기를 초래한다는 점에 주목하고, 2002년 부시 행정부의 NCLB(No Child Left Behind) 관련 법안의 수립과 함께 수학과 읽기의 국제 경쟁력 저하와 도심 지역과 저소득층 학생들의 읽기 능력 수준 미달에 주목하고 있다.

셋째, 학습자 중심의 교육과정 실현을 거듭 강조한다. 최근에 올수록 학교 교육에서의 개인의 권리와 지식을 존중하는 평등한 교육과정의 필요성은 강하게 인식되고 있다. 모든 학습자가 교육기회에 있어서 차별받지 않을 뿐만 아니라 학습자 자신에게 적합한 교육을 받을 기회를 보장해야 한다는 점은 그 어느 때보다 강조되고 있다. 특히 영국의 경우 최근 "학습자 한 명 한 명이 모두 중요하다(Every Child Matters)."라는 새로운 정책 기조하에 0~19세에 걸친 어린이와 청소년, 특히 소수 집단이나 소외 계층을 대상으로 하는 교육을 통해서 모든 아이들이 건강하고 안전한 삶을 영위하며, 즐겁고 성취 가능하며, 사회에 긍정적으로 기여하고 경제적 복지를 달성하자는 슬로건을 내세우고 있다.

넷째, 고등학교 교육과정 개선의 필요성이 부각되고 있다. 고등학교 교육과정은 대학 진학을 통한 계속 교육과 직업 세계에의 적응과 밀접하게 관련됨에도 불구하고, 그러한 요구를 충족하는데 미흡하다는 점이 지적되어 최근에는 고등학교 교육과정에 대한 근본적 논의의 필요성이 강해지고 있다. 예로서 프랑스의 경우 고등학교 교육이 대학과 그랑제꼴 또는 직업 세계의 기대에 부응하지 못함이 문제시되고 있으며, 영국에서는 보다 많은 젊은이들이 직업교육 및 고등교육을 계속 받을 수 있도록 교육과정을 개선하기 위해 '직업훈련 관련 자격 인증 제도'를 현행 GCSE와 A-level의 대안으로 도입하고 있다. 스웨덴의 경우에도 학생의 진로를 위한 다양한 내용과 수준의 필요성에 주목하고 진로 계발을 촉진하기 위한 고등학교 교육과정으로서 인문 계열과 직업 계열에 걸친 17개의 과정(programme)을 보다 체계적으로 안내하고 있다.

2. 교육과정 개정의 지향점

세계 여러 나라의 교육과정 개선 노력이 기울여져 온 가운데, 여러 국가에서는 국가 교육과정을 구체적으로 다음과 같은 점을 공통적으로 지향하고 있다.

첫째, 능력 있는 학습자 양성을 추구하고자 한다. 최근 교육과정 관점의 변화는 교육을 통하여 '많이 아는 사람'을 길러 내려는데 머무르지 않고 '많이 알면서 잘할 줄 아는 사람'으로 거듭나고 빠르게 변화하는 복잡한 사회에서 성공적으로 살아가기 위한 능력과 경쟁력을 갖추기 위한 국가 교육과정이어야 함을 강조하는 것이다. 예로서 최근 영국에서는 '성공적인 학습자, 자신감을 가진 개개인, 책임감 있는 시민'이라는 인간상을 제시하고, 몇몇 교과는 공통적 핵심 개념 및 과정을 취하고 교육과정의 경계를 넘나드는 연계성을 가질 수 있도록 하고 있다. 또한 호주의 빅토리아 주는 주 수준에서 제시한 8개의 핵심 학습 영역(영어, 수학, 과학, 보건체육교육, 외국어, 예술, 사회와 환경, 과학기술) 중심의 기존 교육과정 틀이 모든 학생들을 의무교육 이후의 교육이나 직업 훈련으로 성공적으로 전환시키는데 적절하게 기능하지 못한다고 보고 '빅토리아 핵심 학습 기준안'을 고안해 오고 있다. 아울러 뉴질랜드에서는 개인이 일상적으로 직면하는 복잡한 요구와 도전에 대응하여 성공적인 삶을 살기 위해 습득해야 할 '핵심 역량(key competencies)'을 강조하면서, 국가 교육과정의 비전을 가치와 핵심 역량, 학습 영역이라는 세 차원으로 구성해 놓고 있다. 가까운 일본의 경우 '살아가는 힘'이라는 이념을 실현하기 위해 기초·기본 지식과 기능 습득, 사고력·판단력·표현력 등의 육성, 확실한 학력을 확립하는데 필요한 적정 수업 시수 확보, 학습 의욕 향상과 학습 습관 확립, 풍요로운 마음, 튼튼한 체력 육성을 교육과정 개정의 기본 이념으로 설정한 바 있다.

둘째, 학업 성취도 제고에 역점을 두고 있다. 일반적으로 학생들의 학업 성취도를 고취시키기 위해서 국가 및 주 수준의 교육과정을 개선하거나 학업 성취도 평가를 강화하려는 방안을 활용한다. 이 가운데서 교육과정 개선을 통하여 학생들의 성취를 제고하려는 노력이 보다 근본적인 방안이 될 것이다. 예로서 캐나다의 중핵 교육과정(essential core curriculum)은 필수적이고 학구적 성격이 비교적 강한 수학, 과학, 언어, 사회로 구성되며, 새로이 부각되는 본질적 지식과 능력(essential new knowledge and skills)에 대해 많은 관심을 보이고 있다. 프랑스의 경우 모든 학생의 학업적 성공을 위한 조치로서 '방과 후 학습'은 과제나 수업 내용에 대한 복습 지원, 스포츠, 예술, 문화, 멀티미디어 활동을 제공하기 위한 것이다. 무엇보다 두드러지는 사례로는 미국을 들 수 있다. 미국은 1990년대 이후 '기준 중심 교육개혁 운동'에 의해 거의 모든 주에서 모든 과목의 성취 기준(standards)을 설정하고, 성취 기준을 중심으로 하는 평가 방식을 개발하여 다양한 형태로 시행하는 중이다. 예로서 '읽기 능력 최우선 제도(Reading First)'라든가 저소득층 가정을 위한 교육 프로그램으로 읽기 능력 고취를 위한 '동일 출발점(Even Start)'이라는 제도를 특기할 만하다.

셋째, 의무교육 기간의 공통 교육과정을 개선한다. 대부분의 국가에서는 학습자가 반드시 학습해야 할 공통 영역과 내용을 제시하여 지역과 학교 교육과정의 기본 틀이 될 수 있도록 하고 있다. 국가 수준 교육과정이 제시되지 않는 경우에도 공통 교육과정을 강화함은 주지해 온 사실이다. 특히 호주 빅토리아 주에서는 유치원에서 10학년까지 모든 학생들이 성취해야 할 '빅토리아 핵심 학습기준(Victorian essential learning standards)'을 개발하며, 프랑스는 공통 교육과정을 수립하여 모든 학생이 성공적인 학업 이수, 진학, 진로선택, 성공적 사회진출 등을 하는데에 바탕이 되는 가치, 지식, 언어, 실무지식 전체를 7대 영역, 즉 국어사용 능력, 외국어 구사 능력, 인터넷 및 커뮤니케이션 도구 사용 능력, 인본주의적 문화지식, 사회성 및 시민성, 자율성 및 주도성으로 제시해 놓고 있다. 영국의 경우 필수 교과를 모든 단계에서 이수해야 하는 중핵 교과(core subjects), 즉 영어, 수학, 과학과 단계별로 편성된 기초교과(foundation subjects)로서 디자인과 기술, 정보통신 기술, 역사, 지리, 현대외국어, 미술과 디자인, 음악, 체육으로 제시하고 있다.

넷째, 학년·학교급 간 교육과정 연계성을 강조한다. 영국의 국가 교육과정에서는 제정 당시부터 단계별로 성취해야 할 성취 목표를 제시해 왔다. 특히 2002년 교육 개혁안에서는 국가 교육과정에 '기초 단계'를 포함하여 6개의 학습 영역을 3~5세까지의 아이들을 위한 교육과정 법령으로 제정하였다. 스웨덴 역시 학교급 간 연계를 위해 유치원 교육과 의무학교(compulsory school) 교육과정을 연계하기 위해 유치원 교육과정에 공통 교육과정 내용을 반영하며, 호주 빅토리아 주에서는 핵심 학습기준을 여섯 개의 수준으로 나누고 각 수준별로 성취 기준을 제시하여 학년 간 연계성을 확보해 오고 있다. 핀란드의 경우 초·중학교 교육의 통일성과 일관성을 유지하기 위해 각 교과 및 범교과 학습 주제의 교육목표와 핵심 내용, 학생의 생활 관리와 학습 능력 강조, 학생의 학습과 성장을 지원할 수 있는 다양한 평가의 근거를 마련하고 있다.

3. 국가 교육과정의 성격

국가 교육과정의 성격은 각국의 상황에 따라 차이가 날 수 있을 것이나, 이와 같은 학교 교육의 개선 노력 가운데 국가 교육과정의 성격과 기능은 다음과 같이 세 가지 유형으로 자리매김 되고 있다.

첫째, 학교 교육의 근간으로서 비교적 강한 구속력을 갖는 경우이다. 이와 같은 성격은 전통적으로 중앙집권적 교육과정 존립 체제를 유지하면서 강한 구속력과 지도력을 발휘해 온 프랑스, 일본,

중국의 경우에서 찾아볼 수 있을 것이다. 먼저 프랑스는 국가 차원에서 교육과정을 결정하는 전통적인 중앙집권적 교육과정 체제를 유지하면서 공통 교육과정이 유치원과 초·중학교 교육과정 기준이면서 이들 학교 체제 운영의 대강과 학교급별 교육목표를 교육법 및 교육법 시행령에 규정하고 있다. 따라서 국가 수준에서 초·중등학교의 교과별·학년별 수업 시수와 학년 교육과정의 기준을 제시하면 각 학교는 이에 따른 교육과정 계획안을 작성하여 실천하게 된다. 일본의 경우에도 교육과정은 초·중·고등학교 교육과정의 법적 구속력을 가진 기준이다. 1958년의 학습 지도요령 개정 이후 법적 구속력을 가지는 '고시' 형태를 취하는 점에서 우리와 유사한 교육과정 체질을 갖고 있다. 그러나 일본의 경우 이러한 기준의 적용 대상이 국·공립학교에 한정됨을 특기할 필요가 있다. 중국의 경우 국가 교육과정 표준은 어디까지나 교재 집필과 교수·학습, 평가와 시험 출제의 준거이며, 교육과정을 관리하고 평가하는 기초가 된다.

둘째, 학교 교육과정의 기본 틀(frame work)로서 기능하는 경우이다. 영국, 뉴질랜드, 핀란드, 스웨덴의 경우 국가 교육과정은 기본 방향만 제시하고 지역과 학교의 교육과정 편성·운영의 기본 틀로서의 의미를 갖기 때문에 앞서 살펴본 중앙집권적 교육과정 체제에서만큼 구속력이 강하지는 않다. 이 경우 공통 교육과정과 의무교육에 대해 국가 교육과정이 많은 부분을 결정하지만 학교에서는 기본 내용들을 중심으로 자율적으로 운영하며, 의무교육 이후의 교육과정 역시 자율적으로 편성·운영하도록 한다. 구체적으로 영국에서는 의무교육 연한(11학년까지)의 학생들은 국가 교육과정의 적용을 받지만, 국가 교육과정이 학교 교육과정의 전체를 구성해 주는 것은 아니다. 최근에는 일선 학교가 각 교과목의 가치와 목적, 우선순위와 특징 등을 고려하여 보다 혁신적이고 창의적인 교육과정을 운영할 것을 권장하고 있다. 뉴질랜드의 경우에도 국가 교육과정은 학교가 자체적으로 교육과정을 설계하는데 필요한 영역과 융통성, 권한 등을 제공하기 위한 것이다. 핀란드의 경우 국가는 교육법과 국가 교육과정의 큰 틀을 통해 교육의 기본 제도와 원칙만을 결정하며 각 지방자치단체가 교육 공급자로서 지역 특성에 부합하는 교육과정을 시행하도록 하고 있다. 스웨덴의 경우 의무교육 기간에 다룰 교과와 시수를 제시하지만 구체적인 교육과정 편성·운영은 학교에서 결정하도록 하고 있다.

이 외에 연방국 형태로 존립하는 호주, 캐나다, 미국의 주 수준 교육과정은 안내적 지침(guidelines)의 역할을 하며, 교육과정 편성·운영은 학교의 권한이다. 예를 들어 호주 빅토리아 주의 핵심 학습기준은 학교 수준 교육과정 설계를 위한 틀로서 이 기준을 충족시키기 위한 구체적인 시간 배당이나 내용 선정 및 조직은 학교에 일임되고, 학교에서는 세 가지 요소가 다양한 형태로 상호 관련될 수 있는 교육과정을 설계하도록 한다.

결국 21세기 세계화 시대, 지식정보화 시대에서의 세계의 사회과 교육과정은 세계화 사회(Global society)의 흐름(trend)에 발맞추어 매우 다양화, 특성화, 전문화 등의 경향을 보이고 있는 것이 특징이다. 아울러, 세계 각국의 여건과 실태 및 특성을 반영하면서도 세계화의 연계적 영역인 세계시민 교육, 다문화 이해 교육, 지구촌 이해 교육, 환경 교육, 양성 평등 교육 등을 강조하고 있다.

✍ 연구 문제

1. 사회과 교육의 탐구에서 외국의 사회과 교육과정 비교 연구가 필요한 이유를 설명해 보시오.

2. 미국 사회과 교육과정의 체제와 특징에 대해서 설명해 보시오.

3. 영국 사회과 교육과정의 체제와 특징에 대해서 설명해 보시오.

4. 독일 사회과 교육과정의 체제와 특징에 대해서 설명해 보시오.

5. 프랑스 사회과 교육과정의 체제와 특징에 대해서 설명해 보시오.

6. 스웨덴 사회과 교육과정의 체제와 특징에 대해서 설명해 보시오.

7. 일본 사회과 교육과정의 체제와 특징에 대해서 설명해 보시오.

8. 중국 사회과 교육과정의 체제와 특징에 대해서 설명해 보시오.

9. 싱가포르 사회과 교육과정의 체제와 특징에 대해서 설명해 보시오.

10. 북한 사회과 교육과정의 체제와 특징에 대해서 설명해 보시오.

제  부

◀◀ 사회과 교육과정의 내용 ▶▶

[Key Point]

　제7부에서는 사회과 교육과정의 내용에 대해서 학습한다. 즉 사회과 교육과정 내용의 선정과 조직의 원리와 구조를 이해한다. 아울러, 교과 중심·경험중심·학문 중심·인간 중심 사회과 교육과정의 특징을 이해하고, 사회과 교육과정의 지역화와 재구성을 바탕으로 한 범위(Scope)와 계열성(Sequence), 사회과 통합 교육과정 등에 대해서도 분석적으로 접근해 본다.

제7부 학습의 개관: 사회과 교육과정의 내용

학습 개요

○ 사회과 교육과정의 내용 일반 이해
○ 사회과 교육과정의 내용 조직과 유형
○ 사회과 교육의 내용 구조와 계열
○ 2007년 개정 사회과 교육과정의 내용 체계
○ 사회과 통합교육과정의 구성, 다학문적 통합, 학제적(간학문적 통합, 초학과적 (탈학문적) 통합
○ 교과 중심 · 경험 중심 · 교육과정 · 학문 중심 · 인간 중심 교육과정
○ 사회과 교육과정의 범위(Scope), 계열성(Sequence)
○ 사회과 교수 · 학습 지도안, 사회과 수업 분석 방법
○ 사회과 수업 관찰과 수업 장학 이해

학습 목표

○ 사회과 교육과정의 내용 일반에 대하여 이해한다.
○ 사회과 교육과정의 내용 조직과 유형에 대하여 이해한다.
○ 사회과 교육의 내용 구조와 계열에 대하여 이해한다.
○ 2007년 개정 사회과 교육과정의 기본적 내용 체계를 이해한다.
○ 사회과 통합교육과정의 구성, 다학문적 통합, 학제적
   (간학문적 통합, 초학과적 (탈학문적) 통합의 방법과 특징을 이해한다.
○ 교과 중심 · 경험 중심 · 교육과정 · 학문 중심 · 인간 중심 교육과정의 특징을 이해한다.
○ 사회과 교육과정의 범위(Scope), 계열성(Sequence)과 수평적 원리, 수직적 원리를 이해한다.
○ 사회과 교수 · 학습 지도안, 사회과 수업 분석에 대하여 이해한다.
○ 사회과 수업 관찰과 수업 장학의 관점과 초점을 이해한다.

핵심 개념 및 키워드

○ 사회과 교육과정의 내용 일반
○ 사회과 교육과정의 내용 조직과 유형
○ 사회과 교육의 내용 구조와 계열
○ 2007년 개정 사회과 교육과정의 내용 체계
○ 사회과 통합교육과정의 구성, 다학문적 통합, 학제적(간학문적 통합, 초학과적 (탈학문적) 통합
○ 교과 중심 · 경험 중심 · 교육과정 · 학문 중심 · 인간 중심 교육과정
○ 사회과 교육과정의 범위(Scope), 계열성(Sequence)
○ 사회과 교수 · 학습 지도안, 사회과 수업 분석
○ 사회과 수업 관찰과 수업 장학

1. 사회과 교육과정 내용 선정과 조직

1) 사회과 내용 선정의 관점

일반적으로 사회과 교육과정의 내용 선정의 기준은 학문적·철학적 측면, 사회적·국가적 측면, 그리고 학습 주체인 학생들의 심리적·발달적 측면 등이 두루 고려되어야 한다. 이와 같은 제 측면별로 사회과 교육과정 내용 선정에서 핵심적으로 고려해야 할 기준을 요약하면 다음과 같다(김재복 외, 1997: 436-437).

(1) 학문적·철학적 관점(기준)

사회과의 철학적 기초는 교육과정이 그 사회가 궁극적으로 지향하고 있는 이상이나 이념, 가치체계를 기초로 하고 있어야 한다는 것을 의미하는 것이다. 우리나라 사회과 교육의 철학적 기초는 한국의 전통 사상이라고 할 수 있는 인간존중 사상과 홍익인간, 경천애인 사상 등 여러 가지를 바탕으로 구성되어야 한다는 것을 예로 생각할 수 있다. 실용주의 교육사상과 관념주의 또는 이상주의 교육사상 등도 철학적 기초로 논의될 수 있다. 학문적 관점은 사회과 교육을 이루는 다양한 교과 내용학의 배경을 중심으로 한 내용 선정을 고려해야 한다는 관점이다.

이처럼 여러 가지 시각과 관점에서 논의될 수 있겠지만, 오늘날 우리나라의 사회과에서 가장 기본적으로 고려되어야 할 방향은 민주주의적인 이념이라고 할 수 있을 것이다. 민주적인 교육에서는 무엇보다도 인간의 존엄성을 높이 평가한다. 어떠한 경우에도 인간은 목적으로서 존중되어야지 다른 목적을 달성하기 위한 수단이 되어서는 안 된다. 인간 그 자체로서 그 무엇보다도 존엄하고 소중한 존재이기 때문이다. 민주적 교육에서는 자유와 평등을 보장하려고 한다. 언론, 집회, 종교, 거주 이전 등 국민의 기본권이 보장되어야 하고, 성별, 종교, 부모의 사회적 지위 등에 따라서 차별을 받아서는 안 된다.

또한 민주적 교육에서는 개인차가 존중되고 자율적으로 책임을 완수하도록 하는 것이 강조된다. 모든 사람은 다양한 개성과 능력을 가지고 있다는 전제에서 교육이 시작되어야 하며, 타인의 강제에 의해서 행동하는 것보다도, 자기 자신의 자율성을 바탕으로 행동하는 능력을 길러 주는 것을 교육의 기본 방향으로 해야 할 것이다. 토론능력과 협동적인 태도를 중요시하는 것 역시 민주주의적인 철학에서 당연히 나오는 것이라고 할 수 있다. 오늘날 우리나라의 사회과 교육은 이러한 방향에 어긋나도록 계획되거나 추진되어서는 안 될 것이다.

1980년대 이후 세계적으로 관심을 끌고 있는 비판적 교육학의 이론은 과거의 관료주의적 획일주의, 실증주의와 기능주의, 자본주의적 무한경쟁에서 오는 빈부격차 등을 예리하게 비판하고 있다. 비판적 교육학자들은 개인의 다양성, 고통으로부터의 해방, 개인에게 의미 있는 생활, 획일적인 기준에 의한 가치의 배척 등을 강력하게 주장하면서 학교에서는 지식을 주어지는 것으로 가르치지 말고 지식에 대해서 생각할 수 있는 능력을 길러 주는 것이 교육의 본질이 되어야 한다고 보고 있다. 비판이론으로 알려지고 있는 이러한 주장은 사회과 교육의 기본 방향을 정하는데 있어서 많은 시사점을 주고 있다(차경수 외, 1995: 31 - 91).

사회관 민주시민의 자질로 필요하다고 인정되는 모든 내용들을 취사선택(取捨選擇)하여 통합하고, 순수 사회과학자, 교육학자, 교육행정가, 교원, 학부모 등 다양한 집단들의 요구, 조사를 거쳐서 내용을 선정한다(정문성 외, 2008: 44 - 45).

첫째, 널리 합의된 역사학, 지리학, 정치학, 경제학, 사회학, 법학, 문화인류학, 윤리학, 심리학 등 제 사회과학의 기본적 아이디어와 탐구 방법을 선정한다.

둘째, 사회 사상(社會 事象), 사회현상의 다면적, 다차원적 고찰을 위해 통합적인 관점이 드러나는 내용으로 우선 선정한다.

(2) 사회적 · 국가적 관점(기준)

사회적 · 국가적 관점의 기반은 교육과정이 사회의 여러 가지 상황과 요구에 적합하게 구성되어야 한다는 것을 의미하는 것이다. 농업사회에는 농업사회에 적합한 교육이 실시되어야 하고, 산업사회에는 그러한 환경에 적합한 교육이 실시되어야 한다는 것은 너무나 당연하다. 지식정보사회 역시 지식정보사회에 적합한 교육이 이루어져야 한다. 특히 최근에는 사회변동이 급속하고, 정보화 사회로 진전됨에 따라 급속한 변동에 적응하는 교육이나 컴퓨터와 관련한 여러 가지의 기능을 사용하는 교육이 사회과에서도 요구되고 있다. 교육공학을 이용한 수업이 사회과에서도 실시되고 있는 것은 이러한 추세를 잘 반영하고 있다.

농촌에서 도시로 이동해 오는 이주민들이 도시에 적응해 살아가도록 하기 위한 교육도 중요하다. 실제 생활에 필요한 직업교육과 함께 다른 사람들과 함께 어울려 지낼 수 있는 협동심과 개방적인 태도 등을 학습해야 할 것이다. 공업화에서 오는 환경오염문제, 도시의 주택문제와 교통문제, 안전사고를 예방하기 위한 교육 등이 관심을 끌고 있다. 급속한 사회변동의 상황에서는 사회의 여러 측면에 불균형이나 단절현상이 일어나지 않도록 해야 하는데, 문화적 지체(cultural lag)를 극복하게 위한 교육은 이러한 뜻에서 중요시되고 있다. 전이가치가 높은 내용을 교육해야 하고, 지식 그 자체를 교육하는 것보다도 탐구력이나 사고력을 기르려고 하는 것은 변동이 급속한 사회에서 바로 이러한 교육의 적합성을 위해서이다.

교육은 개인의 자아실현을 돕는데 목적이 있지만, 그 시대의 사회적 · 국가적 요구를 실현하는데 있다. 개인의 자아실현도 그러한 현실에 부합될 때 더욱 유의미한 의의를 갖는다.

특히 국가 수준 사회과 교육과정은 공교육(公敎育)의 지침이므로 다음과 같은 사회적 · 국가적 관점을 사회과 교육과정에서 반영하여야 할 것이다(교육과학기술부, 2008a: 295 - 297).

첫째, 세계화 및 지식기반사회, 지식정보사회에 효과적으로 대처하기 위하여 국가적 · 사회적 차원에서 인적 자원을 개발하고 관리할 필요할 필요가 있다. 따라서 사회변동과 미래 사회에 대한 적응을 위해 정보화·세계화·민주화·다양화라는 시대적 요구를 적극 반영한다.

둘째, 저출산 고령화 사회를 대비하여 지속적인 발전과 국민 복지 수준을 향상시킬 수 있는 노력이 필요하다. 아울러 현대사회의 여러 가지 문제 해결에 필요한 다양한 관점과 사회적 지식 및 기능을 선정한다.

셋째, 우리 영토를 둘러싼 주변국의 역사 왜곡과 세계화 시대에 주체적으로 대응하기 위하여 우리 역사교육이 절대적으로 강화되어야 한다.

넷째, 세계화 및 개방화 현상 등이 가속화됨에 따라 문화적 다양성이 증가하는 다문화 사회를 맞이하여 문화의 다양성을 이해하고 존중하는 사회과 교육이 필요하다.

다섯째, 민주시민적 자질 함양, 세계시민적 소양 신장을 위한 가치·태도 교육의 중요성을 감안하여 가치문제를 함축한 의사 결정 문제를 선정한다.

끝으로, 사회과 교육과정에서는 지식정보사회 대비, 저출산 및 고령화 대비, 역사교육 강화, 다문화 교육 실시, 통일교육, 환경교육, 인구교육, 경제교육, 진로교육, 세계화 및 세계시민 교육, 문화 정체성 교육 등 사회·국가 발전의 지표가 될 수 있는 영역, 특히, 국가·사회적 요구 사항을 적극 반영하여야 한다.

(3) 심리적·발달적 관점(기준)

교육의 이상이나 목표는 학습자를 통해서 실현되는 것이다. 따라서 교육과정은 어린이들의 발달 과정상의 지적·정서적·신체적 특징, 학습 심리의 과정 등에 적합해야 한다는 것이 심리적 기초이다. 교육 내용이 아무리 훌륭하다 해도 어린이들의 지적·신체적 발달 단계에 맞지 않으면 이해가 곤란하거나 또는 오히려 역효과를 낼 수 있을 것이다. 어린이들은 대개 공간적 이해에서 시작하여 시간적 이해를 하게 되며, 다양한 인간사회의 복잡한 조직을 이해할 수 있도록 단계를 정한 교육과정을 출현시킨 중요한 이유가 되었다.

학생들의 지적·도덕적 발달 단계에 대하여 많은 연구를 한 피아제(Piaget)의 연구에 의하면 어린이들은 권위에 복종하는 권위주의적 단계로부터 상호 평등주의적인 단계로, 그리고 다시 보편적 원리를 이해하는 단계로 발달되어 간다. 또 지적 발달 단계에서는 6-12세 정도까지의 구체적 조작기를 지나서 13-16세 정도의 형식적 조작기로 발달해 간다고 했다. 구체적 조작기는 구체적인 대상을 중심으로 사고를 하는 시기를 말하는 것이며, 형식적인 조작기가 되면 구체적 사물을 떠나서 추상적인 사고를 할 수가 있게 된다.

동기 유발, 학생들의 흥미, 지능과 능력이 개인차 존중, 가정환경과 학업 성취도와의 관계 등에 대한 고려도 매우 중요하다. 개인차에 따라서 학습의 난이도를 맞추는 것이 필요하고, 가정이 빈곤한 저소득층 학생들의 학업 성취도에 대한 것 역시 특별한 배려가 필요하다. 중류층 중심의 학교문화가 저소득층 학생들에게 맞지 않아 학교에서 부적응하기 때문에 교사들은 이러한 학생들의 특수성에 대한 연구가 필요하다는 것이 최근 학자들의 연구에서 공통적으로 지적되고 있다. 교육의 성과는 이러한 여러 가지 요인들을 주의 깊게 고려하여 계획되고 실천될 때 좋은 성과를 낼 수 있을 것이다.

교육과정은 실제 교육이 이루어지는 구체적 프로그램(program)이다. 따라서 학생들의 심리적 발달 단계를 고려하여야 한다. 학생들은 연령에 따라 적절한 발달 단계가 있고, 그 발달 단계마다 적절한 과업을 수행하여야 자신의 잠재력을 잘 개발, 발달시키고 자신이 건전하게 성장하는 것이다. 교육은 일방적인 주입이 아니라 학생들의 욕구와 필요에 부합되는 교육과정의 내용이 주어질 때 교육의 효과를 높일 수 있는 것이다. 2007년 개정 교육과정에서는 학생들의 심리적·발달적 기준을 다음과 같이 제시하고 있다.

첫째, 학습의 주체인 학습자의 흥미와 능력을 존중한다.

둘째, 학습자의 생활 경험과 관련성이 높고, 학생 자신의 의미를 구성하는데 도움이 되는 사실, 문제, 주제 중심으로 선정한다.

셋째, 학습자의 자기 주도적 학습, 탐구 지향적 학습을 통해 고급 사고력(high level thinking)을 신장시킬 수 있는 내용을 선정한다.

2) 내용 선정 및 조직의 원리

(1) 내용 선정의 원리

근본적으로 교육은 가치 지향적이다. 교과의 내용은 그 자체가 매우 가치 있는 것이어야만 정당화된다(이운발, 2008: 90). 이는 교과 내용 선정의 기준을 설정하는 기준이 된다. 교과의 내용이 가치 있다는 것은 두 가지 포괄적인 면에서 이해할 수 있다(김일기 외, 1998: 31). 그 첫째는 일상생활에서의 필요이고, 둘째는 인간의 사고 양식을 논리적으로 조직할 필요성, 즉 지적 추구로 생각할 수 있다. 전자(前者)는 개인 또는 사회생활에 비추어 내용이 어떤 기준을 가질 수 있는가와 관련되며, 이는 개인적 적합성과 필요성이라는 기준으로 바꿀 수 있다. 후자(後者)는 사고의 양식에서 그것을 사정하는 기준에 합당한가에 대한 것이며, 이는 학문이 가지고 있는 지식이 가장 적합한 기준이 될 수 있음을 의미한다.

사회과 내용의 선정 기준은 개인, 사회, 학문으로 구분하여 고려해 볼 수 있으며, 이러한 세 가지 측면에서 보아 사회과의 내용은 정당한 가치를 지니고 있어야 한다. 교과 내용의 가치가 개인, 사회의 필요, 사고 양식과 지적 기준에 의해 정당화된다는 생각은 이전에도 여러 군데에서 찾아볼 수 있다. 타일러(Tyler, 1949)가 교육 목적 설정에서 지적한 학생, 사회, 교과(학문) 전문가의 세 가지 목표 선정의 원천이나 철학과 심리 같은 목표 설정의 두 가지 원칙에도 잘 나타나며, 여러 학자들이 제시한 내용 선정의 준거들에도 포함되어 있다.

사회과 내용 선정의 준거는 세 가지 측면, 즉 학생의 심리적·발달적 측면, 사회적·국가적 측면, 학문적·철학적 측면 등으로 구분한 후, 그 하위에 포섭될 항목들도 상세하게 제시할 수 있을 것이다. 내용 선정의 준거들의 예를 타바(Taba, 1962)는 내용의 타당성과 중요성, 사회적 실제와의 일치, 폭과 깊이의 균형, 광범위한 목표의 성취 가능성, 학생들의 경험과의 적합성과 학습 가능성, 학생들의 요구와 흥미의 적합성 등을 준거로 제시하였다.

(2) 내용 선정의 자원과 기준

사회과는 제 사회과학의 원리 아래 다양한 사회현상을 다루는 교과이므로 내용 선정의 자원도 아주 광범위하고 다양한 것이 특징이다. 사회과라는 한 교과의 내용 선정을 두고 다양한 견해가 제시되는 이유는 사회과의 연구 대상인 사회현상과 사회생활은 아주 광범위하며, 다양한 학문 영역을 탐구 대상으로 하기 때문이다.

이와 같은 다양한 내용 선정의 자원 중에서 필요한 내용을 엄선하여 선정하는 일은 매우 중요하고도 어려운 일이다. 사회과 교육의 목표 달성을 위하여 필요한 내용을 선정하는 일은 중요하며, 내용 중 어느 것이 가치가 있으며 중요한 것인지를 결정하는 일은 여러 요인들과 관계되어 있다.

사회과 교육의 내용은 다양한 학문, 교과 등 요인들의 영향을 받지만, 우선 교육목표의 영향을 핵심적으로 받기 때문에 교육목표와의 일관성 있는 내용이 선정되어야 한다. 따라서 사회과 교육목표 설정 시 고려된 사항들이 내용 선정 시에도 적극 반영되어야 한다. 사회과 교육의 내용은 사회적으로 의미 있는 주제들을 다루되, 이를 사회과학적 지식을 통해서 체계적으로 학습할 수 있도록 해야 하며, 이러한 주제들이 궁극적으로 학습자들의 삶을 풍요롭게 하는 것이 되어야 할 것이다(권오정·김영석, 2008: 11).

〈표 61〉 사회과 내용 기준별 배열 원칙(방법)

기준	하위 요소	내용 배열 방법
세계 (현상)	공간	가까운 곳에서 먼 곳으로, 아래에서 위로, 동에서 서로, 남에서 북으로
	시간	연대기(과거에서 현재로, 현재에서 미래로), 원인→ 경과→ 결과 순
	물리적 속성	면적순, 인구순
개념	유목 관계	동물과 식물을 개관하고 다시 포유류, 양서류, 조류 등의 순
	명제 관계	가정→ 결과 관계, 이론→ 사실 관계
	정교성	나선형 교육과정(개념의 폭과 깊이를 더해 가면서 조직)
	논리적 선후	논리적 필요충분조건
탐구	탐구의 논리	귀납, 연역, 반증, 검증 등
	탐구의 경험 과정	문제 인식, 선행연구 검토, 가설 수립, 자료 수집, 자료 분석, 결론 등
학습 이론	경험의 선후 관계	선행 학습 요소가 후행 학습 요소의 학습 촉진(선행 조직자가 되는 내용을 제시하고 본문의 내용을 학습)
	친숙도	학생들에게 친숙한 내용부터(자문화→ 타문화)
	난이도	쉬운 것에서부터 어려운 것으로
	흥미	학습자가 흥미를 보이는 내용부터
	내면화	내면화할 수 있는 정도에 따라(발달 단계)
활용	활용 절차	문제 상황에서 지식이 적용되는 과정(문제 해결이나 의사 결정에 다른 배열)
	활용 빈도	학습 결과의 활용 빈도, 중요도에 따라

(3) 내용 조직의 원리

사회과의 내용 조직은 선정된 내용을 계열성에 알맞게 학년 단계에 따라 배열하는 것이다. 사회과 교육의 질을 결정하는데 있어서 중요한 문제는 의도적으로 선정되고 구성된 학습 내용과 배열이 과연 목표에 접근하는 것이며, 이를 통해서 의도된 교육 효과를 달성할 수 있는 것인가로 고려해 볼 수 있다. 즉 사회과의 내용은 어떻게 선정하는가도 중요하지만 그에 못지않게 선정된 내용을 어떠한 순서로 학습하게 하며 어떻게 계열화하는가의 문제도 중요하다. 내용 선정과 조직에 관한 일반 원리는 매우 다양하게 전개되며, 합의할 수 있는 기준들을 여과해 줄 수 있는 것은 설정된 교육과정의 개정 방향과 교과 목표이다(이운발, 2008: 92 - 93).

이와 같은 기본 원칙에 입각하여 사회과의 내용 조직에는 다음과 같은 원리를 고려하여야 한다.

첫째, 학습자의 발달, 사회적 경험, 사회 기능을 고려하는 지역(환경) 확대법의 원리에 따라 배열하여야 한다. 사회과의 내용 배열에서는 나선형식 교육과정, 동심원적 확대법 등을 고려하여야 한다.

둘째, 사회과학의 기본 개념을 구체적 사례와 문제를 통해서 이해할 수 있도록 구성하되, 난선형식 교육과정의 원리에 따라 확대될 수 있도록 하여야 한다. 나선형식 교육과정은 사회과학의 기본 개념, 학습자의 시간 의식, 공간 의식, 사회의식 등의 발달과 연계하여 배열하고, 단순한 것에서부터 복잡한 것으로, 구체적인 것에서 추상적인 것으로 내용을 배열하는 원리이다.

셋째, 요소(strand) 중심의 주제를 기반으로 하는 탐구 또는 문제 해결 과정을 통한 내용과 방법의 통합, 생활 경험과 지식의 통합에 초점을 맞추는 것이 바람직하다.

넷째, 학년별로 내용의 핵심과 범위를 설정함으로써 학습 지도에서는 이를 중심으로 일관성을 유지할 수 있도록 배열하여야 한다. 과거 교육과정에 비해서 진일보한 개혁 교육과정이라고 일컬어지는 제7차 사회과 교육과정과 2007년 개정 사회과 교육과정에서는 국민공통기본교육과정의 정신에 따라 특정된 학년별 주제를 설정하지는 않았다.

① 지역 확대법(환경 확대법)(expanding environments communities approach)

사회과의 조직에서 범위(scope)와 계열성(sequence)을 학년(학습 연령)이 높아질수록 지역을 확대하여 구성하는 방식으로 한나(P. R. Hanna) 등이 주장하였다. 즉 학생들이 처음에 작은 지역공동체로부터 시작하여 점점 큰 공동체로 학습의 범위와 깊이를 더해야 한다는 입장이다. 학습자의 발달, 사회적 경험, 사회 기능 등을 고려하는 환경 확대법의 원칙, 동심원적 구조에 따라 배열하는 것이다.

지역 확대법 내지 환경 확대법은 오랫동안 사회과 교육과정 내용 조직의 원리로 적용되었다. 지역 확대법은 일명 환경 확대법, 공동체적 확대법 등으로도 일컬으며, 사회과의 학습 계열을 가족(가정), 학교, 이웃, 지역사회, 국가, 세계 공동체 등의 순으로 개인이 접할 수 있는 지역의 범위를 동심원적으로 확대시켜 나아가는 방법이다(박상준, 『사회과 교육의 이론과 실제』, 교육과학사, 2008: 135 - 136).

지역 확대법(환경 확대법)은 학생들이 친숙한 지역(공동체)과 제도부터 배워야만 그것을 잘 이해할 수 있다고 가정한다. 즉, 학생들이 공동체 속에서 이루어지는 인간의 생활 방식, 역사, 제도 등을 보다 잘 이해하려면, 자신이 직접 경험하고 있는 가정, 학교, 이웃, 지역사회 등에서 출발하여 학년이 올라가면서 점차 지역과 공동체의 범위를 확대하여 배우는 것이 효과적이라는 입장이다.

지식기반사회인 현대사회는 글로벌(global) 사회로서 교통, 통신의 발달과 역동적인 생활 체제(direct system)에 따라 어렸을 때에도 세계 여러 곳을 오가는 사람들이 많지만, 대체로 연령과 학년이 올라갈수록 지역과 환경의 폭이 더욱 넓어지는 경험을 하게 되는 것이다.

이와 같은 지역 확대법은 오랫동안 사회과 교육과정의 조직 방식의 주류를 이루어 왔다. 하지만 지역 확대법은 1960년대-1970년대 일부 사회과 교육학자들에 의해 신랄한 비판을 받았다. 그 비판은 첫째, 학생은 자신이 친숙한 공동체를 공부해야 한다는 지역 확대법의 가정에 의문을 제기하면서, TV, 인터넷 등의 발달로 이제까지 멀리 떨어져 있던 원격 공동체를 학생들이 경험할 수 있는 범위 안으로 가져왔다고 주장하였다. 21세기 지식정보화 시대, 지구촌 사회로 전 세계가 일일 생활권이 된 오늘날에는 이 주장은 더욱 설득력을 얻고 있다. 둘째, 공동체의 개념을 확장시키는 것이 종종 서구 사회를 지나치게 강조하는 반면, 비서구 세계, 여성의 문화와 역사, 미국의 소수민족의 생활을 무시하는 결과를 초래했다고 비판하였다. 지나치게 서구 편향적이라는 비판인 것이다.

그럼에도 불구하고 동서고금을 통하여 지역 확대법은 사회과 교육과정 조직에서 범위와 계열을 구성하는 가장 일반적이고 중요한 방식으로 사용되어 온 것이 사실이다. 한국은 물론 미국, 일본 등 많은 나라에서 사회과 교육과정 조직에서 지역 확대법을 적용하고 있다.

② 핵심 지식 접근법(core knowledge approach)

핵심 지식 접근법은 지역 확대법의 대안으로 제시되었다. 허쉬(E. D. Hirsch)가 주장한 핵심 지식 접근법은 사회과의 모든 범위와 계열을 구성하는 방식에서 한나(P. R. Hanna) 지역 확대법과 다르다. 핵심 지식 접근법은 사회과에서 가르쳐야 할 핵심 지식은 매 학년마다 세계사, 미국사, 정부, 지리, 문화 등과 관련된 내용을 모두 포함하고, 학년이 올라갈수록 그 내용의 복합성과 깊이의 정도가 증가한다. 이러한 사회과 교육과정은 인간의 경험을 증대시키는 문헌 자료를 활용할 수도 있고, 학생들의 민주적 신념과 이상을 보다 직접적으로 증진시킬 수 있다고 본다.

지역 확대법에 견주어 핵심 지식 접근법은 학생들이 사회과에서 배워야 할 핵심적 지식이나 문화적 소양을 구체적으로 제시했다는 점에 의의가 있다. 하지만 핵심 지식 접근법은 학생들이 실제로 경험할 수 있는 공동체의 범위, 학생이 새로운 사실과 현상을 이해하는데 기초가 되는 배경적 지식을 무시하고 인식이 미분화된 유치원, 초등학교 저학년 등에게 세계 역사와 지리, 고대사 등을 가르침으로써 학생들이 이를 충분히 이해할 수 있는가에 의문이 제기되는 것이다. 아울러 유치원과 초등학교 저학년에서부터 자국의 역사와 문화유산만을 전수함으로써 특정한 가치와 태도를 주입하려는 의도가 은폐되어 있다고 비판받고 있다(박상준, 2008: 135-136).

〈표 62〉 지역(환경) 확대법과 핵심 지식 접근법 비교

학년	지역 확대법	핵심 지식 접근법
유치원	자아: 세계와의 만남	대륙에 의한 세계사, 미국의 역사와 지리, 미국의 지도자, 초기의 민주정치, 고전 동화 읽기
제1학년	가족: 성장과 만남	고대 역사와 종교, 미국사(이민 초기-독립 혁명), 고전 동화 읽기
제2학년	학교: 함께 일하기	세계 지리, 세계 문명, 미국 문명, 미국사 (독립 혁명-남북 전쟁), 고대 신화 읽기
제3학년	이웃: 세계를 공유하기	지리, 미국과 초기 탐험가, 세계 문명, 로마와 이슬람 문명, 미국 문명, 미국사(이민 초기-독립 혁명), 고전 동화 읽기
제4학년	지역사회: 우리 지역의 이해	지리, 세계 문명, 중세 시대와 이슬람과 중국 문명, 미국 문명, 미국사(독립 혁명-남북 전쟁), 고전 소설 읽기
제5학년	주 공동체: 국가의 건설	세계 문명, 미국 인디언 문명과 유럽 탐험가, 유럽 계몽주의와 프랑스 혁명, 미국 문명, 미국사(남북전쟁-미·스전쟁), 고전 소설 읽기

* 출처: Duplass, 2004: 23.

③ 개념 중심 나선형 교육과정(spiral conceptual curriculum)

사회과 교육과정은 학제적 접근에 따라 다양한 사회과학과 인문과학의 지식들을 추출하여 재구성해야만 한다. 사회과학과 인문과학의 지식들은 사실, 개념, 일반화, 이론과 법칙 등으로 구성되어 있는데, 이 중 개념(concepts)이 중요한 부분을 차지한다. 개념은 다양하고 복잡한 현상, 대상, 사건 등을 공통적 기준에 따라 분류한 범주이다. 개념은 복잡하고 다양한 사회현상과 문제들을 보다 쉽게 파악하고 설명할 수 있도록 도와준다. 그런 의미에서 사회과 교육과정은 일찍부터 개념 중심 나선형 교육과정을 수용하여 왔다.

나선형식 교육과정은 사회과학의 기본 개념을 구체적 문제와 사례에 따라 이해할 수 있도록 구성하되, 학습자의 시간 의식, 공간 의식, 사회의식 등의 발달에 따라 배열하는 것이다. 즉, 단순한 것에서 점점 복잡한 것으로, 구체적인 것에서 점점 추상적인 것으로 내용을 배열하는 원리이다. 역시 이 나선형식 교육과정 원리도 전통적으로 오랫동안 사회과 교육과정의 조직 원리로 적용되어 왔는데, 연령과 학년이 올라갈수록 기초적인 내용의 확인과 심화를 위하여 반복 학습이 필요하며, 이 토대 위에서 선수 학습을 확인하고 좀 더 높은 수준의 학습이 가능하도록 배열하는 것이다.

개념 중심 나선형 교육과정은 학생들이 학교에서 배워야 할 핵심 개념(key concepts)을 확인하여야 한다. 핵심 개념은 많은 주제와 많은 주제와 정보를 포함하는 강력한 개념이다. 일반적으로 나선형 교육과정은 다양한 사회과학과 인문과학에서 도출된 핵심 개념들로 구성된다. 핵심 개념은 물리적 환경, 희소성, 권력, 문화적 차이, 사회화 등이다. 이 핵심 개념들은 다양한 학문들에서 선택된 것이므로 학제적 특성을 지니고 있다. 핵심 개념이 선택되면 그것과 관련된 주요 일반화들이 선정되고, 그 다음에 주요 일반화에 관련된 하위개념들이 선택된다.

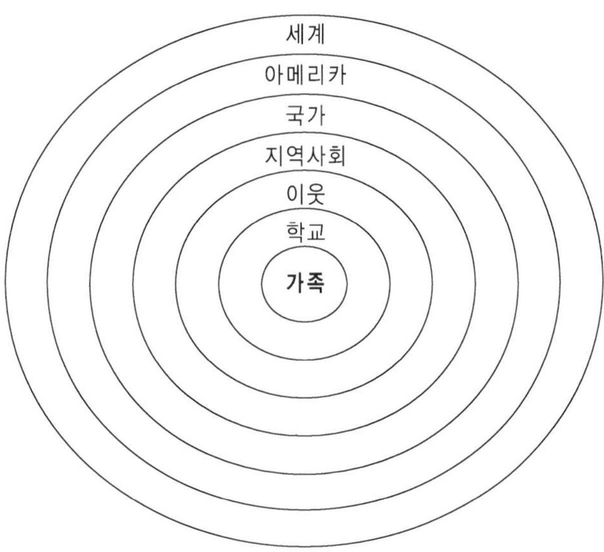

[그림 18] 사회과 지역(환경) 확대법의 계열

④ 지역화 접근법(local approach)

교육과정의 지역화 접근법은 사회과의 내용과 소재를 학습자가 살아가는 자원을 활용하여 학습하도록 조직하는 것을 의미한다. 지역화 접근법의 원리는 목적으로서의 지역화와 수단으로서의 접근법이 있다(정문성 외, 2008: 45－46).

목적으로서의 지역화는 지역사회의 소재나 제재를 활용하여 지역사회에 대한 애향심과 향토 의식을 길러 주는 것을 목적으로 한다. 따라서 지역화 접근법은 지역사회의 구체적인 소재나 제재를 이해하는 것에 초점을 두고 있으며, 이를 이해함으로써 지역사회에 대한 의식을 길러 줄 수 있다고 본다.

한편, 수단으로서의 지역화는 지역사회의 소재와 제재를 활용하여 사회현상의 이해를 용이하게 하는 것이다. 지역의 소재와 제재를 그 자체로 이해하는 것이 아니라 사회현상을 설명하는 과정에서 예시나 과정으로 활용하는 것이다.

(4) 내용 조직의 범위(scope)

① 사회 기능 중심

사회과 내용 조직의 범위(scope)는 교육 내용의 영역을 의미한다. 즉, 특정한 시점에서 학생들이 이수하여야 할 교육 내용의 폭과 깊이를 의미한다. 그런 의미에서 범위는 교육 내용 구성 차원에서는 수평적 조직과 밀접하게 관련되며 그 기능은 소정의 사회과 교육목표를 달성하기 위하여 적정한 교육 내용을 선정하고 구성하는 것이다.

사회과 내용 조직의 범위 중 사회 기능 중심 범위는 경험 중심 교육과정에서의 중심적 원리로 사회과 교육과정의 구성을 사회 기능 중심으로 하기 때문에 사회기능법이라고도 한다. 사회 기능 중심

범위 구성은 사회를 단순히 인간인 개인의 집합체로서 한정하는 것이 아니라 일종의 생물 유기체와 유사한 통일체로 보고 거기에서 행해지는 인간 생활의 기본적 활동 내지 사회 기능은 시대와 문화, 그리고 사회가 달라도 공통적이라고 보는 것이 핵심이다.

기본적인 사회 기능은 ⓐ 생명, 재산 및 자원의 보호와 보전, ⓑ 생산, 분배, 소비, ⓒ 운수, 통신, 교통, 교제, ⓓ 미적 및 종교적 욕구의 표현, ⓔ 교육, ⓕ 후생, 위안, ⓖ 정치 등을 들 수 있다(최용규 외, 2008: 61 - 64).

② 사회문제 중심

사회문제 중심 조직은 여러 가지 사회문제를 중심으로 사회과 내용을 선정하는 원리이다. 가령 자연재해 문제, 노동문제, 환경문제, 정치 문제 등과 같은 다양한 사회문제를 중심으로 사회과 교육의 내용을 선정하는 방법이다. 사회문제 중심 조직은 다양한 사회문제 등을 사회과학에 바탕을 두고, 전체적이고도 구조적으로 이해시키고 비판적 접근을 통하여 민주적인 인간 형성을 지향하고 있다.

③ 사회과학 개념 중심

사회과학의 개념 중심 조직은 사회과학의 개념을 중심으로 사회과 교육의 내용을 선정하는 원리이다. 제 사회과학의 과학적 지식을 탐구 방법의 토대 위에서 학생들에게 설명, 예측, 이론 검증 등을 통하여 사회과학자가 사회를 인식하는 과학적 사회 인식 형성을 의도한다. 사회과학 개념 중심 내용 선정은 한국의 제3차 사회과 교육과정, 미국의 신사회과 시기의 사회과 교육과정 등을 들 수 있다(최용규 외, 2008: 61 - 64).

(5) 내용 조직의 계열성(sequence)

① 학생 흥미 중심

사회과 교육 내용 조직의 계열성(sequence)은 일정 기간에 학생들에게 제시되는 내용의 순서 및 배열을 의미한다. 사회과 교육의 내용을 여러 가지 배열 및 순서로 일정 기간 학생들에게 제시되도록 분할하는 형태이다.

내용 조직의 계열성에서 학생(아동)의 흥미 중심 계열은 사회생활의 중요한 활동과 관련한 학생의 흥미 중심 발달에 따라 사회과 교육의 내용을 배열하는 방법이다. 학생 흥미 중심 계열은 학생의 성장에 토대하여 사회생활의 활동을 이해하고 그와 관련한 활동에 참가하는 경험을 통해서 민주적 인간 형성을 기대하고 있기 때문이다.

경험 중심 교육과정의 배열 원리인 학생 흥미 중심 배열의 대표적인 사례는 우리나라의 초기 사회과 성립의 모델이 되었던 1942년판 미국 콜로라도 주안과 1943년의 미국 버지니아 주안 등을 들 수 있다. 당시 콜로라도 주안은 '가정 및 학교에서의 생활(제1학년)'에서 '콜로라도 주와 미국의 발전(제8학년)'으로 발달한다고 보았고, 버지니아 주안은 '가정, 학교와 지역사회의 생활(제1 - 2학년)', '자연환경 및 개척의 진전에 대한 생활의 적응(제3 - 4학년)', '발명, 발견 및 기계 생산이 우리들의 생활에 미치는 영향(제5 - 6학년)’ 등으로 학생들의 흥미 중심 발달 계열이 이루어지는 것으로 보았다.

② 경험 영역 확대

경험 영역의 확대 원리는 학생들의 인식이 직접 경험할 수 있는 가까운 곳에서 시작해서 시간적, 공간적으로 멀리 떨어진 곳, 즉 가족 사회에서 근린 사회, 지역사회, 국가 사회, 국제사회 등으로 동심원적으로 확대되는 형태로 발달한다고 보고, 이러한 경험 영역의 확대에 따라 사회과 교육의 내용을 배열하는 원리이다. 이러한 원리를 동심원적 확대법, 환경(지역) 확대법이라고 하며, 현재 여러 나라에서 초등학교 수준 사회과 교육 내용 배열에 적용하고 있다.

경험 영역 확대에 따른 계열성은 주요한 주제를 학년을 따라 추구함으로써 학생들의 문제의식, 흥미 내지 학습의 연속성을 보장하는 장점이 있다. 하지만 세계화 · 정보화 시대를 맞아 전 지구촌이 일일 생활권이 된 현대사회에서 학생들의 인식이 반드시 가까운 곳에서 먼 곳으로 확대된다고 단정하기 어렵다는 점, 가까이 있는 것이 반드시 쉽다고 할 수 없다는 점, 조기 유학 등으로 국제 교류가 빈번한 현실에서 저학년 단계에서도 외국에 대하여 가르칠 필요가 있다는 점, 사회과학의 개념과 역사 인식 형성에 제대로 부합되지 않는다는 점 등이 한계점으로 지적되고 있다(최용규 외, 2008: 61 - 64).

③ 학습 내용의 논리적 확대

학습 내용의 논리적 계속성, 계열성, 통합성의 원리에 입각해서 같은 개념이 학년이 올라감에 따라 양적 · 질적으로 심화 · 확대되어 가도록 사회과의 내용을 배열하는 방법이다. 이러한 배열 원리를 나선형식 배열 원리라고 하는데, 이는 학습되는 사상의 원근이 아니라 추상성과 구체성에 의해서 설정되고 있다. 구체적 사상에서 추상적 사상으로 나아가는 인식 내용의 논리에 따라 학생들을 둘러싼 세계(환경)에 대한 과학적 인식의 형성을 의도하고 있다.

학습 내용의 논리적 확대의 계열성은 미국 신사회과 시기에 개발되었던 교육과정이 전형적인 예인데, 당시 ‘현대 사회과학 커리큘럼(Contemporary Science Curriculum)’에서 제1학년: 가족 욕구, 제2학년: 지역사회의 욕구, 제3학년: 인간의 지구 이용, 제4학년: 지역과 그 욕구 등으로 ‘욕구’라는 개념이 학년이 올라감에 따라 심화 · 확대되고 있다.

④ 구성주의적 자기주도적 학습론

최근 구성주의 교육 이론에 바탕을 둔 자기주도적 학습 능력이 강조되고 있다. 따라서 최근 사회과교육에서는 학습자의 심리적 근거에 기저를 둔 내용의 배열이 이루어지는 경향이 강하다 따라서 일반적으로 초등학교 저학년에서는 기능적인 것을, 초등학교 고학년, 중학교, 고등학교 등으로 학교급이 올라가면서 학문적인 내용이 배열된다. 구체적인 것에서 추상적인 것으로, 단순한 것에서 복잡한 것으로, 주관적인 것에서 객관적인 것에서 주관적인 것으로 등의 계열성을 유지하는 것이다(박인현, 2009: 105).

3) 내용 조직의 유형

(1) 교과목 분립형

사회과는 교육과정의 개정 등으로 몇몇 과목으로 분리, 통합을 거듭하여 왔다. 사회과가 본질적으로 통합을 지향하지만 교원 양성, 실제 지도 등에서는 과목 분리 형태로 지도되는 경우가 많다. 과목 분립형은 사회과를 일반사회, 역사, 지리 등으로 분리하거나, 정치, 경제, 사회, 문화 인류, 동양사, 세계사, 한국 지리, 세계 지리 등으로 세분하는 것이다(강우철 외, 1975: 199−203).

(2) 교과목 관련형

교과목의 관련형은 공식적인 조직보다도 오히려 여러 교과목을 취급하는 과정에서 일어나는 형태이다. 관련 과목을 취급하는 교사가 서로 타 교과 진행을 인식하고 자기 교과목의 체계를 더욱 효과적으로 학습시키는데 도움을 받도록 하는 움직임으로부터, 학습 자료를 공유하는 방법, 한 교사가 여러 개의 교과목을 맡아서 상호 관련지어 지도해 가는 방법 등이 있다. 그러므로 교육과정 구성의 형식적인 면에서보다, 실제 운영 면에서의 조정이 중요시된다.

(3) 교과목 종합형

사회과 교육과정 조직의 종합형은 각 교과목의 명칭을 느슨하게 하고 '사회과'라는 큰 틀(체제) 속에서 종합하는 것이며, 대체적으로 한국의 중학교 교육과정이 해당된다. 일반사회 영역, 역사 영역, 지리 영역 등이 사회과 내에서 적절하게 통합, 종합, 연계되는 형식이다. 교육과정 조직의 종합형의 특징은 교과목으로서의 특징이 완화되지만, 체계는 대체적으로 인정되는 종합 체계를 유지하고 있다.

사회과 교육과정 조직의 종합형은 발견학습, 제재 학습 등을 통하여 과목·영역 간의 구분을 무시하는 방법, 내용에 따라 주축이 되는 과목 체계에다 관련 과목의 내용을 보충하는 방법 등을 사용할 수 있다. 교육과정 조직에서 종합형의 주안점은 교사의 입장보다는 학생의 편의, 수준, 문제의식 등을 충분히 고려하여야 한다는 점이다.

(4) 교과목 융합형(통합형)

교육과정 조직에서의 융합(融合)은 교과목 내용의 완전한 혼합을 의미하고, 통합(統合)은 완전한 하나의 체계에 의한 새로운 구조를 의미한다. 여러 과목·영역의 원형을 변형하여 융합, 통합하려고 할 때에는 필연적으로 하나의 새로운 구성 원리, 새 구조 체계가 유지되어야 하고, 융합이나 통합이 크게 다르다기보다는 시각과 관점의 차이라고 할 수 있다.

교육과정 조직의 융합형(통합형)에서는 교과목·영역 간의 불필요한 중복이 제거되고, 지식 체계 자체도 능률적으로 재조정되지만, 중요한 것은 학생들의 심리적 발달에 상응하여 보다 효과적이고 심화된 학습이 이루어질 수 있다는 것이다.

4) 내용 조직 시 고려점

사회과 교육과정에서 학문적·철학적 관점, 사회적·국가적 관점, 심리적·발달적 관점 등을 고려하여 선정된 내용은 다음과 같은 원리에 의해 적절하게 조직되어야 한다.

첫째, 학습자의 발달, 사회적 경험, 사회적 기능 등을 고려하여 환경 확대법에 의하여 배열하여야 한다.

둘째, 사회과를 구성하는 제 사회과학의 기본 개념을 구체적 사례와 문제에 따라 이해할 수 있도록 구성하되, 나선형식 교육과정의 원리에 따라 폭과 깊이가 확대되도록 하여야 한다. 나선형식 교육과정 차원의 내용 확대는 사회과학의 기본 개념, 학습자의 시간 의식, 공간 의식, 사회의식의 발달과 연계하여 배열하고, 단순한 것에서부터 복잡한 것으로, 구체적인 것에서 추상적인 것으로 나아가는 배열 원리를 적용하여야 한다.

셋째, 단원, 또는 주제를 중심으로 한 통합적 접근의 통합이 아니라, 내용과 방법의 통합, 생활 경험과 지식의 통합에 초점을 맞추었다.

넷째, 국민공통기본교육과정기의 학년별로 내용의 핵심과 범위를 설정함으로써, 학습 장면에서는 이를 중심으로 일관된 방향으로 유지할 수 있도록 배열하여야 한다.

다섯째, 학년별 내용을 지도함에 있어서 학습자의 개인차에 따른 다양한 학습 경험을 제공하고, 구체적인 학습활동을 제시하여야 한다.

일반적으로 사회과 교육과정 내용 조직의 원칙은 세계, 개념, 탐구, 학습 이론, 활용 등 5개 기준에 따라 구체적인 배열 방법을 제시할 수 있다. 기준별로 하위 원칙을 들어보면, 세계 기준에는 하위 원칙으로 공간, 시간, 물리적 속성 등이 속하고, 개념 기준에는 유목관계, 명제관계, 정교성, 논리적 선후 관계 등이 속한다. 탐구 기준에는 탐구의 논리, 탐구의 경험 과정 등이 속하고, 학습 이론 기준에는 경험적 선후 관계, 친숙성, 난이도, 흥미, 난이도 등이 속한다. 한편, 활용 기준에는 활용 절차, 활용 빈도 등의 하위 원칙 등이 속한다.

이와 같은 하위 원칙을 중심으로 실제 사회과 교육과정의 내용 조직에서는 다음과 같은 사항에 유의하여야 한다.

첫째, 사회과 교육과정에 관한 구체적인 내용 분석 및 상세화가 선행되어야 하며, 학생들의 발달 단계를 고려하여 조직하여야 한다.

둘째, 선정된 내용들이 상호 유기적으로 관련성을 유지하도록 조직하여야 한다.

셋째, 핵심 개념과 관련된 실생활의 경험 사례 중심의 내용 중심으로 조직하여야 한다.

넷째, 주제나 토픽 중심으로 통합적으로 조직하여야 한다(박인현, 2009: 153-154).

▌제2장▐ 사회과 통합 교육과정

1. 사회과 통합교육과정의 기초

사회과의 통합교육과정 구성의 최근 추세는 다양한 교과에서 도출된 지식을 중요하거나 흥미 있는 주제와 토픽 중심으로 조직하는 것이다. 그러므로 사회과 교육과정의 내용 구성에서는 다음과 같은 점을 고려하여야 한다(Blumefeld, Krajick, Marx Solowey, 1994).

첫째, 실행 가능한 내용인가를 고려하여야 한다. 실행 가능하다는 것은 학생들의 학습을 성공적으로 이끌 수 있는 가능성이 있다는 것을 의미한다. 교사는 학생들이 성공적인 수업을 하기 위해서 학습 자료에 자유롭게 접근이 가능한지, 충분한 필수 지식과 기능을 가지고 있는가를 고려하여야 한다. 실행 가능성이 없는 주제를 선택할 경우 학습이 성공적으로 이루어질 수 없기 때문에 학습에서 좌절을 경험한 학생들은 흥미를 쉽게 잃어버리게 되고, 차후의 수업 활동에 적극적으로 참여하려고 하지 않는다. 수업을 계획하는데 있어서 진단 평가를 통해서 학생들의 선수 학습 정도와 수행 능력 정도를 파악하고, 학생들이 과제를 성공적으로 수행하는데 필요로 하는 자료들을 이용할 수 있는지를 고려하여야 한다.

둘째, 시간을 소요할 만한 가치가 있는 것인가를 고려하여야 한다. 그 주제의 중요성을 판단하는 것이다. 교사는 그 주제가 학생들이 복잡한 내용을 이해하는데 도움을 줄 가능성이 있는지, 학교에서 익힌 내용과 학교 밖의 삶을 연관시킬 수 있는 내용인지, 학생들이 지적, 사회적, 개인적 발달을 증진시킬 수 있는 내용인지를 판단하여야 한다.

셋째, 문맥이 알맞은 것인가를 고려하여야 한다. 학습자들이 교사가 선택한 주제를 흥미 없어 하거나 중요하지 않게 생각한다면 학생들의 동기 수준은 현저히 저하될 것이다. 문맥에 적합한 학습을 통해서 학생들은 학교에서 학습한 것을 학교 밖으로 확대, 적용할 수 있을 것이다. 학생들이 학교에서 행한 것과 그들 자신의 생활 간의 연결 고리를 발견할 수 있을 때, 사회과 수업에 대한 학생들의 동기 유발과 참여 태도가 더욱 향상될 것이다.

넷째, 내용이 의미 있는 것인가를 고려하여야 한다. 내용 주제가 학생들에게 적절하고 관심 있고 흥미로운 것이 바람직하다. 이와 같은 주제를 선택하기 위해서는 학습자들의 관심사와 흥미에 대한 사전 지식이 필요할 뿐만 아니라, 계속적으로 학생들이 흥미를 갖고 학습에 임하도록 적극 유도하여야 한다(전숙자, 2008: 149 – 150).

1) 통합의 개념

사회과 교육과정에서 통합이라는 용어 역시 시대와 학자에 따라서 그 의미가 다르게 사용되어 왔으며, 그 의미하는 바가 매우 폭넓어서 어느 누구도 매우 정확하게 정의를 내리기가 쉽지 않은 형편이다. 또 정의를 내렸다 할지라도 다른 사람들이 그 정의를 그대로 이어받아서 쓰지 않는 실정이다.

일반적으로 통합(integration)은 서로 다른 이질적인 여러 가지 요소들이 일정한 원리에 의해서 질서 있게 결합하여 새로운 하나의 통일체를 형성하는 것을 의미한다. 이질적인 부분이 이질적으로 남아 있으면 그것은 통합으로 볼 수 없으며, 통합이 되면 새로운 성격의 단위를 형성하게 된다. 사회계층 등 여러 가지 이질적인 요소들이 조화 있게 결합되어 있을 때 그러한 현상을 사회통합이라고 하는 경우가 이러한 것을 의미한다. 그러나 통합은 매우 약한 상태의 통합으로부터 매우 정도가 강한 통합에 이르기까지 여러 가지 형태로 존재할 수 있고, 통합의 원리나 준거도 상황에 따라서 매우 다르게 존재할 수 있다. 통합은 이처럼 매우 추상적인 용어이기 때문에 통합의 형태가 구체적으로 어떻게 나타나는가를 고찰하는 것이 필요하게 된다.

사회과의 통합은 실제로 무엇을 어떻게 구성하는가를 통합의 의미로 사용하는 것이 일반적이다. 통합은 사회과의 교육과정을 구성할 때 정치학, 경제학, 역사학, 지리학 등 어느 하나의 학문적 영역의 내용을 기초로 하지 않고 2개 이상의 학문적인 내용을 기초로 하여 사회과의 교육과정을 구성하는 것을 실제적으로 의미하게 된다.

사회과의 교육과정을 구성할 때 내용에는 지식, 기능, 탐구 방법, 가치·태도 등 여러 가지가 있고, 구성의 원리로서는 개념, 문제, 주제 등이 준거가 될 수 있다(Parker & Jalorimek, 1977, p.356; Jacobs, 1989, p.8).

결국 사회과의 교육과정의 통합은 사회과에서 중요시되는 중심적인 개념, 이슈, 문제, 사적, 주제, 문제 등을 보다 더 명확하게 학습할 수 있도록 하기 위해 두 개 이상의 학문적인 영역에서 지식과 탐구 방법 등의 내용을 가져와서 교육과정을 구성하는 것이라고 할 수 있다.

2) 통합교육의 필요성

통합은 교육 내용의 상호 관련성을 밝히고 기본 개념, 핵심 아이디어 등의 활용 범위를 확충하려는 시도로 연합, 조정, 조직 등 보다 강력한 의미로 전체 속에서 부분은 판별되지만, 부분은 개별적 특징을 잃는 것을 의미한다. 물론 최근에는 개별적 특징을 잃지 않더라도 전체 또는 다른 부분과의 관련을 지으려는 의도로 폭넓게 해석하려는 경향을 보이고 있다.

통합은 듀이(Dewey)의 진보주의와 맥을 같이하는 1930년대 경험주의 교육이 팽배하면서 관심을 끌었으며, 그 후 중핵 교육과정, 인간 중심 교육, 재개념주의 등이 등장하면서 다시 관심을 갖게 되었다(정문성 외, 2008: 49-50).

이와 같은 교육과정의 통합이 강조되는 이유는 다음과 같은 네 가지 측면에서 고찰해 볼 수 있다.

첫째, 인식론적 측면이다. 지식기반사회로의 급격한 변화에 따라 사실보다는 개념과 원리를, 지식의 전문화와 분절화 경향으로 인한 지식의 편협성에 대처하여 현실적으로 보다 지식의 유용성을 높여야 한다는 입장이다. 그 이유는 분절화된 명제적 지식은 실생활에 도움이 되지 않을 뿐만 아니라 현대사회에서 발생하는 복잡다단한 문제를 해결하기에 미흡하기 때문이다.

둘째, 심리적 측면이다. 학습자의 발달 심리를 고려한다면 저학년은 표현 중심의 기능적·탈학문적 통합을, 고학년은 융합적·다학문적 통합을, 중학교에서는 모든 방식을, 고등학교에서는 전인적 발달, 전인격 통합이 필요한데 분절화된 학문 중심 교육과정으로는 한계가 있을 수밖에 없다는 것이다.

셋째, 사회적 측면이다. 인간의 사회적 삶은 직면하는 사회적 문제에 대해서 의사를 결정하고 해결해 가는 과정이다. 과거에 학교는 내재적 가치를, 사회는 실재적 가치를 추구했지만, 오늘날의 교육은 학교와 사회의 경계가 느슨해져야 하고, 나아가 종합적 안목과 전인적 성숙을 강조하고 있다. 학교에서도 사회에 대한 관심과 종합적인 문제 해결 능력을 익힐 것을 요구하고 있다.

넷째, 교육적 측면이다. 인접 학문 분야의 상호 관련성 있는 내용을 포괄적으로 다룰 때, 전체 학습 효과를 높일 수 있으며, 학생들의 생활 속에서 배운 지식을 경험할 수 있게 하며, 교육과정의 폭을 넓힘으로써 과도하게 자세한 사실을 제거하고 폭넓게 다룰 수 있을 뿐만 아니라 교과 간 내용 중복을 피하여 학습 부담을 줄일 수 있다.

다섯째, 사회과의 시민교육적 측면이다. 사회과는 정치학, 경제학, 사회학, 역사학, 지리학 등 여러 가지 사회과학을 기초로 성립하는 것이 사실이지만, 그 근본적인 목표는 사회과학의 단일 학문적 지식을 가르치려는 것이 아니라 훌륭한 시민으로서 필요한 사회생활에 관한 지식과 기능을 교육하고, 바람직한 가치관을 형성하게 하려는 것이다. 이와 함께 자기 자신이 살고 있는 지역사회의 문제를 바르게 인식하고 그것을 합리적으로 해결하는 능력을 기르는 것이 중요하다. 그러기 위해서는 여러 가지 사회과학의 지식을 기초로 하여 사회생활에 관한 문제, 주제, 아이디어, 장래의 전망 등을 종합적으로 고찰하는 통합적인 교육이 필요하게 된다.

여섯째, 일상생활에 필요한 사고력과 태도, 가치관 등을 학습하기 위해서는 통합교육과정에 의한 사회과 교육이 필요하다. 오늘날 급격한 사회변동이 진행되고, 다양한 가치관에 대한 이해와 개방적인 태도 등이 강조되는 현대사회에서는 사고력, 태도, 가치관 형성 등에 대한 교육이 사회과에서 어느 때보다도 중요시되고 있다. 이러한 요청은 단일적인 사회과학 중심의 사회과보다도 현실적인 문제와 탐구력을 중심으로 구성하는 통합사회과에서 더 효과적으로 적절하게 수용할 수가 있다.

3) 사회과 통합교육의 원리

통합 이론은 본래 분리되어 있던 것을 합한다는 뜻이다. 주지하다시피 사회과는 대표적인 통합교과이다. 초기 미국에서 탄생한 사회과는 이상적인 민주주의 국가 건설을 위하여 훌륭한 민주시민의 양성이 필요했고, 이상적인 국가 건설 과정인 미국의 역사와 지리를 중심으로 통합 교과로 출발하였다. 우리나라 역시 민주시민의 육성이 중차대한 교육의 목표였으며 자연스럽게 분과형 교과목이 유사 교과 영역끼리 통합을 지향하였는데 그 선도적인 역할을 사회과가 담당했던 것이다.

그러나 본래의 통합 이론은 서로 인접한 교과 영역을 접근시켜 자연스럽게 하나의 목표(주제)를 달성한다는 것이다. 본래의 의미를 살려 표현한다면, 간학문적(학제적 · inter-disciplinary) 또는 다학문적(multi-disciplinary) 접근법이라고 할 수 있다. 이는 과거 독립적이었던 학문 영역이 서로 연계하여 협력적으로 하나의 사회적 문제에 접근하고 해결하는 방법론이다.

한편, 논리적 접근보다는 심리적 원칙에 의한 통합을 하는 탈학문적 통합(extra-disciplinary integration)도 생각할 수 있다. 이는 학문의 독자적 영역을 의식하지 않고 학문의 영역 고정관념에서 탈피하여 자유롭게 학문적 수단을 적용하여 사회문제에 접근하는 방법론이다. 모두가 하나의 주제를 학습하기 위해 여러 가지의 학문 영역을 다양한 방법으로 연결시키고 조직하여, 보다 높은 학습 효과를 얻기 위함이다. 즉 사회과학에 속하는 모든 학문 영역, 예를 들면 역사학, 지리학, 인류학, 사회학, 사회심리학, 경제학, 정치학, 법학 등을 동원하여 보다 큰 효과를 얻으려는 것이다. 그러나 접근시키고 조직하는 것을, 오히려 무리하게 혼합하는 것으로 이해해서는 안 된다.

다학문적 접근법은, 하나의 학습 목표를 달성하기 위해 여러 가지 학문이 자연스럽게 동원되어 종합적으로 이해할 수 있도록 하는데 목적이 있다. 이렇게 함으로써 종합적, 분석적 사고력을 기를 수 있으며, 한 가지 사회현상이 학문의 분류처럼 독자적으로 전개되지 않음을 인식시킬 수 있다.

4) 사회과 교육과정의 통합 방식(형태)

사회과 교육과정에서의 통합 방식은 다양하게 논의되는데 넓게 보면 학습의 내용이 되는 독립적인 학문 영역의 내용을 결합하여 사회과 내용을 구성하는 '학문적 형태'를 고려한 통합 방식과 학습자들이 학습하는 내용과 관련하여 기준을 정하고 교육할 수 있는 형태를 결합하여 사회과 내용을 결합하는 '교육적 통합' 등으로 구분할 수 있다.

교육과정의 형태에 따른 통합은 교과, 혹은 과목의 통합 정도에 따라 네 가지로 구분할 수 있다.

첫째, 합산(summed)적 통합은 각 교과가 독립적이며 단지 시간표상의 통합을 의미한다.

둘째, 기여(contributed)적 통합이다. 상관적 통합이라고도 한다. 이는 서로 기여할 수 있는 공통적 요소들을 필요로 하는데, 역사적 사건과 관련된 문학작품을 가르치는 국어 교과 교사는 역사 과목 교사의 도움을 받는 것이 바람직하다는 것이다. 기여적 통합의 상관은 사실의 상관, 원리의 상관, 규범의 상관 등으로 구분된다.

셋째, 융합(fused)적 통합이다. 광역적 통합이라고도 한다. 이는 연결 원칙, 공통적 상호 관심 영역에 기초를 두고 여러 과(科)가 포괄적으로 통합된 경우이다. 초등학교의 즐거운 생활, 슬기로운 생활, 바른생활 등의 통합이 이에 해당된다.

넷째, 기능(function)적 통합이다. 교과의 특성이 무너지고 주로 경험적으로 통합되는 사례이다. 개인의 흥미나 필요를 중심으로 통합하는 사례이다.

〈표 63〉 사회과 교육과정의 형태별 통합 방법

통합 방법	통합 형태(방식)
합산 중심 통합	하위 과목(일반 사회, 역사, 지리) 등을 공통의 명칭(사회) 아래 묶어 놓은 데 불과한 형태
상관 중심 통합 (기여 중심 통합)	서로 기여할 수 있는 공통적 요소들을 모은 것으로 사실, 원리, 규범 등을 고려하여 통합
융합 중심 통합 (광역 중심 통합)	교과(과목)의 경직된 경계를 제거하고 연결 원칙과 공통적인 상호 관심 영역에 기초를 두고, 여러 과가 교과의 선을 제거하고 다른 교과(과목)를 만등 형태의 통합
기능 중심 통합	교과의 특성을 배제하고 경험적 특성을 중심으로 한 통합

2. 사회과 통합의 형태와 모형

통합의 모형이나 형태는 이론적으로 볼 때 수없이 다양하다. 관점과 학자, 학교의 상황에 따라서 다르고 또 시기적인 구분에 따라서 달라진다. 그러나 통합에서 중심적인 과제가 되는 것은 정치, 경제, 역사 등 학습의 내용이 되는 독립적인 학문을 몇 가지나 서로 연결시키느냐 하는 학문적인 형태(academic form)와 이들 학습의 내용을 개념이나 주제 등 어떤 것을 기준으로 결합하여 교육할 수 있는 모습으로 만드느냐 하는 교육적인 형태(educational form)로 구분하여 고찰하는 것이 이해를 위하여 매우 효과적이다(Raga, 1993: 217－219, 차경수·조도근·이진석, 1998: 8－11).

1) 학문적 형태

학문적 형태의 통합은 학문의 연결 방식에 따라 다학문적, 학제적(간학문적), 초학과적(탈학문적) 통합 등이 있는데, 이는 개별 학문의 지식이 어느 수준으로 통합되느냐에 따라 나뉘는 것이다(정문성 외, 2008: 51－54).

다학문적 통합은 다양한 학문적 요소의 내용이 독립성을 유지하면서 하나의 문제나 주제에 대하여 각 학문적 관점에서 파악할 수 있는 전문적인 지식을 결합한 형태의 통합을 의미한다. 하나의 내용에 대하여 다양한 학문의 관점에서 전문 지식을 활용한다는 점에서는 장점이지만, 개별 학문의 전문적인 지식 자체를 학습하는데는 문제점이 야기된다.

학제적(간학문적) 통합은 몇 개 이상의 학문을 기초로 하여 그 속에 공통으로 들어 있는 지식이나 기술, 관점, 사고력 등을 추출하여 이것을 결합한 형태를 의미한다.

초학과적(탈학문적) 통합은 학문 간의 독립된 영역을 초월하여 학습의 내용이 되는 주제나 문제를 중심으로 관련된 내용을 체계화시켜서 독립된 내용으로 결합하는 형태이다. 따라서 내용 구성에서는 기존의 학문적 지식 체계가 존재하기 어렵기 때문에 완전히 다른 새로운 내용처럼 보일 수 있다. 초학과적 통합에서는 개별 학문에서 강조하는 지식은 새롭게 형성된 주제를 학습하는 하나의 수단으로 이해될 수 있다.

학문적 형태라고 하는 것은 사회과의 학습 내용이라고 할 수 있는 정치학, 경제학, 역사학, 지리학 등의 학문 중 몇 개나 결합되는가 하는 것을 기준으로 보는 것이다. 학문(disciplne)은 그 자신의 개념과 일반화, 법칙과 탐구 방법 등을 체계적으로 가지고 있으면서 발전시킨 지식의 체계를 의미한다. 지금까지 주로 정치, 경제, 지리 등의 사회과학을 중심으로 교육과정이 구성되었으나, 최근에는 문학, 철학 등의 인문학도 주요한 내용이 되어야 한다는 주장이 많이 있다.

가장 적게는 2개 학문이 서로 결합할 수도 있으나, 어떤 경우에는 여러 가지 학문을 기초로 하여 전연 새로운 형태의 교육과정이 구성될 수도 있다. 결합하였을 때 원래의 학문적 성격이 그대로 살아 있는 경우도 있고, 결합한 후에는 전연 새로운 성격을 가지게 되는 경우도 있다. 일반적으로 분류되는 모형을 중심으로 이들 형태의 특징과 그 장단점 등을 고찰해 보는 것은 사회과 통합교육의 핵심 활동이 된다.

〈표 64〉 사회과 통합교육과정의 접근

구분	교과	⇐ 통합 ⇒	학습자
통합 형태	다학문적 접근	간학문적(학제적) 접근	탈학문적 접근
통합 접근	·문제 해결 중심 ·문제 중심 조직 ·인식론적 통합 ·교과 합산 및 상관형 ·교과의 평행적 조직 ·교사 중심형	·주요 개념의 확산적 습득 ·개념 중심 조직 ·인식론적 통합 ·중핵 및 융합 교과 ·교과의 중핵적 조직 ·교사 중심형	·흥미나 관심 충족 ·흥미 중심 조직 ·심리적 통합 ·범교과형 ·교과의 네트워크적 조직 ·학생 중심형

* 출처: 교육과학기술부(2009), 슬기로운 생활(2 - 1), 서울: (주) 두산, 13.

(1) 다학문적 통합 접근

다학문적 통합은 다양한 학문적 요소의 내용이 독립성을 유지하면서 하나의 문제나 주제에 대하여 각 학문적 관점에서 파악할 수 있는 전문적인 지식을 결합한 형태의 통합을 의미한다. 하나의 내용에 대하여 다양한 학문의 관점에서 전문 지식을 활용한다는 점에서는 장점이지만, 개별 학문의 전문적인 지식 자체를 학습하는데는 문제점이 야기된다.

다학문적 접근(multidisciplinary approach)은 서로 다른 여러 가지 학문 사이의 결합의 정도가 가장 낮은 것으로서 각 학문은 서로 독립성을 유지하면서 하나의 문제를 이들 학문의 입장에서 고찰하는 것이다. 자동차에 관해서 환경오염, 도로 발달, 보험, 연료 개발, 가족형태, 쇼핑, 디자인 등 여러 각도에서 전문적인 지식을 기초로 살펴보는 것과 같다. 사회과학과 인문학이 다양하게 연관되기 때문에 적어도 5 - 6개의 학문이 관련되고, 대개 10여 개의 학문이 쉽게 관련된다. 다양한 학문을 관련시키는 장점이 있지만, 각 학문의 독립적인 위치가 그대로 살아 있다고 하는 점에서 진정한 통합이라고 할 수는 없다. 결국 어떤 문제를 중심으로 하여 각각의 학문적인 지식을 학습하는 결과가 되는 약점을 가지고 있다.

(2) 학제적(간학문적) 통합 접근

학제적(간학문적) 통합은 몇 개 이상의 학문을 기초로 하여 그 속에 공통으로 들어 있는 지식이나 기술, 관점, 사고력 등을 추출하여 이것을 결합한 형태를 의미한다.

학제적 접근(interdisciplinary approach)은 2개 이상의 학문을 기초로 하여 그들에 공통적인 개념, 주제, 문제, 이슈, 탐구기술, 고급 사고력 등을 추출하여 학습 내용을 구성하는 방법이다. 각각의 학문적 독립성이 완전히 없어진 것은 아니지만, 그들에게서 공통적인 개념이나 이슈 등을 발견하여 학습 내용을 조직하려는 것은 확실히 발전된 모습이며, 학문적인 독립성도 연계성을 강조하기 때문에 많이 흐려져 통합이 강조된다. 근대화라고 하는 주제를 정치적 발달, 경제적 발달, 의식의 변화, 도시 공간의 변화 등 다양한 관점에서 살펴보는 것을 예로 생각할 수 있다.

이러한 방법을 통하여 학습하려는 것은 독립적인 학문의 지식이 체계가 아니라 학문에 공통적인 원리와 내용, 사고의 기능, 탐구 방법, 고급 사고력 등이라는 점에서 다학문적 접근과는 다르다. 미국 캘리포니아 주의 고등학교에서는 '세계의 문화(World Culture: A Global Mosaic)'라는 과목을 학습하고 있는데, 이 과목에서는 예컨대, 한국에 대해서 사회과학적 접근뿐만 아니라 문학작품, 예술작품, 지리적 조건과 한국인의 삶, 과학의 발달과 사회 변화 등을 하나의 단원에서 다양하게 학습하고 있다(Ahmad et al. 1995. pp.374-388).

(3) 초학과적(탈학문적) 통합 접근

초학과적 통합은 학문 간의 독립된 영역을 초월하여 학습의 내용이 되는 주제나 문제를 중심으로 관련된 내용을 체계화시켜서 독립된 내용으로 결합하는 형태이다. 따라서 내용 구성에서는 기존의 학문적 지식 체계가 존재하기 어렵기 때문에 완전히 다른 새로운 내용처럼 보일 수 있다. 초학과적 통합에서는 개별 학문에서 강조하는 지식은 새롭게 형성된 주제를 학습하는 하나의 수단으로 이해될 수 있다.

초학과적 접근(transdisciplinary approach)은 여러 가지 학문적인 배경을 기초로 하지만 이들 학문의 독립적인 영역을 초월하여 사회과에서 관심 있는 주제, 문제, 기능 등을 중심으로 학습 내용을 조직하는 방법이다. 이때의 교육과정 구성은 개별적인 학문의 지식 체계와는 완전히 다른 새로운 내용이 된다는 것이 앞에서 서술한 다학문적 접근이나 학제적 접근과 다른 점이다. 말하자면 결합의 강도가 가장 높아서 다양한 학문의 벽은 허물어져서 완전한 형태의 통합교육과정을 이루고 있다고 할 수 있다.

학생들이 학습하는 것도 고급 사고력, 탐구 방법, 가치관 등에 주요한 역점이 주어지고, 각각의 학문적 지식의 체계는 아니다. 이러한 교육과정에서는 다른 학문의 지식을 이용하되, 중심적인 초점을 무엇으로 하느냐 하는 문제와 이러한 초점을 어떻게 구성하느냐 하는 것이 실제적인 과제가 된다. 이 방법의 장점은 완전 통합교육과정에 가장 가깝다는 장점을 가지고 있으나, 교육과정 구성이 현실적으로 어렵다는 문제를 가지고 있으며, 통합교육과정의 단점인 혼란, 내용의 깊이 부족 등이 문제로 지적된다.

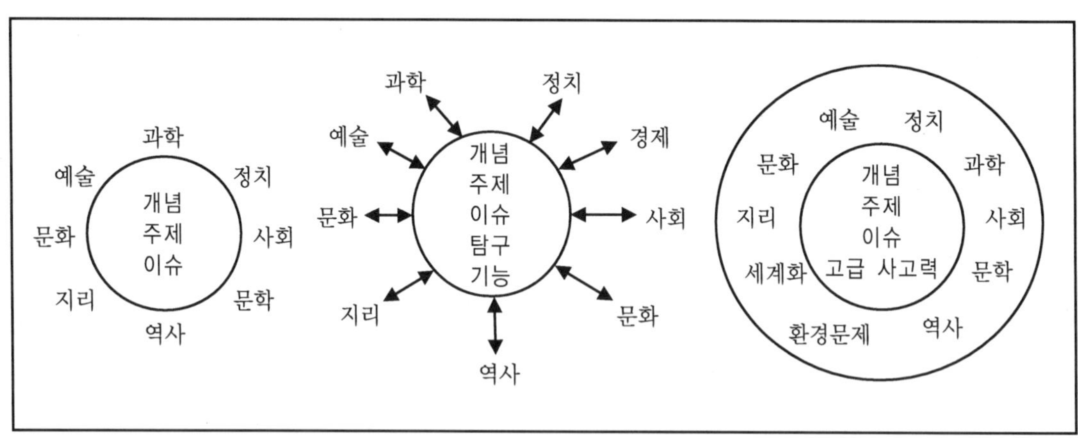

[그림 19] 사회과 통합의 형태 모형

(4) 기타의 형태

통합교육과정의 형태는 다학문적 통합(접근), 학제(간학문)적 통합(접근), 초학과(탈학문)적 통합(접근) 외에 광역형, 상관형, 연합형, 융합형 등의 구분도 있다. 광역형(broad field)은 가장 초보적인 통합의 형태로서 어떤 문제를 다양한 학문적 견지에서 서술하는 방법이며, 상관형(correlation)은 학습 문제에 관해서 서로 다른 학문적인 내용이 관련되어 있을 때 이들 관련을 중심으로 서술하는 것이다. 상관형과 비슷한 것으로 최근에서는 하나의 학문적 영역에 있는 문제와 관련되어 있는 것을 다른 학문적 영역에서 찾아와서 삽입 또는 주입하는 방법으로 교육과정을 구성하는 것이 연합형(infusion)이며, 초학과적 접근과 같이 고급 사고력이나 기능을 초점으로 하여 여러 가지 학문적인 영역의 지식을 이용하나 그들을 초월하여 새로운 학습 내용을 구성하는 것을 융합형(fusion)이라고 한다(Parker & Jarolimek, 1997, pp.353 – 385). 융합형은 초학과별 통합과 유사한 것이다.

<표 65> 사회과 통합 모형의 특징

구분	다학문적 접근	학제적(간학문적) 접근	초학과적(탈학문적) 접근
조직의 틀	각 학문은 독립적	각 학문은 서로 연결	각 학문은 하나로 융합
주요 내용	각 학문의 지식	각 학문에 공통적인 탐구 기능	실제 생활에서 요구되는 고급 사고력
평가 초점	지식	탐구 기능	실제 생활 문제 해결력

* 자료: Drake(1993, pp.46 – 47)를 기초로 수정, 작성한 것임.

2) 교육적 형태

교육적 형태의 통합은 개념 또는 주제 중심 통합, 이슈 또는 문제 중심 통합, 스트랜드(strand) 중심 통합 등으로 구분할 수 있다.

첫째, 개념 및 주제 중심 통합교육과정은 통합을 사회과 개념 및 주제를 중심으로 구성하는 것이다. 개념 중심 통합은 사회과의 기본 개념을 중심으로 발달 과정을 고려하여 통합교육과정을 운영하는 것이다. 또 주제 중심 통합교육과정은 사회과 내용 구성에서 학습자인 학생들의 흥미와 사회의 요구를 포용하여 하나의 주제를 정하고 이를 중심으로 전체 학습 내용을 통합하는 형태이다. 주제는 사물을 연결하는 포괄적이고 추상적인 테마의 의미이다. 주제 중심 통합은 e주제, 하위 주제 등으로 구분할 수도 있지만, 개별적으로 하나의 주제를 정하여 내용 구성을 할 수도 있다.

둘째, 문제나 이슈 중심 통합교육과정은 사회적으로 문제가 되고 있는 쟁점이나 사회문제 등을 중심으로 다양한 관련 지식이나 자료를 중심으로 해결할 수 있도록 내용을 구성하는 방법이다. 사회의 쟁점이나 사회문제는 하나의 관점이나 한 학문의 지식으로 해결할 수 있도록 내용을 구성하여야 한다. 쟁점 중심 통합교육과정을 구성하기 위해서는 일단 쟁점 선정에 유의하여야 한다. 쟁점 중심 통합에서 내용 구성을 위해서는 수업에 적합한 질문, 세부 질문, 수업을 위한 차시별 질문의 위계를 정하고 이를 자료 제시를 제대로 배치하는 것이 좋을 것이다.

셋째, 스트랜드(strand) 중심 통합교육과정은 사회과 목표에서 강조하는 사회과 교육의 철학 기초인 시민성을 함양하기 위한 목표와 과제를 수행하는데 기여하는 교과들의 탐구 방법과 관점을 함께 구성하는 준거로서 사회과 교육의 핵심적 요소를 나타내는 스트랜드를 추출하고, 이 스트랜드와 관련한 학년별, 학교급별로 배치하는 통합으로 수평적 통합과 수직적 통합이 결합된 형태이다. 스트랜드 중심 통합을 위해서는 핵심 스트랜드의 구성이 우선되어야 한다. 스트랜드는 여러 전문가들의 논의에 의하여 사회과에서 반드시 학습해야 할 핵심 요소이기에 크게 다르지는 않지만, 논의하는 학자들에 따라 약간씩 다르게 접근하고 있다.

통합교육과정의 교육적 형태(educational form)는 여러 가지 학문적 지식을 체계를 실제로 가르치기 위해서 개념이나 주제 등에서 어떤 것을 기준으로 결합하느냐 하는 것을 의미하는 것이다. 개념 또는 주제를 중심으로 한 것, 또는 이슈 및 문제를 중심으로 한 것 등이 흔히 논의되지만, 최근에는 스트랜드 중심의 통합이 관심을 끌고 있다.

(1) 개념 또는 주제 중심 통합

개념 또는 주제 중심(concept-centered. theme-centered) 통합교육과정은 여러 가지 학문을 기초로 하여 통합교육과정을 구성할 때 그 중심이 되는 초점으로서 개념 또는 주제를 이용하는 방법이나 이때는 추출하려고 하는 여러 가지 학문에 공통적인 개념이나 주제를 대상으로 하는 것이 바람직하다(조연순·김경자, 1996: 251-272). 민족주의나 혁명이라는 개념이나 주제는 정치학과 역사학에서 공통적으로 발견할 수 있으며, 근대화 역시 정치학, 경제학, 사회학 등 여러 학문적인 관점에서 다룰 수 있다.

개념은 어떤 상황을 나타내기 위한 언어적 표현이지만, 주제는 어떤 상황에 대한 일반화적인 서술을 보다 더 많이 포함하고 있다. 이런 방법은 개념이나 주제의 추상성으로 인하여 응용범위가 넓고, 사고력 향상을 위하여 바람직하지만 실제로 교육과정 구성이 어렵고, 문제나 이슈가 명확하지 않아 모호한 느낌이 드는 경우가 많은 단점이 있다. 또 개념이나 주제는 공통적인 것을 가지고 오지만, 그 내용조직에서는 각각의 학문적인 독립성을 완전히 허물지 못하는 약점이 있다.

(2) 이슈 또는 문제 중심(issue-centered, problem-centered)의 통합

이슈 또는 문제 중심(issue-centered, problem-centered)의 통합은 여러 가지 학문을 배경으로 하여 통합교육과정을 만들 때 그 초점으로서 사회적으로 논의가 되고 있는 이슈나 문제를 이용하는 방법이다. 이슈는 사회적으로 논의가 되고 있으나 찬성과 반대가 서로 엇갈려 있는 상태이고, 문제는 이슈보다 부정적인 부분이 사회적으로 보다 더 분명해진 상태를 말하는 것이다.

환경오염, 도시문제, 범죄 등은 사회문제로서의 성격이 명백하고, 성교육이나 과외수업 같은 것은 사회적 이슈라고 할 수 있다. 이들 문제들은 여러 가지 학문적인 시각에서 모두 학습할 수 있다. 이슈나 문제 중심의 통합은 그 내용이 구체적이고 명백한 장점이 있으나, 범위가 한정되고, 또 내용의 학습에서 정치학, 경제학, 사회학 등의 영역에 기울어질 우려가 있다. 그러나 정치, 경제, 사회, 문화 등의 사회과에서 사회문제를 중심으로 교육과정을 구성할 때 가장 적합한 통합과정의 형태이다.

실제로 사회문제나 이슈를 중심으로 통합하는 과정은 통합에 가장 적합하고, 또 시민적 자질을 향상하는데 매우 효과적인 방법으로 지적되고 있다. 사회적인 이슈는 다양한 사회과학의 영역과 관련되어 있으며, 특히 정치, 경제, 사회, 문화 영역과 관계가 깊다. 따라서 이들을 중심으로 교육과정을 구성할 때 무리 없이 실천할 수 있다. 이러한 통합과정은 실제로는 논쟁 문제 중심의 교육과정이 되는 것이며, 의사 결정력, 가치판단력, 비판적 사고력 등 고급 사고력과 가치관 확립을 위하여 매우 적합하다.

(3) 스트랜드(strand) 중심의 통합

개념 및 주제 중심 통합과 이슈 및 문제 중심 통합의 문제점을 해결하는 하나의 방법으로서 대안이 스트랜드(strand) 중심의 통합이다. 스트랜드(strand)는 사회과 교육의 영역에 있는 개념, 주제, 문제, 이슈, 일반화, 법칙, 가치 등을 모두 종합하여 사회과에서 가르쳐야 하리라고 생각되는 것들을 종합할 수 있는 핵심적인 요소(key factors)이며, 준거이다(Ohio Department of Education, 1993, p.20. Massachusettes Department of Education, 1996, pp.9 - 15). 이들 스트랜드는 사회과 교육의 철학, 목적과 목표, 기본 방향 등에서 궁극적으로 추출되어 나오는 것이다. 인간과 환경, 권력과 시민 등은 그러한 한 예가 된다. 1994년 미국의 NCSS가 발표한 ① 문화, ② 시간, 계속성, 변화, ③ 인간, 장소, 환경, ④ 개인적 발달과 정체성, ⑤ 개인·집단·제도, ⑥ 권력, 권위, 통치, ⑦ 생산, 분배, 소비, ⑧ 과학, 기술, 사회, ⑨ 세계적 관계(연결), ⑩ 시민적 이상과 실천 등 10개 사회과에서의 스트랜드는 오늘날 미국 초·중등학교 사회과의 교육과정 구성의 기준이 되고 있다(National Council for the Social Studies, 1994).

스트랜드 중심으로 사회과를 통합할 때 각각의 학문적인 벽을 보다 더 용이하게 넘어서 통합을 할 수 있다. 통합의 준거는 독립적인 학문 지식의 체계가 아니라 사회과의 이념이나 목표 등에서 추출한 스트랜드이기 때문이다. 말하자면 현재로서는 통합교육과정의 이상에 가장 가깝다고 할 수 있다. 그러나 학문적인 지식이 체계를 충분히 살리지 못하여 지식의 깊이가 약하다는 우려가 있다. 또 여러 개의 학문을 통합하였을 때 오는 교사들의 혼란도 현장의 문제로 제기된다. 이러한 약점이 있기는 하지만 시민생활에 필요한 사고력이나 문제 해결력, 가치관을 형성하려는 것을 목적으로 하는 사회과에서는 2-3개의 학문적 영역으로 통합의 범위를 좁혀서 초학과적 교육과정을 구성할 때 그 유용성이 크다고 할 수 있다.

(4) 지역(환경) 확대 중심의 통합

사회과의 통합적 접근 초기인 1930년대 미국에서 등장한 가장 대표적인 통합 모형이 바로 환경확대(공간 확대, 지역 확대)에 따른 통합이다. 이 통합 방법은 한나(P. Hanna) 등에 의해 제시된 것으로, 사회과학의 주제를 자신의 주변에서부터 먼 지역에까지 확대하여 통합하는 방식이다. 이 방법은 인간의 기본 활동을 9가지 영역(교육, 오락, 통치, 예술적 표현, 보호, 의사소통, 교통, 통신, 생산)으로 구분해서 경험 확대법에 따라 가족 → 학교 → 이웃 → 지역사회 → 주(州, States) → 지방 (Region of States) → 국가 → 미대륙 국가들 → 대서양 공동체 → 태평양 공동체 → 세계 등의 11개 공동체를 단계적으로 배열했다(전숙자, 2008: 94-96).

〈표 66〉 미국사회과교육협의회(NCSS)의 사회과 스트랜드(Strand)

스트랜드	핵심 의미
① 문화	인류는 문화를 창조하고 학습하면서 환경에 적응해 간다. 어느 문화나 신념, 가치, 전통의 체계를 갖고 있다는 점에서 유사하지만 각 문화가 처한 물리적 환경이나 사회적 상황에 따라 차이를 보이기도 하며, 문화는 역동적으로 끊임없이 변화하는 특징이 있다.
② 시간·연속성·변화	인간은 자신의 뿌리를 알고 싶어 하고, 역사의 흐름 속에서 자신이 살고 있는 시대와 상황을 파악하고자 한다. 과거의 사람들은 어떠했으며, 어떻게 변하고 발전해 왔는지를 학습함으로써 이러한 이해가 가능하다.
③ 인간·장소·환경	과학기술의 발달로 학생들은 자신이 사는 곳을 초월하여 전 세계와 연결되어 있다. 사람, 장소, 인간과 환경 간의 상호 작용에 대한 학습을 통해 학생들은 공간적 관점과 세계에 대한 지리적 인식을 발달시킬 수 있다.
④ 개인의 발전과 정체성	개인의 정체성은 그가 속한 사회의 문화, 집단, 제도 등의 영향을 받으며 형성된다. 다양한 인간의 행동 유형에 대한 연구는 사회 규칙과 개인의 정체성 확립, 이에 영향을 주는 사회적 제도와 절차, 그리고 개인 행동의 윤리적 가치 사이의 관계에 대한 이해를 포함한다.
⑤ 개인·집단·제도	학교, 교회, 가족, 정부기관, 법과 같은 제도들은 우리의 삶 속에서 필수적인 역할을 수행한다. 따라서 제도가 어떻게 형성되며, 무엇이 제도를 통제하고 영향을 미치는지, 어떻게 제도가 개인과 문화를 통제하고 여향을 미치는지 등을 학생들이 아는 것이 중요하다.
⑥ 권력·권위·통치	우리나라와 세계 여러 나라의 권력, 권위, 통치구조의 역사적 발전과 그 기능에 대해 이해하는 것은 시민적 자질을 발전시키는데 필수적이다. 학생들은 다양한 통치체제의 목적과 특성을 고찰함으로써 나아가 개인의 권리와 의무, 사회집단의 요구, 정의로운 사회의 개념 사이의 관계를 탐구하여 효율적인 문제 해결자와 의사 결정자가 될 수 있을 것이다.
⑦ 생산·분배·소비	인간의 욕구는 무한한 데 반하여 인간에게 유용한 자원은 한정되어 있어 '무엇을 생산할 것인가? 어떻게 생산할 것인가? 어떻게 재화와 용역을 분배할 것인가? 노동, 토지, 자본, 경영의 요소를 가장 효율적으로 결합하는 방법은 무엇인가?'의 기본문제를 접하게 된다. 또한 경제정책 결정 과정에서 정부 역할의 다양성, 자원의 불공평한 분배, 복지 향상을 위한 노력, 국가 간 무역 등을 체계적으로 연구해 볼 필요성이 증대된다.
⑧ 과학·기술·사회	기술은 선사시대 사람들에 의해 발명된 최초의 도구만큼 오래된 것이고, 현대사회는 과학기술 없이 유지될 수 없다. 동시에 기술은 많은 논란을 불러와 '새로운 기술이 과거의 기술보다 향상된 것인가? 점점 증가하는 변화의 속도를 어떻게 다룰 수 있는가? 하나의 기술로 연결된 지구촌 사회에서 근본가치와 신념을 어떻게 보존할 수 있는가?'의 주제를 탐구해 볼 필요성이 증대된다.
⑨ 세계적 관계	세계적 상호 의존성의 실제를 이해하기 위해 전 세계 사회관계의 중요성과 다양성이 증가하고 있음을 인식하는 것이 필요하다. 국가적 이익과 세계적인 우선순위 간의 갈등 분석을 통해 보건, 환경, 인권 등 지속적으로 새롭게 출현하는 세계적인 쟁점들을 탐구하고 경제적 의존, 민족적 적대감, 군사적 동맹 등 세계문화의 관계와 유형을 분석하여 국가적, 세계적 함의를 갖는 정치적 대안을 검토해 볼 수 있다.
⑩ 민주시민의 이상과 실천	민주시민의 이상과 실천에 대한 이해는 사회과 교육에서 추구하는 중요한 목표 중 하나로 사회참여를 유도할 수 있다는 점에서 중요하다. 학생들은 '시민의 참여란 무엇이며 나는 어떻게 참여할 수 있는가? 시민권의 의미는 어떻게 발전되어 왔는가? 공동체 사회와 국가, 세계 공동체의 일원으로서 시민의 역할은 무엇인가?' 등을 탐구해 볼 수 있다.

* NCSS에서 발표한 이 기준은 초·중·고등학교에 적합한 교육과정을 개발하는데 있어서 유치원부터 고등학교 때까지의 모든 수준에서의 지침과 각 수준에서 기대되는 수행 수준을 교사들에게 제공하고 있다.

<표 67> 학자별·학년별 핵심 개념과 특징

구분(학자)	학년	핵심 개념
타바(Taba)	1	가족을 강조, 사회의 규칙과 기대치 강조
	2	공동체 학습, 인간이 필요로 하는 것을 얻는 과정
	3	4개의 서로 다른 공동체에서 다른 전통과 환경 속에서 필요한 것을 채워 가는 모습
	4	과거와 현재를 통해 자원의 분배를 어떻게 해 왔는지에 대한 내용
	5	미국과 캐나다의 국가 형성과 이에 영향을 준 것에 대한 이해
	6	중남미의 생활
	7	물리적·사회적 환경에 영향을 미친 것과 제도에 대한 이해
	8	미국 사회의 변화 발전을 위한 역할 변화와 제도 변화
	특징	11가지 핵심 개념인 '인과성, 갈등, 협동, 문화 변동, 자아, 상호 의존, 수정, 권력, 사회 통제, 전통, 가치' 등을 선정하고, 이를 중심으로 학년별로 교육과정을 구성하는 방식으로 학년별 내용을 구성
뱅크스(Banks)	유치원(K1)	자아관
	1	인간 집단
	2	제도(制度)
	3	지역공동체
	4	사회
	5	문화
	6	사회문제와 사회운동
	특징	사회과의 주된 목표를 학생들로 하여금 반성적 의사 결정을 통해 개인적인 문제를 해결하고 사회적 행위를 한다고 하여, 핵심 개념을 '사회화, 희소성, 문화적 차이, 권력, 자연 형상' 등으로 구성하고 이에 따라 학년별 내용을 구성

<표 68> 학자(학회)별 사회과의 핵심 스트랜드(strand)

학자(학회)	스트랜드(Srand)		비고
차경수·조도근·이진석(1998)	○ 시간, 영속성, 변화 ○ 권력과 시민 정치 ○ 민주주의 이념과 다원화 사회 ○ 상호 의존과 국제사회	○ 인간, 공간과 환경 ○ 생산과 자원 분배 ○ 문화, 정체성 ○ 정보 활용	고등학교 사회과 중심
미국사회과교육협의회 (NCSS, 1994)	○ 문화 ○ 시간, 영속성과 변화 ○ 인간, 장소와 환경 ○ 개인 발달과 정체성 ○ 개인, 집단 및 제도	○ 권력, 권위 및 정부 ○ 생산, 분배 및 소비 ○ 과학, 기술 및 사회 ○ 국제 관계 ○ 시민 이상과 참여	

3) 사회과 통합 교육의 장단점

사회과 통합교육과정 운영의 장점은 지식기반사회, 지식정보화 사회인 현대사회에서 지식이 폭발적으로 증가하여 학생들이 모든 학문의 지식을 학습하기 어렵고, 또 학습한다 해도 중복하여 학습하는 경우가 많기 때문에 통합교육과정에 의하여 이들을 재조직할 필요가 있다는 점, 현실적으로 잘 연계되지 못한 학문적 지식을 통합에 의하여 사회와 적합성이 높은 교육과정을 구성할 수 있다는 점, 훌륭한 시민이 되기 위하여 필요한 고급 사고력과 태도 및 가치 등을 학습하는데 통합교육과정이 효과적이라는 점 등을 들 수 있다. 특히 초등학교와 중학교, 그리고 고등학교의 일부에서 이러한 통합교육과정의 필요성과 장점은 더욱 인정되고 있다.

한편, 사회과 통합교육과정 운영에 대한 단점은 학문적인 지식의 체계를 따라서 교육과정이 구성되기보다는 주로 문제, 주제, 개념, 이슈 등을 중심으로 구성되기 때문에 혼란이 오기 쉬운 점, 학문적인 체계가 없어진다는 점, 이것 조금 그리고 저것 조금 하는 식이 되어 깊이가 없어져 간헐적 지식과 교육으로 흐른다는 점, 학문을 중심으로 조직된 대학에서 교육을 받은 교사들이 다학문적인 통합교육과정을 기피한다는 점, 주제나 문제에 따라서 교육과정을 구성하는 일이 매우 어렵다는 점 등을 들 수 있다. 실제 사범대학에서 복수 전공, 부전공 등으로 '공통 사회' 자격증을 취득하여 일선 학교에 발령된 교사들이 사회과 교과서를 일반사회, 역사, 지리 등 자신이 전공한 과목 내용으로 분리하여 나누어 가르치려는 경향이 일반적인 것도 통합교육과정 구성과 실행이 쉽지 않다는 반증인 것이다.

실제 사회과의 통합교육과정 운영은 한 세기 이전의 사회과 태동 때부터의 관심이자 쟁점이었다. 물론 현재에도 분과 통합의 쟁점은 현재 진행형이다. 다만 분명한 점은 통합교육과정의 성패와 효과 거양은 제도적 면보다는 일선 학교와 사회과 교사의 실행적 측면이 좌우한다는 점이다. 즉, 일선 학교의 사회과 교사들이 얼마나 사회과 통합교육과정 개발·편성과 실행·적용에 관심과 의욕을 갖고 노력하느냐에 따라 사회과 통합 교육의 성과가 달라진다는 점을 유념해야 할 것이다.

4) 통합과 지역화의 원리

사회과의 내용 조직의 두 축은 내용의 재구성과 지역화이다. 물론 사회과 교육에서 내용의 재구성과 지역화도 통합을 고려하여야 한다.

지역화의 원리는 학습자가 생활하고 있는 지역의 자원과 자원, 소재 등을 활용하여 학습 내용을 구성하는 것을 의미한다. 지역화는 지역이나 단위 학교의 특성과 요구를 반영하는 교육과정의 개발을 의미하므로 교육과정에 관한 권한 분산, 즉 교육 자치와 권한의 위임을 전제로 한다. 특히 공간을 매개로 하는 다양한 학습 내용을 구성하고 있는 사회과 교육과정에서 지역화는 매우 중요한 원리이다(차경수·모경환, 2009: 96).

사회과 교육과정의 지역화는 일반적으로 목적으로서의 지역화, 수단으로서의 지역화 등으로 구분할 수 있다.

첫째, 목적으로서의 지역화는 지역 사회의 소재나 제재를 활용하여 지역 사회에 대한 애향심과 향토 의식을 길러주는 것을 목적으로 한다. 따라서 이 경우의 지역화 원리는 지역 사회의 구체적인 소재나 제재를 이해하는 것에 초점을 두고 있으며, 이러한 것을 이해함으로써 지역 사회에 대한 의식을 길러준다고 보는 입장이다.

둘째, 수단으로서의 지역화는 지역 사회의 소재나 제재를 활용하여 사회 현상의 이해를 쉽게 하도록 하는 것이다. 즉 지역의 소재나 제재를 그 자체로 이해하는 것이 아니라, 사회 현상을 설명하는 과정에 예시나 그 내용으로 활용한다는 입장이다(박인현, 2009: 120-121).

1. 사회과의 내용 구성 원칙

사회과 교육과정의 내용 구성은 학교 현장에서 실제 교수·학습활동이 전개될 내용을 구성하는 것이다. 교육과정의 내용을 구성할 때에는 교육과정의 기본적 취지, 가르치는 교사의 입장, 배우는 학생의 입장, 학교와 지역사회 등의 여건을 충분히 고려하여야 한다.

사회과 교육과정의 내용을 구성할 때 고려하여야 할 구체적인 세부 사항은 사회과의 목적·목표와 일관된 것이어야 하고, 여러 측면의 영역에 균형이 있어야 하며, 학생들의 능력과 사회적 변이성 등에 탄력성을 갖는 것이어야 하며, 적절한 반복성과 전이성을 갖고, 탐구석이고 창의적인 사고력 신장을 기하는 것이어야 한다(정병기 외, 1996: 141－147).

1) 목표와의 일관성

사회과 교육의 목표가 학생들로 하여금 우리의 현실을 바탕으로 하는 여러 사회 사상을 탐구하게 함으로써 개인적·사회적 문제에 대하여 합리적 결정을 할 수 있는 경험을 풍부하게 쌓도록 하여 바람직한 민주시민으로서 올바른 행위를 할 수 있는 사람을 기르기 위한 것이다. 따라서 사회과 교육과정 내용 구성에서는 이와 같은 목표 달성에 초점을 맞추어야 한다. 사회지식의 이해와 습득, 사회생활을 유능하게 할 수 있는 능력과 기능, 바람직하고 합리적인 가치·태도, 형성 등의 목표를 충실하게 달성할 수 있는 내용으로 구성하여야 한다. 내용 구성이 전체적으로 목표와의 일관성을 유지하여야 한다.

2) 범위와 수준의 균형성

사회과 교육과정에서의 내용 구성은 여러 영역 간 범위의 균형과 더불어 질적 수준의 균형을 도모해야 한다. 여러 영역 간의 범위의 균형이란, 사회과학적 기본 개념과 지식, 지적 기능, 사회 기능, 사회적 관심, 사회문제 등의 대상들에 대하여 어떤 특정한 영역에 편중되는 일이 없이 두루 내용을 편성해야 한다. 학문적인 지식 습득에 지나친 비중을 둔다든지, 학문적 영역에서 각 사회과학의 어느 한 학문에 치중해서는 안 된다. 구성 내용의 질적 수준의 균형인 여러 분야와 내용에 대한 심도, 난이도 등도 고려하여야 한다. 따라서 사회과 교육과정의 내용 구성은 종합 교육과정 정신에 입각하여 설정된 교육목표 달성에 적절한 것이어야 한다. 아울러 학습 경험과 함께 절차 면에서의 실질적 학습 경험, 배경 학습 이론, 시사적 문제 해결, 사실적 정보 학습, 개요 정리 학습 등의 균형도 함께 고려하는 것이 바람직하다.

3) 종적 · 횡적 연계성

사회과의 교육목표는 교육의 일반 목표와 매우 유사하다. 이는 사회과의 학습 내용이 타 교과와 유기적인 연관을 가져야 한다는 의미이다. 사회과 교수 · 학습을 통하여 습득된 지식과 경험이 타 교과에 적용될 수 있거나, 또는 다른 교과의 학습에서 습득된 지식이 사회과에서 수용될 수 있도록 하는 교과 간의 관련성을 고려하여야 한다. 특히 사회과의 내용 구성은 단원 간, 학년 간, 학교급별 간에 있어서 종적 연계성이 이루어지도록 함으로써 비약과 단절됨이 없도록 고려하여야 한다. 특히, 제7차 교육과정, 2007년 개정 교육과정의 사회과에서는 국민공통기본교육과정으로서 초 · 중 · 고교 간 종적 연계성을 특별히 강조하고 있음을 고려하여야 한다.

4) 적절한 반복성

사회과 교육과정 구성의 반복성은 나선형식 교육과정을 의미한다. 즉 교육과정의 내용이 적절한 간격을 두고 계속적으로 반복되는 것이다. 물론 사회과 교육과정에서의 반복은 단순한 재등장이 아니고 새로운 목표와 과정에 의한 새로운 구성이 전제되어야 한다. 따라서 사회과 교육 내용이 보다 심화, 확대, 보충됨을 의미한다.

5) 교수 · 학습의 편의성

사회과 교육과정의 내용은 교수 · 학습의 효과를 최대한 높일 수 있는 적절한 방향으로 구성되어야 한다. 실제 사회과 학습 지도에서 학생들의 성장 발달과 관심, 흥미, 요구 등을 고려하기는 하지만 내용을 구성하는 당초부터 학습의 편의를 충실하게 고려하여야 한다. 학습 내용의 성격 여하에 따라서는 그에 부합되게 적절하게 구성 형태를 취하여야 하는데, 대체적으로 사회과에서 많이 사용되는 학습 형태는 시대형, 연대형, 문제형, 교재형, 경험형, 원리발견형 등이 있다.

6) 변용적인 탄력성

사회과는 타 교과에 비하여 특히 융통성을 내포하는 내용으로 구성되는 교과이다. 즉 시간적, 공간적, 인적 변용성과 차이성 등을 충실하게 고려하는 내용이어야 한다. 사회과는 사회 사상을 대상으로 하기 때문에 유동적이며 가변적인 가치 의존적 종합성을 띠고 있다. 사회과 교육과정의 내용 구성은 전국 획일적인 기준에 의하여 구성된 교육과정의 변용성, 지역적 특수성, 학생들의 개성과 능력의 차이 등을 고려하는 것이 바람직하다.

7) 탐구 과정의 반영(탐구성)

사회과의 내용은 탐구 방법, 탐구 과정을 통하여 사고력, 창의력 등 고급 사고력 신장에 초점을 맞추어야 한다. 학문적인 지적 능력을 강조하는 것도 중요하지만 구성주의 입장에서 학생들의 탐구 활동을 조장하여 고급 사고력을 신장할 수 있는 과정을 고려하여야 한다. 따라서 제 사회과학에서 추출한 중요 개념이나 원리를 학생들이 탐구하고 발견하는데 적절한 탐구 과정, 탐구 방법 등의 적용을 고려하는 교육과정 내용 구성이 요구되는 것이다.

8) 내용의 전이성

제 사회과학의 기본 개념 및 원리를 중시하는 사회과 교육과정에서는 내용 구성에서 교과의 기본 구조를 형성하는 기본 개념 및 원리를 추출하여 여러 지적 수준의 학생들에게 보다 효과적으로 이해시킬 수 있도록 해야 한다. 구체적이고 특수한 현상을 기술하는 사회적 지식은 동일한 상황에서만 적용될 수 있는 것이지만, 지구촌 시대 세계화·정보화 사회에서는 다양한 상황에 두루 전용될 수 있는 개념의 지식이 보다 교육적 가치가 큰 것이다. 사회과 교육과정의 내용은 전이성이 높은 일반적·기본적 지식으로 구성되는 것이 바람직하다.

2. 사회과 내용 구성의 계열성(Sequence)

사회과 교육과정 내용 구성의 계열성이란 선행의 경험, 내용 등을 기초로 하여 다음의 경험 또는 내용으로 전개되어 학년, 학교급이 높아질수록 차츰 깊이와 넓이가 심화·확대되는 것을 의미한다. 그러므로 사회과 교육과정의 계열성은 나선형식 교육과정, 동심원적 확대법, 지식 확대법, 지역 확대법, 환경 확대법 등을 두루 포괄하는 것이다. 이는 학생들의 심리적·발달적 측면과 단계를 고려한 원리이다.

1) 가까운 곳에서부터 먼 곳으로 조직(거리성: 근접성)

사회과 교육과정은 학생들의 사회적 지식 인식과 발달 단계를 고려하여 구성하여야 한다. 사회과 교육과정 내용 구성에서 초등학교 단계에서는 직접 경험과 관찰이 가능한 구체적 내용 중심으로, 중학교 단계에서는 간접경험을 통한 이해가 가능한 사회적 사실과 현상의 내용 중심으로 구성하는 것이 바람직하다. 고등학교 단계에서는 사회적 비판과 탐구 및 문제 해결력, 의사 결정력 등 고급 사고력 신장을 위한 법칙, 원리 중심으로 내용을 구성하는 것이 보편적 방법이다.

2) 현재에서부터 과거로 조직(시제성)

학생들은 최근의 사회적 사실과 내용에 대해서 잘 알고 있다. 특히 학생들의 역사의식 발달에 따라 초등학교 단계에서는 현재 의식이 발달하므로 시간 소급법에 의해 오늘에 가까운 것에서 과거로 거슬러 올라가도록 계열화하고, 중학교 단계에서는 대비 의식, 변천 의식 등이 발달하므로 지역 연구법을 적용하고, 고등학교 단계에서는 인과 의식, 시대 의식이 발달하므로 고대로부터 현대에 이르기까지 연대순에 따라 통사 학습을 하는 사회과 교육과정의 내용 구성이 바람직하다.

3) 단순한 것에서부터 복잡한 것으로 조직(난이성)

사회과 교육과정의 내용 구성과 계열에서 초등학교 단계에서는 생활 주변에서 직접 관찰하고 조사함으로써 이해하고 체득할 수 있는 사실적인 사회 사상 중심으로 조직하고, 중등학교로 올라갈수록 과학적인 사고와 자료의 활용을 통하여 사회 사상을 분석하고 이해하게 함으로써 사회 사상의 의미와 법칙, 또는 원리를 발견하는 방향으로 내용 구성을 하는 것이 바람직하다.

4) 구체적인 것에서부터 추상적인 것으로 조직(구체성 · 추상성)

사회과 교육과정의 내용 구성과 계열에서 인지 발달 단계를 고려하여, 초등학교 단계에서는 사회 사상을 주의 깊게 관찰함으로써 충분히 이해할 수 있는 내용으로 조직하고, 중등학교로 올라갈수록 추상적인 사회 사상을 제시하여 다양한 첨단 매체와 자료를 활용하여 변화 과정을 탐구할 수 있도록 내용 구성을 하여야 한다. 초등학교 단계에서는 특수적이고 구체적이며 사실적인 내용 중심으로 구성하고, 중등학교 단계에서는 일반적이고 추상적이며 개념적인 내용 중심으로 구성하는 방향으로 나아가야 한다.

5) 생활 중심에서부터 학문 중심으로 조직(생활 · 학문성)

사회과 교육과정의 내용은 초등학교 단계에서 생활 주변의 문제들을 관찰하고 조사함으로써 사회 생활에 쉽게 적응하도록 하는 사회 기능 인식을 위주로 조직하고, 중등학교로 올라갈수록 사화과학의 학문적 기본 개념, 아이디어, 원리, 법칙 중심으로 구성하여야 한다. 따라서 탐구 과정을 통한 기본 개념을 파악하게 하고 기본 개념들에 대한 유기적인 조직과 연계성을 파악하도록 조직되어야 한다.

6) 주관적인 것에서부터 객관적인 것으로 조직(주관성 · 학문성)

사회과 교육과정의 내용 구성은 초등학교 단계에서 자기중심적이고 자아 위주의 행동 경향이 강하고, 중등학교로 올라갈수록 우리 의식, 집단의식, 공동체 의식 등이 함양된다. 사회과 교육과정의 내용은 초등학교 저학년 단계부터 맹목적인 주관에서 벗어나 자기가 생활하고 있는 집단 속에서 자기의 존재와 역할을 인식하게 하고, 초등학교 고학년, 중학교, 고등학교 등으로 올라갈수록 자기 행동이 타인들에게 미치는 영향에서부터 자유와 권리, 인권과 평등 등의 기본적 가치, 나아가 사회와 국가 발전 및 인류 공동체 발전에 기여할 수 있는 객관적 판단과 참여 위주로 구성하여야 한다.

〈표 69〉 사회과 교육의 내용 선정 자원

내용 영역		주요 내용 요소
사회과학 영역별 내용	역사 영역(분야)	변화와 지속, 갈등과 혁명, 민족, 문명 등
	지리 분야(영역)	입지, 장소, 인간과 환경, 이동, 지역, 지구촌 사회 등
	정치 분야(영역)	권력과 권위, 정치 과정, 정부와 통치, 시민적 이상과 실천, 정치 사회화 등
	경제 분야(영역)	경제의 기본 문제, 희소성과 선택, 생산, 소득과 소비와 저축, 교환과 시장 및 화폐, 지역 경제와 의사 결정 등
	사회 분야(영역)	사회적 상호 작용, 사회화, 집단과 그 영향, 제도와 그 영향, 사회변동과 문제 및 미래, 과학적 지식, 과학·기술·사회 등
	문화 분야(영역)	인류의 특성, 문화, 문화 변동, 전통 등등
국가적·사회적 과제와 현대사회의 논쟁점	국가적·사회적 과제	민주화, 정치 안정, 복지사회 구현, 지속적 경제성장, 다양화 및 다원화 등
	사회문제 및 논쟁점	자원의 고갈, 환경오염, 사회적 갈등, 교통 문제, 인종 문제 등
사회 기능적 요소		생명, 재산, 자원의 보호·보존, 생산, 분배, 소비, 운수, 통신, 교통, 미적 종교적 욕구의 표현, 교육, 정치 등
다중시민성 교육 요소		지구촌 교육, 다문화 교육, 환경교육, 평화 교육, 인권교육 등

* 출처: 최용규 외, 『사회과 교육과정에서 수업까지(수정판)』, 2008: 60.

■제4장■ 사회과 교육과정의 내용 체계

1. 2007년 개정 사회과 교육과정의 지향점

2007년 개정 교육과정은 지식기반사회, 지식정보화·세계화 시대의 사회적 요구를 반영하여 새로운 지식관과 민주시민으로서의 자질이 요구되는 철학이 밑바탕이 되었다. 2007년 개정 사회과 교육과정의 기본 정신은 제7차 사회과 교육과정과 연계되어 있다. 따라서 2007년 개정 교육과정의 기본 취지가 반영된 2007년 개정 사회과 교육과정은 다음과 같은 점을 지향하고 있다.

첫째, 개방화, 민주화, 다양화, 정보화, 세계화 시대의 사회 변화를 주도할 시민적 자질의 육성에 역점을 두고 있다. 사회과 교육의 궁극적 목적을 바람직한 시민의 자질 육성이라고 할 때, 이 '바람직한 자질'은 시대와 사회의 변화에 따라 다르게 규정될 수 있지만, 정보화·세계화 사회에서 한국 사회과 교육에서 강조해야 할 시민적 자질은 다음과 같다.

① 정보의 폭증에 대처할 정보의 수집, 처리 및 활용 능력
② 정보 및 가치에 대한 합리적 판단과 의사 결정 및 문제 해결 능력
③ 복잡하고도 다양한 가치관에 대한 개방성과 창의적 사고
④ 자기 주도적 학습 능력
⑤ 인간의 존엄성, 타인과의 인간관계를 중시하는 도덕성
⑥ 시민으로서 권리와 의무를 다하여 공공선을 추구하는 정신
⑦ 다원화된 사회의 여러 문제에 대한 관심과 그 문제 해결을 위해 헌신하고자 하는 태도
⑧ 세계화 시대 한국인으로서의 문화적 정체성과 공동체 헌신을 위해 노력하고자 하는 태도
⑨ 지구촌적 관점으로 세계의 문제를 이해하고 해결하려는 개방적인 세계시민적 자질

둘째, 학습자 중심의 내실 있는 교육을 추구하고 있다. 학습자 중심은 한편으로는 학습자의 능력, 흥미, 요구 등을 존중하는 개별화 학습과 수준별 학습을 의미하며, 다른 한편으로는 학습자가 학습의 내용 선정과 학습 과정에 능동적으로 참여하는 자기 주도적 학습을 의미한다. 학습자 중심 교육은 구성주의 교육관에 기초하는 수업관 및 학습관으로 이해될 수 있다. 따라서 교육과정에서는 학습자의 능력과 흥미, 요구 등을 고려하여 다양한 활동을 제시하고 고급 사고력 신장을 위하여 개별 학습자들이 각각 사회과 교육의 성취를 극대화할 수 있도록 하였다. 또한 사회과 교육이 지향하는 개방적 교수·학습 과정과 협동 학습 방법 및 수행 평가 기법의 적용을 강조하고 있다.

셋째, 시민성 함양 교과로서의 사회 통합성과 사회과학 교육의 계통성 간의 조화를 추구하였다. 사회과는 교과의 목표, 내용, 방법, 평가 면에서 통합성과 계통성의 양면성을 지닌다. 바람직한 시민적 자질 함양을 궁극적 목적으로 하는 사회과는 목표 면에서 지식과 가치의 통합, 내용 면과 방법 면에서 주제 및 문제 중심의 통합적 접근, 의사 결정 및 사회참여 능력의 신장을 중시한다.

2007년 개정 사회과 교육과정은 이와 같은 양면성의 조화와 절충을 추구하여, 사회과학의 개념, 원리적 지식과 방법의 계통적 학습을 중시하였다. 초등학교와 중등학교의 사회과 계열적 특성을 고

려하였다. 즉, 초등학교에서는 학습자의 생활 경험과 지식의 통합성을 강조하고, 중학교 단계에서는 사회과의 내용적 통합성을 추구하되, 역사, 지리 및 사회과학의 개념적 체계를 유지하는 관점에서 통합을 추구하였다. 그리고 고등학교 단계에서는 초등학교와 중학교의 통합적 내용 체계를 더욱 심화하였다.

넷째, 교육과정의 지역화를 구현하고, 세계화 시대의 지구촌(Global) 사회의 요구에 부응하기 위해 지구촌적 관점의 반영을 강조하였다. 교육과정의 지역화는 사회과에서 교과의 성격상 매우 중요한 테마이다. 따라서 사회과는 교육과정의 지역화와 지역사회 교육과정화를 동시에 고려하여야 한다. 사회과 관련 학문 분야의 내용을 지역사회 실정에 적합하게 재구성하는 일은 학습자의 흥미와 필요에 부합되는 일이며, 나아가 학교와 교사로 하여금 교육과정 설계와 실행에 적극적으로 참여, 활동할 계기를 마련해 주는 것이다.

2. 내용 선정의 기준

1) 학습자 심리적·발달적 측면의 내용 선정 기준

학습자 측면에서의 학습의 개별화, 학습자 간의 상호 작용, 학습자의 능동적 지식 형성을 고려하는 내용을 선정한다. 아울러 지식과 생활 경험의 통합 경험을 추구할 수 있도록 학생의 경험, 생활과의 관련성이 높은 사실과 문제 및 주제를 내용으로 선정한다. 그리고 학생의 자기 주도적, 탐구 지향적 학습이 가능하도록 필수 요소를 선정하되, 다음과 같은 조건을 고려하여야 한다.

첫째, 사회과 학습에 대한 흥미와 관심을 유발할 수 있는 내용으로 선정한다.

둘째, 학생의 경험, 생활과 관련성이 높은 사실과 문제 및 주제를 내용으로 선정한다.

셋째, 자기 주도적 학습, 탐구 지향적 학습, 학습자의 능동적 지식 형성 과정과 관련된 능력을 개발하는데 필요한 내용을 선정한다.

넷째, 학습 부담을 고려하여 사회현상 이해를 위한 핵심 내용을 선정한다.

2) 학문적·철학적 측면의 내용 선정 기준

학문·철학적 측면에서의 사회과 내용 선정은 다음과 같은 요소를 고려하여야 한다.

첫째, 민주시민성을 함양하기 위한 사회과 교육의 성격과 목표를 고려하여 내용을 선정한다.

둘째, 널리 합의된 역사, 지리 및 제 사회과학의 기본적 지식과 탐구 방법을 선정한다.

셋째, 사회현상의 다면적, 다차원적 고찰을 위해 통합적인 관점이 드러나는 내용을 선정한다.

3) 국가적 · 사회적 측면의 내용 선정 기준

국가 · 사회적 측면에서의 내용 선정은 인간을 존중하고 사회의 다양성을 고려하여 학습자의 자아
실현을 확대할 수 있는 내용을 중심으로 선정하여야 한다. 아울러 개인과 사회, 국가의 제 문제, 쟁
점, 과제 등을 심미적, 창의적으로 해결하는 것과 관련된 내용을 선정하여야 한다. 아울러 시민적 자
질 함양을 위한 사회과 가치 교육의 중요성을 중심으로 선정하되, 특별히 다음 사항을 고려하여 선
정하여야 한다.
　첫째, 정보화, 개방화, 세계화, 지역화 시대에 대응하는데 필요한 다양한 관점과 요구를 반영한다.
　둘째, 저출산 및 고령화 사회와 다문화 사회에 대비하는 내용으로 선정한다.
　셋째, 민족문화의 정체성을 함양하는 역사교육의 내용을 선정한다.
　넷째, 환경교육, 경제교육, 국제 이해 교육, 세계시민 교육, 진로교육, 인권교육, 통일교육 등을 두
루 강조하여 선정한다.

3. 내용 조직의 원리

사회과의 내용은 범위(scope)와 계열성(sequence)을 고려하여 선정하고 조직하되 학생들이 쉽고 편
안하게 학습할 수 있도록 하는 것이 중요하다. 일반적으로 사회과 교육과정에서 내용 조직은 다음과
같은 점을 고려하여 조직하는 것이 바람직하다.
　첫째, 학습자의 인지 발달, 사회적 경험, 사회 기능을 고려하는 환경 확대법을 활용하여 배열하였
다. 특히, 학습자들이 일상생활 속에서 경험하는 다양한 공간 규모를 고려하고, 학년별로 세계적 관
점을 반영하여 환경 확대법을 탄력적으로 활용하였다.
　둘째, 역사 영역 내용의 시계열성을 고려하여 국사를 한 학년에 중점적으로 배열하여 일관된 학
습이 이루어지도록 하였다. 또한 생활사, 문화사, 인물사 중심으로 우리나라 역사를 쉽게 다룰 수 있
도록 내용을 조직하였다.
　셋째, 사회현상 이해에 관련된 기본 개념 및 원리를 구체적 사례와 문제를 통해서 이해할 수 있
도록 구성하되, 나선형식 교육과정의 원리에 따라 확대될 수 있도록 하였다. 즉, 학습자의 시간 의
식, 공간 의식, 사회의식의 발달과 연계하여 배열하고, 단순한 것에서부터 복잡한 것으로, 구체적인
것에서부터 추상적인 것으로 내용 배열의 원리를 적용하였다.
　넷째, 내용에 따라 각 영역의 고유성과 독자성을 유지하면서 영역 간 통합이 필요한 경우에는 구
심점이 되는 영역을 중심으로 다른 영역의 내용을 유기적으로 통합하였다. 또한 주제 또는 문제를
중심으로 통합할 경우에도 탐구 문제 또는 문제 해결 과정을 통한 내용과 방법의 통합, 생활 경험과
지식의 통합 등에 초점을 맞추었다.
　다섯째, 학년별로 내용의 핵심과 범위를 설정함으로써, 학습 지도에서는 이를 중심으로 일관성을
유지할 수 있도록 배열하였으며, 영역 내 및 영역 간의 내용이 중복되지 않도록 하였다.

4. 내용 체계의 실제

〈표 70〉 사회과 교육과정의 내용 체계

학년	역사 영역	지리 영역	일반사회 영역
제1–2학년	통합 교과		
제3학년	○ 우리가 살아가는 곳　○ 우리 고장의 정체성　○ 고장의 생활 문화 ○ 사람들이 모이는 곳　○ 이동과 의사소통　○ 다양한 삶의 모습들		
제4학년		○ 우리 지역의 자연환경과 생활 모습 ○ 우리 지역과 관계 깊은 곳들 ○ 여러 지역의 생활	○ 주민 자치와 지역사회의 발전 ○ 경제생활과 바람직한 선택 ○ 사회 변화와 우리 생활
제5학년	○ 하나 된 겨레 ○ 다양한 문화가 발전한 고려 ○ 유교 전통이 자리 잡은 조선 ○ 조선 사회의 새로운 움직임 ○ 새로운 문물의 수용과 민족운동 ○ 대한민국의 발전과 오늘의 우리		
제6학년		○ 아름다운 우리 국토 ○ 환경을 생각하는 국토 가꾸기 ○ 세계 여러 지역의 자연과 문화	○ 우리 경제의 성장과 과제 ○ 우리나라의 민주정치 ○ 정보화, 세계화 속의 우리
제7학년		○ 내가 사는 세계 ○ 다양한 기후 지역과 주민 생활 ○ 다양한 지형과 주민 생활 ○ 지역마다 다른 문화 ○ 인구 변화와 인구문제 ○ 도시 발달과 도시문제	○ 개인과 사회생활 ○ 문화의 이해와 창조 ○ 우리의 생활과 법 ○ 인권 보호와 헌법
제8학년	<한국사 영역> ○ 문명의 형성과 고조선의 성립 ○ 삼국의 성립과 발전 ○ 통일신라와 발해 ○ 고려의 성립과 발전 ○ 고려 사회의 변천 ○ 조선의 성립과 발전 <세계사 영역> ○ 통일제국의 형성과 세계종교의 등장 ○ 다양한 문화권의 형성 ○ 교류의 확대와 전통사회의 발전		

학년	역사 영역	지리 영역	일반 사회 영역
제9학년	<한국사 영역> ○ 조선 사회의 변동 ○ 근대국가 수립 운동 ○ 대한민국의 발전 <세계사 영역> ○ 산업화와 국민국가의 형성 ○ 아시아·아프리카 민족운동과 근대국가 　수립 운동 ○ 현대 세계의 전개	○ 자원의 개발과 이용 ○ 산업 활동과 지역변화 ○ 지역에 따라 다른 환경문제 ○ 세계 속의 우리나라 ○ 통일 한국의 미래	○ 정치 생활과 민주주의 ○ 정치 과정과 참여 민주주의 ○ 경제생활과 경제문제 ○ 시장경제의 이해 ○ 국민경제의 이해
제10학년	○ 우리 역사의 형성과 발전 ○ 조선 사회의 변화와 서구 열강의 침략적 접근 ○ 동아시아의 변화와 조선의 근대 개혁 운동 ○ 근대 국가 수립운동과 일본 제국주의의 침략 ○ 일제의 식민지 지배와 민족운동의 전개 ○ 전체주의의 대두와 민족운동의 발전 ○ 냉전 체제와 대한민국 정부의 수립 ○ 대한민국의 발전과 국제정세의 변화 ○ 세계화와 우리의 미래	○ 국토와 지리정보 ○ 자연환경과 인간 생활 ○ 문화경관의 다양성 ○ 장소 인식과 공간 행동 ○ 지역 개발과 환경 보전	○ 문화 ○ 정의 ○ 세계화 ○ 인권 ○ 삶의 질

5. 학년별 내용의 주제(총 78주제)

1) 제3학년

① 통합 영역(6개 주제)

· 우리가 살아가는 곳, 우리 고장의 정체성, 고장의 생활 문화, 사람들이 모이는 곳, 이동과 의사
소통, 다양한 삶의 모습들

2) 제4학년

① 지리 영역(3개 주제)

· 우리 지역의 자연환경과 생활 모습, 우리 지역과 관계 깊은 곳들, 여러 지역의 생활

② 일반사회 영역(3개 주제)

· 주민 자치와 지역사회의 발전, 경제생활과 바람직한 선택, 사회 변화와 우리 생활

3) 제5학년

① 역사 영역(6개 주제)

· 하나 된 겨레, 다양한 문화가 발전한 고려, 유교 전통이 자리 잡은 조선, 조선 사회의 새로운 움직임, 새로운 문물의 수용과 민족운동, 대한민국의 발전과 오늘의 우리

4) 제6학년

① 지리 영역(3개 주제)

· 아름다운 우리 국토, 환경을 생각하는 국토 가꾸기, 세계 여러 지역의 자연과 문화

② 일반사회 영역(3개 주제)

· 우리 경제의 성장과 과제, 우리나라의 민주정치, 정보화·세계화 속의 우리

5) 제7학년

① 지리 영역(6개 주제)

· 내가 사는 세계, 다양한 기후 지역과 주민 생활, 다양한 지형과 주민 생활, 지역마다 다른 문화, 인구 변화와 인구문제, 도시 발달과 도시문제

② 일반사회 영역(4개 주제)

· 개인과 사회생활, 문화의 이해와 창조, 우리 생활과 법, 인권 보호와 헌법

6) 제8학년

① 역사(한국사) 영역(5개 주제)

·문명의 형성과 고조선의 성립, 삼국의 성립과 발전, 통일 신라와 발해, 고려의 성립과 발전, 고려 사회의 변천, 조선의 성립과 발전

② 역사(세계사) 영역(3개 주제)

·통일 제국의 형성과 세계 종교의 등장, 다양한 문화권 형성, 교류의 확대와 전통 사회의 발전

7) 제9학년

① 역사(한국사) 영역(3개 주제)

·조선 사회의 변동, 근대 국가 수립 운동, 대한민국의 발전

② 역사(세계사) 영역(3개 주제)

·산업화와 국민 국가의 형성, 아시아·아프리카 민족운동과 근대 국가 수립 운동, 현대 세계의 전개

③ 지리 영역(5개 주제)

·자원의 개발과 이용, 산업 활동과 지역 변화, 지역에 따라 다른 환경문제, 세계 속의 우리나라, 통일 한국의 미래

④ 일반사회 영역(5개 주제)

·정치 생활과 민주주의, 정치 과정과 참여 민주주의, 경제생활과 경제문제, 시장경제의 이해, 국민경제의 이해

8) 제10학년

① 역사 영역(9개 영역)

·우리 역사의 형성과 발전, 조선 사회의 변화와 서구 열강의 침략적 접근, 동아시아의 변화와 조선의 근대 개혁 운동, 근대 국가 수립 운동과 일본 제국주의의 침략, 일제의 식민지 지배와 민족운동의 전개, 전체주의의 대두와 민족운동의 발전, 냉전 체제와 대한민국 정부의 수립, 대한민국의 발전과 국제 정세의 변화, 세계화와 우리의 미래

② 지리 영역(5개 주제)

·국토와 지리 정보, 자연환경과 인간 생활, 문화경관의 다양성, 장소 인식과 공간 행동, 지역 개발과 환경 보전

③ 일반사회 영역(5개 주제)

·문화, 정의, 세계화, 인권, 삶의 질

〈표 71〉 '2007년 개정 사회과 교육과정'의 주요 내용

학년	주요 내용
유치원	○ 사회생활(생활 통합)
초등학교 1학년	○ 슬기로운 생활(통합 교과)
2학년	○ 슬기로운 생활(통합 교과)
3학년	○ 우리 고장의 생활(시·군)
4학년	○ 시·도 지역의 공동생활(시·도)
5학년	○ 우리나라의 생활과 문화(한국)
6학년	○ 세계와 더불어 살아가는 우리(세계)
중학교 1학년	○ 지역사회 탐구, 중·남·북부 지방 생활, 유럽·아메리카 생활, 아시아 생활
2학년	○ 현대 세계의 전개, 유럽, 아시아의 발전, 현대사회와 민주주의, 삼국·통일신라·고려의 발전(국사)
3학년	○ 현대사회의 변화와 대응, 인구 성장과 도시 발달, 민주정치와 시민의 참여, 조선·대한민국의 발전(국사)
고등학교 1학년	○ 국민공통기본교육과정(인간과 공간 영역, 인간과 시간 영역<국사 분야>, 인간과 사회 영역) - 인간과 공간 영역: 국토와 지리 정보 등 - 인간과 시간 영역: 문화권과 지구촌 형성 등, 국사 분야: 한국사의 바른 이해 등 - 인간과 사회 영역: 시민사회의 발전과 민주시민 등

■제5장■ 사회과 교육과정 편성의 방향

　　다양한 사회현상을 내용으로 하는 사회과 교육은 그 내용을 구성하는 요인들이 수없이 많기 때문에 결국은 적절하게 내용을 선택하지 않을 수 없다. 이때 내용 선택의 수평적인 한계를 범위(scope)라고 하고, 전후의 관계를 계열성(sequence)이라고 한다. 즉, 범위(scope)는 사회과 내용의 선정과 관계되고 계열성(sequence)은 사회과 내용의 조직과 연관되는 것이다.

　　1988년 미국사회과교육협의회(NCSS)가 범위와 계열을 정하는 24개의 바람직한 사회과 교육과정 편성의 방향을 발표했는데, 그 내용은 다음과 같다(Martorella, 1991: 26).

　　(1) 프로그램의 목적과 정당성을 밝혀야 한다.

　　(2) 서술한 목적과 정당성과 내용이 일관성을 갖게 해야 한다.

　　(3) 유치원에서 고등학교 제3학년까지 각 학년마다 내용을 설계해야 한다.

　　(4) 학습은 계속적인 누적 과정이라는 것을 인식해야 한다.

　　(5) 지역, 국가, 세계적인 내용의 균형을 취해야 한다.

　　(6) 과거, 현재, 미래적인 내용의 균형을 취해야 한다.

　　(7) 사회적·경제적·정치적 제도의 구조와 기능에 대한 학생들의 이해를 위해서 준비해야 한다.

　　(8) 역사학과 사회과학의 개념과 일반화를 강조해야 한다.

　　(9) 기능과 지식의 통합을 증진해야 한다.

　　(10) 각 영역 내용의 통합을 증진해야 한다.

　　(11) 다양한 교수 방법과 학습 자료의 이용을 증진해야 한다.

　　(12) 능동적인 학습과 사회적인 상호 작용을 증진해야 한다.

　　(13) 민주적 신념과 가치에 대한 명확한 확신을 보여야 한다.

　　(14) 세계적인 전망을 고려해야 한다.

　　(15) 문화적 지식과 유산의 고마움을 인식해야 한다.

　　(16) 다양성에 관한 지식과 고마움을 인식해야 한다.

　　(17) 자기 존중을 증진해야 한다.

　　(18) 최근의 학습이론과 일관성을 가져야 한다.

　　(19) 최근의 학문적 연구 결과와 일치해야 한다.

　　(20) 모든 수준에서 사고의 기능과 인간관계의 기능을 통합해야 한다.

　　(21) 지역적·국가적·세계적 문제의 확인, 이해, 해결을 강조해야 한다.

　　(22) 학생들이 참여의 기본 기능을 학습하고 관찰, 주장 등 실천학 수 있는 기회를 많이 제공해야 한다.

　　(23) 지식과 기능을 생활에 응용하는 것을 증진해야 한다.

　　(24) 학생들이 도전하고 분발하는 가능성을 갖게 해야 한다.

1. 교과 중심 교육과정

사회과에 있어서의 교과 중심 교육과정(subject-centered curriculum)은 역사학, 정치학, 경제학, 사회학, 지리학, 등의 학문 분야를 중심으로 교육과정이 조직된 것을 말한다. 초·중·고등학교에서는 이러한 학문적인 교과를 그들의 수준에 맞도록 재편성하여 가르치지만, 기본적으로는 독립된 학문적 교과가 사회과의 바탕이 되어 있는 것이다. 초등학교에서는 사회과라는 통합된 형태로 존재하지만 중등학교에서는 정치, 경제, 사회, 역사, 지리 등의 하나로 혼합되어 있는 경우도 있고, 독립적으로 존재하는 경우도 있다.

1) 교과 중심 교육과정의 장점

사회과의 교과 중심 교육과정은 다음과 같은 장점을 지니고 있다.

(1) 교육과정의 내용이 사전에 미리 객관적으로 가치가 있다고 생각되는 것들을 체계적으로 조직해 놓았기 때문에 학습 계획을 세우기가 쉽고, 일정한 진도를 계획적으로 유지할 수 있다.
(2) 중앙에서 통제하기가 쉽고, 조직과 편제가 간단하여 전국적으로 실시할 수 있으며, 최소한의 기준을 설정하여, 목표 달성 여부를 전국적으로 측정하는 등 전국적인 모형을 설정할 수 있다.
(3) 학생들의 지적인 성장을 위해서 다른 형태의 교육과정보다도 효과적이라고 할 수 있다. 특히 인류의 문화유산이라고 할 수 있는 지식을 교육하는데 효과적이라는 주장이다.

2) 교과 중심 교육과정의 단점

그러나 교과 중심 교육과정은 다음과 같은 단점을 가지고 있다는 비판을 받고 있다. 특히 최근에는 아동 중심 교육 및 사고력 교육과 관련하여 비판이 많이 가해지고 있다.

(1) 교과 중심 교육과정은 논리적으로 체계화되어 있지만, 그것이 아동들의 심리적인 흥미나 요구를 소홀히 하기 쉬운 단점이 있다.
(2) 학생들의 일상생활의 문제를 경시하기 쉽다.
(3) 지적인 능력 이외에 정서적인 면이나 바람직한 태도 또는 창의력이다. 사고력과 같은 높은 차원의 지적 능력을 개발하기가 쉽지 않다.

3) 교과 중심 교육과정의 변형

교과 중심 교육과정은 실제로는 교과교육과정, 상관교육과정, 통합교육과정 등 세 가지의 수정된 형태로 존재하는 것이 보통이다.

(1) 교과교육과정

가장 순수한 의미에서의 교과 중심 교육과정이다. 역사학, 지리학, 정치학, 경제학 등을 독립된 하나의 교과목으로 교수하는 경우이다. 대학에서 정치학개론을 가르치면 고등학교에서는 대개 그 축소판으로 정치학개론이 교수되고, 중학교에서는 다시 고등학교에서의 축소판이 교수되며, 초등학교에서는 중학교의 축소판이 교육되는 것과 같다. 이러한 교육과정은 학문적인 체계와 독립성을 가장 철저하게 유지하고 있기 때문에 교과 중심 교육과정의 장점과 단점을 그대로 가지고 있다. 오늘날의 초·중등학교에서는 이러한 순수한 의미에서의 교과교육과정을 탈피하려고 노력하고 있으며, 다음과 같은 상관교육과정이나 통합교육과정을 시도하고 있다.

(2) 상관교육과정

상관교육과정은 지리, 역사, 정치, 경제 등 각 교과목의 기본적인 독립성을 유지하면서 두 개 또는 그 이상의 교과목들을 적절하게 서로 관련시켜서 교수하는 형식의 교육과정이다. 역사 시간에 조선 사회에 대해서 학습하는 경우 조선 사회의 정치제도나 경제 상태를 학습하는 것은 정치, 경제의 일부분이 될 수도 있고, 또 그 당시의 지리적 상황을 학습하는 것은 지리과의 내용이 될 수도 있다. 환경교육이나 교통안전교육과 같이 그 중요성을 인정되지만, 독립적인 교과를 이룰 수 있는 학문적인 기초가 없는 경우 여러 과목에 분산해서 가르칠 때 적합하다.

상관교육과정은 각 교과목의 독립성을 그대로 유지하기 때문에 교과교육과정의 장점인 체계적인 지식의 교수가 가능하고, 또 서로 관련된 교과목의 내용들을 관련시켜 학습하기 때문에 학생들의 이해를 돕고 학습 문제에 보다 접근할 수 있는 장점을 가지고 있다. 그러나 기본적으로 교과교육과정의 틀을 벗어나지 않는 것이므로 교과교육과정이 지니는 비슷한 단점을 가지고 있다고 하겠다. 지식의 체계적인 학습을 위해서는 편리하지만 학생의 생활경험이나 실제 사회의 문제에 직접적으로 연결되지 못하는 것이다. 따라서 최근에는 하나의 문제나 주제를 여러 학문적 시각에서 융합하여 단원을 구성하는 통합교육과정이 관심을 끌고 있다.

(3) 통합교육과정

통합교육과정은 최근에 관심을 끌고 있다. 통합교육과정은 비슷한 성격을 가지고 있는 몇 개의 교과를 하나의 교과로 뭉쳐서 교육하는 것이다. 융합교육과정이라고도 한다. 지리, 역사, 정치, 경제, 사회·문화 등을 뭉쳐서 교과인 사회과를 만든 것과 같다. 통합교육과정에서는 교육과정을 구성하고 있는 몇 개의 교과목들이 독립적으로 존재하지는 않고, 그 교과의 내용이 적절하게 연결되어 하나의 교과목을 구성한다. 이 점에서 교과보다는 생활경험 그 자체를 중심으로 구성되는 활동교육과정이나 생활교육과정과 다르다. 통합교육과정은 교과교육과정과 생활교육과정의 장점을 절충하고 있는 형태를 취한다. 경제발전, 환경오염, 가치관의 갈등, 전쟁, 각종 사회문제 등은 사회과의 통합과정에서 취급하기에 적합하다.

통합교육과정은 초등학교와 같이 저학년으로 내려갈수록 적합성을 더 많이 가지고 있고, 중학교나 고등학교, 대학(교)으로 올라갈수록 학문적인 체계를 더 중요시하기 때문에 교과목을 중심으로 하는 교육을 실시하고 있다. 우리나라에서 사회와 과학은 초등학교에서 완전한 통합교육과정의 형태를 취하고 있다. 중학교의 경우는 명칭은 통합교과인 사회라고 하고 있으나, 실제의 내용은 각 교과의 기본적 성격이 유지된 채 내용만이 섞여서 구성되어 있을 뿐이다. 그리고 고등학교에서는 부분적인 예외를 제외하고서는 통합교육과정이 잘 이루어지지 않고 있다.

통합교육과정은 교과목의 내용과 생활 문제를 적절하게 관련시킨다는 면에서 바람직하다. 그러나 이러한 교육과정을 구체적으로 구성한다는 것은 쉬운 일이 아니다. 필요한 주제나 문제를 먼저 정하고, 그 주제와 관련된 사실, 개념, 법칙들이 먼저 연구되고, 이러한 연구가 관련 학자나 교사들로부터 호응을 얻어야 교육과정이 구성될 수 있다. 이러한 과정이 없을 때 통합과정은 부실한 것이 될 수밖에 없다. 우리나라에서 통합과정에 대한 논의가 활발했었으나 실질적인 진전을 보지 못하고 있는 것은 바로 이 점 때문인 것이다.

<표 72> 교과 중심 교육과정의 장단점

교과 중심 교육과정 장점	교과 중심 교육과정 단점
교과가 문화유산을 체계적으로 조직해 놓은 것이라는데서 장점이 나온다. 그 장점은 다음과 같다. ① 문화유산의 전달에 용이하다. ② 체계적이어서 간명하고 알기 쉽다. ③ 평가나 측정에 용이하다. ④ 중앙집권적인 통제가 쉽다. ⑤ 학생, 교사, 학부모 등에게 안정감을 준 다. ⑥ 논리적 지식 체계의 경험적 해석에 용이 하다.	내용이 과거 중심적이고 고정되어 있다는데서 지적되는 단점들이다. ① 내용이 고정되어 있어 새로운 지식의 저변 확대가 곤란하다. ② 현 생활과 동떨어진 내용을 담고 있다. ③ 단편적인 지식이 주입으로 흘러 수동적인 학습을 낳는다. ④ 지식의 암기에 치중하여 비판력과 창의력의 함양이 어렵다. ⑤ 학생들의 흥미, 관심, 요구 등이 무시될 우려가 있다. ⑥ 학생들의 생활을 분산시키고 학생들이 분과주의에 빠질 우려가 있다.

2. 경험 중심 교육과정

경험 중심 교육과정은 학교가 학생의 일상생활과는 별로 관계가 없는 지식의 세계를 교육하는데 대한 반발로 나온 것이다. 20세기 초의 진보주의 교육운동과 함께 출발한 이러한 주장은 어린이들을 존중해야 한다는 뜻에서 교육과정에 매우 중요한 시사점을 주고 있으며, 특히 학생 중심 교육과정의 토대가 되는 것이다.

교육과정은 어린이의 욕구와 필요에서 출발해야 하고, 생활경험 그 자체가 되어야 한다고 주장한다. 이러한 교육과정은 학생들의 학습 동기를 높이고, 학습에 적극적으로 참여하게 하는 장점이 있다. 또 학습 생활이 실제 생활과 밀접하게 연결되게 하며, 학생들에게 다양한 경험을 갖게 하여 전인교육의 한 방법이 될 수 있는 바람직한 점이 있다. 그러나 교사가 수업준비를 철저하게 하지 않으면 졸렬한 수업이 되기 쉽고, 학생들의 적극적인 참여 태도, 풍부한 학습 자료 등이 준비되어 있어야 성과가 난다는 한계가 있다.

경험교육과정은 실제로는 광역교육과정, 중핵교육과정, 활동교육과정 등의 형태로 존재한다. 가정생활, 학교생활, 사회생활 등으로 몇 개의 영역으로 묶어서 교육과정을 경험 중심으로 구성하는 것이다. 중핵교육과정은 학생의 생활을 중심으로 하되, 중앙의 핵심에는 가장 중요하다고 생각되는 사회과를 두고, 그 주변에는 다른 경험을 조직하는 것이다. 1940년대 미국 버지니아의 중핵교육과정은 이러한 형태의 것이었다. 활동교육과정은 교과의 벽을 완전히 허물고 학생의 필요나 욕구에 따라서 학습 내용을 선정하는 것이다. 1896 - 1903년의 듀이의 시카고 실험학교와 1920년대에 시작된 영국에서의 닐(Neil, A. S.)의 섬머힐(Summerhill) 학교에서 찾아볼 수 있다. 1960년대에 오면서 미국에서 시작된 자유학교(free school)나 비형식학교(informal school) 등도 이러한 종류 중의 하나로 볼 수 있다.

이러한 학교들은 한결같이 학생들의 생활을 존중한다는 장점이 있다. 그리고 그 이념은 매우 훌륭하다. 그러나 실제로는 아동들이 교육을 통하여 문화유산을 학습해야 하고, 또 각종 경쟁시험에서 승리해야 하기 때문에 이러한 측면을 소홀히 하는 완전한 활동 중심 교육과정은 보편화되기 어려운 한계를 가지고 있다. 이들 경험 중심 교육과정은 사회과에 한정된 것은 아니지만, 사회과는 사회 활동과 직접 관련되어 있기 때문에 다른 교과보다도 경험 중심 교육과정 구성에 가장 적합하다.

〈표 73〉 경험 중심 교육과정의 장단점

경험 중심 교육과정 장점	경험 중심 교육과정 단점
① 학생의 흥미나 필요를 토대로 했으므로 학생의 자발적 행동 촉진.	① 학생의 흥미 위주의 교육에 의한 체계적인 지식의 소홀로 기초학력의 저하.
② 실제적 생활의 장을 통해 생활 문제를 처리하는 생활인의 육성.	② 직접 경험 학습은 학생들의 자발적인 교육 참여에 대한 많은 시간이 소요되므로, 시간 경제성이 떨어짐.
③ 공동 프로젝트의 문제를 해결하는 과정에서 협동성, 책임감, 사회성 등의 민주적 태도 함양.	③ 경험하여 얻는 원리가 다른 형태의 생활에 바로 적용되지 않는 곤란.
④ 생활인, 실천인 육성을 목표로 한다.	④ 교직적 소양 부족 교사의 경우 실패 확률 높음.
⑤ 능동적인 학습 태도를 신장.	⑤ 시설, 설비 등에 비용이 과다하게 들고, 상급 학교 진학 시 애로가 있음.

3. 학문 중심 교육과정

　학문 중심 교육과정의 발달에 결정적인 영향을 미친 것은 1960년 브루너(Bruner, J. S.)에 의하여 출판된 『교육의 과정(The Process of Education)』이라는 세미나 보고서이다. 1957년 소련의 스푸트니크 위성 발사 후 미국 교육의 새로운 방향을 모색한 이 보고서는 교육과정은 그 교과를 구성하고 있는 학문의 개념과 법칙을 중심으로 구성되어야 한다는 것을 주장했다. 이들 내용을 크게 보면 교육과정의 내용을 사실, 개념, 법칙 등 지식의 구조를 따라서 조직해야 한다는 교육과정의 구조화, 교수 방법에서 학습자가 학습하는 가운데에서 스스로 원리를 발견하고 응용하도록 해야 한다고 주장한 발견학습(discovery learning) 또는 탐구 학습(inquiry learning)의 주장이다. 즉 교육 내용의 조직과 관련해서는 교육과정의 구조화를 주장했고, 학습 방법에서는 발견학습과 탐구 학습을 강조했다.

　사회과는 과학과와 함께 이러한 영향을 가장 많이 받았다. 교육과정의 구조화는 1970년대에 전 세계적으로 영향을 주었고 우리나라에서도 오늘날까지 사회과 교육과정 구성의 중요한 한 원칙으로 되어 있다.

　교육과정의 구조화는 교과의 내용을 그 교과를 구성하고 있는 사실, 개념, 법칙, 이론 등으로 조직하려는 것이다. 교과의 개념이나 법칙이 이처럼 체계적으로 조직되어 있는 것을 '지식의 구조'라고 한다. 브루너는 『교육의 과정』에서 지식의 구조는 교과 면에서 보면 개념과 법칙의 체계이지만, 학습자의 면에서 보면 사물이자 현상이 어떻게 관련되어 있는가를 이해하는 것이 곧 지식의 구조라고 말하고 있다. 이것은 곧 어떠한 지식을 그 지식 자체로서 단편적으로 학습하는 것이 아니라, 그 단편적인 지식이 일반적인 원리 또는 다른 구체적인 지식과 가지고 있는 관계를 바탕으로 이해하고, 학습하는 것을 의미하는 것이다.

1) 학문 중심 교육과정의 구성 요소

　학문 중심 교육과정의 구성 요소는 기본적으로 사실, 개념, 일반화, 사고체계라고 할 수 있다. 오늘날의 교육과정은 대개 이러한 것들을 중심으로 구성하려고 노력하고 있다. 교육과정에 관한 연구들은 각 학년별로 학습해야 할 사실, 개념, 일반화들을 미리 정하여서 교사들이 지도할 수 있게 하고 있다.

(1) 사실

　사실은 "서울의 인구는 1200만이다."라고 하는 것과 마찬가지로 어떤 사건이나 대상, 인간 등에 관하여 경험적으로 증명할 수 있는 특수한 자료에 의한 지식 또는 정보이다. 사실에 관한 자료는 그 자체가 문제 해결이나 분석력과 같은 높은 지적인 사고력을 자극하지는 않지만, 사실에 관한 지식은 이해, 분석, 비교 등 더 높은 차원의 지적 활동을 가능하게 한다.

(2) 개념

사실을 중심으로 교육과정을 구성하면 너무 복잡하게 된다. 왜냐하면 사실은 이 지구상에 너무나 많기 때문이다. 따라서 개념을 중심으로 교육과정을 구성하고, 학습하는 방안이 주장된 것이다. 개념은 경험적으로 관찰한 것을 특징에 따라서 비슷한 것끼리 분류해서 추상적으로 서술한 것이다. 사회계급, 경제, 주권 등은 모두 중요한 사회과의 개념들이다. 어떠한 개념을 어떤 단계의 학생들에게 가르칠 것이냐의 문제가 중요한 과제가 된다. 사실은 낮은 차원의 지식으로서 사고력을 자극하지 못하고, 일반화는 사회과의 과목에서 몇 개 되지 않기 때문에, 결국 사회과에서 가장 많이, 그리고 중요하게 학습해야 할 것은 개념이다.

(3) 일반화

"대도시일수록 범죄가 많다."와 같이 개념과 개념 사이, 사실과 사실 사이의 관계를 일반적으로 표시하는 법칙과 같은 것을 일반화라고 한다. "소득 중에서 식비가 차지하는 비율은 소득수준이 낮을수록 크다."는 가장 고급 형태의 일반화로서 그러한 것을 법칙이라고 한다. 일반화는 복잡한 현상을 단순화시켜서 사고의 범위와 기능을 확대시켜 주기 때문에 사실을 암기하는 것보다 훨씬 더 실생활에 유용하다는 것을 쉽게 이해할 수 있다. 사회과의 교육 내용에서 일반화가 많아지면 그만큼 발전하는 것이라고 할 수 있다.

2) 사고체계

많은 학자들이 사고체계를 교육 내용의 중요한 하나로 제시하고 있다. 사고의 체계는 생각하는 방법과, 어떤 문제를 제기하고 그 문제에 대한 해답을 어떻게 구할 것인가에 대한 합리적인 문제 해결을 위한 탐구 방법과 논리적 절차를 따를 수 있는 능력을 가리키는 것이다. 탐구력이 사고의 체계로서 가장 많이 강조되고 있음. 최근에는 탐구력, 창조적 사고력, 비판적 사고력, 메타 인지(mata cognitive) 등을 고급 사고력(high level thinking)이라고 하여 매우 중요시하고 있다. 급속한 사회변동이 진행되는 사회에서 이와 같은 사고의 체계가 요구되는 것은 당연한 것이며, 이러한 사고력을 얼마나 발달시키느냐에 우리 미래의 발전이 달려 있다고도 할 수 있을 것이다. 사고체계 그 자체가 중요한 교육의 내용으로서 강조되고 있다는데 우리는 주의할 필요가 있다.

3) 학문 중심 교육과정의 장단점

과학기술의 발달에 따라서 폭발적으로 나타나는 새로운 지식을 집약적으로 교수할 방법을 필요성에 따라서 나타난 학문 중심 교육과정은 생활 중심 및 아동 중심 교육과정에 대한 반발적인 성격도 가지고 있다. 이러한 배경에서 나온 학문 중심 교육과정은 몇 가지 장점을 가지고 있다.

(1) 교과를 구성하고 있는 사실, 개념, 법칙 등의 기본적인 내용을 구조적으로 파악하기 때문에 교과의 전체적인 내용을 이해하기 쉽다.
(2) 교과에 대한 구조적인 학습은 단편적인 지식 중심의 학습보다 기억이 오래가고, 전이 가치(轉移價値, transfer value)가 높다.
(3) 고등 지식과 초보적인 지식 사이의 간격을 좁힐 수 있다. 어려운 개념이나 이론도 학습자의 발달 단계에 따라 교육할 수 있다.
(4) 추상적 사고력과 지적 수준을 높이는데 적합하다.

학문 중심 교육과정이 현대사회에서 학습해야 할 기본적인 내용을 제시하고 있는 것은 틀림없지만, 이것을 구체적으로 실현하는데는 많은 어려움이 있다. 다음과 같은 몇 가지는 앞으로 해결해야 할 과제로 지적되고 있다.

(1) 교육 내용으로 선택해야 할 사회과의 사실, 개념, 법칙 등에 대해서 학자들과 교육자들의 의견이 일치되지 않아 결정하기가 어렵다.
(2) 교육 현장 교사들의 준비가 덜 되었을 때는 이론과 현실 사이에 괴리가 나타나기 쉽다.
(3) 학생들의 학습 의욕이 왕성하고 적극적으로 수업에 참여해야 하며, 학습 자료가 많아야 발견 학습이나 탐구 수업의 효과가 나타날 수 있다.

〈표 74〉 학문 중심 교육과정의 장단점

학문 중심 교육과정 장점	학문 중심 교육과정 단점
① 교과를 구성하고 있는 사실, 개념, 법칙 등의 기본적인 내용을 구조적으로 파악하기 때문에 교과의 전체적인 내용은 이해하기 쉽다.	① 교육 내용으로 선택해야 할 사회과의 사실, 개념, 법칙 등에 대해서 학자들과 교육자들의 의견이 일치되지 않아 결정하기가 어렵다.
② 교과에 대한 구조적인 학습은 단편적인 지식 중심의 학습보다 기억이 오래가고, 전이 가치가 높다.	② 교육 현장 교사들의 준비가 덜 되었을 때는 이론과 현실 사이에 괴리가 나타나기 쉽다.
③ 고등지식과 초보적인 지식 사이의 간격을 좁힐 수 있다. 어려운 개념이나 이론도 학습자의 발달 단계에 따라 교육할 수 있다.	③ 학생들의 학습 의욕이 왕성하고 적극적으로 수업에 참여해야 하며, 학습 자료가 많아야 발견학습이나 탐구 수업의 효과가 나타날 수 있다.
④ 추상적 사고력과 지적 수준을 높이는데 적합하다.	④ 지식의 구조만으로는 복잡한 사회적응이 곤란하다.
⑤ 체계화된 지식의 교육으로 질 높은 교육이 가능하다.	⑤ 개인의 요구와 흥미 및 사회의 요구가 무시되기 쉽다.
⑥ 기본 개념 학습으로 새로운 지식 창출이 가능하다.	⑥ 정의적 교육에 소홀하기 쉽다.
⑦ 내적 동기 유발에 의한 학습 효과 상승이 가능하다.	⑦ 교육 내용의 선택 문제와 학습 가능성의 기준 설정이 미비하다.
	⑧ 학문에 내재된 '지식의 구조'를 이해하기 난해하다.

4. 인간 중심 교육과정

1) 인간 중심 교육과정의 의의

(1) 개념

① 학생들이 학교생활을 하는 동안에 가지게 되는 모든 경험의 총체를 말한다.
② 인간 중심 교육의 궁극적인 목적인 인간의 성장 가능성을 최대한으로 신장 발휘케 하고, 인간다운 삶과 사회 발전에 기대할 수 있는 삶을 살 수 있도록 돕는 것이며, 자아실현을 교육으로 지향하려는 것이다.

(2) 발생 동기

① 산업사회에 따른 비인간화 문제를 극복하고자 대두하였다.
② 교육의 수단적 기능에 반대하여, 교육의 본질을 인간 삶의 충실과 자기충족감이 넘치는 인간의 육성에 두었다.

2) 인간 중심 교육과정의 특징

(1) 잠재적 교육과정의 중시

① 인간 중심의 수업 방법을 가능하게 하는 두 가지 형태의 명료화 과정: 명상적인(reflective)것과 불일치한(dissonant) 것으로 구분한다.
② 명상적인(reflective)은 교사가 학생들에게 자신의 개인적 의미나 가치를 찾아보도록 자극하는 것이고, 불일치(dissonant)의 방법은 기본적으로 새롭게 인식한 가치를 통해서 성장하도록 자극한다는 것이다.
③ 두 방법 모두 개방적으로 이용되어야 한다. 어떤 도전에서나 사실 혹은 개념이 제외됨이 없어야 하며, 탐구 과정에서 어떤 견해도 제외되어서는 안 된다.

(2) 학교 환경의 인간화 노력

교육의 과정에서 인간다움의 회복을 강조하기 시작하였다. 즉, 교육이란 인간에 대한 이해, 조회와 균형 잡힌 긍정적인 인간성의 개발, 보다 나은 인간관계의 형성 등을 위해 행해져야 하고 또 그러한 내용들을 교육목표로 삼아야 한다고 주장한다.

(3) 개개인의 자아실현 목표 설정

인간주의 교육자들은 교육과정의 기능이 학습자들의 자유와 발달에 도움이 되는 내재적인 보상경험을 제공해 주는 것이라고 생각한다. 자아, 동료, 학습에 대한 보다 건전한 태도가 그들이 기대하는 것들이다.

(4) 인간주의적인 교사 지향

'가르친다'라는 의미는 체제나 방법의 이용이 아닌 하나의 인간적 관계이기 때문이다.

(5) 자기 지향적 평가 장려

인간 중심 교육과정은 궁극적으로 자기 발전, 자아 발달을 지향하는 교육과정이다.

(6) 교과 중심, 경험 중심, 학문 중심 교육과정의 개념 통합 포괄

인간 중심 교육과정은 교과 중심, 경험 중심, 학문 중심 교육과정 등 여러 교육과정을 두루 통합·포괄하는 열린 교육과정이다.

3) 인간 중심 교육과정의 장단점

<표 75> 인간 중심 교육과정의 장단점

인간 중심 교육과정 장점	인간 중심 교육과정 단점
① 전인교육을 통하여 인간의 타고난 지적, 신체적, 사회적, 정서적인 성장 가능성을 조화롭게 발전시킬 수 있다. ② 학습자의 개별적인 자기성장을 도모할 수 있다. ③ 학습자의 자아 개념을 긍정적으로 형성하는데 도움이 된다. ④ 교수·학습 과정에서 개방적, 자율적, 자유 분위기를 조성함으로써 학습 과정을 통해 터득된 의미가 내면화될 수 있다. ⑤ 교육의 본질적 추구 목적 및 지향점과 일치된다.	① 자유로운 환경 조성과 역동적인 인간관계가 유지되지 않으면 교육성과의 보장이 어렵다. ② 교사들의 투철한 교육관이 확립되지 않으면 그 실현이 어렵다. ③ 과대규모의 학교와 과밀학급의 규모·밀도를 줄이는 개선책과 학교 교육에서 지나친 경쟁과 비교를 지양하는 학교 행정적 조건 정비가 선행되지 않으면 그 실현이 어렵다. ④ 교육의 인간화가 보장되지 않으면 그 실현이 어렵다. ⑤ 개인의 성장 자체를 지나치게 강조하여 교육과 사회와의 관계를 경시한다.

✍ 연구 문제

1. 사회과 교육과정의 내용 구성과 조직의 원리에 대해서 설명해 보시오.

2. 사회과 교육과정의 범위(Scope)와 계열성(Sequence)에 대해서 약술해 보시오.

3. 2007년 개정 사회과 교육과정의 내용 체계의 특징에 대해서 논해 보시오.

4. 사회과 교육과정의 통합 형식인 다학문적 통합, 간학문적(학제적) 통합, 탈학문적(초학과적) 통합 등에 대해서 그 특징을 간단히 설명해 보시오.

5. 사회과를 중심으로 교과 중심 교육과정, 경험 중심 교육과정, 학문 중심 교육과정, 인간 중심 교육과정의 특징과 장단점에 대해서 설명해 보시오.

6. 사회과 교육과정의 범위(Scope)와 계열성(Sequence)을 교육과정의 재구성, 지역화 등과 견주어 비교하여 설명해 보시오.

7. 사회과 교육과정에서 통합교육과정 설계 및 실행이 필요한 이유를 현대사회의 시대적 흐름과 견주어 설명해 보시오.

8. 사회과 교육과정 내용의 조직 유형에 대하여 약술(略述)해 보시오.

9. 학문 중심 교육과정의 내용 구조인 사실, 개념, 일반화를 구체적인 예를 들어 설명해 보시오.

10. 사회과의 학교 교육과정의 설계(편성)에서 경험 중심 교육과정과 학문 중심 교육과정의 균형적 적용을 구체적 사례를 들어 설명해 보시오.

제  부

◀◀ 사회과 교수·학습안과 수업 분석 ▶▶

[Key Point]
  제8부에서는 사회과 교수·학습 과정(지도)안과 사회과 수업 분석에 대하여 이해한다. 이를 위하여 사회과 교수·학습 지도의 방법, 사회과 교수·학습 과정, 사회과 교수·학습 과정(지도)안의 요소와 작성 방안, 그리고 사회과 수업 분석과 수업 장학 등에 대하여 두루 학습하고 이해한다.

제8부 학습의 개관: 사회과 교수·학습안과 수업 분석

<table><tr><td>학습 개요</td></tr></table>

○ 피아제(Piaget)의 인지발달이론, 브루너(Bruner)의 인지발달이론 이해
○ 콜버그(kohlberg)의 도덕성 발달 이론, 에릭슨(Erickson)의 자아발달이론 이해
○ 스키머(Schema) 이론, 개념 학습 이론 이해
○ 선언적 지식, 절차적 지식 인식
○ 사회과 교수·학습 과정(지도)안 형식, 사회과 교수·학습 과정(지도)안 필수 요소 탐구
○ 사회과 교수·학습 과정(지도)안 작성 실제
○ 사회과 수업 설계, 사회과 수업 분석, 사회과 수업 장학 이해
○ 사회과 수업 컨설팅, 사회과 수업 비평, 사회과 수업 관찰 방안 탐구

<table><tr><td>학습 목표</td></tr></table>

○ 피아제(Piaget)의 인지발달이론, 브루너(Bruner)의 인지발달이론 등을 이해한다.
○ 콜버그(kohlberg)의 도덕성 발달 이론, 에릭슨(Erickson)의 자아발달이론 등을 이해한다.
○ 스키머(Schema) 이론, 개념 학습 이론 등을 구체적으로 이해한다.
○ 선언적 지식, 절차적 지식 등에 대하여 이해하고 인식한다.
○ 사회과 교수·학습 과정(지도)안 형식, 사회과 교수·학습 과정(지도)안 필수 요소
  등에 대하여 탐구한다.
○ 사회과 교수·학습 과정(지도)안 작성 방법을 이해하고 실제로 작성한다.
○ 사회과 수업 설계, 사회과 수업 분석, 사회과 수업 장학 이해 등에 대하여 이해한다.
○ 사회과 수업 컨설팅, 사회과 수업 비평, 사회과 수업 관찰 방안 등에 대하여 탐구한다.

<table><tr><td>핵심 개념 및 키워드</td></tr></table>

○ 피아제(Piaget)의 인지발달이론: 감각적 조작기, 전조작기, 구체적 조작기, 형식 적 조작기
○ 브루너(Bruner)의 인지발달이론: 동작적 표상, 영상적 표상, 상징적 표상
○ 콜버그(kohlberg)의 도덕성 발달 이론: 권위주의적 단계, 수단적·상대적 단계,
  대인관계 동조성 단계, 법과 질서 동조성 단계, 사회계약의 단계, 윤리와 원칙 정립단계
○ 에릭슨(Erickson)의 자아발달이론
○ 스키머(Schema) 이론, 개념 학습 이론
○ 선언적 지식, 절차적 지식 인식
○ 사회과 교수·학습 과정(지도)안 형식, 사회과 교수·학습 과정(지도)안 필수 요소
○ 사회과 교수·학습 과정(지도)안 작성 실제
○ 사회과 수업 설계, 사회과 수업 분석, 사회과 수업 장학
○ 사회과 수업 컨설팅, 사회과 수업 비평, 사회과 수업 관찰 방안

1. 피아제(Piaget)의 인지발달 이론

일찍이 인지 발달 심리학자인 피아제(Piaget, 1952)는 학생들이 수학과 과학과 학습활동을 관찰하고 몇 개의 단계를 거쳐서 지적 발달이 이루어지는 것을 밝혀냈다. 그는 개인은 환경과 상호 작용을 하면서 동화, 수용, 균형의 과정을 거친다고 했다. 피아제는 다음과 같이 감각적 조작기, 전조작기, 구체적 조작기, 형식적 조작기 등 네 단계가 있다고 주장했다. 피아제의 이러한 주장은 미국 등 세계의 여러 나라에서 경험적으로 검증되어 인정을 받게 되었으며, 인간의 지적 발달을 가장 훌륭하게 밝혀 낸 것으로 평가받고 있다(차경수, 2007: 133 – 139).

이러한 이론이 학습에 준 영향은 매우 지대하여 피아제의 이론은 오늘날 교육과정 구성과 학습자료 준비, 교육방법 실시의 중요한 기준이 되고 있다.

1) 감각적 동작기(출생에서 2세까지)

학생들은 감각에 의존하고, 시행착오로 행동을 학습한다. 내부적 사고를 스스로 할 능력이 발달해 있지 않고, 객관적인 현실 인식 능력이 부족하다.

2) 전조작기(2세에서 7세까지)

급속한 언어발달이 있으나, 자기중심적이기 때문에 다른 사람의 입장에서 생각할 능력이 없다. 초보적인 개념 이해와 인과관계 인식 능력이 발달하나 과학적인 것은 아니고 연상을 할 뿐이다.

3) 구체적 조작기(7세에서 11세까지)

초등학교에 다니는 시기로서 자기가 경험한 것을 어떤 규칙에 따라서 조직할 수 있는 능력을 갖게 된다. 중요한 특징은 가역성(reversibility)의 원리와 다원분류(multiple classification)의 원리를 이해할 수 있다. 그러나 아직 추상적 사고를 하는 데는 제한이 있다.

구체적 조작기의 주요 개념인 가역성은 어떤 대상이나 상태가 모양은 변하지만 그 근본적인 성격은 변하지 않는다는 것을 이해하는 것이다. 다원분류는 하나의 대상의 여러 개의 속성이나 기준으로 분류될 수 있다는 것을 이해하는 것이다. 이러한 능력은 사회과의 학습에서 매우 중요한 것이다.

4) 형식적 조작기(11세에서 성인기까지)

구체적인 사물이 없더라도 상징적인 것, 아이디어를 갖게 되는 등 추상적 사고를 할 수 있게 된다. 가설 설정, 논리적 결론, 추리 등을 할 수 있다. 개념을 분류하고, 일반화를 만들고, 결론을 내리는 것과 같은 것은 모두 추상적 사고로서 인간의 정신 작용 중에서 가장 중요한 부분을 구성한다. 학문연구는 이러한 추상적 사고 능력이 있어야 가능하게 된다.

2. 브루너(J. Bruner)의 인지발달 이론

피아제의 발달 단계 이론을 응용한 브루너(J. Bruner, 1973)는 조금 다른 용어를 사용하여 어린이들의 지적 발달 단계를 설명하였다. 그는 어린이들의 학습 형태는 행동모형(enactive mode), 영상모형(iconic mode), 상징모형(symbolic mode) 등 세 가지가 있는데, 행동모형에서 영상모형으로, 다시 상징적 모형으로 발달해 간다고 했다. 행동모형은 직접적인 경험이나 행동을 통해서 이해하는 것이며, 영상모형은 그림이나 텔레비전을 통해서 이해하는 것이다. 다시 상징모형은 글자나 상징적인 표식을 통해서 학습을 하는 것을 말한다. 예컨대, 어린이들은 3·1 운동을 역할극을 통해서 학습할 수 있고(행동모형), 영화를 통해서(영상모형), 책이나 보고서를 통해서(상징모형) 학습할 수 있는 것과 같다. 발달 단계에 따라서 적절한 자료와 방법이 사용되어야 학습 효과를 거둘 수 있을 것이다. 인간의 지적 능력은 구체적인 것의 이해에서 추상적인 것의 이해로 발달해 간다는 것을 의미하고 있다.

브루너는 지식의 구조론 입장에서 정신 구조가 3단계인 동작적, 영상적, 상징적 표현을 통해서 나타나는 것으로 보았다. 피아제는 인간 발달의 변증법적 통합이 자아와 사물 간에 이루어지는 것으로 보았다. 그리고 브루너는 지식의 구조가 나선형 교육과정에 의해 변증법적으로 통합되는 것으로 보았다.

〈표 76〉 피아제와 브루너 이론의 인지 발달과 변증법적 관계

학자	인지 발달 단계				인지 발달의 변증성		이론 형태
	I	II	III	IV	순환 반응 및 나선형		
피아제 (Piaget)	감각적 운동기	전조작기	구체적 조작기	형식적 조작기	제1차	자아 = 사물	인지 발달론
					재2차	자아 → 사물	
					제3차	자아 ↔ 사물	
브루너 (J. Bruner)	동작적 표상		영상적 표상	상징적 표상	나선형식 교육과정		지식의 구조론

* 출처: 조승제(2008), 교과교육과 교수·학습 방법론, 교육과학사, 419.

3. 콜버그(L. Kohlberg)의 도덕성발달 이론

미국 하버드대학교의 도덕 심리학자 콜버그(L. Kohlberg, 1976)는 피아제의 발달 단계 이론을 더욱 세밀하게 분류하여 어린이들의 도덕성은 6단계를 거쳐서 발달한다고 했다. 피아제에 있어서와 마찬가지로 도덕성도 처음에는 구체적이고 권위주의적인 도덕성으로부터 추상적이고 보편적인 원리에 의하여 행동함으로써 도덕성이 발달해 간다고 주장했다. 콜버그의 이러한 주장은 1970년대에 학교의 도덕교육에 많은 영향을 주어 세계의 여러 나라들이 이러한 이론에 따라서 도덕교육 교과서와 방법을 바꿀 정도였다. 콜버그의 도덕성 발달의 6단계는 다음과 같다.

(1) 권위주의적 단계

권위에 복종하고, 벌이 무서워서 어떤 행동을 하거나 하지 않는 단계이다.

(2) 수단적·상대적 단계

다른 사람을 자기의 목적을 달성하기 위한 수단으로 삼고 행동하는 단계로서 자기중심적이다. "내 등을 긁어 다오. 나도 네 등을 긁어 주겠다."와 같이 평등적인 면이 있으나. 그것은 어디까지나 자기중심적인 것이다.

(3) 대인관계에서의 동조성 단계

다른 사람의 칭찬이나 기대에 맞추기 위하여 즉 '착한 아이'라는 소리를 듣기 위하여 행동하는 단계이다.

(4) 사회의 법과 질서에 대한 동조성 단계

사회체제 및 법과 질서에 맞추어서 행동하는 단계이다. 또 사회질서를 위하여 자기의 의무를 다하려고 한다.

(5) 사회 계약의 단계

법과 도덕에 대해서 수정의 필요성을 인정하는 등 비판적 태도가 가능한 단계이다. 생명과 자유 등 핵심적인 가치의 중요성을 인정한다.

(6) 보편적 윤리와 원칙 정립의 단계

정의, 인간의 존엄성 등 보편적 가치와 윤리를 스스로 내면화하여 일관성 있게 행동하는 단계이다.

콜버그는 권위주의적 단계와 수단적 단계인 (1), (2)의 단계를 전 관습적 단계라고 했고, 대인관계에서의 동조성 중시, 법과 질서를 중시하는 (3), (4)의 단계를 관습적 단계, 사회계약의 단계와 보편적 윤리 정립의 단계인 (5), (6)의 단계를 후 관습적 단계라고 했다. 초등학교 저학년은 대략 (1), (2) 단계에 있고, 중학년은 (2), (3) 단계에 있다고 볼 수 있다. 초등학교 고학년은 (3), (4)단계에, 중학교 학생은 (4), (5)단계에, 그리고 고등학교 학생은 (5), (6)단계에 들어선다고 볼 수 있다. 이들 단계는 대개 연령과 비슷하게 발전해 가지만, 기계적인 것은 아니다. 나이가 들어도 낮은 단계에 머물러 있을 수도 있고, 어린 학생도 보편적인 단계에 들어갈 수 있다.

이러한 단계에서 자율성과 보편성이 중시된다. 한 학생은 남이 보지 않고 들킬 우려가 없기 때문에 돈을 훔치려고 하고, 또 한 학생은 부모님과의 약속 때문에 돈을 훔치지 않으려고 할 때 두 아이는 모두 제1단계에 있다고 볼 수 있다. 왜냐하면 한 아이는 벌의 문제를, 또 한 아이는 권위에의 복종 단계를 넘어서지 못하고 있기 때문이다(Martorella, 1991: 70).

4. 에릭슨(E. Erickson)의 자아발달 이론

오스트리아의 정신분석학자 프로이트(S. Freud)의 영향을 많이 받은 미국의 정신분석학자 에릭슨 (E. Erickson)은 인간은 어릴 때부터 해결해야 할 여러 가지 정서적, 감정적 갈등을 가지고 있는데, 이러한 것들을 해결하는 것이 중요하다고 했다. 특히 자기 자신에 대한 정체감 형성을 청소년기의 가장 중요한 발달과제로 보았다. 프로이트와 에릭슨의 이론은 어린 시절의 정서적 중요성과 청소년의 정체감 형성, 자아감의 교육적 중요성을 일깨워 주었으며, 사회과 교육에서도 그 의미가 크다. 에릭슨의 발달 단계와 그 해결 과제는 다음과 같다(임승권, 1993: 60 – 64).

1) 유아 및 취학 전 시기

(1) 기본적 신뢰감 대 불신감
(2) 자율성 대 수치감 및 의심
(3) 주도성(initiative) 대 죄책감
(4) 근면성 대 열등감

2) 학교 시기

　(5) 정체감 대 역할 혼동
　(6) 친밀감 대 고립감

3) 성인 시기

　(7) 생산성(generativity) 대 침체성
　(8) 자아 통합성 대 절망감

　그러나 발달 단계론 이외에 행동주의자들은 주로 학습을 자극과 반응의 관계로 보고 칭찬이나 비난과 같은 긍정적, 부정적 강화의 결과로 나타나는 것으로 보았다. 수업에서는 이러한 강화를 어떻게 적절하게 하느냐에 그 효과가 달려 있다는 것이 행동주의자들의 주장이다. 학습자들의 주체적 활동보다는 강화와 같은 외부적 자극을 중요시하고, 지식을 객관적인 것으로 보고 학생들이 학습하도록 하는 것이 특징이다. 우리나라에서도 1970년대에 유행하였던 완전 학습 프로그램은 행동주의자들의 대표적인 프로그램이다.

5. 스키머 이론(Schema theory)

　최근에 가큰 관심을 끌고 있는 것은 인지적 구성주의와 정보처리이론가들이 주장하는 학습이론이다. 아직 연구 결과가 구체적으로 수업에 크게 연결되지는 못하고 있지만, 개념 학습과 스키머 이론 등에서 사회과 교육에서도 연구가 활발하고 일부에서는 수업에서 이용되고 있다. 1980년대의 후반에 미국에서 수업에 이용되기 시작한 이 이론은 학습자들은 정보를 저장, 수정하고, 다시 필요할 때는 불러내어 사용하는 것이 컴퓨터와 같다고 보고 있다. 학습을 이렇게 보는 입장을 구성주의(constructivism) 또는 정보처리이론(information processing theory)이라고 한다. 이들의 주장에 의하면 학습자의 경험은 하나의 틀로서 머리에 남는데, 그것이 스키머(schema: 쉐마)이다. 교육에서는 이러한 스키머를 어떻게 만들어 주느냐가 가장 중요한 것이라고 주장한다.

　학습자들이 어떤 사회적 현상을 이해하는 것은 바로 이러한 스키머를 형성하고, 수정한다는 것을 의미하는 것이다. 따라서 사회과 수업에서 학생들에게 어떤 스키머를 만들어 줄 것이가, 또 현실적으로 학습자들은 어떤 스키머를 현재 가지고 있는가, 어떤 경우에 스키머는 수정되는 것인가 하는 것과 같은 것들이 중요한 관심 문제로 연구되고 있다.

1) 선언적 지식과 절차적 지식

스키머 이론(Schema theory)은 사회과의 여러 지식이 학습자들에게 기억은 되어 있으나, 실제로 생활에서 활용되지 못하고 있는 문제의 연구에 서광을 던져 주고 있다. '헌법에 규정된 기본권'과 같이 실제로 활용되지 못하면서도 기억될 수 있는 실질적인 지식이 선언적 지식(declarative knowledge)이고, 컴퓨터를 조작할 줄 아는 것과 같이 어떤 방법에 관한 지식이 절차적 지식(procedural knowledge)이다. 사회과에는 선언적 지식이 많은 것이 특징이다. 학생들에게 선언적 지식과 절차적 지식이 따로 저장됨으로써 지식과 실천이 분리되는 문제가 발생한다고 이들은 주장한다. 결국 이들 두 개의 지식이 하나로 통합된 채 형성되는 것이 스키머이며, 스키머에 대한 연구가 진행됨으로써 이러한 문제를 해결하는데 커다란 도움이 될 것으로 보인다.

2) 개념 학습 이론

정보처리이론의 다른 하나는 개념 학습에 관한 것이다. 개념을 학습의 가장 중요한 요소로 보고 연구자들은 개념의 특징, 예, 종류 등을 중심으로 수업을 진행하는 방법을 많이 연구하고 있다. 이때는 학습자들의 경험과 개념 형성의 관계, 새로운 경험이 이미 현성된 개념에 미치는 영향, 개념 형성과 사고력과의 관계 등이 연구의 대상이다. 지난날에는 주로 개념은 특징을 이해함으로써 학습할 수 있는 것으로 보았으나, 최근에는 특징보다도 예가 더 중요하며, 이와 함께 사회적 상황에 따라서도 개념의 이해는 많이 달라진다고 보고 있다.

3) 탐구 학습 이론

정보 처리 모형의 다른 하나는 탐구 학습 모형이다. 탐구 학습은 브루너의 '교육의 과정(The process of education)'이 출판되면서 학문 중심 교육과정이 전파된 이래 활발하게 수행되었다. 탐구 학습은 사회과학 탐구, 사회 탐구, 과학적 방법 등 다양한 명칭으로 불린다. 원래 과학적 방법이나 사회과학적 방법은 자연 현상이나 사회 현상에서 경험적 자료를 사용하여 보편성 있는 법칙을 발견하기 위한 연구의 방법을 의미하는 것이지만, 사회과 교육에서는 이러한 의미 이외에 자기의 주장을 경험적 자료를 사용하여 증명하거나, 특정한 사회 문제에 대하여 문제 해결을 위한 학습 방법으로도 이해할 수 있다. 일반적으로 탐구 학습 모형의 절차는 ① 문제 제기, ② 가설 설정, ③ 용어의 정의 및 개념화, ④ 자료 수집, ⑤ 자료 분석, ⑥ 가설 검증 및 일반화, 이론 도출, ⑦ 새로운 탐구의 시작 등이다(차경수 · 모경환, 2009: 182-183).

<표 77> 학습과 학습자 발달 단계 이론

학습 이론	주장 학자	핵심 내용 요소	비고
인지 발달 이론	피아제(Piaget)	① 감각적 조작기(출생-2세): 감각적 조작, 시행착오 ② 전조작기(2세-7세): 언어 발달, 자기중심적 이해 ③ 구체적 조작기(7세-11세): 구체적 조작, 가역성 ④ 형식적 조작기(11세 이상): 추상적 사고, 가설, 논리, 추론	
	브루너(Bruner)	① 행동모형: 직접 경험 및 행동 ② 영상모형: 글자, 영상, 표식 활용 ③ 상징모형: 책, 보고서 활용	
도덕성 발달 이론	콜버그 (Kohlberg)	(1) 전관습적 단계(초등학교 저학년) ① 권위주의적 단계: 권위, 벌에 추종 ② 수단적 상대적 단계: 자기중심적 수단 (2) 관습적 단계(초등학교 고학년) ① 대인관계 동조성 단계: 칭찬, 기대대로 행동 ② 사회의 법, 질서 동조성 단계: 법, 질서 준수 (3) 후 관습적 단계(중학교 이상) ① 사회 계약의 단계: 비판적 태도 ② 보편적 윤리, 원칙 정립 단계: 일관성 있는 행동	
자아 발달 이론	에릭슨 (Erickson)	(1) 유아 및 취학 전 시기 ① 기본적 신뢰감 대 불신감 ② 자율성 대 수치감 및 의심 ③ 주도성 대 죄책감 ④ 근면성 대 열등감 (2) 학교 시기 ⑤ 정체감 대 역할 혼동 ⑥ 친밀성 대 고립감 (3) 성인 시기 ⑦ 생산성 대 침체성 ⑧ 자아 통합성 및 절망감	
정보 처리 이론	정보처리론자 구성주의 학자	① 스키머(schema) 이론: 스키머 형성, 유지 ② 개념 학습 이론: 경험과 개념 연계	

■제2장■ 사회과 교수·학습 과정(지도)안의 요소

1. 교수·학습 지도안의 중요성

하나의 단원은 여러 시간의 수업 분량을 포함하고 있기 때문에 몇 차례의 구체적인 단위로 다시 나뉘어서 실제로 수업이 이루어진다. 이때 구체적인 수업을 대상으로 하여 수업의 목표, 진행 방법, 구체적인 내용, 학습 자료, 평가 방법 등을 계획하여 미리 서술한 것을 교수·학습 지도안이라고 한다. 교수·학습 지도안은 수업을 이끌어 가는 일종의 시나리오라고 할 수 있다. 실제로는 교수·학습 지도안은 수업이 이루어지기 전의 상황, 실제로 교수·학습 지도안은 수업이 이루어지기 전의 상황, 수업 도중, 수업이 끝나고 나서의 상황 등을 단원과 연결하여 계획한 것이라고 할 수 있다.

교사의 교수·학습 지도안을 작성함으로써 수업을 미리 계획하여 어떤 방법으로 진행하고, 무슨 문제가 발생할 것인가를 예상하고, 거기에 대한 대책을 세울 수 있다. 따라서 교수·학습 지도안은 효과적인 수업을 위하여 매우 중요한 의미를 가지고 있다. 특히 많은 교사들이 수업의 내용에 얽매여 매끄러운 진행에 신경을 쓸 겨를이 없는 경우가 흔히 있다. 초보적인 교사일수록 이러한 경향은 더욱 심하다. 그러나 훌륭한 교수·학습 지도안을 작성하는 경우에는 수업 내용을 훤히 꿰뚫게 되어 자신감을 가지고 수업을 진행할 수 있게 된다. 수업안의 중요성은 여기에 있다. 경험이 많지 않은 교사들은 학습 지도안을 가지고 실제로 연습을 한 후 수업에 들어가는 것이 바람직하다(차경수, 2008: 116 – 117).

2. 교수·학습 과정(지도)안의 형식

단원 계획에서와 마찬가지로 교수·학습 지도안 역시 수업의 종류, 목표, 성격, 교사의 전문적 판단 등에 따라서 여러 형태로 다르게 작성될 수 있다. 그러나 대략 제목, 목표, 학습 방법, 학습 자료, 시간별로 제시된 학습활동, 평가 방법 등이 학습 지도안에 나타나 있어야 수업이 어떤 형태로 진행된다는 것을 구체적으로 예상할 수 있다. 따라서 이러한 것들은 대개 필수적으로 요청되는 것이 보통이다.

1) 〈학습 지도안 예시 1〉(National Geographic Society)

(1) 제목 및 설정 이유
(2) 구체적인 수업 목표
(3) 과거의 학습 배경과의 관련

(4) 학습 자료의 제시
(5) 학습활동 계획
　　제1일
　　제2일
　　제3일
(6) 기타 관련 활동

2) 〈학습 지도안 예시 2〉(Borich, G. D.)

(1) 단원 제목(대단원)
(2) 수업 제목(소단원)
(3) 주의 집중을 위한 도입으로서의 간단한 관련 소개
(4) 수업 목표 진술
(5) 선수 학습에 대한 복습
(6) 학습 내용 및 자료의 제시
(7) 학생들의 바람직한 반응 유도
(8) 피드백 제시
(9) 평가 및 다음을 위한 과제 제시

　일정한 형식에 따라서 반드시 학습 지도안을 써야 하느냐는 문제에 대해서는 엇갈린 의견이 있다. 한편에서는 교사의 창의적인 수업을 제한하기 때문에 강요해서는 안 된다는 의견이다. 이러한 입장은 대게 교실현장의 교사들에게 많이 있다. 다른 한편에서 수업은 많은 학생들을 중심으로 하기 때문에 어떤 형태의 수업이건 반드시 사전에 충분히 계획되고 다른 사람이 보고 예상할 수 있어야 한다는 것이다. 이러한 입장은 교장 등 교육행정가들과 학부모들에게 많이 있다. 이미 앞에서 언급한 것과 같이 학습 지도안의 구체적인 작성은 수업의 작성은 수업의 성격이나 종류, 교사의 전문적 판단 등에 따라서 달라질 수 있지만, 학습 지도안 작성 그 자체를 부정하기는 어려울 것으로 보인다.

3. 교수·학습 과정(지도)안의 필수 요소

　교수·학습 지도안에 포함되어야 할 요소들은 수업의 성격, 종류, 교사의 전문적 판단 등에 따라서 여러 가지 형태로 달라질 수 있다(차경수, 2008: 118-119).
　그러나 대략 다음과 같은 요소들이 학습 지도안에 포함되어야 할 것으로 전문가들은 지적하고 있다. 다음과 같은 요소들은 오늘날 미국에서 가장 많이 사용되고 있는 것들인데, 두 개가 매우 흡사하다는 것을 우리는 알 수 있다(Martorella, 1991: 106).

1) 헌터(Hunter, M.)의 7단계 이론실천모형

(1) 주의 집중을 위한 도입
(2) 수업 목표 설명
(3) 수업의 진행
(4) 바람직한 학생 반응 모형
(5) 이해 여부 검토 및 피드백
(6) 교사가 지도하는 연습문제 제시
(7) 혼자서 하는 연습문제 제시

2) 가네와 브릭스(Gagne, R. M. & Briggs, L.)의 7단계 모형

(1) 주의 집중
(2) 목표설명
(3) 선수 학습 회상
(4) 수업진행
(5) 학생의 바람직한 반응 유발
(6) 피드백 제시
(7) 평가

3) 미국 지리학회(National Geographic Society)의 모형

(1) 제목
(2) 목적과 목표
(3) 동기 유발을 위한 도입
(4) 수업 전략 및 방법, 학습활동
(5) 학습 자료
(6) 다음 학습과의 관련성

4) 교수·학습 지도안 단계별 유의점

교수·학습 지도안에는 진단 및 준비 학습, 일반 학습, 형성 평가 및 보충·심화, 총괄 평가에 대한 수업 전개 등이 있다. 그런데 여기서 가장 중요한 것은 일반적인 학습의 전개이다. 이는 단원의 본 내용이 지도되는 구체적 학습활동이 이루어지는 지도 과정이다. 따라서 여기에서는 이 분야에 대하여 주로 언급하겠다. 물론 차시 수업안에는 수업 목표와 준비물, 지도상의 유의점 등이 제시되도록 되어 있다.

매 차시의 수업은 물론 단원 목표, 주제 목표와의 연계 속에서 본시의 목표를 달성하기 위한 구체적 절차가 이루어지는 학습 과정이다. 그러므로 본시 전개안은 수업 목표, 학습 내용, 학습활동, 자료 등이 적절하게 관련을 맺도록 구성하여야 한다. 본시 전개안의 작성을 위해서는 우선 학습 계획을 단계적으로 상세히 구성해 나아가야 한다. 따라서 다음과 같은 요령으로 구상하는 것이 좋을 것이다.

첫째, 학습해야 할 내용이 사실, 개념, 원리, 가치·태도, 학습 중 어느 요소에 속하는가를 확인하여야 한다.

둘째, 학습 내용과 활동을 수업 목표의 달성에 적합하도록 몇 분절(약 5~6분절)로 상세화한 다음 이를 다시 구체적으로 상세화해 간다.

셋째, 학습의 흥미와 동기 유발, 이해 및 사고의 촉진, 기타 학습 목표 도달에 적합한 방법과 활동을 결정한다.

넷째, 적절한 학습 자료를 구상하고 활동과 연결시킨다.

다섯째, 학습을 다시 도입, 전개, 정리 등 일반적 절차에 따라 확인한 후 구체적 수업 활동을 서술한다.

학습 도입단계는 학습자가 이미 알고 있던 지식이나 경험을 토대로 하여 학습 문제에 관심을 기울이게 하며 학습 의욕을 고취시키는 단계로서 교사는 다음과 같은 점에 유의하여야 한다.

① 선수 학습과 경험의 상기
② 학습 문제와 관련된 발상 자료의 제시
③ 학습 문제에 대한 흥미와 관심 유발
④ 명확한 목표와 방향 제시

학습 전개단계는 학습 문제의 해결이 본격적으로 이루어지는 단계이다. 따라서 이 단계에서 유의할 점은 다음과 같다.

① 문제의 핵심을 분명히 파악하도록 한다.
② 자주적으로 문제를 추구하게 한다.
③ 중요한 점을 찾고 문제의 의문을 제기하며 그 의미를 말하게 한다.
④ 유사한 사태를 가능한 한 많이 연상하도록 한다.
⑤ 과거의 경험과 지식 등에 비추어 보다 적극적으로 연상하고 추론하도록 한다.
⑥ 요소 및 요소 간의 관계를 보다 적극적으로 생각해 보도록 한다.
⑦ 타당한 이유와 근거를 많이 제시하게 한다.
⑧ 구체적 현상을 추상화하도록 한다.

학습 정리단계는 한 시간의 학습이 마무리되는 단계이다. 그러므로 이 단계에서는 학습한 것을 종합하여 보다 추상화하도록 하여야 한다. 그러기 위하여 다음과 같은 점에 유의하여야 할 것이다.

① 부분적인 요소를 논리적 관계에 따라 종합하게 한다.
② 보다 추상적 개념으로 표현하게 한다.
③ 이해 및 발견된 사항을 새로운 사태에 결부시킨다.

1. 미국사회과교육협의회(NCSS)의 지침

미국사회과교육협의회(NCSS)에서 제시한 사회과 교수·학습안 작성 지침은 다음과 같다(차경수, 2007: 132 – 133).

첫째, 사회과 교육 프로그램은 학생의 연령, 성숙도, 관심과 직접적으로 관련되어야 한다.

둘째, 사회과 교육 프로그램은 사회의 현실을 다루어야 한다.

셋째, 사회과 교육 프로그램은 인간의 경험, 문화, 신념을 대표하는 타당성 있는 지식으로 구성되어야 한다.

넷째, 목표는 신중하게 선택되고 명백하게 서술되어서 프로그램의 방향을 제시해 줄 수 있어야 한다.

다섯째, 학습활동은 학생들이 능동적으로 직접적으로 몰두할 수 있는 것이어야 한다.

여섯째, 교수 및 학습활동의 전략은 광범위한 학습 자료를 기초로 해야 한다.

일곱째, 사회과 교육 프로그램의 경험의 조직을 촉진해야 한다.

여덟째, 평가는 프로그램의 목표와의 관련에서 유용하고, 체계적이며, 포괄적이고, 타당성이 있어야 한다.

아홉째, 사회과 교육은 학교의 프로그램에서 생명력 있고 책임 있는 한 부분으로서 강력한 지지를 받아야 한다.

2. 앵글 및 오초아(S. H. Engle & A. S. Ochoa)의 지침

사회과 교육학자인 앵글과 오초아(S. H. Engle & A. S. Ochoa)는 사회과 교수·학습안 작성 지침을 다음과 같이 제시하고 있다(차경수, 2007: 132 – 133).

첫째, 교육과정은 많은 주제(제목)를 피상적으로 다루는 대신 소수의 주제(제목)를 철저하게 다루어야 한다.

둘째, 선택된 제목은 깊은 사고와 논쟁을 충분히 자극할 수 있어야 한다.

셋째, 학생들은 사실 이해, 가치판단, 가설창조의 기회를 끊임없이 가져야 한다.

넷째, 사회과학의 여러 학문은 학습해야 할 진리로서가 아니라 질문에 대한 대답을 도울 수 있는 정보의 원천으로서 다루어져야 한다.

다섯째, 인문학 등 사회과학 이외의 영역에서의 정보가 학습에서 이용되어야 한다.

여섯째, 교육과정은 다양한 원천에서 소수의 제목을 깊이 있게 찾아서 구성해야 한다.

일곱째, 교육과정은 질문에 응답하기 위해서는 학생의 경험에서 나와야 한다.

　　사회과 교육에 관한 두 지침에서 매우 중요한 차이를 발견할 수 있다. 즉, 두 지침 모두 학생의 경험을 중요시하고 있지만, 앵글과 오초아의 지침은 1980년대 후반부터 강조되고 있는 최근의 경향을 매우 잘 반영하고 있다. 즉, 많은 제목보다 소수의 제목을 집중적으로 학습하게 해야 한다는 것, 사실 인식, 가치판단, 가설 설정 등을 강조하고 있는 것, 사회과학 이외에 인문학의 중요성을 제기하고 있는 것, 고급 사고력과 논쟁 문제를 중시하고 있는 것 등이다. 그 외에 몇 학자(학회)의 이론과 한국 초·중·고교 사회과 교육 현장의 일반적인 사회과 교수·학습지도(과정)안의 포함 요소를 종합하면 <표 78>과 같다.

〈표 78〉 사회과 교수·학습 지도안 포함 요소

학자(학회)	포함 요소	비고
1. 헌터(Hunter. M)	① 주의 집중을 위한 도입, ② 수업 목표 설명, ③ 수업의 진행, ④ 바람직한 학생 반응 모형, ⑤ 이해 여부 검토 및 피드백, ⑥ 연습 문제 제시, ⑦ 자율 학습 문제 제시	1984년
2. 가네와 브릭스 (Gagne. R. M & Briggs. L)	① 주의 집중, ② 목표 설명, ③ 선수 학습 회상, ④ 수업 진행, ⑤ 학생 반응 유발, ⑥ 피드백 제시, ⑦ 평가	1979년
3. 미국지리학회 (National Geographic Society)	① 제목, ② 목적과 목표, ③ 동기 유발을 위한 도입, ④ 수업 전략 및 방법, 학습활동, ⑤ 학습 자료, ⑥ 다음 학습과의 관련성	1988년
4. 한국의 사회과 교육 현장(초·중·고)	① 단원, ② 단원의 개관, ③ 단원의 목표, ④ 학습의 계통 및 관련, ⑤ 지도 계획, ⑥ 학생 실태 분석, ⑦ 평가 계획 및 관점, ⑧ 교수·학습 전략, ⑨ 교수·학습의 실제, ⑩ 판서 계획, ⑪ 참고 문헌	2009년

3. 한국 사회과 교육 현장의 지침(초·중·고)

　　한국의 사회과 교육 역사도 어느 덧 60년이 지났다. 그동안 한국의 사회과 교육은 초·중·고교에 걸쳐서 방법적으로 탐구 학습, 문제 해결 학습, 학생 중심 학습 등을 추구하면서 본질적으로는 민주시민의 자질 함양, 그리고 내용적으로는 고급 사고력 함양에 초점을 맞추어 왔다.

　　일반적으로 한국 사회과 교육의 사회과 교수·학습 과정(지도)안에는 ① 단원, ② 단원의 개관, ③ 단원의 목표, ④ 학습의 계통 및 관련, ⑤ 지도 계획, ⑥ 학생 실태 분석, ⑦ 평가 계획 및 관점, ⑧ 교수·학습 전략, ⑨ 교수·학습의 실제, ⑩ 판서 계획, ⑪ 참고 문헌 등이 제시되고 있다. 아울러, 초·중·고교 사회과 교수·학습의 단계로는 문제 제시, 문제 추구, 문제 해결, 적용·발전, 정리·평가 등의 순으로 진행된다. 사회과 교수·학습 활동의 과정은 동기 유발, 공부할 문제 파악, 학습 활동 확인, 학습 활동, 적용하기, 정리하기, 수행 평가하기, 차시 예고 등의 순으로 이루어지고 있다.

－20○○학년도 공개 수업 연구－

사회과 교수·학습 과정안

단 원	3. 환경 보전과 국토 개발
일 시	20○○년 ○월 ○일( ) 제5교시
대 상	제5학년 1반 ○명(남 ○명, 여 ○명)
지도교사	교사 ○ ○ ○

○ ○ 초 등 학 교

1. 단원: 3. 환경 보전과 국토 개발 (1) 자연재해와 환경문제

2. 단원의 개관

가. 사회관

21세기는 급격한 산업화로 인한 자연환경의 보전과 지속되어야 할 개발이라는 두 길 사이에서 여러 가지 문제가 야기되고 있다. 생활의 편리함과 윤택함을 추구하기 위해 무분별한 자연개발은 환경오염과 지구 온난화, 기상이변 등 환경의 파괴를 가져오게 되었다. 이런 현상은 한 나라에 국한된 문제가 아니라 지구촌의 문제가 되어 시급히 해결해야 할 과제이다.

이에 사회과에서는 자연환경의 변화에 따른 문제점과 지역 간의 갈등을 민주적·합리적으로 해결할 수 있는 민주시민의 자질을 육성하는데 역점을 두고 있다. 특히 이 단원은 인간의 자연환경에 대한 적응과 개발이라는 두 가지 태도에 따른 문제점과 그 해결방안을 모색하는데 주안점을 두고 있다. 이러한 사회과 제7차 교육과정의 취지로 볼 때, 환경문제에 대한 지역사회, 국가, 지구촌 사회의 요구에 부응하기 위해 학생들의 자기 주도적이고 능동적인 새로운 시민적 자질의 역량을 증대시킬 필요가 있다.

따라서 이 단원에서는 학생들에게 우리나라의 자연재해와 환경 파괴, 오염 문제를 살펴보고, 환경 기초시설 설치와 관련된 여러 형태의 갈등을 해결하는 방안을 모색하도록 한다. 이를 위해 다양한 사례를 수집하고 조사·분석하는 활동으로 사고력과 판단력을 향상시키고자 한다. 그리고 학생들에게 탐구 과정을 바탕으로 환경문제를 우리 고장의 문제에서 지구촌의 문제로 확대하여 파악할 수 있도록 지도해야겠다.

나. 학생관

브루너(J·S. Bruner)에 의하면 학습자들의 공간적 의식의 발달 단계가 동심원적으로 확대되어 나간다고 한다. 초등학교 5학년은 지역적으로 보다 넓은 범위의 내용을 직접 경험하지 않고도 떨어져 있는 지역 상호간의 관계를 유추하기도 하고 그 지역이 처해 있는 특수성을 인식할 수 있으며 직면한 문제 사태에서 해결 가능한 모든 방안을 종합적으로 고려해 보는 것이 가능하다고 한다.

1) 이에 비추어 본 학급의 학생들의 실태는 사회과 과제 해결에 있어 친구들과 협력하여 해결하기를 좋아하고 자료 수집은 52%(16명)가 인터넷을 활용한다고 응답하였으며 토의 활동을 통한 문제 해결은 71%(22명)가 선호하지 않는 것으로 나타나 주어진 탐구 과제에 대한 자주적인 조사 학습 능력 및 토의활동을 통한 가치 탐구 능력이 부족한 실정이다.

2) 따라서 학생들이 주어진 과제를 적극적으로 해결하도록 하기 위해 다양한 형태의 조사·토의·현장학습의 기회를 제공해 주어 자주적으로 문제를 해결할 수 있는 능력을 길러 학생들이 스스로 성취감을 맛볼 수 있도록 해야겠다. 그리고 학생들이 여러 가지 자료를 분석하는 비판적, 반성적 사고 과정을 통해 학습 과제를 능동적으로 해결할 수 있도록 지도해야겠다.

다. 교재관

　이 단원의 구성은 인간의 자연환경에 대한 보전과 개발이라는 두 가지 태도에 따른 자연환경의
변화 및 그에 따른 문제점과 해결 방안을 모색하도록 되어 있다. 이를 바탕으로 선수 학습을 살펴보
면 제4학년에서 우리 고장의 자연재해 극복과 환경오염 문제에 대해 공부하였다. 그리고 제6학년에
서는 지구촌의 다양한 문제를 파악하고 해결하는 학습활동으로 확대된다.
　본 학급 학생들의 자연재해에 관한 관심과 선수 학습 정도를 조사 분석한 결과 자연재해에 대해
학생들이 잘 이해하고 있고 우리나라 또는 다른 나라에서 발생하고 있는 자연재해에 대해서도 관심
이 많다. 그리고 그 심각성에 대해서도 인식하고 있는 것으로 나타났다. 그러나 학생들이 우리 지역
에서는 큰 자연재해가 발생하지 않으므로 이에 대한 대비에는 소홀한 것으로 보인다.
　따라서 환경문제와 자연재해에 대하여 문헌조사, 인터넷 검색, 현장학습 등 다양한 방법으로 자료
를 수집하여 자기 주도적으로 문제를 해결해 나아가도록 지도해야겠다. 그리고 학생들이 관련 자료
의 수집과 해석하는 능력을 함양하는데 지도의 중점을 두어야겠다. 또한 우리 생활과 자연환경과의
관계를 파악하여 자연을 지키는 활동의 중요성을 깨닫고 우리가 사는 지역, 우리나라, 더 나아가 지
구촌의 환경을 지키기 위하여 할 수 있는 일을 찾아 실천하도록 지도해야겠다.

3. 단원의 목표

가. 지식 · 이해 영역

　1) 우리는 자연환경과 밀접한 관계를 가지고 생활하고 있음을 이해할 수 있다.
　2) 우리나라의 주요 자연재해의 종류를 알 수 있다.
　3) 자연재해를 극복하기 위한 노력을 알 수 있다.
　4) 환경오염 문제와 환경 보전 방법을 알 수 있다.
　5) 환경 기초 시설 설치와 관련된 갈등 사례를 통하여 민주적 의사 결정 방법을 알 수 있다.
　6) 국토 개발의 필요성을 이해하고, 환경을 잘 보전하면서 추진하고 있는 모습을 설명할 수 있다.

나. 기능 영역

　1) 검색 · 수집 및 분류한 자료를 지도화하고 그래프로 나타낼 수 있다.
　2) 환경오염 문제를 해결하기 위하여 다양한 자료를 모으고 종합할 수 있다.
　3) 환경 보전과 국토 개발에 관한 여러 가지 정보를 해석하고 분석할 수 있다.

다. 가치 · 태도 영역

　1) 민주적이고 합리적인 방법으로 갈등 사태를 해결하려는 태도를 가진다.

2) 자원을 효율적으로 이용하고, 국토를 환경 친화적으로 개발하려는 마음을 가진다.

4. 학습의 계통 및 관련

선수 학습	→	본단원	→	후속 학습

선수 학습	본단원	후속 학습
3-1-2 우리 고장 사람들의 생활 모습 ○ 계절에 따라 달라지는 생활 ●계절을 준비하는 사례조사 하기 ●계절에 따른 영향과 미래의 계절 생활 모습 알기 **3-2-1** 살기 좋은 우리 고장 ○ 함께 노력하는 고장 사람들 ●우리 고장에서 해결해야 할 문제에 대해 알아보기 ●깨끗한 거리를 만들기 위해해야 할 일 알아보기 **4-1-1** 우리 시·도의 모습 ○ 우리 시·도의 자연환경과 생활 ●계절에 따른 우리 시·도의 기후에 대해 알아보기 ●우리 시·도의 자연재해와 극복 과정에 대해 알아보기 ○ 새로워지는 우리 시·도 ●우리 시·도의 여러 가지 문제에 대해 알아보기	**5-1-3** 환경 보전과 국토 개발 ○ 우리는 자연의 일부 ●우리 생활과 자연의 관계 알기 ●자연이 우리에게 주는 도움 알아보기 ●자연의 중요성 알기 ○ 자연재해 ●계절 및 지역에 따른 자연재해 알아보기 ●자연재해를 극복하기 위한 노력 조사하기 ○ 환경문제 ●우리 주변의 환경문제 조사하기 ●세계적인 환경 보호 활동 조사하기 ●자연환경을 보전하는 방법 알기 ○ 환경문제의 합리적 해결 ●환경 보전을 위한 노력 알기 ●지역의 환경문제를 해결할 수 있는 방법 찾기 ○ 환경을 생각하는 국토 개발 ●국토 개발 사업의 필요성과 목적 알기 ●우리나라 국토 종합 개발 사업의 주요 성과 알아보기 ●제4차 국토 종합 개발 사업의 주요 성과 알아보기 ●우리 시·도의 국토 종합 계획 세우기	**6-2-2** 함께 살아가는 세계 ○ 세계를 한눈에 ●세계 지도, 지구본에 나타난 세계 지형의 특징 ●세계 지도와 지구본의 특징과 쓰임 ○ 더 가까워지는 세계의 여러 나라 ●세계 여러 나라의 분류 ●세계 여러 나라의 특징과 생활 모습 ○ 인터넷으로 하나가 된 지구촌 ●세계를 지구촌이라고 하는 까닭 알기 ●교통·통신 및 과학·기술의 발달이 지구촌 생활에 미치는 영향 알기 ○ 지구촌의 여러 문제 ●지구촌에서 발생하는 여러 가지 문제에 대해 알아보기 ●지구촌의 문제를 해결하기 위해 어떤 노력이 이루어지는지 알아보기 ●국제 뉴스와 우리나라에 미칠 영향 알기 ●지구촌 문제를 중심으로 지구촌 신문 만들기

5. 지도 계획(총 17시간)

소단원	차시	교과서 쪽수		학습 내용	시간 (분)	자료
		교과서	보조 교과서			
단원 도입	1/17	96 – 97	96 – 97	● 단원의 학습 내용을 대략적으로 알아보기 ● 장기 학습 과제 선정 및 학습 방법, 자료 소개하기	40	ppt 자료, 프로젝션 TV
(1) 자연 재해 와 환경 문제	2 – 3/17	98 – 103	98 – 102	1 우리는 자연의 일부 ● 우리 생활과 자연의 관계 알아보기 ● 자연이 우리에게 주는 도움 알아보기 ● 자연을 지키는 활동의 중요성 알기	80	사진 자료, 토의 학습지
	4/17	104 – 106	103 – 106	2 자연재해 ● 계절 및 지역에 따른 자연재해 알아보기	40	분류판, 사진 자료, 색 사인펜, 백지도
	5/17 (본시)	107 – 111	107 – 109	● 여러 가지 자연재해를 극복하기 위한 방법 찾기	40	자연재해 VCR, 공부할 문제 제시판, 학습활동 안내판, 모둠별 조사보고서, 토의 학습지, 인터뷰 VCR, 프로젝션 TV
	6 – 7/17	112 – 120	110 – 115	3 환경문제 ● 우리 주변의 환경문제 조사하기 ● 세계적인 환경 보호 활동 조사하기 ● 자연환경을 보존하는 방법 알아보기	80	토의 학습지, 사진 자료, ppt 자료, 프로젝션TV, 실물제시기
	8/17	121	·	● 우리 고장의 환경 지도 그리기 ● 자연재해 예방 달력 만들기	40	조사보고서, 도화지, 색 사인펜, 실물제시기
(2) 환경 과 더 불 어 살 아 가 는 길	9 – 11/17	122 – 129	116 – 124	1 환경문제의 합리적 해결 ● 환경 보전을 위한 노력 알아보기 ● 환경 기초 시설 설치를 둘러싼 다툼 살 펴보기 ● 지역의 환경문제를 합리적으로 해결 할 수 있는 방법 찾기	120	사진 자료, 실물제시기, 환경 관련 홍보물, 환경마크가 붙어 있는 상품, 사인펜, 전지, 신문 기사, 인터넷 자료
	12 – 15/17	130 – 139	125 – 135	2 환경을 생각하는 국토 개발 ● 국토 개발 사업의 필요성과 목적 알아 보기 ● 우리나라 국토 종합 개발 사업의 주요 성과 알아보기 ● 제4차 국토 종합 계획의 주요 내용 조 사하기 ● 우리 시·도의 국토 종합 계획 조사하기	160	사진, 신문, 스크랩자료, 비디오 자료, 우리 도의 백지도, 스티커
	16/17	140	·	【선택 학습】 ● 환경 기초 시설에 대해 알아보기 ● 물이 부족한 미래의 생활 모습 알아보기	40	학습지, 색연필, 사진 자료, 실물제시기

소 단 원	차시	교과서 쪽수		학습 내용	시간 (분)	자료
		교과서	보조 교과서			
단원 정리 학습	17/17	141 – 143	·	【단원 정리 학습】 ● 자연재해 극복을 위한 국토 개발 생각하기 ● 환경 보전 자료 찾아보기 ● 올바른 물 사용법 ● 환경 보전 노랫말 바꾸어 부르기 ● 관광 휴양지 개발 계획 세워 보기 ● 통일에 대배한 국토 개발	40	스크랩자료, 색 사인펜, 스티커, 신문기사, 인터넷 자료

6. 단원 학습을 위한 학생 실태 분석

가. 사회과 학습의 흥미도 조사

N = 31

문항번호	항목	응답 관점	인원(명)	비율(%)
1	사회공부가 재미있습니까?	그렇다.	4	13
		그저 그렇다.	19	61
		아니다.	8	26
2	가정에서 사회 과제를 해결하는 것이 즐겁습니까?	그렇다.	3	10
		그저 그렇다.	13	42
		아니다.	15	48

사회과에 대한 학생들의 흥미도를 보면 '재미있다'고 응답한 학생이 13%(4명), '그저 그렇다'가 61%(19명), '재미없다'가 28%(8명)로 대부분의 학생들이 사회공부에 흥미가 적고 어려움을 느끼고 있음을 알 수 있다. 그리고 가정학습 과제 해결에도 부담을 느끼고 있는 것으로 나타났다. 이는 학생들이 학습 내용의 범위가 우리나라로 확대되면서 자신의 생활과 동떨어진 내용으로 인식하여 어렵게 느끼는 것으로 생각된다.

그러므로 학습 내용을 학생들의 주변 생활과 관련시켜 제시하고 문제를 해결하도록 유도해야겠다. 그리고 학습 과제를 제시할 때도 과제를 해결하는 방법과 도움이 될 만한 자료를 사전에 안내하여 학생들이 쉽고 재미있게 과제를 해결하도록 해야겠다.

나. 문제 해결 태도 조사

N=31

문항번호	항목	응답 관점	인원(명)	비율(%)
3	사회과 과제는 어떻게 해결하는 것이 좋습니까?	혼자	8	26
		모둠별로	19	61
		학급 전체	4	13
4	사회 공부나 과제 해결을 위해서 교과서 이외의 자료를 얻기 위해 어떻게 합니까?	관련 도서 이용	3	10
		인터넷 활용	16	52
		직접 찾아가서	5	16
		다른 사람에게 물어서	5	16
		참고서 활용	2	6
		참고 자료 없음	0	0
5	과제 해결을 위한 토의 활동에 적극적으로 참여합니까?	그렇다.	9	29
		그저 그렇다.	14	45
		아니다.	8	26

과제 해결에 있어 학생들의 선호를 보면 61%(19명)가 모둠별로 해결하는 것이 좋다고 응답하였고 과제 해결을 위한 참고 자료를 52%(16명)가 인터넷을 활용, 직접 찾아가거나 다른 사람을 통한 문제 해결은 각각 16%(5명)로 나타났다. 과제 해결을 위해 토의 활동에 적극적으로 참여한다는 학생이 29%(9명)로 토의 활동 참여율이 비교적 낮은 것으로 나타났다. 이것으로 보아 학생들이 사회과 과제 해결에 있어 친구들과 서로 협력하여 해결하기를 좋아하나 토의 활동에는 참여율이 낮고 짧은 시간에 쉽게 구할 수 있는 인터넷 자료를 많이 활용하고 있음을 알 수 있다.

그래서 학생들이 주어진 과제를 적극적으로 해결하도록 하기 위해 장기 과제를 부여하여 시간을 충분히 주고 다양한 현장학습 프로그램을 개발하여 재미있게 참여하도록 유도해야겠다. 그리고 토의 활동에 적극적으로 참여할 수 있도록 토의 방법과 절차에 관한 지도를 하여야겠다.

다. 단원 관련 지적 이해도 조사

N=31

문항번호	항목	응답 관점	인원(명)	비율(%)
6	여러분이 알고 있는 자연재해에 대해 아는 대로 쓰시오.	알고 있다.	1	3
		알지 못한다.	30	97
7	우리가 사는 지역에서 일어난 자연재해에 대해 아는 대로 쓰시오.	알고 있다.	21	68
		알지 못한다.	10	32
8	오늘날 지구촌에서 발생하는 자연재해는 어느 정도라고 생각합니까?	자주 발생한다.	20	65
		보통이다.	9	29
		거의 발생하지 않는다.	2	6

자연재해에 대해 알고 있는 학생이 97%(30명), 자기가 사는 지역에서 일어난 자연재해에 대해 알고 있는 학생은 68%(21명), 오늘날 지구촌에서 자주 발생하는 자연재해의 심각함을 인식하는 학생이 65%(20명)로 대부분의 학생들이 선수 학습이 잘되어 있고 자연재해에 대해 관심과 그 심각성에 대해서도 느끼고 있음을 알 수 있다.

그러므로 자연재해에 대한 지도 시 학생들에게 장기학습 과제를 주어 자기 주도적으로 조사탐구 활동을 통해 해결하도록 유도하겠다. 그리고 자신이 속한 지역에 관심을 가지고 지역의 문제를 해결하려는 마음을 갖도록 하며 우리나라, 나아가 세계 지구촌의 자연재해가 한 개인의 생활 습관이나 생활 태도와도 관련 있음을 알게 하여 지구의 자연환경을 보전하려는 태도를 가질 수 있도록 지도하겠다.

7. 평가 계획 및 관점

내용 / 영역	평가 관점	평가 문항 유형					
		지필				실기	
		선택형	진위형	완성형	단답형	자료해석	자료수집
지식·이해	우리는 자연환경과 밀접한 관계를 가지고 생활하고 있음을 이해하고 있는가?	○				○	
	우리나라의 주요 자연재해의 종류를 알고 있는가?	○					○
	자연재해를 극복하기 위한 노력을 알고 있는가?			○			○
	환경오염 문제와 환경 보전 방법을 알고 있는가?			○			○
	환경 기초 시설 설치와 관련된 갈등 사례를 통하여 민주적 의사 결정 방법을 알고 있는가?				○	○	
	국토 개발의 필요성을 이해하고 환경을 잘 보전하면서 추진하고 있는 모습을 설명할 수 있는가?			○			○
기능·능력	수집하고 분류한 자료를 지도화하고 그래프로 나타낼 수 있는가?						○
	환경오염 문제를 해결하기 위하여 다양한 자료를 모으고 종합할 수 있는가				○		○
	환경 보전과 국토 개발에 관한 여러 가지 정보를 해석하고 분석할 수 있는가?	○				○	
가치·태도	민주적이고 합리적인 방법으로 갈등 사태를 해결하려는 태도를 갖고 있는가?		○				
	자원을 효율적으로 이용하고 국토를 환경 친화적으로 개발하려는 마음을 갖고 있는가?			○			

8. 교수·학습 전략

적용 수업 모형		탐구 학습 모형
수업 준비	목표 인지	이 단원은 인간의 자연환경에 대한 적응과 개발이라는 두 가지 태도에서 자연환경의 변화 및 그에 따른 문제점과 해결하는 방안을 모색해 볼 수 있도록 하는데 지도의 초점을 두고 있다. 본 수업은 '여러 가지 자연재해를 극복하기 위한 방법을 찾을 수 있다.'로 학생들이 사전 조사 학습을 통해 자연재해를 극복하기 위한 노력을 찾아보고 자연재해를 극복하기 위해 해야 할 일을 토의하도록 계획하였다.
	자료 준비	○ 문제 확인 단계에서 자연재해 관련 동영상을 준비해 자연재해로 인한 피해를 알아본다. ○ 탐색 및 문제 해결 단계 <활동1>에서 사전과제로 제시한 자연재해를 극복하기 위한 노력을 모둠별로 조사하여 발표하게 하며, <활동2>에서 토의 학습지를 통해 자연재해를 극복하기 위해 노력할 일을 토의하도록 하고 우리가 살고 있는 지역에 서는 어떤 노력을 하고 있는지 인터뷰 자료를 준비해 알아본다. ○ 정리단계에서는 자연재해 VCR 자료를 통해 학생들이 학습한 내용을 다시 확인하고 정리하도록 한다.
수업 전개	문제 제시 단계	○ 자연재해로 인한 피해를 알아보고 사전 과제 확인을 통해 공부할 내용을 확인시킨다.
	문제 추구 단계	○ 공부할 문제를 해결하기 위한 학습활동 순서를 안내하여 학습 흐름을 알게 한다.
	문제 해결 단계	○ 모둠별 사전 과제로 조사한 자연재해를 극복하기 위한 노력을 발표를 통해 알아보고, 우리가 살고 있는 지역에서 어떤 노력을 하고 있으며, 이를 극복하기 위해 노력할 일을 토의하면서 생활에서 대비하고 실천하려는 태도를 갖게 한다.
	적용 발전단계	○ 학교나 가정에서 자연재해를 줄이기 위해 하는 일을 찾아보고 그 필요성에 대해 확인한다.
	정리단계	○ 최근 우리나라에서 일어난 자연재해 VCR 자료를 통해 배운 내용을 다시 한 번 확인 지도한다. ○ 다음 차시에 공부할 내용을 안내하고 과제 분담과 해결 계획을 세워 다음 시간에 학습이 잘 이루어질 수 있도록 한다.
수업 후 활동		○ 모둠별 사전 조사하여 발표한 자연재해를 극복하기 위한 노력과 방법을 교실에 게시하여 보충 학습이 이루어지도록 한다. ○ 자연재해를 극복하기 위한 모둠별 토의 내용을 게시하여 생활에서 대비하고 실천하도록 한다.

9. 교수·학습의 실제

가. 본시 교수·학습의 개요

단		원	3. 환경 보전과 국토 개발	일시	20○○.○.○( ) 5교시	장소	5 - 1교실
소	단	원	(1) 자연재해와 환경 문제	차시	5/17	소요 시간	40
교	과	서	107 - 111쪽	사회과 탐구	107 - 109쪽	지도교사	○ ○ ○
학	습	목 표	°여러 가지 자연재해를 극복하기 위한 방법을 찾을 수 있다.				

교수·학습 자료			
수 업 전 략	최적 학습 모형	°문제 해결 학습 모형	
	학습 집단 조직	°대집단 지도, 소집단 활동 병행	
	중심 학습활동	°조사 발표하기 °토의하기	
교수·학습 자료	일반자료	교사	공부할 문제 제시판, 학습활동 안내판, 토의 학습지
		학생	모둠별 조사보고서
	멀티미디어자료		프로젝션 TV, 자연재해 VCR, 인터뷰 VCR

나. 지도 과정

학습단계	학습 과정 (학습 내용)	교수·학습활동		시간	자료 및 유의점
		교사 활동	학생 활동		
문제제시	동기 유발 공부할 문제 파악	○ 자연재해 관련 동영상 자료를 제시한다. ·중국에서 발생한 지진 관련 동영상 제시하기 - 어떤 일이 일어났나요? - 이런 일로 어떤 피해를 입었나요? ○ 조사과제와 동기 유발을 상기시켜 공부할 문제를 찾아보게 한다.	○ 자연재해 관련 동영상을 본다. ·동영상을 보고 문제점을 찾아보기 - 지진이 일어나 학교 건물이 무너져 많은 학생들이 목숨을 잃었습니다. - 많은 사람이 다치거나 목숨을 잃고 엄청난 재산 피해를 보게 되었어요. ○ 공부할 문제를 찾아 발표한다.	5′	·VCR 자료 ·프로젝션 TV ·공부할 문제 제시판

> **자연재해를 극복하기 위한 방법 알아보기**

문제추구	학습활동 확인	○ 학습활동을 안내한다.	○ 학습활동 순서와 방법을 알아본다.		·학습활동 안내판

문제해결	자연재해 극복을 위한 노력	<활동1> 자연재해를 극복하기 위해 어떻게 했을까? ○ 자연재해 해결사 모임으로 이동하여 해결 방법을 발표하게 한다. · 해결사들이 조사한 내용을 정리하여 발표하게 한다. · 발표-질의-답변 및 수정-정리하게 하기	○ 자연재해 해결사 활동 내용을 확인하고 발표한다. · 자연재해 해결사 활동 내용을 발표하기 -자연재해 해결 기관 -자연재해 방재 시설 -자연재해 방재 시설(우리 지역) -피해가 컸던 자연재해 · 학습 내용과 관련하여 질의응답하기	16′	· 모둠별 조사보고서 · 조사한 내용을 다양한 방법으로 발표하게 한다. · 학생들의 질의, 답변 내용 중 보충지도가 필요한 내용을 기록하여 지도하도록 한다.
	토의하기	<활동2> 자연재해를 줄이기 위해 이렇게 해야 하겠구나! ○ 해결사 별로 자연재해를 선택하여 극복하기 위한 의견을 교환하게 한다. · 자연재해를 극복하기 위해 앞으로 노력할 일을 토의하기	○ 선택한 자연재해를 극복하기 위한 방법에 대해 의견을 교환한다. · 자연재해를 극복하기 위해 할 일을 토의하기 -정부에서 할 일 -주민이 할 일 -기타 기관에서 하는 일 · 해결사 별로 토의 내용 발표하기	10′	· 토의 학습지 · 토의 시 상대방의 의견을 존중하며 적극적으로 참여하도록 한다.
	지역의 실태	· 자연재해를 극복하기 위한 토의 내용을 발표하게 하기 ○ 우리가 살고 있는 지역에서 자연재해를 극복하기 위한 노력을 알게 한다. · 인터뷰한 비디오 자료 보여 주기	○ 인터뷰 자료를 통해 우리가 사는 지역에서 어떻게 노력하는지 알아본다. · 인터뷰 자료로 확인하기		· 인터뷰 자료 · 프로젝션 TV
적용 발전	적용하기	○ 우리 학교나 가정에서 자연재해의 피해를 줄이기 위해 하는 일을 찾아 발표하게 한다. · 학교나 가정에서 노력하고 있는 일 알아보게 하기	○ 학교나 가정에서 자연재해를 줄이기 위해 하는 일을 알아본다. · 학교나 가정에서 노력하고 있는 일을 찾아 발표하기	3′	
정리	학습활동 정리하기	○ 학습활동을 정리하게 한다. · 자연재해 동영상을 보고 느낀 점과 자신이 실천할 일을 발표하게 하기	○ 학습활동을 정리한다. · 자연재해를 극복하기 위한 방법과 피해를 최소화하기 위한 노력을 생각하여 발표하기	6′	· VCR 자료 · 프로젝션 TV
	차시예고	○ 다음 시간에 공부할 내용을 예고한다.	○ 다음 시간에 공부할 내용을 알아본다.		· 학습 과제를 파악하도록 하여 다음 시간 학습 준비가 잘 이루어지도록 한다.

우리 주변의 환경 문제 실태를 조사·분석하기

		·환경문제 해결사가 되어 우리 주변의 환경 상태를 조사하게 하기 - 어떤 것을 조사해야 할까요?	·자기가 살고 있는 지역을 중 심으로 환경 상태를 조사하기 - 공기 상태 측정 - 하천 상태 관찰 - 소음 측정 - 멀리 있는 물체가 어떻게 보이는지 관찰	

다. 판서 계획(삼분 판서)

3. 환경 보전과 국토 개발

〈공부할 문제〉

자연재해를 극복하기 위한 방법 알아보기

○ 모둠별 발표 자료

〈학습활동 안내〉
<활동1> 자연재해를 극복하기 위해 어떻게 했을까?
<활동2> 자연재해를 줄이기 위해 이렇게 해야 하겠구나!

라. 형성 평가 계획

1) 이원 목적 분류표

평가 내용	평가요소	내용			행동		
		인간과 공간	인간과 시간	인간과 사회	지식·이해	기능	가치·태도
자연재해를 극복하기 위한 기관과 시설 알기	자연재해를 극복하기 위한 노력 알기	○		○	○		
자연재해를 줄이기 위한 방안 찾기	자연재해 극복 방안 찾기	○		○		○	
학습활동에 적극적으로 참여하기	학습활동 참여 태도	○		○			○

2) 평가 내용 및 기준

평가 영역	평가 내용	평가 기준	평가 척도	평가 시기	평가 방법
지식·이해	자연재해를 극복하기 위한 기관과 시설 알기	자연재해를 극복하기 위해 여러 기관에서 하는 일을 알고 옛날과 오늘날의 시설에 대해 자세히 알고 있다.	상	수업 중	조사 보고서
		자연재해를 극복하기 위한 기관과 시설을 알고 있다.	중		
		자연재해를 극복하기 위한 기관과 시설을 잘 알지 못한다.	하		
기능	자연재해를 줄이기 위한 방안 찾기	자연재해를 줄이기 위해 노력하는 예를 찾아 소개하고 적절한 해결 방안을 제시한다.	상	수업 중 수업 후	학습지, 체크리스트법
		자연재해를 줄일 수 있는 적절한 해결 방안을 제시한다.	중		
		자연재해를 줄이 위한 해결 방안이 적절하지 못한다.	하		
가치·태도	학습 활동에 적극적으로 참여하기	모둠과제 해결을 위해 관심과 흥미를 갖고 모둠원끼리 협력하며 발표활동에도 적극적으로 참여한다.	상	수업 중	체크리스트법
		모둠과제 해결에 관심과 흥미를 갖고 참여한다.	중		
		모둠과제 해결을 위한 노력이 소극적이다.	하		

마. 학습지

○○ 초등학교		사회과 기본 학습지	제5학년 1반
5 - 1 - 3 - 5	주제	자연재해를 극복하기 위한 노력	모둠명:

※ 여러 가지 자연재해 중에서 한 가지를 선택하여 이 자연재해를 극복하기 위해 노력할 일을 토의하여 써 봅시다.

자연재해 종류( )	
자연재해를 극복하기 위해 노력할 일	
정부	
주민	
기타 기관	

※ 설문지

학생 여러분, 안녕하세요?
선생님이 여러분에게 사회과 학습(공부)에 관해서 몇 가지 질문을 하고자 합니다.
이 질문은 여러분의 성적을 평가하거나 성적에 포함되는 것이 아니고 선생님이 여러분을 가르치는데 도움을 얻고자 하는 자료입니다.
응답한 내용은 장래의 주인공이 될 여러분을 어떻게 지도할 것인가 연구하는데 귀중한 자료가 될 것입니다. 끝까지 잘 읽고 솔직하게 답해 주시기 바랍니다.

20○○. ○. ○.
○○초등학교 교사 ○○○

☺ 다음 각 문제의 해당되는 답 문항의 번호에 ∨해 주세요.

1. 사회과 공부가 재미있습니까?
　① 재미있다　　　② 보통이다　　　③ 재미없다

2. 가정에서 사회과 과제(조사, 탐구 등)를 해결하는 것이 즐겁습니까?
　① 재미있다　　　② 보통이다　　　③ 재미없다

3. 사회과 과제는 어떻게 해결하는 것이 좋습니까?
　① 혼자　　　② 모둠별로　　　③ 학급 전체가

4. 사회과 공부나 과제 해결을 위해서 교과서 이외의 자료를 얻기 위해 어떻게 합니까?
　① 관련 도서를 이용한다　　② 인터넷을 활용한다　　③ 현장을 찾아간다
　④ 다른 사람에게 물어본다　　⑤ 전과를 활용한다　　⑥ 자료 활용을 안 한다

5. 어떤 문제를 놓고 친구들과 토의하는 것이 재미있습니까?
　① 재미있다　　　② 보통이다　　　③ 재미없다

6. 여러분이 알고 있는 자연재해에 대해 아는 대로 쓰시오.
　(　　　　　　　　　　　　　　　　　　　　　　　　　　　　)

7. 우리가 사는 지역에서 일어난 자연재해에 대해 아는 대로 쓰시오.
　(　　　　　　　　　　　　　　　　　　　　　　　　　　　　)

8. 오늘날 지구촌에서 발생하는 자연재해는 어느 정도라고 생각합니까?
　① 자주 발생한다　　　② 보통이다　　　③ 거의 발생하지 않는다

참고문헌

- 교육부(2000), 초등학교 교육 과정 해설, 서울: 대한교과서주식회사.
- 교육과학기술부(2008), 초등학교교사용 지도서(사회 - 3 - 1), 서울: 대한교과서주식회사.
- __________(2008), 초등학교교사용 지도서(사회 - 3 - 2), 서울: 대한교과서주식회사.
- __________(2008), 초등학교교사용 지도서(사회 - 4 - 1), 서울: 대한교과서주식회사.
- __________(2008), 초등학교교사용 지도서(사회 - 4 - 2), 서울: 대한교과서주식회사.
- __________(2008), 초등학교교사용 지도서(사회 - 5 - 1), 서울: 대한교과서주식회사.
- __________(2008), 초등학교교사용 지도서(사회 - 5 - 2), 서울: 대한교과서주식회사.
- __________(2008), 초등학교교사용 지도서(사회 - 6 - 1), 서울: 대한교과서주식회사.
- __________(2008), 초등학교교사용 지도서(사회 - 6 - 2), 서울: 대한교과서주식회사.
- __________(2008), 초등학교 교육과정 해설, 광주: 한솔사.
- 김동일 외(2003), 아동발달과 학습, 서울: 교육출판사.
- 대전교육과학연구원(2000), 초등 수업 모형 핸드북. 대전: 용해 출판사.
- 박인현(2001), 초등사회과 교육, 서울: 교육과학사.
- 최용규 외(2008), 사회과 교육과정에서 수업까지, 파주: 교육과학사.
- 충청남도교육청(2000), 초등학교 교육과정 핸드북, 충청남도교육청 장학자료.

참고자료

- 공주교육대학교부설초등학교(2007), 교수 · 학습 길라잡이, 공주교대부설초등학교.
- _____________________(2008), 수업실습안내, 공주교대부설초등학교.

1. 사회과 교사와 수업 분석 전문성

1) 사회과 수업 설계 일반

수업이란, 학습이 촉진되도록 학습자에게 영향을 미치는 모든 일련의 의도된 활동들을 말한다(Gagne, 1992). 수업(instruction)은 교수(teaching)보다는 포괄적인 개념으로, 교수가 인간에 의해 가르치는 행위를 말한다면 수업은 교사에 의해 가르쳐지는 행동뿐만 아니라 교재, 그림, 컴퓨터, 음악 등의 조합에 의해 제공되는 모든 경험들을 포괄하고 있다(Gagne, 1992: Smith & Ragan, 1999). 수업은 학습이 촉진되도록 학습자에게 영향을 미치는 일련의 사태이다(김인식 외, 2000: 21).

수업은 학습 촉진을 목표로 하고 있지만 학습은 수업을 전제로 하지 않는다. 학습에 대한 정의는 이론적인 접근에 따라 차이가 다양하게 규정되지만 학습을 인간 행동이나 행동을 할 수 있다는 잠재력의 변화로 보는 점에서 의견을 같이하고 있다. 수업과 관련된 또 다른 개념으로 훈련이 있다. 훈련은 수업경험 중에서도 즉각적으로 활용될 수 있는 구체적인 기술의 습득에 초점을 맞춘다는 측면에서 수업과 차이가 있다.

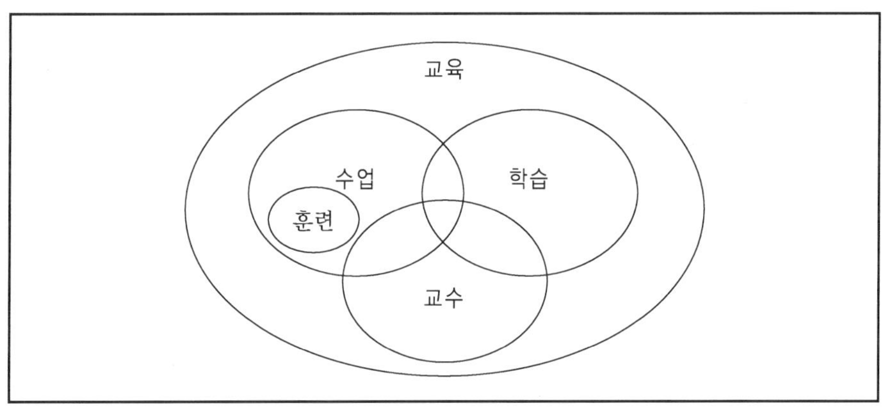

[그림 20] 수업 관련 용어들의 관계

결국 수업은 교수자의 입장에서의 활동이고, 학습은 학습자 입장에서의 의미 규정이다. 수업과 학습을 아우르는 것이 교수이다. 이와 같은 수업, 학습, 교수 등을 모두 포괄하는 개념이 곧 교육이다. 훈련은 가르치고 배운다는 의미에서는 수업에 속하지만, 주로 지적인 면을 배제하고 신체적인 계속적 활동 반복이라는 관점에서는 의미를 규정한 것인데, 유사 용어로 교화(敎化)가 있다. 교화는 세뇌처럼 계속적인 반복으로 의식화 · 세뇌를 하는 활동으로 순수한 교육과는 구분된다.

2) 사회과 수업 설계의 필요성과 특성

(1) 수업 설계의 의미

수업 설계는 흔히 지금까지 수업자가 해 왔던 단원전개계획이나 수업지도안 작성이라는 활동과 거의 같다고 하겠다. 그러나 수업 설계는 수업의 사전 계획성과 과학성을 보다 강화해야 한다는 점, 주어진 어떤 수업 목표를 성취시키기 위하여 제공하거나 고려되어야 할 여러 가지 요소를 수업이 실시되기 전에 보다 체계적으로 계획하고 준비해야 하기 때문에 수업 설계라고 하는 것이다.

(2) 수업 설계의 필요성

① 오늘날 학교의 수업을 통해서 가르치려고 하는 수업 목표와 내용이 너무나 많아지고 있기 때문이다.
② 수업에서는 학습자의 개인차를 최대한으로 고려한 수업이 제공되어야 하기 때문이다.
③ 날로 다양하게 발전되며 개발되고 있는 자료나 수업 매체의 장점을 최대한으로 활용하기 위해서 수업 설계는 필요하다.
④ 수업에서의 오류나 실패는 쉽게 교정하거나 되돌리기가 어렵다.
⑤ 수업의 경제성이란 측면에서도 수업은 충분한 계획이 있어야 한다.

(3) 수업 설계의 전제

① 수업 설계는 개인차를 최대한으로 고려하여, 개인의 독특한 특성에 알맞도록 설계되어야 한다.
② 수업 설계에는 단기적인 것과 장기적인 것이 있다(단위 시간 수업안, 단원 지도 계획안 등).
③ 수업을 설계하는 일과 수업하는 일은 상호 밀접한 관계에 있지만, 그 일을 수행하는 일은 분리될 수 있는 일이며, 분리될 때가 보다 효과적일 것이다.
④ 모든 수업 설계는 항상 어떻게 인간은 학습하게 되는가의 지식 위에서 이루어져야 한다.

(4) 수업 설계의 특성

① 수업 설계는 개개 학습자의 학습을 도와주는 것을 목표로 삼고 있다.
② 수업 설계에는 단기적인 것과 장기적인 것의 양 측면이 있다.
③ 체계적으로 설계된 수업은 개개인의 발달에 크게 영향을 미칠 수 있다는 점이다.
④ 수업 설계는 체제적 접근법을 수단으로 하여 수행되어야 하는데, 이 체제 접근법이 가장 좋은 설계 방법이기 때문에 가장 역점을 둔다.
⑤ 설계된 수업은 인간 학습자는 어떻게 학습하는가에 관한 지식에 근거를 둔 것이어야 한다는

것이다.

3) 사회과 수업 모형

(1) 수업 모형의 개념

학자들은 수업 모형을 교수 모형과 학습 모형으로 구분하고 두 개념은 결국 한곳으로 융합된다고 보았다. 수업 모형을 복잡한 수업 현상이나 수업 사태를 그 특징적 사태를 중심으로 단순화시킨 형태로 정의하고, 수업 모형의 기능은 수업 사태의 일반을 이해하는데 도움을 준다고 하였다. 수업 모형보다는 수업 설계라는 포괄적인 명칭을 사용하고, 학습자들이 학습하거나 연구 개발하는데 보다 양질의 조력 방법에 관한 분명한 방향 안내를 제공하는 활동이라고 정의하였다.

즉, 여러 가지 수업 모형에 관한 설명 내용을 참고하여 볼 때 "수업 모형은 학습자들이 특정 지식과 지식 탐구 기능을 자기 주도적으로 학습할 수 있도록 지원할 조력활동 내용을 수업 상황을 중심으로 단순 체계화한 학습·교수 활동의 형태적 틀이다."라고 정의를 내릴 수 있다.

(2) 수업 모형의 종류

① 한국교육개발원의 일반 수업 절차 모형(KEDI 모형)

> 계획단계 → 진단단계 → 지도단계 → 발전단계 → 평가단계

가) 계획단계에서는 교사가 한 단원 혹은 한 제재의 수업을 위해 그 준비로서 교재 연구를 하거나 수업 계획을 짜는 단계이다.
나) 진단단계에서는 학생들이 새로운 단원의 학습에 필요한 능력을 갖추고 있는지를 진단하고 그에 따라 적절한 조치를 실시하는 단계이다.
다) 지도단계는 해당 단원의 수업 목표를 달성시키기 위한 본수업이 이루어지는 단계이다.
라) 발전단계는 지도단계에서 학생들이 학습한 정도나 그 과정을 중도에 확인하고, 그 성과에 따라 심화 또는 보충 학습의 기회를 제공하는 단계이다.
마) 평가단계에서는 그 단원에서 의도한 단원의 목표에 학습자들이 어느 정도 달성하였는지를 확인하기 위해서 필요한 활동을 하는 단계이다.

이 모형은 한 시간의 수업을 이 순서대로 밟아야 하는 것이 아니고 대개는 한 단원의 교수·학습 과정이 이러한 절차에 따라서 수행되도록 하는 것이다.

② 직접교수 모형

가) 제6차 교육과정 때부터 제시되었다.
나) 교사가 주도적으로 학습활동을 조직하고 리드하는 교수 모형이다.
다) 전체를 부분으로 나눈 뒤 순서대로 익히면 전체에 도달할 수 있다고 가정한다.
라) 수업 절차는 설명하기 - 시범 보이기 - 질문하기 - 활동하기이다.
마) 학습 방법의 구체적 안내, 문제 해결 방법의 명시적 제시가 가능하며, 학습활동 외의 내용 배제로 높은 효율의 학습이 이루어질 수 있다.
바) 직접교수 모형은 체육수업에서 기초기술·기능과 개념을 지도하기 위해 고안되었고 이런 수업 목표를 성취하는데 있어서 어느 다른 모형보다도 효과적인 교수 모형이라고 할 수 있다.

③ 문제 해결 학습 모형

가) 탐구 학습, 문제 해결 학습을 강조한다.
나) 수업 절차는 문제 확인하기 - 문제 해결 방법 찾기 - 문제 해결하기 - 일반화하기이다.
다) 장점은 학습자의 탐구력 신장, 학습자가 지식, 개념을 재구성할 수 있는 기회가 주어진다는 것이다.
라) 단점은 학습 부진아에게의 적용 문제, 학습 훈련 필요, 시간 부족 등을 들 수 있다.
마) 국어 영역 중 지식이나 개념을 가르칠 때, 기능이나 전략을 가르칠 때, 학습자의 탐구 활동 강조할 때 적합하다.
바) 교사의 직접적 개입 자제, 학습자의 활동을 강조하도록 하고, 학습 부진아는 한두 과정에서 학습자 주도의 활동을 강조하도록 한다.

④ 토의·토론 수업 모형

가) 집단 토의는 학급의 전체 학생들이 특정한 주제에 대한 정보를 서로 교환하고, 그 정보를 분석, 평가하여 결론에 도달하는데 활용된다.
나) 모든 학생들이 능동적으로 참여할 때, 이상적인 집단 토의가 이루어질 수 있다.
다) 집단 토의에서는 자신의 생각을 명확하게 제시하고 타인의 의견을 청취하는 자세가 필요하다.
라) 집단 토의의 궁극적인 목적은 의사 결정이나 목적 설정이라기보다는 역시 활발한 아이디어의 상호 교환에 있다.
마) 공동이 관심사가 되는 어떤 문제에 대하여 가장 바람직한 해결 방안을 찾기 위하여 집단 성원이 협동적으로 의견을 나누는 학습활동이다.

⑤ 창의성 계발 학습 모형

가) 사고의 유한성, 융통성, 독창성을 증진하기 위해 고안된 것이다.
나) 수업 절차는 문제 발견하기 – 아이디어 생성하기 – 아이디어 평가하기 – 적용하기로 이루어진다.
다) 장점으로 유창성, 융통성, 독창성의 계발을 들 수 있다.
라) 단점으로 검증 과정으로 인해 학습 부진아에게는 부적합하다는 점이 있다.
마) 활용 상황은 다양한 각도에서 문제를 볼 수 있게 하는 학습 내용에 적합하다.
바) 유의점으로 학습자에게 정답을 요구하지 말아야 하며, 다양한 아이디어 산출에 초점을 두고, 수용적인 교실 분위기를 조성해야 한다.

⑥ ICT 활용 중심 수업 모형

정보통신기술을 활용한 수업 모형으로 수업의 다양한 활동 형태는 정보통신기술의 특성 및 정보통신기술의 교육적 활용 가능성과 연관 지어 정보 탐색(정보 탐색하기), 정보 비교·분류·분석(정보 분석하기), 정보 안내(정보 안내하기), 웹 설문조사(웹 조사 활동하기), 웹 토론 학습(웹 토론하기), 공동 협력 연구(협력 연구하기), 전문가 교류(전문가와 교류하기), E – PALS(웹에서 펜팔하기), 정보 저작(웹 정보 만들기) 등의 활동을 할 수 있다.

⑦ 도서관 활용 수업(LAI) 모형

도서관 활용 수업에 적용 가능한 모형은 여러 가지로 세분할 수 있지만 가장 일반적인 형태는 교수·학습활동을 위하여 도서관 및 자료 안으로 '들어가기'로 시작하여, 자료 '펼치기' 및 자료 활용으로 수업 성과 '모으기'라는 단계를 기반으로 한다.

⑧ 의사결정 모형

의사 결정에 관련된 사회과 수업 모형은 사회과학적 탐구 과정과 가치 탐구 과정을 포함한다. 즉 의사 결정을 하기 위하여 사실 인식을 위해 필요한 지식이나 정보가 있어야 하기 때문에 사회과학 탐구가 필요하다. 또 동시에 의사 결정에는 선택하여야 할 가치가 개입되어 있기 때문에 이 문제를 해결하기 위하여 가치 탐구 과정이 필요하다는 것을 의미한다.

⑨ 논쟁 문제 수업 모형

논쟁 문제 수업 모형은 사회적으로 찬반이 분명하게 나누어져 있고, 여러 개의 대안 중에서 어느 하나를 선택하여야 하는 논쟁적인 공공문제에서 어느 하나의 입장을 합리적으로 선택하고 그러한 선택을 옹호할 수 있는 교수 방법 중의 하나이다.

〈표 79〉 도서관 활용 수업의 과정

단계	과정	교수·학습활동
들어가기	학습 문제와 자료의 필요성 확인하기	·성취해야 할 학습 목표를 확인한다. ·학습 목표 달성을 위한 자료 활용의 필요성을 확인한다.
	자료 안내 및 선택	·학습 문제 해결에 활용할 수 있는 자료의 유형과 내용을 안내한다. ·학생 주도형 학습이 가능한 경우 자율적으로 자료의 유형을 2-3가지 선택할 수 있다.
펼치기	자료 내용 탐색	·자료의 내용을 탐색하여 학습 문제 해결에 활용할 수 있는 내용을 확인한다. ·2가지 이상의 자료를 활용할 경우, 각각의 내용을 비교하여 탐색한다.
	학습 문제 해결	·탐색한 자료에서 학습 문제 해결에 필요한 내용을 발췌하고 재구성한다. ·자료 내용을 조직하여 학습 문제를 해결한다.
	학습 결과 및 자료의 적합성 확인	·학습 결과를 발표한다. 아울러 학습 문제 해결에 활용한 자료의 유형과 내용을 제시한다. ·학습 문제를 해결하는데 활용한 자료의 유용성과 적합성을 확인한다.
모으기	학습 정리 및 자료 활용 가치 확인	·학습 문제 및 활동 결과를 정리한다. ·자료를 활용하여 문제를 해결하는 방법의 가치와 유용성을 확인한다.

2. 수업 분석과 수업 장학

(1) 수업 분석

수업 분석은 기본적으로 수업을 진솔하게 이해하는데에서 출발한다. 따라서 수업 분석 과정은 수업을 이해하는 과정이라고 할 수 있다. 일반적으로 수업 분석은 '효과적이고 생산적인 수업을 위해서 수업 기록을 근간으로 하여 교수 및 학습의 과정에서 이루어진 모든 사실과 현상을 비판적인 시각으로 보고, 교수학적 이론을 배경으로 그 적절성을 검토하는 활동'이라고 정의할 수 있다. 즉, 한 번 보는 것만으로는 이해하기 어려운 수업에 대해서 사실에 근거하여 그 수업의 고유한 특성을 찾아내고 이를 다른 사람들에게 이해할 수 있도록 표현하는 것이다. 따라서 수업 분석의 개념은 수업에서 나타난 사실과 기록을 근거로 하여 여러 가지 특성과 현상을 이해하고 이를 비판적으로 해석하는 과정을 총칭하는 말이다. 수업 분석은 사실과 기록을 근거로 하여 수업을 이해해 가는 총체적 과정인 것이다(천호성, 2009: 30-33).

(2) 수업 컨설팅

수업 컨설팅은 수업 컨설턴트(지원자)와 컨설턴티(수업자)가 수업에 대한 공동 이해를 바탕으로 '보다 훌륭한 수업'을 전개·실행하는데 도움이 되는 지식, 경험, 정보를 공유하고, 수업과 관련된 제반 사항에 대하여 상호 협력하는 총체적 과정이다. 따라서 수업 컨설팅은 수업자 자신, 동료 교사,

외부의 수업 컨설팅 전문가 등이 협력하여 지속적으로 수업에 대해서 진단, 처방, 실행을 통해서 실질적인 개선을 이루어 가는 자기 주도적 교원 전문성 신장의 과정이라고 할 수 있다.

수업 컨설팅은 학교 교육 개선을 목적으로 하는 학교 컨설팅과 함께 학교 교육의 질적 개선을 지향한다는 공통점이 있다. 학교 컨설팅과 비교해 볼 때 수업 컨설팅은 실질적인 수업 개선을 위하여 수업자에게 필요한 지식, 기능, 가치·태도 등에 대해 성찰해 볼 기회를 제공함으로써 수업에 대한 전문성을 신장하는 것을 직접적인 목적으로 한다.

(3) 수업 장학

수업 장학이란 학생들의 학습 능력과 학습 수준을 향상시키고 학교의 교수 학습 과정을 보다 효과적이고도 체계적으로 유지, 개선하기 위한 교사들의 교수 및 수업 행위에 직접적으로 영향을 줄 수 있도록 학교가 공식적으로 제공하는 제반 활동을 의미한다. 수업 장학은 학교장을 중심으로 하는 교내 장학과 교육청 등 외부의 상급 기관의 주도로 이루어지는 교외 장학 등으로 나눌 수 있다. 수업 방학의 주된 관심과 목적은 수업자의 수업 방법과 기술을 향상시킴으로써 학습자의 학습 효과를 최대화시키는 것이다. 이와 같은 수업 장학의 특징은 다음과 같이 종합할 수 있다.

첫째, 공식적으로 계획된, 조직의 필요성과 공식적인 권위에 기초하여 이루어지는 활동이다.

둘째, 직접적으로 수업하는 교사의 행동에 영향을 미치는 활동이다.

셋째, 학생의 학습 촉진을 목적으로 교사의 행동 변화를 통해서 궁극적으로 학습을 개선시키는 활동이다.

넷째, 수업자의 수업 방법과 수업 기술을 개선시킴으로써 학습자들의 학습 효과를 높이는 활동이다.

다섯째, 모든 교사를 대상으로 하며, 수업자의 수업 행동의 개선과 향상에 직접적으로 영향을 주는 활동이다.

(4) 수업 비평

수업 비평은 수업 평가와는 좀 다른 개념으로, 수업에 대해서 기존의 전통적인 관점에서 표준화된 방식에 의해 수업을 평가하는 평가적 관점이 아닌, 교사의 수업 행위를 자율적이고도 구성주의적인 '비평적 관점'에서 수업을 새롭게 이해하는 활동이다. 수업 비평은 미국 교육학자인 아이즈너(E. Eisner)가 처음 주장한 개념으로, 그는 수업 비평을 교육적 감식가가 감식안을 통하여 본 것을 개인 내부에서만 존재하는 것으로 보고, 이 개인적인 것을 다른 사람들과 공유하기 위해서 언어를 통해 드러내는 것으로 보았다.

결국 수업 비평은 교사가 교육과정과 교과서를 재구성하여 가르치는 과정에서 자신의 교육관, 세계관, 인생관, 미래관 등을 반영하는 것이다. 나아가 수업 비평은 교사와 학생이 함께 구성해 가는 수업 현상을 하나의 분석 테스트로 하여 수업 활동의 과학성과 예술성, 수업 참여자의 의도, 교과와 사회적 맥락 등을 종합적으로 고려하면서 수업을 기술, 분석, 해석, 평가하는 비판적이고 창조적인 글쓰기라고 할 수 있다.

3. 사회과 교사 수업 전문성과 수업 연구

누가 뭐래도 교직은 전문직 중의 전문직이다. 의사와 변호사 등을 아무나 할 수 없는 것처럼 교직(교사) 역사 아무나 할 수 있는 직종이 아니다. 교사를 전문직으로 구분하는 중요한 척도 중의 하나는 수업 전문성이다. 수업을 잘하는 교사가 훌륭한 교사이고, 가장 전문적인 교사이다. 사회과 교사 역시 가장 사회과 수업을 잘하는 교사가 전문적이고도 훌륭한 교사이다.

그러므로 사회과 교사는 외부 기관에 의존하지 않고 학교 현장 속에서 스스로 자신의 수업 전문성을 높이기 위해 노력하여야 한다. 이를 위해서는 교사 스스로 자신의 수업을 반성하고 동료 교사들과 서로의 수업에 대해서 비평하고 장학하는 풍토가 마련되어야 한다. 사회과 교사들이 각자 수업 전문성 신장을 위한 자율 연수, 연찬에 매진하여야 한다.

사회과 수업 전문성 평가 기준은 자신의 수업을 반성하고 동료 교사들과 서로의 수업에 대해서 비평하고 장학하는데 공통의 잣대를 제공해 주는 장점이 있다. 사회과 수업 전문성 평가 역시 이러한 취지하에 사회과 교사 경험이 있는 연구자들과 현재 사회과 수업을 담당하고 있는 현장 교사들이 중심이 되어 외국의 논의와 국내의 현실에 기초하여 개발하는 것이 바람직하다.

사회과 교사들의 수업 전문성 신장을 위해서는 전문 서적의 독서 활동, 자율 연수, 현직 연수, 수업 공개 및 협의, 임상 장학 등 각종 장학 활동, 동료 장학 등 카운슬링과 멘토링, 세미나와 워크숍 등 참여, 각종 연구 대회 참여, 사회과 교육 관련 연구학회 가입 및 논문 발표 등에 적극 참여하여야 할 것이다. 결국 사회과 교사의 수업 전문성 신장은 자율 연수와 연구 활동에 초점이 모아져야 할 것이다. 그리고 그러한 활동은 사회과 교사 자신이 스스로 참여하고 전개하여야만 한다.

1) 사회과 수업 연구의 의의

사회과 수업 연구란, 사회과 교육을 보다 효율적으로 실현하기 위하여, 수업의 개선점을 모색하고, 새롭고 참신한 발전적인 수업 방법을 연구하려는 것이다. 사회과 수업 연구라는 말을 보다 포괄적인 의미 개념으로 볼 때, 사회과 교육의 연구라는 말과도 연계가 된다. 사회과 수업 연구는 사회과를 담당하고 있는 교사들을 비롯하여 사회과 교육학자들, 그리고 관계 연구기관 등에 의하여 이루어지고 있다. 따라서 연구자들은 교육에 관한 기초 이론으로서 교수-학습이론, 학습 심리, 교육과정이론 등과 사회과 교육학, 사회 제 과학 등의 학문적인 이론, 그리고 사회과 교육의 성격, 목적, 내용, 방법, 평가 등의 이론, 현실 사회 사상에 대한 정보적 지식과 실황 파악, 그리고 또한 사회과 교육 연구 이론 등등을 잘 알고 있어야 한다. 사회과 수업 연구에서 시도되어야 할 사항들을 보면 다음과 같다.

(1) 사회과 최종목표 달성의 효과적인 방법 탐색

사회과의 최종목표를 '바람직한 시민으로서의 행위'라고 볼 때에 개인적 또는 사회적 문제의 합리적인 결정을 위해서는 기본적 지식, 방법적 능력, 정의적 요소를 갖추어야 한다.

즉, 급변하는 사회 사상을 이해하거나 사회문제를 해결하는데 결정적인 '힘'으로서의 작용을 할 수 있으려면 기본적 지식이나, 지식 습득의 방법적 능력을 가졌다고 해서 가능한 것만도 아니고 방법적 능력과 함께 감수, 성취 동기, 덕성 등과 같은 정의적 요소가 복합적으로 작용할 수 있을 때에 합리적인 결정이 가능하다는 것이다. 따라서 합리적 결정 능력을 길러 주기 위해서는 어떤 방법으로 지식, 기능, 태도를 길러 주는 것이 효과적이냐 하는 문제가 사회과 수업 연구를 통해서 규명되기를 바라는 것이다.

(2) 사회과 최종목표 달성에 새로운 수업 과정 이론의 적용 검토

수업 모형은 교수·학습활동을 위한 방향을 제시해 준다. 조이스(B. R. Joyce)는 수업 모형이 교육과정이나 교과를 형성하는데, 교수 자료를 개발하는데, 그리고 교사의 활동을 인도하는데 사용되는 시종일관한 양식이며 이론적인 계획이라고 하였다. 그러므로 사회과에서 적용되고 있는 많은 수업 모형 중 어떤 형태의 모형을 택하느냐 하는 것은 매우 중요한 문제이다. 민족 광복 이후 사회과에 적용된 수업 모형은 매우 다양하게 변해 왔다. 종래의 도입, 전개, 종결의 수업 모형에서부터 프로그램 학습, 과제 학습, 문제 해결 학습, 완전 학습, 주체학습과, 요즈음 강하게 대두되고 있는 탐구 학습, 열린 교육 등 많은 수업 모형을 적용해 왔다. 이와 같이 많은 수업 모형이 한때의 유행처럼 사회과 수업 방법을 흔들어 놓고 있다.

이와 같은 원인은 외국에서 실험 연구된 방법들의 무비판적인 인용에서 빚어진 결과라고 보인다. 연구수업도 예외는 아니다. 듀이(J. Deway)는 반성적 사고를 어떤 신념이나 가정된 지식 형태를 그것을 지지하는 기초에 비추어 능동적으로 일관성 있게 그리고 고려한 후 결론을 도출해 내는 것이라고 정의한 바 있다. 이 이론은 바이레스(E. E. Bayles), 마시알라스(B. G. Massialas), 제빈(J. Zevin) 등에 의하여 수업 현장에서 실험, 입증을 거쳐 탐구 수업의 형태로 미국의 사회과 교육에 적용되었다.

우리나라의 경우 탐구 수업에 대한 구체적인 실험이나 연구도 거치지 않고 1973년 교육과정 개정 시 탐구 학습의 형태를 적용할 수 있도록 사회과 교과서를 개편하였다. 그 이후 30여 년 동안에 탐구 수업에 대한 찬반론도 없지는 않았으나 일관되게 사회과 중심 학습법으로 시도되고 있다. 그런데 일선교육 현장에서는 본질적인 탐구 수업이 제대로 다루어지고 있는 사례가 과연 어느 정도나 되는가에 대해서는 아직도 의문점이 많다는 것이다. 이러한 현실에 비추어 볼 때, 탐구 수업의 형태가 반드시 필요로 하는 수업 방법이라고 한다면 이에 대한 수업 연구 등이 보다 성실하게 연구 개발되어야 할 것이다.

(3) 사회과에 당면 과제 해결의 적절한 방법 탐색

모든 교과가 국가나 사회가 당면하게 된 과제에 대하여 소홀히 취급할 수 없지만 더욱이 사회과가 맡게 된 비중은 어느 교과보다도 더 크다고 보아야 한다. 인구 증가와 도시 집중 현상, 자연의 파괴, 오염, 공해, 정치제도의 변화 등 국가 사회가 당면하고 있는 과업을 해결하는 중핵적인 역할을 사회과가 맡고 있다. 국가, 사회적 당면 과제를 긍정적으로 이해하고 그 해결에 적극적으로 참여하는 민주적 시민으로서의 인간을 육성하는 방법을 어떻게 전개하는 것이 바람직한 것인가에 관해서는 각급 학교에서 수업을 통하여 최적의 방법을 어떻게 전개하는 것이 바람직한 것인가에 관해서는 각급 학교에서 수업을 통하여 최적의 방법을 탐색해야 할 것이다.

고도산업사회로부터 정보사회를 거쳐서 2000년대 이후 세계화 사회로 돌입한 현대사회에서 우리 사회가 당면하고 있는 사회 사상(社會 事象)의 변화 상황을 보면 다음과 같다.

- 인구 증가와 도시 집중
- 천연자원의 결핍과 환경오염
- 경제성장과 인플레이션
- 교통수단의 증가와 고속도로의 증설
- 통신망의 확장과 매스미디어의 생활화
- 정치제도의 변화와 남북한의 관계
- 종교계의 통합과 사교(邪敎)의 등장
- 교육의 확대와 교육비의 과부담
- 지구촌 사회와 국제교류 증대
- 다문화 이해 교육의 확대
- 세계화의 진행에 따른 인적, 물적 교류 확대

사회 변화가 가속화되는 것만큼 기존 지식의 수명은 짧아지고 새로운 지식의 양은 증폭되고 있다. 그러므로 사회 사상의 변화가 가속화될수록 지식의 이해보다는 정보적 지식을 얻는 방법을 가르쳐야 한다는 것이다. 지식을 얻는 방법에는 일정한 공식이 있을 수 없으므로 부단한 현장 연구를 통하여 각급 학교의 내외적 환경에 가장 알맞은 방법을 찾아야 할 것이다.

이와 같은 방법의 탐색은 사회과 수업 연구를 통하는 것이 효과적이라고 볼 때, 그 의의가 크다고 할 수 있다.

(4) 다양한 가치문제의 합리적 판단 능력 신장 방법 모색

변화의 속도가 느린 정체된 사회에서는 미래나 과거가 별로 다르지 않을 것이라는 가정이 성립되므로 기성세대가 어렸을 때 물려받은 가치관을 그대로 계승하여도 앞날의 인생을 준비하는데 장애가 없었다. 그러나 오늘날처럼 사회 변화의 속도가 급속한 시대에서는 과거의 문화를 전승시키기 위한 교육만으로는 부족하다. 사회변동이 더 가속화됨에 따라 새로이 출현하는 가치관에 익숙하기도 전에 또 다른 가치관이 대두해 옴으로써 미래에 대한 충격을 느끼게 된다. 이에 대하여 토플러(A. Toffler)는 문화요소의 다양화가 야기한 가치관의 혼란이라고 '미래의 충격'에서 지적하였다. 미래의 시민이 될 오늘의 학생들이 성인이 되었을 때 부딪치게 될 가치문제에 대한 합리적인 판단력을 길러 주기 위해서는 교사나 부모, 그리고 그 밖의 성인이나 정부가 옳다고 생각하는 가치를 가르치려 하기보다는 학생 자신들이 가지고 있는 지식의 수준, 내적 외적 환경이 모두 다르기 때문에 이에 대한 꾸준한 연구가 요청된다. 이러한 연구란 이론만으로는 불가능하고 현장에서 체험 실천함으로써 가능할 것이다. 따라서 학교 단위로 주제를 내세우고 주제 해결을 위한 수업 연구가 진지하게 이루어질 때 최적의 가치 명료화 과정을 찾을 수 있을 것이다.

2) 사회과 수업 연구와 연구수업

일반적으로 구별 없이 혼용하고 있지만, 실제는 사회과 수업 연구와 연구수업이 분명히 다르다는 것을 이해하는 일이 중요하다. 연구수업은 연구의 계속성이 없이 교사가 임의로 결정한 주제에 의하여 일정한 시간에 연구수업을 공개하고 강평회를 갖는 것이다. 그러나 사회과 수업 연구는 보다 바람직한 사회과 수업의 개선점을 찾고자 하는 학교의 연구 주제에 따라 설정된 가설을 검증하여 보려는 입장에서 수업이 공개되는 것이다.

수업자는 특정한 교사가 지명되기보다는 전 교사가 모두가 참여하고 있는 것이다. 공개수업일에 주제에 따라 여러 교사가 수업을 공개할 수도 있다. 수업이 끝나면 수업 연구협의회를 통하여 학교의 특색 있는 사회과 운영과 수업체제를 찾아보려고 하는 것이다. 연구수업은 공개수업 교사가 참관 교사로부터 좋은 평가를 받으면서 자기 수업의 결과가 책임 지워지는 것이 아니고 수업자, 참여자 모두에게 공동책임이 있는 것이다. 즉 수업 연구는 학교 전체의 연구 결과를 기대하는 것이지 개인 교사의 능력을 평가하기 위한 것은 아니다. 수업 연구와 연구수업의 차이점을 도식화하면 다음과 같다.

특히 사회과 수업 연구에 있어서 고려되어야 할 점을 살펴보면 다음과 같다.

(1) 수업 연구의 주제를 정하는 일이다. 주제를 설정하는 방법은 학교 단위로 필요에 의하여 정하여지는 것이다.

(2) 사회과 수업 모형을 선정하는 일이다. 수업 모형의 수업 이론과 원리를 바탕으로 이루어져야 한다. 수업 이론이란 수업 연구의 주제 성취에 필요로 하는 조건을 정비하기 위한 지침을 처방해 주는 일련의 통합된 원리이다. 따라서 사회과 수업의 많은 모형 중 어떤 모형이 주제 해결에 알맞은가를 수업원리나 이론적 측면에서 독립변인, 종속변인, 매개변인을 분석해 보아야 한다. 그럼으로써 주제 해결의 방향이 명확해지는 것이다. 사회과에서 일반적으로 적용되고 있는 수업 모형으로는 탐구 수업, 문제 해결수업, 개념 학습, 과제수업, 강의수업, 토의 수업, 현장수업, 조사 학습, 모의 · 역할학습, 가치 탐구 학습 등을 들 수 있다. 왜냐하면 학생들의 기유하는 경험 등 내적, 외적 여건이 다르기 때문에 교사들의 꾸준한 연구의 실천 과정에서 밝혀질 수 있는 것이다.

(3) 수업 분석의 방법을 결정하는 일이다. 사회과 수업 방식이 주제 해결에 접근적이냐를 구체적으로 분석하기 위해서는 주제에 알맞은 수업 분석도의 척도가 마련되어야 한다. 일정한 모형을 제시할 수는 없지만 적어도 교사, 아동의 활동, 사고의 흐름, 자료의 활용 등을 시간별로 판별할 수 있는 양식이 구안되어야 한다. 양식에 기록된 내용을 바탕으로 수업이 어느 정도 주제 해결에 접근하고 있는가를 협의하고 보완하는 방법이 이루어져야 한다.

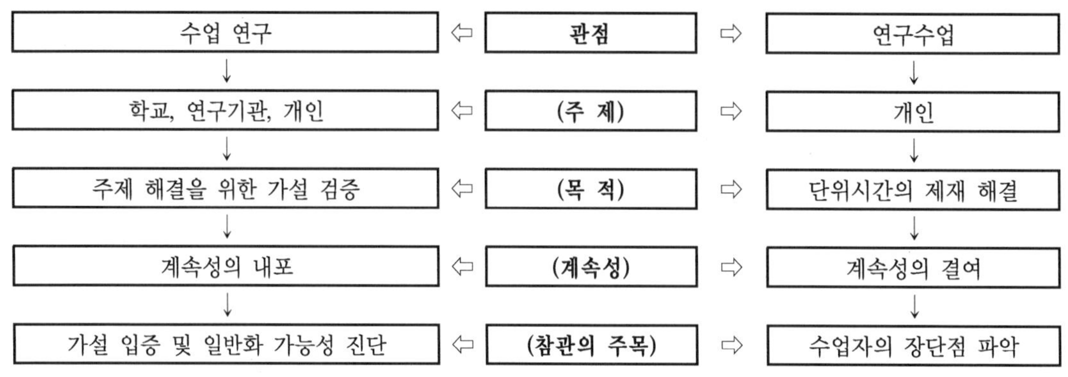

[그림 21] 수업 연구와 연구수업의 비교

3) 사회과 수업 분석의 핵심

(1) 질적 분석 방법과 양적 분석 방법

수업은 관찰과 분석의 대상이 되며, 이것은 일정한 공간인 교실, 학습 현장에서 의도적인 교수·학습 활동이 이루어지는 것을 일컫는다. 학습 현장인 교실 공간은 여행자(분석자)가 방문하는 지역(분석장소)이라고 말할 수 있으며, 교수·학습 활동은 지역에서 보여 주는 사람들의 생활 모습에 비유할 수 있다. 일반적으로 우리나라의 수업 연구자들이나 학교 교육 현장의 교사들에게 양적 분석 방법에 비해 질적 분석 방법이 비교적 덜 활성화되어 있다.

(2) 수업 분석의 효과적인 기술

수업 분석의 목표는 분석자의 관심이나 연구 목적에 따라 다양하게 설정될 수 있다. 그런데 일반적으로 시행되고 있는 수업 분석에서는 '효과적인 지도 기술' 부분에 지나치게 강조점을 두고 있는 경향이다. 좋은 수업에 대해 좋은 수업 기술이 요구되는 것은 당연하지만, 이는 수업 분석의 결과를 통해서 직접적으로 좋은 수업의 조건을 만들어 내는 것과는 다른 의미를 갖는다. 수업 분석은 대체적으로 수업의 질적 개선을 목표로 실행되어야 한다. 그렇기 때문에 소위 일정한 경력을 갖춘 베테랑 교사들의 수업이 주로 분석의 대상이 되고, 여기에서 나타난 법칙이나 원리, 효율적인 지도 방법 등을 찾아내려고 노력하게 된다. 특히 그중에서도 효과적인 지도 기술 함양과 신장이 수업 분석의 중심이라고 해도 과언이 아니다.

(3) 수업 분석의 대상의 다양화

일반적으로 수업은 특정한 의미와 이미지를 가지고 있다. 사실 수업이란 "교실이라는 특정한 공간에서 한 사람의 교사가 여러 명의 학생들 앞에서 교사와 학생과의 대화를 매개로 하여 지도하는 과정, 혹은 교수·학습 내용을 가지고 교사와 학생의 상호작용이 이루어지는 과정"이라는 이미지를 갖고 있다. 따라서 수업 분석의 대상에 대하여 생각할 때에도 바로 이러한 이미지를 가지고 접근하게 된다. 실제 분석의 대상이 되는 수업이라는 것이 어떤 것일까? 우리는 근본적인 측면에서 생각해 볼 필요가 있다(천호성, 2009: 63-65).

4. 사회과 수업 평가 분석의 기준(예시)

〈표 80〉 사회과 수업 평가 분석의 기준

대영역	중영역	사회과 수업 평가 요소 및 기준
영역 1: 기본 지식과 능력	Ⅰ. 사회과 목표와 내용에 대한 이해	Ⅰ-1.[교과관] 사회과 교사는 사회과 목표에 대한 충분한 이해를 토대로 체계적이면서도 균형감 있는 교과관을 지니고 있다.
		Ⅰ-2.[교과 내용 지식] 사회과 교사는 사회과 교육 내용을 구성하는 일반사회, 지리, 역사 영역에 대해서 체계적인 지식을 지니고 있다.
		Ⅰ-3.[교과 내용 경험] 사회과 교사는 사회과 내용을 구성하고 있는 일반사회, 지리, 역사 영역의 내용을 일상생활과 관련시켜서 가르칠 수 있다.
	Ⅱ. 사회과 교수 학습 및 평가 방법에 대한 이해	Ⅱ-1.[교수 학습 방법] 사회과 교사는 사회과에서 강조하는 다양한 교수 학습 방법에 대한 지식과 이를 활용할 줄 아는 기본 능력을 지니고 있다.
		Ⅱ-2.[평가 방법] 사회과 교사는 사회과에서 강조하는 다양한 평가 방법에 대한 지식과 이를 활용할 줄 아는 기본 능력을 지니고 있다.
	Ⅲ. 학습자 발달에 대한 이해	Ⅲ-1.[학습자 바달] 사회과 교사는 사회과 수업에 앞서 자신이 가르치는 학생들의 인지적, 정서적 발달 정도를 충분히 이해하고, 학생들과 민주적으로 상호 작용할 수 있는 유대 관계를 형성할 수 있다.
		Ⅲ-2.[선지식·오개념] 사회과 교사는 사회과 내용과 관련해서학생들의 선지식이나 오개념을 파악하고 이를 활용할 수 있는 능력을 지니고 있다.
	Ⅳ. 사회과 내용 교수법 지식	Ⅳ-1.[내용 교수법] 사회과 교사는 사회과 내용을 다양한 교수 학습 방법을 활용하고, 학습자의 발달과 흥미를 고려하여, 유의미한 학습 경험으로 변화시키는데 필요한 실천 지식을 지니고 있다.
영역 2: 수업 기획 능력	Ⅴ. 교육과정 재구성 및 수업 설계	Ⅴ-1.[교육과정 재구성] 사회과 교사는 국가 수준 교육과정 및 교과서를 자신의 수업 상황에 맞게 구체적으로 구성할 수 있다.
		Ⅴ-2.[수업 설계] 사회과 교사는 자신이 재구성한 교육과정을 구체적인 수업을 통해서 실현할 수 있도록 수업을 기획, 설계할 수 있다.
	Ⅵ. 수업 전략 및 자료 개발	Ⅵ-1.[교수 학습 방법 개발] 사회과 교사는 사회과 수업과 관련된 각종 교수 학습 방법을 종합하여 수업을 위해서 적절한 교수 학습 방법으로 개발·재구성할 수 있다.
		Ⅵ-2.[평가 방법의 개발] 사회과 교사는 사회과 수업과 관련된 각종 평가 방법과 지표들에 대한 검토를 통해 학생들의 학습 정도를 파악하기 위한 적절한 평가 방법을 개발·재구성할 수 있다.
		Ⅵ-3.[수업 자료 개발] 사회과 교사는 사회과 수업과 관련된 교과서 및 각종 관련 자료를 종합하여 의미 있는 수업 자료를 개발·재구성할 수 있다.
영역 3: 수업 실행 능력	Ⅶ. 수업 조작 및 전개	Ⅶ-1.[수업 목표·의도] 사회과 교사는 수업의 실행에서 수업 목표나 의도를 의미 있는 내용으로 적절하게 제시할 수 있다.
		Ⅶ-2.[수업 내용] 사회과 교사는 수업 목표를 달성하기 위하여 수업 내용을 효과적으로 구성하여 제시할 수 있다.
		Ⅶ-3.[교수 학습 방법] 사회과 교사는 수업의 실행에서 수업 내용에 따라 학생들의 흥미를 유도할 수 있는 적절한 수업 방법을 활용할 수 있다.
		Ⅶ-4.[평가] 사회과 교사는 수업의 실행 과정에서 진단, 형성, 총괄 평가를 잘 활용하여 학생들의 학습 정도를 정확하게 파악하고 그 결과를 수업에 반영할 수 있다.

대영역	중영역	사회과 수업 평가 요소 및 기준
영역 3: 수업 실행 능력	Ⅷ. 학습 집단 조직 및 환경 조성	Ⅷ-1.[학습 집단 조직] 사회과 교사는 수업을 실행함에 있어 적절한 학습 집단을 조직하고 학습 분위기를 조성할 수 있다.
		Ⅷ-2.[상호 작용] 사회과 교사는 교사와 학생, 학생과 학생 간의 상호 작용이 활발하게 이루어지고 상호 존중하는 학습 환경을 조성할 수 있다.
	Ⅸ. 수업 결과 확인(반성·회고)	Ⅸ-1.[수업 목표·의도 달성] 사회과 교사는 일련의 수업 실행 과정을 통해서 자신이 제시한 수업 목표나 의도를 달성할 수 있다.
		Ⅸ-2.[수업 일관성 유지] 사회과 교사는 수업의 조직 및 전개 과정에서 일관성을 가지고 수업을 진행할 수 있다.
		Ⅸ-3[교육적 변환] 사회과 교사는 교과서 내용을 전달하는데 그치는 것이 아니라 교과 목표나 내용, 학생 관심과 흥미, 수업 모형이나 전략에 맞추어 교육적으로 의미 있게 변환시킬 수 있다.
영역4: 전문성 제고 노력	Ⅹ. 전문성 발달	Ⅹ-1.[자기반성] 사회과 교사는 수업에 대한 지속적인 자기반성과 학생 반응을 토대로 수업을 개선하여 사회과 교사로서의 수업 전문성을 기른다.
		Ⅹ-2.[동료 장학] 사회과 교사는 동료 교사들과의 협력과 장학을 통하여 수업을 개선하여 사회과 교사로서의 전문성을 기른다.
		Ⅹ-3[자기 개발] 사회과 교사는 사회과 교과 관련 연수나 다양한 자기 연찬 활동을 통하여 교과 전문가로서의 전문성을 함양한다.

* 출처: 한국교육과정평가원, 「사회과 수업 평가 매뉴얼: 사회과 수업 평가 기준」, 연구 보고서, ORM 2006-24-6, 2006: 6-7.

5. 수업 분석 도구 활용 방법

1) 수업 분석 도구 활용 방법

(1) 교사의 발문 진단

일반적으로 사회과 분석에서는 지시적 발문, 비지시적 발문, 재생적 발문, 추론적 발문, 적용적 발문으로 나누어 살펴보며 빈도를 기록하고, 이를 다시 백분율로 환산하여, 교사의 발문의 성격을 진단한다.

(2) 교사의 개인적 특성 분석

사회과 수업을 진행하는 시선, 행위, 제스처, 옷차림, 언어 등을 약 5분 간격으로 기록하되, 내용에 따라 번호로 기록한다. 가령, 교사의 목소리가 높다면 ①, 적당하다면 ②, 낮다면 ③ 등으로 기록한다.

(3) 학생의 학습 태도 관찰 분석

학생의 주의 집중한 바람직한 태도와 산만한 태도를 5분 간격으로 기록한다. 각 항목의 합계는 학급 전체의 학생 수와 같도록 한다.

(4) 학생의 참여 분석

학생들의 수업 참여 내용을 9가지로 분류하여 3단계의 평정척으로 기록한다. 각 항목의 합계는 반 전체의 학생 수와 같도록 한다.

(5) 수업 분위기 분석

사회과 수업 분위기를 창의성, 활기성, 치밀성, 온화성 등 네 요소로 나누어 관찰하고 기록하고, 이를 다시 영역별 점수로 환산하여 종합도(그래프)로 그린다. 완전한 마름모에 가까울수록 균형적인 수업이 이루어진 것으로 볼 수 있다.

2) 수업 분석 도구 양식

(1) 교사의 발문 진단
(2) 교사의 개인적 특성 분석
(3) 학생의 학습 태도 관찰 분석
(4) 학생의 참여 분석
(5) 수업 분위기 분석

6. 수업 관찰과 분석의 과제

1) 수업 관찰과 분석

수업 관찰은 교수 방법 개선을 위한 수업 과정에 관한 자료 수집과 분석 및 평가에 가장 보편적으로 활용되고 있는 수단이다. 수업 관찰이 필요한 이유는 교수 방법과 학습 방법에 대한 연구의 기초 자료를 제공하는데 많은 비중을 담고 있기 때문이다. 수업 관찰에 의한 자료 수집은 수업 개선을 위해 필수적이라고 하겠다(주삼환, 1999: 75).

수업 과정의 분석은 과학적이어야 하며, 분석의 결과는 과학적인 방법으로 기록되고 처리되며 해석되어야 한다. 수업 과정 분석의 궁극적인 목적은 학생 행동 변화에 공헌하기 위한 것이다.

2) 수업 관찰의 기본 과제

(1) 수업 관찰은 그 방법이 과학적이며 논리적이어야 한다.

(2) 수업 관찰의 범위나 내용을 분명히 하고 이를 효과적으로 관찰할 수 있는 관찰 도구를 준비해야 한다.

(3) 관찰 결과가 객관적이고 신뢰할 수 있는 자료를 수집할 수 있는 방법이어야 한다.

(4) 수업 관찰 결과를 객관적이고 과학적인 방법으로 기록하고 해석할 수 있는 관찰 방법이나 도구를 선정해야 한다.

(5) 수업 관찰의 결과는 수업자에게 확인되고 스스로의 수업 행동을 교정하는데 도움을 주어야 한다.

(6) 한 가지의 수업 관찰 방법만으로는 수업 전체에 관한 평가를 하는 것은 삼가야 할 것이다.

(7) 수업 관찰 방법은 실용적인 목적에 부합되어야 한다.

(8) 수업 관찰 도구는 계속적으로 학교 현장에서 개발·적용되어야 한다.

3) 수업 관찰 상의 유의점

(1) 수업 관찰은 사전에 준비된 계획에 따라 합리적으로 이루어져야 한다.

(2) 객관적이고 사실적인 태도로 관찰해야 한다.

(3) 수업 관찰자는 수업 분위기에 영향을 주는 언행을 해서는 안 된다.

(4) 관찰자는 수업을 냉정한 자세로 관찰해야지 수업자나 학습자의 입장이 되어 수업 상황에 몰입해서는 안 된다.

(5) 정확한 기록을 위해서는 한 사람보다는 몇 사람이 역할을 분담하여 기록하는 것이 좋다.

7. 수업 관찰의 실행

1) 수업 관찰의 과정(순서)

(1) 계획 수립 단계에서의 고려 사항

① 신뢰 있는 관계 조성(사전 충분한 협의 실시)
② 수업 연구(수업 개선) 과제 선정
③ 학생·수업에 대한 정보 교환
④ 수업 관찰 계획 수립

(2) 수업 관찰 단계에서의 고려 사항

① 학습 지도안 검토
② 수업 관찰
③ 수업 관찰 결과 정리

〈관찰 내용〉

(1) 무초점 관찰(전체 관찰): 전반적인 사항을 관찰
(2) 초점 관찰(중점 관찰): 사전에 합의된 몇 가지 사항을 중점적으로 관찰
<관찰 기록 방법>(개별적으로 또는 복합적으로 사용)
(1) 관찰된 사항을 서술식으로 기록하는 방법
 - 전체적인 기록: 교사와 학생의 모든 언어를 기록
 - 부분적인 기록: 특정한 형태의 언어만을 기록
(예: 교사의 발문, 교사의 학생에 대한 환류 방법, 교사의 지시와 구조적인 진술 등)
(2) 관찰된 사항을 약어나 부호를 사용하여 기록하는 방법
 - 학생들의 과업 집중도 기록법: 학생들의 과업 집중 형태를 기록
 - 교사와 학생들 간의 언어 흐름 기록법: 교사와 학생들 간의 언어적 상호 작용 형태를 기록
 - 교사와 학생들의 움직임 기록법: 교사와 학생들의 수업 중 이동 양식을 기록
 - Flanders의 상호 작용 분석법: 교사와 학생들 간의 언어적 상호 작용 형태를 기록 분석
(3) 관찰된 사항을 체크리스트를 사용하여 기록하는 방법
 - 학교 형편에 따라 자체 개발한 다양한 체크리스트를 사용하여 수업 관찰 결과를 기록
(4) 녹음기·녹화기(VTR 카메라)를 사용하는 방법
 - 녹음·녹화 내용: ·전체 녹음·녹화 - 전체 수업 과정을 녹음·녹화
                ·부분 녹음·녹화 - 관찰 중점 또는 수업 개선 자료로서 가치 있는 부분을 녹음·녹화
 - 녹음·녹화 자료 활용: ·수업 분석의 객관적 근거 자료 ·교사의 자기 수업 반성 자료 ·자체 연수 자료

(3) 결과 정리 단계에서의 고려 사항

① 수업 관찰 결과 논의
② 수업 연구 과제 해결 및 수업 개선 방안 설정
③ 적용·평가

2) 수업 모형에 따른 관찰

(1) 교사 주도형 수업 모형 분석

교사는 다음과 같은 방법을 얼마나 잘 활용하고 있는지 아래 예시 표를 이용해서 점수화시킨다.

① 교사 주도형 수업 모형 분석표

사회과 수업 관찰자:　　　　(인)

학년 반	학년 반	교사		장소		학생 수		명
단원명				일시		년　월　일(　요일)		
본시 학습 목표:								

* 다음 해당 항목의 점수란에 동그라미를 표하시오

평가 요소	점수
○ 진단학습을 시켰으며 출발점 행동에서 시작한다.	⑤ 4 3 2 1
○ 예를 들어 설명한다.	5 ④ 3 2 1
○ 단순 반복하지 않고 반복할 때 좀 더 심화시켜 설명한다.	⑤ 4 3 2 1
○ 핵심을 벗어나지 않는다.	⑤ 4 3 2 1
○ 시각적인 자료(파일 등)를 사용한다.	5 ④ 3 2 1
○ 학생들이 교사의 말에 열중한다.	5 4 3 ② 1
○ 학생이 이해했는지를 확인(퀴즈)한다	⑤ 4 3 2 1
합　　계	
의견	

② 활용

교사 주도형 수업은 주로 교사의 태도에 따라 수업 내용이 달라지므로 위와 같은 방법으로 그 교사의 특성과 약점을 보완시키도록 한다. 예시에서 보면, 5점 만점을 받은 항목이 많은 데 비해, 유독 '학생들이 교사의 말에 열중한다.'에서는 2점밖에 나오지 않았다. 그렇다면 다른 항목이 아무리 점수가 좋다 하더라도 산만한 분위기였음을 알 수 있다. 위의 표를 토대로 해서 사후 협의회 시간에 교사와 관찰자는 문제점에 관해서 의견을 교환한다.

(2) 토론 학습 모형 분석

교사와 사전 협의회를 통하여 학급 전체를 관찰할 것인지, 또는 특정한 학생들을 관찰할 것인지를 미리 정한다. 평정 척도는 상, 중, 하 등으로 한다.

① 집단 토의 수업 모형 분석

학년 반	학년 반	교사		장소		학생 수		명
단원명				일시		년 월 일(요일) 교시		
본시 학습 목표:								

평가 요소	평정
1. 수업을 받는 전체 학생이 참여한다.	상 중 하
2. 교사가 토의 진행 과정을 부드럽게 지도한다.	상 중 하
3. 전체 학생이 제기된 아이디어에 관심을 갖고 평가한다.	상 중 하
4. 교사는 학생이 비판적인 사고를 하도록 조장한다.	상 중 하
5. 교사는 학생의 여론을 주도하지 않는다.	상 중 하
6. 토의의 진행 속도가 느리지 않고 주제를 벗어나지 않는다.	상 중 하
합 계	
의 견	

② 활용

교사 혼자서 평정표를 보고 다음 수업을 계획할 수도 있겠지만 학생의 활동이 많은 부분을 차지하는 수업이므로 위의 평정표를 학생들에게 골고루 보이도록 해서 학생 스스로도 보다 효과적인 수업을 위해 노력해야 할 부분을 공유하도록 한다.

3) 수업 분위기 관찰

수업 분위기는 교사와 학생이 서로에 대해서 가지는 전반적인 태도를 의미한다. 이것은 학생들이 서로 간에 가지는 상호 작용뿐 아니라 교사와 학생 간의 많은 구체적인 상호 작용을 통해서 형성된다. 이러한 수업 분위기는 수업의 효과나 학업의 성취에 영향을 미치기 때문에 긍정적인 방향으로의 개선이 요구된다 할 수 있다.

<표 81> 수업 분위기 관찰 체크리스트

관찰일: 20○○년 ○월 ○일   관찰자: _______(인)   수업자:

	5	4	3	2	1	
1. 독창적인						상투적인
2. 참을성 있는						성미가 급한
3. 냉정한						온화한
4. 권위적인						상냥한
5. 창의적인						모방적인
6. 통제가 많은						자율성이 많은
7. 개방적인						폐쇄적인
8. 부드러운						딱딱한
9. 불공정한						공정한
10. 변덕스러운						일관성 있는
11. 겁이 많은						모험적인
12. 엉성한						치밀한
13. 고립적인						우호적인
14. 확실한						애매한
15. 소극적인						적극적인
16. 융통적인						획일적인
17. 산만한						체계적인
18. 능동적인						수동적인
19. 수용적인						비판적인
20. 조용한						시끄러운
21. 진취적인						보수적인
22. 계획적인						즉흥적인
23. 경솔한						신중한
24. 활기찬						무기력한
25. 객관적인						주관적인
26. 내성적인						외향적인
27. 자신감 있는						망설이는
28. 소심한						대담한

〈표 82〉 사회과 교사의 발문 진단(관찰자 협의 선택)

사회과 교사의 발문 진단지

사회과 수업 관찰자＿＿＿＿＿＿(인)

학년 반		수업자	교사 ○○○	학생 수		명
단원명		차시	일시	20　．　．．( )		
본시 학습 목표						

영역	착안점	빈도수	%
1. 지시적 발문	■ 지시, 비난하는 발문 (예: 공책에 써요, 칠판을 봐요, 그것도 몰라요, 틀렸어 등)		
2. 비지시적 발문	■ 칭찬, 권장, 학생의 생각을 받아들이거나 이용하는 발문 (예: 잘했어요, 맞았어요, '으음', '그래' 등)		
3. 재생적 발문	■ 재생, 암기, 계산, 열거 등 학생이 단편적인 지식으로 답변하게 하는 발문 (예: 우리나라의 수도는, 3·1운동은 언제 일어났는가? 등)		
4. 추론적 발문	■ 인과관계, 종합, 분석, 구분, 비교, 대조하게 하는 발문(비슷한 점, 같은 점, 다른 점) (예: 그림지도와 지도의 차이점은 무엇인가요? 등)		
5. 적용적 발문	■ 새로운 사태에 원칙을 적용, 이론화, 예언하는 반응을 나타내게 하는 발문 (예: 방조제가 생김으로 인해서 달라진 점과 앞으로 어떻게 될지 이야기해 봅시다.)		
계			

※ 의 견:

〈표 83〉 사회과 교사의 개인적 특성 분석

교사의 개인적 특성 분석(관찰자 협의 선택)

사회과 수업 관찰자＿＿＿＿＿＿＿(인)

학년 반			수업자	교사 ○○○	학생 수		명
단원명		차시	/	일자(요일)	20 ． ． ．( )		
본시 학습 목표							

항목₩시간(분)		5	10	15	20	25	30	35	40	45	50	항목/시간(분)
목소리	높낮이											
	속도											
	어조											
비언어적 행위	시선 접촉											
	열정											
	자세											
	손동작											
	제스처											
	이동											
옷차림												
언어												

- 목소리: 1) 높이에 따라 ① 높다, ② 적당하다, ③ 낮다.
　　　　　2) 속도에 따라 ①느리다, ②적당하다, ③빠르다.
　　　　　3) 어조에 따라 ① 단조롭다, ② 변화가 있다, ③정상적이다.
- 비언어적 행위: ① 효과적이다, ② 비효과적이다.
- 교사의 옷차림과 언어의 사용: ① 적절하다, ②부적절하다.

※ 의 견:

〈표 84〉 사회과 교수·학습에서의 학생의 학습 태도 관찰

학생의 학습 태도 관찰 분석(관찰자 협의 선택)

사회과 수업 관찰자______________(인)

학년 반		수업자	교사 ○○○	학생 수	명
단원명		차시	/	일시(요일)	20 . . .( )
본시 학습 목표					

(N =)

시간 \ 내용	주의 집중(바람직한 태도)			산만한 태도		
	시선 집중	과제 수행	대답, 토의	시선을 집중하지 않음	과제를 수행하지 않음	잡담
5						
10						
15						
20						
25						
30						
35						
40						
소계						
총계						

N: 학생 수로 각 항목을 합하여 N과 같도록 한다.

※ 의 견:

〈표 85〉 사회과 교수·학습에서의 학생의 참여 분석

학생의 참여 분석(관찰자 협의 선택)

사회과 수업 관찰자______________(인)

학년 반		수업자	교사 ○○○	학생 수	명
단원명		차시	/	일자(요일)	20 . . . ( )
본시 학습 목표					

(N=   )

평정척 내용	그렇다	보통이다	그렇지 않다
1. 토론에 열심히 참여하고 있는가?			
2. 중요한 아이디어를 사용하는가?			
3. 실제적인 개념을 분명히 알고 있는가?			
4. 논의 핵심을 계속 유지하는가?			
5. 자신의 생각을 발전시키는데 동료 학생의 아이디어를 활용하는가?			
6. 자신의 생각에 대한 증거나 예를 제시하는가?			
7. 동료 학생의 아이디어에 얼마나 논리적으로 대응하는가?			
8. 동료 학생의 아이디어에 관심이 있는가?			
9. 핵심을 요약해서 진술하는가?			
합계			
비율(%)			

※ N: 학생 수로 각 항목을 합하여 N과 같도록 한다.

※ 의 견:

<표 86> 사회과 교수·학습에서의 수업 분위기 분석

사회과 수업 분위기 분석

사회과 수업 관찰자 　　　　　(인)

학년 반		수업자		교사○○○	학생 수		명
단원명		차시	/	일자(요일)	20　.　.　.(　)		
본시 학습 목표							

1. 수업 분위기 관찰지

		1 2 3 4 5					1 2 3 4 5	
1	독창적인		상투적인		15	소극적인		적극적인
2	참을성 있는		성미가 급한		16	융통적인		획일적인
3	냉정한		온화한		17	산만한		체계적인
4	권위적인		상냥한		18	능동적인		수동적인
5	창의적인		모방적인		19	수용적인		비판적인
6	통제가 많은		자율성이 많은		20	조용한		시끄러운
7	개방적인		폐쇄적인		21	진취적인		보수적인
8	부드러운		딱딱한		22	계획적인		즉흥적인
9	불공정한		공정한		23	경솔한		신중한
10	변덕스러운		일관성 있는		24	활기찬		무기력한
11	겁이 많은		모험적인		25	객관적인		주관적인
12	엉성한		치밀한		26	내성적인		외향적인
13	고립적인		우호적인		27	자신감 있는		망설이는
14	확실한		애매한		28	소심한		대담한

2. 수업 분위기 관찰 분석

영역		긍정적 분위기 문항				부정적 분위기 문항				추가점수	계
창의성 (Ⅰ)	문항	1	5	7	16	6	11	28		11	
	점수										
활기성 (Ⅱ)	문항	18	21	24	27	15	20	26		11	
	점수										
치밀성 (Ⅲ)	문항	14	22	25	·	10	12	17	23	17	
	점수										
온화성 (Ⅳ)	문항	2	8	19	·	3	4	9	13	17	
	점수										

3. 수업 분위기 종합도

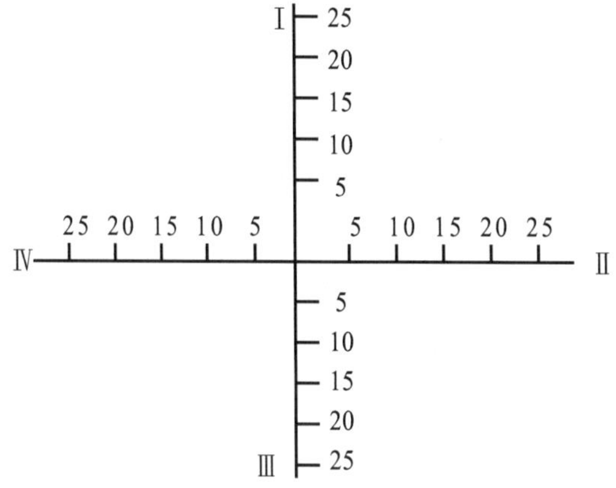

사회과 수업 참관록

○○○○학교

방문 학교				수업 공개				기록자
교명	교장	교감	학급 수	교과	수업자	학년 반	학생 수	직:
				사회과				성명:　　　(인)

영역		관찰 관점	관찰 내용
가. 수업 설계		① 수업안(학급 특성과 학습 내용의 고려)	
		② 수업 목표의 진술, 제시, 성취 가능성 (지역화되고 학생 수준 고려)	
나. 기본 자질	교사	③ 적극적인 수업(전개, 지도력, 학습 밀도 등)	
		④ 교수 태도(언어, 자세, 안정감)	
		⑤ ICT 활용 및 정리 요령	
	학생	⑥ 학습용구 사용 능력(준비 상황, 조작 능력)	
		⑦ 자기 주도적 학습활동(태도, 습관, 참여 정도)	
		⑧ 자기표현력(발표력, 선수 학습, 내용 동원 능력, 서사력)	
다. 교수· 학습 활동	지도 과정	⑨ 출발 행동의 진단과 활용	
		⑩ 동기 유발과 문제의식(동기화의 수준, 문제 제시 방법)	
		⑪ 학습 목표에 적합한 학습 방법(계획, 대안, 학생 활동)	
		⑫ 학습 목표 달성에 알맞은 수업원리의 적용(지식, 기능, 태도, 전략)	
	학습 집단	⑬ 수준별, 개별 학습과 협동 학습의 조화(개인차, 학습 속도 고려)	
		⑭ 학습 진단, 구성 및 활용 (목표 접근, 자율·책임·협동심 발양, 도우미 친구 활동)	
	자료 환경	⑮ 자료 준비 활용도 (준비, 자료의 유인성, 목표 접근, 창의력, 사고력: 선택적 자율 학습 가능성)	
		⑯ 학습자 중심 학습 환경 조성(수업 분위기, 공간 활용, 시설 환경의 다 양화, 교육적 접근)	
	정리	⑰ 본시 학습 내용 정리 환류(개별화, 강화, 정리)	
	발전	⑱ 발전적 예습과제의 제시(능력, 시간의 적절성)	
라. 학습 성취 정착		⑲ 형성 평가, 수행 평가 상황(시기, 다양성, 결과 환류)	
		⑳ 학력 정착도(내용, 수준, 전이, 결과 활용)	

〈표 88〉 사회과 수업 매체 활용 분석 관점표

수업 분석의 관점	평점					비고
	매우 만족	조금 만족	보통	조금 부족	부족	
1.(수업 매체 선정의 조건) 학습자의 특성, 학습 유형, 학습 과제 등의 특성을 고려하여 선정한 매체이다.						
2.(매체의 특성) 매체의 특성과 장단점을 충분히 검토한 활용 계획이다.						
3.(매체의 선정 절차) 매체 선정 절차에 따라 수업 사태에 적합한 매체 활용 분석표를 작성하여 치밀하게 선정한 매체를 활용하였다.						
4.(준비량) 수업해야 할 과제와 시간량에 비하여 적합한 매체가 준비되어 있다.						
5.(정확성) 준비된 매체가 수업 과정의 흐름에 맞추어 효과적으로 투입·활용되고 있다.						
6.(다양성) 학습의 능률화를 가져올 수 있는 다양한 매체 활용 계획을 수립하였다.						
7.(좋은 매체) 학생의 탐구적 활동을 촉진하는 생동감 있는 매체를 선정하였다.						
8.(적당한 시간) 수업 과정에서 적장한 시간을 활용하였다.						
9.(적당한 장소) 학생의 시력, 건강, 편리성 등을 고려하여 적장한 장소에서 활용하였다.						
10.(적당한 방법) 학생들이 이해하기 쉽고, 흥미를 자극할 수 있는 다양한 방법으로 활용하였다.						
분석 결과 종합						
기타 의견						

8. 수업 관찰 분석 결과 활용

수업 분위기가 긍정적일수록 수업의 효과 및 학생들의 학업 성취가 향상된다. 예를 들어, 수업 분위기 관찰지의 기록 결과 수업 분위기의 치밀성, 활기성의 영역은 긍정적으로 나타났으나 창의성, 온화성 영역은 개선의 여지가 있는 것으로 밝혀질 경우, 수업 분위기 개선을 위해서 수업자가 해야 할 몇 가지 새로운 활동, 유지하거나 증가시켜야 할 특징, 중지하거나 감소 혹은 회피해야 할 몇 가지 특징 등을 도출하여 개선 계획을 세울 수 있다.

1) 경험이 부족한 초임교사에게 반성의 기회를 주며, 반성적 사고를 유발시켜 교수 학습 능력이 신장될 수 있을 것이다.

2) 구조화된 체크리스트를 활용한 일관성 있고 체계적인 관찰을 통해 교사의 단점을 보완해 준다.

3) 교사는 다른 교사가 행하는 훌륭한 수업 장면을 관찰할 때 자신의 수업에 대한 많은 통찰력을

얻는다.

4) 자신의 수업 장면을 녹음하거나 녹화하여 분석하는 자기 분석법을 통해서도 자신의 강점과 약점을 파악하고 개선할 수 있는 많은 단서들을 얻을 수 있다.

5) 교사가 다른 교사의 수업이나 자신의 수업 관찰로부터 많은 개선을 얻기 위해서는 반성적 수업 관찰이 이루어져야 한다.

〈표 89〉 사회과 수업 참관록(2)

사회과 수업 참관록(예)

○○○○학교

방문 학교				수업 공개				기록자
교명	교장	교감	학급 수	교과	수업자	학년 반	학생 수	직:
학교				사회과			명	성명: (인)

영역		관찰 관점	관찰 내용
가. 수업 설계		① 수업안(학급 특성과 학습 내용의 고려)	
		② 수업 목표의 진술, 제시, 성취 가능성 (지역화되고 학생 수준 고려)	
나. 기본 자질	교사	③ 적극적인 수업(전개, 지도력, 학습 밀도 등)	
		④ 교수 태도(언어, 자세, 안정감)	
		⑤ ICT 활용 및 정리 요령	
	학생	⑥ 학습용구 사용 능력(준비 상황, 조작 능력)	
		⑦ 자기 주도적 학습활동(태도, 습관, 참여 정도)	
		⑧ 자기표현력(발표력, 선수 학습, 내용 동원 능력, 서사력)	
다. 교수· 학습 활동	지도 과정	⑨ 출발 행동의 진단과 활용	
		⑩ 동기 유발과 문제의식(동기화의 수준, 문제 제시 방법)	
		⑪ 학습 목표에 적합한 학습 방법(계획, 대안, 학생 활동)	
		⑫ 학습 목표 달성에 알맞은 수업원리의 적용 (지식, 기능, 태도, 전략)	
	학습 집단	⑬ 수준별, 개별 학습과 협동 학습의 조화 (개인차, 학습속도 고려)	
		⑭ 학습 진단, 구성 및 활용 (목표 접근, 자율·책임·협동심 발양, 도우미 친구 활동)	
	자료 환경	⑮ 자료 준비 활용도(준비, 자료의 유인성, 목표 접근, 창의력, 사고력: 선택적 자율 학습 가능성)	
		⑯ 학습자 중심 학습 환경 조성(수업 분위기, 공간 활용, 시설 환경의 다양화, 교육적 접근)	
	정리	⑰ 본시 학습 내용 정리 환류(개별화, 강화, 정리)	
	발전	⑱ 발전적 예습과제의 제시(능력, 시간의 적절성)	
라. 학습 성취 정착		⑲ 형성 평가, 수행 평가 상황(시기, 다양성, 결과 환류)	
		⑳ 학력 정착도(내용, 수준, 전이, 결과 활용)	

✍ 연구 문제

1. 피아제(Paget)와 브루너(Bruner) 이론의 인지 발달과 변증법적 관계를 표로 제시하고 설명해 보시오.

2. 사회과 교수·학습에서 교사 중심 교수·학습과 학생 중심 교수·학습의 사례를 들고 각각의 장단점을 기술해 보시오.

3. 사회과 탐구 학습, 문제 해결 학습, 협동 학습, 의사 결정 학습 등을 상호 비교하여 약술해 보시오.

4. 사회과 교수·학습 지도(과정)안의 구성 요소와 작성 방법에 대해서 기술해 보시오.

5. 사회과의 수업 분석, 수업 컨설팅, 수업 장학, 수업 비평 등의 개념과 필요성을 교과 특성과 관련하여 설명해 보시오.

6. 사회과 수업 평가 분석의 대영역인 기본 지식과 능력, 수업 기획 능력, 수업 실행 능력, 전문성 제고 노력 등에 대해서 간단히 설명해 보시오.

7. 사회과 교수·학습에서 수렴적 발문과 확산적 발문(발산적 발문)의 예를 들고, 사회과 교수·학습에서 확산적 발문(발산적 발문)을 신장시켜야 하는 이유를 약술해 보시오.

8. 사회과 수업 연구에서 수업 관찰의 영역을 열거하고 관찰의 초점을 기술해 보시오.

9. 사회과 수업 관찰 분석에서 수업 분위기의 긍정적인 면과 부정적인 면의 여러 요소들을 제시하고 종합적으로 설명해 보시오.

10. 사회과 수업 관찰과 분석을 위한 장학협의회 순서(단계)를 열거하고 각 순서(단계)별 특징에 대해서 설명해 보시오.

제 9 부

◀◀ 사회과 교과서와 교수·학습 자료 ▶▶

[Key Point]
　제9부에서는 사회과 교과서와 사회과 교수·학습 자료에 대하여 심층적으로 이해한다. 이를 위하여 사회과 교과서의 특성과 기능, 미래 사회과 교과서의 지향 방향, 사회과 교수·학습 자료의 종류와 활용 기법에 대하여 탐구한다. 특히, 사회과 교수·학습 효과 고양을 위한 다양한 교수·학습 자료별 활용 기법 등을 탐구한다.

제9부 학습의 개관: 사회과 교과서와 교수·학습 자료

<table>
<tr><td>학습 개요</td></tr>
</table>

- 사회과 교과서의 특징, 사회과 교과서의 의의와 기능
- 사회과 교과서의 모형, 사회과 교과용 도서의 조건
- 지식정보화 사회의 사회과 교과서, 미래 사회과 교과서의 편찬
- 사회과 교재 재구성, 사회과 교재 분석
- 사회과 학습 자료의 의의와 특성 및 종류
- 사회과 학습 자료의 선정과 구성
- 사회과 학습 자료의 활용 방법
- 사회과 학습 자료 활용의 유의점

<table>
<tr><td>학습 목표</td></tr>
</table>

- 사회과 교과서의 특징에 대해서 이해한다.
- 사회과 교과서의 의의와 기능 등에 대해서 이해한다.
- 사회과 교과서의 모형에 대해서 이해한다.
- 사회과 교과용 도서의 조건에 대해서 이해한다.
- 지식정보화 사회의 사회과 교과서의 조건과 미래 사회과
  교과서의 편찬의 방향에 대해서 탐구적으로 이해한다.
- 사회과 교재 재구성과 사회과 교재 분석 방법에 대해서 이해한다.
- 사회과 학습 자료의 의의와 특성 및 종류 등에 대해서 이해한다.
- 사회과 학습 자료의 선정과 구성 방안에 대해서 이해한다.
- 사회과 학습 자료의 활용 방법과 방안 등에 대해서 구체적으로 이해한다.
- 사회과 학습 자료 활용의 유의점에 대해서 이해하고 탐구적으로 접근한다.

<table>
<tr><td>핵심 개념 및 키워드</td></tr>
</table>

- 사회과 교과서의 특징, 사회과 교과서의 의의와 기능
- 사회과 교과서의 모형, 사회과 교과용 도서의 조건
- 지식정보화 사회의 사회과 교과서, 미래 사회과 교과서의 편찬
- 사회과 교재 재구성, 사회과 교재 파악과 분석
- 사회과 학습 자료의 의의와 특성 및 종류
- 사회과 학습 자료의 선정과 구성, 사회과 학습 자료 선정 시 고려할 점
- 사회과 학습 자료의 활용 방법 및 방안
- 사회과 학습 자료 활용의 유의점, 활용 방안 모색

1. 교과서의 일반적 특성

현행 초·중·고교 등 각급 학교에서 사용하는 교과서는 교육과정의 교육 목표와 교수·학습 내용, 교수·학습 방법, 교육 평가 등의 일련의 과정을 구현하기 위하여 조직 및 배열된 교재로서, 학습용으로 제공되는 학생들의 기본적 교과용 도서를 의미한다.

과거의 교과서는 학교에서의 교육이 교과서를 가르친다는 관점으로 절대적 지위를 갖고 있었다. 학습의 내용과 지도 순서가 교과서에 따라 진행되고 학생은 교과서의 내용을 무조건 암기하면 되는 것으로 중시되었다. 이는 근본적으로 진부한 교육관에서 파생된 것으로 가르치게 될 지식의 양이 교과서에 집약되어 있고, 교사는 학생들에게 교과서의 내용을 주입, 암기시키는 형식으로 일관하는 것으로 바람직하지 않다. 학생들의 경험과 성장의 문제는 수단으로 전락할 우려가 있는 것이다(한국교과서연구재단, 2006, 4-8).

그러나 현대의 교과서관은 하나의 전국적인 기준과 방향만을 제시하는 것이며, 지역사회, 학교의 여건, 학생들의 수준 등을 고려하여 재구성·지역화하여 적용하여야 한다. 즉, 교과서는 학생들의 경험의 재구성이라는 관점에서 다양한 학습 경험과 활동을 통하여 학생들의 발달을 기대할 수 있는 주요한 정보 학습 자료로서의 역할과 기능을 하는 것이다. 그러므로 현대의 사회과 교과서는 융통성을 가진 학습 보조 자료로서 사용되어야 하며, 나아가 교수·학습 과정에서 최상의 매개체로서 적절하게 활용되어야 하며, 교과서 외의 여러 가지 교구, 교재와 병용(竝用)될 때 보다 효과적일 것이다.

일반적으로 교과서는 다음과 같은 특성을 갖고 있다(조영복, 2008: 20-21).

첫째, 학습 내용을 제시해 준다. 교과서는 학생들이 배워야 할 내용을 학습하기 용이하도록 조직·배열하는데 일차적인 기능이 있다.

둘째, 탐구 과정을 유도해 준다. 교과서에 제시된 내용으로서의 지식은 독특한 탐구 과정을 통하여 산출된 것이다. 따라서 교과서는 내용뿐만 아니라, 그 내용을 탐구하거나 발견하는 과정을 안내하고 유도하는 기능을 발휘하도록 구성되어야 한다.

셋째, 학습 자료를 제시해 준다. 교과서에는 내용의 이해를 돕거나 탐구에 필요한 많은 자료가 제시된다. 교과서의 설명, 예화, 사진, 삽화, 통계표 등은 바로 학습을 돕는 좋은 자료가 된다.

넷째, 학습 동기를 유발해 준다. 학습자의 지적, 심리적 상태와 학습 과제와의 사이에는 어느 정도 거리가 있게 마련이다. 학습이 효과적으로 어우러지게 하려면 학습자로 하여금 학습 과제보다 많은 관심과 흥미를 갖도록 하여야 한다. 교과서는 학생들의 관심과 흥미를 중심으로 학습 동기를 유발하게 해 주는 것이다.

다섯째, 연습 문제 및 학습 과제를 제시해 준다. 일반적으로 교과서에는 한 단계의 학습이 종료되면 배운 내용의 보충·심화 및 발전을 위한 연습 문제와 학습 과제가 제시된다. 이는 이미 배운 내용을 다시 확인하고 보다 심화된 내용으로 안내하며, 아울러 배운 내용을 활용하여 다른 과제를 해결하는 기능을 하는 것이다.

2. 사회과 교과서의 의의와 기능

1) 사회과 교과서의 성격과 의미

일반적으로 교과서는 '학교 수업에 사용되는 학습용 교재를 가리키는 것으로서 교과서 발행 목적, 발행 기관, 수용 집단, 구비 요건, 공급 방법 등이 법률이나 관행으로 정해진 절차에 따라 발행된 책자'이다(홍웅선, 1982: 45). 또 '교육하는데 쓰이는 교재를 학습 지도에 맞게 편집한 도서'이다(이성수, 1968: 50). 교과서는 한 나라의 문화적 총체로서 한 사회의 생활양식의 표현이자 그 사회가 추구하는 문화적 가치를 지향하고자 하는 교육적 의지의 산물이다(최병모 · 김화자, 2004: 64 – 66). 따라서 교과서는 사회 변화와 더불어 교육을 통하여 추구하고자 하는 정신에 따라 달라진다.

교과서는 '각급 학교 및 이에 준하는 학교에서 교육과정의 구성에 맞도록 조직, 배열하여 주요 교재로 쓰이는 학생용 도서이고, 각 교과가 지니는 지식, 경험의 체계를 쉽게 그리고 간결하게 편집하여 학교에서 학생들이 학습의 기본 자료로 활용할 수 있도록 제작한 교재'이다.

교과서는 학습자가 배워야 할 본질적 내용을 제시하고, 그것을 학습하는 방법을 안내하며 학습 결과를 정리하고 평가하는 소재를 제공하는 가장 중요한 교과목별 교수 · 학습 자료이다. 이러한 교과서의 성격은 다음과 같이 요약할 수 있다(한국교과서연구재단, 2006, 4 – 8).

첫째, 교과서는 학교에서 학생들의 교육을 위하여 사용되는 학생용의 서책, 음반, 영상, 전자 저작물 등을 포함한다.

둘째, 교과서는 어느 한 사회나 국가의 이념이나 교육 목적 달성을 위하여 교육과정의 기본 정신에 알맞게 편집된 학습 자료로서 학생용 도서이다.

셋째, 교과서란 각 교재가 지니는 지식과 경험의 체계를 쉽고 명확하고 간결하게 편집해서 학교의 학생들이 학습의 기본 자료로 활용할 수 있도록 제작한 교재이다.

넷째, 교과서는 교육과정의 정신과 내용을 구체화하여 놓은 책으로 교육과정의 목표 및 내용을 학생의 발달 수준에 알맞게 풀이하고 편집한 도서이다.

이상과 같은 교과서의 성격 규정을 종합해 볼 때, 교과서는 국가 및 사회가 학교의 학생들에게 어떤 목적, 무슨 내용을 가르칠 것인지에 대하여 의사 결정을 해 놓은 국가 수준 교육과정에 준하여 내용을 편집한 도서라고 할 수 있다. 즉 교과서는 교육과정의 목표를 달성하기 위해 학생들의 수준을 고려하여 편집해 놓은 도구로서 학생들에게 전해야 할 지식을 일정한 계열과 순서에 따라 제시하여야 하고, 그 효과를 높이기 위해 내용을 시간, 순서, 원인과 결과, 중요성, 유사성, 차이점 등을 갖고 명확하게 설명해 놓아야 한다(조경자, 1999: 15).

결국 사회과 교과서는 '사회과 교육 목표를 달성하기 위하여 교육과정의 기본 정신에 맞게 편집된 학습 자료로서의 학생용 도서'라고 할 수 있으며, '학교에서 사회과 교육을 위하여 사용되는 학생용의 주된 교재와 그 교재를 보완하는 음반, 영상, 전자 제작물 등을 포함하는 것'으로 사회과 교수·학습에 지대한 영향을 미치는 매체이다(손웅, 2005: 89). 즉, 사회과 교과서는 사회과 교수·학습을 지도하고 배우는데 사용되는 아주 중요한 자료의 하나로서 그 영향이 매우 중차대한 매체라고 할 수 있다.

2) 사회과 교과서의 본질

일반적으로 교과서는 교육과정의 목표와 내용을 구현하기 위하여 조직되고 배열된 교재이다. 아울러, 학습자에게 학습용으로 제공되는 피교육자의 기본적 교과용 도서이다. 교과서는 직접적으로 학생들의 학습활동에 관계되는 중요한 하나의 학습 환경이다.

과거의 교과서관과 현대의 교과서관 사이에는 상당한 차이가 있다. 즉 전통적인 교과서관은 교과서를 가르친다는 관점에서 절대적인 지위를 가졌는데, 학습의 내용과 취급 순서에 따라 수업이 전개되고 학생은 교과서의 내용을 무조건 암기해야 하는 것이기 때문에 교과서가 일종의 성전(聖典)시되는 절대적 존재였다(노정식 외, 1998: 401).

하지만 오늘날의 현대적 교과서관은 교과서는 하나의 전국적인 기준과 방향만을 제시하는 것에 불과하며, 지역사회에 맞도록 그 내용이 재조직되는 것이 무엇보다도 필요하다. 즉 교과서는 학생들의 경험의 재구성이라는 입장에서 다양한 학습 경험과 활동을 통하여 발달과 성장을 도모할 수 있는 학습 자료(source materials)로서 제공되는 것이다.

사회과 교과서는 사회과 지도에 대한 융통성 있고 탄력적인 학습 보조 자료로 인식되는 것이다. 따라서 현대의 사회과 교과서는 가장 중요한 학습 자료로서 학생들의 경험과 사고의 촉진은 물론, 당면한 문제를 실천적으로 해결할 수 있는 방향으로 편찬, 제시되어야 한다. 아울러 사회과 교과서는 학습 지도에 있어서 최상의 매개체로서 보다 바람직하게 활용되어야 함은 물론, 교과서 이외의 여러 교구나 교재와 병행, 활용할 때에 비로소 학습 효과를 증대시킬 수 있을 것이다.

사회과 교육에서 사회과 교과서는 재구성과 지역화가 핵심적인 두 축(軸)이다. 사회과 교육에서 사회과 교사가 주체로서 중요한 역할을 수행해야 하는 근본적 이유이기도 하다. 즉 사회과 교육에서는 '사회과 교과서로 가르치는 것'이 아니라, '사회과 교육과정으로 가르쳐야 하는 것'이다.

특히, 제7차 교육과정과 2007년 개정 교육과정 시스템이 '교과서 중심'에서 '교육과정 중심'으로 획기적으로 전환했다는 점을 유념해야 한다. 이와 같은 교과서 중심에서 교육과정 중심으로 패러다임(paradigm) 변화의 중심에 있는 교과가 곧 사회과이다.

3) 사회과 교과서의 의의

사회과 교과서는 사회과의 학습에서 이용되어야 할 핵심적 교재로서 학생의 발달 단계에 따라 그 이용 방법이 달라져야 한다.

사회과 교수·학습을 바람직하게 진행하기 위해서는 학생들에게 교과서의 내용을 잘 이해시키고 교과서를 활용하는 여러 가지 학습 형태를 취할 필요가 있다. 사회과 교과서를 교재로 하여 학생들에게 올바른 학습을 할 수 있도록 하는데에는 교과서를 통한 경험의 재조직이 중요하다. 지식을 보다 많이 얻게 한다든지 설명으로 그쳐서 기억만을 강조한다든지 하는 것은 바람직하지 못한 것이다. 보다 학습 자료 내지 참고서의 성격이 강한 사회과 교과서는 기억, 인지하기보다는 실천, 실행하기 위한 것이어야 한다. 사회과 교과서는 지역적·사회적·국가적 내용을 비교적 관점에서 다룸으로 원칙적으로 변동적 내용에 관한 취급에 대하여 깊이 배려해야 하는 바가 있어야 한다.

사회과 학습에 있어서는 지역사회, 학생의 실태 등을 고려하여 학습 내용을 구성하고 학생들의 경험을 중심으로 전개되어야 한다. 다만, 학생들의 경험의 범위에는 한계가 있고 이는 학교급, 학년이 높아질수록 보다 많은 문제가 따르게 마련이다.

사회과 목표 달성을 위하여 정선된 내용과 기본 자료로서 편찬된 사회과 교과서는 교육과정의 이수를 충실하게 돕는 역할을 한다. 사회과 교과서는 소재인 동시에 직접적으로 학습 내용, 학습활동의 개요이다. 사회과 교사가 독자적으로 계획을 수립하거나 모둠 학습 등에서 사회과 교과서는 중요한 자료이며, 표준적 내용을 담고 있는 잣대 구실도 하는 것이다.

4) 사회과 교과서의 기능

사회과 교과서를 교재로 하여 학생들에게 올바른 학습을 하도록 지원하는데에는 경험의 재조직이 중요하다. 실제 교수·학습의 보조 자료, 참고서 역할과 성격이 강한 사회과 교과서는 기억·암기보다는 활동·실천을 지향하여야 한다. 그러므로 사회과 교과서는 원칙적으로 사회변동적 내용을 탄력적으로 교수·학습할 수 있는 방향으로 조직되어야 한다.

사회과 교수·학습에서는 지역사회와 학생의 실태에서 학습 내용을 구성하고 학생의 경험을 중심으로 전개되어야 한다. 학생들의 경험의 범위에는 한계가 있고, 학년과 학교급이 올라갈수록 보다 복잡한 문제에 직면하게 된다. 그러므로 사회과 교과서는 정선된 내용과 기본 자료로서 편찬된 사회과의 교육과정을 교사의 교육 계획을 규제하고, 학습을 간접적으로 규정하고 있으나 교사, 학생, 학습 내용, 학습 과정 등을 직접적으로 규정하고 있는 교재인 것이다. 사회과 교과서는 하나의 학습 소재인 동시에, 학습 내용, 학습활동의 개요이다. 교사가 독자적으로 계획을 수립하거나 분단·모둠 학습에서도 사회과 교과서는 중요한 자료이며 표준적 지식 내용을 밝히고 있는 것이다.

사회과 교과서는 학교에서의 사회과 교수·학습에 활용되는 학습용 교재로서 교과서 제도에 의해서 발행 목적, 발행 집단, 수용 집단 등이 법률과 관행으로 정해진 절차에 따라 발행된 도서로서 교육과정의 구성에 맞게 조직·배열하여 중요한 교재로 쓰이는 학생용 도서이다(김영희, 1996: 25-26).

현대적 의미의 사회과 교과서관은 과거처럼 교과서를 절대시하거나 성전(聖典)시하는 입장에서 벗어나 교과서를 학습자의 요구와 필요에 적합하게 편찬되는 일종의 학습 자료, 학습 도구라는 인식을 갖게 되었으며, 사회과 교과서는 사회과 교수·학습에 도움을 주는 여러 가지 교재 가운데 가장 기본적인 핵심적 교재라는 인식으로 전환되었다.

사실 사회과 교과서는 사회과를 학습하는 학습자가 스스로 탐구할 수 있는 지식의 내용을 포함하며, 이를 위한 학습 자료를 제공할 수 있는 것이어야 한다. 현행 한국에서는 사회과 교과서가 초등학교는 국정의 단일본, 중·고등학교는 다양한 검인정 교과서로 편찬되고 있다. 어느 경우이든지 사회과 교과서가 교육 목표, 수업 목표를 달성하는데 도움이 되는 기능과 역할을 수행하여야 한다.

일반적으로 사회과 교과서는 다음과 같은 핵심적 기능을 수행하고 있다(조영복, 2008: 22-23).

첫째, 학습 매체로서 학습 동기를 유발하는 기능을 한다.

둘째, 자율 학습의 습관을 길러서 개인의 성장을 돕는 기능을 한다.

셋째, 탐구 기능 및 고등 정신 능력을 신장시키는 기능을 한다.

넷째, 학습 형태의 결정을 돕는 기능을 한다.

한편, 이와 같은 기능을 다하기 위해서는 사회과 교과서는 다음과 같은 요건을 구비하고 있어야 한다(이원순, 1991: 253).

첫째, 학습 동기 유발이 가능하도록 편제되어야 한다.

둘째, 학습의 기본 요소가 제시되어야 한다.

셋째, 탐구 과정이 유도되어야 하고, 특정 자료가 제시되어야 한다.

넷째, 발전적 후속 조치에 대한 시사 기능을 가져야 한다.

이와 같은 사회과 교과서의 기능과 요건은 곧 학습자들의 흥미와 관심, 학습 동기를 유발하고 기본적인 학습 요소를 제시하여 탐구를 유도하는 기본 참고 도서로서의 역할을 지향하고 있는 것이다. 이와 같은 지향점을 충족시키기 위해서 사회과 교과서는 사회과 교수·학습의 과정에서 학습자에게 학습 내용에 대해서 의욕을 갖게 하고, 탐구 활동에 활용할 수 있도록 적절한 설명, 예화, 삽화, 통계, 지도, 사진, 그림, 인터넷 검색 자료 등을 수록하여 사회과 학습 자료로서의 기능과 역할을 다하도록 하여야 할 것이다.

일반적으로 교과서는 당해 교과의 가장 중요한 자료이다. 즉 교육과정을 교수·학습 상황에 아주 적합하게 구현하기 위해서 사용하는 여러 자료 중 가장 중요한 학습 자료가 곧 교과서인 것이다. 따라서 사회과 교과서는 사회과 교수·학습을 위해서 제시된 여러 자료 중에서 가장 중요한 자료인 것이다. 교과서는 학습 동기 유발, 학습 기본 요소 제시, 탐구 과정 유도, 자료의 제시, 학습 문제 및 학습 자료의 제시 기능 등을 갖고 있다. 이러한 교과서는 실제 세계, 학문 체계, 교수·학습 방법과의 연결 체계 등을 갖는다.

교과서는 현실적으로 개별 교과의 교수·학습 과정을 이끌어 가는 교육 내용과 방법의 상징체로서, 교육과정의 목표와 내용을 구체화시켜 놓은 공식적인 자료이다. 그러므로 교사는 교과서를 종합적으로 해석하여 내용을 재구성하고 합리적인 방법을 선택하여 그 내용과 방법에 따라 평가를 한다. 교과서의 교육적 기능은 학습의 대상인 실제 세계와 그 세계의 지식 체계를 학습자에게 제시하는 것이다(김정호 외, 1998: 27).

실제 세계는 자연환경, 사회제도와 구조적인 체제 및 문화 전반까지이며, 지식체계는 현상의 인과관계를 설명하는 명제적 지식이다. 실제 세계는 지식 체계의 경험적 근거를 제공하는 정보원이고, 지식 체계는 실제 세계를 설명하는 논리로서 상호 의존 관계에 있다. 실제 세계는 복잡한 현상 자체로서 많은 정보를 포함하고 있기 때문에, 학습자가 직접 접근해서는 현상을 올바르게 인식할 수 없다.

사회현상을 체계적으로 인식하려면 개념이나 이론 등의 지식 체계를 활용하여야 한다. 교과서가 사실이나 개념, 관점 등을 제시할 때 오류의 편향성을 보인다면 학습자의 현상 인식을 오도할 위험성이 매우 높다. 따라서 교과서는 교육기본법이 지향하는 교육이념과 국가 교육과정이 규정하는 인간상을 준거로 하여 학습자가 바르게 세계를 인식할 수 있도록 하여야 한다.

이와 같은 교과서의 기능을 전제하고 사회과 교과서의 기능을 요약하면 다음과 같다(최병모·김화자, 2004: 65).

첫째, 실제 세계와의 연결 기능으로서 교육은 현실을 학습자에게 전달하는 기능을 갖고 있다. 사회현상에 대한 이해와 탐구를 목적으로 하는 사회과는 학생들이 살아가는 실제 세계와의 연결 기능이 강하게 나타나는 성격이 두드러지게 나타난다. 따라서 학생들이 사회현상에 대한 정확한 이해와 사회문제를 합리적으로 해결할 수 있는 비판적 사고력을 길러 줄 수 있는 교과서가 바람직하다.

둘째, 학문 체제와의 연결 기능으로 각 학문 영역은 탐구를 통하여 현실을 분석하고 이해하며, 진리를 탐구하는 기능이 요구된다. 사회과는 정치, 경제, 사회, 문화, 법 등의 영역뿐만 아니라, 역사, 지리 등을 비롯한 제 사회과학 영역에 속하는 학문과의 체제를 연계하는 기능이 강조되어야 한다.

셋째, 교수·학습과의 연결 기능으로 사회과 교과서는 학문 체계를 가진 내용의 선정뿐만 아니라, 이들 내용을 학생들에게 교수하기 위한 교수·학습 방법을 교과서에 구체적으로 제시하여야 한다.

사회과 교과서에 어떤 지식 체계를 제시하는가에 따라 학습자의 세계에 대한 인식이 결정된다. 그러므로 세계 인식의 창을 올바르게 형성하도록 학습자를 안내하기 위해서 주된 교과서 외에 다양한 학습 자료를 도입하거나, 하나의 교과서를 사용하는 경우에도 교사가 그 교과서를 개방적으로 해석하여야 한다.

3. 사회과 교과서의 모형

사실 바람직한 교과서가 갖추어야 할 필요 가치는 여러 가지이기 때문에 한정으로 제시하기는 곤란하지만 우선 국가 수준의 교육과정 정책의 공적 준거에서 원형을 찾을 수 있다. 교과서는 다양한 사례를 활용하여 탐구하는 과정에서 사고력 향상 방법을 학습할 수 있도록 하는 교육과정 중심의 교과서가 그 이념형이다. 이 모형은 수동적 암기 학습을 유도하는 개념 중심의 내용 요약형 지식 전달이 아닌 창의적 능동적인 의미 해석을 안내하는 탐구적 방법론 중심의 지식 변환을 지향한다(Schraw, 2000).

사회과 교사는 학습자가 자의적으로 하는 지식 변환을 경계하여야 한다. 사회과는 다른 어느 교과보다도 그러한 개연성이 많은데, 그 이유는 학습자에게 사회현상의 의미와 인식 방법을 가르치는 교과이기 때문이다. 사회현상의 의미는 보는 사람의 관점과 신념 체계에 따라 달라지고, 교과서 저자와 학생의 이해 방법이 같지 않다. 사회현상의 의미를 교과서 저자가 독점적으로 해석하여 일방적으로 전달해 줄 대상은 아니다.

와인버그(weinburg, 1991)는 사료를 이해하는데 전문적인 역사학자와 고등학교 학생이 여러 부분에서 다르다고 주장하였다. 사학자는 적극적인 문제의식을 가지고 비판적 관점으로 사료에 접근하는 반면, 고등학생들은 사료에 제시된 내용을 문제시해 보는 적극적이고 비판적인 관점이 없이 이해한다는 것이 차이점이다. 이와 같이 사회과 교과서가 제공하는 정보를 보고 학습자는 그 배경적 상황을 생각하지 않고 저자의 의도대로만 또는 그 뜻과는 관계없이 자의적인 해석을 하기 쉽다. 그렇기 때문에 저자가 자신의 신념에 바탕을 두면서도 학생들의 수준과 학문적 논리에 부합하도록 교과서를 구성하기는 매우 어려운 일이다. 학교 교육의 문제점을 분석하는 중에는 교과서를 개선해야 한다는 주장이 많은 것도 그 때문이다.

교육혁신위원회(2005)는 산업사회형 교과서의 문제점을 지적하며 새로운 교과서의 방향을 간접적으로 제안하였다. 현재 학교의 문제를 학생들의 변화된 욕구를 교육 시스템이 지원하지 못하고 있다고 지적하였다. 그 결과 백화점식 교육과정과 교과서의 지식을 절대화시키려는 교과서 문화를 제시하며, 사이버 세대의 요구(needs)를 파악할 것을 강조하였다. 동위원회의 이러한 제안에서 현행 교과서의 문제점을 뒤집는 교과서 상, 중요한 내용 중심의 교육과정의 대강화와 양을 감축한 교과서 상을 시사받을 수 있다.

2007년 개정 사회과 교육과정도 '교육과정이 지향하는 교수·학습의 강조점인 과학적 탐구와 고급 사고력에 더하여 개방적 관점을 통해서 자기 주도적으로 지식을 창출할 수 있는 교과서 모형'을 상정하였다. 즉 사회과는 전통적인 주요 학습 모형인 과학적 탐구를 계속 이어가야 한다. 학습자는 탐구에 필요한 정보를 선별하여 수집하고 분석하여 타당한 결론을 내리는 학습 방법을 학습하여 탐구자로서의 능력을 키워 가야 할 것이다.

탐구 과정에서 현상을 비판적으로 인식하고 문제의 대안을 창의적으로 찾아가는 고급 사고력을 신장하는 것도 중요한 과제이다. 그리고 현대 개방 사회에서 고급 사고력을 발휘하여 사회현상을 탐구하려면 개방적인 사고방식과 관점을 갖는 것이 무엇보다도 중요하다. 국제 개방 사회의 다문화 현상을 이해하고 지역과 문화에 따라 서로 다른 여러 가치를 존중하는 사람은 편견에 사로잡히지 않기 때문에 현상을 과학적으로 탐구하기가 매우 쉽다. 물론 이러한 개방적인 관점은 다양한 사회적 네트워크(network)를 통해서 형성된다.

이러한 교수·학습을 지원하기 위해서 '정확성과 균형성을 바탕으로 실용성을 띤 교과서'가 필요하다. 오류 없는 내용을 바탕으로 이론과 실제를 연계하여 교수·학습의 실용성을 신장하고, 편향성을 배제한 균형성 있는 교과서를 전제로 할 때 과학적 탐구와 고급 사고력 및 개방적 사고의 관점을 기대할 수 있기 때문이다.

4. 사회과 교과서의 구성 요인

일반적으로 교과서는 외형 체제, 내용 구성, 편찬 제도, 활용 방식, 존재 양식 등의 구성 요인을 중심으로 교육철학과 현실적 교육 문제 및 교과서관에 따라 해석이 달라지는 것이다.

첫째, 교과서의 외형 체제는 교과서의 존재 양식과 외적 조건 두 가지로 구분된다. 교과서의 존재 양식은 시대 상황에 맞추되 서책형 교과서로 인정하지 말고 다양한 보조 자료까지도 교과서 격으로 인정해 주는 방향으로 개선되어야 한다. 물론 교과서의 존재 양식은 교수·학습의 효과를 제일의 가치로 삼아 실용적인 형태를 보강하는 방향으로 나아가야 한다.

서책형의 외적 조건은 판형, 쪽수, 지질(지질), 색도, 편집 배열, 편집 디자인(디자인 설계, 레이아

옷, 활자 그래픽, 사진, 그림 등) 등인데, 가독성과 심미성 및 경제성을 가치 기준으로 삼는다. 이 체제는 원칙적으로 저자와 편집자의 자유재량이지만 현행 교과서 개발 시에 판형과 쪽수 및 색도는 정부가 지정하고 디자인과 사진 등은 저작자의 자율에 맡겼다. 이 부문의 쟁점은 외형 체제의 획일화를 초래하기 쉬운 지정 조건의 타당성과 편집 디자인의 교육적 의의이다.

교과서 집필자가 아무리 좋은 내용을 선정, 조직, 서술하였다 하더라도 외적 뒤처리가 소홀하면 전달 효과가 저하되고, 전달 효과가 저하되면 매력이 없고 주의를 끌 수 없는 교과서가 되어 학습에 부적절한 도서가 되고 만다. 따라서 교과서 연구, 개발에 참여하는 사람은 내용적인 면과 아울러 외적 체제에 각별한 관심을 가져야 한다. 따라서 향후 사회과 교과서 개발에는 요소 선정, 구성, 조직, 배열 등의 내용 측면도 중요하지만 편집 디자인(지질, 여백, 활자, 색도, 사진, 삽화 등)의 외형적 측면에도 좀 더 많은 연구와 지원을 해야 한다. 이것이 좋은 교과서를 만들기 위한 명쾌한 답이 될 것이다.

둘째, 내용 구성은 내용 자체와 구성 체제 및 전개 방식의 세 분야로 나뉘는데, 국가 수준 교육과정을 반영하여 교수·학습의 질을 높일 수 있도록 내용을 선정하여 체계적으로 구성해 가는 것이다. 즉 내용 구성은 내용과 내용의 질을 결정하는 중핵(中核)이므로 전체 단원 간, 단원 내의 세부 요소 간의 논리적 체계성이 있어야 구조적인 학습이 된다. 내용 요소를 설명하는 관점은 이념이나 이론상 편향되지 않는 균형성을 유지하고 오류 없이 학문적으로 정확해야 하며, 특히 사회과는 제반 규범에 부합되어야 한다. 같은 내용 요소를 가지고도 다른 저자보다 질적으로 우수한 교과서를 개발할 수 있는 요인이 바로 내용인데 분과 학문의 전수형인가, 통합적 탐구형인가 등에 대한 사회과의 쟁점이 많다.

사회과 교과서에서 사진·삽화 등도 장식용이 아니라, 학습 자료의 기능을 어느 정도 하는지에 따라 질적 수준을 가늠할 요인이 되지만, 사회과 교과서에 싣는 사진, 삽화는 사회현상의 변동성 때문에 '학습에 사용하기 이전부터 또는 학습하는 시기에서 볼 때 이미 늦은 자료'가 되기 쉬운 속성이 있다. 사진·삽화 등의 자료도 본문 내용과 같이 인지적 학습 과정을 이수하는데 도움이 되어야 한다. 샌들러(Sandler, 1980)는 학습자가 사진이나 그림을 보고서도 '정보 수집 자료의 체계적 분류 일반적인 경향성 찾기 결과 추론 고차적 수준의 예측과 전망' 등과 같은 인지적 과정(mental process)을 할 수 있어야 비로소 학습이 가능하다고 한 점을 유념하여야 할 것이다.

셋째, 편찬 제도는 국정과 검인정 및 자유 발행제 중에서 어느 것이 바람직하냐에 관한 것이다. 교육 취지에 맞는 질 높은 교과서를 민들 수 있는가, 적은 비용으로 많은 편익을 얻을 수 있으며, 검인정 교과서는 채택상의 공정성 담보와 시장성의 원리가 유지되어야 한다.

우리나라 사회과 교과서의 쟁점은 바로 틀린 내용과 편향적 시각으로 인한 오개념 형성 가능성이다. 이런 문제 때문에 정부는 엄격한 심의 과정을 통해서 교과서의 자격을 검증해 주어야 한다. 교육과정 개정 시에 교과서 개편에서는 질 관리의 초점을 최소한의 조건인 오류 방지와 시의성 유지 및 편향성 방지에 두어야 한다. 사회과 교과서의 오류성 방지를 위해서는 검인정심의회의 검증을 받아야 하는데, 규제는 최소한으로 해야 된다. 헌법재판소는 교과서에 대한 헌법적 근거를 인정하고, 국가는 국정제나 검인정제를 결정할 재량권을 갖는다고 판시하여, 국정제의 헌법 일치를 인정한 판례로 기준을 제시한 바 있다(헌법재판소 판례, 1992.11.12. 선고. 89 헌마 88).

넷째, 활용 방식은 사회과 교사의 재량이지만 학습 효과를 높일 수 있도록 해야 하고, 교과서의 존재 양식은 시대 상황에 맞추어 교육 효과를 제일의 가치로 삼아 실용적인 형태로 나아가야 한다.

이와 같이 교과서의 질은 다수 요인에 따라 결정되는데, 현재 교과서의 검정화 전면 확대, 오류와 편향성, 시의성이 떨어지는 내용, 이해가 곤란한 내용, 추상적인 이론, 오형 체제의 낮은 수준, 서책 중심의 존재 양식 문제 등이 교과서의 쟁점이다. 물론 이 모든 현안도 교과서가 담아내는 내용의 질적 수준 문제로 귀착된다(한국교과서연구재단, 2006: 13 - 14).

〈표 90〉 사회과 교과서의 쟁점

영역	주요 내용	기대 가치
1. 외형 체제	○ 제작 사항: 판형, 쪽수, 색도, 지질 등 ○ 편집 구성: 목차	○ 가독성 ○ 심미성 ○ 경제성
2. 내용 구성	○ 기본 내용: 지식의 요약 전달형, 지식 탐구 과정형 ○ 내용 요소 선정: 교육과정의 성취 기준 상세화 ○ 단원 구성 체제 　- 단원명: 교육과정의 재구성(주제명, 내용 통합 등) 　- 도입 　- 본문 설명: 사실 관계, 개념 정의, 문장 진술 등 　- 학습활동 자료: 읽기 자료, 탐구 자료 등 　- 사진·삽화 자료 　- 단원 정리	○ 체계성 ○ 균형성 ○ 준칙성 ○ 정확성 ○ 실용성
3. 편찬 제도	○ 체제 변경: 국정→검정→인정→자유 발행 ○ 검정 제도 　- 기준: 최고, 최저 　- 대상: 교과서, 지도서, 보조 자료 등 　- 주기: 정기, 부정기 등 　- 판정: 절대 평가, 상대 평가(합격 총 수 사전 결정) 　- 채택: 학교 단위, 시·군 단위	○ 효과성 ○ 공정성 ○ 효율성
4. 활용 방식	○ 교과서 중심 교육: 교과서를 유일한 교재로 사용 ○ 교육과정 중심 교육: 교과서를 다양한 자료 중 주된 자료로 사용	○ 효과성
5. 존재 양식	○ 전통적 양식: 서책 ○ 현대적 양식: 음반, 영상 및 전자 저작물 등	○ 시의성 ○ 효과성 ○ 실용성

* 출처: 한국교과서연구재단, 사회과 교과서 질 관리 시스템 구축 방안에 관한 연구, 2006: 9.

5. 사회과 교과서의 활용

1) 사회과 교과서 활용 관점

사회과 교과서는 저자가 전국적인 기준을 최소 학습량만을 제시하고 있어서 자세한 서술과 구체적이지 못한 한계가 있다. 교과서의 모든 내용을 가급적 지역적 사실에서 끌어오고 지역적 내용과 관련을 맺도록 하며, 나아가 지역의 당면 과제를 해결하기에 충분한 학습 발전을 하기 위해서는 교과서 활용에 대한 심도 있는 접근이 필요하다. 사회과 교과서는 사회적 사상에 관한 올바른 인식력, 비판적 사고, 문제 해결력 등을 신장할 수 있고, 탐구적인 학습 과정으로 유도하는데 도움을 주어야 한다.

사회과 교과서는 단원 계획을 기초로 하여 교수·학습을 전개해 나아갈 때, 기본적인 자료로 활용되고, 지역사회 내용을 보다 가미하거나 작업 등을 통해서 현실적이고 구체적인 학습을 진행할 수 있도록 활용되어야 한다.

사회과 교과서의 활용은 여러 학습활동상 학습 성과, 기초 학력 등에 큰 영향을 미치게 된다. 현대의 사회과 교과서에는 결론적인 사실만을 수록한 것이 아니고, 사회과 교수·학습의 길잡이로서 학습 자료를 보다 많이 제공하고, 학습 정리상의 많은 편의를 제공해 주고 있는 것이 특징이다. 따라서 사회과 교사는 사회과 교과서에 제시된 주요 교재 및 소재를 현실 생활과 연관되도록 재구성하여야 하며, 새로운 자료를 활용하거나 다른 자료를 보충, 병용하는 것이 중요하다. 특히, 최근의 사회과 교과서는 직접 교과서에 조사, 학습, 활동 등의 결과를 기록할 수 있는 활동지(work sheet) 형태를 편찬, 제시하는 경향이 많은데, 사회과 교사는 이러한 활동지의 특성을 살려서 특성 있게 활용하면 매우 효과적일 것이다.

2) 사회과 교과서 활용 방법

사회과 교수·학습 전개에서 사회과 교과서는 학습활동의 모델, 학습 문제의 제시, 학습활동의 자극과 유도, 학습활동의 반성과 정리라는 입장에서 고찰할 때, 학생들의 사회과 교수·학습을 돕는 수단으로서 매우 중요한 의의를 갖는다.

사회과 교과서에 수록된 내용에 따라 활동한다든지, 교과서 내용에 자극되어 새로운 활동을 한다든지, 스스로 활동하고 경험을 쌓아 교과서의 도움을 얻어 그것을 반성, 정리하는 수단인 것이다(노정식 외, 2007: 405 – 407).

(1) 도입단계 활용

첫째, 사회과 교과서 내의 내용 일부를 동기 유발의 자료로 삼기 위하여 학습 내용에 관한 대체적인 윤곽을 예견하도록 한다.

둘째, 학습 문제의 발견 방법을 이해시키기 위한 길잡이로 활용한다.

셋째, 내용의 개관, 요점 등을 파악하거나, 문제점을 찾아내고 취사선택(取捨選擇)하여 중점적으로 다룬다.

(2) 발전단계 활용

첫째, 사회과 교과서의 모든 부분을 다 같이 평면적으로 다룰 것이 아니라, 내용의 가치나 시간 계획 등에서 취사선택하여 중점적으로 다룬다.

둘째, 문제 해결의 순서나 계획에 있어서 교과서를 기준으로 이용하고, 학생들의 모든 계획에 도움을 주게 한다.

셋째, 통계, 도표, 사진, 삽화 등을 이용하게 하고, 학생들이 직접 조사한 자료의 처리 방법을 이해시킨다.

넷째, 교과서에 제시된 자료를 참고로 하여 현장학습의 방법, 견학의 방법, 사후 처리 방법 등을 이해한다.

다섯째, 조사, 보고, 발표, 토의, 구성 활동 등의 학습활동의 방법을 파악시킨다.

여섯째, 교과서의 요점을 지적, 해설하고, 그 중점을 보는 방법, 생각하는 방법에 대해서 지도 조언한다.

아울러, 필요한 경우에는 교과서의 탐구 문제를 모둠을 정해서 해결하고 발표 및 토론 등을 거쳐서 문제 해결력, 의사 결정력 등을 함양하는 방법도 고려해 볼 수 있다.

(3) 종결단계 활용

첫째, 학습 사항을 스스로 정리할 때에 이용한다.

둘째, 사회과 교과서의 문장제, 표해식(表解式)이나, 간단하고 요령 있게 정리할 때 활용한다.

셋째, 학습 내용의 복습과 예습 자료로 활용한다.

넷째, 교과서의 내용 중에서 다루어지지 않는 문제에 관하여 자주적·발전적으로 학습하도록 한다.

종합적으로, 사회과 교과서는 문제 발견에 대한 시사, 문제 해결 방법에 대한 시사, 문제 해결에 대한 지식의 부여, 지식의 유효한 정리 등을 위하여 유용하게 활용되어야 할 것이다.

6. 사회과 교과용 도서

사회과 교과용 도서인 교과서와 교사용 지도서 등은 사회과 교수·학습 전개에 매우 중요하고도 기본적인 교재로서 다음과 같은 조건을 구비해야 한다(김정호 외, 2008: 205 − 206).

첫째, 사회과 교과서에 대한 인식을 바로 가져야 하고 교과서에 지나치게 의존하지 않도록 한다.

둘째, 사회과 교과서의 내용을 철저히 분석하고 파악하여야 한다. 교과서에 간단히 언급된 내용이더라도 그 의미와 배경을 철저히 잘 파악해야 한다. 그리고 해당 교과서의 주어진 내용뿐만 아니라, 교육과정 및 선수 학습 학년 및 후속 학습 학년 간 내용의 연계성도 적극 고려하여야 한다.

셋째, 사회과 교과서를 이용한 다양한 교수·학습활동이 전개되어야 한다. 교과서에 제시된 개념과 자료 등을 이용한 적절한 학습활동을 사회과 교육에서는 학생 활동 중심으로 활성화하여야 한다.

넷째, 사회과 교과서 내용의 재구성과 다양한 학습 자료의 활용이 필요하다. 교과서에 제시된 내용은 전국 단위, 또는 지역 단위의 공통된 것이다. 따라서 각 지역 및 학교, 학생들의 환경과 여건,

수준 등에 따라 적절하게 내용의 재구성과 지역화를 통한 적용이 필수적인 것이다.

다섯째, 문제 해결력 및 고급 사고력 육성과 가치·태도 함양에 보다 노력하여야 한다. 사실 사회과 교과서가 많은 사회 사상(社會 事象)을 취급하다 보니 사실, 지식, 개념의 비중이 너무 지나친 것이 아닌가 하는 지적이 많았다. 하지만 지식 정보화 시대, 세계화 사회를 맞아 지식과 정보는 폭증하고 있다. 이 많은 지식과 정보를 모두 교수할 수는 없으므로 기본 사항들을 이용하여 원리 파악, 문제 해결, 일반화를 할 수 있는 능력을 신장하고 가치·태도를 함양할 수 있는 방향으로 나아가야 한다.

여섯째, 적절한 과제 제시와 평가가 이루어져야 한다. 사회과 교과용 도서에는 이와 같은 기본 체제가 제시되어 있는데, 이는 연구 문제, 익힘 문제, 학습 정리 등이다.

일곱째, 국정 교과용 도서뿐만 아니라, 검인정 교과용 도서를 선택하여 사용하고자 할 때에는 아주 신중하게 접근하여야 한다. 검정 및 인정 교과서는 교육과정의 범주 내에서 개발, 편찬되었지만, 집필자와 출판사에 따라 종류가 다양하고 각기 특징이 있기 때문에 신중하게 선택하여 적용하여야 한다.

끝으로 교사용 지도서의 효율적인 활용이 요구된다. 교사용 지도서는 교과 담당 교사에게 제공되는 하나의 자료집이다. 교사용 지도서의 발행자가 만들어 제공하는 이 자료집을 바탕으로 사회과 교사의 창의성을 바탕으로 가장 적합한 실제적 지도서를 교사 자신이 만들어 가는 노력이 필요하다.

7. 사회과 교과용 도서 활용 방안

사회과 교과용 도서는 학생용의 사회과 교과서와 교사용인 교사용 지도서가 있다.

2007년 개정 사회과 교육과정에 의거하여 편찬된 사회과 교과서는 학생 중심의 문제 해결형으로 구성되어 있다. 초·중·고교 사회과 교과서는 교육과정의 정신을 살려서 자율적 학습을 할 수 있도록 구성되어 있다.

사회과 교사용 지도서는 종전처럼 수업안을 차시별로 상세하게 제시하지 않았다. 따라서, 교사들은 교재를 연구하지 않고 교과서만을 펴놓은 채 진부한 수업을 전개할 수 없게 되었다. 즉 사회과 교사용 지도서에는 제재별로 일련의 연속된 학습 과정을 간결하게 제시하고, 사회과 수업의 특성과 본질 구현에 필요한 다양한 교수·학습 기법과 발문, 수업에 필요한 다양한 자료와 활동 아이디어 등을 묶어서 제시하였으므로 사전에 교과서와 교사용 지도서를 체계적 분석한 교재 연구를 한 후 교수·학습에 임하여야 할 것이다.

1. 지식정보화 시대의 지식과 교과서

교과서는 교육과정 내용의 반영이고, 교육과정은 학문과 사회의 반영이다. 교과서가 사회적 변화에 따른 교육적 요구를 반영하면서 해당 시대가 요구하는 지식과 가치를 다루게 되는 것은 주지의 사실이다. 21세기는 지식이 사회의 핵심적 가치로 부각되는 지식기반사회라고 불리며, 과거와는 다른 성격의 지식들이 요구되고 이에 따라 교육도 이러한 요구에 맞추어 변화할 수밖에 없다. 따라서 교과서에서 다루는 교육 내용이나 가르치고자 의도하는 지식 및 가치도 이러한 요구를 반영하게 된다. 즉 21세기 지식정보화 사회의 성격 및 지식정보화 사회가 요구하는 지식을 반영할 수밖에 없다.(서태열, 2007: 40-46)

지식정보화 사회에서 요구하는 지식의 특성을 토대로 지식기반사회가 요구하는 교과서의 내용은 무엇이고 바람직한 교과서의 모습을 검토할 수 있다. 지식기반사회에서 요구되는 지식의 특성을 이해함으로써 지식기반사회에서 요구하는 인간상뿐만 아니라, 지식이 주는 사회적 파급의 긍정적, 부정적인 면에 대하여 효과적으로 대응할 수 있기 위해서는, 지식기반사회에 요구되는 지식의 특성을 다음과 같이 제시할 수 있다(허경철 외, 2000: 58-66).

첫째, 지식정보화 사회에서 지식의 특성은 상대적이다. 즉 지식기반사회에서의 지식은 끊임없이 생성되고 정당화되며, 사회의 탈중심화를 촉진하는 실질적 역할을 하게 되므로 미래의 사회과는 어떤 지식을 소유하고 있느냐가 경쟁력에서 비교 우위의 기준이 된다. 이러한 지식의 상대성이 강조되는 환경에서는 적응력이 뛰어난 기능적 인간보다 새로운 지식을 생성하는 창조적 인간이 요구된다. 교과서는 과거 지식의 전수와 전달을 중심으로 하기보다는 지식의 생산과 창조에 유익한 형태가 되어야 한다. 지식기반사회에서의 지식의 생성은 새로운 의미를 창출하는 것을 말하며, 지식은 일정한 체계를 갖춘 사회적 의미망(意味網)이다. 사회의 변화는 의미의 변화를 뜻하며, 새로운 의미의 생성을 나타내므로 지식기반사회의 환경 조건은 지식의 의미 변화, 즉 새로운 지식의 의미 탄생을 요구하고 있다. 따라서 교과서는 지식을 다룸에 있어서 구성주의적 입장이어야 하며, 다양한 지식의 의미 생성과 변화가 가능하도록 구성되어야 한다. 그리고 지식을 닫힌 지식, 저장된 지식으로 다루기보다는 유연하고도 탄력적으로 끊임없이 변화하는 살아 있는 지식으로 구성하여야 한다.

둘째, 지식기반사회에서 요구하는 지식의 특성은 실용적이고 실천적인 것이다. 지식기반사회에서 요구하는 지식은 머릿속의 추상적인 것이 아니라, 구체적 행동으로 실행되고, 실천되는 것이어야 한다. 지식에서 중요한 것은 실천성과 실용성의 문제이며 지식은 삶에 구체적으로 유용하게 쓰여야만 의미가 있게 된다. 따라서 지식기반사회에서 요구하는 지식은 삶과 생활에 밀접하게 연관되는 것을 다루어야 하며 유익한 결과를 가져다주는 것이 필요가 있다. 그리고 지식을 다루는 교과서 또한 삶과 생활에 밀접하게 연결되는 것을 다루어야 하며, 실행과 행동 등과 관련된 것이어야 한다.

특히 지식기반사회의 지식은 구체적이며 강한 실천성이 요구되고 있다. 그리고 지식이 생활 현장에 직접적으로 적용 가능해야 하고, 인간의 삶에 유익한 결과를 가져다줄 수 있어야 하며 스스로 행동을 증명한다는 실천성을 가져야 한다. 이러한 의미에서 지식기반사회에서의 지식은 실천적 문제 해결 능력과 창의력을 필요로 한다. 그러므로 지식기반사회에서 요구하는 교과서는 지식의 전달, 전수보다도 적용과 활용을 통하여 실천적 문제 해결 능력과 창의력을 키우는 교과서를 지향하여야 한다.

셋째, 지식기반사회가 요구하는 지식은 경제적인 것이어야 하며, 교환의 가치가 높은 것이어야 한다. 지식기반사회에서 경제적 가치의 핵심은 교환가치이며, 이 교환가치의 극대화는 곧 지식의 고부가가치화를 의미한다. 이러한 논리의 연장선에서 새로운 지식의 생성은 경제가치를 확대하는 것을 의미하며, 그에 따라 지식기반사회에서의 지식은 교환가치를 극대화할 수 있는 가장 효용적인 재화이다. 지식기반사회에서 지식의 가치를 높이는 것은 기존의 지식을 이용하여 가치 창출을 높이는 것, 기존의 지식을 변형, 발전시켜서 가치를 고양하는 것, 새로운 지식의 생성을 통하여 가치를 창출하는 것 등 세 형태가 있다(강창동, 2003: 132). 그러므로 지식기반사회의 사회과 교과서는 기존의 지식을 이용하고 적용하는 기회, 기존의 지식을 변형하고 발전시키는 기회, 새로운 지식을 창조할 수 있는 기회를 제공하는 것이어야 한다.

넷째, 지식기반사회에서 요구하는 지식은 통합적이어야 한다. 지식기반사회에서는 지식의 생성이 자유롭고 역동적이며, 일정한 학문 체계 내에서 고립될 수 없으며, 다른 지식과 자유롭게 연계되어야 한다. 지식의 경계선이 부정되고 이동이 자유로워지며, 이는 다시 새로운 지식 생성의 원천이 되므로 지식의 통합은 필수적이다. 지식기반사회에서의 지식은 고정되거나 틀에 박힌 지식이 아니라, 자유로운 이동을 통하여 탄력적이며 생동감이 있어야 하며, 교과서는 이러한 지적 활동을 권장하는 것이어야 한다.

다섯째, 지식기반사회에서의 지식은 전문적인 것이어야 한다. 지식기반사회에서의 지식은 사회적 가치를 주도하여야 하며, 새로운 가치를 창출하는 전문적 지식이어야 하며, 새로운 지식의 생성은 고도의 전문성을 요구한다. 궁극적으로 지식기반사회에서는 전문성을 통하여 높은 질의 지식을 전문화시키느냐가 경쟁력의 척도가 된다. 따라서 지식정보화 사회에서의 사회과 교과서는 질 높은 지식을 생산할 수 있으며, 새로운 가치를 창출할 수 있는 것이어야 한다.

여섯째, 지식기반사회에서의 지식은 인문적 관점을 요구한다. 지식기반사회에서는 사회 권력의 수평화가 진행되면서 오히려 장기적인 관점에서 우리 생활에 영향을 주는 인문적 지식이 강하게 요구된다. 그러므로 지식정보화 시대의 사회과 교과서는 풍부한 감성, 윤리, 도덕, 인간관 등 다양한 가치를 수용할 수 있는 것이어야 한다.

이와 같은 지식 정보화 사회의 특성에 대비하고, 선도하는 사회과 교과서가 필요한 것이다. 지식기반사회에서의 지식은 비판적 사고, 창의적 사고, 문제 해결력 등과 같은 고급 사고력 신장이 요구된다. 이러한 지식은 통합적이고 유연한 연성 지식(flexible knowledge)의 형태를 띠어야 한다. 지식기반사회의 지식은 정보의 폭발적인 증가에 대응하고, 지식의 신속성, 다양성, 복잡성, 중첩성 등을 조직하고 관리하는 연계망적 지식, 문제 해결적 지식인 것이다.

2. 지식정보화 시대의 사회과 교과서

지식 정보화 사회에서 이러한 지식들을 길러 주기 위해서는 각각의 지식들이 갖고 있는 속성들을 잘 반영하여야 한다. 이러한 관점에서 보면 지식 정보화 시대의 교과서는 다음과 같은 방법으로 지식을 다루어야 한다(서태열, 2007: 40-46).

첫째, 자기 주도적 학습력을 바탕으로 교육 내용의 지식에 대한 재개념화가 요구된다. 즉 일반적인 기초와 문화 능력, 정보 기술 처리 능력을 바탕으로 하는 도구적 능력, 개인의 경험적 지식과 지식을 처리하는 개인적 능력, 의사소통과 사회적 책임을 바탕으로 하는 사회적 능력 등이 강조되어야 한다.

둘째, 지식 정보화 시대에 학교에서 다루는 지식은 파편적인 지식이 아니라, 총체적인 것이어야 하며, 타 지식과의 관계는 말할 것도 없고 우리의 감정과 의지 및 행동으로부터 분리시킬 수 없는 삶의 한 부분으로서의 '하나의 체제' 속에 존재하여야 한다.

셋째, 명제적 지식(무엇)보다는 방법적 지식(활동, 방법)이 강조되어야 한다. 고정된 지식보다는 활동적인 지식이 강조되어야 한다.

넷째, 지식 정보화 시대에 필요한 학습 혁명 요소는 문제 인식과 해결 방법으로서 교과서는 이러한 요소와 방법을 제공해 주어야 한다.

다섯째, 단순히 학생들이 지식의 소비자가 아니라, 지식의 생산자가 되도록 하기 위하여 자기 주도적 학습이 일반화되어야 한다.

3. 역동적(Dynamic)인 사회과 교과서

일반적으로 바람직한 사회과 교과서 상을 탐구하기 위해서는 소위 '살아 있는 사회과'의 모습을 고찰하여야 한다.

맥심(Maxim, 2003)은 바람직한 사회과의 모습을 '살아 있는 사회과', '역동적인 사회과'로 보았는데, 살아 있는 사회과 교육의 중요한 구성 요소를 기능적 내용, 방법적 기능, 내재적 동기, 범교과 간 통합, 다양성에 대한 존중 등 다섯 가지로 제시하였다. 이 다섯 가지 구성 요소는 미국사회과교육협의회(NCSS, 1981)가 제시한 모범적인 사회과 프로그램으로 제시한 지식, 민주적 신념, 사고 기술, 참여 기술 등을 변형시킨 것으로 기존의 사회과 본질에 대한 논의를 잘 반영하고 있어서 '살아 있는 사회과 교과서'가 되기 위한 조건을 파악하는데 의미 있는 시사점을 얻을 수 있다.

살아 있는 사회과의 첫 번째 구성 요소이자 조건은 기능적 내용이다. 이는 문제를 인식하고 확인하고 해결하는데에 필요한 정보를 제공할 뿐만 아니라, 의미 있는 지식의 핵심을 담고 있어야 한다. 즉 사회과 교과서는 사회과와 관련된 문제를 해결하거나 독창적인 일을 하도록 도와주는 사회과 교육 내용을 제공하는 것이다. 따라서 사회과 교과서는 사회과 탐구를 통해서 더 많은 지식을 획득할 수 있는 상황을 제공해 주어야 한다.

둘째, 방법적 기능은 사회과의 배경이 되는 역사, 지리 및 제 사회과학의 작용을 탐구하는 것인데, 사회과 교수·학습의 '무언가 특별한 것'이어야 한다. 사회과 교과서는 역사, 지리 및 제 사회과학과 관련된 정보를 이해하고, 그 정보의 출처가 무엇이며, 정보에 대한 질문, 질문의 탐구 방법 등을 알도록 해 주어야 한다. 아울러, 과학적 탐구 과정에 해당되는 전략, 습관, 능력, 태도 등을 가르칠 수 있어야 한다. 사회과 교과서는 사회과 교실의 학습자 공동체 모두에게 의미 있는 사회과학 탐구의 안내서 역할을 하여야 한다.

셋째, 내재적 동기 부여는 활동을 하도록 자극하거나, 어떤 활동 속으로 몰입시키는 동기 부여 또는 내면적인 충동을 야기하는 것으로서, 사회과 교과서는 학생들에게 내재적 동기 부여의 기제가 되어야 한다.

일반적으로 교과서에서 제공하는 활동만으로는 내재적 동기를 부여하지 못한다. 외부의 압력이나 보상에 의해 동기화되어 힘을 불어넣는 외재적 동기화에 비해서, 내재적 동기를 부여할 수 있을 때, 흥미, 관심, 즐거움, 만족도 등이 충만해지며 당해 활동에 자발적 참여를 촉진하게 된다.

그러므로 사회과 교과서는 학생들의 학습활동을 자극하고, 그 활동 속으로 몰입시킴으로써 흥미, 관심, 즐거움, 만족도 등을 높이는 내재적 동기를 부여할 수 있도록 하여야 한다. 따라서 사회과 교과서는 내재적 동기 부여를 위하여 자기 자신의 흥미와 기쁨을 제공할 수 있어야 하며, 능력을 발휘할 수 있도록 해야 하며, 자기 자신의 필요를 느끼도록 자기 결정에 의해 학습을 하도록 이끌어 주어야 한다.

넷째, 범교과 간 통합, 즉 범교과 경험의 장려를 통하여 사회과 교육이 학교 교육과정의 다양한 영역을 통합하고, 결합하여 모든 교과목에 걸친 다양한 학습 경험을 제공해 주어야 한다. 이는 최근의 학문적 경향(Trend)뿐만 아니라, 교육에서 범교과의 경험을 강조하고 있는 것과 깊은 관련이 있다.

사실, 사회과뿐만 아니라, 모든 교과들이 교과의 영역과 경계만을 고집하는 것보다는 지식의 확장과 사고의 유연성을 위하여 교과 간의 경계를 넘나들 수 있는 기회를 제공하여야 하는 것이다.

다섯째, 다양성에 대한 존중은 사회과 교육의 가장 핵심적인 관심거리(소재)이다. 인종, 민족, 언어, 성 또는 특수성 때문에 차별을 경험해 온 집단들에 대해서 공평하게 대우하고 배려(Care)하는 것이다. 바람직한 사회과 교과서는 다양한 집단들을 학생들이 효과적으로 배울 수 있도록 구성되어야 한다. 아울러, 학생들의 다양한 가정적 배경, 언어, 그리고 능력을 충족시켜 주어야 한다.

결국 바람직한 사회과 교과서는 살아 있는 사회과, 바람직한 사회과의 다양한 요소들을 제대로 반영하고 충족시켜야 하며, 나아가 사회과의 특성을 충실히 담아내는 역동적인 교과서라고 할 수 있다. 특히 사회과 교과서는 학생들이 스스로 사회과 학습에 참여할 수 있도록 조장하는 내재적 동기 부여의 소명을 다하여야 한다.

4. 미래형 사회과 교과서의 지향

미래형 교과서는 사회 및 교육관의 변화를 바탕으로 학습자들이 학습 과제를 자기 주도적으로 해결할 수 있고, 다양한 내용과 활동 중에서 자신의 취미와 적성, 학력에 따라 선택할 수 있는 교과서로서의 변화가 필요하다.

다양성 제고를 위한 미래의 사회과 교과서는 교과서 내용의 다양성으로 포괄하는 범위는 최대 기준을 적용하여 구성되어야 한다. 교과서를 통해 그에 관련된 정보를 얻고 교과서 이외의 학습 자료에 대한 안내를 받을 수 있도록 해야 한다.

아울러 미래의 사회과 교과서는 체제의 다양성 확보로 내용의 구성과 조직, 교수·학습 방법과 평가가 다양하게 제시되어야 한다. 물론 교육과정을 충실하게 포괄하는 교과서가 되어야 하며, 21세기 세계화·정보화 사회에 부합되는 색도, 디자인, 판형 등을 유지하여야 하며 가독성을 고려하여야 한다. 이와 같은 점을 전제하여 미래형 사회과 교과서는 다음과 같은 방향으로 개선, 개발되어야 할 것이다(공주대학교 교육대학원·한국교과서연구학회, 2009: 40-43).

첫째, 미래형 사회과 교과서는 자료집의 형태를 띠어야 한다. 정보의 홍수 속에서 살고 있는 학생들은 무한 정보 속에서 자신에게 필요한 정보를 취사선택하고 정리하는 것이 현대사회의 필수적 기능이기도 하다. 학생들은 주어진 지식의 내용만을 기억, 암기하는 것이 아니라, 교과서에 제시된 각종 자료를 통해 학생들이 스스로 지식을 만들어 가는 학습활동을 할 수 있는 것이다.

둘째, 미래형 사회과 교과서는 탐구형으로 개선, 개발되어야 한다. 사회과 교과서는 지식체계의 암기와 이해에 치중하는 것이 아니라, 학생들의 과거 경험을 토대로 지식을 구성할 수 있도록 안내하는 탐구형 사회과 교과서는 구성주의 교육 이론과 맥을 같이하는 것이다.

셋째, 미래형 사회과 교과서는 지식에 도달하기 위해서 해야 할 활동을 제시하는 매뉴얼형으로 개선, 개발되어야 한다. 과거의 교과서는 정리된 학문 체계를 요약하여 전달하고, 학생들은 이를 잘 암기하도록 편리하게 구성되었었지만, 미래형 교과서는 자신의 기존 경험을 토대로 하여 지식의 구성 방법을 알려 주는 매뉴얼형으로 개선되어야 한다.

넷째, 미래형 사회과 교과서는 학생들의 다양한 사고 활동을 고무하는 확산형으로 개선, 개발되어야 한다. 학생 개개인들의 다양성을 인정하고, 개별화된 교육을 수행하기 위해서는 교과서가 단일한 지식의 내용으로만 구성되는 것이 아니라, 학생 각자의 경험과 지식의 다양성의 토대 위에서 다양한 학습활동을 추구하는 확산형 교과서를 지향하여야 한다.

다섯째, 미래형 사회과 교과서는 발달된 정보 통신 기술을 이용하여 인터넷, 동영상 자료, 사진 등 다양한 매체를 활용한 교과서로 개선, 개발되어야 한다. 멀티미디어형 사회과 교과서 등의 다양한 미래형 사회과 교과서는 학생들의 호기심과 흥미를 유도하고, 서책형 교과서의 한계를 극복하여 풍부한 내용과 방법을 담을 수 있는 장점이 있다.

여섯째, 미래형 사회과 교과서는 서책형에서 멀티미디어형, 디지털형으로 획기적으로 변모할 것이다. 종이책이라는 전통적 모델에서 전자책 위주로 변화할 것이다.

일곱째, 미래형 사회과 교과서는 전통적인 지식과 자료의 집대성형에서 탈피하여 학생 활동 위주의 워크시트형으로 변모할 것이다. 따라서 미래형 사회과 교과서는 최종적으로 주어진 것이 아니라 학생들이 스스로 읽고, 쓰고, 토론하는 종합적 활동장이 될 것이다.

여덟째, 미래형 사회과 교과서는 종전의 문자 중심형, 텍스트 중심형 모형에서 활동 중심형, 동영상 중심형으로 나아갈 것이다. 따라서 사회과 교과서에 대한 흥미와 관심이 더욱 증가할 것이며, 학생 스스로 입체적인 학습에 능동적으로 참여할 수 있는 매체로서의 역할을 하게 될 것이다.

〈표 91〉 전통형·미래형 사회과 교과서의 체제 비교

구분(영역)	전통형 사회과 교과서	미래형 사회과 교과서
① 교육 이론	객관주의	구성주의
② 내용 범위	최소 기준	최대 기준
③ 외형 체제	서책형	멀티미디어형(디지털형)
④ 구성 형식	요약집	자료집
⑤ 제시 방식	결과전달형	메뉴얼형
⑥ 구성 방향	수렴형	확산형
⑦ 학습 유형	지식·이해형	탐구형, 활동형

5. 미래 한국 사회과 교과서 편찬 방향: 역사 교과서 중심

교육과학기술부는 대한민국의 정통성을 한층 강조하는 새 역사교과서의 집필기준을 확정했다고 2009년 8월 4일 발표했다.

2011년부터 중·고교생들은 대한민국의 정통성을 한층 강조한 새 역사교과서로 공부하게 된다. 새 역사교과서는 6·25전쟁이 북한의 남침(南侵)으로 발발했다는 점을 명확히 밝히고, 이승만·박정희 정권 시대에 대해 균형 잡힌 서술을 하며, 북한 체제를 기술할 때 주체사상과 수령 유일체제의 문제점도 다루게 된다.

교과부는 현행 고등학교 '한국 근현대사' 교과서가 지나치게 좌(左)편향됐다는 비판에 따라 2008년도부터 대대적인 수정 작업을 했다. 이 역사 교과서 집필 기준은 교과서 저자들이 반드시 준수해야 할 '가이드 라인'이다.

현재 중·고교의 국사와 세계사, 한국근현대사 과목은 2011년부터 '역사'로 통합되는데, 정부가 마련한 새 역사교과서 집필기준은 다음과 같다.

첫째, 대한민국 수립과 관련, '대한민국 정부는 대한제국 및 대한민국 임시정부를 계승한 정통성 있는 국가임을 설명한다'고 명시해 대한민국의 정통성을 보다 분명히 강조했다.

둘째, '광복 직후 정치 상황과 관련하여 우리나라와 관련된 미국과 소련에 대한 서술에서, 특정 국가·특정 이념에 치우친 편향된 시각은 지양하고, 정확한 역사적 사실을 토대로 객관적으로 서술한다'고 명시하였다.

셋째, 이승만 정부의 정부 수립과 독재화·박정희 정부의 산업화와 1인 장기 집권 등 공(功)·과(過)를 함께 아우르는 균형 잡힌 객관적 역사 기술을 요구했다.

넷째, 북한 관련 서술은 '북한 사회의 어두운 면도 함께 서술'하고 '북한 자료를 인용할 때 체제선전용 자료 사용에 신중'하도록 함으로써 피상적이고 감상적인 미화에 빠지지 않도록 했다.

새 사회과 역사교과서는 이날 발표된 집필기준에 따라 집필하게 되며 정부는 2010년 상반기 중 검정을 통과한 교과서를 확정 발표한다(2009.08.04 교육과학기술부 발표문).

■제3장■ 미래의 사회과 교과서 편찬: 자율화와 다양화 및 특성화

1. 미래 교육의 학습 자료

지식정보사회의 견인차인 미국의 빌 게이츠(Bill Gates)는 '2020년대의 평생 학습 비전(A vision for Lifelong Learning‒Year 2020)'이라는 글에서 조만간 학습자들이 활용할 것으로 예상되는 교육용 콘텐츠로 다음과 같은 것들을 제시하였다.

유치원부터 8학년에 이르는 기간에 활용될 것으로는 주로 사회적 협동과 정보를 걸러 내는 기능(filtering)을 적용한 '집단적 상호 작용이 가능한 콘텐츠 제공(Auto‒recommended Group Formation)', '학생이 저작도 할 수 있는 상호 작용적인 전자책(Student Generated Interactive e‒books)', '사이버 교사/튜터(Virtual Mentors) 등장'을 예시하였다. 그리고 중등학교 단계에 활용될 것으로는 증가된 커뮤니티 의사소통을 적용한 '프로젝트 학습을 위한 개인용 디지털 도서관 활용(Personalized Digital Libraries in Project Based Learning)', '몸에 부착된 인터넷 장치 활용(Internet on Your Ear)', '학생이 조절할 수 있는 유비쿼터스 화면(Ubiquitous Student Controlled Interfaces)', '학습 양식에 맞춘 서비스(Learning Styles Adaption)' 등을 예시하였다.

빌 게이츠의 아이디어는 컴퓨터와 인터넷의 발달이 가까운 미래에 가져올 학습 자료의 커다란 변화를 예견하는 한 가지 사례에 불과하다. 우리는 이와 같이 첨단 기술을 활용한 교수·학습 자료의 변화를 예견하는 사람들을 쉽게 찾아볼 수 있기 때문이다. 불과 몇백 년 전 인쇄술이 발달하지 못하여 일반 대중은 성경의 내용도 성직자가 말해 주는 것만 접해야 했고, 중요한 학습 자료를 손수 필사하여 사용했던 과거의 교육 상황에 비하여 천지개벽할 정도로 발달된 것이 교육 미디어라고 할 수 있다.

따라서 이제 교수·학습 자료와 교육용 콘텐츠의 백화난만(百花爛漫) 시대가 온 것이다. 첨단 기술과 교수·학습이 만남으로써 이러닝(e‒Learning)이나 유러닝(u‒Learning) 콘텐츠가 개발되고, 머지않아 가상현실(virtual reallity)을 활용한 교육용 콘텐츠가 학생들에게 제공될 것이다. 곧 3차원 콘텐츠를 활용한 박물관 학습(virtual museum), 열대우림 학습(virtual tropical rain forest) 등이 가능하게 될 것이다. 이러한 가까운 미래의 변화를 예측해 보면, 서책형(paper‒book) 중심인 현재의 교과서 편찬 및 활용 제도는 상당한 변화를 겪을 것으로 예상된다.

이러한 미래 예측을 듣고 보면, 자연스럽게 "그렇다면 이른바 전통적인 '서책형 교과서'는 사라지는 것인가?"라는 질문이 제기된다. 어떤 이들은 종이 책이 사라지는 미래를 점치고 있기도 하다. '미래'를 어느 시점에 착안하여 논의하는지에 따라 달라지겠지만, 우리 다음 세대 예를 들어, 2030년경까지를 염두에 두고 생각해 본다면, 서책형 교과서가 완전히 사라진다기보다는 서책형 교과서와 다양한 매체의 교수·학습 자료, 교육용 콘텐츠 등이 공존하면서 각기 나름대로 학생과 교사의 교수·학습을 도와주는 형태로 활용될 것 같다. 서책형 교과서와 교육용 콘텐츠가 공존하는 시대에 우리는 어떻게 하면 바람직한 교과서를 편찬하고 활용할 것인지를 고찰해 보아야 한다.

2. 한국 교과서의 현실

1) 교과서 제도 변화의 지체

교육과학기술부에서는 국민의 정부 시절에 이미 교과서 제도의 점진적 자율화를 교과서 정책의 기본 방향으로 설정하고 추진해 왔다. 교과서의 '자율화'란 교과서에 대한 국가의 관여를 줄이고 민간의 교과서 편찬 참여를 확대한다는 의미이다. 곧, 국정 교과서를 점차 검정 교과서로 전환해 나가고, 일부 교과목의 교과서는 인정 교과서 또는 교과서 없이 다양한 교수·학습 자료를 활용할 수 있도록 허용하는 방향으로 제도 개선을 추진해 왔다. 특히, 교육과학기술부가 발표한 '2007년 개정 교육과정에 따른 교과서 제도 개선 방안'에는 그동안 꾸준히 논의되어 왔던 중등 국어, 도덕, 국사 교과서의 검정화, 초등 일부 교과 교과서의 검정화 등을 포함하고 있어서 이러한 제도 갱선의 큰 진전을 이루었다.

그럼에도 불구하고, 교육 내용에 대한 우리 사회의 다양한 요구를 담아내기에는 교과서 제도의 한계가 여전히 존재하고 있다. 특히, 교육과정 해석의 다양성을 추구하는 사람들의 관점에서 보면, '국가 교육과정, 교과서 편찬상의 유의점, 교과서 검정 기준' 등 교육과학기술부에서 제시하는 교과서 가이드라인이 지나치게 상세하여 이러한 다양성을 구현하는데 큰 장애가 된다고 주장하고 있다.

다시 말하여, 다양하고 질 높은 교과서를 편찬 활용할 수 있는 제도적 개선이 적정한 속도로 진행되지 않고 있다는 것이다. 그렇다면 이렇게 교과서 제도의 변화가 지체되는 것은 무엇 때문일까?

2) 교과서에 대한 이중적인 관점

교과서 제도를 자율화하여 국가의 관여를 점차 줄여 나가는 방식으로 개선함에 있어서 그 변화 속도를 제한하는 요소는 여러 가지가 있지만, 그중에서 가장 큰 것은 우리 사회의 교과서에 대한 이중적인 관점이라고 생각된다. 우리 사회에는 교과서를 보는 관점이 크게 보아 다음과 같이 두 가지로 나타난다.

첫째, 교과서는 교육과정을 다양하게 해석하여 가장 효과적으로 전달해 주는 학습 자료라는 교과서에 대한 '교수·학습 위주'의 관점이 있다. 이는 효과적인 교수·학습을 위해 교과서 집필자나 교사, 학부모 등의 교육철학, 교육의 전략 등에 따라 다양한 교과서가 필요하고, 교사와 학생들은 그중에서 적절한 것을 골라 선택하면 된다고 보는 것이다.

이러한 관점에 따르면, 교과서는 국가에서 관여하여 획일적으로 편찬하기보다는 가능하면 다양한 관계자들이 참여하여 다양하고 풍부한 자료로 편찬되기를 기대하는 것이다. 우리 사회의 민주화가 진전됨에 따라 이러한 관점을 지지하는 사람들은 점차 늘어나고 있으며, 이들이 보기에는 현재의 교과서 제도는 여전히 국가의 관여가 지나치게 많다는 것이다.

그런데 우리 사회에서 교과서를 보는 관점은 이러한 '교수·학습 위주'의 관점만 존재하는 것은 아니다. 교과서에 대한 또 다른 관점은 바로 교과서를 '경전(經典)'으로 보는 것이다. 교과서에는 표준적 지식과 가치를 담고 있어야 하며, 오류가 없어야 하고 공정한 내용을 담아야 한다는 것이 그것이다. 그리고 이러한 기대를 충족시키는 주체는 국가가 되어야 한다는 것이다.

이러한 관점이 존재하는 한 교과서에 대한 국가의 관여를 없애거나 줄여 나가는 것은 매우 어려운 것이 현실이다. 우리 사회에서 사소한 교과서의 오류나 탈자에도 심각한 교육인적자원부의 책임으로 부각시키거나 때로는 교과서에 담겨 있는 다양한 가치 지향들을 자신의 정치적 입장에서 나름대로 해석하여 교과서의 이데올로기 문제를 사회적 쟁점으로 부각시키는 경향 등은 모두 이러한 교과서에 대한 관점을 반영하는 것이다.

이념적 스펙트럼이 다양하고 학문 발달의 속도가 매우 빠른 오늘날, 우리 사회에 알맞은 교과서관의 정립이 요구된다. 이미 많은 사람들이 우리에게 다양하고 열린 교과서관이 정립되어야 한다고 주장해 온 것이 바로 그것이다. 교과서 제도의 변화와 다양한 교과서의 출현은 바로 이러한 교과서에 대한 관점의 변화와 함께 추진될 수 있을 것이기 때문이다.

3) 교과서의 현실적 조건

우리가 오늘날 실제로 접하는 교과서는 이상과 같은 편찬 제도의 틀 속에서 만들어지는 것이다. 그뿐만 아니라 교과서는 구체적인 산출물로 나타나는 것으로서 단지 이성적인 아이디어로만 존재하는 것이 아니다. 그것은 구체적인 교육 내용의 해석을 드러내고, 문장과 문단의 구성들을 보여 주며, 삽화와 사진의 질과 북 디자인의 결과가 반영된 '종합 예술품'이라고 할 수 있다.

이는 달리 말하여, 우리가 만족스러운 교과서를 활용할 수 있기 위해서는 이러한 작품을 만들어 낼 수 있는 전문적인 역량이 있어야 한다는 의미이다. 더 나아가 전문적인 역량을 쏟아 부을 수 있도록 교과서에 대한 예산이 확보되어야 가능한 일일 것이다. 이러한 교과서의 존재 방식은 우리가 교과서의 문제를 인식하고 그에 대한 불만스러운 점을 토로하지만 그것이 현실에서 쉽사리 변화되지 않는 이유를 설명해 준다.

4) 학생들에게 홀대되는 교과서

현존하는 우리의 교과서는 이상과 같은 제도적 틀, 교과서에 대한 관점 및 현실적 존재 조건을 반영하는 산출물이다. 이러한 현재의 교과서에 대해 우리 학생들은 어떻게 인식하고 있는가?

사실 미래의 모습이 오늘 당장 완전하게 실현되는 것은 아니지만, 오늘날 우리 학생들이 접하는 학습 자료는 그 이전의 세대들이 상상할 수 없을 정도로 다양하고 풍부해졌다. 서책형 자료도 그 종을 헤아릴 수 없이 많고, 각종 멀티미디어 자료, 교육용 콘텐츠 등이 그것이다.

이처럼 편재(遍在)되어 있는 교수·학습 자료 속에서 성장하고 있는 오늘날 우리 학생들에게 교과서는 '북한 책' 같아서 낯설기도 하고, 정보가 빈약하여 다른 보조 자료를 보아야만 하는 그런 존재가 되어 가고 있다. 한마디로, 학생들에게 교과서가 소홀시되고 있다. 물론, 학생들을 지도하고 있는 교사들도 교과서의 한계와 부족함을 지적하고 있으며, 이를 보충하기 위해 각종 교수·학습 자료를 찾아서 쓰거나 직접 만들어 활용하고 있다. 고등학교 수업 장면을 보면 교과서를 덮어 두고, 교사가 유인물을 학생들에게 나누어 주고, 그것을 토대로 수업을 전개하는 경우가 대부분이다. 그리고 국가 및 시·도 교육청 수준에서는 이러한 교사들을 지원하기 위해 수많은 교수·학습 자료를 제작하여 보급하고 있다.

교과서 1권으로 모든 학습 자료를 대신할 수는 없을 것이다. 그럼에도 불구하고 교과서가 학생들의 주된 학습 자료로서 학생들에게 소홀시되지 않기 위해서는 미래의 교과서가 어떠해야 하는지를 생각해 보고, 그것을 실현시키기 위해 우리 모두가 노력해 나가야 할 것이다.

3. 미래 사회과 교과서의 조건

1) 교과서 편찬의 자율화

바람직한 미래의 교과서 편찬과 활용 방향은 한마디로 '다양하고 질 좋은 교과서의 개발과 보급'에 두어야 할 것이다. 종래와 같은 획일화된 교과서에 의해서는 21세기의 지식기반사회에서 요구되는 창의적이고 다양한 수월성을 지닌 인재를 길러 낼 수가 없기 때문이다. 급속하게 발전하는 학문의 변화를 반영하고, 교육 내용에 대한 다양한 수요를 충족시키기 위해서는 앞에서 제시했던 교과서 정책의 기조를 유지하면서 점차 교과서에 대한 국가의 관여를 최소화해 나가도록 한다. 교과서의 개발과 편찬은 관계 전문가와 출판사들이 자율적으로 추진하고, 교과서의 채택과 활용은 지역 교육청, 학교, 교사 등이 주도하는 체제로 나아가야 할 것이다.

이러한 교과서 제도의 자율화를 통해 다양하고 풍부한 교과서들이 개발되어 활용될 수 있어야 할 것이며, 이를 통해 다양한 수월성을 지닌 인재들을 학교에서 교육시킬 수 있어야 할 것이다. 물론 이러한 제도의 개선은 우리 사회의 교과서에 대한 관점이 좀 더 유연하게 변화되고, 그것을 바탕으로 교과서 정책에 대한 광범위한 사회적 합의가 이루어진다는 것을 전제로 하고 있다.

구체적으로, 이번 교육과정을 계기로 확대된 중등과 초등 교과목들의 교과서 검정을 안정적으로 운영하여 교과 교육 관계자들이 교과서 개발에 광범위하게 참여할 수 있게 하고, 학교에서는 이들 중에서 선택하여 활용하게 함으로써 자연스럽게 교과서의 질을 제고시켜 나가도록 한다.

그리고 차기 교육과정 개정 시에는 초등학교 교과서도 대부분 검정으로 전환함으로써 국가에서 개발한 단 한 권의 교과서를 전국의 교실에서 가르치는 구조를 바꾸어 나가도록 한다. 또, 일부 학생들만 배우는 전문 과목의 교과서 등은 교육과정과 교수·학습 과정안 정도를 제시하고, 다양한 교수·학습 자료를 활용하게 함으로써 학생들에게 좀 더 시의성 있고 실제적인 학습을 할 수 있게 함과 동시에 교육인적자원부의 교과서 편찬의 부담을 줄여 나가도록 한다. 또, 교육인적자원부는 좀 더 거시적인 차원에서 교과서 정책을 수립 지원하고, 미래 지향적인 교수·학습 자료의 개발, 보급 및 활용을 위한 정책 개발이라는 본연의 업무를 추진해야 할 것이다.

2) 교과서 매체의 다양화

세계화 시대의 미래 사회에서는 교과서 매체의 획기적인 변화가 예상된다. 특히, 교육부가 추진하고 있는 '디지털 교과서 상용화' 정책이 계획대로 시행된다면 머지않아 우리의 교과서에 커다란 변화가 올 것으로 예상된다. 곧, 서책형을 중심으로 운영되었던 교과서 정책이 디지털 교과서와 함께 고려되어야 할 것이기 때문이다.

사실, 그동안 우리의 교과서의 개념은 완결형 서책형 교과서에서 좀 더 유연하고 가변적인 교수·학습 자료를 포함하는 개념으로 진화하였고, 고도 정보화 사회로 접어든 오늘날에는 컴퓨터와 인터넷을 활용하는 교육용 콘텐츠까지를 포함하는 개념으로 확장되어야 할 시점에 이른 것이다. 10년 전 제7차 교육과정이 고시되던 시점에는 단일하고 획일적인 교과서의 문제점이 부각되면서 교과서의 개념을 '교수·학습 지료'의 개념으로 확장하여야 한다는 인식이 확산되었고, 교과서뿐만 아니라 다양한 수준별 교수·학습 자료들이 개발되어 활용되었다. 그런데 이제 교수·학습 장면에서 컴퓨터나 인터넷을 활용하는 것이 보편화되고, 특히 새로운 세대들의 정보 기술 친화력이 높아지면서 교과서의 개념도 서책형이나 교수·학습 자료의 수준을 넘어 '디지털 교과서'로 확장된 것이다.

〈표 92 〉 디지털 교과서의 기능

교수·학습 기능	자연 연계 기능	상호 작용 기능	학습 관리 기능	교수·학습 보조 기능
· 동기 유발 · 학습 내용 제시 · 학습 자료 제시 · 교수·학습 방법 제시 · 평가 및 피드백	· 하이퍼링크 · 자료 탐색 및 색인 · 외부 자원 연결	· 학습자와 콘텐츠 · 학습자와 학습자 · 학습자와 교수자 · 학습자와 외부	· 학습 진도 관리 · 평가 및 성적 관리	· 문서 작성 및 편집 · 그래픽, 작곡 등 · 페이지 이동 보기 · 각종 사진

디지털 교과서는 교과서 내용을 디지털화하여 전자 매체에 수록한 뒤 유·무선 정보 통신망을 이용하여 그 내용을 읽고, 보고, 들을 수 있도록 한 교과서를 말한다. 디지털 교과서는 현재 개념이 생성되어 있고, 개발이 진행 중이므로 향후 좀 더 구체적인 의미 규정을 할 수 있을 것이다. 현재 개발 중인 디지털 교과서의 주된 기능은 <표 92>와 같다.

이러한 디지털 교과서의 개념과 기능은 종래의 서책형 교과서의 개념과 기능을 크게 확장하여 학습과 교수의 통합, 교과서 내의 자료와 교과서 밖의 자료의 연결, 교과서 학습자 간의 연계와 상호 자료의 연결, 교과서 학습자 간의 연계와 상호 작용 등을 가능하게 해 주는 것임을 볼 수 있다. 따라서 미래에는 디지털 교과서의 상용화를 포함하여 바람직한 교과서 개발과 활용의 방안을 모색해야 할 것이다.

이와 관련하여, 요즈음 우리 교육계에서는 디지털 교과서가 과연 서책형 교과서를 대체하는 것인지, 보완하는 것인지 등 서책형 교과서와 디지털 교과서의 관계 설정을 두고 논란을 벌이고 있다. 필자는 서책형 교과서와 함께 디지털 교과서가 병용되는 형태가 가장 적절하고 현실적일 것으로 생각한다. 이는 마치 대다수의 사람들이 인터넷을 통해 뉴스를 보지만, 여전히 종이 신문이 발행되고 활용되는 것과 같은 이치일 것이다. 따라서 미래의 교수·학습 상황에서는 학습자와 교수자의 취향과 학습 스타일, 배우는 교과목이나 내용의 특성에 따라 그것에 알맞은 교과서의 형태를 취하는 방식으로 활용될 수도 있다.

예를 들어, 음악과의 다양한 감상곡은 디지털 교과서에 수록된 참고곡들을 감상하는 방식으로 수업을 진행하지만 문학 시간에 읽는 참고 작품은 서책형 교과서를 통해 배우는 방식이 그것이다. 따라서 향후에는 이와 같이 서책형 교과서와 디지털 교과서를 병용하는 상황을 염두에 두고 교과서 편찬과 활용의 방향을 모색할 필요가 있다.

3) 교과서의 질적 심화

미래 교육에서 교과서의 질을 개선하기 위해서는 교수 매체의 변화에 적절하게 대응하는 것보다 더 본질적인 문제가 있다. 그것은 바로 교과서 내용의 질적 심화이다. 다시 말하여, 교과서를 통해 학습자들이 제대로 학습할 수 있도록 교과의 '큰 그림(big ideas)'에 초점을 맞추어 교과서를 구성하고, 정합적인(coherent) 내용 조직을 제시하며, 학생의 경험과 흥미와 연관시켜 내용을 기술하고, 질 높은 문장 기술을 통해 교과서가 집필되어야 할 것이다. 곧 교과서 내용 자체의 질적인 제고와 심화가 요구되는 것이다.

이러한 교과서 구성은 곧바로 높은 수준의 심화된 학습으로 연결될 수 있다 내용 구성의 방향은 서책형(書冊型) 교과서든 디지털(digital) 교과서든 관계없이 질 높은 교과서라면 당연히 보여 주어야 할 특성이라고 할 수 있다. 곧, 교과서 내용 구성의 기본이 되는 텍스트의 이해 가능성(comprehensibility), 전문가의 시각에서 해석된 교육과정, 학생 중심적 교수·학습 방법의 구현 등이 중심적으로 검토될 필요가 있다.

그동안 우리의 교과서 편찬과 개발의 과정을 보면, 대체로 짧은 시간과 한정된 인력 등의 제한 조건 속에서 교과서 집필이 이루어지고, 또 이를 세세하게 심의하는 체제 속에서 교과서의 질적인 심화는 크게 이루어지지 못했다. 특히, 이러한 교과서 내용 구성과 디자인에 대한 연구 개발은 미미한 수준이다. 따라서 미래에 우리가 질 높은 교과서로 교육을 할 수 있기 위해서는 이러한 교과서 내용 구성과 디자인에 대한 깊이 있는 연구 개발이 필요하다.

4) 미래의 사회과 교과서의 자화상

사회과 교과서는 교수·학습의 제도적 장소인 학교를 통하여 학습자들이 사용하는 교과용 도서이다. 그러한 면에서 교과서처럼 다양한 기능이 부여된 매체도 드물다. 실제 교과서는 이데올로기와 교육과정, 그리고 그 나라 교육 구조에 따라 가치 기준을 수록하고 평가해서 학습자에게 바른 방법, 바른 길로 안내하는 수단으로 존재하여야 한다. 즉 사회과 교과서는 그 나라의 문화 발전과 경제적 부를 추구하는 데 필요로 하는 직접적인 수단이다. 다른 한편으로 사회과 교과서는 사회과 교육에서 요청되는 지식과 경험의 내용을 쉽고 간단명료하게 편집해서 학교에서 학생들이 학습의 기본 자료로 활용할 수 있도록 제작한 교재이다.

21세기 교과서의 모습은 서책형에서 멀티미디어형, 디지털형으로의 급속한 변화 진행이 될 것이다. 과거의 정태적 교과서의 모습에서 미래 사회과의 모습은 역동적인 컴퓨터 속의 칼라 동영상의 입체적 자료로 기능할 것이다(공주대학교 교육대학원 · 한국교과서연구회, 2009: 17-18).

〈표 93〉 교과서 내용 설계의 요소들

교과서 내용의 구성	주제	요소	연계성
이해 가능성	친숙한 내용 흥미 있는 내용 일관성 있는 문장 구조	단원/장의 구성 단어 문장 단락	수사학적인 양식들: 주제망, 매트릭스, 선형 연계, falling dominos 내용 연계
교육과정	전문가의 관점 모형 원리들	지식 기술 태도	인과관계 기술
교수법	학생 중심적 탐구 공동체 구성주의 줌렌즈	연계(connections) 조직(organizations) 반성(reflections) 확장(extension)	융통성

※ Marilyn J. Chambliss & Robert C. Calfee(1998), *Textbooks for Learning: Nurturing Children's Mind*, Blackwell. p.76의 표를 재구성한 것임.

▮제4장▮ 사회과 교수·학습 자료

1. 사회과 교수·학습 자료의 의의와 특성

1) 학습 자료의 의의와 활용

사회과 교육을 구현하는데 특히 중요한 것은 '무엇을', 그리고 '어떻게' 지도하느냐를 결정하는 것이다. 이들은 교육과정 결정의 배경이 되는 학문 구조, 정책, 사회·문화적 환경, 전통 및 의사 결정 등과 밀접한 관계가 있으며, 교수·학습활동의 상태와 집단의 규모 등에 영향을 받는다.

이러한 교수·학습 과정에 사용되어 사회과 학습 내용을 이해시키며, 학습 동기와 사고의 유발 및 목표 달성에 효율적으로 도달할 수 있도록 도와주는 일체의 교구와 교재를 사회과 학습 자료라고 할 수 있다. 사회과 교수·학습활동 과정에서 이들 자료의 적절한 사용이 따르는 지도법을 제공함에 따라 바람직한 사회과 교육의 목표 달성에 기여하게 될 것이다.

다양한 자료를 최대한 사용한다고 학습 효과가 반드시 극대화되는 것은 아니지만, 사회과 학습에서 비판의 대상이 되는 지나친 언어주의를 극복하고, 사회 사상의 구체적 인식과 내면세계의 파악에서 올바르고 질 좋은 자료를 적절히 수집 활용하는 것은 매우 중요하다.

이제 사회과 교육 교수·학습 과정에서 전통적으로 칠판과 백묵, 그리고 교과서 및 말을 주로 사용해서 진행하던 시대는 분명히 지나가고 있으며, 도리어 너무나 많은 자료 중에서 무엇을 어떻게 선택하여 효율적으로 활용하느냐가 중요해지고 있다. 즉, 쏟아지는 자료의 홍수 속에서 학생과 교사는 유용한 자료를 어떻게 가려내어 적절하게, 바람직하게 사용하느냐가 문제가 되고 있다.

효율적인 사회과 교육에서는 교수·학습 자료의 의의와 전정상의 유의점 등을 파악하고, 교재화 및 활용 능력을 기르도록 하며, 나아가 자료의 적절성 등에 대한 평가 안목을 길러, 새로운 교재를 개발·사용할 수 있는 능력이 필요하다(전숙자, 2007: 310-323).

2) 학습 자료의 종류

사회과 교육의 학습 자료는 사회과 교육의 교수·학습이 효율적으로 이루어질 수 있게 하는 각종 자료나 기구로서 그 종류는 다양하고 광범위하다.

교수·학습 자료는 넓은 의미로 '학습자에게 지식이나 기능 및 태도를 습득시킬 때, 조건을 제시해 주는 사물이나 인물'을 가리키며, 좁은 의미로는 '시각 정보 또는 언어 정보를 파악·처리하여 재현시키는데 쓰이는 그림, 사진을 비롯하여 전차적 또는 기계적 수단'으로 보기도 한다.

그리고 교재·교구 및 자료와 자원인사를 포함하는 교육 매체를 총괄하여 부르기도 한다. 여기서 교재는 교과용 도서, 프로그램 등 소프트웨어적인 것을 포함하며, 교구는 칠판, OHP, VCR, 컴퓨터 등 하드웨어적인 것을 지칭한다.

일반적으로 사회과 교수·학습 자료의 종류는 다음과 같이 구분하기도 한다.

(1) 읽기 자료와 비읽기 자료

읽기 자료는 교과서, 교사용 지도서, 사회과 부도, 학생용 참고도서, 시사·정기 간행물, 연감, 통계자료, 여행기, 연구 논문 등이다. 한편, 비읽기 자료는 학습의 현장, 표본, 모델, 자원 인사, 사진, 삽화, 슬라이드, 필름, tape, 시청각 자료, 프로그램 교수·학습 용구, 토론회, TV 및 Radio의 News 등이다.

(2) 제1차적 자료와 제2차적 자료

제1차적 자료는 현실감을 주어서 사건에 대해 좀 더 의미와 생동감을 느낄 수 있는 필름, 그림, tape, 기록문, 일기, 문서 등이다. 제2차적 자료는 신문, 잡지 등이다.

사회과 수업에서는 제2차적 자료를 사용해도 좋으나, 논문 작성 등에서는 제2차적 자료의 경우에는 원래의 출전(出典)을 확인하고, 가능한 제1차적 자료를 많이 사용하는 것이 좋다.

(3) 사회 사상(社會 事象)을 담은 교재에 따른 구분

여러 사회 사상을 담은 교재에 따라서 체험 교재, 경험 교재, 자료 교재, 설명 교재 등으로 나누기도 한다. 체험 교재는 생산·노동을 체험하는 것으로, 촌락이나 공장에서 직접 체험해 보도록 하는 것이다. 경험 교재는 감각이나 지각을 통해서 인지하도록 하는 것으로 관찰·견학·조사 등이 있다. 자료 교재는 사회 사상을 제3자가 표현하며 학습의 대항으로 하는 것으로, 실물·모형, 사진·그림·영화, 지도·그래프, 통계표·연표, 문장 등이 포함된다. 설명 교재는 사회 사상을 제3자가 해석하며 개념적, 논리적으로 설명한 문장 등이다. 이러한 교재들은 사실성과 구체성이 특히 중요하다.

(4) 정보 제공에 따른 구분

정보 제시에 따라 언어 자료, 그림 자료, 계량적 자료, 상징 자료로 구분하기도 한다. 언어 자료는 참고문헌, 교과서, 신문, 정기 간행물, 문서, 면담 등과 같은 출처를 가지고 있으며, 주로 말로 제시된 자료이다. 그림 자료는 사진, 설명서, 만화와 같이 시각적 형태로 제시된 자료이며, 계량적 자료는 숫자 형태의 자료로 집단과 표로 제시된 통계자료와 같은 것들, 그리고 상징 자료는 지도나 도표 같은 표현 형태로 제시된 자료이다.

2. 사회과 교수·학습 자료의 선정과 구성

1) 선정 시의 유의점

사회현상을 대상으로 하는 사회과 교육은 그에 따른 자료도 너무나 많으며, 학생들의 입장을 고려해야 하기 때문에 기준을 정해서 적절하게 선정하고, 사용도 알맞게 하면서 탄력성을 갖는 것이 필요하다(전숙자, 2007: 310 - 323).

자료 선정 시의 기본 원리는, 교육과정 정신에 따른 교과의 기본 개념과 구조, 인류 문화유산의 체계, 사회적 재병, 인간 중심의 가치와 사상의 중시 등이다. 그리고 구체적으로 다음과 같은 점들을 고려해야 한다.

즉, 학습 내용의 적합 정도에 따르는 적절성, 학습자의 수준을 고려하는 난이도, 학습의 효율 및 자료의 가격과 관계있는 경제성, 자료의 질적 양호성, 이용 편리성, 어느 쪽에 치우침이 없는 공정성과 객관성 등이다.

학습 자료의 적절성에 대한 판단을 할 때에는 다음과 같은 점들을 고려하는 것이 필요하다.

① 자료가 교육 목적과 수업 목표에 일치하는가?
② 자료가 학생들의 인지적 성장과 정의적 발달에 기여하는가?
③ 자료가 주제에 대하여 학생들의 흥미를 유발시키는가?
④ 자료는 학생들의 연령과 수준에 알맞은가?
⑤ 자료가 학생들의 비판적 사고와 문제 해결 능력을 증진시켜 주는가?
⑥ 자료가 현안 문제, 특히 문제점들에 대하여 다양한 견해가 제시되고 있는가?
⑦ 자료가 제시한 문제에 대한 처방이 대체적으로 오류와 편견이 없는가?
⑧ 자료는 교육과정 내용에 최신의 것으로 정확하며, 관련된 것인가?
⑨ 자료는 쉽게 얻을 수 있는가?

우수한 자료로서 다음 조건도 고려하여야 한다. 즉, 공정성과 정확성, 심도, 기능 개발에 유용한 것, 바람직한 민주시민 의식 양성 및 의사 결정 등에 도움을 주는 행동 지향적인 것, 창조적이며 건전한 것, 유용성 등이다.

자료로서는 그 밖에 다음 사항이 충족되는 것이 요구된다. 개념 및 사고 형성에 도움을 주는 것, 친근감이 있으며 감명을 주는 것, 즉각적으로 결론이 나는 것보다는 다양한 반응을 유발하는 것, 참신한 최신의 자료, 지역성을 반영하는 것, 실제와 밀접한 관련성이 있는 것 등이다. 결론적으로 학습 자료의 선정 기준은, '참되고, 학습에 유용하여 교육목표 달성에 가치가 있는 것'이라고 할 수 있다.

2) 사회과 교수·학습 자료와 사회과 교과서 구성

(1) 일반적인 사회과 교수·학습 자료

학습 자료는 선정의 기준에 따라 적정한 방법으로 수집·구성 및 제작·정리해야 한다. 이 과정에서 유의할 점은 다음과 같은 것들이 있다. 먼저 다양한 자료들을 교재화를 전제로 하여 계획적·의도적으로 계속하여 수집·구정하고 수시로 보완하도록 한다.

이러한 활동을 하는데 교사 혼자서 어려운 경우에는, 충분한 양해를 받고 동료, 지역사회 인사, 학부형과 학생들의 협조도 받을 수 있을 것이다.

이들 자료를 재구성할 때는 교재 내용의 계통성, 교재의 핵심, 사회과 교육을 이루는 분야별(영역별) 주요 내용 및 이들 내용과 타 교과와의 통합성, 학년별·단원별 내용 등이 충분히 고려되어야 한다. 그리고 쉽게 이용할 수 있는 자료의 종류 및 자료원을 파악해 두고 대비할 수 있어야 한다.

나아가, 사회과 교육의 주요 내용을 교재화하고 새로 개발하는 것이 필요하다. 자료의 교재화를 위해서는 자료를 정리하여 분석하고 종합적인 검토를 해야 한다. 이때 분석의 관점은 단원의 성격, 학습 목표와 내용, 학습자의 실태, 지역성, 자료에 내포된 가치와 의미성 등이다.

자료의 교재화 과정, 즉 재구성월 절차와 방법을 들면 다음과 같다.

· 선택된 자료를 철저히 분석하여 학습 목표 달성이 쉽도록 하고 불필요한 부분은 삭제한다.
· 자료의 의도가 불분명한 경우와 설명이 부족하여 이해가 어렵거나 목표 달성에 필요한 중요 부분이 빠졌을 때에는 보충한다.
· 문장의 표현이나 설명이 어려운 것은 수정하며, 사고의 기회를 제공하여 학습자 스스로 문제점을 탐구하고 발견할 수 있도록 한다.
· 수집된 모든 자료는 해당 교수·학습 전개 과정에 적합하도록 재구성한다.
· 수집·제작된 자료들을 효율적으로 활용되도록 정리해야 한다. 교사 스스로 정리가 필요하지만 학생들에게 정리하는 방법과 태도를 길러 주는 것도 중요하다.
· 자료들은 Data Base화하고, 가능하면 자료실을 만들어 모아 두고 활용하는 것이 바람직하다.

(2) 통합 사회과 교과서 개발의 원리와 실제

① 교과서 구성의 원리

교과서는 사회과 교육 자료 중에서 대표적으로 중요한 것에 속하기 때문에 구성에 대하여 별도로 알아보기로 한다. 여기에 소개하는 내용은 좋은 사회과 교과서의 기준이 되기도 한다.

일반적으로 사회과 교과서 내용을 구성하기 위해서는 다음과 같은 점에 유의하여야 한다.

첫째, 제1차적으로는 교육 내용을 선정하고 조직하기 위해서 학습자가 학문적 지식보다 문제 해결력과 의사 결정력을 함양할 수 있도록 실생활과 관련된 학습 경험의 내용을 조직하여 구성하는 것이 필요하다. 따라서 교과서의 내용을 학습을 위하여 단순화된 제1차적 자료, 즉 일기나 서신, 여행자의 기록물, 어떤 상황에 대한 묘사문, 역사적 문서, 헌법 조항, 도표 등의 다양한 자료를 제시하고 주어진 자료를 이용하여 사회문제를 합리적으로 해결하기 위한 능력을 학습자가 능동적으로 함양할 수 있도록 구성한다.

둘째, 학습자들이 직면하게 될 핵심적인 이슈를 중심으로 교과서 내용을 구성한다. 사회문제에는 여러 집단의 이해관계가 얽혀 있으며, 문제를 바라보는 관점에 따라 다르게 해석할 가능성이 있음을 알게 된다는 점에서 사회 인식력을 제고하는데 기여할 수 있다. 뿐만 아니라 학습자들은 이슈에 대한 탐구와 깊이 있는 조사를 통하여 사회제도와 생활양식의 기저에 놓여 있는 기본적인 가정에 대하여 스스로 탐구하는 능력을 함양할 수 있다는 점에서 사회과 교육의 목표와도 일치한다고 할 수 있다.

셋째, 자아 성찰적 기회를 제공할 수 있도록 구성한다. 인간은 자신의 모든 개인적 경험, 일상적 사건이나 현상에 대하여 그 의미와 중요성에 의문을 가져 보고 분석하는 인지적 습관 즉, '자아 성찰적 실천'을 통하여 지식을 구성한다.

넷째, 학습자에게 의미 있는 과제를 제시하도록 구성한다. 학습은 지식의 주입이 아닌 학습자가 스스로 경험에 의해 구축해 나가는 과정이다. 교사가 학습 과정을 책임질 경우, 학습자는 자신에게는 전혀 무관한 의미 없는 지식들을 단순히 기억하는 차원에서 학습에 참여할 위험이 있다. 학습자에게 제시되는 과제는 단순히 학습을 위한 것이 아니라 학습자가 수행할 가치가 있다고 느끼도록 학습 과제를 구성하는 것이 필요하다. 따라서 학습자들 스스로 학습 과제가 그들 자신의 요구나 특성을 반영한다고 느낄 수 있도록 학습자들이 자신의 능력과 특성에 맞는 학습 과제를 선택할 수 있게 내용을 구성하는 방안을 활용할 수 있다.

② 교과서 체제 및 개발

교육 내용을 선정한 다음에는 가령, 지구의 환경 문제의 특성을 정확하게 반영할 수 있는 실제 사례를 선정하고, 선정한 소재에 대한 탐구를 통하여 학습자들이 궁극적으로 학습하기를 기대하는 내용이나 기능을 탐구 과제의 형태나 주요 활동의 형식으로 구성할 수 있다.

주제의 도입 부분에서 학습자들의 학습 흥미를 자극하고, 학습 주제에 대한 안내를 위하여 사진, 삽화, 신문 기사들을 제시할 수 있다.

주제의 전개 부분에서는 학습 목표를 달성하기 위한 핵심 내용을 기술하고, 학생들의 참여와 협동을 조장할 수 있는 내용을 다양하게 제시하여야 한다.

주제의 발전 부분에서는 학생들의 협동 학습, 모둠 학습, 토론 학습, 토의 학습 등을 전개할 수 있는 내용을 수록하여야 한다.

주제의 정리 부분에서는 학습 내용을 정리하고 수행평가를 실시하고, 차시 예고, 정리 정돈 등을 수행할 수 있도록 구성한다. 연구 문제, 탐구 문제, 학습 정리 등을 병기할 수 있다.

3. 사회과 교재 분석 및 재구성

1) 사회과 교재 구성의 원리

(1) 사회과 교재 구성의 기준

① 초점(emphasis): 사회과 교재를 통해서 전달하고자 하는 주제가 분명하게 드러났는가?
② 통일성(unity): 교재가 담고 있는 내용이 수업 목표를 향해 수렴되어 있는가?
③ 일관성(coherence): 교재를 구성하는 각 부분이 서로 일관성을 갖고 연계되어 있으며, 정합적인 관계를 유지하는가?
④ 정교함(elaboration): 원자료들의 단순한 나열에 그치지 않고 오류나 투박함이 없이 잘 다듬어져 있는가?
⑤ 어휘의 적절성(appropriate vocabulary): 학습자가 충분히 이해하고 수용할 수 있는 수준의 어휘를 사용하고 있는가?
⑥ 학습자 적합성(audience appropriateness): 학습자의 욕구, 심리, 관심, 흥미 등을 반영하는 생활세계와 관련이 되는가?
⑦ 형식(format): 수업에 활용하기에 용이한 구조를 취하고 있는가?
⑧ 질문의 품격(caliber of question): 고급 사고력을 자극하는 질문을 많이 활용하고 있는가?

(2) 사회과 교재 선정의 기준

① 사회과의 학습 동기를 유발하였는가?
② 사회과 교과서의 편향성을 보완하여 균형을 갖춘 정보와 시각(視覺)을 제공하는가?
③ 주제와 사건을 현실적으로 재현(再現)하고 있는가?
④ 사회과에 대한 학생들의 흥미를 고양하고 있는가?
⑤ 시사성, 현실감 있는 정보를 제공하는가?
⑥ 사회과 교과서 중심 수업에 대해서 전환점을 제공하는가?
⑦ 사회과 교과서에서 다루지 않는 학생들의 특별한 요구를 충족시키고 있는가?
⑧ 내용이 정확하고 분명하게 제시되어 있는가?
⑨ 학생 중심 수업을 전개하기에 바람직하게 구성되어 있는가?
⑩ 사회과 교육의 특성에 부합되는 교재인가?
⑪ 내용과 자료가 정확하고도 다양한가?
⑫ 색상과 편집 등이 정선되고 아름답게 구성되어 있는가?

(3) 사회과 교육관 및 구성 관점의 변화

① 사회과 교육관의 변화

지식기반사회, 지식 정보화 사회이자 세계화·정보화 시대인 현대사회는 모더니즘(modernism)과 포스트모더니즘(post modernism)이 공존한다. 그동안 대체로 모더니즘 관점에서 인간과 교육을 관조하는 입장이 주류였고, 사회과 교육 역시 그러한 맥락에서 이루어져 왔다. 즉 모더니즘 관점의 사회과 교육은 논리적, 과학적으로 사고하는 보편적인 모습을 띤 주체로서의 인간을 기르는 것이 교육의 목표였고, 사회과 교과서 역시 그러한 인간상에 부합되는 지식 위주로 구성되어 온 것이 사실이다 (정문성 외, 2008: 81–87).

그에 비하여 최근에 부각되고 있는 포스트모더니즘의 관점에서는 이성의 객관성, 보편성, 절대성 등을 신뢰하지 않으며 상대적, 맥락적, 연계적 지식의 중요성을 강조하면서 관계론적 존재를 기르고자 한다. 따라서 사회과 교육에서도 기성세대보다는 신세대 학습자의 관점에서 사회과 교육을 바라보고 있다. 물론 포스트모더니즘의 본질적 지향점은 파괴와 해체가 아니라 창조적 재구성에 방점이 있는 것이다.

〈표 94〉모더니즘과 포스트모더니즘의 특성 비교

구분	모더니즘(modernism)	포스트모더니즘(post modernism)
① 특징	· 이성에 대한 신뢰 · 진보와 행복 · construction · 객관주의	· 이성(理性)에 대한 회의 · 지배에 대한 반성 · deconstruction · 실용주의
② 인간관	주체적, 개별적 자아	관계적 자아
③ 지식관	· 객관적 과학, 보편적 도덕과 법률 · 항존적, 본질적 존재	· 상대적, 맥락적 지식, 지식의 연계성 · 사회적 구성물
④ 교과서관	· 계몽주의적 이성, 엄선된 지식 · 교육 내용의 핵심과 전형(典型) · '작품' 속의 속성 강조	· 특정 계층, 집단의 이해관계 적극 반영 · 비판적 재구성 대상 · '텍스트' 속성 강조
⑤ 사회과 전통과의 연관	· 시민성 전달 · 사회과학	· 반성적 탐구 · 합리적 의사 결정

* 출처: 정문성 외, 『사회과 교수·학습법』, 교육과학사, 2008: 83.

② 사회과 교재 구성의 관점 변화

ⓐ '작품(저자 중심)'에서 '텍스트(독자 중심)'로 지향

사회과 교재관에서의 '작품'은 작가의 창작 의도, 작품의 탄생 맥락 등을 있는 그대로 이해하려는 전통적 방식이다. 반면 사회과 교재관에서의 '텍스트'는 보는 이가 그 작품을 적절하게 재해석하는 데 초점을 맞추는 입장이다. 주어진 텍스트에 대한 독자의 해석이 결정적으로 중요한 것이다.

　사실 우리는 전통적으로 사회과 교과서는 물론, 전 교과의 교재에 대해서 성전(Bible)과 같은 위상을 부여하여 왔다. 교과서가 유일하고도 절대적인 의미를 갖는 교재로 취급하여 왔다. 그러한 절대성으로 말미암아 사회과에 대한 교사와 학생의 교수·학습 자율성, 융통성, 탄력성 등을 결정적으로 제약하여 왔다.

　향후 교과서를 비롯한 사회과 교재를 구성할 때에는 고정적, 절대적인 작품이 아닌, 하나의 텍스트로서의 접근이 중요하다. 그것은 사회과 교육과 사회과 교실을 유연하고도 융통성 있으며, 나아가 활동적으로 유도할 수 있는 중요한 계기가 되기 때문이다.

　ⓑ '보편'에서 '맥락'으로 지향

　사회과 교재 핵심으로서의 사회과 교과서는 시간과 공간을 통틀어 대체로 일반적이고 공통적인 학습자를 대상으로 편찬되었다. 그리고 그러한 학습자들을 대상으로 동일한 투입(교수)을 통한 동일한 산출(효과)을 기대하고 있다. 이론적으로는 수준별, 개인차를 강조하고 있으나, 실제적으로는 이를 기대하기 어려운 여건에 있는 것이 현재의 사회과 교재 내지 교과서 편찬의 실상인 것이다. 실제로 교재, 교과서가 지나치게 중립적, 일반적, 공통적 성격을 지니게 되면, 학습자의 맥락과 연계되지 못하여 감정 이입을 일으키기 어렵고 학생들의 실생활 세계에 녹아들기 어렵다는 한계가 있다.

　이와 같은 한계와 문제점을 개선하기 위한 사회과 교재, 교과서 행정이 초등학교 제3학년의 시·군·구 기초 지방자치단체 수준의 지역 교과서 개발, 활용이고, 제4학년의 시·도 광역 지방단체 수준의 지역 교과서 개발·활용이다. 이러한 사회과 지역 교과서 개발·사용은 해당 지역과 생활의 맥락을 반영하므로 매우 긍정적이고도 권장할 만한 활동이다. 지역 교과서를 통하여 학습자들은 자신이 살고 있는 지역(지방, 향토)의 위치, 역사, 환경, 실태 등의 기본적 정보는 물론, 자랑거리, 문제점, 해결 방안 등을 학습하게 되며, 지역사회 구성원으로서 흥미, 관심, 동기, 정체성 등을 고양할 수 있는 계기가 된다(정문성 외, 2008: 85).

　ⓒ '백화점식 망라와 나열'에서 '전문점식 선택과 집중'으로 지향

　일반적으로 사회과는 학습하기 쉬운 교과, 흥미 있는 교과라고 이야기된다. 하지만 실제로 학생들이 별로 흥미와 재미를 느끼지 못하는 교과가 사회과이다. 이는 사회과 교육을 전공한 학자, 교수, 교사들도 이구동성으로 이야기하는 공통적 내용이다.

　이에 대한 이유는 여러 가지가 있겠지만, 가장 핵심적인 이유는 타 교과가 하나의 학문을 바탕으로 하는 교과인 데 비하여, 사회과는 다양한 사회과학을 배경 학문으로 하는 교과이기 때문에 학습의 양과 공부거리가 과도하기 때문이다. 한마디로 외울 것, 암기할 것이 지나치게 많다는 것이다. 즉 배워야 할 내용이 지나치게 많고, 꼭 가르치지 않아도 되는 것이 너무 과다하다는 지적이다.

　사회과의 전통적인 목표인 시민성 함양 외에 사회 발전과 시대 변천에 따라 사회과 관련 지식과 정보가 폭증하였다. 그럼에도 불구하고 과거의 지식과 정보를 버릴 것은 별로 없는 것이다. 자연적으로 교과서, 교재의 부피가 확대되고 백화점식으로 내용을 망라할 수밖에 없는 것이다. 이와 같은 문제점을 개선하기 위해서 미래의 사회과 교과서, 교재는 선택과 집중을 통한 전문점식 편찬 방향으로 나아가야 할 것이다. 즉 지식과 정보를 더욱 정선하고 통합하여 꼭 필요한 내용만을 발췌하여 수록하는 선

택과 집중 방향으로 개선되어야 할 것이다(정문성 외, 2008: 86).

2) 사회과 교재 분석의 의의와 필요성

사회과 교재 분석이란 일정한 준거에 따라 교재의 내용 및 형식을 평가하는 것이다. 사회과 교재 분석을 할 때에는 반드시 체계적인 준거가 있어야 한다. 그렇지 않으면 분석의 준거가 흔들릴 우려가 있다. 또한 교재 분석을 할 때에는 일회적 관찰이 아닌 세밀하고 반복적인 관찰이 중요하다. 그리고 분석 후에는 제기된 문제점에 대한 대안 제시를 모색하여야 한다(정문성 외, 2008: 90-93).

한편, 사회과 교재 분석의 필요성을 요약하여 제시하면 다음과 같다.

첫째, 현행 사회과 교재의 문제점과 개선점을 파악할 수 있다. 훌륭한 사회과 수업을 위해서는 훌륭한 교재가 마련되어야 하는데, 주로 교재로 활용되고 있는 사회과 교과서에 대해서 많은 사회과 교사들과 학생들이 불만을 제기하고 있는 실정이다. 따라서 그러한 불만의 원인이 되는 문제점과 개선점이 무엇인지를 심도 있게 분석하는 것이 바람직하다.

둘째, 사회과 교재 재구성의 근거를 찾을 수 있다. 교재 재구성은 곧 분석된 문제점에 대한 대안으로서 제시될 수 있는 것이다. 그러한 대안이 정당성을 얻기 위해서는 세심한 분석이 선행되어야 한다.

셋째, 사회과 교육과정 개정을 위한 대안을 제시할 수 있다. 특정 영역, 특정 단원과 관련한 교재의 재구성이 대체로 미시적인 작업이라면, 사회과 교육과정의 개선을 매우 거시적인 작업이라고 할 수 있다. 교재 분석과 재구성이 반복적, 지속적으로 이루어지고 그 결과물이 축적되고 공유되면 보다 바람직한 방향으로서의 사회과 교육과정 개정을 이끌어 낼 수 있다.

3) 사회과 교재 분석의 원리

(1) 분석의 포괄성

사회과 교재 분석에서는 전체적인 흐름과 맥락을 고려하여야 한다. 어떤 특정한 표현이나 내용, 삽화 등과 같이 세부적인 부분에 대한 분석도 고려하여야 하지만 지나치게 지엽적이거나 협소한 부분에 몰입하여 전체와의 맥락과 관련성을 배제시켜서는 안 된다. 분석의 대상이 되고 있는 내용의 해당 영역, 해당 단원의 목표, 내용 체계 등을 지속적으로 염두에 두면서 분석을 진행하여야 한다(정문성 외, 2008: 90-93).

(2) 분석의 체계성

사회과 교재 분석은 미리 설정된 타당한 준거에 의해서 이루어져야 한다. 분석의 준거를 활용하지 않으면, 분석하는 사람의 개인적인 성향에 따라 분석 결과의 편차가 크게 나타날 가능성이 높다. 그러한 경우 분석의 결과를 신뢰하기 어렵기 때문에, 분석에 앞서 타당한 준거를 마련하여야 한다. 분석의 준거는 가능한 한 상호 중첩되지 않도록 하고, 배제되지 않도록 유의한다.

(3) 분석의 객관성

사회과 교재 분석은 공정하게 이루어져야 하며 판단의 근거가 제시되어야 한다. 준거에 따라 분석을 하였다 하더라도 다른 결과가 나올 수 있다. 따라서 단지 어떤 준거에 대하여 '있음', '낮음' 등의 평어로만 평가하지 말고 그렇게 평가, 판단하게 된 준거를 제시해 줌으로써 그것을 읽는 사람으로 하여금 공감 혹은 반대 의견을 가질 기회를 주어야 한다. 객관성 있는 교재 분석을 위해서는 양적 지표와 함께 질적 기술 방법을 활용하는 것이 바람직하다.

4. 사회과 교재의 내용 분석 준거

1) 형식적 측면

(1) 교재의 체계와 방식이 학습에 효과적으로 기여하는가?
(2) 시수에 비하여 분량은 적절한가?
(3) 어법, 문법에 맞는 표현을 사용하고 있는가?

2) 교육과정 부합

(1) 사회과의 목표를 반영하고 있는가?
(2) 교육과정에 고시된 내용을 구현하고 있는가?
(3) 표현하고자 하는 주제가 완결성과 명료성을 갖추고 있는가?

3) 학습자 수준 부합

(1) 학습자의 흥미와 관심을 자극할 수 있는가?
(2) 학습자의 성취 능력에 적합한 내용이 선정, 제시되어 있는가?
(3) 학습자의 고급 사고력 함양에 기여할 수 있는가?
(4) 학습자의 합리적인 의사 결정력 함양에 기여할 수 있는가?

4) 교사의 수업 실행 가능성

(1) 일반적인 교실 속(밖) 상황에 활용할 수 있는가?
(2) 교사가 주어진 시간 내에 실행하기에 적절한 분량인가?
(3) 관련된 기타 자료나 교구 등에 교사가 쉽게 접근할 수 있는가?

5) 정확성과 논리성 확보

(1) 기본적인 사실(fact)을 객관적으로 반영하고 있는가?
(2) 경험적, 논리적 근거를 갖고 주장하고 있는가?

6) 시사성과 지역성 확보

(1) 시대의 변화와 흐름을 반영하고 있는가?
(2) 지역의 특수성과 맥락을 반영하고 있는가?

7) 기타

(1) 분석의 포괄성, 체계성, 객관성 등을 두루 갖추었는가?
(2) 단위 수업의 목표를 충실하게 달성할 수 있도록 구성되어 있는가?
(3) 학생들이 쉽고 간편하게 사용 할 수 있도록 구성되어 있는가?
(4) 학생 수준에 적합한 내용과 수준으로 구성되어 있는가?

〈표 95〉 사회과 교재 분석표의 실제

대 영역	중 영역	평가 (상, 중, 하)	해당 없음	판단 근거 서술
형식적 측면	○ 교재의 체계와 구성 방식이 학습에 효과적으로 기여하는가?			
	○ 시수에 비하여 분량은 적절한가?			
	○ 어법, 문법에 맞는 표현을 사용하고 있는가?			
사회과 교육 과정	○ 사회과의 목표를 반영하고 있는가?			
	○ 교육과정에 고시된 내용을 구현하고 있는가?			
	○ 표현하고자 하는 주제가 완결성과 명료성을 가지고 있는가?			
학습자 수준 과 경험	○ 학습자의 흥미와 관심을 자극할 수 있는가?			
	○ 학습자의 성취 능력에 적합한 내용이 선정, 제시되었는가?			
	○ 학습자의 고급 사고력 함양에 기여할 수 있는가?			
	○ 학습자의 합리적 의사 결정력 함양에 기여할 수 있는가?			
교사의 수업 실행 가능성	○ 일반적인 교실 속(밖) 상황에서 실행할 수 있는가?			
	○ 교사가 주어진 시간 내에 실행하기에 적절한 분량인가?			
	○ 관련 교구, 자료 등에 교사가 쉽게 접근할 수 있는가?			
정확성과 논 리성	○ 기본적인 사실(fact)을 객관적으로 반영하고 있는가?			
	○ 경험적, 논리적 근거를 가지고 주장하고 있는가?			
시사성과 지 역성	○ 시대의 변화와 흐름을 반영하고 있는가?(세계화 등)			
	○ 지역의 특수성과 맥락을 반영하고 있는가?			

* 출처: 정문성 외, 『사회과 교수·학습법』, 교육과학사, 2008: 93.

5. 사회과 교재 재구성의 필요성과 유의점

1) 사회과 교재 재구성의 필요성

(1) 사회과의 특수성

사회과는 사회 사상(社會 事象)으로서의 시간, 공간 및 인간을 다루는 교과이다. 이러한 사회과의 대상 요소는 그 자체 스스로 변화하기도 하고 상호 작용을 하면서 변화하기도 한다. 시시각각으로 생기는 변화상 발전상을 사회과의 수업 현장에 끌어들이기 위해서는, 대체로 고정된, 획일적, 공통적 내용만을 담고 있는 교과서만으로는 부족하다. 특히 사회적 사회과 변화를 탐구 대상으로 하는 사회과에서는 교육과정에 바탕을 둔 사회과 교과서 재구성이 필수적이다.

(2) 공통적 교육과정과 교과서의 한계 보완

사회과를 중심으로 한 학교의 교육과정에서 중대한 문제점 중의 하나는 교과서와 학습 자료 등이 학생들에게 부합되지 않는다는 점이다. 비록 사회과 교사가 수리한 교육과정과 단위 수업 시간의 목표, 내용, 방법, 평가 등이 적정하더라도, 교재가 부적절하면 학습 장애는 필연적으로 나타난다. 또한 학생들의 관심과 욕구를 충분히 충족시킬 수 없다.

아울러, 국가 수준과 지역 수준의 교육과정과 교과서는 대체로 표준화되어 있어서, 특정한 상황과 지역, 학교 등에서 공통적으로 활용하기에는 일정한 한계가 있다. 따라서 의미 있고 맥락적인 사회과 수업을 지향한다면 그에 부합되는 사회과 교재의 재구성과 지역화는 필수적인 것이다(정문성 외, 2008: 97 - 99).

(3) 교육과정 전문가로서의 사회과 교사 정체성

사회과 교과서만이 유일한 교육과정이 아니라, 사회과 교사가 움직이는 역동적 교육과정인 것이다. 즉, 학교 현장에서 살아 있는 사회과 수업을 위해서는 사회과 교사가 활동적이어야 한다. 즉 철로(鐵路)를 그대로 가듯이 교과서대로 가르치는 사회과 수업이 아니라, 학생들에게 교육적 경험을 계속적으로 제공해 주는 교사가 우수한 교사이다. 따라서 사회과 교사가 능동적으로 교육과정을 재구성하는 것은 교육과정 갈과 실행, 편성과 운영의 주체로서 본연의 모습을 회복하는 것이고 사회과 교사의 전문성과 정체성을 제고하는 활동이라고 할 수 있다.

〈표 96〉 사회과 교재의 재구성 절차

단계	고려 사항	세부 내용
재구성 전	사회과 목표	사회과의 전통(시민성, 사회과학, 반성적 탐구)
	수업 내용 선정 및 조직 방법	학문 중심, 쟁점 중심 등
	재구성 방식	교과서 활용, 기존 교재 및 자료 활용, 자료 창작 등
재구성(적용)	내용 선정 및 조직	개념, 쟁점, 가치, 가치 등 선정 조직
	재구성된 교재 형식	텍스트, 이미지, 사운드, 동영상, 실물 등
	재구성된 교재의 활용 방식	소극적 활용(읽기 등), 적극적 활용(탐구 등), 개인적 활용, 모둠별 활용 등
	재구성된 교재 활용 시기	동기 유발, 전개, 정리, 평가단계 등
재구성 후	활용에 대한 환류	자기반성, 학생 반응 수렴 등

* 출처: 정문성 외, 『사회과 교수 · 학습법』, 교육과학사, 2008: 98.

2) 사회과 교재 재구성의 지향(고려)점

(1) 효과성·효율성의 고려

사회과 교재의 재구성을 통해서 지향하는 바는 목표의 충실한 달성이다. 효과성은 교재의 재구성을 통해서 수업 목표에 도달한 성과가 우수한 경우이다. 효율성은 수업 목표 도달에 시간과 비용, 노력 등이 절감된 상태를 의미한다. 즉 사회과 교재 재구성의 효과성과 효율성은 사회과 수업 목표의 달성에 대한 우수성과 제반 투입 요소의 절감을 의미한다.

(2) 본질적 내용 중시

사회과 교재 재구성의 본질적 목표는 수업 목표의 달성인 것이다. 따라서 주객이 전도되거나, 변죽을 강조하여 겉모양이나 방법적 기교에만 치우쳐서 정작 목표를 소홀히 하는 우를 범해서는 안 될 것이다. 사회과 교재 재구성의 본질인 목표 달성을 위하여 내용, 지도 방법, 평가 등이 밀접하게 유기적으로 연계되어야 하는 것이다.

(3) 미완성 및 현재 진행형

사회과 교재 재구성은 어느 시점에서 완성되거나 종결되는 것이 아니다. 아니 완전무결한 재구성은 존재하지 않는다. 언제나 좀 아쉽고 미진한 상태에서 재구성, 지역화되고 수업에 적용되는 것이다. 따라서 사회과 교재 재구성은 최종 완결이 아닌 상태에서 출발하며, 수업에 적용되는 과정에서 교사 수준 교육과정, 학생 중심 교육과정의 관점에서 계속적으로 재구성되어야 한다는 점을 유념하여야 한다.

3. 사회과 교육 학습 자료의 활용

1) 학습 자료의 활용 원리와 일반 지침

근래에는 사회과 교육의 학습 자료를 확보하는 것 못지않게 효율적으로 활용하느냐가 중요하다고 본다. 그리하여 새로운 학습 자료의 원리와 방법을 익혀 교수·학습 과정에서 효율적으로 활용하는 태도를 갖는 것이 중요하다. 이 학습 자료 활용 원리를 살펴보는 것은 사회과 교육의 교수·학습에서 아주 중요한 활동이다.

(1) 풍부한 학습 보조 자료 제공 필요

다양한 학습 자료 및 보조 자료를 제공하여 학습 흥미를 유발시키고, 이전에 학습된 내용을 강화시킨다. 이것은 습득된 지식과 기능을 응용할 수 있는 기회를 줄 수 있다는 사실에서도 의의를 가질 수 있다.

(2) 학습 목표, 학습 내용 및 학습자 성장 발달 부합

학습 자료의 적절성 여부는 그 자료가 주로 어떻게 사용되는가에 달려 있으며, 학습 자료는 학습자들의 성장 발달 단계에 부합되는 것이어야 한다. 고학년에서는 상징적 언어나 기호를 사용할 수 있으나, 저학년 아동들에게는 보다 구체적인 대상물인 사진, 그림, 실물, 모형 등의 자료를 활용하는 것이 좋다.

(3) 학습 효과 극대화를 위한 다양한 활용

학습 자료는 그 자체가 활용 방법을 제시하는 것이 아니며, 동일한 자료일지라도 교수·방법에 따라 효과가 다를 수 있다. 그러므로 교사는 선정된 학습 자료를 활용할 때 학습 효과가 극대화되도록 활용 방법을 결정해야 한다. 자료는 다양하게 활용될 수 있는 것이므로 학습 목표 달성에 가장 효과적인 방법을 택하는 것이 바람직하다.

(4) 학습 자료의 객관성 및 공정성 유지

특히 국가 간의 정치, 경제, 사회, 문화 등에 관한 학습에서 활용되는 자료는 객관성과 공정성이 유지되도록 충분한 검토가 있어야 한다. 외국 간행물을 활용하고자 할 때에는 더욱 내용의 객관성과 공정성을 유지할 수 있도록 해야 한다.

(5) 활용 기준 부합 여부 검토 후 활용

개인차의 고려는 사회과 교수·학습에서 기본 원리 중의 하나이다. 따라서 개인의 성장 발달 정도가 다른 학습자들에게 학습 동기를 유발하고 성공적인 학습이 이루어지도록 하려면 개인적으로 유효한 자료가 활용되도록 고려해야 한다.

2) 자료별 활용 계획 수립

자료를 수집 정리해서 활용하는데는 주위의 것에서부터 다양한 자료원을 통하여 수집하고, 그들을 바람직하게 활용해야 하는데, 가능하면 사전에 체계적인 계획을 세워서 사용하는 것이 좋다.
　　<표 97>은 대체적으로 탐구 절차에 따른 학습 프로그램을 계획하는데 있어서, 유용한 정보 처리

모형을 응용해서 농장 연구나 지역 농업 연구의 계획 수립에 활용하도록 만든 표이다. 이 표의 가로 칸(기능)과 세로 칸(자료 형태)은 거의 고정된 것이나, 계획된 과제의 정도나 목적에 따라서 변경될 수 있으며, 모든 칸을 기록해 넣을 필요는 없다. 이와 같은 표를 만들어 학생들과 같이 작성해 보는 것은 자료원의 파악에서부터 자료의 효율적인 활용에 도움을 줄 것이다.

〈표 97〉 사회과 교수·학습 자료 활용 계획

자료 형태 \ 기능	정보 수집과 조직	정보 해석	정보 분석	일반화
언어 · 글 · 말	· 연구지역 내의 농업발달 조사(정부 자료)·농업 형태의 확인과 기술			
그림 · 사진 · 슬라이드 · 만화	· 농업경관 사진	· 사진을 보고 그림이나 스케치하기	· 사진과 야외 스케치 비교하기	
지도 · 사진지도 · 지도첩 · 지형도	· 농장 배열 · 운송과 관련된 지도 제작		· 농장 입지와 지역 교통망, 토지 이용, 취락의 관계	· 특정지역의 토지 이용에 관한 결론 도출
도표 · 순서도 · 연대기 · 블록 도표	· 농장과 공장까지의 생산과 처리단계 확인			
그래프표	· 시간에 따른 농업생산 관련 통계자료 수집		· 농업생산 자료와 지역 평균치와의 비교	· 생산 추세 파악
실물 · 유물 · 견본 · 기록물 · 스케치	· 토양 표본 수집	· 토양 표본 분석	· 토양 유형과 야외 스케치에서 채록한 토지 이용과의 관계 파악	
야외 조사 · 관찰	· 농업경관 야외 스케치: 현상 확인			
사람 · 면접 · 설문지	· 농부와 정부 1차 산업 담당 공무원과의 면담	· 경향 및 문제 파악		
필름 · 16mm · super 8 · 비디오				

기능 자료 형태		산출 ➡ 심화조사		
	가치 판단하기	결과 제시하기	쟁점과 문제 파악 : 가설	일반화와 가설 검증
언어 · 글 · 말		·스케치와 사진을 가 지고 설명된 사례 농장의 보고서 작성	·사례 지역 내의 농 부가 직면하는 문제 점 파악 가능한 해 결책 제시	·다른 사례 연구와 조사를 통하여 가 설의 가능성 입증
그림 · 사진 · 슬라이드 · 만화	·토지 이용, 지형, 물의 이용 가능성, 교통망 간의 관계 평가			
지도 · 사진지도 · 지도첩 · 지형도				
도표 · 순서도 · 연대기 · 블록 도표		·촌락과 교통망 발 달을 보여 주는 시 간표 작성		
그래프 표		·농업생산 추세를 보 여 주는 그래프 작성		
실물 · 유물 · 견본 · 기록물 · 스케치				
야외 조사 · 관찰				
사람 · 면접 · 설문지				
필름 · 16㎜ · super 8 · 비디오				

3) 사회과 교육 주요 학습 자료의 활용 방법 및 유의점

(1) 사회과 교과용 도서

사회과 교과용 도서, 즉 사회과 교과서와 교사용 지도서 등은 사회과 교수·학습 자료로서 가장 기본적인 것인데, 이들을 활용하는데에 다음과 같은 점을 유의해야 한다.

첫째, 사회과 교과서에 대한 인식을 바로 가져야 하며 교과서에 지나치게 의존하지 않도록 한다.

둘째, 사회과 교과서의 내용을 철저히 분석·파악해야 한다. 교과서에 몇 줄 언급한 내용이라도 그 배경과 의미를 잘 파악해야 한다. 그리고 해당 교과서의 주어진 내용뿐만 아니라 교육과정 및 전·후의 학기와 상·하의 학년 간 내용의 연계성 파악도 필요하다.

셋째, 사회과 교과서를 이용한 다양한 학습활동이 이루어져야 한다. 교과서에 제시된 개념이나 자료를 이용한 적절한 학습활동을 사회과 교육에서는 반드시 필요로 한다. 대표적인 것이 지도의 이용이나 정의적 영역을 길러 주는 내용 등이다.

넷째, 사회과 교과서 내용의 재구성과 다양한 학습 자료의 활용이 필요하다.

다섯째, 문제 해결력 및 사고력 육성과 가치·태도 교육에 보다 노력해야 한다. 사회과 교육 교과서가 많은 사회 사상을 취급하다 보니 사실, 지식과 개념의 비중이 너무 높지 않은가 하는 지적이 많았다. 그런데도 다루어야 할 더 많은 지식·사실·개념들이 급속도로 생긴다. 이들을 모두 교수할 수는 없는 것이므로, 기본 사항들을 이용하여 원리를 알고 문제를 해결하며, 일반화(generalization)할 수 있는 능력을 기르도록 하고, 그로부터 가치와 태도를 함양할 수 있도록 해야 한다.

여섯째, 적절한 과제 제시와 평가가 이루어져야 한다. 사회과 교과용 도서에는 이들을 위한 기본적인 체제가 갖추어져 있어야 한다. 학생들이 스스로 학습할 수 있도록 탐구적으로 구성되어 있어야 한다.

일곱째, 국정 교과용 도서(이전의 1종 교과용 도서)뿐만 아니라, 검정 및 인정 교과용 도서(이전의 2종 교과서)를 선택할 때는 내용 분석에 더욱 유의해야 한다. 검정과 인정 교과용 도서는 교육과정에 근거하여 개발되었지만 종류가 다양하고 저자에 따라 다양성이 있기 때문이다. 그리하여 교과서가 사회과의 주요 개념과 일반화를 철저히 담고, 그 지향할 바에 따라서 만들어졌는가, 새로운 아이디어가 담겼는가, 학생들의 문제 해결력 및 사고력 개발에 특히 노력했는가, 각 내용 간의 연계성은 어떠한가, 국가·사회 및 시대적인 배경은 어떻게 담고 있는가, 이들 교과서 내용과 타 교재 및 학습 자료와 관련성은 어떠한가 등을 살펴보아야 한다.

그리고 교사용 지도서의 효율적 활용이 요구된다. 교사용 지도서는 교과 담당 교사에게 주는 하나의 자료집이다. 교사용 지도서의 발행자가 만들어 제시한 이 자료집을 바탕으로, 교사의 창의성과 오랫동안 수업 계획 및 전개 활동의 노력 등이 쌓여 각자에게 적합한 가장 훌륭한 교사용 지도서를 만들어 가는 노력도 필요하다.

그리고 지도서에 수록된 교과서의 단원별 해설 내용을 서술한 각론(各論) 부분만 참고하지 말고, 그 교과 전체의 내용 등을 다룬 총론(總論) 부분도 꼭 이해해 주어야 할 것이다.

(2) 멀티미디어 자료의 활용

현대와 같은 정보화 시대에 사회과 교육자와 사회과 교육학자들이 직면하는 여러 도전 중의 하나는 계속적으로 발전, 출현하는 과학기술을 교육과정의 목적에 효과적으로 적용, 활용하는 문제일 것이다.

실제 새롭게 등장하는 과학기술은 추상적인 이론을 구체적인 예로 전환시켜 주는 학생들의 흥미를 자극함으로써 사회과 교육자, 사회과 교육학자들에게 도움을 줄 수 있다. 사회과를 가르치는 사회과 교사는 교실에서 공학적인 기술(technology)을 사용하는 것에 대하여 다음과 같은 점에 유념해야 할 것이다.

첫째, 전통적인 사회과 수업은 대체로 교과서와 언어를 통한 강의에만 의존함으로써 학생들이 학습 내용을 쉽게 망각하였다. 그러나 공학적 기술을 이용한 멀티미디어 수업은 학생들의 기억력과 사고력을 신장시켜 준다.

둘째, 컴퓨터 보조 수업은 짧은 시간에 같은 내용을 보다 효과적으로 가르칠 수 있다.

셋째, 개인용 컴퓨터(PC)가 일반화, 상용화(常用化)됨으로써 대부분의 학생들이 가정에서 컴퓨터를 활용하고 있으므로 학교 교육과정과 수업에도 적절하게 적용하는 것이 바람직하다.

넷째, 학교에 과학기술을 활용할 수 있는 시설이 있어도 실제 수업에서 효과적으로 사용되지 않고 있는 실정이다. 따라서 지식 정보 사회를 맞이하여 구비된 컴퓨터 시설을 사회과 수업에 적극적으로 활용할 필요가 있다.

다섯째, 교육에서의 기술과 사회에서의 기술 사이에 괴리가 존재한다는 점이다. 교육의 목적은 학생들에게 현재뿐만 아니라 성인의 삶을 준비시키는데 있다.

첨단 매체의 발달과 확산으로 정보 사회가 더욱 가속화되고 있는 환경에서 미루어 볼 때, 사회과 교사와 학습자의 직접적인 대면 접촉을 전제로 한 강의식 학습이 주가 되고 있는 현재의 교육으로는 일정한 한계가 있다. 효과적인 사회과 교육을 위해서는 일반적으로 인간이 상호 작용을 해야 하는데 사용되는 모든 매체를 교육 목적을 위해 활용하여야 한다. 현재 가장 널리 이용되는 도서 등과 같은 인쇄 매체뿐만 아니라 TV, VTR, 컴퓨터와 최근에 발달한 정보 통신 기기 등을 이용한 멀티미디어 매체 등을 두루 활용할 수 있어야 한다.

현재까지 가장 발달한 형태의 교육 매체로서 본격적인 멀티미디어 시스템을 들 수 있다. 흔히 다중 매체 혹은 복합 매체로 불리는 멀티미디어(multimedia)는 가장 단순하게는 여러 가지 매체를 사용한다는 의미로 해석될 수 있다. 멀티미디어란 용어는 오버헤드 프로젝트, 슬라이드 프로젝트, VCR과 같은 여러 개의 매체가 동시에 사용되는 단순한 물리적 통합을 의미하고 있으나, 현대에는 실제로 문자, 그림, 사진, 영상, 애니메이션, 음향, 음악, 출판 등의 디지털 방식의 컴퓨터를 중심으로 통합된 커뮤니케이션과 상호 작용성이 수반되는 복합 다중 매체를 의미한다. 즉, 멀티미디어는 다양한 매체 기술을 포함하는 교육상의 구조와 연출이라고 할 수 있는데, 매체 기술이란 비디오 기술과 컴퓨터 기술, 오디오 기술의 결합을 의미한다.

① 목표와 내용의 상세화

근래에 우리나라 사회과 교육에서 많이 사용되는 VCR, OHP 및 ICT(Information & Communication Technology) 자료 등 멀티미디어 자료를 활용하여 학습 효과를 올리기 위한 방법과 절차는 사회과 교육에서 매우 중요하다.

학습자의 대상, 수준 및 교과의 영역과 목표에 따라 설계를 한다. 여기에 맞추어 우선 프로그램을 선정한다.

② 출발점 행동의 진단

활용 직전에 학생들이 해당 교과나 프로그램의 내용을 얼마나 이해하며, 수준은 어떤가, 반응은 어떤가를 알아보아야 한다. 간단한 질문이나 지필 검사도 할 수 있을 것이다. 그리고 시청 여건을 점검해 본다. 또 시청 중에는 특히 교수·학습의 목표와 내용을 강조해 둔다.

③ 전략의 결정

수업에서 사용할 세부적 방법과 절차를 정하는 것인데, 구체적으로 다루어야 할 항목 및 정보와 자료의 선택, 수업 중에 학생들이 취할 역할 등이 정해진다. 그리고 자료의 투입 시기·방법과 어떤 학습활동을 전개해 나갈 것인가도 결정하며 수업에서 어떤 접근 방법을 택할 것인지 생각해 본다. 접근 방법은 크게 설명식 방법과 탐구적 방법으로 나눌 수 있다.

(3) 시사 자료의 활용

사회과 교육 학습 자료 중에서 시사 자료는 특히 다른 교과에 비해서 그 의의가 큰 점은 재론할 필요가 없다. 시사 자료는 자료원의 부족보다는 범위가 넓고 다양하여 어떤 기준으로 자료를 어디서 수집·선택·정리하여 활용하느냐가 문제이다.

기준에 따라 자료를 수집한 후에는, 수업 시 일정한 시간 배당을 해서 수업을 하는 것이 일반적 방법이다. 시간 배당은 1차시당 10분 정도에서부터 이미 설정된 진도를 희생시키지 않고, 가능한 한 많은 시간을 시사 문제를 다루도록 하는 것이 좋다는 견해가 있는데, 이들 방법에는 각각 장단점이 있으므로 적절히 조정함이 바람직할 것이다.

그리고 시사 자료를 학생들이 교사의 도움을 받아 수집한 후에 스스로 정리·활용하는 것이 바람직하다.

(4) 지역화 학습 자료

사회과 교육에서는 특히 지역화 학습의 구현을 강조하고 있다. 지역화 학습 자료는 매우 다양하지만 먼저 학생 자신의 경험과 관찰 자료 등이 있다. 그 밖에 면접, 견학, 문헌 자료, 질문지, 자원 인사, 봉사 활동, 현지 조사, 각종 시설과 단체 및 기관, 행사, 시청각 교재, 편지, 설화, 민요 등 다양하다.

이들 자료의 활용에는 목표의 철저한 분석·인식, 사전 조사, 자료를 사용하는데 따른 설명, 자료 수집·정리·분석·활용 및 교사·학생 간의 공동 평가 등이 따르게 된다. 학생들이 지역 학습 자료를 사용함에 있어서는, 그 지역 및 자료에 대한 인식을 한다는 것부터 의의가 크다. 그리고 지역의 견학이나 현지 자료 수집 중에 처음 의도했던 목표보다 뜻밖의 사실을 발견하거나 수확하기도 하는데, 이런 점은 큰 의의가 있다.

한편, 지역 학습 자료의 수집·활용 중에 학생들에게는 명확·예의·시간 절약·기록과 정리·협동심 등이 특히 요구된다는 점을 강조할 필요가 있다.

(5) ICT 학습 자료

2000년대에 들어서서 우리나라 교육방침 중에서 특히 중점을 두는 것 중의 하나가 정보화(Information & Communication Technology: ICT) 교육의 강화이다. ICT 자료 활용을 위한 교수·학습 방법에는 컴퓨터를 포함하여 각종 멀티미디어 자료와 인터넷 등의 활용이 포함된다. 현재 우리나라 학교에서 컴퓨터 교육을 기반으로 하는 정보통신기술교육은 활성화, 정착화 단계에 들어서고 있으며, 그에 따른 양질의 다양한 프로그램 보급에 초점이 모이고 있다.

교육과학기술부 산하 한국교육학술정보원(KERIS)에 본부를 두고 운용하는 Edunet 시스템 등을 통하여 많은 ICT 자료가 제공되고 있다.

사회과 교육에서는 컴퓨터를 이용한 컴퓨터 보조 수업(Computer Assisted Instruction: CAI)과 컴퓨터 운영 수업(Computer Managed Instruction: CMI) 등을 모두 적용할 수 있다.

사회과 교육에서 컴퓨터 등을 이용한 ICT 활용은 최근 많은 정보 자료의 활용뿐만 아니라, 시뮬레이션 게임(simulation game) 등의 문제 해결 학습 등에도 폭넓게 활용되어서 많은 효과를 올릴 수 있으며, 활용상의 전략과 유의점 등은 앞의 멀티 자료의 활용 방법을 참조할 수 있다.

초·중등학교 사회과 교실에서 직접적으로 사용할 수 있는 자료를, 국가 수준에서 체계적으로 만들어서 운영하는 주요 웹사이트로는, 한국교육학술정보원의 edunet, 한국교육과정평가원의 교수·학습센터인 KICE T-L Center, 전국 각 시·도 교육(과학·정보)연구원, 한국교원대학교 부설 연구소 등이 있다.

4. 사회과 교육 학습 자료의 정리와 자료실 운영

수집된 자료는 잘 정리해서 필요한 경우에 효율적으로 활용할 수 있도록 해야 한다. 자료 수집 정리 장소나 상자 등의 확보는 매우 유용할 것이다. 그리고 근래에는 컴퓨터와 인터넷을 통한 데이터베이스(Data Base) 작업을 해 놓는 것은 더욱 의미가 있겠다.

사회과 학습 자료실을 별도로 만들어 운영하는 것은 매우 의미가 있다. 학습 자료실은 자료들의 수집·정리뿐만 아니라 효율적인 활용을 위해서도 필요하다. 사회과 학습 자료실을 가능하면 설치하고, 설치한 자료실은 다음과 같은 점을 고려하여 운영하면서, 학생들의 자주 학습 능력을 신장토록 한다.

첫째, 전 교직원의 협력 체제를 형성하며 다른 특별 교실과도 유기적 운영을 한다. 둘째, 보다 많은 자료가 수집·정리되도록 하고 교사나 학생이 자유스럽게 효율적으로 이용하도록 한다. 셋째, 지역사회 내의 다른 학교뿐만 아니라 가능하면 지역사회의 자료 센터로 발전시켜 운영한다.

5. 사회과 학습 자료

1) 사회과 학습 자료의 의의

사회과 학습 자료는 사회과 교수·학습에서 효과적으로 목표 달성을 지원하는 촉매제이다. 사회과 교수·학습에서 사회과 교과서, 사회과 학습 자료는 학습 효과를 고양하는데 매우 중요한 매체이다.

효과적인 사회과 교수·학습이 진행되려면, 그 효과의 지속성이 강한 지식이어야 새로운 문제에 직면했을 때, 적용이 용이하다. 지속성이 강하고 문제 해결력에 바탕을 둔 사회과 교수·학습을 위해서는 학습 자료의 적절한 활용이 매우 중요하다. 학습 자료는 학습의 목적과 방법을 지원하기 위하 수단에 불과하므로 사회과 학습 자료가 적절하게 선택, 조직되어 활용되지 못하면, 소기의 학습 효과를 기대하기 어렵다.

학생들에게 보다 다양하게 개인차를 고려한 흥미로운 활동의 기회를 제공하기 위하여서는 시설·자료의 활용으로 학습 동기의 유발을 꾀할 필요가 있다 사회과 학습에 있어서의 올바른 태도와 심정의 육성, 실천에 대한 의욕의 환기를 위해 교육적인 환경의 구성 문제는 매우 중시되는 것이다.

오늘날 수단으로서의 교과서, 수단으로서의 학습 자료 등이 효과적으로 다루어지는 사회과의 학습 지도는 중요하다. 그리고 학습의 깊이와 다양성을 조장할 수 있는 학습 목표에 따른 학습 자료의 활용에 대하여서는 깊이 연구될 필요가 있다. 즉, 언제, 어떠한 것이, 어떻게 활용되어야 하는가 하는 것이 고려되어야 하는 것이다.

학습이 효과적으로 되면 될수록 그 효과의 지속성이 크며, 이렇게 습득된 학습이라야 새로운 문제에 직면했을 때, 적용이 용이해진다고 본다. 이러한 성과를 기대하자면, 보다 명확하고 강력한 자극이 주어져야 하는데, 이를 위한 학습 자료의 적절한 활용은 큰 의의가 있는 것이다.

이때에, 학습의 목표·내용, 아동들의 심리적 발달 단계 등 여러 요인에 관하여 충분히 고려하여야 함은 물론이다.

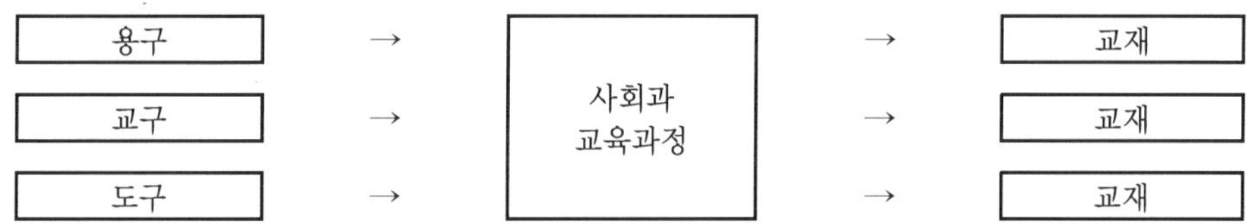

[그림 22] 사회과 교육과정과 교구(教具) 및 교재(教材)

모든 학습 자료는 학습의 목적과 방법에 관련된 하나의 수단에 불과한 것이므로 어떠한 사회과 학습 자료가 적절히 선택, 조직되어 활용되지 못하면 그 학습 효과는 기대될 수가 없다.

사회과에서 교사는 정확한 지식을 기초로 아동들에게 사회적 사상을 바르게 이해시켜야 하는데, 필요한 학습 자료는 학생들이 절실하게 접하게 되는 수단으로 존재되어야 하는 것이다.

그런데 사회과 학습 자료는 각각 독자적인 특성과 한계를 가지고 있는 것이므로, 교사가 우선 학습 자료의 특성을 명확히 파악하고, 이를 학습 내용에 잘 결부시켜 최대한의 성과를 가져올 수 있도록 꾀해야 하는 것이다. 사회과 학습에 있어, 중요한 수단(자료)의 하나는 교과서이다. 그러나 교과서는 목적 달성을 위한 수단적 저작물이기 때문에 하나의 교재 이상일 수는 없는 것이다.

그러므로 보다 많은 보조 자료가 활용되는 방법적 측면에 관한 검토를 필요로 하는 것이다. 이에, 사회과 학습 지도에 있어서는 역동적이고, 정보화된 자료와 보다 정확하고 정선된 자료의 활용상의 극대화를 꾀함으로써 보다 생동적·실증적·발전적 학습 효과의 증대를 가져올 수 있을 것이다.

사회과 교사는 정확한 사회적 지식을 토대로 학생들에게 사회 사상을 바르게 이해시켜야 하는데, 이때 필요한 학습 자료는 학생들이 절실하게 접하게 되는 수단으로 존재하는 것이다. 사회과 학습 자료는 각각 독자적인 특성과 한계를 갖고 있는 것이므로 사회과 교사가 우선 학습 자료의 특성과 기능을 명확하게 인지하고 있어야 하며, 이를 학습 내용에 잘 관련시켜서 학습 효과를 고양하여야 한다.

특히, 21세기 지식기반사회와 세계화·정보화 시대를 맞이하여 사회과 교수·학습 지도는 보다 역동적으로 변해야 하며, 학습 자료 역시 적기에 적재적소로 제시되어 학습 효과의 극대화와 함께 생동적이고 발전적인 교수·학습의 진행에 도움을 주어야 할 것이다.

2) 사회과 학습 자료의 활용

(1) 지역사회 자료 및 지역화 자료

지역사회 자료는 활용 빈도가 높고 실증적, 구체적 자료이다. 따라서 사회과 교사는 지역사회 자료에 대한 수집, 조사, 분석, 연구 등에 두루 적극적으로 임하여야 한다. 지역사회 자료를 떠나서는 효과적인 사회과 교수·학습 지도가 이루어지기 어렵다. 따라서 지역사회 자료는 활용가치가 매우 크므로 수집, 활용, 정리, 보관 등이 체계적으로 이루어져야 한다.

지역사회 자료의 종류에는 산지, 하천, 평야 등의 물질적 자료(material resource), 정당, 법원, 관공서 등의 제도적 자료(institutional resource), 풍속, 관습, 전통 등의 심리적 자료(psychological resource), 유명 인사, 지역 주민 등의 인적 자료(persons resource), 문화 행사, 교육 행사, 지역 행사 등의 행사적 자료(event resource) 등이 있다.

한편, 사회과 교육에서는 지역화 학습을 강조하고 있다. 지역화 학습 자료는 매우 다양하지만 학생 자신의 경험과 관찰 자료 등이 우선되어야 한다. 그 밖에 면접, 견학, 문헌 자료, 질문지, 자원 인사, 봉사 활동, 현지 조사, 각종 시설과 단체 및 기관, 행사, 시청각 교재, 편지, 민요, 설화 등 다양하다(김정호 외, 2008: 209-211).

지역화 자료의 활용에는 목표의 철저한 분석, 사전 조사, 자료의 설명, 자료 수집, 정리, 분석 및 활용, 평가 등이 뒤따라야 한다. 학생들이 지역화 자료를 활용할 때에는 지역 및 자료에 대한 인식을 한다는 점에서 의의가 크다. 지역의 견학이나 현지 자료 수집 중에서 처음 의도했던 목표보다 뜻밖의 사실을 발견하거나 지득(知得)하기도 하는 효과를 거양할 수 있다.

(2) 문헌 자료

문헌 자료는 도서 자료를 비롯한 읽기 자료로서의 모든 자료를 포함한다. 이는 교과서의 시사적 내용과 시청각적 자료에서 명확하지 못한 점을 보완하여 주면서 경험을 상기시켜 준다. 그리고 새로운 지식을 획득하게 하여 안목을 넓혀 주고 도서 동기와 의욕을 고취시킨다.

따라서 사회과 교사는 사회과의 학습 단원과 관계되고 학생들의 능력에 알맞은 도서 자료를 선택, 소개하여 널리 읽을 수 있도록 장려하여야 한다. 현대사회에서 출판문화가 발달하여 컬러화 등으로 매우 다양하여 학습 자료의 효과를 배가시키고 있다.

① 신문과 잡지

신문은 시사 문제를 비롯하여 현대사회의 기능과 방향을 이해할 수 있는 자료이다. 세상 돌아가는 모습을 한눈에 볼 수 있는 자료이다. 아울러, 각종 기사를 스크랩하여 이를 구성함으로써 보다 신속한 정보를 얻을 수 있다.

잡지는 신문에 비하여 신속성이 떨어지나 어떠한 자료를 광범위하고 체계적으로 추출하여 사회 사상을 다각적이고 깊이 있게 파악할 수 있는 자료이다.

② 각종 참고서

참고서는 교과서 다음으로 많이 활용되는 것으로 학습의 자율적 보조 자료이다. 따라서 사회과 교수·학습의 참고서는 단편적이고 기계적인 것보다는 고급 사고력을 신장할 수 있는 것이 바람직하다. 특히, 학생들의 참고서 활용 시 유의할 점은 사회과 교사가 미리 참고서의 내용을 점검한 후, 권장하는 것이 바람직하다.

③ 단행본

사회과 교수·학습활동에서 학습 내용의 이해와 촉진, 심화에 대하여 크게 도움이 되는 단행본이 좋다. 사회과 교육에 관련된 영웅전, 위인전, 자서전, 회고록, 전사(戰史), 각 나라 소개 책, 문예 작품, 역사 소설 등 다양한 장르 중에서 교육적으로 취사선택하는 것이 주요한 것이다.

④ 각종 사전·연감류

각종 사전류와 연감류는 사회과 교수·학습에 매우 유용한 것으로서 적절한 것들을 학급 문고나 도서실에 비치하여 활용토록 하며, 특히 사전이나 연감류에서 필요한 정보와 자료를 찾는 방법에 대한 지도가 선행되어야 한다.

(3) 시사 자료

시사 자료는 현실의 사회적 자료와 현상을 생생하게 이해하게 하며, 실생활에서 제기되는 여러 가지 현실적인 문제나 사회문제의 해결에 깊은 관심을 갖게 하고, 이를 통하여 학습 효과의 증진과 정보 활용 능력 등의 육성을 위해 의미 있게 정선되고 적절하게 활용되는 교과서 이외의 시사 자료를 의미한다. 특히, 세계화·정보화 시대에 사회의 제 현상에 대한 지식을 습득하고 적용하는데 필요한 고급 사고력 신장을 강조하는 사회과 교육에서는 학습자들로 하여금 주체성, 창조성, 사고력, 판단력, 정보 활용력 등의 육성을 위한 시사 자료의 적절한 활용이 요구되고 있다.

시사 자료가 사회과 수업에서 갖는 의의는 첫째, 교과서 내용을 현실과 연계시킴으로써 학생들의 학습 흥미를 유발시키고, 나아가 학습 내용을 입체화시켜서 보다 이해를 용이하게 해 준다. 둘째, 사회 사상의 현실 접촉을 통하여 문제 해결의 추리력과 탐구력을 기르며, 변화하는 사회의 시사 자료를 수집, 활용하려는 의욕과 자세를 함양한다. 셋째, 학생들이 사회의 여러 가지 간행물, 매스컴 등의 매체들을 현명하게 읽고, 볼 수 있는 기능과 능력을 육성한다. 넷째, 폭넓은 지식 습득을 위한 증거 제시 및 탐구 방법으로 학습 기능을 신장한다. 다섯째, 풍부한 시사 자료를 활용하여 화제(topic) 중심의 시사 접근 수업을 유도할 수 있다.

사회과 교수 학습 자료로서의 시사 자료 공급원은 인쇄 매체, 영상 자료, 컴퓨터, 정보 통신 네트워크 등을 들 수 있다. 그러나 일반적으로 교사와 학생들이 손쉽게 풍부한 자료를 접할 수 있는 것은 각종 신문류이다. 신문 정보는 현 사회의 정보를 가장 많이 수록하고 있으며, 신문의 특성상 정확성, 신속성을 특징으로 하고 있다. 하지만 아무리 좋은 자료와 정보가 있더라도 이를 분류하여 재가공하여 체계적으로 분석, 종합하지 않으면 아무런 의미가 없는 것이다.

사회과 시사 자료는 그 파급 효과가 매우 강력하다. 시사 자료는 자료원의 부족보다는 범위가 매우 넓고 다양하여, 어떤 기준으로 자료를 어디서 수집, 선택, 정리하느냐가 문제이다. 기준에 따라 자료를 수집한 후에는 수업 시에 일정한 시간 배당을 해서 수업을 하는 것이 일반적인 방법이다. 아울러, 학생들의 시사 문제에 대한 토의, 토론 후에는 교사가 마무리로 종합, 정리해 주는 것이 중요하다.

신문의 시사 자료 활용은 사회과의 교과 특성에 부합되는 풍부하고 최신의 정확한 시사 내용을 수업에 활용할 수 있고, 교과서에만 의존하는 수업에서 탈피하여 교육과정에 의거한 교재의 재구성과, 화제 접근 중심의 사회과 수업을 진행할 수 있는 장점이 있다.

(4) ICT 학습 자료

ICT(정보통신기술교육) 자료는 사회과 교수·학습에서 컴퓨터와 각종 멀티미디어 자료, 인터넷 활용 학습 등을 활용하는 것이다. 사회과에서 컴퓨터를 활용한 수업에는 컴퓨터 보조 수업(CAI: computer assisted instruction)과 컴퓨터 운영 수업(CMI: computer managed instruction) 등이 있다.

사회과 교수·학습에서의 컴퓨터를 활용한 ICT 수업은 최근 많은 정보 자료의 활용뿐만 아니라, 시뮬레이션 게임(simulation game) 등의 문제 해결 학습 등에 폭넓게 활용되어 큰 효과를 거양하고 있으며, 활용상의 전략과 유의점 등을 숙지한 후 교수·학습에 적용하는 것이 중요하다.

(5) 시청각 자료

학습 자료로서 감각으로 얻어지는 모든 시청각 자료는 학생들의 경험을 보다 심화하여 학습을 능률적, 효과적으로 이수할 수 있도록 해 준다. 시청각 자료는 언어 편중의 결점을 극복하고, 물적 자료에 의하여 직접 경험을 보완하여 학생들의 개념 인식을 발달시키며 공통적 사고를 도와주는 역할을 한다. 또한, 흥미, 의욕 등을 환기시켜서 적극적인 활동을 돕는 동시에 정밀성, 정확성, 자극성, 영속성, 반복성 등을 학생들에게 전할 수 있는 장점을 갖고 있다. 사회과의 학습활동에서 활용되는 시청각 자료를 단계별로 고찰하면 다음과 같다.

첫째, 도입단계에서는 학습 문제를 파악하고, 학습 내용과 진행의 윤곽을 의식하는 단계이므로 강한 동기 유발이 필요하다. 특히, 교과 시간의 교체로 인한 학생들의 심리적 분산의 통일을 기하는데에도 시청각 자료는 매우 유용하게 활용된다. 설명식 수업보다 그림, 사진, 도표 등 시청각 자료로 훨씬 효과적인 사회과 수업을 이끌 수 있는 것이다.

둘째, 전개단계는 본시 또는 본단원의 본격적인 내용을 이해하기 위한 단계이다. 설명이 어렵거나 많은 시간을 요하는 내용, 난해한 내용을 이해시키거나, 시간을 절약하기 위하여 다양하게 활용한다.

셋째, 정리단계는 본시 또는 본단원을 마무리하는 단계이다. 이에 필요한 개념, 지식 등을 얻게 하고 다른 차시, 단원 등으로 연계해 가는 발전적 측면을 지니고 있으므로 도표, 괘도, 녹음 자료 등을 이용하여 정확한 지식을 얻도록 하는 것이 중요하다.

시청각 자료는 행위에 관한 것으로 직접적·목적적 경험, 계획적 체험, 연극적 참가 등이 있고, 관찰에 관한 것으로 시범, 실지 견학, 박물관·전람회, 영화, 라디오, 녹음기 등이 있으며, 상징에 관한 것으로 지도, 그래프, 도표 등의 시각적 추상 자료, 언어적 상징 자료 등이 있다.

① 실물·모형·표본

실물·모형·표본 등은 단원의 성격을 파악하기 위하여 사회과 교수·학습의 도입 과정에서 주로 사용한다. 또, 단원의 전개 과정에서 경험을 풍부하게 하며, 학습의 능률 향상에도 도움을 준다. 정리 과정에서는 학습 과정을 총괄적으로 파악하게 하며, 내용의 이해를 깊게 한다. 실물·모형·표본 등은 전개, 정리단계에서는 전시하는 정도로 하고, 실물을 통해서 현실적으로 파악하도록 한다.

실물은 학생들에게 올바른 개념을 형성시켜서 인상적으로 인식시켜 준다. 실제의 모습을 그대로 보여 줌으로써 사실감과 현장감이 있는 것이 특징이다.

모형은 실물이나 현장학습에서 가장 적당하다고 생각되는 것은 모두 사용할 수 있다. 하지만 우주 전체나 지구의(지구본) 전체와 같은 거대한 실물이나 기관차, 자동차, 미생물 등은 실물로 제시하기가 곤란하므로 모형으로 제시하는 것이 바람직하다. 복잡한 것을 단순화하고 중요한 부분만을 노출시킴에 따라 학습자로 하여금 원리·원칙을 빨리 납득시키도록 하는데 목적이 있다.

표본은 유사 실물이다. 즉, 표본은 실물의 일부분 또는 전부를 관찰할 수 있도록 모아 놓은 것이다. 표본은 학습자의 학습 의욕을 고취시키고 시각을 통한 빠르고 바른 이해를 하기 위한 것이다. 표본은 실물이나 그 일부를 형상대로 등장시키는 것으로서 현실 자체로는 시간의 소비가 과대하거나 원상대로는 내부의 상태를 관찰할 수 없는 것을 관찰할 수 없을 때 활용한다. 표본은 현장과의 관련이나 영화, 사진, 회화 등의 활용으로 불완전한 점을 보충할 수 있다.

이들은 단원의 성격을 파악하기 위하여 사회과 학습의 도입 과정에서 많이 사용된다. 또, 단원의 전개 과정에서는 경험을 풍부하게 하며, 학습의 능률 향상에도 도움을 준다. 정리 과정에서는 지금까지의 학습 과정을 총괄적으로 파악하게 하며, 내용의 이해를 깊게 한다.

이들은 학습 자료로서 활용되는데에 있어서는 다음과 같은 사항에 유의하는 바가 있어야 한다.

전개·정리에서는 전시하는 정도로 하고, 실물을 통해 현실적으로 파악하도록 한다. 실물(事物的 資料)은 아동들에게 바른 개념을 형성시켜 인상적으로 경험을 형성시킬 수 있는 것이다. 또, 향토의 특산물과 발전 과정 등은 가급적 모형 등으로 이해시킴으로써 향토에 대한 애착과 향토 발전에 대한 의욕을 환기시키도록 한다.

② 정화(靜畵)

말 그대로 '움직이지 않는 그림'이다. 즉 멈춘 그림이다. 사진, 그림, 만화, 디오라마(diorama) 등을 들 수 있다. 사진은 지리적 사상이나 경관을 그대로 재현시켜 주는 것이고, 그림은 사진에 비해 정밀성을 떨어지나, 중요한 요소를 강조할 수가 있고, 무관한 부분은 이를 제거하여 단순화할 수 있는 장점을 갖고 있다.

정화(靜畵)는 교실 내에서 우리나라와 세계의 전형적인 지리적 사상이나 경관을 관찰할 수 있고, 문제의식의 심화에 도움을 준다. 전개 과정에서 이를 활용하면, 지리적 사상의 이해와 문제 해결의 자료를 발견할 수 있는 것이다. 이러한 정화는 학습의 목표와 학생들의 욕구에 대응하는 것으로 다루어져야 하며, 이를 차례대로 관찰하여야 한다. 또 정화는 다양하게 관계적 추구를 통하여 통일적인 것이 되도록 구성하여야 하고, 관찰에서는 설명, 질문, 자료의 발견과 해석 등에 충분한 시간을 부여하여야 한다.

정화의 관찰은 짧은 시간에 많이 보는 것보다는 철저하게 관찰하는 것이 중요하다. 정화의 활용에서는 제목이 없이 보이면 관련 추구로 제명(題名), 지명, 주제 등을 기록하게 한다. 또 관찰 경쟁을 시켜서 그 속에서 제명을 반영하고 있는 특색을 발견할 수 있다. 사회과 교수·학습에서는 가정, 거리의 모습, 지역의 천연자원, 산업 발달의 모습, 국가 재건의 모습 등의 내용을 담은 정화를 통하여 감사하는 마음, 개발 의욕의 환기, 봉사 활동 참가 등에 자극을 줄 수 있어야 한다.

사진·그림·만화·디오라마(diorama) 등이 이에 포함되는데, 그중 주요한 것은 사진과 그림이다. 사진은 지리적 사상이나 경관을 그대로 재현시켜 주는 것이고, 그림은 사진과 같이 정밀성이 있는 것은 아니나, 중요한 요소를 강조할 수가 있고, 무관한 부분은 이를 제거하여 단순화할 수 있는 장점도 있다.

정화는 교실 안에서 우리나라와 세계의 전형적인 지리적 사상이나 경관을 관찰할 수 있고, 문제 의식에 도움을 준다. 전개 과정에서 이를 활용하면 지리적 사상의 이해와 문제 해결의 자료를 발견할 수 있는 것이다. 그런데 이러한 정화는 학습의 목표와 아동의 욕구에 대응하는 것으로 다루어져야 하며, 이를 차례로 관찰시켜야 하는 것이다. 일시에 많이 보이는 것이 좋은 방법은 아닌 것이다.

또, 정화의 내용은 題名이 명확해지도록, 또한 다양하게 관계적 추구를 통해 통일적인 것이 되도록 제시하고, 구성되어야 한다. 정화의 관찰에서는 설명, 질문, 자료의 발견과 해석 등에 충분한 시간을 주어야 한다.

급속도로 많이 보는 것보다는 적게 철저하게 관찰하는 것이 효과적이다. 정화의 활용에서는 제목이 없이 정화를 보이면서 관련 추구로 題名·지명·주제를 기록하게 한다. 또, 관찰 경쟁을 시켜 그 속에서 제명을 반영하고 있는 특색을 발견시킬 수도 있다. 사회과 학습에서는 가정, 거리의 모습, 향토의 천연자원, 산업발달의 모습, 국가 재건의 모습 등의 내용을 담은 정화를 통하여 애국·애족·향토애, 감사하는 마음, 개발 의욕의 환기, 봉사 활동 등에 자극을 줄 수 있어야 한다.

이것은 형식이 단순하여 이해가 쉽고, 감동을 줄 수 있으므로 저학년에서 사회적 사상을 다룰 때에 많이 활용된다.

디오라마(diorama)는 원근 화법에 의하여 화상이 입체적으로 활동하고 있는 장면이다. 즉, 이해를 쉽게 하기 위하여 연극의 무대를 연상할 수 있도록 고안된 것으로 현실 감각을 나타내는 것이 중요하다. 그리고 입체성, 원근적 효과, 색체 등 세 가지가 구비되고 있는데, 학생들에게 예절, 역사적 사건, 지리적 대상, 전설의 한 토막, 또는 현대적 감각에 의한 묘사 등을 보다 쉽게 이해시킬 수 있어야 한다. 이것은 형식이 단순하여 이해하기 쉽고, 감동을 줄 수 있으므로 사회적 사상을 구체적으로 다룰 때 매우 효과적이다.

③ 지도(地圖)

지도(地圖)는 야외에서 지표상의 여러 사상을 직접 관찰하는 것보다도 자기가 의도하고 있는 지리적 사실을 명료하게 표시해 줌으로써 지리적 사실 간의 공간 관계를 찾는데 가장 효과적인 도구이며, 동시에 자기가 발달시킨 개념이나 이론을 효율적으로 발표할 수 있는 도구이기도 하다. 지도는 언어를 통한 학습 결과를 식가적인 형태로 바꾸어 주는 기능을 함으로써 지표상의 여러 현상들을 짧은 시간에 비교할 수 있으며, 학습 결과를 오랫동안 파지할 수 있게 해 준다. 따라서 지리는 지리 영역뿐만 아니라 사회과 교수·학습 전반에 걸쳐 내용을 구체화·직관화시켜 주는 중요한 자료이다.

지도를 학습하는 것은 결국 지도를 읽을 수 있는 능력과 지도로부터 얻는 정보를 해석할 수 있는 능력을 기르는 것이다. 이 같은 능력의 육성을 위하여 지도 교육의 주요 개념과 이를 바탕으로 한 지도 읽기 내용에 대한 학습이 기본인 것이다.

지도 교육의 주요 개념으로는 일반적으로 독도, 도법, 판독, 작도 등을 들 수 있다. 독도는 지도에서 각 지점의 위치, 지점 간 거리, 상대적 위치, 기타 단순한 지리적 사실을 찾기 위한 행동인데, 학생들에게 지리적 생각을 효율적으로 나타내고 지리적으로 생각하도록 하는 개념으로 지도 개념 중에서 가장 기본적인 것이다. 독도를 위한 기본 요소로는 축척, 위치, 방위, 기복의 표현, 기호 등을 들 수 있다.

도법이란 정각(正角), 정형성(正形性), 정적성(正積性), 정거성(正距性), 정방성(正方性) 등 각 특성에 따른 지도의 제작 기법을 의미한다. 지도를 사용할 때에는 지도 제작 도법이 어떤 특성을 갖고 있는지에 대한 정확한 이해가 필수적이다.

판독은 지도에 나타난 사실을 통해서 지리적인 개념을 이해하고 설명하는 것으로서, 등고선을 통해서 지도를 판독하는 것, 산맥의 방향에서 찾는 단순한 판독에서부터 촌락의 위치와 지형의 관계, 도시와 교통로와의 관계 등 고차적 판독도 있다.

작도는 지리적 사실과 개념을 지도로 표시하는 것으로서, 지리적 지식을 지도화함으로써 지도 해석을 보다 용이하게 하고, 학습의 효과를 높이는 장점이 있다.

한편, 지도 자료를 사회과 교수·학습에 활용할 때에는 다음과 같은 점에 유의하여야 한다.

첫째, 지도는 구면을 평면으로 나타낸 것으로, 지표면을 정확하게 표현하는데 일정한 한계가 있다는 점을 지도하여야 한다.

둘째, 지도의 구비 조건을 충분히 이해시키고 난 뒤에 지도를 읽도록 지도한다.

셋째, 축척(縮尺)에 대해서는 대축척에서 소축척으로 단계적으로 이해시킨다.

넷째, 축척은 거리의 비라는 점을 이해시킨다.

다섯째, 등고선에 대해서는 조감도, 모형 지도 등을 통하여 그 개념을 충분히 이해시키고, 평면 지도 위의 표현 방법을 다루도록 한다.

여섯째, 지도의 읽기는 축척, 거리, 방위 등을 단순하게 다루기보다는 지리적 사상을 분석, 종합하는데 도움이 될 수 있도록 지도한다.

일곱째, 지도에 관한 이해는 학생들의 발달 단계에 따라 지도하되, 일상생활과 관련시켜서 활용도를 높이도록 지도한다.

지도는 야외에서 지표상의 여러 사상을 직접 관찰하는 것보다도 자기가 의도하고 있는 지리적 사실을 명료하게 표시해 줌으로써, 지리적 사실 간의 공간 관계를 찾는데 가장 효율적인 도구이며, 동시에 자기가 발달시킨 개념이나 이론을 효율적으로 발표할 수 있는 도구이기도 하다. 또한 지도는 언어를 통한 학습 결과를 시각적인 형태로 바꾸어 주는 구실을 함으로써 지표상의 여러 현상들을 짧은 시간에 비교할 수 있으며, 학습 결과를 오랫동안 파지할 수 있게 해 주는 장점이 있다. 이 같은 점에서 지도는 비단 지리 영역뿐만 아니라 사회과학의 학습 내용들을 보다 구체화·직관화시키는데에도 도움을 주고 있다.

지도를 학습한다는 것은 결국 지도를 읽을 수 있는 능력과 지도로부터 얻는 정보를 해석할 수 있는 능력을 기르는 것이라 할 수 있다. 이 같은 능력의 육성을 위해서는 지도 교육의 주요 개념과 이를 바탕으로 한 지도 읽기 내용에 대한 학습이 기본적이라 할 수 있다.

지도 교육의 주요 개념으로는 일반적으로 독도, 도법, 판독, 작도 등을 들 수 있으며, 초등 학교에서는 이 중 독도 개념이 주를 이루고 있으며, 다음으로 판독과 작도 등이 나타나고 있다. 이들 각 개념을 개략적으로 살펴보면 다음과 같다.

독도는 지도에서 어떤 지점의 위치, 지점 간의 거리, 상대적 위치, 기타 단순한 지리적 사상을 찾기 위한 활동이라 할 수 있으며, 학생들에게 지리적 생각을 효율적으로 나타내고, 지리적으로 생각하도록 하는 개념으로서 지도의 개념 중 가장 필수적인 개념이라 할 수 있다. 독도를 위한 주요 요소로는 축척, 위치, 방위, 기복의 표현, 기호 등을 들 수 있다.

지도의 가장 중요한 특성으로는 정각(正角), 또는 정형성(正形性), 정적성(正積性), 정거성(正距性), 정방성(正方性) 등 4가지를 들 수 있다. 그러나 현실적으로 이들 특성을 모두 충족시키면서 구면인 지구 표면을 왜곡시키지 않고 평면상에 그린다는 것은 불가능한 일이다. 따라서 이들 특성 중 한두 가지만을 충족시키면서 지도를 그릴 수밖에 없다. 도법이란 이같이 각 특성에 따른 지도의 제작 기법을 의미한다. 따라서 지도를 사용할 때는 그 지도의 제작 도법이 어떤 특성을 갖고 있는지에 대한 정확한 이해가 필수적이라 할 수 있다.

판독은 지도에 나타난 사실을 통해서 지리적인 개념을 이해하고 설명하는 것으로서, 여기에는 등고선을 통해 지형의 모습을 판독하는 것이나, 하계망이나 산맥의 방향을 찾는 단순한 판독에서부터, 촌락의 위치와 지형과의 관계, 도시와 교통로와의 관계 등 보다 고차원적인 판독이 있다.

작도는 지리적 사실 또는 개념을 지도에 표시하는 것으로서, 지리적 지식을 지도화함으로써 지도 해석을 보다 용이하게 하고, 학습의 효과를 높일 수 있는 장점이 있다.

지도 읽기 내용에서 중점적으로 다루어야 할 학습 내용으로는 지도의 원리(지구의, 지도 투영법, 축척, 지형), 방위, 위치(경·위선, 상대적 위치), 거리, 기호, 지도의 의미(기후, 식생, 토지 이용, 인구, 추락, 자원)등을 들 수 있다.

다음으로 사회과 수업에서 학습 자료로 사용되는 지도의 종류를 보면, 형식이나 형태별로는 입체지도, 평면지도, 지구의, 쾌도, 백지도, 사회과 부도 등이 있으며, 내용상으로 일반도에는 지형도, 주제도에는 기후도, 산업도, 인구분포도 등이 있다. 이 중 지도와 관련된 중요한 학습 자료로 사회과 부도를 들 수 있는데 부도는 학습 내용을 지도화하여 편찬한 것으로 교과서와는 불가분의 관계에 있으며, 부도 속의 일반 지도, 통계 지도, 그래프, 사진 등은 교과서의 내용이 지도화되고, 도표화된 것이다. 따라서 사회과 부도는 사회과 교과서와 함께 수업에 이용되도록 지도하는 것이 중요하다고 할 수 있다.

수업에서 지도의 활용으로는 주요 지역이나 사물 간의 공간적 거리 측정, 위치 확인, 지역 간의 자연·인문적 특성 비교, 지도 그리기, 야외 학습이나 견학, 답사 시 경로 결정 및 확인 그리고 선행 조사 등에 이용되고 있다.

학년별 지도 학습의 주요 사항을 보면, 저학년의 경우 지도를 통해서 기초적인 위치 관계, 거리 관계, 분포 상황, 대소 관계를 파악하게 한다. 중학년의 경우, 3학년은 고장과 지방을 중심으로 한 수업이 주가 되므로 고장과 지방의 지형, 취락, 교통, 산물을 나타낸 지도 읽기와 그리기가 중요하다. 그리고 마을이나 지방의 지형과 사물을 방위, 거리 관계에 따른 위치, 분포, 밀도 등에 의해서 파악해야 하며 기호를 사용하여 지도화 할 수 있으므로 지도 제작의 작업이 시작된다. 제4학년은 지도상에서 축척 관계와 팔방 위도를 이해할 수 있으며, 지도를 통해서 지역의 지리적 사상과 사물 분포도에 의해서 지역의 특성을 파악하게 되고, 이때부터 사회과 부도를 활용하게 된다. 그러나 중학년의 경우 아직까지 지도를 통해서 지리적 관계를 고찰하기는 곤란하므로 교사는 항상 학생들이 지도를 관심 있게 보고, 그 내용을 고찰하도록 하는 태도와 기능만을 갖게 하는데 유의하여야 한다. 또한 저학년의 그림 지도에서 중학년의 평면 지도로 이행 지도를 중요시해야 하며, 야외 관찰 시 현장과 지도 내용과의 관계를 유의하면서 사용하고 읽을 수 있게 지도하여야 한다.

고학년의 경우, 지역과 국가의 지리적 환경의 특성을 파악하고 산업 활동의 실정을 이해시키는 단계이므로 사회과 부도가 반드시 필요하게 된다. 세계를 지도할 때는 지구의를 사회과 부도와 같이 병행하는 것이 좋다.

지도 자료를 수업에 활용할 시의 유의점을 살펴보면 다음과 같다.

첫째, 지도는 구면을 평면으로 나타낸 것으로서, 지표면을 정확하게 표현할 수 없다는 것을 명확히 파악시킨다.

둘째, 지도의 구비 조건을 충분히 이해시키고 난 뒤에 지도를 읽도록 지도한다.

셋째, 축척에 대하여서는 대축척에서 소축척으로 단계적으로 이해시킨다.

넷째, 축척은 거리의 비라는 것을 이해시킨다.

다섯째, 등고선에 대하여서는 조감도나 모형 지도를 통해 그 개념을 충분히 이해시키고, 평면 지도 위의 표현 방법을 다루도록 한다.

여섯째, 지도의 읽기는 축척·거리·방위 등을 단순하게 다루는 것보다는 지리적 사상을 분석·종합하는데 도움이 될 수 있도록 지도한다.

일곱째, 지도에 관한 이해는 아동들의 발달 단계에 따라 지도하되, 일상생활과 관련시켜 활용도를 높이도록 지도한다.

그러나 지리학이나 지리 교육에서 지도의 효용성에도 불구하고 재래식 지도는 많은 문제점 즉, ⓐ 원자료를 지도화하는 과정에서 정보가 양적으로 감소하고 또 인위적 분류 과정을 거침으로써 정보의 내용이 왜곡될 수 있다. ⓑ 일단 정보가 지도에 기록되면 이것을 다른 정보와 결합시키는데에 많은 비용이 들며 또한 복잡한 과정을 거쳐야 한다. ⓒ 인쇄된 지도는 정적이고 정성적이다. ⓓ 비교적 짧은 시간 내에 발생하는 사회·경제적 현상과 자연환경의 변화를 그때그때 지도화하는데는 한계가 있다. ⓔ 본질적으로 재래식 지도의 시점은 한정되어 있다 등으로 인해 오늘날과 같이 정보화된 세상에서 복잡하고 집약적인 지리적 제 현상들을 종합, 분석하는데에 많은 제약점이 따르고 있다.

최근에 GIS(Geograpic information System) 기법들과 이를 이용한 3차원적 지도의 등장은 이 같은 기존 지도가 갖고 있던 여러 가지 문제점을 보완할 뿐만 아니라, 같은 자료를 이용하여 평면도, 입체 지도, 색깔 지도 등 표현 방식이 다른 여러 가지 지도나 도형을 나타낼 수 있으며, 지도의 확대, 축소가 자유롭고 지리적 사실의 계측이 가능하게 함으로써 복잡한 지리 정보의 분류, 분석, 자료의 중첩을 통한 종합 및 입지 선정의 적합성 판정 등의 해석을 가능하게 하고 있다. 특히 GIS는 지표 상의 다양한 지리 정보를 3차원 지도상에서 용도에 따라 이들 정보를 분류·분석·종합하고, 중첩시킴으로써 현실감 있는 3차원의 지도를 이용하여 학습자들이 습득한 지리적 지식들을 지리적 mind, 지리적 통찰력을 토대로 현 사회의 제 문제점들을 해결하고자 하는 인식과 능력을 육성시킬 수 있게 된다. 즉 지리학의 주요 연구 테마인 공간에 대한 분석을 보다 논리적이고 종합적으로 수행할 수 있는 장점이 있다. 따라서 사회과에서 학습 자료로서 지도의 이용 시, 재래식 지도뿐만 아니라 GIS 기법을 이용한 지도의 활용이 보다 절실히 요구되고 있다.

④ 연표와 역사 지도

사회과 역사 학습에서는 역사 연표의 활용이 매우 중요하다. 역사 연표의 활용 지도는 역사적 사고력을 깊게 하는데 필요한 수단이 된다. 연표는 판독할 수 있어야 하지만 그 판독 지도를 기초로 하여 연표의 제작 방법의 지도가 중요하다. 역사 연표 활용 지도상의 유의점은 다음과 같다.

첫째, 역사적 사상의 시간적 거리를 정확하게 파악시킨다.

둘째, 역사적 사상의 인과관계를 바르게 파악시킨다.

셋째, 역사적 사상의 상호 관련을 파악시킨다.

넷째, 역사적 사상을 개괄하여 시대적 특성이나 특색을 파악시킨다.

다섯째, 역사적 사상을 발전적·상관적으로 이해시킨다.

한편, 역사 지도의 활용도 매우 중요한데, 역사적 사상은 그 조건과 밀접한 관련이 있다. 토지, 위치, 지형, 기후 등의 자연환경의 영향이 큰 것이므로, 역사적 이해에서는 지리적 이해가 필요하고, 역사 지도 활용 지도가 경시될 수 없다. 사회과 교과서와 사회과 탐구, 사회과 부도, 역사 부도 등에는 역사 지도가 수록되어 있으므로, 그 활용에 대하여 고찰해 볼 필요가 있다. 이는 역사적 이해를 심화시킬 수 있는 방법과 매우 밀접한 관련을 맺고 있다.

역사적 학습 속에서 역사적 사실을 공간적 관계에서 포착하고, 국토의 어느 지점에서 일어났던 사실인가에 대한 흥미와 관심을 지니게 하여 역사 지도에 대한 탐구 의욕을 북돋워 주어야 한다.

역사적 학습에서 성과를 올리는데에 있어서는 연표 활용의 지도가 매우 중요하다. 연표 활용의 지도는 역사적 사고력을 깊게 하는데 필요한 수단이 되는 것이다. 연표는 판독할 수도 있어야 하지만 그 판독 지도를 기초로 하여 연표의 제작방법의 지도가 또한 중요시된다.

일반적으로 역사 연표의 활용 지도상의 유의점을 요약하면 다음과 같다.

첫째, 역사적 사상의 시간적 거리(시간적 위치)를 정확히 파악시킨다.

둘째, 역사적 사상의 인과관계를 바르게 파악시킨다.

셋째, 역사적 사상의 상호 관련을 파악시킨다.

넷째, 역사적 사상을 개괄하여 시대적 특색이나 성격을 파악시킨다.

다섯째, 역사적 사상을 발전적·상관적으로 파악시킨다.

이와 같은 연표 자료의 활용 지도는 역사적인 관찰력·사고력의 육성에 도움을 주고, 연표 제작의 능력을 육성시켜 나갈 수 있다.

고학년에 있어서는 인물이나 문화유산을 중심으로 한 연표의 제작으로 발전되어야 한다.

한편, 역사 지도 자료의 활용 지도도 중요하다.

역사적 사상은 그 조건과 밀접한 관계가 있다. 즉, 토지·위치·지형·기후 등 자연환경의 영향이 큰 것이므로, 역사적 이해에서는 지리적 이해가 필요하고, 역사 지도 자료의 활용 지도가 경시될 수 없다. 교과서나 사회과 부도(지도첩)에는 역사 지도가 포함되어 있으므로 그 활용에 대하여 음미해 둘 필요가 있다. 예컨대, 역사상의 지명이 지명 개정으로 어디에 있는지 매우 不明할 때가 많다. 이러할 때에, 역사 지도 자료에 의하여 그 위치를 확인할 수가 있는 것이다. 또한, 가급적 역사 지도 자료는 작성 작업에 대하여서도 고려해 둘 필요가 있다. 이는 역사적 이해를 심화시킬 수 있는 방법과 밀접한 관련을 갖고 있다.

역사적 학습 속에서도 역사적 사실을 공간적 관계에서 포착하고, 국토의 어느 지점에서 일어났던 사실인가에 대한 흥미·관심을 지니게 하여 부단히 사회과 부도를 활용하고자 하는 태도를 육성시켜야 하는 것이다.

⑤ 지구의(지구본)

지구의는 지도를 본떠서 만든 모형에 경도와 위도, 해양과 육지를 나타낸 것으로서, 지구를 일정한 축척으로 묘사한 자료이다. 따라서 구체인 지구를 평면으로 나타낸 지도를 통한 세계 및 각 지역의 자연적·인문적 특성이 학생들의 이해력으로는 무리가 있으며, 때로는 왜곡되어 인지될 수도 있지만, 지구의는 평면 지도에 비해서 지표면의 자연적 특성과 어떤 지점이나 지역의 위치, 거리, 면적 등이 왜곡 없이 나타나기 때문에 학생들의 이해에 효과적이다.

지구의는 지구의 기초적이고 추상적인 개념을 학습단계에 따라 이해하는데에 중요한 자료인 것이다. 지구의를 통해서 이해되고 습득될 수 있는 기능으로는 지구의 형태, 수륙의 분포, 지도 투영법, 적도의 양극, 경선과 위선, 경도와 위도, 정확한 거리와 방향, 위치, 대권 거리와 항로, 지축, 자전과 공전, 계절의 변화, 주야의 장단, 시차와 일부 변경선 등을 들 수 있다.

지구의의 종류로는 보통 지세와 나라들을 색과 기호로 나타낸 자연 및 정치 지구의가 가장 많고, 식생도, 기후도 등의 지구의도 있다. 또한 지학용 지구의, 천문학적 지구의 등도 있다.

지구의는 지구를 본떠서 만든 모형에 경도와 위도, 해양과 육지 등을 나타낸 것으로서, 어떠한 왜곡도 없이 지구를 일정한 축척으로 묘사해 놓은 교구이다. 따라서 구체인 지구를 평면으로 나타낸 지도를 통한 세계 및 각 지역의 자연적·인문적 특성이 학생들의 이해력으로는 무리가 있으며 때로 왜곡되어 인지될 수도 있지만, 지구의 평면 지도에 비해 지표면의 자연적 특성과 어떤 지점이나 지역의 위치·거리·면적 등을 왜곡 없이 나타내기 때문에 학생들이 이해하는데 있어서 보다 효과적이라 할 수 있다. 이 같은 점에서 지구의는 지구의 기초적이고 추상적인 개념을 학습단계에 따라 이해하는데 더없이 중요한 교구라 할 수 있다.

일반적으로 지구의를 통해 이해되고, 습득될 수 있는 기능으로는 지구의 형태, 수륙의 분포, 지도 투영법, 적도와 양극, 경·위선과 경·위도, 정확한 거리와 방향, 위치, 대권 거리와 항로, 지축, 자전과 공전, 계절의 변화, 주야의 장단, 시차와 일부 변경선 등을 들 수 있다.

지구의의 종류로는 보통 지세와 나라들을 색과 기호로 표시한 자연 및 정치 지구의가 가장 많고, 식생도, 기후도 등의 지구의도 있다. 또한 윤곽만 그려 넣고, 백묵으로 써 넣을 수 있는 백묵 지구의 그리고 지학용, 천문학적 지구의도 있다.

지구의 구면적인 표현인데, 그 색채나 인쇄는 선명한 것으로 이용하고, 기호나 모든 명칭은 보다 정확한 것을 이용하도록 한다.

지구의에 관한 기초적인 지식의 지도에 있어서는 우리나라와 세계의 주요 국가 간의 공간적·시간적 거리 및 정확한 위치 관계, 그리고 대륙과 해양에 대한 올바른 이해가 함양되도록 지도하여야 하며, 이를 통하여 세계화 혹은 지구촌 시대의 사회과 학습의 기초가 되도록 지도하여야 한다.

⑥ 통계 연표

도표(圖表)는 사회과 교수·학습에서 사회현상을 이해하는데 가장 간편하므로 널리 사용된다. 통계 연표는 통계자료를 가지고 양적 비교나 차이를 명확하게 하기 위하여 표현하고 직관할 수 있는 자료이다. 사회과 교수·학습에서 통계자료, 도표 등을 분석, 비교, 종합함으로써 사회적 사상을 수치에 의하여 구체적·객관적으로 파악시켜야 한다. 따라서 통계자료의 도표화를 위한 과정은 매우 중요한 것이다.

ⓐ 그림그래프

그림그래프는 실물 현상을 도표화하여 많고 적음과 변화의 경향성을 파악시키는데 효과적이다. 이것은 실물의 현상을 도표화하여 많고 적음과 변화의 경향성을 파악시키는데에 효과적인 것이다.

ⓑ 지도 그래프

지도 그래프는 비교 통계 지도라고도 하며, 수량과 위치가 관련되어 있어서 지역 상호간의 비교가 용이하나, 그림그래프와 같이 상세한 내용까지 정확하게 나타내기는 어려운 단점이 있다. 또, 지도 내부에 기입하지 않아도 될 지명, 산맥, 평야, 강 등을 기입하면 도면이 복잡해지는 단점이 있다.

지도 그래프는 비교통계 지도라고도 하는데, 수량과 위치가 관련되어 있어 지역 상호간의 비교가 용이하다는 이점도 있으나, 그림그래프와 같이 상세한 내용까지 정확히 나타내기 어렵다. 또, 지도 내부에 기입하지 않아도 될 지명·산맥·평야·강 등을 기입하면, 도면이 복잡해지는 단점도 있다.

ⓒ 절선(꺾은선)그래프

절선그래프는 수량 전체가 어떻게 변화되고 있는가 하는 변화 과정을 파악하고자 하는 그래프이다. 이는 또한, 시간 경과에 따라 나타나는 변화 과정을 나타낸 것으로 수량을 전후 관계에서 비교하는데 유용한 자료이다.

ⓓ 점그래프

점그래프는 지도에 점을 찍어서 수량을 비교시키므로, 지리적 관계와 수량적 관계를 대비하여 이해시키는데 유용하다. 점그래프에서는 찍을 점들을 어느 정도의 단위로 잡느냐 하는 것이 문제가 되며, 너무 많은 점을 찍으면 이해가 곤란하다.

ⓔ 원그래프

원그래프는 개개의 수량이 전체에 대하여 어떠한 관계에 놓여 있는가를 파악하는데 적당하다. 원그래프는 360°의 원주를 100%로 하여 1%가 3.6°가 되므로, 3.6°에 백분율로 된 수치를 곱하여 각도를 구하여 그린다.

ⓕ 띠그래프

띠그래프는 비교와 변화를 겸하는 것으로, 경과 그래프라고도 한다. 띠그래프는 전체를 100으로 하고, 해당되는 수량을 백분율로 하여 그린다.

⑧ 체적 그래프

체적 그래프는 체적을 상기시키면서 수량을 비교하기 위하여 육면체(입방체), 원기둥(원통구) 등으로 나타내는 형태의 그래프이다.

⑦ 환등기

환등기는 슬라이드 환등기, 실물 환등기, 투시물 환등기 등이 있다. 환등기를 활용하게 되면, 목표와 부합되는 내용의 자료를 잘 정선하여 학생들의 주의를 집중시킬 수 있고, 공통적인 내용과 경험을 제공할 수 있다. 그리고 시설이 간편하고 시간의 낭비가 적으며, 영화와 같은 효과를 얻을 수도 있다. 슬라이드는 학생들의 학습 사항이나 지도 내용에 따라, 학습의 진행 중에 언제라도 적절한 것을 선택하거나 제외할 수도 있다. 이런 점에서 영화나 VTR보다도 자유재량성이 큰 것이다. 슬라이드는 누구나 손쉽게 조작할 수 있다는 장점이 있다.

투시적 환등기는 차트(chart), 도표(graph), 그림, 지도, 일람표 등을 투시지에 옮겨서 사용할 수 있다는 점에서 실물 환등기와 유사하다고 볼 수 있다. 실물 환등기는 사진, 그림, 실물 등을 반사 투영으로 화면에 제시하는 환등기이다. 즉, 피사체가 반사경을 통하여 투영되는 것을 학습에 이용하는 것이다.

한편, 환등기를 이용할 때에는 다음과 같은 점에 유의하여야 한다.

첫째, 준비된 자료를 집중적으로 제시하지 말고 주제에서 벗어나지 않도록 한다.

둘째, 도입단계에서 뚜렷한 문제의식을 갖게 하고, 문제를 해결하려는 의욕을 지니도록 한다.

셋째, 학생들이 주변에서 볼 수 없는 사상과 경험을 중심으로 다루는 것이 바람직하다.

환등기는 슬라이드 환등기(slide projection), 실물 환등기(opaque projection), 투시물 환등기(overhead projection) 등이 있다.

이러한 여러 환등기를 활용하게 되면, 목표와 부합되는 내용의 자료를 잘 정선하여, 아동들의 주의를 집중시킬 수 있고, 공통적인 내용과 경험을 줄 수 있다. 그리고 시설이 간편하고 시간의 낭비가 적으며, 영화와 같은 효과를 얻을 수 있다. 슬라이드는 아동들의 학습 사항이나 지도 내용에 따라, 학습의 진행 중에 언제라도 적절한 것을 선택하거나 제외할 수도 있다. 이런 점에서 영화나 VTR보다도 자유재량성이 크다고 하겠다. 또, 슬라이드는 누구나 손쉽게 조작할 수 있는 장점을 지녀 그 활용도는 점점 높아지고 있다.

투시적 환등기는 차트(chart)·도표(graph)·그림·지도·일람표 등을 투시지에 옮겨 사용할 수 있는 점에서는 실물 환등기와 비슷하다고 하겠다.

실물 환등기는 사진이나 그림·실물 등을 반사 투영으로 화면에 제시하는 환등기이다. 즉, 피사체가 반사경을 통하여 투영되는 것을 학습에 이용하고자 하는 것이다.

환등기를 이용할 때에는 다음과 같은 점에 대하여 유의하여야 하는 것이다.

가. 준비된 자료를 집중적으로 제시하지 말고, 주제에서 벗어나게 되지 않도록 한다.

나. 도입단계에서 뚜렷한 문제의식을 갖게 하고, 문제를 해결하려는 의욕을 끝까지 지니도록 한다.

다. 학습자들이 주변에서 볼 수 없는 사상과 경험을 중심으로 다루도록 한다.

⑧ 영화

영화는 동적으로 표현되는 영상을 통하여 줄거리를 표현하고, 사회 사상이 변해 가는 양상을 알고 전체적인 흐름의 파악과 이해를 하는데 도움을 준다. 그리고 학습 내용을 오래 기억하게 하면서 단시간에 많은 경험과 지식을 얻게 한다.

하지만 영화 자료는 목표와 내용에 적절한 것을 취사선택하여야 좋은 효과를 얻을 수 있다. 따라서 사회과 교육과정의 연간 계획에 준거하여 선택·제시하되, 단원 내용에 적절해야 하며 지도 과정에서 활용할 위치를 잘 검토하여 영화 활용의 초점에 대한 사전 지도가 필요하다.

이와 같은 사회과 교수·학습 자료로서의 영화 자료 활용의 교육적 가치는 다음과 같다.

첫째, 학생들에게 주의력과 관심을 불러일으켜 강한 자극을 줄 수 있다.

둘째, 먼 곳의 사상을 이해시킬 수 있다.

셋째, 실물을 확대·축소시킬 수 있으며, 눈에 보이지 않는 것을 직관할 수 있게 한다.

넷째, 실물, 사상, 사건 등 상호 관계를 쉽게 이해하게 한다.

다섯째, 심미적인 쾌감을 불러일으켜 준다.

여섯째, 다수의 학생들에게 동시에 공통적인 내용과 경험을 줄 수 있다.

영화는 동적으로 표현되는 영상을 통하여 줄거리를 추구하고, 사상이 변화해 가는 양상을 알고 전체적인 흐름의 파악과 이해를 하는데 도움을 준다. 그리고 학습 내용을 오래 기억하게 하면서 단시간 안에 많은 경험과 지식을 얻을 수 있다.

그러나 목표와 내용에 적절한 것을 선정하기 어려운 문제도 있는 것으로서, 영화 자료의 활용에 있어 고려할 사항으로서는 다음과 같은 것들이 있다.

⑨ TV, 라디오

TV와 라디오는 견학·조사·청취 등의 방법을 통해서만 얻을 수 있는 사상을 직접 보고 들을 수 있는 장점을 가진 자료로서, 학교의 방송 시설을 최대한으로 활용하여 학습 목표 달성에 큰 효과를 올릴 수 있다.

우선, 사회과 교수·학습 자료로서 TV 활용에서는 다음과 같은 점을 특별히 고려하여야 한다.

첫째, 학생들에게 사회적 사상에 대해서 보다 현실감을 주어야 한다.

둘째, 사회적 내용을 적절히 보고 듣는 훈련이 이루어지게 한다.

셋째, 복잡한 사회적 문제에 대한 탐구 의욕을 고취시키고, 시야를 넓혀서 국제사회, 지구촌 세계를 두루 연구하려는 자세를 갖게 한다.

넷째, 사회적 학습에 대한 문제의식을 바탕으로 큰 관심과 흥미를 갖도록 한다.

한편, 사회과 교수·학습에서 학습 자료로서의 라디오 활용에서는 다음과 같은 점에 유의하여야 한다.

첫째, 급격하게 변동하는 사회적 정보를 신속하게 파악하는데 역점을 두어야 한다.

둘째, 방송자의 의사 표시를 통하여 내용과 정서를 직감하게 하여야 한다.

셋째, 동일 내용의 방송으로 문제를 다룰 수 있는 장점을 잘 활용하여야 한다.

⑩ VTR(Video Tape Recorder)

VTR은 TV 영상과 음성을 그대로 녹화·녹음하여 재생함으로써 교수·학습 지도에 활용하는 것이다. 라디오와 TV는 학생들에게 다소 방송 내용의 파악을 어렵게 하고, 시간적인 조정이 어려운데, 이 점을 보완하는 시청각 자료가 곧 VTR이다. VTR이 교수·학습 자료 활용 면에서의 특징으로는 TV의 영상이나 음성을 그대로 재생하여 주므로, 그중에서 필요한 내용을 정선하여 선택적으로 사용할 수 있다. 또한, 녹음테이프의 재생·정지 등이 간편하고, 테이프를 소거한 뒤에 새로운 내용을 녹화할 수도 있다. TV 영상의 내용에 따라서는 사전 검토를 충분히 하여, 단원 내용에 부합되는 적절한 내용이 편성되어야 유용성이 나타날 수 있다는 점을 염두에 두어야 한다.

⑪ 녹음 자료

녹음 자료는 설명의 보충 자료로 활용할 수 있다. 또 조사, 보고, 발표, 토의 등의 교수·학습 전개에 이용하면 매우 효과적이다. 다만, 활용 목적이 자세히 수리되어야 하며, 환경 정비 및 기계 조작 기술 습득 등이 원만하게 뒷받침되어야 한다.
일반적으로 녹음자료 활용의 유의점은 다음과 같다.
첫째, 목표에 부합되는 충분한 계획을 수립하고 녹음 자료를 활용할 수 있는 분위기를 조성하여야 한다.
둘째, 슬라이드 자료와 유기적인 관련을 맺어 통합적으로 활용하는 것이 좋다.
셋째, 필요에 따라 반복적으로 청취시켜서 요점과 핵심을 파악하도록 한다.
넷째, 올바른 발표 요령, 대화 방법, 표현 방법 등을 터득하게 한다.

⑫ 기타 보조 자료

기타 사회과 교수 학습에 활용할 수 있는 자료로는 흑판(black board), 게시판(bulletin board), 융판(flannel board) 등이 있다.
흑판(black board)은 사회과 교수·학습 내용을 요령 있게 판서하고, 그림을 그려 주거나 제시를 하는 등 사회과 교수·학습에 많은 도움을 준다. 따라서 사회과 교수·학습의 목표 달성을 위하여 교사는 효과적인 판서 요령, 학생들의 흑판 이용에 대한 지도 등에 검토와 지도가 있어야 한다. 특히, 사회과 교수·학습 기기로서 흑판은 다음과 같은 점을 고려하여 활용되어야 한다.
첫째, 판서의 모든 표현이 학생들에게 친밀감을 주도록 하여야 한다.
둘째, 약서(略書), 약화(略畵), 약도(略圖)로써 표현하는 방법을 터득하여야 한다.
셋째, 다른 시청각 자료와 흑판과의 관련성을 잘 고려하여, 흑판이 교사와 학생 간의 사이를 잘 연결할 수 있도록 하여야 한다.
넷째, 흑판은 항상 깨끗하게 관리하며, 압정, 못 등으로 흠집이 나지 않도록 하여야 한다.
다섯째, 흑판의 상단부에는 철사를 준비하여, 좌우로 이동할 수 있게 자료 게시 등에 유의하여야 한다.

여섯째, 흑판의 위치, 광선, 방향, 크기, 높이 등에 유의하여야 한다.

게시판(bulletin board)은 학생들에게 홍보적 가치가 있는 것을 게시해 주는 자료이다. 학생들의 주의를 집중시킬 수 있고, 학습 의욕을 증진시키는데 중요하고, 나아가 시사 문제 등의 홍보에 실효성이 높다. 사회과 교수·학습 기기·매체로서 게시판을 사용할 때에는 첫째, 사회과 내용의 학습과 관련이 있는 자료 중에서 시기적으로나 시각적으로 관심을 환기시킬 수 있는 것으로 정선하고, 홍보적 가치가 있는 것으로 편성한다. 둘째, 게시판의 크기, 높이, 넓이, 위치 등을 학생 입장에서 고려하여야 한다.

융판(flannel board)은 시각적 보조구로서 학생들이 사회과 교수 학습활동에서 용이하게 활용할 수 있다. 융 조작을 글씨, 그림, 숫자 등이 풀이나 핀이 없어도 붙도록 조작되어 있다. 융판의 사용에서는 흑판, 게시판 등과 병행하여 활용하는데에 충분한 검토가 이루어져야 한다.

3) 사회과 학습 자료의 종류와 활용

사회과 학습 자료는 그 광역 교과가 내포하는 바와 같이 우리들의 생활 주변에 존재하는 것이 거의 다 해당된다고 할 수 있다.

그런데 교사는 이러한 각종 자료를 학습 전개에 따라 적시에 적절하게 활용하는 것이 바람직하다.

그러나 실제로 사회과 학습 지도에서 활용되는 학습 자료는 의도적이고, 한정적인 것이 될 수밖에 없다.

그런데 특히 고학년에 있어서는 신문 뉴스·간행물에 대하여서도 적적하게 이를 활용해 구체적으로 이해시키고, 슬라이드·녹음 등의 시청각 자료·연표·각종 지도·도서 자료(문서 자료)·통계자료·도표를 보다 더 많이 활용함으로써 학습 효과의 극대화가 꾀해져야 하는 것이다.

(1) 지역사회 자료

지역사회 자료는 가장 그 활용 빈도가 높은 학습 자료로서, 교사는 이에 대한 수집·조사·분석·연구를 할 수 있어야 하는 것이다.

지역사회 자료의 종류는 다음과 같다.

① 물질적 자료(material resource): 산지·하천·평야·도로·공장·도서관·박물관 등의 지역사회에 존재하는 자연조건과 지역적 특성을 갖는 시설을 말한다.

② 제도적 자료(institutiunal resource): 정당법원·조합·관공서 등의 각급 기관을 말한다.

③ 심리적 자료(psychological resource): 풍속·관습·이념·전통 등의 생활과 관계된 사실과 생활양식을 말한다.

④ 인적 자료(persons resource): 지방의 유명 인사·주민 등의 여러 가지 직업에 종사하는 사람들을 말한다.

⑤ 행사적 자료(event resource): 문화 행사 · 교육 행사 등을 말한다.

이와 같이 지역사회 자료들을 떠나서는 성공적인 사회과의 학습 지도가 성립되기 어렵다. 따라서 지역사회 자료는 활용 가치가 매우 크므로 여기에서 얻을 수 있는 모든 자료를 수집 · 조사하고 정리 · 보관의 철저를 꾀하여 활용하여야 하는 것이다.

그런데 사회과 학습 지도상 활용될 수 있는 이 지역사회 자료의 수집을 위하여서는 지역사회 조사 방법(면접법 · 관찰법 · 질문법 등)을 통하여 그 자료의 분포 관계의 확인, 분포도의 작성, 학년별의 단원 계획과의 관련, 활용 가치의 검토, 활용 방법의 구상 등이 뒤따라야 하는 것이다.

그리고 수집된 자료는 학년별 · 단원별로 활용 목록, 또는 항목별로 카드로 작성하여 내용도 기록해 두고, 그 자료가 학교의 어느 곳에 보관되었는가를 밝혀 둔다.

사회과 학습 자료의 보관이나 전시는 향토실 · 자료실 · 복도 · 교실의 일부 등을 이용할 수도 있다. 자료실이나 향토실이 별도로 있는 경우에는 여러 자료, 즉 향토의 모형지도 · 통계 · 그래프 · 역사적 사실 등이 있다. 이 밖에도 향토 발전에 공헌한 인물 자료, 향토의 제분포도, 향토의 관광 자료와 안내도 등이 전시되면, 아동들로 하여금 향토에 대한 이해를 돕고, 현황을 바르게 파악시켜 지역사회의 발전에 이바지하려는 마음과 태도를 기를 수 있을 것이다.

한편, 아동들로 하여금 지역사회 자료를 수집 · 조사시키는데에 있어서는 관계 인사나 관계 기관과 접촉하는 과정에 대하여 유의하여 사전 지도를 철저하게 할 필요가 있다. 이때에, 자기소개, 면접 요지의 전달, 요령 있는 질문과 올바른 청취, 요점의 기록, 감사의 표시, 예절의 준수 등에 대한 지도가 필요하다.

(2) 문헌 자료

문헌 자료는 도서 자료를 비롯한 읽기 자료로서의 모든 문헌 자료를 의미한다. 이는 교과서의 시사적 내용과 시청각적 자료에서 명확하지 못한 점을 보완하여 주면서 경험을 상기시켜 준다. 그리고 새로운 지식을 획득하게 하여 시야를 넓혀 주며, 독서 의욕을 유발한다.

그래서 교사는 사회과의 학습 단원과 관계되고 아동들의 능력에 알맞은 도서 자료를 선택, 소개하여 널리 읽을 수 있도록 장려 · 지도하여야 하는 것이다. 현대에 이르러서 출판문화의 발달로 출판 인쇄물에 의한 사회과 학습 지도상 활용될 자료는 매우 다양해졌다.

① 신문과 잡지

신문은 시사 문제를 이용하여 현대사회의 기능과 방향을 이해할 수 있는 면이 있다. 이와 아울러, 각종 기사를 스크랩하여 이를 구성함으로써 보다 신속한 정보를 얻을 수 있다.

잡지는 신문에 비하여 시간적으로는 늦으나, 어떠한 자료를 광범위하고 체계적으로 추출하여 사회 사상을 다각적이고 깊게 파악할 수가 있다.

② 참고서

참고서는 교과서 다음으로 활용되는 것으로, 특히 학생들과 밀접한 연관을 맺고 있다. 하지만 오늘날 학생용의 참고서는 암시적이고 길잡이의 구실을 하고 있는 것보다는 암기와 문제의 정답 제시를 위한 단편적이고, 기계적인 내용으로 구성되고 있어 사고력의 신장과 과제 해결을 위하여 큰 도움을 주고자 하는 목적의식이 희박하다. 그러므로 과제 등의 제시와 그 해결을 위한 참고서의 이용에 대한 교사의 검토가 요구되는 것이다.

③ 단행본

교과 활동에서의 학습 내용의 이해의 촉진과 심화에 대하여 크게 도움이 되는 단행본을 읽히는 지도가 필요한 것이다. 사회과에 관계되는 영웅전(명인전)·자서전·회고록·전사(戰史)·문예 작품·역사 소설 등을 교육적 내용으로 그 선별에 신중을 꾀해야 하는 것이다.

④ 각종 사전·연감류

사전과 연감류는 교과 학습에 매우 유용한 것으로서, 적절한 것들을 학급 문고나 도서실에 비치하여 활용하도록 하며, 특히 사전이나 연감류에서 필요한 사항을 찾는 방법 등의 지도가 있어야 하는 것이다.
여러 도서 자료의 활용상 지도되어야 할 것으로는 다음과 같은 것이 지적될 수 있다.
첫째, 학습 단원과 관계되는 도서 자료를 위해 구두·서면·도서 목록 카드를 준비하여 제시해 준다. 그리고 제시해 준 도서 자료를 통해 어떠한 요령으로 보고할 것인가를 지도하고, 조사 내용을 학습과 연관시켜 보고·토론하게 한다.
둘째, 독서하는 방법도 지도함으로써 요령 있는 독서 능력을 길러 준다. 학생들에게는 독서 부분을 뽑아 주고, 이를 정독하게 하는 것이 효과적일 것이다.
셋째, 여러 가지 도서 자료를 통하여 얻은 것을 서로 연관시켜 체계적으로 종합하는 사고력을 기른다.
넷째, 학생들에게 독서 의욕을 환기시키기 위하여 읽게 할 도서를 눈에 띄기 쉬운 곳에 진열해 놓고, 자주 인용하거나 주요 부분은 같이 읽어 보도록 한다.

(3) 시사 자료

시사 자료는 현실의 사회적 사실과 현상을 생생하게 이해하게 하며, 실생활에서 제기되는 여러 가지 현실적인 문제나 사회문제의 해결에 깊은 관심을 가지게 하고 또한 이를 통해 학습 효과의 증진과 정보 활용 능력의 육성을 위해 의미 있게 정선되고 필요 적절하게 활용되는 교과서 이외의 시사성 있는 각종 자료를 의미한다. 특히 정보화 시대에 있어, 그리고 사회의 제 현상에 대한 지식을 습득하고 적용하는데 필요한 사고 능력 신장을 강조하는 사회과에 있어서는, 학습자들로 하여금 주체성, 창조성, 사고력, 판단력, 정보 활용 능력의 육성을 위한 시사 자료의 적절한 사용이 적절히 요구되고 있는 실정이다.

시사 자료가 사회과 수업에서 갖는 의의는 첫째, 교과서 내용을 현실과 관련시킴으로써 아동들의 학습 흥미를 유발시킬 뿐만 아니라 학습 내용을 입체화시켜 이해를 보다 쉽게 한다. 둘째, 사회 사상의 현실 접촉을 통해 문제 해결의 추리력이나 탐구력을 기르며, 변화하는 사회의 시사 자료를 준비하려는 의욕과 자세를 육성한다. 셋째, 아동들이 사회의 여러 가지 간행물이나 매스컴 등의 매체들을 현명하게 읽고, 쓸 수 있는 능력과 기능을 육성한다. 넷째, 폭넓은 지식 획득을 위한 증거 제시 및 탐구 방법으로 학습 기능을 신장한다. 다섯째, 풍부한 시사 자료를 활용하여 화제(topic) 중심의 시사 접근을 수업에 도입할 수 있다.

시사 자료의 공급원은 인쇄 매체, 영상 자료, 컴퓨터, 정보 통신 네트워크 등을 들 수 있다. 그러나 일반적으로 교사나 아동들이 손쉽게, 그리고 풍부한 정보를 접할 수 있는 것은 각종 신문류이다. 신문 정보는 현 사회의 정보를 가장 많이 수록하고 있으며, 신문의 특성상 정확성과 신속성을 생명으로 하고 있다. 그러나 아무리 좋은 자료와 정보를 수집해 놓았다 하여도 분류와 재가공을 통한 체계적인 정리를 하지 않으면 그것은 정보로서의 가치를 상실하게 된다.

최근 컴퓨터의 발달에 따라 개인 정보 시스템(PIS, personal Information System)을 이용한 시사 자료의 수집과 활용 방법에 대한 논의가 활발하게 일어나고 있어, 이를 통한 신문 시사 자료의 개발 절차와 활용 방안에 대해 간략하게 살펴보면 다음과 같다.

첫째, 정보 수집 단계: 정보 수집 목표 설정→ 정보 수집의 범주와 범위 확정→ 정보 감지 능력 연마→ 주요 일간 신문의 면과 난, 형식과 성향 파악→ 주요 기사 검색과 신문별 비교→ 분류 항목 기준별 스크랩 대상 기사 확인과 정독을 한다.

둘째, 정보 정리단계: 스크랩 대상 기사의 절취 및 정리→ 스크랩 기사의 분류 코드 기입→ 스크랩 기사의 출처, 주제, 분류 코드의 컴퓨터 입력에 의한 데이터베이스화→ 스크랩 기사의 Clear Pocket 보관→ 분류 항목별 클리어 포켓을 유기적 체계를 갖춘 파일링 시스템화를 한다.

셋째, 정보 활용 단계: 해당 시간의 학습 지도안과 클리어 포켓을 통합을 통해서 수업에 활용→ 데이터베이스화된 자료는 컴퓨터 작업을 통해서 추가, 검색, 재분류, 폐기 등을 행하여 생동감 있는 데이터 뱅크화를 한다.

신문 시사 자료의 활용은 사회과 교과의 성격과 맞는 풍부하고 최신의 그리고 정확한 시사 내용을 수업에서 활용할 수 있고, 교과서에만 의존하는 수업에서 탈피하여 교육 과정에 의거한 교재의 재구성이 가능하며, 화제 중심의 시사 자료 활용 수업에서 적용할 수 있는 장점이 있다. 또한 개인 정보 시스템을 이용한 정보 수집을 통해 정보 활용 능력이 육성된다.

4) 사회과 학습 자료의 수집

학습 자료는 학습의 효과를 높이기 위하여 항상 적시에 적절하게 활용할 수 있도록 부단히 수집되어야 한다. 사회과 학습 자료는 너무나 다양하므로 그것을 어디에서 어떠한 방법으로 얻을 것이며, 또 어떠한 종류를 어떻게 적절히 활용할 것인가에 대하여 연구해 둘 필요가 있다. 이에, 교육 목표와 내용, 또한 지도 방법과의 관계를 고려하여 의도적, 계획적으로 정리되고, 교재화되어야 한다.

자료 수집에 있어서, 교과 및 학습자의 입장과 자료 자체가 지닌 의미에서 고려되어야 할 것으로서는 다음과 같은 것이 있을 것이다.

교사의 입장에서는 ① 객관성이 높고, 공정한 것이어야 한다. ② 취급이 용이하고, 해당 시간 내에 소화가 가능한 것이어야 한다. ③ 경비 소요가 적절하여야 한다.

학습자의 입장에서는 ① 학생들의 필요와 실태에 적합하여야 한다. ② 학생의 성장 발달에 맞고, 학습 동기를 유발할 수 있어야 한다.

자료의 의미 면에서는 ① 다양한 반응을 유발할 수 있어야 한다. ② 조작하고 재구성할 수 있는 것으로 한다. ③ 실천적인 의욕을 상기시키는 것으로 하며, 학습 자료 수집의 절차와 방법을 검토한다.

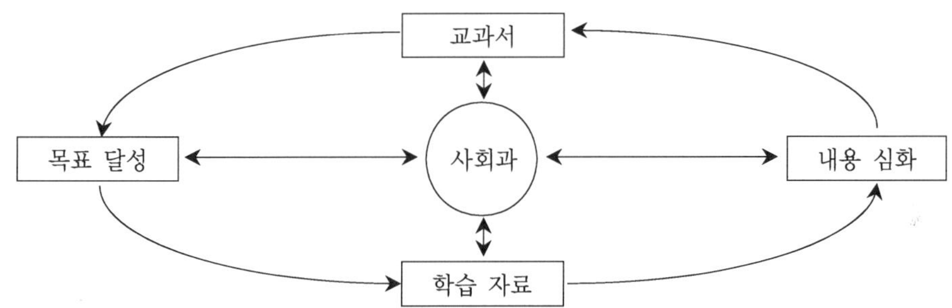

[그림 23] 사회과 교육과 교과서 및 학습 자료

✍ 연구 문제

1. 사회과 교육의 특성과 관련하여 사회과 교과서의 특징을 설명해 보시오.

2. 사회과 교과서의 모형에 대해서 구체적으로 기술(記述)해 보시오.

3. 현대 지식정보화 사회의 특징을 들고, 이 시대 특징에 부합하기 위해서 사회과 교과서가 가져야 할 기능에 대해서 약술(略述)하시오.

4. 사회과 교과서와 사회과 교재의 재구성과 지역화를 위한 조건과 주안점을 열거하고 설명해 보시오.

5. 사회과 교과용 도서의 종류와 조건을 열거하고 설명해 보시오.

6. 사회과 학습 자료의 의의와 종류를 열거하고 설명해 보시오.

7. 사회과 학습 자료의 선정과 구성, 제작의 조건을 열거하고 간단히 설명해 보시오.

8. 사회과 학습 자료의 활용 방안에 대해서 구체적으로 기술해 보시오.

9. 미래 사회의 전망과 미래 사회과의 디지털 교과서의 나아갈 방향에 대해서 설명해 보시오.

10. 사회과 학습 자료로서의 신문활용교육(NIE), 인터넷활용교육(IIE), 이러닝(e-learning) 등의 구체적 적용 방안에 대해서 설명해 보시오.

제 **10** 부

◀◀ 사회과 수업 모형과 학습 방법 ▶▶

제1장 사회과 수업 모형의 논리
제2장 사회과 수업 모형의 분류
제3장 사회과 수업 모형별 특징
제4장 사회과 학습 방법의 분류

[Key Point]
  제10부에서는 사회과 수업 모형과 사회과 학습 방법 등에 대하여 두루 탐구한다. 교수자 측면에서의 수업 모형과 학습자 측면에서의 학습 방법 탐구를 통하여 사회과 각 단원별, 주제별, 제재별로 적합한 수업 모형과 학습 방법을 모색하고 이를 적절하게 적용할 수 있는 교수자의 자질과 학습자의 능력 함양을 추구한다.

제10부 학습의 개관: 사회과 수업 모형과 학습 방법

학습 개요

○ 사회과 수업 기법, 사회과 수업 형태, 교육공학 탐구
○ 사회과 수업 모형, 사회과 학습 방법, 학습 기법 이해
○ 사회과 수업 전략, 사회과 수업 설계 탐구
○ 글레이저(Graser)의 수업 모형, 한국교육개발원(KEDI)의 수업 모형 이해
○ 구성주의 수업 이론, 신자유주의 수업 이론 이해
○ 사회과 수업 기법, 사회과 수업 형태의 이해
○ 사회과 교수 매체, 사회과 학습 자료 제작과 활용
○ 인지적 수업 모형, 정의적 수업 모형, 종합적 수업 모형 이해

학습 목표

○ 사회과 수업 기법, 사회과 수업 형태, 교육공학 등에 대해서 이해한다.
○ 사회과 수업 모형, 사회과 학습 방법, 학습 기법 등에 대해서 이해한다.
○ 사회과 수업 전략, 사회과 수업 설계 등에 대해서 이해한다.
○ 글레이저(Graser)의 수업 모형, 한국교육개발원(KEDI)의 수업 모형 등의 체계,
  내용 등에 대해서 이해한다.
○ 구성주의 수업 이론, 신자유주의 수업 이론 등에 대해서 이해한다.
○ 사회과 교수 매체, 사회과 학습 자료 등의 제작과 활용 방법에 대해서 이해한다.
○ 인지적 수업 모형, 정의적 수업 모형, 종합적 수업 모형 등의 기초와 강조점 등에 대해서 이해한다.

핵심 개념 및 키워드

○ 사회과 수업 기법, 사회과 수업 형태, 교육공학
○ 사회과 수업 모형, 사회과 학습 방법, 학습 기법
○ 사회과 수업 전략, 사회과 수업 설계
○ 글레이저(Graser)의 수업 모형, 한국교육개발원(KEDI)의 수업 모형
○ 구성주의 수업 이론, 신자유주의 수업 이론
○ 사회과 수업 기법, 사회과 수업 형태, 교육공학
○ 사회과 교수 매체, 사회과 학습 자료
○ 인지적 수업 모형, 정의적 수업 모형, 종합적 수업 모형

1. 사회과 수업 구성의 논리적 접근

일반적으로 모든 교육의 최종적인 목적은 바람직한 인간 육성에 있다. 즉 자고로 사람다운 사람의 양성이 교육의 궁극적인 목적인 것이다. 이의 연장선으로 교과 교육으로서의 사회과 교육이 목적하는 바는 올바른 사회 인식의 형성에 토대한 바람직한 시민적 자질의 육성에 있다. 사회과 수업은 이러한 목적을 달성하기 위한 실천, 실행 활동이다. 다만, 이러한 목적은 한 시간 한 시간의 단위 수업을 통해 달성된다고 볼 수는 없으며, 장기적인 실천의 축적으로 이루어지는 것이다. 특히, 시민적 자질의 육성이라는 복합적인 경로를 통해 달성될 수밖에 없는 목적을 매 시간별로 이루어지는 수업에서 성급하게 성취하려고 한다면 오히려 성공 이전에 부작용이 커질 수도 있다.

사회과 수업에서는 가치의 내재화 혹은 행동의 정형화(定型化)까지를 직접 달성하려 하지 않고 사회 인식의 형성을 목표로 한다. 사회과 수업이란 사회 인식의 형성을 위한 교육적 실천이라는 것이다. 따라서 사회과 수업 과정은 사회 인식의 과정에 따라 계획될 수밖에 없다. 그런데 사회 인식의 과정에 대한 견해가 하나가 아니라는 점에 주목할 필요가 있다. 사회과 교육 방법은 강조 원리, 사회 인식론에 따라 실천방법도 달라진다. 사회 인식론의 차이는 결국 사회과 수업관의 차이를 낳고 사회과 수업관의 차이에 따라 사회과 수업의 구성, 실천도 달라진다는 것이다(권오정·김영석, 2007: 209-220).

사회 인식론은 크게, 인식 주체(학습자)의 체험, 경험 속에서 문제를 발견하고 그 문제 해결을 위한 사고, 탐구의 과정, 혹은 그 결과로 사회 인식이 형성된다는 입장과 인식 객체(사회현상 및 그에 대한 지식)의 교수·학습을 통해 사회 인식이 형성된다는 입장으로 나눌 수 있다. 인식 객체의 교수·학습을 통해 사회 인식이 형성된다는 입장은 다시, 사회에서 합의, 통용되는 일반적, 상식적 지식 및 가치를 가르쳐 사회현상을 '이해'하는 것이 사회 인식의 형성으로 이어진다는 견해와 사회과학의 개념적 지식 및 방법의 탐구를 통해 사회현상을 '설명'할 수 있게 되는 것이 사회 인식 형성으로 이어진다는 견해로 나눌 수 있다. 이는 사회과학의 방법론상의 견해 차이와 같은 문맥에서 나뉜 것이라고 하겠다. 다시 정리하자면, 사회 인식론을 ① 인식 주체의 사고 과정·방법이 곧 사회 인식 과정·방법이라는 견해 ② 인식 객체를 전체적으로 이해하는 과정·방법이 사회 인식의 과정·방법이라는 견해, ③ 인식 객체를 법칙적으로 설명하는 과정·방법이 사회 인식의 과정·방법이라는 견해로 나눌 수 있다. 일반적으로 사회과 수업 구성의 논리적 접근 방식은 사고 과정, 이해 과정, 설명 과정으로서의 수업 과정 등으로 구분된다. 사고 과정으로서의 수업 과정은 성찰과 탐구를 통한 지식의 재구성 과정, 이해 과정으로서의 수업 과정은 내면적 의미 인식 과정, 설명으로서의 수업 과정은 일반적 이론으로의 귀속 과정이다.

1) 사고 과정으로서의 수업 과정

듀이는 인식과 행위, 이론과 실천, 행동의 목적으로서의 마음과 행동의 목적으로서의 신체를 분리하여 파악할 것을 거부한다. 종래의 인식론에서는, 경험적 인식(특수적이고 구체적인 지식)과 이성적 인식(보편적, 일반적 원리나 법칙), 기성품으로 존재하는 객관적 지식과 순수하게 내적이고 주관적인 것으로서의 인식, 외재적인 진리를 지향하는 지성과 개인적이고 내재적인 정열과 욕구를 추구하는 정서를 대립시켜 왔지만, 이러한 생각들은 전혀 잘못된 것으로 교육적 피해를 증대시켜 왔다는 것이다(Dewey, 1969). 듀이에게 있어서는, 오히려 경험과 주체와 내재적인 흥미, 욕구를 중심으로 일반적 원리와 객관적 지식, 그리고 외재적인 진리가 통일, 포섭되는 것으로 파악된다(권오정·김영석, 2007: 209-220).

따라서 프래그머티즘(듀이)의 인식론에 따르면, 지식이란 그 자체로는 완전한 것이 될 수 없으며, 어린이의 생활 속에서 일정한 대상의 상호 관련적 구조, 즉 망상조직(網狀組織)을 상징하는 것만이 완전한 지식이라는 것이다. 어린이가 스스로의 활동 경험에 의미, 가치를 부여할 수 있는 유용성을 지닌 것이 진리이며, 객관적 조건이 진리 결정 기준이 될 수 없게 된다(Dewey, 1915).

학습활동에서 주체적 통일성, 구체적 유용성을 갖는 지식을 탐구하는 것이 '사고'다. 사태가 불확실하고 의문스러울 때, 그 문제 상황을 극복할 수 있는 방안을 찾아 시험적으로 행동해 보는 것과 그 결과 일어나는 것과의 관계를 인식하는 것이 사고인 것이다. 사고가 동반되지 않은 경험은 의미를 가질 수 없으며, 경험 속에 포함되는 이지적 요소를 명백히 하는 사고가 있음으로써, 목적지향적인 의미 있는 행동이 가능해진다. 사고 없는 행동은 다만 관습에 따르는 기계적 반복을 되풀이할 따름이다(Dewey, 1916).

어떠한 사고 과정이라 하더라도 현 상대로 불완전한 성숙되지 않은 현재 진행 중의 문제 상황으로부터 출발하는 탐구 과정이다. 사고, 탐구는 항상 미지의 세계에 도전하는 행위로, 지식의 습득은 탐구의 2차적 산물일 뿐이다. 그러므로 어린이가 사고-탐구한다는 것은 그것이 비록 모든 사람이 알고 있는 사실에 대한 것일지라도, 어린이 자신에게 있어서는 본래적이고 독창적인 의미를 갖는다(Dewey, 1916). 이 사고 과정, 탐구 과정은 지적 재구성 과정으로 ① 불완전한 상황 속에서의 당혹, 혼란, 의혹(문제 상황), ② 해결해야 할 특수한 문제의 명확화와 신중한 분석(문제 설정), ③ 가능 상황의 시사나 가설(가설), ④ 제안된 가설의 논리적 결과에 관한 추리(추론), ⑤ 가설의 최종적 점검과 평가(실험), ⑥ 문제 해결을 성취한 결정적 상황(보증된 언명) 등의 단계로 전개되어 간다. 그리고 이 과정은 다음과 같은 의미를 내포하고 있다(Hendel, 1975).

첫째, 탐구의 여러 단계나 계기는 실제 탐구의 행위의 시간적 순서를 나타내는 것은 아니다.

둘째, 탐구 결과의 의미는 반드시 실천적 성패에 의해 제한되지 않는다.

셋째, 탐구적 분석은 단순히 특정 방법의 묘사나 답습이 아니라, 탐구 원리의 발견과 그 원리에 터한 방법의 수정까지를 포함한다.

넷째, 탐구의 성공 여부는 탐구 규준의 파악에 의존하는 것이 아니라 구체적인 상황 속에서 어떻게 규준을 활용하느냐에 달려 있다.

다섯째, 지식은 탐구의 산물로서 탐구를 통하여 그 정당성이 보증될 수도 부정될 수도 있다.

사고 과정으로서의 교수·학습 과정에서 목표하는 것은 학습자 중심의 탐구를 통하여 바람직한 사고 습관을 기르는데 있으며, 그를 위한 교수·학습 과정은 다음과 같이 요약될 수 있다(Dewey, 1961).

① 어린이가 그 자체 속에서 흥미를 가질 수 있는 관찰의 경험적 장면을 제시하여야 한다.

② 그 장면에서 사고를 불러일으키는 자극으로서의 관찰 문제가 나타나도록 하여야 한다.

③ 어린이로 하여금 문제 해결에 필요한 정보를 갖게 하고 관찰하도록 해야 한다.

④ 어린이가 해결책을 구상할 수 있어야 하고, 뿐만 아니라 그것을 정연히 전개시킬 책임을 갖도록 해야 한다.

⑤ 어린이가 스스로의 사고 결과를 실제에 적용, 테스트하여 그것들의 의미를 밝히고, 타당성을 발견할 수 있는 기회를 갖도록 해야 한다.

사고 과정으로서의 교수·학습 과정에서는 구체적인 사실을 어린이가 주체적으로 자신의 문제로서 학습 문제를 다룬다. 그런 만큼, 학습 문제가 추상화되지 않을 수 있다. 그러나 구체화는 거꾸로 결점이 될 수도 있다. 구체화는 일반화, 개념화를 저해하여 학습 내용의 학문적 구조화를 곤란케 하고, 다른 사회현상에의 적용, 전이를 어렵게 만들고 만다. 또 추상적이고 복잡한 직접 관찰될 수 없는 사회 전체적인 구조는 학습 대상에서 제외될 수밖에 없다. 그 결과 학습 내용의 논리적 전개 계열을 확실히 할 수 없게 된다. 체계적이고 계통적인 학습이 불가능하여 여기저기 기웃거리다 마는 사회과 수업이 될 위험이 따른다는 것이다. 다만 구체적인 사실에 터하여 지식의 망상구조를 재구성하는 것이 추상적 사고, 인식을 위한 필수적 전 단계라는 점은 부인할 수 없을 것이다.

2) 이해 과정으로서의 수업 과정

사회과 수업 논리에서 '이해' 란, 자연과학의 단일현상을 인식하는 '설명' 방법에 대하여 인문사회과학의 독자적인 방법으로서 딜타이(W. Dilthey)에 의하여 확립된 인식론의 개념이다(Dilthey, 1982).

이해의 대상이 되는 것은 인간의 행위에 의해 만들어진 역사적, 사회적 현상으로 개인이나 집단의 존재, 제도, 조직, 생활양식, 법제, 경제, 종교, 학문 등이다. 인간의 행위에 의해 만들어진 것들은 자연과학의 대상인 자연과 다르다는 점에서 중요성을 갖는다. 그리고 이해의 대상은 인간 활동의 산물이므로 어떤 의도나 목적을 갖고 구성되어 있으며, 또 그것은 유기적으로 하나의 전체 관련 구조를 이루고 있다. 예컨대, 고속도로라는 인식 대상은 산업이라든가 생활상의 편리라는 의도, 목적을 가지고 만들어졌고, 또, 이것은 우리나라의 정치, 경제, 사회, 문화 등의 전체적·통합적 연계와 깊은 관련을 갖고 있다고 보는 것이다. 따라서 고속도로에 대하여 이해한다는 것은 고속도로가 우리나라 국민들의 생활 전체 속에서 갖는 구조적인 관련을 분석하고 고속도로의 의미를 파악하는 것이다. 즉, 고속도로라는 객관화된 대상의 의미를 파악하는 것이 이해의 도달점이라고 볼 수 있다. 그 의미라고 하는 것은 ① 사회적, 역사적, 객관적 사실이나 현상을 만들어 낸 의도, 목적, 지향, ② 그 사실이나 현상이 전체적 관련 속에서 갖는 가치 등을 의미한다(권오정·김영석, 2007: 209－220).

이해 이론은 본래 도야 이론과 밀접한 관계에 있는 것이기에 교육, 교수 이론과 쉽게 결합될 수 있다(伊東亮三, 1983). 즉, 개별적, 현재적, 주관적 개인이 사회적, 역사적, 객관적 현상을 이해시킴으로써 사회화되고, 역사화되고, 객관화된다고 보는 것이다. 따라서 학생들로 하여금 사회적, 역사적,

객관적 현상에 대하여 이해를 하는 과정이 곧 교수·학습 과정이라고 할 수 있다.

사회과 교육에서 이해 이론을 수업 과정 구성에 응용하기 위해서는 교수학적 조작이 필요할 것이다. 그러나 의식적이었든 무의식적이었든, 이해론적인 교수·학습 과정을 따르는 수업을 흔히 볼 수 있다. 이것은 이해 과정으로서의 교수·학습 과정에 따랐을 때, 도덕과적인 성격이 강한 우리나라의 전통적인 사회과 커리큘럼에 합치될 가능성이 높았기 때문이라고 보인다.

이해 과정은 심리적 지향성(intentionality)을 갖는 '밖으로부터 실감적으로 주어진 대상에서 내면적 의미를 인식하는 과정'으로 파악된다. 따라서 이해는 학습 내용을 평가, 내면화하기까지의 전 인식 과정 선상에 위치하게 된다. 예컨대, 시나트라(R. Sinatra) 등은 인식 과정을 지각→ 이해→ 적용→ 종합→ 평가 등으로, 스파이로(M. E. Spiro)는 학습→ 이해→ 인정→ 행동→ 내면화로 보고 있다(Sinatra, 1984; Spiro,1966). 이와 같이 이해가 평가, 내면화에 이르는 심리적 지향 과정에 위치한다고 볼 때 사회적, 역사적 사실·현상의 이해는 결국 그 사회적, 역사적 상황 속에서의 태도 형성 가치의 내면화와 직결되게 된다. 실제로, 우리나라 사회과 교육과정 혹은 수업에서 '……을 이해시켜, ……태도를 기른다.'는 식의 목표를 곧 자주 접하게 되는 것도 이러한 연유에서라고 하겠다. 이해 과정에 따르는 사회과 수업은, 지식과 태도를 동시에 형성할 수 있고, 사회현상을 종합적으로 학습할 수 있으며, 실감 있게 주체적으로 학습하므로 낙오자가 적은 교실을 만들 수 있다. 그러나 한편으로는 다음과 같은 문제점 혹은 한계를 갖고 있다고도 볼 수 있다(최용규 외, 2008: 126 - 130).

① 사회현상을 분석하는 개념이나 이론이 빈약하다.

② 어린이들이 실감적으로 추구할 수 없는 공황, 전쟁과 같은 사회현상의 학습은 곤란하게 된다. 전쟁을 개인 간의 다툼에서 유추하는 잘못을 저지르는 수업이 될 가능성이 많다.

③ 객관화된 문화를 이해한다는 것이 이 이론의 중심과제이기 때문에 주어진 학습 내용만을 수용하는, 즉 교과서에만 의존하는 경향이 강하다. 따라서 보수적인 사회과라는 비판을 받을 공산이 크다.

④ 이해의 수업 과정이 의미 파악이나 가치 수용으로 끝나기 때문에, 도덕주의적 사회과가 될 위험이 크다. 비판 없이 직접 수용의 우려가 있기 때문이다. 예컨대, 사회보장제도나 공적 부조제도는 국민을 위해서 만든 것이므로, 감사하는 마음으로 이러한 제도의 발전에 다 같이 노력하지 않으면 안 된다는 태도 형성이 도달 목표상 궁극적인 위치를 차지하게 된다는 것이다.

그러나 이와 같이 이해의 과정을 이용한 수업 방법이 반드시 기성세대나 체제의 입장을 전달하기 위한 도구로만 사용된 것은 아니다. 최근에서는 똑같은 방식으로 주류나 체제가 아닌 타자·소수자·내부자를 이해시키고자 하는 수업 방법이 등장하고 있다. 이러한 경향은 최근의 다문화주의(multi - culturalism), 페미니즘, 비판이론, 포스트모더니즘, 질적 연구 방법 등의 유행과 관련이 적지 않다. 학교 교육을 통해 사회적 주류의 세계관만이 전수된다면 사회적·문화적으로 소외된 계층의 가치관이 상대적으로 소홀히 다루어질 수 있으며 자칫 이들의 입장이 왜곡될 수도 있다는 입장이다. 예컨대, 야만인으로서의 아메리칸 인디언의 이미지는 백인들의 입장에서 그들의 본모습을 왜곡한 결과라는 것이다. 따라서 이들의 세계관을 이해하기 위해서는 그들의 입장에 서서 세계를 파악할 수 있어야 한다. 예컨대, 6·25 전쟁을 설명할 때 당시의 정치권력이나 강대국의 입장만을 들려 주지 말고, 학생들의 가족이 겪었던 이야기를 해 보게 한다든가, 당시 피난민들이나 포로들의 삶을 들려 주는 방법이 활용될 수 있다. 이러한 방법을 통해 소외된 사람들의 눈을 빌려 한국전쟁의 본질을 바라보게 하고 나아가 그들의 행동 양식과 가치관을 이해하는 것이다.

3) 설명 과정으로서의 수업 과정

사회과 수업 논리에 바탕을 둔 설명 수업 과정의 '설명'이란, 통상적으로 사용하는 있는 그대로의 사실을 자세히 진술한다는 의미가 아니라 '하나의 사실을 원리에 귀속시키는 일, 또는 하나의 이론을 일반적인 이론에 귀속시키는 일'을 가리킨다. 거꾸로 말하면, 법칙이나 원리, 혹은 이론을 가지고 사실이나 현상 간의 인과간계를 밝히려는 행위로서, 본래 자연과학적 방법론에 기초를 둔 개념이라 하겠다. 설명은 이해가 내포하는 심리적 지향성을 배제하면서 이미 기록되어 있는 사실(자료)을 이해 가능케 하는 과학적 탐구 과정 속에 위치한다(권오정・김영석, 2007: 209-220).
① 과학적 연구의 다양한 주제를 관찰하고 있는 과학적 방법의 통일이라고 하는 방법론적 일원론, ② 엄밀한 자연과학, 특히 수학적 물리학이 방법론적 이상 내지 기준이며, 이 기준에 따라 모든 학문의 발전도와 완성도를 측정할 수 있다는 생각, ③ 모든 과학적 설명은 넓은 의미에서 '인과적 설명'이라는 견해 등에 터하는 실증주의가 방법론적 주류를 이루면서 과학적 설명은 인문・사회과학의 영역에까지 들어오게 된다. 다만, 사회과학의 원리나 법칙은 자연과학의 그것들과 같은 완벽성을 갖추지 못하기 때문에 사회과학에 있어서의 설명은 보편성이 결여된 통계적 설명(statistical explanation)의 수준에 머물게 된다. 시간과 공간을 초월한 보편적 설명은 기대할 수 없다는 것이다.
설명은 일정한 질문에 대한 대답으로서, 질문의 수준에 따라 설명의 질도 달라진다. 즉, 질문과 관련하여 설명을 분류할 수 있다는 것이다.

(1) 규정적 진술('무엇')

일정한 질문에 대한 대답으로서 각각의 대답이 갖는 특성과 조건이 갖는 규정적, 단정적 진술이다(내용적 접근).

(2) 기술적 진술('어떻게')

일정한 질문에 대한 대답을 위한 과정과 구조 및 개념을 적용한 서술적 진술이다(방법적 접근).

(3) 추론적 진술('왜')

일정한 사회적 현상에 대한 원인, 결과를 통한 추론적 설명이다. 즉, 원인과 결과를 바탕으로 한 법칙, 이론, 원리 등의 추론적 설명이다. 추론적 진술은 법칙, 이론, 원리에 의거하여 사실과 현상을 밝히는 과정으로서 법칙과 원리, 이론 등의 수준에 따라 진술의 폭이 결정된다(인과적 접근).

설명 과정으로서의 교수·학습 과정에서 가르치고자 하는 것은, 추론적 설명, 즉 법칙이나 이론이다. 그러나 어린이들에게 처음부터 고차적인 이론을 가르친다는 것은 불가능하다. 학습 대상자의 수준에 따라 사실관계를 파악한 다음 차츰 높은 차원의 이론 학습으로 발전시켜 가지 않으면 안 된다. 그러므로 실제 수업에서는 다음과 같은 순서로 문제가 제기되고 지식이 획득되는 교수·학습 과정이 진행된다고 볼 수 있다.

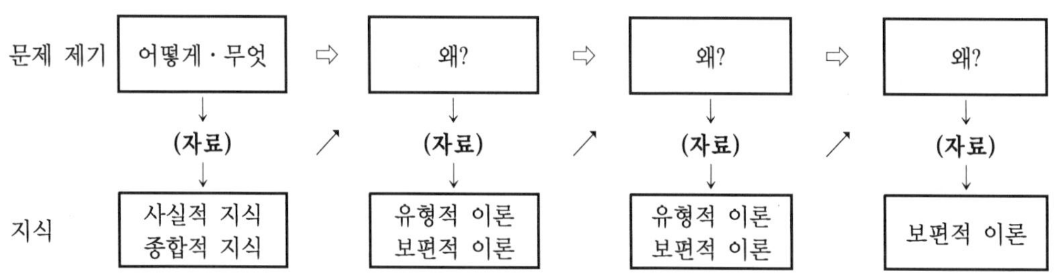

[그림 24] 사회과 설명의 수업 논리 과정

사회과 수업 논리에서 설명 과정으로서의 교수·학습 과정에서 볼 때, '무엇' 혹은 '어떻게'라는 질문에 유도되어 얻어지는 사실적 지식을 무시할 수는 없지만 '왜'라는 질문으로 시작되는 추론은 보다 틀림이 적은 객관적, 개념적 지식을 추구하기 때문에 어느 시점에서 확정된 의문의 여지없는 지식의 습득을 기대하기보다 계속적으로 지식을 음미하고 비판하는 교수·학습 과정을 전개시킨다. 즉, 이 과정에서는 모든 이론, 지식을 가설적인 것으로 받아들이는 것이다. 따라서 설명 과정으로서의 교수·학습 과정은 열린 과정으로서 교사와 어린이의 계속적인 커뮤니케이션을 통하여 간주관적(inter-subjective)-객관적 지식을 탐구해 가는 과정이 된다. 기존의 이론, 지식의 잘못을 밝힐 수 있는 반증 자료를 찾고 잘못을 배제하는 새로운 이론을 정립하고 또 그 이론의 문제점을 비판적으로 음미하는 과정인 것이다. 이를 도식화하면 앞의 그림과 같이 되겠는데 기본적으로 포퍼(K. Popper)의 반증주의에 입각한 지식성장 과정을 나타낸 것이라고 볼 수 있다(Popper, 1979).

설명 과정이 반증 과정이냐, 검증 과정이냐에 대한 사회과학 방법론상의 논쟁은 계속되고 있다. 반증주의는 과학적 방법론의 개선을 위한 방향 제시에 불과하여, 실제로 이론이나 방법론의 교수·학습에는 부적합하다는 비판이 있는가 하면 검증주의는 과학적 엄밀성이 의심되기도 한다(Brownhill, 1983). 그만큼 설명 과정을 사회과 교수·학습 과정을 사회과 교수·학습 과정으로 구체화하기 위해서는 아직 검토되어야 할 문제점들이 많이 남아 있다고 하겠다. 그러나 1960년대 이후 '사회과학과 사회과' 수업이 기본적으로 설명 과정(반증 과정이든 검증 과정이든)으로서의 교수·학습 과정을 지향해 온 것도 사실이다.

설명 과정으로서의 교수·학습 과정에서는 보다 객관적이고 확실한 개념적 지식을 획득하고 지식 탐구의 과정·방법을 익힐 수 있으리라 기대된다. 뿐만 아니라, 사회과만의 고유한 도달 목표를 설정할 수 있어 성격이 뚜렷한 사회과의 구축이 보장될 수 있다. 그러나 다음과 같은 문제점을 안고 있다.

① 학습자들의 사회과학 인식과 실제 사회 인식을 연계시키기 어렵다.

② 엄밀한 사회과학적 설명 과정에 따를 수 있는 학습자는 한정될 가능성이 높다.
③ 국가, 사회의 요구(교육과정)에 충실치 못한 사회과라는 비판을 면하기 어렵다.

2. 수업 및 교수·학습의 개념

사회과 교수·학습과 관련된 용어에는 사회과 교수(敎授), 사회과 학습(學習), 사회과 수업(授業) 등을 들 수 있다. 이 중 교수(teaching)는 학습자의 지적, 기능적, 정의적 제 목표를 달성할 수 있도록 학습 경험과 연습을 조장하는 과정이다. 특히, 교수는 학습을 위한 수단이다. 교수 행위는 그 자체로 의미를 갖는 것이 아니라, 학습을 돕는데에 참다운 가치가 있는 것이다. 교수 상황이 같더라도 다른 학습이 일어날 수 있으며, 같은 교수 과정 속에서도 다양한 학습이 일어날 수 있는 것이다. 교수는 근본적으로 '학문과 기술을 가르치는 행위', 또는 '교사에 의해 전달되는 학습 경험' 등을 의미한다. 교수 활동은 교사와 학생의 상호 작용을 촉진시키는데 목적이 있다.

학습(learning)은 경험이나 연습의 결과로 인하여 개인의 지식, 행동, 태도 등이 지속적으로 변화되는 것을 의미한다. 즉, 학습은 교수를 통해 일어나는 학생의 비교적 영속적인 인지 과정과 행동 및 정서의 변화 과정을 의미한다. 일반적으로 학습의 4대 요소는 동기(動機), 감지(感知), 반응(反應), 강화(强化) 등이다.

한편, 수업(Instruction)은 학습 지도라고도 하는데, 의도한 목표가 정해져 있고, 이 목표를 달성하기 위한 교사의 교수 활동과 학습자의 학습활동이 교육 내용, 학습 내용이나 교수 매체를 통하여 상호작용으로 이루어지는 일련의 과정을 의미한다. 전통적인 교육 방법인 교수법을 벗어나서 학습자를 돕고 안내하는 활동이다. 수업은 교수와 학습을 포함하는 광범위한 의미를 갖고 있다. 수업은 공식적인 교육과정을 학생과 환경에 맞추어 새롭게 구성하고, 인간으로서 교사가 갖고 있는 가치관, 욕구, 지식, 기술, 그리고 학생들이 갖고 있는 공통성과 개인적인 특성 및 교사와 학생 사이에 매개되는 공간과 물적 조건 등 역동적인 상호 작용 전반을 일컫는다(이해명 외, 2007: 322).

<표 98> 교수·수업·학습의 상호 비교

교수(Teaching)	수업(Instruction)	학습(Learning)
·학습자의 모든 능력을 발휘하게 하는 포괄적인 내용을 전달 ·의도적, 비의도적인 것을 모두 포함 ·인격적인 상호 작용을 전제로 함	·학습자의 지적, 탐구적 특성을 자극하는 내용만을 전달 ·의도적인 것만을 포함 ·반드시 인격적인 상호 작용을 전제로 하는 것은 아님	·학습자의 입장에서 학습 과제 해결 ·교수자와의 상호 작용 ·인지, 행동, 정서의 변화와 발전

3. 교수·학습의 원리

〈표 99〉교수·학습의 일반 원리

교수·학습 원리	주요 핵심 내용
① 자발성의 원리	학습자 자신이 자발적으로 학습에 참여하는 원리(구안법, 발견학습, 프로그램 학습 등에 적용)
② 개별화의 원리	학습자 각자의 요구와 능력에 맞는 학습활동의 기회를 마련해 주는 원리(개별화 수업 등)
③ 사회화의 원리	학교와 사회의 경험을 교류시키고, 공동 학습을 통해서 협력적, 우호적 학습을 강조하는 원리(분단 학습, 집단 학습 등)
④ 직관의 원리	어떤 사물에 대한 개념을 인식시키는데 구체적 사물을 제시하거나 경험시키는 원리(시청각 교육)
⑤ 통합의 원리	학습을 부분적, 분과적으로 지도하는 것이 아니고 종합적, 전체적으로 지도하는 원리(전인교육)
⑥ 목적의 원리	교육은 반드시 목적의식을 갖고 이루어져야 한다는 원리

4. 교수·학습의 모형

1) 글레이저(R. Glaser)의 모형

① 수업 목표		② 출발점 행동		③ 수업 절차		④ 평가
·수업 목표의 진술	⇨	·선수 학습 능력 진단	⇨	·교수 학습활동의 전개	⇨	·교수 학습 결과의 측정과 평가

글레이저의 수업 모형의 특징은 다음과 같다.

첫째, 수업 목표를 세분화된 행동 용어로 진술한다.

둘째, 전 단계가 후속 단계를 계속적으로 결정하고 수정한다.

셋째, 각 단계가 피드백에 의해서 유기적으로 관련된다.

넷째, 수업 과정과 평가가 밀접하게 관련된다.

다섯째, 학습자의 개인차를 고려한다.

2) 한국교육개발원(KEDI)의 모형

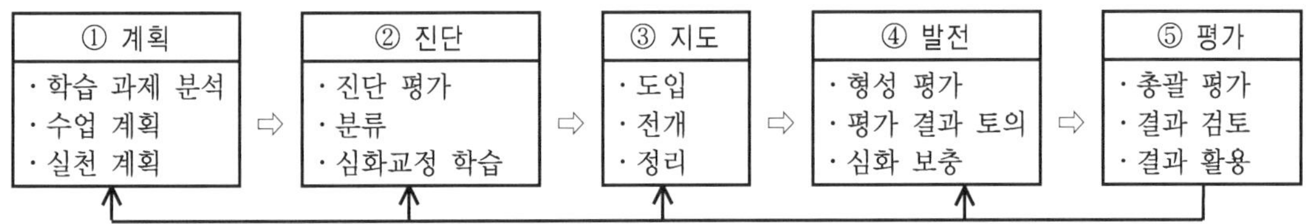

5. 최신 교수 · 학습 이론

1) 구성주의 교수 · 학습 이론

구성주의(Constructivism)란 학습자가 실제를 재구성하여 받아들인다고 보는 현상학, 학습자 자신을 학습 과정의 주체자로 보는 실존주의 교육관, 학습자가 타고난 적응 능력으로 현상을 재구성하여 받아들여 인지 구조를 변형시켜 간다고 보는 비고츠키 이론 등의 영향을 받아 등장한 것이다. 이는 지식의 주관성, 개별성, 다양성, 변화 가능성 등을 주장하는 포스트모더니즘의 흐름이 교수 · 학습 이론에 적용된 것이다.

(1) 인지적 도제 이론

전문가의 안내적 교수 방법을 통하여 학생이 점차 내면화하고, 마지막으로 독립적 과제를 수행하는 구성주의 학습 이론, 전문가의 문제 해결에 필요한 인지적 활동과 틀을 학습자가 받아들이고, 이를 시연해 봄으로써 지식의 내면화를 이룰 수 있다고 본다.

(2) 사회 발달 이론

인지적 발달은 특정한 나이에 있어서 특정한 범위에 제한되어 있고, 사회적 교류를 통하여 완전한 인지적 발달이 이루어진다고 본다. 학교 교육은 학생들이 실생활에서 발달시키는 지식 및 학습과 밀접한 관계를 가진 의미 있는 것이어야 한다고 본다.

(3) 상황 학습 이론

실제 상황 속에서 지식과 기능을 학습하도록 하는 교수 · 학습 방법으로 학생들이 실제적 성격의 과제를 해결해 가는 과정에서 개인적 견해와 사고의 틀을 가지도록 하는 것이다. 학생 주도의 문제 형성, 문제 해결 방법이다.

(4) 인지적 유연성 이론

인지적 유연성이란 즉흥적으로 자신의 지식을 재구성할 수 있는 능력을 말함. 효율적인 학습이 일어나기 위해서는 실생활과 관련되어야 하고, 수업 역시 매우 구체적이어야 한다. 좋은 교육이 일어나기 위해서는 학습자가 주어진 정보를 가지고 자기 자신이 새롭게 개발할 수 있는 기회를 가져야 한다.

2) 구성주의 학습 이론의 관점

(1) 학습자관

학습자 자체를 맥락에 적합한 의미를 탐색하고 추구하는 적극적이고 능동적인 존재로 본다. 교수 학습의 초점을 구성의 주체인 학습자에게 두고 지식을 구성할 수 있는 재량을 학습자에게 부여한다.

(2) 교사관

교사는 학습자들이 학습을 유의미하고 적합하게 잘 다룰 수 있도록 도와주는 역할을 한다. 교사는 학습 환경의 조성자이자 안내자로, 또한 동료 학습자로서 풍부하고 다양한 학습 환경을 조성하고, 상황적 맥락에 따라 참과제를 제시함으로써 의미 구성을 촉진하는 역할을 수행한다.

(3) 학습관

학습이란 인지 구조의 혼란을 극복하려는 노력을 결과로 얻어진다. 아울러, 경험에 근거를 두고 의미를 형성하는 적극적인 과정이다. 특히, 학습은 실제의 상황과 유사한 상황 학습으로 이루어져야 한다. 지식은 재생산되는 것이 아니라 능동적으로 구성되는 것이다.

(4) 상황(환경)관

구성주의적 학습 이론에서 상황(환경)관은 교수자와 학습자의 교수 · 학습이 이루어지는 공간이 과거 전통적 교수 · 학습에서처럼 일방적, 종속적, 통제적인 것이 아니라, 여린 공간에서 자율적, 배려적, 상보적 활동이 이루어지도록 구성되어야 한다는 관점이다. 따라서 구성주의적 상황(환경)관은 다양한 자료와 매체, 활동이 구비된 열린 공간인 것이다.

〈표 100〉 구성주의와 객관주의의 비교

구분 요소	구성주의 교육(학습)	객관주의 교육(학습)
지식의 생성 존재 형식	지식은 기존 경험을 바탕으로 개개인의 마음속에서 구성되며, 자신이 속한 사회의 구성원들에 의해 영향을 받음. 역동적이며 개인적·사회적·합리적으로 창출	지식은 인식 주체의 외부에 존재. 외부의 지식을 발견, 또는 수용하여 체계적으로 구조화, 암기를 통하여 저장됨
교육 목표	만들어 가는 지식으로 재구성	보편타당한 절대적 진리의 지식 추구
교육과정	잠재적 교육과정, 내현적 교육과정	의도적 교육과정, 교과서 중심의 사실 지식 및 기본 기능 강조
주요 개념	탐구, 구성, 전이	발견, 암기, 전수
학습자	지식의 적극적 창조자	지식의 수동적 수용자
교사 역할	지식 이해와 문제 해결의 안내자, 동반자, 친절한 반려자	지식·아이디어의 보고, 또는 전달자, 지휘자
교육 방법	개별화 수업, 학생 활동 중심, 탐구 중심 수업	일제 수업, 개별화 활동, 강의 중심 수업, 암기 위주 수업 반복
수업 스타일	자유 활동식 수업	태권도 시범식 수업
초점, 강조점	탐구 학습, 문제 해결 학습	완전 학습

3) 신자유주의적 교육 이론

교육 영역(분야)에서 신자유주의적 시장경제 원리를 도입한 것으로서 개개인의 자아실현을 돕는 교육 본질의 가치보다는 시장적 가치를 더 중시하자는 이론이다. 정부 주도의교육 정책이 약화되면서, 교육의 다양성 추구와 더불어 학생 및 학교 간의 개별적 경쟁을 유도하여 교육의 수월성 확보를 꾀하는 한편, 교육 재원의 활용을 통해서 교육 성과의 극대화를 도모하고자 한다. 또한 교육 소비자에게 초점을 맞추고 가능한 한 일선 교육기관과의 자율성과 책무성을 보장하려고 한다.

4) 포스트모더니즘 교육관

포스트모더니즘(postmodernism)은 탈(脫)근대화, 탈(脫)현대화 등으로 번역된다. 즉 포스트모더니즘(postmodernism)은 근대정신의 바탕을 이루어 온 모더니즘의 합리주의에 반기를 든 이론으로 1970년대부터 주의를 끌기 시작하였으며, 반합리주의, 상대적 인식론, 탈정전화(脫正典化) 등을 강조하고 있다. 포스트모더니즘의 교육관은 상대주의 진리관 중시, 개인의 상황과 맥락(脈絡) 및 특성 존중, 다양성 신장 중시 등과 관계가 깊다. 오랜 역사를 통해서 축적되고 체계화된 보편화된 개념과 이론 중심의 과학주의 교육관의 한계를 넘어 개인의 다양한 삶에 초점을 맞추고 그들의 행복을 고양시키는 살아 있는 지식을 탐구하려고 한다.

5) 다중지능 이론(Multiple intelligence theory)

미국 하버드대학교의 심리학 교수인 가드너(H. Gardner)에 의해 1983년 주장된 이론인데, 인간은 논리 수리 지능, 언어 지능, 음악 지능, 공간 지능, 운동 감각 지능, 대인관계 지능, 개인 지각 지능, 자연 관찰 지능, 실존적 지능 등 아홉 가지 영역의 각각 독특한 지능을 갖고 있어서, 개성과 개인차에 알맞은 교육이 필요하므로 획일적인 교육보다는 자율성, 다양성에 기반을 둔 교육이 중요함을 강조하고 있다.

6) 생태주의 교육관

포스트모더니즘(postmodernism)적 사고에 토대하여 학습자가 처한 상황과 생태적 특성을 고려하여 교육 현상을 새롭게 평가하고 해석하려는 패러다임이다. 과거의 인간 중심에서 생태 중심으로, 인간과 자연 사이의 상하 관계보다는 공생으로, 개발과 풍요보다는 보존과 나눔으로 인류의 삶의 방식을 전환하려는 자세이다. 생태주의 교육관은 인간과 환경의 공존 도모, 학습자의 잠재력 최대한 계발, 실천적 지식의 습득에 관심 부여, 물질문명의 발달로 인한 환경 파괴와 인간성 매몰 등의 회복이라는 특징을 지니고 있다.

7) 홀리스틱 교육(Holistic Education)

홀리즘(Holism)은 관계성의 자각을 중시하는 이론으로 인간은 인간과 가족 및 이웃, 나아가 지구, 우주 등과 하나로 관련되어 있기 때문에 개인이 병들면 사회와 지구가 병든다는 생각을 바탕으로 조화, 사랑, 협동을 강조한다.

홀리스틱 교육 이론은 교육의 본질화를 추구하는 운동으로서 실생활 체험 교육의 강화, 참여형 민주주의 교육 실현, 지구촌 시민 교육, 생태학적 소양 교육, 정신 교육 등의 전체론적 사고에서 교육을 접근하고 있다. 홀리스틱 교육은 전인적 발달에 도움을 주고, 교사와 학생 간의 관계를 중시하고, 교과 내용이 생활 경험과 관련이 깊으며, 학습자들이 처한 문화적, 도덕적, 정치적 상황에 비판적으로 종합 접근할 것을 주장한다.

8) 브레인스토밍(Brainstorming)

창의성 신장 교육의 대표적인 방법으로 여러 사람이 모여서 어느 한 주제에 대해 다양한 아이디어를 공동으로 내놓는 일종의 집단 토의 기법이다. 창의성 신장 교육 방법의 하나로, 일체의 권위나 고정관념을 배제하고, 수용적인 온화한 분위기에서 자유로이 생겨나는 것을 무엇이든지 말하여 그중에서 실제적이지 못한 것부터 제거하여 가장 좋은 힌트나 아이디어를 찾아내는 방법이다. 브레인스토밍의 4가지 규칙은 비판 엄금과 평가 유보, 자유분방한 사고, 아이디어 산출 시 질보다 양 우선, 아이디어의 결합 개선 등이다.

6. 사회과 학습자와 학습 환경

1) 사회과 학습자에 대한 가정(假定)

사회과 교수·학습을 진행하면서 교사들은 학습자들을 대상으로 다양한 기본 과정을 전제하게 된다. 물론 모든 학습자들이 완전 학습 차원에서 일정한 지도와 환경만 부여되면 학습 과제를 이수할 수 있다고 보고 있다. 즉 다음과 같은 기본 가정을 하여야 한다.

첫째, 모든 학습자들이 한 나라의 문화를 구성하는 행동 패턴, 문화 유물, 인식 등을 접하는 가운데 어느 정도 문화에 적응되어 있다고 본다. 학습자들은 더러 보통 사람들보다 적은 어휘를 지니고 있을 수도 있으나 이들은 어디까지나 문화적 과정의 참여자였고, 사회에서 행동하는 성인에 대한 관찰자였다. 즉 학업 성취가 낮은 한계 학습자의 경우에도 문화적 경계 내에서 상대적으로 세련되지 못하더라도, 다른 사람들과 문화적으로 다르지는 않다고 본다.

둘째, 일반적으로 지적 능력의 차이는 특정한 학습 목표의 숙지와 관련하여 본질적으로 시간의 차이로 해석될 수 있다는 입장이다. 덜 지적인 학습자의 경우에 학습할 수 있는 것이 문화적으로 다르지 않으나, 문화 속에 있는 어떤 지식을 습득하는데 많은 시간을 요구할 수도 있다.

셋째, 주어진 환경과 생산적으로 관계를 맺지 못하는 무능력에 부쳐지는 사회적 낙인(social stigma)이 있다. 적응하지 못하는 학습자는 다른 사람에 의하여 낙인이 찍히며 학습자 자신의 문화 규범을 내면화하고 고적 활동으로 한계 상황이 존재하고 부작용이 드러날 때 보다 강력한 압력이 학습자에게 대두되게 된다.

넷째, 학습자는 융통성과 탄력성이 있다는 점이다. 학습자는 고정되어 있지 않고 성장하는 존재이며 상당한 적응력(adaptive capacity)을 보유하고 있다. 거의 모든 학습자는 너무 불편하게 느끼도록 하는 상황이 아니라면, 주어진 환경과 생산적으로 관련을 짓도록 도움을 준다면 다양한 학습 환경과 관계를 맺을 잠재력을 갖고 있는 것이다.

2) 사회과 학습 환경에 대한 가정

사회과 학습 환경에서는 문화적 측면, 개별화와 환경, 학습자의 적응, 다양한 환경과 교육적 결과 등을 기본적 가정으로 고려하여야 한다. 이를 요약하면 다음과 같다.

첫째, 문화와 학습 환경을 고려하여야 한다. 문화적 측면에서 보면, 학습 환경도 사회 문화의 변화형이다. 수업 모형의 형성자인 학자, 교육자는 학습자와 동일한 문화권에 있다. 사회 문화, 학교

문화를 기준으로 사회과에서 민주시민의 육성이라는 궁극적인 교육 목적이 동일하고, 국가 사회가 민주 이념에 기초하고 있으며, 나아가 계속적으로 민주적 사회로의 발전을 지향하고 있다는 점이다.

둘째, 개별화와 환경을 고려하여야 한다. 사회과 학습은 기본적으로 개별화 학습, 수준별 학습, 협동 학습 등을 통합하여 진행되어야 한다. 학습자가 환경과 효율적으로 상호 작용할 수 있는 면에서, 각 학습 환경은 학습자에게 다양한 반응을 일으킨다. 대체로 학습 스타일과 학습을 위해서 계획된 환경은 서로 달리 상호 작용을 한다. 특히, 어떤 환경이라도 모든 학생들에게 완벽한 환경은 되지 못한다는 점을 유념하여야 한다.

셋째, 환경은 학습자에 맞추어 변화된다. 학습에서 유연성을 기반으로 계획을 한다면 학습 환경은 최소한도 잠재적으로 학습자들에 맞추어 변화될 수 있다. 적절한 수업 환경, 수업 모형은 학습자에게 융통성 있게 이용될 수 있으며, 적절하게 구성된다면 학습 환경은 학습자들의 특성에 맞추어질 수 있다.

넷째, 다양한 환경과 교육적 결과를 고려하여야 한다. 학습자들에게 다른 효과를 나타낼 수 있는 많은 수업의 접근법들은 나름대로 특징을 갖고 있다. 교수법에 따라서 어떤 학습 결과가 일어날 가능성이 증가하고, 또 어떤 종류의 학습 결과가 일어날 가능성이 감소할 수도 있다. 사회과 수업에서 역할놀이 모형은 학생들이 자신의 가치관을 검토해 보도록 하기 위하여 만들어졌다. 탐구 수업 모형은 학생들이 인과관계를 추론할 가능성을 전제한다. 결국 궁극적으로 각 모형은 원래 계획된 쪽에서 보다 효과적일 것이다. 그러므로 사회과 수업에서는 수업 모형 개발과 적용이 아주 중요한 것이다.

7. 사회과 수업 설계

1) 수업 설계

(1) 수업 설계의 개념

어떤 수업 목표를 학습자들에게 효율적으로 성취시키기 위하여 수행되어야 할 제반 활동과 요소를 자세하게 계획하는 활동 전반을 의미한다. 즉, 수업 내지 교수·학습의 도입, 전개, 정리 등의 전체적 계획을 지칭한다.

(2) 수업 설계의 필요성

① 과거보다 가르치는 수업 목표, 수업 내용 등이 증대되고 있기 때문이다.
② 학습자의 수준을 고려하여 수업을 제공하기 때문이다.
③ 다양한 평가 방법 적용, 교수·학습 자료나 매체의 장점을 활용하기 위해서이다.
④ 계획적인 수업 진행으로 수업 중의 오류, 실패, 시행착오 등을 최소화하기 위해서이다.

⑤ 가능한 한 투입을 적게 하고 최대한 산출을 증대시키기 위해서이다.

(3) 수업 설계의 조건

① 학습자의 개인차인 지능, 적성, 흥미, 태도 등을 고려하여야 한다.
② 장기적인 것과 단기적인 것을 고려하여야 한다.
③ 경제성의 원칙을 최대한 고려하여야 한다.
④ 교육공학을 최대한 활용하여야 한다.
⑤ 교육의 본질적 문제로부터 접근하여야 한다.

(4) 수업 설계의 일반적 과정

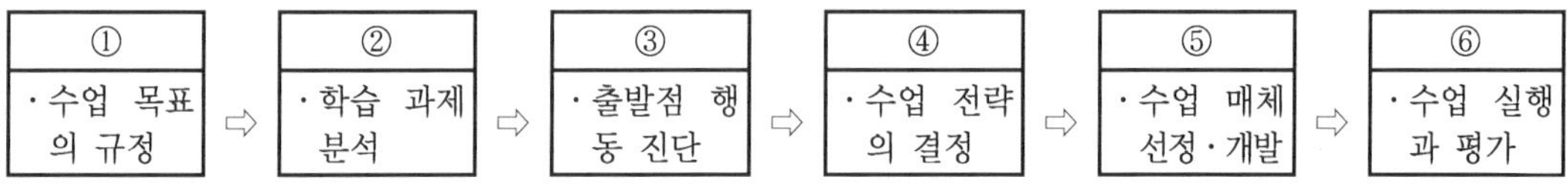

① 수업 목표의 규정

수업 목표의 규정 단계에서는, 수업 목표가 교육과정, 학습자 수준, 교과의 학문 체계에 의하여 선정되어야 한다. 인지적 영역과 정의적 영역, 기능적 영역 등을 포괄하여야 한다. 내용과 행동을 한 진술문 속에 포함하여 진술하여야 한다.

② 학습 과제의 분석

학습 과제 분석단계에서는 학습 요소 간의 상호 위계적 관계를 추출하여 체계화하고, 학습 위계별, 학습단계별, 시간 · 기능별 분석을 기한다. 특히, 학습 내용의 중요성, 단계별 활동, 평가 내용 등을 중점 분석하여야 한다.

③ 출발점 행동 진단

출발점 행동 진단단계에서는 선수 학습 능력과 사전 학습 능력 등을 파악하고, 학습 곤란의 원인을 판명하며, 수업 방법과 관련하여 학생들의 적성, 흥미, 성격 등 특성을 분류한다.

④ 수업 전략의 결정

수업 전략의 결정 단계에서는 학습 요소별 시간 계획에 바탕을 두고서 수업 형태 및 수업 계열을 결정하고, 수업 활동을 구상한다. 수업 활동 구상에 영향을 미치는 요소로는 학생들의 동기 유발, 자료 제시, 학생 활동, 발문, 평가 시기 등이 있다.

⑤ 수업 매체의 선정

수업 매체의 선정 단계에서는 수업 목표의 효과적인 달성을 위한 매체를 선정해야 하고, 시기별, 제시 방법, 양과 질 등의 고려점을 염두에 두어야 한다.

⑥ 수업 실행과 평가

수업 시행과 평가단계에서는 자기평가와 학생 평가, 참관자에 의한 평가 등을 하고, 교사는 자기 수업 평가표에 의한 평가도 병행하여야 한다.

2) 수업 운영의 실제

(1) 준비단계

① 교수·학습 목표 설정
　ⓐ 교육과정, 학습자의 수준, 교과의 학문 체계를 고려하여 학습 목표를 설정한다.
　ⓑ 인지적 영역과 기능적 영역, 정의적 영역 등을 두루 포함하여 설정한다.
　ⓒ 내용과 행동을 한 진술문 속에 포함하여 진술한다.
② 출발점 행동 진단
　ⓐ 선수 학습 능력 진단
　ⓑ 사전 학습 능력 진단
　ⓒ 학생의 정의적 특성 진단
③ 교수·학습 지도안 작성
교수·학습 지도안은 교사의 교수와 학생의 학습활동을 효과적으로 진행하기 위한 조직적인 수업 진행 계획이다.

(2) 도입단계

① 수업 환경 및 학습 분위기 조성
② 수업 주제 및 학습 목표 제시
③ 전시 학습 상기와 본시 학습과의 연결
④ 학습 동기 유발

ⓐ 내재적 동기와 외재적 동기의 조화

ⓑ 흥미 있고 유연성 있는 발문과 보상

ⓒ 판단을 요구하는 갈등 상황 제시

ⓓ 이색적인 자료(그림, 도표, 표본, 모형 등)

ⓔ 학습 후의 결과 제시

(3) 전개단계

① 학습 내용에 대한 효과적 학습 방법

  ⓐ 내용에 알맞은 효과적 학습 방법

  ⓑ '계단 오르기'식 수업

  ⓒ '숲과 나무를 함께 보는' 수업

  ⓓ 교수(teaching)와 학습(learning)의 조화

② 활발한 학습활동 조장

  ⓐ 학생이 참여하는 학습활동

  ⓑ 구성주의적 교육관 반영

  ⓒ 적절한 탐구 과제 제시

  ⓓ 개별 활동, 모둠 활동 조장

  ⓔ 보상과 강화를 통한 동기 유발

  ⓕ 적절한 질문(발문) 기회 부여

③ 학습 자료의 적절한 활용

  ⓐ 내용에 알맞은 학습 자료 개발

  ⓑ 완성된 것보다는 미완성된 것이 좋음

  ⓒ 자료의 색상, 크기, 음향 등을 고려

  ⓓ 양보다는 질을 고려

④ 다양하고 적절한 발문

  ⓐ 폐쇄적인 발문보다 개방적 발문

  ⓑ 개인적 발문과 전체적 발문 동시 고려

  ⓒ 개인차, 수준차를 고려한 발문

  ⓓ 구체적이고 간결한 발문

  ⓔ 수용적이고 여유 있는 태도 견지

⑤ 교사의 적절한 태도와 언어
  ⓐ 쉽고도 정확한 언어 사용(표준어)
  ⓑ 적절한 성량(聲量), 억양, 템포, 휴지(pause)
  ⓒ 언어와 태도(제스처)의 조화
  ⓓ 강함(hard)과 부드러움(soft)의 조화

⑥ 계획적이고 구조화된 판서(板書)
  ⓐ 판서의 기능: 주요 내용 재강조, 학습 내용 파지, 핵심 요소 정리 등
  ⓑ 판서의 시기: 도입기, 전개기, 발전기, 정리기 등
  ⓒ 판서의 요령: 크게, 정확하게, 깨끗하게, 빠르게, 학생을 보면서
  ⓓ 학생 판서 조장: 토론 학습 시, 학생들이 발표 시(스스로 판서)
  ⓔ 학습장 정리 지도: 수시 확인 및 지도, 적절한 코멘트 필요(身言書判)

(4) 정리단계

① 내용 정리 및 일반화
② 중요 사항에 대한 재강조
③ 형성 평가 실시
④ 질문 시간 부여
⑤ 차시 학습 예고

8. 사회과 수업의 조건

1) 바람직한 수업의 조건

① 학습 목표를 제시하는 수업(학습 목표 제시는 선택이 아닌 필수임)
② 동기 유발이 확실한 수업(동기 유발이 잘되면 50%의 수업 성공)
③ 학생들의 눈높이(수준)에 맞는 수업(학생들의 수준을 고려하여 적절한 비유와 예를 적용하는 수업)
④ 원리와 개념이 중시되는 수업(원리와 개념은 지식을 이루는 기반이며 핵심)
⑤ 학생들의 움직임이 계속되는 수업(학습자가 지식을 구성, 생성하는 수업)
⑥ 교과서 +a로 가르치는 수업(교과서로 가르치지 말고 교육과정으로 가르침)
⑦ 격려와 칭찬이 계속되는 수업(격려, 칭찬은 학생들을 사로잡는 요소)
⑧ 학습 내용과 수업 방법이 어울리는 수업(학습 내용과 수업 방법이 어울려야 효과 제고)

⑨ 과정과 단계를 중시하는 수업(계단을 오르듯이 차근차근 진행해 가는 수업)
⑩ 수업의 단계가 확실한 수업(도입→전개→정리 등 3단계는 필수 과정)
⑪ 말과 내용의 강약이 있는 수업(교향곡이 연주되듯이 말과 내용의 변화와 억양이 있는 수업)
⑫ 적절한 쉼(pause)이 있는 수업(쉼은 시간 낭비가 아니라 보다 집중을 위한 촉진제)
⑬ '무엇'보다 '왜', '어떻게'를 강조하는 수업('그건 뭐지요?'보다 '그건 왜 그렇게 되지요?'라고
    묻는 수업 유도→ 수렴적 발문 대신 확산적 발문 강조)
⑭ 끝나고 나서 남는 것이 있는 수업(머릿속에 남는 것이 좋은 수업)

2) 바람직하지 못한 수업의 사례

① 시작과 끝이 애매한 수업
② 학습 보조 자료에 얽매인 수업
③ 발표만 있고 정리가 안 된 수업
④ 교사와 학생이 따로 노는 수업
⑤ 수업 후 침전물이 없는 수업(맹목적인 수업)
⑥ 판서를 하지 않는 수업
⑦ 중심 개념이 없는 수업
⑧ 교과서에만 얽매인 수업(교육과정 중심 수업 지향)
⑨ 칭찬이 없는 수업
⑩ 유머와 웃음이 실종된 수업

9. 사회과 수업의 진행 시 고려점

1) 학생들과 인간적인 관계를 맺어라

교사는 평소에 학생들의 이름을 다정하게 불러 주고, 복도에서 지나칠 때 인사를 주고받고, 현장
학습을 가서 함께 사진을 촬영하고, 공부 못하는 학생들의 어깨를 두드려 주며 격려하는 등 사제지
간(師弟之間)에 끈끈한 인간관계를 맺을 때, 학생들은 그러한 교사들에게 호의와 관심을 갖고 수업
시간에 더욱 집중하게 된다.

21세기 교실에서 사회과 교사와 학생들은 통제적, 지시적, 일방적 관계 의식을 떨쳐버려야 한다.
새로운 사제지간(師弟之間)의 의미는 다정한 동반자, 조언자, 안내자, 촉진자, 도우미, 돌보미 역할이
어야 하기 때문이다. 모름지기 새로운 사제지간은 따뜻한 사랑과 정이 넘쳐 흘러야 한다.

2) 사랑과 기대를 갖고 수업에 임하라

학생들에 대한 기대와 사랑이 기득한 교사는 그것이 얼굴에 그대로 나타난다. 교사가 밝은 표정
으로 수업하는 시간과 짜증스러운 얼굴로 수업하는 시간 중 어떤 수업이 효과적인지는 불문가지(不
問可知)이다. 사랑과 기대를 갖고 하는 수업이 바람직한 수업이다.

3) 준비된 수업을 하라

수업에 들어가기 전에 지도를 파악하고, 학습 목표를 점검하고, 보조 자료를 챙기고, 재미있는 이
야기 한 도막이라도 준비하는 수업이 좋은 수업이다. 준비된 수업은 구조적이고, 일정한 흐름이 있
으며, 부자연스러운 데가 없고, 무엇보다도 교사에게 자신감을 부여한다.

4) 처음부터 사로잡아라

수업 시작 단계에 참신한 발문과 색다른 시청각 자료, 현실적인 관심사 등을 제기하면 학생들은
호기심을 갖고 집중하게 된다. 쓸데없는 이야기나 우물쭈물하는 태도는 학생들로 하여금 교사에 대
한 불신, 그리고 수업에 대한 관심도를 떨어뜨리게 한다.

5) 힘 있고 자신 있게 임하라

교실 뒷자리에 앉은 학생들도 충분히 알아들을 수 있는 목소리, 환하고 자신 있는 표정, 변화 있
는 음성, 주의를 집중시키기 위한 쉼, 전체 학생들을 골고루 쳐다보는 시선 등이 학생들을 집중하게
하고 학습 효과를 제고하게 한다.

6) 학생들과 함께 호흡하라

사회과 수업에서 '왜, 어떻게'라는 발문, 책 읽히기, 판서, 소집단 토의, ICT 활용, 퀴즈 등을 통하
여 학생들을 부단히 자극하고, 계속적으로 커뮤니케이션을 가지면 학생들은 결코 딴 짓을 할 수 없
다. 수업은 40 - 50분짜리 '단편 영화 감상'이 아니라, 연기자와 관객이 함께 어우러지는 아름다운 한
편의 '마당놀이'인 것이다. 그리고 사회과 수업은 교사와 학생들이 따로 달리는 마라톤이 아니라, 교
사와 학생들이 함께 호흡하는 조화롭고 아름다운 '오케스트라'인 것이다.

7) 사소한 것도 칭찬하라

"칭찬은 고래도 춤추게 한다."라는 말이 있는데, 이는 교육 활동에 아주 적합한 말이다. 진정 구체적이고도 가슴에 와 닿는 칭찬은 학생들과 교사와의 거리감을 좁히고, 학생들을 더 열심히 하게 한다. 보상과 강화를 적절히 활용하는 수업이 좋은 수업이다. 칭찬에서 유념해야 할 점은 일반적, 상투적인 칭찬을 지양하고 특정한 활동, 수범적 행동 등에 초점을 맞추어 칭찬해야 하는 점이다.

8) 교단만을 고집하지 마라

사회과 교사는 교단에서 수업하다 때로 학생들 사이에 가서 이야기하고, 적절하게 이곳저곳 다니면서 학생들의 활동을 점검하고, 어깨를 두드려 주는 교사 활동으로 학생들에 대한 장악력을 높이고, 학생들의 적극적 수업 참여를 독려하는 것이 바람직하다.

9) 쉬운 사례와 비유를 많이 들어라

어려운 수업은 졸기 쉬운 수업이 된다. 어려운 내용일수록 유치하다고 생각할 정도의 쉬운 예나 비유를 해야 한다. 예는 거친 음식을 잘게 부수어 먹기 좋게 넣어 주는 것이다. 그리고 예는 추상적이고 멀리 있는 것보다는 학교, 가정, 교사, 친구, 연예인, 스포츠, 영화 등 누구나 쉽게 경험하고 접할 수 있는 것에서 찾는 것이 좋다.

10) 스트레칭을 시켜라

수업만 계속하면 재미가 없다. 학생들의 집중도가 저하될 만할 때, 간단한 스트레칭을 하는 것도 바람직하다. 기지개 켜기, 팔목 돌리기, 상대방 어깨 주물러 주기, 등 두드려 주기, 박수 치기, 목 돌리기 등 많은 응용 동작이 있다.

11) 재미(흥미)있게 하라

웃음은 스트레스를 날려 보내는 신약(新藥)이다. 기대와는 전혀 다른 결말이 날 때, 자신도 그런 일이 있을 때, 기발한 표정을 지을 때, 어처구니가 없을 때 웃음이 나온다. 간간이 터지는 교사의 조크와 웃음은 수업의 양념이 되어 학생들을 수업에 집중하게 한다.

<표 101> 사회과 수업 분석 관점

항목	수업 분석 관점
① 동기 유발	• 학습 문제와 직접 관계되는 내용을 소재로 하고 있는가? • 학습 문제를 자신의 문제로 받아들이고 문제 파악을 용이하게 하였는가? • 본시 학습 문제와 관련시키도록 하였는가? • 학습 내용에 관한 경험 내용을 학습자 전원이 집중하도록 하였는가?
② 학습 목표	• 목표 분석은 바르게 되었는가? • 학습 목표 진술이 바르게 되었는가?(학생 행동, 학습 결과, 명시적 동사, 수행 조건, 도달 기준, 성취 행동 등) • 중심 목표가 정확하게 잡혀 있는가? • 목표 도달을 위한 학습 계획이 이루어지고 있는가?
③ 학습 내용	• 수업 내용에 따라 시간 배당은 알맞게 되었는가? • 학습 내용의 계열은 알맞게 되었는가? • 학습 내용은 구조화에서 제시되었는가? • 실험, 실습, 노작 활동 등은 적절하게 배치되었는가?
④ 학습 형태	• 일제 학습, 분단 학습, 개별 학습의 학습 형태는 학습의 내용, 학습의 장, 학생들의 여러 조건에서 볼 때 적절한가? • 강의식, 토의식, 실험·실습 등의 학습 형태는 단원의 특성에 알맞은가?
⑤ 학습 자료	• 적절한 보조 교재가 있는가? • 목표 도달에 도움을 주는 자료인가? • 자료 활용의 시간, 방법이 적절하고, 익숙하게 사용되었는가?(교사, 학생)
⑥ 학습 과정	• 전체적인 흐름은 일관성이 있고 논리적인가? • 수업의 흐름은 중심 목표에 합치되었는가? • 수업 방법이 목표, 내용, 과정에 따라 알맞게 적용되었는가? (개념 습득, 원리 이해, 문제 해결력 신장)
⑦ 교사의 발문	• 발문은 학급 전체를 대상으로 하고 있는가? • 응답에 필요한 생각의 여유를 주었는가? • 발문은 학습자의 경험과 지식의 범위 안에서 이루어졌는가? • 발문 내용은 중복되지 않게 잘 조직되었는가? • 발문은 간단명료하게 하였는가? • 발문 처리는 적정하게 하였는가?
⑧ 교사의 태도	• 교사의 음성, 용어는 때와 내용에 따라 적정하였는가? • 학생의 응답, 학습활동에 대해 적절하게 반응하였는가? • 수업의 장면에서 일어나는 문제에 대한 처리는 민첩했으며, 전환은 바람직한가?
⑨ 학생 활동	• 학습 분위기는 잘 조성되고 질서 있게 진행되었는가? • 활동은 적극적이며, 상호 협조적 태도를 보였는가? • 응답은 사고하고 비판하며 분석한 것인가?
⑩ 학습 정리	• 목표 도달 정도를 확인하고 환류(feedback) 교육은 이루어졌는가? • 계획과 실제 수업은 일치되었는가? • 차시 예고와 과제 해결 방안은 제시되었는가?

■제2장■ 사회과 수업 모형의 분류

1. 수업의 의미

일반적으로 수업은 교수·학습 과정과 동일한 의미로 사용되고 있다. 교수(teaching)와 학습(learning)의 의미는 교사와 학습자 중 어느 쪽을 더 강조하느냐에 따라 교수(teaching)는 교사 활동 중시 측면을, 학습(learning)은 학습자 활동 중시 측면을 나타내는 것이다.

하지만 교실에서의 교사 활동은 학생 활동과 유리(遊離)되어 고려될 수 없기 때문에 실제적으로 교수와 학습은 상호 작용적인 것으로 이해하여야 한다. 교사가 없는 교수·학습이나, 학생이 없는 교수·학습은 생각할 수 없기 때문이다. 요컨대, 학생의 실태는 교사의 수업 설계의 기초가 되고, 수업을 진행 중인 교사의 활동은 학생의 활동을 촉진시키는 촉매제가 되기 때문에 교수와 학습은 하나의 상호 작용(interaction)의 과정이라고 볼 수 있는 것이다. 따라서 수업은 영어로 표현할 때에는 'Instruction'이라는 용어를 사용하는데, 이는 교수(teaching)와 학습(learning), 그리고 창조(creation) 과정을 포함하는 종합적인 과정(integration of classroom activities)이라고 가정할 수 있다(천호성, 2009: 25).

2. 사회과 수업의 특성

일반적으로 사회과 내지 사회과 교육은 사회과학적 연구 방법론을 토대로 하여 바람직한 민주시민의 자질을 기르는 교과이다. 민주시민은 사회과 교수·학습을 통해서 실현이 가능한 것이다. 우리는 사회과 교육과정과 사회과 교수·학습 과정이 전혀 별개로 유리된 것이 아니라는 점을 유념할 필요가 있다. 사회과 교수·학습 과정은 사회과 교육과정에 근거하여 실천되는 것이고, 사회과 교육과정의 정신을 반영한 것이기 때문이다. 따라서 사회과 교육과정과 사회과 교수 학습 과정은 매우 밀접하게 연계된 것이다.

사회과 교육과정에서 교수(teaching)와 학습(learning)의 의미는 교사와 학생 중 어느 쪽 활동을 강조하느냐에 따라 교수는 교사 활동 측면을 강조하고, 학습은 학생 활동 측면을 강조한 것으로 구분하기도 하나, 사회과 교실에서의 교사 활동은 학생 활동을 촉진하고 학생 활동 또한 교사의 활동의 기초가 되므로, 사회과에서의 교수 학습활동은 교사와 학생의 상호 작용적 활동이라고 할 수 있다.

사회과 교육에서 교수자와 학습자의 수업 상호 작용, 즉 교수·학습 과정이란, 사회과 교실에서 교사가 정해진 목표에 도달하기 위해서 학습자의 내외적 환경을 조직해 가는 변인들의 상호 작용이다. 사회과에서 교수 학습에 영향을 미치는 변인을 요약하면 다음과 같다.

첫째, 투입 변인에는 직접 변인으로 교수자, 학습자, 학습 과제 등이 있고 학습자를 둘러싼 다양한 환경이 있다.

둘째, 과정 변인에는 교수자와 관련된 것으로 수업 방법, 수업 전략, 수업 설계, 수업 매체, 활용 기법 등이 있으며, 학습자와 관련된 것으로 학습 전략, 학습 방법, 학습 습관 등과 같은 학습 양식을 들 수 있다.

셋째, 산출 변인에는 효과성과 관련된 것으로 학업 성적, 목표 도달 정도 등이 있고, 효율성과 관련된 것으로 합리성, 능률성 추구 등이 있으며, 매력성과 관련된 것으로 학습 동기, 학습 흥미 등이 있다.

3. 사회과 수업 모형 · 기법의 분류

사회과 수업에서는 투입, 과정, 산출에 대한 논리를 갖고 실천할 때, 수업 자체가 보다 유의미하며 수업을 성공적으로 이끌 수 있다. 수업에서 투입, 과정, 산출 등 각각의 변인만을 강조할 수도 있고, 세 가지 변인 모두를 연계하는 논리로써 구성할 수도 있다. 각 변인의 내용, 조직 방법, 활동 방법, 자료 유형 등에 따라 사회과 수업을 분류하면 다음과 같다(최용규 외, 2007: 125-129).

〈표 102〉 사회과 수업 모형의 분류

수업 분류의 기준(관점)	수업(학습)의 종류
1. 학습 과제(영역)	① 지적 학습(인지적 영역): 사실 학습, 개념 학습, 일반화(원리) 학습 ② 기능 학습(기능적 영역) ③ 가치 · 태도 학습(정의적 영역) 등
2. 학습 조직	① 일제 학습, ② 소집단 학습, ③ 개별 학습, ④ Team Teaching, ⑤ 협동 학습 등
3. 학습 활동	① 현장학습(야외 관찰, 조사 학습), ② 구성 학습(지도, 도표, 연표, 신문 · 모형 만들기), ③ 극화 학습(시뮬레이션, 모의 학습, 역할 놀이), ④ 강의법, ⑤ 토의 학습, ⑥ 조사 보고 학습, ⑦ 자원인사 초빙 학습 등
4. 학습 매체(자료)	① 사료 학습(史料 學習), ② 연표 학습, ③ 인물 학습, ④ 지도 · 지구의 학습, ⑤ 시사 자료 활용 학습, ⑥ 문화재 학습, ⑦ 지역사회 자료 활용 학습, ⑧ 시청각 학습 등
5. 학습(수업) 모형	① 문제 해결 학습, ② 탐구 학습, ③ 의사 결정 학습, ④ 개념 학습 ⑤ 범례 학습, ⑥ 법리 모형, ⑦ 가치 명료화 학습, ⑧ 가치 분석 모형 등

사회과 수업 모형의 분류 준거는 크게 학습 과제(영역), 학습 조직, 학습 활동, 학습 매체(자료), 학습(수업) 모형 등 다섯 가지로 대별된다. 학습 과제(영역) 면에서는 지적 학습, 기능 학습으로 분류되고, 학습 조직 면에서는 일제 학습, 소집단 학습, 개별 학습, Team Teaching, 협동 학습 등으로 분류된다. 학습 활동 면에서는 현장 학습, 구성 학습, 극화 학습, 강의법, 토의 학습, 조사 보고 학습, 자원인사 초빙 학습 등으로 구분되고, 학습 매체(자료) 면에서는 사료 학습, 연표 학습, 인물 학습, 지도 · 지구의 학습, 시사 자료 활용 학습, 문화재 학습, 지역사회 자료 활용 학습, 시청각 학습 등으로 분류된다. 학습(수업) 모형 면에서는 문제 해결 학습, 탐구 학습, 의사 결정 학습, 개념 학습, 범례 학습, 법리 모형, 가치 명료화 학습, 가치 분석 모형 등으로 구분된다.

4. 사회과 수업의 차원과 방법

1) 일반적 수업의 차원

(1) 수업 방법

사회과 교수·학습에서 수업 방법이란 철학적 배경이 있고, 이러한 철학적인 배경을 반영한 목표를 달성하기 위하여 교사가 조직하는 접근 방법을 의미한다. 대개의 경우 교육과정의 정신을 반영하는 수업 방법을 말하며, 듀이의 경험 중심 교육관에 바탕을 둔 문제 해결 학습, 브루너의 학문 중심 교육과정을 반영한 탐구 학습 등이 여기에 속한다. 능력 심리학에 바탕을 둔 전수(transmission)도 여기에 속한다.

(2) 수업 기법

수업 기법은 수업 방법의 목적을 달성하기 위하여 교사에 의하여 선택되는 개개의 수단을 의미한다. 가령, 문제 해결 학습에서 문제 해결을 위하여 교사 주도하에 행해지는 활동인 강의, 토론, 조사 등의 학습 모두가 수업 기법이다. 수업 방법을 위해 동원되는 수업 기법은 매우 여러 가지가 있다.

(3) 수업 전략

수업 전략이란 교사가 수업 방법을 달성하기 위하여 여러 가지 수업 기법을 조합하는 계획을 의미한다. 수업안은 이러한 수업 전략을 수립해 놓은 결과물이다.

일반적으로 사회과 수업에서 수업 방법은 수업 기법을 계획하고 수업 전략을 수립하기 위한 기반이 되므로, 수업에서 우선적으로 고려해야 할 사항이다. 매 단위시간마다 수업 방법을 설정하여 실천하기는 어렵다. 하나의 수업 방법을 실현하기 위해서는 기본적으로 학생들이 다양한 수업 기법을 익히고 있어야 가능하기 때문이다. 평상시에 토의 학습, 조사 학습 등과 같은 수업 기법을 익힘으로써 장차 문제 해결 학습, 탐구 학습, 의사 결정 학습 등과 같은 고차원적 학습을 실시할 수 있다.

(4) 수업 계획

수업 계획은 단위 수업 시간에 수업을 전개하기 위한 전체적인 프로그램이다. 즉 단위 수업 시간에 수업 목표를 달성하기 위한 수업 전개의 활동에 대한 흐름을 의미한다. 그러므로 수업 계획은 상당히 광범위한 개념으로 수업 방법, 수업 기법, 수업 전략, 수업 모형 등의 형태를 전체적으로 적용하기 위한 수업 준비 프로그램이다.

2) 수업의 원칙과 방법

(1) 사회과 교수·학습의 원칙

① 원리 발견과 적용

사회과는 학생들에게 인간관계 및 인간과 환경과의 관계를 이해하게 하고 학생들로 하여금 사회 변화 속에서 겪게 되는 여러 사회문제를 반성적 사고와 가치 선택을 거쳐서 합리적으로 해결할 수 있는 능력을 기르는 교과이다. 학생들이 복잡한 사회현상을 설명하고 예측하며, 당면한 문제를 해결할 수 있는 힘을 기르려면, 스스로 원리와 법칙을 발견하고, 이를 실행에 적용할 기회를 많이 제공하여야 한다. 따라서 생활 경험을 바탕으로 구체적 사물이나 사실을 통하여 개념을 이해하고, 원리와 법칙을 발견하며, 이러한 개념, 원리, 법칙 등을 생활의 여러 분야에 적용할 기회를 많이 제공하여 지식의 생성 과정을 경험할 수 있도록 한다. 또한, 수업 결과에 치중할 것이 아니라 개념 형성 과정 혹은 문제 해결 과정을 중시하여야 한다. 이를 위해 학습자의 다양한 삶의 맥락에서 사회적 현상을 탐구하여 그것의 의미를 파악하게 하고, 지식이 학습자의 삶의 맥락 속에서 재구성되어 문제 해결에 합리적으로 활용될 수 있는 과정에 학생들을 노출하여야 한다. 이를 통하여 사회과 학습이 쉽고 재미있다는 생각을 할 수 있도록 유도하여야 한다(교육과학기술부, 2008a: 364 – 372).

② 목표와 교육 환경 고려

사회과는 사회현상을 인식하고 문제를 파악하는데 필요한 지식과 정보를 획득, 조직, 활용하는 능력을 길러 사회생활에서 경험하게 되는 여러 문제를 합리적으로 해결할 수 있도록 문제 해결력 및 의사 결정력, 비판적 사고력, 창의적 사고력 등의 고급 사고력(high level thinking) 향상을 위해 수업의 중요 요소로 부각시키고 있다.

사회과 교수·학습에서 고급 사고력을 신장하려면 개념의 특성을 논리적으로 규명하는 학습, 반성적 사고에 의해 원리를 발견하는 학습, 발견된 원리를 적용하여 사실을 증명하는 학습, 당면 문제를 비판적으로 고찰하여 합리적인 문제 해결 방안을 마련하려는 학습, 가치 명료화 학습, 대안을 선택, 결정하는 의사 결정 학습 등을 들 수 있다. 이러한 학습 과정을 통하여 학생들은 논리적 사고력, 비판적 사고력, 창의적 사고력 등을 신장시킬 수 있다. 나아가 문제를 파악하고 증거를 검토하는 과정에서 그 진술이나 증거의 타당성을 밝히는 학습은 비판적 사고력을 신장시키는 학습이다.

문제를 해결하는 학습 과정에서는 문제 해결의 각 단계에서 일어나는 구체적 사고 활동을 고려하여야 한다. 문제 인지 과정에서는 요약, 중요한 것의 선택, 개념 정의, 사실과 의견 및 편견 등의 구분, 탐구 이유 추론, 문제의 의미 해석, 유사 사태의 추론 등이 이루어질 수 있으며, 가설 단계에서는 자료의 분석, 요인 관계 추론, 원리 적용, 조건이나 원인 등의 예견, 문제 해결의 방향 추론 등의 활동이 이루어질 수 있다. 그리고 증거 제시 단계에서는 정보의 명확성 검토, 번역, 해석, 분류, 요인 및 요인 간의 관계 분석 등의 활동이 이루어지며, 결론의 단계에서는 가설과 증거 간의 논리적 관계

검토, 가설의 긍정 또는 부정이나 수정, 여러 요소의 종합 등의 활동이 이루어질 수 있다. 따라서 학습 내용과 직접 관련되는 사고 활동이 소홀히 다루어지지 않도록 하여야 한다. 특히, 수업의 실제에서는 사고의 과정이나 학습 형태가 복합적으로 일어나거나 한 사고 과정이 순간적으로 일어나는 경우가 있다는 것에 유의하여 단원의 어떠한 부분에서 어떠한 사고를 강조할 것인가를 주제의 특성에 적절하게 선정, 결정하여야 하며, 이는 단원의 수업 설계에서부터 고려하여야 한다.

또한 고급 사고력 향상을 위해서는 하나의 주제, 개념, 사건, 문제 등을 깊이 있게 학습하는 것이 필요하며, 이를 위해서 충분한 시간을 갖도록 하며, 주어진 문제에 관한 여러 아이디어를 학생들이 자신의 사고 틀로 탐구하면서 조작할 수 있는 학습 기회를 제공한다. 또한 가능한 소집단 활동을 자주 하며, 이때에는 구체적인 과제를 제한된 시간에 해결할 수 있도록 하며, 쓰기(writing)를 사용하는 것이 좋다. 쓰기를 통해서 아이디어를 생성하고 자료를 수집하고 자신의 생각을 명료화하고 타인을 이해시키며 설득하는 과정에서 사고력이 신장된다. 또한 교사는 좋은 질문을 통해서 학습자들에게 끊임없이 사고를 자극하는 발판을 마련하도록 유도하여야 한다.

③ 학습자 중심 수업

학습자 중심의 수업 운영은 학습의 주도권을 학습자에게 두는 교육, 개별화 수업을 지향하는 교육, 교사와 학생의 참여를 유도하는 교육, 경험의 통합을 강조하는 교육, 학습하는 방법의 학습을 통하여 이룰 수 있으므로, 크게 자기 주도적 학습과 적극적인 참여를 유도하는 학습으로 방향을 설정할 수 있다.

자기 주도적 학습은 학습자가 능동적인 자기 통제자라는 점을 전제로 하며, 학습에 대한 자기 인식, 자기 조절 활동, 자기 모니터링, 자기 성찰 활동, 지식의 구성 및 활성화 활동과 관련된다. 자기 주도적 학습의 관점에서 본 사회과 교육의 목적은 자기 모니터링과 자기 성찰적 자세를 통하여 사회생활을 적극적으로 영위하며 개인, 사회의 자아실현을 이루는 시민을 양성하는 것이다. 이러한 방향에서 사회과 교육은 사회적 상호 작용 속에서 자기의 필요에 따라 자신 인식 체계에 의하여 학습하며 스스로 체계화하여 지식을 구성해 나갈 수 있도록 지도하는 것이다. 그러려면 학습자가 목적의식을 갖고 학습을 계획, 실행, 평가할 수 있도록 학습이 전개되어야 하며, 이를 통해서 학습자의 이해를 심화시켜 나아갈 뿐만 아니라 적극적인 참여를 유도하여 효율적인 학습을 촉진할 수 있다. 즉, 귀납적 인식, 반성적 사고, 메타 인지 등과 같은 학습 과정은 학습자 스스로 지식을 구성하고 자기 주도적 학습 능력을 향상시킬 수 있다.

그리고 학생들이 수업에 적극 참여하도록 유도하려면 그래프 만들기, 지도 그리기, 보고서 쓰기 등 조작적인 학습 자료와 질문, 토론 수업 등의 구체적인 활동을 이용하도록 하는 것이 효과적이다. 이를 통해서 학생들은 학습한 내용과 자료 간의 유의미한 관계를 스스로 파악하고 학습에 대한 흥미를 가지게 될 뿐만 아니라 실제 사회생활에 대한 이해를 강화할 수 있다.

(2) 사회과 교수·학습의 방법

① 통합적 교수·학습

사회과는 사회현상을 종합적으로 인식하는 것을 강조하는 교과이므로 학문과 생활 영역 간의 통합, 지식과 기능, 가치·태도가 유기적인 관계를 맺도록 함으로써 지식과 행동의 통합이 이루어지도록 지도해야 한다. 통합의 방법은 흥미 중심, 활동 중심, 탐구 중심, 주제 중심, 기능 중심 등 다양한 형태로 이루어지도록 한다. 이를 위해서 사회과 교사는 학습자의 활동 및 경험의 의미와 가치를 부여할 수 있는 내용을 중심으로 핵심 내용을 정선하고 그것을 학생의 이해 수준에 맞는 형태로 구조화하여야 한다. 이를 통해 지나치게 많은 양의 지식으로 인해 이해 과정에서 겪을 수 있는 혼란을 줄이고 수업에 대한 흥미를 증가시킬 수 있을 것이다. 또한 내용과 유리되지 않은 학습 방법을 적용하여 지식과 기능, 가치 태도가 함께 획득될 수 있도록 해야 할 것이다(교육과학기술부, 2008a: 364 - 372).

② 교재 재구성 및 주제(문제) 중심 접근

학습자들이 실생활 경험에서 도전적인 과제로 인지하는 주제와 문제를 통해서 사회현상에 대한 흥미와 관심을 넓히고 인간 생활과 사회현상에 대한 원리를 이해하며 이를 실생활에 연계할 수 있도록 교사는 교재를 재구성할 수 있어야 한다. 이를 통해 고급 사고력 신장과 사회과 영역 내용의 중복 및 연계의 문제를 해결할 수 있다. 내용 재구성 시에는 사회과 교육의 목표에 부합하도록 교육 내용을 재구성해야 하며, 사회과 교실의 상호 작용 과정이 충분히 고려되어야 한다.

교재 재구성을 위해 각 단원의 주제에 포함된 주요 개념과 일반화, 가치 등을 찾아서 확인하고, 문제 해결에 효과적인 내용을 파악하여 그것과 관련된 구체적인 사실, 학습 경험, 학습 자료의 형식, 소요 시간 등을 선정·결정한다. 그 다음에 단원 전개 계획을 수립하게 되는데, 이때에는 교과서 단원, 주제, 제재 등의 명칭이나 순서를 그대로 따르기보다는 실제 학습 내용에 더 적합한 주제와 문제를 선정하여 활동 중심의 학습이 이루어지도록 단원을 재구성하는 것이 좋다. 또한, 학습 교재는 지역 또는 학교 특성에 알맞도록 재구성하되, 교육과정에서 의도하는 기본 정신이나 주요 목표, 기본 원리 등은 반드시 유지되도록 한다.

주제 중심의 내용 재구성은 학생들의 생활과 관련한 소재나 주제를 중심으로 의미를 폭넓게 깊이 있게 탐구하여 가는 방식으로 실시하며, 학습한 내용을 실제 생활 세계에 적용시켜 보면서 문제 해결 능력을 함양하고 학생들의 적극적인 수업 참여를 유도할 수 있도록 해야 한다. 문제 중심으로 내용을 재구성한 수업 상황에서 교사는 문제 토론 전 학생들에게 문제에 대한 배경 지식을 설명하기보다는 문제 해결에 도움이 되는 정보를 제공해야 하며, 학생들이 다양한 정보 자원에 접근할 수 있는 환경을 제공해 주어야 한다.

③ 다양한 발문 기법 적용

사회과 교수·학습에서의 발문은 학생들로 하여금 탐구를 지향하게 하고 독자적인 탐구 습관을 형성하게 하며 비판적이고 이성적으로 사고하게 하는 중요한 방법이다. 수업 상황에서 교사와 학생의 언어 상호 작용은 교사의 발문과 학생의 응답 형태에서 학생과 학생 간의 자연스러운 토의나 대화 형태로 옮겨 가도록 유도하는 것이 좋다. 이를 위해서는 허용적인 분위기를 조성하여 학습에 관한 이야기는 무엇이든지 할 수 있도록 해야 하며, 적절한 시기에 발문하고 학생들이 생각할 수 있도록 여유를 주어 사고를 자유롭고 활발하게 이루어지도록 해야 한다. 그리고 항상 보고 듣고 경험한 것을 바탕으로 이야기하는 습관을 길러 주어야 한다. 그리고 발문의 표현은 간단명료하고 정확하게, 적절한 속도로 재미있게, 체계적·단계적으로 불필요한 반복이 없도록 지도하는 것이 바람직하다.

④ 소집단 학습을 통한 교수·학습 전개

학교는 민주주의의 실험장이고, 사회과 교실은 민주주의의 온실과 같은 역할을 한다. 소집단 학습은 이러한 민주주의 교육의 종묘장 구실을 하는 사회과의 핵심 학습 방법이다. 소집단 학습은 2-6명의 학습자를 하나의 집단으로 구성하여 학습이 이루어지게 하는 것이다. 소규모 집단 내에서 서로 다른 구성원들이 동일한 학습 목표를 향하여 함께 활동하는 수업을 통하여 학습에 대한 동기, 학업 성취 능력을 향상시킬 뿐만 아니라 사회적 관계 형성을 통하여 개별적 책무성, 긍정적인 상호 의존성, 역동적인 상호 작용을 하게 되면서 서로 협력하는 과정에서 공동체에서 생활하는 민주시민들에게 요구되는 지식과 기능, 가치·태도 등을 익히게 된다. 협동 학습은 소집단 구성원들이 공동으로 노력하여 주어진 학습 과제나 학습 목표에 도달할 수 있도록 하는데 효과적인 수업 방법이며, 수평적 의사소통 기회를 많이 제공하여 구성주의적 실험을 가능하게 한다.

사회과 교사는 학생 소집단 성취 모형(STAD), 소집단 게임 토너먼트 모형(TGT) 직소우 모형(Jigsaw), 집단 연구 모형(GI) 등의 다양한 협동 학습 방법을 참조하여 학습자 수준에 적합한 자료와 과제를 개발하여 협동 학습의 원리와 규칙을 학생들에게 이해시킨다. 즉, 학습 목표 혹은 과제 성격에 따라 학습자들을 동질적, 이질적으로 4-6명 정도의 소규모 집단으로 구성하여 학습적인 측면과 사회적인 측면을 고려하여 학습 목표를 명료화하고 학습 과제를 수행하도록 하여 집단 구성원으로서의 소속감, 타인 존중 의식, 사회참여 의식, 협동 정신을 함양할 수 있도록 한다.

⑤ 다양한 교수·학습 방법 적용

사회과 교수·학습은 학생들이 이미 아는 지식을 바탕으로 하여 문제 접근하여 그 문제의 성격을 명확하게 하고, 문제 해결 방향과 연구 결과를 검토할 수 있는 기준을 선정한다. 그리고 다음 단계에서 사회과학적 연구 방법에 기초한 탐구 방법이나 그 밖의 다양한 방법을 활용하여 문제를 해결하게 된다. 따라서 사회과 교수·학습에 필요한 지식과 기능, 가치·태도를 기를 수 있도록 다양한 교수·학습 방법을 적용하여야 한다.

사례 학습, 통계(표본) 조사 학습, 야외 관찰 및 현장학습, 지도 이용 학습, 문헌 조사 학습, 인물 학습, 사료 학습, 상황 분석 학습, 미래 예측 학습 등이 적용될 수 있다. 이 중에서 야외 학습이나 지도 이용 학습은 지리적 성격이 강한 내용에 더 적합하며, 인물 및 사료 학습 등은 역사적인 학습에 더욱 적합하다. 가치 학습에는 도덕적 발달 모형, 가치 명료화 모형, 가치 수용 모형, 가치 분석 모형을 적용할 수 있다. 그리고 대안의 선택 결정을 위한 학습에서는 의사 결정 모형을 적용할 수 있으며 강의 학습, 조사 학습, 문답 학습, 토의 학습, 역할 학습, 시뮬레이션 학습 등은 여러 분야의 내용에 두루 적용할 수 있다.

⑥ 정보화·세계화에 부응하는 교수·학습 전개

자신이 가졌거나 가질 수 있는 정보와 지식의 수준, 정확성 및 활용 능력이 중요한 요소로 부각되는 정보화 사회에 능동적으로 대처하기 위해서 정보 처리 능력과 고급 사고력을 함양하여 스스로 사회현상에 관한 지식을 구성하고 활용할 수 있도록 하여야 한다. 그러기 위해서 신문 활용 교육(NIE), 컴퓨터 보조 학습 프로그램(CAI), 인터넷 활용 교육(IIE), 이러닝(e-learning) 등을 적극적으로 적용하여 다양한 정보를 수집하고 처리하는 능력과 문제 해결력, 의사 결정력, 개념화 능력 등을 함양하여야 한다.

데이터베이스와 시뮬레이션 프로그램 등을 통한 컴퓨터 활용은 정보화에 대처하는 가장 효과적인 교수·학습 방법이다. 데이터베이스를 활용하여 학습자가 자료와 정보를 선택하고 검색하며, 조직하고 분석하며, 종합하고 해석하도록 함으로써 학습자의 정보 처리 및 탐구와 사회참여 능력을 신장시킨다. 인터넷을 통하여 세계 각지의 산업, 문화, 환경 등의 최선의 다양한 정보를 획득하여 다양하고 폭넓은 사고의 기회를 가지도록 격려하여야 한다. 시뮬레이션 프로그램을 활용함으로써 학습자들이 사회문제를 더 현실감 있게 이해하고 지식과 기능을 더 능동적으로 획득하고 적용하며, 비판적 사고력, 창의적 사고력 등을 통한 다양한 관점에서 문제 해결의 기회를 갖도록 한다.

한편, 세계화 시대에 대비하여 세계 여러 나라의 생활 문화를 우리들의 생활과 비교하고 정치, 경제, 사회·문화 등 여러 측면에서 우리와의 관계를 파악하여 환경, 생태, 자원 문제 등의 해결을 위한 국제 협력의 필요성을 깨닫게 한다.

민주시민 교육에 비중 있게 지도하여야 할 국가·사회적 요구 사항으로는 부패 방지 교육, 환경 교육, 에너지 교육, 경제 교육, 소비자 교육, 법 교육, 복지·보험 교육, 고령화 사회 대비 교육, 진로 교육, 근로정신 함양 교육, 공명선거 교육, 통일 교육, 한국 문화 정체성 교육, 문화 예술 교육, 문화 유산 교육, 국제 이해 교육, 정보화·정보 윤리 교육, 건강한 가정 만들기 교육, 아동·청소년 보호 교육, 의사소통·토론 중심 교육, 양성평등 교육, 장애인 이해 교육, 인권 교육, 지적 재산권 교육, 안전 교육 등이 있다.

⑦ 다양한 교수·학습 자료 개발 및 활용

사회과 교수·학습에서 다양한 자료는 수업 과정에서 사회과 교사와 학생 간의 의사소통의 물질적 매개로 작용하기 때문에 교과서 외의 다양한 수업 자료 활용은 사회과 교수·학습 과정에서 매우 중요하다. 더욱이 사회과 교과서가 탐구 형식에 따라 구성됨으로써 교사들은 수업 내용의 이해를 도모하기 위해서 다양한 자료를 수집·활용해야만 한다.

사회과 교수·학습에서는 사진, 그림, 지도, 통계, 도표, 연표, 문화재, 참고 도서, 신문, 잡지, 방송, 이야기, 노래, 실물, 표본, 모형, 기록물, 여행기, 탐험기, 파워포인트(PPT) 자료, 영화, 워크시트(work sheet) 등의 다양한 자료를 활용하여야 한다. 관련 자료는 교재를 분석한 후 필요한 자료의 목록을 작성하고, 이들 자료를 수집, 제작, 구입하여 자료의 유형별로 분류한 다음, 자료 활용을 위한 목록을 만들고, 사회과 각 학년 단원 목표, 내용, 교수·학습 방법 등에 관한 안내서를 만들어 활용하도록 한다.

사회과 내용의 특성 및 변화의 속도를 고려할 때, 시사 자료의 활용은 사회현상 및 변화에 대한 관심을 확대시켜 주고, 쟁점이 되는 문제를 인식하는데 도움을 준다는 측면에서 매우 중요하다. 시사 자료의 활용에서 유의할 점은 자료가 담고 있는 내용에 대한 오류 및 관점의 편중화 문제이다. 따라서 신문, 잡지, 라디오, 텔레비전, 인터넷 등에서 수집된 자료는 내용의 사실 여부를 정확하게 파악한 후 어느 한 측면의 입장만을 지나치게 강조하고 있지는 않은지 신중하게 검토하여 신뢰성 있는 자료를 교재 내용에 반영하여 활용하여야 한다. 따라서 자료를 선정할 때에는 교육 목적과 수업 목표의 일치성, 흥미 유발의 적절성, 학생의 연령과 수준의 적절성, 비판적 사고와 문제 해결 능력의 증진 여부, 오류와 편견 여부, 자료의 정확성과 활용 가능성을 고려하여야 할 것이다.

한편, 지역사회 자료는 지역의 지리적, 역사적, 정치적, 경제적, 사회·문화적 생활과 밀접하게 관련된 구체적이고 실증적인 자료를 제공하여 학습에 대한 학생들의 흥미를 유발하여 지역사회문제에 관심을 갖도록 유도하여 지역에 대한 애정과 사회참여 의식을 고취시키는데 유용하며 교수·학습 상황에서 의사소통을 활성화하는 도구이다. 또한 지역사회에 대한 이해도를 높이고 의미를 구성하게 하여 사회 인식 능력을 향상시킨다. 지역사회 자료는 학생들의 주변 문제로 인식된 것, 미역의 과제를 명확하게 나타내는 전형적인 것, 학생들의 힘으로 끝까지 추구할 수 있는 것, 학생들이 체험적으로 실감할 수 있는 것, 새로운 시점이나 생각을 산출할 수 있는 자료를 활용하여야 한다. 학생들에게는 활동할 수 있는 워크북(worksheet) 형식으로 제시하여 활동을 안내하고 활동 내용을 기록할 수 있도록 한다.

(3) 사회과 교수·학습의 유의점

사회과 교육과정의 운영에서는 영역이 분명하게 드러난 주제, 단원 등을 지도할 때에는 그 주제, 단원의 배경 학문적 관점 이해를 바탕으로 정치, 경제, 사회, 문화, 법, 심리, 역사, 지리 등 여러 영역 생활과의 관련성을 바탕으로 통합적으로 지도해야 한다.

사회과의 교수·학습 설계 시 각 학년에서 강조하여 신장시켜야 할 주요 기능이나 능력을 협의, 결정하여 평소의 학습에 반영하여야 한다. 유의할 점은 학년 간의 계열성(sequence)을 유지하는 일이다. 사회과 기능 학습으로 중시되는 정보의 수집 및 활용, 문제 해결 및 사고, 사회참여를 중심으로 다양한 요소를 지도해야 한다. 아울러, 자료 활용에 대한 기초적 능력과 가치·태도 등 정의적 영역 지도에 깊은 관심을 가져야 한다.

수업은 교사가 학생들을 지도하기 위하여 가르치는 교수·학습 과정이라고 할 수 있다. 교사는 자기 자신의 전문적인 판단에 의해서 수업을 할 수 있다. 그러나 수업의 중요성에 비추어서 전문가들의 연구 결과를 기초로 하여 수업의 진행 과정을 일정한 틀로 정해 놓고 교사들이 참고하게 하는 것이 오늘날 학교의 일반적인 모습이다. 수업을 진행하는 이러한 틀을 수업 모형이라고 할 수 있다. 수업 모형은 대개 교육학적인 또는 심리학적 이론을 기본으로 하여 수업의 목표, 수업 자료, 수업 진행 방법, 평가 방법 등을 제시하고 있고, 수업을 효율적으로 하려는 것을 목표로 하고 있다.

사실 수없이 많은 수업의 틀들을 일정한 기준에 의해서 분류하는 것은 매우 어려운 일이다. 그것은 수업이 일종의 창작적인 행위이기 때문에 다양한 형태로 이루어지기 때문이다. 이러한 이유로 많은 사회과 교육의 교과서들은 수업 모형을 따로 취급하지 않고, 구체적인 내용이나 방법과 관련하여 언급하고 있을 뿐이다. 그러나 수업 모형에 대한 구체적인 내용이나 방법과 관련하여 언급하고 있을 뿐이다. 그러나 수업 모형에 대한 전반적인 고찰은 수업 방법의 이해를 크게 도와주는 것이 사실이다. 따라서 수업 모형이라는 말의 뜻을 엄격한 인과관계를 기초로 하여 성립하는 과학적인 모형이라는 의미보다는 수업을 진행하는 하나의 틀이라는 의미이다.

1. 인지적 수업 모형

1) 개념 학습 모형

(1) 개념 학습의 의미

일반적으로 개념(concept)은 여러 관념 속에서 공통된 요소를 추출하여 도출한 하나의 보편적인 관념, 또는 사물에 대한 대강의 뜻이나 내용을 의미한다. 사회과의 개념 학습(Concept learning)은 학생들이 사회 사상(社會 事象)과 관련된 여러 대상의 공통적인 특성을 찾아가고, 그 의미를 인식하여 가는 과정이다. 즉, 사회현상과 관련된 대상에 대한 심상(image)을 확장하여 가는 과정에 몰두하는 것이다. 학생들은 사회과 개념 학습을 통하여 복잡한 사회 사상을 단순화하여 볼 수 있고, 사회를 바르게 볼 수 있고 지식과 안목을 넓히게 된다.

인지 심리학의 대표적인 수업 모형이 개념 학습 모형이다. 개념은 일정한 기준에 따라 비슷한 것끼리 분류하고 거기에 이름을 붙인 추상적인 용어이다. 개념 학습이 인지적 수업의 대표적 모형이 되는 것은 사물을 구체적으로 이해할 때 보다 훨씬 더 많은 분량을 이해할 수 있을 뿐만 아니라, 추상적 사고를 가능하게 하여 암기와 이해라는 낮은 차원의 사고로부터 가설 설정, 분류, 비판적 사고,

창조적 사고, 의사 결정력 등 고급 사고력(high level thinking)을 신장시킬 수 있다.

우리가 경험한 것을 집단별로 묶은 범주라고 할 수 있다. 범주라고 하는 말은 분류라고 하는 말과 비슷한 것이지만, 범주는 어떤 특징, 즉 속성을 따라서 집단화한 것을 의미하는 것이다. 이것을 좀 더 쉬운 말로 하면 우리가 관찰한 것을 어떤 기준에 따라서 비슷한 것끼리 분류를 하고, 거기에 이름을 붙인 추상적인 용어라고 할 수 있다. 개와 고양이를 관찰하고, 개와 고양이이의 특징을 따라서 그들을 분류하고, 그들에게 '개'와 '고양이'라는 이름을 붙인 것이 곧 개념인 것이다.

개념은 추상적 사고를 가능하게 한다. 인간의 정신적 발달은 구체적으로 관찰한 범위를 떠나서 추상적으로 한없는 세계를 상징해 갈 때 더 풍부하고 창조적인 사고를 할 수 있게 된다. 개념은 바로 이러한 높은 차원의 추상적·독창적 사고를 가능하게 한다. 또 개념은 사물을 구체적으로 이해할 때 보다 훨씬 더 많은 분량을 이해할 수 있게 한다. 이것은 개념이 기본적으로 많은 대상들을 어떤 기준에 의해서 집단화시켜서 이해하기 때문이다. 개념이라고 하는 안경을 끼고 세상을 볼 때 우리는 한없이 넓은 세계를 상상할 수 있다고 하겠다.

사회과 개념 학습은 학생들이 경험하는 다양한 사물, 현상들에 대하여, 같은 범주에 속하는 여러 사례들이 갖고 있는 공통적인 속성을 파악하여 그것을 일반화하고, 개념의 긍정적 사례와 부정적 사례를 구분할 수 있도록 하는 학습 형태이다. 학생들이 개념 학습을 했을 경우, 해당 개념의 긍정적 사례란 어떤 것인지 이해할 수 있어야 하고, 그 개념에 해당되지 않는 부정적인 사례를 변별해 낼 수 있어야 한다.

인지 심리학에서는 개념을 '외재하는 범주의 심적 표상'이라고 정의한다. 외부 범주에 대한 자극들을 내적 정보 처리 과정을 통해서 마음에 저장하는데, 이렇게 저장된 범주에 대한 심적 표상이 곧 개념이다.

(2) 개념 학습의 형태

학습자가 관찰한 것을 어떤 기준에 의해서 비슷한 것끼리 묶어서 이름을 붙인 추상적인 언어적 표현이다. 개념은 그 개념을 구성하는 특징인 속성을 추출하여 구성되는 것이며, 이러한 속성에 해당되는 예가 있어야 의미를 가질 수 있게 된다. 또 이러한 인간의 인지작용은 사회적 상황과 역사적·문화적 차이의 영향을 많이 받게 된다. 즉 개념의 속성과 원형, 사회적 상황은 개념 학습에서 가장 중요한 3대 요소이다. 따라서 이들 중 어느 것을 강조하느냐에 따라서 개념 학습의 수업 모형이 달라진다.

개념 학습 모형의 목표는 학습 대상이 되는 개념이 어떤 구조로 이루어져 있는지를 확인하면 쉽게 달성할 수 있다. 개념 학습의 형태는 다음과 같은 세 가지 모형으로 대별(大別)된다.

첫째, 속성 모형(attribute model)이다. 속성 모형은 고전 모형이라고도 불리며 가장 오래되고 전통적인 모형이다. 이 모형은 속성을 '사람들이 사물과 현상에 대하여 공유(共有)하는 성질'로 보고 있다. 이처럼 개념을 속성이라고 볼 때, 개념 학습은 소위 속성 모형, 고전 모형을 추종하게 마련이다. 학생들에게 개념을 가르칠 때, 개념이 갖고 있는 특징을 중심으로 학습하는 형태의 개념 학습 모형이다. 결정적 속성(critical attribute)은 다른 개념과 구별되는 가장 중요한 속성이며, 비결정적 속성은 상대적으로 덜 중요한 속성을 의미한다.

둘째, 원형 모형(prototype model)이다. 원형 모형은 속성 모형의 대안으로 등장하였다. 개념을 원형으로 볼 때, 개념 학습은 원형 모형을 따르게 된다. 원형 모형은 전형 모형이라고도 하며, 이는 개념을 가르칠 때 전형적인 기본 모형을 중심으로 학습해야 함을 강조한다. 개념은 대상의 속성에 의하여 표현되는 것이 아니라, 일정한 범주를 구성하는 대표성에 의해 구성되는 것으로 간주한다. 물론, 원형 모형 중에서도 원형이 실제 세계에 존재한다고 보는 입장과 속성들의 평균값 또는 최빈값을 나타내는 이상적인 것이라는 입장으로 양분(兩分)되고 있다. 원형 모형은 개념의 대표적인 예를 추상적으로 구성하여 제시한다.

셋째, 상황 모형(context model)이다. 상황 모형은 학생들에게 개념을 가르칠 때, 처해진 사회적·문화적 상황에서 학생들이 직접 겪은 경험, 기대, 행동 등을 중심으로 학습해야 함을 강조한다. 개념은 단일체로서의 속성, 원형이 아니라, 다중적·맥락적으로 범주화되는 사회적 상황 내지 환경으로 이해하는 입장이다. 사회과 학습에서는 정치, 경제, 사회, 문화, 법, 윤리, 심리, 역사 지리 등 제 사회과학의 개념이 주로 다루어지는데, 이러한 개념들은 그 사회의 역사적·전통적·문화적 상황을 무시하고는 이해할 수 없기 때문에 상황 모형이 중시되는 것이다. 상황 모형은 일정한 맥락 속에서 개념을 이해하는데 바람직하며 역할놀이, 모의수업 등에서 주로 사용된다.

(3) 개념 학습의 특징과 교수 원리

사회과 개념 학습 모형은 조직적, 체계적 이해와 인지에 매우 효과적이다. 특히, 다양한 사회 사상(社會 事象)을 학습의 대상으로 하는 사회과에서는 매우 광범위하고, 다양한 영역과 내용을 교수·학습하기 때문에 개념 학습은 이를 보다 정선하고 단순화하여 일목요연하게 학습할 수 있다는 장점이 있다.

사회과 개념 학습 모형의 특징을 요약하여 제시하면 다음과 같은데, 먼저 장점으로는 다음과 같이 두 가지를 제시할 수 있다.

첫째, 학생들이 개념 학습을 통해서 학습하면 이해와 기억이 용이하다. 개념은 오래 지속되고, 무한한 추상적 사고를 가능하게 한다. 따라서 사회현상에 대한 고차원적 사고를 가능하게 한다. 개념 학습을 통하여 개념들 간의 규칙과 원리를 이해함으로써, 사회현상 간의 관계를 이해하는데 큰 도움을 준다.

둘째, 학생들이 사회문제의 정확한 개념을 추출하여 그 개념을 규칙에 적용함으로써, 사회문제를 해결할 수 있는 기능과 능력을 신장시켜 준다.

반면, 개념 학습의 제한점으로는 다음과 같은 점을 지적할 수 있다.

첫째, 교사가 학생들이 이해하고 있는 개념과 그렇지 못한 개념을 파악하기 곤란하다. 특히, 학생들이 특정 개념을 사용하고 있다고 해서, 개념을 이해하고 있다고 보기는 어려운 문제점이 상존한다.

둘째, 중등학교에 비해 초등학교 학생의 경우, 추상적인 인과관계를 맺고 있는 개념을 학습하기가 곤란하다. 학생들이 접하는 추상적인 개념에 대하여 이상적이고 구체적인 사례 제시가 용이하지 않기 때문이다.

한편, 학교 현장의 사회과 교수·학습에서 개념 학습이 효과적으로 이루어지기 위한 교수 원리를 종합하여 제시하면, 다음과 같다.

첫째, 우선 사회과 교사가 교수·학습에 앞서 핵심 개념을 파악하여 인지하여야 한다. 개념 학습의 목표를 명확히 하는 것은 매우 중요하며, 교사가 사회과 교수 학습의 핵심 개념을 명확하게 파악하고 있지 못하면 교수·학습이 피상적으로 흐를 우려가 있다.

둘째, 제시되는 개념이 교수·학습 과정에서 새롭게 경험하는 것이어야 한다. 교사는 학생들이 이해하고 있는 개념도 파악하고 있어야 하며, 각 개념 간의 중요성, 연계성, 유용성 등을 고려하여 지도하여야 한다.

셋째, 개념 획득에 필요한 인지적 기능을 파악하여야 한다. 아울러, 개념 형성을 위한 사회과 교수·학습에서는 귀납적 전략, 연역적 전략을 포함하여 다양한 전략이 병용(竝用)되어야 한다.

넷째, 직접적이고 구체적인 경험을 통하여 개념 이해의 폭을 확장시켜야 한다. 학생들의 사고 과정은 그들의 외부 환경을 인식하는 것과 밀접한 관련을 맺고 있으므로, 가능하면, 직접적인 경험을 통하여 학습하는 것이 바람직하다.

다섯째, 개념에 관련된 다양한 사례, 비사례(非事例)를 다양하게 준비하여, 이들을 다양하게 계열에 따라 제시하여야 한다. 준비된 사례와 비사례는 동시에 제시하고, 유사점과 공통점, 차이점과 대비점 등을 파악하도록 지도하여야 한다.

여섯째, 교수·학습 중간에 종종 비사례를 제시하여 학생들이 개념을 기본적으로 이해했는지를 평가하는 과정을 가져야 한다. 학생들의 개념 인지 정도를 파악하고, 그 정도가 부실할 때에는 교정, 보완을 해 주어야 한다.

일곱째, 학생들이 학습한 개념을 새로운 상황에서 적절하게 사용하는 경험을 갖도록 하여야 한다. 교사는 학생들이 개념을 다양한 상황에서 적절하게 사용할 수 있도록 지도하여야 한다.

(4) 주요 개념 학습의 과정

① 속성 모형

속성 모형은 개념 학습 중에서 전통적으로 가장 오래된 것이기 때문에 고전 모형이라고도 한다. 개념에서는 속성이 가장 중요하다고 보고, 개념 학습에서는 속성을 중심으로 해야 한다는 주장이다. 속성에는 그 개념을 다른 개념과 구별하는 결정적 속성과 덜 중요한 비결정적 속성이 있는데, 속성 모형에서는 이들을 분석한다. 속성을 분석한 후에는 그 개념에 해당하는 긍정적인 예, 부정적인 예, 예가 아닌 것 등을 확인하여 개념을 구체적으로 이해한다. 새로운 예를 학습할 때는 그 예가 속성에 해당하는지를 하나씩 검토하여 결론을 내리는데, 그러한 과정을 가설 검증이라고 한다. 이때에는 개념의 추상성과 구체성 등도 함께 분석하는데, 이러한 분석을 통틀어서 개념 분석이라고 한다. 개념 분석은 개념 학습의 중요한 한 과정이다.

이 모형은 논리적이고 간단하여 많은 개념을 설명하는데 적합하다. 그러나 어린 학생들은 속성을 추상화하는데 어려움을 겪고, 또 어떤 개념들은 명확한 속성을 찾아내기가 쉽지 않은데, 이런 경우에는 속성 모형보다 다음에서 서술하는 원형 모형이 더 적합하다. 속성 모형의 교수단계는 ① 문제 제기, ② 속성 제시와 정의, ③ 결정적 속성과 비결정적 속성 검토, ④ 예(例)와 비예(非例, 예가 아 닌 것 검토), ⑤ 가설 검증, ⑥ 개념의 형태, 종류, 관계 등 개념 분석, ⑦ 관련 문제 검토, ⑧ 평가 등으로 구분할 수 있다.

② 원형 모형

원형 모형은 1980년대 후반에 고전 모형이 해결하기 어려웠던 문제에 대한 대안으로 나타나기 시 작했다. 원형 모형은, 개념은 속성에 의해서 이해되는 것이 아니라 그 개념을 가장 대표하는 예에 의해서 표현되는 것이기 때문에 개념을 가르칠 때는 대표적인 예의 기본 모형, 즉 원형을 중심으로 수업을 해야 한다고 하는 개념수업의 한 방법이다. 원형은 여러 가지 구체적인 예들을 가장 대표하 는 이상형이라고 할 수 있다. 이 점에서 원형은 구체적인 예와는 다르다.

원형 모형은 속성이 뚜렷하지 않아 고전 모형으로 개념을 충분히 설명하기 어려울 때, 또는 혁명 과 반란처럼 비슷한 공통점이 있는 동위개념인 경우, 예를 통해서 이들 개념을 쉽게 설명할 수 있는 장점이 있다. 그러나 일반화시키기가 곤란한 단점도 있다. 사회과 개념 학습에서 원형 모형의 교수 단계는 ① 문제 제기 ② 원형 또는 예 제시 ③ 비예(예가 아닌 것) 제시 ④ 속성 검토 ⑤ 개념 분석 ⑥ 관련 문제 검토 ⑦ 평가 등으로 구분할 수 있다.

③ 상황 모형

상황 모형은 고전 모형이나 원형 모형처럼 일반화되어 있지는 않지만, 학습자의 사회적 상황을 중요시한다는 점에서 사회과에서 최근 관심을 끌고 있다. 상황 모형은 개념 형성 과정에서 학생이 직접 겪은 경험이나 행동 등을 중심으로 개념을 가르치려고 하는 개념 학습의 한 방법이다. 이들은 개념 형성이나 이해 과정에서는 반드시 역사적 전통과 개인적 욕구와 필요성, 문화적·사회적 영향 이 작용한다는 점을 중시하고 있다. 정치, 경제, 문화 등과 관련된 사회과의 여러 개념은 이러한 의 미를 충분히 가지고 있다고 생각된다.

상황 모형은 이처럼 학습자의 구체적 경험을 중시하여 개념을 쉽게 이해하게 하는 장점이 있다. 그러나 개념의 보편성을 이해하기 어렵고, 고전 모형과 원형 모형도 이러한 문제를 전혀 다룰 수 없 는 것은 아니기 때문에, 이러한 점을 인정한다면 상황 모형의 독창성이 문제가 되는 한계가 있다. 개념 학습에서 상황 모형의 단계는 ① 문제 제기 ② 상황 및 경험의 진술 ③ 예와 예가 아닌 것 검 토 ④ 속성 검토 ⑤ 개념 분석 ⑥ 관련 문제 분석 ⑦ 평가 등으로 구분하여 제시할 수 있다.

〈표 103〉 개념 수업 모형의 절차(단계)

모형	속성 모형	원형 모형	상황 모형
절차	(1) 개념의 정의 (2) 개념의 결정적 속성과 비결정적 속성 (3) 개념의 예와 비예(非例)의 검토 (4) 개념에 대한 관련 문제 검토 (5) 평가	(1) 개념의 대표적인 예(원형) (2) 개념의 예가 아닌 것 (3) 개념의 정의 (4) 개념의 속성 (5) 개념에 대한 관련 문제 검토 (6) 평가	(1) 상황 (2) 개념의 예 (3) 개념의 속성 (4) 개념에 대한 관련 문제 검토 (5) 평가

(5) 개념 학습의 유의점과 장단점

① 개념 학습의 유의점

ⓐ 소집단, 모둠 개념 학습에서는 구성원들이 함께 개념 지도를 그리는 것이 바람직하다.
ⓑ 학습자들의 수준을 고려하여 진행하여야 한다.
ⓒ 개념과 개념 학습에 대한 기초적 이해를 시킨 후에 적용하여야 한다.

② 개념 학습의 장점

ⓐ 학습자들의 수준보다 높은 개념을 알기 쉽게 이해시킬 수 있다.
ⓑ 일상생활에 쉽게 접할 수 있는 개념을 중심으로 교수·학습활동을 진행하므로 학습자들의 관심과 흥미를 조장할 수 있다.
ⓒ 교사와 학습자들의 신뢰로운 상호 작용이 이루어질 수 있다.

③ 개념 학습의 단점

ⓐ 개념 학습에 대한 이해가 전제되어야 한다.
ⓑ 개념 학습의 각 하위 모형에 대한 기본적 이해가 필요하다.
ⓒ 정확한 개념 위계가 확립된 개념만을 사용할 수 있는 한계가 있다.

④ 개념 학습의 중요성

개념 학습은 개념과 현실, 이론과 실천 사이에 존재하는 괴리를 해소하여 갈등을 해결하는 사고과정을 형성하는 것이다. 그리하여 철저한 개념 학습의 과정은 사고와 행동이 일관되게 통합된 인격을 형성하는데 큰 도움이 되는 모형이다. 이 모형은 청소년들이 개념은 개념대로, 행동은 행동대로 따로 분리되는 이중적인 모순(矛盾)을 해결할 수 있는 하나의 방법이 될 수 있다. 이는 우리 학교 교육의 고질적인 병폐인 주입식 암기교육의 문제점을 해결하는 좋은 방법이기도 하다(차경수·모경환, 2009: 222).

<표 104> 여러 가지 개념의 의미

구분	주요 의미
오개념(misconception)	개념의 속성을 잘못 이해한 경우
상투개념(stereotype)	비결정적 속성을 결정적 속성으로 잘못 생각하고 개념을 구성한 경우
구체적 개념	가시적인 개념(사람, 가족, 개 등)
추상적 개념	비가시적인 개념(국가, 주권, 사랑 등)
상위개념	포괄하는 정도가 높은 개념
동위개념	포괄하는 정도가 동일한 개념
하위개념	포괄하는 정도가 낮은 개념
접합개념	몇 개의 특징이 모여서 구성되는 개념(교육, 수입, 직업 등)
이접개념	독립적 대안적으로 성립되는 개념(국민: 출생, 혈연, 귀화, 국제결혼 등)
관계개념	상황과 맥락에 따라 형성되는 개념(평화, 정의 등)

2) 탐구 학습 모형

(1) 탐구 학습의 의미와 개념

듀이(Dewey)의 반성적 사고에 관한 연구가 발표된 이래 많은 사회과 교육학자들은 탐구 그 자체에 큰 관심을 가져 왔으며, 결국 반성적 사고 단계는 탐구 학습의 기본 과정을 제시하였다. 과학자들의 탐구 방법을 수업에 적용한 것이다.

듀이는 교육이란 지적 측면에서 반성적 사고(reflective thinking)와 태도를 계발하는 것이며, 탐구(inquiry)란 지식, 정보, 진리를 추구하는 과정으로서, 어떤 신념 또는 지식의 형태를 뒷받침하고 있는 근거에 기반을 두어 적극적이고 끈기 있고 세심하게 고찰하는 것으로 정의하였다. 즉, 듀이의 탐구의 기본 개념은 불확실한 문제 상황에 부딪혀, 이를 해결해 감에 있어서 전제, 객관적 관찰, 판단 등을 활용하여 보다 확실한 상황으로 나아가는 반성적 사고 과정으로 제시하였다. 따라서 탐구의 목적은 이유, 증거, 추리, 법칙 등을 사용하여 지적 신념을 확고히 하는데 있다.

마시알라스(B. G. Massialas)는 탐구란 어떤 기능이나, 특수한 세계에 대한 지각 속에서의 개인의 임무이며, 이는 인간과 지식과의 관계를 포함하는 생활의 한 형태로 규정하고 있다. 일반적으로 교육에서의 탐구란 '발견의 과정', '분명한 표현 과정', '사람과 환경에 대한 판단과 아이디어 검사 과정'으로 정의하였다(한면희 외, 1988: 342-361).

급변하는 사회적 사상의 현실 속에서, 사회 변화와 면밀한 관련성을 지니고 있는 사회과는 학생으로 하여금 현대의 사회 또는 미래의 사회에 대응해 나갈 수 있는 인간을 배양하려는데에 역점을 두고, 사회과 학습의 내용과 방법 면에서 새로운 전환점을 모색하고 있다. 이러한 경향성의 일환으로서 대두되고 있는 것이 곧 탐구적인 학습 방법이라고 말할 수 있다. 사회과에서의 탐구 학습은 사회적 사상에서 직면하는 여러 가지의 문제에 대하여 자주적이면서도 과학적으로 탐구케 하는 탐구 과정, 탐구 방법, 탐구 능력 등에 중점을 두고 있는 학습 지도 형태이다. 따라서 실제 학습에서 무엇을 배우느냐는 것보다는 문제를 어떻게 사유하고 판단하며 행동할 것이냐에 중점을 두고, 문제의 해결에 구조화된 교재를 가지고 탐구 방법을 적용함으로써 창의적인 사고력을 신장시킨다는 것이다. 즉 탐구 방법이란, 구조화된 교재를 그대로 제시하는 것이 아니고, 지식의 생성 과정을 스스로 발견하는 재발견 과정을 통하여 결론을 도출시키는 것이다. 그럼으로써 비교, 유추, 분석, 종합, 동찰 등의 창의적인 사고의 능력과 태도를 육성하려는 것이다.

이러한 관점에서 탐구 학습을 지도하려는 사회과 교사는 계획자로서의 교사, 소개자로서의 교사, 공동 연구자와 발문자로서의 교사, 경영자로서의 교사, 보상을 주는 자로서의 교사가 되어야 한다는 것이다.

탐구의 개념에 대하여 듀이(J. Dewey)는, 학습자가 문제 상황 지적으로 혼돈된 상황에 부딪쳐 이를 해결해 나가는데 있어서, 전제와 객관적 관찰과 판단을 통하여 확실한 상황으로 옮겨 가는 반성적인 사고 과정이라고 표현하였으며 또한 마시알라스(B. G Massialas)는 "탐구란 발견의 과정, 분명히 표현하는 과정, 시간과 그의 환경에 대한 판단과 중요한 아이디어를 검사해 가는 과정"이라고 하였다. 그리고 그는 다양성 있는 자료를 이용하여 탐구 과정을 추구하면 높은 수준의 사고 능력인 고등정신 기능, 자발적 비판능력, 능률을 올릴 수 있는 창조적인 사고력이 길러진다는 것이다. 일반적으로 말하고 있는 바 탐구의 본질이란 어떤 주어진 문제에 관하여 그대로 받아들이지 않고 그 문제에 일단 의문을 가지고 문제를 기술된 사항의 객관성에 대하여 입증을 하고난 뒤에 그 결과에 따라 주어진 문제를 해결하거나 구명하는 것이다.

따라서 탐구 학습을 지도하는 사회과 교사는, 사회과에 최적한 탐구 방법은 학생들이 직면하는 상황이나 장면에 따라서 여러 가지가 있을 수 있다는 것이라든가, 의미 있는 자료의 수집, 제작, 활용, 그리고 자유로운 토론 및 계속적인 아이디어의 발휘와 가설의 증명을 위한 사실의 기능적인 응용 등에 대한 근본적인 원칙들을 잘 알고 있어야 할 뿐만 하니라, 탐구 학습의 전제조건 특징, 그리고 재발견 과정의 기준 등에 대해서도 이론적인 고찰이 따라야 할 것이다. 마시알라스와 콕스는 사회과 탐구 학습의 전제 조건을 다음과 같이 제시하였다.

① 발견하려는 법칙이나 원리가 명확하여야 한다.
② 원발견 과정을 재발견 과정으로 전환시키는 기준과 절차가 용이하여야 한다.
③ 가설의 검증을 위한 자료가 풍부하여야 한다.
④ 학습자의 지식의 주순이 높은 수준에 있도록 훈련되어야 한다.
⑤ 교사의 발문기술과 학습자의 자주적이고 집단적인 사고 능력과 발표, 토의 등 기술의 토대가 있어야 한다.

그리고 탐구 학습의 특징으로 들어 볼 수 있는 것을 다음과 같이 제시하였다.
① 교재의 기본 구조에 대해 철저한 학습을 강조한다.
② 학습 효과의 전이를 중시한다.
③ 학습의 결과보다도 학습의 과정과 방법을 중시한다.
④ 학습자의 자주적인 학습을 강조한다는 것이다.

한편, 탐구 학습에 있어서 원발견 과정을 재발견 과정으로 구성하는 기준을 보면 다음과 같다.

① 긴 원발견 과정을 짧게 단축화한다.
② 원발견 과정의 단점을 평준화한다.
③ 원발견 과정의 시행착오를 간소화한다.
④ 재발견 과정에서 학습자들의 심리적 발달과 경험을 충실하게 고려한다.

(2) 탐구 학습의 수업 모형

사회과 학습 지도에서 활용되는 탐구 학습의 수업 모형은, 어떤 일정한 정형에 의하여서만 지도되어야 한다는 것은 있을 수 없고, 다만 사회과를 지도하려고 하는 학습 문제의 성격이라든가 또는 교사의 탐구 학습 지도 방법에 대한 관점, 그리고 학생들의 탐구 학습활동의 여러 가지 여건 등에 따라서 그에 적절한 탐구 학습의 수업 모형(학습 지도 과정)이 다양하게 적용되는 것이다. 그런데 탐구 학습의 수업 모형은 연구하는 학자들에 따라 수다한 유형들이 있을 뿐만 아니라, 사회과 내용을 지도하려는 학습 목표의 입장에 따라서 사회 탐구의 모형과 가치 탐구의 모형으로 분류되기도 한다. 사회 탐구 모형은 사회과학적 지식의 획득이나 이를 개발해 내는데 필요한 사회과학적 탐구 방법(탐구기능)을 습득게 하려는 수업 과정이고, 가치 탐구 모형은 가치·태도의 형성을 도모하려는 수업 과정인 것이다. 그러므로 여기에서는 탐구 학습의 수업 모형을 사회 탐구와 가치 탐구로 구분하여 제시하고자 한다. 그러나 실제로 탐구 학습을 지도하는 경우에 있어서는, 반드시 사회 탐구와 가치 탐구를 구분하여 지도를 해야 한다는 것은 아니고 오히려 구분하지 않는 경우가 많다는 것을 잊어서는 안 된다.

탐구는 본래 진리, 학문, 원리 등을 깊이 파고들어 연구하는 것이다. 따라서 탐구는 사고력을 바탕으로 한다. 탐구 자체가 곧 사고하는 과정이라고 할 수 있다. 의사 결정, 구성주의, 자기 주도적 학습 등은 학습자의 사고력을 바탕으로 한다는 점에서 탐구 학습과 궤(軌)를 같이한다고 볼 수 있다 (이종일 외, 2008: 366–367).

이와 같은 탐구 학습, 탐구 수업의 특징은 다음과 같이 요약할 수 있다.

첫째, 탐구는 그 자체 내에서도 자료 및 경험과의 관련성 속에서 해석, 분석 등과 같은 다양하고도 구체적인 사고 기능을 이끌어 낼 수 있는 체제를 제공한다. 문제의 확인으로부터 결론의 도출에 이르기까지 탐구 과정을 진행시켜 나아감으로써 학생들은 의도적으로 마련된 구조를 활용하고 각 단계마다 번역, 해석, 분석, 종합 등과 같은 사고 기능을 활용하도록 요구받는다.

둘째, 학생들이 탐구에 몰두해야 하는 상황에서 이르도록 탐구 과정을 성공적으로 이끌기 위해서는 모든 범위의 사고 기능과 절차를 적절하게 적용하도록 요구한다.

셋째, 탐구 수업은 교수·학습 과정의 흐름 속에서 가르치고 배울 수 있는 기회를 제공한다.

넷째, 탐구 수업은 기능 학습을 위하여 목표와 동기를 부여한다. 사회적 사실과 상황의 분석 및 평가에 관한 과제에 직면했을 때, 그들이 과제를 성공적으로 완성하거나 완성할 수 있는 방법을 알거나 학습해야 할 필요를 인식하여야 한다. 탐구 수업은 수업 내용의 흐름에 저해됨이 없이 사고 기능의 교수와 동시에 학습 내용과 개념의 발달을 촉진시키는 활동이다.

3) 탐구 학습의 성격

탐구 학습의 핵심은 학습자들로 하여금 가설을 구명(究明)하여 일반화(generalization)를 획득하는 과정이라고 할 수 있다. 학습자는 개방된 학습 분위기에서 불확실한 상황에 직면하여 가설(假說)을 세우고, 그 가설을 뒷받침하는 증거자료를 제시하며, 이를 검증함으로써 분명한 결론에 도달하게 된다.

학습자가 학습에 도달하기에 앞서 탐구의 대상으로 불확실한 상황이 있고, 학습자는 이러한 상황에 직면하여 자유로운 분위기 속에서 통찰력을 발휘하여 잠정적인 문제 해결의 방향이나 결론을 가정하게 된다. 이 가설은 문제 상황과 관련된 다양한 사실적 증거를 찾아서 제시하고, 이를 가설에 비추어 검증함으로써 문제 해결의 상황에 도달하게 된다.

결국, 탐구 학습은 '개방된 학습 분위기 속에서 교수·학습에 가설을 사용하며, 이들 가설과 관련된 신빙성 있는 자료들을 사용하여, 불확실한 상황을 분명하게 검증해 가는 과정'으로서, 탐구 학습의 성격은 개방적 교실 분위기, 보다 많은 가설의 활용, 가설과 관련된 사실적 지식의 활용 등이다.

4) 탐구 학습의 특징과 교수 원리

사회과 탐구 학습은 학생들에게 탐구(inquiry)라는 학습의 행동력을 신장하기 위한 학습 방법이다. 탐구 학습은 논리적으로 학습자가 사회과학자와 동일한 과학적 탐구 활동을 해야 한다고 가정한다. 즉, 과학자들이 사회현상을 연구하는 과학적 탐구 방법 과정을 학습자들에게 습득시켜야 한다고 보고 있다. 이렇게 함으로써 객관적 과학적 지식의 생성, 도출 과정을 경험할 수 있어야 한다는 것이다. 현실적으로 실천되고 있는 사회과 탐구 수업에서는 교사에 의해서 자료의 분석 방법과 도구, 그리고 그 절차 등이 지도되고 학습자들은 다만 그 결과를 직접 확인하는 형태를 취하는 경우가 주류를 이룬다. 탐구 학습에서는 과학자들의 연구 과정을 학생들에게 추체험(追體驗)시킬 것을 의도한다고 하더라도 과학자들의 탐구 활동과 학생들의 탐구 활동은 학생의 자기 주도적 학습 위주로 진행되어야 한다.

사회과에서의 탐구는 사회과학의 기본 개념을 도구로 하여 사회과학의 연구 과정과 방법을 단순히 탐구하는 것으로는 충분하지 못하다. 사회과의 목표는 민주시민의 자질 육성과 더불어 사회문제에 대하여 합리적으로 판단하고 올바르게 선택할 줄 아는 능력을 육성하는데 있고, 나아가 바람직한 사회로의 개선에 있다고 볼 때, 가치에 대한 탐구를 동반하여 정의적이고 행동적인 측면의 발달을 도모하지 않으면 안 된다.

일반적인 사회과 탐구 학습의 특징을 요약하면 다음과 같다.

첫째, 과학주의로서 방법론적 과정을 중시하는 학습 모형이다. 즉, 탐구의 과정과 탐구 자체의 학습을 중시하며, 실증주의적 방법을 강조한다.

둘째, 결론으로서의 지식이 아닌 수정될 수 있는 지식의 학습에 초점을 둔다. 지식 그 자체는 상대성이 있기에 수업 과정이 열려 있어야 한다.

셋째, 도달 여부를 확인할 수 있는 목표 설정이 가능해야 한다.

넷째, 학습자의 사고력, 탐구력을 발달시킬 수 있다. 탐구 학습은 교사의 활동보다 학생 중심 활동이기 때문에 학생들의 다양한 탐구 기능을 신장시킬 수 있는 것이다.

다섯째, 과학의 목적과 교육의 목적을 동시에 달성하려고 하기 때문에, 혼란 발생 우려가 있다.

여섯째, 탐구 과정은 사회 사상을 통해서 기본적 원리, 법칙 등을 추구하는 과정인데, 현실적으로는 사회적 사상 그 자체에 머무르는 상황이 초래되는 경우가 많다.

한편, 이와 같은 탐구 학습의 원리를 요약하여 제시하면 다음과 같다.

첫째, 탐구 학습은 과학적, 분석적 사회 인식을 제일차적 목표로 삼는다. 이와 같은 인식 능력을 바탕으로 바람직한 시민적 자질이 육성되기를 기대하는 것이다.

둘째, 탐구 학습은 특성상 실증주의적 입장을 견지하고 있다. 실증주의 입장에서는 사회현상도 자연현상처럼 실증적 방법에 따라 탐구되어야 한다는 입장으로 객관성, 보편성, 추리, 과학적 처리 등이 방법적으로 수반되어야 한다.

5) 탐구 학습의 과정

1960년대에 브루너에 의하여 『교육의 과정(process of education)』이 출판되어 학문 중심 교육과정이 전파된 이래 탐구 학습 모형은 사회과 수업 모형의 대명사처럼 회자되었다. 21세기라는 세계화 · 정보화 사회의 현대 교육 현장에서 탐구 수업 모형은 매우 중요한 의미를 가지고 있다. 물론 최근에는 탐구 수업 이외에도 학생 중심 수업을 지향하는 다양한 수업 모형이 많이 소개되고 있다. 사회과학과 밀접한 관계를 가지고 있는 사회과 교육은 탐구 학습과 특히 깊은 관계를 가지고 있으며, 사회과의 한 기본적인 수업 모형으로 자리 잡았다.

탐구 학습은 사회과학 탐구, 사회 탐구, 과학적 방법 등 다양한 이름으로 불린다. 원래 과학적 방법이나 사회과학적 방법은 자연현상이나 사회현상에서 경험적 자료를 사용하여 보편성 있는 법칙을 발견하기 위한 연구의 방법을 의미하는 것이지만, 사회과 교육에서는 이러한 의미 이외에 자기의 주장을 경험적 자료를 사용하며 증명하거나 문제가 발생하였을 때 문제 해결을 위한 학습 모형으로 사용된다.

탐구 학습의 권위자인 마시알라스(Massialas)의 탐구 학습 과정은 다음과 같이 요약된다.

① 안내(orientation): 학생이 문제에 직면하여 그것을 분석하고 문제의 의미를 파악한다.

② 정의(definition): 문제와 관련된 용어, 개념 등의 의미를 명료하게 한다.

③ 가설(hypothesis): 잠정적으로 문제 해결의 방향이나 결론을 제시한다.

④ 탐색(exploration): 가설에 대한 연역이나 추론을 통하여 보다 명료하게 한다.

⑤ 입증(evidencing): 학생들이 가설을 입증할 수 있는 자료를 수집, 검토, 분석한다.

⑥ 일반화(generalization): 증거에 입각하여 문제에 대한 가장 조리 있는 해결을 한다.

한편, 한면희(韓冕熙)는 마시알라스(Massialas)의 탐구 학습 과정을 바탕으로 반성적 사고에 기초를 둔 사회 지식의 탐구 학습 과정을 문제 인식, 가설, 탐색, 증거 제시, 결론 및 일반화, 일반화의 적용 단계 등으로 제시하였다(한면희, 2001: 304).

한국 사회과 교육에 탐구 학습이 본격적으로 도입된 것은 제3차 교육과정부터이다. 듀이(J.

Dewey)는 탐구의 과정을 반성적 사고 과정(reflective thinking)으로 보고 그 단계를 발단(suggestion), 지적 활동(intellectualization), 가설(hypothesis), 논증(reasoning), 가설의 검증(testing the hypothesis) 등으로 구분하여 제시하였다(한면희, 2001: 302).

<표 105> 탐구 학습에 대한 학자별 견해

과정(단계)	마시알라스(Massialas)	듀이(Dewey)	한면희(韓冕熙)
도입	안내(orientation) (정의: definition)	발단(suggestion)	문제 인식
전개	가설(hypothesis)	지적활동 (intellectualization)	가설
	탐색(exploration)	가설(hypothesis)	탐색
	증거 제시(evidencing)	논증(reasoning)	증거 제시
정리	일반화(generlization)	가설의 검증 (testing the hypothesis)	결론 및 일반화
			일반화의 적용

제기된 문제를 해결할 수 있는 가설을 설정하고, 관련 자료를 수집, 분석하는 것이 중요한 과정이다. 가설 설정은 경험적인 분석이 가능한 형태로 서술되어야 하고, 자료 수집과 분석은 통계적인 분석 방법에 의하여 엄격하게 진행되어야 한다. 표집 방법에서 편견이 들어가지 않도록 해야 한다. 수량적인 분석을 주로 사용하지만 면접, 참여 관찰 등 질적인 분석도 최근에는 많이 사용하고 있다. 자료를 수집할 때는 제1차적 자료와 제2차적 자료의 구분, 자료의 신뢰성과 타당도 등에 문제가 되지 않도록 정확하고 신중하게 해야 한다. 자료 분석이 끝나면 가설 검증 결과에 따라서 결론을 내린다. 탐구 학습의 수업 모형 단계는 다음과 같이 요약할 수 있지만, 그 핵심은 문제 설정 및 정의, 가설 설정(질문 작성), 자료 수집, 자료 분석, 결론 도출 등의 5단계이다. 탐구 학습의 각 단계별 특징은 다음과 같다.

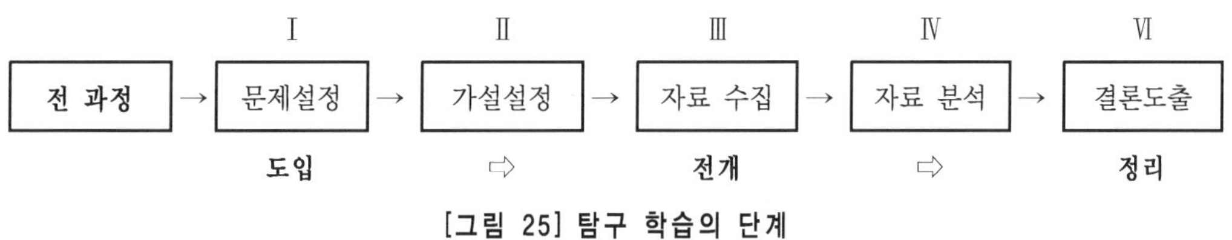

[그림 25] 탐구 학습의 단계

① 문제 설정 및 정의: 문제 설정은 학생들이 하고자 하는 동기 고취의 중요한 요인이다. 물론, 모든 문제 설정이 학생들의 현재 관심과 강조점에만 한정되는 것은 아니다. 그러나 가급적 학생들의 관심과 교과 내용이 연관된다면 학생들의 반응은 더욱 긍정적으로 나타날 것이다.

문제 설정단계는 실제 수업의 도입단계로서, 어떠한 과제를 가지고 수업할 것인가를 파악하고 결정하는 과정이다. 개인적 사회적 문제의 합리적인 결정 과정을 통하여 민주시민으로서의 바람직한 행위를 할 수 있는 인간을 육성하려는 사회과의 궁극적인 목표와 구체적인 수업의 목표, 그리고 교사의 교육적인 관점, 학생들의 의식발달 상황, 사회 국가의 요청 등에 합치가 되는 문제발상이 되어야 한다. 즉, 탐구 과제의 발상이란 수업과제를 제기하여 파악하고 결정하는 과정을 의미한다. 수업과제를 제기하는데 있어서 분명하게 밝혀야 할 것은, 누가 무엇을 어떻게 제기해야 할 것인가를 확실하게 하는 일이라 하겠다. 이러한 문제에 대해서의 이론은 논자들의 관점에 이견이 있을 수 있다.

문제의 제기자가 누가 될 것이냐에 있어서, 학생들이 주도적인 입장에 서면서 교사도 함께 제기할 수 있다고 본다. 그리고 문제 제기의 출처 근거를 어디에다 둘 것이냐에 있어서는 기본적이고도 구체적으로 구조된 교과의 교재와 자료, 생활 장면에서의 사회적 사실과 현상, 제 사회과학의 학문적 내용 등의 여러 가지 자원으로부터 문제 제기의 근거를 찾는 것이 바람직하다고 본다. 또한 무엇을 제기할 것이냐에 대해서는 탐구 학습으로 지도하기에 알맞은 문제여야 한다는 것은 재론할 필요가 없으며, 학생들에게 개인적·사회적인 의미를 가지는 사태와 사실, 해결을 요하는 문제점, 사회과학의 기본 개념 및 지식, 창의적인 사고기능 등을 내포하는 문제들을 제기해야 한다. 그리고 문제의 제기를 어떻게 할 것이냐에 있어서는 학생들이 적극적인 관심을 가지고 활동할 수 있도록 새롭고 흥미로운 방법이라야 할 것은 물론, 의도적이면서도 계획성이 있는 제기 방법을 원칙으로 해야 한다.

그리고 또한 탐구 과제의 파악과 결정 과정에 있어서는 교사와 학생이 함께 창의성을 발휘하여 문제에 대해 의미 깊게 인식하면서 하나의 사실들을 부분적으로 기억하도록 해 주고, 전체와의 연결을 하게 하며 학생들이 의욕적이고 자주적이며 능동적으로 학습 문제를 결정할 수 있도록 동기 유발의 분위기 조성과 그에 적절한 지도 조언이 있어야 한다. 또한 학습 문제를 결정하는데는, 학습한 내용을 명확화(일반화의 가능성)할 수 있는 문제, 사고활동이 활발하게 이루어질 수 있는 문제, 과학적인 인식이 가능한 문제, 그 단원이 의도하고 있는 본질에 합당한 문제 등이 발상되어야 한다.

② 가설 설정(질문 작성): 탐구 학습을 강조하는 학자들은 조사자들이 탐구 문제와 관련된 가설을 일반화해야 한다고 주장한다. 가설은 연구자들이 찾고자 기대하는 진술이다. 그러나 모든 사회과학을 가설화할 수 있는 것은 아니다. 학자들에 따라서는 이를 질문 작성으로 부르기도 한다. 이 단계에서 학생들은 문제에 대하여 가능한 가설, 또는 문제에 대한 설명과 답을 제시하도록 요구받는다. 학생들이 어떻게 대답하는지, 어떻게 정보를 기록해야 하는지를 생각하도록 토론을 할 필요도 있다. 학생들은 스스로 익숙하지 않았던 정보를 찾는데 몰두해야 한다.

탐구 과제의 해결 방법을 모색하는 이 단계에서는 결정한 학습 과제에 대해 가설을 정련하고 설정하는 과정이다. 가설을 모색하는데에는 직관적인 사고에 의해 통찰적인 비교, 유추, 착상 등의 과정으로 이루어진다. 부분적인 사실 간의 관계 파악을 통해 사실이나 개념의 인식을 수정 보완 발전시킴으로써 다양한 관계성을 찾아내고, 여러 개의 가설들을 분석적인 사고와 논리적인 작용을 거쳐 주관성이 강한 가설을 주어진 사실과 대조, 음미함으로써 사실의 분석 검증과 가설의 종합적인 인식을 하는 가운데, 과학적이고도 객관적인 귀결을 1-3개로 가다듬는다. 또한 가설을 모색하는 과정에서 고려되어야 할 사항들로는, 가설의 타당성 여부 문제, 기존하는 일반화와 경험과의 양립성 여부 문제, 입증을 위한 증거성의 여부 문제, 제 사회과학의 영역에 따른 내용에 합당하는가의 적절성 여부 문제 등을 신중하게 고려해야 한다. 그리고 가설을 예상해 내고 정련을 하는 요령에 있어서는, 어디까지나 학생들의 주체적인 활동을 원칙으로 하고 교사의 지도 조언이 뒤따라야 한다. 학습자들의 주체적인 활동의 형식으로는 전원 공동식이나 클럽 공동식 또는 개별식 등을 취사선택(取捨選擇)

하면서 발표나 토의 등이 충분하게 이루어질 수 있도록 한다. 또한 가설의 진술은 될 수 있는 대로 특이한 용어를 피하고 일반적인 용어로 진술해야 하고 정의의 규정 등도 명료해야 한다.

③ 자료 수집: 먼저 학생들은 자신들이 수립한 가설이나 제시한 질문의 답에 부합되는 증거와 자료를 찾고자 한다. 어떤 자료는 단지 문제 자체를 소개하는 것으로 보일 것이다. 그러므로 다양한 출처에서 자료를 수집하여야 한다. 학생들의 자료 수집에는 충분한 시간적 여유를 주어야 한다. 학생들이 다양한 출처에서 다양하게 자료를 수집하도록 여유와 격려를 받을 때 탐구 학습은 더욱 활성화된다.

④ 자료 분석: 학생들은 주제와 관련하여 다양한 내용을 학습하게 된다. 따라서 다양한 자료들은 학생들의 조사에 의해서 검토되고, 더욱 유용하고 의미 있는 자료가 되는 것이다. 학생들이 자료를 분석함으로써, 실제 정보를 조절하고 완성하게 된다. 학생들은 정보의 적용 여부나 적용 방법, 그것을 이용한 문제 해결 방법을 질문하여야 하고, 그럼으로써 내용에 대한 이해를 더욱 발전시키게 된다.

⑤ 결론 도출: 탐구 학습의 과정은 결국 문제 해결을 지향한다. 결론은 학생들이 다양한 출처에서 획득한 정보를 종합하여 얻어진 것이다. 그들이 제시한 답은 초기의 문제에 적합해야 하고, 가설과 질문에 대하여 연구하는 것이어야 바람직한 것이다.

일반적으로 사회과 탐구 학습은 학습자가 선호하는 여러 가지 주제를 선택하여 민주적으로 진행하여 학습 동기를 고양하고, 독립적인 학습 능력 신장, 학습자 간 상호 작용 조장 등의 장점이 있는 반면, 상대적으로 시간이 많이 소요되고, 소수 우수 학생 위주 학습으로 흐를 위험성이 있는 등 단점이 있다.

<표 106> 탐구 학습의 일반적 과정

단계	학습 과정	세부 학습 활동
1	문제 설정 및 정의	·학생들의 동기화 ·문제, 의문 사항 인지 ·의미 있는 것으로 만듦 ·그것을 처리하기 위해 쉽게 만듦
2	가설 설정(질문 작성)	·논리적 추측에서 끌어낸 관계 추리 ·가설 수립 ·문제 해결에 적합한 질문 작성
3	자료 수집	·활용 가능한 자료 출처 제시 ·유용한 자료 조사, 검토, 분류 ·증거 수집(필요한 증거 확인, 필요한 정보 수집, 필요한 정보 평가)
4	자료 분석	·증거 정리(증거의 내용 읽기, 증거 해석, 증거의 분류) ·증거 분석(유사점과 차이점 확인, 경향, 전후 관계, 규칙 확인) ·문제와의 적절성과 관련성 평가
5	결론 도출	·증거와 가설 사이의 관계 평가 ·결론 도출 ·결론의 일반화 ·보고서 및 프로젝트 작성

* 출처: 전숙자, 사회과 교육의 새로운 이해, 2007: 264.

6) 탐구 학습의 유의점과 장단점

(1) 탐구 학습의 유의점

① 학습자 스스로 주제를 선택하게 하는 것이 바람직하다.
② 교사는 수시로 소집단, 모둠 간의 탐구 활동을 점검하고 탐구 활동을 조장해야 한다.
③ 시사, 이슈, 사회 쟁점 등과 관련된 다양한 주제를 다루는 것이 좋다.
④ 교사와 학생 간, 교사와 소집단, 모둠 간의 상호 작용이 원활해야 한다.

(2) 탐구 학습의 장점

① 시사 문제와 사회 이슈 및 쟁점 등을 다루므로 흥미 있는 교수·학습활동이 가능하다.
② 학습자들이 선호하는 주제를 선택하여 학습하므로 민주적이고 협동적인 학습이 가능하다.
③ 사회과 학습에 참여하는 학습자 상호간의 긍정적인 상호 작용이 이루어진다.
④ 학습자들의 자율적인 학습 능력, 탐구 능력을 신장시킬 수 있다.

(3) 탐구 학습의 단점

① 탐구 활동에 대한 학습 방법의 학습(learning of learning method) 훈련이 선행되어야 한다. 그렇
지 않으면 소기의 성과를 거양하는데 일정한 한계가 있다.
② 다른 학습 방법, 학습 모형에 비하여 시간이 많이 소요되는 편이다.
③ 세밀한 탐구 계획, 치밀한 역할 분담과 학습 참여가 이루어져야 한다.
④ 형식인 탐구 활동에만 몰두하여 내용인 학습 목표를 간과할 우려가 있다.

2. 문제 해결 학습 모형

1) 문제 해결 학습의 개념

문제 해결 학습은 경험 중심의 사회과 교육과정에서 주로 이루어지는 학습 모형이다. 문제 해결 학습은 변화와 발전이 화두(key word)인 현대사회에서 각종 사회적 문제를 원만하게 해결하고 대처해 나아갈 유능한 민주시민 육성에 주안점을 둔 교수·학습 모형이다.

문제 해결 학습은 사회적 사실이나 현상 중에서 학습 문제를 포착하여 심사숙고하는 사고 과정을 통해 이를 해결해 가는 것이다. 아울러, 지식과 개념을 이해하게 하는 것보다 개인적·사회적 생활

의 문제 해결 방법을 중시하는 만큼, 지식의 계열이나 무의미한 사실을 기억하는 기법이나 능력을 중시하는 기계적 학습과는 달리 학생들의 사고 과정을 중시하면서, 학생들이 스스로 문제를 발견하고 해결해 가는 능력을 길러 주는데 초점을 맞추고 있다.

문제 해결 학습 모형에서 문제 해결 능력이란, 자료를 수집하고 분석하는 능력, 자료를 비판하고 조직·종합하는 능력, 시안을 작성하고 음미하는 능력 등을 의미한다. 따라서 사회과 교사는 학생들의 문제 해결에 도움을 주기 위하여 폭넓고 유의미하며 정확한 정보와 자료를 제공해 주어야 한다. 특히, 문제 해결 학습 모형은 학생들의 경험을 중시하면서, 개성과 자주성을 존중하고 바람직한 인간관계 형성을 도모한 바탕 위에서, 올바른 사고 능력과 비판력, 그리고 실천 기능 등을 배양하는데 지향점이 있는 교수·학습 모형이다.

사실, 문제 해결 학습이란 개념은 다의적이지만, 여기서 말하는 문제 해결 학습이란 어린이가 직면하는 해결을 위한 활동을 중심으로 하는 학습활동을 말한다. 인간과 환경과의 상호 작용 방법 혹은 그 결과를 경험이라고 할 때, 문제 해결 학습은 여러 가지 경험 중에서, 지금까지의 경험으로는 간단히 풀 수 없는 문제 사태에 있어서의 해결 경험을 의도적으로 교육의 장에 도입하여 학습 방법으로서 조직한 것이라 하겠다. 따라서 문제 해결 학습은 학문상의 지식이나 기능의 교수를 전제로 하여 그것들을 체계적으로 습득시키려고 하는 학습과 본질적으로 다르다고 볼 수 있다.

해방과 더불어 미국의 경험주의 교육론이 우리나라에 들어와 소위 '새 교육'이 주창되었을 때, 교실에서의 변화를 촉구하는 것은 문제 해결 학습이었다. 종래의 지식 중심 학습이 현실 생활에 아무런 도움을 주지 않고 특히 민주사회를 건설하기 위하여 어린이들이 스스로 문제를 발견하고 민주적으로 그 문제를 해결할 수 있도록 하지 않으면 안 된다는 생각이 문제 해결 학습을 강조하였다.

1955년에 개정된 제1차 사회과 교육과정은 내용 선정의 범위(scope)를 생산, 소비, 교통, 통신, 생명, 재산의 보전, 후생, 위안, 교육, 문화, 정치, 국방 등의 사회기능 중심으로 내용의 배열 계열성(sequence)은 동심원적 경험확대법에 따랐다는 것이 일반적인 견해이다. 이와 같이 사회 기능과 동심원 확대법의 논리에 토대한 교육과정이 실천의 장에서 문제 해결 학습이라는 형태로 나타나리라는 것을 명확한 사실이다. 이 교육과정은 학문적 체계에 따르는 내용의 선정과 배열이 아니다. 어린이가 사회생활을 영위할 때 경험하고 봉착하는 문제를 해결하기 위하여 꼭 알아 두어야 할 제반 사회기능을, 어린이들이 구체적으로 경험할 수 있는 세계의 확대 과정에 따라 학습할 수 있도록 조직하기 때문이다. 또, 당시의 사회생활과 교육과정에 따라 학습할 수 있도록 조직하기 때문이다. 또, 당시의 사회생활과 교육과정의 목표에서, '자주적으로 사고하고 행동하는 태도'를 기리고, 사회집단 관계를 이해하여 '그 안에 있어서의 자기의 올바른 입장을 깨닫게' 하며, '사회적인 협동활동에 적극적으로 참가하는 태도' 혹은 사회를 '개선하는 노력'을 기르도록 한 것에서도 사회과 수업이 문제 해결 학습 방법을 따라야만 했던 이유를 엿볼 수 있다. 학생들이 직접적으로 사회생활에서 문제 되는 사람들을 학습하고 참가, 개선하는 태도와 기능을 갖추기 위해서는 스스로 문제를 발견하고 그 해결책을 찾지 않으면 안 되기 때문이다. 뿐만 아니라, 당시의 교육과정에서 사회과의 내용을 체계적으로 다룰 것이 아니라 종합적으로 다루어야 함을 명기하고 있는 것도 학문적 체계에 따르지 않는 즉 문제 해결식의 학습을 시사하는 것으로 받아들일 수 있다.

우리나라의 사회과 현장에 문제 해결 학습이 얼마만큼 심도를 갖고, 어떻게 정착되었는지에 대한 확실한 보고는 없다. 다만 문제 해결 학습이 "① 일체의 학습 원리를 학습하는 어린이의 경험에 의하여 결정하며, ② 새 의문, 새 문제, 곤란에서 출발하여 해결하는 과정에서 목표에 도달한다. ③ 듀이의 반성적 사고 과정을 학습 과정에 이용하는 것이다. ④ 어린이의 개별적 특성과 자주성을 최대한으로 존중하고 이용하는 학습 방법이다."와 같이 그 학습 원리와 방법이 소개되고 있음을 알 수 있다(사회과교육연구회, 1976). 그리고 "문제란 의문과 동시에 나타나서 해결되기까지의 연속적인 과정을 포함하고 있었으므로 단원학습과 관련을 갖게 된다. 근래에 이르러 단원학습이 사회생활과 교육의 주축이 되면서 문제 해결의 학습 형태가 중심이 된 것도 그 까닭이다."라 하여 문제 해결 학습과 단원학습과를 같은 선상에서 이해, 수용하고 있었다(강우철, 1977). 이는 어린이가 봉착하는 문제 상황을 하나의 단위(unit)로 하여 학습 내용을 조직할 때 단원학습이 불가피해진다는 것으로 문제 해결 학습＝단원학습이 널리 인식되고 있었음을 짐작할 수 있다.

문제 해결 학습과 함께 프래그머티즘의 교육이론에서 출발하는 것으로 프로젝트법(Project Method)이 있다. 이는 원래 실제 작업을 필요로 하는 작업 과목, 가정과 등의 교수법으로 시작된 것으로서 '① 실제적이고 구체적인 문제 해결의 한 방법이며, ② 학습자 자신이 자발적으로 계획하여 수행함으로써 지식과 기술을 종합적으로 획득하게 하여 ③ 자연적인 환경 밑에서 실제의 생산이나 생산 활동을 시킨다.'는 특징을 갖고 있다. 킬패트릭(W. H. Kilpatrick)은 프로젝트법을, '① 일정한 개념 또는 계획을 형태로 표현함을 목적으로 하는 것, ② 일정한 지적 경험을 향수함을 목적으로 하는 것, ③ 일정한 문제를 해결함을 목적으로 하는 것, ④ 일정한 지식, 기능의 습득을 목적으로 하는 것' 등으로 분류한다(W. H. Kilpatrick. 1918). 그리고 어느 유형도 다양한 학습활동을 내포하지만 대체로 해결해야 할 문제에 대하여 목적의식을 갖는 단계→ 문제 해결을 수행하는 단계→ 활동의 결과를 비판, 평가하는 단계 등의 전개 과정을 거친다고 보고 있다. 이와 같이 프로젝트법 역시 학생들의 직접적인 경험을 중시하고 문제 해결 학습 과정을 거치고 있어 넓은 의미의 문제 해결 학습법에 포함시켜 보는 수도 있다. 그러나 프로젝트법은 물질적 재료 사용에 중점을 두고 실천적이고 구체적이며 결과가 유형으로 나타난다는 점에서 일반적으로 사용되는 문제 해결 학습의 개념과 구분된다고 하겠다.

2) 문제 해결 학습의 특징

문제 해결 학습 모형은 듀이(J. Dewey)의 사고와 연구에 바탕을 둔 모형이다. 일반적으로 문제 해결이란, 학생 개인의 입장에서 과업, 또는 문제가 되는 것이 문제의 요구에 알맞은 해결 과정으로 나아가는 것을 의미한다. 이러한 과정에서 학생들의 사고 활동을 강조하며, 문제 해결을 위해 학생들은 경험한 활동이나 과정을 참고하면서 해결책을 이끌게 된다.

실제 문제 해결 학습 모형은 일상생활에서 부딪치는 문제를 해결하는 과정에서부터 학술적인 문제를 해결하는 과정에 이르기까지 다양한 상황에서 활용할 수 있는 모형이다. 특히, 문제 해결 학습은 일상생활의 문제를 다루는데 매우 효과적인 모형으로 학생들의 경험과 사회문제에 대한 생생한 정보를 활용하는데 의의가 있다. 학생들이 직면하는 문제의 해결을 추구하기 때문에 활동 중심의 학습이 되며, 결과적으로 학생들의 문제 해결력을 신장시키는데 초점을 맞추고 있다(최용규 외, 2007: 151－153).

이와 같은 문제 학습 모형의 특징을 요약하면 다음과 같다.

첫째, 교수·학습의 과정이 열려 있어야 한다. 개방적 참여 활동 학습으로 진행되어야 한다.

둘째, 학습자들의 흥미와 노력이 상호 자극적이고 조화를 이루어야 한다.

셋째, 구체적인 유용성을 갖는 지식의 학습이어야 한다. 물론 그 지식은 역동적인 지식이어야 한다.

넷째, 학습 내용과 방법이 상호 유리(遊離)되지 않게 하여야 한다.

문제 해결 학습은 매 시간 일정한 패턴을 갖는 수업 형태라고 볼 수는 없다. 이는 어디까지나 학생들을 학습의 주체로 하기 위한 이론이고 교육을 보는 입장이기 때문이다. 그러나 문제 해결 학습의 수업으로 전개될 때 나름대로의 단계와 형태를 갖추게 되는 것도 사실이다. 문제 해결 학습의 실천적인 교수·학습 과정은 대체로 다음과 같이 전개된다고 보겠다.

① 제1단계: 한 단원의 학습이 시작될 때, 학생들 개개인이 그 단원의 내용, 학습 대상과 어떤 관계를 맺고 있는가를 찾아낸다. 그 위에서 교사는 교재를 선택하고 구성하여 단원 내용에 어떻게 도전해 갈 수 있을까 전망하지 않으면 안 된다.

학생들이 처음부터 교재나 학습 대상에서 문제를 발견한다는 보장은 없지만, 학습 대상과 학생들 간의 관계를 찾아가면, 학생들이 어떤 문제의식을 갖고 있는가를 확인할 수 있다.

② 제2단계: 학급 전원의 공통문제를 설정해야 하는 단계다. 이 단계에서는 그룹별로 문제를 내놓아 하나로 좁혀 가는 방법을 취함이 좋다. 당연한 주문이지만 제출된 여러 가지 문제 중에서 교재구성의 관점으로부터 또 학생들의 문제의식의 관점으로부터 중핵적인 위치를 차지하는 것을 공통문제로 삼아야 한다.

③ 제3단계: 공통 문제를 추구하여 해결하는 단계다. 말할 것도 없이, 가장 중심이 되는 과정이라고 하겠다. 이 단계에서 자료 수집, 견학 등의 학습활동이 그룹별로 이루어진다. 그런데 공통문제는 아무리 추구해 보아도 완전히 해결될 수는 없고 그 추구 과정에서 새로운 문제에 봉착하게 될 것이다.

④ 제4단계: 공통문제의 추구 과정에서 새로이 생겨난 문제를 확인하는 단계다. 학생들이 추구해 가면 갈수록 더 많은 문제가 나올 것이고, 그것으로 문제 해결 학습은 성공적으로 추진된다고 보아도 좋다. 다만 학생들의 능력으로는 도저히 완벽한 추구를 다할 수는 없고, 그와 같이 벽에 부딪쳤을 때는 학생들이 나름대로의 '할 수 없음'을 확인한다는 것은 거기서부터 다시 스스로 문제를 추구해 갈 가능성이 남아 있음을 말하기 때문이다. 그러므로 교사로서 학생들이 어떤 '알 수 없음'에 도달하였는가를 확인해 두어야 한다.

문제 해결 학습은 기초학력, 과학의 성과를 무시하는 것이라는 비판을 받아 왔다. 그러나 기초학력이란 무엇인가? 개관적이고 과학적인 지식이란 무엇인가를 깊이 따져 가면 기초학력, 과학을 중시한다는 것이 오히려 공허한 추상적 세계로의 인도를 의미할 수도 있음을 발견할 수 있다. 특히 초등학교 단계에서는 추상적인 내용보다는 구체적인 문제로부터의 학습이 현실적이라는 생각이 지배적이다. 개념적 지식을 중시하는 경우에도, 생활 개념으로부터 과학 개념을 발전시키는 과정으로서의 교수·학습과정을 검토하지 않으면 안 된다는 주장이 설득력을 갖는다. 실제로 문제 해결 학습의 교수·학습 과정의 원형이라고 볼 수 있는 듀이의 반성적 사고 과정이 신사회과(New Social Studies) 이후의 메트칼프(L. Metcalf), 앵글(S. H. Engle), 마시알라스(B. Massialas), 올리버(O. Oliver) 등의 탐구 학습 이론의 기반이 되고 있다는 점을 주목할 만하다.

3) 문제 해결 학습의 과정

(1) 문제 사태 단계

사회생활에서 문제 사태에 직면한다는 것은, 학생들이 그들의 생활 주변이나 사회적 사상 가운데에서 어떤 의문이 되는 일이나 난점(難點)에 부딪치는 일들을 사고 과정을 통하여 문제를 발견하는 것이다. 학생들이 문제를 발견하게 되는 것은 학생 스스로, 또는 교사가 학생들에게 경험담이나 여러 자료를 제시해 줌으로써 발견하기도 한다.

(2) 문제 형성 단계

문제 형성 단계는 문제 사태에 직면하여 발견된 문제를 학생들로 하여금 언급하도록 하고, 거론된 문제에 대하여 객관적·종합적·다각적으로 검증함으로써 의미 있고, 해결해야 할 문제인가를 가려서 하나의 문제로서의 핵심과 성격을 분명하게 밝히는 것이다. 즉, 문제 형성을 하는 과정이다.

(3) 가설 설정단계

가설 설정단계는 형성된 문제에 대하여 해결의 방향이나 암시를 통하여 문제가 해결됨으로써 얻을 수 있는 결과를 예상해 보거나 또는 예상되는 결과를 잠정적으로 설정하는 과정이다. 즉, 가설은 문제에 관련된 지식이나 경험을 기저로 하는 사고 활동을 통하여 이루어지는 것이기 때문에 심사숙고하여 설정해야 한다.

(4) 가설 검증단계

가설 검증단계는 설정된 가설을 조사, 관찰, 분석 등의 활동을 통하여 검증해 가는 과정이다. 검증하는 요령은 여러 가지 방법이 있으므로 한 가지 방법만을 고집해서는 안 된다. 교사들은 간접적인 암시를 통하여 학생들의 창의적인 활동을 조장하여, 올바른 검증에 이르도록 안내하여야 한다.

(5) 문제 해결 단계

문제 해결 단계는 설정된 가설에 따라 검증 활동을 통해 얻어지는 내용들을 종합적으로 정리, 요약하여 일반화하는 과정이다. 이 단계에서도 학생들의 자유로운 토론, 발표 활동이 이루어지도록 유도하여 창의적이고 능동적인 사고 능력 배양을 도모하여야 한다. 특히, 이 단계에서는 문제 해결의 핵심이 분명하게 드러나야 한다.

(6) 발전 및 반성단계

발전 및 반성단계는 문제 해결 과정에서 진행되었던 활동을 반성해 봄으로써 어려웠던 점이나 아쉬웠던 점을 발표, 토론하고, 해결한 문제들을 전이하여 다른 문제 해결에 두루 적용토록 하는 단계이다. 따라서 다른 문제들을 해결하게 하는 전이의 방법으로 다음 시간 연계, 과제 제시, 협동 학습 권장 등의 방법이 있다.

4) 문제 해결 학습의 유의점과 장단점

(1) 문제 해결 학습의 유의점

① 문제 해결의 결과보다 과정에 중점을 두고 있으므로 학생들에게 과정과 방법을 충실하게 지도하여야 한다.
② 학생들 스스로 문제를 발견하고 해결할 수 있도록 하기 위하여 지도 과정에서 적극적인 입장에 서지 말고 능숙한 조력자의 입장에서 해결에 도움이 되는 암시를 주어야 한다.
③ 창의적인 사고 능력을 기르는데 역점을 두고 있으므로, 지나치게 지식의 습득에 몰두하지 말고 학생들의 생활 경험을 풍부하게 할 수 있도록 지도하여야 한다.
④ 학생들의 자주적이고 능동적인 학습활동에 역점을 두고 있으므로, 스스로 사고할 수 있는 능력이 형성되는 발달 단계를 고려하여야 한다.
⑤ 학생들로 하여금 풍부한 자료를 가지고 의욕적으로 활동하게 함으로써 문제 해결에 곤란점이 없도록 지도하여야 한다.
⑥ 학습자들이 자주 접하는 일상생활 속에서 주제를 찾는 것이 바람직하다.
⑦ 타 교과, 타 영역과 통합적 수업으로 전개하는 것이 바람직하다.

(2) 문제 해결 학습의 장점

① 탐구 학습 등과 연계하여 진행할 수 있다.
② 학습자들의 일상생활과 밀접한 교수·학습활동으로 관심과 흥미를 유발할 수 있다.
③ 구성주의적인 종합적 고급 사고력(high level thinking)을 신장시키는데 유용하다.

(3) 문제 해결 학습의 단점

① 정해진 표면적 교육과정과 연계된 주제를 선택하는데 일정한 제약이 있다.
② 학습자 활동을 조장하기 때문에 타 교육 방법, 모형에 비해 시간이 많이 소요되는 편이다.
③ 학습자들이 문제 해결에 대한 절차를 잘 이해하고 있어야 한다.

3. 정의적 수업 모형

1) 가치 명료화 모형(Value clarification model)

(1) 가치 명료화의 의미

일반적으로 가치 교육은 특정한 사회규범이나 기준에 따라 학생들이 구체적인 가치 목표를 획득, 유지, 발전시킬 수 있도록 돕는데 그 목적이 있다.

가치 명료화는 자신의 가치를 정립하지 못하거나 가치가 불분명한 사람들에게 사회적 갈등 상황에 대한 자신의 가치를 분명하게 드러내는 것이다. 따라서 가치 명료화 이론은 어떤 개인이 자신이 원하는 가치를 드러내고, 그 가치를 내면화함으로써 궁극적으로는 당해 가치를 일상생활 속에서 실천을 통해서 습관화하고, 나아가 생활화하는 것이다.

가치 명료화 이론은 1960년대, 미국의 라스(Raths) 등에 의해서 구안되었다. 당시 미국의 사회는 다방면에 걸친 변화와 발전으로 인하여 선택 상황은 매우 다양해졌지만, 반면 이것은 청소년들에게 가치 혼동과 혼란을 야기했다. 다양한 사회 변화로 인하여 청소년들이 가치 고민과 선택의 기로에 직면하게 되었다. 이럴 때마다 스스로의 의지로 선택을 하고 자신의 가치관을 정립하는 것이 어렵기는 하지만 가치관 정립을 위한 꾸준한 연습과 훈련이 필요하게 되었다. 가치 명료화 이론은 이와 같이 다양한 가치 갈등을 겪는 상태에서 청소년들이 불분명한 가치를 스스로 명료화하고, 그에 따라 현명한 선택을 하도록 돕는데 초점을 맞추고 있다.

가치 교육을 할 때, 사회과 교사는 학생들에게 생활 속에서 진정한 가치에 대해서 생각해 보도록 하기 위해서 가치문제를 제기하는 과제를 부과할 수 있다. 또한 교사는 개방적인 마음 자세를 갖고, 학생들의 다양한 인식과 관점을 수용하여야 한다. 특히, 교사는 개인적 가치를 갖고 있다 하더라도, 학생들이 교사의 가치에 영향을 받지 않고 다양한 가치를 탐색해 볼 수 있는 기회를 가질 때까지 교사 자신의 가치를 노골적으로 노출시킬 필요는 없다.

(2) 가치 명료화 학습의 특징과 원리

가치 명료화 이론은 가치문제 혹은 도덕·윤리를 다루는 교육 방법이다. 가치 분석 이론이 주로 사회적 가치문제에 관심을 두는 반면, 가치 명료화 이론은 주로 개인적인 가치문제에 관심을 갖고 있다.

가치 명료화 이론을 창시한 라스(Raths) 등은 가치 강요를 하는 접근을 비윤리적, 비도덕적이라고 간주한다. 그들은 학생들이 자신들의 가치 체계를 스스로 창조할 수 있도록 허용하여야 한다고 강조한다. 가치 명료화 이론 추종자들은 이러한 맥락 속에서 가치를 개인적 경험의 산물로 보고 있다. 즉, 가치는 옳고 그름의 문제가 아니라, 개개인의 경험과 상대성을 바탕으로 한다고 보고 있다. 그러므로 가치의 보편성과 절대성을 부정하고 있다. 가치의 '구체적인 조건'이나 '구체적인 상황' 속에서의 가치만을 취급하고 있으며, 추상적인 가치는 논의 대상에서 제외하고 있다.

가치 명료화 이론은 가치 분석 이론처럼, 논리적 틀이나 안목을 기르기보다는 개별적인 가치를 학습자들이 직접 선택하고 평가해서 내재화시키는데 주안점을 두고 있다. 이와 같은 가치 명료화 학습의 특징은 다음과 같이 종합 정리할 수 있다.

첫째, 현대 다원주의 사회를 살아가는 학생들에게 자신의 정체성과 가치관을 스스로 확립하게 도와준다.

둘째, 여타의 가치 교육 접근이 도덕적인 측면을 중점으로 두고 있는데 비하여, 탈도덕적인 문제까지도 포괄적으로 다룬다.

셋째, 가치의 문제를 학생들 개인의 문제로 바라봄으로써 자신의 선택이나 행동에 대한 책무성을 강화할 수 있다.

넷째, 행동적·정의적 측면의 통합과 발달을 통해서 조화로운 인간 형성을 도모할 수 있다.

한편, 이와 같은 가치 명료화 학습의 교수 원리를 모색해 보면, 우선 가치 명료화 학습 모형은 가치의 내용보다는 과정, 절차를 강조하는 학습 모형이다. 즉, 하나의 도덕적 원리, 덕목보다는 가치화의 과정을 중시하며, 수업 과정에서도 내용적 측면보다는 과정적 측면을 중시하고 있다.

가치 명료화 학습 모형 옹호론자들은 가치를 유동적인 것으로 보고 있으며, 가치 명료화를 통하여, 학생들에게 더 지속적이고 기능적인 유산을 제공할 수 있다고 강조한다. 가치 명료화에서는 가치의 개발을 개인적이며, 일생의 과정으로 보고 있다. 이는 성인이 되었다고 완벽하게 완성되는 것이 아니다. 사회와 세상이 변함에 따라 사람의 가치도 변하며, 세상을 변하게 하는 방법과 평가를 탐구해야 한다는 입장이다. 사회과 교수·학습에서 강조해야 할 것은 바로 이러한 가치화의 과정인 것이다.

가치 명료화 학습에서는 객관적인 도덕적 원리, 가치 등 그 자체를 중시하지는 않는다. 오히려, 그런 원리와 가치들을 심사숙고하여 선택하는 과정으로 관심을 돌리고 있다. 즉, 원리보다는 가치를, 가치보다는 가치화를 더욱 강조하는 것이다.

(3) 가치 명료화 학습의 과정

가치 명료화 모형은 어떤 가치를 주입하려고 하는 것이 아니라 학생들이 가지고 있는 가치가 무엇인지 명백하게 하여 자신이 선택한 가치를 소중히 여기며, 가치와 일관성을 가지고 행동하는 것을 중요시하는 가치 지도의 한 방법이다. 가치수업을 위한 최초의 체계적인 수업 모형으로서 개인의 자유와 가치관을 존중하는 미국적 풍토에도 맞아 1970년대에는 미국의 일선에서 교사들의 관심을 가장 많이 모은 인기 있는 수업 모형이었다. 그러나 1990년대에 오면서 개인의 자유를 너무 중시하고, 교사의 역할이 너무 소극적이라는 비판과 함께 다음에서 서술하는 가치 분석에 요즈음에는 자리를 내주고 있는 실정이다.

가치 명료화 모형은 개인의 자유와 가치를 존중하면서도 가치관의 확립, 가치관과 행동의 일관성 등을 지도하는 장점을 가지고 있다. 그러나 개인의 자유를 너무 중시한 나머지 교사의 지도적인 역할이 너무 소극적이라는 비판을 받는다. 가치 명료화 모형에는 (1) 선택 ① 자유로운 상황 ② 다양한 대안 ③ 각 대안의 결과에 대한 충분한 검토 (2) 선택을 소중히 여김 ① 선택을 기쁘게 생각하고 소중히 여김 ② 선택을 타인에게 기꺼이 발표함 (3) 행동 ① 선택에 따라서 행동함 ② 삶의 한 유형이 되도록 계속 반복함 등 7단계의 필수적인 과정이 있다.

〈표 107〉 가치 명료화 학습의 실제

순	학습 과정	응답 명료화 활동
1	자유롭게 선택하기	- 그 아이디어를 처음에 어디에서 얻게 되었는가? - 이 방식으로 느끼는 사람이 여러분 친구 중에서 자신이 유일한 사람인가? - 여러분 부모님은 어떻게 생각하는가? - 여러분 선택에 반항심은 없는가?
2	대안으로부터 선택하기	- 여러분이 이것을 선택하기 전에 고려했던 것은 무엇인가? - 여러분이 결정하기 전에 얼마나, 오랫동안 숙고해 보았는가? - 가능한 다른 대안을 모두 고려해 보았는가? - 여러분 선택 이면에 어떤 이유가 있는가? - 여러분이 거부한 선택에는 어떤 것들이 있는가?
3	사려 깊고 반성적으로 선택하기	- 이용 가능한 각 대안의 결과는 무엇인가? - 이것이 내가 당신에게 말한 것을 이해하고 있는가?(진술 해석) - 여러분의 선택에 어떤 가정들이 관련되어 있는가, 검토해 보자. - 만약 이것을 하게 된다면 어떤 일이 일어날 것인가? - 이 선택이 가지는 이점은 무엇인가?
4	소중히 하고 기쁘게 여기기	- 그 방법을 만족스럽다고 느끼는가? - 왜 그것이 여러분에게 중요한가? - 그것이 없다면, 삶이 어떤 방향으로 달라질 것인가?
5	주장하기	- 여러분이 느끼는 방식을 때대로 학급에 이야기할 것인가? - 그것을 주장하는 청원서에 여러분은 기꺼이 사인을 할 것인가? - 여러분이 믿는 것을 말하고 있는가? - 그것을 믿는 사람은 다른 사람에게 공표해야만 하는가? - 여러분은 그것을 지속하고 중요하다고 여길 것인가?
6	선택에 대한 행동 취하기	- 여러분의 첫 번째 단계, 두 번째 단계는 무엇인가? - 이 아이디어에 여러분의 돈을 어느 정도 기부할 것인가? - 같은 목적을 위해 세워진 단체가 있는가? 여러분은 그 단체에 참여할 것인가? - 여러분이 이미 한 것보다 더 많은 것을 하기 위해 계획을 세웠는가?
7	반복하기	- 여러분은 때때로 이런 방식을 느껴 본 일이 있는가? - 어떤 것을 이미 행하여 본 일이 있는가? 당신은 이것을 종종 행하는가? - 이 외에도 당신이 할 수 있는 것에는 어떤 것들이 있는가? - 당신은 그것을 다시 할 수 있는가?

* 출처: 전숙자, 사회과 교육의 새로운 이해, 2007: 405.

(4) 가치 명료화 모형의 유의점과 장단점

① 가치 명료화 모형의 유의점

ⓐ 학습자들이 각자 나름대로 논리를 가지고 가치를 주장하고 스스로 확신하도록 도와주어야 한다.
ⓑ 교사와 학습자들이 가치중립적인 입장에서 출발하여야 한다.
ⓒ 자신과 다른 입장에 있는 타인의 가치를 인정하고 존중하는 태도를 가져야 한다.

② 가치 명료화 모형의 장점

ⓐ 교사와 학습자 등 교수·학습 참여자들의 가치가 보호되고 존중된다.
ⓑ 학습자들이 자신의 가치에 대한 확신을 가질 수 있다.
ⓒ 자신과 타인의 가치가 함께 소중함을 이해하게 된다.

③ 가치 명료화 모형의 단점

ⓐ 가치에 대한 선행 학습이 되어 있지 않으면 적용하기가 곤란하다.
ⓑ 잘못하면 가치 상대주의에 빠질 우려가 있다.
ⓒ 자시의 가치를 고집하거나, 타인의 가치에 맹종할 우려가 있다.

2) 가치 분석 모형(Value analysis model)

(1) 가치 분석의 의미

가치 분석이란 학생들의 논리적 사고를 가치 과정에 적용하도록 돕는 일종의 기술적 용어이다. 즉, 개인이 선택한 가치에 대한 이유를 밝히고, 증거를 제시하여 자신의 가치관을 확립해 나아가도록 돕는 과정이다.

가치 분석 이론에서는 인간의 감정보다 이성을 존중한다는 점이 특징이다. 이간 자체를 감정의 논리와 과학적 방법에 복속시킴으로써 최고의 선에 도달할 수 있는 합리적인 존재로 파악하는 것이다.

가치 분석의 과정은 합리적이고 올바른 가치를 규명하기 위한 절차이다. 아울러, 정당화될 수 있는 가치 판단을 내려 가는 논리적인 사고 과정이다. 환언하면, 가치 분석이란 합리적이고 정당화될 수 있는 가치 판단을 내리는 사고 과정과 그 행위 자체를 의미한다.

가치 분석 이론에서, 가치 판단은 어떤 대상에 대하여 평가하는 것을 의미한다. 자신의 가치 판단을 다른 사람이 믿고 공감할 때, 그 가치 판단은 정당화될 수 있다. 따라서 가치 분석 이론에서는 정당화될 수 있는 가치 판단을 내리기 위해서, 평가 대상과 관련된 '사실적 근거'와 그 가치를 지지해 주는 '가치 원리' 등 두 가지 근거가 충족되어야 한다.

일반적으로 가치 판단에는 네 가지 요소가 연계적으로 상호 작용한다. 첫째, 가치 판단을 내릴 대상인 '평가 대상', 둘째, 평가 대상과 관련된 '사실적 진술', 셋째, '준거'에 입각하여 접근하여야 하며, 넷째, 그 대상에 적용되는 '평가 용어' 등이 핵심 요소이다.

가치 판단의 대상을 평가 대상이라고 하는데, 어떤 대상이라도 평가 대상이 될 수 있다. 즉, 인물, 제도, 정책, 물건 등 어떤 것이라도 판단의 대상이 될 수 있다. 이러한 평가 대상에 대한 평가는 긍정적 평가, 부정적 평가, 중립적 평가 등으로 구별할 수 있다. 이러한 평가들은 상이한 관점들에 따라 달라질 것이다.

가치 판단은 단지 직관에 의해서 결정되는 것이 아니라, 평가 대상에 대한 사실적 정보와 판단자 자신의 가치 원리의 결단에 의한 가치 결정 과정을 필요로 한다. 이것은 가치 교육을 수행할 때, 교사가 일방적으로 덕목을 전수하거나 훈육하는 방법이 아닌 행위자 자신의 가치 결정 과정을 중시토록 해야 한다는 점을 의미한다. 그러므로 가치 교육에서 평가하고자 하는 대상에 대한 충분한 사실적 정보와 가치 원리의 결단 과정이 요구되는데, 이러한 관점을 채택하고 있는 가치 교육 방법이 곧 가치 분석 모형이다.

가치 분석 이론에서는 평가하려는 대상에 대한 '사실적 정보를 어떻게 얻을 것인가?' 하는 문제와 '가치 원리들을 어떻게 결단할 것인가?' 하는 방법적 문제가 아주 중요하게 다루어져야 한다. 환언하면, 가치 분석 이론에서는 학생들이 가치 판단을 내릴 때, 평가 대상에 대한 사실적 지식을 획득하고 가치 원리를 결단하도록 하는 합리적인 절차를 제시하고 있다. 이러한 절차는 곧 가치 판단에 대한 정당성을 확보하기 위한 이유나 근거를 마련하는 구체적인 활동이라고 할 수 있다.

(2) 가치 분석 모형의 과정

가치 분석 모형은 개인이 특수한 가치를 선택할 때 논리성과 이유를 충분히 밝히고, 가능하다면 증거도 제시하도록 함으로써 가치관 확립을 도우려는 가치지도의 한 방법이다. 가치 명료화와 비슷한 데가 있지만 좀 다르다. 가치 명료화는 선택하는 가치를 명백하게 하려고 하지만 가치의 논리성을 거치면 학생들은 자기가 선택하는 가치의 정당성을 발견하고 훨씬 더 효과적으로 가치의 내면화를 이룰 수 있게 될 것이다. 가치지도를 위한 교사의 역할은 가치 명료화에서보다는 더 적극적이라고 할 수 있지만, 교사는 바람직하다고 생각하는 가치를 결코 학생들에게 강요하여 받아들이도록 해서는 안 된다. 학생들이 가치를 검토하는 과정에서 스스로 선택하고, 그 이유를 밝히며, 선택과 행동에 일관성을 갖도록 하는 것이다.

헌트와 메트칼프의 주장이 대체로 이 모형에 속하며, 최근에는 뱅크스가 매우 정교한 가치 분석의 모형을 제시하여 일선 교사들의 호평을 받고 있다. 뱅크스의 모형은 9단계로 되어 있는데, ① 가치문제의 제기 ② 가치 관련 행동의 서술 ③ 행동과 관련된 가치의 확인 및 시술 ④ 가치 갈등의 확인 ⑤ 가치의 원천 서술 ⑥ 대안적인 가치의 서술 ⑦ 대안적 가치의 결과 예측 및 검토 ⑧ 가치 선택 ⑨ 선택한 가치의 이유, 원천, 결과 서술, 정당화 및 예측 등의 과정이다. 이 가치 분석 모형은 다소 복잡한 단계처럼 보이지만, 각급 학교와 학급의 상황과 여건에 따라 간소화하고 재구성하여 적용하면 매우 유용할 것이다.

(3) 가치 분석 모형의 특징과 원리

가치 분석 이론은 가치 명료화 이론에 대하여 비판적 입장에 있다. 가치 명료화 이론은 모든 가치는 상대적이며 개인에게 초점을 맞추어 극단적인 상대주의 경향으로 흐를 우려가 있음을 지적한다.

가치 분석 이론은 자유, 평등, 인간 존중, 인권, 평화, 정의 등과 같은 기본적 가치는 각 개인에 따라 달라질 수 있는 상대적인 것이 아니라, 모두가 수용하여야 할 중핵적인 가치로 본다. 다만, 이들 기본적 가치의 구체적인 구현 방법, 하위 가치에 대한 개개인의 견해에 대해서는 상대성을 인정하며, 그 같은 개인의 견해나 가치를 분명하게 하는데는 평가적 추론의 과정이 필요하다고 본다. 자유, 평등, 인간 존중, 인권, 평화, 정의 등과 같은 기본적 가치는 이론(異論)의 여지가 없이 중요한 가치라고 인정하고, 이들 중요 가치에 대한 다양한 해석과 평가 간에 야기될 수 있는 대립을 가치 갈등으로 보고 있는 것이다.

가치 분석 이론은 사회적 가치문제 해결에 적합한 가치 탐구 이론으로서, 합리적이고 정당화될 수 있는 가치 판단의 근거로서 '사실'과 '가치 원리'를 제시한다. 그리고 가치 판단을 내릴 수 있는 논리적 교수 전략과 가치 갈등을 해결할 수 있는 구체적인 전략을 제시하고 있다. 가치 분석 이론은 학습자들로 하여금, 논리적 추론과 같은 사고 기능을 습득하게 하고 하나의 가치가 형성되는 과정, 절차를 경험하게 하는 학습 모형이다.

이와 같은 가치 분석 모형의 한계점으로는, 첫째, 감수성이 예민한 학생들이 가치 분석 과정을 하나의 지적인 훈련으로 오해할 우려가 있고, 둘째, 가치 분석 이론이 정의적 면을 소홀히 할 우려가 있으며, 셋째, 가치 분석 이론이 가치 판단과 가치 갈등 해결을 위한 논리적 전략을 제시하고 있기는 하지만 학생 수준에서 이를 숙달하기에는 한계가 있다는 점 등을 들 수 있다.

한편, 가치 분석 모형의 교수 원리와 관련하여 고찰하여 보면, 이는 '가치 판단을 내릴 때, 어떻게 하면 정당화되고 합리적이며 객관적으로 판단을 내릴까?' 하는 문제에 정확한 답을 제시하기 위해 나타난 가치 교육 방법론의 하나라고 볼 수 있다. 가치 분석 모형은 학생들이 특정 문제에 대하여 합리적인 결정을 내리기 위해 체계적이고 점진적인 과정을 이수하도록 도와준다.

가치 분석 모형은 복잡한 쟁점이 맞물려 있을 때, 이용하기에 적합하다. 또한, 논리적 사고와 과학적 탐구를 강조하고, 가치 판단을 내리는데 적용하기에 알맞은 모형이다. 학생들에게 그들의 가치를 상관시키고 개념화시키는데 있어서 합리적이고 분석적인 과정을 사용하도록 돕는다.

쿰즈(J. R. Commbs)는 가치 분석 모형의 근본적 목표를 다음과 같이 제시하고 있다(Metcalf, 1971).

첫째, 학생들이 가장 합리적이고 정당화될 수 있는 가치 판단을 하도록 돕는다.

둘째, 학생들이 가치 판단을 하는데 필요한 능력과 성향을 개발하도록 한다.

셋째, 학생들에게 다른 집단과의 가치 갈등을 해결하는 방법을 가르치기 위하여 적용한다.

(4) 가치 분석 모형의 학습 전략

가치 분석 모형의 교수·학습 전략을 종합하여 제시하면 다음과 같다(Metcalf, 1971).

첫째, 가치문제의 확인 및 명료화이다. 가치 판단을 하기 전에 해야 할 일은 평가 대상과 평가 관점을 명확히 하는 일이다. 평가 대상을 나타내는 용어가 불분명하면, 가치가 명확하게 드러나지 않는다. 따라서 이때에는, 용어의 정의를 내려야 하고, 용어가 언급하지 않는 것의 사례를 제시하여야 한다. 평가 관점이 명확하지 않을 때에도 가치 판단이 곤란하므로, 교사는 관련 있는 평가 관점을 명확하게 제시하는 것이 바람직하다.

둘째, 가치 판단 관련 사실들의 수집이다. 가치 분석 과정의 중요한 부분 중의 하나가 가치 판단과 관련된 사실들을 수집하는 일이다. 이러한 수집 활동에는 사실적 주장을 구별하기, 사실들을 광범위하게 수집하기, 복잡성을 해결하기 등이 필요하다.

셋째, 사실 주장의 평가이다. 가치 결정에 관련된 사실에는 특수한 사실(particular facts), 일반적 사실(general facts), 조건적 사실(conditional facts) 등이 있다.

특수한 사실 주장은 단일 사건을 기술하고 있는 진술로서, 그 주장이 기술하고 있는 사건이나, 사건들의 상태를 관찰함으로써 증명된다. 일반적 사실 주장은 일반화를 나타내는 진술로서, 그 주장을 지지하거나, 논박할 수 있는 특수한 사실을 발견함으로써 평가할 수 있다. 한편, 조건적 사실 주장은 조건적 사실을 표현하는 진술로서, 일반적으로 'if-then(만약-하면-할 것이다)'의 형식을 취한다.

넷째, 사실에 대한 관련성의 명료화이다. 평가 대상과 관련이 없는 사실에 중요성을 부여하는 것은, 가치 판단의 합리성을 감소 내지 왜곡시킬 우려가 있다. 합리적인 가치 판단을 내리기 위해서는 사실들의 관련성을 검토해 보아야 한다. 사실들의 관련성을 검토할 때에는 사실에 값을 부여하는 준거를 형식화하고, 준거가 형식화되었을 때 교사는 준거를 믿는지를 확인하는 것이 중요하다.

다섯째, 잠정적 가치 판단이다. 잠정적 가치 판단은 상기(上記) 첫째 단계에서 넷째 단계까지의 결론적 단계이다. 평가자가 이전의 단계에서 모두 사실 수집을 잘했다면, 합리적인 판단을 내릴 수 있다.

여섯째, 가치 원리의 수용성 검사이다. 평가자가 자신이 내린 가치 판단의 결과 속에 함축되어 있는 가치 원리를 받아들일 수 있을 때, 그 판단이 합리적인 것이다. 평가자가 가치 원리의 수용성 여부를 결정하는데 이용할 수 있는 검사 방법에는 새로운 사례 검사(New Cases Test), 포섭 검사(Subsumption Test), 역할 교환 검사(Role Exchange Test), 보편적 결과 검사(Universal Consequences Test) 등이 있다.

<표 108> 가치 분석 모형의 학습 전략

학습 단계	진행	세부 교수 및 학습 전략
① 가치문제의 확인 및 명료화	⇨	•판단 대상의 확인, 용어의 정의, 가치 판단과 관점 확인
② 가치 판단과 관련된 사실의 수집	⇨	•사실적·평가적 진술의 구별, 긍정적·부정적 진술의 구별
③ 사실 주장의 평가	⇨	•사실 진술 속의 용어 정의, 특수적·일반적·조건적 사실 구별
④ 사실에 대한 관련성의 명료화	⇨	•사실의 관련성 검사
⑤ 잠정적 가치 판단	⇨	•가치 원리, 사실, 가치 판단의 구조화
⑥ 원리의 수용성 검사 및 최종적 판단	⇨	•새로운 사례 검사, 포섭 검사, 역할 교환 검사, 보편적 결과 검사

(5) 가치 분석 모형의 유의점과 장단점

① 가치 분석 모형의 유의점

ⓐ 학습자가 선택한 가치 위계 논리를 분석토록 유도해야 한다.
ⓑ 가치 분석의 기법을 이해하도록 해야 한다.
ⓒ 가치에 대한 논리적 분석에 참여하는 능력과 자질을 함양하여야 한다.

② 가치 분석 모형의 장점

ⓐ 학습자들의 가치를 논리적으로 분석해 준다.
ⓑ 학습자들이 가치의 위계를 확인할 수 있다.
ⓒ 학습자들이 가치의 논리성, 정당성 등을 터득하게 된다.

③ 가치 분석 모형의 단점

ⓐ 가치를 분석하므로 경직된 수업이 될 가능성이 많아 흥미가 반감될 우려가 있다.
ⓑ 지나치게 인지적으로 접근하여 정서적인 면이 무시될 우려가 있다.
ⓒ 가치를 논리적으로 분석하는 과정이므로 학습자들이 애로를 겪을 수 있다.

3) 가치 추론 모형(Value reasoning model)

(1) 가치 추론의 의미

가치 추론은 도덕적 추론이라고도 하는데, 사회적 맥락 내에서 학생들이 '옳은 것'과 '그른 것'의 차이점을 구별할 수 있는 능력을 발달시키는데 초점이 있다. 가치 추론의 목적은 학생들이 자신의 발달 수준에 알맞은 적절한 교육적 경험을 통해서 보다 고차원적인 가치 인지 및 행위를 습득하도록 도와주는 것이다. 피아제의 연구를 반영하여 콜버그는 3수준 6단계의 도덕 발달에 따른 가치 추론 이론을 발달시켰다. 3수준은 전 관습적 단계, 관습적 단계, 후 관습적 단계이다. 6수준은 전 관습적 단계에서 복종과 벌의 단계, 도구적 상대주의자 단계 등 2수준, 관습적 단계에서 타인의 동조 단계, 법의 지배 단계 등 2수준, 후 관습적 단계에서 사회 계약적 규범 단계, 보편적 윤리 단계 등 2수준 등 총 6개 수준이다.

(2) 가치 추론의 단계와 수준

가치 추론 모형은 도덕 추론 모형, 도덕 발달 모형, 지적 발달 모형 등 다양한 이름으로 불린다. 피아제의 지적 발달단계에 관한 이론을 하버드대학의 도덕 심리학 교수 콜버그가 1970년대에 주장하여 교육 현장에서 많이 이용되고 있다. 콜버그가 주장한 도덕 추론 발달 단계는 다음과 같다. 그러나 이러한 단계는 기계적인 것은 아니고, 사람에 따라서 각각 다르게 나타날 수 있다는 점을 유념할 필요가 있다.

〈표 109〉 콜버그의 도덕 추론 발달 단계

단계(수준)	연령(세)	세부 단계
1. 전 관습적(본능적) 단계	6-8세 정도	① 복종과 벌의 단계
		② 도구적 상대주의자 단계 (남을 수단으로 자기 욕구 충족)
2. 관습적 단계	10-12세 정도	① 대인관계 타인 동조 단계
		② 법의 지배 단계
3. 후 관습적 단계	15-16세 정도	① 사회계약적 규범 행동 단계
		② 보편적 양심, 원리 행동 단계

가치 추론 모형은 학생들의 도덕성이 발달하는 단계에 따라 가치판단을 할 수 있는 도덕적 능력을 길러 주는 것을 목적으로 하는 지도 방법이다. 구체적인 행동을 지시하기보다는 일반적인 판단 능력을 기르고, 그러한 능력에 따라 학생 자신이 구체적인 선택을 하도록 한다. 이를 위해서 콜버그는 '돈이 없는 남편이 암으로 죽어 가는 아내를 위해서 약국에 약을 요청했으나 거절당한 후 약을 훔쳐야 하는가, 아니면 죽게 내버려 두어야 하는가' 등의 갈등 상황을 학생들에게 제시해 주고, 적절한 선택과 그 이유를 발견하게 하는 가치 갈등의 지도 사례를 제시하였다. 학생들의 도덕 발달단계에 맞거나 한 단계 높은 수준의 토론을 하는 것이 바람직하다고 했다. 수업 단계는 ① 문제 제기 ② 도덕적 갈등 사례 제시 ③ 갈등과 관련된 각각의 입장에서 의견 진술 ④ 관련 문제 토론 ⑤ 선택 및 이유 제시 등의 5단계로 요약할 수 있다.

〈표 110〉 가치 추론의 전략(사례)

구분	세부 상황(질문 등)
상황	남학생과 여학생이 모두 같은 학급에 있다. 어느 날, 선생님은 그들에게 오후 시간 전체를 벽화와 크레파스로 그림을 그리도록 지시하였다. 선생님은 이러한 그림들을 꽤 좋은 가격으로 팔 수 있을 것이라고 생각했다. 학생들은 그 그림을 자신들의 부모에게 팔았고, 그 학급은 상당히 많은 돈을 만들었다. 이제 모든 어린이들이 다음 날 모여서 그 돈을 어떻게 분배할 것인가를 결정할 것이다.
1	그들이 그 돈을 가지고 무엇을 해야만 한다고 생각하는가? 그 이유는?
2	캐시는 가장 많은 그림을 그린 친구가 많은 돈을 가져야만 한다고 말한다. 당신은 어떻게 생각하는가?
3	앤디는 가장 그림을 잘 그린 친구가 가장 많은 돈을 가져야 한다고 말한다. 당신은 어떻게 생각하는가?
4	레베카라는 게으른 아이가 있는데, 그 아이는 다른 아이들만큼 그림을 그리지 못했다. 그 아이에 대해서 당신은 어떻게 생각하는가?
5	짐은 가장 훌륭하게 행동한 아이가 다른 아이들보다 돈을 더 많이 가져야 한다고 말한다. 당신은 어떻게 생각하는가?
6	리사는 가장 가난한 아이가 돈을 많이 가져야 한다고 말한다. 외냐 하면, 그들은 가난하기 때문이다. 당신은 어떻게 생각하는가?
7	빌리는 아주 가난한 집안 출신이어서 용돈을 받지 못한다. 학급 친구들은 그를 위해 무엇을 해야만 하는가?
8	누군가가 선생님이 돈을 가져야 한다고 말하고 있다. 왜냐 하면, 그림을 팔자고 한 것은 선생님의 의견이기 때문이다. 당신은 어떻게 생각하는가?
9	남자 아이, 혹은 여자 아이가 더 많이 가져야 하는가?
10	교사가 결정해야만 하는가? 멜리사가 선생님의 의견에 찬성했기 때문에, 멜리사에게 모두 주기로 결정했다면 어떤가?
11	아이들은 무엇을 해야만 하는가?
12	어느 누군가가 다른 사람보다 많이 가져야만 하는가?

* 출처: Woolever & Scott(1988). *Active Learning In Social Studies Promoing Cognitive and Social Growth.* Scott, Foresman and Company, 398.

(3) 가치 추론 모형의 유의점과 장단점

① 가치 추론 모형의 유의점

ⓐ 도덕적 발달 단계에 따른 학습자들의 사고력을 잘 구분하여야 한다.
ⓑ 가치 추론의 기초적 학습 방법을 터득한 후 학습에 임하여야 한다.
ⓒ 학생들이 상당한 수준의 토론 학습 능력과 자질을 구비하고 있어야 한다.

② 가치 추론 모형의 장점

ⓐ 역설적으로 도덕적 갈등과 딜레마가 오히려 학습자들의 흥미를 끌 수 있다.
ⓑ 학습자들의 도덕적 사고력을 신장시킬 수 있다.

ⓒ 도덕적 사고력과 인지적 발달 수준을 연계할 수 있다.

③ 가치 추론 모형의 단점

ⓐ 가치문제를 논리적으로 따지기 때문에 학습자들이 학습에 어려움을 느낄 수 있다.
ⓑ 도덕적 사고력이 낮은데도 도덕적 행동을 하는 학습자들을 실망시키는 비교육적 현상이 나타날 수 있다.
ⓒ 도덕적 사고력과 실제 도덕적 행동 사이에 유의미한 상관관계가 있다고 단정하는데는 무리가 있다.

4. 종합적 수업 모형

1) 의사 결정 학습 모형

(1) 의사 결정 학습의 의미

사회과의 의사 결정 학습은 사회 사상의 여러 문제를 중심으로 학습자들이 합리적인 의사 결정을 할 수 있도록 교수·학습을 하는 형태이다. 사회과에서의 의사 결정 능력이란 사회적 문제를 해결하려는 대안을 개발하고 선택한 대안에 따라 수행하는 능력을 의미한다.

의사 결정 능력은 인간만이 가진 고유한 능력인데, 사회과에서 지향하는 합리적인 의사 결정력은 이성(理性)에 부합하는 의사 결정으로 다음과 같은 특징이 있다.

첫째, 의사 결정의 기반은 정확한 사실에 두어야 한다. 정확한 사실은 문제 상황과 관련되고 진실한 사실 정보의 의미와 함께, 당해 정보가 광범위한 사실을 나타내면서도 편파적이지 않은 균형적 정보라는 의미를 함축하고 있다.

둘째, 의사 결정의 과정은 당연히 과학적이어야 한다. 의사 결정의 과정이 다분히 권위적, 주술적, 감정적이지 않고 실증의 바탕에서 진행되어야 한다. 이 점에서 의사 결정 과정은 반성적 사고 과정(reflective thinking process)과 밀접하게 연관된다.

셋째, 의사 결정 과정은 합리성, 타당성을 담보하기 위해서는 대안의 발생 가능성과 의사 결정자의 유용성을 충족하여야 한다. 바람직한 결과를 도출할 것이라고 판단되는 대안이라도 그 실행에 어려움이 크거나, 결과가 만족스럽지 못하면 그 대안에 따른 합리적인 의사 결정을 할 수 없기 때문이다.

넷째, 의사 결정은 도덕적, 사회적으로 공정성을 확보하여야 한다. 합리적인 의사 결정은 사회 정의에 부합되어야 하며, 합리적인 의사 결정은 학교 교육과정 내용의 지적인 면과 기능적인 면, 정의적인 면 등을 포괄하며, 문제 해결의 종합적 접근이 이루어져야 한다.

(2) 의사 결정 학습의 초점

의사 결정 학습은 제7차 사회과 교육과정과 2007년 개정 사회과 교육과정에서 합리적 판단 력, 문제 해결과 함께 바람직한 시민이 갖추어야 할 자질을 규정하여 사회과 교육의 핵심 목표로 등장하였다. 합리적 의사 결정력은 문제 해결책으로서 대안을 개발하고 선택하여 행동하는 능력으로 문제에 대한 대안이나 의사 결정을 할 수 있는 고급 사고력이다. 따라서 의사 결정 학습이란 문제 해결력, 비판적 사고력, 반성적 탐구력과 같은 문제에 대한 대안이나 의사 결정을 할 수 있는 일련의 학습 과정을 의미한다(이운발, 2007: 188－199).

(3) 의사 결정 학습의 과정

의사 결정 능력의 함양은 현대 사회과 교육의 중요한 목표로 대두되고 있다. 오늘날 우리가 살고 있는 사회가 급속하게 변하고 있기 때문에 순간마다 우리는 의사 결정을 하지 않을 수 없고, 결과 우리의 일생에 많은 영향을 준다. 진학, 취직, 결혼 등 인생의 중요문제가 어느 것 하나 의사 결정 문제 아닌 것이 없다. 민주주의 사회에서는 정책 선택이나 결정의 문제에 국민이 직접 참여하기 때문에 의사 결정은 개인적으로뿐만 아니라 사회적으로도 가장 중요한 과제로 제기되고 있는 것이다.

오늘날 대부분의 사회과 교육학자들이 의사 결정 모형을 중요한 것으로 취급하고 있는 것은 바로 이러한 이유 때문이다. 사회과에서 일반화되고 있는 의사 결정 모형은 크게 개인적 의사 결정 모형과 집단적 의사 결정 모형으로 대별된다.

뱅크스(Banks)는 의사 결정 능력 함양을 위한 사회과 수업 단계를 ① 문제 제기, ② 사회 탐구(필요한 지식 획득), ③ 가치 탐구(관련 가치의 명료화) ④ 의사 결정(대안 검토와 결과 예측) ⑤ 행동 등 5단계를 들고 있다. 사회 탐구에서는 다시, 문제 제기(가설 설정－자료 수집－자료 분석) 등 다시 8단계를, 또 가치 탐구에서는 가치문제 제기, 가치 관련 행동 서술, 가치 갈등 확인 등 9단계를 거칠 것을 제안하였다.

허스트(Hurst)는 ① 문제 확인 단계, ② 문제 정의(문제 진술 용어 정의, 과학적 지식 탐구, 가치 탐구), ③ 대안 탐색 및 개발, ④ 대안 평가 및 최선의 대안 선택, ⑤ 행동, ⑥ 행동의 평가 결과 등의 단계를 제시하고 있다.

뱅크스(Banks)는 의사 결정의 단계로 ① 결정할 문제의 선택, ② 사회 탐구(사회적 지식) 또는 가치 탐구(가치 명료화), ③ 의사 결정, ④ 지적인 사회 행위 등 4단계를 들고 있다.

마시알라스와 허스트(Massialas & Hurst)는 개인적 의사 결정 모형을, ① 문제 확인, ② 문제 정의, ③ 대안 탐색 및 개발, ④ 대안의 평가 및 최선의 대안 선택 등의 과정을 들고, 집단적 의사 결정 과정으로 ① 지지 호소, ② 집단 결집, ③ 집단 조직, ④ 협상 및 타협, ⑤ 집단적 결정 진술, ⑥ 투표, ⑦ 결정의 시행 등으로 제시하였다.

울에버와 스콧(Woolever & Scott)은 ① 문제의식, ② 문제의 정의 내리기(ⓐ 문제 서술, ⓑ 과학적 지식 탐구, ⓒ 가치 탐색), ③ 대안 개발, ④ 대안의 평가와 최선의 선택, ⑤ 사회적 및 개인적 행동 ⑥ 결과의 평가 등 6단계로 구분하였다. 앵글과 오초아(Engle & Ochoa)는 의사 결정을 진리 주장에 관한 의사 결정과 공공 정책 문제에 관한 의사 결정의 두 가지로 나누었다. 진리에 관한 의사 결정은 ① 호기심 유발, ② 진리라는 주장과 근거 제시, ③ 자료 수집, ④ 자료 평가, ⑤ 결론의 5단계를 제시했다. 일반적인 사회과학 탐구의 과정과 유사한 것이다. 사회적인 공공 정책 문제에 대해서는 ① 문제의 확인과 정의, ② 가치에 관한 가정 확인, ③ 대안의 확인, ④ 결과의 예측, ⑤ 의사 결정, ⑥ 결정의 정당화, ⑦ 의사 결정의 변경 가능성 인정 등 7단계를 제시했다. 이것은 가치 분석의 과정과 매우 흡사한 것이다. 한국의 김만곤은 의사 결정 학습의 단계를 ① 문제의 인식 및 명료화, ② 자료의 수집 및 분석, ③ 가능한 대안의 제시, ④ 대안의 분석 및 평가, ⑤ 대안의 결정 등으로 제시하고 있다(이운발, 2007: 189).

결국 의사 결정 모형들은 모두 사회 탐구 과정과 가치 탐구 과정의 두 과정을 포함하고 있다는 점이다. 이것은 곧 의사 결정을 하기 위해서는 사실을 인식하기 위하여 필요한 지식이나 정보가 있어야 하기 때문에 이 부분에 대해서는 사회 탐구를 통해서 해결한다는 것이다. 또 동시에 의사 결정에는 선택해야 할 절차기 반드시 개입되어 있기 때문에 이 문제를 해결하기 위하여 가치 탐구의 과정이 필요하다는 것을 의미하고 있는 것이다. 의사 결정은 결국 이러한 두 개의 상이한 성격의 과정을 거쳐서 최종적으로 이루어진다고 할 수 있다.

일반적으로 의사 결정을 위한 수업 모형의 단계는 ① 문제의 제기, ② 지식과 가치문제의 확인, ③ 사회 탐구에 의한 지식 획득, ④ 가치 탐구에 의한 가치 분석, ⑤ 대안 탐색과 결과 예측, ⑥ 선택 및 결론, ⑦ 행동 등으로 종합할 수 있다.

(4) 의사 결정 학습의 전략

사회과의 의사 결정 학습은 고급 사고력을 바탕으로 하기 때문에 학생들의 수준에 알맞게 재구성하여 투입하는 것이 중요하다. 이와 같은 사회과의 의사 결정 학습은 전반적인 교수·학습 과정인 문제 파악, 자료의 수집과 분석, 해결책 제시, 해결책의 분석과 평가, 의사 결정, 적용 발전 등의 과정을 통하여 사고력 신장에 효율적인 전략을 구사하는 것이 필요하다. 이러한 의사 결정 학습의 전략을 모색하면 다음과 같다.

첫째, 문제 파악 단계에서는 결정해야 할 모든 학습 문제에 관심을 갖고, 그 문제의 의미와 성격을 파악해야 한다. 즉 낯설거나 난해한 용어의 의미를 알아보고, 문제의 특성을 규명하며 목표 확인, 목표 구현의 대체적 방법을 결정해야 한다.

둘째, 자료의 수집과 분석단계에서는 현재의 문제 상황과 전망, 해결책 등에 관한 자료를 수집하며, 수집한 자료의 검토, 분석을 통하여 현재의 여러 가지 상황이 이루어지게 된 요인과 각 요인들 간의 관계를 예측하고 탐구하게 한다.

셋째, 해결책의 제시 단계에서는 문제 해결의 방향을 다양하게 찾아서 제시하는 단계로 브레인스토밍과 같은 활발한 토의 활동을 통하여 창의적으로 문제를 해결하도록 방향을 제시해 준다.

넷째, 해결책의 분석과 평가단계에서는 학습자들이 제시한 여러 가지 해결책을 목표와 관련시켜서 실행 가능성, 비용, 그리고 장·단기적 목표에 비추어 보고 실행 가능성, 가능한 결과 등의 측면에서 적합성 여부를 평가하게 된다.

다섯째, 의사 결정 단계에서는 여러 가지 해결책 중에서 그 결과가 목표, 실행 가능성, 가치 등의 측면에서 합당한 것을 추출한다. 즉 현재까지 가장 바람직하다고 생각한 것 중에서 향후에도 계속되어야 할 것과 개선하여야 할 것을 결정하며, 모든 사람들을 위하여 가장 먼저 해야 할 것을 찾고, 시행 순서와 절차를 결정하도록 한다.

여섯째, 적용 발전단계에서는 이전 단계에서의 의사 결정한 내용들을 실제 상황에서 실천할 수 있는 방법들을 찾아보게 하고, 실제로 행동으로 옮길 수 있도록 준비하도록 한다.

〈표 111〉 의사 결정 학습의 전략

학습 단계	주요 학습 내용 및 활동
1. 문제 파악	·결정해야 할 모든 문제에 대하여 관심을 갖기 ·문제의 의미와 성격 파악하기 ·용어의 정의, 문제의 특성 규명, 목표 실현의 방법 등 알기
2. 자료의 수집과 분석	·현재 문제의 상황이나 전망, 해결책 등에 관한 자료 수집 ·수집한 자료의 검토, 분석 등을 통하여 현재의 여러 상황이 이루어지게 된 요인이나 요인들 간의 관계를 탐구하고 예측
3. 해결책 제시	·문제 해결의 방향을 다양하게 찾아서 브레인스토밍과 같은 활발한 토의 활동을 통해서 창의적인 문제 해결의 방향 제시
4. 해결책의 분석과 평가	·학생들이 제시한 여러 가지 해결책을 목표와 관련시켜서 실행 가능성, 비용, 장·단기적 목표에 비추어 실행 가능성, 가능한 결과 등의 측면에서 적합성 평가
5. 의사 결정	·여러 가지 해결책 중에서 그 결과가 목표나 실행 가능성, 가치 등의 측면에서 적합한 것 찾기, 현재까지 바람직하다고 생각한 것 중에서 향후에도 계속되어야 할 것과 개선해야 할 것 등을 결정하기
6. 적용 발전	·결정된 사항에 대한 계획과 준비하기 ·실제 상황에서 실천할 수 있는 일을 토의하기

* 출처: 이운발,『고등 사고력 함양을 위한 초등 사회과 통합 교육과정 구성』, 2007: 190.

(5) 의사 결정 학습의 특징과 주요 원리

사회과 교수·학습에서 합리적인 의사 결정을 유도하는 의사 결정 학습은 다음과 같은 특징을 갖고 있다.

첫째, 급변하는 현대사회의 개인적·사회적·국가적 문제를 합리적으로 해결할 수 있는 기초 능력을 신장시켜 준다.

둘째, 학생들에게 주어진 사회적 문제를 진지하게 검토하게 함으로써, 복잡한 문제에 대한 합리적 의사 결정을 유도할 수 있다.

셋째, 의사 결정 학습은 학생들의 고급 사고력(high level thinking)을 신장시켜 준다. 의사 결정 과정은 반성적 사고 과정, 비판적 사고 과정, 창의적 사고 과정, 탐구 과정, 문제 해결 과정, 메타 인지 과정(meta cognitive process) 등이 포함된 고급 사고력과 밀접하게 관련되어 있다.

넷째, 학생들이 지식과 가치를 효율적으로 연결시키도록 도와준다. 의사 결정을 하기 위해서는 학습자의 다양한 지식과 기능, 가치·태도 등이 총동원되어야 한다.

(6) 의사 결정 학습의 유의점과 장단점

① 의사 결정 학습의 유의점

ⓐ 교사는 여러 가지 의사 결정 수업 모형 중에서 주제에 적절한 모형을 선택하여 학습자들에게
제시하여야 한다.
ⓑ 개인적 의사 결정 과정과 집단적 의사 결정 과정을 두어 모든 학습자가 소외되지 않고 참여하
도록 배려하여야 한다.
ⓒ 의사 결정의 중요성과 기본적 참여 요령을 사전에 지도하여야 한다.

② 의사 결정 학습의 장점

ⓐ 사회적 탐구 문제를 종합적으로 이해하고 해결하는 계기가 된다.
ⓑ 여러 가지 고급 사고력을 신장시켜 준다.
ⓒ 사회적 실제 상황을 간접경험하는 기회를 제공해 준다.

③ 의사 결정 학습의 단점

ⓐ 의사 결정 학습은 다양한 준비와 과정, 절차를 거치므로 비교적 시간이 많이 소요된다.
ⓑ 실제 상황과 연계되는 적절한 상황을 찾기가 쉽지 않다.
ⓒ 학습 과정에서 리더 등 능력 있는 소수가 독점할 우려가 있어서 적절한 통제가 필요하다.

2) 협동 학습 모형

(1) 협동 학습의 의미

사회과 협동 학습은 전통적인 수업, 학습 방법의 대안으로서 제시된 방법 중의 하나이다. 협동 학
습은 학습의 주체인 학생들이 함께 학습하는데 초점을 둔다. 협동 학습은 '협동'을 교수·학습 과정
의 중심 요소로 활용하는 학습 모형이다.

협동 학습은 정치적·경제적·사회적·문화적인 생활을 특징으로 하고 있는 공동생활, 협력 생활
의 활동 자체를 학습할 기회를 제공하기 때문에 사회과 교수·학습에 아주 적합한 모형이다. 또한,
다양한 기능과 능력 수준을 가진 개인은 이질 집단과 함께 활동하는 방법을 터득하게 된다.

협동 학습은 학생들이 학습 집단에서 일정한 학습활동을 하고, 그 집단의 성적에 기초를 둔 교실

상황에서의 학습 방법으로서, '개인을 위한 집단', '집단을 위한 개인'이라는 태도를 갖게 되고, 팀 학습 동료로서 서로 격려하고 지원하며 배려하는 학습 체제이다. 아울러, 협동 학습은 학생들이 자신뿐만 아니라, 서로의 학습 효과를 극대화하기 위하여 함께 학습하도록 수업 형식 면에서 소집단을 편성하여 학습하는 것이며, 학습의 수행 과정에서 긍정적인 상호 작용을 기대하는 방법이다.

협동 학습은 학습자들의 적극적인 상호 의존, 직접적 상호 작용, 개인과 집단의 책무, 그리고 인간관계, 대인관계 등을 가르치고 배우게 된다. 따라서 사회과 협동 학습은 인지적, 기능적, 정의적 목표 달성에 효과적인 수업 모형이기도 하다.

결국, 협동 학습은 학생들이 공동의 과제를 함께 학습하고, 격려하는 가운데, 능력, 수준, 성별, 요구의 차이 등 이질적인 요소를 가진 학생들이 학습 집단을 이루어 목표 달성을 위해 함께 학습 과제를 해결해 나아가는 수업 전략이다. 또한, 협동 학습은 소집단 구성원 간에 협동적 상호 작용을 통해서 공동의 학습 목표를 달성함으로써, 구성원 모두에게 유익한 학습 효과 고양을 기대하는 수업 전략이다. 아울러, 협동 학습은 소집단 구성원들이 공동의 학습 목표를 설정하고, 그 학습 목표를 달성하기 위해서 공동으로 노력하며, 다른 구성원들과 도움을 주고받아 전체 집단에서 보다 바람직한 학습 효과 고양을 목표로 한다.

(2) 협동 학습의 특징

사회과 협동 학습은 학습 결과에 대한 보상이나 경쟁, 학생 수의 조직 면에서 수업 모형을 보면 개인적으로 경쟁이 있는 경쟁 학습, 경쟁이 없는 개별 학습, 집단적으로 보상이 있고 서로 협동하게 되어 있는 협동 학습 등 셋으로 나누어 볼 수 있다. 학업 성적과 태도 및 가치관 형성에 있어서 모두 협동 학습 모형은 전통적인 개별 학습 모형이나 경쟁 학습 모형보다 더 효과적이라는 것이 밝혀지면서 최근에 사회과에서 커다란 관심을 끌어 왔다. 협동 학습은 의사 결정 학습처럼 명백하게 사회 탐구와 가치 분석의 과정을 거치는 것은 아니지만 지식, 가치 등 어느 것이나 다루면서 인지적 목표와 정의적 목표를 종합적으로 달성할 수 있는 수업이라는 측면에서 종합 모형으로 분류하여 소개하고자 한다.

일반적으로 협동 학습은 그 종류가 50~60개에 이를 정도로 종류와 형태가 많고, 그 내용도 간단한 것으로부터 상당히 복잡한 것에 이르기까지 매우 다양하다. 그러나 이들이 공통적으로 달성하고자 하는 것은 인지적 측면과 정의적 측면에서의 수업의 능률이다. 이것을 위해서 다음과 같은 과정을 포함하는 것이 개별 학습이나 경쟁 학습과 다른 점이다. 이러한 목표와 과정은 민주주의 사회에서 꼭 필요한 것으로 생각된다. 협동 학습의 목표는 ① 집단목표의 달성 ② 집단 내에서의 개인의 책임 수행 ③ 성공 기회의 균등한 체험 ④ 집단 경쟁 ⑤ 전문화 등을 들 수 있다.

(3) 협동 학습의 구조

일반적으로 사회과 협동 학습은 구조상으로 개별 학습, 경쟁 학습 등과 비교된다. 사회과 교수·학습활동에서 경쟁 학습은 경쟁을 위한 규칙이 강조되는데 비해서, 개별 학습은 혼자서 학습할 수 있도록 지원하는데 초점을 맞춘다. 따라서 학습 과정이 상당히 세분화된다. 반면, 협동 학습은 상당한 융통성이 부여된다.

일반적으로 경쟁 학습, 개별 학습이 단순한 지식이나 기능을 학습하는데 비하여, 협동 학습은 탐구력, 창의력, 문제 해결력, 의사 결정력, 메타 인지(meta cognitive) 등 고급 사고력(high level thinking) 신장을 강조한다. 학습 목표의 인지 면에서는, 경쟁 학습의 경우 목표의 중요성에 대한 인식이 낮은 데 비하여 개별 학습에서는 개인적인 목표, 협동 학습에서는 집단적인 목표가 강조된다. 학생들의 기대 심리에 대해서는 경쟁 학습의 경우, 다른 학습자를 경쟁자로 인식하고, 개별 학습에서는 다른 학습자에 대해서 대체적으로 무관심한 데 비하여 협동 학습에서는 친절한 협력자로 인식된다. 이와 같은 협동 학습, 경쟁 학습, 개별 학습의 특징을 요약하면 다음과 같다.

〈표 112〉 사회과 협동 학습과 경쟁 학습·개별 학습의 비교

구분	협동 학습	경쟁 학습	개별 학습
교수·학습 형태	·문제 해결 학습 ·확산적 사고, 창조적 사고 (학습 내용의 명료화) ·의사 결정, 탐구 등 ·학습활동의 융통성	·단순 지식, 기억, 기술, 복습 등 ·학습 내용은 분명 ·경쟁 규칙 명확하게 제시	·특별한 기능, 지식의 학습 ·과제가 분명 ·수행 행동의 세분화
목표의 중요성 인식	·목표는 학생들에게 중요하게 수용 ·각 학생은 집단이 목표를 달성할 것으로 기대	·목표는 각 학생들에게 중요하게 수용되지 않음 ·단지 성공과 실패 수용	·목표는 학생들에게 중요하게 수용 ·자신의 목표 달성 기대
학생의 기대	·각 학생은 다른 학생들과 긍정적인 상호 작용 수행 ·아이디어와 자료 공유 ·공동 책임 ·집단에 기여 ·과제 분담 ·구성원의 다양성 이용	·각 학생은 승리할 수 있는 균등한 기회 보장 ·자신의 학습 내용을 즐김 ·경쟁자의 진보 상태 평가 ·지식, 기술, 능력 등 비교	·각 학생은 다른 학생들에게 불간섭 ·과제 완성에 대해서 본인 책임 부여 ·자신이 노력과 수행의 질 평가
학습 지원 형태	·다른 학생의 도움, 강화의 원천	·교사의 도움, 지지, 강화의 원천	·교사의 도움, 지지, 강화의 원천

* 출처: 전숙자, 사회과 교육의 새로운 이해, 2007.

(4) 협동 학습 교수 단계

협동 학습 중 가장 간단한 것은 4~5명으로 조직된 소집단에 하나의 학습 과제를 주어서 그들이 서로 나누어서 학습하게 한 후 종합하여 각 집단으로 하여금 그 결과를 학급에 보고하게 하는 것이다. 보고 결과에 따라서 학급에 집단적으로 보상을 줄 수 있다. 각자는 형성 평가를 치른다. 이렇게 하면 각자의 책임을 수행하게 하고, 각자는 자신의 점수를 과거 점수와 비교하여 성공의 기회를 체험하며, 집단적 경쟁과 보상의 기회도 갖는다. 이것이 슬라빈의 학생 집단학습 모형이다. 슬라빈의 모형 중 학업 성취를 중심으로 한 학생 집단성취 모형은 우리나라에서도 실험되어 학업 성취도가 전통적인 학습 집단보다 우수하다는 연구 결과가 있다.

사회과에서 많이 쓰이는 '조각 맞추기'라는 협동 학습 모형은 원래 1970년대에 아론슨과 그 동료들이 새롭게 개발한 것이다. 앞의 모형들보다는 훨씬 정교한 것이 특징이다. 집단목표와 개인의 책임, 성공 기회의 체험 등 위에서 제시한 협동 학습의 과정이 비교적 잘 나타나 있는 학습 모형이다. 어떤 문제든지 이 모형에 의하여 학습할 수 있으며, 개인 간의 치열한 과열경쟁이 비인간화의 한 현상이라고 비판받고 있는 우리 교육 현장에서 협동적인 태도의 발전과 학업 성취를 위해 앞으로 연구할 가치가 있다고 생각된다. 이들 수업 모형의 단계를 요약해 보면 다음과 같다.

① 성별, 학업 성적, 가정배경 등이 서로 다른 이질적인 4명이 한 팀이 되도록 학급을 소집단으로 나눈다.

② 하나의 주제를 정하고, 그 주제를 4개의 소주제로 다시 구분한다. 한 집단의 4명에게 각각 그 소주제들을 분배해 준다. 예컨대, 청소년 문제라는 주제를 다시 개념, 실태, 이론, 대책 등으로 나누어 한 집단의 4명에게 하나씩 분배한다.

③ 같은 소주제를 맡은 학생들끼리 만나서 공동으로 그 소주제를 연구한다. 예컨대, 청소년 문제의 개념을 맡은 학생들은 그들끼리 만나서 집단을 구성하고 연구한다. 이것을 전문가 집단이라고 한다.

④ 이들은 소주제 연구가 끝나면 전문가 집단을 떠나서 원래 소속되었던 팀으로 돌아가 그 소속 팀의 다른 구성원들에게 연구한 바를 교수한다.

⑤ 팀의 소속원은 모두 이 학습을 기초로 하여 자기가 맡은 소주제뿐만 아니라 청소년 문제 전체에 대해서 형성 평가를 수행한다. 평가에서는 출발점의 성적을 기준으로 하여 향상 점수를 계산하여 성취감을 고취한다.

⑥ 평가 결과에 따라서 집단 보상이 주어진다.

(5) 협동 학습의 세부 방법

① 능력별 팀 학습 모형(STAD: Student teams achievement division)

협동 학습을 실시하는 세부 방법은 매우 다양하다. 그중 능력별 팀 학습 모형(STAD)은 미국 존스홉킨스(Johns Hopkins) 대학교의 슬라빈(Slavin)에 의해 개발된 모형으로 초기 연구에서는 주로 초·중·고교의 수학과 중심으로 적용되었다. 학생들은 4~6명으로 구성된 학습 팀으로 조직되는데, 각 팀은 전체 학급의 축소판처럼 성적 우수자 그룹, 성적 중간자 그룹, 성적이 낮은 자 그룹 등 이질적 집단으로 구성된다. 매 시간 교사는 학습 과제지를 나누어 주고, 각 팀은 2명씩 짝을 지어 문제를 풀기도 하고 질문도 하며, 아울러 토의하면서 주어진 내용을 학습한다. 팀별 학습에서 구성원 모두가 학습 내용을 모두 학습할 때까지 팀 학습이 계속되고, 팀 학습이 끝나면 개별적 평가를 시행한다. 개인은 자신의 시험 점수를 받지만, 자신의 이전까지의 평균 점수를 초과한 향상 점수만큼 팀 점수에 기여를 하게 된다.

능력별 팀 학습 모형은 가장 단순한 협동 학습 모형의 하나로 보통 기초 기능이나 사실적 지식을 효과적으로 습득하는데 적합한데, 일반적인 학습 절차는 다음과 같다.

첫째, 교사는 학업 성취도 기준으로 4~6명의 소집단으로 구분한다.

둘째, 교사는 강의 등의 형식으로 새로운 학습 내용을 제시한다.

셋째, 집단별 학습을 통해서 집단 구성원 전원이 내용을 충분히 이해하도록 한다.

넷째, 각 구성원은 개별적으로 시험을 보도록 한다.

다섯째, 학생은 각자 성취한 대로 성적을 받고, 교사는 각 학생의 매번 점수를 기록하여 집단 내 구성원 각자가 이전보다 향상된 점수를 모두 더하여, 그 집단의 집단 점수로 삼고 집단 점수가 가장 높은 집단에 대해서 적절한 보상을 한다.

② 소집단 토의 학습

소집단 토의 학습은 한 학급의 학생을 4~6명의 여러 집단으로 구성하여, 하나의 과제를 공동으로 해결해 가는 모형이다. 소집단 구성원 전원이 서로 협력하여 학습하는 가운데 상호간에 아이디어를 수용하여 집단 전체의 결론을 도출하는 것은, 학생들 각자의 문제 해결력을 증진시키고 학생 상호간 협력 학습 태도를 함양하는데 매우 적절한 방법이다.

소집단 토의 학습은 학습자 전원이 참여하고 사고(thinking)하며 대화하는 활동을 중심으로 일부 학생의 소외와 고립을 방지하고 집단 구성원 모두의 유기적 결합을 촉진하여 공통된 목표에 대해서 상호 이해하고 협력하는 학습 방법을 가르치고 배우는 것이다.

소집단 토의 학습은 수업의 초점을 학급 구성원 개개인에게 두고 가급적 모든 학습자가 학습 목표에 도달하게 하기 위하여 각 개인의 능력, 필요, 학습 속도 등을 고려하여 타당한 교수·학습 방법 및 절차, 자료 등 학급 구성원 각자의 개인차를 고려하여 구성원 전원이 학습 목표를 달성하려는 데 목표를 두고 있다. 이와 같은 소집단 토의 학습은 다음과 같은 특징을 갖고 있다.

첫째, 단위시간 학습에 대한 지식과 이해를 보다 심화시킨다.

둘째, 토의 과정을 통해서 상호 정보를 교환하고 의사소통을 거쳐서 자신의 생각을 명확하게 하고 더욱 심화시켜 나아간다.

셋째, 개인의 언어 능력을 향상시키고 집단 형성 유지에 대한 대인관계의 행동, 태도를 바르게 형성하게 해 준다.

넷째, 집단 과제 수행에 관한 사고를 중시하게 되고, 집단 구성원이 전원 참여하고, 전원 발표하는 능동적이고 활동적인 학습활동 전개를 모색하게 된다.

③ 함께하는 학습 모형(Learning together)

소위 '함께하는 학습 모형'은 1975년 미국의 미네소타대학교 존슨 형제에 의해서 구안되었다. 사회과 학습에서 이 모형은 각 팀이 5~6명의 이질적인 집단 구성원으로 조직되어 있으며, 주어진 과제를 협동적으로 수행한다. 학습 과제는 집단별로 부여하고, 보상과 평가도 집단별로 수행한다.

시험은 개별적으로 수행하나 성적은 소속된 집단의 평균 점수를 부여받게 되므로, 자기 집단 내의 다른 학생들의 성취 정도가 개인의 성적에 영향을 준다. 성적을 부여하는 또 다른 방법은 집단 내 모든 구성원이 정해진 수준 이상에 도달했을 때 각 집단 구성원들에게 추가 보너스 점수를 부여하기도 한다.

함께하는 학습 모형에서 특이한 점은 수행 평가를 시행할 때 사용하는 것처럼 집단 구성원들의 협동적 행위에 대해서 보너스 점수를 부여함으로써 협동을 강조하고 있는 점이다. 학생들의 협동적 행위로는 의견과 정보 교환, 학습 과제에 대한 질의응답, 다른 구성원들을 격려하는 말과 행동, 다른 구성원들의 이해 정도를 확인하는 일 등이다.

집단을 구성하는 방법에서는 이질적인 구성원들로 하나의 집단을 구성하는데, 주로 개인의 학습 능력, 성별, 인종 등을 들 수 있다.

④ 전문가 협동 학습(Jigsaw learning)

전문가 협동 학습인 직소우(Jigsaw) 학습은 미국 텍사스대학교의 아론손(Aronson)과 그의 동료들이 고안한 모형으로, 한 때 한국의 열린 교육 전문가들이 많이 활용하던 학습 모형이다.

직소우(Jigsaw) 학습의 개발 초기에는 1954년 미국에서 흑인 차별이 폐지된 후에도 여전히 인종 간의 갈등이 첨예하였고, 이런 현상이 학교에서도 대두되어 소수민족 학생들끼리 또래 집단을 형성하여 결속을 강화하는 추세를 보여 교육적으로 바람직하지 못한 결과를 초래하였다.

Jigsaw 학습은 이러한 인종 간의 긴장을 해소시키는 하나의 학습 모형으로 고안되어 인종 융화에 기여하였으며, 학습의 장이 경쟁 상태가 아닌 협동의 장으로 변하는 계기가 되었다.

원래 Jigsaw란 실톱이란 의미로, 조각 맞추기 그림 퍼즐을 Jigsaw 퍼즐이라고도 한다. 학습은 협동 학습의 하위 모형으로 경쟁이 없는 상태에서 개인 상호 정보원, 학습 주체가 되어 서로 가르치고 배우는 상호 의존적인 학습 형태로서, 학습의 집단을 4~6명씩 여러 그룹으로 나누고, 교사는 각 그룹의 구성원들에게 고유 번호를 부여하고 교재를 재구성한다. 학습 과제를 부여받은 학생들은 각 가정에서, 학습 집단에서 자료 수집과 조사 과정을 거쳐서 충분한 과제 해결과 학습 준비를 한 후, 그룹마다 같은 번호를 가진 학습자들끼리 모여서 새로운 그룹을 형성하여 공동의 과제를 학습하게 된다. 여기서 자신이 연구한 학습 내용을 발표함으로써 자신에게 부여된 과제를 해결하고 나서, 종합된 해결 과제를 가지고 처음의 자기 그룹으로 돌아와 전달, 협의된 발표안을 작성한다. 그 다음 학급 전체 구성원들에게 발표를 마치면 학습자 상호간에 평가와 반성을 한다. 교사는 종합하여 정리해 주는 과정을 통하여 자신에게 맡겨진 과제에 대해서 보다 책임감 있고 충실하게 조사하고 기록하게 된다. 누구나 가르치는 입장에 서게 됨으로써 발표에 자신이 부족한 학습자들도 발표 기회를 많이 갖게 되어 발표력 신장에 바람직한 모형이다. 일반적으로 사회과 교육에서 전문가 협동 학습을 비롯한 협동 학습이 바람직한 이유는 다음과 같다.

첫째, 사회과(Social Studies)라는 교과 명칭에서 사회(Social)라는 용어는 사회과에서 학습자는 한 개인이 아니라 사회 공동체의 한 구성원임을 강조하는 의미를 포함하고 있다.

둘째, 사회과의 기본적 목표는 민주 시민성 양성이며 이러한 목표에 적절한 수업 환경은 기회 균등, 개인적 복지, 실력 사회의 강조, 개인적 책임과 사회적 책임 등이 포함된 협동 학습 구조이다.

셋째, 사회과의 행동 목표인 지식, 기능, 태도와 가치, 그리고 참여의 경우 모두 협동 학습 구조에서 가장 잘 획득할 수 있다(정문성 외, 2009: 161).

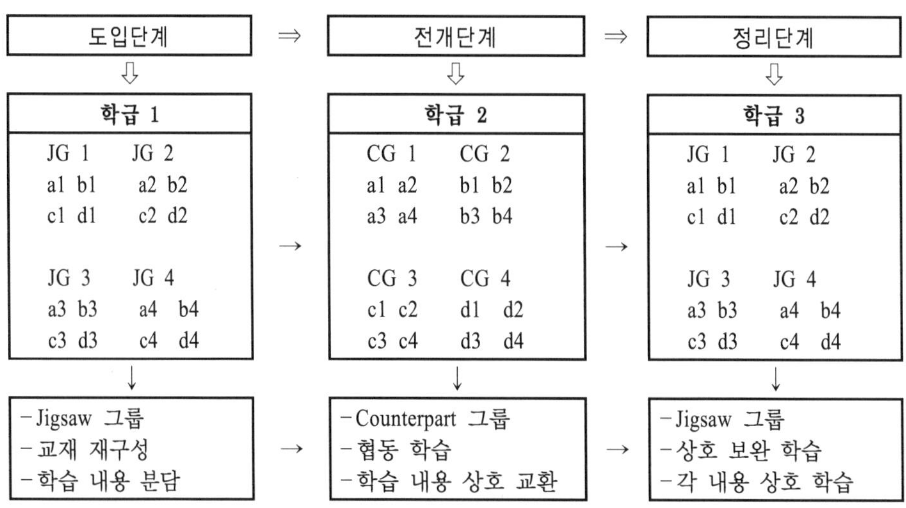

[그림 26] 직소우(Jigsaw) 학습 전개 과정

Jigsaw 학습을 전개하기 위해서는 소집단 구성원들이 서로의 도움 없이는 학습 진행이 불가능하도록 소집단 수만큼 나뉜 부분 자료로 재조직한 학습 자료를 특별히 고안하여야 한다. 이와 같은 Jigsaw 학습은 다음과 같은 점에 특별히 유의하여야 한다.

첫째, 질문지 작성에 있어서 나뉜 주제의 수와 분량에 따라 '전문가 활동은 가정 학습 과제로 부과하고, 학교에서는 학습 안내와 전문가 집단 활동과 발표 시간을 가질 것인가? 교실에서 모든 정보를 수집할 수 있게 할 것인가?' 등이 결정되기 때문에 주제 배분의 문제로서 소주제의 수와 분량을 특별히 고려하여야 한다.

둘째, 소집단 활동 시에 모집단에서 구성원이 공부할 주제를 충분히 인식하고 주제 분배가 원활히 이루어지도록 안내해야 하고, 조장이 잘 이끌어 나아가야 하므로, 조장의 훈련이 반드시 필요하다. 전문가로서 각자의 주제 공부가 끝나는 대로 다른 모집단에서 같은 주제를 공부한 전문 조끼리 모이는 전문가 집단으로 모인다. 여기에서 각자 학습한 내용을 검토하고 토론에 의해 부족한 점에 대해서는 서로 보완하여 소주제 내용을 충분히 학습한 다음에 모집단에서 발표할 내용을 요약, 정리하도록 하여야 한다.

셋째, 전문가 학습지 작성의 문제로서 '전문가 학습지를 어떻게 작성하여 모집단에서 자기가 학습한 내용을 효율적으로 전달하는가?' 하는 문제는 학습 목표에 얼마만큼 도달할 수 있는가를 결정해 준다. 전문가 집단에서의 활동이 끝나면 학생들은 원래의 팀으로 돌아간 후에 전문가들은 주제를 자기 팀의 구성원들에게 가르칠 책임이 있다.

Jigsaw 학습은 학생들 스스로 배우는 과정을 강조하는 역동적인 협동 학습 형태이다. 이와 같은 학습활동을 통하여 학습의 깊이나 학습의 양은 학습자에 따라 다를지라도 자신의 학습 능력을 충분히 발휘할 수 있는 학생 중심 학습이 이루어지는 것이다.

(6) 협동 학습의 유의점과 장단점

① 협동 학습의 유의점

ⓐ 수준이 간단한 협동 학습 모형을 적용한 후, 복잡한 협동 학습 모형으로 나아가도록 진행하는 것이 좋다.
ⓑ 협동 학습은 학습자들의 상호 작용을 극대화하는 것이므로 교사가 적절한 모형을 선택하여 제시하는 것이 바람직하다.
ⓒ 협동 학습은 교실 안팎에서 다양하게 이루어지므로 교사는 적절한 지도 방법을 구안하여 적용하여야 한다.

② 협동 학습의 장점

ⓐ 모든 학생들이 소외되지 않고 적극적으로 참여하게 된다.
ⓑ 학습자 중심 활동이 이루어지고, 토론 활동이 활발해져서 발표 및 경청(傾聽) 태도와 고급 사고력 신장에 적절한 모형이다.
ⓒ 원만한 인간관계, 대인관계 형성의 초석이 되는 모형이다.

③ 협동 학습의 단점

ⓐ 협동 학습이 익숙하고 바람직하게 이루어지게 하기 위해서는 교사와 학습자의 많은 노력과 시간 투여가 필요하다.
ⓑ 타 수업 방법, 모형, 기법 등에 비해서 복잡하고 시간이 많이 소요된다.
ⓒ 우리 교육 현실인 좁은 교실과 다인수 학생 등 물리적 환경으로 말미암아 바람직한 협동 학습 전개에 일정한 제약이 있다.

3) 법리 모형(Jurisprudential model)

(1) 법리 모형의 의미

법리 모형은 미국 하버드대학교 사회과 프로젝트에 의해서 창안된 수업 모형이기 때문에 '하버드 모형'이라고도 부른다. 법리 모형은 일종의 재판 과정을 수업 모형화한 것이다. 법리 모형은 쟁점이 되는 공공 문제를 주제로 하여야 하며, 가능하면 판례가 있는 사건 등을 수업화하는 것이 좋다. 법리 모형은 일반적으로 사건 소개, 문제의 구명(문제점 확인), 자신의 입장 천명(가설적 입장 정하기), 입장의 상호 탐색 및 논쟁, 입장 재정리(완화) 및 수정(정리), 입장에 대한 평가 등의 순서로 진행한다. 주로 한 학습자나 하나의 소집단에게 입장을 정하게 하고 다수의 학습자와 교사가 질문 및 비판을 통해 논쟁을 벌이는 형식이다.

일반적으로 법리(jurisprudential)의 사전적 의미는 ① 법률학, 법리학, 법 이론, 법률 지식, ② 법률 체계, 법제, ③ 법원의 판결, 판결 기록 등으로 매우 광범위하다. 사회과는 사회 사상(社會 事象)을 대상으로 한다. 즉, 복잡다단한 여러 사회현상을 학습의 내용으로 취사선택(取捨選擇)하여 적용하는 교과이다. 그러다 보니, 사회 질서와 공공의 문제를 합법적으로 원만하게 해결하는 것이 아주 중요하다.

법리 모형을 통하여 학생들은 공공 문제의 갈등 상황에 대하여 바람직한 해결 방안을 숙달하게 되고, 다른 사람들과의 대화와 타협의 방법을 모색하게 된다. 특히, 다양한 사람들에 대한 이해심과 함께 타인의 가치관도 열린 마음으로 이해하게 된다.

(2) 법리 모형의 배경과 목표

법리 모형은 처음 1950년대, 하버드대학교의 올리버(Oliver)와 뉴만(Newmann), 유타대학교의 세이버(Shaver) 등에 의해서 개발되었다. 법리 모형의 기초 자료는 올리버와 뉴만의 지도하에 하버드대학교 사회과프로젝트에 의해서 창안되었다.

사회과 교육과정에서의 법리 모형의 진정한 의미는 민주시민성 교육에 대한 새로운 개념을 제시하였다는 점이다. 올리버와 세이버는 미국과 같은 다민족이 모여 사는 다양한 사회에서는 미국식 신조로서 언급되는 수많은 기초적인 가치들에 대한 폭넓은 합의가 필요하다는 가정에서 법리 모형을 전개하고 있다. 즉, 인간이 모여 사는 사회 일반에서는 인간의 존엄성, 인권, 언론의 자유, 다수결과 소수의 의견 존중, 개인의 자유와 자율성 등 일반적인 가치에 대한 폭넓은 동의와 인식이 전제되어야 한다고 보고 있는 것이다.

다양한 사회 사상(社會 事象), 사회문제, 사회현상 등을 다루는 사회과에서는 이와 같은 가치 갈등 속에서 생활하는 학생들에게 바람직한 민주시민성을 길러 주는 것이 아주 중요한데, 이러한 가치 갈등을 합리적으로 해결하는 교수·학습이 필요하다고 보고 있다. 사회생활에서의 합리적인 의사소통은 민주시민성 함양의 핵심 요소이며, 교사와 학생 간, 그리고 학생 상호간의 비판적 대화는 실질적이고 본질적이고 핵심적인 교육과정의 목표가 되어야 하는 것이다.

일반적으로 사회과 교육에서의 법리 모형은 다음과 같은 핵심 목표를 갖고 있다(최용규 외, 2007: 240).

첫째, 내려진 결론을 증명하는 것이다. 법적 사례를 통하여 결론을 증명해 보이는 것은 법리 모형을 일반화하기 위한 수단으로 활용되는 것으로 사례의 분석에서 실증주의적 접근을 받아들이고 있는 것이다. 뉴만과 올리버 등은 사례 활용을 통한 사실, 개념, 일반화 학습 형태의 구체적 모습을 지적하고 있다.

둘째, 미해결 쟁점에 대하여 학생들의 사고를 자극하는 것이다. 법리 모형에서 미해결 쟁점에 대하여 학생들의 사고를 자극하는 것은 학생들을 탐구와 토론의 장으로 이끌어 내기 위한 것이다. 뉴만과 올리버 등은 법적 사례의 사용에서 탐구와 토론에 적합한 자료의 선정과 일반적인 수준과 특수한 수준 모두를 고려한 구체적인 제안을 하고 있다. 쟁점에 대한 탐구의 목적은 학생들이 정확한 대답을 발견하게 하려는 것이 아니라, 오히려 학생들이 다양한 입장을 분석하거나, 또는 하나의 입장을 취하고 그 입장에 대하여 합리적 정당화를 모색하게 하기 위한 것이다.

(3) 법리 모형의 특징과 원리

사회과 법리 모형에서는 학생들의 입장에서 교수·학습을 이끄는 것이 중요하다. 따라서 법리 모형에서는 학생들의 입장에 대한 탐색이 대화를 통해서 이루어지는 것이 중요하지만 학생들의 다른 활동을 통하여 결국 변화해야 할 입장을 제시하도록 돕고, 논쟁 후에도 그들의 입장을 수정할 수 있도록 도와주는 것이 필요하다. 이와 같은 과정을 통하여 학생들은 실제적이고 시사적인 쟁점을 검토할 수 있는 기회를 제공받음으로써 실감나는 사회 인식을 할 수 있고, 하나의 사례에 대하여 다양한 관점을 검토하여 공공 문제에 대한 총체적인 인식과 파악이 가능하도록 유도하는 것이다.

사실 사회과 교수·학습에서 학생들이 어떤 입장을 취하고 그것을 토론하기 위한 자신감을 획득하기 위한 과정이 용이하거나 신속한 것은 절대 아니다. 또한, 사회과 교사의 입장에서는 법적 사례에 대하여 교사 자신이 충분한 배경 지식(background knowledge)을 갖고 있어야 한다. 선택된 법적 사례에 대한 배경 지식은 학생들과의 대면적 대화에 있어서 기초가 되기 때문이다.

아울러, 사회과 교수·학습에서 법리 모형이 원만하게 적용되기 위해서는 개별 학습, 소집단 학습, 협동 학습, 토론 학습, 토의 학습, 일제 학습, 현장학습 등 다양한 교수 모형, 교수 기법 적용 기능이 탁월하고 능통해야 한다. 교사의 교수·학습 진행 기술은 법리 모형의 상호 작용적 특성을 살리는 것이며, 나아가 학생들이 사회과 교수·학습에 능동적으로 참여하게 하는 핵심적 요소이기 때문이다.

(4) 법리 모형의 교수·학습 과정

① 사건 소개 단계

사회과 교사는 학생들에게 사례 자료를 제시한다. 주어진 이야기를 읽어 주거나, 영화, 비디오 필름, PPT 자료 등을 시청하도록 다양하게 제시하여 학습 동기와 호기심을 자극한다.

법리 모형의 사례는 가치 갈등, 가치 논쟁이 충분히 발생할 수 있는 것이 효과적이다. 학생들이 학교, 가정, 지역사회 등에서 쉽게 접하는 보편적 사례가 바람직하다. 사례를 일단 제시하고 나면, 그 사례 속에 제시된 여러 가지 사실들을 분명하게 다시 점검하는 것이 좋다. 가령 누가, 언제, 어디서, 무엇을, 어떻게, 왜 등 육하원칙에 따라 따지고 논쟁의 불씨가 어디에서부터 싹트게 되는가를 사실에 기초하여 다시금 되돌아보는 것이 바람직하다.

② 문제의 구명(究明) 단계

학생들은 여러 가지 사실들을 종합하여 문제를 제기한다. 이때 그 문제에 관련된 가치를 구명(究

明)한다. 어떤 유형의 가치인가? 상대적 가치인가? 절대적 가치인가? 가치 간의 갈등은 무엇인가? 등과 같은 가치의 성격을 구명한다. 물론, 이때까지 학생들은 결코 자신의 의견이나 주장을 내세우면 안 된다. 모든 것은 어디까지나 주어진 자료에 나타난 사실에 기초한 분석이어야 한다. 가치 갈등이 개념적인 갈등인지, 목적에 결부된 갈등인지, 과정에 관한 갈등인지 모두 사실에 기초하여 분석한다.

③ 자신의 입장 천명 단계

학생들은 제각각 당해 문제에 대한 자신의 입장을 정립하게 된다. 그리고 각각 자신의 그러한 입장에 대한 합리적인 정당화된 주장을 내세우게 된다. 이런 입장을 학생들이 기록하게 하는 것이 바람직하다. 머릿속으로 생각에 그친 것과 실제 그것을 글로 표현한 것은 매우 다른 것이다.

④ 입장의 상호 탐색과 논쟁 단계

학생들의 입장이 각각 정리되면, 학생들은 서로 자신의 입장을 발표한다. 그리고 상호 경청(傾聽)하면서 토의와 토론을 한다. 토론은 주로 질의응답 과정을 거쳐서 실시한다. 그것은 학생 상호간에 또는 교사와 학생 간에 이루어질 수 있다. 특히, 이때 논쟁은 가치 구명을 위하여 다음과 같은 점에 초점을 맞추는 것이 바람직할 것이다.

첫째, 언제, 어떻게 가치가 유지되거나 그렇지 않은가?
둘째, 나타난 갈등을 다른 예를 통해 비유적으로 설명하면 어떠한가?
셋째, 그런 입장에 서게 되었을 때, 나타난 결과를 생각해 보았는가?
넷째, 그 결과는 바람직한 결과인가? 바람직하지 못한 결과인가?
다섯째, 여러 개의 가치 중에서, 가장 중요한 것을 선택한다면 어느 것인가?

⑤ 입장 재정리 및 수정 단계

이전 단계를 통해서 학생들은 자신의 주장을 다소 수정하게 된다. 경우에 따라서는 아주 입장을 바꿀 수도 있다. 즉, 다시 자신의 입장을 분명하게 정리하고 확립하는 일이 필요하다. 자신의 입장에 대한 정선과 방어 논리를 구비하게 되는 것이다.

⑥ 입장에 대한 평가 단계

학생들은 자신의 입장에 대한 평가를 실시한다. 즉, 자신의 입장을 어떤 극단적인 경우에도 예외 없이 적용할 수 있는 것인지, 그러한 입장으로 생겨날 결과를 예측할 때, 어떤 결과가 나타나든지 책임질 수 있는지 등을 토의함으로써, 자신의 입장에 대한 평가적인 재확인을 거치는 것이다.

(5) 법리 모형의 유의점과 장단점

① 법리 모형의 유의점

ⓐ 법리 모형의 적용에 앞서 모형의 원리와 방법을 이해하고 있어야 한다.
ⓑ 법리 모형이 공공 재판 과정을 수업 모형화한 것이므로 재판 과정과 수업 모형의 관계를 이해하고 있어야 한다.
ⓒ 토론과 비판, 그리고 의견을 주고받는 상호 작용을 중심으로 모형이 적용되어야 한다.

② 법리 모형의 장점

ⓐ 재판 과정을 통한 수업 모형 적용으로 매우 관심과 흥미 있는 수업을 진행할 수 있다.
ⓑ 공공의 문제인 이슈, 시사 문제 등을 수업에 적용할 수 있다.
ⓒ 다양한 재판 사건을 수업 모형으로 적용함으로써 민주주의 사례를 직접 경험해 볼 수 있다.

③ 법리 모형의 단점

ⓐ 학생들이 법리 모형의 기본적 이해를 하지 못하면 수업 효과를 거양할 수 없다.
ⓑ 재판 과정의 수업 모형에 대한 각자 역할을 충실히 이행하지 못하면 수업 효과를 거양하기 어렵다.
ⓒ 다양한 공공의 문제는 적용할 수 있으나 지엽적인 문제에 대한 적용이 곤란하다.

4) 범례 학습 모형(Das examplarische verfahren model)

(1) 범례 학습의 의미

현대는 지식 정보화 사회이다. 사회과는 다양한 사회 사상(社會 事象)을 교수·학습의 대상으로 한다. 지식과 정보의 홍수 시대에 가장 기초적이고 본질적인 것을 교수·학습하도록 구안된 방법이 범례 학습(Das examplarische verfahren)이다. 범례(範例)는 예, 전형, 순수 사례, 모범, 전체를 대표하는 일부, 원형 등의 의미를 함축하고 있다.

범례 학습(範例 學習)이란, 유형을 대표하는 하나의 예를 학습하여 다른 학습 내용과 비교해 봄으로써 두 학습 내용 간의 공통 속성을 찾아내고, 그러한 공통 속성을 규칙, 법칙화하여 다른 사례에 적용시키면서 학생들이 자주적, 능동적, 적극적으로 학습에 임하게 된다는 논리이다.

사회과의 범례 학습은 사회현상을 다루고 그 본질을 파악하는 것이므로, 사회현상에 관한 다양한 자료들이 필요하게 된다. 사회과의 수업 자료들은 정치, 경제, 사회, 문화, 역사, 지리 등 광범위한 영역에 걸쳐서 분포하므로, 오늘날 이러한 자료의 제공에 있어서 가장 큰 역할을 하는 것이 컴퓨터를 중심으로 한 디지털(digital) 정보들이다. 디지털 정보들은 학생들에 의해 수집, 분류, 분석, 체계화 과정을 통해서 유효한 정보로 거듭나, 사회과 교수·학습에 학습 동기와 흥미를 유발하게 된다.

(2) 범례 학습의 출현 배경

원래 범례 학습은 1950년대 독일에서 교재의 과잉화로 말미암아 질적 학력(學力) 저하를 극복하고자 나타난 교육 개혁 운동의 교수·학습 이론이다. 당시 교육과정 개혁 운동은 교육과정 구조화론으로 부각되어 전통적인 교육과정에 대한 근본적인 질적 혁신을 지향하는 교육 내용과 방법의 현대화를 지향하였다. 미국의 교육과정 구조화 운동과 함께 독일에서도 1951년 소위 '튀빙겐 회의'의 결과, 교육과정 구조화의 일환으로 범례 학습이 시도되었다.

튀빙겐 회의에서는 교재의 과잉화에서 기인한 질적 학력 저하를 극복하려는 수단으로서 범례 학습 모형이 제시되었으며, 이는 곧 내용 구성에서 교재의 구조화·정선화를 바탕으로 한 것이다. 즉, 과거와 같은 지식의 양적 확대를 지양하고, 기초적이고 본질적인 범례를 교육 내용으로 선정하고, 이것의 심화를 기하기 위하여 교육과정 구성의 자유 보장을 제안하였다. 이와 같은 범례 학습은 태동 후 곧 바로 일반화되지 못하고 10여 년 후부터 정착되기 시작하였다.

(3) 범례 학습 모형의 특징과 원리

지식기반사회, 지식 정보화 사회를 살아가는 현대인들은 그야말로 지식과 정보의 홍수 시대에 몰입되어 있다. 컴퓨터 네트워킹을 중심으로 한 인터넷은 우리에게 시시각각 새로운 정보를 제공해 주며, 수많은 지식 더미가 우리 앞에 존재한다. 이와 같은 지식과 정보의 과잉 문제는 학생들에게 지식, 정보의 취사선택이라는 심각한 혼란을 야기할 우려가 농후하다.

범례 학습은 하나의 사례를 통하여 다른 유사한 사례의 속성을 유추, 간파하는 사회과의 교수·학습 방법 중의 하나이다.

범례 학습은 1950-1960년대에 걸쳐 독일에서 논의·실험되었고, 세계적으로 주목받기 시작한 교수 모형이다. 처음에는 자연과학 계통의 교과서에 적용 가능한 모형으로 생각되었지만 차츰 역사, 지리 수업에서의 적용 가능성도 검토되기 시작했다.

범례 학습을 처음 출현시킨 것은 1951년 튀빙겐에서 개최된 고등학교 교육개혁을 위한 회의였다고 전해진다(永井·平田, 1981). 이 회의에 출석한 대학 측 대표들은 "최근의 교교 졸업생들의 학력을 보면, 추상적이고 특수한 지식을 의미 이해 없이 암기만 하고 있다. 교재가 너무 많고 진정한 교양은 좁고 빈곤할 뿐이다. 말하자면, 비계만 많고 근육은 없다."고 고등학교 교육을 비판한다. 이 비판은 결국 교재의 정선, 교수 내용의 본질적 이해를 위한 수업 방법의 개발이라는 과제를 제기했고 이 과제 해결을 위한 노력의 결과로 범례 학습이라는 새로운 교수 모형이 나왔다는 것이다.

범례 학습이란 교재의 과잉을 극복하려는 교재의 선정, 취급 방법으로서, 빈틈없는 교재의 계통적 구성을 포기하고 그 대신 개개의 중점·농축된 대상을 교재화하려는 것이다(內海, 1971). 범례 학습에서 '중점'이 곧 '범례'를 의미하는 것으로서 이는 중요한 학문 체계로부터 선택된 중점이며, 단순히 학문의 이해에 그칠 뿐만 아니라 학습자의 진정한 인식의 돌파구가 될 수 있는 것이다. 즉 범례의 중요한 특질을 탐구 과정·방법을 익히는 대표적이고 전형적인 실례라는데 있고, 따라서 범례 학습은 교육 내용의 정선, 집약, 재구성 문제와 기본적으로 관련될 수밖에 없다. 과학의 구조와 논리를 중시한다는 의미에 있어서, 1950−1960년대 미국에서 주장되기 시작한 과학적 탐구 학습과 같은 맥락의 연장선상에 있음을 알 수 있다.

그러나 범례 학습에서는 동시에 사물을 꿰뚫어 볼 수 있는 본질 직관을 중시하고 비연속적, 질적 발전이라는 인식논리를 발견할 수 있다. 범례 학습에서는 선택된 범례의 학습을 통하여 본질적인 것과의 '만남'을 기대한다. 이는 단순한 지적 인식에 머무르지 않고 학습자의 활동성, 자발성을 자극하여 정신적 발전까지를 의미하는 것이다. 범례 학습은 '실존적 만남'에 의해 지적 인식과 인격 형성의 통일을 지향한다고 하겠다. 이처럼, 범례 학습은 실존주의 교육철학에 그 이론적 뿌리를 박고 있음에 주목할 필요가 있다.

전통적 서구의 교육이론은 기본적으로 인간은 합리적 존재라는 전제 위에서 출발하고 있다. 인간은 합리적 존재이기 때문에 그의 행동 속에서 일정한 규칙성을 발견할 수 있고, 따라서 다음 행동도 예측할 수 있다는 것이다. 학습 혹은 발달도 이러한 일정한 예측 가능한 규칙성 속에서 이루어지기 때문에 그 과정은 자연히 연속적 순서 혹은 단계에 따른다.

인간은 합리적 내지 선한 존재라는 전제 위에서 온 전통적 교육관에 대하여 실존주의의 교육관은 인간을 비합리적 존재로 파악하고, 따라서 교육의 비연속적 형식의 가능성을 제시한다. 실존 그 자체가 항상성을 갖는다기보다 순간적으로 출현하였다가 순간적으로 소멸할 수 있는 것이기에, 인간의 진정한 발달은 순간적으로 출현하였다가 출현−소멸할 수 있는 '실존적 만남'을 통하여 이루어진다고 본다. 볼노브에 따르면, '만남'이란 예측할 수 없는 것이고, 깊은 의미에서 본다면 우연한 것이다 (Bollnow, 1971). 이 생각은 원칙적으로 일체의 의식적인 교육계획으로 파악하는 전통적인 교육관의 입장에서 보았을 때 '만남'을 통한 인간의 발달이란 상상을 초월하는 문제라고 보지 않을 수 없다. 즉, 실존주의 교육관은 전통적인 교육관의 일대 전환을 촉구하는 것이다.

이상과 같이 실존주의 교육관을 배경으로 하는 범례 학습은 스스로 극복하지 않으면 안 될 몇 가지 모순을 낳고 있다고 해석할 수 없다.

첫째, 객관성을 중시하는 학문의 체계 속에서 선택된 범례 학습을 통하여 주관적 성향의 '실존적 만남'을 경험케 할 수 있는가?

둘째, 기본적으로 본질 직관을 중시하는 범례 학습 방법으로 분석적 접근이 요구되는 현대과학의 정선된 내용을 효과적으로 학습할 수 있는가?

셋째, 의도적으로 계획된 프로그램에 따라 이루어지는 학교 교육 속에서, 예측할 수 없는 우연한 만남−인간적 전환의 기회가 포착될 수 있는가?

넷째, 연속적 성격과 구조를 갖는 학습의 대상들−역사적·지리적·사회적 현상들을 범례 학습의 비연속적 속성의 방법으로 학습할 수 있는가?

다섯째, 사회과학의 성과나 방법의 학습에서 인격 형성(도야)으로 단절, 비약할 때 자의(恣意)에 빠질 위험성은 어떻게 방지할 수 있는가?

위와 같은 모순 혹은 문제점을 범례 학습이 어떻게 극복하려고 하는지 그 과정을 살펴보기로 한다.

독일에서 사회 인식 내지 정치교육(시민적 자질 육성을 위한 교육)을 주로 담당하고 있는 것은 역사교육이다. 독일의 역사교육은 이념적으로는 사회 인식 형성이라는 지적인 측면과 시민적 자질의 육성이라는 실천적 측면을 통일하려 하지만 실제로는 정치적 사고력·판단력의 육성에 보다 중점을 둔다는 특징을 갖는다. 이와 같은 역사교육에 범례 학습 방법을 적용할 때 어떤 과정이 전개될 것인가를 살펴보기로 한다.

예컨대, 역사 학습에서 경험하게 되는 수많은 혁명들 가운데서 혁명의 기존적 속성을 갖추고 있는 프랑스혁명을 철저히 학습함으로써 프랑스혁명이라는 개별적 사건을 이해할 뿐만 아니라 혁명 일반에 관한 인식을 형성할 수 있다는 것이다. 전통적인 역사 수업에서와 같이 하나하나의 혁명에 관해, 언제·어디서·누가·왜·어떻게 발생되었는가를 빠짐없이 학습한다는 것은 혁명의 본질 이해에도 도움을 주지 못하고, 역사의 주체로서의 인간적 각성을 기대할 수도 없다고 본다.

프랑스혁명이라는 개별 사건의 충실한 학습에 토대하여, 다른 혁명을 학습할 때는 프랑스혁명과 공통점·상이점 등에 대한 비교 예측이 가능하므로 자주적이고 효율적인 학습이 전개될 수 있다. 이로써 '유형의 해명'이 가능해진다는 것이다.

개별 사건의 학습단계에서 획득된 시각, 지식은 이미 법칙성을 띤 것이었고, 유형의 해명단계에서 법칙성이 확인될 수 있었다고 본다. 이를 다시 한 번 확인하고, 때에 따라서는 수정을 가하여 혁명에 관한 역사적 법칙성을 발견하지 않으면 안 된다. 범례 학습에 있어서의 법칙성의 파악단계이다. 이 단계까지의 학문적 논리, 지식의 전이에 만족하지 않고, 법칙성과의 관련 속에서 역사적 존재로서의 인간은 어떻게 살아가야 할 것인가라는 문제에 도전하려는데서 범례 학습의 특징을 찾을 수 있다. 자기 이해, 자기 결정이라는 실존적 인생관, 세계관을 갖게 하려는 것이다.

이와 같은 사회과 범례 학습의 수업 과정을 정리하면 다음과 같다.

① 제1단계: 유형을 대표하는 개별적인 현상, 사실을 해명하는 단계로서, 하나의 해당 교재를 이해할 뿐만 아니라 그것이 대표하는 유형 전반에 통할 수 있는 일반적인 시각, 사고 기준을 획득한다. 가장 구체적인 교재를 다루지만, 이를 통해 보편적인 차원의 학습에 이르는 과정을 익히도록 한다.

② 제2단계: 같은 유형에 속하는 다른 현상, 사건을 해명하는 단계로서, 범례와의 공통점, 차이점 등을 발견하고, 학습 방법의 적은 능력을 향상시킬 수 있다. 이 단계의 학습에서는 학습자의 적극적인 자주성이 강조되고 학습의 간략화 내지 생략도 허용될 수 있다.

③ 제3단계: 제1·2단계에서 학습한 일반적인 지식, 사고 기준을 확인, 혹은 수정하고 이를 범주화시키는 등의 방법을 활용하여 법칙성으로까지 고양시키는 단계이다. 구체적 사실의 학습단계를 벗어나 추상적 단계에 이르렀다고 보겠다.

④ 제4단계: 자기 이해, 자기 결정의 단계로서, 실존주의 교육철학을 배경으로 하는 범례 학습의 성격이 가장 분명히 반영되고 있다. 객관적 현상, 사실의 학습 결과 '세계와 자신과의 관계'를 이해할 수 있고, 나아가 '스스로 선택하고 결정'할 수 있게 된다는 것이다.

범례 학습은 단순한 지식 교육을 넘어 교재의 정선화 방법을 제시하는데서 그치지 않고 인간 교육, 객관적 세계 속에서의 자기 이해, 자기 결정 능력의 육성을 지향한다는 점에서 대단히 중요한 교육적 의미를 갖는다. 다만, 실천적 차원에서는 앞에서 지적한 모순과 한계를 노정시키고 있다. 실제로, 독일에서의 범례적 역사교육은 역사현장의 전체상 파악에 중점을 두고, 본질직관에 따른 비합리적·관념적 경향이 강하다.

범례 학습은 사회적·역사적 사실이나 현상의 전체상을 이해함으로써 자기중심적 자아를 사회적 존재로, 현재적 자아를 역사적 존재로 재발견하게 한다는 이해주의적·도야론적 입장으로 환원되고 있다고 볼 수 있다. 따라서 범례적 역사교육이 국가주의적, 정신주의적 경향을 강하게 띠어, 결국 비판적 사고력의 신장보다도 사회적응력의 신장으로 기울어 버리는 것도 당연한 결과라고 하겠다.

가령, 사회과 역사 영역의 교수·학습에서 인식하고 경험하게 되는 수많은 혁명(革命) 중에서 프랑스혁명을 선정하여 '범례'로 삼는다. 혁명이라는 사건의 유형을 대표하는 프랑스혁명을 철저히 학습함으로써, 프랑스혁명이라는 개별적 사건의 이해를 심화할 뿐만 아니라, 혁명 일반에 관한 누가, 언제, 어디서, 무엇을, 어떻게, 왜 등 육하원칙에 따라 왜 사건을 일으켰는지 빠짐없이 학습한다는 것은 혁명의 본질 이해, 역사 주체인 인간의 이해 등에 전혀 도움이 되지 않는다.

그러므로 프랑스혁명이라는 개별 사건의 충실한 교수·학습에 기반을 두고 다른 일단의 혁명을 교수·학습할 때에는 프랑스혁명과의 공통점, 차이점 등에 대한 비교, 예측이 가능하므로 자주적이고 효율적인 학습이 전개될 수 있다.

범례 학습은 단순한 지식 교육을 넘어 교재의 정선화, 내용의 체계화 방법을 제시하는데 그치지 않고, 객관적 세계 속에서의 자기 이해, 자기 결정 능력의 육성 등을 지향한다는 점에서 대단히 중요한 교육적 의미를 갖고 있다. 또한 범례 학습은 학생들의 인식 논리를 법칙성이라는 틀 속에 고정시키려는 것이 아니라, 다양한 사회현상을 분석하고 인식함에 있어서 방법 면에서 변증법적 인식 논리를 통한 자기 이해에 도달하는 것이며, 내용 면에서는 기초적이고 정선된 사례의 교수·학습을 통해서 유사한 다른 사례에 확대 적용이 가능하다는 특징이 있다.

그럼에도 불구하고 범례 학습은 실존주의 교육관을 배경으로 하기 때문에 많은 제한점을 내포하고 있는데, 이를 종합하여 제시하면 다음과 같다.

첫째, 객관성, 실증성을 중시하는 학문 체계 속에서 선택된 범례의 학습을 통하여 주관적 성향의 '실존적 만남'을 경험케 할 수 있는가?

둘째, 기본적으로 본질 직관을 중시하는데, 분석적 접근을 요구하는 현대 과학의 정선된 내용을 효과적으로 학습할 수 있는가?

셋째, 의도적으로 계획된 프로그램에 따라 이루어지는 학교 교육 속에서, 예측할 수 없는 우연한 만남 기회를 포착할 수 있는가?

넷째, 연속적 성격과 구조를 갖는 학습의 대상들, 즉 역사적·지리적·사회적 현상 등을 범례 학습의 비연속적 속성의 방법으로 학습할 수 있는가?

다섯째, 사회과학의 성과나 방법의 학습에서 인격 형성으로 단절, 비약할 때 자의(恣意)에 빠질 위험성을 어떻게 방지할 수 있는가?

(4) 범례 학습 모형의 학습단계와 과정

① 범례 학습 모형의 학습단계

ⓐ 제1단계

유형을 대표하는 개별적인 현상, 사실 등을 해명하는 단계로서, 하나의 해당 교재를 이해할 뿐만 아니라, 그것이 대표하는 유형 전반에 통할 수 있는 일반적인 시각, 사고 기준을 획득한다. 가장 구체적인 교재를 다루지만, 이를 통해서 보편적인 차원의 학습에 이르는 과정을 익히도록 한다.

ⓑ 제2단계

같은 유형에 속하는 다른 현상, 사건 등을 해명하는 단계로서, 범례와의 공통점과 차이점을 발견하고, 학습 방법의 적용 능력을 향상시킬 수 있다. 이 단계의 학습에서는 학습자의 적극적인 자주성이 강조되고, 학습의 간략화 내지 생략도 허용될 수 있다.

ⓒ 제3단계

제1·2단계에서 학습한 일반적인 시각, 사고 수준을 확인·수정하고, 이를 범주화시키는 등 방법을 활용하여 법칙성으로까지 고양시키는 단계이다. 구체적 사실의 학습단계를 벗어나 추상적 단계에 이른 단계이다.

ⓓ 제4단계

자기 이해, 자기 결정의 단계로서, 실존주의를 배경으로 하는 범례 학습의 성격이 가장 분명하게 반영되는 단계이기도 하다. 객관적 현상, 사실의 학습 결과 '세계와 자신의 관계'를 이해할 수 있고, 나아가 스스로 선택하고 결정을 내리도록 하는 단계이다.

전통적인 범례 학습의 과정을 교수·학습의 흐름에 알맞게 재구성하면, 기본 학습, 비교 학습, 적용 학습 등으로 구분된다. 기본 학습단계에서 학습자는 교사가 선정한 기본 사례를 통하여 속성을 파악한다. 비교 학습단계에서는 기본 사례와 비슷한 비교 사례의 관찰을 통해서 비교 사례의 속성을 파악한다. 적용 학습단계에서는 제시되는 적용 사례를 통해 학습 문제를 파악한 후, 비교 학습에서 정리했던 기본 학습, 비교 학습의 두 사례와의 공통 속성을 명료화시키는 과정을 통해서 법칙성을 찾고, 그 법칙성에 따라 적용 사례를 객관적으로 이해하는 단계이다.

② 범례 학습 모형의 과정

ⓐ 기본 학습

범례 학습의 기본 학습단계는 '문제 파악→ 예상→ 기본 사례 관찰→ 검증→ 기본 사례 속성 확인' 등의 단계를 거친다. 문제 파악 단계에서는 기본 사례 제시를 통해 문제 인식 및 학습 문제 파악이 이루어지고, 예상 단계에서는 기본 사례가 가진 속성들을 예상해 보는 것이며, 기본 사례 관찰

단계에서는 다양한 자료를 통한 사례 관찰이 이루어진다. 검증단계에서는 예상했던 기본 사례의 속성을 여러 가지 증거를 통해서 확인하는 단계이다. 마지막 기본 사례 속성 확인 단계는 기본 사례의 속성을 정리하는 단계이다.

ⓑ 비교 학습

비교 학습단계는 '문제 파악→ 예상→ 비교 사례 관찰→ 비교 검증→ 공통 속성 파악' 등의 단계를 거친다. 이것은 기본 학습단계와 비슷한 과정을 갖지만, 몇 가지 차이점을 지닌다. 기본 학습단계에서는 학습자가 범례 학습의 흐름을 전혀 파악하지 못한 상태에서 사례를 접하지만 비교 학습단계에서의 학습자는 기본 학습단계에서 사례의 속성을 파악하는 단계를 거쳤기 때문에 가설을 설정하고 그에 부합하는 자료를 탐색하고 수집하는 시간이 기본 학습에 비해서 짧을 수 있다. 따라서 비교학습에서는 자료의 탐색 과정보다는 기본 학습단계의 가설이나 속성과 비교하며 검증하고 서로의 공통적인 속성들을 찾아내는 학습이 중요하다.

ⓒ 적용 학습

적용 학습단계는 '문제 파악→ 법칙성 명료화 및 예상→ 적용 사례 관찰→ 검증→ 객관적 이해' 등의 단계를 거친다. 적용 학습단계의 특징은 먼저 법칙성 명료화 과정을 거친다는데 있다. 학습자는 전 단계 교수·학습에서 두 사례의 속성과 공통 속성을 학습했으므로, 이제 학습자는 또 다른 사례를 볼 때, 이미 습득한 공통 속성을 바탕으로 사례를 인식하게 된다. 이때 학습자들에게 있어서 공통 속성은 단순한 낱개 사례의 속성이 아니라, 비슷한 성격의 사례에 공통적으로 해당되는 속성이다. 학습자는 공통되는 속성을 법칙화시키는 과정을 거치며, 그 법칙성을 범례 학습의 마지막 단계로 보고 적용하게 되는 것이다.

<표 113> 범례 학습의 단계적 과정

단계	교수·학습 흐름(과정)				
	①	②	③	④	⑤
1. 기본 학습	문제 파악 (기본 사례 제시)	예상하기	기본 사례 관찰	검증	기본 사례 속성 확인
2. 비교 학습	문제 파악 (비교 사례 제시)	예상하기	비교 사례 관찰	비교 검증	공통 속성 확인
3. 적용 학습	문제 파악 (적용 사례 제시)	법칙성 확인 및 예상	적용 사례 관찰	검증 (법칙성 적용 및 확인)	객관적 이해

* 출처: 김민성, 2004: 19.

(5) 범례 학습의 유의점과 장단점

① 범례 학습의 유의점

ⓐ 일상생활과 관련된 중요한 범례를 사회과 수업에 적용할 수 있는 능력과 자질을 함양하여야 한다.
ⓑ 무의미한 범례를 통한 학습보다 교육적인 범례를 취사선택하여야 한다.
ⓒ 범례 학습의 교수ㆍ학습 흐름을 적절하게 적용하는 것이 바람직하다.

② 범례 학습의 장점

ⓐ 범례를 통하여 사회 사상에 대한 이해를 쉽게 할 수 있다.
ⓑ 일상생활의 여러 범례를 통하여 일반화를 탐구할 수 있다.
ⓒ 범례는 주변의 사례를 적용하는 것이므로 흥미를 갖고 친숙하게 학습에 참여할 수 있는 계기가 된다.

③ 범례 학습의 단점

ⓐ 교육적이고도 유의미한 범례를 추출하기가 쉽지 않다.
ⓑ 범례 학습도 학습인 이상 수업(학습) 목표를 달성하여야 하는데, 잘못하면 목표를 간과한 흥미 위주 수업(학습)이 될 우려가 있다.
ⓒ 기본 학습, 비교 학습, 적용 학습의 각 단계의 흐름을 이해하지 못하면 수업(학습)이 다분히 피상적으로 흐를 위험성이 있다.

④ 범례 학습의 중요성

ⓐ 범례 학습은 일반적인 사례를 학습에 적용하는 것이므로 사실성에 기반을 두고 있다.
ⓑ 범례 학습은 사례, 범례를 통한 일반화 학습에 아주 효과적이다.
ⓒ 범례 학습은 전 사례를 모두 경험할 수는 없으므로 핵심 요소를 추출하여 학습하는데 매우 유용하다.
ⓓ 범례 학습은 나선형식 교육과정 운영, 동심원적 확대법 등 사회과 교육과정 적용에 유용하다.
ⓔ 범례 학습은 학생들의 흥미를 학습 효과로 연계시키기에 적합한 수업 모형이다.

제4장 사회과 학습 방법의 분류

사회과 학습 방법은 사회과 수업 모형과 밀접한 관계를 가지고 있다. 수업 모형이 수업이 진행되는 기본적인 틀이라고 한다면 학습 방법은 그러한 틀 속에서 구체적으로 전개되는 교사와 학생의 활동 모습 또는 수업이 진행되는 형태라고 할 수 있다. 따라서 학습 방법은 수업 모형보다 더 구체적인 것이라고 할 수 있지만, 때에 따라서는 비슷한 뜻으로 쓰이기도 한다. 예컨대, 탐구 수업은 수업 모형이면서 학습 방법이라는 뜻으로도 쓰인다. 그러나 소크라테스식 방법은 수업 모형이라기보다 대개 학습 방법이라는 의미로도 받아들여진다.

교사와 학생이 수업에서 어떤 역할을 하느냐에 따라서 설명식 수업과 발견학습으로 나누어 볼 수 있다. 설명식 수업은 교사가 중심이 되어 강의, 질문, 연습문제 풀이, 학생의 이해 수준 확인 등으로 학생들을 적극적으로 수업에 참여하도록 하는 교사 주도형의 수업이다. 흔히 우리가 말하는 강의식 수업이 여기에 해당되며, 교사의 우수한 준비와 강의, 조직적인 수업 진행, 풍부한 학습 자료 등에 의하여 좋은 성과를 낼 수 있는 장점이 있다. 그러나 이 수업은 고급 사고력 함양보다 단순한 사실의 수업이나 낮은 차원의 질문에 더 적합하며, 학생들이 수동적인 상태로 머무를 가능성이 크다.

발견학습은 학생이 주도적으로 교과의 원리를 이해하고 그것을 응용하여 문제를 풀이하는 등의 과정으로 수업을 진행하는 학생 중심의 수업이다. 특정한 순서가 있어서 꼭 그대로 따라서 해야 하는 것은 아니고, 학생이 중심이 되어 있는 이러한 수업을 폭넓게 가르친다고 할 수 있다. 발견학습에서 교사가 하는 일이 전혀 없는 것은 아니다. 교사는 수업의 내용이 되는 문제를 정하고, 학습 자료를 준비하며, 학생들이 스스로 수업에 참여할 수 있도록 전체적으로 수업을 조직하여 진행한다. 탐구 학습의 수업 모형, 토의 학습 모형 등도 발견학습의 방법을 사용한다고 볼 수 있다.

발견학습은 학생의 적극적인 수업 참여를 요청한다는 장점을 가지고 있다. 이런 이유에서 최근에 특히 강조되고 있다. 그러나 수업을 진행하는데 시간이 오래 걸리고, 학생들이 높은 참여 동기를 가지고 있지 않은 경우에는 수업이 잘 진행되지 않는 단점이 있다. 특히 우리나라와 같이 학생들이 능동적인 학습 습관을 어렸을 때부터 갖지 못하고 있는 경우에는 중·고등학교에서 발견학습을 제대로 실시하기가 어려운 고충이 있다. 그러나 상황이 허락하는 대로 이러한 수업을 시도하는 것이 바람직하다고 할 수 있다.

아울러, 특정한 수업은 꼭 한 가지 수업 방법만으로 수업을 할 수 있는 것은 아니라는 점에 주의할 필요가 있다. 예컨대, 개념 학습은 설명식 수업으로도 할 수 있고, 발견학습의 방법으로도 할 수 있다. 다른 수업의 경우에도 마찬가지이다. 다만, 탐구 학습 모형이나 개념 학습 모형인 경우 상당 부분 학생들이 직접 활동하는 발견학습의 과정을 불가피하게 가지게 될 것이다. 그렇지 않으면 주입식 강의가 되어 버릴 것이기 때문이다.

사회과 학습 방법과 수업 모형 고찰에서 유념해야 할 점은 사회과 교육의 특성상 학생들의 참여와 활동이 필수적이라는 사실이다. 환언하면 사회과 교육에서는 전적인 교사 중심 수업, 교사 활동 일변도 수업은 존재하지 않는다는 사실이다. 아무리 교사 중심 수업이나 학습일지라도 어느 정도 학생들의 참여와 활동은 반드시 존재하여야 한다.

1. 강의식 수업(학습)

1) 강의식

교수·학습에서의 강의법(식)은 오랜 역사와 전통을 가진 기법으로서 모든 교수·학습 형태의 기본이 된다. 강의식 수업 기법은 일제식(一齊式) 수업의 전형적인 방식으로 교수·학습 기법은 학생들의 흥미, 요구, 능력, 욕구 등에 대해서는 큰 고려를 하지 않고 교사 중심의 주입식 방법이다. 즉, 사회에 관한 내용과 지식을 체계적인 수서에 따라 강의, 교수를 통하여 주입시키는 교과 중심 교육과정에 기반을 둔 교수 형태이다. 따라서 강의식 수업은 일방적 설명식 수업으로 흐르기 쉬운 교수·학습 기법이다.

강의법은 여러 가지 다른 학습 지도의 방법이 활용되는 과정에서도 차용(借用)되는 대단히 일반적인 방법이다. 최근에 와서는 개념 학습, 계통 학습적인 성격으로 변용되어 사회과학에서 추출된 기본 개념과 유기적으로 관련 있는 구조화된 내용인 개념, 원리, 법칙 등에 관해 지도할 때 두루 활용되는 기법이다. 사회과에서 구조화된 내용의 지식을 지도하는 것은 한편으로는 사회적 기능을 신장하거나 사회적 경험을 풍부하게 해 주는 기본 지식을 이해시키는데 큰 의의가 있다. 따라서 최근 사회과 교육의 강의 학습은 사회 기능적인 생활 경험과 사회과학적인 지식을 유기적으로 관련시켜서 논리성 있게 체계적으로 지도하여야 한다. 그러므로 강의법은 매우 오래된 전통적인 방법이긴 하지만 나름대로의 장점과 단점을 내포하고 있는 수업 기법이다.

2) 강의식 수업의 목적

강의식 수업은 교사가 수업 내용을 잘 조직하여 체계적으로 구조화하여 언어로 학생들에게 전달하는 방식이다. 학생들의 능동적인 활동보다는 교사가 주도적으로 수업을 하는 것이기 때문에 학습 효과가 비효율적이라는 비판을 받고 있지만, 가장 손쉽게 많은 학생들을 대상으로 수업을 할 수 있다는 점에서 실제로는 오늘날에도 아마 전 세계적으로 가장 많이, 그리고 역사적으로도 가장 오랫동안 사용되어 온 학습 방법이라고 할 수 있다. 강의법이 점점 줄어들고는 있지만, 우리는 강의의 단점을 줄이고 장점을 살려서 강의 방법을 사용해야 할 때가 많다. 강의는 여러 가지 수업의 목표를 달성하는데 있어서 가장 효과적인 수단의 하나이며, 많은 훌륭한 교사들이 강의를 통해서 수업을 하고 있다는 점은 부인할 수 없다. 결국 강의는 가장 전통적이고도 본질적인 수업 방법으로서, '강의' 자체가 문제가 아니라 '잘못된 강의'가 문제라고 할 수 있다.

  (1) 정보의 전달: 강의의 가장 중요한 기능은 다수의 학생들에게 필요한 정보를 효과적으로 전달할 수 있다는 점이다. 강의를 통해 전달될 수 있는 정보는 여러 가지 사실, 개념, 규칙, 원리, 법칙·원리 등 여러 가지가 될 수 있다. 이때 중요한 것은 교사가 전달할 내용에 대해 숙달되어 있어야 한다는 점이다.

(2) 동기 부여: 강의의 또 다른 목적은 학생들에게 감화를 주는데 있다. 교사의 훌륭한 강의는 학생들에게 동기를 부여하여, 새로운 인생의 목표를 세우게 한다든가 특정한 분야에 대해 학습하고자 하는 의욕을 불러일으키기도 한다. 마치 한국 최초의 우주인인 이소연 박사의 이야기를 듣고 감화를 받은 학생이 이소연 박사에 관련된 과학과 우주에 대해 알기 위해 자료를 찾아보고, 나아가 이소연 박사를 자신의 역할 모델로 삼고자 다짐하는 등의 효과를 기본적으로 강의를 통해 얻을 수 있는 것이다.

(3) 반성적·비판적 사고의 개발: 흔히들 강의법은 단순 암기를 강조하고 사고력의 발전에 저해되는 교수법으로 알려져 있지만, 강의를 통해서도 비판적 사고를 개발할 수 있다는 점이 알려지고 있다. 교사가 제시하는 새로운 정보나 새로운 해석을 통해 학생들은 사물을 새로운 관점에서 볼 수 있는 안목을 가질 수도 있다. 또 교사가 강의 도중 간간이 던지는 날카로운 질문은 학생의 사고를 자극하여 생각을 명료화하고 비판적 문제 제기를 할 수 있는 능력을 기를 수 있다. 나아가 논리적 흐름을 갖춘 수업을 통해 학생들은 교사들의 사고 과정을 간접경험할 수 있다.

3) 강의식 수업의 장점

(1) 중요한 많은 정보를 다수의 학생에게 체계적으로 전달하는데 매우 효과적이다. 양적인 면에서는 매우 효과적이라고 할 수 있다.

(2) 훌륭한 강의는 학생들의 주의를 집중하고 큰 감명을 줄 수 있다.

(3) 복잡한 문제를 소개하는 서론 격으로 사용할 때 강의는 효과적인 수단이 될 수 있다.

(4) 학생에게 인기가 없으나 중요한 내용을 종합하여 교수할 필요가 있을 때 강의는 유용한 수단이 된다.

(5) 학생들의 전체 통제가 용이하고, 학급 관리가 비교적 쉽다.

(6) 복잡한 학생들의 개인적인 요구에 응하는 수업을 준비하는 것보다 전체를 대상으로 하는 강의의 준비가 오히려 용이하다.

(7) 수업 자료, 매체가 별로 필요하지 않고, 대부분의 내용을 설명·강의로 진행한다.

(8) 강의는 학생들에게 하나의 모형을 제공할 수 있다.

(9) 강의는 학생들이 기대하는 정보를 제공함으로써 학생들에게 안정감을 줄 수 있다.

(10) 짧은 시간 동안 많은 정보를 전달할 수 있다.

(11) 학습의 과정을 통제하기 쉽다.

(12) 새로운 개념에 대해 전반적 소개를 하기에 유리하다.

(13) 노트 필기와 청취 능력을 기르기에 유리하다.

(14) 사실이나 정보를 하나의 논리적 흐름에 조직하여 시간의 흐름이나 개념의 관련성을 파악하기에 유리하다.

4) 강의식 수업의 단점

⑴ 학생이 수동적인 위치에 머물게 된다. 학생의 참여가 한정되어 있다.
⑵ 학생들의 주의 집중을 유지하기가 쉽지 않다. 대개 20분이 주의 집중 유지 가능 시간으로 알려져 있지만, 이것으로는 부족하다.
⑶ 좋은 강의를 준비하는데 시간이 많이 걸린다.
⑷ 수강한 정보와 지식을 망각하기 쉽다.
⑸ 상당수의 학생들은 강의에 흥미가 없다. 흥미·관심을 자극할 만한 자료와 수단이 부족할 경우 지루하기 쉽다.
⑹ 강의는 정보의 획득과 같은 저급 차원의 사고력 신장에 적합하고, 분석, 종합, 비판, 창조, 의사 결정 등과 같은 고급 사고력의 향상에는 적합하지 않다.
⑺ 좋은 강의는 언어적 표현, 조직과 구성력, 자신감 등 몇 가지 조건과 능력을 가진 사람이 할 수 있는데, 이러한 사람이 흔하지 않다.
⑻ 자칫 낮은 수준의 지적 기능인 암기에 치우칠 가능성이 높다.
⑼ 학습자의 자율성과 창의성이 무시되기 쉽다.
⑽ 학습자의 학습 진행 정도를 확인하기 어렵다.
⑾ 정서적 영역이나 운동 기능적 영역을 소홀히 하기 쉽다.
⑿ 개인적 욕구를 확인하거나 충족하기 어렵다. 상호 작용이 부족하여 흥미를 잃기 쉽다.

5) 강의식 수업의 지침과 조건

⑴ 청중의 흥미와 배경 등 특징을 잘 알고 있어야 한다.
⑵ 제목을 너무 광범하게 잡지 말고 초점을 맞추어라. 사례를 들어 설명한다.
⑶ 개요를 만들어서 조직화하고, 칠판, 프로젝터 등을 통하여 청중이 알게 한다.
⑷ 기존의 관점을 새롭게 조명하거나 확장할 때, 학습한 내용을 점검하거나 요약할 때 사용한다.
⑸ 강의 내용을 구조화하고, 그래프, 차트, 그림, 필름 등의 자료를 사용하여 설명한다.
⑹ 녹음기, 음악 등의 음성을 사용한다.
⑺ 설교 시간이 아닌 한, 논쟁에서 중립적 입장을 취한다.
⑻ 말은 천천히, 명백하게, 큰소리로 한다. 지나치게 비약적인 행동과 말을 하지 않는다.
⑼ 질문과 코멘트를 위해 잠시 중단하면서 한다.
⑽ 중요한 내용에 대해 말할 때, 순간적으로 말을 멈춘다든가, 목소리 톤을 변화시킨다든가, 제스처를 쓴다.
⑾ 간결하고 동기를 높이는 서론으로 시작한다.
⑿ 중요한 것은 강조하고 시시한 것은 최소로 줄인다.
⒀ 유머를 하되, 유치하게 하지 않는다. 유머는 내용을 쉽게 이해하고 오래 기억하게 하는데 도움

이 된다. 청중이 생각할 여유를 갖게 자주 쉰다.

⑭ 성공적인 강의의 조건으로 명료함과 함께 열정적으로 한다.

⑮ 읽지 말고, 이야기를 한다. 메모를 보지 말고, 청중을 본다. 다음 단계로 넘어가기 전에 학생의
이해 여부를 점검한다.

⑯ 한 강의를 통해서 전달될 가장 적절한 주제의 수는 3개에서 5개가 적절하다

⑰ 엄지손가락으로 제 일번을 가리키는 것처럼 손짓이나 몸짓을 사용한다.

⑱ 중요한 질문이나 코멘트를 무시하지 않는다. 정확한 요약을 한다.

⑲ 메모를 하거나 정보를 종합하는 등의 기술을 학생들에게 가르친다.

⑳ 항상 자기 자신의 강의를 자기가 스스로 평가하는 것을 게을리 하지 않는다.

6) 강의식 수업의 단계

강의식 수업의 단계는 낚싯바늘, 줄, 추로 비유해 볼 수 있다. 낚싯바늘은 도입에 해당되는 부분
이고, 줄은 본론, 추는 정리 부분에 해당한다.

(1) 도입단계(낚싯바늘): 주위를 환기하고 선행 조직자를 제시한다.

(2) 전개단계(줄): 많지 않은 주제로 한정되어야 하며, 각각의 주제별로 풍부한 예가 준비되어야 한
다. 또한 내용의 연결이 논리적으로 매끄러워야 한다.

(3) 정리단계(추): 주요 논점에 대한 요약, 학생들의 이해 여부 점검, 강의 내용을 다른 상황에 적
용해 보는 등의 활동을 한다.

7) 강의식 수업의 유의점

(1) 교사는 강의식 수업을 진행하여야 할 주제와 내용을 적정하게 선정하여야 한다.

(2) 교사는 지나친 권위주의를 지양하고, 학생들의 개성과 개인차, 그리고 가급적 창의적인 사고
활동, 학습활동 참여를 조장하여야 한다.

(3) 교사는 강의 내용에 진실성, 참신성, 시사성, 정확성을 기하여야 한다.

(4) 교사는 학생들의 반응에 따라 세부 기법을 다양하게 변형시켜서 타 학습 형태와 병용하여야 한다.

(5) 교사는 필요에 따라서는 시청각적 자료, 또는 실증적 자료 등의 활용을 통하여 역동적인 학습
을 보완하여야 한다.

(6) 교사는 개념, 원리, 법칙 등의 지식을 설명하는 경우에도 실제적인 사회적 사상에 유기적으로
관련시켜서 사회적 기능의 능력 배양에 관심을 가져야 한다.

(7) 교사의 강의의 정리단계에서 정리, 수행 평가, 발전·심화시키는 과정을 효과적으로 잘 마무리
하여야 한다.

(8) 교사는 강의 학습으로 지도를 하려고 할 때, 학습 문제에 대하여 예습과 복습 등 교재 연구를
충실히 하여야 한다.

⑼ 다인수 학습자를 대상으로 하기 때문에 학습자의 흥미와 관심을 끌 수 있는 기법을 연구하여
   적용하여야 한다.

2. 토론 학습

1) 토론의 목적

수업에서 토론을 하는 목적은 여러 가지가 있을 수 있다. 무엇보다도 토론은 민주주의의 핵심적
장치로서 토론을 어떻게 하는지를 배운다는 것은 민주시민의 자질을 함양하는 가장 중요한 수단이
된다. 그 밖에도 토론은 다음과 같은 교육적 가치가 있다.
   ① 사고를 자극하는 질문
   ② 결론이 주어지지 않는 대화
   ③ 언어적 상호 작용의 실습
   ④ 안내된 지식의 전이
   ⑤ 문제를 제기하는 대화

2) 토론의 전제 조건

사회과 수업과 학습에서 토론이 활성화되려면 반드시 전제되어야 할 점이 상대주의, 논증적 사고,
협조적인 의사소통 등이다.

(1) 상대주의

토론이 성립하려면, 토론에 임하는 당사자들이 상대방도 옳을 수 있고, 나도 옳을 수 있다는 점을
전제해야 한다. 개방적 사고, 배려하는 마음이 전제되어야 하는 것이다. 나만 옳고 상대방은 무조건
잘못되었다는 것을 전제하고 토론에 임했을 경우 이는 상대방을 굴복시키기 위한 언어폭력에 지나
지 않게 된다. 토론은 여러 가지 가능한 대안을 제시하고 그 가운데서 보다 나은 대안을 찾아 합의
에 이르는 과정이라 할 수 있다.
토론에서 하나의 정답을 찾기보다는 여러 가지 대안 중에서 최선의 것을 찾아야 하는 이유는 일
상적 상황에서는 문제에 대한 정답을 찾기가 어렵거나 불가능하기 때문이다. 우리가 소크라테스가
죽는다는 것을 아는 것은 '모든 사람이 죽는다(대전제).', '소크라테스는 사람이다(소전제).'라는 확실
한 전제들이 있기 때문이다. 그러나 일상의 상황에서 발생하는 문제들, 특히 사회과의 소재가 되는
문제들의 경우 이렇듯 확실한 전제가 주어지는 경우가 거의 없다. 예를 들어 낙태를 허용할 것인지

말 것인지에 대해 토론한다고 했을 때, 태아를 인간으로 볼 수 있는지 아닌지, 태아의 생명이 소중한지 여성의 인권이 소중한지 등 주장의 근거가 될 수 있는 전제들도 어느 것이 꼭 옳다고 말할 수 없는 것들이다. 때문에 정답을 찾기보다는 여러 대안 가운데 가장 나은 것을 고르는 것이 보다 현명한 선택인 것이다.

(2) 논증적 사고

토론을 통해 여러 가지 대안을 비교하여 최선의 대안을 찾기 위해서는 논증적 사고가 필요하다. 논증적 사고란 어떠한 주장의 건전성을 판단하는데, 주장이 근거하고 있는 전제의 타당성에 근거하여 주장을 평가하는 과정을 말한다. 때문에 토론에 참여하는 사람들이 어떤 주장을 하기 위해서는 반드시 그 주장의 근거를 제시해야 한다. 논증적 사고가 전형적으로 작용하는 곳이 법정이다. 법정에서 채택하고 있는 재판의 원리가 '증거재판주의'인데, 즉 법정 내에서 어떤 주장을 내세우기 위해서는 반드시 증거를 제시하여야 한다는 것이다. 가령, 검사가 피고가 피해자를 고의로 살해했다는 것을 주장하기 위해서는 피고가 고의성을 가지고 살인을 했다는 점과 또 피고가 한 행위가 피해자를 사망에 이르게 했다는 점을 증명하는 증거를 제시해야 한다. 법정에서뿐만이 아니라 국회와 같은 공적인 토론의 장에서도 이러한 논증적 사고가 반드시 요구되며 공적인 토론의 장이 아니더라도 주장을 제기하기 위해서는 반드시 증거를 제시할 의무가 토론의 참여자에게 부여된다.

(3) 협조적인 의사소통

토론의 목적이 상대방을 굴복시키기 위한 것이 아니라 보다 나은 대안을 모색하기 위한 과정이라 했을 때, 토론 당사자들 간에 협조적인 의사소통이 필수적이라 할 수 있다. 토론은 싸우는 것이 아니라 서로의 의견 차이를 좁혀 가는 과정이다. 영국의 저명한 분석철학자 그라이스(H. P. Grice)는 협조적인 대화의 조건으로 다음 네 가지를 제시한다.

① 양: 더도 말고 덜도 말고 딱 필요한 만큼만 말하라.
② 질: 스스로 잘못되었다고 생각하거나 증거가 없는 이야기는 하지 말라.
③ 관계: 토론의 주제와 관련이 있는 말만 하라.
④ 매너: 논리정연하고, 간결하고, 명확하게 말하라. 모호한 말은 하지 말라.

그라이스가 제시한 원칙들은 토론 시에 토론의 쟁점들보다는 의사소통상의 모호함 때문에 생길 수 있는 논란의 소지를 제거하는데 효과가 있다. 명료한 의사소통을 함으로써 그만큼 효과적인 토론이 이루어질 수 있고, 토론 당사자들 간의 지적인 성장에도 도움이 된다는 것이다. 한편, 독일의 저명한 철학자 하버마스(J. Habermas)는 대화가 순조롭게 진행되기 위해서는 다음 네 가지 조건이 충족되어야 한다고 주장한다.

① 이해 가능한 것을 말하고 있는가?
② 말하는 자가 진지한가?
③ 말하는 것이 진실인가?

④ 말하고 있는 가치, 규범, 증거에 대해 말하는 자와 듣는 자가 동의하는가?

첫 번째와 두 번째의 조건은 토론이 이루어질 수 있는 최소한의 조건이라고 할 수 있다.

서로가 말하는 것이 무슨 말인지 모르고, 또 상대방의 진실성에 대해서 믿을 수 없다면 대화란 이루어질 수 없다. 그러나 세 번째와 네 번째의 조건은 일상적 대화 상황에서 쉽사리 충족되기 어렵다. 무엇이 진실인지에 대해서, 또 가치, 규범, 증거에 대해서 이를 바라보는 당사자들의 가치관, 권력관계, 이데올로기, 무지, 편견에 따라 생각이 달라질 수 있기 때문이다. 이러한 현실에서 왜곡되지 않고 편견이 제거된 상태에서 진실을 찾아낼 수 있는 생산적 토론이 이루어지려면, '이상적 담화 상황'이 필요하다고 하버마스는 주장한다. 그렇다면 이상적 담화 상황이란 무엇인가?

① 모든 토론 당사자, 즉 교사나 학생이나 평등한 지위와 권력을 가지며 따라서 대화가 한쪽에 의해 비대칭적으로 지배되어서는 안 된다.

② 토론 당사자는 어떠한 진술 내용에 대해서도 언급하거나 문제를 제기할 수 있으며 어떠한 이론적 윤리적 입장에 대해서도 의문을 제기할 수 있다.

③ 모든 관심사가 표출되어야 한다.

④ 대화가 시합으로 돌변해서는 안 된다. 투표, 토론시합, 기타 전략적 행위 등은 금지된다.

⑤ 토론의 규칙의 합의가 이루어질 때까지 최선의 주장에 따르는 것이다.

3) 토론 시 교사의 역할

① 교사의 불편부당성

토론에 있어서 중재를 맡아야 할 교사는 절대적인 중립을 지켜야 한다는 것이 일반적 통념이라 할 수 있다. 그러나 실제 토론을 진행하다 보면 절대적인 중립을 지킨다는 것이 대단히 어렵다는 것을 알 수 있다. 특히 민감한 주제를 다룰 때 교사의 얼굴 표정, 목소리, 단어 선택, 어감 등 하나하나가 경우에 따라서는 얼마든지 편파적인 것으로 해석될 수도 있다. 나아가서 중립을 가장해서 어느 한편에 유리한 토론이 되도록 하는 경우도 있다. 때문에 교사는 중립성보다는 불편부당성을 자세로 취하는 것이 바람직하다. 불편부당성이란 토론의 쟁점에 대해 마치 아무 생각이 없는 것처럼 행동하기보다는 필요할 때 교사의 생각을 말하고 합당한 근거를 제시함으로써 학생들에게 올바르게 토론하는 법을 보여 주기도 하고, 또 학생들이 교사의 생각에 합리적으로 반대할 수 있는 훈련의 기회를 제공할 수도 있다. 한편 켈리(T. E. Kelly)는 토론을 중재하는 교사의 유형을 다음 네 가지로 구분하고 있다.

ⓐ 배타적 중립형: 교사는 토론을 형식적으로 진행할 뿐 토론에 개입하지 않는다.

ⓑ 배타적 편향형: 교사가 토론에 적극 개입하여 자신의 가치를 주입한다.

ⓒ 중립적 불편부당형: 토론에 개입하여 토론을 원활히 이끌되 자신의 입장을 밝히지 않는다.

ⓓ 적극적 불편부당형: 필요한 경우 교사가 자신의 의사나 생각을 말하고 학생들이 이에 대해 합리적으로 반대할 수 있도록 유도한다.

② 토론의 진행

토론의 진행에 있어서 교사는 다음 여러 가지 역할을 수행할 수 있다.
ⓐ 조정자: 토론이 원활히 진행될 수 있도록 토론을 감독해야 한다. 토론이 격해질 경우 상대방의 주장보다는 인격에 초점을 두고 서로를 공격하는 경우가 발생한다. 교사는 토론에 있어서 반칙이 이루어지지 않도록 감독해야 한다.
ⓑ 중재자: 토론에 익숙하지 않은 학생들은 자칫 토론의 쟁점을 발견하지 못하거나 정확한 의사소통이 되지 않아 밋밋한 토론 혹은 겉도는 토론으로 일관되기 쉽다. 교사가 적극 개입하여 토론의 쟁점을 제시하고 이를 중심으로 활발한 의견 교환이 이루어질 수 있도록 중재할 수 있다.
ⓒ 제안자: 토론에 있어서 교사가 새로운 의견을 제안하고 이에 대해 찬반 여부를 토론하도록 이끌 수 있다.
ⓓ 악의 대변인: 교사가 잘못된 입장을 일부러 대변하여 학생들이 그 입장의 문제점을 스스로 찾아낼 수 있도록 훈련하기도 한다. 예를 들어 교사가 남북전쟁 당시 남부의 백인 입장이 되고 이를 학생들에게 비판하게 하는 방식의 토론을 벌일 수 있다.

③ 배경 지식

배경 지식이 충분하지 않은 상태에서의 토론은 섣부른 문제 해결이나 결론을 이끌어 낼 수 있다. 토론은 갈등 해결의 수단이 되기도 하지만 주제에 대한 가장 효율적인 학습의 수단이 될 수도 있다. 충분한 배경 지식을 바탕으로 토론을 진행한다면, 해당 분야에 대한 깊이 있고 살아 있는 지식을 얻을 수 있는 기회가 된다. 배경 지식이 결여된 토론 수업은 피상적인 수업으로 흐르게 된다.

④ 주제의 선택

토론의 주제는 다양할 수 있지만, 사회과에서 중요시하는 주제는 인류의 항구적 문제와 관련된 주제들이라 할 수 있다. 예를 들어 '사형제도는 폐지해야 하는가, 존속해야 하는가?'와 같은 과거에서부터 현재에 이르기까지 지속적으로 논란이 되어 온 문제들이 그 예이다. 이러한 주제들은 그 해답이 항상 열려 있으면서 인간의 본질적 문제와 관련된 가치 갈등을 잘 보여 주는 사례들이다.

4) 토론을 통한 학습

토론은 사회적 갈등을 해소하거나 민감한 쟁점을 이해하는데 도움이 되기도 하지만 고전을 이해하거나 교재를 학습하는데에도 도움이 된다. 평소에도 학생 스스로 자발적으로 활용할 수 있는 토론을 통한 학습 방법은 다음과 같은 과정이 바람직하다.

(1) 1단계: 체크인(2-4분)-토론에 들어가기 전에 분위기 형성, 친숙해지기

(2) 2단계: 어휘 점검(3-4분)-모르는 용어의 정확한 의미에 대해 숙지

(3) 3단계: 저자의 메시지에 대한 일반적 진술(5-6분)-저자가 말하고자하는 바를 간략하게 요약

(4) 4단계: 주요 주제 및 하위 주제에 대한 확인 및 토론(10-12분)-작품의 큰 주제와 작은 주제
    들을 정리하여 작품의 내용을 요약·이해

(5) 5단계: 다른 작품에의 적용·비교(15-16분)-다른 고전적 관점이나 비슷한 작품과의 유사점
    과 차이점을 비교

(6) 6단계: 자신에게 적용(10-12분)-작품의 내용을 자신의 사람에게 적용하여 이를 자기 언어로
    표현할 수 있다.

(7) 7단계: 작가의 글에 대한 평가(3-4분)-저자의 작업에 대한 전반적 평가

(8) 8단계: 집단 및 개인 활동 평가(7-8분)-토론을 통한 집단 학습의 과정을 평가

5) 대집단 토론과 소집단 토론

토론을 하는 구성원의 규모에 따라서 대집단 토론과 소집단 토론으로 나눌 수 있다. 대집단 토론
은 다시 다음과 같이 나뉜다.
(1) 포럼: 많은 참여자를 대상으로 하여 강의, 논쟁, 토론 등을 진행하는 것을 통틀어서 하는 토론
    의 모습이다.
(2) 논쟁: 포럼에서 찬성이 반대를 중심으로 발표를 하는 방식이다.
(3) 버즈 집단: 포럼에서 대집단을 몇 개의 소집단으로 나누어 소주제를 연구하게 하고, 전체 앞에
    서 발표하게 하는 방법이다. 대집단이면서도 소집단의 장점을 살리는 특징이 있다.

한편, 소집단 토론의 대표적인 형태는 다음과 같다.
① 원탁토론: 4~7명이 원탁에 앉아 자유스럽게 토론하는 형식으로 진행하는 것이다. 원탁토론은
    대표적인 소집단 토론이지만, 대규모의 청중들이 참여하여 이들의 토론을 관찰하는 경우에는
    좋은 효과를 얻을 수 있다.
② 심포지엄: 큰 주제를 몇 개의 소주제로 나누고 미리 준비한 발표자들이 발표하는 형식을 갖춘
    소집단의 토론 방법이다. 원탁토론이 비형식적인 측면이 있다면, 심포지엄은 이를 형식화한 것
    이라고 할 수 있다. 심포지엄에 많은 청중이 참여한다면 대집단을 대상으로 한 포럼이 된다.

6) 토론 학습의 유의점

토론을 효과적으로 하기 위하여 유의해야 할 사항과 교사의 토론 지도 시의 유의 사항을 제시하
면 다음과 같다.
(1) 타당성 있는 근거를 제시하라.

⑵ 제시한 근거의 한계를 인정하라.

⑶ 다른 사람이 제시한 자료를 확인하거나 검증하는 정보를 제시하라.

⑷ 한때는 하나의 주제에 대해서만 집착해라.

⑸ 자기에게 던져진 질문의 뜻을 명확하게 이해하라.

⑹ 모든 논의를 비판적으로 분석하라.

⑺ 사실과 의견을 구분하라.

⑻ 의미의 차이와 실질적인 내용의 차이를 구분하라.

⑼ 상대방을 공격할 좋은 계획을 세워서 토론하라.

⑽ 남의 의견에 경청하라.

⑾ 잘못이 인정되면 의견을 바꾸는데 인색하지 말라.

⑿ 지도력을 존중하라.

⒀ 의견이 일치하는 것을 명백히 하라.

⒁ 비판의 가운데서도 집단의 조화를 증진하도록 노력하라.

⒂ 타인의 고언(苦言)을 인정하라.

⒃ 전체의 문제 해결에 도움이 되는 경우를 제외하고는 개인행동을 하지 말라.

⒄ 토론이 서로 즐겁게 되도록 노력하라.

7) 토론 학습의 장점

⑴ 민주적인 학습 방법으로 민주시민의 기본적 자질 함양에 바람직하다.

⑵ 사회생활, 인간관계, 대인관계의 기본적 태도를 익히게 된다.

⑶ 창의력과 탐구력 등 고급 사고력 신장에 바람직하다.

8) 토론 학습의 단점

⑴ 토론의 규칙과 절차에 대한 이해와 준수 태도가 명확해야 한다.

⑵ 상대방에 대한 예절을 준수해야 하고 역지사지(易地思之)의 입장에서 상대방에 대한 배려가 전제되지 않으면 안 된다.

⑶ 학습자가 흥미를 갖고 참여할 수 있는 토론 학습 주제와 교육과정상의 수업 목표를 연계하기가 쉽지 않다.

9) 토론 지도의 개선 방안

⑴ 개방적인 분위기를 형성하라.

⑵ 계획을 세우고, 계획에 따르라.

⑶ 요약을 정확하게 하라.

⑷ 모호한 점을 명백하게 하라.

⑸ 비판적인 평가를 격려하라.

⑹ 소수의 의견을 보호하라.

⑺ 주제와 관계없는 갈등을 최소화하라.

⑻ 토론을 평가하라.

⑼ 학생들이 효과적으로 참여하고, 토론의 지도자가 되게 하라.

⑽ 이상의 역할을 제외하고는 교사는 불필요한 간섭을 피하라.

3. 토의 학습

1) 토의 학습의 개념

민주시민으로서의 자질 함양을 강조하고 있는 사회과의 학습 지도에 있어서, 토의 학습 방법은 매우 중요한 학습 형태이다. 민주사회에서 훌륭한 시민이란, 자기의 의사 표시를 올바르게 잘할 수 있어야 하며 다른 사람들의 의견과 주장을 적극 수용하는 자세를 가져야 한다. 또한 다른 사람의 의견을 존중하는 태도를 가져야 하며, 여러 가지 집회 활동을 하는데에 리더로서 회의 진행 요령이라든가 토의 방법 등을 유능하게 수행할 수 있는 능력을 구유하여야 한다. 따라서 사회과의 토의 학습은 민주시민의 자질 함양과 능력 향상에 중요한 학습 방법이다. 그리고 토의 학습의 기능은 여러 가지가 있다. 특히, 토의 학습은 자기의 의사를 명확하게, 알아듣기 쉽게 표현하게 해 주며, 민주적, 자주적, 논리적 사고 기능을 신장시켜 준다. 아울러, 타인의 의사를 존중하며 집단 의견 존중과 협동 정신을 길러 준다.

2) 토의 학습의 특징

여러 사람이 공동으로 관심을 가지고 있는 문제에 대하여 서로 의견을 말하고 들으면서 문제의 해결을 모색하는 수업의 형태가 토의 학습 또는 토론식 수업이다. 토론이라는 말은 토의라는 말과 거의 같은 뜻이지만, 토의라는 말은 서로 의견을 나눈다는 뜻이 강하고, 토론이라는 말은 서로 대립되는 의견을 교환한다는 뜻이 강하다. 수업 방법으로서는 토의 학습이라는 말을 일반적으로 더 쓰고 있다.

토의 학습은 여러 가지 형태로 나뉜다. 개방성의 정도에 따른 열린 수업과 닫힌 수업, 수업의 목표에 따른 지도적 토의와 반성적 토의, 운영 방법에 따른 문답식, 심포지엄식, 포럼식 토의, 교사와 학생의 역할에 따른 복습식, 소크라테스식, 세미나식 토의 등 매우 다양하다.

3) 문답식 토의와 복습식 토의

문답식 토의는 가장 기초적이고 간단한 토의 수업의 형태이다. 높은 사고력이나 가치문제의 대안을 모색하는 것보다도 사실과 관련된 기초적인 지식을 내용으로 하는데 적합하다. 교사가 학생들을 향하여 질문을 하면 학생들은 그냥 앉아서 대답하거나 아니면 손을 들고 교사의 지명을 받아서 대답을 하는 형태다. 우리나라의 초등학교와 중학교의 교실에서 많이 실시되고 있다. 손쉽게 사용할 수 있는 장점이 있는 대신 창의적이고 깊이 있는 토론을 하기 어려운 단점이 있다. 또 학생들의 호응이나 적극적인 참여도 문제가 된다.

이 방법은 일본에서는 초등학교와 중학교에서 주된 수업 방법으로 사용되고 있고, 학생들의 호응도가 매우 높다. 일본의 학교에서는 교사가 학생들에게 손을 들라고 하면 많은 학생들이 일제히 손을 들고 교사의 지명을 기다리는 광경이 매우 인상적이다. 교사는 손을 든 학생 중에서 한 학생을 지명한다. 지명(指名)을 받은 학생들의 반응이 맞을 때까지 교사는 이 과정을 반복한다. 대부분의 학교에서 학생들은 자기의 생각을 집단에 동조하여 맞추어 가는 일본 특유의 사고화 과정을 겪게 되는 중요한 의미를 가지고 있다고 분석한다.

1960년대 초에 하버드대학교에서는 논쟁 문제에 관한 실험 수업을 할 때 교수 방법을 복습식 토의와 소크라테스식 토의, 패널식 토의 등으로 크게 나누어 실시하였다. 복습식 토의는 설명식 토의라고도 하는데, 학생들에게 미리 공부를 해 오도록 과제를 주고, 그 내용과 관련하여 교사가 여러 가지 분석적이고 창의적인 질문을 하고, 학생들이 대답하는 토의 방식이다. 교사가 주도적인 역할을 하면서 학생들에게 질문을 한다는 점에서 문답적 토의와 비슷하지만 복습식 토의에서는 교사의 도전적인 질문이 있고, 학생들은 자기의 주장이 되는 근거를 밝히고, 가치 관련 문제에 대한 대안을 제시하는 등 차원 높은 사고력과 관련된 주장을 하게 된다.

이에 비하여 소크라테스식 토의는 학생들이 어떤 문제에 대해서 먼저 자기의 분명한 입장을 정하고, 그러한 자기 입장의 근거를 제시하면서 주장을 진술해 가는 과정에서 교사와 학생들이 서로 끊임없이 질문과 대답을 해 가면서 깊이 있게 문제를 토론하는 수업의 형태이다. 주어진 문제에 대한 근거를 제시하고 논의를 전개해 간다는 방향은 있지만, 구체적인 과정이 미리 정해진 구조적인 수업은 아니다. 따라서 깊이 있게 문제를 파헤친다는 장점은 있지만, 토론의 초점이 흐려질 단점이 있다. 교사는 되도록 문제의 답을 제시하지 않고, 학생들 스스로가 발견할 수 있도록 대화에 참여하는 것이 중요한 역할이다. 이러한 수업 방법은 미국의 초·중등학교에서 많이 행하여지는데 학생들이 경쟁적으로, 그리고 매우 당당하게 자기의 의견을 발표하는 것이 특징이다. 이러한 모습은 자유주의와 개인주의가 강한 미국의 문화적 풍토에 적합하다는 생각이 든다. 현대 사회에서의 토의 학습은 민주시민 교육의 온상(溫床)이 된다. 패널식 토의는 학생들이 주도적으로 토론하는 것으로 교사의 역할이 가장 적고, 학생들의 역할이 가장 큰 학습 형태이다. 학생들이 능동적으로 자유롭게 주장을 펼 수 있는 있는 장점이 있지만, 학습과 토의가 목표에 대한 초점이 흐려질 우려가 있다. 대개 찬반으로 나누어지는 논쟁 문제의 학습에 적합하다. 따라서 제한적으로 적용할 수 있으며, 학생들의 수준이 높고 준비와 경험이 다양하여야 바람직한 수행이 가능하다(차경수·모경환, 2009: 192-193).

4) 토의 학습 모형과 과제

21세기 지식기반사회, 세계화·정보화 시대를 맞아 토의 학습은 더욱 강조되어야 하고 권장해야
할 방향이지만, 실천에는 몇 가지 문제가 있다. 대략 다음과 같은 원인을 들 수 있다.
⑴ 남의 앞에서 발표하기를 주저하는 사회 문화적 풍토
⑵ 초·중·고교 시 훈련을 받지 않은 학생들의 습관
⑶ 강의에 익숙하여 예습을 하지 않고 편하게 학습하려는 학생들의 습관
⑷ 학생은 내용의 학습에, 교사는 내용의 전달에 충실하려는 자세들
⑸ 주제와 관련된 내용을 연계시켜 토론은 전개하는 능력 부족

5) 토의 학습의 단계

(1) 토의 주제 설정단계

토의할 주제를 설정하는데 있어서 교사가 설정하거나, 학생들과 협의하여 정할 수도 있는데, 학생
들의 관심, 요구, 능력 등을 충분히 고려하여야 한다. 그리고 주제가 설정되면 토의할 수 있는 내용
에 대하여 조사하고 연구할 수 있는 기회를 미리 주어야 한다.

(2) 토의 활동의 전개단계

미리부터 정해진 계획에 따라 여러 가지 형태로 토의 활동이 이루어지게 되는데, 발표자나 일반
학생들은 모두 자유롭고 우호적인 입장에서 자기의 의사들을 충분하게 토의할 수 있도록 분위기를
조성하는 것이 중요하다.

(3) 정리·반성단계

토의한 내용을 교사와 학생들이 협의하여 정리하고, 또한 민주적인 분위기에서 그 방법이나 내용
들이 바람직하게 이루어졌는지를 반성한다.

6) 토의 학습의 유의점

⑴ 질서와 규칙을 준수하여 토의 참여하도록 한다.
⑵ 토의의 주제와 요점을 이해하고 참여하도록 한다.
⑶ 토의 학습을 소수의 학생들이 독점하지 않도록 지도한다.

7) 토의 학습의 장점

⑴ 핵심 주제에 대한 대화, 상호 작용, 의사소통 등을 모색하는데 적합하다.
⑵ 주어진 주제에 대하여 공동으로 문제 해결을 하는데 바람직하다.
⑶ 민주주의에 대한 이해와 실천, 대인관계, 사회생활의 방법과 태도를 익히는데 바람직하다.

8) 토의 학습의 단점

⑴ 토의 학습 참여 요령을 이해하지 못하고 참여하면 수업 분위기가 흐트러질 우려가 있다.
⑵ 일정한 수준의 학습 능력이 결여되면 학습 목표 달성이 곤란할 수도 있다.
⑶ 대화와 배려가 전제되지 않으면 토의가 감정적으로 흐를 우려가 있다.

4. 발문 학습

1) 발문 학습의 개념

사회과 지도는 학생들로 하여금 사회 사상을 정확하게 이해하게 하여 건전한 사회관을 확립하고, 사회 인식을 심화시켜서 바람직한 사회 활동을 하도록 하며 사회에 공헌할 수 있는 사회 인식 구조를 올바르게 형성케 하려는데 그 의의가 있다. 이와 같이 구조적 사회 인식을 하게 하는 것은 학생들의 논리적인 사고력을 길러 주는 학습 방법에는 여러 가지 형태가 있으나, 교사의 발문을 통한 학습 지도 또한 매우 중요한 학습 방법이기 때문이다. 사회과 교사들의 발문 지도는 교수·학습의 효과를 좌우할 정도로 중요하기 때문에, 대상과 장면, 그리고 사태에 따라서는 필요 적절한 발문을 어떻게 하느냐에 의해 학생들의 사고력 신장에 영향을 미치게 된다. 그러므로 교사는 항상 계획적이고 유목적적인 발문으로 적절한 자극으로 줌으로써 사고력 계발을 유도해야 한다.

2) 발문 학습의 특징

사회과의 발문 학습은 학생들의 능력 수준을 사전 조사할 때, 학생들의 흥미와 호기심을 자극할 때, 토의 진행에 자극을 주려 할 때, 어떤 사태에 직면하여 그 해결책을 탐색하려고 할 때 필요한 학습 방법이다.

발문이란 수업에 있어서 언어 상호 작용의 한 형태인 문답의 '제기되는 의문'이라고 할 수 있다. 질문과 거의 같은 의미로 사용되기는 하나, 질문은 모르는 입장에 있는 사람이 아는 사람에게 던지는 물음이고, 발문은 교사가 학생들의 학습활동을 조장하기 위해서 던지는 문제 제기이다. 이와 같은 발문 학습에서 발문의 특성은 다음과 같다.

첫째, 발문은 유목적적이어야 한다. 당해 시간에 지도되어야 할 목표에 부합되며, 학습의 내용과 방향에 필요 적절한 것으로 미리 예상했던 방향으로 일관성 있게 이루어져야 한다.

둘째, 발문은 정확하고 간명해야 한다. 막연하고 모호하며 너무 길어서 무엇을 묻는지를 분간하기 어렵게 해서는 안 되며, 발문의 의미를 분명하게 할 수 있도록 핵심적인 답이 나오도록 간명해야 한다.

셋째, 발문은 사고력을 신장하는 것이어야 한다. 단순한 기억을 요구하는 것보다는 사상의 가치나 판단을 구하고, 학생들의 의견이나 해결을 구하며, 어떤 사태의 인과관계를 구명하고, 사상의 설명이나 예증을 하게 하는 등 학생 스스로가 생각해 보고 싶도록 하는 발문이어야 한다.

넷째, 발문은 구체적이어야 한다. 피상적이고 일반적인 발문을 피하고, 현실적이며 구체적인 것이어야 한다.

다섯째, 발문은 개별적, 또는 집단적이어야 한다. 개인차에 적응하는 발문으로 지명하는 기회의 균형을 기하도록 하고, 경우에 따라서는 집단 사고를 하는 발문을 지향해야 한다.

여섯째, 발문은 일문다답식의 확산적 발문을 지향하여야 한다. 하나의 발문에 의해 학생들의 확산적 반응을 불러일으켜서 다문답적 토론 활동을 전개하는 과정을 통하여 집단적 사고를 조장하는 것이어야 한다.

3) 발문 학습의 단계

(1) 사실의 상기 및 전개

사회과에서 사실에 관한 지식은 많이 활용되며, 경우에 따라서는 사실적 지식 그 자체를 학습하기도 한다. 사실의 상기 및 설명에 관한 발문에서는 사회적 사건이나 사물의 특징, 인물, 시기, 장소, 이유, 결과 등 회상, 문제 해결 절차, 단순한 설명 등에 관한 발문이 주어진다.

(2) 정의 및 명료화

학생들의 단어나 어구에 표현하는 용어와 개념의 의미는 물론, 말하려는 내용을 분명히 하고, 말의 의미를 다른 말로 바꾸어 말하게 하는 발문이다.

(3) 문제 파악

교사는 학생들이 그 문제에 대하여 호기심이나 의욕을 갖고 의문을 느끼며, 그 문제의 성격을 분명하게 하도록 도와주어야 한다. 그렇게 하기 위해서는 요약, 편견의 발견, 논쟁의 구별, 사실과 의견의 구분, 의문의 제기, 유사성의 발견에 관한 발문을 한다.

(4) 가설

학생들은 유사한 개념이나 원리를 적용하여 주어진 문제의 해결 방안을 명백하게 하고, 확신이 부족한 상태에서의 조건, 원칙, 결론 등을 잠정적으로 추측하는 발문을 한다.

(5) 탐색 및 증거

학생들로 하여금 문제 해결의 구체적 방법을 찾고, 관련 정보의 소재 및 수집 방법을 알아내며, 자료의 타당성을 밝히기 위한 발문을 한다. 또한 각 요인 간의 분석 및 관계 밝히기, 타당한 이유에 대한 가정을 위한 발문을 한다.

(6) 결론의 도출

학생들로 하여금 증거나 논리에 의하여 가설을 긍정하거나 일부를 수정 또는 부정하게 하고, 분석한 부분 및 요소를 조직하거나 결합할 수 있는 발문을 한다.

(7) 입장의 선택

학생들이 사회 사상에 지식을 학습하는 중에 이와 관련된 가치문제가 있을 때, 이를 받아들이거나, 받아들이지 않거나를 분명하게 하는 발문을 한다.

4) 발문 학습의 유형

사회과 수업 과정에서 활용되는 발문의 유형은 여러 가지가 있으며, 또한 그 분류의 방식도 다양하다. 즉, 수업 과정에서의 기능 면에서 본 분류, 사고 활동의 유형 면에서 본 분류, 인지 과정 면에서 본 분류, 특수 목적에 강조를 둔 분류, 기타 여러 가지 분류 방식 등이 있다. 사회과 교육의 목적 및 사고력 신장에 역점을 두는 것과 관련시켜 볼 때에 사고 유형에 따른 발문의 형태와 인지 과정에 따른 발문의 형태 및 사회과 학습 과정에 많이 활용되고 있다.

사고 유형에 따른 발문의 유형은 수업에 있어서 학습자들의 사고 활동은 기억·재생적 사고와 문제 해결적 사고로 나누어 볼 수 있다. 이에 따라 발문도 기억·재생적 사고를 점검하는 기억·재생적 발문과 문제 해결적 사고 유발을 촉구하는 창조적 발문으로 나눌 수 있다. 학자에 따라서는 이를 기억 발문과 사고 발문, 단순 기억적 발문과 확산적 발문, 단발형 발문과 통괄형 발문, 한정 발문과 관련 유발 및 통합 발문, 일문일답식 발문과 일문다문답식 발문 등으로 구별하기도 한다.

한편, 인지 과정에 따른 발문의 유형은 ① 설명의 요구, ② 정의의 명료화, ③ 입장과 가설, ④ 근거 등으로 분류할 수 있으며, 문제 해결과 지적 요구 수준에 따라, ① 사실의 상기 및 설명, ② 정의 및 명료, ③ 문제의 파악, ④ 가설의 설정, ⑤ 근거의 제시, ⑥ 결론의 도출, ⑦ 가치와 관련된 입장의 선택 등으로 구분하기도 한다.

5) 발문 학습의 유의점

⑴ 교사는 수렴적 발문과 확산적 발문(발산적 발문)을 적절하게 고려하여야 한다.
⑵ 가급적이면 확산적 발문(발산적 발문)을 장려하여야 한다.
⑶ 전체 학생을 대상으로 하는 발문과 소수의 지정 학생들을 대상으로 하는 발문을 조화롭게 적
   용하여야 한다.

6) 발문 학습의 장점

⑴ 학습자(학생)들의 관심과 흥미를 조장할 수 있다.
⑵ 학습자 스스로 문제 해결에 임하도록 유도한다.
⑶ 특별한 자료, 매체가 준비되지 않아도 탐구 학습이 가능하다.

7) 발문 학습의 단점

⑴ 확산적 발문(발산적 발문) 응답 요령을 미리 숙지하여야 한다.
⑵ 적절한 발문 내용을 선정하는데 일정한 한계가 있다.
⑶ 소인수 학급에 적용하는데는 적절하나, 다인수 학급에 적용하기에는 한계가 있다.

5. 조사 학습

1) 조사 학습의 개념

조사 학습은 탐구 학습의 문제 해결 학습, 과제 학습 등의 방법으로 학습 지도를 하는 가운데 문제의 해결 과정에서 자료를 수집하고 분석, 검토하는 등의 조사 활동을 위주로 하고 있는 학습 기법이다. 조사 학습은 현장학습과 같이 사회과 학습 지도 과정에서 실증적인 자료와 활동을 통해서 사회적 기능이나 사회과학적 지식을 생생하게 습득할 수 있다는 점에 큰 의의가 있다. 조사 학습은 학생들로 하여금 자율 학습의 태도와 기능, 자주적인 정신과 행동의 기능, 문제 해결 능력, 탐구 능력, 계획 능력, 협동 능력, 분석 능력, 종합 능력 등을 기르는데 효과적인 학습 방법이다. 즉, 실증적인 자료들을 조사, 관찰하게 함으로써 흥미와 학습 동기를 유발하고, 사고력과 판단력을 길러 줄 수 있다. 조사 학습이 현장학습과 구별되는 것은 학습의 장을 교실에서 현장으로 옮기지 않고서도 조사 활동이 이루어진다는 점이다. 조사 활동은 교실 밖에서 이루어지는 경우가 많긴 하나, 교실 내에서

도 가능한 학습 형태이다.

조사 학습이 전개되는 유형에 있어서도 여러 가지 형태들이 있다. 즉, 개별 조사, 집단 조사, 문헌 자료 조사, 시청각 자료 조사, 현장 자료 조사, 자원 인사 면접 조사, 표본 조사, 사례 조사, 관찰 조사, 인물 조사 등으로 구별할 수 있다.

2) 조사 학습의 특징

사회과 수업에서 가장 흔하게 볼 수 있는 학습 형태가 바로 조사 학습이다. 즉 교사가 사전에 학생들에게 일정한 과제를 부여하면, 학생들은 개인별 혹은 모둠별로 조사 과제를 수행한 다음, 본 수업 시간에 발표를 하고, 교사가 그것을 종합·정리하는 형태의 수업 방식이 가장 일반적인 사회과 수업이었다. 이러한 학습 방법은 조사 학습을 위주로 하면서 발표 학습, 토의 학습, 소집단 학습 등이 복합된 학습 형태를 띠고 있는 것이다.

사회과에서의 조사 활동은 사회과학의 연구 방법을 적용한 탐구 과정이나 문제의 해결 과정에서 주로 이루어지는데, 학습 문제에 대한 조사 활동은 풍부한 교육적 경험을 제공할 수 있다. 따라서 조사 활동은 아동의 지적 수준에 맞아야 하고 사회적 사실과 현상을 관찰·조사하는데 적절히 활용될 수 있다. 조사의 유형에는 문헌 자료, 시청각 자료, 지역사회 자교에 의한 조사와 자원인사와의 면담을 통한 조사 등이 있다. 특히, 최근에는 인터넷 웹사이트(internet web site)나 멀티미디어 자료를 활용하여 많은 자료를 검색할 수 있게 되었다. 그런데 보다 바람직한 조사 활동이 되기 위해서는 조사 내용, 활용 자료, 조사 방법, 조사 내용의 정리 및 분석과 조직 등의 요소를 고려하여야 한다.

3) 조사 학습의 교육적 의의

① 조사 학습은 사회생활에서 야기되는 문제의 상호 관계 또는 복잡한 지역사회의 구성과 형성 과정에 대한 종합적인 이해를 갖게 할 수 있다.
② 중요한 지역사회의 문제와 경향성을 깊이 있게 이해할 수 있다.
③ 지역사회에 직접 참여하는 기회를 제공한다.
④ 사회생활에 있어 인간은 상호 의존·협력 관계에 있음을 깨닫게 된다.
⑤ 현실 문제에 대한 비판과 상황 판단을 할 수 있게 한다.

4) 조사 학습의 단계

(1) 학습 계획 수립

학습 계획단계에서는 조사 활동을 전개할 주제의 선정과 학습 계획을 수립하는 과정이다. 주제의 선정이나 계획을 수립하는데에는 학생들의 관심, 흥미, 요구, 동기 등을 충분히 고려하여 교사와 학생들이 공동으로 협의, 참여하는 것이 바람직하다. 조사 학습은 대부분의 경우 야외에서 이루어지므로 교사는 사전에 조사 주제에 대하여 해박한 예비지식 터득과 사전 답사 등을 실행하여야 한다. 뿐만 아니라, 조사 학습의 계획단계에서는 조사 목적, 조사 내용, 조사 방법, 사후 정리 등의 명확한 인식과 계획을 수립하여야 한다. 또한 현장 조사를 할 때에는 현장에서 자원 인사와 면접을 하는 경우, 청취 태도, 질문 요령, 기록 방법 등에 대하여 반드시 사전 지도를 해야 한다. 아울러, 현장 조사 학습에 필요한 사항으로는 일시, 장소, 거리, 조사 진행 경로, 예상 질문, 준비물, 예비지식, 현장 교섭 등에 관하여 세밀한 계획을 수립하는 것이 중요하다.

① 조사 주제	
② 주제 선정 이유	
③ 모둠 명	
④ 모둠원의 역할 분담	

(2) 조사 활동단계

조사 활동단계는 계획단계에 수립된 여러 가지 계획과 방법에 따라 활동이 전개되는 과정이다. 조사 활동의 방법은 조사하려는 내용의 성격에 따라 여러 가지의 형태로 이루어지나, 사회과학적 조사 방법, 심사숙고해야 할 사고 방법 등은 공동 조사를 통하여 신중하게 접근하여야 한다. 특히 현장에 가서 조사 활동을 하는 경우에는 각종 안전사고 예방에 각별한 주의가 요망된다.

(3) 보고 활동단계

조사 학습의 보고 활동단계는 조사 활동을 통하여 얻어진 자료를 정리하면서 보고서, 차트, 스크랩 북, 파워포인트 자료 등을 작성한 다음, 개인 또는 모둠의 대표가 이를 보고하는 과정이다. 학생들이 보고한 조사 방법이나 내용에 대하여 반원, 타 모둠원들의 질의응답 등의 토론과 토의를 통하여 교사가 이를 수정, 보완하는 코멘트를 하는 것이 중요하다.
일반적으로 조사 보고서는 다음과 같은 방법으로 작성한다.
· 설문지 활용, 조사한 내용 분류하기와 같은 방법으로 생각해 본다.
· 관찰한 내용을 충분히 검토한 뒤 통계를 정확히 내어 보고서 작성한다.
· 보고서를 쓰고 나면 보고서 내용을 정확히 분석하여 더 자세히 쓸 부분, 표와 그래프에 대한 설명이 잘 나타나 있는지 점검해 본다.

(4) 정리 · 반성단계

조사 보고한 내용을 종합적으로 정리하여 일반화 인식으로 가다듬는 과정이 정리 · 반성단계이다.

조사 결과를 보고서 양식에 입각하여 발표한 후, 정리하는 단계이다. 또한, 조사 활동을 통하여 얻어진 결과와 유사한 다른 문제에 대하여 학습해 보도록 권장한다. 그리고 조사 활동 전반에 관하여 반성을 해 보는 기회를 갖고, 다음 조사 활동의 자료 추출에 매우 유익한 것이다.

정리·반성단계에서는 다음과 같은 점에 유의할 필요가 있다.

첫째, 정리·반성 및 평가의 방향을 주제 설정 과정, 문제 해결 탐색, 역할 분담, 합리적 자료 수집과 분석, 창의적 지식 산출 등의 과정에 얼마나 충실한가에 맞춰 나가야 할 것이다.

둘째, 조사 학습의 과정을 구분한 평가와 보고서 등을 중심으로 한 종합적인 평가로 나눌 수 있다. 교사는 교사의 판단에 따라 과제가 제시되고 문제 해결 활동이 이루어지고 평가를 하게 된다는 것을 인식하고 적절한 학습 계획은 물론 조사 학습 과정을 충분히 예상하고 학생들을 지도해야 한다.

5) 조사 학습의 유의점

⑴ 조사 학습의 주제를 미리 안내하는 것이 바람직하다.
⑵ 조사 대상, 조사 방법 등에 대하여 철저한 사전 지도가 필요하다.
⑶ 조사 결과의 종합 정리, 발표 요령을 알고 적극 참여하는 것이 바람직하다.

6) 조사 학습의 장점

⑴ 사회현상에 대한 과학적 연구 절차와 도구의 제작, 자료 정리 및 해석, 결론 도출 및 보고서 작성 발표 등 다양한 탐구 기능을 익힐 수 있다.
⑵ 학습자들의 관심과 흥미를 유발할 수 있고 적극적 참여를 도모할 수 있다.
⑶ 교실에서 사회 탐구 이론을 교실 밖에서 적용하는 계기가 된다.

7) 조사 학습의 단점

⑴ 학교 밖의 조사 대상, 장소에 대하여 학생들은 일정한 제약을 가질 수밖에 없다.
⑵ 조사 자료를 정리하는 기본적 능력이 구비되지 않으면 효과적인 학습을 기대하기 어렵다.
⑶ 조사 과정에서 발생하는 돌발적인 사태에 적절히 대처하기가 곤란하다.

6. 구안 학습(Project method)

1) 구안 학습의 개념

구안 학습이란 노작, 공작 등 실제적인 직업 활동을 위주로 하는 학습 방법으로 이론 중심 학습 기법과 다르다. 학생들 스스로 노작 활동을 계획하고 구상하여 기술적(기능적)인 실행(제작, 실연 등)을 함으로써, 이론적인 지식 습득의 효과를 나타내고, 나아가 이미 알고 있는 이론적 지식을 학력으로 정착시키는데도 효과적이다. 아울러, 이 학습 형태는 노작 능력의 숙련화, 도구 사용 능력, 자료 활용 능력 등을 기를 뿐만 아니라, 과학적이고도 합리적인 사고 및 행위 능력과 태도 등을 형성하게 하는데 매우 효과적인 학습 방법이다.

따라서 사회과 학습에서 효과적인 구안 학습의 적용 사례를 제시하면, 단순한 프로젝트에 의한 것으로 지형도 그리기, 연표 그리기, 지도 그리기, 모형 제작, 지구의 제작 등이 있고, 보다 복잡한 프로젝트에 의한 것으로 신문 제작 활동, 봉사 활동, 학생회 활동, 모의 역할 활동, 시뮬레이션 게임, 현장 참여 활동, 현장 조사 활동 등을 들 수 있다.

2) 구안 학습의 특징

구안 학습이란 학생들이 어떤 연구 및 작업 활동을 체계적으로 수행하여 결과를 얻는 과정에서 기쁨을 맛보게 하는 등 자발적이며 능동적 활동을 강조하는 학습 방법이다. 구안 학습은 일련의 작업 활동을 계획, 구성, 실천해 가는 학습으로서 그 절차는 목적, 계획, 수행, 평가의 과정을 거친다.

첫째, 학생의 흥미를 고조시키고 학생 개개인에게 유의미한 학습이 되도록 한다. 구안의 목표를 달성하기 위해서는 다양한 방법들이 복합적으로 활용되고, 학습 내용이 아동의 관심을 반영하여 결정되기 때문이다.

둘째, 구안 학습의 영역은 지식, 기능, 성향, 느낌 등 전 영역을 포괄하는 것이기 때문에 이들 영역들의 상호 보완적이고 유기적인 관계를 통하여 인격적 통합을 추구할 수 있다.

셋째, 교사 및 학생들 간의 상호 작용 및 협동적 학습이 이루어지도록 한다. 구안 활동은 교사와 학생 공동의 주도하에 이루어지며, 교사와 학생 상호간에 적극적으로 사고가 교류되기 때문이다.

넷째, 학생의 흥미와 교사의 요구를 통합적으로 추구할 수 있다. 교사는 교수자로서의 역할뿐만 아니라 아동과 마찬가지로 주제에 대하여 흥미와 관심을 갖고 아동들과 함께 학습자로서 임하는 자세를 가지기 때문이다.

다섯째, 구안 학습은 장기적인 프로그램 연구 학습이므로 학생들의 연구 참여 방법 터득, 연구 기능 숙달에 아주 효과적이다.

여섯째, 구안 학습은 장기간의 협동 학습, 탐구 학습, 조사 보고 학습 등과 연계하여 적용할 수 있다.

3) 구안 학습의 단계

(1) 목적 설정단계

구안 학습은 학생들이 실제로 작업, 활동하는 것을 위주로 하는 학습 형태이기 때문에 학생들 스스로 능동적, 자주적, 의욕적으로 내면화된 목적이 있어야 한다. 목적의식의 설정에는 무엇을 하겠다는 굳은 신념과 태도가 병행되어야 한다. 그리고 주제의 선정에서는 학생들의 작업 능력의 여부 문제, 자료 취득의 여부 문제, 시간 낭비의 여부 문제, 이미 경험한 지식이나 기술의 활용 여부 문제, 학습 단원과 내용의 합당성 여부 문제 등이 충분히 고려되어야 한다.

(2) 계획단계

가령, 건축물을 신축하려고 할 때 반드시 설계도가 필요한 것과 같이, 구안 학습에서 계획단계는 학습의 설계도를 작성하는 단계와 같다. 계획이 잘되었느냐, 그렇지 않으냐에 따라서 작업 활동의 성패가 가름된다. 따라서 교사는 학습 주제, 내용의 성격이라든가, 학습 과정의 단계성 등을 충분히 고려하여야 하고, 학생들과 더불어 충분히 토의, 협의를 거친 후, 작업 활동의 방법, 기술 등의 문제를 면밀하고 명확하게 수립하여야 한다.

(3) 실행단계

실행단계는 목적적으로 계획된 바에 따라 작업 수행이 이루어지는 가장 중요한 단계이다. 따라서 교사가 유의할 점은 세워진 시방서대로 순서 있게 진행함으로써 시행착오를 최대한 줄여야 한다. 준비된 도구나 재료를 사용한 지도 조언이 필요하다. 지나친 간섭을 하지 않으면서 자유롭고 흥미진진하게 진행할 수 있는 여건을 마련하여야 한다. 학생 개개인의 능력에 따라 진행하도록 하되, 능력 있는 학생들의 독주를 방지해야 한다. 또한, 집단적으로 전개되는 경우에는 공동으로 계획하고 수행함으로써 집단의식, 공동체 의식 등을 길러 책임감 있고 협동심을 배양한 사려 깊은 생활 태도 형성을 지향한다.

일반적으로 구안 학습의 세부 실행은 ① 준비하기, ② 주제 결정하기, ③ 활동 계획하기, ④ 탐구 및 표현하기, ⑤ 마무리하기, ⑥ 평가하기 등으로 진행하는 것이 바람직하다.

(4) 평가단계

학습활동 중 이루어진 작업 활동의 결과에 대하여, 학생 스스로 자기평가를 한다든가, 학생들의 상호 평가를 한다든가, 교사의 적절한 평가 등을 통하여 상호 비판이나 자기반성을 하는 활동이다. 그리고 작업 활동을 통하여 얻어진 결과를 다른 작업 활동에 전이(轉移)할 수 있도록 한다.

4) 구안 학습의 유의점

⑴ 교사는 구안 학습으로 지도해야 하는 교육과정, 교재 내용에 대한 타당성, 적합성 등을 검토하
   여 신중하게 접근하여야 한다.
⑵ 교사는 어떤 내용으로 구안 학습을 전개할 것인가를 계획하고, 주제 선정을 바르게 하여야 한다.
⑶ 교사는 구안 학습의 실행에 따르는 여러 가지 사항에 대하여, 학생들에게 사전 지도를 충분히
   하여야 한다.
⑷ 교사는 학생들의 구안 학습 실행 가능성을 심도 있게 진단하여야 한다.
⑸ 교사는 구안 학습 실시의 시기 선택, 자료와 도구의 준비 철저, 시간·경비·노력의 절감 등에
   유념하여야 한다.

5) 구안 학습의 장점

⑴ 학습자들이 선호하는 주제를 선택하여 학습하므로 학습 동기가 높고 민주적인 학습이 가능하다.
⑵ 학생 활동이 주류를 이루므로 독립적인 학습 능력 신장에 유용하다.
⑶ 종합적인 사고력을 기르고 학습 기능도 향상시킬 수 있다.

6) 구안 학습의 단점

⑴ 교사의 지속적인 안내와 관심이 선행되어야 한다.
⑵ 학습 시간이 비교적 많이 소요된다.
⑶ 구안(project)에 대한 학습자의 부담이 가중될 수 있다.

7. 극화 학습

1) 극화 학습의 개념

　극화 학습인 극 놀이 내지 역할유희는 학생들에게 다른 사람의 역할을 경험하게 함으로써 학습
효과를 높이려는 새로운 학습 방법의 하나이다. 인지적인 내용의 학습보다 정의적인 내용, 특히 태
도와 가치관의 학습에 효과적인 것으로 전문가들은 평가하고 있다. 아무리 말을 하여도 한 귀로 듣
고 한 귀로 흘리게 되지만, 자기 자신의 비슷한 체험을 하게 되면 마음이 달라진다는 것을 우리는
경험을 통해서도 알 수 있다.
　학생들이 흥미를 가지고 적극적으로 참가할 수 있고, 강의와 독서를 통해서 느끼지 못했던 것을

역할유희를 통해서 체험할 수 있는 장점이 있다. 실제로 운전사와 교통경찰관, 보행인은 서로 갈등을 느낄 때가 많다. 자기가 운전을 할 때는 교통경찰관이나 보행인이 운전을 방해한다고 생각하기 쉽지만, 반대로 보행인이 되었을 때는 자동차가 무법천지로 운행한다고 생각하게 되는 경우가 흔히 있다. 이런 경우 이러한 세 가지의 역할을 서로 교대로 해 봄으로써 쉽게 그러한 갈등의 편견에서 나올 수도 있다는 것을 인식하게 될 것이다. 그러나 이 학습 방법은 학생들이 사전에 철저한 준비를 하지 않고, 단지 흥밋거리로만 생각할 때는 사고력의 향상 등 수업의 진정한 목표를 달성하기 어려운 단점이 있다.

역할유희를 효과적으로 하기 위해서 사전에 충분하고 철저한 준비가 있어야 하며, 진지하게 수업에 임하는 학생들의 태도가 있어야 한다. 교사는 먼저 방향을 정확하게 알려 주어야 하고, 시나리오가 치밀하게 있어야 하며, 각자가 자기가 맡은 역할을 성공적으로 수행할 수 있어야 한다. 그리고 수업이 끝난 다음에는 평가를 충분히 하여 자기가 겪은 경험을 다른 사람에게 알려서 공감대를 형성해야 수업의 효과가 나타날 수 있다.

사회과에서 극화 학습이란 병원놀이, 가게놀이와 같은 놀이학습, 구성 학습에서 작성된 모형을 이용한 학습, 어린이가 출연자로서 역할을 담당하여 실제 사회의 문제 상황을 인식하고 해결책을 찾으려는 역할놀이, 실제 사회생활의 조건이나 가치를 의제한 상황 속에서 학습활동을 전개하는 시뮬레이션 게임 등을 모두 포섭하는 개념이다.

2) 극화 학습의 특징

극화 학습의 내용이 되는 놀이학습, 역할놀이, 시뮬레이션 게임 등은 각기 다른 과정을 거치게 되나 다음과 같은 공통적인 특징을 갖고 있다.

첫째, 복잡한 사회 사상을 단순화하여, 구체적으로 이해할 수 있는 장을 제공한다.

둘째, 언어뿐만 아니라, 그 이외의 모든 커뮤니케이션 수단까지 동원함으로써 종합적이고 실감 있는 사회 인식을 기대할 수 있다.

셋째, 어린이 자신이 직접 그 상황의 주인공으로 활동하기 때문에 어린이의 흥미와 주체성을 살릴 수 있다.

넷째, 직접적으로 사회 가치를 수용하고 협력적인 사회적 태도의 형성에 효과적이다.

3) 극화 학습의 단계

(1) 준비단계

주제 설정이 되면 그 주제에 따라 활동의 대본이 작성되고, 역할의 추출과 배역 선정, 필요한 도구와 자료 등을 준비한다. 이러한 작업이 끝나면, 학생들로 하여금 각각 배역에 따라 연구와 준비를 할 수 있는 기회를 주어야 한다. 그러나 짧은 시간에 간단한 게임으로 할 경우에는 번잡한 준비를 하지 않아도 된다.

- 게임을 시작하기 전에 교사는 목표를 세우고 전략을 짜며 참가자들이 실제로 행해야 할 역할에 대하여 여러 가지 행동 대안을 생각한다.
- 예행연습 실시 및 실시 과정에서 부딪칠 수 있는 문제 발견, 적절한 대비
- 게임을 이끌어 가는데 필요한 규칙, 절차 등을 준비한다.

(2) 실연단계

실연단계에서는 실제로 모의 극화 활동이 전개되는 것인데, 활동 형식은 그 배역에 따라 여러 가지 형태가 될 수 있다. 극화 학습 중 역할놀이와 시뮬레이션 게임은 사회과 학습에서 가장 많이 활용되고 있는 기법이다.

- 각자가 맡은 역할에 따라 능동적으로 참여하여 게임을 수행해 나간다.
- 실제 상황과 마찬가지로 의사 교환 및 의사 결정을 내린다.
- 교사는 중재자의 입장을 견지한다.

(3) 결과 토의단계

극화 학습이 전개된 데 대하여, 교사는 최종적으로 활동 자체의 잘잘못을 반성해 보게 하는 것도 중요하지만 그보다도 그 활동을 통하여 실제 사회의 현장 상황을 제대로 연출함으로써 그에 대한 이해와 사회적 태도 형성이 잘 이루어졌는가를 정리하고 반성하는 것이 중요하다.

- 게임을 통한 가장 큰 학습은 주로 결과 토의단계에서 이루어진다.
- 결과 토의를 통하여 참가자는 교사와 함께 게임 도중에 가졌던 상대방의 느낌이나 그들이 게임을 통하여 응용하려고 했던 새로운 개념, 원리, 절차 등에 대한 의견을 나누도록 한다.
- 토의 과정에서는 게임 참가자들이 자신의 경험을 명료하게 밝히는 것이 중요하다.

4) 극화 학습의 유의점

첫째, 극화 학습으로 진행할 학습 주제의 설정은 적어도 학기 초부터 수립된 사전 계획에 따라, 단원의 내용에 알맞은 활동을 구상하여야 한다. 즉, 주제의 선정은 학습 목표 달성에 적절하여야 하며, 가치 있는 것이어야 한다. 특히, 학습 결손을 최대한 줄여야 한다.

둘째, 극화 학습이 여러 시간 소요되는 경우에는 면밀한 시간 계획을 작성하여 수업 결손을 방지하여야 한다.

셋째, 흥미 위주의 활동이나 표현의 기교에 치중함으로써, 사회과의 본질적 목표에서 이탈이 없도록 하여야 한다.

넷째, 강의 학습에서 학습한 지식을 배경으로 하여 강의 학습의 후속 단계로 극화 학습을 전개하

는 것이 바람직하다.

다섯째, 극화 활동의 소재와 학습 내용과의 부합 정도를 충분히 고려하는 것이 좋다.

여섯째, 충분한 환경 구성과 도구나 자료의 준비 등 사전 계획을 철두철미(徹頭徹尾)하게 수립하여야 한다.

일곱째, 직접적인 참여자와 간접적인 참여자가 감정의 융합을 가져 민주적 협동 정신을 배양하도록 한다.

여덟째, 극화 활동은 단독으로 전개하는 것보다는 타 지도 과정에 삽입하여 병행하는 것이 효과적이다.

아홉째, 활동의 결과에 대하여 정리, 반성, 평가의 기회를 가져 피드백(feedback)을 모색하여야 한다.

5) 극화 학습의 장점

⑴ 추상적 개념과 애매모호한 상황을 구체적인 역할을 통해서 명확하게 이해시킬 수 있다.
⑵ 실제 극화를 중심으로 강의식, 문답식, 토론식 수업 등 여러 가지 다른 수업과 연계하여 적용할 수 있다.
⑶ 학생 활동 중심이므로 문제 인식을 통한 흥미를 유발한 훌륭한 수업을 전개할 수 있다.

6) 극화 학습의 단점

⑴ 각본, 소품 등 사전 준비물이 많이 요구된다.
⑵ 다분히 흥미 위주 학습으로 흐를 우려가 있다.
⑶ 연기하는 학습자에 대한 의존도가 높은 편이다.

8. 현장학습(Field learning)

1) 현장학습의 개념

현장학습은 학습의 장을 사회적인 사실과 현상이 구체적으로 나타나고 있는 현장으로 옮겨서 그 현장에서 견학, 면접, 조사, 관찰 등의 실제적인 활동을 하게 하는데에 중점을 두는 학습 방법이다. 사회적 사상을 학습 내용으로 하는 사회과에서는 현장학습의 중요성은 더욱 강조된다.

사실적인 현장의 사상(事象)과 직접 접촉하는 가운데 실천적인 사회 기능이나 학습 기능이 실감 있게 발휘될 수 있기 때문이다. 따라서 사회과 학습 지도는 학습의 장을 동일한 교실에서만 한정하지 말고 교실 밖으로 끌어내어 실제적인 현장에서 생생한 경험을 할 수 있도록 함으로써, 흥미롭게 학습 의욕을 환기시켜 주어야 한다. 이러한 관점에서 볼 때, 현장학습은 많은 장점이 있다.

현장학습은 교실 밖에서 이루어지는 학습의 총칭이다. 지리 분야에서의 야외 학습, 역사 분야에서의 사적지 답사, 인류학에서의 현지 연구 등은 현장학습으로 구현할 수 있는 대표적인 영역들이다.

현장학습은 거시적 방법과 미시적 방법, 직접적인 방법과 간접적인 방법 등이 있다. 거시적 방법은 멀리서 한눈으로 공장의 분포, 도시의 모습 등을 개관하는 것이다. 이 경우 시야가 넓고 고층 옥상이나 고지 등이 현장학습 장소로 적합하다. 미시적 방법은 농장에 들어가서 작물의 종류, 재배 방법, 작물의 생장 모습 등을 세밀하게 관찰하고 조사하는 것이다. 한편, 직접적인 방법은 취락의 형태나 토지의 이용 모습을 관찰하고, 그 지역의 지형, 지하수, 토지 요인 등을 실제로 조사하는 것이다. 그리고 간접적인 방법은 탐방 기관에서 제시된 여러 자료를 수집하거나 설명 등을 듣고 필요한 학습 자료를 얻는 것이다.

2) 현장학습의 특징

학생들이 교실을 떠나 사회 사상(社會 事象)을 '관찰', '조사', '연구' 혹은 그 사상과 관련이 있는 사람과 '면접'하는 등의 학습활동이 현장학습이다. 현장학습은 야외관찰, 야외조사, Field Work, Field Studies 등으로 불리기도 한다. 이렇게 현장학습은 다양한 형태를 갖고 있어서, 현장학습의 개념을 명확하게 규정짓기는 어려우나, 현장학습이 일반적인 특징은 대체로 다음과 같다.

① 직관적 원리에 기반을 두고 있다: 어린이들이 구체적인 신변의 사회 사상을 직접적으로 조사, 관찰하는데에서 학습을 시작한다.

② 어린이들이 직접 조사·관찰하여 자료를 얻으므로 제1차 자료 획득의 기능을 발달시킬 수 있다. 즉 구체적인 사회적 사실의 수집 및 문제를 발견할 수 있다.

③ 어린이들이 흥미와 관심을 가지고 주체적으로 학습 문제에 도전할 수 있다.

④ 학교와 지역사회를 밀접하게 연계시킬 수 있다.

⑤ 교실에서 배운 지식을 실제 생활공간에서 관찰하고 검증할 수 있기 때문에, 학습 결과와 학습자의 생활과의 정합성을 높일 수 있다.

⑥ 다양한 학습 유형과 학습 기회를 경험할 수 있다.

⑦ 협동심 함양 및 사회참여 능력의 신장 등 정의적인 영역에서의 바람직한 태도 형성이 가능하다.

3) 현장학습의 단계

(1) 학습 계획 수립단계

현장학습에서는 유독하게 학습 계획이 보다 바람직하게 짜여야 한다. 계획이 바람직하지 못할 경우, 시간, 경비, 노력 등에 비해서 학습 효과가 적기 때문이다. 따라서 사회과 현장학습 계획단계에서는 현장에 나가서 학습할 주제를 선정하는데 있어서 교사와 학생이 공동으로 충분히 협의해야 함은 물론, 단원의 성격이나 내용이 타당하여야 하고, 그 학습 효과에 대한 검토도 충실히 이루어져야 한다. 현장학습 계획을 수립하는 계획을 임박해서 하는 것 보다는 많은 시간적 여유를 두고 미리부터 세우는 것이 필요하다. 그리고 현장에 나가서 학습활동을 아는 요령이나 방법 등에 대하여 충분한 사전 지도가 이루어져야 한다. 또한, 계획의 내용에 있어서는 일정 인원, 목표, 내용, 현장 위치, 현장 활동, 준비물, 경비, 정리 보고 사항, 유의 사항 등에 대한 치밀한 계획이 수립되어야 한다.

(2) 현장학습단계

현장학습단계에서는 실제로 현장에 나가서 학생들이 구체적으로 작업, 실연에 참가하는 활동이 이루어진다. 가령, 우체국에 가서 편지 부치는 실연, 읍·면·동사무소에 가서 하는 일 알아보기, 도로 교통정리 활동 해 보기, 공장에 가서 하는 일 직접 해 보기 등이 있다. 이와 같은 현장에서의 활동들을 계획된 프로그램이나 사전에 훈련된 방법에 따라 질서 정연하게 진행하는 것이 중요하다.

(3) 정리·반성단계

현장에서 활동한 내용들을 정리하고 반성해 보는 과정이다. 이 단계에서는 현장에 나가기 이전에 제시하여 준 결과 처리 요령이나 보고 양식 등의 방법에 따라 정리하게 하고, 그것에 대하여 분석, 검토, 토의 등의 활동을 통해 잘되고 못 된 점을 반성해 봄으로써 현장학습에 대한 유종의 미를 거두도록 한다.

4) 현장학습 사전 및 사후 지도

(1) 현장학습을 실시함에 있어서는 사전, 사후에 충분히 준비·지도하지 않으면 외형적인 생동감에 비해 실질적으로 의미 있는 성과를 얻기는 어렵다.
(2) 교사는 사전에 관찰·조사할 주제와 세부 내용, 대상 등을 확인해 두어야 한다. 그리고 어린이들에게 학습의 목적을 충분히 인식시켜 무엇을 보고, 묻고, 들은 것인가를 계획하도록 안내해야 한다.
(3) 한 학급을 몇 개의 그룹으로 나누어 각각의 그룹에 과제를 제시하는 방안을 강구한다.
(4) 관찰·조사 내용의 메모 요령 지도, 녹음·사진 촬영 준비 등도 필요하다.
(5) 현장학습이 끝난 후에는 관찰·조사한 내용을 학습 전체에서 확인해야 한다.

5) 현장학습의 유의점

첫째, 학습 내용의 성격상 현장학습의 타당성 여부를 신중하게 고려한다.
둘째, 면밀한 계획과 사전 답사 등을 철저하게 하여야 한다. 즉, 현장의 사전 답사 현장학습의 가능성과 가치도, 수송 수단, 전체 시간 계획의 조정, 현장과의 교섭 등이 철저히 이루어져야 한다.

셋째, 사전 지도를 통하여 학습할 문제의 확인, 현장학습 방법과 요령의 주지, 보고 요령, 자료의 처리, 대인관계, 질의응답 요령, 작업 및 실연의 요령, 행위의 태도 등에 대하여 철저히 인식하도록 한다.

넷째, 현장에서의 강화(強化)나 설명을 가급적 담당 교사가 하는 것이 바람직하다.

다섯째, 학습활동의 질서 유지와 안전에 각별히 주의하도록 한다.

여섯째, 결과의 보고, 자료의 정리 등을 통하여 학습 성과의 검토와 평가 및 반성을 하도록 하여야 한다.

6) 현장학습의 장점

⑴ 학습자들이 직접 현장을 체험할 수 있다.
⑵ 교사와 학생들의 상호 작용적 연계를 강화할 수 있다.
⑶ 학습자들의 관심과 흥미를 크게 신장시킬 수 있다.

7) 현장학습의 단점

⑴ 학교 박에서 학습이 이루어지므로 시간 조정 및 학습자 관리에 애로가 있다.
⑵ 준비 과정과 학습 후의 정리에 많은 노력과 시간이 소요된다.
⑶ 학습 목표를 망각하면 다분히 흥미 위주로 흐를 우려가 있다.

9. 지도 학습(地圖 學習)

1) 지도 학습의 개념

지도 학습은 사회과 교수·학습에서 아주 주요한 형태이다. 사회과에서 지도 학습의 적용은 지도 목표의 요소인 축척, 방위, 기호 등에 대하여 이해시키려고 할 때, 산맥, 취락, 인구 분포, 도시와 교통량의 발달 등 지표상의 지리적 현상을 이해할 때, 역사상 행정구역, 교통로, 통신 조직, 전쟁로 등 지리학 이외의 학문 영역에서 이용하려고 할 때 주로 활용된다. 따라서 지도 학습은 학생들에게 지도를 속독하는 능력, 판독하는 능력, 작도하는 능력 등을 길러 주는 것이다. 이러한 능력이 신장되기 위해서는 먼저 지도 자체가 가지고 있는 기본적인 요소들을 잘 이해함으로써 가능한 것이다.

축척이란 지표 상태를 나타내는 축소 비율을 나타내는 것으로 넓이의 비가 아니라 길이의 비이다. 위치는 경선과 위선의 교차로 표시되며, 바위는 어떤 지점에 있어서 지평면상의 방향을 의미하며 지평선상 북극성 직하에 해당하는 방위를 북으로 하여 남동서를 결정한다. 또한 지표면 고저의 표현은 등고선의 음영 채단으로 표시한다. 그리고 기호는 무나와 같은 역할을 하는 지도의 표현에 관한 일정한 약속을 나타내는 것, 즉 등고선으로 표현하지 못하는 특별한 지형 장애물을 기호로 표시한다.

2) 지도 학습의 특징

지도 학습은 지도의 본질과 목적을 이해하고, 지도를 이용할 수 있게 해 줌으로써 도해력을 길러 주는 학습 형태를 말한다. 도해력이란 사회과 지리교육에서 다루는 기본적인 기능 중의 하나로서 공간적 정보와 자료를 시각 자료(지도, 도표, 그래프 등)로 가공·변환시킬 수 있으며, 또한 시각 자료에 저장되어 있는 정보와 자료를 읽어 낼 수 있는 기능을 말한다. 지도는 시각 자료 중 가장 정교한 형태이기 때문에 지도 학습이야말로 도해력을 길러 주는데 핵심적인 부분이 된다. 이러한 지도 학습은 크게 지도 자체의 이해를 위한 학습과 지도를 이용하는 학습 등 두 가지로 구분된다.

2. 지도 학습의 의미

지도 학습의 의미는 크게 두 가지로 정리된다.
① 지도 자체의 이해를 위한 학습을 통하여, 지도의 본질과 목적을 이해할 수 있게 해 준다. 이러한 지도 학습은 지도에 표시된 방위, 위치, 축척, 기호 등 여러 가지 표시에 대한 뜻을 이해할 수 있게 하고, 지도를 보며 지도에 나타난 종합적인 자연경관을 마음에 구사하고 이해하며, 지도에 나타난 사실을 통하여 자연환경과 인간과의 관계, 지역의 특성, 공간적인 분포를 해석할 수 있게 해 준다.
② 지도를 이용하는 학습을 통하여, 지리적 추론 능력, 상황 및 관계 파악 능력을 배양할 수 있게 해 준다. 이러한 지도 학습은 학습 내용의 특성 또는 사용 목적에 따라 그에 알맞은 지도를 선택할 수 있게 해 주고, 지도에 나타난 사실을 파악하여 그 사실들을 통해서 거기에 나타난 개념을 이해하고 설명해 주며, 지도에서 판독한 내용을 학습 내용과 관련시켜 정리하거나 학습 내용을 지도에 정리하고 활용할 수 있게 해 준다.

3) 지도 학습의 단계

·지도 이해 학습	① 기호, 표시의 의미 이해단계 ⇨ ② 종합적 자연경관 이해단계 ⇨ ③ 지역적 특성 및 공간적 분포 이해단계
·지도 이용 학습	① 지도 선택 이용 단계 ⇨ ② 지도의 개념 이해단계 ⇨ ③ 판독 내용 정리 및 활용 단계

(1) 지도 이해 학습

첫째, 제1단계인 기호, 표시의 의미 이해단계는 지도에 표시된 여러 가지 기호와 표시의 의미를 학습한다. 교실에서는 기호가 나타내는 사물의 사건이나 그림을 칠판, 파워포인트 프로젝션 화면 등으로 제시하여 사실과 비교, 이해하도록 한다. 야외에서는 지도에 나타난 기호와 실제 사물과 비교해 보는 것이 중요하다.

둘째, 제2단계에서는 지도를 보면서 지도에 나타난 종합적인 자연경관을 마음속으로 구상하고 이해한다. 이 방법에도 야외에 나갈 수 없는 경우에는 모형을 이용하면 좋다.

셋째, 지도에 나타난 사실을 통하여 자연경관과 인간과의 관계, 지역의 특성, 공간적인 분포 등을 해석한다.

(2) 지도 이용 학습

첫째, 제1단계에서는, 학습 내용의 성격이나 목적에 따라 적절한 지도를 선택하여 이용한다. 지도에는 보통 지도, 지형도, 명승지 안내 지도, 행정구역 지도, 인구분포도, 역사 지도 등이 있다.

둘째, 제2단계는 지도에 나타난 사실을 파악하고 그 사실들을 통해 거기에 나타난 개념을 이해하고 설명한다.

셋째, 제3단계에서는 지도에서 판독한 내용을 학습 내용과 관련시켜서 정리하고 활용한다.

4) 지도 학습의 종류

지도 학습은 크게 위치 학습, 방향 학습, 기호 학습, 거리 학습, 투영법 학습 등이 있다.

① 위치 학습

위치 학습은 다음의 3단계로 이루어진다. 제1단계는 학생들이 지도를 보고 학교 등 주어진 사물이 있는 위치를 정확하게 가리킬 수 있어야 한다. 제2단계에서는 지도에 나와 있는 학교를 기준으로 해서 상대적인 위치 감각으로 학교 주변의 주요 건물이나 지형이 지도상에 어디쯤 위치해야 하는지를 알 수 있어야 한다. 제3단계에서는 사물의 절대적인 위치를 정확히 표현하는 단계로, 이를 위해서는 수리적 좌표를 사용하여 표시해야 하는 좌표 체계를 이해할 수 있어야 한다.

② 방향 학습

방향 학습이란 지도에서 방향과 관련된 학습을 하는 것을 말한다. 예컨대, 길 찾기 연습, 길 찾기에 관련된 어휘 익히기, 안내 표지 형태의 그림지도 그리기, 나침반을 가지고 정북 방향 찾기, 자신의 위치를 지도상에서 알아내기 등이 있다. 방향 학습에서는 학생들이 생활 속에서 항상 지도를 이용하고 즉석에서 방향 감각을 발휘하는 것이 몸에 배도록 하는 것이 중요하다.

③ 기호 학습

기호 학습에서는 기호가 지도라는 작은 도면에 많은 지역 정보를 표현하기 위해서 반드시 필요하고, 지도상에 표시된 기호의 의미는 일종의 약속이라는 점을 학생들 스스로 깨닫도록 하는 것이다.

④ 거리 학습

거리 학습은 학생들에게 거리 감각을 익히게 하는 것이다. 초등학교에서는 절대적인 개념의 축척 개념에 대하여 학습하는 것은 무리가 있으나, 어느 정도는 쉽게 느껴지는 상대적 축척 개념은 학습할 수 있다. 상대적 축척 개념을 꾸준히 학습하다 보면 절대 축척을 배워야 할 시기에 학생들은 별 어려움을 느끼지 않고 학습할 수 있다.

⑤ 투영법 학습

투영법이란 구면인 지구 전체를 평면상에 나타내는 방법이다. 수리 기하학적 방법을 동원한 투영법을 직접적으로 바로 학습하기란 무리가 있다. 따라서 지구상의 모습이 학생이 보는 각도에 따라서 다르게 보인다는 것을 이해하는 수준으로부터 점차 지도의 투영, 등고선 개념을 학습하는 수준으로 나아가도록 한다.

5) 지도 학습 유의점

첫째, 학생들의 지리 의식 발달에 따라 지도를 선택하고 지도에 관한 능력을 기르도록 지도하여야 한다.

둘째, 지도는 지구의 지면을 평면에 표시한 것이므로 어떠한 도법으로 제작한 지도라 할지라도 왜곡된 부분이 많다는 점을 유념하여 지도하여야 한다.

셋째, 지도에 표시된 경선과 위선이 실제 지표면 위에 있는 것으로 착각하는 일이 없도록 유념하여 지도하여야 한다.

넷째, 교실용 지도에서는 해발 고도를 녹색으로 표시하는데, 이때의 녹색은 평야를 나타내는 것이 아니라는 점을 지도하여야 한다.

끝으로, 보통의 지도는 북쪽을 위, 남쪽을 아래로 나타내는데, 북쪽으로 흐르는 강의 상류를 북쪽으로 오인(誤認)하지 않도록 특별히 유념하여 강조 지도하여야 한다.

5. 지도 학습의 장점

⑴ 학습자들의 흥미 유발에 효과적이다.
⑵ 학습자 중심의 학습을 할 수 있다.
⑶ 사회과 지도 학습의 다양한 기능을 익힐 수 있다.

6) 지도 학습의 단점

⑴ 공간 지각력이 부족한 학생들이 지리를 어렵게 생각할 수 있다.
⑵ 각종 지도의 부호 등을 인지하지 못하면 효과적인 학습을 진행하기가 어렵다.
⑶ 학습자들의 수준에 따른 개별화 학습을 진행여야 한다.

7) 참고 자료

(1) 축척(scale): 지도상의 상태를 종이 위에 축소한 비율이다.
(2) 위치(location): 지도상의 한 점의 정확한 위치를 경선과 위선의 교차로 표시한다.
(3) 방위(direction): 어떤 지점에 있어서 지평선상의 방향을 의미한다.
(4) 기복의 표현: 지표면의 높낮이를 표현하는 방식이다. 등고선이 조밀하게 접한 곳은 경사가 급하고, 등고선 간격이 떨어져 있을수록 경사가 완만한 곳이다.

10. 시사 학습(時事 學習)

1) 시사 학습의 개념

사회과는 어느 교과보다도 시간적 제한이나 그 영향을 가장 많이 받는 교과이다. 특히, 국내외의 여러 상황이 예측하기 어려울 정도로 빠르게 변화하는 오늘날과 같은 때에는 그 필요성이 더욱 부각되고 있다. 시사 학습은 새롭게 나타나는 정보 및 사회변동에 관한 자료를 수업에 활용함으로써 사회 변화에 대한 관심과 이해를 깊게 하고, 미래 지향적 사고가 이루어지도록 하는데에 그 의의가 있다. 따라서 신문, 잡지, 라디오, 텔레비전, 인터넷 등에서 여러 가지 자료를 정선하고 검토한 후 학생들의 수준에 알맞도록 교재화(재구성)하여 활용하도록 하여야 한다.

시사 자료 활용에서 유의할 것은 모든 자료를 현재의 것으로 대치할 필요가 없다는 것이다. 교재 내용이 의도하는 바 그 개념을 보다 잘 이해시키기 위해서는 지나간 자료라 하더라도 그대로 활용하는 것이 좋다. 또, 국내외의 주요 정책 변화에 관한 것은 국가·사회적 차원에서 지도의 방향을 신중히 검토한 후에 교재 내용에 반영하여야 하며, 대부분의 시사 자료는 그 사실 여부를 정확히 확인한 후에 활용해야 한다. 사회는 끊임없이 변화하고 있다. 이에 대비하여 교과서의 내용은 아무리해도 2-3년 전의 것일 수밖에 없다. 따라서 교과서 내용과 현재 일어나고 있는 사회현상은 괴리(乖離)가 있다. 이 괴리를 채워 주는 것이 시사 학습이다.

2) 시사 학습의 특징

시사 학습은 이론과 현실의 간극을 좁혀 주고, 실제적인 사회현상을 규명하게 해 준다. 특히, 시사 학습은 사회에서 일어나는 다양한 사회 사상을 사회과 학습에 적용하는 살아 있는 학습활동이다.
특히, 현대사회처럼 다양하고 분기화된 사회에서는 시시각각 발생하는 여러 가지 사회문제를 사회과 학습에 적절하게 내용으로 재구성, 지역화하여 지도하여야 한다. 사회과 교육이 사회를 탐구하는 수업이 되어야 하고, 사회과 수업이 살아 있는 수업이 되려면, 이와 같이 교과서 밖에서 발생되는 여러 가지 사회현상을 교육과정화하여 교수·학습으로 진행하여야 한다.
사회과 시사 학습은 학생들로 하여금 사회의 시사 문제를 학습하게 함으로써 사회 변화에 대한 관심과 이해를 깊게 하고 시민으로서의 참여 의식을 고취시킨다. 학생들이 사회의 여러 가지 간행물이나 매스컴 등의 매체들을 현명하게 읽고 판단할 줄 아는 기능과 능력을 길러 주어야 한다. 사회과 교과 내용과 현실을 관련시킴으로써 학생들의 학습 흥미를 유발시킬 뿐만 아니라, 사회과 학습 자체에 생생한 생명력을 불어넣어야 한다.
자료의 수집 기능, 자료의 해석 기능, 자료의 평가 기능, 탐구 기능 등을 신장시켜야 하며, 현대사회의 제 문제를 이해하는 기초를 기르고, 미래 사회를 전망하고 대처할 수 있는 지혜와 태도를 기르는데 효과적인 학습 형태이다.
아울러, 시사 학습은 교과서의 제한점을 보완해 준다. 즉 교과서 정보의 시차를 극복·보완할 수 있으며, 교과서에서 다루기 힘든 현대사회의 '쟁점'들을 다룰 수 있다. 시사 학습을 통해 '사실'과 '의견'을 구분·판단하는 능력을 기를 수 있다. 시사는 그들이 살고 있는 세계에 대해 보다 많은 지식을 제공해 준다. 즉 시사 자료는 사회 변화의 경향, 지속성을 띠고 있는 사회문제 등을 담고 있다.

3) 시사 학습의 자료원

시사 문제에 대한 학습에서 교사와 학습자가 자료의 결핍과 자료의 방대함에서 망설이게 되는데 이때 어디서 어떤 자료를 수비하여 활용할 것인가 하는 문제에 봉착한다. 사회과 교수·학습에서 특히 시사문제의 지도나 가설 설정 및 가설 검증에 필요한 새로운 정보와 지식을 확보할 수 있는 시사 자료의 공급원은 다음과 같다. 이와 같은 공급원으로부터 자료를 수집한 교사는 반드시 재구성 및 교재화하여 교수·학습에 투입되어야 한다.

4) 시사 학습의 활동

① 지역화 학습 자료로 시사를 활용
② 사회과 학습의 '구체적 자료'로서 시사를 활용
- 교재단원과 시사를 관련시킨다. (예) 환경문제, 인구문제, 공해문제 등
- 사회과의 중요한 개념들은 시사 문제를 통해 지도가 가능하다.
(예) 가격, 공급, 수요, 생산, 다수결 제도, 국회의 기능, 대통령의 권한, 기본권 등
③ 문제 중심의 교수 프로그램으로 활용

5) 시사 학습의 유의점

첫째, 신문, 잡지, 라디오, TV 등에서 보도된 여러 가지 자료를 교재 내용과 관련시켜서 정선하고 검토한 후, 학생들의 발달 수준에 알맞도록 재구성, 교재화하여 교수·학습에 적용하여야 한다.

둘째, 시사 자료를 교육 자료로 활용할 때에는 그 정확성을 확인하는데 신중을 기하여야 한다. 그 자료가 객관성과 신뢰성이 있는지에 대한 엄격한 검토가 행해져야 한다.

셋째, 모든 자료를 가급적 최근의 것으로 대치할 필요는 없다. 교재 내용이 의도하는 특정 개념은, 그 개념이 잘 이해되는데 도움이 되는 당시의 자료를 그대로 활용하는 것이 좋다.

넷째, 국내외의 이념, 주요 정책 변화에 관한 것은 국가 사회적 차원에서 그 지도의 방향을 신중하게 검토한 후, 사회과 교재에 반영하여야 한다.

다섯째, 사회과 교사는 시사 학습에서 편견을 버려야 하며, 결과를 예측하기 어려운 문제에 대해서는 기본적인 원리를 설명해 주고, 판단은 학생 스스로 내리도록 유도하여야 한다.

여섯째, 가능한 한 많은 시청각 자료를 활용하는 것이 바람직하다.

일곱째, 사회과 교사는 시사 자료를 바탕으로 학생의 자료 수집 기능, 자료 해석 기능, 자료 평가 기능, 탐구 기능 신장 등에 주안점을 두고 지도하여야 한다.

11. NIE(Newspaper in Education) 학습

1) NIE의 개념

NIE는 Newspaper in Education, 또는 News in Education으로 신문 활용 교육, 뉴스 활용 교육이다. 정보화 시대의 교육은 각종 정보와 지식을 활용하여 문제를 해결하는 탐구 능력의 개발에 주안점을 두고 있다. 사회과 교육과정에서는 토론, 토의, 실험 등을 통하여 학생들 스스로 문제를 해결하는 학습자 중심 수업을 강조하고 있다. 따라서 NIE 학습이 주요한 학습 방법으로 강조되고 권장되고 있

다. 즉, 종이 신문이나 인터넷상에서 게재된 최근의 자료를 활용하여 탐구 공동체 내에서 학생들이 공동으로 학습하는 방법이다.

NIE 탐구 공동체 학습은 사회과뿐만 아니라, 재량 활동, 특별활동 등 전 교육과정에서 학생들이 신문, 인터넷 자료 등을 활용하여 현재 우리의 삶과 관련된 문제에 대하여 스스로 탐구하면서 민주 시민의 자질과 공동체 의식을 함양시키는 학습 방법이다. NIE 학습은 살아 있는 생생한 자료를 활용하여 학생들이 스스로 탐구 활동을 하기 때문에 학습에 관심과 흥미를 갖도록 하여 학교를 즐겁고 활동적인 장소로 만드는 학생 중심 교육 활동이다. 아울러 NIE는 학생들이 사회문제에 대하여 스스로 탐구적으로 접근하고 비판적으로 분석하여 문제 해결 방안을 모색하는 새로운 학습 방법이다.

2) NIE 학습의 특징

첫째, NIE 탐구 주제는 교사가 선정한다. 사회과 교수·학습 시간에는 목적에 벗어나지 않는 한 주제를 선정할 때, 학생들의 참여를 허용하는 것이 좋다.

둘째, 탐구 주제에 맞추어 자료를 수집하는 일은 학생들이 주로 하도록 하고 학생들이 수집한 자료 중에서 탐구지(探究紙)를 만들 대표적인 탐구 자료를 선정하는 일은 교사와 학생이 공동으로 하는 것이 바람직하다.

셋째, 사회과 교수·학습에서 탐구 공동체를 운영하는 경우에는 교육과정이나 교과서 내용과 직접 연관되는 주제와 자료를 선정하는 것이 학생들의 흥미를 유발할 수 있고, 그만큼 교육 효과를 높일 수 있다.

넷째, 학생들의 인지 수준이나 정서적 특성, 관심사 등을 고려하는 것이 중요하다.

다섯째, 다양한 기능을 개발할 수 있고, 중요한 지식과 개념들이 많이 포함된 자료를 선정하는 것이 바람직하다.

여섯째, 미담 사례만을 대상으로 하지 말고 불법 비리 사례 등도 교육적 자료로 활용하여 지도하는 것이 바람직하다.

3) NIE 학습의 장점

① 사회성의 함양: 사회에 관심을 갖고 사회의 움직임, 즉 사회에서 문제가 되고 있는 일을 자기 문제로 생각할 수 있다.
② 인간성의 함양: 다양한 의견이 존재한다는 사실과 가치의 다양성을 인식할 수 있다.
③ 주체성·의사 결정력의 함양: 많은 사실과 의견 가운데서 자기 자신의 입장을 분명히 하고 의견과 판단을 형성할 수 있다.
④ 정보 처리 능력: 많은 정보를 수집·해석·판단·선택하거나, 사실과 진실을 파악할 수 있다.
⑤ 자기 교육력(바람직한 독자): 신문을 비판적으로 읽을 수 있고, 신문으로부터 배우고, 신문을 육성하는 사람이 될 수 있다.

4) 신문 자료의 교재화 조건

① 지도 목적에 맞는 것
② 객관성이 있는 것
③ 학생들이 관심과 흥미를 갖는 것
④ 학생들이 이해할 수 있는 것
⑤ 발전성이 있는 것 - 학생들의 사고가 유발되거나 사고가 깊어질 수 있는 것
⑥ 최신 정보일 것
⑦ 학습 주제와 관련이 있을 것

5) 사회과에서의 신문 활용 학습 방법(예시)

① 신문의 모든 머리기사를 오려 학급에서 토론하기
② 한 국가의 의생활, 주거환경, 직업의 종류, 여가생활 등을 구분하여 스크랩하기
③ 대통령이 방문한 국가에 대하여 스크랩하고 조사하기
④ 여행 그림 찾아보고 다양한 여행계획 세우기
⑤ 신문에서 도시와 촌락의 모습을 찾아 차이점 알아보기
⑥ 공해문제에 대한 기사를 수집하고, 해결방안 작성하기
⑦ 각 지역의 주요 사건, 주요 생산물, 역사적 배경을 수집하고 정리하기
⑧ 각국 주요 인물의 동정 표시하기
⑨ 신문의 기사 · 그림 · 사진을 의 · 식 · 주에 따라 분류해 보기

12. 문화재 학습

1) 문화재 학습의 특징

과거의 사회과 문화재 학습은 역사교육에서 추구하는 학생의 역사적 사고력 신장이라는 목적을 달성하기 위한 역사교육 교재의 일종으로 다루어졌다. 즉, 사회과에서의 문화재 학습이란 문화재를 활용한 역사교육적 의미로 이해되었다. 그러나 문화재 학습이란 문화재를 주제로 한 문화재 자체에 대한 이해를 목적으로 하는 학습을 포함하여 문화재를 학습 자료로 활용하는 모든 형태의 학습을 통틀어 일컫는 말이다. 즉, 문화재 학습은 '문화재에 관한 학습'과 '문화재를 통한 학습'을 총칭하는 개념이다. 문화재를 통한 문화재 학습에서는 문화재가 내용 요소의 자료로서 역할을 하지만 문화재에 관한 문화재 학습에서는 문화재가 학습 내용으로서의 역할을 하게 된다. 특히, 초등학교에서의

문화재 학습은 학생들 스스로가 문화재를 조사하고, 감상하는 초보적인 방법을 익히는 학습과 문화재가 가진 배경, 가치와 관련된 학습이 요구된다.

2) 사회과 교육과정과 문화재 학습

사회과 교육과정의 목표는 학습자 중심의 주도적인 학습을 강조하고 있는 점이 큰 특징이다. 이 가운데 각 시대의 특색을 중심으로 우리나라의 역사적 전통과 문화의 특수성을 파악하여 우리 문화와 민족사의 발전상을 체계적으로 이해하며, 이를 바탕으로 인류 생활의 발달 과정과 각 시대의 문화적 특색을 파악한다. 이는 특히 주목되는 항목이라 하겠다. 이는 세계화, 국제화, 정보화로 규정되는 사회 변화는 외형상으로는 글로벌(global)화되고 있지만 그와 비례하여 내부적으로는 자국의 전통에 대한 이해를 심화시키는 노력이 토대로 작용하지 않을 수 없음을 설명해 주고 있다. 이에 문화재와 박물관 관련 대단원을 설정하여 주제 통합적 관점에서 문화재 학습을 집중적이고 체계적으로 할 수 있도록 내용을 선정하고 조직한 점은 이러한 개정의 목표와 방향이 강하게 투영된 결과라 볼 수 있다. 이를 구체적으로 살펴보면 다음과 같다.

첫째, 향토사·지역사 학습을 체계화했다는 점이다. 지역 학습을 중심으로 전개되는 그 지역의 역사적·문화적 배경을 함께 이해할 수 있게 함으로써, 지역화 학습을 강화했다는 의미가 있다.

둘째, 전통문화 학습을 강조하고 있다는 점이다. '옛 도읍지의 문화재와 박물관' 단원이 4학년으로 설정됨에 따라, 문화사적 관점에 문화인류학적 관점을 가미하여 우리 겨레의 전통을 되새겨 볼 수 있도록 한 것이다. 특히, 초등학생들이 생활 속에서 어렵지 않게 발견하고 조사할 수 있는 자료와 사례들을 이용함으로써 자연스럽게 생활 속에서의 시간과 변화의 개념을 이해할 수 있도록 하는데 초점을 두고 있다.

3) 문화재 학습의 다양한 접근

(1) 유형·무형 문화재를 사례로 한 문화재 학습

문화재가 역사 학습에서 중요성을 갖는 소재이기 때문에 교과서 내에서도 꽤 많은 분량이 제시되고 있다. 이들 문화재 가운데 초등 사회과 교과서에는 유형문화재가 상대적으로 많은데, 이는 구체적이고 실질적인 형태의 역사적 증거물들이 교수 학습에 적합하다는 측면에서 그 이유를 찾을 수 있을 것이다. 실제로 아동은 구체적 형태의 역사적 증거물을 통해 역사가로서의 간접체험을 경험할 수 있다. 이러한 유형문화재 학습을 위해 교실에서는 멀티미디어 자료를 이용하고, 학교 밖으로는 직접 유적지를 견학하며 박물관을 이용한다. 그리고 유물 사진, 유물 모조품 등을 수업 자료로 활용하면서 아동에게 역사에 대한 관심을 갖게 하고, 흥미를 촉진하면서 동시에 역사에 대한 이해를 도울 수 있다.

한편, 조상들의 생각이나 생활 모습을 짐작하게 하는 음악, 춤, 놀이, 의식 등의 무형문화재는 구체적인 역사적 증거물을 대상으로 하는 역사 학습보다 교사의 좀 더 구조화되고 체계적인 내용 선정과 수업 계획이 요구된다. 주로 시청각 매체나 지역사회 인적 자원을 활용하여 아동의 간접경험을 극대화하며, 특히, 타 교과(음악, 미술, 체육 등)와의 주제 통합적 접근으로 문화재가 가지고 있는 내용 요소들을 포괄적으로 다루면서 아동의 흥미와 경험이 발산하는 가운데 자연스럽게 학습이 이루어질 수 있도록 한다.

(2) 생생한 과거와의 만남: 박물관 학습 및 실물 학습

박물관 견학이나 현장 답사는 아동의 흥미를 자극하고 보다 적극적인 참여를 이끌어 낼 수 있다는 측면에서 일종의 대안적이 역사 학습 방법이다. 과거에 박물관은 선조들의 유물을 보관, 전시하는 정도의 소극적 기능을 주로 담당해 왔으나, 최근에 와서는 아동들에게 학교에서 할 수 없는 체험을 통한 살아 있는 경험교육을 실시함으로써 교육적 효과를 극대화함은 물론 우리 문화에 대한 관심과 이해를 높일 수 있는 기회를 제공하는 살아 있는 열린 교육의 장으로 자리매김해 가고 있다. 학습자 입장에서도 단순한 관람 차원을 넘어 유물로부터 과거에 대한 상상력과 추론을 경험해 가는 학습이 이루어지고 있다. 주로 전문교육을 받은 박물관 큐레이터나 교사에 의해 제시될 수 있는 질문은 다음과 같다.
- 이것이 무엇이라고 생각하는가, 그리고 발견된 곳은?
- 무엇으로 만들어졌으며 용도는?
- 얼마나 오래된 것이며 어떻게 장식되어 있는가?
- 크기와 무게는 어느 정도이며 이 물건을 어떻게 들고 다녔는가?
- 누가 이 물건을 사용했겠는가, 부유한 사람인가, 아니면 가난한 사람인가?
- 그 물건은 기계로 만들어졌는가, 혹은 수공으로 만들어졌는가?
- 이 도구의 쓸모는 어떠했으며 과거에는 가치 있는 물건이었는가?
- 도구의 역사적, 당대적 가치는 무엇인가?

이와 같은 내용들은 유물을 바라보는 역사가의 관점의 틀을 반영한 다면적 차원의 열린 질문이다. 요컨대, 실체적 사물에 대한 관찰의 단계를 넘어 학습자 나름의 관점에서 사라져 버린 과거를 재구성하는 단계로 전이될 필요가 있음을 강조하고 있다.

(3) 멀티미디어를 활용한 문화재 학습

실물 자료로서의 문화재는 아동에게 만족감을 느낄 수 있는 학습 경험을 제공해 줄 수 있다. 그러나 이를 어떠한 방법으로 제시하느냐에 따라 교수 학습의 효과는 달라진다. 이러한 관점에서 시청각 교재는 생생한 영상과 함께 문화재 학습의 효과를 높일 수 있다. 현재 초등학교 교실은 열린 학교 운영 방안으로 활용하기 편리한 많은 기자재가 준비되어 있다. 실물 화상기, 대형 멀티비전, 컴퓨터 인터넷 활용 등으로 박물관이나 역사 유적지들의 문화재를 자연스럽게 아동들이 접할 수 있도록 지도가 이루어진다면 학습에 큰 도움이 될 것이다. 특히, 교사의 설명식 수업의 한계를 보완해 줄 수 있는 자료 중의 하나가 시청각 교재라고 본다면, 텍스트, 사운드, 이미지, 동화상 등 다양한 미디어가 결합된 멀티미디어의 개발 및 적용에 대한 연구는 활발히 이루어져야 한다고 본다. 요컨대 멀티미디어의 효율적 활용은 아동에게 능동적으로 문화재 학습에 참여할 수 있는 선택권을 주어 상호 작용을 통한 학습참여의 기회를 제공해 줄 수 있으며 개별 학습 및 심화, 보충 학습에 유용하게 이용할 수 있다. 이를 위해서는 보다 다양한 문화재 학습 프로그램이 개발되어 일선 학교에 개발 보급된다면 문화재 학습에 큰 도움이 될 것이다.

13. 인물 학습

1) 인물 학습의 개념

역사는 과거의 거울로 미래를 보는 연구이자 활동이다. "역사는 인간에 의해서 창조되고, 인간은 역사에 의해서 만들어진다."는 말의 의미는 인간이 역사에 작용하는 측면과 역사가 인간에게 작용하는 측면을 표현하는 것이라고 할 수 있다. 따라서 역사를 학습한다는 것은 곧 인간의 역사를 학습한다는 것이다.

인물 학습은 학생들로 하여금 보다 친근감 있게 역사에 접근할 수 있게 하는 계기를 마련하여, 역사에의 관심과 판단력을 길러서 역사의 개성적인 내면의 이해를 가능하게 하며, 편협한 인간관을 시정하고 보다 넓은 시야에서 인간을 바라보는 혜안을 길러 주는데 있다.

인물 학습은 역사 속에 묻혀 있는 수많은 역사적 인물 가운데 구가와 민족 사회에 공헌한 인물을 학습 교재로 선정하여 그 인물을 연구하고 그 인물의 역사적 배경을 파악하여 역사 발전에 어떻게 작용하는가를 인식시키는 학습 방법이다. 어떤 의미에서는 인물 학습과 인물사 학습을 구별하기도 하는데, 인물 학습은 인간 탐구에 주안점을 두고 역사의 외적 목적이나 윤리적 평가를 작용함으로써 덕목 구현의 매체로 삼기 위하여 선택된 전형적인 인물에 대한 학습인 것이다. 그러나 인물사 학습은 교재화된 인물의 인간적 탐구를 하긴 하지만 그 인물의 역사적 존재를 통하여 그 시대를 파악하고 그의 민족사적 공헌을 그 시대의 흐름과 역사 발전 속에서 파악하려는 학습이다.

2) 인물 학습의 특징

인물 학습이란 과거나 현재의 인물을 학습의 제재로 삼는 학습이다. 여기서, 인물은 그의 가치와 신념이 사회에 의해서 추앙을 받고, 명성과 도덕적인 힘을 가진 개인을 의미한다. 인물은 사회과 외에 국어과, 도덕과 등에서도 다루어지나, 특히 사회과의 역사 영역 학습에서는 역사적 인물이 소재로 선정된다. 사회과에서의 인물 학습은 인물의 역사적 업적과 사상을 이해하거나 또는 그 인물이 관련된 역사적 사건이나 시대정신을 심층적으로 이해하는데 목적이 있다. 이런 까닭에 역사교육에서의 인물 학습은 '인물사 학습'이라고도 규정된다.

3) 인물 학습의 단계

(1) 도입단계

사회과 교사는 교재 내용과 관련된 인물을 선정하고 인물의 전기, 초상화, 보도적 기사, 학생들의 기득한 지식을 이용하여 인물 학습으로 유도한다. 그리고 교사와 학생은 공동으로 협의하여 그 인물에 대한 탐구 문제를 결정한다.

(2) 전개단계

선정된 인물에 대하여 조사할 문제, 즉 그 인물의 생애와 인간상, 업적, 시대적 배경, 역사적 상황 등을 개인별 혹은 분단별로 분담하여, 자료를 수집하고 조사한다. 자료의 수집과 조사는 도서관, 박물관, 서점, 가정 등에 비치된 인물의 전기, 보도 기사, 인물 사전, 사진, 초상화 등을 근거로 하고, 또한 이러한 자료를 학생으로 하여금 검토, 비판하게 하여 신빙성 있는 자료만을 선택하도록 한다.

(3) 정리단계

선택, 비판, 수용의 단계를 거친 자료는 분단별로 토의 활동을 한 후, 보고서에 요약, 정리한다. 또한, 분단별로 요약, 정리된 내용은 전체 학생들이 참석한 가운데에서 발표, 토의, 질의, 응답 등의 학습활동을 통하여 문제점을 명료화한다. 이때에 교사는 보충적인 지도 조언을 함으로써 문제 해결에 접근하도록 한다.

(4) 평가단계

학습활동을 통하여 선정된 인물의 시대적 배경과 더불어 그 업적이나 역사적 의의를 바르게 인식하였는가를 알아보고, 학생들의 정의적인 가치·태도 및 자료의 분석과 비판 능력 등에 대하여 평가를 한다. 평가하는 방법에는 감상문, 독후감, 보고서 작성 등의 방법을 고려하는 것이 바람직하다.

4) 인물 선정의 기준

인물(사) 학습의 소재로 어떤 인물을 선정할 것인가는 크게 국가·사회적 요청에 의해 영향을 받게 될 것이나, 사회과 또는 역사과 교육과정 개발 과정에서 합리적인 선정 준거에 따라 선정되는 것이 바람직할 것이다. 역사적 인물의 선정 준거는 역사 학습 내용 선정의 기준으로서의 '중요성'에서 찾을 수 있을 것이다. 역사 학습 내용으로서의 중요성은 한마디로 당대 사회와 후대에 끼치는 영향력을 의미한다. 이러한 중요성의 관점에 기초하고, 교육과정 및 교과서 내용 선정의 경험을 토대로 다음과 같은 인물 선정 기준이 제시되고, 실제 활용되고 있다.

① 한 시대의 특징을 나타낼 수 있는 인물(나라를 세운 인물, 정치적 지도자, 시대 전환기에 활동한 혁명가 등)
② 민족과 국가의 발전에 기여한 인물(외침을 격퇴하여 나라와 민족을 구한 인물, 일제하의 독립운동가 등)
③ 문화의 각 부문을 대표하는 인물(종교, 학문, 예술 분야에서 뛰어난 업적을 남긴 인물)
④ 국민의 생활 향상에 기여한 인물(교육, 과학기술, 경제 분야에 공이 큰 인물)

그런데 역사 학습에서의 인물 학습에서는 역사 발전의 원동력으로서의 '민중'의 역할도 강조되어야 하고, 학생의 인격 형성에 귀감이 될 수 있는 '보통 사람' 혹은 지역사회의 인물도 소재로 선정되는 것이 바람직하다. 아울러 양성평등 교육의 관점에서 여성인물도 적극 발굴하여 다룰 수 있도록 해야 한다.

5) 인물 학습의 유의점

첫째, 몇몇 특정한 인물을 지나치게 강조함으로써 편협한 견해에 몰입되지 않도록 하고, 위대한 인물들의 이면(裏面)에는 이름 없는 민중들의 뒷받침이 있었음을 소홀히 해서는 안 된다.

둘째, 인물에 대해서 단순한 나열이나 업적의 해결에만 그치지 말고, 그 인물을 통해서 시대적·사회적 상황을 알도록 하며, 현재의 국가 사회적 당면 과제의 해결에 보다 중점을 두는 방향으로 지도해야 한다.

셋째, 지나친 민족적 감정을 기울이지 않게 하여 학생들로 하여금 역사적 사고력과 비판력 및 자료 처리 능력을 길러서 객관적이고 공정한 인물의 파악과 역사의 이해가 가능하도록 지도해야 한다.

14. 사료 학습(史料 學習)

1) 사료 학습의 개념

사료 학습은 역사 학습에서 인간들의 역사적인 활동의 흔적이 담긴 제반 자료, 즉 사료인 문헌, 유물, 유적 등을 이용하여 역사적인 제 문제를 이해하고 탐구하여 해결할 수 있도록 하면서 역사적 가치를 발견하게 하는 학습 형태이다. 그러므로 사료 학습은 과거 인간들의 제반 활동 자료이며, 역사 연구의 도구이고 역사 연구의 매개물적 역할을 하는 사료의 활동을 통하여 학생들로 하여금 역사적 사실에 대하여 비판력, 분석력, 해석력 등을 높여서 탐구력을 발전시키고 역사의식을 신장시키려고 하는데 의의가 있다.

사료 학습은 학생들이 사료를 올바르게 다루고, 그것을 실제 학습에 이용하는 방법을 학습함으로써, 모든 역사적 현상을 탐구할 수 있는 능력을 기르며, 역사를 보는 안목과 사회 사상의 의미를 추구하는 능력에도 큰 변화를 가져오게 되는 것이다.

2) 사료 학습의 특징

사료란 과거의 인간 활동과 사상이 담긴 다양한 형태의 흔적을 뜻한다. 이 사료를 매개로 하여 직접 체험할 수 없는 과거의 사실에 대해 문제의식을 갖고, 증거자료로서의 사료에 대한 비판과 해설을 통해 역사적 사실을 확인하고 그 사실의 의미를 깊이 있게 이해하는 과정에서 역사적 사고를 하도록 안내하는 학습이 사료 학습이다. 사료 학습은 이상적으로는 역사학자의 역사 연구 방법 즉, 사료의 수집·비판·해석의 과정을 교실에 적용하는 교사가 학생의 발달 수준에 맞게 재구성한 사료를 토대로 일련의 탐구 과정을 거치도록 안내하는 방식을 택하게 된다.

3) 사료 학습의 의의

역사 학습에서의 사료 활용은 학습자의 역사에 대한 흥미·관심을 제고하고, 역사적 사실을 깊이 있게 이해할 수 있게 하고, 나아가 사료를 활용하는 활동 중심 학습에 의해 역사적 사고 능력과 태도를 기를 수 있게 한다.

그 밖에, 사료 활용은 역사적 사실의 인식이 사료에서부터 시작된다는 점을 인식하게 하고, 과거에 대한 시간 의식을 기르는데 도움을 주고, 교과서에 기술된 내용이 역사적 사실의 전부가 아니라는 것을 깨닫게 해 준다는 점에서 교육적 의의가 크다. 이러한 사료 활용의 효용성을 정리하면 다음과 같다.

① 사료를 직접 대하고 경험함으로써 역사에 대한 관심과 흥미를 불러일으키고 지적 호기심을 유발할 수 있다는 점

② 사료를 접하여 분석·비판·종합해 봄으로써 사상을 공정하게 판단하고 이해할 수 있다는 점

③ 사료를 접하여 역사적 연구의 방법을 체득함으로써 사실을 객관적으로 인식하고 역사적 태도와 능력, 역사의식과 역사적 사고력을 기를 수 있다는 점

④ 다양한 사료를 활용하여 사실을 실증적으로 파악함으로써 학습의 파지가 오랫동안 계속될 수 있다는 점

⑤ 실증적 자료를 활용함으로써 역사에 대한 이미지를 풍부히 하고 독사(讀史) 능력을 기를 수 있다는 점

⑥ 사료를 통하여 향토사 등 역사적 사실에 대한 이해를 돈독히 함

⑦ 사료를 통하여 사회과뿐만 아니라 다른 교과 내용과의 통합 교과 교육이 가능함

⑧ 사료를 통하여 시간적 개념에 대한 이해를 더욱 실감 있게 심화 학습할 수 있음

⑨ 사료 학습을 통하여 다양한 문화재 학습, 역사 학습 등과 연계 학습이 가능함

4) 사료 학습의 단계

(1) 문제 설정단계

역사 연구의 방법적 과정론에는 대체적으로 사료의 수집, 비판, 해석, 서술 등으로 나누는 것이 일반적이다. 문제 설정단계에서는 사료를 활용함으로써 학습 효과를 얻을 수 있는 학습 문제를 교사와 학생이 협의하여 설정하고, 설정된 문제를 해결하는 가설을 설정하는 활동이 이루어지는 과정이다. 이 과정에서 교사는 사료의 종류, 출처, 이용 방법 등에 대해서 충분한 시사(示唆)를 해 주어야 한다.

(2) 사료의 수집 · 비판 · 해석 단계

사료의 수집 · 비판 · 해석 단계에서는 박물관, 도서관, 문서관 자료 소장실 등에 찾아가서 사료를 수집하고, 이를 분류 채택하여 인용, 복사 등을 한다. 그리고 이러한 사료들에 대하여 왜곡과 오류, 실용성과 가치성 여부를 판별해 보도록 하는데, 여기에는 사료의 위작과 변조 여부를 가리는 외적 비판과 사료의 신빙성과 내적 가치를 판별하는 내적 비판이 있다. 또한 이와 같은 비판이 끝나 사료들을 읽고 해석하며 그 의미를 파악함으로써 전 단계에 설정된 가설과 문제 해결의 방향에 연관시키는 활동이 이루어진다.

(3) 검증 · 정리단계

검증 · 정리단계에서는 수집된 사료를 비판 · 해석한 것을 분단별로 발표하고, 질의응답하며 토론하는 활동을 통하여 문제 해결의 가설에 따라 검증하고 정리하여 보고서를 작성하는 등의 활동이 이루어진다. 이때에는 제기되었던 구체적 사료를 통하여 그 해결 과정을 자세하게 파악한다.

5) 사료 학습의 자료

① 문헌 자료를 활용한다. 문헌 자료는 역사적 중요한 사건에 대한 고문서, 일기, 편지, 전기, 신문 기사, 역사 소설, 노래, 글 등을 자료를 통해서 사건의 원인, 경과, 결과, 성격 등을 파악하는 것이다.
② 유물 자료를 활용한다. 유물 자료는 민속물, 회화, 조각, 공예품 등의 자료를 통하여 그 당시의 생활양식, 사회 상황, 풍습, 문화적 성격 등을 파악하는 것이다.
③ 기타 자료의 활용이다. 이것은 향토 자료, 문화적 설화, 구비 문학 자료 등을 통하여, 그 지방의 역사적 변천이라든가, 민중 의식의 구조와 생활 모습의 변화 등을 파악한다.

6) 사료 학습의 유의점

첫째, 사회과 교사는 학생들에게 사료 학습의 방법과 요령 등에 대하여 사전 지도를 충분히 해 주어야 한다.

둘째, 교사는 교실뿐만 아니라, 학생들이 활용할 수 있는 모든 자원을 사료 학습의 장으로 이용할 수 있도록 해 주어야 한다.

셋째, 사료 학습은 계획적이고 체계적으로 역사 학습의 전체 과정과 연관되어야 할 뿐만 아니라, 활용되는 사료에 있어서도 일정하게 분류, 목록화가 되어 있어야 한다.

넷째, 활용에 제시되는 모든 사료는 학생들의 능력, 수준에 맞추어 적절한 형태로 번역, 또는 재구성되어야 한다.

다섯째, 사료들의 비판 해석에 있어서 공정하고 객관성 있게 다루는 과학적인 태도와 보편성 있는 안목을 가질 수 있도록 지도해야 한다.

15. ICT 학습

1) ICT 학습의 개념

ICT 학습을 하기 위해서는 ICT 학습 자체에 대해서 잘 알고 있어야 한다. 학습자들은 ICT 소양 교육으로 정보 통신 기술에 대한 기초적인 능력을 습득하고, 이를 토대로 각 교과에서 정보 통신 기술을 활용할 수 있다. 이러한 ICT 소양 교육과 ICT 활용 교육은 불가분의 관계로 서로 밀접하게 관련되어 있으며, 이 두 가지를 연계하여 교육할 때, 정보 통신 활용 교육은 가장 효과적으로 신장될 수 있다.

한국교육학술정보원(KERIS)에서는 ICT 학습의 유형을 정보 탐색하기, 정보 분석하기, 정보 안내하기, 웹 토론하기, 협력 연구하기, 전문가와 교류하기, 웹 펜팔하기, 정보 만들기 등 8가지를 들고 있다.

2) ICT 학습의 특징

기본적인 정보 소양 능력을 바탕으로 학습 및 일상생활의 문제 해결에 정보 통신 기술을 적극적으로 활용할 수 있도록 하는 학습 형태이다. ICT 학습은 기본적인 정보 소양을 바탕으로 학습 및 일상생활의 문제 해결에 정보 통신 기술을 적극적으로 활용할 수 있도록 교육하는 것으로, 각 교과의 교수·학습 목표를 효과적으로 달성하기 위하여 정보 통신 기술을 교과 과정에 통합시켜서 교육적 매체(instructional media)로 활용하는 교육이다.

3) ICT 학습의 단계

① 학습 주제 선정 ⇨ ② 수업 목표 수립 ⇨ ③ 수업 활동 유형 선정⇨
④ ICT 활용 선수 능력 확인 ⇨ ⑤ ICT 활용 환경 및 매체 선정 ⇨
⑥ 교사의 ICT 활용 수업 사전 준비⇨ ⑦ 평가 도구 개발 및 평가 요소, 방법 결정

(1) 학습 주제 선정

교과의 단원별 교수·학습 계획에 따라 학습 주제를 선정하되, 교과서의 학습 내용이 학생들에게 어떤 능력과 태도를 갖게 하는지를 분석하여 실생활과 관련 있는 학습 주제를 발굴, 선정함으로써 학생들이 자연스럽게 흥미를 갖고 수업에 임하도록 한다.

(2) 수업 목표 수립

ICT 수업의 목적, 즉 통신, CD-ROM과 인터넷 등을 활용하여 지식 정보 사회에서 필요로 하는 정보의 수집, 가공, 생성, 분석, 활용 등의 기본적인 정보 소양을 수업 과정 중에 자연스럽게 기르고, 그 능력을 활용하여 자기 주도적으로 주어진 문제를 해결할 수 있게 한다는 측면을 고려하여, 수업 목표를 수립한다.

(3) 수업 활동 유형 선정

8가지 수업 활동 유형과 그 외의 다양한 측면의 ICT 활용 유형들 중에서 수업 목표 및 학습 환경 등을 고려하여 결정하되, 어느 특정 유형의 하나에 의해서 수업이 진행되는 경우보다는 여러 유형을 통합적으로 적용하여 다양한 수업을 전개하는 것이 바람직하다.

(4) ICT 활용 선수 능력 확인

학생들의 ICT 활용 능력은 교육인적자원부에서 제시한 5단계에 따라 융통성 있게 결정하되, 수업 목표 달성에 반드시 필요한 능력이 아닐 경우에는 ICT 활용 능력 단계를 벗어나지 않도록 한다.

(5) ICT 활용 환경 및 매체 선정

ICT 활용 교육을 통한 환경을 학교의 정보화 여건, 수업 목표 등을 고려하여 결정하여야 한다. ICT 활용 지원 도구 및 매체별 특성을 적극 고려하여야 한다.

(6) 교사의 ICT 활용 수업 사전 준비

교사의 ICT 활용 수업 준비에서는 ICT 활용 환경 구비를 위한 사전 준비, 활동 유형별 수업 자료를 위한 사전 준비, 수업 진행을 위한 사전 준비 등이 적극적으로 반영되어야 한다.

(7) 평가 도구 개발 및 평가 요소·방법 결정

ICT 활용 수업 후 평가를 어떤 방식으로 할 것이며, 어떤 부분을 평가할 것인가? 학생들의 결과물뿐만 아니라, 학생들이 그 결과물을 완성하기까지의 과정도 함께 평가할 수 있도록 내용을 구성한다. 또한, ICT의 도입으로 인해서 각 교과목에서 요구하는 기존의 학업 평가 기준이 무용지물이 되지 않도록 명확한 표준을 선정하여 제시한다. 평가가 ICT 수업, ICT 학습의 목적 달성이 되어야 하고, 교과 관련 전문 지식과 그 과정 속에서 자연스럽게 정보 능력과 소양이 달성된다는 측면에서 고려되어야 한다.

4) ICT 학습의 교육적 의의와 교수 원리

ICT의 활용 학습은 기본적으로 학습 목표의 효과적 달성에 그 의의가 있으며, 다음과 같은 교육적 의의를 살릴 수 있다.
(1) 다양한 학습 자원을 활용할 수 있도록 한다.
(2) 학생들이 실감나는 문제 상황을 접할 수 있도록 해 준다.
(3) ICT는 학생들의 창의적 사고와 다양한 학습활동을 촉진시킨다.
(4) ICT는 교사와 학생의 다양한 상호 작용이 일어날 수 있도록 한다.

5) 사회과에서의 ICT 활용 유형

사회과 수업에서 ICT를 활용하는 유형이나 기능은 매우 다양한 형태가 존재할 수 있으나, 여기서는 여덟 가지 유형으로 구분하여 제시하고자 한다. 여기서 제시하는 유형은 사회과 수업 모형을 적용하여 수업을 전개할 때 특정 단계에서 적절하게 활용할 수도 있고, 하나의 유형을 수업에서 독립적으로 적용할 수도 있다.

ICT 학습활동은 탐구 학습 모형의 탐구문제 확인 단계, 의사 결정 무형의 결정 상황 단계, 문제 해결 학습의 문제 사태 단계, 법리 모형의 논쟁 상황 확인 단계에 포함될 수 있는 활동이다. 복잡한 현대사회를 살아가는 성원으로서 사회문제에 대한 관심을 갖고 이를 해결하고자 하는 의욕을 길러 주는 활동이라 할 수 있다. 특히 복잡한 사회문제가 내 생활과 밀접한 관련이 있다는 것을 보여 줌으로써 이에 대해 알고자 하는 의욕을 불러일으킬 수 있다.

6) 유형별 주요 활동

(1) 정보 탐색하기

문제가 주어졌을 때, 이를 해결하기 위하여 인터넷 검색 엔진을 활용하거나 PC통신 자료실이나 웹사이트를 탐색해 보며 직접 정보를 가지고 있는 사람과의 정보 교환을 통해서 다양한 정보를 찾아보는 유형이다. CD ROM 타이틀은 물론 백과사전, 신문이나 잡지 같은 인쇄 자료를 활용한 자료 탐색도 중요한 정보 탐색 활동에 속한다. 정보 탐색하기의 목표는 학습자가 어떤 주어진 문제를 새로운 방법으로 해결하려는 문제 해결 능력을 길러 주고 탐구 활동을 통해서 새로운 것을 탐구해 보려고 하는 적극적인 태도를 길러 주는 것이다.

(2) 정보 분석하기

웹사이트 검색, 설문 조사, 실험 등 다양한 방법으로 수집한 초기 자료를 문서 편집기나 데이터베이스, 스프레드시트 등을 이용하여 비교, 분류, 조합 등의 분석 활동을 통해 결론을 예측하고 추론해 보는 유형이다.

(3) 정보 안내하기

사회과 교사에 의해서 주도되는 유형으로 CD ROM 타이틀 제공, 프레젠테이션 자료 제시, 웹 기반 교육 등을 의미한다. 교사가 주도적으로 학습 계획을 치밀하게 구성하여 자신의 홈페이지를 통하여 수업 자료를 제시하거나 추천 사이트 형식으로 웹사이트를 학습자들에게 안내하는 유형이다.

(4) 웹 토론하기

가장 대표적인 ICT 수업 형태이다. 대화방이나 게시판 등을 토론방으로 활용하거나 전자우편 등을 활용하여 특정한 주제에 대해서 토론을 해 보는 형태를 의미한다. 화상 채팅을 통한 토론을 포함한 지역과 국가를 뛰어넘어 시행되는 웹 토론이 권장 사항이다. 이 유형의 목적은 다른 사람의 의견을 존중하는 태도와 합리적 사고력을 함양하는데 있으며, 웹의 특성상 면대면 토론 학습에 부담감을 갖고 있는 학습자들을 적극적으로 참여시켜서 의사 표현 능력을 신장시키고자 한다.

(5) 협력 연구하기

교실의 범위를 넘어 다른 지역, 다른 나라 학습자와 학습에 적용할 수 있는 공동 주제를 연구해 보는 행태로 교사에게는 교육과정을 통합하여 운영할 수 있는 기회를 제공해 준다. 여기에서는 여러 교과의 통합적인 평가가 가능하고 학습자에게는 다문화 상호 작용에 참여할 수 있는 학습 기회를 제공하면서 탐구력, 분석력, 종합력을 길러 줄 수 있는 교육 형태이다.

(6) 전문가 교류하기

전자우편, 화상 카메라 등을 이용한 원격 회의 형식으로 인터넷을 통하여 특정 분야의 전문가, 학부모, 지역 인사, 동문, 다른 교과목 교사와의 인터뷰 혹은 질의응답 형식으로 의사소통을 하면서 전문가의 지식을 학생들의 탐구 및 학습활동에 지원하는 것을 의미한다.

(7) 웹 펜팔하기(E-PALS)

인터넷의 전자우편 기능을 이용하여 여러 지역의 다른 사람들과 개인적인 교류를 하거나 다른 지역 국가의 역사, 언어, 풍습, 기후에 대한 이해를 증진시키기 위한 목적으로 교류하는 메일을 교환하는 학습 형태이다.

(8) 정보 만들기

문제 해결 과정에서 산출된 각종 결과물들을 여러 사람들 앞에서 발표할 수 있도록 보고서, 프레젠테이션 자료, 홈페이지로 만드는 유형이다. 일정 기간을 주고 소집단 협력에 의한 프로젝트형 수업이 많이 권장된다. 정보 만들기에는 학습자들의 정보 소양 기술은 물론 창의적인 표현 능력, 종합력, 분석력, 비판력, 협동심 등의 함양에 매우 효과적인 유형이다.

7) ICT 학습의 유의점

첫째, 검색한 자료의 출처를 원문과 함께 반드시 적도록 한다.
둘째, 발표 자료의 형식을 가급적 통일한다.
셋째, 모둠을 3-4명으로 한정한다.
넷째, 이와 같은 활동이 지속될 수 있도록 한다.
다섯째, 매시간 5분 정도 할애하여 시사문제를 소개할 수 있다.
여섯째, 학습 홈페이지에 시사 문제란을 개설하여 운영할 수도 있다.
일곱째, 학습 흥미와 학습 효과 제고를 동시에 고려해야 한다.
여덟째, 다양한 정보 자료를 검색, 추출, 정선할 수 있는 능력을 기른다.
아홉째, 사회과와 관련 깊은 자료를 수집하여 적절하게 활용할 수 있는 능력을 함양한다.
열째, 학습 후에 정리 정돈하고 평가하고, 차후 학습에 참여하려는 태도를 기른다.

〈표 114〉 사회과 학습(수업) 모형 비교

구분	개념 학습 모형	탐구 학습 모형	문제 해결 학습 모형	의사 결정 학습 모형
모형의 개념	·다양한 사례와 자료를 활용하여, 개념의 의미를 명확하게 형성, 획득하는 모형	·다양한 자료를 통하여 일반화 지식을 도출하거나, 기존 지식의 타당성을 현실 사회에 확인하는 모형	·일상 생화에서 부딪히는 문제를 해결하는 과정에서 문제 해결 능력을 신장하려는 모형	·다양한 의사 결정 상황에 직면할 경우, 바람직하고 합리적인 의사 결정을 내릴 수 있는 능력을 기르는 모형
모형의 단계	① 학습 문제 확인 ② 속성, 원형, 상황 제시 및 확인 ③ 속성 및 사례 검토 ④ 개념 검토 ⑤ 적용 및 정리	① 문제 확인 ② 가설 설정 ③ 탐색 ④ 증거 제시 ⑤ 일반화	① 문제 사태 제시 ② 문제 원인 확인 ③ 정보 수집 ④ 해결 대안 제시 ⑤ 검증	① 결정 상황 확인 ② 대안 작성 ③ 기준 작성 ④ 대안 평가 ⑤ 최종 결정
목표 및 내용 간의 단계	·사회현상에 관련된 개념의 속성과 의미를 바르게 형성하는 것이 목적, 사회현상에 관한 생활 개념이나 사회과학적 개념을 주로 다룬다.	·과학적이고 객관적인 사회 인식 능력을 길러 주기 위한 모형, 과학적·개관적 지식을 다룬다. ·학문의 구조, 즉 사회과학의 주요 개념, 법칙, 이론 등을 다룬다.	·학생들에게 생활 주변의 환경이나 지식을 이용하여 문제를 해결해 가는 지적인 경험을 제공하는 것이 목적, 학생들이 흥미와 관심을 갖는 일상적인 문제를 주로 다룬다.	·결정 상황에 관련된 자료의 수집, 분석을 통해 대안의 비교, 수업에서 다루는 소재는 실제적 상황이어야 하며, 개인적 문제와 사회적 문제를 모두 다룬다.
학습자 특성 (적용 수준)	·저학년 수준에서는 궤적인 개념을 주로 다루며, 귀납적인 접근을 하고, 고학년 수준에서는 추상적인 개념을 주로 다루므로 연역적인 접근이 효과적이다.	·학년에 따라 적용 수준을 조절해야 하지만 초보적인 수준에서는 중학년에서도 적용, 탐구가 가능하다.	·중학년 수준에서는 상식적인 해결이 가능한 주제를 주로 다루며, 학년이 올라갈수록 문제의 원인과 해결책이 복잡한 사회문제를 다룬다.	·중학년 수준에서는 주로 개인적 차원의 단순한 의사 결정 문제를 다루고, 고학년 이후부터는 사회적 문제 해결을 다룬다.
모형의 핵심 교육철학	·개념의 의미를 바르게 형성해야 후속 학습에 지장을 받지 않는다. ·오개념이 형성되지 않도록 하는 것이 중요하다.	·과학적 사회 인식 능력의 육성을 도모한다. ·실증주의적 연구 방법과 연계된다. ·학문 중심 교육과정 사조와 연계된다.	·존 듀이의 반성적 사고 과정과 밀접하게 연계된다. ·경험 중심 교육과정 사조와 밀접하게 연계된다.	·합리적이고 민주적인 의사 결정 능력과 합의 형성 능력 육성이 중요하다. ·지적인 사회행위자의 육성을 강조한다.

* 출처: 김원겸, 『사회과 교육 연구의 이론과 실제』, 서울: 학연사, 2006: 152.

✍ 연구 문제

1. 사회과 수업 모형을 열거하고 각각의 특징을 간단히 설명해 보시오.

2. 사회과 수업 기법과 수업 형태를 열거하고 설명해 보시오.

3. 사회과 수업 설계와 수업 전략의 초점에 대해서 약술(略述)해 보시오.

4. 객관주의 수업 이론과 구성주의 수업 이론을 서로 비교하여 설명해 보시오.

5. 글레이저(Glaser)의 수업 모형과 한국교육개발원(KEDI) 수업 모형을 제시하고 각각의 단계에서 강조해야 할 점에 대해서 설명해 보시오.

6. 신자유주의 교육 이론과 사회과 수준별 학습의 관계에 대해서 설명해 보시오.

7. 사회과 학습 방법을 열거하고 이 중에서 학생 중심 학습 방법을 구체적으로 설명해 보시오.

8. 사회과 교수 공학과 교수 매체의 바람직한 활용 방법에 대하여 기술해 보시오.

9. 사회과의 정보통신활용교육(ICT)의 단계와 구체적 방안에 대하여 논해 보시오.

10. 사회과 교육에서 가치·태도 등을 신장하기 위한 정의적 수업 모형에 대해서 설명해 보시오.

제 ⑪ 부

◀◀◀ 사회과 교육의 평가 ▶▶▶

[Key Point]

제11부에서는 사회과 교육의 제반 평가에 대하여 이해한다. 사회과 교육 목표 달성도 측정 도구로서의 사회과 교육 평가의 기능과 사회과 교육 목표로의 환류(feedback) 준거로서의 사회과 교육 평가를 심층적으로 탐구한다. 이를 위하여 사회과 교육 평가의 의의와 목적, 평가 도구의 개발과 문항 개발, 그리고 실제적 사회과 교육 평가의 전반적 과정과 실행 방법 등에 대하여 두루 고찰한다.

제11부 학습의 개관: 사회과 교육의 평가

학습 개요

○ 일반적 교육 평가의 개념과 유형
○ 사회과 교육 평가의 의의와 원리
○ 사회과 교육 평가의 방향과 목적
○ 사회과 교육 평가의 유형
○ 사회과 교육 평가의 도구 개발 절차와 지침
○ 사회과 교육 평가 도구의 준거
○ 사회과 교육 평가의 방법
○ 사회과 교수 · 학습 과정의 평가

학습 목표

○ 일반적 교육 평가의 개념과 유형에 대해서 이해한다.
○ 사회과 교육 평가의 의의와 원리에 대해서 이해한다.
○ 사회과 교육 평가의 방향과 목적에 대해서 이해한다.
○ 사회과 교육 평가의 유형에 대해서 구체적으로 이해한다.
○ 사회과 교육 평가의 도구 개발 절차와 지침에 대해서 이해한다.
○ 사회과 교육 평가 도구의 준거에 대해서 이해한다.
○ 사회과 교육 평가의 방법, 평가의 기법 등에 대해서 이해한다.
○ 사회과 교수 · 학습 과정의 평가 요령에 대해서 이해한다.

핵심 개념 및 키워드

○ 교육 평가의 개념과 의미, 평가, 측정, 총평, 검사의 개념
○ 사회과 평가의 의의, 교육 평가의 원리
○ 사회과 교육 평가의 방향과 목적
○ 사회과 교육 평가의 유형
○ 사회과 교육 평가의 도구 개발 절차와 지침
○ 사회과 교육 평가 도구의 준거
○ 사회과 교육 평가의 방법, 사회과 교육 평가의 기법
○ 사회과 교수 · 학습 과정의 평가 요령

▮제1장▮ 일반적 교육 평가 개관

1. 교육 평가의 개념

일반적으로 평가란 목표에 어느 정도 도달하였는가를 판단하는 활동이다. 따라서 교육 평가는 교육 목표의 달성 정도를 재(尺度)는 활동이다. 교육 평가는 어떤 것에 가치를 부여하고 그 결과의 득실을 따지는 교육 활동이다. 어떤 영역, 분야의 계획이든지 여러 가지 대안 중에서 하나, 또는 몇 개를 선택하는 과정이다. 그 과정에서 평가가 이루어지게 마련이다. 따라서 교육 평가는 교육의 역사만큼이나 오래된 것이며, 나아가 인간이 생활하는 가운데 의식적, 또는 무의식적으로 계속적으로 이루어지는 활동인 것이다.

2008년 10월 14일-15일 양일간에 걸쳐서 우리나라 모든 초등학교 제6학년, 중학교 제3학년, 고등학교 제1학년 학생들이 치른 학업 성취도 평가는 '일제고사' 논란과 함께 이를 거부한 많은 교사들이 파면, 해임되어 교단을 떠났고, 이 평가 결과가 2009년도 초에 일제히 공개되어 성적 조작 문제인 소위 '전북 임실사건'으로 교육 평가의 신뢰도에 결정적 상처를 입었다. 그리고 큰 사회문제로 야기되고 말았다. 교육 평가의 가치적 문제가 결정적으로 훼손된 것이다.

교육 평가에 관하여 이와 같은 문제가 불거진 이유는 교육 평가 자체에 대한 올바른 인식의 부재와 문제와 처리 과정의 객관성, 타당성, 신뢰성을 담보하지 못하였기 때문이다. 모든 교육 평가가 교육 목표의 달성도를 재는 것이라는 기본적인 본질을 외면하는 행정, 이해관계자들의 인식 등이 문제가 되었던 것이다.

물론 교육 평가는 교육 활동의 연속적 활동이며, 교육과정 운영의 계속적인 한 단계이다. 즉 교육과정은 교육 목표, 교육 내용, 교수 · 학습 방법, 교육 평가라는 일련의 과정으로 이루어지는데, 이처럼 교육 평가는 교육과정과 별개의 활동이 아니라 교육과정 실행의 중요한 한 영역인 것이다.

교육 평가에 대한 개념은 평가의 목적과 기능에 따라 크게 다음과 같이 세 가지로 대별된다.

첫째, 교육 평가를 '교육 목표의 달성 정도를 밝히는 과정'으로 보는 타일러(Tyler)식 개념 정의가 있다.

둘째, 교육 평가를 경험이나 과정의 가치 판단에 초점을 두는 입장이 있다. 교육 평가를 '교육과 관련된 어떤 대상의 장점, 질, 가치 등을 판단하는 과정과 그 산물'로 개념 정의를 하는 입장으로, 스크리븐(Scriven), 스테이크(Stake) 등이 있다.

셋째, 교육 평가를 '의사 결정에 도움을 주는 정보를 제공하는 활동'이라고 보는 입장으로, 교육 평가를 교육과 관련된 의사 결정을 내리는데 필요한 정보와 자료의 수집 활동 내지 그 과정으로 인식하는 것이다. 이런 입장의 학자로는 크론바하(Cronbach), 스터플빔(Stufflebeam) 등을 들 수 있다.

결국 교육 평가에 대한 여러 개념 정의를 종합하면 결국 교육 평가란 '교육 프로그램의 개선이나 유지, 종료를 위하여 교육 프로그램의 효과나 장단점에 대한 자료를 수집하고, 가치 판단을 하는 일련의 체계적 교육 활동'이라고 규정할 수 있을 것이다.

한편, 교육 평가의 개념은 결과 중심으로 보느냐, 아니면 과정 중심으로 보느냐에 따라 그 성격이 달라진다. 결과 중심의 교육 평가는 총괄적 평가의 성격이 강하기 때문에 외적·형식적이며, 일반화 여부에 주목한다. 결과 중심 교육 평가의 초점은 최종 산출물에 있으며, 판단적·분석적 성향이 강한 반면, 과정 중심 교육 평가에서는 형성적 성격이 강하기 때문에 내적·비형식적 개발 사례에 주목한다. 과정 중심 교육 평가의 초점은 발달 과정에 있으며, 기술적·종합적 성향을 보인다(이해명 외, 2007: 394). 다만 분명한 것은 현대 교육 평가는 과정 중심, 활동 중심, 결과 중심 등의 균형적 평가를 지향할 때 보다 바람직한 평가가 이루어진다는 점이다.

2. 교육 평가의 유형

1) 평가(evaluation)

교육 평가의 유형에서는 평가, 측정, 총평 등을 고찰해 보아야 한다. 이 중에서 평가(evaluation)는 학생들의 변화에 일차적 관심이 있으며, 학습자에게 일어난 다양한 변화를 판단하는 일련의 절차에 대한 포괄적 개념이다.

인간의 행동 특성은 안정성이 없고 언제나 변화한다는 관점이 학생의 행동 변화에 주된 관심을 두지만, 동시에 이 변화를 위해 투입된 교수 방법, 교수 프로그램, 수업의 과정, 교사의 효율성, 교육 과정의 효과성 등을 판단하기 위하여 평가를 활용한다. 평가는 평가 도구의 내용 타당성에 초점을 맞추며, 교육 목적·목표 달성에 관한 증거에 관심을 둔다. 내용 타당성을 보장하기 위해 평가에서는 간접적인 증거보다 직접적인 증거 수집에 노력한다.

평가 결과에 나타나는 오류나 유형의 질, 그리고 실패의 원인 등을 밝힐 수 있는 질적 증거가 더욱 유효한 증거로 활용될 수 있다. 평가에서는 측정과는 달리 환경을 중요한 변화의 자본으로 인식한다. 평가는 목적과 가치에 큰 비중을 두나, 측정은 과학적이고 객관적인 수량화에 중점을 둔다. 그러므로 측정은 신뢰도에 관한 개념으로, 평가는 타당도에 관한 개념이라고 할 수 있다.

2) 측정(measurement)

교육 평가의 유형 중 측정(measurement)은 분트(Wundt. W), 갈톤(Galton. F), 비네(Biner. A) 등 초기 학자들의 실험 심리학, 심리 측정, 그리고 검사 이론 등에서 출발한 개념이다.

측정이란 모든 실제는 안정성이 있다는 가정하에서 출발한다. 신뢰성이 타당성에 우선한다고 보는 관점이며 측정 절차나 방법에서의 표준화를 요구한다. 측정의 결과는 주로 선발, 분류, 예언, 그리고 실험 등에 이용한다. 유용하고 정확한 측정 단위가 요구되며, 측정의 최대 장점은 효율성이다.

3) 총평(assessment)

　교육 평가의 개념 중에서 총평(assessment)은 개인의 행동 특성을 특별한 환경, 과업, 그리고 준거 상황에 관련시켜서 의사 결정을 하려는 것이다. 측정 방법도 다양하지만 동시에 판단을 위한 접근도 측정에만 의존하는 것이 아니라, 전체적이며 직관적인 판단, 질적인 평가 방법, 그리고 과거와 현재, 그리고 미래를 통합한 판단 등이 두루 이용된다.

　총평(總評)은 머레이(Murry)가 처음 사용한 개념으로 전인적 평가관에 바탕을 둔다. 총평은 개인과 환경의 상호 작용에 주목하며 개인에 관한 정보의 수집은 양적, 질적 형태의 다양한 종류가 활용된다.

　총평에서는 투시 방법, 자기 보고 방법, 관찰, 면접, 장면 검사, 역할 연출, 자유 연상법 등이 두루 사용된다. 다양한 형태의 증거를 다양한 사람들이 평가하여 어느 합치점에 도달하도록 하는 과정이 곧 총평의 핵심적 과정이다. 개인에 관한 증거와 환경에 관한 증거에서 가능한 관계를 분석함으로써 상호 작용이 무엇인지를 결정하려고 시도한다. 총평의 주된 관심은 구인 타당도와 예언 타당도에 있다. 아울러, 총평의 장점은 개인과 환경에 대한 상호 다각적인 증거를 추구하는데 있다.

〈표 115〉 평가, 측정, 총평의 특징 비교

요소	평가(評價)	측정(測定)	총평(總評)
1. 강조점	·사회적 가치에 비추어 본 양적, 질적 기술 ·직접적 평가 ·개인의 변화하는 특성에 관심 ·모든 것의 측정은 불가능하다는 신념 ·구체적 상황에서 필요한 도구 개발	·규준 집단에 비추어 본 개인의 양적 기술 ·간접적 측정 ·객관도, 신뢰도 중시 ·모든 것에 대한 측정이 가능하다는 신념 ·표준 도구 개발	·전체적 적합도에 비추어 본 질적 기술 ·직접적 및 간접적 기술 ·역동적 분석에서 추리한 행동과 환경의 상태에 관심 ·모든 것에 대한 측정은 불가능하다는 신념 ·구체적 상황에서 필요한 도구 개발
2. 환경관	·환경은 변화한다는 소신 ·환경을 행동 변화의 자원으로 간주	·환경은 불변한다는 신념 ·환경을 오차변인으로 간주	·환경은 변화한다는 신념 ·환경을 행동 변화의 압력으로 간주
3. 타당화 과정	·검사 상황과 교육 목적의 비교 ·검사 상태 속의 개인과 교육 목적 비교 ·내용 타당도 ·목표 타당도	·한 검사 결과와 다른 검사 결과의 비교 ·예언 타당도 ·공인 타당도 ·내적 합치도	·자체 타당도 ·총평과 평가의 비교 ·일치도
4. 결과 이용	·예언, 실험 ·교수 프로그램의 효과 판정, 검사 영향의 이용, 성적 증진 ·동기화의 수단으로 이용 ·객관적 및 주관적 ·반영의 형태, 모든 적절한 반응 ·교육 목표에 비추어 본 해석	·예언, 분류, 자격 부여, 실험 ·검사 영향의 완전 배제 및 통제 ·객관적 반응의 정확성과 속도 ·집단 규정에 비추어 본 해석	·예언, 자격 부여, 분류, 실험, 선발 ·검사 조건 아래에서의 측정의 영향 강조 ·주관적 반응의 과정 ·전체 반응 과정 준거 분석에서 추리한 가설, 구인, 모형에 비추어 해석
5. 기본적 방법	·적절한 증거를 얻을 수 있는 모든 방법	·필답 고사	·적절한 증거를 얻을 수 있는 모든 방법

▊제2장▊ 사회과 교육 평가의 의의와 원리

1. 사회과 교육 평가의 의의

사회과의 평가란 사회과 교육과정에 의한 교수·학습을 통하여 학생들로 하여금 사회과 교육이 의도한 목적을 얼마만큼이나 성취하였는가를 진단하고, 측정하여 여기에서 얻어진 자료를 토대로 하여 다음의 교수·학습의 향상을 위해 활용하는 일련의 평가 활동을 말한다.

그러므로 평가의 성격은 교수·학습의 종결이 아니라 시발이요, 결과가 아니라 과정이며, 부분이 아니라 전체에 걸쳐서 종합적으로 이루어진다.

다시 말하면 교사가 사회과의 학습 내용을 어떤 방법에 따라 지도한 후, 학생들이 그 내용을 습득하여 얼마만큼 학습 목표가 달성이 되었는지? 학생들의 학습 과정, 학습 성과를 진단, 측정하고, 이에 따라 교사 자신의 지도 계획과 지도 방법을 반성하고 다음 교수·학습의 수정·보완·개선할 점을 모색하려는데 평가의 의의가 있으며, 이러한 평가 활동은 교육 전반에 걸쳐 연관되고 계속되어 종합적으로 이루어질 때 더 큰 의의를 가지게 되는 것이다.

그러나 실제의 경우 대체로 평가라면 한낱 시험에 의한 단편적인 교과 내용의 이해 내지 암기의 평가 정도를 점수화하여 그 순위를 따지고 더욱이 그 우열의 책임을 학생들에게만 돌리고 있는 점이 허다하며, 또한 교사들이 일정 기간 동안 수업을 하고 그 결과를 시험이나 성적을 내는 것만으로 인식하는 경향은 크게 반성할 일이다.

요약하면 사회과 평가는 모든 학생이 사회과 교육목표를 성공적으로 달성할 수 있도록 교육 내용을 정선하고, 교사 자신의 지도 방법과 학생들의 성장을 일관적으로 진단하여 새로운 지도 방향을 정립하려는데 그 의의와 목적이 있는 것이다.

2. 사회과 교육 평가의 원리

1) 학습 목표 일관성의 원리

사회과 평가는 사회과 교수·학습의 지도 목표와 직결되는 것으로서 언제나 목표와 평가는 일관성 있게 이루어져야 한다는 원리이다. 사회과의 학습 목표는 추상적인 이념 목표나 직관 목표가 많은 부분을 차지하고 있으므로 이를 위계적으로 세분화하여 구체적인 행동 목표로 옮겨서 평가하는 데는 많은 연구가 있어야 한다. 특히 사회과가 다른 교과의 평가보다 어려운 점은 정의적 행동 목표이다. 이를 구체적으로 평가하기도 어렵지만 잘못하면 목표에서 요구하는 가치를 상실할 우려가 있기 때문이다.

사회과의 교육 평가는 사회과 목표에 대한 성취 정도를 평가해야 한다. 따라서 단순한 객관적 지식 습득 여부보다는 기본 개념과 원리의 이해, 지식 및 정보의 획득 과정과 활용 능력 등을 두루 포함하는 목표 지향적 평가가 시행되어야 한다.

2) 포괄적 종합성의 원리

사회과의 궁극적 목표는 민주국가 사회의 형성자로서의 국민적 자질의 기초를 육성하는데 있다. 따라서 사회과 평가는 민주적 사회생활을 잘 영위할 수 있는 종합적 인간 형성의 제 요인, 즉 지적 이해 면, 사고·판단 면, 태도·행동 면, 사회·기능 면 등을 포괄적이고 균형 있게 진단·측정해야 한다.

또한 사회과의 내용구조는 종합적 교과의 성격이 강하므로 다른 교과에 비하여 진단측정 영역 역시 광범위하다. 따라서 자칫 잘못하면 부분적이고 국부적인 측면의 평가에 흐르기 쉬워 평가 본래의 유의도가 감소될 우려가 많은 것이다.

3) 객관적 과학성의 원리

사회과는 복잡한 사회의 사실과 현상 및 인간관계를 그 대상으로 하는 교과이기 때문에 지도하는 사람에 따라 평가의 관점이나 기준이 달라질 염려가 많은 것이다. 따라서 사회과의 평가는 객관적인 사회과학적 입장에서 다루어야 한다. 평가의 객관성은 평가 기준의 양호도를 결정짓는 중요한 요인이므로 교사는 독단적인 편견이나 선입견을 배제하고 보편타당한 사회과학적인 척도와 합리적인 방법으로 측정하여야 한다.

이와 같이 사회과는 대상 자체가 가치주관성이 강한 속성을 지녔기 때문에 사회과 평가자는 사회과 특유의 평가관에 입각하여 항시 객관적 과학성이 유지되고 있는가에 대하여 유념하여야 한다.

4) 의도적 계속성의 원리

사회과는 바람직한 인간 형성의 과정을 주축으로 하는 교과이니만큼 사회과의 평가는 학습의 성취도를 일정한 시기에만 한정하는 것은 바람직하지 못하다. 인간 형성의 목표는 단시간에 달성할 수 없기 때문이다.

사회과 교육은 학습 과정에 있어 인간 형성 과정의 변화 현상을 지도하는 기회를 놓쳐서는 안 되므로 학생 성장의 변화 현상을 전 기간에 걸쳐서 의도적으로 계속 관찰하고 진단해야 한다. 학습 지도의 계획을 수립하는 단계로부터 학습의 지도 방법과 지도 과정에 이르기까지 교육 활동 전반에 걸쳐서 의도하는 바에 따라 계속적으로 평가해야 한다.

5) 상관적 개별성의 원리

사회과의 평가는 개인과 집단의 상관적 변화 발전의 정도를 측정한 것이라야 한다. 그러므로 집단의 전체적 평가에 한할 것이 아니라 학생 개개인의 성장 발달을 중요시하고, 세심한 배려를 하여야 한다.

학생의 성장, 사고, 의문, 문제 등은 학생 개개인의 개성적 주체적 특수성임과 동시에 공동적 집단적, 사회적인 것으로서 이것들은 사회적 관계 속에서 파악되었을 때 비로소 성장을 객관적으로 명확히 할 수 있으며, 또한 개인의 집단 내에서의 위치도 명확해진다. 개개인의 주체적 인격과 자주적 자발적인 창의성의 계발을 통해서 인간 형성을 기하려는 사회과는 학생 개개인의 인격과 특성을 존중한다. 그러므로 사회과의 평가는 학생들의 학습활동 면에서 개인의 차, 즉 이해, 사고, 능력, 흥미, 관심, 의욕, 경험 등의 차에 따라 개별평가를 신중하게 고려해야 한다.

6) 통합성·다양성의 원리

사회과 평가는 지식, 기능(능력), 가치·태도 등 전 영역을 두루 고려하는 통합적이고도 다양한 균형적 평가를 지향하여야 한다. 사실과 지식의 습득 여부, 사회현상에 관한 기본적인 개념과 원리에 대한 이해, 정보의 획득과 활용 기능, 탐구 기능, 의사 결정 및 참여 기능, 바람직한 가치의 내면화, 가치 명료화와 가치 분석 등을 포함하는 영역에 걸쳐서 지필 평가, 수행 평가 등 다양한 방법으로 이루어져야 한다.

7) 발달적 평가의 원리

발달적 교육 평가관에 기초한 평가는 학생들의 능력의 차이를 상대적으로 비교하고 우열을 가리는 상대 평가는 배제한다. 즉 발달적 평가는각 개인적인 학생들이 가지고 있는 잠재적 능력과 학업 성취도의 달성 정도를 파악하는데 초점을 맞춘다. 나아가 그러한 학습 목표 도달을 위해서는 어떠한 교육적 노력이 필요한지 정보를 밝혀주는 새로운 평가 원리를 추구하려고 한다. (한면희, 2008: 490-491).

8) 교육적 평가의 원리

교육과정과 교육 평가를 별도 개념으로 오해하는 경우가 왕왕 있다. 분명한 점은 교육 평가가 교육과정의 한 영역이라는 사실이다. 즉, 교육 목표, 교육 내용, 교수·학습 방법, 교육 평가의 한 환류 시스템이 곧 교육과정이다.

교육 평가에서 교육의 결과를 어떻게 정확하게 평가하느냐 하는 일은 매우 중요하다. 그 교육 평가 자체가 교육 활동의 한 부분이며, 이는 곧 교육 목적과 목표를 달성하기 위한 의도적 행위이기 때문이다(한면희, 2008: 490-491).

제3장 사회과 교육 평가의 방향과 목적

1. 사회과 평가의 기본 방향

일반적으로 교육 평가란, 어떤 교수·학습활동의 성과를 그 교과의 본질에 비추어 점검하는 것이라 볼 수 있다. 그러므로 사회과 교육 평가에서는 먼저 사회과의 본질 규명이 선행되어야 한다.

사회과 교육은 사회현상에 관한 표면적 지식의 습득에 있다기보다는, 사회현상을 사회 인식 과정을 통하여 깊이 이해하게 하고, 사회의 본질을 꿰뚫어 보게 함으로써 사회 발전에 대한 건전한 태도와 의욕을 가지고 개인과 사회가 부딪히는 문제를 해결해 나가는 능력을 기르는데 있다고 할 수 있다. 그러므로 사회과 평가는 이러한 능력이 습득되었는지 여부를 알아보는데에 그 중점이 주어져야 한다.

이러한 관점에서 현재 실시되고 있는 사회과 평가의 실태를 보면, 거기에는 개선하여야 할 점이 많다고 하지 않을 수 없다. 지금까지 여러 차례 지적되어 온 바와 같이, 현재의 평가는 단순한 지식의 평가에 그치고 마는 경우가 많다. 대부분의 문항이 연대나 인물, 지명, 산물 등을 단순히 암기하고 있는가의 여부를 알아보는데에 그치고 있다. 더욱 심한 것은 원리에 관한 테스트까지도 원리 그 자체를 이해하고 있느냐 하는 것이 아닌, 그것을 표면적으로 암기하고 있는가의 여부만을 묻고 있는 경우가 적지 않은 것이다.

이렇게 단순한 사실의 암기를 테스트하는 사회과 평가는 사회과의 교수·학습에 크게 영향을 끼쳐, 사회과 수업이 표면적으로 흐르게 하는 주요 원인이 되고 있다. 또, 평가의 방법이 지필 검사 위주로 되어 있는 점도 사회과 평가의 병폐가 되고 있다. 사회과에서는 사고력, 의사소통 능력, 참여 기능, 태도 등이 강조되는데 이러한 것은 지필 검사만으로는 다 측정할 수 없는 것이다. 이렇게 암기 위주, 지필 검사 위주의 편협한 평가에서 벗어나, 사회과 본래의 목적을 달성했는가의 여부를 평가하는 사회과 평가의 새로운 방향은 다음과 같다.

첫째, 사회과의 평가는 지식의 단순한 암기가 아닌 종합적인 능력을 평가하는데 중점을 두어야 한다. 이는 사고력, 문제 해결력, 태도 등의 평가를 포함하는 것인데, 그 성격은 새로운 문제 장면에 직면해서 그것에 효과적으로 적응하기 위하여 그 장면의 상황을 분석하고, 이미 알고 있는 이해·지식·기능을 동원하여 그 전체를 상호 관련시켜서 그 문제를 처리하고 해결하고 고도의 정신 능력과 판단 자세 등이라고 할 수 있다.

사회과는 사회 인식의 형성을 목표로 하고 있다. 따라서 학습활동의 전개 과정에서 사회 인식을 어떻게 해서 획득하고 형성하여 가는가의 문제 해결 능력, 판단력 등을 평가하는 것이 중요하다. 이러한 의미에서, 사회과 평가는 결과 중심이라기보다는 과정 중심이어야 한다. 문제 해결의 결과만을 묻는다는 것은 사실에 대한 기억만을 묻는 것이다. 아무리 복잡하고 어려운 원리라 할지라도 결과만을 놓고 보면 암기할 수 있기 때문이다. 이에 비하여 과정을 평가한다는 것은 사고나 능력의 중간 단계까지 평가한다는 의미이며, 이 중간 단계야말로 종합적 능력, 혹은 문제 해결력, 판단력 등의 핵심인 것이다.

둘째, 사회과 평가에서는 목표의 한 영역이 아니라 여러 영역이 골고루 평가되어야 한다. 사회과에서는 인지적 목표, 기능·능력적 목표, 가치·태도 등 정의적 목표가 포괄적으로 들어 있다. 인지적 목표에만 치우친 평가는 바람직하지 못하다. 고도의 문제 해결력은 말할 것도 없고, 의사소통 능력, 다른 사람과 협력해서 일을 처리할 수 있는 능력, 사회 공동체의 일에 대한 참여의 태도 등 여러 목표를 포괄적으로, 그리고 어느 한쪽에 치우침이 없이 평가하여야 하는 것이다.

셋째, 사회과 평가는 다양한 방법으로 이루어져야 한다. 흔히, 사회과 평가 하면 지필 평가만을 연상하지만 이 밖에도 관찰 평가, 작품 분석 등 여러 가지 방법이 있을 수 있다. 어떤 특정한 방법에 의한 평가는 그것이 평가할 수 있는 범위가 정해져 있다. 그러므로 다양한 방법에 의한 평가는 위에서 말한 종합적 능력의 평가, 혹은 전 영역의 평가를 위해서 꼭 필요하다.

2. 사회과 평가의 목적과 목표

사회과 교육 평가의 목적은 사회과 교육 목표를 준거로 학생들의 학습 과정과 학습 목표에의 도달 정도를 판단할 수 있는 구체적인 정보를 제공하는데 있다. 그러나 사회과 평가에서 구체적으로 '무엇'을, '왜' 평가할 것인가를 고려하면 사회과 평가 장면은 달라진다. 평가 관점과 내용은 획일적으로 고정되어 있지 않고, 사회가 변화하고 사회과 교육에 대한 인식이 변화함에 따라 다양하게 구조화된다. 사회과 평가를 보는 관점은 매우 다양하지만 크게 두 가지로 대별해 볼 수 있다.

첫째, 객관주의 인식론에 근거한 관점으로 사회과 평가는 학생이 사회과를 학습하는데 나타내는 학습 장애, 개인적인 혼란을 진단하고 치료하고, 선발하는 등의 진리, 참 등이 독립적으로 존재한다고 가정하고 교육은 자기 밖에 있는 진리를 찾아가는 과정이라고 생각한다. 이처럼 학생들이 알아야 할 것이 외적으로 주어진 상태에서 평가는 평가할 '무엇'이 그에 따라 결정된다. 객관주의 입장에서 평가는 이러한 교수·학습 내용을 평가 상황으로 전환하기 위하여 분석하고, 학습자의 기존 능력을 측정하며, 필요한 정보를 학습자에게 전달하기 위한 전략이 성공적이었는지에 대해 평가한다. 공통적으로 이것은 학습 과정에서의 방해를 최소화할 수 있기 때문에 교실이나 실험실의 인위적인 구조에서 수행된다. 그리고 학습 결과를 객관적으로 평가할 수 있는 평가 도구와 방법을 정교화하여 왔다.

둘째, 구성주의 인식론에 근거한 관점으로 사회과 평가는 사회과 교수·학습 과정을 점검하고, 그 결과를 다음 교수·학습 과정에 반영하는 등의 목적을 갖는다는 것이다. 사회과 평가는 점차 학생들의 서열을 매기는데 그 초점을 두기보다는 학생들이 사회과 학습 목표에 얼마나 도달했는지를 점검하고, 학습 과정을 반성하는데 강조점을 둔다. 따라서 평가는 교수·학습의 과정과 밀접하게 결부되어야 하고 학습 결과에 대한 평가뿐만이 아니라 학습 과정에 대한 평가도 포함해야 한다. 교사와 학생은 평가를 통하여 어떻게 학습이 진전되는지를 알아야 하고, 그러한 과정은 학습 과정뿐만 아니라 궁극적으로 학습 결과를 개선시키게 될 것이다(박선미, 1998: 19).

이 두 가지 관점 모두 변화를 강조한다는 것을 전제로 한다. 교육은 인간 행동의 변화를 유도한다. 교육받기 전과 후에 변화가 일어나지 않았다면 교육을 받았다고 할 수 없다. 평가는 교육받기

전과 교육받은 후에 무엇이 얼마나 어떻게 변화했는지에 대하여 구체적인 자료를 제공해 줄 수 있어야 한다.

사회과 교육은 사회과의 여러 지식을 많이 가지고 있는 학습자뿐만 아니라 삶의 공간으로부터 부딪혀 오는 문제를 문제 해결의 절차에 따라 해결할 수 있고, 지도나 사료 또는 통계자료 등을 보며 그 의미를 이해하고, 자신의 생각을 한 장의 지도나 글로 나타내거나 다른 사람과 의사소통할 수 있으며 그리고 궁극적으로는 자신이 가지고 있는 지식과 기능을 생활하면서 적극적으로 이용하려는 학습자를 기르는데 그 목표가 있다. 따라서 사회과 교육 평가는 학생들이 사회과 교육을 받은 후 이러한 측면에서 무엇이 얼마나 어떻게 달라졌는지에 대한 구체적인 정보를 제공해 주는데 그 목적을 두어야 한다.

평가 목표란, 평가의 기준이 되는 것을 말하는데, 보통 교육 목표로부터 추출된다. 평가 목표에는 여러 단계가 있다. 먼저, 학년별 평가 목표가 추출되어야 하고, 여기에 더하여 단원별 목표, 주제별 목표, 그리고 차시별 목표와 구체적인 문항별 목표까지 단계적으로 추출되어야 할 것이다.

학년별 평가 목표를 추출하기 위해서는 교육 과정의 '교과 목표'와 '내용 체계표'를 바탕으로 해야 한다. 현행 교육 과정에서는 학년 목표를 제시하고 있지 않으므로, 특히 '내용 체계표'가 유용한 역할을 할 수 있을 것이다. 그것은 사회현상에 관한 지식 목표, 사회 기능에 관한 목표, 학습 능력에 관한 목표, 참여와 협동의 능력에 관한 목표, 그리고 사회 발전에 대한 태도 목표이다.

3. 사회과 교육 평가의 기능

사회과 교육의 평가는 교육 목적과 목표의 달성 정도를 측정하는 활동이다. 이와 같은 사회과 교육 평가의 기능은 다음과 같이 요약할 수 있다.

첫째, 사회과 학습 동기 유발 및 강화를 도모해 준다. 사회과 평가는 학생들이 흥미와 관심을 갖고 향후 수업에 참여하도록 돕는 구실을 한다.

둘째, 학습 결과의 진단 및 치료에 효과적이다. 사회과 평가는 결과를 분석하여 목표에 피드백하고, 바람직하지 못한 부분을 교정·개선하는 준거로 활용된다.

셋째, 교육과정 및 학습 지도 방법의 개선에 도움을 준다. 사회과 평가 결과는 사회과 교육과정의 정상화, 사회과 수업의 개선의 자료로 활용된다.

넷째, 교육 정치(定置)의 기능을 수행한다. 사회과 평가는 학습자의 수준과 현재 위치를 파악하여 적재적소 배치와 지원의 준거로 활용된다.

다섯째, 바람직한 선발 기능을 수행한다. 사회과 평가는 다수의 학생 중에서 일정한 기준, 준거에 의한 선발의 자료로 활용된다.

여섯째, 사회과 교육 평가는 사회과 수업 목표 달성도 측정의 열쇠이다. 수업 목표의 달성도를 측정하는 것이 곧 교육 평가이기 때문이다.

일곱째, 사회과 교육 평가는 사회과 학습자 지원 및 수업 개선을 위하여 평가 결과를 민주적, 효율적으로 활용하는 준거가 되어야 한다.

4. 사회과 교육 평가 방향

사회과 교육의 목적인 민주시민의 자질 육성을 원만하게 달성하기 위한 사회과 교육 평가의 기본 방향은 다음과 같이 종합할 수 있다.

첫째, 사회과 평가는 교육과정에 제시된 목표와 내용 및 교수·학습 방법과의 일관성이 유지되도록 해야 한다. 평가는 학습 결과로 나타나는 목표 도달 정도를 측정하는 것이다. 이 때 목표는 바로 사회과 교육의 목표를 말하는 것이므로, 평가의 영역도 사회과 목표에 근거를 두고 설정되어야 한다. 사회과 교육에서 평가가 제대로 이루어지기 위해서는 사회과에서 학생들이 성취해야 할 내용과 수준을 분명하게 제시하고, 실제로 학생들이 성취한 수준을 확인할 수 있는 평가 도구를 개발하며, 평가 결과를 교육과정 및 교수·학습 과정에 반영할 수 있는 환류 체계가 마련되어야 한다.

둘째, 평가 요소들은 지식 영역에만 치우쳐서는 안 되며, 기능 영역과 가치·태도 영역을 동시에 고려하는 종합적이고도 균형 있는 평가가 되도록 한다. 지식 영역에서의 평가는 사실적 지식 습득 여부와 함께 사회현상의 설명과 문제 해결에 필수적인 기본 개념 및 원리, 일반화에 대한 이해 정도를 측정하는데 역점을 두고, 성취 결과에 대해서는 양적 평가와 함께 질적 평가가 조화롭게 이루어지도록 한다. 사회과에서 배워야 할 지식은 사회현상을 설명하는데 요구되는 지리, 역사, 일반사회의 사실, 개념과 이론 등으로 구성된다.

기능 영역의 평가에서는 지식의 습득과 민주적 사회생활을 하는데 필수적인 정보의 획득 및 활용 기능과 의사소통 기능뿐만 아니라, 획득된 지식을 이용하여 상황을 추론하고 의사 결정하며, 문제를 해결하는 등의 고등사고 기능을 측정하는데 초점을 둔다. 가치·태도 영역의 평가에서는 국가·사회의 요구와 개인적 요구에 비추어 바람직한 가치와 합리적 가치의 내면화 정도, 가치에 대한 분석 및 평가 등의 실제적인 능력을 평가한다.

셋째, 탐구 지향적 수업 또는 사고력 신장을 위한 수업의 과정과 그 결과에 대한 평가를 할 수 있도록 수행 과정을 평가해야 한다. 수행 과정을 평가하는 것은 양적인 평가보다는 질적인 평가를 통해, 학습자의 능력을 있는 그대로 밝히고자 하는 것이다.

수행 과정에 대한 평가는 학습은 능동적이고 창의적이며 목적 지향적인 과정으로 해석하여 학습자가 애매하고 불완전한 정보나 지식을 자기 나름대로 이해하고 의미를 구성하는 인지적 구조의 재구조화 과정을 중시한다(백순근, 1995, p130). 이러한 수행 평가는 학업 성취의 진위를 가리기 위한 목적을 지닌 의사 과학적 도구(pseudo scientific tool)를 이용하여 교수·학습 이후에 이루어지지 않고 학습 과정 중에 이루어진다.

넷째, 지필 평가 외에도 면접, 체크리스트(Checklist), 관찰, 포트폴리오(Portfolio) 등의 다양한 방법을 활용하여 평가하여야 한다. 보다 심도있는 평가를 위해서 양적 자료뿐만 아니라 질적 자료도 수집하여 평가하도록 한다. 이는 수행 평가, 관찰 평가, 작품 분석, 면접, 상호 평가, 자기 평가 등의 방법도 포함된다. 이와 같이 사회과 교육 평가는 다양한 교육 평가 방식을 통해서 학생들의 다양한 능력과 자질을 파악할 수 있다.

5. 사회과 평가의 방법

1) 교육의 한 과정으로서의 평가

사회과의 평가는 목표, 내용, 방법과의 일관성을 유지하여야 한다. 성취 기준으로서의 목표와 이를 바탕으로 한 내용에 대해 학습한 과정과 결과를 평가해야 하므로 목표, 내용, 방법, 평가가 동일 선상에서 이루어져야 한다. 일반적으로 '평가'라고 하면, 중간고사, 혹은 기말고사를 연상하게 되는데, 이것은 평가를 교육 활동의 종착점으로 생각하기 때문이다. 그러나 평가는 종착점이 아니고 시작도 아니며, 일련의 순환적인 교육의 한 과정이다. 교육은 목표 설정과 교수·학습활동, 평가의 과정을 거치는데, 이것은 한 번에 완결되는 것이 아니라 순환적이다. 따라서 평가는 다음 목표 설정과 교수·학습의 밑거름이 되어야 하며 이 세 가지 사이에는 일관성이 있어야 한다.

2) 성취 기준과 성취 수준에 의한 평가

교육 활동이란 목표를 지향하는 활동으로 평가의 기준은 한 학생이 그 목표에 도달했는지가 되어야 한다. 교육의 목적은 학생을 목표에 도달시키는 것이므로, 평가에서는 학생이 집단 내에서 어떤 위치에 있는가를 알려고 하는 것보다는 정해진 목표를 얼마나 성취했는가를 알고자 해야 한다.

성취 기준은 평가를 하는데 필수적인 것이 잘 분석되고 체계화된 기준이다. 이때, 교육과정이 그 기준이 되어야 한다. 그러므로 사회과에서의 평가는 성취 수준을 근거로 설정된 평가 기준에 따라 평가하여야 한다. 성취 수준은 교육과정의 목표 또는 내용으로 제시된 내용 기준과 수업의 결과로 나타나는 행동의 변화를 의미하는 행동 기준으로 구성되는데, 평가 기준 역시 이에 따라 설정된다. 행동 기준은 주로 학습 기능, 사고력 신장과 가치·태도의 변화에 주목한다. 따라서 평가 기준이란 성취 기준을 좀 더 구체화하여 평가에 도입해야 할 요소와 그것의 범위 및 심화의 정도를 명시한 것을 말한다. 그러나 교육과정의 목표는 평가의 기준으로서 다소 추상적이라고 할 수 있으므로 더욱 상세한 평가 기준이 필요하며, 이러한 평가 기준을 만들려면 구체적인 작업이 이루어져야 한다.

3) 내용 대강화 및 방법 자율화 고려한 평가

교육과정 내용의 대강화와 교수·학습 방법의 자율화에 맞는 다양한 평가 방법을 활용할 수 있도록 한다. 사회과 교육과정에서는 학교 수준에서 교사들에 의한 교육과정 재구성이 이루어져 다양화되고 융통성 있는 교육과정 운영을 제시하고 있다. 이를 위해서 국가 수준에서 '대강의 교육과정 지침'을 제시하고 기존의 대단원, 중단원, 소단원 체제를 주제명, 성취 기준 체제로 단순화하였으며, 학교 수준에서 '교육과정 개발'을 수행하도록 이원화하였다. 따라서 국가 수준의 교육과정은 대강의 얼개만을 제시하고 있으므로, 학교의 교사 수준에서 그 얼개에 따라 자신이 가르치는 학생들에게 맞는 수업을 계획하고, 자신이 수행한 수업을 고려한 평가 방법을 활용할 수 있어야 한다.

4) 다양한 평가 방법의 활용

사회과의 평가는 지식, 기능, 가치ㆍ태도를 종합적으로 평가함과 동시에 학습이 총체적인 과정이라는 관점에서 개인 수준에 맞는 평가를 지향하므로 평가의 주안점에 따라 다양한 평가 방법을 고려하여야 한다. 전통적으로 지식을 평가하는데 주로 사용한 지필 평가에서 더 나아가 기능 및 가치ㆍ태도를 평가하고 학습 과정을 평가하기 위해서 관찰 평가, 작품 분석법, 면접법, 상호 평가, 자기평가 등의 다양한 질적 평가 방법도 활용하여야 한다. 객관적 평가 방법은 많은 비판을 받고 있지만 중요하고 편리한 평가 방법임이 분명하다. 객관식 중에서도 선택형이 많이 이용되는데, 이를 적용할 때에도 단순한 암기력보다 사고력을 측정하도록 노력하여야 한다.

사회과 교수ㆍ학습 개선을 위해 평가에 대한 교사의 연구가 이루어져야 한다. 수업의 언어적 상호 작용 분석과 같은 형태적인 분석과 더불어, 교육 내용을 어떻게 해석하여 수업으로 구성했는지에 대한 내용 분석이 이루어져야 교사 자신의 교수ㆍ학습이 객관화될 수 있을 것이다. 또한 평가 도구의 개발은 교재의 분석을 통해 배울 내용과 활동들을 추출하고 교사의 평가 관점을 체계화한 평가 기준을 마련해야 타당도를 높일 수 있을 것이다. 즉, 내용에 따른 행동 요소에는 지식 영역은 사실, 개념, 일반화, 기능은 정보 수집 처리, 자료 활용, 의사소통, 참여 활동, 문제 파악, 가설 방법 및 추론, 근거 분석 및 제시, 그리고 가치ㆍ태도 영역으로는 관심, 흥미, 동기, 규범 지키기, 신념, 태도 등을 포함한다.

5) 과정 및 수행 중심의 평가

사회과 평가는 교육의 한 과정임을 고려하여 학습 과정과 성취 수준을 이해하고 발달을 돕는 차원에서 실시하여야 한다. 아울러, 탐구 지향적 수업 또는 고급 사고력 신장을 위한 수업 과정과 그 결과에 대한 평가가 실효를 거두기 위해서는 수행 평가 또는 질적 평가의 방법도 도입되어야 한다. 수행 평가는 기본적으로 평가 방법에 관련되는 것으로, 그 이론은 기존의 지필 평가가 실제의 능력을 제대로 평가할 수 없다는 비판에서 출발한 것이다.

수행 평가는 일반적으로 기능과 가치ㆍ태도 영역에서 많이 활용되고 있다. 또한, 지식 영역에서도 암기 이상의 인지 작용을 측정하려고 할 때에는 객관식 지필 평가 방법으로는 제대로 평가하기 어려우므로 수행 평가를 활용하여야 한다. 고도의 정신 작용은 겉으로 드러나지 않는 성격이 있기 때문이다. 그리고 수행 평가는 주로 질적인 자료에 의존하는데, 질적인 자료란 지필 평가에 의한 자료가 아닌 관찰, 면접, 등에 의한 자료를 의미한다. 양적 자료는 숫자로 표시되기 때문에 처리하는데에는 편리하지만 사고의 과정, 기능 영역, 가치 영역 등을 평가하기에는 미흡하다. 수행 평가의 기본은 실제 상황과 가장 근접한 상황에서 목표를 성취했는지를 평가하는 것이다.

6) 종합적·균형적 평가

사회과의 평가는 지식과 기능, 가치 태도 등 여러 영역이 고르게 이루어져야 한다. 단편적인 지식의 암기를 요구하는 종래의 평가관에서 벗어나 지식은 물론, 기능과 가치 태도 등을 두루 포괄하는 종합적이고도 균형 있는 평가가 이루어져야 한다.

사회과 평가는 세 영역 중에서도 비교적 소홀히 하기 쉬운 기능 영역에 관심을 가져야 한다. 기능 영역은 실제로 해 보이는 것을 평가해야 하므로 평가하기가 쉽지 않다. 정의적 영역인 가치·태도 영역도 강조되기는 하지만 학생들의 가치 목표 달성도를 측정하는 것이 어렵다는 난점(難點)이 있다.

한편 사회과 평가의 지식 평가와 관련하여 고려할 점의 하나는, 지식 목표에서는 고급 사고력보다는 낮은 수준의 사고력, 개념이나 일반화보다는 단편적인 사실 위주로 평가하는 것도 문제이다. 따라서 사회과는 지식, 기능, 가치·태도의 세 영역이 통합되어 하나의 큰 목표를 이룬다고 할 수 있으므로 이 세 영역이 두루 균형 있게 평가되어야 한다.

6. 사회과 평가 영역

사회과 평가 영역은 사회과 교육 목표로부터 추출되어야 한다. 교육과정은 '각 학교에 분명하고 명료한 목표를 제공하고, 학생과 학부모에게 반드시 배워야 할 지식과 이해 및 기능의 목표 수준과 실제 성취 수준에 대한 정확한 정보를 명료하게 제시하며, 또한 교사에게는 자신이 가르치는 학생들로부터 최선의 학습 결과를 도출하기 위한 지침'으로 기능한다. 따라서 교육과정은 평가 영역과 내용 및 수준을 결정하는 준거라고 할 수 있다. 사회과 평가 영역은 제7차 교육과정에서 제시한 사회과의 교육목표와 관련하여 '지식의 이해 영역', '문제 해결 영역', '의사소통 및 참여 영역', '가치·태도 영역'이라는 4개의 평가 영역으로 구분될 수 있다(이명희, 박선미, 강운선, 1998: 121).

첫째, '지식의 이해 영역'은 지리적, 역사적, 사회적 사실, 개념, 원리에 대한 이해와 관련된 것으로 평가는 해당 학교급에서 반드시 배워야 할 사실, 개념, 원리에 대한 이해 정도를 대상으로 한다. 지식의 이해 영역에서는 사회과의 주요 지식이나 원리 등을 기억하고 있는지뿐만 아니라 지식 습득의 정도와 과정을 측정할 수 있어야 한다.

둘째는 '기능' 요소인데 크게 '문제 해결 영역'과 '의사소통 및 참여 영역'으로 나눌 수 있다. 문제 해결 영역은 사회과와 관련된 자료와 정보를 수집하여 문제별, 특정 관점별로 분류·정리할 수 있고 그 자료로부터 물음을 제기할 수 있으며, 각종 정보 및 자료를 분석·해석하여 사실과 의미를 추론하고 결론을 도출할 수 있는 능력을 측정하는 영역이다. 따라서 문제 해결 영역은 '문제의 인식', '탐구 설계 및 자료 수집', '자료의 분석·해석', '결론 도출 및 평가'라고 하는 4개 하위 평가 요소를 지니고 있다.

'의사소통 및 참여 영역'은 지식의 습득과 구성 및 문제 해결 과정에서 도출된 결과를 나타내고 이를 타인과 공유하는 과정에서 요구된다. '의사소통 영역'은 글이나 말, 혹은 행동으로써 자신의 생각을 나타낼 수 있을 뿐만 아니라 자신의 생각을 나타내기 위하여 언어적 정보를 시각화하는 것과 자신의 생각을 나타내기 위하여 표, 그래픽, 지도 등에 나타난 정보를 언어적 정보로 번역·기술하는 것까지를 포괄한다. '참여 영역'은 학교와 지역사회의 주요 활동에서 책임감을 가지고 협상·결정하는 과정에 참여하는 과정을 강조한다.

셋째, '가치·태도 영역'은 이해와 기능을 바탕으로 인간 행위와 사회 환경에 대한 관점을 수용하고, 사회적 합의성을 탐색하며, 타인의 기본 가치에 대하여 이해하고 존중하며, 사회과의 학습 내용에 흥미, 관심 등을 내면화하는 일련의 것을 포함한다.

1) 지식 영역

사회과에서 다루는 지식에는 사실적 지식, 기본 개념과 일반화 및 원리 등이 있다. 사실적 지식이란 특정 공간과 시간에 일어난 사건에 관한 지식을 의미한다. 사회과에서 사실에 관한 지식들은 여러 현상을 설명해 주지 못하므로 사실에 관한 지식만을 평가한다면, 흔히 말하는 암기 위주의 사회과를 지속시키는 결과를 가져올 것이다. 따라서 이보다는 상위 수준의 지식을 평가하도록 노력하여야 한다.

개념의 일반화는 사실보다는 상위의 지식이다. 개념은 여러 사실에서 공통성을 추출하여 명명한 지식이다. 개념이나 일반화는 사실적 지식보다는 적용 가능성이 더 크기 때문에 상위의 지식이라고 할 수 있으므로, 사회과에서 중시하는 평가 영역이다. 지식을 사실에 관한 지식과 개념, 일반화의 두 층으로 구분하여 설명하는데, 이를 인지 작용의 측면에서 보면, 전자는 주로 단순 사고에 해당한다고 볼 수 있고, 후자는 고급 사고력에 관계된다고 볼 수 있다. '암기'의 결과로 얻은 지식은 주로 '사실'에 해당하는 지식이며, '적용' 이상의 인지 작용의 결과로 얻은 지식은 주로 '개념'과 '일반화'에 해당하는 지식이다. 그러므로 개념과 일반화의 성취 여부를 측정해야 한다는 것은 '이해' 이상의 고급 사고력 혹은 인지 기능을 측정해야 한다는 의미와 같다.

개념과 일반화를 평가하는 방법으로는 지필 평가도 있고 관찰 등의 방법도 있다. 지필 평가의 방법은 이러한 능력을 평가하는데에 적절하지 못하다고 지적되기도 하는데, 지필 평가에 지나치게 의존하여 온 종래의 관행을 개선하여 고급 사고력을 평가하는 방법을 개발하여 실시해야 할 것이다.

2) 탐구 기능

일반적으로 기능은 수행할 수 있는 능력을 의미한다. 기능보다 더 넓은 개념으로는 능력이라는 용어가 있다. 사회과의 기능 영역은 지역의 모습을 지도로 표현하거나 지도를 통해서 지표 현상을 읽어 내는 지도 관련 기능, 연표의 작성과 같은 시간의 흐름에 관계되는 기능, 도표나 그래프의 분석 및 해석에 관계되는 기능, 원활하게 의사소통을 하면서 일을 해 나가는 기능 등이 전통적으로 중시됐고, 최근에는 정보 처리 기능도 강조되고 있다.

정보 처리 기능이란 사회현상을 탐구하기 위하여 자료를 수집, 정리, 재조직, 평가해 가는 일련의 기능을 의미한다. 정보 처리 기능은 정보화 사회로의 변화와 관련하여 그 중요성이 커지고 있으며, 세부 기능도 다양화하고 있다. 정보 수집 기능만 하더라도 과거에는 도서 및 신문, 시사 자료 등에 관한 능력 정도를 가리켰으나, 최근에는 인터넷 검색뿐만 아니라 GIS 및 인공 영상 등을 이용하여 정보를 수집할 줄 아는 기능까지 중요한 기능으로 취급되고 있다.

3) 의사 결정 및 실천 능력

사회과 평가 요소 중에서 중요한 위치를 차지하고 있는 것이 의사 결정 능력이다. 사람들은 모두 수많은 의사 결정을 내리면서 살아간다. 세상의 모든 사람들은 항상 여러 가지 문제에 봉착하며 살아가고 있다. 그러한 선택이 합리적이냐 아니냐에 따라 개인 생활, 더 나아가 사회 전체의 운명이 바뀔 수도 있다. 의사 결정 능력은 소집단 활동 등 여러 장면에서 관찰하는 것이 바람직하다. 의사 결정 능력 및 의사 결정에 따른 실천 행위에 대한 평가는 소집단 활동 등 여러 장면에서 관찰하는 것이 바람직하다.

의사 실천 능력이란 사회문제나 쟁점에 대한 의사소통 능력이라고 볼 수 있다. 의사소통 능력은 상호 작용 관여 수준에 관련된다. 상호 작용 관여는 한 사람이 사회 환경이나 다른 사람과의 대화에 참여하는 수준을 의미한다. 다른 사람과의 상호 작용 관여 능력은 일상적인 대화 상황에서 다른 사람의 언어적·비언어적 행동을 주의 깊게 관찰하고 예민하게 지각하고 적절하고도 효과적으로 반응하는 타인 지향적 능력을 의미한다. 이러한 능력들은 그 성격상 지필 평가보다는 실제 기능을 실연하는 장면을 포착하여 관찰과 같은 방법으로 평가하는 것이 바람직하다.

4) 가치·태도 영역

아주 전통적이고도 본질적인 지향점이고, 아울러 책임 있는 민주시민의 양성을 목적으로 하고 있는 사회과 교육의 내용과 관련하여 사회가 요구하는 시민의 자질을 설정하는 것이 중요하다. 이를 위해서 국가·사회적 변화의 특성을 파악하는 것이 선행되어야 한다.

가치·태도 영역은 사회과에서 평가가 쉽지 않은 분야이다. 우리나라의 경우 교과 편제에서 도덕과가 사회과에서 분리되어 있기 때문에 사회과의 가치·태도 목표는 도덕과의 목표와 구별하는 것이 필요하다. 사회과에서 가치·태도 영역은 우선 역사, 지리, 정치, 사회제도 등 사회과 고유의 영역에 관련된 것이라야 한다. 가령, 21세기 세계화된 시대에 시간과 공간을 초월하여 전 세계적으로 존재하는 다양한 문화를 이해할 수 있는 능력을 의미한다. 또한 환경 친화적 사회 조망 능력으로 현대사회에서 자연과 인간을 대립적인 관점에서 보기보다는 인간을 자연의 일부로 여기는 생태학적 관점에서 보는 능력, 과학·기술·사회(STS)의 통합 인식 능력으로 과학·기술의 발달과 그로 인한 사회 변화의 관계를 인식하고 관련된 가치관을 확립할 수 있는 능력, 민주 이념의 이해와 실천 능력 등을 이야기할 수 있다. 그러나 사회과에서 가치·태도 영역은 '무조건, 무엇을, 하여야 한다.'는 교조주의식이 아니라 가치를 분석하는 측면에 중점을 두어야 한다.

가치·태도 영역의 평가 방법으로는 관찰법을 활용할 수 있다. 그러나 평가 대상자가 평가를 의식하면 관찰하기가 어렵게 되므로, 학생들이 의식하지 못하는 가운데 관찰이 이루어지는 것이 바람직하다. 따라서 평소에 꾸준히 관찰하고 체크리스트 방법 등으로 그 결과를 누가 기록하는 것이 중요하다.

5) 학습자의 흥미, 관심, 동기, 습관의 평가

학습자의 흥미, 관심, 동기 등은 정의적이며 과정적인 특성을 갖는 학습자 변인인 동시에 학업 성취를 위한 노력 또는 활동을 시작하여 일정한 방향으로 나아가는데 필요한 에너지를 제공해 주는 원천이다. 흥미, 관심, 동기란 대체로 행동에 활력을 불어넣어 주고 행동의 방향을 정해 주는 것으로 정의된다. 사회과 학습에 대한 흥미와 관심 및 동기의 일반적 특성은 내적인 보상을 주는 학습을 모색하는 사람들에게 가장 분명하게 나타난다. 그들은 새로운 정보를 알고 정보의 축적을 확장하는 것 자체를 가치 있게 여긴다. 학습자의 흥미, 관심, 학습 동기와 태도는 학업 성취에 큰 영향을 미치기 때문에 이러한 정의적 영역은 평가 시 고려해야 할 중요한 내용이 된다.

6) 참여 및 행동 평가

사회과 교육은 학생 활동을 중심으로 한다. 특히 사회과 교육의 최종 목표가 미래 사회를 올바르게 살아갈 바람직한 민주 시민의 육성이라는 점을 전제하면 사회과 교육에서의 참여와 행동은 아무리 강조해도 지나치지 않을 것이다.

특히 본질 교과로서의 사회과는 학생 중심 교수·학습 활동이 바탕이 된다. 오늘의 학생은 미래의 성인으로서 중추적인 사회 구성원이 된다. 그러므로 어렸을 때부터 곧고 바른 태도로 올바른 행동의 싹을 기르는 것은 바람직한 사회 구성원의 양성이라는 입장에서 아주 중요한 것이다.

사회과의 본질과 같은 자유, 평등, 인권, 인간의 존엄성 등 민주주의의 오랜 가치 덕목들도 결국은 오랜 동서고금의 선조들이 목숨을 걸고 지켜낸 소중한 가치이다. 그들의 올바른 참여와 행동이 오늘날 민주주의 발전의 초석이 되었던 것이다.

사회과 교육에서의 참여와 행동은 학생 활동의 핵심 활동이다. 그리고 그러한 기본적 참여와 활동은 미래 사회의 민주 시민으로서의 기초, 예비 교육인 것이다.

초·중·고교의 학생 참여와 행동 영역은 자치회 활동, 동아리 활동, 발표회 활동, 체육·음악·미술·예술 등 각종 행사 참여, 각종 집회 활동, 대중 활동의 참여와 활동 등이다. 사회과 교육에서는 모둠 활동, 조별 활동, 소집단 활동, 자유 연구 활동, 조사 보고 활동, 현장 체험 학습, 프로그램 학습, 프로젝트 학습 등에 공동으로 참여하고 행동하는 활동이다.

이와 같은 학생들의 참여와 행동 영역에 대한 이해는 민주 시민적 자질 함양의 핵심이 된다. 지적인 지식을 실제적인 행동으로 구현하는 활동이 곧 참여와 행동 영역이기 때문이다.

그러므로 학생들의 참여와 행동 영역에 대한 평가는 실제적 참여와 행동을 초점으로 수행되어야 한다. 그리고 그러한 평가는 진솔하고도 공정하게 이루어져야 한다.

사회과 교육의 참여와 행동의 평가는 관찰 평가, 동료 평가, 자기 평가, 보고서 평가, 포트폴리오 평가 등을 중심으로 통합적으로 이루어져야 한다. 그리고 그 주안점은 미래 사회 구성원으로서의 예비 소양을 함양하는데 맞추어야 할 것이다.

▌제4장▐ 사회과 교육 평가의 유형

1. 사회과 교육 평가의 일반적 유형

1) 평가 준거를 기준으로 분류한 유형

21세기 세계화·정보화 시대를 맞이하여 최근 교육 평가는 평가 방향의 인간화, 절대 평가로의 전환, 질적 평가로의 전환으로 그 움직임을 선보이며 기존의 평가 체제가 재구조화되어야 한다는 주장을 하고 있다.

교육 평가(educational evaluation)란 교육 현장에서 일정한 준거를 잣대(尺度)로 하여 교육의 입력, 과정, 출력에 대한 가치를 조사하여 판단을 내리기 위한 일체의 행위로 교육의 개념과 평가의 개념이 결합된 것이라고 할 수 있다.

그러나 여러 가지 다양한 기능을 갖고 있는 교육 평가는 그 본질적 기능이 학생 개개인이 성취해야 할 교육목표들을 어느 정도 성취했는가를 점검하고 그 결과를 학생, 교사, 학부모 등 관련 당사자들에게 제공함으로써 교육적인 노력 및 의사 결정을 도와주는데 있다고 볼 수 있으므로 하나의 수단이지 그 자체가 목적이 될 수 없다고 생각된다.

교육성과를 평가하는 준거를 교육목표로 하느냐 또는 평가를 실시해서 학습자들이 받은 점수의 평균으로 하느냐에 따라 상대 평가, 규준지향 평가라고 하는 규준 기준 평가와 절대 평가, 준거지향 평가, 목표 지향적 평가라고 하는 준거 기준 평가로 구분된다.

(1) 규준 기준 평가

한 학생이 받은 점수가 다른 학생들이 받은 점수에 의해 상대적으로 결정되는 평가 방식으로 규준이란 원점수의 상대적 위치를 설명하기 위하여 쓰이는 척도로서, 모집단을 대표하기 위하여 추출된 표본에서 산출된 평균과 표준편차로 만들어진다.

① 규준 기준 평가의 특징

ⓐ 학생들 간에는 현저한 개인차를 인정한다.
ⓑ 학생들의 성취도를 최대한 정밀하게 변별하여 각자의 능력에 맞는 수준의 교육을 하고자 하는 선발적 교육관에 기초를 두고 있다.
ⓒ 일정한 교육 수준에 도달할 가능성이 있는 소수의 우수자를 선발한다.
ⓓ 개개 학생들이 지니고 있는 특성을 정확히 측정하여 이를 변별하는데 초점이 있기 때문에 평

가 도구의 신뢰도에 관심을 둔다.

② 규준 기준 평가의 장점

ⓐ 엄밀한 개인차의 변별이 가능하다.
ⓑ 경쟁을 통한 외적인 동기 유발에 효과적이다.
ⓒ 객관적인 검사의 제작 기술을 통해 성적을 표시하므로 교사의 편견을 배제할 수 있다.

③ 규준 기준 평가의 단점

ⓐ 상대적 위치만 알려 줄 뿐 진정한 학력의 평가가 곤란하다.
ⓑ 상대적 정보만 주기 때문에 학생 개인의 학습 결손을 확인하고 이에 대한 교정이나 보충 학습
  을 실시할 수 없다.
ⓒ 시험 위주의 선택적 교수·학습을 조장하게 된다.
ⓓ 학생들에게 필요 이상의 경쟁심을 조장시킬 수 있다.
ⓔ 항상 일정한 비율의 실패자가 나오게 된다.
ⓕ 지적 계급의식을 학생들에게 심어 줄 수 있다.

④ 규준의 유형

규준은 전국규준, 지역규준, 연령규준, 학년규준, 백분위 점수, 표준점수(Z), 편차지능지수(Deviation IQ) 등이 평가의 규준으로 사용될 수 있다. 그러나 규준을 선정할 때는 어떤 비교집단의 점수를 비교하여 해석하는 것이 더 의미 있는지를 고려해야 한다.

(2) 준거 기준 평가

한 학생의 성적이 그가 속해 있는 집단의 검사 결과와는 아무런 상관을 가지지 아니하고 주어진 교수목표를 어느 정도 달성하였는가 하는 교수목표 달성도에 의하여 그 학생의 성적을 표현하는 방식이다. 준거지향 평가는 검사에 포함된 실질적인 기능이나 과제의 성취도를 기술해 주며 준거는 학습자가 충분히 학습했는지의 여부를 평가할 수 있는 근거이다.

① 준거 기준 평가의 특징

ⓐ 검사의 타당도를 강조한다.
ⓑ 개선·발전 기능 강조와 경쟁심의 제거한다.
ⓒ 방향과 전략을 결정할 자료 제공과 학습 강화·효과의 비교가 가능하다.

ⓓ 지적 능력 분류를 배제한다.
ⓔ 검사 점수는 비율로 나타내거나 숙달 정도로 나타낸다.

② 준거 기준 평가의 장점

ⓐ 교수·학습 방법의 개선을 위한 보다 직접적인 정보를 제공해 준다.
ⓑ 의미 있는 점수 제공으로 성취감 및 정신위생에 공헌한다.
ⓒ 불필요한 지적 능력 구분을 탈피할 수 있다.

③ 준거 기준 평가의 단점

ⓐ 개인차의 변별이 불용이하다.
ⓑ 외발적 동기를 학습에 적용하지 못한다.
ⓒ 타 집단 간의 비교에 어려움이 따른다.
ⓓ 점수 분포를 전제로 하지 않으므로 통계적 활용과 측정상 어려움이 있다.
ⓔ 평가의 기준이 되는 절대 기준과 수준 설정에 어려움이 있다.

④ 준거 기준 평가의 강조 영역

ⓐ 인간의 생명과 관계되는 자격증 수여를 위한 평가
ⓑ 학습의 위계성이 뚜렷한 수학과 과학 분야에 대한 평가
ⓒ 저학년에서의 읽기, 쓰기, 셈하기의 기초 과정에 대한 평가

⑤ 준거 결정 방법

준거는 일반적으로 구체적인 학습 결과에 대하여 설정되는데 과제 수행의 정확성, 허용되는 오답 수 등에 근거하여 준거가 정해질 수도 있다. 완전 학습에서는 전형적으로 정답률의 정도를 준거로 삼는데 준거를 너무 높게 정하면 교사와 학습자에게 불필요한 교수·학습 시간을 부과할 뿐 아니라 학습자의 흥미나 동기 유발을 약화시킨다. 반면에 준거를 너무 낮추면 다음 학습 과제 수행에 어려움에 주거나 학습자의 학습을 약화시킨다.

성취도 준거를 결정할 때는 검사 유형에 따라 단답형 검사는 80%, 선다형 검사는 85% 진위형 검사는 90%의 준거를, 다음 단계의 수업에서 효과적인 학습에 필요한 정도의 숙달을 보장하는 경우와 검사나 하위 검사가 비교적 짧은 것일 때 준거를 높은 정답률로 하는 것을 고려해야 한다(Gronlund, 1973).

(3) 규준 기준 평가와 준거 기준 평가 비교

첫째, 규준참조적인 해석은 개인의 점수가 집단의 점수와 비교되어 해석되며, 준거참조적인 해석은 학습자 행동들의 규정된 체계, 보통 어떤 구체화된 성취 수준에 비추어 절대적인 해석에 있다.

둘째, 이 두 평가는 목적, 문항 제작 방법, 교수 과제에 관한 정보의 구체성 정도 및 평가 결과를 과제 영역에 일반화하는 정도 등에 따라 구별된다.

셋째, 규준 기준 평가는 보다 더 일반적이고 더 포괄적이며 광범위한 내용 영역과 학습 과제를 포함하는데 준거 기준 평가는 학습자의 구체적인 성취 행동에 초점을 맞춘다.

넷째, 규준참조적인 평가 점수들은 규준집단 내의 위치로 변형되며 준거참조적인 평가 점수는 보통 정확한 해답의 비율로 나타내거나 숙달 정도로 나타낸다.

〈표 116〉 규준 지향 평가와 준거 지향 평가의 비교

유형 구분	규준 지향 평가(상대 평가)	준거 지향 평가(절대 평가)
평가 목적	○우열의 판정이다. ○측정과 관련된다. ○진급, 졸업, 합격 등 경영학적 입장이다.	○목표의 도달도를 검토한다. ○평가와 관계된다. ○교육 성과를 높이는 교육학적 입장이다.
주요 기능	○종합적인 비교가 가능하다. ○집단 내의 비교가 가능하다.	○구체적인 진단이 가능하다. ○타 집단과의 비교가 가능하다.
기준 점	○집단의 평균점이 기준이 된다. ○평점은 평균치로부터의 이탈도로서 표시된다. ○평균점이 명백하다.	○교육 목표가 기준이 된다. ○평점은 교육목표의 도달한 수준을 뜻한다. ○목표를 명확히 규정하기 어렵다.
득점 분포	○정상분포 곡선을 가정한다. ○득점 분포가 비정상이면 검사의 결함이나 오차로 본다.	○부적 편포를 기대한다. ○득점 분포가 비정상이면 학력의 실태로 본다.
검사 문항	○문항은 적당한 곤란도와 높은 변별도를 가질 것을 요구한다.	○교과 내용 분석에 의한 기본 개념과 원리가 검사 문항이 된다.
난이도	○적당한 곤란도는 정상분포를 이루게 하고 변산도를 크게 하며 높은 변별도는 신뢰도를 높인다.	○개념, 원리의 난이도와 집단의 변별에 관심을 두지 않는다.
검사 시간	○우열의 변별을 위하여 반응의 정오와 반응 속도의 차를 문제로 삼으며 검사 시간을 엄격히 통제한다.	○반응 속도 자체가 문제일 경우 외에는 대개 충분한 시간을 주어 문제를 해결하도록 한다.

2. 평가 기능을 기준으로 분류한 유형

1) 진단 평가(診斷評價: diagnostic evaluation)

진단 평가는 효과적이고 능률적으로 교수·학습활동을 전개하는데 필요한 교수 전략을 세우기 위하여 수업을 시작하기 전에 학습자가 갖추고 있는 특성, 이전의 학습 수행 정도, 적성, 학습 준비도, 학습 태도, 흥미, 동기 유발 등의 출발점 행동을 진단하는 평가이다.

진단 평가는 교수 활동이 전개되는 초기 단계에서 교수 전략을 위한 기초 자료를 얻고 교수 방법, 학습 방법의 적절성을 결정하기 위한 학생들의 기초 능력 전반을 진단하는 평가이다. 진단 평가는 학습 준비도, 학습 흥미, 학습 동기, 학습자의 성격 특성, 기초 학력의 정도, 학습자의 정서 등을 충분히 파악하여야 하며, 교수·학습 방법의 개선 방안의 중요한 자료가 된다.

(1) 진단 평가의 목적

진단 평가의 목적은 학습자의 상황을 파악하고 학습의 시발점에서 학습자가 지닌 지적, 기능적, 정의적 행동의 정보를 교수·학습 과정에 활용함으로써 학생들의 성취 수준을 향상시키고 극대화시키려는데 목적이 있다. 따라서 학습 과제에 대한 선행 학습의 결손을 파악하고 진단하여 그 교정과 보충 학습을 위한 평가이다.

진단 평가는 출발점 행동의 확인, 학습 중복의 회피, 그리고 학습 곤란에 대하여 사전에 수립하여야 한다. 학생들이 시작하기 전에 어떠한 특성, 인지적 수준, 그리고 동기와 태도 등을 지녔는가를 초기 상태의 정보를 얻기 위하여 실시한다.

(2) 진단 평가의 기능

ⓐ 학습하고자 하는 학습 과제와 관련하여 선행학습의 결손을 진단하고 이에 대한 교정과 보충 학습을 위한 선수 학습 능력을 진단한다.

ⓑ 현재 학습하고자 하는 학습 과제를 학습자가 얼마나 미리 달성하고 있는가를 알기 위한 사전 학습 능력 진단이다.

ⓒ 학습자의 흥미, 성격, 학업 성취 및 적성 등에 따라서 적절한 교수법과 교재 활용 처방을 내리는 교육과정의 대안을 제공한다.

ⓓ 학교사회에서는 목표 달성에 필요한 투입행동, 기능, 내용 등을 이미 가지고 있는 것으로 여기므로 적정 위치 배정을 위한 진단이다.

(3) 진단 평가 요소

ⓐ 지적 시발 행동의 진단: 학습자 과거 학습의 누적적 총체로 지능, 적성, 과거 학업성적 등이 해당된다.
ⓑ 정의적 시발 행동의 진단: 개인의 학습 과제에 대해 과거에 형성된 지각적 판단, 현상학적 판단이 관련되며 흥미, 태도 등의 개념화이다.
ⓒ 지능과 적성: 지능에 대한 편견을 버리고 단일 지능의 개념보다 적성의 개념을 우선적으로 수용할 필요가 있다.

(4) 진단 평가의 절차와 방법

교육 내용에 따라 다양할 수 있으며 일반적으로 진단 평가를 실시하기 위해서 학교 차원에서 공식적인 일정과 조정이 필요하므로 기존의 학생 관련 자료에 의존하는 경향이 있다.

2) 형성 평가(形成評價: formative evaluation)

학습이 형성되어 가는 과정 중의 평가로서 교수·학습 효과를 높이기 위하여 학습자에게 송환효과(feed-back)를 주고, 수업 방법과 교과과정을 개선하기 위하여 실시하는 평가이다.

(1) 형성 평가의 목적

형성 평가는 교수·학습 과정의 진행 중에 투입되는 평가 활동으로서 교사와 학생들에게 정보를 제공하여 현실적인 도움을 줄 수 있으며, 교수·학습의 궤도 수정을 시도하여 학습 방법을 교정함으로써 학생의 학업 성취를 극대화시키는데 궁극적인 목적이 있다. 형성 평가는 학습 과제에서의 성공과 실패에 대한 피드백 정보를 주고, 교수 방법 사용의 결정과 교수 전략 대안의 결정에 많은 도움을 준다.
형성 평가에서는 정책 결정자가 계획을 세밀하게 분석하고 조사할 수 있다. 그리고 평가의 범위가 상당히 넓다. 형성 평가는 정책 결정자에게 합리적이고 적절한 결론에 도달하여 바람직한 결론을 내릴 수 있도록 돕는데 근본적인 목적이 있다.

(2) 형성 평가의 특징

① 학습 진행 과정 중의 평가이며 목표 준거 평가이다.
② 교수·학습 과정에 관한 정보의 송환효과와 교정에 중점을 둔다.
③ 교수 방법 및 학습 과정을 개선하는데 중점을 둔다.
④ 평가 도구는 교수·학습 과정을 직접 이끌어 가는 교사가 제작한다.

⑤ 진단 평가나 총괄 평가에 비하여 상대적으로 자주 실시한다.

⑥ 결과는 채점은 하되 성적을 주어서는 안 된다.

⑦ 학생들의 내발적 학습동기에 의존하거나 이를 유발시킨다.

⑧ 반드시 간단히 필답 고사에만 의존하는 것이 아니라, 형성 평가의 원래 기능을 발휘할수 있다면 어떠한 방법도 활용된다.

(3) 형성 평가의 기능

① 학생들에게 바람직한 학습 방향을 명시해 준다.

② 학생이 당면한 학습 곤란이나 학습 결손의 내용을 진단하여 교정·보충하는 기회를 제공 및 학습 속도를 개별화할 수 있다.

③ 학습 행동의 강화는 긍정적인 자아 개념을 형성하게 되는 계기가 된다.

④ 문항 분석은 교수·학습 방법을 개선하는데 좋은 방법이 된다.

(4) 형성 평가의 절차

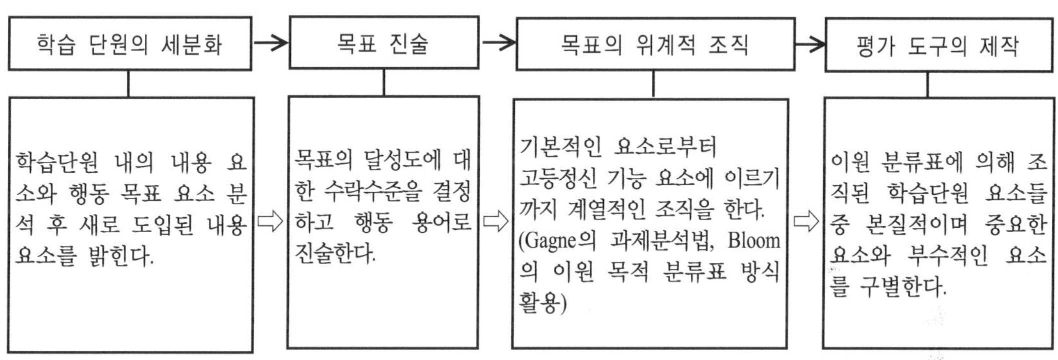

[그림 27] 사회과 형성 평가의 절차

(5) 형성 평가 도구의 제작

학습 단원 중 어느 요소가 중요하고 본질적인 것이며, 어느 요소가 부수적인 것인지를 결정해야 한다. 형성 평가 도구를 제작할 때에 고려해야 할 점은 학습 단원 중에서 중요한 학습 요소를 모두 포함시켜야 한다. 형성 평가의 목표 분류에 나타난 행동 항목을 모두 포함하여야 한다.

목표에 구체화되어 있으면 모두 형성 평가의 문항으로 출제되어야 하며, 문항 형식은 다양하게 혼용하여야 한다. 요소들이 위계에 따라 어떤 조직을 이루고 있다고 하면, 학생들의 반응 역시 위계에 부응하여야 하며, 학생이 반응한 오류가 무엇인지도 밝혀야 한다. 마지막으로는 오류를 지적할 뿐만 아니라, 오류를 극복하기 위해 학습해야 할 교재의 소재를 밝히는 것이 중요하다.

3) 총괄 평가(總括評價: summative evaluation)

일정한 기간 동안의 수업이나 일정한 단원 학습 지도가 종결되었을 때 학생들의 학업 성취도를 총합적으로 검사하여 교수목표의 달성도를 알아보거나 수업 활동의 효율성을 다각적으로 판단하기 위해 실시하는 평가로서, 학교 활동의 경우 중간 평가, 기말 평가, 학년 말 평가 등이 해당한다.

(1) 총괄 평가의 목적

총괄 평가는 교과목 전체 혹은 중요한 부분과 관련하여 학업 성취가 어느 정도 달성되었는지 그 정도를 종합적으로, 총괄적으로 평가하기 위한 것이 목적이다. 주어진 교수 목표의 달성도에 따라서 학생들에게 성적을 알려 주는 것으로 학생 개개인의 성적을 타인과 비교하는 상대적 위치뿐만 아니라 주어진 교수 목표 달성도를 측정해 줄 수 있다. 교과목에 따라서 어느 정도 차이가 있으나 학생의 현재 성적은 다음 학기, 학년, 또는 상급 학교에서 얻을 성적을 예언해 주게 된다.

총괄 평가에서는 다음 단계의 보다 효과적인 교수·학습 계획을 수립하는 좋은 자료가 된다. 지역 간, 학교 간, 학급 간 학업 성취의 비교는 총괄 평가의 방법과 그러한 입장에서 얻어진 학습 결과로 비교된다.

(2) 총괄 평가의 특징

① 교육 목적 이원(내용과 행동) 분류표를 작성하는 평가이다.
② 일반적으로 규준 지향 평가의 입장을 취하게 되어 상대 평가적이다.
③ 교육목표는 포괄적이며 평가의 빈도는 낮고, 단위 평가 시간은 길다.
④ 문항 표본을 골고루 선택하여 평균 난이도는 50% 정도이다.

(3) 총괄 평가의 기능

① 성적을 통하여 흔히 학생들의 학습량이나 학습 수준을 다른 학생들과 비교·분류하게 된다.
② 학생이 어떤 기능, 지식 또는 능력을 가지고 있다는 사실을 인정한다.
③ 다음 학습의 성공을 예측한다는 중요한 기능을 가지고 있다.
④ 학년 초, 전 학년도의 총괄 평가 결과는 후속 수업 과정을 어디에서부터 어떻게 시작해야 좋을지를 결정하는데에 도움이 된다.
⑤ 서로 다른 교사가 가르쳤을 때의 다양한 학생 집단, 동일한 과정의 상이한 방법, 동일 과정의 서로 다른 부분의 효과 등을 비교할 수 있다.
⑥ 학생을 판정하여 등급을 정하고 자격을 부여하며 분류한다.
⑦ 교수·학습의 지속적, 장기적 질 관리에 도움을 준다.

(4) 총괄 평가 문항 작성의 절차

① 평가 목표 이원 분류표(출제 계획서)를 작성하여 교육목표를 확인한다.
② 검사 문항의 제작과 선택을 하는데 문항의 표본은 가급적 상위의 교육 목표를 표집한다.
③ 다양한 문항 형태를 유지한다.
④ 문항의 난이도를 조정한다.
⑤ 결과 해석을 위한 기준을 설정한다.
⑥ 검사의 규칙을 확실히 할 수 있도록 하는 지시문을 작성한다.

4) 진단 · 형성 · 총괄 평가 시 유의점

(1) 진단 평가가 정치(定置)를 목적으로 본 수업을 하기 전에 이루어지는 면은 총합 평가에 의존하는데 총괄 평가 결과를 학생의 편성이나 분단 구성 등 진단 목적으로 사용할 때는 주의 깊은 계획이 요구된다.

(2) 진단 평가와 형성 평가를 비교해 볼 때 표준화 진단 검사는 형성 평가보다 일반적인 기능이나 특성을 측정하도록 구성되어 있어 여러 면에서 적성 검사와 비슷하지만 형성 평가는 특정 단원의 구체적인 수업 내용을 측정할 수 있도록 구성되며 단원을 수업하는 과정에서 학습 곤란을 많이 받는 부분을 파악하여 보충한다.

(3) 진단 평가는 학생들이 학습을 시작하기 전에 그가 어떠한 시발 단계에 놓여 있는가를 결정하기 위해 실시하여야 한다. 먼저 계획된 학습 단위의 목표를 성취하는데 선행 조건이 된다고 추측되는 시발 행동이나 기능을 학생들이 소유하고 있는지의 여부를 파악한다. 그럼으로써 보다 높은 수준의 학습 프로그램을 제공해야 할 지를 결정하려는 것이다. 학생들이 지니고 있는 어떤 특성인 흥미, 동기, 적성, 기초 기능, 선행 학습 등을 분류하고 그에 따라 적절한 교수 전략을 제공하려는 활동이다.

(4) 형성 평가는 핵심적 특징이 환류(feedback)과 교정에 있다. 주어진 형성 평가에서 좋은 성취 수준을 보이는 학생은 형성 평가의 결과 그것 하나만으로도 보상과 강화의 역할을 했다고 본다. 이와 같은 학습 단계에서의 성공은 곧 정적 강화를 주기 때문에 학생들에게 중요한 강화 요소가 되는 것이다.

(5) 총괄 평가 목적의 하나는 학생들이 어떤 기능이나 능력, 지식에서 요구하는 자격의 유무를 인정하기 위한 판단 역할을 한다. 초 · 중고 · 교의 경우 각 학교급에서 이수한 결과의 총합에 대한 평가가 핵심인 것이다.

(6) 총괄 평가는 다음 과정의 성공의 예언하는 구실에 초점을 맞추어야 한다. 총괄 평가 결과는 다음 학습 결과의 학습에서 학생들이 성공할 수 있느냐 예언의 기능을 가져야 한다. 다시 말해서 초 · 중 · 고교의 사회과 총괄 평가 성적은 상위 학교급과 사회에 나가서 성적이 우수하고 바람직한 민주 시민적 자질과 행동을 구현해 주어야 하는 것이다.

〈표 117〉 과정별 교육 평가의 특징 비교

구분	진단 평가	형성 평가	총괄 평가
기능	1. 선행 기능의 보유 상태의 결정 2. 학습 전 사고력 성취 수준의 결정 3. 교수 방법과 대책에 따른 학생의 분류, 배치(定置) 4. 계속적 학습 곤란의 원인 결정	1. 학습 단위에 관련된 학생의 사고력 진보 상태를 교사 학생에게 피드백 2. 학습 단위의 구조에 따라 오류를 확인함으로써 교정, 교수 방법의 대안을 제시	·학습 성과 확인 ·종합적 평정
실시 시기	1. 학습 시초: 학습 시초, 학기, 학년의 시초(출발점 행동) 2. 교수 도중: 정상 수업으로는 학생이 계속해서 도움을 못 받을 때	·수업 도중	·학습 단위, 학기, 학년의 과정 종료 후 ·일정 간격, 일정 시간
강조점	1. 지적, 정의적 활동 2. 신체적, 환경적, 심리적 요인	·지적 행동	·지적 기능 및 사고력, 정의적 행동
검사 도구의 형태	1. 사전 검사를 위해서 형성 및 종합 평가의 도구 2. 표준화 학력 검사 3. 표준화 진단 검사 4. 교사 제작의 평가, 관찰 및 체크 리스트	·행동 목표에 맞게 특별히 고안된 평가 도구	·다양한 평가 도구
교수목표의 표본	1. 각 선행 기능 행동의 구체적 표본 2. 비중을 둔 사고력 목표의 표본 3. 특별한 교수 형태에 관계 있다고 생각되는 학생 변인의 표본 4. 신체적, 정서적, 환경적으로 관련된 행동의 표본	·학습 단위의 위계에 포함된 모든 관련 있는 과제의 구체적 표본	·사고력 및 가치·태도 목표의 표본
문항 난이도	1. 선행 기능 및 능력의 진단: 대부분 쉬운 문항 65% 이상의 난이도	·사전 구체화 관란	·평균 난이도가 35－70%이고 대단히 쉬운 문항과 어려운 문항 포함
채점	1. 규준 지향 및 목표 지향 겸용	·목표 지향	·일반적으로 규준과 목표 지향의 병용
점수 처리 방법	1. 하위 기능별의 개인 프로파일	·학습 단위의 위계에 포함된 각 과제에 대한 급락의 개인 점수 유형	·목표에 비추어 본 총점 혹은 하위 점수

3. 채점의 주관성을 기준으로 분류한 유형

문항 형식은 학자마다 서로 다르게 구분되고 있으나 검사 결과를 채점하는데 있어서 채점자의 주관성 개입 여부에 따라서 주관식 평가와 객관식 평가로 구분한다.

1) 주관식 평가(서답형 평가)

주관식 평가는 학생들에게 자기 자신의 반응을 직접 쓰도록 요구하는 것으로 반응의 범위가 다양하며, 일반적으로 단답형 문항, 완결형 문항, 논문형 문항의 세 가지로 분류할 수 있다.

2) 객관식 평가(선택형 평가)

객관식 평가는 채점 과정에 주관성이 개재될 소지가 완전히 배제되어 있으며 검사 문항 형식이 진위형, 선다형, 배합형이 있다.

3) 주관식 평가를 적용하는 것이 바람직한 경우

① 문장을 통한 표현 능력과 조직 능력 등의 정신 기능을 강조하고자 할 때
② 학업 성취보다는 피평가자의 태도나 의견에 많은 관심을 갖고 있을 때
③ 피평가자 집단의 수가 적고 동일한 검사를 다시 사용할 필요가 없을 때
④ 객관식 평가를 제작하는데 필요한 충분한 시간적 여유가 없을 때
⑤ 평가 문항 제작자가 객관식 평가를 제작하는 것보다는 주관식 평가의 반응을 비판적으로 채점할 자신이 있을 때

4) 객관식 평가를 적용하는 것이 바람직한 경우

① 평가 대상 인원이 수적으로 많을 경우
② 평가의 결과에 대한 관심이 크거나 신뢰할 수 있는 결과가 필요한 경우
③ 평가의 공정성과 객관성에 영향을 끼칠 수 있는 외적 요인을 제거할 때
④ 평가 문항 제작자가 객관식 검사 제작에 대한 충분한 소양을 갖추고 있을 때
⑤ 평가 결과가 시급히 요구될 때

5) 어느 평가든지 적용이 가능한 경우

① 평가 결과가 다른 방면에 미치는 영향이 크지 않을 때
② 이해 능력 또는 적용 능력을 알아보고자 할 때
③ 문제 해결 능력을 알아보고자 할 때
④ 비판적 사고 능력을 알아보고자 할 때
⑤ 원리에 대한 종합 능력을 알아보고자 할 때
⑥ 평가 결과를 학습 태도 육성과 동기 유발에 활용하고자 할 때

6) 주관식과 객관식 평가의 비교

평가 형식의 분류로서 주관식 평가와 개관식 평가를 비교하면 다음과 같다.

<표 118> 주관식 평가와 객관식 평가의 비교

구분	주관식 평가	객관식 평가
답지 구성	·학생들 자신이 답안을 계획하여 답할 것을 요구	·제시된 여러 개의 답지에 대하여 학생들이 선택적으로 반응
문제(문항) 수	·적고 광범위한 반응 요구	·많고 비교적 간단한 반응 요구
시간 소모	·답을 생각하는데보다는 쓰는데 많은 시간을 소모	·쓰는데보다는 읽고 생각하는데 보다 많은 시간을 소모
질적 수준	·반응자와 채점자에 의하여 결정	·검사 제작에 의하여 결정
반응과 채점	·응답자의 자유가 상당히 주어지며 측정치의 신뢰도가 낮음	·응답자의 자유가 제한되며 신뢰도가 높음
문항 제작	·용이하나 채점에 많은 시간과 노력이 요구	·출제 과정에 많은 주의 및 노력이 요구되나 채점이 비교적 용이
추측 요인	·배제할 수 있으나 변조하여 반응	·추측 요인이 많이 작용
채점자 임의성	·배제되기 어려움	·완전히 배제됨

4. 평가 내용을 기준으로 분류한 유형

교육 내용을 중심으로 한 평가의 종류에는 여러 가지가 있으나 많이 언급되는 것은 교육이념 평가, 교육목표 평가, 교육정책 평가, 교육행정 평가, 교육제도 평가, 교육재정 평가, 장학지도 평가, 학교경영 평가, 학급경영 평가, 교육과정 평가, 생활지도 평가, 학교급식 평가, 교과교육 평가, 특별활동 평가, 교육 환경 평가, 부모교육 평가 등이 있다.

5. 평가 영역을 기준으로 분류한 유형

1) 지적 영역(知的 領域: cognitive domain)의 평가: 교육목표에 진술되어 있는 학습 내용을 기억, 이해, 추론 등과 같은 사고 작용을 통해 획득해야 하는 지적 학습 목표의 달성 여부와 그 정도를 측정하는 것이다.
2) 정의적 영역(情意的 領域: affective domain)의 평가: 정의적 영역의 학습 목표가 달성된 정도를 확인하는 평가를 의미하는데 협동성, 책임감, 준법성, 자아 개념 등과 같은 성격 특성과 흥미, 가치, 신념, 태도 등이 변화 획득된 정도를 평가하는 것이다.

3) **심동적 영역**(心動的 領域: psychomotor domain)의 **평가**: 신체의 일부 또는 전신을 움직여서 성취할 수 있는 학습 목표의 달성 여부와 그 정도를 측정하는 것이다.

6. 목표 수준을 기준으로 분류한 유형

1) **최소 필수 학력 평가**(最小 必須 學力評價): 모든 학생들이 교수·학습을 통해 반드시 알아야 할 학습 내용을 진술한 학습 목표가 최소 필수 목표이고 최소 필수 목표가 도달된 정도를 확인하는 것이다.
2) **최대 성취 학력 평가**(最大 成就 學力評價): 최소 필수 학습 목표가 요구하는 수준 이상의 심화 발달 학습 목표를 최대한 어느 정도까지 달성했는지를 평가하는 것이다.

7. 표준화 여부로 분류한 유형

표준화된 평가는 대체로 국가, 지역, 단위 학교 및 학년 수준에서 동시에 이루어지는 공식적인 시험이다. 문항의 공정성과 객관성을 높이기 위해서 다수의 출제진이 별도로 구성되며, 정기적으로 치러지는 것이 특징이다. 비표준화된 평가는 비공식적 평가로 일반적으로 단위 학급 수준에서 부정기적으로 실시된다. 비표준화된 평가는 간단 신속하게 맥락적으로 시행되는 특징이 있다.

8. 평가 대상 집단별로 분류한 유형

평가 대상 집단별 평가는 개인 평가와 집단 평가로 구분된다. 집단 평가는 모둠이 공식적으로 준비한 발표, 연기, 제작물 등에 대해서 구성원들에게 같은 점수를 부여하는 방식이다. 물론 이것은 이상적인 협동 학습 상태에서 구성원들의 역할 배분과 참여가 합리적이고 고정하게 이루어졌다는 것을 전제했을 때 가능하다. 하지만, 현실적으로 모둠의 성취에 기여한 바가 서로 다를 수 있기 때문에 자기 평가, 동료 평가 등의 방식을 통해서 부분적으로 차등적인 평가를 실시하기도 한다.

9. 역량 평가와 속도 평가

역량 평가가 평가를 통해서 학생들이 가진 능력을 최대한 발휘하도록 하는데 초점을 맞추는데 비하여, 속도 평가는 일정한 시간 내에 학생들이 가진 능력을 발휘하도록 하는데 중점을 두고 있다. 속도 평가는 원리에 대한 이해가 부실한 상태에서 순발력, 문제 해결력 등이 왜곡되어 고득점을 할 수 있는 우려가 있기 때문에 역량평가가 바람직하다. 물론 역량 평가라고 해서 시간 부여는 무작정 할 수는 없으므로 현실적으로는 역량 평가와 속도 평가의 통합과 조율이 된 평가가 보다 바람직하다(정문성 외, 2009: 429-430).

▌제5장▐ 사회과 평가 도구의 개발 절차

1. 사회과 평가의 시행 절차

교육 평가는 교수·학습, 즉 수업과 연계되어 시행되어야 하고, 수업의 목표와 내용에 따라 방법과 도구가 달라져야 한다. 일반적인 사회과 평가의 시행 절차는 다음과 같다.

첫째, 학년도가 시작되기 전에 당해 학년의 사회과 연간 수업 빛 평가 계획서를 작성한다.

둘째, 각 수업에서 가르치고자 하는 목표, 즉 성취 기준을 명확하게 제시한다.

셋째, 제시된 성취 기준을 성취할 수 있도록 수업을 실시한다.

넷째, 수업을 통하여 성취 기준을 어느 정도 달성했는지를 파악할 수 있도록 평가 기준을 설정한다.

다섯째, 평가 기준에 따라 평가 방법과 평가 도구를 개발하여 평가를 실시한다. 평가 시기는 수업 중에 할 수도 있고, 정기고사 때 실시할 수도 있다.

끝으로, 평가 결과에 따라 학생들의 성취 정도를 등급화하고, 그 결과를 교수·학습의 정보로 이용한다.

2. 사회과 연간(학기별) 수업 및 평가 계획서 작성

사회과 평가의 방향이 구현되기 위해서는 연간(학기별) 수업 및 평가 계획을 설정하여 실시하여야 한다. 수업 및 평가 계획서 작성은 다음과 같은 절차에 의해 이루어진다.

첫째, 사회과 교육목표에 대한 검토가 이루어져야 한다.

둘째, 교사 수준에서 교육과정에서 제시된 단원별 교육목표 및 내용을 해석한다. 수업과 평가는 결국 교사 수준에서 운영되는 것으로, 교사는 각 단원의 목표와 내용을 재해석하여 한 차시 한 차시의 수업으로 구현될 수 있도록 한다.

셋째, 각 단원을 몇 차시에 걸쳐 수업할지와 각 차시의 수업 방식을 결정하고, 수업 자료를 준비한다.

넷째, 수업 방식, 내용, 자료에 알맞은 평가 도구를 결정하고 수업의 운영과 관련하여 평가 시기를 결정한다.

다섯째, 각 평가 문항에 따른 배점을 결정한다.

각 학년 사회과 교사들 간의 상호 협의를 거쳐 중의(衆意)를 통한 학년별, 학기별 혹은 연간 '수업 및 평가 계획서'를 사전에 작성하는 것이 필요하다.

1) 성취 기준의 구체화

'수업 및 평가 계획서'에 따라 수업을 하기 전에 교육과정을 근거로 해서 성취 기준을 분명히 한다. 성취 기준이란 '교수·학습활동에서 실질적인 기준 역할을 할 수 있도록 현행 국가 수준의 교육과정을 구체화하여 학생들이 성취해야 할 능력 혹은 특성의 형태로 진술한 것'이다. 무엇을 가르치고 배워야 할 것인가의 문제는 교육과정의 핵심적인 문제이다. 성취 기준은 내용(content)과 활동 수행(performance)의 두 가지 요소를 내포해야 한다. 내용은 교수·학습의 대상이며, 수행은 그 대상을 소재로 하여 학습자가 실제로 해 나가야 할 활동이다.

2) 수업의 진행

수업은 수업 목표와 학습 내용의 특성에 따라 다양하게 조합될 수 있다. 수업 목표는 사회과 교육목표의 큰 틀 속에서 설정되고, 학습 내용은 기본적으로 교육과정에서 제시한 내용 체계에 준거하여 설정된다. 교수·학습 방법은 교수·학습 목표, 내용과 밀접하게 관련된다. 즉, 수업 목표와 내용 및 방법은 유기적으로 밀접한 관계를 가지고 있어야 한다. 따라서 사회과 교수·학습은 가장 먼저 사회과에서 무엇을 왜 가르치고 배워야 하는가에 대한 고찰로부터 모색되어야 하고, 그러한 원리에 기초하여 각각의 교수·학습 방법에 접근해야 할 것이다.

3) 평가 도구의 결정

평가 목표, 내용, 환경 등이 분석되면 어떤 형태의 평가 도구를 사용할 것인지 결정해야 한다. 결정을 내리기 위해서는 평가 도구 개발자가 평가 도구 유형별 특징을 충분히 이해하고 있어야 한다.

4) 평가 도구의 개발

분석한 평가 요소를 고려하고 평가 도구의 유형별 특징을 최대한 살릴 수 있는 구체적인 도구를 개발하는 단계로서 성취 기준에 비추어 성취 정도를 평가하기 위해서 그것에 적절한 평가 도구를 제작한다. 평가 도구가 개발되면, 검토와 수정 과정을 거쳐 완성된다. 검토는 주로 평가 도구와 평가 목표·성취 기준과의 부합성·오답 여부·난이도·문항의 질문의 명료화·매력적인 답지 구성·이용된 자료의 적절성 등을 기준으로 검토한다.

1. 선다형 평가 도구

선다형(the multiple choice type)은 문항과 그에 따른 두 개 이상의 답지로 구성되어, 피험자로 하여금 맞는 답지 혹은 가장 알맞은 답지를 선택하게 하는 문항이다. 선다형 문항은 학생이 자신의 의견을 피력하기보다는 사회과의 주요 지식이나 원리 등을 잘 이해, 혹은 기억하고 있는지를 판별하는 데 적절한 평가 도구이다.

선다형 문항은 매우 쉬운 문항부터 어려운 문항까지 제작할 수 있어 학교에서 가장 많이 사용된다. 선다형은 다른 객관식 문항에 비해 내재적인 결점이 적기 때문에 가장 보편적으로 사용되고 있으며, 여러 가지 문제 상태, 목적, 내용을 다룰 수 있는 다양성·포괄성이 있을 뿐만 아니라 피험자의 우연적 오차의 영향도 적게 받기 때문에 문항 형식으로서는 가장 적절하다. 만약 답지들을 단순하게 제작하면 단순 기억 능력을 측정하는 문항이 되지만, 매력적으로 만들면 고등 정신 능력까지 측정할 수 있는 특징을 지니고 있다.

1) 문항 작성의 원리

선다형 평가 도구는 사회과의 다른 영역보다 지식의 이해 영역을 평가하는데 적합한 도구로서 기본적인 사실·개념·원리·이론 등의 이해 정도를 골고루 평가할 수 있도록 해야 한다. 사실을 암기하는 것이 중요하다면 암기 정도를 측정할 수 있는 문항을 출제해야 하고, 높은 수준의 지식 습득 여부를 측정하고자 하면 고등 사고 능력을 측정할 수 있도록 출제해야 한다.

2) 답지 작성의 원리

첫째, 5지 선다형 문항은 매력적인 오답을 잘 만들어야 한다. 문항의 변별도와 난이도는 매력적인 오답의 유무와 수에 좌우된다.

둘째, 답지 간의 길이가 비슷하도록 문장을 다듬어야 한다. 그리고 답지는 짧은 것부터 긴 것으로 배열하는 것이 좋다.

셋째, 한 문항의 답지들은 가능한 한 제시될 수 있는 모든 경우를 다 포함하되, 답지들 간에는 서로 중첩(重疊)되지 않도록 해야 한다.

넷째, 답지들이 수나 연도로 서술될 때, 일반적으로 작은 수부터 큰 수로 배열한다. 또한 답지들이 간단한 하나의 단어로 표기될 때 한글 '가나다 순', 혹은 '알파벳 abc 순' 등으로 나열한다.

다섯째, 정답이 되는 답지의 순서(혹은 번호)를 가능하면 고르게 분포시켜야 하며, 무작위로 배열해야 한다.

2. 수행 평가 도구

1) 수행 평가의 개념

수행 평가는 심동적인 행동 특성을 평가하기 위하여 사회과에서 지식이나 습득한 기능 등을 얼마나 잘 수행하는가를 평가하는 방법으로 일반적으로 관찰에 의존하여 수행하는 모든 과정과 수행 활동이 끝났을 때, 그 과정과 결과를 종합적으로 평가하는 방법이다. 그러므로 본래 의미의 수행 평가는 행위의 정도를 보여 주는 평가이며, 실제적인 행위의 평가이다.

수행 평가는 전통적인 선다형 평가에 대한 대안적 평가 방법으로서 학습자가 실제 상황과 유사한 상황에서 자신의 지식, 기능 등을 다양한 방법으로 수행해 보이는 것을 평가자가 직접 관찰하거나, 교육적 판단을 위한 정보 수집 과정을 통하여 수집한 정보를 기초로 하여 교육적 의사 결정을 하는 방법이다. 선택적 지필 평가 방식 외의 모든 평가가 곧 수행 평가라고 광범위하게 개념 정의를 할 수 있다.

〈표 119〉 사회과 수행 평가의 방법

지필 평가	수행 평가			
선택적 반응 요구	구성적 반응 요구	특정 산출물 요구	특정 활동 요구	과정 규명
·선택적 문항 ·진위형 문항 ·배합형 문항	·논술형 문항 ·완성형 문항 ·단답형 문항 ·도표, 그림 제목 붙이기 ·과제물 제시 ·시간적 자료 만들기	·쓰기 자료 ·연구 보고서 ·과제 일지 ·실험 보고서 ·이야기 극본 ·자율 보고서 ·포트폴리오 ·작성 작품 제시 ·사회과 프로젝트 ·모형(model) 구성 ·비디오, 오디오 구성	·구두 발표 ·조사 내용 실제 발표 ·실험, 시연 ·사회과 연극 ·역할놀이 ·토의, 토론 ·조사 발표	·구두 질문 ·관찰 ·면담 ·회의 ·과정에 대한 기술 ·생각하는 과정 표현 ·학습 일지

* 출처: 박은종, 사회과 교육학과 교육 평가, 공주대학교 강의록, 2007: 193.

2) 사회과 수행 평가 문항의 개발 방향

수행 평가(遂行評價, performance assessment) 방식은 선택형 문항 위주의 객관식 평가 방식이 사람의 특성을 가급적 공통된 척도(尺度)에 의해 재기 위하여 본격적으로 사용되기 훨씬 이전부터 사용되었던 평가 방식이다. 현재 사회과에서 수행 평가가 필요하다는데에 있어서는 어느 정도 공감대를 형성한 것 같다.

사회과에서 주로 적용할 수 있는 수행 평가 유형은 지필검사 형태의 서술형·논술형 문항과, 수업 시간에 이용할 수 있는 워크시트(worksheet)형·토론법 등이 있고 수행 과제로 제시하여 수행하도록 하는 야외 조사법·포트폴리오법·보고서법 등이 있다.

사회과에서 수행 평가 도구 및 문항의 질은 학생이 초·중·고등학교 사회과를 학습함으로써 기대되는 능력의 변화가 무엇인지가 명확하게 제시되는지와, 그것을 타당하게 물을 수 있도록 구조화되었는지에 따라 결정된다. 최근에 들어서 중·고등학교 사회과에서 수행 평가를 실시하고 있으나, 아직까지는 수행 평가의 본래 의미가 학교 교육에서 뿌리내리는 수준에 이르지 못하고 있다. 수행 평가를 위한 외적 조건이 갖추어지지 못했다는 이유와 더불어 학습 목표와 결합된 수행 평가 도구 및 문항이 잘 구조화되지 못했다는데서 그 이유를 찾을 수 있다.

사회과에서 수행 평가 도구 및 문항은 다음과 같은 방향에서 개발되어야 한다. 첫째, 사회과 교육 목표를 고려하여, 내용(content)과 활동 과정(activity process)으로 구성되도록 한다. 내용은 실제성과 의미를 지녀야 함은 물론이고, 현실적인 자료를 통하여 추론이 가능한 것이어야 한다. 즉, 내용은 사회과 교과서에 수록된 내용 이외에도 학생이 실제 경험할 수 있는 실생활로부터 구할 수 있다. 활동은 사회과 지식의 이해와 탐구 능력을 바탕으로 합리적 의사 결정 및 문제 해결 능력과 의사소통 능력을 요구하는 활동이어야 한다.

둘째, 학생들의 학습 결과가 다양하게 나올 수 있도록 개발해야 한다. 예를 들어 학생에게 자신이 살고 있는 도시의 불량 주거 지역에 대한 비디오를 보여 주고 그 지역의 삶에 대하여 신문기사를 작성하도록 과제를 제시한다. 그러면 몇몇 학생은 비디오 내용에 대한 간략한 요약만을 제시하고, 어떤 학생들은 불량 주거 지역에서의 삶에 대한 긍정적인 측면과 부정적인 측면을 개략적으로 기술하며, 어떤 학생들은 다른 지역의 불량 주거 지역과 비교할지도 모른다. 만약 '제주도 오름의 토지 이용에 대하여 조사하기'라는 수행 과제를 제시할 경우, 대부분 학생들의 조사 결과는 '오름은 주로 관광지·목초지·밭농사 지역으로 이용된다.'라는 내용이 대부분일 것이다.

셋째, 동일한 주제에 대해서도 다양한 조별 활동을 통하여 수행할 수 있도록 개발한다. 수행 자료는 교사가 다양하게 제시할 수도 있으나 학생이 수집할 수 있다. 이런 과제는 보통 주제만 제시되고 학생들이 주제와 관련된 자료를 수집하고 분석하여 보고서로 작성하는 보고서법이나 포트폴리오법 등에 적합하다. 가령 불량 주거 지역에서의 삶에 대한 신문기사를 작성한다는 공동의 과제를 제시할 때, 어떤 조는 교과서·잡지·전문 서적·신문 등과 같은 읽기 자료를 통하여 과제를 수행하고, 어떤 조는 도표·지도·사진·다이어그램 등의 시각적인 자료를 통하여 수행하도록 한다.

넷째, 과제는 학생들의 과제 수행 능력을 고려하여 개발한다. 주제는 동일하지만 과제가 단계별로 제시되어 학생들이 자신의 능력에 맞는 단계까지만 과제를 수행하도록 한다. 일련의 과제와 문제들은 점차 난이도가 높아지며 복잡해진다. 과제 중 어떤 것은 모든 학생들이 접근할 수 있도록 열려 있으며, 어떤 과제는 너무 복잡하고 어려워서 소수의 학생만이 접근할 수 있도록 설계된다. 어떤 학생들은 너무나 쉽게 과제의 모든 단계를 수행하는 한편, 어떤 학생들은 첫 번째 단계의 과제도 수행하지 못한 경우가 있을 것이다.

〈표 120〉 수행 평가(대안적 평가)와 선택적 평가(전통적 평가)의 비교

구분	선택적(전통적) 평가	수행(대안적) 평가
진리관	· 절대주의	· 상대주의
철학적 근거	· 합리론, 경험론	· 구성주의, 해석학, 현상학, 인류학
시대적 상황	· 산업화 시대, 소품종 다량 생산	· 정보화 시대, 다품종 소량 생산
학습관	· 직선적·위계적·연속적 과정 · 추상적·객관적 상황 중시 · 학습자의 기억·재생산 중시	· 인지 구조의 계속적 변화 · 구체적·주관적 상황 중시 · 학습자의 이해·성장 중시
평가 체제 (평가 척도)	· 상대 평가, 양적 평가 · 선발형 평가	· 절대 평가, 질적 평가 · 발달형 평가
평가 목적	· 선발·분류·배치 · 한 줄 세우기	· 지도·조언·개선 · 여러 줄 세우기
평가 내용	· 선언적 지식(내용적 지식) · 학습의 결과 중시 · 학문적 지식의 구성 요소	· 절차적 지식(방법적 지식) · 학습의 과정과 결과 모두 중시 · 실천적 지식의 구성 요소
평가 방법	· 선택형 평가 위주 · 표준화 검사 중시 · 대규모 평가 중시 · 일회적·부분적 평가(정기) · 객관성·일관성·공정성 강조	· 수행 평가 위주 · 개별 교사에 의한 평가 중시 · 소규모 평가 중시(수시) · 지속적·종합적인 평가 · 전문성·타당도·적합성 강조
평가 시기	· 학습활동이 종료되는 시점 · 교수·학습과 평가 활동 분리	· 학습활동의 전 과정 · 교수·학습과 평가 활동 통합
교사의 역할	· 지식의 전달자	· 학습활동의 안내자·촉진자
학생의 역할	· 수동적인 학습자 · 지식의 재생산자	· 능동적인 학습자 · 지식의 창조자
교과서 구실	· 교수·학습·평가의 핵심 내용	· 교수·학습·평가의 보조 자료
교수·학습활동	· 교사 중심, 인지적 영역 중심, · 암기 위주, 기본 학습 능력 강조	· 학생 중심, 지·정·의 전 영역 강조 · 탐구 위주, 창의성 등 고등 사고 기능 강조

* 출처: 김현석·한관종, 사회과 통합 교과교육론, 형설출판사, 2008: 286－287.

3) 사회과 수행 평가의 방법

(1) 서술형·논술형 평가

서술형 평가는 주관식 평가라고도 하며, 문제의 답을 선택하는 것이 아니라, 학생들이 직접 서술하는 평가이다. 질문 형태에 있어서 종래의 단편적인 지식을 묻는 방법에서 벗어나 창의성, 탐구력, 문제 해결력, 메타 인지, 의사 결정력 등 고급 사고력을 신장하는 평가이다. 논술형 평가도 일종의 서술형 평가이며, 개인 나름대로의 생각과 주장을 창의적이고도 논리적으로 설득력 있게 조직하여 상대적으로 길게 작성한다. 논술형 평가에서는 서술된 내용의 깊이와 넓이뿐만 아니라 조직, 구성

능력 등을 평가하게 된다.

(2) 구술시험

구술시험은 아주 오래된 평가 형태의 일종으로서 학생들로 하여금 생각을 발표하도록 하여 학생의 준비도, 이해력, 판단력, 의사소통 능력 등을 직접 평가하기 위한 방법이다. 구술시험은 학생들이 사회과 자율 학습을 한 뒤에 부과하기에 알맞은 형태이다. 특히, 사회과 조사 발표 뒤의 종합적 평가 등으로 적용할 수 있다.

구술시험에서는 주제나 질문의 요지를 미리 제시하기도 하지만 특별한 내용 영역만 제시한 후, 구술시험을 시행할 때 평가자가 그 내용 영역에 관련 있는 주제나 질문을 제시하고 학생이 답변하는 형식을 취할 수도 있다.

(3) 찬반 토론법

개인적·사회적으로 서로 다른 의견을 제시할 수 있는 주제를 개인별로 찬반 토론을 하도록 한 다음, 찬성과 반대 의견을 토론하기 위해서 사전 준비한 자료의 다양성, 충실성, 그리고 토론 내용의 논리성, 반대 의견을 존중하는 태도, 토론 진행 방법 등을 총체적으로 평가하는 방법이다.

찬반 토론법은 찬반 토론 과정을 자세히 관찰함으로써 토론 진행 과정에서 지도력을 발휘하여 토론을 이끌어 가는 사람, 당당하게 자기주장을 피력하는 사람, 타인의 의견을 경청하고 모두의 의견을 집약하는 사람, 상대방에게 의견을 자유롭게 제시하도록 한 후 결론은 자기 의견대로 이끌어 가는 사람 등 여러 유형의 성격을 파악할 수 있는 평가이다. 따라서 찬반 토론법은 논술형 평가와 구술시험을 통하여 얻을 수 있는 정보를 모두 얻을 수 있는 장점이 있는 반면, 학생 수가 많을 경우 개별 학생들이 충분히 발언할 기회가 제한되는 단점이 있음을 유념하여야 한다.

(4) 실기 시험

사회과 수행 평가에서의 실기 시험은 실제 수업에서의 실습 참여와 활동을 평가하는 것이다. 사회과의 지도 그리기, 역사 연표 만들기, 인터넷 검색하기, 자료를 통하여 통계·분석·종합하기 등을 들 수 있다. 실기 시험은 학생들이 의식하지 않고 자연스럽게 교수·학습활동에 참여하면서 평가를 받을 수 있는 자연스러운 분위기 조성이 아주 중요하다.

(5) 면접법

사회과 수행 평가의 면접법은 평가자와 피평가자가 서로 대화를 통해서 얻고자 하는 자료나 정보를 수집하고 평가하는 방법이다. 즉 평가자가 피평가자와 직접 대면하여 평가자가 질문하고 피평가자가 답변하는 과정을 통해서 집필 평가와 서류만으로는 알 수 없는 사항을 파악하고 평가하는 방법이다. 면접법은 한 명의 평가자와 한 명의 피평가자가 대면하는 일대일 면접, 다수의 평가자와 한 명의 피평가자가 대면하는 다수 대 일 면접, 다수의 평가자와 다수의 피평가자가 대면하는 다수 대 다수 면접 등이 있다.

사회과 수행 평가로서의 면접법은 평가 시간을 별도로 설정하여 평가하는 것으로, 주로 구두 문답의 형식으로 이루어진다. 사회과 수행 평가로서의 면접법의 장점은 보다 심도 높은 정보를 얻을 수 있으며, 진행상 융통성을 발휘할 수 있으며, 단순 암기나 이해 수준을 넘어 평소의 관점과 태도 등을 포괄적으로 평가할 수 있는 장점 등이 있다.

(6) 관찰법

관찰법은 학생들을 이해하고 평가하기 위한 가장 보편적인 방법이다. 교사들은 항상 학생들을 접하고 있으며, 개별 학생 단위로나 집단 단위로나 항상 관찰을 하게 된다. 사회과에서의 교수·학습 참여는 물론, 교우 간의 역동적인 관계 등을 관찰할 수 있다. 관찰법은 평상시 학생들의 행동을 보고 어떤 교육 목표가 달성되었는지를 평가하는 것이다. 관찰 평가를 하기에 적합한 평가 영역은 지식 영역 중 고급 사고력, 기능 영역, 가치·태도 영역 등이다. 관찰한 결과는 누군가 기록을 해 나아가야 하는데, 이는 체크리스트법과 관련된다(교육과학기술부, 2008a: 379).

관찰법에서는 객관적이고 정확한 관찰을 하기 위해서는 관찰 대상을 있는 그대로 기술하는 일화기록법, 체크리스트, 평정 척도법 등을 사용하고, 녹화 후 분석법을 적용하기도 한다.

(7) 자기평가 보고서

자기평가 보고서는 사회과의 특정 주제나 교수·학습 영역에 대하여 자기 스스로 학습 과정이나 결과에 대한 자세한 평가 보고서를 작성·제출하게 하여 평가하는 방법이다. 가령, 사회과 교수·학습 참관, 수업 연구 실시 등의 후에 참관 내용과 활동 내용, 수업 설계와 진행 과정, 수업 후의 반성 등을 보고서로 작성·제출하게 한 후 평가하는 방법이다.

자기평가법은 자기 능력의 정도와 자신의 행동의 옳고 그름, 자기 행위에 대한 반성 등에 관하여 스스로 기술하고 평가하는 것이다. 자기평가 보고서는 이와 같은 자기평가법에 근거하여 어느 정도 척도가 정해져 있는 질문에 대하여 자기의 입장을 표시하는 방법, 글짓기 형태로 쓰는 방법, 대화법, 그리기 등이 있을 수 있다. 경우에 따라 일기장에 기록된 내용은 훌륭한 자기평가 보고서의 자료가 될 수 있다(한면희, 2006: 506).

(8) 연구 보고서

사회과 수행 평가의 연구 보고서 방법은 사회과의 연구 주제 중에서 학생들의 능력, 수준, 흥미 등을 고려하여 적절한 주제를 선택하되, 그 주제에 대해서 자료와 정보를 수집·분석·종합하여 연구 보고서를 작성·제출하게 한 후, 이를 평가하는 방법이다.

사회과 수행 평가의 연구 보고서 작성을 통해서 학생들은 관심 있는 특정 주제에 대한 각종 정보를 수집하는 방법, 다양한 자료를 종합하고 분석하는 방법, 연구 보고서 작성법 등을 익히게 되고 사회과 교과교육연구회, 사회과 교육 현장 연구, 사회과 관련 학회 등에 적극 참여, 발표하는 계기가 될 것이다.

(9) 포트폴리오(portfolio)

포트폴리오(portfolio)는 최근에 수행 평가와 함께 강조되고 있는 평가 방법의 하나로서, 이는 실제로 어떤 일을 해 나아가는 과정을 나타내는 각종 자료를 평가하는 방법이다. 포토폴리오는 하나 혹은 그 이상의 영역에서 학생 참여, 결과의 판단 준거, 학생의 자기반성 준거 등을 가지고 있는 학생들의 노력, 발달, 성취 등을 나타내는 학생들의 과제 성취물, 누적된 활동 기록물 등을 종합하여 평가하는 방법이다. 따라서 사회과의 포토폴리오는 단순한 작품 모음집이 아니라, 학생들의 일정 기간 누적된 활동에 대한 종합적인 유의미한 작품집인 것이다. 즉, 어떤 단원을 학습해 나아가면서 학생들이 모은 자료, 만든 도표나 연표, 발표 요지 메모, 기록해 낸 학습지 등은 그 학생이 이 단원을 학습한 결과를 나타내는 중요한 자료들이며, 이러한 자료들은 학생의 성취 정도를 평가하기에 매우 편리하다.

사회과 수행 평가로서의 포토폴리오는 이것저것 모은 잡동사니를 평가하는 것이 아니라, 목적과 주제가 뚜렷한 현장학습집, 조사 활동집, 협동 학습활동집, 누적 지도(地圖) 자료집, 역사 연표 자료집, 정보 검색 종합 자료집 등을 요소별로 평가하는 것이다.

(10) 체크리스트(checklist)

체크리스트법은 '특정 행동이 일정 수준에 도달했는가?'의 여부를 기록해 가는 방법이다. 관찰법이나 면접법을 적용할 때에 학생들의 행동을 포괄적으로 관찰하여 문장화하는 방법도 있겠지만, 좀 더 자세하게 분석하여 각 항목에 도달했는지, 어느 정도 도달했는지를 점검해 갈 수도 있다.

체크리스트의 관점은 다음과 같이 요약할 수 있다.

① 학습에 대한 흥미, 관심, 욕구, 문제의식: 의문을 제기하였는가? 자료에 관심을 가지는가?

② 학습 계획: 학습 문제를 찾아냈는가? 학습을 설계하였는가?

③ 조사, 보고, 토의: 조사할 내용을 잘 파악하였는가? 정보의 소재를 알고 있는가? 정확하고 세밀하게 조사하는가? 끈기를 가지고 끝까지 조사하는가?

④ 학습 결과의 종합 응용: 학습 결과를 다른 사례와 관련지어 말할 수 있는가?

⑤ 학습 목표에 대한 성취: 목표의 성취 수준은 어떠한가?

〈표 121〉 수행 평가의 유사 용어와 특징

유사 용어	핵심적 주요 특징
1. 대안적 평가 (alternative assessment)	· 한 시대의 주류를 이루는 평가 체제와 특성을 달리하는 평가 체제 · 선택형 문항을 사용하는 표준화된 평가의 대안적 평가(서술형, 논술형) · 대입수능처럼 1회성 평가에 대한 대안적 평가(지속적, 종합적 평가) · 결과 중심 평가에 대한 대안적 평가(결과＋과정) · 수행 평가는 대안적 평가의 한 사례
2. 실제 상황 평가 (authentic assessment)	· 평가 상황, 내용이 가능한 한 실제 상황, 내용에 가장 유사해야 함 · 도덕 성적이 높은 것과 도덕성이 높은 것은 서로 별개라는 입장 · 진정한 평가, 참평가(true assessment) · 교사의 교수 능력을 평가하기 위해 가르쳐 보게 하는 것과 유사 · 수행 평가 방식 중의 한 특수한 사례
3. 직접적인 평가 (direct assessment)	· 간접적인 평가보다 직접적인 평가 강조 · 정답을 선택하기보다는 정답의 서술과 구성 강조 · 도덕성을 지필 평가보다는 실제적 행동, 태도로 평가 · 수행 평가는 가급적 직접적인 평가 성격을 띠게 함
4. 실기 시험 (performance based assessment)	· 지필 평가보다 실기 평가 중시 · 암기보다 실제 실행 강조 · 실기 평가는 수행 평가의 한 유형
5. 포트폴리오법 (portfolio)	· 학생의 누적 작품집, 서류철 등 평가 · 결과가 나오게 된 과정 및 변화에 대한 평가 중시 · 성취도 자체도 중요하지만 학생의 노력과 향상 중요 · 일회적, 단절적 평가가 아니라 지속적, 통합적 평가 중시 · 수행 평가의 대표적 유형
6. 과정 중심 평가 (process based assessment)	· 학습 결과보다 과정을 주요 평가 대상으로 함 · 과정 중심 평가는 수행 평가의 강조 주요 측면 평가

* 출처: 손충기, 교육과정과 교육 평가, 태영출판사, 2008: 382.

(11) 질문지법

질문지(Questionnaire)는 어떤 문제에 작성된 일련의 질문에 대해서 피험자가 대답을 기술하도록 하는 방법이다. 질문지는 구조적 질문지와 비구조적 질문지, 그리고 상호 보완적인 것이 있으며 그 유형에는 자유 반응형, 선택형, 체크리스트(Checklist), 유목 분류형, 등위형, 평정 척도형 등이 있다.

▎제7장▎ 사회과 평가 도구의 준거

1. 타당도(validity)

교육 평가에서의 타당도는 평가 도구가 재려고 의도하는 것을 어느 정도 충실하게 재고 있느냐 하는 것이다. 즉, 재려고 하는 것을 올바로 재고 있느냐 하는 개념이자 무엇을 재고 있느냐 하는 개념이다. 평가 방법이나 평가 도구의 타당도(validity)란 평가(검사)하고자 의도했던 구체적인 목표나 내용을 제대로 평가하고 있는가를 나타내는 정도를 의미한다. 한마디로 교육 평가 기준으로서의 타당도는 평가 목표와 평가 결과의 관련성을 규명하는 것이다.

교육 평가의 타당도에서는 반드시 준거(criteria)가 제시되어야 한다. 어떤 준거의 맥락 속에서만 그 의미가 확인되는 개념이며, 타당성은 유무의 문제가 아니라 정도의 문제인 것이다. 즉, 모든 도구는 어느 정도는 타당하다. 타당도는 무엇을 측정하고, 또 측정하려는 것을 어느 정도로 충실히 측정하고 있느냐 하는 문제인 것이다.

즉, 타당도는 평가하고자 하는 구체적인 목표나 내용을 제대로 평가할 수 있느냐의 문제라고 할 수 있다. 타당도는 어디까지나 정도의 문제이기 때문에 타당도가 높다거나 낮다고 할 수는 있지만, 있다거나 없다고 하기는 어려우며 대부분의 경우 숫자로 표시하기 어려운 경우가 많이 있다.

일반적으로 평가 방법이나 도구의 타당도를 알아보기 위한 방식에는 여러 가지가 있는데, 어떠한 측면을 강조하느냐에 따라 내용 타당도 · 준거 타당도(구인 타당도 · 공인 타당도) · 예언 타당도(안면 타당도 · 이론 타당도) · 체계적 타당도(혹은 결과 타당도), 생태학적 타당도 등으로 분류할 수 있다.

1) 예언 타당도

교육 평가의 준거 타당도는 예언 타당도와 공인 타당도로 구분된다. 예언 타당도란 하나의 평가 기록이 학생들의 미래 행동과 특성 등을 어느 정도로 정확하고 완전하게 예언하느냐 하는 것으로 결정하며, 이때의 준거는 시간적으로 미래의 행동 특성에 있다.

가령, 공무원 시험 문제가 이후 공무원으로 합격하여 능력과 자질을 충실히 발휘할 사람을 선발하는데 유용한 척도인지, 그리고 대학교 입학 고사 문제(방법)가 이후 합격한 학생이 대학교의 전 과정을 충실하게 이수할 수 있는지를 변별할 수 있는 문항이었는지를 가름하는 타당도가 예언 타당도이다.

예언 타당도는 선행 평가 X와 준거 Y의 상관관계로 표시되는데, 상관계수가 크면 그만큼 예언의 정확성이 크고, 예언의 오차가 적다는 것을 의미한다. 선행 평가 X와 준거 Y의 두 평가 도구의 신뢰도에 크게 영향을 받는데, 두 개의 평가가 모두 신뢰도가 높으면 그 사이의 상관계수인 예언 타당도는 높아진다.

2) 공인 타당도

공인 타당도란 새로운 연구 및 가능성을 탐색하고, 새로운 해석이나 이론을 모색하기 위하여 유용하게 이용될 수 있는 타당도의 한 가지이다. 이 기준은 현재에 있고 평가 X와 준거 Y가 본질적으로 동시에 측정되며, 준거의 성질이 예언이라는데 있지 않고 공통된 요인의 유무에 달려 있다. 공인 타당도의 통계적 방법은 예언 타당도와 마찬가지로 평가 X와 준거 Y의 상관계수로 나타낸다. 평가 X로 준거 Y를 서로 바꾸어 사용할 수 있느냐 할 때, 그 답이 '그렇다'이면 공인 타당도가 있는 것이다. 즉, 특성 X를 측정하고자 하는 평가 X와 특성 Y를 측정하고 있는 평가 Y 사이의 경험적 공인 관계를 밝히고자 하는 것이다. 이들 두 가지 유형의 타당도 사이에 존재하는 차이는 시간 차원과 준거의 성질이 다르다는데 있다.

공인 타당도의 특징은 평가의 결과와 기준 변인의 자료를 동시에 수집하며, 평가 목적은 기준 변인에 관한 자료의 수집을 대신하는데 있다. 평가에 의해서 어떤 기준 변인을 예언하기보다는 검사를 사용하는 것이 목적이라는 점이 예언 타당도와 차이점이다.

3) 내용 타당도

내용 타당도란 한 평가가 재려고 하는 타당성의 준거를 그 측정 도구의 내용, 즉 내적 준거에 비추어 보는 타당도이다. 내용 타당도의 특징은 평가 문항에 의하여 나타난 내용과 그 평가가 대표하고자 하는 내용이나 행동의 전집과 비교하고 내용의 전집을 명확하고 상세하게 정의해야 한다. 전집을 몇 개의 적합한 하위 영역으로 분류, 정의하고 각 영역의 중요도에 따라 적당한 비중을 결정한다. 평가 문항 제작자는 각 문항에 대해서 그 문항이 재고 있는 내용과 기능을 명세화하고 그에 따라 문항의 상대적 비중을 결정한다.

평가가 전반적인 타당성을 측정해 주는 평정척을 만들고, 필요에 따라 재고자 하는 기능 및 중요한 내용, 내용에 관한 문항, 그리고 형식의 적합성을 평정하는 평정척을 만들 수 있다. 내용 타당도의 결정은 수량적 관계로 표현되는 것이 아니라 합리적인 판단 과정이다. 이 과정은 평가와 내용 간의 일치성을 평가하는 논리적이고 합리적인 과정으로 평가 문항의 전문가의 입장에서 볼 때, 그 전집을 대표하고 있다고 하면 그 평가는 내용 타당도가 있다고 볼 수 있다.

4) 구인 타당도

한 평가가 어떤 심리적 개념이나 논리적 구안을 어느 정도 측정하고 있느냐를 의미한다. 조작적으로 정의되지 않고, 과학적으로 이론 정립이 되지 않은 새로운 개념이나 구인을 측정하는 평가로 과학적 이론이나 타당화를 부여하는 과정이다. 한 평가가 조작적으로 정의되지 않은 어떤 특성이나 성질을 측정했을 때, 그것의 과학적 개념을 분석하고 의미를 부여하는 과정인 것이다. 구인 타당도의 특징은 A라는 특성을 가진 학생은 B라는 상황에 C라는 행동을 보일 것이라는 가정 아래에서 새로운 법칙을 도모한다. 조작적으로 정의되지 않은 특성이나 성질을 측정했을 때, 그것을 심리적 개념으로 분석하고 의미를 부여하는 것이다. 구인 타당도는 준거 없이 타당도를 검증한다는 점에서 예언 타당도, 공인 타당도와 차이가 있다(이해명 외, 현대 교육과정과 평가, 교육아카데미, 2007: 409-415).

2. 신뢰도(reliability)

교육 평가의 핵심은 오차 없는 측정이다. 평가 방법이나 평가 도구의 신뢰도(reliability)란 그 평가 방법이나 도구를 이용하여 수집한 검사의 점수가 얼마나 정확하고 일관성이 있는가 하는 정도, 즉 측정의 오차(measurement error)가 얼마나 적은가 하는 정도를 의미한다. 인간의 특성을 측정할 때에는 반드시 오차가 있게 마련인데, 이 오차를 얼마나 줄여서 측정하느냐 하는 개념인 것이다. 교육 평가의 일관성과 안정성의 문제로 동일한 평가 도구를 수차 반복 실시하여 나타난 결과가 동일할 때 신뢰도가 높다고 할 수 있다.

가령, 어떤 평가 방법이나 도구를 이용하여 평가한 결과를 아침에 채점한 점수와 저녁에 채점한 점수가 동일하다면 신뢰도가 높은 평가 방법이나 도구라 할 수 있겠지만, 반대로 아침에 채점한 점수와 저녁에 채점한 점수 간에 차이가 크다면 신뢰도가 낮은 평가 방법이나 도구라고 할 수 있다.

이러한 신뢰도는 어디까지나 정도의 문제이기 때문에 신뢰도가 높다거나 낮다고 할 수는 있지만 있다거나 없다고 하기는 어려우며, 대부분의 경우 숫자(혹은 계수)로 표시하는 경우가 많다. 평가 방법이나 도구의 신뢰도를 알아보기 위한 방식에는 여러 가지가 있는데, 어떠한 방법과 절차를 이용하여 파악하느냐에 따라 채점자 간 일치도·재검사 신뢰도·동형검사 신뢰도·내적 일관성 신뢰도 등으로 구분할 수 있다.

검사 도구의 신뢰도에 영향을 주는 요인은 다음과 같다.

첫째, 문항 수이다. 일례로, 적은 수의 문항으로 인간이 지니고 있는 속성을 측정할 때보다 많은 수의 문항으로 검사를 실시할 때 측정의 오차를 줄일 수 있다. 문항은 문항 제작 절차와 제작법에 준하여 제작된 문항을 전제한다. 양질의 문항 수가 증가한다 하여 신뢰도가 계속 선형적으로 증가하는 것이 아니라 S자형으로 증가한다.

둘째, 문항의 난이도가 적절해야 한다. 검사가 너무 어렵거나 쉬우면 검사 불안과 부주의가 발생하여 일관성 있는 응답을 하지 못하므로 신뢰도가 저하된다.

셋째, 문항 변별도가 높아야 한다. 즉 문항이 피험자를 능력에 따라 구분할 수 있는 문항변별력이 있어야 검사의 신뢰도가 높아진다.

넷째, 검사 도구의 측정 내용이 보다 좁은 범위의 내용이어야 한다. 만약 고등학교 사회 중 검사의 내용 범위를 '지형과 인간 생활'로 국한한다면 지리 전체의 내용으로 하는 검사보다 신뢰도가 높아질 것이다. 이는 검사 내용의 범위를 좁힐 때, 문항 간의 동질성을 유지하기가 용이하기 때문이다.

다섯째, 검사 시간이 충분하여야 한다. 이는 문항 수와 관계되는 문제이기도 하다. 충분한 시간이 부여될 때 응답의 안전성을 보장받을 수 있다. 그러므로 속도검사(speed test)보다는 역량검사(power test)가 신뢰도 측면에서 바람직하다.

1) 검사-재검사 신뢰도(test-retest reliability)

한 개의 평가 도구, 또는 검사를 같은 집단 내에서 두 번 실시하여 그 전후의 결과에서 얻은 점수를 기초로 하여 상관계수를 산출하는 방법이다. 시간 간격에 따른 점수 변동에서 안정성과 관계되므로 안정성 계수라고 한다. 검사-재검사 신뢰도에 의해 추출된 신뢰도는 진짜 신뢰도보다 얼마간 과대 추정될 가능성이 있다는 점을 유의하여야 한다.

재검사 신뢰도의 특징으로는 검사 실시의 간격을 어떻게 잡느냐에 따라 달라진다. 즉 간격이 짧으면 신뢰도가 높고, 길면 낮아지므로 두 검사 사이에 시간 간격을 명시해야 하며, 일반적으로 2-4주가 바람직하다. 또한 전후의 검사 실시에서의 여러 조건을 똑같이 통제하기 어려우므로 오차가 커질 우려도 있다.

2) 동형검사 신뢰도(equivalent-form reliability)

동형검사 신뢰도는 미리 두 개의 동형검사를 제작하고 그것을 피험자에게 실시하여 두 동형검사에서 얻은 점수 사이의 상관계수를 산출하는 방법이며, 이를 동형성 계수(coefficient of equivalence)라고 한다.

재검사 신뢰도의 시험 실시 기간의 사이가 짧을 경우 피험자가 어떤 특정한 문항을 기억함으로써 검사의 신뢰도가 사실 이상으로 높아지게 되는 현상을 피할 수 있는 방법의 하나로 제작된 것이다. 문항은 다르지만, 같은 특성을 같은 형식으로 측정하고자 하는 것이다. 동형검사 신뢰도의 특징으로는 기억 효과, 연습 효과를 통제할 수 있으며 문항 표본에서 파생되는 오차도 신뢰도 계산에서 고려될 수 있다. 하지만 실제로 거의 같거나 완전히 같은 동질적인 검사로 구성하기는 매우 어렵다.

3) 반분검사 신뢰도(split-half reliability)

반분검사 신뢰도는 동질성 계수를 보는 한 가지 방법이다. 한 개의 평가 도구, 혹은 검사를 분할하고 집단에 실시한 다음 그것을 적절한 방법에 의해 두 부분의 점수로 분할하고 그 사이의 상관을 계산하는 방법이다. 즉, 하나의 검사를 실시한 후에 두 개의 동형검사를 동시에 실시하였다고 보고 한 검사를 두 개의 동등한 부분으로 나누어 따로 채점하여 두 개의 반분된 검사 간에 상관관계를 측정하는 것이다. 이 방법은 재검사 신뢰도가 부적절할 때, 또 동형검사를 만들기 어려울 때 쉽게 사용할 수 있는 방법으로 두루 활용한다.

두 부분으로 분할하는 방법에는 문항의 전후로 하여 반으로 나누는 방법과 기우법(odd-even method)으로 나누는 방법, 난수표(random numbers table)에 의해 두 부분으로 나누는 방법, 그리고 의식적으로 문항의 난이도 및 내용에 따라 비슷한 것끼리 짝지어 반분하는 방법 등이 있다. 반분검사 신뢰도의 특징으로는 하나의 평가 도구나 검사를 가지고 신뢰도를 측정한다는 점에서는 편리하나 검사 실시 시 가능한 특수한 조건이나 피험자의 기간에 따른 우연적 변동 등을 통제할 수 없다. 또한 검사 문항이 동질적이지 못하면 신뢰도 계수가 과소평가될 수 있으며 속도 검사인 경우 신뢰도 계수가 과대평가될 우려가 있다.

4) 문항 내적 합치도(inter-item consistency)

문항 내적 합치도는 피험자가 검사 속에 포함된 각종 문항에 반응하는 일관성, 합치성에 기초를 두고 추정하는 신뢰도이다. 검사 속의 각 문항 하나하나를 모두 독립된 한 개의 검사 단위로 간주하고 그들 사이의 합치성, 동질성, 일치성 등을 종합하는 입장이다. 한 검사에 있는 문항을 각각 독립된 별개의 검사로 간주하여 문항 내의 정답과 오답 사이의 일관성을 일종의 상관계수로 나타낸 것이다.

문항 내적 합치도의 특징으로는 검사가 속도를 지나치게 강조할 경우, 많은 학생들이 시간이 모자라 손대지 못하는 문항이 많은 경우에 문항 내적 합치도를 과대 추정할 우려가 있다. 따라서 피험자의 약 90-95%가 검사를 해결했을 때 비로소 사용하는 것이 바람직하다.

3. 객관도(objectivvity)

객관도는 평가자 신뢰도라고도 부르며, 채점자의 채점이 어느 정도 신뢰롭고 일관성을 유지하느냐 하는 것이 초점이다. 한 가지 반응 결과에 대해서 여러 사람의 채점 및 평가가 일치하는 정도를 평가자 간 객관도라고 하며, 한 평가자가 시간적 간격이나 상황의 차이에 따라 같은 대상에 대해서 다른 평가 결과를 나타내는 것을 평가자 내 객관도라고 한다. 객관도는 교육 평가에서 하나의 결과가 보는 자의 입장에 따라 여러 가지 다른 해석이 가능하기 때문에 나타나는 평가 기준이다.

객관도는 신뢰도의 일종이며 검사자의 신뢰도이다. 채점의 주관성을 되도록 줄이는 것이 객관성을 유지하는 길이다. 객관도의 향상 방법으로는 평가 도구의 객관화, 평가자의 소양 함양, 명확환 평가 기준 수립 등을 들 수 있으며, 다수인의 공동 참여를 통한 평가 결과로 객관성을 높일 수 있다.

4. 실용도(usability)

평가의 실용도는 하나의 평가 도구가 얼마나 시간과 노력을 적게 들이고 소기의 목적을 달성하느냐 하는 정도를 의미한다. 실용도의 향상 방안으로는 평가 실시의 용이성, 채점의 용이성, 완전한 채점 방법의 제시, 비용의 절감 등을 들 수 있다.

사회과 교육 평가에서 타당도, 신뢰도, 객관도를 보완하기 위한 측정 기준으로 제시되는 것이 실용도이다. 실용도는 하나의 평가 도구가 시간, 경비, 노력 등을 최소로 하면서 최대의 효과를 나타낼 수 있는 정도를 의미하는 것이다(김현석·한관종, 2008: 282).

5. 문항 난이도(item difficulty)

문항을 출제할 때 이원 분류표를 작성하면서 문항의 난이도를 추정한다. 교사는 학생 반응 결과와 자신이 추정한 난이도가 어느 정도 일치하는지 확인할 필요가 있다. 문항 난이도(問項難易度, item difficulty)는 '한 문항의 어려운 정도', '한 문항에 학생들이 정답을 한 확률'이다. 피험자 집단이 <문항 1>에는 80%가 정답을 맞혔는데, <문항 2>에는 70%가 정답을 맞혔다면 <문항 1>은 <문항 2>보다 쉬운 문항이라고 할 수 있다.

이와 같이 문항 난이도(문항 곤란도)는 0~100%에 이르기까지의 변수를 갖고 있다. 그러나 문항의 난이도는 집단이 다름에 따라 변한다. 한 개인에 대한 문항 난이도란 존재하지 않는다. 개인에 대해 알 수 있는 것은 그 문항에 정답을 했느냐 오답을 했느냐는 것뿐이다. 측정학적 용어를 빌리면 문항 난이도란 집단의 표준편차와 평균에 의해 결정되는 통계치이다.

그런데 교사가 문항 난이도를 계산하기 전에 반드시 각 문항에 대한 추측 요인을 교정해야 했다. 검사 전체의 점수를 가지고 한 개인의 점수를 교정하거나 하지 않는 것은 그 서열에 별 차이가 없기 때문에 추측을 심하게 하는 것을 막는 효과밖에 없다. 그러나 문항 난이도 산출에서는 문항 하나하나의 어려운 정도를 밝히려는 것, 즉 문항에 정답을 하는 확률을 산출하는데 있기 때문에 답지의 선택이 두 개인가, 세 개인가에 따라 추측을 하여 맞을 가능성, 확률은 전혀 달라진다.

6. 문항 변별도(item discrimination)

문항 변별도는 개개의 문항이 평가나 검사에서 성적이 높은 학생과 낮은 학생을 어떻게 구분해 줄 수 있는가 하는 변별 능력을 의미한다. 즉 문항 변별도는 상위 능력 집단의 정답 학생 수를 하위 집단의 학생 중 정답을 기답한 학생 수로 나눈 값이다. 좋은 문항이란 상위 성취의 학생들이 다수 정답을 하고 하위 수준의 학생들이 거의 정답을 선택하지 못하게 가름하는 것이다.

문항 결과에 대하여 말하는데 문항의 변별도를 빼놓고 이야기할 수 없다. 검사 결과가 잘하는 학생과 그렇지 못하는 학생을 변별하지 못한다면 그 결과에 대해 해석하기 난처하다. 평가 문제의 문항 타당도는 '문항이 무엇을 측정하고 있느냐, 측정해야 할 것을 측정하고 있느냐, 학생의 능력을 변별하는 힘이 있느냐' 등으로 표현할 수 있다. 이처럼 문항 타당도의 개념 중에 한 문항이 피험자의 능력을 얼마나 정확하게 변별하는 능력이 있느냐를 보는 것을 문항 변별도(問項辨別度, item discrimination)라고 하고, 계산되어 나온 수치를 변별도 지수(discrimination index: DI)라고 부른다. 이러한 문항 변별도는 선택형 문항의 변별도와 주관식 문항에서의 변별도로 구분하여 고찰할 수 있다.

첫째, 선택형 문항에서의 문항 변별도는 상위 학생들과 하위 학생들을 구분해 주는 지수로서 총점을 기준으로 하여 구분한 상위 집단과 하위 집단의 정답 차를 의미한다(김호권, 2008: 484-486).

실제 평가나 검사의 총점에서 높은 점수를 받은 학생(상위 집단)과 총점이 낮은 학생(하위 집단)으로 나누었을 때, 상위 집단의 학생이 각 문항에서 정답을 맞히는 확률은 하위 집단의 학생이 정답을 맞히는 확률보다 유의한 수준에서 높아야 할 것이다. 만약 이러한 확률에서 차이가 없다면 그 문항의 상·하위 집단을 변별하는데 별 의미가 없는 변별력이 없는 문항이 된다. 심하게는 어떤 문항에서 상위 집단의 정답률이 하위 집단의 정답률보다 유의하게 낮다면, 그 문항은 별로 쓸모없는 문항이 되고 마는 것이다.

문항 변별도를 계산하는 가장 일반적인 공식은 다음과 같다.

$$DI = \frac{R_U - R_L}{f}$$

DI: 문항 변별도 지수
RU: 상위 집단 정답 반응 총수
RL: 하위 집단 정답 반응 총수
f: 각 집단(상위, 또는 하위)의 총 사례 수

<문항 1>, <문항 2>와 <문항 3>은 상위 집단에서 이 문항에 정답을 한 수가 오답을 한 수보다 많고, 하위 집단에서는 반대로 오답을 한 수가 정답을 한 수보다 많다. 이렇게 상부 집단과 하부 집단을 분명히 변별해 내는 문항이 좋은 문항이다. 따라서 이 문항들은 모두 변별력을 갖춘 문항으로 판단된다. 이를 공식을 이용하여 문항 변별도 지수를 계산해 보면 분명히 그 뜻이 양적으로 드러난다.

<문항 1> $\qquad$ DI $= \dfrac{5}{5} - \dfrac{3}{5} = 0.4$

<문항 2와 3> $\qquad$ DI $= \dfrac{5}{5} - \dfrac{2}{5} = 0.6$

변별도 지수(DI)는 상관계수와 같이 -1.00~+1.00 사이에 분포된다. 그중 음(-)의 부호가 붙은 것은 아예 쓸모없는 지수이며, 영(0)의 지수, 또는 영에 가까운 지수도 거의 변별력이 없는 문항이며, 양(+)의 부호를 가지면서 그 값이 클수록 변별력이 우수한 문항, 즉 바람직한 문항이다(김정호 외, 2007: 36-318).

둘째, 주관식 문항, 수행 평가에서의 문항 변별도는 상위 집단 학생들의 평균 점수와 하위 집단 학생들의 평균 점수 간에 어떤 의미 있는 차이가 있는지를 나타내는 지수이다. 주관식 문항, 수행 평가 문항에서의 문항 변별도 지수는 다음과 같은 공식으로 산출된다.

$$\text{문항 변별도 지수(DI)} = \frac{\text{특정 문항에 대한 상위 집단 학생의 평균 점수}}{\text{최대 획득 가능 점수}} - \frac{\text{특정 문항에 대한 하위 집단 학생의 평균 점수}}{\text{최소 획득 가능 점수}} = \frac{\text{상위 집단과 하위 집단의 평균 점수 차이}}{\text{획득 가능 점수 범위}}$$

　가령, 상위 집단의 평균 점수가 5.3점이고, 하위 집단의 평균 점수가 2.5점이면, 획득 가능한 점수는 1－6점이다. 그러므로 변별도 지수는 아래 공식에 의해서 0.56이 되어 비교적 상위 집단과 하위 집단을 잘 변별해 주는 바람직한 문항이라고 할 수 있다(김호권, 2008: 484－486).

$$\text{문항 변별도 지수(DI)} = \frac{5.3 - 2.5}{6 - 1} = 0.63$$

7. 오답의 매력도(문항 반응 분포)

　오답의 매력도(distractability)는 선택형 문항 중에서도 선다형 문항과 결합형 문항의 양호도를 분석할 때 사용된다. 오답의 매력도는 오답지가 마치 정답지처럼 보여 응답자들에게 매력을 느끼도록 하거나 착각을 일으키는 정도를 의미한다.
　오답의 매력도는 일명 문항 반응 분포라고 부르기도 하는데, 각 답지에 대해 응답자들의 반응이 어떻게 분산되어 있는지를 파악하게 되면 답지의 매력도는 물론이고 문항의 전체적인 난이도를 추정할 수 있게 된다(김호권, 2008: 486－488).
　매력적인 오답의 존재 유무와 매력적인 오답의 개수로 난이도를 조절할 수 있다. 오답이 그럴듯하고 매력적일 때 문항이 어려워지고, 오답으로서 매력이 전혀 없을 때 답지의 기능을 상실하게 된다. 따라서 선다형 문항에서 답지에 대한 분석은 문항의 질을 향상시키고 문항의 난이도를 조절하는 중요한 역할을 한다. 답지 중 오답지를 선택한 피험자들은 문항의 답을 맞히지 못한 피험자들이고, 이들은 확률적으로 균등하게 오답지를 선택하게 된다. 그러므로 답을 맞히지 못한 피험자들이 오답지를 선택할 확률은 다음과 같다.

$$P_0 = \frac{1-P}{Q-1}$$

Po: 답지 선택 확률

P: 문항 난이도

Q: 보기 수

　각 오답지들이 매력적인지의 여부는 각 오답지에 대한 응답 비율에 의해 결정되는데, 오답지에 대한 응답 비율이 오답지 매력도보다 높으면 매력적인 답지, 그 미만이면 매력적이지 않은 답지이다

(김정호 외, 2007: 313-319).

　오답의 매력도에서 유념해야 할 것은 오답지의 매력도가 어느 정도까지는 높아야 하겠지만, 자칫 오답지가 지나치게 매력적이어서 상하위 피평가자들을 구분해 주지 못하는 문제가 발생할 우려가 있다는 점이다.

8. 문항의 계열도

　문항의 계열도는 각 문항에 대한 응답자들의 반응 분포를 파악하여 문항의 계열성을 분석하는 방법이다. 따라서 정해진 일률적 수치로 계산하는 것이 아니라 특정 검사지에 대한 학생들의 반응 분포를 조사하여 결정한다. 즉 당해 평가 문항이 학습 내용의 위계를 얼마나 충실하게 반영하고 있는지를 따져 보는 방법이다.

<표 122> 문항 계열도의 분포(예시)

문항 번호	1	2	3	4	5	6
가	O	×	O	O	×	×
나	O	O	O	O	O	O
다	×	×	×	×	×	×
라	O	O	O	O	O	×
마	O	O	O	O	O	O
합계	O	O	O	O	O	O

　<표 122>의 문항은 학습 내용의 위계가 낮은 문항에서는 모두 정답을 표시했으나 학습 내용의 위계가 높을수록 점차 정답이 감소하고 있으므로 문항 계열도가 높은 편이다. 문항 곤란도는 정답 수를 총 사례 수로 나눈 것이기 때문에 전체적인 경향을 나타내는 지표에 불과하고 실제로 문항에 정답을 기답했느냐, 오답을 기답했느냐는 응답자에 따라 다르다. 바꾸어 말하면 개개 학생마다 맞출 수 있는 문제를 차례로 제시하여 어떤 문제를 어느 수준까지 풀 수 있는지를 확인하는 검사 방식이 위계화 검사이다(황정규, 1986: 496).

　교육 평가에서는 양질의 문항이 제작되어야 타당하고 신뢰로운 평가를 할 수 있다. 이를 위해서 문항 분석이 필요하다. 문항 제작에서 문항의 난이도와 변별도가 항상 민감한 사항은 아니다. 평가의 목적이 상대 평가인가, 아니면 절대 평가이가에 따라서 달라질 수 있다. 문항 변별도가 상대 평가에서는 주된 관심사이지만, 절대 평가에서는 그렇지 않다. 오히려 절대 평가에서는 응답자의 오답 매력도(문항 반응 분포)와 문항 계열도에 더욱 중점을 두고 있다(김호권, 2008: 488-489).

1. 사회과 평가의 절차와 도구

사회과 교수·학습에 있어서 평가를 합리적으로 수행하기 위해서는 일정한 계획에 의하여 평가해야 한다. 이러한 평가의 계획 및 실행에 대한 일반적인 절차를 들면 다음과 같다.

첫째, 교육목표를 분석하고 지도 내용을 검토한다. 교육목표로 설정된 학력(지식·이해·능력·기능·가치·태도 등)을 지도 내용(교재)과 결부시킨다.

둘째, 이원 목적 분류표를 작성한다. 교육 목적 달성도를 측정하기 위해서는 어떤 형식이건 구체화되는 것이 바람직하다. 이러한 구체화의 전략으로서 교육 목적을 이원적으로 분류한다. 이원 분류라는 것은 교육 목적의 요인을 내용과 행동으로 분리시키는 작업이다.

(1) 내용 분류: 사회과에 있어서의 내용 분류로는 지리, 역사, 정치, 경제, 사회, 문화 등으로 분류할 수 있으며 활동 면에서 분류하면 경제활동, 봉사활동, 정치활동, 종교활동, 건강활동 등으로 나눌 수도 있다. 교육적 이원 분류에서 내용 분류는 비교적 명백하므로 쉽게 이루어진다.

(2) 행동 분류: 교육 목적의 추수는 행동에 있다. 그러나 교육 목적을 측정 가능한 행동 목표로 바꾸는 것은 어려운 문제이므로 이와 같은 행동 분류는 블룸(Bloom)의 교육목표 분류 (지식, 이해력, 적응력, 분석력, 종합력, 평가력)를 활용함이 효과적이다.

〈표 123〉 사회과 평가 이원 목적 분류표(예)

내용 \ 행동		인지적 영역										정의적 영역				
		지식			기능							가치 갈등 분석			당위가치	
					기초기능			탐구기능								
우리나라의 민주정치	(1) 정부와 행정부 (2) 국회와 입법부 (3) 법원과 사법부	사실	개념	일반화	지식획득	의사소통	상호협동	문제인지	가설	탐색	일반화	감수반응	선택	존중	주의이해	수용

(3) 이원 목적 분류표: 교육 목적을 내용과 행동 면으로 분류한 후 평가를 실시하면 전반적으로 평가에 큰 도움을 준다. 이는 곧 교사가 무엇을 가르치고 무엇을 평가하는지를 일목요연하게 알 수 있는 시간표와도 같다. 교사는 평가 과정에서 직접 문항 제작에 들어가기 전에 반드시 이러한 이원

분류표를 작성하여야 한다. 그래야만 교육 목적에 부합되는 평가를 할 수도 있고 또 자칫하면 편중될 출제 위험을 사전에 방지할 수 있다.

셋째, 행동의 타당한 증거를 객관적으로 수집할 수 있는 평가 장면을 구성하여야 한다.

넷째, 신뢰성 있고 타당성 있는 평가 도구를 선택하여 작성한다.

다섯째, 실제적인 평가를 실시한다.

여섯째, 결과를 의의 있게 해석하고 교육 자료로 활용한다.

이상과 같은 절차를 밟는 사회과 평가에 있어서 가장 어려운 문제는 제1절차인 교육목표의 분석적 정의와 제4절차인 평가 도구 즉 문항 제작이다. 전자는 블룸(Bloom)의 교육 목적 분류학을 참조하면 목표 분석에 큰 도움이 될 것이다. 그리고 후자에 속한 사회과 평가 도구로서는 주관식 테스트, 객관식 테스트, 문제 장면 테스트, 관찰 평가, 작품 평가, 면접법, 질문지법 등 다양하게 분류하는데 필답 고사의 경우 교사가 작성한 도구로서는 주관식과 객관식 평가가 가장 많이 활용된다.

효과적 사회과 평가를 위해서 교사는 각종 평가의 성질에 입각하여 평가 목표에 타당한 평가 방법을 선정하는 일이 중요한 것이다. 평가 목표와 평가 방법과의 타당한 관계를 작성하여 보면 다음과 같다.

〈표 124〉 사회과 평가 목표와 평가 기술의 관계

평가 목표		주요 평가 기술
지 식		·단순 재생법, 선택법, 조합법, 선택 조합법, 진위법, 서열법, 정정법 등 객관적 테스트, 논문체 테스트
이 해		·논문체 테스트, 객관적 테스트, 선택적 조합법, 완성법 등
사 고		·문제 장면 테스트, 관찰 평정척 기술
기능	도표 읽는 법, 이해와 기술	·관찰 평정척 기술(Check list), 문제 장면 테스트, 객관적 테스트
기능	활동 토의 기술	·관찰 평정척 기술(Check list), 평정 척도(Guess who test)
가치 태도	가치관·의견· 관심	·질문지법, 작문, 면접법
가치 태도	사회적·도의적 태도	·질문지법, 관찰 평정, 면접법
가치 태도	노력, 책임 등의 태도	·관찰 평정척 기술(Check list)·평정 척도(Guess who test)

〈표 125〉 평가 영역과 평가 목표 및 평가 방법 비교

평가 목표	지식	이해	능력		태도	
			자료 처리	사고	사회적 태도	의사 결정
평가 방법 평가 형태	·다답형 ·완성형 ·선다형 ·최선답형 ·부정형 ·다답형 ·배합형 ·진위형 ·논문형	·논문형 ·선다형 ·배합형 ·완성형	·관찰 평가 ·문제 장면 평가 ·발언 및 작품 평가 ·객관식 평가	·문제 장면 평가 ·관찰 평가 ·객관식 평가	·질문지법 평가 ·작문 평가 ·면접 평가 ·단답형	·관찰 평가 ·질문지법 ·논문식 평가

▌제9장▐ 사회과 학습 과정의 평가

1. 관찰 평가

    사회과 관찰 평가는 학생들의 학습활동 상황 및 과정 중의 학생 활동을 관찰하여 평가하는 것이다. 즉, 학생들이 학습 과정 중에서 사회 사상이나 사물에 대하여 갖는 흥미, 관심, 능력, 대화, 사고 방식 등의 상황을 관찰하고 기록하여 평가하는 것이다.

    교사는 행동 관찰에 있어서 독단적인 주관을 피하고 항시 객관적 입장에서 계획적, 조직적, 종합적으로 관찰하는 것이 중요하다. 또한 관찰한 결과를 효과적으로 활용하기 위해서는 기록의 방법이 질적, 양적으로 처리하기 쉽도록 하여야 한다. 특히, 교사는 관찰 직후 그때그때 기록할 것을 잊어서는 안 되며 때로는 정기적으로 일자를 정하여 할 수도 있다.

    관찰 기록 방법으로 체크리스트와 평정 척도법 등이 대표적인데 이를 예시하면 다음과 같다.

    체크리스트는 평정단계를 몇 가지로 나누어서 학생의 행동을 체크하는 방법이다. 각종 행동특성의 유무, 형성 정도를 기준으로 특성이 있는 학생이나 형성이 되어 있는 학생만을 체크하는 것이 보통이나 경우에 따라서는 반대로 특성이 없거나 형성되어 있지 않은 학생을 체크할 수도 있다.

    평정 척도법은 관찰한 특성을 몇 단계를 구분하여 수량적으로 파악하려는 방법이다. 이 방법은 여러 가지가 있으나, 기록을 미리 계획한 척도에 따라 평가하는 것이다. 또, 체크리스트와 평정법을 절충해서 체크 대신 평정 척도를 상·중·하, 또는 1, 2, 3, 4, 5점으로 대체하여 이용할 수도 있다.

〈표 126〉 체크리스트의 평가 기록(예)

번호·성명\관점		표현력	참여력	역할수행	자료제작	자료해석	종합력	계
1	○○○	(4)		(3)				
2	○○○		(2)				(3)	
3	○○○		(5)		(4)			

* 관점별 5점 만점, ( ) 안의 숫자는 평정 점수

2. 발언 분석 평가

    발언 분석 평가는 넓은 의미에서 관찰 평가의 일부라고 할 수 있는데 학습 과정 중에 학생들의 발언 상황을 분석 진단하는 평가이다.

    교사는 학생들의 발언 내용, 논리성, 표현 방식, 발언 횟수, 발언 태도 등을 주의 깊게 관찰하고, 발언 내용이 교사의 발문이나 지도 목표에 부합되는가를 잘 분석하면서 학습 의욕과 흥미를 북돋아 줄 수 있도록 격려, 칭찬하는 식으로 유도하여야 할 것이다. 또한 발언 평가는 학습자 전원이 발언할 수 있어야 하겠지만 현실적으로는 개인의 성격이나 학급의 집단성 때문에 불가능하다. 따라서 사전에 발언 내용을 노트에 기입하게 하여 그것을 발표시킨다든지, 소집단에서 발언시키고 차차 일제학습에 있어 발언할 수 있도록 지도하는 등 어떤 의도적 평가가 있어야 할 것이다. 그리고 발언 분석 결과는 누가적으로 기록하여 평가해야 한다.

3. 작품 분석 평가

작품 분석평가는 학습 과정에서 학생들이 직접 제작한 지도, 도표, 연표, 작문, 일기, 학습장 등의 내용이 어떻게 작성되고 정리되어 있는가를 조사, 분석하는 평가이다. 작품 분석법의 대상은 문자나 그림이기 때문에 영속적이어서 분석·고찰하는데 유리하다 할 수 있다. 그러므로 교사가 객관적이고 타당성 있는 관점에서 계속성 있게 성실히 진행한다면 이 방법은 인간 행동의 여러 측면, 즉, 창조력, 사고력, 응용력, 감상력 등의 평가뿐만이 아니라 인간성, 사회성의 제 문제점까지도 찾아낼 수 있는 장점이 있다. 또한 지도와 평가의 일체화 실현이라는 점에서도 가장 유용한 방법이라 할 수 있다.

4. 면접(인터뷰) 평가(면접법)

면접법은 학생 개개인을 상대로 하여 교사가 사전에 계획된 내용에 따라서 면접하는 방법이다. 사회과 학습 평가로서의 면접은 학습 의욕이 없거나 흥미와 관심이 적어 학습 능률이 오르지 못하는 지진아 혹은 그 외에 문제가 있어 학습에 지장을 느끼는 학생을 대상으로 하는 경우가 많으나 때로는 정상적이며 우수한 학생을 면접하는 경우도 있다.
면접 평가에 있어서 교사는 부드러운 분위기를 조성함으로써 학생이 안도감을 갖도록 하고 용어 사용, 사전 계획, 기록 등에 특히 유념해야 한다.

5. 현장학습 평가

현장학습 평가는 현장견학, 즉 공장, 회사, 관공서 등의 사회조사, 사적 및 지형답사의 학습활동을 통해서 학생들의 관찰력, 조사 기능, 조사 태도와 아울러 보고서, 감상문 등의 표현력까지도 평가할 수 있는 방법이다.
현장학습은 사회현상을 주체적으로 고찰하고 생활과 관련된 문제 등을 직접 발견하는 이점이 많으므로 세밀한 사전 계획이 무엇보다 중요하다. 사전 계획은 연중 계획, 월중 계획은 물론 실행 시의 준비물, 안전관리, 사후 처리 등 아주 면밀한 계획 수립과 실행이 요망된다.

6. 질문지 평가

질문지법의 특성으로는 아동의 학습 전, 학습 도중, 학습 후에 있어서의 학습 태도나 능력을 평가할 수 있다. 학습 전에 이루어진 경험 조사에 있어서는 학생의 선행 경험, 내용, 그에 대한 아동들의 의식을 조사할 수 있고, 또 앞으로의 학습에 대한 흥미, 관심 등을 조사할 수 있다. 학습 도중에 있어서는 선수 학습과의 관련을 조사할 수 있고 단원 종료 시에도 학습 성과를 조사할 수 있다.

이와 같이 질문지법은 학생의 학습에 따른 변용 과정이나 의식의 심화 과정을 조사하는데 매우 유효한 수단이라 할 수 있다. 그러나 자유기록에 의할 경우 문장 표현 능력이나 그 분석에 시간이 걸리는 등 결점도 있다. 그러므로 설문 작성 시에는 조사 의도에 대하여 명확히 해답할 수 있도록 고찰되어야 하며 표현이 불명확할 경우에는 면접을 통하여 학생의 의도한 바를 파악하는 등 타 평가 방법과 병행함으로써 보다 효과를 기할 수가 있는 것이다.

7. 상호 평가

상호 평가는 학습 동료 간의 평가이다. 사회성 등 가치·태도의 측면을 측정하기 위하여 사용되는 방법이다. 가령, "우리 반 아이들 중 짝이 되고 싶은 아이는 누구인가?"와 같은 질문을 던져, 아이들의 사회성과 상호 관계를 알아보는 방법이다. 이렇게 해서 얻어진 결과를 가지고 학생들의 상호 관계를 한 표에 나타낸 것을 사회성 분석표(소시오메트리·sociometry)라고 한다. 이 방법을 사용할 때에는 학생 상호간에 원만한 인간관계가 유지되도록 주의해야 한다. 특히 평가 목적에 적합하도록 평가해야 하며,

8. 자기평가

자기평가는 자기가 평가자가 되는 것이다. 자기평가는 자율성을 길러 주는데 의의가 있다. 남으로부터 받는 평가는 평가받는 대상을 항상 수동적으로 만들기 쉬우나, 자기평가는 스스로 평가해 본다는 의미에서 자율적이고 능동적인 인간 형성과 관계가 있는 것이다. 자기평가를 할 수 있는 장면으로는 수업 중에 있어서의 자기평가, 답안의 자기 채점, 답안지 반환에 의한 피드백, 학습 태도, 습관, 노력에 대한 자기평가 등을 들 수 있다. 평가의 객관성과 타당성 담보가 문제가 될 수 있으므로 신중하게 접근하여야 한다.

■제10장■ 사회과 평가의 실제

1. 지식·이해 영역의 평가

지식·이해는 학습 지도에 있어 중요한 목표임과 동시에 아동에게 습득시켜야 할 기본적 학력이다. 학습이란 지식·이해 없이는 성립되지 않는다. 흔히, 사회과 교육에서 지식과 이해를 암기 주입이라는 인식이 앞서 도외시하는 경향이 있는데, 탐구와 문제 해결 등 구성주의적 접근도 기초적인 지식과 이해가 바탕이 되어야 한다.

이해란 구조적으로 보면 이해하고 있다는 상태와 그 이해의 소산 또는 결과로서의 지식으로 된 이면적 구조체이다. 특히 이해는 전자에 중점이 있다. 사회 사상이나 학습 내용은 복잡한 관계를 이루며 존재한다. 이들의 관계성이 파악되지 못한 때는 이해되지 않는 상태이며 그것이 학습의 진행에 따라 상호 관계성이 파악될 때 비로소 이해된 상태에 이른다. 예를 들면 기후, 지형, 토지, 인간, 생활양식 등의 낱말이 있다고 할 때 이들 낱말들의 상호 관계가 어떤 인과관계나 상호 관계와 같은 체계하에 관계 파악이 되었을 때 비로소 이해된 상태에 이른다. 이들 낱말들의 관계 파악이 되지 못한 상태에서는 단순한 낱말의 기억에 불과하지 지식이라 할 수 없다. 이들 낱말들의 상호 관계 파악이 되면 필연적 결과로서 지식 또는 개념이 이루어져 구체적 사실이 추상화되고 개념화되어 법칙이나 원리로 전환되는 것이다.

지식은 이해의 결과이며 발생적으로는 이해가 지식보다 먼저라 할 수 있다. 지식은 이해된 것이 관념으로서 기억되어 있어야 하며 필요시에 언제나 재생되어 활용되어야 한다. 따라서 기억되지 않은 지식은 참된 지식이라 할 수 없다. 또한 재생되는 지식의 양이 많으면 그만큼 이해도는 깊어지는 것이다. 지식은 기억된 상태이며 이해는 관계 파악이 된 상태라는 것이 본질적 성격이다. 따라서 지식·이해를 평가할 때는 일단 이들을 구별할 필요가 있는 것이다.

지식에 대한 평가는 객관적 평가가 가장 적당하며, 이해에 관한 평가는 주관식의 논술형 평가가 가장 타당도가 높으며 객관식으로는 선다형, 완성형, 배합형이 바람직하다. 사회과는 다른 학과에 비하면 그 범위가 너무 넓기 때문에 알아야 할 지식의 범위도 넓고 그 평가 방법도 아주 다양해야만 바람직할 것이다.

1) 단답형(단순재생형)

이것은 직접질문이나 명령문으로 되어 있는 것이 보통이나 특수한 경우도 있다. 이 단답형을 일명 단순 재생형(Simple Recall)이라고 하는데 사회 사상의 생활에 관한 단편적인 지식, 용어, 기호, 수치, 개념 등 사실적 지식을 묻는데 많이 사용된다.

- [문제 예] 조선을 건국한 인물은 누구인가? (   )

2) 완성형(완결형)

　완성형은 거의 단순재생법과 같은 것이므로 그 차이는 문제의 길이와 해답의 배치에서 찾을 수 있다. 이는 진술문의 일부분을 비워 놓고 거기에 들어갈 적당한 단어나 기호를 써 넣게 하는 방법인데 문항의 정답은 하나인 것이 바람직하다. 이 형식의 기본형은 불완전 문장형인데, 그 변형으로는 불완전 도표형, 제한 완결형 등이 있다.
　이 형식은 사회과학과 사회생활에서 많이 쓰고 있는 고유명사, 일시, 연대, 수치, 인명, 지명, 기호, 용어와 같이 단편적이면서 단순한 지식을 평가하는데 많이 사용된다.
　●[문제 예] 한국은 (　　　)년 (　)월 (　)일 (　　　)의 식민지로부터 해방되었다.

3) 선다형

　선다형 문항 형식은 문항과 그에 잇따른 두 개 이상의 답지로 구성된다. 문항은 대개 의문문이거나 불완전 문장으로 되어 있고 답지는 두 개 이상이라 하지만 4개 정도로 추측 요인을 가장 경제적으로 통제할 수 있다.
　선다형은 다른 형식에 비해 내재적인 결점이 적기 때문에 학업 성취 측정에 가장 널리 사용되고 있다. 특히 복잡하고 유동성이 심한 사회 사상이나 생활에 대한 통찰력, 추리력, 식별력, 판단력을 요하는 사회과 평가에는 가장 적합하다고 볼 수 있다.
　그러나 선다형은 좋은 문제를 제작하는데 많은 노력과 시간이 소모된다. 답지를 두 개 이상 나열한다고 선다형이 되는 것이 아니며 그 답지 하나하나가 제대로 된 측정 기능을 다하고 있느냐가 중요한 것이다.
　이 형식은 어느 형식보다도 그 변형의 종류가 많다. 그 기본형은 최선답형인데 그 유형에는 부정형, 다답형, 정답형, 합답형, 불완전 문장형, 불완전 답지형, 대입형, 포함형, 제외형 등이 있다.

　●[문제 예: 최선답형] 다음 중 사회복지국가 건설과 가장 관련 깊은 정책은 무엇인가? (　　)
　① 학교와 병원 시설을 늘린다.
　② 국력을 기르고 국방을 튼튼히 한다.
　③ 가뭄과 홍수를 막는데 힘쓴다.
　④ 세금을 적게 받아들인다.

　●[문제 예: 최선답형] 2008년 출범한 '이명박 정부'의 핵심 공약은 무엇인가? (　　)
　① 남북통일 이룩
　② 경부 운하 건설
　③ 6자 회담 재개
　④ 북한의 핵 폐기

⑤ 인구 증가 출산 정책

•[문제 예: 어미 부정형] 다음 중 고등법원이 설치되지 않은 지역은? (　)
① 서울　　② 부산　　③ 광주　　④ 대전　　⑤ 춘천

•[문제 예: 다답형] 다음 중 해수욕장이 있는 지역을 있는 대로 골라라. (　　　)
① 강릉　　② 보령　　③ 청주　　④ 안동　　⑤ 해운대

4) 배합형

배합형은 일련의 전제, 일련의 답지, 그리고 전제와 답지를 배합시키는 지시문의 세 가지로 구성
된다. 전제와 답지에는 단어, 어구, 문장, 도표 등 모든 것을 다 사용할 수 있다. 전제와 답지의 구별
은 형식상의 차이일 뿐 근본적 차이는 없다. 대개 먼저 제시되는 것을 전제라 부른다. 이 형식은 사
회 사상과 생활과의 관련, 대비, 분류 등을 측정하는데 적합하다. 이 형식의 변형으로는 단순 배합
형, 복합 배합형, 관계 분석형, 관계 분류형, 양적 비교형, 공변 관계형 등이 있다.
　•[문제 예: 단순 배합형] 다음 (ㄱ)항과 관계 깊은 것을 (ㄴ)항에서 골라 (　　) 안에 기호를 쓰시오.

(ㄱ)항: 인물　　　　　　　(ㄴ)항: 업적

① 계백　　(　　)　　　　ⓐ 노량해전
② 양만춘 (　　)　　　　ⓑ 귀주대첩
③ 이순신 (　　)　　　　ⓒ 황산벌 전투
④ 강감찬 (　　)　　　　ⓓ 안시성 싸움
⑤ 김종서 (　　)　　　　ⓔ 육진 개척

5) 진위형

진위형은 진술문을 제시하고 그것의 진위(眞僞), 정오(正誤) 등을 판단케 하는 방법으로 양자 택일
형 평가형이라고도 한다. 진술문 한 개를 주어 그것이 옳은지 틀린지를 판단케 하는 방법도 있지만
두 개를 주어 어느 것이 옳은 것인지를 묻는 방법도 있다.
　이 형식은 전통적으로 가장 많이 사용되어 온 방법이었으나 현재는 별로 사용하지 않는다. 왜냐
하면 형식 자체가 갖는 내재적 약점으로서 추측, 우연의 오차가 크게 작용하기 때문이다. 최근에는
그 개량형으로서 진위를 결정한 이유까지 간단히 적게 하여 그 논리성이나 사고력이 합당한 경우에
한하여 맞는 답으로 하는 문항을 제작하고 있다. 사회 사상에 관한 간단한 내용이나 가치판단을 측
정하는데 사용된다. 이 형식의 변형으로는 수정형, 군집형, 진위변형 등이 있다.

• [문제 예: 진위형] 다음 설명 중 옳은 것에는 ○표, 틀린 것에 ×표를 하여라.
① 미국은 1776년에 독립하였다. (　　)
② 프랑스의 수도는 파리이다. (　　)
③ 인도의 나라 종교(국교)는 마호메트교(회교)다. (　　)
④ 일본에서는 화산, 지진 등이 자주 발생한다. (　　)
⑤ 오스트레일리아(호주) 국민은 주로 백인이다. (　　)

6) 배열형

배열형은 몇 개의 문제 사태나 사전 또는 어떤 조작 과정을 나타내는 문제를 주고 이를 연대순 또는 어떤 합리적 및 논리적인 순서로 배열케 하는 문제이다. 그러나 이 형식은 검사 형태에 적합한 동질적 내용을 얻기가 어렵다는 것과 각 문항의 곤란도가 비슷해야 되고 또 채점상의 불합리성 등의 이유로 최근에는 그 변형으로서 중요한 대표적인 순서만을 몇 개 골라서 선다형의 문제 형식으로 만들어 최적한 순서를 선택하게 하는 방법으로 제작하고 있다.

• [문제 예: 배열형] 다음 [보기]의 사실은 조선 시대에 일어난 여러 가지 역사적인 일이다.

[보기] ⓐ 한글 창제　　ⓑ 한일 합방　　ⓒ 임진왜란　　ⓓ 위화도 회군　　ⓔ 병자호란

위 [보기] 사실을 일어난 시대순으로 바르게 나타낸 것은 다음 중 어느 것인가? (　　)
① ⓐ-ⓑ-ⓒ-ⓓ-ⓔ　　　　② ⓐ-ⓒ-ⓑ-ⓓ-ⓔ　　　　③ ⓓ-ⓑ-ⓒ-ⓐ-ⓔ
④ ⓓ-ⓐ-ⓒ-ⓔ-ⓑ　　　　⑤ ⓓ-ⓒ-ⓐ-ⓔ-ⓑ

7) 논문형

이것은 별다른 형식이 없고 어떤 질문, 지시에 따라 자유로이 수험자의 능력을 구사할 수 있도록 하는 반응이 특징이다. 일반적으로 신뢰성이나 채점의 객관성에 있어서 객관적 테스트에 미치지 못하나 이해 면에서는 타당도가 높다 하고 있다. 평가 목표에 타당한 것을 들어 보면 다음과 같다.
• [문제 예: 원리, 주장형] 2007년 태안 앞바다 기름 유출 사고의 원인을 밝히고, 국민들의 봉사 활동에 대해서 논술하여라.
• [문제 예: 현상 분석 및 대안 제시형] 고령화 사회 우리나라의 인구 감소 원인을 분석하고 출산율 증가를 위한 대안을 제시하여라.

2. 능력·기능의 평가

능력은 어떤 일을 수행할 수 있는 역량인데 이에는 선천적 능력과 후천적 능력으로 대분할 수 있으나 여기에서는 후천적 능력인 학습 능력을 의미한다.

장래의 시민을 양성하는 학교 교육, 특히 사회과 교육에서는 기존의 사회지식만을 가르치기에 앞서 당면한 사회문제를 해결하는 방법이나 새로운 지식을 만들어 내는 학습 능력을 길러 주는 것이 더 긴요하다 하겠다.

한편 기능은 주로 기술적 달성도로 표시되는 역량을 의미한다. 기능은 구조적으로 보면 두 가지 측면이 있다. 첫째는 기능을 뒤받치고 있는 지식·이해의 면이다. 예를 들면 지도 작도의 기능이 습득되려면 지도에 대한 방위, 기호, 축척 등에 대한 지식·이해 없이는 이루어지지 않는다. 또한 기능에 있어서의 이 같은 이해·지식의 면은 타 교과의 기초에 의한다는 것도 무시하지 못한다. 그래프 도표를 만들 경우 수학의 기초적 지식이 필요한 것이 그런 예이다. 둘째로는 기능의 습관화의 면이다. 예컨대 묘도(描圖)의 경우 처음에는 지식·이해가 의식적으로 작용하여 묘도 기능이 향상되지만 나중에는 묘도 기능이 무의식적으로 향상되어 간다. 다시 말하면 묘도라는 행동이 습관화되어 기능 향상이 되는 것이다. 바로 이것이 기능의 본질이며 이런 기능의 향상은 드릴이나 반복연습에 의해 습득되는 것이다.

사회과에서 이 같은 능력 또는 기능에 대한 평가 목표는 학자에 따라 견해가 다르나 자료활용 능력과 사고력으로 나누어 그 평가 방법을 알아보기로 한다.

1) 자료 활용 능력의 평가

자료에는 교사가 지도하기 위한 교수 자료와 아동들의 학습을 추진하기 위한 학습 자료가 있다. 오늘의 교수·학습에서 더욱 필요한 것은 교수 자료보다 학습 자료의 활용 능력이다. 사회과의 교수·학습에 있어 자료 활용은 바른 사회적 판단이나 사회 인식의 심화를 위해서 불가결한 것으로서 중학년에서 고학년으로 갈수록 활용의 기회가 많아지고 있다. 사회과에서의 자료 활용 능력으로는 자료의 선택·수집력, 자료의 제작력, 자료의 분석·해석력으로 나눌 수 있으며 이에 따라 그 평가 관점 역시 다음과 같이 정리할 수 있다.

첫째, 학습에 필요한 자료를 신문, 잡지, 기타 참고도서 등 각종 자료에서 선택하여 수집하는 능력.

둘째, 선택하여 수집한 자료를 비교·관련 등의 조작 과정을 통하여 학습에 효과 있게 제작하는 능력.

셋째, 학습의 초점에 맞추어 자료를 분석하고 해석할 수 있는 능력.

자료 활용 능력의 평가 과업에는 관찰법, 발언 분석법, 작품 분석법, 필답 고사 등이 있다.

●[문제 예: 자료 분석력] 현대사회에서 가장 빠른 정보를 얻기 위한 자료나 매체는 무엇인가? (　　　)
① 지도(地圖)　② 인터넷(internet)　③ 통계자료　④ TV　⑤ 신문

3. 가치 · 태도의 평가

가치 · 태도에 대한 평가는 정의적인 면의 평가이다. 태도란 경험을 통하여 학습된 것으로서 특정한 사물, 사태에 대한 심적 경향 또는 반응 경향을 말하며, 가치 또한 체험이나 생활, 학습을 통하여 내면화된 것으로 어떤 행동을 구속하는 신념 내지 표준화 같은 것이다. 따라서 양자는 다 같이 경험을 통하여 학습된다는 것과 개인 행위의 선택을 결정짓는 보다 심층에 속하는 행동 성향이라는 점에서 같다고 할 수 있다. 다만 그 차이는 태도에 비해 가치 행동 성향이라는 점에서는 같다고 할 수 있다. 다만 그 차이는 태도에 비해 가치는 보다 포괄적이고 심오한 심성이라 할 수 있다.

이 같은 가치 및 태도는 교육에서 정의적 목표의 주요 대상일 뿐만 아니라 실제의 학습활동에도 큰 영향을 준다. 아동의 학습에 대한 태도 및 가치관은 아동의 학습 상황을 촉진하기도 하고 억제하기도 하며, 또한 학습의 방향이나 성과까지도 규제하는 것으로 요즈음의 교수－학습에서는 중요한 지도 목표로 인식되고 있다.

특히 사회와 문화가 급변해 가는 오늘날 여러 면에서 가치의 기준이 흔들리고 있는 상황 속에서 사회과 교육이 목표로 하는 시민적 자질을 육성키 위해서는 태도 및 가치 교육이란 매우 중요한 목표라 하지 않을 수 없다.

1) 가치 평가 방법

사회과에서의 가치 교육은 가치란 무엇이며, 어떤 것이 절대적인 가치인가를 추구하거나 규명하려는 것이 아니라 사회생활을 하는 가운데서 올바른 판단으로 합리적 결정을 내릴 수 있도록 교육하는 것이다.

그런데 실제의 경우 국가 사회적 요구를 저버릴 수 없는 경우가 허다하므로 주입적 가치 교육을 많이 하고 있는 불가피한 일이라 하겠다. 가치 평가의 관점을 사례로 제시하면 다음과 같다.

(1) 감수 · 반응

- 학습자가 주어진 문제점에 대하여 잘 들으려고 하는가?
- 학습자가 어떤 요구에 대하여 반응하려는 의사를 가지고 있는가?
- 학습자가 기대되는 행동에 대하여 그 이유를 생각하려 하는가?

(2) 자유선택 · 심사숙고 후의 선택

- 자기가 택한 가치와 다른 가치의 원인을 생각해 보았는가?
- 자기가 택한 가치가 자기당착에 빠져 있지 않은가?

● 가치를 택한 후의 결과나 할 일을 생각해 보았는가?

(3) 존중 · 확신

● 자기가 택한 가치에 대하여 만족하고 있는가?
● 자기가 택한 가치가 무엇이 좋고 왜 좋은지 알고 있는가?
● 자기가 택한 가치를 누구에게나 주장할 수 있는가?

2) 태도 평가 방법

사회과 교육에서의 태도는 사회적 태도를 말하는 것으로 그 관점은 사회과 교육의 기본 목표에서 우러나온다. 사회과 교육의 궁극적 목표는 시민적 자질의 육성에 있는 만큼 이를 뒤받치고 있는 요소로는 첫째 기본적 인권의 존중, 둘째 우리 국토와 역사에 대한 애정, 셋째 국제이해에 대한 태도라 할 수 있다. 태도를 평가하는 방법으로는 관찰법, 발언 분석법, 면접법 등 주로 노출된 행동을 대상으로 하는 방법과 태도를 뒤받치고 있는 내용 판단, 일반적 경향성을 파악하는 방법, 즉 질문지법, 논문 테스트, 문제 장면 평가, 객관테 스트 등 주로 필답 고사에 의한 방법이 있다. 그런데 필답 고사에 의할 경우 테스트상에 나타난 태도와 실제의 행동 간에는 반드시 일치하지 않을 수도 있는 것이다. 따라서 평가자는 이러한 필답 고사의 한계점을 알고 활용하여야 할 것이다. 따라서 가급적 태도의 평가는 표출된 행동을 중심으로 평가하는 것이 바람직하다.

✍ 연구 문제

1. 사회과 교육 평가의 준거인 타당도, 객관도, 신뢰도, 실용도 등의 특징을 설명해 보시오.

2. 사회과 학습 과정의 평가인 관찰 평가, 발언 분석 평가, 작품 분석 평가, 면접(인터뷰) 평가 등에서 특별히 관심을 가져야 할 사항에 대하여 설명해 보시오.

3. 사회과 교육 평가에서 지식·이해 면 평가, 기능·능력 면 평가, 가치·태도 면 평가 등에 대해서 간단히 설명해 보시오(영역별 평가).

4. 사회과 현장학습 평가의 평가 요소와 채점 요령 등에 대해서 기술하시오.

5. 사회과 교수·학습에서 학생들의 기능과 능력을 평가할 수 있는 적용 사례 주제를 몇 개 열거하고 구체적으로 설명해 보시오.

6. 사회과 교육 평가의 목적과 방향에 대해서 설명해 보시오.

7. 사회과 교육 평가의 도구를 열거하고 구체적으로 설명해 보시오.

8. 사회과 교육 평가의 구체적 지침에 대해서 기술해 보시오.

9. 사회과 교육 평가의 원리를 구체적으로 설명해 보시오.

10. 사회과 교육 평가의 포트폴리오(Portfolio)법에 대해서 간단히 설명해 보시오.

제 ⑫ 부

◀◀ 사회과 교육 연구 ▶▶

[Key Point]

　제12부에서는 사회과 교육의 방법과 실행 등에 대하여 두루 학습한다. 이를 위하여 교과교육학 연구로서의 사회과 교육 연구의 특징과 방향, 주제, 범위 및 유형 등에 관하여 분석하고 이해한다. 나아가 사회과 교육 연구자·탐구자로서의 사회과 교육 연구 계획서와 사회과 교육 연구 보고서 작성 요령과 실제에 대하여도 탐구한다.

제12부 학습의 개관: 사회과 교육 연구

<table>
<tr><td>

학습 개요

</td></tr>
<tr><td>

○ 사회과 교육 연구의 특징과 성격
○ 사회과 교육 연구의 목적
○ 사회과 교육 연구의 방향
○ 사회과 교육 연구의 주제 선정
○ 사회과 교육 연구의 범위와 분야
○ 사회과 교육 연구의 주안점
○ 사회과 교육 연구의 유형
○ 사회과 교육 연구의 경향과 과제

</td></tr>
</table>

<table>
<tr><td>

학습 목표

</td></tr>
<tr><td>

○ 사회과 교육 연구의 특징과 성격을 파악한다.
○ 사회과 교육 연구의 목적을 이해한다.
○ 사회과 교육 연구의 방향을 파악한다.
○ 사회과 교육 연구의 주제 선정의 원리를 이해한다.
○ 사회과 교육 연구의 범위와 분야를 이해한다.
○ 사회과 교육 연구의 주안점을 이해한다.
○ 사회과 교육 연구의 유형을 파악한다.
○ 사회과 교육 연구의 경향과 과제를 이해한다.

</td></tr>
</table>

<table>
<tr><td>

핵심 개념 및 키워드

</td></tr>
<tr><td>

○ 교육 연구, 연구 문제, 연구 방법, 연구 기법, 통계 처리 방법
○ 사회과 교육 연구의 범위, 주제, 분야
○ 양적 연구, 질적 연구, 설문지
○ 표집, 설문, 통계 처리
○ 연구 계획서, 연구 보고서 작성법
○ 연구 내용 진술 방법, 양적 연구, 질적 연구
○ 목차, 참고문헌 제시 방법
○ 사회과 교육 연구의 경향, 동향, 과제

</td></tr>
</table>

■제1장■ 사회과 교육 연구의 특징

1. 교육과 연구의 개념

자고로 만물의 영장이라는 인간의 무리인 인류는 긴 역사를 갖고 있다. 그리고 그 긴 역사와 전통 속에서 지식과 진리, 그리고 문화유산을 축적해 왔다. 인류의 긴 역사를 되돌아보면, 그것이 현실 사회든 또는 진리 탐구의 학문이든, 우리는 역사의 곳곳에서 '기초로 돌아가자.', '본연을 찾아야 한다.'라는 반성과 평가의 목소리가 항상 존재하였다. 이는 마치 먼 길을 가는 사람이 앞으로 계속 전진을 하다가 잠시 멈추어 서서 자기가 걸어온 길을 반성적으로 되돌아보는 것과 같다. 우리는 이런 '진행'과 '반성'을 교육에서도 찾아볼 수 있다. 교육은 사회를 이끄는 견인차 역할을 수행한다.

사실 시대의 화두이자 모든 사람들의 관심의 초점인 교육이 무엇인지, 그리고 그 교육을 어디에서 찾을 수 있는지 많은 사람들이 반성적 의문을 던져 왔다. 교육에 대한 이러한 반성적 의문은 실제 교육 현장 속에 들어가 교육을 실행하고 있는 교육학자나 교육자 속에서 더욱 많이 확인할 수 있다. 교육학을 학문으로 연구하는 교육학자들 중에는 많은 사람들이 자신의 교육 연구를 일종의 '주변학'에 기대어 말하곤 한다. 즉, 자신의 전공 영역을 '교육심리학', '교육사회학', '교육철학', '교육통계학', '교육사학' 등으로 세분화시키고, 이에 다른 학문의 명칭을 준용하여 설명하는 것이다. 정곡을 피하고 변죽을 울리고 있는 것이다. 그런데 이와 같이 주변학에 기댄 교육 영역의 세분화는, 비록 그 전문성은 높일 수 있을지 몰라도, 자칫 교육의 본연을 놓치기 쉽다. 그래서 교육심리학이나 교육사회학, 교육철학에서 빌려다 쓰고 있는 심리학, 사회학, 철학의 전공자는 많으나, 정작 교육을 전공하는 교육학자는 없는 기현상을 보게 된다. '분자'는 놓치고 '원자'만 연구하는 일종의 환원주의적 현상이라 할 수 있다. 교육학이 통합 학문이라는 본질을 놓치고 있는 것이다.

근본적으로 교육 연구는 교육학의 이론으로 실제 현상인 교육의 실체를 규명하는 활동이다. 교육 연구는 교육을 대상으로 하는 연구가 되어야 한다. 그리고 교육을 대상으로 하는 연구는 교육 현장의 연구가 되어야 한다. 만일 교육 현장이 너무 복잡하여 이를 세부 부분으로 나누어야 할 필요가 있다면, 그 세분화는 교육 현상에 필수적으로 포함되는 요인이나 요소에 대한 연구로 나뉘어야 한다. 교육을 이렇게 교육이 이루어지고 있는 현장 중심으로 보면서, 현장의 교육 현상을 세분화해야 한다면, 그 세분화는 교실 속에서 이루어지는 '수업' 현상에 포함되는 관련 요인이나 요소 중심으로 나뉘어야 한다. 가령, 교사에 대한 연구, 학생에 대한 연구, 교과서를 포함하는 교육 자료에 대한 연구, 수업 연구, 평가 연구 등이 교육 연구의 세분화가 되어야 한다는 것이다. 수업은 수업으로 연구되어야지, 이 수업이 심리와 사회와 철학으로 분해되어 연구되어서는 안 된다는 뜻이다.

교육 현장이란 교육이 이루어지는 공간을 의미한다. 그리고 그 중심은 수업이 이루어지는 교실 공간이다. 교실에서 이루어지는 수업에는 교사, 학생, 교육 자료, 교사와 학생 사이에 일어나는 교수·학습, 평가 등이 핵심적 요인으로 포함되어 있다. 그리고 교육 현장의 개념 속에는 교실 수업에 직접 또는 간접적으로 관련되는 주변의 요인들도 포함된다. 가령 교실 밖의 학교 공간, 학생과 직접 관련되는 가정, 학교 운영과 관련되는 지역사회 등이 모두 간접적인 교육 현장의 개념에 포함된다.

교육 연구는 당연히 교육 현장에서 부딪치는 현장의 '문제'에 대한 연구가 되어야 한다. 교육 연구를 현장의 문제 중심으로 보아야 한다고 해서 그 연구가 비이론(非理論)적이어도 된다고 생각해서는 안 된다. 실험실 속의 연구 못지않게 현장 연구도 철저히 이론적이어야 한다. 여기서 '이론적'이라는 말은 교육과 무관한 이론이 아니라, 교육 현상을 설명해 줄 수 있는 이론이라는 뜻이다. 이론과 실제는 상보적이어야 한다. 그래서 이론은 실제를 설명하거나 견인할 수 있어야 하고, 실제는 이론을 도출해 낼 수 있어야 한다. 이론과 실제 사이의 이런 상보적 관계를 우리는 '좋은 이론보다 더 실제적인 것은 없다.'라는 말로 표현할 수 있다.

학교 교사에게 요구하는 학교 현장 연구는 연구기관이나 교수들이 하는 연구와 크게 다를 수는 없다. 그러나 학교 현장이라는 제약을 생각해 본다면, 현장 연구는 다음의 두 가지 조건을 충족시킬 수 있어야 한다.

첫째는, 학교 현장과 직결되는 '교육 현장성'이다. 일반 연구와 견주어 교육 연구가 갖는 특징은 바로 이 현장성에 있다. 교육 연구는 현장에 중점을 두고 이 현장을 규명하여 현장을 개선하려는데 초점을 맞추어야 한다. 실험실 연구나 순수 이론적 연구에서는 현장이라는 제약(교사, 학생, 교실, 자료 등의 인적·공간적 제약)을 넘어서서 매우 추상적이거나 이론적일 수 있다. 그러나 학교 현장 연구는 매우 교육 실제적이어야 하고 구체적이어야 한다. 이는 달리 말하면, 연구의 자료가 학교 현장에서 나와야 하고, 연구의 결과가 학교에 적용될 수 있어야 함을 의미한다. 이런 조건을 맞추기 위해서 현장 연구는 그 범위가 너무 넓어도 좋지 않고 또 너무 일반적 추상적이어도 좋지 않다.

둘째, 교육 현장 연구는 '보급 가능성'을 가져야 한다. 교육 현장 연구는 일반 연구처럼 이론과 원리 탐구 자체로 종료되어서는 안 된다. 반드시 연구 결과를 학교 및 교육 현장에 재투입하여 현장 교육 개선에 일조하여야 한다. 즉 학교 현장 연구의 근본적 목표는 연구 결과를 해당되는 모든 학교에 보급하기 위함이다. 이는, 달리 말하면, 다른 교사들이 그 연구를 보고 배워 이를 자신의 학교 수업에 적용할 수 있는 연구가 되어야 함을 의미한다. 범위가 너무 방대한 연구, 계획이나 실행이 어려운 연구, 노력이 많이 들어야 하는 연구, 경비가 많이 드는 연구 등은 좋은 현장 연구라 할 수 없다. 이론이 아무리 좋다 하더라도 이런 연구는 현장의 교사들이 따라서 적용하기가 어렵기 때문이다.

2. 교육 연구의 목적과 목표

1) 교육 연구의 목적

인류의 역사를 통틀어 인간들은 사회생활 주변에서 발생하는 여러 가지 현상에 대하여 많은 의문과 호기심, 궁금증을 갖고 있었다. 그리고 이러한 의문, 호기심, 궁금증 등을 해결하려고 노력하여 왔다. 이러한 노력은 인간의 호기심을 충족시키려는 차원에서 이루어지기도 하고, 동일 현상에 대한 견해차를 줄이기 위해서, 그리고 인간의 삶의 질을 향상시키기 위한 목적으로 이루어졌다.

현재까지 인류가 진행하여 온 과학적 연구의 목적은 인간 자신과 주변 환경에 대하여 제기하는 의문과 문제를 해결하려는 호기심 충족, 같은 현상을 다르게 해석하는 견해차의 해소와 인간 삶의 질 향상을 통한 행복감 증진이라고 할 수 있다. 현대 인류가 발전시켜 놓았다고 하는 문화와 문명이 인간의 행복감 증진에 얼마나 기여했는지는 여전히 과학적 연구의 과제라고 할 수 있지만, 분명한 것은 현대사회가 향유하고 있는 문화와 문명은 과학적 연구의 소산이라고 할 수 있다(손충기, 2007: 13 − 22).

인간의 호기심과 문제를 체계적 · 객관적으로 해결하려는 인간의 노력, 보다 구체적으로 현상에 내재해 있는 여러 사상 간의 추정된 관계에 대한 이론과 가설에 따라 시행되는 체계적이고 통제된 경험적 또는 비판적 연구를 과학적 연구라고 한다. 과학적 연구의 목적은 인간과 환경을 올바르게 이해하고 설명하는데 동원되는 이론의 형성에 있다. 이론은 곧 법칙들의 체계적인 망(networking)이다.

교육 연구는 과학적, 체계적인 탐색 활동으로서 양적 및 질적 연구의 접근법을 통하여 진행된다. 교육 연구의 결과는 직접적, 간접적으로 교육 그 자체를 개선하고 발전시키는데 원동력이 된다. 교육 연구에서 추구하는 근본적인 목적은 다음과 같다.

첫째, 교육 연구는 교육 현상에 대한 기술이다.

둘째, 교육 연구는 교육 현상에 대한 예언이다.

셋째, 교육 연구는 교육 현상에 대한 통제이다.

넷째, 교육 연구는 교육 현상에 대한 설명이다.

2) 교육 연구의 목표

일반적으로 교육 연구의 목표는 교육 연구의 목적에서 추출되는데, 다음과 같이 종합하여 제시할 수 있다.

첫째, 인간과 환경에 대한 객관적인 기술(description)이다. 기술은 관찰한 사실을 있는 그대로 기록하는 일이다. 교육 현상은 많은 요인들이 복합적으로 얽혀 있어서 내포(內包)와 외연(外延)의 관계를 드러내기가 어렵다. 교육 현상의 사실을 올바르게 밝혀내려는 연구는 교육이 이루어지는 한 지속적으로 진행되어야 한다. 그러한 특성을 규명하려는 지속적인 노력이 곧 교육 연구의 목표이기 때문이다.

둘째, 연구의 목표는 사실, 기술에 대한 설명(explanation)이다. 설명이란 어떤 특정한 사건 발생의 인과 분석이나 사실 혹은 기술의 근거를 규명하는 일이다. 기술이 사실에 관한 진술이라면, 설명은 그 사실의 성립 조건 또는 정당화에 해당하는 진술이다.

셋째, 연구는 예측(prediction)을 지향한다. 인간은 본성적으로 미래에 발생할 일에 대해서 예측하려는 존재이다. 이는 연구자, 과학자가 아닌 모든 인간의 주 관심적 본성이다. 미래에 자신과 조직, 사회 등에 야기될 여러 가지 일에 대하여 예측하고 모색해 보는데에 연구의 목표가 있는 것이다.

넷째, 연구는 통제(control)를 지향한다. 통제란 어떤 현상의 원인 또는 필수적인 조건을 조작함으로써 인간의 힘으로 그 현상을 발생하게 하기도 하고, 그렇지 못하게 하기도 한다. 특히, 교육 연구에서의 '통제'의 의미는 '억제(抑制)'의 의미보다 '조장(助長)'의 의미가 강하다는 점을 유념해야 한다. 하드웨어(hardware)적 의미보다는 소프트웨어(software)적 의미가 강한 것이다.

3. 교육 연구의 요소 및 교육 연구자의 자세

1) 교육 연구의 요소

교육 연구는 교육 현상을 규명하려는 활동이다. 즉, 교육 연구는 무에서 유를 창조하는 것이 아니라, 누군가에 의해 발견된 이론, 원리, 법칙 등을 기초로 한 활동이다. 모든 인간의 활동은 의미와 성격에 적합하도록 하기 위한 특징과 요건이 있다. 교육 연구가 바람직하게 수행되기 위해서는 다음과 같은 요소를 고려하여야 한다.

첫째, 교육 연구는 객관적인 근거를 배경에 깔고 있어야 한다. 교육 연구는 객관성을 지향한다. 교육 연구는 근거 있는 주장과 공적으로 검증된 견해를 동원하여 인간 행동이나 교육 현상에 대한 기술, 설명, 예측, 통제 등을 하는 활동이다. 그러므로 연구자는 연구 문제와 관련되어 있는 근거를 가능한 한 풍부하게 수집, 분석하여야만 보다 객관성 있는 교육 연구를 수행할 수 있게 된다.

둘째, 교육 연구는 사실에 기초를 둔다. 따라서 교육 연구는 연구자가 의도한 대로 연구를 끌고 가는 것이 아니라 사실에 기초하여 왜곡됨이 없이 규명되어야 한다. 교육 연구가 사실에 기초하여야 한다는 의미는 연구자가 연구의 결과에 대한 나름대로의 예측이나 선입견을 갖거나 이에 이끌려서는 안 된다는 의미이다.

셋째, 교육 연구는 변인 간의 관계를 밝히려 한다. 교육 연구는 인간 행동, 교육 현상에 내재된 변인 간의 관계를 규명하려고 한다. 이러한 둘 이상의 현상 간의 관계를 밝혀서 법칙을 발견하고 발견된 법칙들의 논리적 이론을 규명하려는데 초점을 맞추고 있다.

넷째, 교육 연구는 가설이나 기존 이론의 타당성을 검증한다. 가설은 둘 이상의 변인, 현상 간의 관계에 대한 잠정적인 결과의 기술(記述)이다. 즉, 가설이란 결과의 예견이나 통찰에 대한 진술문이라고 할 수 있다. 그리고 이론이란 현상을 이해하고 설명, 예측하며 통제하기 위하여 변인 간의 관계를 구체화함으로써 현상에 대한 체계적인 관점을 나타내는 상호 관련된 정의, 명제 등의 연계이다. 따라서 교육 연구의 토대는 이론과 이에 기초한 가설의 검증을 거쳐서 진(眞)으로 규명되면 타당성을 확보하게 된다.

다섯째, 교육 연구는 조건의 통제를 필요로 한다. 교육 연구에서 타당하고 객관적이며 신뢰로운 결과를 도출하고 결론을 내리기 위해서는 조건의 통제가 필수적이다. 교육 연구에서 조건을 통제하여야 타당성을 확보하게 된다. 특히, 교육 연구의 자연과학적 연구에서 조건 통제는 매우 중요한 연구 요소가 된다.

여섯째, 교육 연구는 검증 가능한 문제와 방법에 관심을 갖고 있다. 검증은 진위(眞僞)를 객관적 방법으로 판단하는 일이다. 가치 있고 바람직한 주제라 하더라도 객관적인 방법으로 연구자가 설정한 가설의 옳고 그름을 판단할 수 없다면 별로 의미가 없는 연구이다. 따라서 교육 연구에서는 검증 가능한 문제와 방법에 초점을 맞추어야 한다.

일곱째, 교육 연구는 체계성을 강조한다. 체계성이란 질서정연, 일목요연, 논리적 일관성 등을 포괄하는 의미이다. 연구 활동이란 연구 주제가 결정되면 그 주제의 범주 내에서 연구 문제가 추출되고, 연구 문제의 배경과 성격이 분명하게 기술되는 작업이다. 따라서 교육 연구의 수행 과정에서는 가장 적합한 연구 방법이 적용되어야 하고, 자료 분석 결과에 충실한 해석이 이루어지도록 노력하여야 한다.

2) 교육 연구자의 자세

교육 연구자는 교육의 문제를 분석하여 해결 방안을 제시하는 사람이다. 따라서 보다 객관적이고도 일반적인 연구 결과와 결론을 도출하려고 노력하여야 한다. 일반적으로 교육 연구의 추진에서 연구자는 다음과 같은 태도와 윤리를 가져야 한다.

첫째, 연구 과정과 결과에 객관성을 유지하려는 태도를 가져야 한다.

둘째, 연구 결과를 경험적, 실험적으로 검증하는 자세를 가져야 한다.

셋째, 연구 결과의 정확성과 공정성을 확보하려는 태도를 가져야 한다.

넷째, 최근 이슈(issue)가 되고 있는 연구자의 연구 윤리를 준수하려는 태도를 가져야 한다.

4. 사회과 교육 연구의 성격

일반적으로 사회과 교육 연구는 초·중·고교에서 직접 사회과를 지도하는 사회과 교사들이 사회과 교육의 개선과 발전을 위해 연구하는 현장 연구를 의미한다. 사회과 교육이 전개되는 현장을 중심으로 이루어지는 연구이다.

사회과 교육의 연구는 사회과 교사와 사회과 교육 전문가들이 사회과 교육의 이론을 바탕으로 교과교육의 목표와 관련하여, 현장의 실태를 점검하고 개선 방안을 제시하여 사회과 교육의 발전을 도모하려는데 중점을 두는 것이다. 또, 사회과 교육 연구는 사회과 교육학 관련 이론을 바탕으로 사회과 교육 현장에 일반화시킬 수 있는 교수 학습 방법의 새로운 개선 방안을 모색하는데 초점을 두어야 한다.

일반적으로 사회과 교육의 목적은 '바람직한 민주시민의 자질 육성'에 주된 의의를 두고 있으며, 그 목적을 달성하기 위하여 지리, 역사, 정치, 경제, 사회, 문화 등 사회현상을 많이 다룬다. 사회과 연구는 사회과학적 성격이 많아서, 지식 탐구 자체를 목적으로 하는 이론적 연구도 포함되나 사회과 교육의 목적을 효과적으로 달성하기 위한 실천적 연구의 비중도 높다고 볼 수 있다.

사회과 교육의 목적 달성을 위한 연구는 민주시민과 관련된 사회현상을 객관적·논리적으로 서술하고 예측하는 것에서 끝나는 것이 아니라 사회과 교육에서 바람직하게 추구하는 목표와 대상의 정당화와 더불어 가치 지향적 면이 중시된다.

특히, 학교에서의 사회과 교육 연구 및 시범 활동은 이론적인 교과 교육이나 사회과학의 연구 결과를 이용할 수 있지만, 그보다는 실천적이고 구체적인 연구이며, 그 연구 결과는 학교 현장의 사회과 교육의 체제와 방법, 자료 등에 직접적으로 반영될 수 있는 것이 필요하다.

이제 사회과는 교과 역사가 약 100년 가까이 되고, 한국에 도입된 지도 벌써 60년이 지났다. 그간 이와 같은 사회과 교육에 대한 다양한 연구가 진행되어 사회과 교육 개선과 발전에 공헌해 왔다. 사회과 교육 연구가 사회과 교육의 개선과 교과로서의 발전에 크게 공헌해 온 것은 학교 현장 사회과 교사와 사회과 교육학자들의 노력의 성과라고 볼 수 있다.

사회과 교육 연구는 연구자가 사회과 교수·학습 이론, 사회과 교육과정, 사회과 교수법 등에 능통한 가운데 진행되어야 한다. 즉, 사회과 교육 연구자인 사회과 교사, 사회과 교육학자는 사회과 교육 기초 이론, 사회과 교육학, 사회과학의 내용 등에 이해와 인식을 바탕으로 사회과 교육 현장의 개선을 위한 문제 해결에 연구의 초점을 맞추어야 할 것이다.

5. 사회과 교육 연구의 목적

일반적으로 연구는 주어진 문제, 과제에 대한 일반적인 결과인 답을 구하는 활동이다. 연구는 기초 연구와 응용 연구로 구분된다.

기초 연구는 관련 학문 분야에 속하는 사람들에게 주로 관심이 있는 것으로서 제1차적 목표는 연구 분야의 문제 자체에 대해서 더욱 충실하며, 신념 있는 지식을 찾아내며 이해하려는데 있다 (김원겸, 2007: 159 - 160). 환언하면, 새로운 지식의 발견에 근본적인 목적이 있으며, 변인과 그들 사이의 관계에 관한 지식의 획득, 이해에 초점을 둔다. 반면, 응용 연구는 과학적인 지식을 실제로 활용하려는데 중요한 목적이 있다. 즉, 응용 연구는 기초 연구에서 이루어 놓은 사실이나 명제를 가지고 출발하여 그것을 특수한 상태에서 적용하려고 한다.

이와 같은 분류 기준에 의해서 분석해 보면, 사회과 교육 연구는 사회과 교육 상황 아래에서 파생되는 여러 가지 문제들에 대한 해결 방안을 도출하려는 것이기 때문에 근본적으로 응용 연구에 속한다고 볼 수 있다. 사회과 교육의 기초를 이루는 철학적인 문제나 학생들의 지적 발달 및 학습 이론을 포함하는 심리적인 연구가 이루어질 수 있으나, 이러한 연구는 사회과 교육의 배경과 기초를 이루는 연구라고 볼 수 있다.

따라서 사회과 교육 연구의 목적은 사회과 교육을 성공적으로 수행하기 위해서 교과로서의 사회과 교육의 목표, 내용, 지도 방법, 학습 자료, 평가 등에서 파생되는 다양한 문제 해결에 초점을 맞추어야 한다. 즉, 정치 및 민주시민 교육, 경제 교육, 사회 교육, 문화 인류 교육, 역사교육, 지리 교육 등 세부 교육에 관한 내용에 대하여 교육의 과정이나 종합적인 사회과 교육의 과정에서 파생되는 문제 해결에 주안점을 두어야 한다.

사회과 교육 연구는 사회과 교육, 사회과 교육학에 대한 여러 가지 문제를 과학적으로 분석하고 이를 해결함으로써 국가, 민족의 기대에 부합하는 방향으로 사회과 교육학을 이끄는데 근본적인 목적이 있는 것이다. 사회과 교육 연구는 사회과 교수·학습과 매우 밀접한 관련을 맺고 있다. 즉 사회과 교육 연구의 목적은 사회과 교육의 개선과 혁신인 것이다. (한면희, 2006: 132- 233).

6. 사회과 교육 연구의 특성

사회과 교육의 연구란 사회현상에 대한 사실, 개념, 원리 등을 탐구하기 위해서 체계적으로 고찰하는 교육 활동이다. 사회과 교육 연구는 사회과의 실천, 실행과 관련된 사실로부터 귀납적으로 이론을 도출하거나, 기존의 이론, 혹은 기타의 기준에 의거하여 사회과의 실행, 실천을 해석해 가는 절차이다. 사회과 교육은 바람직한 민주시민 양성을 궁극적인 목적으로 제 사회과학을 비롯한 역사, 지리, 자연과학 및 그 밖의 여러 분야로부터 내용을 선정하고, 통합적으로 조직, 배열한 후 학생들의 생활 및 문화적 경험을 고려하여야 한다. 사회과 교육 연구는 이와 같은 사회과 교육 현상에 대한 사실과 원리를 발견하고, 설명하여 당면한 문제를 해결하기 위한 면밀하고 체계적이며, 끈기 있는 활동이라고 할 수 있다.

1) 보편성 · 일반성

사회과 교육 연구는 사회과 교육 현상하에 이루어지는 일반적인 교육학 연구의 일종이다. 교육학이 사회과학의 응용적인 성격을 띠고 있기 때문에 다른 사회과학 연구와 일반적인 공통성과 보편성을 갖고 있는 면도 있지만, 복잡한 사회 사상을 내용으로 하는 사회과 교육은 교과 내용학적 측면과 교육 목표, 교육 내용, 교육 방법, 교육 평가 등 교육과정 전반을 아우르는 특수한 측면을 동시에 갖고 있다고 볼 수 있다.

2) 다양성 · 통합성

사회과 교육 연구는 사회과 교육의 내용과 밀접하게 관련된다. 사회과 교육은 사회과의 지적, 기능적, 정의적인 면을 포괄(包括)한다. 따라서 사회과 교육의 연구는 영역과 분야에 따라 매우 다양하다는 점이다.

사회과 교육 연구는 전통적으로 역사학, 지리학, 정치학, 경제학, 사회학, 문화인류학적인 내용을 포괄하여 매우 다양하게 이루어진다. 사회과학의 연구에서는 인간의 사회적 행동에 대한 사회과학적 탐구를 수행하기 때문에 역사 및 지리 분야를 제외하는 경향이 있는데, 사회과 교육 연구에서는 이를 포함하여 아주 다양한 연구를 수행하게 된다.

사회과 교육 연구에서 기능적인 면의 연구는 학생들의 사회과에 대한 자료의 독해, 수행 활동, 자료 제작, 정보 검색 및 정보 분석, 협동 학습 등을 통한 학습 효과 거양과 증진 등에 관한 연구가 진행되어야 한다.

한편, 사회과 교육 연구의 정의적인 면인 가치 · 태도 측면의 연구에서는 가치와 가치관 등 가치의 본질과 변화에 대해서 연구를 하는 것이다. 특히, 사회과 교육의 본질과 근본적 목표가 민주시민적 자질 함양에 있는 만큼 가치 · 태도 등 정의적 면의 연구가 매우 중요한 위치를 차지하고 있다.

결국, 교과 연구로서의 사회과 교육 연구는 사회과학에 관한 지적인 면, 사회과 학습의 기능적인 면, 정의적인 면 등을 아우르는 매우 다양하고도 통합적인 특성을 지닌다고 볼 수 있다. 특히, 일선 학교 사회과 교사들이 수행하는 현장 연구의 경우는 이들 다양한 영역, 분야를 중심으로 사회과 교수·학습 개선 쪽으로 연계하여 연구하는 것이 바람직할 것이다. 물론, 사회과 교육의 연구는 기본적으로 사회 탐구와 가치 탐구의 양 축에다 현장 사회과 교육 개선에 초점을 맞추어야 한다는 점을 간과해서는 안 될 것이다.

3) 특수성·독특성

사회과 교육의 근본적·궁극적인 목적은 민주시민의 자질 함양이다. 여기에 올바른 사회 인식 능력 신장, 합리적 의사 결정 능력 신장이 추가되어야 할 것이다. 현대 지식기반사회, 현대 정보화 사회에서는 세계시민 교육 및 세계시민의 소양 함양에 초점을 맞추어야 한다.

물론, 사회과 교육 연구는 사회과학적 연구가 될 것이며, 사회과학 연구 방법에 관한 논의는 사회과 교육 연구에 중요한 의미를 갖는다. 사회과학과 사회과 교육이 오랜 역사 속에서 목표, 내용, 방법 면에서 긴밀한 관계이듯이, 연구에 있어서도 양자(兩者)는 상호 깊은 관계를 맺을 수밖에 없는 것이다.

사회과 교육 연구는 성격상 단순히 지식 그 자체만을 목적으로 하는 이론적 연구보다는 학교 현장에 초점을 맞춘 실천적 연구가 주류(主流)를 이루기 때문에 사회현상에 대한 올바른 이해와 적정한 방법의 적용은 사회과 교육의 개선에 큰 영향을 미칠 것이다.

사회과 교육 연구는 전통적인 사회과 교육의 목적인 민주시민의 자질 함양에 초점을 맞추어야 한다. 그러므로 학생들은 시민들의 민주시민 자질과 의식을 객관적, 논리적으로 서술하는 것에 만족할 수 없고 성숙한 민주시민의 자질 함양, 바람직한 세계시민의 소양 고취라는 고유한 목적 달성을 위해 노력하여야 한다. 그런 의미에서 사회과 교육의 연구는 기술적(descriptive) 요소, 당위적(precriptive) 요소, 가치 지향적(value oriented) 요소를 함께 갖고 있다고 볼 수 있다. 아울러, 사회과 교육의 연구는 자기 참조적(self referent) 성격을 갖고 있다.

사회과 교육 연구의 특수성에 비추어 볼 때, 바람직한 사회과 교육의 연구는 실증주의적 연구와 해석학적 연구를 병행하는 것이 바람직하다. 사회과 교육이 끊임없는 교육 활동이듯이 사회과 교육 연구 역시 계속적으로 활발하게 전개되어야 한다. 따라서 언제든지 보다 적합하고 설득력 있는 방안이 제시되면, 숙고(熟考) 끝에 이를 수용하여 적용할 수 있는 열린 자세가 필요한 것이다. 따라서 사회과 교육 연구의 잠정적 대안은 실증주의적 연구와 해석학적 연구의 장점들을 수용하여 논리적, 체계적으로 종합하는 방법인 것이다.

사회과 교육의 이상(理想)은 민주시민의 자질 함양의 바탕 아래에서 합리적이고 도덕적인 사회에서 민주주의적 가치가 지배하는 사회를 이룩하는데 있다. 그러므로 사회과 교육 연구자는 일상생활에서 이루어지는 일차적인 있는 그대로의 이해와 이차적인 이해인 재해석의 능력을 겸비해야 한다. 일차적인 이해를 실증적으로 분석했을 때, 그것이 일차적인 이해 자체를 올바르게 반영할 가능성은 희박하다. 사회과학을 내용으로 하는 사회과 교육 연구는 이러한 일차적 이해의 기반 아래, 이른바 '이해에 대한 이해'인 재해석을 첨가, 보완하여야 보다 올바른 이해와 해석이 가능한 것이다.

1. 사회과 교육의 특성에 관련된 연구

일단 사회과가 여러 교과 중의 하나인 이상 교과로서의 사회과의 본질과 목적, 특성, 그리고 여기에 바탕을 둔 목표, 내용, 방법, 평가 등 제 영역을 과학적으로 구명(究明)하고, 나아가 사회과 교육 방법을 개선하여 사회과 교육 현장에 공헌하는 방향으로 연구가 추진되어야 한다. 제7차 교육과정과 2007년 개정 교육과정에서 사회과는 국민공통기본교육과정 속에 있는 10개 교과 중의 한 교과이다. 그리고 사회과는 나머지 9개 교과, 재량 활동, 특별 활동, 선택 중심 교과 등과 매우 밀접한 관련을 맺고 있는 교과이다. 사실 사회과는 본질 교과로서 인간의 삶을 규명하는 교과이기 때문에 여타 교과의 중심적 위치에 존재한다고 할 수 있다.

특히, 사회과는 인간이 원만한 사회생활을 영위할 수 있는 민주시민 양성이 본질적 목표이므로, 바람직한 민주시민을 기르기 위한 교과로서의 목표와 내용, 방법, 평가 등을 모색하는 방향으로 연구가 진행되어야 한다. 사회과의 성격과 관련된 사회과의 본질, 목적과 목표, 내용, 조직, 방법 등과 이들 상호간의 관계 등이 포함된다. 사회과 교육 연구가 사회과 교육의 본질적 목표에 적합 연구로 추진되기 위해서는 연구자는 다음과 같은 방향으로 연구를 진행하는 것이 바람직할 것이다.

첫째, 사회과 교육 목표와 민주화 및 세계화 시대, 그리고 지식기반사회, 지식 정보화 시대에 요구하는 바람직한 인간을 기르는데 중점을 두는 사회과 교육의 위상을 재조명해야 한다.

둘째, 사회과 교육 목표 중 인지적 영역뿐만 아니라 기능적 영역, 정의적 영역 등을 포괄하여 기능, 가치, 태도 육성과 고급 사고력, 문제 해결력 및 탐구력·창의성 함양 등에 중점을 두어야 한다.

셋째, 사회과 교육에서 중요시하는 합리적인 의사 결정 능력을 길러 주기 위한 지식, 이해, 기능 및 가치·태도 등의 배양에 노력하여야 한다.

넷째, 다양한 사회현상과 가치 갈등 상황에서 합리적인 판단을 통하여 바람직한 문제 해결 능력을 기를 수 있는 방법 등에 초점을 맞추어야 한다.

다섯째, 사회과 교육 현장의 목표, 내용, 교수 학습 방법, 평가 및 환류 등을 개선, 혁신하는데 초점을 맞추어야 한다. 따라서 연구 자체가 허황되기보다는 보다 구체적이고 실제적이어야 한다.

2. 사회과 교육 현장에 기반을 둔 연구

일반적으로 모든 교육은 실천에 바탕을 두어야 한다. 특히 사회 사상을 연구 대상으로 하는 사회과는 더욱 현장을 강조하고, 연구 자체가 현장 중심으로 이루어져야 한다. 사회과 교육 연구는 사회과 교실, 사회과 교수·학습 현장을 바탕으로 하는 현장 연구(filed study)로 진행되어야 하는 것이다.

사회과 교육 연구는 학교 현장에서 연구 주제를 찾고, 추진된 연구 결과는 다시 현장 교육에 직접적으로 공헌하며, 사회적 문제 해결에 적정하게 진행되어야 한다. 사회과 교육 연구자는 연구의 주제와 소재를 사회과 교육 현장에서 발견하고, 과학적이면서도 체계화된 연구 결과를 바탕으로, 사회과 현장에 일반화시킬 수 있는 방향으로 연구를 추진하여야 한다. 그러한 연구가 사회과 교육 연구로서 가치 있고 의미 있는 연구이다.

사회과 교육 연구는 사회과 교육 현장에서 출발하여, 그 연구 결과가 피드백(feedback)되어 사회과 교육을 개선하는 방향으로 나아가야만 한다. 특히, 사회과 교육의 현장 문제 중에서도 사회과 교수 학습에 핵심적 초점을 맞추는 것이 바람직하다.

사회과 교육에서 학교 현장의 문제를 찾아서 개선 방향을 모색하고 그 결과를 반영하는 것은 매우 의의 있는 일이다. 사회과 현장 교육 대상 연구는 일반적으로 교사들이 어려움을 겪고 있는 교수·학습 방법과 평가 방법, 그리고 내용 이해 등에 대한 연구 등이 있다.

3. 사회과 교육학 발전을 위한 사회과 교육 연구

교과로서의 사회과 교육 연구는 사회과 교육학의 범주 내에서 진행되어야 한다. 이를 통하여 사회과 교육학 발전, 사회과 교육의 실천적 개선 등이 모색되어야 한다.

사회과 교육학 발전을 위한 사회과 교육 연구 내용은 사회과 교육의 원리, 사회과 교육의 발전, 사회과 교수법 개선 등을 위하여 사회과 교육의 방법론, 사회과학 제 분야의 내용 선정과 조직, 사회과 교재 내용의 구성, 사회과 교과서 내용 구성 등에 관한 것이어야 한다.

일반적으로 사회과 교육 연구는 사회과 교수론 및 사회과 교수법 중심으로 이해하는 경향이 있으나, 현대 사회과에서는 사회과 교육 연구를 사회과 목표, 사회과 내용, 사회과 지도 방법, 사회과 평가를 포괄하는 사회과 교육 전반에 걸친 연구로 진행되어야 한다.

4. 사회과 수업(교수·학습) 자료에 관한 연구

사회과 수업(교수·학습) 자료는 광의의 의미로 교재와 교구, 매체 등을 포함하며, 교재에는 교과용 도서와 정보화 자료 등이 있다. 사회과 교수·학습 자료는 매우 다양하며, 그 대상이 또한 빠르게 변화하기 때문에 이들을 제대로 파악하여 효율적으로 사용하는 것은 매우 중요하므로 이에 관한 많은 연구를 필요로 한다. 교과용 도서들도 이제는 매우 다양하게 발행되기 때문에 주요 연구 대상이 된다. 최근에는 이와 같은 사회과 교수·학습 관련 교재, 교구, 매체 등에 대한 교육공학적 연구가 활발하게 실행되고 있다.

사회과 교육 연구에서 교수·학습 자료에 관한 연구는 사회과 교수·학습 방법 개선을 지향하는 방향으로 진행되어야 한다. 아울러, 교과서 내용 수준, 체제, 적절성, 지역별 유사성과 차별성 및 지도상의 문제점과 대책, 단원 학습에 필요한 각종 교수·학습 자료에 관한 연구 및 자료 개발, 교과서의 탐구 활동, 조사 활동 등 다양한 활동과 내용 전개와 현장 교수·학습 활동과의 관련성 및 학습 효과의 극대화 방안 등에 중점을 두고 진행되는 것이 바람직할 것이다.

5. 사회과 교육 평가에 관한 연구

　사회과 교육 평가는 사회과 교육 목표와 밀접하게 연관되어 있다. 사회과 교육 평가 개선에 관한 연구는 사회과 목표, 내용, 지도 방법, 학습 자료 등에 피드백(feedback)되어 사회과 교육 개선에 기여한다. 따라서 사회과 평가에 관한 연구는 사회과 교육의 종결이자 새로운 시작에 관한 연구이다. 즉 사회과 교육은 목표, 내용, 방법, 평가, 그리고 또 다시 목표로 환류되는 계속적인 '굴렁쇠 시스템'이다.

　사회과 교육에서의 교육 평가는 매우 중요하지만 현재까지는 상대적으로 미흡한 형편이다. 정의적 영역을 강조하는 사회과 교육에서 평가 방법은 많은 연구 개발을 통해서 개선되어야 한다. 특히, 사회과 평가의 다양한 방법론적 연구가 진행되어야 한다. 사회과 교육의 양적·질적 평가의 새로운 접근, 사회과의 교육 평가 영역, 사회과 교육에서 구체화된 평가 목표 측정을 위한 평가 기술, 지적·기능적·정의적 측면의 평가 방법 모색 등의 연구에 중점을 두어야 한다.

6. 사회과 교육 내용에 관한 연구

　사회과 교육과정의 내용에는 대체로 주제 중심 핵심 내용이 제시되어 있다. 특히 2007년 개정 교육과정에서는 국민공통기본교육과정에 의거 영역별, 학년별 내용 체계와 함께 학년별 주제 및 내용이 요소로 제시되어 있다. 그러므로 교육과정의 내용이 학교 현장에서 교수·학습되는 정도에 대한 연구가 아주 중요하다. 특히 사회과 교육의 기본 지식 및 탐구 과정의 제시는 물론, 이를 학습하는 데 필요한 적절한 주제 및 자료 선정의 방향이 제시될 수 있는 구체적인 내용 조직에 관한 연구, 즉 학습 경험의 선정과 조직 등에 관한 연구가 교육과정 전문가, 교과 전문가, 사회과 교사 등의 공동 연구로 수행되어야 할 것이다(김원겸, 2008: 168).

7. 사회과 교육 교수·학습 방법에 관한 연구

　사회과 교육에서는 각 영역을 학습하는데 적합한 학습 방법을 모색하고, 특정한 관점에서 다양한 탐구 방법 및 인식 방법을 적용하여 연구를 진행하여야 한다. 따라서 사회과의 각 영역을 학습하는 데 적합한 탐구 방법이 모색되어야 하고, 기본적으로 사회 현상에 관한 지식을 발견하는 다양한 학습 방법에 대한 연구가 수행되어야 한다. 사회 현상은 시간적, 공간적 영향을 많이 받으므로 사회과 교육은 시대의 변화에 부응하여 시사적 자료를 적절하게 적용하고 학교와 지역사회에 부합되도록 모색하는 다양한 연구가 실행되어야 한다.

■제3장■ 사회과 교육 연구의 주제

1. 사회과 교육 연구 주제의 선정 기준

사회과 교육 연구 문제의 올바른 선정은 연구의 성패를 가름하는 매우 중요한 문제이다. 사회과 교육 연구 문제를 선정할 때 어떤 문제가 적절한가에 대한 기준을 제시하면 다음과 같다(김종서, 1986).

첫째, 사회과 교육 연구 문제는 사회과 교육 개선에 공헌할 수 있으며 새롭고 참신한 것이어야 한다.

둘째, 사회과 교육 연구 문제는 주제 선정이나 방법적 측면에서 독창성을 발휘할 수 있는 것이어야 한다.

셋째, 사회과 교육 연구 문제는 연구자가 그 문제에 대한 흥미나 지적 호기심을 가지고 있으며 연구 수행 능력에 적절한 것이어야 한다.

다섯째, 사회과 교육 연구 문제는 공동 연구자의 협력 및 행정적 지원을 얻을 수 있어야 한다.

여섯째, 사회과 연구 문제는 연구를 수행할 수 있는 시간이 허용되고 비용을 마련할 수 있어야 한다.

2. 사회과 교육 연구 주제 선정의 고려점

일반적으로 사회과 교육 연구의 주제 선정은 사회과 교육학 일반론, 사회과 교육의 교수학, 사회과 교육의 내용학 등에 관한 분야에서 선정할 수 있는데, 그 주제는 연구자가 연구의 초점을 인지하고, 주제에 대하여 집중적으로 탐구하면서 접근하도록 표현하여야 한다.

사회과 연구 주제를 탐구하면서 구명(究明)할 것을 분명하게 제시하여 주지 못하면, 기대하는 연구 성과를 거양하기 어렵다. 사회과 교육 연구는 연구자가 설정한 가설을 조사하여 검증하는 연구, 객관적인 평정 척도를 마련하고 가장 바람직한 사회과 교육에 관한 연구 방법 수립과 내용을 선정하는 연구, 사회과 교육학에 관한 이론을 갖고 사회과 교육을 개선하고 발전시키는데 공헌할 수 있는 연구 등 여러 가지가 있으므로, 연구 목적과 방법에 적절하게 주제 선정을 하는 것이 바람직하다.

사회과 교육 연구의 연구 주제는 각각 나름대로 사회과 교육학 일반론, 사회과 교육 교수학, 사회과 교육 내용학 등의 분야에 관한 내용을 연구하나, 이들 사회과 교육학의 세 분야가 서로 연관성을 갖고 연구되므로, 연구 주제도 신중하게 숙고(熟考)하여 선정하여야 한다.

사회과 교육 연구의 연구 주제는 궁극적으로 사회과 교육이 개선되고 발전하는데 필요한 효용을 발휘하도록 하는데 목적을 두고 선정하여야 한다. 특히, 연구 목적과 일치된 주제가 바람직하다.

사회과 교육 연구에서 연구의 목적이 달성되려면, 주제 선정 시 다음과 같은 점을 고려하여야 한다.

첫째, 연구자가 관심을 갖고 있는 분야의 주제를 선정하는 것이 좋다. 흥미와 관심을 갖고 있는 분야는 연구자가 당해 분야에 어느 정도 전문성을 보유하고 있으며, 연구 주제도 자기 나름대로 확고한 견해를 갖고 있는 것이므로, 용이하게 인지하고 이해하여 연구를 진행하는데 자신감을 갖게 된다. 따라서 연구도 수월하게 추진하고 보고서도 체계적으로 작성할 수 있게 된다. 만약, 자기가 추진하고 있는 연구 주제에 대하여 흥미와 관심이 없으면 훌륭한 성과를 기대하기 어렵다는 점을 간과해서는 안 된다.

둘째, 사회과 교육 연구 주제 선정 시 연구의 폭과 깊이를 고려하여야 한다. 연구 주제의 폭이 넓으면 연구의 초점이 흐려지고, 연구할 것을 분명하게 결정하기 어렵기 때문에 가급적 연구의 폭이 좁고 초점이 분명한 연구 주제를 선정하는 것이 바람직하다. 물론, 연구 주제의 폭이 지나치게 좁으면, 고도의 전문성이 필요하기 때문에 전문 학자가 아니면, 연구 추진이 곤란하므로, 연구의 폭과 깊이 조정은 현장 교육과 직접 관련되고 현장 교육에 공헌할 수 있는 내용을 연구 주제로 선정하는 것이 좋다.

셋째, 연구 주제는 자료의 수집과 정리와 관련되므로, 수집 가능한 자료를 고려하여 선정하여야 한다.

사회과 교육 연구는 교육과 교육학에 관련된 자료를 비롯하여 사회과 교육학에 관한 문헌 자료를 가능한 한 많이 활용하여 연구에 필요한 자료를 선정한 후, 수집, 기록, 정리해 두어야 한다. 사회과 교육학에 관련된 학회지, 학술 잡지, 선행 연구 보고서 등을 고려하여야 한다. 실제 연구 추진에서 선행 연구에 대한 자료를 수집하지 못하면 연구에 자신을 가질 수 없고, 비용과 시간이 많이 낭비되므로, 연구 주제 선정 시부터 각별한 고려가 필요하다.

넷째, 연구 주제는 모두가 관심을 가진 내용으로 가급적 새로운 것으로 선정하여야 한다. 사회과 교육 연구에서 참신한 주제를 선정하려면 사회과 교육학에 관한 새로운 지식과 정보, 새로운 연구 동향(trend), 사회적으로 많은 관심이 있는 분야 등에 관한 국내외 학회지, 학술지, 정기 간행물 등을 탐독하여야 한다.

아울러, 연구자 자신이 사회과 교육 관련 학회, 연구회, 세미나, 포럼, 연수회 등에 적극 참여하여 전문가, 타 연구자들과 지식과 정보를 공유, 교류하는 것이 좋은 주제 선정은 물론, 자신의 사회과 전문가 자질과 능력 향상에 매우 바람직하다.

다섯째, 연구 주제는 독창성 있는 내용을 기술할 것을 고려하여 선정하여야 한다. 연구 주제와 관련된 분야, 영역에 대한 전문 지식과 정보가 풍부할수록 연구 내용이 독창적이고 내실 있게 기술되고, 연구가 알차게 진행된다.

사회과 교육 연구에서 독창성을 발휘하기 위해서는 연구자의 노력과 열의가 필수적이다. 기존의 연구를 답습한 내용, 상투적인 내용, 진부한 내용에서 과감히 벗어나 보다 참신하고 독창성 있는 연구를 위해 노력하여야 한다. 이와 같이 탁월한 연구 내용과 결과를 도출하기 위해서는 연구 주제 선정에서부터 보다 새롭고 참신하며 독창적인 방향으로 나아가야만 한다.

여섯째, 사회과 교육 연구 주제는 학교 현장의 사회과 교육을 개선할 수 있는 것으로 선정하여야 한다. 다른 교과와 달리 사회과는 현장에 기반을 두고 있는 교과이다. 따라서 미사여구로 치장된 탁상공론식 연구 주제와 연구 내용, 그리고 연구 결과는 그 가치가 반감될 수밖에 없는 것이다. 사회과 교육에 관한 연구가 그 본연의 목적에 충실하려면, 그 연구 주제가 학교 현장의 사회과 교육 전반을 개선할 수 있는 것이어야 하며, 그 내용과 방법, 그리고 연구 결과 또한 이러한 사회과 교육을 개선하는 방향으로 진행되어야 한다. 물론, 사회과 교육의 연구도 일정한 체계적 이론을 바탕으로 하는 연구로 추진되어야 내실 있는 연구가 되는 것이다. 그러므로 사회과 교육 연구는 이론과 실제를 아우르는 연구로 나아가는 것이 보다 바람직한 것이다.

3. 사회과 교육 연구 주제 선정의 실제

사회과 교육 연구의 주제는 실제적으로 사회과 교육을 개선, 발전시키는데 초점을 맞추어야 한다. 사회과 교육의 연구 주제는 사회과 교육학에 관한 일반론, 교수학, 교수법, 교육과정의 목표론, 내용론, 방법론, 평가론 등 다양한 분야에서 선정할 수 있다.

사회과 교육 현장에서 사회과 교육 연구를 추진하는 교사는 사회과 현장 교수·학습을 연구의 장(場)으로 삼는 실천 연구가 적합하고, 사회과 교육학을 전공한 학자는 이론 연구가 바람직할 것이다. 다만, 어느 연구이든지 이론과 실제를 함께 고려하는 연구의 방향으로 진행되는 것이 바람직하다고 본다.

이와 같은 사회과 교육 연구의 바람직한 주제에 대해서 요약하면 다음과 같다.

첫째, 사회과 교육 연구는 학생들의 고급 사고력(high level thinking)을 길러 주는 주제를 선정하도록 고려하여야 한다. 사회과 교육에서 고급 사고력은 목표 달성의 중요한 과제 중의 하나이다. 인간이 갖고 있는 지적 활동을 기반으로 하여 귀납, 연역, 추리, 판단하여 사회 사상에 관한 법칙과 사회 현상 간의 관계를 올바르게 인식하는 것과 복잡하고 다양하게 변천해 가는 상황에 부딪치는 여러 가지 사회문제를 해결하기 위해서는 고급 사고력이 필수적이다.

사회과 교육에서는 고급 사고력 신장에 관한 연구는 오랜 전통과 역사를 갖고 있다. 더구나, 복잡하고 다분기화(多分岐化)된 현대사회의 여러 문제를 해결하고 원만한 사회생활을 영위하기 위해서는 고급 사고력이 필요하기 때문이다. 고급 사고력 신장을 위한 사회과 교육 연구 주제로는 사회과 교수·학습에서의 고급 사고력 신장 방안 연구, 사회과 탐구 학습을 통한 고급 사고력 신장 방안 모색, 확산적 발문을 통한 사회과 고급 사고력 신장 방안 탐구 등을 들 수 있다.

둘째, 사회과 교육과정 연구에 관한 연구 주제를 고려하여야 한다. 사회과 교육과정은 사회과 교육의 나침반이자 이정표이다. 사회과 교육과정은 시대 변천과 사회 발달에 따라 개정을 반복하고 있다. 1946년 교수요목 제정, 그리고 1954년 제1차 교육과정 제정에서부터 '2007년 개정 교육과정'에 이르기까지 총 9차례의 사회과 교육과정의 제정, 개정이 반복되었다. 특히, 제7차 교육과정과 '2007년 개정 교육과정'에서는 '국민공통기본교육과정'의 도입에 따라 사회과도 초등학교 제1학년부터 고등학교 제1학년까지 10학년제로 운영되고 있으며, 학교급별 구분 없이 교과 체제로 운영되고 있다.

사회과 교육과정 연구에 대한 주제는 사회과의 목표, 내용, 지도 방법, 평가 등을 두루 포괄한다. 이와 같은 사회과 교육과정 연구 관련 연구 주제에는 사회과 교육과정 운영을 통한 자기 주도 학습력 신장 방안, 세계화·정보화 사회에 적합한 사회과 교육과정의 재구성 방안, 사회과 교육과정 재구성을 통한 다문화 이해 교육 증진 방안 등을 들 수 있다.

셋째, 사회과 교수·학습 방법 및 활동과 관련된 연구 주제 선정을 고려하여야 한다. 사회과 교수·학습 방법은 목표 달성을 위한 최적의 지도 방법을 의미한다. 사회과 교수·학습 방법은 선정된 목표, 내용 및 주제, 배정 시간, 교수·학습 방법, 학습 훈련, 발문, 교수·학습 자료와 도구, 지도상의 유의점 등을 고려하여 선정하여야 한다.

아울러, 사회과 교육에서 기대하는 목표를 달성하기 위해서는 최적의 교수·학습활동이 요구된다. 학습활동은 학생들이 내재하고 있는 능력을 활동을 통하여 개발시킴으로써 보다 활발해지는데, 학생들 스스로 사회 사상을 이해하고, 사회생활을 현명하게 영위할 수 있는 교수 학습활동을 지향하여야 한다. 사회과 교수·학습활동과 관련된 연구 주제로는 협동 학습을 통한 또래 자율 학습의 활성화 방안, NIE를 통한 학생들의 사회과 정보 분석 능력 연구, 사회과 문제 해결 학습 활성화를 통한 모 둠 과제 해결 방안 등을 들 수 있다.

넷째, 사회과 학습 자료와 학습 도구에 관한 연구 주제를 선정하여야 한다. 사회과 교육에서 활용 하는 교수·학습 자료와 도구는 그 특성을 고려하여 적기에 활용하면 목표 달성에 효과적이다. 따라 서 사회과 목표 달성을 위한 다양한 교수·학습 자료의 활용 방법은 다양한 측면에서 접근하여야 한다. 특히, 사회과 교수·학습 자료는 교사의 창의성에 따라 개발, 활용되는 방법이 크게 달라지고 이는 학습 목표 달성과 직결된다. 이처럼, 사회과 교수·학습 자료는 과학기술, 정보화, 교사의 의욕 과 창의성 등에 따라 새로운 자료의 개발과 적용, 활용 방안의 다양화 등이 달라진다. 특히, 현대 사 회과 교육에서는 정보화에 따른 정보 기기를 교수·학습에 적절하게 활용하여야 한다.

사회과 교육 연구에서 교수·학습 자료와 정보화 기기 활용 분야의 연구 주제는 교수·학습 자료 활용과 학생들의 탐구력 신장의 관계, 정보 검색을 통한 학생들의 ICT 능력 향상 방안, 모둠 활동 자료 제작을 통한 전문가 협동 학습 활성화 방안 등을 들 수 있다.

다섯째, 사회과 교육 평가에 관련된 연구 주제를 선정하는 것을 고려하여야 한다. 교육 평가는 목 표 달성과 학습 상황을 효과적으로 재는 기술을 의미한다. 교육 평가는 교수·학습이 이루어지는 과 정에서 수행 평가로 이루어지는 것이 바람직하다. 사회과 교육에 대한 교육 평가의 방법과 기술은 사회과 교육 나름대로의 방법과 기술이 있으므로 연구자는 여기에 초점을 맞추어야 한다. 사회과 평 가 방법과 기술은 사회과 교육의 교수·학습 목표, 내용, 지도 방법 등을 통틀어서 개선할 수 있는 준거를 추출할 정도로 중요한 의미를 갖고 있다. 그러므로 사회과 교육 평가에 관한 연구는 평가 그 자체로만 끝나서는 안 되며, 목표, 내용, 지도 방법 등 연구의 전 과정을 아우르는 참신한 연구로 진 행되어야 한다.

사회과 교육 평가에 관련된 연구 주제로는 확산적 발문 부여를 통한 사회과 수행 평가 개선 방 안, 사회과 질적 평가와 양적 평가의 비교 및 개선 방안, 사회과 교수·학습 개선을 위한 형성 평가 활성화 방안 등을 들 수 있다.

결국 사회과 교육 연구는 연구 주제 선정에서부터 시작된다. 연구 주제는 연구의 목적이자 핵심 이며, 연구 제목과 문제에 대한 이론적 배경이 된다. 연구 주제는 연구자가 관심을 가지고 있는 영 역에서 선정한다. 연구 주제는 연구자가 흥미와 관심을 가지고 있으며 나아가 자신의 연구와 관련이 있다고 고려하는 주요 논제, 개념, 질문 등의 총합이다.

연구 주제는 연구 문제를 축소한 핵심 요소 중심으로 선정하는 것이 바람직하다. 또한 자신이 잘 알고 있거나 새롭게 관심이 있는 분야를 선택하여 연구 주제를 잡는 것이 바람직하다. 연구 주제를 너무 복잡하게 선정하거니 애매모호한 용어로 진술하면 연구를 효과적으로 수행하기가 어렵다. 따라 서 명료하면서도 간결하게 진술하는 것이 중요하다. 그리고 연구는 뚜렷한 문제나 검증 가능한 가설 을 가지고 시작하는 것이 바람직하다.

연구 주제 선정에서의 연구의 질문은 실제로 연구가 가능해야 하고, 명확하면서도 의미 있는 것 이어야 한다(한면희, 2008: 554-555).

▌제4장▐ 사회과 교육 연구의 범위

1. 사회과 교육 연구의 범위와 분야

1) 사회과 교육학 일반에 관한 연구

(1) 사회과 교육의 원리 연구

교과 교육으로서의 사회과 교육의 원리, 사회과 교육의 본질, 사회과 교육학의 정립 탐색, 새로운 사회과 교수 이론 전개, 사회과 교육의 변천, 사회과 교육과정의 제정·개정 등에 관하여 연구한다.

(2) 사회과 교육과정 설계 연구

사회과 교육과정 설계에 관한 연구는 사회과 교육의 모형 탐색 및 사회과 교육 전략에 관한 탐색이다. 사회과 교육을 어떤 입장에서 보느냐가 초점이다. 한국교육개발원(KEDI)에서 시도한 '개인·사회문제에 대한 합리적인 결정 과정의 모형(정세구 외, 1975)', 미국사회과교육협의회(NCSS)에서 개발한 '탐구 개념적 모형(inquiry conceptual model)', 마시알라스의 '교육의 과정에 관한 개념 모형' 등이 교육과정 설계 연구에 속한다(김원겸, 2007: 161). 사회과 교육과정의 설계는 교육과정의 출발점으로서 교육과정의 틀을 만드는 과정으로서 매우 주요한 단계이므로, 사회과 교육 연구에서 아주 깊은 관심을 갖고 접근하여야 한다.

(3) 사회과 교육의 목표 연구

사회과 목표는 사회과 교육의 핵심이다. 사회과를 지도하는 사회과 교사는 사회과 교수·학습의 목표를 인지하고 있어야 하며, 교재 내용의 선정과 조직, 교수 방법의 결정, 그리고 나아가 사회과에서 육성하고자 하는 바람직한 인간상을 정립하여야 한다. 사회과의 목표는 사회과의 내용, 방법, 평가 등과 밀접하게 관련된다. 분명한 목표가 설정되어야 하며, 내용, 방법, 평가 등과 일관성과 연계성을 유지하여야 한다. 따라서 사회과 교육의 목표의 중요성을 충분히 인식하고, 현시점에서 설정하여야 할 목표에 대해서 연구하여야 한다.

(4) 사회과 교육과정 적용 연구

사회과 교육과정에 관한 연구는 사회과 교육 개선의 중심적 연구이다. 사회적·국가적 요청에 따른 사회과 교육과정의 구성 원리와 변천 과정을 기초로 하여 지역화를 고려한 독자적인 사회과 교육과정의 개발과 실행, 그 적용 방안, 한국과 외국의 사회과 교육과정 비교, 사회과 교육과정의 적용 등에 대한 연구가 중시되어야 한다.

(5) 사회과 교육의 발달 및 비교 연구

한국과 외국의 사회과 교육의 발달 과정을 비교하여 사회과 교육의 특색과 개선, 발전 등에 기여할 수 있는 방안을 모색한다. 또한, 한국 사회과 교육의 당면 과제를 해결하고, 전망을 예측하여 비전을 제시하는 연구도 바람직한 연구 분야이다.

(6) 사회과 교육의 운영 연구

각급 학교급, 학년, 각 단위 학급별로 새로운 사회과 교육 운영의 방안을 연구한다. 사회과 교육과정의 개발과 실행, 사회과 지도 계획의 수립, 타 교과와 관련된 사회과의 운영 등을 효율적으로 실행할 수 있는 연구를 진행한다.

(7) 사회 인식의 발달 연구

정보화·세계화 시대인 현대 사회 속에서 생활하는 학습자들이 사회 사상을 올바르게 바라보고, 고급 사고력을 바탕으로 생각함으로써 사회 인식을 폭넓게 하고, 그 문제 해결 방안에 탐구적으로 접근하는 연구가 바람직하다.

2) 사회과 교육 교수론에 관한 연구

(1) 사회과 교수 방법 연구

사회과 교수·학습 방법의 기초 이론과 방법에 관한 이론을 기반으로 하여 새로운 사회과 교수·학습 방법 개선에 중점을 두고 연구한다.

(2) 사회과 학습 심리 연구

사회과 연구는 학습자의 정치, 경제, 사회적 인식과 사고의 발달이 사회과 교수·학습 개선의 핵심임을 알고 연구를 진행한다.

(3) 사회과 평가 연구

사회과 평가의 기초 이론으로서 새로운 사회과 교육 평가의 관점과 내용, 방법, 결과 해석 및 처리 등의 새로운 방법과 모색에 대하여 연구한다.

(4) 사회과 교육 교수·학습 자료 연구

사회과 교육에서 활용되는 교수·학습 자료에 관한 기초 이론으로서 교수 학습 효과를 올릴 수 있는 사회과 교수·학습 자료의 새로운 취급 방법과 제작 방법, 그 활용 방안 등에 대해서 연구한다.

사회과에서는 사진, 그림, 지도, 통계, 도표, 연표, 문화재, 참고 도서, 신문, 잡지, 방송, 이야기, 노래, 실물, 표본, 모형, 괘도, 기록물, 여행기, 탐험기, 슬라이드, 필름, 등의 다양한 교수 학습 자료를 활용하여 교수·학습을 진행한다.

사회과 교수·학습 관련 자료는 교재를 분석한 다음 필요한 자료의 목록을 작성하고, 이들 자료를 수집, 제작, 구입하여 자료의 유형별로 분류한 다음, 자료 활용을 위한 목록을 만들고, 사회과 각 학년 단원의 목표, 교재, 내용, 활용 방법 등에 관한 안내서를 만들어 활용하여야 한다.

사회과 교수·학습 자료는 학생들이 사회현상을 바르게 이해할 수 있도록 제작·활용하여야 한다. 그리고 사회과 교수·학습이 더욱 바람직하게 진행되기 위해서는 각종 자료의 개발에 대한 새로운 생각이나 그 활용 방법에 관한 연구가 보다 활성화되어야 할 것이다. 더욱 교실에서의 교수·학습 형태가 발견적, 탐구적으로 진행되어 가면서 학생들이 경험을 통하여 스스로 행동을 변화시킬 수 있는 다양한 교수·학습 자료의 개발 및 활용에 대한 연구가 보다 많이 요구되고 있다.

3) 사회과 내용학에 관한 사회과 교육 연구

(1) 사회과학 제 분야에 관한 내용 연구

사회과 교육 연구는 정치학, 경제학, 사회학, 문화인류학, 법학, 윤리학, 역사학, 지리학 등 사회과학의 제 분야 내용 중에서 사회과에서 교수할 내용을 선정하는 연구이다. 사회과 교육의 목표인 민주시민 육성에 대한 교수 내용을 국가적·사회적 요구, 시대적 요구, 지역화, 시대성, 연구자 특성 등에 따라서 적절하게 연구한다.

사회과의 본질적 특성으로 보아 그 내용이 복잡하고 학문적 체계에 대한 견해가 각각 다르기 때문에 각 영역별, 분야별 기본 개념과 핵심적인 내용, 요소들 간의 관계, 요소들 간의 탐구 과정 연계 등에 대한 공통점 추출이 연구의 기본이 된다. 그렇기 때문에 사회과 교육의 연구는 전문가들의 공동 연구, 영역 간 연계 연구 등이 고려되어야 한다.

사회과학 제 분야의 구조에서 개념을 찾고, 교재 내용을 새롭게 구조화하는 연구로, 사회과학 제 분야의 내용 연구와는 초점과 방향이 상이하므로 연구의 관점을 개념에 한정하고 연구하여야 한다.

(2) 사회과의 학습 내용의 선정·조직 및 교재 내용 연구

사회과를 이루는 사회과학 제 분야의 내용을 기반으로 교재 내용을 새롭게 구성하기 위하여 교재 내용을 교재화할 수 있는 방안과 교재화된 내용을 평가하는 연구이다. 사회과 교육과정의 학습 내용 선정 및 조직은 매우 민감한 문제이고 일치된 견해도 없다. 실제로 전통적으로 사회과 교육 내용의 선정과 조직은 학습자의 발달 단계를 고려하여 학문적 계통성을 고려하여 이루어졌다. 대체로 나선 형식 교육과정, 동심원적 확대법 등을 적용하였다.

니콜스(Nicholls, 1972) 등은 사회과 교육과정 내용 선정의 원칙으로 내용의 타당성, 의미성, 흥미성, 학습 가능성의 조건을 들고 있다.

마시알라스(Massialas)는 문제 중심의 사회과를 전제하고 내용 선정의 원칙으로 내용의 적절성, 반추, 행동, 현실성, 이해의 깊이 등을 들고 있다(권오정·김영석, 2007: 119-121).

한편, 포스너와 스트라이크(Posner & Strike, 1974)는 보다 체계적인 방법을 통하여 교과의 논리 혹은 학습자의 논리에 따라 내용 배열의 원칙들이 구체적으로 도출되는 정도를 연구하였다. 이들은 교과의 개념을 세계의 현상에 관련된 측면, 현상에 대한 지식에 관련된 측면, 현상에 관한 지식을 생산하는 과정에 관계된 측면 등으로 구분하고, 학습자에 관련된 측면을 학습자와 교과의 상호 작용의 결과, 즉 학습 결과의 측면과 장차 삶의 목적을 위한 학습 결과의 활용 측면으로 구분하고 각 범주의 내용 배열 원칙을 <표 127>과 같이 들고 있다.

한편 사회과 교육의 내용에 관한 연구의 범위에서 사회 문제에 대한 연구에 관심을 가져야 한다. 특히 사회과는 시사 문제, 쟁점 문제, 논쟁 문제 등의 내용으로 하기 때문에 새로운 사회 문제에 대한 연구에 중점을 두어야 한다.

사회과는 현재 및 미래에 직면할 여러 가지 사회 문제를 내용으로 포함하고 있다. 세계화 시대, 지구촌 시대, 지식정보화 사회인 21세기 현대 사회에서는 인류가 당면하고 있는 문제인 핵문제, 환경 문제, 인구 문제, 공해 문제 식량 문제, 저출산 문제, 고령화 사회 문제, 성교육 문제 인권 문제, 지구촌 갈등 등에 관련된 문제의 중압감 때문에 큰 사회 문제가 되고 있다. 따라서 이와 같은 여러 가지 사회 문제를 사회과 교육의 내용으로 선정, 조직하는 것이 큰 문제가 되고 있다

따라서 초등학교 수준의 사회 문제, 중학교 수준의 사회 문제, 고등학교 수준의 사회 문제 등이 분석되고 종합적으로 연구되어야 한다. 그러므로 사회과 교사는 항상 변화무쌍한 사회 문제에 대하여 역동적인 의식과 인식을 바탕으로 항상 탐구하고 연구하고 신지식인으로서의 교사상을 견지하여야 한다.

기준	하위 원칙	내용 배열 방법
세계 (현상)	공간	가까운 곳에서 먼 곳으로, 아래에서 위로, 동에서 서로, 남에서 북으로
	시간	연대기(과거에서 현재로, 현재에서 미래로), 원인→ 경과→ 결과
	물리적 속성	연대기(과거에서 현재로, 현재에서 미래로), 원인→ 경과→ 결과
개념	유목 관계	동물과 식물을 개관하고, 다시 포유류, 양서류, 조류 등의 순
	명제 관계	가정→ 결과 관계, 이론→ 사실 관계
	정교성	나선형식 교육과정(개념의 폭과 깊이 확대 조직)
	논리적 선후	논리적 필요 충분조건
탐구	탐구의 논리	귀납, 연역, 반증, 검증 등
	탐구의 경험 과정	문제 인식→ 선행 연구 검토→ 가설 수립→ 자료 수집→ 자료 분석→ 결론
학습 이론	경험적 선후 관계	앞의 내용이 다른 요소의 학습을 촉진할 경우(선행 조직자가 되는 내용을 제시하고 본문의 내용을 학습)
	친숙성	학생들에게 친숙한 내용부터 제공(자문화→ 타문화 등)
	난이도	쉬운 것에서부터 어려운 것으로(나선형식 교육과정)
	흥미	학습자가 흥미를 보이는 내용부터
	내면화	내면화할 수 있는 정도에 따라(발달 단계)
활용	활용 절차	문제 상황에서 지식이 적용되는 과정(문제 해결, 의사 결정 과정에 따른 내용 배열)
	활용 빈도	학습 결과의 활용 빈도, 중요도에 따라

* 출처: 김원겸, 『사회과 교육 연구의 실제』, 2007: 167.

4) 사회과 교수·학습 방법에 관한 연구

사회과는 기본적으로 사회적 사실과 현상에 관한 지식을 발견하여 적용하고, 이에 필요한 사고력과 판단력 및 의사 결정력 신장을 강조하는 교과이다. 그러므로 사회과 교수·학습에서는 고급 사고력과 의사 결정력의 신장을 강조하고 학습자가 다양한 탐구 방법을 활용하여 스스로 탐구하는 학습 전략을 지향한다. 논리적 사고를 비롯하여 비판적 사고력, 창조적 사고력, 가치 판단력, 의사 결정력 등을 신장시킬 수 있도록 강조하는 교과이다. 그러므로 사회과 교수·학습에서는 사고력과 의사 결정력의 신장을 강조하고 학습자가 다양한 탐구 방법을 활용하여 스스로 탐구해 가는 학습 전략을 구사해야 한다. 즉, 논리적 사고력을 비롯하여 비판적 사고력, 창조적 사고력, 가치 판단력, 의사 결정력 등을 신장시킬 수 있도록 하기 위해서는 다양한 교수·학습 방법의 적용이 요구되고 있다. 아울러, 각 영역의 내용을 학습하는데 적합한 학습 방법을 모색하고, 어느 특정한 관점에서 사회를 보지 않고 다양한 탐구 및 인식 방법을 적용하는 것이 중요하다.

사회과의 각 영역의 내용을 학습하는데 적합한 탐구적 학습 방법이 모색되고 적용되어야 할 뿐만 아니라, 기본적으로 사회현상에 관한 지식을 발견하는 발견학습 및 탐구 학습에서 나아가, 발견된 지식 및 기능을 적용하는 문제 해결 학습, 의사 결정 학습, 다양한 견해와 가치를 이해하고 분석하는 가치 학습 등을 적절하게 활용하여야 한다. 또, 사회현상은 시간적·공간적 영향을 많이 받으므로, 사회과 교육은 시대의 변화와 발전에 부응하여 NIE 등 시사적 자료를 적절히 활용하고, 학교와 지역 실정에 적절하게 교재를 지역화·재구성하여야 한다.

사회과 교육의 목표는 사회현상과 문제를 파악하는데 필요한 지식과 정보를 획득, 조직, 활용하는 능력을 기르고, 사회생활에서 나타나는 여러 문제를 합리적으로 해결하기 위한 탐구 능력, 의사 결정 능력 및 사회참여 능력을 기르는 것이다. 따라서 사회과의 교수·학습 방법은 사고력 신장에 초점을 맞추어야 한다.

사회과의 교수·학습 방법 중에서 고급 사고력 신장을 위한 학습 방법으로는 개념의 특성을 논리적으로 규명하는 학습, 반성적 사고에 의한 원리를 발견하는 학습, 발견된 원리를 적용하여 사실을 증명하는 학습, 당면 문제를 창의적으로 해결하는 학습, 가치 명료화 학습, 의사 결정 학습 등을 들 수 있다. 이러한 학습 과정을 통하여 학생들은 논리적 사고, 비판적 사고, 창의적 사고 등을 신장시킬 수 있다. 개념을 정의하는 학습과 문제 해결 학습에서는 내적 일관성의 유지를 통해서 논리적 사고를 신장시킬 수 있으며, 문제를 파악하고 증거를 검토하는 과정에서 그 진술이나 증거의 어떠한 부분에서 어떠한 사고를 강조할 것인가는 그 주제의 특성에 따라 적절하게 결정하여야 하며, 이는 단원의 교수·학습 설계에서부터 고려하여야 한다.

사회현상을 바르게 이해하고 문제를 해결하는 학습 과정에서는 문제 해결의 각 단계에서 일어나는 구체적 사고 활동을 고려하여야 한다. 즉, 한 시간의 수업 과정 속에서 순간순간에 이루어지는 활동들로 요약, 분류, 비교, 대조, 번역, 해석, 가설, 예측, 추론, 적용, 분석, 종합, 평가, 상상, 대안 제시, 선택, 결정 등의 다양한 사고 활동이 이루어지도록 하여야 한다.

사회과 교육에서는 학생들이 학습 과제를 체계적으로 탐구할 수 있는 기회를 제공해 주어야 한다. 체계적인 탐구는 적절하고 정확한 지식을 바탕으로 아이디어를 논리적으로 발달시키고 결합시키는 기능을 수행하지만 반면 단순화된 지식을 가르치는 수업은 탐구를 저해하게 된다. 학생들이 구체적 생활 경험을 통하여 사회현상을 이해하고 이를 생활에 다시 적용하는 기회를 많이 주어 사회과 학습이 쉽고 흥미 있다는 느낌을 갖게 하는 것이 중요하다. 학생들이 복잡한 사회현상을 설명, 예측하고 당면한 문제를 해결할 수 있는 힘을 기르기 위해서는 학생들 스스로 원리나 법칙을 발견하고 적용할 수 있는 기회를 자주 부여하는 것이 바람직하다.

학생들이 생활 경험을 바탕으로 구체적 사물이나 사실을 통하여 개념을 이해하고, 원리와 법칙을 발견하며, 이와 같은 개념, 원리, 법칙 등을 생활의 전 분야에 적용할 수 있는 기회를 많이 부여하여야 한다. 고급 사고력 함양을 위한 탐구가 존중되는 학습 분위기를 조성하고, 학습자들이 개방적, 허용적 분위기 속에서 자유롭게 학습할 수 있도록 배려해 주어야 한다.

우리나라 현실적으로 사회과 수업 현장에서는 학습 방법의 개선이 지지부진하며, 수업의 질적 개선에 많은 어려움을 겪고 있다. 학생들의 고차적 정신 능력 개발을 위한 사회과 학습 방법의 탐색에 관한 기초적 연구는 물론 이를 실천하기 위한 실천적 연구가 더욱 요구되고 있다.

5) 사회과 평가에 관한 연구

전통적인 교육 평가는 시험을 보고 이를 점수화하여 성공군(成功群)과 실패군(失敗群)으로 분류하여 유목화하는 도구적 역할을 수행해 왔다. 이는 인간의 기본적 특성을 고정불변의 안정성을 지닌 존재로 보고, 교육 목표에 도달할 수 있는 사람은 극소수 선발된 사람에 불과하다는 전제에서 출발하므로, 인간을 표준화 점수에 비추어 상대적 위치만을 논하며, 개인차를 변별하는 수단으로 이용해 왔다. 따라서 성공군에게는 특혜 심리를 조장하고, 실패군에게는 부정적인 자아 개념을 형성시켜서 평가 자체가 학생들의 위협과 불안의 대상이 되었고, 학교를 일류를 향한 경쟁의 터전으로, 학교와 사회를 분열의 온상으로 비판적으로 보고 있다.

교육 평가의 원리는 매우 다양한데, 절대 기준 평가를 도입한 후, 평가의 타당도와 신뢰도가 더욱 강조되고, 사회과에서는 교과 특성에 부합되는 원리를 선택할 것이 요구된다. 사회과 평가의 일반적 원리로는 일관성, 계속성, 포괄성, 융통성, 객관성, 상관성, 실용성 등을 들 수 있다(이양우, 1992: 77).

첫째, 일관성의 원리이다. 사회과 교육 평가는 사회과 교육 목표와 직결됨으로써 언제나 목표와 평가는 일관성 있게 이루어져야 한다. 사회과의 교수·학습 목표는 추상적인 가치 목표가 많은 부분을 차지하고 있으므로, 이를 세분화하여 구체적인 행동 용어로 진술해야 하며, 이때 일관성이 더욱 요구된다.

둘째, 계속성의 원리이다. 사회과는 바람직한 인간 형성을 목표로 하는 만큼, 사회과 평가는 학습의 성취도를 한 시점에서만 측정하는 것은 바람직하지 않다. 사회과의 목표인 바람직한 인간 육성은 단 시간 내에 달성하기 어렵기 때문이다. 교수·학습 지도 계획을 수립하는 단계로부터 학습 지도 방법과 과정에 이르기까지 사회과 교육 전반에 걸쳐서 계속적인 평가가 이루어져야 한다.

셋째, 포괄성의 원리이다. 사회과의 목표는 민주사회에서 바람직한 국민적 자질의 육성, 즉 전인교육에 있다. 그러므로 사회과 평가는 민주적 사회생활을 올바르게 영위할 수 있는 종합적 인간 형성의 제 요소, 즉 지적인 면, 기능적인 면, 정의적인 면 등을 다 포괄하여 균형 있게 진단, 측정하여야 한다.

넷째, 융통성의 원리이다. 사회과 평가는 획일적, 고정적이 아니고, 개인차를 고려하여 다양성, 융통성이 있어야 한다. 교육 목적에 가장 타당하고 적절하다고 인정된 하나의 평가 방법만 정도라고 생각하는 일방적 사고는 비판의 대상이 된다. 학생들의 관심, 요구, 흥미, 개성, 능력, 적성, 사고 등이 모두 다른 개인차를 갖고 있다. 그리고 개인차에 따라 조작하고 해석할 필요가 있으므로 사회과 평가 계획은 개별화와 융통성을 고려하여야 한다.

다섯째, 객관성의 원리이다. 사회과는 복잡한 사회의 사실과 현상 및 인간관계를 그 대상으로 하는 교과이므로, 지도하는 사람에 따라 평가의 관점과 기준이 달라질 수 있다. 평가의 객관성은 평가 기준의 양호도를 결정하는 중요한 요소이므로 사회과 교사는 독단적인 편견과 선입견을 배제하고, 보편타당한 사회과학적 척도와 합리적인 분석 방법으로 측정하여야 한다.

여섯째, 상관성의 원리이다. 사회과 평가는 개인과 집단의 변화, 발전의 정도를 측정하여야 한다. 그러므로 전체적인 집단의 평가는 학생 개개인의 성장 발달을 중요시하며, 그 상관관계에 세심한 배려를 하여야 한다. 학생들의 성장, 사고, 의문, 문제 등은 학생 개개인의 개성적, 주체적, 특수적이면서, 동시에 공공적, 집단적, 사회적인 것으로서 개인을 사회적 관계 속에서 파악할 때 비로소 개인의 집단에서의 위치도 객관적으로 명확해진다.

끝으로, 실용성의 원리이다. 사회과 평가는 사회과 교육의 개선과 발전을 위하여 공헌하도록 자료를 진단, 분석하는데 있다. 따라서 평가의 결과를 피상적으로 취급하지 말고, 바로 해석하고 재투입하여 사회과 교육의 개선, 발전 방향을 찾고, 사회과 교육에 도움이 되는 실용성을 적극 고려하여야 한다.

사회과 평가는 사회과 목표에 의거하는 목표 지향적이어야 한다. 학생들의 고급 사고력 신장을 목표로 하여 사회과 교수·학습 방법의 개선을 꾀하려 하고 있으나, 이에 따른 교육 평가 방법이 개발되지 못하여 교수 학습 방법의 개선을 기하는데 곤란한 점이 있다.

최근 사회과 교육 평가가 학생들의 학업 성취도를 측정하여 성적을 판정하는 입장으로부터, 교수·학습 방법의 개선에 도움을 주려고 하는 쪽으로 전환되고 있어 평가 분야의 새로운 과제로 대두되고 있다.

따라서 사회과 평가는 학생들의 전반적인 행동 변화에 도움을 주되, 동시에 그 변화를 위해서 투입된 교육과정, 교재, 교수·학습 방법, 교수의 효과를 함께 평가함으로써 교수·학습 개선과 직결시키는 방향에서 보다 많은 연구가 이루어져야 할 것이다.

사회과 평가에 관련된 사회과 교육 연구 주제의 예로는 사회과 교육과정의 적절성 평가, 사회과 수행 평가 과제의 적합성 분석과 과제, 사회과 수업 평가에 대한 논의와 운영 실태 분석, 수업 평가 중심 사회과 교사 평가의 준거와 방법에 관한 연구, 사회과 수업 과정의 평가, 사회과 학력 평가의 기준 설정, 사회과 평가 기준에 따른 평가 상황 분석, 고급 사고력 신장에 영향을 주는 문항 개발, 기존 평가 문항의 수집 정리 및 활용 방안, 현행 평가 문항 제작 경향과 개선 방안 연구 등을 들 수 있다(김원겸, 2007: 177－180).

6) 사회과 교사 연수에 관한 연구

사회과 교육의 성패 여부는 사회과 교사가 결정하듯이 사회과 교사는 사회과 교수·학습에서 결정적이며 핵심적인 역할을 수행한다. 사회과 교사가 사회과 교과의 특징과 지도 방법을 잘 이해하고 이를 수업 상황에 창의적으로 활용함으로써 학생들을 사회과 학습에 적극 참여시킬 수 있다면, 사회과 학습은 성공적으로 이루어질 것이다.

사회과 교육과정이 개정되거나 교수·학습의 새로운 방향이 요구될 때, 사회과 교사의 연수는 필수적으로 이루어져야 하며, 이와 관련된 문제는 계속적으로 연구되어야 한다. 하지만 현실적으로 교사의 재교육을 비롯하여 교사의 연수는 계속적으로 이루어지고 있으나, 교사 훈련에 관한 연구는 상당히 미흡한 실정이다.

특히, 사회과에 대한 전문성 신장을 위해서는 사회과 교사 등에 대한 다양한 연수가 활성화되어야 하고, 이를 바탕으로 사회과 교사 교육 및 연수에 대한 연구 활동이 강화되어야 할 것이다.

자고로 교육의 질은 교사의 질을 능가하지 못한다고 하였다. 그만큼 교육의 질을 좌우하는 교사의 자질과 능력은 아주 중차대한 요소인 것이다. 사회과 교사의 자질과 능력 함양은 사회과 교과 교육에 대한 연수에서 비롯된다. 그러므로 교사 각 개인의 자율 연수는 물론 기관 연수, 원격 연수 등 다양한 방법을 통한 사회과 교육의 자질 연수가 요구되고 있다.

1. 교과의 성격 및 정체성에 대한 연구

    학교 교육은 그 대부분이 국어, 수학, 과학 등의 교과 교육으로 이루어진다. 교육과정은 교과, 재량 활동, 특별활동의 세 영역으로 구분된다. 교육과정의 시간 편제에 따라 약간씩 차이가 있을 수는 있으나, 교과 수업은 학교 전체 수업 시수의 약 90% 정도나 차지한다. 국민공통기본교육과정은 사회과를 포함하여 총 10개 교과이다.

    학교 교육이 대부분 교과 교육으로 이루어지고 있다면, 사회과 교육 연구의 첫 번째는 교과에 대한 연구를 들 수 있다. 교과란 무엇이고, 현재 초등학교, 중학교, 고등학교에서는 교과를 어떻게 나누고 있는가를 살피는 것이 그 한 예가 될 것이다. 그리고 이에서 더 나아가, 각 교과의 정체성을 찾는 연구를 할 수 있을 것이다. 가령 초등학교에서는 교과를 어떻게 나누고, 중학교나 고등학교에서는 이런 교과 구분이 어떻게 달라지고 있는지를 살피는 것이다. 그리고 이런 학교급에 따른 교과의 구분에 대하여 교사나 학생 그리고 학부모들은 어떻게 생각하고 있는지도 연구할 수 있을 것이다.

    교과의 구분과 관련된 또 하나의 연구 과제로는 수업 시수에 대한 연구이다. 2007년 개정 교육과정 기준으로 초등학교 제3학년부터 중학교 제2학년까지는 학년당 각각 연간 102시간(주당 3시간, 단 중학교 제1학년은 모두 역사 영역), 중학교 제3학년은 136시간(주당 4시간, 사회 영역 68시간, 역사 영역 68시간), 고등학교 제1학년은 204시간(사회 영역 6단위, 역사 영역 6단위)인데, 이러한 교육과정상의 수업 시수 배정은 무엇을 근거로 하였으며, 현재의 교과별 수업 시수에 대하여 교사나 학생 그리고 학부모들은 어떻게 생각하고 있는지도 현장 연구에서 해 볼 만한 중요한 연구 주제라고 사료된다.

    교과에 대한 중요도 인식도 또 하나의 좋은 연구 주제가 된다고 본다. 현재 편제되어 있는 여러 교과에 대한 교사, 학생, 학부모들의 중요도 인식을 조사하고, 이를 현재의 각 교과별 수업 시수 배정과 비교해 보는 것이다. 이런 비교 자료를 통해 현재의 수업 시수 배정에 대한 개선점을 찾거나, 아니면 교사나 학생들의 교과에 대한 잘못된 인식을 개선하는 지도 방법을 찾아볼 수 있을 것이다.

2. 사회과의 교육 목표와 내용에 대한 연구

    교육과정에는 각 교과의 교육 목표가 제시되어 있다. 학교 현장에서는 교육과정에 제시된 교과의 교육 목표를 있는 그대로 수용하는 경향이 있다. 그러나 교육과정에 제시된 각 교과의 교육 목표는 사실 상당한 정도의 이견이나 갈등 또는 쟁점을 안고 있다. 사회과의 궁극적인 목표는 사회과학의 학문적 지식을 배우는 것인가, 아니면 시민정신의 함양인가? 진정 각 교과의 목표는 모든 학교급에서 동일해야 하는가, 아니면 학교급에 따라 다르게 설정되어도 좋은가? 실제 이견(異見)이나 갈등(葛

藤) 또는 쟁점(爭點)을 품고 있는 각 교과 교육의 목표에 대하여 교사나 학생들의 인식을 조사하고 비교해 보는 것은 교육 현장의 중요한 연구 주제가 될 수 있다.

교과 교육의 내용에 대한 연구도 현장 연구의 중요한 주제가 될 수 있다. 문서화된 교육과정을 자료로, 각 교과에서는 그 지도의 내용을 어떻게 하위 영역으로 구분하고 있는지, 이런 여러 하위 영역의 내용에 대하여 교사나 학생들은 수용적으로 이해하고 있는지, 하위 영역 사이의 비중은 어떠하고, 그런 비중에 대하여 교사나 학생들의 이해나 인식은 어떠한지 등을 연구하는 것이다. 또, 일반 사회, 역사, 지리 등 과목과 영역에 대한 교육과정상의 비중 구분도 연구하고, 교사나 학생들이 생각하는 상대적 중요도도 연구해 볼 수 있는 좋은 주제가 된다.

3. 사회과 교육과정에 대한 연구

교육과정은 학교 교육의 근간을 이루는 기본 규정이다. 각 교과의 교육과정에는 그 교과의 성격, 목표, 내용, 지도 방법, 평가 방법 등이 비교적 소상하게 적시되어 있다. 교과서는 이런 교육과정의 구체적 구현물이고, 교사의 수업도 역시 교육과정의 구현이라 할 수 있다.

학교 현장에서는 교육과정에 대한 연구도 할 수 있다. 현재의 우리나라 교육 체제에서, 각급 학교의 교육과정은 대부분 국가 수준에서 규정하고 있다. 이렇게 국가 수준에서 규정된 교육과정이 교과서 편찬으로 구체화되고, 더 나아가 교사의 교실 수업으로 실현된다.

교육과정에 대한 연구의 한 예로 교육과정 진술 내용의 적합성에 대한 연구를 들 수 있다. 구체적으로 말하면, 각 교과의 교육과정에 진술되어 있는 교과 교육의 성격에 대한 진술, 교과 교육 목표에 대한 진술, 내용 체계와 내용에 대한 것, 그리고 각 학년별 내용의 범주와 내용 사이의 위계, 지도 방법이나 평가 방법 등에 대한 현장 교사의 이해와 반응을 연구하는 것이다. 다시 말해서, 교사들이 각 교과의 교육과정을 얼마나 적합하다고 생각하는가에 대한 연구를 하는 것이다. 이와 같은 교육과정에 대한 교사의 이해와 반응에 대한 연구 결과는 다음번 교육과정 개정의 좋은 안내로 이용될 수 있을 것이다.

각 교과교육과정의 필요성과 유용성에 대한 연구도 필요하다. 학교 현장의 교사들은 국가에서 개발하여 보급하고 있는 현재의 교과별 교육과정을 필요하다고 생각하는가, 그 교육과정을 얼마나 읽고 참고하는가, 수업의 계획이나 전개에 얼마나 유용하게 활용하고 있는가 등을 알아보는 것이다. 그리고 각 교과의 교사들이 현재의 교육과정을 얼마나 알고 있는가 하는 점도 좋은 연구 주제가 될 수 있다. 만일 현 교육과정에 대한 교사들의 필요, 이해, 활용이 기대 이하라 한다면 그 이유를 찾아 다음번 교육과정 개정에 이를 참고할 수 있을 것이다.

교육과정에 대한 교사들의 요구 조사도 적합한 현장 연구의 주제가 될 수 있다. 교육과정에는 어떤 내용을 포함하는 것이 좋으며, 그 내용 진술의 수준은 어느 정도 자세히 하는 것이 좋은지 여러 예시를 비교해 가면서 조사하는 것이다. 우리나라의 교육과정과 여러 외국의 교육과정을 비교해 보면서 교사에게 적합한 교육과정의 체제, 내용, 구성 등을 조사하는 것이다.

4. 사회과 교과서에 대한 연구

일반적으로 교과서는 교육과정 구현의 한 예시 자료이다. 교과서는 가장 중요한 자료이자 매체인 것이다. 그러나 교육 현장에서 교과서만큼 강한 영향력을 발휘하는 것은 없다. 모든 수업에서 교과서는 교사나 학생 모두에게 가장 중요한 교수·학습 자료로 사용되고 있다. 교사의 설명 내용이나 방식도 대부분 교과서에 의존하고 있다. 사람들은 '수업의 질은 교사의 질을 능가하지 못한다.'고 말하지만 이보다는 오히려 '교사의 질은 교과서의 질을 능가하지 못한다.'고 말하는 것이 더 실질적일 것이다. 교육 현장에서 교과서는 그만큼 절대적이다. 과거에는 한때 교과서대로 가르치는 것이 교육과정의 충실한 이수로 수용되기도 하였다. 현재는 '교육과정 중심 교육'이 일반화되고 있지만, 과거에는 그야말로 '교과서 중심 교육'이 일반적인 교육의 전형이었던 것이다.

학교 현장 연구의 주제로 가장 적합한 것이 교과서에 대한 연구라고 여겨진다. 교사는 교과서를 가지고 가르치고, 학생은 교과서로 배운다. 따라서 교과서는 교사에게는 가르치기 좋은 자료가 되어야 하고, 학생에게는 배우기 좋은 자료가 되어야 한다. 따라서 교과서는 교사에게도 좋은 자료가 되어야 하고, 동시에 학생에게도 좋은 자료가 되어야 한다는 이중의 기능을 담당할 수 있어야 한다. 그런데 교사의 요구와 학생의 요구는 많은 경우 상충된다. 이런 까닭에 교과서 편찬이 어려운 것이다. 교과서를 교육 이론의 총화라 부르는 까닭도 바로 여기에 있는 것이다.

교과서에 대한 현장 연구는 '이상적 교과서 상'에 비추어 그 적합성을 분석해 볼 수 있다. 교과서 연구 학자들의 연구에 의하면, 교과서는 대체로 다음과 같은 기능을 담당할 수 있어야 한다.

① 교과교육 이론의 반영
② 교육 내용 제공 및 해석의 기능
③ 교수·학습 자료 제공의 기능
④ 교수·학습 방법의 제시 기능
⑤ 학습 동기 유발의 기능
⑥ 연습을 통한 기능(技能) 정착의 기능
⑦ 평가 자료 제공의 기능

이상의 일곱 가지 교과서 기능에 비추어 현재 사용하고 있는 교과서의 기능을 연구하는 것은 매우 의미 있는 활동이다.

교과서의 단원 체제에 대한 연구도 현장 연구의 주제로 적합하다. 교과서의 한 단원(單元)은, 단원이라는 말에서 엿볼 수 있듯이, '하나의 온전한' 교수·학습의 단위이다. 따라서 하나의 단원 속에는 교육에서 갖추어야 할 모든 요소들, 예를 들어, 위에서 살펴본 일곱 가지의 교과서의 기능들이 빠짐없이 포함되어 있어야 한다. 이런 측면에서 현재 사용하고 있는 교과서의 단원을 분석하는 연구를 하는 것이다.

단원 체제와 같은 교과서 체제(體制, system)뿐만 아니라 교과서의 체재(體裁, design)에 대한 연구도 가능하다. 교과서의 판형은 어떠하고, 활자의 형태와 크기는 어떠한지, 삽화는 적합한지, 본문 내용과 삽화의 관련성은 유기적인지, 행의 길이나 행간은 적합한지 등이 모두 교과서 체재에 대한 연구 내용이 된다. 학생들을 대상으로 이런 체재 관련 요인들의 적합성을 직접 실험으로 연구하거나 또는 의견을 조사하는 연구를 할 수 있을 것이다.

　교사나 학생들의 교과서 활용 측면도 매우 중요한 현장 연구가 될 수 있다. 교사가 수업에서 교과서를 어느 정도 그리고 어떤 방식으로 활용하는가를 여러 가지 방법으로 연구하는 것이다. 교사의 수업을 카메라로 촬영해 가면서 교과서의 활용을 연구할 수도 있고, 단지 의견을 물어 교사의 교과서 활용 실태를 연구할 수도 있다. 또한 학생을 상대로 같은 연구를 할 수 있다. 즉 학생들이 공부를 할 때 교과서를 어느 정도 그리고 어떤 방식으로 활용하는지를 연구하는 것이다. 교과서 중심으로 공부하는지 아니면 교과서 이외에 다른 참고서를 더 많이 활용하는지, 교과서와 참고서를 어떻게 관련시켜 가며 공부하는지 등을 연구하는 것이다.

　더 구체적인 그리고 세부적인 교과서 연구 주제를 한 가지 더 제시하고자 한다. 모든 교과서에는 학생들에게 주는 과제나 문제가 많이 들어 있다. 학생들에게 주는 교과서의 과제 또는 문제 제시 방법에 대한 연구를 해 보는 것이다. 교과서의 과제 또는 문제를 학생들이 제시된 그대로 따라 하는지, 아니면 하지 않고 그냥 넘어가는지, 한다면 어떤 방식으로 하는지, 교과서에서 과제(문제)를 제시할 때에 그 과제의 해결에 필요한 자료나 방법도 적절히 제공하고 있는지, 어려움에 봉착한 학생들에게는 어떤 안내나 '이끌어 주기'가 제공되고 있는지 등을 분석하고 검토하는 연구를 하는 것이다.

5. 사회과 교사의 수업 개선에 관한 연구

　교사의 수업은 학교 교육의 결과를 결정짓는 가장 중요한 변인이라 할 수 있다. 교사가 무엇을 가르치는가에 따라 학생이 배우는 것이 결정되고, 교사가 어떻게 가르치는가에 따라 학생의 학습 방법이 결정된다. 학생의 학업 성취도 그리고 학습 태도도 모두 교사의 수업에 크게 의존된다. 지금까지 학교 교육에 대한 연구 중에서 가장 많이 다루어진 연구가 아마 교사에 대한 연구가 아닌가 생각된다.

　교사의 수업에 대한 연구는 크게 두 가지로 나누어 볼 수 있다. 그 하나는 교사를 독립변인으로 보면서 다른 종속변인을 살펴보는 연구이다. 예를 들어, 교사의 나이·지식·배경·학력·경험·태도 등을 독립변인으로 보고, 이들 변인에 따라 수업의 방식·내용·태도·학업 성취도 등이 어떻게 달라지는지를 연구하는 것이다. 그리고 두 번째는 교사의 수업을 독립변인으로 보고, 그에 따라 종속변인이 어떻게 달라지는지를 연구하는 것이다. 예를 들어, 여러 가지 수업 모형을 독립변인으로 설정하고, 이런 여러 가지 수업 모형이 각각 학생들의 학업 성취도나 학습 태도에 어떤 영향을 미치는가를 연구하는 것이다.

　수업 목표에 따른 세부적인 수업 전략도 연구할 수 있을 것이다. 사회과 교육 연구의 최종 지향점은 사회과 교육 개선, 사회과 수업 혁신이다.

6. 학생들의 사회과 교수·학습에 관한 연구

인지심리학이 크게 대두되면서 학교 교육 연구는 교사의 수업에 대한 연구에서 학생의 학습에 대한 연구로 그 중심축을 바꾸어 가고 있다. 그래서 '교수·학습'에서 예전에는 교수에 대한 연구가 성행하였다가 이제는 점차 학생의 학습에 대한 연구가 많아지고 있는 실정이다.

학생의 학습에 대한 연구는 학생을 독립변인으로 보고, 그에 따른 효과를 알아보는 연구를 말한다. 가령 교과에 대한 학생의 흥미나 태도가 학생의 학업 성취에 미치는 영향 연구, 학습의 내용과 관련된 학생의 배경 지식이 그 내용의 학습에 미치는 영향 연구 등을 들 수 있다. 그리고 학생의 성격이나 태도 또는 가치관을 독립변인으로 간주하면서 이 변인과 다른 요인을 관련지어 연구하는 것도 가능하다.

학생의 학습 방법에 대한 연구도 매우 중요한 현장 연구의 주제가 될 수 있다. 최근, 자기 주도적 학습이라는 개념이 학교 현장에 널리 보급되면서 이에 대한 연구도 점차 많아지고 있는 실정이다. 우선 자기 주도적 학습의 개념을 구체적으로 규정하고 이를 확인하거나 검증할 수 있는 실증적 연구를 할 수 있다. 가령, 교과서의 단원을 자율적으로 학습하게 하고 그 학습 과정을 관찰하면서 학생이 무엇을 어떻게 공부해 나가는지를 그 자기 주도적 학습 과정과 특성을 탐구하는 것이다.

자기 주도적 학습 태도나 자기 주도적 학습 능력을 신장시킬 수 있는 방안에 대한 연구도 중요한 교육 현장의 연구가 된다. 혼자서는 공부할 줄 모르는 학생들에게 무엇을 어떻게 훈련시키고 연습시키면 이들이 자율적, 자기 주도적으로 공부를 할 수 있게 될 것인가에 대한 연구이다. 학교 교육의 궁극의 목표는 학생을 자율적 학습자로, 자기 주도적 학습자로 키워 내는 것이다. 대학에서의 공부가 바로 자기 주도적 공부이고, 사회에서의 직무 수행이 모두 자기 주도적 과제 해결이라는 점을 생각해 볼 때에, 초·중·고교 교육에서 학생들을 자기 주도적 학습자로 키워 내는 일은 진정 교육의 궁극의 목표를 찾아가는 것이라 할 수 있다.

자기 주도적 학습과 관련되는 연구로서, 우수한 학습자(good learner)와 미숙한 학습자(poor learner)의 특성을 학습 방법 측면에서 찾아내는 연구도 학교 현장에서 해야 할 매우 중요한 연구 과제라 생각한다. 학교 학생들 중에는 우수한 학습자도 많고 또 미숙한 학습자도 많이 있다. 이들 두 집단에서 대표적으로 몇 학생들을 선정하고, 이들에게 일정한 학습 과제를 내 준 후, 이들의 학습 과정을 면밀히 관찰 분석해 보는 것이다. 그리고 그 속에서 우수한 학습자와 미숙한 학습자의 특성을 확인하고 그 차이점도 찾아보는 것이다. 이런 연구로부터 미숙한 학습자를 우수한 학습자로 변화시킬 수 있는 지도 내용과 지도 방법도 찾아볼 수 있을 것이다.

학원을 비롯한 사교육에 대한 연구도 학교 현장의 연구로 해 볼 만한 연구라 생각한다. 현재 대부분의 학생들이 학원 교육을 받고 있다. 그리고 정부의 연구기관에서는 사교육비를 줄이기 위한 방편으로 학생들의 학원 이용 실태나 그 효과에 대한 연구를 하기도 한다. 그런데 정작 학원 교육과 직접 맞닿아 있는 학교에서는 학원에 대한 연구를 하지 않고 있다. 교육 현장의 연구자들은 자기의 학교 학생들 중 학원 교육을 받는 학생이 얼마나 되는지, 교과에 따라 학원 교육을 받는 학생들의 수가 다른지, 다르다면 그 이유는 무엇인지, 그리고 학원에서 가르치는 교육 내용은 무엇인지, 학원

수강이 학교 성적에 효과적으로 나타나고 있는지, 학생들의 능력(학급의 상위권, 중위권, 또는 하위권 등)에 따라 학원 교육의 효과가 달라지는지 등도 좋은 연구 과제가 될 수 있다. 또한 학원을 다니지 않게 되다가 학원을 다니게 되는 경우(또는 그 반대의 경우) 학생의 학습 태도(학교 수업에 대한 태도, 교과서 공부, 참고서 공부 등)에 어떤 변화가 보이는지 등도 학교 현장에서 해야 할 중요한 연구 과제라 생각된다.

7. 사회과 학습 관련 학생 발달에 대한 연구

학생들은 나이가 들어 가면서 여러 측면에서 발달을 보인다. 키도 커지고 몸무게도 늘어난다. 이런 것들을 우리는 신체적 발달이라 부른다. 학생들은 또한 정신적으로도 발달해 나간다. 지적 능력도 발달하고 태도도 발달해 간다.

발달에 대한 연구에서는 '~성(性)'이라는 학술 개념을 흔히 사용한다. 예를 들어 도덕적 발달은 '도덕성 발달'이라 말하고, 대인관계와 같은 사회적 태도의 발달은 '사회성 발달'이라는 개념으로 말한다. 이 이외에 '문학성 발달'(문학에 대한 이해와 태도의 발달), '문식성 발달'(읽기와 쓰기 능력의 발달) 등도 자주 언급되는 학술 용어이다. 사회성 발달도 마찬가지이다. 사회과의 핵심인 사회적 사실에 대한 탐구 능력을 신장하려면 학생들의 발달 단계와 과정을 연구하여야 한다.

특히 사회과는 동심원적 확대법, 지역(환경) 확대법, 나선형식 교육과정, 범위와 계열성 등을 아우르는 학습자 발달과 관련된 주제 연구가 활발하게 이루어져야 한다. 특히 사회과는 학습자 중심 교과이다. 사회과의 교과 특성이 현장 중심이라는 점을 전제하면 이와 같은 학생들의 발달 관련 연구는 매우 활성화되어야 할 것이다.

8. 사회과 평가에 대한 연구

교육의 결과는 반드시 평가되어야 한다. 그래야 교육의 효과를 알아볼 수 있고, 더 나아가 필요한 개선도 취할 수 있기 때문이다. 이에, 학교 현장 연구에서는 평가에 대해서도 관심과 연구의 노력을 기울여야 할 것이다. 예를 들어, 학생들의 학업 성취에 대한 평가도 연구하여야 하고, 교사의 수업에 대한 평가도 해 보아야 한다. 교과서에 대한 평가도 하고, 학교 환경에 대한 평가도 해야 할 것이다.

학교 현장에서의 평가에 대한 연구로, 평가의 횟수가 가져오는 효과에 대한 연구를 해 볼 수 있을 것이다. 가령 한 학기에 한 번만 평가하는 것이 좋은지, 아니면 두 번 평가하는 것이 좋은지 연구해 보는 것이다. 매 단원마다 평가를 하는 것은 어떠한지, 그리고 수업 시작 직전에 쪽지 평가를 하는 것은 학생들의 수업 준비에 어떤 효과를 가져오는지 연구해 보는 것도 중요한 현장 연구가 될 것이다.

교사가 자기의 수업 내용을 중심으로 직접 만들어 하는 평가와 교육청이나 다른 기관에서 개발한 평가를 가져와 사용하는 경우의 차이도 연구해 볼 만한 주제이다. 자신의 수업 내용을 중심으로 하는 평가는 분명 교사의 수업에 대한 학생들의 관심도 그리고 시험의 성적도 높여 줄 것이다. 그런 반면, 외부의 문제로 하는 평가는 교사의 수업에 대한 학생의 관심이나 시험 성적에서 긴밀한 관련성을 보이지 않을 것이다. 이는 고등학교 수업에서 교과서에 충실한 수업을 제쳐 두고 대학수학능력시험의 기출 문제나 그런 유형의 문제집 풀이를 많이 하는 현상에 대한 설명도 될 수 있다. 만일 연구 결과가 위의 예상과 비슷하게 나온다면, 연구자는 이런 결과로부터 학교에서의 평가에 대한 구체적인 제안을 할 수 있을 것이다.

현재 정부에서 주관하고 있는 대학수학능력시험을 학교 현장 교육과 관련하여 연구해 보는 것도 좋을 것이다. 초·중·고등학교의 각급 학교 교사들은 수능시험을 얼마나 의식하고 있고, 이런 의식으로 학교 수업 내용이나 방법이 어떻게 달라지고 있는지를 연구해 보는 것이다. 현재 수능시험에서는 문항이 객관식으로 출제되고 있다. 이런 객관식 대입 시험이 교사의 수업이나 학생의 학습 방법에 어떤 영향을 얼마나 미치고 있는지도 중요한 학교 현장에서의 평가에 대한 연구 주제가 된다. 더 근본적인 주제로, 주관식 평가와 객관식 평가가 학생의 사고와 문제 해결에 미치는 영향을 연구해 볼 수도 있다.

요즈음 학교 현장에서는 수행 평가에 대한 인식과 적용 요구가 매우 높다. 그리고 많은 교사들이 실질적으로 수행 평가를 자기의 수업에 적용하기도 한다. 그러나 수행 평가가 구체적으로 무엇을 의미하는지, 어떤 과제가 수행 평가의 과제로 적합한지, 현재 각급 학교에서 하는 수행 평가가 정작 학생들의 수행 능력 그리고 더 나아가 문제 해결적인 사고를 유도하고 있는지 등 현장의 수행 평가에 대한 실질적인 연구가 요청되고 있다. 수행 평가에 대한 교사와 학생의 인식, 지식, 태도, 활용 실태, 교과별 적용 범위 등에 대한 정밀 연구도 요청된다.

9. 사회과 학습 자료에 대한 연구

교과서는 학교 공부의 중심 교재이다. 학교에서 교사는 교과서로 가르치고 학생들도 교과서로 공부한다. 그런데 학생들은 교과서 이외에 수많은 참고서를 구입하여 공부한다. 때로는 교과서보다 참고서를 더 중요시하고, 실제 공부도 참고서로 더 많이 하기도 한다. 학생들의 학습에 참고서의 비중이 이렇게 높다면, 학생들을 가르치는 교사는 당연히 학생들의 참고서 사용 실태에 대하여 깊은 이해를 가지고 있어야 할 것이다.

우선 학생들이 참고서를 얼마나 활용하고 있는지에 대한 실태 조사가 필요할 것이다. 몇 학년 학생이 어떤 종류의 참고서를 얼마나 구입하고 있는지, 구입한 참고서는 어떻게 활용하고 있는지, 그래서 교사는 학교 수업에서 이런 학생들을 어떻게 안내하고 지도하여야 하는지에 대한 연구가 절실히 요청된다. 이런 것도 학교 현장 연구의 좋은 주제가 될 수 있다.

학생들의 참고서 이용은 교과에 따라 다를 수도 있다. 예를 들어 사회과 학습에서의 참고서 이용이 과학과 학습에서의 참고서 이용과 다를 수 있다. 그렇다면 그 차이는 무엇인지, 이런 차이는 교과의 성격이나 교육의 내용 그리고 교과서의 편찬 방식과 어떤 관련이 있는지 등에 대해서 연구해 볼 필요가 있다. 그리고 그런 참고서의 이용이 교과 공부에 얼마나 도움이 되는지, 그런 도움은 교사의 수업 내용이나 평가와 관련되지는 않는지도 연구해 볼 만한 것이다.

학생들이 많이 보는 참고서의 체제와 내용, 참고서로 공부하는 학생의 학습 방법 등에 대한 연구도 매우 절실한 현장 연구의 대상이 될 수 있다. 대체로 교과서는 학생들에게 창의적이고 문제 해결적인 사고를 요구하지만 참고서는 수많은 지식과 정보를 때론 무질서하게 제공하기만 하는 경우가 많다. 따라서 교과서에서와 참고서에서의 교육 내용, 내용의 제시 방법, 학생에게 요구하는 학습 방법 등을 비교 분석하면서 교과서와 참고서의 교육적 효과도 분석해 보는 연구를 할 수 있을 것이다.

10. 사회과 교사의 전문성에 개발에 대한 연구

사람들은 교직을 전문직이라 하고, 교사를 전문가라 부르고 있다. 그런데 정말 교직이 전문직인지, 그리고 교사는 전문가인지 이에 대한 철저한 연구가 요청된다. 교사 자신이 동료 교사들을 대상으로 하면서 이 연구를 수행한다면, 이로부터 학교 현장을 개선 발전시킬 수 있는 좋은 시사점을 많이 얻을 수 있을 것이다. 교사의 전문성에 대하여 아래와 같이 구체적인 연구 아이디어를 정리해 본다.

① 교직이 정말 전문직인가? 교직에서 하는 일의 어느 것이 어떤 점에서 전문성을 필요로 한다고 말할 수 있는가? 이때 전문성의 정도나 수준은 무엇으로 판단하는가?

② 교사는 정말 전문가인가? 교사의 전문성은 어디에서 나오는가? 교과 내용에 대한 지식의 양이나 깊이에서 오는 것인가, 아니면 수업 방법에서 오는 것인가, 또는 학생에 대한 이해에서 오는 것인가?

③ 교사들은 그의 전문성을 어디에서 어떻게 획득 또는 습득하는가? 교육대학교나 사범대학에서의 교육과 훈련이 교사의 전문성 신장에 중요하게 작용하는가, 아니면 학교 현장 에서 직무를 수행하는 중에 습득하게 되는 것인가?

④ 교사의 전문성은 어떻게 확인할 수 있는가? 지식의 전문성, 수업 기술의 전문성, 그리고 학생에 대한 깊은 이해와 사랑의 전문성 등 여러 가지 전문성은 어떤 방법으로 판별해 낼 수 있는가?

⑤ 현재 학교에 근무하고 있는 교사들의 전문성은 어느 정도나 되는가? 이들의 전문성은 교직 경력과 관련이 있는가? 그리고 이들의 전문성은 교사의 직무 수행에 충분할 정도인가? 교사의 전문성은 초등 교사의 경우와 중등 교사의 경우 같은가 아니면 다른가?

⑥ 교사의 전문성 신장을 위한 방법에는 어떤 것이 있는가? 교육청에서 시행하고 있는 연수는 교사나 교직의 전문성 신장에 도움이 되는가? 아니면 같은 학교 내에서 선배 교사와 후배 교사를 연계하여 개별 지도를 주고받게 하는 새로운 방안은 전문성 신장에 도움이 될 수 있는가?

⑦ 현재 시행하고 있는 교사 임용 시험 내용이나 방법은 교사의 전문성을 제대로 측정 평가하고 있는가? 현재의 임용 시험은 유능한 교사 선발에 효과적인가? 임용 시험에서의 우수자는 학교 현장에서의 교사로서도 우수함을 보여 주고 있는가? 유능한 교사를 선발할 수 있는 임용 시험의 개선 방법에는 어떤 것들이 있는가?

결국, 교육의 현장은 학교요 나아가 그 학교의 교실이다. 교육을 연구하고 교사를 배출해 내는 대학은 현장 교육에 대한 지원 기관이다. 교육과학기술부나 교육청 등의 행정기관도 학교 현장 교육을 위한 지원 기관일 뿐이다. 교육의 현장은 어디까지나 학교요 교실이다. 그래서 학교 교육에 대한 현장 연구가 중요한 것이다.

교육 이론은 교육 현장에서의 교육을 설명하는 이론이 되어야 한다. 교과 연구 역시 학교 현장이 초점이다. 사회과 연구 역시 학교 현장의 사회과 교육 현장을 지향하여야 한다. 학교 현장을 잘 설명하는 이론은 좋은 교육 이론이고, 그렇지 못한 이론은 좋은 교육 이론이 되지 못한다. 현재의 교육 이론이 좋지 않으면 그 이론은 다른 이론으로 대체되어야 한다. 그런데 교육 이론을 바꾸기 위해서는 현장을 연구하여야 한다. 이론의 바탕은 곧 현장이기 때문이다. 그래서 학교 현장이 중요한 것이고, 이 현장에 대한 연구가 중요한 것이다.

학교 현장의 교육은 그 현장에서 일하는 교사들이 이끌어 간다. 교사는 학교 교육을 운영하는 실제적 운영자이다. 그리고 교사는 교실에서 수업을 하면서 학생들을 이끌어 가는 견인자이다. 학교 교육이 불만족스러울 때 이를 새롭게 바꾸는 개혁의 주체도 교사다. 그래서 교육 연구는 교육의 현장에서 학교를 운영하고 학생들을 이끌어 주는 주체인 교사에 의해서 이루어져야 한다. 그래서 교사가 하는 학교 현장 연구가 중요한 것이다. '교사 연구자(teacher researcher)'의 개념도 바로 이런 생각에서 나온 것이다. 학교 현장의 교사가 학교 현장 교육 현실을 이끌어 가는 견인차가 되기를 기원한다.

그런데 한 가지 솔직한 심정을 피력하고 싶다. 학교 현장 연구를 수행하는 '교사 연구자'는 가능한 한 그들의 연구에 관하여 교육 연구를 전문으로 하는 전문 연구자들과 협의하기를 기대한다. 우리나라 사회과 교육의 지금까지의 경험으로 볼 때, 학교 현장 연구 중 상당히 많은 연구가 기대되는 만큼의 체계적인 이론과 연구 방법을 갖추지 못하고 있기 때문이다. 그래서 가능한 한 전문가의 도움을 받기를 권하는 것이다. 이때, 전문가와의 협의는 연구를 계획하는 초기 단계, 예를 들어 연구 주제의 탐색이나 연구 문제의 선정 단계에서 시작하는 것이 좋다. 일단 연구가 시작된 후에는 중간에 이를 고치기가 매우 어렵기 때문이다. 간혹 연구를 다 끝내고 연구 보고서까지 완성한 후에 이를 전문가에게 보이며 도움을 요청하는 경우가 있는데, 이런 경우에는 문장 수정 이외에는 어떤 도움도 전문가로부터 받을 수 없다. 남의 연구 내용을 바꾸는 거짓을 범할 수는 없기 때문이다. 이상적으로는 연구 주제의 설정, 연구 문제의 선정, 관련 선행 연구나 이론의 검토, 연구 방법의 설계, 자료의 수집과 분석, 결과의 해석, 결론의 도출과 이 결론이 주는 이론적 시사점, 현장 교육에의 적용 가능성과 안내, 그리고 본 연구와 관련한 추수 연구 과제 등 연구 과정의 단계 단계에서 전문가와 상의하는 기회를 갖는 것이 좋다.

미국의 체제에 의하면, 교육 연구에 대한 박사학위에는 두 가지가 있다. 하나는 철학박사(Ph. D.)학위이고, 다른 하나는 교육학 박사(Ed. D.)학위이다. 이론이 현장의 실제를 설명하는 것이고, 그 이론의 도출이 현장에서 수집 분석한 자료에서 나온다는 점을 생각하면, 이 두 박사학위 중에서 교육학 박사학위를 더 가치 있고 실제적인 학위로 인정해야 한다고 본다. 현장 연구, 그것도 현장의 교사가 하는 현장 연구에서 우수한 연구가 많이 나와야 한다. 사회과 교육의 현장 연구는 사회과 교육 현장을 개선하는데 공헌하는 연구여야 한다.

▌제6장▌ 사회과 교육 연구의 유형

1. 사회과 교육 연구의 주요 유형

오늘날 사회현상은 과거의 역사적 현상에서 온 것이기 때문에 과거 역사에 대한 연구는 사회과 교육에서 매우 중요한 부분이다.

역사적 연구(historical research)는 과거의 사실을 서술하는 연구이다. 교육을 역사적으로 연구하는 사람은 과거에 일어났던 독특한 사건의 서술을 토대로 하여 일반적인 원칙을 정립하려고 시도할 수 있다. 역사가들은 가설을 수립하고 그러한 가설을 미래의 사건에 응용하거나 일반적인 원칙으로 미래의 사건을 예언하는 것에 대해서 매우 조심스러운 태도를 취하였다. 그러나 그간 연구하는 목적은 과거의 사실 그 자체를 파헤치는데 있는 경우가 많지만, 그것보다는 과거의 사실을 연구함으로써 그것이 현재의 사실 이해와 현재의 문제 해결을 위하여 어떤 의미를 갖는가를 시사하는 것에 중요한 의미를 갖고 있다. 그러나 그것은 단순히 역사를 연대적으로 배열하는 것은 아니다. 역사는 과거의 인간, 사건, 장소들 사이의 관계를 조직하고 분류하고 해석하며 현재와의 관계를 연구하는 것이다. 역사가 이러한 연구를 하는 경우, 때로는 실증적인 증거를 수집하지 못하는 경우도 있다. 역사적인 서술이 사실상의 증거를 기초로 하는 한 그것은 과학적이라고 할 수 있다. 이런 경우에는 현대의 사건을 연구한 경우처럼 계량화가 가능할 것이다.

그러나 일부에서는 역사적 연구에서 실증적 연구가 곤란하다는 이유를 들어 역사적 연구의 과학성을 부인하는 입장이 있다. 역사적 연구는 예측을 하지 않으며 실험할 수도 없고, 자료를 수집하고 분석하는 경우에도 객관성을 불충분하다고 보는 것이다. 이러한 주장에 비하여 역사적 연구의 과학성을 인정하려고 한다.

역사는 과거의 사실에 대한 의미 있는 기록이다. 역사적 연구는 과거에서 일어난 사실을 서술하는 것으로 과거 사실의 기록뿐만 아니라 과거의 사실을 연구함으로써 그것이 현재의 사실과 문제 해결을 위한 의미와 시사에 중요성을 두는 경우가 많다.

서술적 연구는 몇 개의 변인이 특수하게 통제 또는 조작될 때의 상황을 검토하는 것으로 인과관계의 수립, 인위적 조작 등이 요구된다. 실험적 연구에서는 실험 집단과 통제 집단의 적절한 구성 및 변인의 통제가 매우 중요하다.

역사적 연구가 과거에 관한 연구라면 서술적 연구는 현재에 대한 연구이다. 서술적 연구는 현재의 상황을 있는 그대로 서술할 뿐이지 선악(善惡), 정오(正誤) 등 가치 판단을 하지 않는다. 서술적 연구가 참다운 연구의 의미를 갖기 위해서는 연구 자체가 단순한 사실의 나열에 그쳐서는 안 된다.

실험적 연구는 인과 관계를 검토하는 것으로 변인의 통제가 중요한데, 몇 개의 변인을 통제하여 어떤 상황에서 특수하게 통제되거나 조작될 때 무엇이 일어나는가를 검토하는 것이다. 그러므로 인위적인 조작이 실험 연구의 필수 요인이다.

〈표 128〉 역사적 · 서술적 · 실험적 연구의 비교

구분	역사적 연구	서술적 연구	실험적 연구
목적	과거에 있었던 일 서술함	현존하는 상황을 서술함	인과관계를 검증함
방법	역사적인 자료의 기록 분석 해독	상관관계 조사, 직접적인 관찰 비교 연구	변인을 조작하는 상황에서 실험 집단과 통제 집단의 비교
교육 혁신 및 변화와의 관계	제안된 변화의 기점과 가능한 결과를 지적함. 기준 설정에 유용함	현존하는 상황과 조건의 특징을 지향하여 앞으로의 연구의 기초가 되게 함	제안된 변화의 효과를 제시함

사회과 교육 연구에서는 조사 연구와 실험 연구에 대해서 고찰할 필요가 있다. 조사 연구는 특히 대중 또는 는 비교적 단 기간 내에 최소의 비용으로 광범위한 사람들에게 정보를 얻을 수 있는 방법이다.

설문지와 면접, 온 라인 설문 등의 형태인 여론 조사가 최근들어 대중 매체에 자주 등장하면서 다양한 정보를 획득하기 위하여 많이 활용된다. 조사 연구는 연구하고자 하는 모집단 표집으로부터 설문지와 면접을 통하여 자료를 수집하여 그 경향이나 일반화를 찾아내는데 목적이 있으며, 연구 결과를 계량적으로 나타내어 객관화하는 양적 연구이다.

반면, 실험 연구는 정밀한 과학 연구 방법의 하나이다. 실험이란 법칙을 설정하거나 혹은 효과를 검증하려는 목적에서 수행되는 통제된 계획을 의미하며, 연구자가 인과 관계를 연구하려는 두 변인 중 한 변인을 임의로 변화시키고 그것이 다른 변인에 어떻게 영향을 미치는가를 관찰, 분석하는 연구이다. 실험 연구는 가설을 검증하기 위하여 가능한 모든 조건을 인위적으로 통제하여 관찰하고 측정하는 과학적 연구 방법이다(한면희, 2008: 557- 561).

2. 사회과 교육 연구의 기술(記述) 요령

일반적으로 사회과 교육 연구는 다양한 준비와 여건, 환경 등이 전제되어야 하는데, 기본적으로 사회과 교육 연구에서 요구되고, 반드시 필요한 기술 요령 및 유의점은 다음과 같다.

첫째, 사회과 교육 이론과 현장 문제를 연결하여 적절한 주제 선정을 한다.

둘째, 사회과 교육 관련 문헌 자료 고찰과 수집 정리를 한다.

셋째, 사회과 교육 연구 및 실험의 설계 및 추진을 체계적으로 한다.

넷째, 문헌 자료, 실험 및 통계자료의 분석 처리와 이를 종합한 결론 추출을 모색한다.

다섯째, 정확하고 명쾌한 문장 구성과 진술을 한다(연구 계획서, 연구 보고서 등).

여섯째, 연구 자료 인용의 정확성과 연구의 규칙과 연구 윤리 준수 등이 중요하다.

■ 제7장 ■ 사회과 교육 연구의 경향과 과제

1. 사회과 교육 연구 사례와 경향

1) 일반적 유의점

① 학교 실정에 알맞은 연구 주제 설정
② 조직적, 계속적, 실천적 연구와 시범
③ 가정 및 지역사회와의 관계

2) 고려할 만한 주제들

① 교과별 및 사회과 교육 영역별 사회과 학습의 연간 지도 계획 작성
② 사회과 교육 기본 목표 및 개념과 관련된 것들
③ 사회과 교육 정보원의 파악과 활용
④ 야외, 박물관, 향토, 자료관, 동물원, 수족관, 도서관, 방송, NIE, 사회과 학습 센터 등
⑤ 각종 사회과 문제 및 사회과 교육
⑥ 통합적 주제들: 주제 중심 및 사회과 학습별

2. 사회과 교육 연구의 과제와 지향점

1) 사회과 교육 연구의 중요성 인식

사회과 교육 연구의 중요성을 인식하고 평소부터 연구를 위한 문제의식과 기초적 준비 등을 갖추어 놓고 집중적인 관심을 기울이는 것이 중요하다. 사회과 교육 연구는 사회과 교육의 개선과 혁신의 도화선이고 촉매제이다. 나아가 전반적인 교육 발전의 원동력이 되는 활동이기도 하다. 모름지기 가치로운 것을 끊임없이 새롭게 갈고 닦는 활동이 곧 교육이다. 사회과 교육 연구 역시 사회과 교육과 사회과 교육학의 새로운 개선과 발전의 이정표이자 나침반인 것이다.

학교 현장의 초·중·고교 사회과 교사들이 학생들의 사회과 교육의 핵심인 사회과 교수·학습 활동에 최선을 다하여야 하고, 나아가 이와 같은 사회과 교육 연구 활동에 매진하여야 하는 이유도 역시 사회과 교육 발전을 최일선에서 견인해야 할 사람들이 곧 사회과 교사들 자신이기 때문이다.

2) 이론과 실제의 연계

사회과 연구에서 필요한 주제 선정과 관련하여, 특성·시의성 등을 충분히 고려하여야 한다. 기존 이론에 대한 현장 연구 결과의 검증과 반영 등의 노력이 필요하다.

3) 연구 보고서 작성의 정밀화

적절한 방법으로 연구를 하고 그 결과는 거짓이 없어야 한다. 이론에서부터 연구 진행 과정을 거쳐, 결과 및 연구 보고서 작성까지의 전 과정이 정확하게 이루어져야 한다.

4) 학교, 지역사회 및 전문가 연계

연구는 혼자만으로 할 수 있는 것들도 있으나, 학교와 지역사회의 인사들과 전문가 등의 협력과 연계를 통한 효율적인 연구가 필요하다.

5) 연구·시범 결과의 지속적 일반화와 확산

사회과 교육 연구 결과는 널리 보급하여 일반화하고 그를 통한 개선을 하도록 하는 것이 중요하다. 대표적인 방법으로는 학회와 학술지를 통한 발표와 소개, 교육 연구지 수록 등이 있다.

사회과 교육 연구의 역사가 길고 대상이 매우 광범위한데 사회 사상(社會 事象)과 더불어 교육공학의 발전을 반영하여 연구도 변화하여야 할 것이다.

사실 연구 방법과 유의점 등은 매우 제한적인 것이며, 지역화 등의 여건을 특히 반영하여야 하는 사회과 교육 연구는 대상과 방법이 더욱 다양하고 독특할 수밖에 없다.

따라서 사회과 교육 연구자들은 계속적으로 연구되는 연구 결과를 반영하여 연구 방법과 대상 탐구를 발전시키는 것이 바람직하다.

사회과 교육 연구의 활성화는 사회과 교육 자체의 발전뿐만 아니라 이를 연구 대상으로 하는 연구자와 나아가 사회과 교육 연구 전반의 목적 달성에 이바지할 것이라는 점을 유념해야 할 것이다.

우리나라 연구 체제와 시범 운영의 문제점은 그 결과가 대부분 일반화 되지 못하고 사장(死藏)되고 있다는 점이다. 즉 전국의 많은 연구자와 학교에서 많은 연구 추진과 시범 운영이 이루어지고 결국에는 아주 훌륭한 결과를 거양한 보고서로 보고된다. 그 효과도 매우 혁혁(赫赫)한 것이 일반적이다. 하지만, 그 결과가 일반화되지 못하고 있다.

연구와 시범 운영의 목적은 훌륭한 결과를 두루 일반화하려는데 있다. 따라서 우리나라 교육 연구의 체제도 연구 추진 과정과 절차에만 치중하지 말고, 연구 결과 보고 후의 일반화를 위한 제도적 장치를 마련해야 할 것이다.

1. 연구 계획서 작성 방법

연구 계획서란 연구자가 연구하고자 계획하는 주제를 보여 준다. 연구 문제가 확인되고, 질문이나 가설이 진술되고, 변수가 확인되며, 용어가 정의된다. 표본에 포함된 연구 대상, 사용할 도구, 연구 설계, 절차, 자료 분석 방법 등이 기술되고, 선행 연구의 부분적인 분석이 연구 계획에 포함된다. 이러한 연구 계획서를 작성하는 목적은, 연구자가 의도한 연구를 이해시키고 연구에 대한 개선 방안을 제안받는데 있다. 연구 계획서는 연구자가 수행할 바를 분명히 함으로써 생각하지 않았던 어려움이나 문제를 사전에 피할 수 있도록 해 준다.

계획서를 작성할 때는 연구 문제의 진술과 연구가 어떻게 수행될 것인가에 대한 상세한 설명이 포함되어야 한다. 연구 계획서를 작성하기 위해서는 연구 문제와 관련된 다양한 정보를 필요로 한다. 계획서에는 연구의 필요성과 연구의 방법 등이 명시되어야 하며, 연구의 주제가 명확하고 간결하게 제시되어야 한다. 그리고 연구의 설계나 방법, 검증 방법과 자료 처리 방법, 예상되는 결과, 연구 결과의 의의 등을 제시한다.

1) 연구의 필요성과 목적

연구를 하게 된 근본적인 필요성과 목적을 제시한다. 연구의 필요성은 일목요연하게 진술한다. 연구 목적은 항목별로 진술하는 것이 바람직하다.

2) 연구 문제

연구 계획서의 서론에 해당하는 연구 문제를 서술하는 장에는 연구의 필요성, 연구의 목적, 연구 문제, 용어의 정의 등을 기술한다.

본 연구가 중요한 이유를 명확히 해야 하고, 그 연구의 가치를 논의한다. 동원하려는 연구 방법을 선택한 이유를 밝혀야 한다. 또한 연구하는 과제가 밝혀진다면 그에 따르는 시사점이 무엇인지를 연구의 필요성을 진술하는 곳에 포함하는 것이 좋다.

연구자가 연구하려는 바를 간결하게 진술해야 한다. 연구의 목적은 전체적인 윤곽을 마련하는 간결한 진술이 되어야 하는데, 탐구하고자 하는 연구 문제를 규명하였는지, 연구 문제가 처리하고자 하는 의도를 진술했는지, 연구 문제는 연구할 가치가 있다는 이유에 대해서 논의했는지 확인하여야 한다.

연구의 필요성과 연구 목적에서는 일반적인 연구 과제를 진술하며, 구체적인 연구 문제는 의문문 형태로 진술되는 경우가 많다. 명료성 때문에 연구 전략상 대부분의 연구에서 가설이 선호된다. 연구자가 가설을 머릿속에 갖고 있다면, 되도록 그것은 분명하고 간략하게 진술되어야만 하는데, 수행하려는 구체적 연구 질문을 진술했는지, 마음속으로 가설을 세우고 있는지, 관계를 연구하고자 하는지, 그렇다면 관계가 있다고 생각하는 변수들을 진술했는지 확인하여야 한다.

중심이 되는 모든 용어를 정의해야 한다. 가설 검정 연구에서는, 연구하는 변수를 기술하는 용어를 일차적으로 정의해야 한다. 연구자는 가능한 한 분명하게 자신의 정의를 해야 한다. 관련 문헌에서 볼 수 있는 선행 정의가 명백하다면 좋으나 대부분의 경우는 자신의 연구에 맞도록 수정해야 한다. 용어를 명백하게 정의하는 방법으로 조작적 정의를 사용할 수 있다. 용어 정의의 애매모호함을 모두 제거하는 것은 불가능하지만 연구에 사용된 용어를 분명하게 할수록 후속 계획이나 연구 수행에서 당면하게 되는 어려움은 적어진다.

연구 문제는 탐구하여야 할 내용을 질문 형식으로 제시한다. 연구 문제의 바람직한 조건을 요약, 제시하면 다음과 같다.

첫째, 참신성을 가져야 한다. 선행 연구 문제를 인용하는 경우에는 분명한 이유가 제시되어야 한다.

둘째, 중요성을 가져야 한다. 당해 연구 결과가 그 학문, 교과 분야에 공헌할 수 있는가? 현실 문제 해결에 얼마나 도움이 되는가?

셋째, 검증 가능성을 가져야 한다. 과학적으로 검증이 가능한가? 객관적으로 자료 수집 또는 실험에 의하여 분석할 수 있는가?

3) 용어의 정의

용어의 정의에서는 특수한 용어의 의미를 규정한다. 연구에서는 의사소통이 중요하므로, 동일한 연구 분야에서 특이하게 사용해야 하는 개념이나 용어 등에 대해서 명백히 규정하여야 한다. 특히 조작적 정의를 명확하게 제시하여야 한다.

4) 이론적 배경과 관련 문헌 고찰

이론적 배경은 곧 연구 문제나 가설에 대한 이론적 근거를 제시하는 것이다. 그 연구에서 밝히려는 가설이 이론적으로 왜 타당한지를 밝히는 것이다. 이것을 가설의 외적 정당화라고 한다. 그리고 이 부분에서는 연구 문제나 가설과 관련된 선행 연구를 요약 제시한다. 관련 문헌의 조사나 선행 연구의 고찰은 곧 그 연구 문제를 해결하는데 도움이 되는 시사점을 얻고자 하는 것이다.

가설은 이론적 배경을 체계적, 종합적으로 분석한 토대 위에서 설정되어야 한다. 가설은 예견되는 증명해야 할 결론, 또는 잠정적 해결안이며, 연구 가설과 통계 가설이 있다. 이러한 연구 가설은 ① 두 개 이상의 변인들 간의 관계 진술, ② 경험적, 실증적으로 검증될 수 있도록 명료화, ③ 자료를 수집·분석하기 전에 설정, ④ 선언적, 가정적 형식, ⑤ 인구학적 변인 사용은 가급적 삼가, ⑥ 범위의 한정, ⑦ 이미 알려진 사실과의 일치, ⑧ 문제 해결을 위한 핵심적 요소만을 엄선 기술 등의 조건을 충족시켜야 한다.

가설은 잠정적 결론이나 연구에서 밝히려는 변인 간의 관계를 제시하는 것이다. 가설은 앞의 이론적 배경에서 끌어내어 제시한다. 가설을 진술한 다음에는 그 가설을 뒷받침하는 이론적 근거를 약술한다. 조사 연구의 경우는 가설을 드러내지 않는 경우가 있는데 이 경우는 연구 문제만을 진술하고, 가설을 별도로 진술하지 않아도 된다.

5) 연구 방법(연구 설계) 및 절차

연구 방법과 절차를 기술하는 부분에서는 연구 설계, 표본, 도구, 절차, 자료 분석 방법, 내적 타당도가 포함된다. 연구 계획서의 작성에서, 연구자는 연구에 사용할 대상(표본)을 어떻게 구할 것인가를 상술하여야 한다. 가능하면 연구 결과를 일반화할 합당한 모집단을 진술해야 한다. 연구 결과가 충분히 신뢰롭고 타당하지 않다고 하면, 기존의 도구를 사용하는 것은 정당화될 수 없다. 적절한 도구가 없는 경우엔, 연구에서 사용될 도구 개발 절차를 타당도와 신뢰도를 높일 수 있는 방법과 함께 기술하여야 한다. 적어도 몇 개의 표본 문항이 연구 계획서에 포함되어야 한다.

언제, 어디서, 어떻게, 무엇이 행해질 것인지를 상세히 기술해야 한다. 특히, 중간에 처치가 가해지는 연구에서는 처치 방법을 상세히 설명하여야 한다. 연구 절차를 상세히 진술하는 목적은 같은 연구를 반복할 수 있도록 해 주는 것이다. 절차는 연구 수행 과정에서 바뀔 수도 있으나, 연구 계획 단계에서는 상세하고 명확하게 진술하여야 한다.

내적 타당도 저해 요인들도 찾아보아야 한다. 어떤 문제 영역이 발견된다면 언급하고 그 가능성이 논의되어야 한다. 연구자는 어떻게 그 요인을 경감시키고 최소화할 것인지를 기술해야 한다. 또한, 표본의 특성과 연구 환경의 조건을 고려하는 연구 결과의 일반화 가능성(외적 타당도)을 언급하고 논의하여야 한다. 양적 연구에서는 피험자 표본 방법, 도구, 자료 수집 절차, 자료 분석 방법 등이 포함되어야 한다.

첫째, 표본 방법에는 단순 임의(무선) 표본, 체계적 임의 추출법, 유층무선 추출법 등이 있으며, 가장 주요한 원칙은 불편 추출의 원칙이다.

둘째, 도구의 개발에는 타당도와 신뢰도를 반드시 고려하여야 한다.

셋째, 연구 절차에서는 변인들 간의 관계가 탐색될 수 있도록 연구 수행 방법이 진술된다.

넷째, 자료 분석과 제시에는 분석에 사용될 통계적 기법이 구체화되고, 자료가 어떻게 제시될 것인지 진술되어야 한다.

6) 기대되는 효과

당해 연구가 수행되었을 경우 도출될 것이라고 예상되는 단기적, 장기적 효과를 미루어 제시한다.

연구의 기대되는 효과는 '하늘의 뜬 구름을 잡듯이' 허황된 것이 아니라, 작은 것이라도 진솔하고도 실행 가능한 내용을 기술하는 것이 바람직하다.

7) 참고문헌

실제로 참고했던 제1차 자료를 중심으로 표준화된 방법으로 정리한다.

2. 연구 보고서 작성

1) 연구 보고서의 체제

연구 보고서의 목차는 곧 논문의 차례가 된다. 이는 기존 형식을 참고하는 동시에 그동안 주제를 중심으로 연구 계획에 따라 추진하여 온 과정과 연구 결과를 토대로 결정된다. 여기서는 소주제에 집중하거나 서론과 본론 부분의 균형을 잡는 것이 중요하며, 논문 체제의 균형을 잡는 것이 필요하다. 연구 내용과 연구자의 주장을 독자들에게 정확하게 전달하려면 연구 보고서를 장과 절로 나누어 체계적·조직적으로 작성할 필요가 있다.

일반적으로 연구 보고서는 앞부분, 본문, 참고문 등으로 삼대별되는데, 앞부분에서는 제명(주제), 머리말, 내용 목차 또는 차례, 표 목차, 그림 목차 등이 제시되고, 본문에서는 서론, 이론적 배경, (문헌 고찰), 연구 방법, 결과 해석, 요약 및 논의 등이 진술되며, 참고문에서는 참고문헌과 부록이 일목요연하게 제시되어야 한다.

2) 서론

서론에서는 연구의 주 대상인 주제, 논제 혹은 문제의 성질, 범위에 대하여 언급하는 동시에 연구의 의의나 중요성, 연구의 제한점 등을 진술한다. 연구 계획서나 연구 보고서의 서론에 해당하는 연구 문제를 서술하는 부분에서는 연구의 필요성, 연구의 목적, 연구 질문 혹은 가설, 용어의 정의 등을 포함하게 된다. 그리고 경우에 따라 선행 연구를 다루기도 한다.

연구 보고서의 서론에서는 연구의 목적과 내용을 소개한다. 즉, 연구하려는 문제, 연구의 필요성, 연구의 이론적 배경, 연구의 범위 등이 진술되어야 한다.

(1) 연구 문제의 진술

독자에게 연구가 이루어진 동기, 본 연구에서 사용된 표집과 연구 방법을 선택한 이유 등을 진술한다.

(2) 연구의 이론적 근거 설명

연구를 설계하는데 있어서 결정적인 선행 연구나 이론을 참고한 내용을 요약하여 제시한다. 연구의 이론적 근거를 이해하는데 기초가 되는 참고문헌만을 제시하는 것이 바람직하다.

(3) 연구의 필요성

연구의 필요성을 별도로 기술할 경우에는 당해 연구가 전문적인 관점에서 타당한 문제를 다룰 것이라는 점을 밝혀야 한다. 연구 영역에 대해서 권위 있는 학자가 이 연구의 필요성을 진술한 문헌을 찾아 인용해도 좋지만, 이 연구의 필요성을 판단하는데 전문적으로 한몫을 담당할 뿐이므로 연구자 나름대로 본 연구의 필요성과 의의 등을 창의적으로 진술하는 것이 바람직하다.

(4) 연구의 범위 설정

가장 간단한 방법은 일반적인 연구 문제를 특정한 하위 연구 문제로 세분화하는 것이다. 연구의 범위와 하위 문제를 서술하는 서론 부분과 연구 결과 부분은 상호 일관성을 유지하면서 일치하여야 한다.

3) 이론적 배경과 관련 문헌의 고찰

연구 주제의 성질이나 연구 목적에 따른 과제의 이론적 배경을 진술하여야 한다. 연구자는 선행 연구의 주요 추세와 논제에 대한 의견을 익히 알고 있고 계획하고 있는 연구와의 관련성을 이해하고 있어야 한다. 과제에 대한 이론 탐색은 새로운 사실·방안, 새로운 의미와 가치 부여, 주어진 명제나 가설 검증, 특정의 선행 연구에 대한 비판 등을 위해서 필요하다.

문헌 고찰 과정에서 연구자는 통찰적인 안목으로 다양한 주제와 과제에서 발견된 것들을 통합적인 지식 체계로 조직하여 그 자료를 시사해 주는 아이디어 이상의 새로운 것을 획득할 수 있어야 한다.

문헌 고찰 과정에서 유의할 점으로는 ① 연구 보고서 내용 흐름의 일관성이나 논리적 구조 및 조직적 특성을 염두에 두어야 한다. ② 인용문을 남용하지 말아야 한다. ③ 현재 연구의 맥락 안에서 문헌을 고찰해야 한다. ④ 실증적인 자료에 근거한 선행 연구와 일반적인 문헌을 탐색하여야 한다.

연구에서 문헌 고찰의 중요한 기능은 연구의 기초, 토대를 발전시키는 것이기 때문에 현재의 연구 문제나 연구 방법 등과 직접 관련된 문헌의 내용만을 분석하여 일목요연하게 기술하여야 한다.

4) 연구 대상 및 연구 방법

(1) 연구 대상

연구의 대상이 되는 모집단(전집)의 특성을 분명하게 규정해야 한다. 아울러, 연구 대상 선정 방법을 제시하여야 한다. 그리고 전집의 특성을 명료하게 제시하여야 한다. 또한, 전집으로부터 표본하는 방법이 제시되어야 하며, 무선표본 방법이 원칙적으로 적용되어야 한다.

(2) 연구 방법

논문에 기술된 사항들은 언제, 누구에 의해서 되풀이될지라도 동일한 자료와 방법이라면 동일한 결과가 나타나야 한다. 그러므로 연구에 활용한 자료와 방법은 정확히 기술하여야 한다. 연구자는 연구의 대상(표본)을 어떻게 구할 것인지를 제시해야 한다. 그리고 연구 결과를 일반화할 모집단에 대해서도 진술해야 한다.

가능한 한 기존의 연구 도구를 사용하는 것이 좋다. 간단한 검사나 설문지를 작성하는 것도 상당한 시간이 소요되는 어려운 작업인 경우가 많기 때문이다. 하지만 연구의 편의성 때문에 기존 도구를 사용하는 것은 바람직하지 않다.

학술상의 논쟁은 연구자가 이용한 자료와 접근 방법에 대한 견해 차이에서 오는 경우가 많다. 그러므로 발견된 사실, 논증의 근거인 문헌 자료, 관점과 접근 방법에 대하여 명확히 진술하여야 한다.

신뢰도나 타당도가 검증된 도구라 할지라도 수행하려는 연구에서도 똑같이 신뢰롭고 타당하리라고 보장할 수는 없다. 대상과 조건이 다르기 때문에, 신뢰도와 타당도의 추정치는 연구에 그대로 적용될 수는 없다. 더욱이 타당도는 연구자의 의도나 해석에 좌우된다. 이러한 이유 때문에, 연구 도구로부터 수집한 점수의 신뢰도나 타당도는 되도록 연구가 시작되기 전에, 연구의 일부분으로서 검증되어야 한다.

내적 일관성과 신뢰도를 검증하는 것은, 추가적인 자료가 필요 없으므로, 거의 모든 경우에서 가능한 방법이다.

(3) 연구 기간

연구 기간은 당해 연구를 추진하는데 소요되는 전 기간을 기록한다. 주제 선정, 이론적 문헌 탐색, 연구 계획 수립, 연구 계획서 작성, 연구 추진, 각종 연구 결과 종합, 통계 분석, 결과 도출, 연구 보고서 작성, 연구 보고 및 발표, 후속 연구 등 일련의 연구 과정 시스템에 대한 전반적인 프로그램을 설명하고, 도표화하는 것이 바람직하다.

〈표 129〉 연구의 정량적 분석과 정성적 분석의 비교

구분	정량적 분석	정성적 분석
실재의 본질	인간의 실재를 형성하는 인간의 특성과 본질이 존재한다고 가정, 따라서 복잡한 패러다임에 관계된 변인들에 대한 연구가 가능	객관적 실재라고 일반화시킬 수 있는 인간의 속성과 본성은 없다고 가정, 따라서 단편적인 연구가 아닌 총체적인 연구의 필요성을 주장
연구자와 연구 대상 간의 관계	연구자와 연구 대상 간의 관계가 밀접하게 되면 연구 자료가 왜곡될 수 있으므로 거리 유지	연구자와 연구 대상이 서로 밀접한 관계를 유지
일반화	일반화 가능	연구 자체가 독특하기 때문에 일반화시킬 수 없음
인과관계	행위 현상을 인과관계로 설명	원인과 결과의 명확한 구분이 어려움 인과관계가 분명하지 않으므로 상호 보완적인 것으로 분석
가치	객관적 절차에 의해 자료 수집, 질적 연구에 비해 가치중립적임	연구절차나 방법이 연구자의 주관에 의해 결정됨 가치중립적이지 않음
연구 방법	조사방법, 실험설계, 관찰법	관찰법

5) 측정 도구

(1) 표준화된 도구

연구의 독자가 측정 도구의 타당성과 신뢰성을 평가할 수 있을 정도로 자료 수집 도구에 관심을 가져야 한다. 표준화 과정에서 얻어진 신뢰도와 타당도가 있으므로 사용한 도구를 밝히고 연구자가 원래의 신뢰도와 타당도를 믿는 이유를 제시한다.

(2) 선행 연구에서 사용된 도구

선행 연구에서 얻어진 신뢰도와 타당도를 그대로 쓸 수도 있지만, 현행 연구에서 다시 신뢰도와 타당도를 추출하는 것이 바람직하다.

(3) 연구자 제작 사용 도구

이론적 근거와 자료를 가장 자세하게 논의하여야 하며, 전혀 새로운 도구이므로 연구자가 신뢰도와 타당도를 산출하여야 한다. 직접 제작한 도구의 예언 타당도는 거의 기대할 수 없기 때문에 공인 타당도를 제시하면 된다.

6) 연구 설계

(1) 연구 설계의 진술

연구 설계에 대한 진술을 읽고 제삼자가 그와 같은 연구를 다시 반복할 수 있을 정도로 충실하게 진술되어야 한다. 독자가 이 부분을 읽은 후에 비교되는 상황이 비교 변수와 다른 모든 중요한 변수에 대해서 타당하게 비교할 만하다고 확신할 수 있어야 한다.

(2) 연구의 설계

연구자가 편견과 다른 외연 변수의 개입을 통제하는 방법까지 기술하여야 한다. 이 부분에서 연구자는 연구에서 취해진 모든 결정이, 가능한 모든 대안을 완전히 고려한 후에 내렸다는 점에서 실험 설계가 합리적인 과정이며 독립 변수를 합리적으로 검증한 연구 상황이 조성되었음을 독자들에게 확인시켜야 한다.

7) 자료의 수집과 분석

자료의 수집 과정에서 사용한 도구의 특성, 자료 수집의 단계, 각 단계에서 사용된 도구, 실시 순서 등을 자세하게 기술하고 검사를 실시할 때의 지시를 부록에 포함시켜야 한다. 자료 분석에 적용된 통계 방법과 그 방법 적용의 근거를 밝히며, 가설 검증에 적용할 통계적 의의도 수준을 미리 밝히고 그 제시 방법을 미리 기술한다.

8) 연구 결과와 결론 정리

결과 보고는 보고서의 끝 부분에 제시된다. 연구에서 발견된 사실은 연구자의 자료 분석의 결과로 구성된다. 연구 결과와 논의는 논문의 본론을 이루는 부분으로 가장 많은 분량이 될 것이다. 연구 결과에서 얻어진 자료나 사실에 대해서는 정확한 해석과 판단이 필요하고, 또 독자가 이해하기 쉽도록 그림이나 표로 제시하는 것이 효과적이다. 만일 분량이 많아 이해가 곤란할 경우 부록에 첨부하여야 한다. 실험 연구의 경우, 기술 통계는 물론 통계적 검증 방법이 사용되었다면, 그 결과는 제시해야 한다.

논의에 있어서는 얻어진 결과나 자료에 대한 다각적인 이론적 검토, 선행 연구와의 관계를 논하고, 예기하지 못한 결과와 자료에 대한 기술 등이 있어야 한다. 이는 연구자가 내세웠던 가설이나 논의를 입증하며, 결론에 도달하기 위하여 무엇보다도 중요한 작업이다.

9) 논의

　연구 보고서에서 연구자의 주관적인 견해가 비교적 자유롭게 개진될 수 있는 부분으로서, 연구 결과를 다른 연구와 관련짓고 일반화의 한계, 문제점 등을 다룰 수 있다. 또한 연구 진행 과정에서 느낀 점, 표집, 측정 도구, 연구 방법상의 문제 등을 기술하여 다음 연구자들이 참고할 수 있도록 한다.

　연구자는 논의에서 연구 결과의 모든 면을 포괄적으로 다루고, 가능한 모든 해석 가능성을 고려하여야 한다. 연구자가 거부한 견해도 진솔하게 제시하는 것이 바람직하다. 연구 결과가 가설을 기각하고 이론적 근거와 불일치하는 것으로 결과가 도출되었다면, 새로운 결과에 비추어 이론을 재고할 것을 논의하되, 그 진위 여부는 후속 연구에서 밝혀질 것이다.

10) 요약 및 결론

(1) 요약

　구체적 연구 질문을 다시 제기하고 연구 방법과 결과를 요약한다. 최종적으로 서론에서 제기한 문제에 대한 해답을 후미에 붙인다. 결론은 가급적 간단하게 끝맺어야 하고, 논의된 것 이상으로 관대하거나 비약적인 단정, 피상적인 제안 등이 있어서는 안 된다. 또한 발견된 사실들의 시사점에 대해 논의한다.

　요약은 독자가 요약만 읽어도 연구의 윤곽을 파악할 수 있도록 간결하면서도 포괄적이어야 한다. 요약은 연구의 목적, 가설, 연구 방법, 연구 결과, 결론 등을 모두 포함하는 것으로 특히 결과에 중점을 두고 기술한다. 문헌 고찰에 관한 서술은 아주 간결하게 처리하는 것이 바람직하다.

(2) 결론

　결론은 이미 기술한 연구 결과에 근거를 두고 일반적 사실이나 법칙 등을 진술하는 것이다. 하지만 본 연구와 동떨어진 비약된 해석이나 일반화가 되지 않도록 각별히 유의하여야 한다. 또한 해당 연구의 결론에 대한 제한점을 분명하게 밝혀야 한다. 이 연구를 결정적으로 완전히 받아들이고, 그 결과에 근거해서 어떤 행동을 하기 전에 고려해야 할 사항을 독자들에게 알려주어야 한다.

11) 참고문헌: 인용

　연구 보고서 작성에서 어떤 자료를 소개하거나 증거를 제시할 때에는 인용을 한다. 직접 인용은 원문을 그대로 쓰는 것으로 짧은 글일 경우에는 인용 부호를 사용하고 5행 이상의 긴 문단일 경우에는 본문에 조금 들어가서 본문보다 약간 작은 글자로 표현한다. 간접 인용의 경우, 반드시 그 출처를 밝혀야 한다.

각주(footnote)는 투라비안(Turabian) 유형의 보고서 작성에 요구되며, 본문에서 직접 진술하기 어려운 내용을 보충적으로 설명하는 경우나 인용의 출처를 밝힐 때 사용한다. 각주는 본문 내용의 보충적 설명을 하는 내용 각주와 인용한 자료의 출처를 밝히는 참고 각주의 두 종류가 있다. 각주의 표시는 아라비아 숫자를 이용하여 장별로 일련번호를 붙인다. 그리고 그 위치는 해당되는 용어나 문장의 우측 위편에 본문 활자보다 작은 활자로 표기한다. 각주를 쓰는 난은 해당 쪽의 하단이며, 본문과 구별하기 위하여 그 사이에 가로선을 짧게 그어야 한다.

참고문헌의 경우, 연구에서 직접 인용했거나 참조한 모든 자료를 정리하여 연구 보고서의 말미에 기재한다. 참고문헌에는 직접 인용한 것이 아니더라도 연구에서 참조한 모든 자료(문헌)를 포함시킨다.

참고문헌은 논문 기술에 직접 인용된 문헌들만을 수록하는 것이 원칙이다. 특히 참고문헌의 열거에는 서지 목록에 필요한 차례들이 정확하게 명기되어야 한다. 일반적으로 참고문헌은 연구 계획서와 연구 보고서(논문)의 말미에 제시하는데, 그 순서는 '저자명(출판 연도), 참고 도서명, 출판지: 출판사.'의 형식을 갖는다.

〈표 130〉 사회과 교육 연구 보고서의 체제

구분	실험 연구 보고서 체제	조사 연구 보고서 체제	비고
기본 체제	<실험 연구 보고서 체제> Ⅰ. 서론 1. 연구의 필요성 2. 연구의 목적 3. 실태 분석 4. 연구 문제 5. 실행 과제의 선정 6. 용어의 정의 7. 연구의 제한점 Ⅱ. 이론적 배경 1. 이론적 고찰 2. 선행 연구의 고찰 3. 이론적 고찰의 시사점 Ⅲ. 연구 방법 및 절차 1. 연구 대상 및 기간 2. 연구 도구의 개발 3. 자료 처리 방법 4. 연구의 진행 절차 Ⅳ. 연구의 실제 1. 실행 과제 1 2. 실행 과제 2	<조사 연구 보고서 체제> Ⅰ. 서론 1. 연구의 필요성 2. 연구의 목적 3. 연구 문제 4. 연구 가설 5. 용어의 정의 6. 연구의 제한점 Ⅱ. 이론적 배경 1. 이론적 고찰 2. 선행 연구의 분석 Ⅲ. 연구의 방법 및 절차 1. 연구 대상 및 기간 2. 연구 도구의 개발 3. 자료 수집 및 처리 방법 4. 연구의 진행 절차 Ⅳ. 연구의 결과 및 해석 1. 표본 집단의 특성 2. 연구 결과 해석	

구분	실험 연구 보고서 체제	조사 연구 보고서 체제	비고
	Ⅴ. 연구 결과 　1. 실험반과 비교반 비교 　2. 실험 전후의 비교 Ⅵ. 결론 　1. 요약 　2. 결론 　3. 제언	Ⅴ. 결론 및 제언 　1. 요약 　2. 결론	

〈표 131〉 사회과 교육 연구 보고서 심사 기준(예)

평가 항목	평가 내용	배점(%)
1. 현장 공헌도	① 연구 주제가 교육 현장에 부합되는 정도 ② 연구 주제의 교육 현장에의 중요성 ③ 연구 결과의 교육 현장에의 활용 가능성	30
2. 연구 내용	① 연구 주제에 적합한 연구 문제를 선정하였는가? ② 중요한 연구 문제를 선정하였는가? ③ 연구 문제의 배경에 관한 이론적, 경험적 연구가 충분하게 분석, 검토되었는가? ④ 교육 현장의 실태 분석과 이론적 기초 위에 가설이 설정되었는가?	20
3. 연구 방법	① 연구 문제를 해결하는데 적절한 연구 설계가 수립, 적용되었는가? ② 대상의 선정, 도구의 개발 혹은 선정, 자료 수집, 통계적 분석 방법 등의 적합성 ③ 참고문헌과 자료 등은 풍부하고, 적합한 것으로서, 수집·분석하였는가? ④ 연구에 객관성과 정확성을 기하였는가?	20
4. 창의성	① 연구 문제와 문제 해결 접근법이 얼마나 창의적인가? ② 새롭고 창의적인 연구인가?	15
5. 체제	① 연구 보고서 체제를 준수하였는가? ② 주제, 연구문제, 가설, 방법, 결과, 결론 등이 일관성을 유지하고 있는가?	15
합계		100

〈표 132〉 사회과 교육 연구학회 논문 심사 기준(예)

평가 항목	평가 내용	배점(%)
1. 논문 주제 적합성	① 연구 주제가 학문 분야와 부합하는가? ② 연구 주제가 논문의 전체적 내용을 간명하게 표현하고 있는가? ③ 연구 결과의 이론적 실제적 기여도가 있는가?	15
2. 연구 내용	① 연구 주제에 적합하고, 타당한 연구 문제를 선정하였는가? ② 중요한 연구 문제를 선정하였는가? ③ 연구 문제의 배경에 관한 이론적, 경험적 연구가 충분하게 분석, 검토되었는가? ④ 교육 개선을 위한 이론과 실제가 연계되었는가?	30
3. 연구 방법	① 연구 문제를 해결하는데 적절한 연구 설계가 수립, 적용되었는가? ② 대상의 선정, 도구의 개발 혹은 선정, 자료 수집, 통계적 분석 방법 등이 적합하게 이루어졌는가? ③ 참고문헌과 자료 등은 풍부하고, 적합한 것으로, 수집·분석하였는가? ④ 연구에 객관성과 정확성을 기하였는가?	20
4. 논문의 체제	① 학회에서 요구하는 체제(참고문헌 등)를 갖추었는가? ② 주제, 연구문제, 가설, 방법, 결과, 결론 등이 일관성을 유지하고 있는가? ③ 장, 절, 항의 제목에 적합한 내용인가? ④ 결론은 연구 문제와 일관되게, 연구 결과에 기초하여 타당하게 내렸는가?	20
5. 논문 작성의 창의성	① 논문 내용, 체제, 형식 등이 창의적인가? ② 주제, 내용, 방법 등이 창의적인가?	15
합계		100

✍ 연구 문제

1. 사회과 교육 연구에서 사회과 교육의 특성에 관한 영역의 연구를 수행할 때 보다 바람직한 방향에 대하여 논하시오.

2. 사회과 교육의 수업 개선 연구의 초점에 대하여 설명해 보시오.

3. 사회과 교육 연구에서 양적 연구와 질적 연구를 상호 비교하여 설명해 보시오.

4. 사회과 교육 연구에서 통계 처리 기법을 구체적으로 설명해 보시오.

5. 사회과 교육 연구의 주제를 선정할 때 유의해야 할 점에 대해서 약술하시오.

6. 사회과 교육 연구에서 설문지 작성 및 배포, 수합, 처리 요령에 대하여 설명해 보시오.

7. 사회과 교육 연구의 유형을 열거하고 간단히 설명해 보시오.

8. 사회과 교육 연구 계획서(보고서)의 체제에 대해서 목차에 맞게 기술해 보시오.

9. 사회과 교육 연구에서 표집 설정 방법에 대해서 구체적으로 설명해 보시오.

10. 사회과 교육 연구 계획서(보고서) 작성 시에 각주(미주) 및 참고문헌 제시 방법에 대해서 설명해 보시오.

제 ⑬ 부

◀◀ 사회과 교육과 사회과 교사: 교사 전문성 ▶▶

[Key Point]

　제13부에서는 사회과 교사 전문성 개발 차원에서 사회과 교육과 사회과 교사의 자세와 자질 및 능력 등에 관하여 탐구한다. 특히 사회과 교사로서의 사회과 교육과정 개발 및 실행 전문성 신장, 사회과 수업 구안 및 적용 능력 함양 등에 대하여 모색한다. 아울러, 사회과 교사의 전문성 개발과 신장을 위한 교수 내용 지식(PCK), 교사 교육의 자질(CBTE), 그리고 교사의 전문적 발달(PDS) 등의 이론적 접근 등도 분석적으로 모색해 본다.

제13부 학습의 개관: 사회과 교육과 사회과 교사: 교사 전문성

<table>
<tr><td>학습 개요</td></tr>
<tr><td>

○ 교직 전문성, 사회과 교사 전문성, 교수 내용 지식(PCK), 교직관
○ 반성적 실천가, 사회과 수업 비평, 사회과 수업 컨설팅 탐구
○ 사회과 교사 교육, 사회과 전문성, 전문적 발달(PDS) 고찰
○ 교직 전문성, 교육과정 전문성, 사회과 수업 전문성
○ 사회과 수업 분석, 수업 전문가, 수업 전문성
○ 사회과 교사의 자질과 사명, 교직적 소명 탐구

</td></tr>
</table>

<table>
<tr><td>학습 목표</td></tr>
<tr><td>

○ 일반적인 교직의 전문성을 이해한다.
○ 사회과 교육과정과 사회과 교사의 전문성 발달에 대하여 이해한다.
○ 사회과 교육의 교수 내용 지식(PCK)과 교직 전문적 발달(PDS)에 대하여 이해한다.
○ 사회과 교사의 반성적 실천 방향에 대하여 이해한다.
○ 교직 전문성, 교육과정 전문성, 사회과 수업 전문성에 대하여 이해한다.
○ 사회과 교사의 자질과 사명, 교직적 소명에 대해서 탐구적으로 접근한다.

</td></tr>
</table>

<table>
<tr><td>핵심 개념 및 키워드</td></tr>
<tr><td>

○ 교육학, 일반 교육학, 교과 교육학, 교과 내용학
○ 교직 전문성, 사회과 교사 전문성, 교수 내용 지식(PCK), 교직관
○ 반성적 실천가, 사회과 수업 비평, 사회과 수업 컨설팅
○ 사회과 교사 교육, 사회과 전문성, 전문적 발달(PDS)
○ 교직 전문성, 교육과정 전문성, 사회과 수업 전문성
○ 사회과 수업 분석, 수업 전문가, 수업 전문성
○ 사회과 교사의 자질과 사명, 교직적 소명

</td></tr>
</table>

▌제1장▐ 교직과 사회과 교사

1. 교직의 전문성과 교직관

1) 교직의 전문성

이른바 교직이 전문직이라는데 이의를 제기하는 사람은 없을 것이다. 교직이 전문직이라는 것은 교원 그 자체가 의사, 변호사, 목사 등과 같이 전문적 특성을 갖고 있으므로 전문직으로 간주되는 것이다.

일반적으로 교사(교원)는 인간 형성에 대한 다양한 식견이나 곧은 신념이 구비되어 있어야 한다. 인간을 형성한다는 것은 노동이 아니라 직업에 대한 정열과 성의가 있어야 하고, 자기의 몸과 마음을 쏟는 헌신적·봉사적 정신이 있어야 한다. 물론 사회과 교사는 사회과 교육에 대한 식견이 탁월해야 한다. 그렇기 때문에 교직은 전문직이기 이전에 소명 의식이 요구되는 점이 다른 직업과 구별되는 전문직인 것이다. 즉 교직은 인간을 가르치고 인격을 형성하는 성스러운 직업으로서 특별한 자질과 사명감을 가진 사람들이 담당하는 전문직인 것이다.

2) 교직과 교직관(敎職觀)

(1) 성직관(聖職觀)

교사에 대한 사회적 인식과 관념이 과거와 같이 일정한 것은 아니며, 시대와 구가의 체제에 따라서 변천되어 왔다.

과거의 학교 교육은 어느 특정한 사회 계층을 위하여 발달하여 온 관계로 당시에는 교사를 신성시하고 교직을 성직으로 생각하여 '군사부일체(君師父一體)'라는 말이 나오게 되었고, 교사의 사회성을 부정하고 교사를 지식 전수자로 보았다. 교사는 일반 범속직(occupation)에 종사하고 일반 사람들과는 차별되는 신성한 교육의 소명(calling)을 따르는 성직(vacation)으로 보았다.

결국 교직의 성직관은 교사를 소명받은 신성한 교육의 실천자로서, 현실적인 부와 권력에 얽매이지 않고 청빈한 교육애로 봉사하는 사람, 학덕을 겸비한 교육적 권위 소유자, 구도적 자세의 참스승으로 보는 입장이다.

물론 21세기 현대 사회에서는 이와 같은 '성직관적 교직관'도 많이 변하였다. 더러는 일탈하는 교원들 때문에 사회 대중의 심한 질타를 받는 경우도 목도하게 된 현실이다. 하지만, 우리가 간과해서는 안 될 중요한 사항의 하나는 교원과 교직에 대해서 전통적인 성직관처럼 맹목적 숭배가 아니라 현실적인 겨레의 스승, 민족의 사표(師表)라는 국민적 의식이 전체 교원들에게 무한한 긍지와 자부심을 부여한다는 사실이다.

(2) 전문직관(專門職觀)

현대의 교직관은 과거와 같이 교직을 신성시하는 관점은 점점 사라지고, 하나의 충실한 직업인으로서 시민 전체를 위한 민주적 지도자, 그리고 국가와 국민의 봉사자라는 의식이 강하게 나타나게 되어 전문성을 강조하게 되었다.

현대의 교직관은 전체주의를 부정하고 개인과 사회의 존재와 필요를 같은 차원에서 인정하며, 같은 처지에서 개인과 사회에 대하여 자유로운 권리를 부여한다. 교사는 절대적인 입장에서 개인과 사회에 대립하는 존재여서는 안 된다. 보다 충실한 사회인으로서 넓은 교양과 인격을 닦고 훌륭한 직업인으로서 자질 향상과 사회적 지위, 인격적 권위를 위하여 부단한 자기 개발에 노력하여야 한다.

현대사회에서 교직의 전문성을 보다 고양하기 위해서는 교원 옹호와 교권 확립, 교원 신분 보장, 사회적 지위 향상, 교수 및 연구, 학문의 자유 보장 등이 전제되어야 한다. 충실한 사회인으로서, 직업인이자 민주적 지도자로서, 건전한 사회 유지와 개선의 지도자로서의 교직관이 먼저 확립되어야 한다.

(3) 노동직관(勞動職觀)

교직의 성직관에 첨예하게 대립되는 교직관이 곧 노동직관이다. 교직을 노동직으로 보는 관점에서 교사를 과거와 같이 성인군자와 같은 우상으로 보는 관점에서 벗어나, 교사도 한 개체로서의 인간이며 생활인이라고 보는 강한 자각과 교원의 사회적·경제적 지위 향상과 신분 보장 및 권익의 확립이 기저가 되고 있다. 즉 교사를 일반 근로자들과 유사하게 바라보는 관점이 노동직관이다.

미국에서는 1916년 미국교직원조합(American Federation Teachers)이 결성되었고, 일본에서는 1947년 일본교직원조합이 탄생되었다. 한국에서는 1999년 '교원의 노동조합 설립 및 운영 등에 관한 법률' 제정으로 교원 노동조합이 합법화되었고, 그에 따라 현재 전국교직원노동조합(전교조), 한국교원노동조합(한교조) 등 두 교원노조가 등록되어 있다.

2. 사회과 교사의 자질

동서고금을 막론하고 교육이 백년지대계이며, 교사의 질이 교육의 성패를 가름한다는 것은 분명한 진리이다. 그만큼 교육의 주체로서의 교사의 중요성은 아무리 강조해도 지나치지 않은 것이다.

그런 의미에서 본다면 사회과 교육의 질 또한 사회과 교사의 질에 의해 가름된다고 할 수 있다. 실제 마무리 사회과 교육과정이 훌륭하게 개정되고, 교수 방법과 평가 기법이 탁월하다 해도 사회과 교육을 현장에서 이끄는 사회과 교사들의 자질이 그에 미치지 못한다면 우수한 교육은 기대난망인 것이다.

사회과 교사는 사회과 교육에서 다루는 교육과정 내용이 직접 민주시민성과 관련되기 때문에 다른 교과의 교사들에 비해서 독특한 임무가 있다. 사회과 교육과정의 내용은 우리가 살고 있는 사회의 사회현상의 이해와 인간관계의 개선을 위해서 사회과학과 사회문제로부터 도출된다. 사회과 교사는 다른 교과의 교사들에 비해 학교와 지역사회에 공헌할 수 있는 여지가 넓은 것이다. 그러므로 사회과 교사는 학교가 지역사회와 국가에 공헌할 수 있는 내용과 방법을 규명하고, 지역사회 자료와 지역적 특성·요구를 반영할 수 있으며, 나아가 민주주의의 전도사가 되며, 학교생활의 견인차 역할을 자임해야 한다. 사회과 교사는 지역사회와 학교, 과거와 현재, 정부와 지역사회 그리고 학교를 연결하는 교량 역할을 하여야 한다. 그렇기 때문에 과거와 현재, 미래를 해명하며, 해박한 지식을 갖고 빈틈없고 공정한 리더십을 가져야 한다. 특히 21세기인 현대사회에서는 다음과 같은 자질을 구비하여야 한다.

첫째, 민주시민으로서 민주사회를 인식하고, 집단 활동에의 참여를 통하여 환경을 개선할 수 있는 민주 생활 태도를 길러 주어야 한다.

둘째, 지역사회의 과제를 발견하고, 교재를 지역화하며, 문제 해결을 통하여 향토 사회에 봉사하는 태도를 길러 주어야 한다.

셋째, 남북통일과 국제 협조의 정신으로 국가 인식을 뚜렷이 하며, 국가와 민족의 진로를 밝힐 수 있는 신념을 길러 주어야 한다.

넷째, 민주사회에 있어서의 자기 자신의 위치를 알고, 나아가 타인의 인간성을 존중하고 자유를 사랑하며, 책임을 완수하도록 지도하여야 한다.

다섯째, 세계화·정보화 시대의 변혁적 리더로서 학생들에게 세계시민 교육, 다문화 이해 교육 등 시대 상황에 부합되는 새로운 교육을 적용하는 역할을 담당해야 한다.

한편 사회과 교사는 우선 사회과 수업의 전문성을 구비하여야 한다. 특히 사회과 수업 과정을 구성하는 제 요소를 적절하게 운영할 수 있는 자질을 갖추어야 한다. 특히 사회과 교사는 탐구 방법이 강조되는 사회과 교육을 실천할 수 있는 전문적인 능력이 요구된다(강환국, 2005: 169－171).

탐구 중심의 사회과 교실의 특징은 자유롭게 토론하고 실험하는 민주적 풍토, 가설에 초점을 둔 탐구, 가설을 입증하기 위한 사실의 효과적인 사용 외에 학습자는 활동적이고, 내용이 문제 중심으로 구성되며, 지적 탐구 도구를 사용하여 체계적 수업이 이루어져야 한다.

탐구적인 사회과 교실을 운영하여 탐구 수업을 실천하기 위해서는 사회과 교사는 다음과 같은 자질을 함양하여야 한다.

첫째, 실험 기구, 기록물, 지도, 도표, 그림, 슬라이드, 통계표 등 많은 수업 자료를 준비하여야 한다.

둘째, 학생이 문제점에 직면하게 되면 교사는 이를 해결하는 최종적인 답을 주려고 해서는 안 되며 탐구 활동에 참여하는 동료로서 학생들에게 흥미와 관심을 북돋워 주어야 한다.

셋째, 사회과 교사는 질문의 방향과 초점을 현명하게 바꿀 수 있는 다정한 질문자 및 탐구 유지자가 되어야 한다.

넷째, 교사는 탐구의 과정에 적극 참여하는 학생들을 적극 보상해 주어야 한다. "칭찬은 고래도 춤추게 한다."는 말처럼 사회과 수업에서도 학생들의 일거수일투족에 대한 칭찬은 수업의 질을 고양하는 자양분이 되는 것이다.

다른 한편으로, 사회교육의 개선을 위한 사회과 교사의 노력과 자질은 다음과 같이 종합할 수 있다(강환국, 2005: 169－171).

첫째, 탐구 방법에 대한 철학적 신념과 이 신념을 성취할 수 있는 소신이 있어야 한다.

둘째, 학문(사회과학)과 교과(사회과)에 대한 다양한 지식과 정치적·사회적 존재로서의 인간에 대한 이해가 깊어야 한다.

셋째, 복잡한 사회적 문제들 속에 내포되어 있는 선택적 견해와 이를 이해하고 관용하는 개방적 태도가 있어야 한다.

넷째, 학생으로 하여금 사실, 개념, 원리 등을 종합하여 능동적으로 교수 설계를 하는 능력을 구비하여야 한다.

결국 바람직한 사회과 교사의 자질은 사회과학에 대한 통합적이며 연계적인 이해와 접근 능력이 있어야 한다. 아울러, 사회과학과 사회 사상에 대한 탐구 자질과 인식 능력을 구비하여야 한다. 아울러 민주시민 교육의 선도자로서 학생들의 눈높이에 맞추어 지도하는 교수 능력이 요구된다.

3. 사회과 교사의 역할

교사는 미성숙한 대상인 학생들을 교육하는 교육자로서 계획적으로 행동을 변화, 촉진토록 하는 가운데, 바람직한 인간으로서의 성장을 조성하는 일이 기본적인 역할이다. 이 과정에서 교사는 인격적인 지도자로서 학생들을 내 자식처럼 보살펴야 하며, 그들이 학교에서 편안하고도 보람 있게 생활하도록 배려하여야 한다.

<표 133> 사회과 교사의 역할

순	역할 구분	세부 활동(역할)
1	사회의 대표자	사회과 교사의 가치관, 언행은 학생들에게 모델이 됨
2	합리적 판단자	교사는 학생의 각종 상태, 등급 등을 판단, 학생의 미래 생활에도 지대한 영향력 파급
3	지식 지원자	교사의 지식, 기능, 능력 등을 학생들에게 제공, 전수 및 올바르게 성장하도록 지원
4	학습 조력자	학생들이 능력과 수준에 맞게 학습하도록 적극적으로 도와주고 보살펴 줌
5	공정한 심판자	학교에서의 대립, 갈등 등을 적절하게 조화, 중재하고 편안하게 학교생활을 할 수 있도록 공평무사하게 가름해 줌
6	훈육자	학생들의 행위를 통제, 제어하며 질서 등을 준수하도록 교육적 지도를 가함
7	동일시 대상자	학생들은 미숙한 상태로 자아발달과 정서적 면이 완성되지 못한 상태, 따라서 교사들의 말씨, 복장, 사고방식, 가치·태도 등을 본받으려 함
8	불안 제거자	학생들은 학습, 생활 등에 많은 불안을 내재한 존재, 교사는 이러한 불안을 제거하여 편안하게 학교생활을 하도록 배려해야 함
9	자아 옹호자	학생들이 성공감, 만족감보다 실패감, 자괴감, 열등감 등에 빠져서 방황할 때, 이를 적절하게 지도하여 자아정체감을 갖도록 유도
10	집단 지도자	학교의 각종 집단, 단체 활동의 기획, 실행을 주관하는 리더로서 책임을 짐
11	부모 대행자	학교에서의 학습, 생활, 인성 등 각종 활동에 부모의 역할을 대행하여 편안하게 생활하도록 배려함

순	역할 구분	세부 활동(역할)
12	다정한 친구	학생들의 고민을 들어 주고 어려운 여건을 해결해 주는 다정한 동료로서의 역할 수행
13	적대감의 상대자	교사는 학생의 불만, 불평, 공격적 감정(적개심) 등을 표출할 대상, 이러한 상황을 슬기롭게 해결해 나가는 지혜 필요
14	애정 상대자	교사는 학생들과 정서적 친밀감(rapport)을 유지하고 상호 공감적 위치를 유지해야 함

4. 사회과 교사의 양성 과정: 입직 직전 교육(양성 교육)

현재 한국의 중등 사회과 교사 양성은 크게 세 가지 방식으로 이루어지고 있다. 즉 사범대학의 (일반)사회교육과, 일반 대학의 사회과학 전공의 교직 과정 이수 과정, 그리고 교육대학원의 사회과 교육 전공 과정 등이다. 과거에는 사회과 준교사 자격시험이 있었으나 현재는 거의 사문화(死文化)되었다.

2008년 현재 학부 혹은 대학교 학부 과정에 사회과 교육 전공 과정이 개설된 곳은 16개 교이며, 사회과 교사 교직 이수 과정을 운영하는 곳은 총 48개 교로 전국적으로 64개 대학교에서 (일반)사회교육(학)과 교사 교육과정을 설치, 운영하고 있다.

다른 교과의 교사 양성과 마찬가지로 사회과 교사 양성 과정은 교양 과정, 교직 과정, 전공 과정 등 세 영역으로 구성되어 있다. 교양 과정은 사회과 교사에게 요구되는 기초 소양과 자질 및 전공 교과목 이수에 필요한 기초를 제공하는 교과목들로 편제되어 있다. 교직 과정은 교육 이론 교과목과 교육 실습 교과목으로 이루어지며, 전공 교육과정은 교과 내용학의 관련 교과목과 교과 교육학 관련 교과목으로 구성된다.

〈표 134〉 사회과 교육과 이수 영역별 학점 배정표

설립별	대학교명	학과명	졸업 학점	교양	일반 교육학		전공	기타
					교직 이론	교육 실습		
국립	강원대	일반사회교육과	145	30	8	3	84	
	공주대	일반사회교육과	140	28	16	3	48	
	경북대	사회교육학부 (일반사회교육 전공)	150	30	14	3	48	
	부산대	사회교육학부 (일반사회교육 전공)	137	45	10	3	58	
	서울대	사회교육과	130	36	9	3	52	
	한국교원대	일반사회교육과	140	21	12	3	51	
사립	이화여대	사회생활학과	135	27	12	5	42	
	인하대	사회교육과	140	40	6	2	52	

* 출처: 각 대학교 규정집(2007)

각 대학교 사회교육과 전공 교육과정 중, 교과 내용학은 사회과 교육 내용의 기반 학문인 정치학, 경제학, 사회학, 문화인류학, 법학 등 사회과학 학문 관련 교과목이며, 교과 교육학은 사회과를 보다 효율적으로 가르치기 위한 이론 및 실제에 관한 교과목이다. 교과 교육학은 사회과 교사 교육의 요체로서 사회과 교사로서 갖추어야 할 기본적인 지식, 기능, 가치·태도 등을 담고 있다. 교과 내용학이 교과 지식에 대한 예비 교사들의 심도 있는 이해를 추구하는데 비해, 교과 교육학은 교과 교육의 목표와 가치에 대한 이론적 논의 및 교수 활동과 관련된 실천적 지식이 주가 된다. 따라서 사회과 교사의 교과 교육적 전문가 자질 함양에 초점을 맞춘다면, 교사 교육과정에서 교과 내용학 및 교과 교육학의 개선이 관심의 대상이 될 것이다(모경환, 2008: 126 - 127).

사회과 교사 양성 제도는 일반 교사의 양성과 같이 매우 다양하다고 할 수 있다. 특히 사회과 교사는 사범대학 외에도 일반대학의 사회학과, 행정학과, 정치학과, 정치외교학과, 경제학과, 법학과 등에서 교직 이수로 양성되기 때문에 매우 다양한 전공을 바탕으로 하고 있다. 물론 통합 교과의 대표적 교과인 사회과의 교사 자격증을 사회학과, 행정학과, 정치학과, 정치외교학과, 경제학과, 법학과 등 한 가지 전공을 하고 교직 이수를 한 사람에게 부여하는 것은 적절하지 않다고 할 수 있다. 제7차 교육과정과 2007년 개정 교육과정에서 중시하는 국민공통기본교육과정의 정신을 고려하면 더욱 그렇다.

현행 2007년 개정 사회과 교육과정에 의하면 학교 현장에서는 광역적으로 폭넓게 학습한 사회과 교사 또는 복수 전공, 부전공을 이수한 교사를 요구하고 있다. 이러한 요청은 농촌의 소규모 중학교에서 수업 시수 부족으로 사회과 이외에 다른 교과를 담당해야 하는 현실과 전인교육을 중시하는 사회과의 특성에 비추어 더욱 그렇다. 특히 현행 교육과정 체제하에서는 공통 사회 과목 담당 교사들을 더 많이 양성하여야 할 것이다.

5. 사회과 교사 현직 교육

현대사회는 지식기반사회, 지식정보화 사회이자 세계화·정보화 시대이다. 시시각각 변화하고 발전하는 사회 패러다임(social paradigm)이 특징이다. 변화무쌍한 사회현상을 다루는 사회과 교사들은 더 많은 지식과 정보를 터득하여야만 한다.

사회과 교사가 현직에 있으면서 교직 전문성을 함양하는 방법에는 여러 가지 방법이 있다. 대체로 개인적인 독서 활동, 다양한 연수 이수, 학위 과정 이수, 각종 학회 활동 참여, 사회과 교육 관련 현장 연구 참여 등을 들 수 있다.

첫째, 사회과 교사 자신의 전문적인 독서 활동이다. 즉 "책 속에 길이 있다."는 말처럼 꾸준히 교양과 전공에 관한 책을 읽어서 내공을 쌓는 것이 중요하다. 새로운 지식의 습득을 위하여 가장 주요한 방법이 독서 활동이다. 세계화·정보화 시대에 사회과 교사가 대학교 4년 동안 배운 것으로 평생 교사 생활을 할 수 없다. 꾸준히 독서 활동으로 지식과 정보를 터득하여야 한다. 사회과 교사의 독서 활동에는 사회과 교육에 관한 서적, 사회과학에 관한 서적, 교육학 관련 도서 등 매우 다양하다.

둘째, 현직 교육으로서 다양한 연수에 적극 참여하는 일이다. 교원의 연수에는 자격연수와 직무연수가 있다. 그 외에 자율적으로 이수하는 취미연수 등이 있다. 자격연수는 2급 정교사를 갖고 현직에 나가는 사회과 교사들이 만 3년의 교육 경력이 되면 상위 자격인 1급 정교사 자격 취득을 하기 위해 180시간 이상의 연수를 받는 것이다. 법적으로는 1급 정교사로서 3년 이상의 경력이 있으면 교감 자격연수를 이수하게 되고, 교감으로 3년 이상의 경력이 있으면 교장 자격연수를 이수하게 된다. 하지만 현행 제도상으로는 교감은 교육 경력 20년, 교장은 교육 경력 30년 정도는 되어야 자격연수의 차례가 되는 게 현실이다.

직무연수는 연수 시간이 15시간, 30시간, 60시간, 120시간 등으로 구분된다. 주로 전공 교과와 교양 관련 연수로 프로그램이 구성되어 있다. 현행 교원의 승진 규정상, 15시간을 1학점으로 하여 연간 4학점(60시간 기준) 한도로 직무연수를 이수하도록 규정되어 있다. 사회과 관련 직무연수로는 사회과 교수·학습법, 사회과 교육과정 편성·운영법, 민주시민 교육 방법 교육, 다문화 이해 교육, 국제 이해 교육과 세계시민 교육 방법 등의 연수 주제들이 있다.

셋째, 대학원에 진학하여 심도 있는 학문을 연구하는 것이다. 교육대학원의 사회과 교육 전공, 대학원의 사회교육과에 진학하여 석·박사학위를 취득하려는 노력을 하여야 한다. 교사의 교과 전문성 신장은 곧 교과 교육의 질 향상과 밀접하게 연관되어 있다. 따라서 교직에 종사하는 기간에는 평생교육 차원에서 꾸준히 학문 연구에 매진하여야 한다. 2007년 말 현재 전국의 초·중등학교 교사의 약 30% 정도가 석사학위를 취득하고 있으며, 박사학위도 600여 명이 소지하고 있다. 사회과 교육에 관련된 박사학위 소지 사회과 교사는 60여 명으로 집계되고 있다(전국교육대학원연합회 박사 수석교사 명단작성위원회, 전국박사수석교사포럼, 제1집, 2008: 10－28).

넷째, 사회과 교육 관련 각종 학회 활동에 참여하여 활동하는 것이다. 현재 우리나라에서 사회과 교육을 연구하는 전문 학회에는 사회과교육학회, 사회과교육연구회, 사회과 교과교육학회 등이 있으며, 그 외에 교과 내용학을 연구하는 순수 학회로는 한국사회학회, 한국정치학회, 한국경제학회, 한국문화인류학회, 한국역사학회, 한국지리학회 등이 있다. 이 중 한국사회과교육학회는 1968년에 창시된 사회과 관련 전문 학술학회이며, 한국사회과교육연구회는 한국교원단체총연합회의 산하 학회이다. 그리고 한국사회과교과교육학회는 1997년 한국교원대학교(대학원 포함) 출신이 중심이 되어 출발하여 현재는 전국적인 사회과 학회로 조직이 확대되었다.

다섯째, 사회과 교육에 관련된 현장 연구에 참여하는 것이다. 사회과 교사는 현장 사회과 교육의 견인차이다. 학문적으로 연구된 이론이 사회과 교육 현장에 적용되고, 이 적용된 결과가 다시 사회과 교육학의 이론으로 개발되어 학교 현장 사회과 교실과 사회과 교육 이론이 함께 발전하여야 한다. 사회과 교사는 이와 같은 사회과 교수·학습 이론을 직접 실행하는 선도자이다. 이와 같은 적용 결과를 중심으로 각종 현장 연구대회에 지속적으로 논문을 발표하여 사회과 교육에 대한 전문성을 신장하여야 한다.

여섯째, 사회과 수업 공개와 수업 연구에 적극적인 참여가 필요하다. 누가 뭐래도 교사의 생명은 수업이다. 따라서 사회과 교사의 생명은 사회과 수업이다. 사회과 수업을 잘하는 교사가 우수한 교사이자 훌륭한 교사이다. 따라서 사회과 교사는 동료 교원들을 대상으로 교내에서 지속적으로 사회과 수업을 공개하고 협의회에 참여해야 하며, 각종 사회과 교사 수업 연구대회에 참여하여 수업 전문성 신장에 노력하여야 한다. 사회과 교사로서 자기 연찬을 꾸준히 하는 교사들이 교직 전문성을 신장할 수 있으며, 그러한 교사들이 변혁적 리더십을 가진 신지식인 교사인 것이다.

우수한 교사의 확보는 교육의 질적 개선을 위해 무엇보다 중요하다. 우수한 교사를 확보하기 위해서는 우수한 교사지망생을 유인할 뿐만 아니라, 우수한 교사가 계속 교직에 머물 수 있도록 여러가지 유인체제의 정비와 계속적인 전문성을 위한 현직 교육이 필요하다. 그러니까 교사를 어떠한 과정을 통하여 양성, 배출하느냐가 또한 중요하다. 요즈음 그동안의 교사 양성 정책에 대해 근본적이고 종합적인 재검토가 요청되고 있다.

교육대학교 양성 체제의 개혁안으로 제시되고 있는 것을 보면 다음과 같다.

<교원 양성체제의 개혁 방향>

> 현재 엄격하게 분리되어 있는 초등교사와 중등교사의 양성기관을 교사 양성의 효율성 증진, 교사 교육의 질적인 개선 그리고 초등교육과 중등교육의 연계를 통한 '국민공통기본교육과정'의 학교 현장에의 정착 등을 도모하기 위하여, 지역의 특성과 실정에 따라 기존의 국립대학과 연계 혹은 통합하여 운영하도록 한다. ① 교육대학을 지역의 종합대학으로 통합할 수도 있고, ② 교육대학과 사범대학을 통합하여 독립된 형태의 교원 양성대학을 설립할 수도 있다. ③ 또한 지역별로 몇 개의 교육대학을 합하여 하나의 교육대학으로 통합할 수도 있도록 한다.

사회과 교사를 양성한다는 의미는 사회과 교사 교육이라는 의미와 연계가 된다. 사회과 교사 교육은, 교사가 되기 이전에 받는 직전 교육과 교사가 된 후에 받는 현직 교육으로 대별할 수 있다.

1) 사회과 교사의 직전 교육

사회과 교사의 직전 교육은, 초·중·고등학교 교사 양성을 목적으로 설치된 사범대학 교육대학교, 교원대학교 등에서 주로 이루어지고 있다. 이 외에도 사회과 계통의 교직 과정이 설치된 사회과학대학, 법경대학, 인문대학 등 또는 사회과 교육과가 설치된 교육대학원 등에서 이루어지고 있다. 그런데 초등학교 사회과 교사의 직전 교육은 주로 교육대학에서 이루어지고 있다.

교육대학교의 경우 사회과 교사를 양성하는 뚜렷한 체제는 없으나 다만 교육과정의 편제 내용 가운데 사회과 계통의 교육과정(교과목 설치)이 어떠한가를 분석해 봄으로써, 사회과 교사 직전 교육이 어느 정도로 이루어지고 있는가를 헤아릴 수밖에 없다. 전국 11개 교육대학교 교육과정은 약간씩의 차이는 있으나 대체적으로 비슷하다고 보아 그 개요를 보면, (광주교육대학교 교육과정 구성표) 교육과정의 편제에서 교양 과정(46학점)과 교직 과정(전공, 105학점)으로 2분하고, 교양 과정을 필수와 선택으로 구분하였으며, 그리고 교직 과정은 교육학 교육, 교과 교육, 심화 과정, 교육실습, 졸업논문 등으로 구분하고 있다.

사회과 교사 교육에 직접적으로 관련되는 부분만을 간추려 보면, 교양 과정의 필수에서 한국사(2학점), 세계문화(2학점), 경제학개론(2학점), 교양 과정의 사회과학 선택에서 정치학(2), 법학(2), 사회학(2), 문화인류학(2), 심리학(2), 역사학(2), 지리학(2) 중 2과목(4)을 선택하도록 되었으며, 교과교육과정에서 필수로 사회과 교육(Ⅰ)(2), 사회과 교육(Ⅱ)(3)을 이수하며, 사회과 심화 과정에서는 한국경제론(3), 일반사회교육론(3), 현대사회문제론(3), 한국지리특강(3), 지리교육론(3), 한국사특강(3), 역사교육론(3) 등을 이수하게 되었다. 그리고 교육실습(4)에서 사회과를 선택할 수 있으며, 졸업논문(1)은 반드시(사회과의 경우) 사회과 교육에 관한 것으로 쓰고 있다. 위의 이수 학점의 합계는 37~40학점이 된다(사회과 교육과의 경우).

교육대학교에서의 사회과 교사 교육의 비중은, 사범대학 등에서의 사회과 교사 교육의 비중에 비하여 많은 차이점이 있다 하겠으나, 초등학교에서는 교과전담제가 아니라는 입장에서 볼 때에는 이해가 되기도 한다. 그러나 초등학교에서 교과전담제에 대한 찬반의 양론이 대두되고 있는 것은 세계적인 추세라 할 수 있다. 따라서 초등학교에도 교과전담제가 장차 실시되어야 할 것으로 생각한다. 그래야만 되는 까닭은 교과별 수준 높은 학습 지도를 할 수 있는 교사 양성을 하기 위해서이다. 이러한 교사 양성을 하기 위해서는, 교육대학교에도 사범대학의 경우와 같이 전공교과 단위 학과의 설치(교육법, 시행령의 규정장치가 되어야 함. 예컨대, '초등사회과 교육과, 초등국어교육과' 등으로)가 요구되며, 이에 맞추어 학생 모집 선발을 입학 당시부터 과별로 해야 한다는 것이다. 그리고 또한 각 교과별의 초등교육을 심도 있게 연구할 수 있도록 하는 것으로서 교육대학교에도 초등교과교육을 전공 이수할 수 있는 교육대학원을 설치하는 것이 무엇보다도 긴요하다고 생각이 되며, 나아가 박사과정의 설치 또한 필요 불가결한 과제라고 생각된다.

2) 사회과 교사의 현직 교육

사회과는 다른 교과와는 달리 시대적 사회 사상(社會 事象)의 가변성에 민감해야 하는 교과이다. 사회과는 사회 사상을 대상(내용)으로 하기 때문이다. 현대사회는 정보화 사회, 도산업사회로서 그 변화는 옛날과 달리 가속화되어 가고 있다. 따라서 사회과학 등의 학문적 측면이나, 교육사조의 이론적 측면 등 그리고 사회과 교육의 이론과 실제 또한 날로 새롭게 발전해 가고 있다고 볼 때, 이에 사회과 교사는 교육 현장에서 부단한 노력을 가일층함으로써 사회과 교육의 내실화를 기해야 한다.

초등학교 교육 현장의 실황을 분석해 보면, 사회과를 제대로 가르치기란 매우 어려운 교과라는 것이다. 그런데 교육 현장에서 흔하게 들리는 말에는 가장 가르치기 쉬운 교과가 '사회과'라고들 하는 것 같다. 이와 같은 이율배반의 현실이 비쳐지고 있는 까닭은, 사회과를 가르치는 본질적인 진의미를 모르고 하는 말도 되겠고, 그렇지 않으면 사회과의 참뜻을 알면서도 제대로 가르치기가 어렵기 때문에 본질적인 뜻에서 회피하여 적당하게 해 보자는 식의 말로도 해석이 된다. 요컨대 사회과 교사는 본질도피식의 사고방식에서 벗어나 참된 사회과 교사의 사명을 다해야 할 것이다.

현직 교육의 방법으로 제시하고 있는 견해를 보면
① 전문적인 독서계획
② 전문적 조직에의 참가 - 교사로서 하나의 의무이며 기획이기도 하다.
③ 저술과 간행
④ 저명한 사회과학자 및 교육전문가를 따라서 의무이며 기획이기도 한다.
⑤ 여행
⑥ 지역사회봉사

⑦ 유보수 노동 - 하기방학 때

⑧ 협의 연구, 하기대학 및 교육과정분과위원회 활동 등이다.

그리고 전문적 단체에 가입하는 것도 들고 있다. 또 다른 견해를 보면,

① 전문적인 독서

② 연수교육 참여

③ 교육대학원 및 대학원 교육

④ 학회 활동 참여

⑤ 사회과 현장 연구 활동 등이다.

사회과 교사의 현직 교육의 방법에는 앞에서 들어 본 바와 같이 여러 가지 측면에서 고찰될 수 있다. 특히

① 자기 연구(개인 연구)

② 지역사회 등 현지답사 활동 연구

③ 연수교육 참여 연구

④ 전문적 연구조직회 참여 연구

⑤ 교육대학원 및 대학원 등의 교육기회를 통한 연구

⑥ 현장 연구 등에 관심을 가져야 한다.

(1) 자기 연구(개인 연구)

사회과 교육에 관한 전문서적, 사회과학에 관한 전문서적, 교육학 기타 제반 서적, 신문, 잡지 등에 관한 독서를 부단히 함으로써 새로운 지식 습득을 할 뿐만 아니라, 저서 활동, 논문, 논단 발표 활동 등을 통하여 꾸준히 자기 연구를 한다.

(2) 지역사회 등 현지답사 활동 연구

사회과 교사는 사회 사상에 관한 견문이 넓어야 한다. 가까운 지역사회를 비롯하여 국내외 여러 지역사회를 두루 여행을 한다든가 또는 사회과 교육에 직·간접적으로 연계되는 유적지, 유물관, 명승지, 기념관, 박물관, 도서관, 각종 기관, 생산기업체, 공장, 공공사회단체 등 현지답사 활동을 통하여 견문을 많이 얻어 학생들에게 생생한 자료를 제공한다.

(3) 연수교육 참여 연구

초등학교 사회과 교사로서 연수교육에 참여하는 기회란 중·고등학교 사회과 교사의 경우와는 약간 다르다. 연수교육의 종류로는 교육대학에 부설된 초등교원 연수원에서 실시하는 각종 연수교육이나 사회과 교사 일발 연수, 시·도 단위로 설치된 교원 연수에서 실시하는 사회과 교사 일반 연수, 또는 일급 정교사, 교감, 교장 자격 연수 시에 약간의 사회과 교육 실시와 기타 연수 과정에서의 약

간의 사회과 교육, 그리고 시·도 단위로 설치된 교육연구원에서 시행하는 일반 연수나 사회과 현직 연구원으로서 참여하는 연구, 시·군 단위의 교육청에서 실시하는 일반 연수나 사회과 교사 연수 등이 있다. 사회과 교사는 이상의 여러 종류의 연수회에 될 수 있는 한 자주로 참여하여 새로운 교육 이론과 현장경험의 실제를 결부시켜 현장교육의 내실화를 기해야 한다.

(4) 전문적 연구회 조직 참여 연구

사회과 교사는 사회과 교육에 관한 연구회, 학회, 협의회, 학술발표회 등에 가급적 많이 참여하여 현장교육 활동을 토대로 하는 발표·토론을 함으로써 비교연구 자료의 취득이나 이론과 실제의 연계를 할 수가 있다. 사회과 교육에 관련되는 전문적 조직회의 종류에는 한국사회과교육학회, 한국사회과교육연구회, 한국초등사회과교육학회, 한국사회과교과교육학회, 그리고 한국사회학회, 한국정치학회, 한국경제학회, 한국문화인류학연구회, 한국역사학회, 한국지리학회, 또한 한국교육학회, 한국교육사회학회 등이 있다. 기타로는 사회과 교육과정위원회, 사회과 교육과정협의회의, 한국교원단체연합회의 연구논문발표대회 등이 있다.

(5) 교육대학원 및 대학원 등의 진학을 통한 연구

사회과 교사로서 사회과 교육 전공과가 있는 교육대학원이나 사회과학 계통의 대학원에서 학위과정의 수학을 통하여 사회과 교육 연구를 가일층 계속할 수 있다.

앞으로 각종 연구 발표 등에서 사회과 교사는 사회과 교육의 본질적인 교육활동을 하기 위하여 적극적으로 참여 연구하는 마음가짐과 자세를 지녀야 할 것이다.

(6) 교육과정 연구 실행자로서의 연찬

사회과 교사는 사회과 교육과정 편성·운영과 적용·실행의 전문가가 되어야 한다.

과거에는 교사들의 교육과정 결정권이 제한되었지만, 제6차 교육과정부터 학교 교육과정이 도입되고, 제7차 교육과정과 2007년 개정 교육과정에서 현장 교사들의 교육과정 결정·실행권이 보장되어 이제는 현장 교사들이 교육과정 이론과 실행의 전문가가 되어야 한다.

(7) T자형 신지식인으로서의 연찬

21세기 현대 사회 이후의 미래 사회는 다양한 전문성이 요구되는 열린 사회이다. 특히 사회과 교사들은 교육과정과 수업을 중심으로 한 소위 T자형 신지식이이 되어야 한다. 즉 좌우로 돈독한 교양과 일반적 지식이 충만하고, 더불어 상하로 심오한 전문성을 겸비한 신지식인 곧 T자형 인간이다. 이를 실현하기 위해 사회과 교사들은 열과 성을 다해 노력하여야 할 것이다.

▌제2장▐ 교육과정과 교사의 전문성

1. 교육과정과 교사

최근 선진국과 후진국을 통틀어 세계 모든 나라에서 학교 교육 개혁을 하려는 노력을 지속적으로 경주하고 있다. 세계 각국에서 이루어지고 있는 교육 개혁의 공통점 중 하나는 교사의 전문성 제고를 최우선 과제로 삼고 있다. 특히 교사의 전문적 지위를 고양시키는 활동 내지 수단을 강조하는 교사의 권능 부여는 학교 재구조화의 주요 동인으로 작용하고 있다. 교사의 권능 부여는 단순히 교육과정, 수업, 평가에서 교사의 전문성을 인정하는 것뿐만 아니라 학생, 학급, 학교에 영향을 미치는 중요한 의사 결정에 교사를 참여시킴으로써 학교 내의 의사 결정 권한을 재분배하는 문제까지 다룰 것을 요구하고 있다.

과거에는 국가 독점의 교육과정과 교과서, 교육학자들에 의한 수업 체제 개발, 국가 차원의 학력 평가 등에 의해 교사들은 교육의 주도권을 상실하게 되었고, 그 결과 교직은 정해진 목표를 달성하기 위해서 정해진 방법에 따라 평가 결과를 산출해 내는 단순 직업화되었다. 교직과 교원의 탈전문화를 부채질하게 된 것이다(교육인적자원부, 2002: 175–187).

다행스럽게도 지난 10여 년 전부터 세계 각국에서 교육 개혁의 핵심 과제는 대부분 이처럼 탈전문화된 교직을 다시 전문직화하려는 정책으로 설정하고 있다. 아무리 좋은 교육 개혁안도 교사의 적극적인 참여와 헌신 없이는 아무런 의미를 지니지 못하게 되며, 교사의 적극적인 지도성 발휘 없이는 교실의 변화는 불가능하다는 것을 깨닫게 된 것이다. 우리나라에서도 제7차 교육과정과 2007년 개정 교육과정 적용을 통하여 교사의 전문성 신장이 학교 교육의 알파와 오메가임을 확인하게 된 것이다.

2. 교직의 전문직화: 교육과정 전문성 확립 필요

교원들이 갖추어야 할 전문성에는 여러 가지가 있다. 대체적으로 교원에게 필요한 전문성은 교육과정 전문성, 진로 지도 및 상담 전문성, 학급 경영 전문성이다. 교사들은 학생들에게 교과를 가르치는 전문직 종사자들이기 때문에 교육과정의 편성과 운영, 교육 방법, 교육 평가 등과 관련한 교육과정의 전문성을 구비하여야 한다. 교사는 교과를 가르칠 뿐만 아니라, 학생들을 가르치기 때문에 이들을 적절하게 그리고 효과적으로 진로 지도하며 상담하는데 필요한 진로 지도·상담 전문성을 구비하여야 한다.

이와 같은 전문성들은 나름대로 아주 중요하지만 교육과정 전문성은 교원이 갖추어야 할 전문성 중의 전문성이라고 할 수 있다. 교원들은 가르치는 일이 본업이기 때문이다.

교원들에게 필요한 교육과정 전문성은 크게 네 가지로 나눌 수 있다. 첫째, 교육과정 편성 운영에 대한 전문성이다. 둘째, 교육 내용에 대한 전문성이다. 셋째, 교육 방법에 대한 전문성이다. 넷째, 교육 평가에 대한 전문성이다.

교원들에게 필요한 교육과정 편성·운영에 대한 전문성은 해방 이후 상당한 기간 동안 우리나라에서는 학교 교육과정의 편성 운영이라는 영역은 교원들과는 무관한 영역으로, 오로지 교육학자와 교육과정 전문가들만의 고유한 영역으로 간주되어 왔다. 겨우 제6차 교육과정에 이르러서야 비로소 학교 교육과정이 도입되어 편성하게 된 것이다. 교사들은 국가가 제시한 교육과정에 따라 국가가 제작한 교과서를 가르치는 것으로 자신의 사명을 다하는 것으로 착각하였다. 그러므로 교원 양성 교육과 교원 연수 과정에서도 학교 교육과정의 편성·운영에 대한 전문성은 교원들에게 오랫동안 잊힌 영역이었던 것이다.

교육 내용의 전문성 면에서 교사들은 그동안 교육 내용 전문성을 연마할 기회를 갖지 못하였다. 우리나라에서는 사회과가 오랫동안 국정 교과서 체제하에서 한 종류의 교과서만 교사들에게 제공하여 왔었다. 검정 교과서의 경우도 몇 종 제시되었지만, 학교에서 임의로 교과서를 선정하기 때문에 교사들에게 실질적으로 교과서를 선택할 기회 자체가 거의 없었다. 따라서 교사들은 주어진 교과서를 취사선택하여 교육 목표에 따른 교육 내용의 재구성과 같은 일은 엄두를 내기가 어려웠다. 교육 내용의 전문성 신장에 장애가 많았던 것이다.

교육 방법에 대한 교사들의 전문성 면에서는 전통적으로 한 학급에 50명이 넘는 대규모 학생들을 대상으로 칠판에 판서를 하고 홀로 강의를 하는 방식만이 유일한 방법이었다. 학생들을 다양한 집단으로 편성한다거나 학생들이 수업 중에 발표를 한다거나 토의 수업을 진행한다는 것은 상상하기 힘들었다. 따라서 교사들은 학생들의 수준, 흥미, 관심, 요구 등과 같은 개인차를 고려한 수업 방법을 개발하려는 문제의식 자체가 없었던 것이다.

교육 평가 면에서도 교사들의 전문성은 미미하였다. 평가는 오로지 사지 선다형의 지필 평가 방식으로만 이루어졌다. 사지 선다형 지필 평가에서는 평가 내용 자체가 교육적으로 타당한가에 대한 관심은 별로 중요하지 않았다. 오로지 학생들에게 객관적이고 정확한 점수를 부여하여 석차를 정하는 것이 중요하였다. 따라서 학생 각자가 주어진 목표를 얼마나 잘 성취했는지, 목적을 성취하는 과정이 얼마나 진지하였으며, 교육적으로 얼마나 바람직한가 등에 대한 관심이 전무하였다.

결국 과거 교사들은 학교 교육과정 편성·운영에 대한 전문성, 교육 내용에 대한 전문성, 교육 방법에 대한 전문성, 교육 평가에 대한 전문성 등 어느 하나도 제대로 지니지 못했다. 그 결과 교사들은 학교 교육과정 편성·운영에 대해 무지했으며, 교육 내용은 교과서를 순리대로 가르치는 것으로, 교육 방법은 교실에서 칠판에 판서하며 설명하는 것으로, 교육 평가는 객관식 시험을 통하여 석차를 평정하는 것으로 간주하게 되었다.

과거에는 교육과정은 교육과정 학자, 교육학 이론가들이 개발하고, 현장 교사들은 이를 충실하게 교실에서 학생들에게 전수하면 훌륭한 교사가 되었다. 하지만, 세계화 시대, 지식정보화 시대의 신(新)교사상은 교사들이 수업은 물론 교육과정 전문가가 되어야 한다는 점이다. 즉 일선 학교 현장의 교사들이 고시된 국가 수준 교육과정, 시·도 교육청의 교육과정 편성·운영 지침, 지역 교육청의 실천 중심 장학 자료를 바탕으로 학교 교육과정, 교사 교육과정을 편성·운영하여야 하는 것이다. 즉, 학교 교육과정 차원에서 교사들은 교육과정 전문가, 이론가가 되어야 한다.

3. 교사의 수업 전문성

학교 교육에서 가장 큰 비중을 차지하는 것이 교수-학습활동이다. 따라서 교사는 학생을 가르치는 일에 가장 많은 시간과 노력을 투자한다. 교수 활동을 수행하기 위하여 교사는 학습 지도를 위한 교육목표 확인, 교육 내용의 선정과 조직, 교재 연구, 지도안 작성, 수업 전개, 학업 성취도 평가 등을 한다.

정보화 시대라 말할 수 있는 오늘날의 교육은 그 내용, 방법, 기술 등 다각적인 면에서 개혁이 이루어지고 있으며, 과학의 발달은 교육 환경의 변화를 초래하여 교육 효과를 높이기 위해서는 학습자의 참여 유도와 동기 유발을 꾀할 수 있는 수업 매체 활용이 교수 방법 개선을 위하여 필수적이다. 학교 수업에 있어서 교수·학습 자료의 질과 그 다양성이 수업의 질을 결정한다. 교수-학습의 질을 높이기 위한 수단으로 사용할 수 있는 수업 매체는 인터넷, 프레젠테이션, 슬라이드, 시청각 자료 등이 있다.

교사가 학습 효과를 높이기 위해서는 교수기술 향상을 위해서 노력하고 교재 연구를 충분히 하며, 학습 자료 준비 및 시청각 자료 등을 활용하여 교육공학적 방법을 활용하며, 학생의 흥미, 적성, 능력 등을 진단하여 지도하여야 한다. 학교에서의 수업 활동이 일반적으로 일부 학생들의 학습 능력만을 고려하고, 대체로 일제 학습이 주종을 이루고 있어 학생들의 개별 학습이 반영되지 못하고 있는 것에 대해서는 학교 교육의 의미가 약화될 것이라는 우려가 있다.

결국 학교 교육에서 가장 큰 비중을 차지하는 것이 교수-학습활동이며 교사는 학생을 가르치는 일에 가장 많은 시간과 노력을 투자하게 된다. 따라서 교수 활동을 수행하기 위해서 교사는 수업 설계 능력, 수업 전개 능력, 수업 평가 능력, 교수 매체 제작 및 활용 능력이 요구된다고 하겠다.

4. 2007년 개정 교육과정과 사회과 교사의 전문성

1990년대 전 세계적으로 교육 개혁의 화두는 교사 개혁이었다. 교사 개혁의 주된 내용은 교사의 권능 부여를 통한 전문성 신장이었다. 사실상 학교 재구조화 운동도 학교 밖의 상급 교육기관이나 교장이 독점한 학교 관련 의사 결정 권한을 교사들과 공유함으로써 교사들에게 권능을 부여하고, 이로 인하여 교사의 적극적인 참여를 유도하며, 그 결과 교사의 전문성을 신장시키기 위한 것이었다. 교육과정 개혁을 통한 학교 개혁은 전문성을 지닌 교사들이 적극적으로 참여하지 않고서는 어떠한 의미 있는 결실도 기대하기 어렵기 때문이다.

우리나라 제7차 교육과정의 도입이 교사의 전문성 신장을 강력하게 요구하는 계기가 되었다. 제7차 교육과정이 도입되기 이전부터 열린 교육, 수준별 교육, 수행 평가, 체험 학습 등의 강조를 통하여 교사의 교육과정 전문성 신장을 강력하게 요구하기는 하였다. 하지만 제7차 교육과정이 이러한 요구들을 총괄적으로 요청한다는 점에서 교사의 교육과정 전문성 강조는 더욱 강화되었다고 볼 수 있다.

2007년 개정 교육과정은 다음과 같은 점에서 교사의 교육과정 전문성을 강조하고 있다.

첫째, 학교 교육과정 편성과 운영에 대한 전문성을 가져야 한다. 2007년 개정 교육과정은 국가 수준의 교육과정과 시·도 교육청의 편성·운영 지침의 범위 안에서 학교, 교사, 학생 등이 함께 만들어 가는 교육과정이다. 학교별, 학년별, 교과별, 교실별 교과 활동, 재량 활동, 특별활동을 어떻게 편성·운영할 것인가를 함께 토론학고 숙의하여 학교의 실정과 여건에서 최고의 교육적 효과를 낼 수 있는 방안을 만들어야 한다.

이제 교사들은 자신의 학교에서 수준별 교육을 어떻게 운영할 것인지, 창의적 교육활동 시간에는 어떤 교육적 활동을 수행할 것인지, 특별활동 시간은 어떻게 편성할 것인지 등에 대해 학교 전체 교사가 모여서 때로는 교과별 교사가 함께 모여서 협의하고 숙의해야 한다. 요컨대 제7차 교육과정은 교사가 학교 교육과정의 편성과 운영에 대한 전문성을 갖출 것을 요청하고 있다.

둘째, 2007년 개정 교육과정은 교사들이 교육 내용에 대한 전문성을 갖출 것을 요구하고 있다. 교과서는 첫 장부터 마지막 장까지 순서대로 한 줄도 빼먹지 않고 모두 동일한 속도와 비중으로 가르쳐야 하는 경전과 같은 권위를 더 이상 지니고 있지 않다. 교과서는 국가 차원에서 교사에게는 일차적인 가르치는 자료로, 학생들에게는 학습하는 자료로 개발해 주거나 검증해 준 내용에 불과하다. 교과서는 단지 전달되고 암기해야 할 목적물이 아니라 교사와 학생에 의해 끊임없이 재해석되어야 할 대상이다. 교사는 교육과정과 교과서의 내용을 검토하여 교육 목표와 교육 내용을 확인한 후, 교육 내용을 학생들과 수업 상황에 맞게 분석하고 재조직해야 한다. 교과서의 내용 재구성은 교육과정을 지역화, 학교화, 교실화하고 궁극적으로 교사 자신의 것으로 내면화하는 것을 의미한다. 교사들은 주어진 지역 여건과 학생들의 특성에 적합한 학교 교육과정과 학년 교육과정을 동료 교사들과 협동으로 만들고, 이를 자신의 수업 상황에서 학생들에게 적합한 방식으로 활용할 수 있도록 해야 한다. 교사들이 고도의교육 내용 전문성을 가져야 하는 것이다.

셋째, 2007년 개정 교육과정은 교사들에게 교육 방법에 대한 전문성을 발휘할 것을 요청하고 있다. 칠판에 판서를 하면서 교과서 내용을 설명하는 방식의 수업은 교사가 활용할 수 있는 다양한 수업 방식 중 하나에 불과하다. 교사는 다양한 수업 방법을 활용하여야 한다. 학생들의 흥미나 관심에 따라, 학생의 학업 성취 수준에 따라, 학생의 수준에 따라, 학생의 진로에 따라 다양한 집단을 편성할 수 있어야 한다. 교사들은 학생들을 위해 수준별 수업을, 개별화 수업을 이끌 수 있어야 한다. 교사들은 학생들을 위해 수준별 수업을, 개별화 수업을 이끌 수 있어야 할 뿐만 아니라 협동 학습을, 자기 주도적 학습을, 체험 학습을, 범교과 학습을 지도할 수 있어야 한다. 교사는 수업 장면에서 교육 내용, 학생의 특성, 교육적 맥락 등을 고려해 가장 적합한 수업 모형을 찾아내어 적용할 수 있어야 한다. 수업을 효과적으로 진행하기 위해서는 교사가 교육 방법에 대한 전문성을 지녀야 한다.

넷째, 2007년 교육과정은 교사들이 교육 평가에 대한 전문성을 발휘할 것을 요청한다. 선다형 지필 평가는 객관성, 신뢰성, 실용성 등이 높지만 평가가 교육 목적에 충실한가를 확인하는 타당성에 결정적인 약점을 지니다. 평가의 타당성을 높이기 위해서 교사는 교육적 결과뿐만 아니라 과정도 평가해야 한다. 평가의 타당성을 높이기 위해서 교사는 교육의 결과뿐만 아니라 과정도 평가해야 한다. 이론적이고 추상적인 맥락에서 학생이 얼마나 많은 내용을 알고 있는가의 평가를 하는 것도 중요하지만 삶의 실제적인 상황이나 실제와 유사한 상황에서 문제를 얼마나 효과적으로 해결하는가를 평가하는 것도 중요하다. 학생들이 머리로 알고 있는 것을 파악하고 있는 것도 중요하지만 학생이 실제로 얼마나 잘 수행할 수 있는가를 평가하는 것도 중요하다. 요컨대, 교사는 다양한 맥락에서 다양한 방식으로 학생들의 과제 수행 능력과 잠재력을 정확하게 평가해 낼 수 있는 전문성을 지녀야 한다.

5. 교원의 전문성 발달 전제 조건

교원이 교육과정에 대한 전문성을 갖추어야 한다는 것은 교육개혁에서 필수적인 사항이다. 학교와 교실에서 교사가 어떻게 가르치고 이끌어야 하느냐 하는 것은 교사 자신에 의해서 결정되어야한다. 교과서와 교사용 지도성 등은 교사가 교육과정을 교실화하는데 참고 자료가 될 뿐이다. 교실수업에서 교사가 학생들에게 무엇을 어떻게 가르치고 평가할 것인가는 교사 자신의 전문적인 판단에 의해 최종적으로 결정되어야 한다.

교사가 교육과정, 즉 학년별, 교과별, 교실별 교육과정의 편성과 운영, 교육 내용, 교육 방법, 교육평가에 대한 최종적인 결정권을 갖는다는 말은 교사가 그러한 결정을 수행할 만한 전문성을 보유해야 함을 의미한다. 따라서 교사는 그러한 전문성을 구비하기 위해서 교육의 실천가인 동시에 연구자가 되어야 한다. 교사들은 전문 연구자가 산출하는 연구 결과의 소비자가 아니라 교육 실천 이론의생산자 겸 실천가가 되어야 한다. 교사가 수준 높은 전문성을 지닐 수 있기 위해서는 교수자로서의기능(역할)뿐만 아니라 연구자로서의 기능(역할)도 함께 지녀야 한다.

교사가 교육 실천가뿐만 아니라 연구자로서 기능하도록 하기 위해서는 이에 적합한 교육과 연구여건을 마련해 주어야 한다. 교사의 전문성 신장을 위한 여건을 갖추어야 한다. 주어진 지시를 기계적으로 따르는 교사의 역할을 자율적인 교육 실천가와 연구자로서의 역할로 대체할 수 있는 교육여건을 갖추어야 한다. 이러한 교육 여건의 특징을 살펴보면 다음과 같다.

첫째, 교육과정과 관련하여 교사에게 전적인 권능을 부여할 필요가 있다. 교사가 교육과정 관련전문성을 높이고자 실천 연구를 수행하기 위해서는 교육과정과 관련된 의사 결정 권한이 부여되어야 한다. 즉 교사에게 교수법을 자유로이 선택, 활용에 관한 권능이 부여되어야 한다. 교사에게 권능부여가 되지 않은 상태에서는 교사가 실천 연구자로서 기능할 수 없으며, 실천 연구를 수행할 수 없는 상태에서는 교사가 교육과정에 대한 전문성을 지닐 것을 기대하는 것은 무리이기 때문이다. 따라서 교사가 교육과정의 전문성을 지닐 수 있도록 하려면 교육과정의 편성과 운영, 교육 내용, 교육방법, 교육 평가에 대한 외부로부터의 강제적인 규제는 최소한으로 부여되어야 한다. 교육과정과 관련된 외부의 지원을 받으면서 교사는 교육과정을 실천, 연구하면서 궁극적으로는 교육과정을 교실화하고 내면화하여야 한다. 이는 교사에게 교육과정에 대한 권능이 부여될 때에만 가능하다. 교사의권능 부여를 강조하는 방향으로 학교 재구조화 노력이 지속되어야 한다.

둘째, 교사의 자기 연찬이 생활화되어야 한다. 전문직의 특징 중 하나는 계속적인 자기 연찬이 필요하다는 것이다. 교육은 학생을 대상으로 한다. 시간이 지나감에 따라 학생들의 특성과 가치관이달라지고 이에 따라 학습 습관과 선호 등이 달라진다. 교사는 지속적으로 학습자와 학습 이론 등에대해 학습하여야 한다. 교육은 사회 속에서 이루어진다. 교사는 교육이 이루어지는 사회적 맥락에 대한 지식을 지닐 필요가 있다. 최근처럼 사회가 빠른 속도로 변화하는 시기에는 더욱 그렇다. 이처럼 교사는 학교가 속해 있는 사회적 맥락에 대한 이해를 지속적인 자기 연찬으로 증진시켜야 한다. 자기 연찬이 승진을 위한 도구가 될 수 있고, 자기 과시를 위한 방편이 될 수도 있다. 그러나 자기 연찬은 무엇보다도 자신의 교육과정 전문성을 높이기 위한 목적에서 이루어져야 한다.

셋째, 교사들이 실천 연구와 자기 연찬에 몰두할 수 있는 교육 환경이 마련되어야 한다. 아무리 교사가 실천 연구와 자기 연찬을 수행하고 싶어도 그러한 환경이 갖춰지지 않는다면 실천 연구나 자기 연찬을 수행할 수 없다. 이때 교사에게 필요한 환경 형성을 위해서는 교사가 주당 책임 수업 시수를 초과하지 않도록 배려하여야 하고, 공문 작성 등 수업 외의 잡무에서 해방되도록 도와주어야 한다.

2009학년도부터 초·중·고교에 연차적으로 적용되는 2007년 개정 교육과정의 도입을 계기로 교사의 전문성을 신장시키자는 주장은 한편으로는 교사의 헌신과 희생을 요구하지만 다른 한편으로는 교육의 획기적인 개선을 요청한다. 교사들에게 일방적인 헌신과 희생만을 요구하는 것은 그 자체로서 바람직하지 않을뿐더러 정부 정책에 대한 불신만을 키울 것이기 때문이다. 따라서 교사들이 실천 연구자로서 기능하고 주어진 수업과 자기 연찬을 수행하도록 요구하는 것은 무리이다. 교사들이 실천 연구자로서 기능하고 지속적인 자기 연찬을 통하여 교육적 전문성을 높여 가도록 도와주어야 한다. 그리고 필요한 여건을 어느 정도 갖춘 다음에는 교육 현장에서 교육과정의 전문성을 발휘하는 교사들이 우대받을 수 있는 교육 풍토를 마련해 주어야 한다.

끝으로, 교직은 노동직의 성격을 일부 지니고 있는 것이 사실이지만 노동직 이상의 전문성을 갖는 전문직이다. 교사는 주어진 규범이나 지시를 기계적으로 따르는 단순 직업인이라기보다는 교육에 대한 전문성을 지닌, 교육에 대한 규범이나 지시를 기계적으로 따르는 단순 직업이라기보다는 교육에 대한 전문성을 지닌, 교육에 대한 헌신과 희생을 각오한 전문교육인이기 때문이다. 교사들은 다소의 헌신과 희생이 따르더라도 교육과정에 대한 전문성 신장에 부단히 노력하여야 한다. 특히, 제7차 교육과정과 더불어 2007년 개정 교육과정은 학습자 중심의 '만들어 가는 교육과정'이기 때문이다.

6. 사회과 교사 전문성 개발의 과제

모름지기 교사는 교육 활동의 핵심이며 주체이다. 즉 교사의 능력과 품성은 교육의 질을 가름하는 중요한 요소이다. 교사의 전문성은 교사 교육을 통해서 개발되어 교직 생애 전반에 걸쳐서 영향을 미치기 때문에 교사 양성 교육을 통해서 우수한 교사를 길러 내는 것은 매우 중요하다. 교육 활동이 교사의 전문성에 의존하고 있다는 점에서 사회과 교육도 예외는 아니며, 사회과 교사 교육은 사회과 교육의 실천에 결정적인 영향을 미친다. 우리나라에서 중등 사회과 교사 양성은 전국의 사범대학 사회과 교육 전공 학과와 일반 대학의 교직 과정 이수 과정, 그리고 교육대학원의 사회과 교육 전공 과정을 통해서 이루어지고 있다(차경수·모경환, 『사회과 교육』, 동문사, 2008: 151-152).

현행 우리나라 교사 양성 과정에 대한 비판과 대안은 크게 두 가지 입장에서 접근할 수 있다. 즉 전공 지식의 기반을 강화해야 한다는 입장과 예비 교사의 현장 실습 경험을 늘려야 한다는 주장이 그것이다. 지식기반 강화를 주장하는 측에서는 예비 교사의 교과 내용 지식이 부족한 현재 상황을 해결하기 위해서 교과 내용 관련 학점을 강화하거나, 학부는 내용 중심으로 운영하고, 교사 양성은 대학원 중심의 수준에서 운영해야 한다고 강조한다. 이 경우 교사의 전문성은 이론적 지식을 학교 현장에 실제로 적용해 보는 기술적 합리성의 패러다임을 적용하려는 경향이 강하다고 할 수 있다. 반대로 교육 실습 강화를 주장하는 측면에서는 예비 교사가 학교의 상황을 미리 파악하고 자신의 반성적 실천을 경험할 수 있는 기회를 제공해야 한다고 주장한다. 하지만 현장 실습 경험이 그대로 교사 전문성 개발로 이어지는 것은 아니다. 현장에서 예비 교사의 반성적 실천을 지도할 수 있는 경력 교사가 절대적으로 필요하다.

사회과 교사의 교직 전문성을 신장하기 위해서는 교과 내용 지식(PCK)과 예비 교사의 학교 현장 경험 모두가 중요하다. 교사의 지식과 경험은 교사의 전문성을 향상시키는데 있어서 필수적인 요소이다. 이러한 필수적인 요소가 교사의 전문성으로 발전하기 위해서는 교사의 반성적 실천이 이루어져야 한다. 즉 사회과에서 가르쳐야 하는 내용 지식에서부터, 수업을 실행하는 과정에서 경험하는 다양한 문제 해결을 위한 방법적 지식에 이르기까지 교사는 지식과 관련된 모든 요소에 대한 반성적 실천 능력을 길러야 한다.

현행 교사 교육에서는 이러한 반성적 실천을 강화시켜 줄 수 있는 강좌가 매우 부족한 실정이다. 사회과 교사의 전문적인 능력을 함양하기 위해서는 교사가 알아야 하는 다양한 종류의 지식과 현장 경험, 그리고 모든 요소에 대한 반성적 실천 능력을 고루 함양하여야 한다. 실제 현장 사회과 교사가 반성적 실천을 제대로 수행하기 위해서는 고립적인 교직 문화를 극복하고, 서로 협력하여 전문성을 신장시킬 수 있는 여건의 조성이 필요하다. 이를 위해서 교사 네트워크를 형성하여 서로의 암묵적 지식을 공유하고 학습할 수 있는 공동체가 구축될 수 있도록 도와주어야 한다(차경수·모경환, 2008: 151-152).

7. 사회과 교사 자질 함양 여건의 개선

1) 담당 교과목 수의 축소 필요

2007년 개정 교육과정을 기준으로 우리나라 초등학교 교사들은 대체로 10개 교과를 가르치고 있다. 물론 현재 각 학교에는 교과 전담 교사가 배치되어 예체능 교과는 전담 교사가 가르치는 경향이 일반적이기는 하지만 여전히 중등학교 교사에 비해서 초등학교 교사는 가르치는 교과목 수와 담당 시간 수가 많고 과중한 것이 사실이다. 물론 중등학교에도 과목 상치(相馳) 교사가 상존한다.

그렇기 때문에 중등학교 교사는 사범대학과 일반대학 교직 과정, 교육대학원 등에서 전공 교과를 중심으로 양성하지만 초등학교 교사는 교육대학교에서 심화 과정은 있지만, 대체로 이 10개 교과, 즉 국어, 도덕, 사회, 수학, 과학, 실과, 체육, 음악, 미술, 외국어(영어) 등을 두루 가르칠 수 있도록 교육과정이 편제되어 있다. 그렇기 때문에 목적 대학인 교육대학교의 교육과정(curriculum)은 매우 복잡하고 과중하며, 학생들이 대학에 재학하는 동안 특정 학문, 교과를 심도 있게 이해하기에는 학점과 시수가 부족한 것이 현실이다. 사회과 교육에 관한 학점도 대개 5학점 정도이다. 이 정도의 적은 학점으로 학교 현장에 발령을 받아 사회과 교사로서 제 역할을 하기에는 역부족인 것이다.

물론 대부분 외국의 초등학교에서는 국어, 수학, 사회, 과학 등 4교과만을 담임교사가 가르치고, 역시 초등교사 양성 대학에서도 주로 이 4교과만을 대상으로 교육과정을 구성하여 이수하고 있다. 우리나라에 비해서 담당 교과 수가 현저히 적은 것이다(이종일, 2008: 328 – 337).

한편, 중등교사 양성 기관인 사범대학의 경우는 일반사회교육과, 역사교육과, 지리교육과 등으로 구분되어 전공 교육과정을 이수하고, 학생들도 훗날 중등학교에 발령을 받아 주로 자기 전공과목만을 가르치게 된다. 다만, 현재 일부 농어촌 학교의 경우 교사 정원 부족으로 한 교과를 전공한 교사가 일반사회, 역사, 지리 등 세 교과를 모두 가르치는 경우가 있으며, 주간 시수 부족으로 타 교과도 맡아 가르치는 경우가 있어서 전공의 전문성 신장에 역행하고 있어서 문제이다.

2) 학년 전담제, 학교 전담제의 제도화 필요

오랜 관행이기는 하지만 현재도 학교는 매년 3월이면 교원 이동으로 큰 혼란을 겪고 있다. 사실 교사들은 익년도 가르칠 학생들을 알 수 있어야 한다. 하지만 우리나라 교원 정보체제(system)하에서는 3월 초의 새 임지, 학교 학년 및 업무 분장이 되어서야 비로소 자기가 담당한 학년, 학생들을 알 수 가 있다. 특히, 우리나라의 담임교사, 담당 교사의 인식에서는 매년 가르치는 대상이 아무런 고려 없이 달라지고 있다. 이는 교수의 일관성과 교사의 전문성 개발 차원에 커다란 문제를 야기하는 문제점이다. 특히, 초등학교 교사의 경우 으레 새 학년이 되면 학년이 변경되기 때문에 교사의 전문성 신장에 큰 장애가 되고 있다.

이제 우리나라도 교사의 전문성 신장과 교수의 일관성 차원에서 초등학교에서는 학년, 중등학교에서는 교과를 수십 년 계속 맡을 수 있도록 교원 인사제도와 교육과정 체제가 변경되어야 한다. 매년 가르칠 대상이 변경되는 현 체제 아래에서 교사의 전문성을 신장하기에는 일정한 제약과 제한이 뒤따르기 때문이다.

교사의 반성적 실천가로서의 자질 함양은 '계획 실천 관찰 반성 수정된 계획' 등의 과정을 거치게 된다. 이 경우 매년 담당 학년이 달라지는 상황이라면 사회과 교사들이 '반성적 실천가로서의 자질 함양'을 하기보다는 보신주의, 무사안일주의에 매몰될 우려가 있다. 물론 이러한 어려운 여건하에서도 반성적 실천가로서의 노력을 계속하는 교사가 있겠지만, 그 비율은 극소수에 불과할 것이고, 사회과에서 강조하는 고급 사고력 신장도 기대하기 어려운 여건에 처하게 되는 것이다.

3) 교과 전문성을 고려한 승진제도

처음 교단에 발령을 받아 청운을 품고 부임한 교사들은 그야말로 희망에 부풀어 교수·학습 지도와 학생 생활 지도, 담당 업무 추진 등에 혼신의 노력을 기울인다. 경륜은 부족하지만 패기와 노력으로 많은 성과도 거양하는 것이 일반적인 현상이다.

하지만 이렇게 순수하고 진솔했던 교사들이 교육 경력 15년 정도만 경과되면 자신의 승진으로 방향 키(key)를 튼다. 그러다 보니, 교사로서의 전문성 신장보다는 요리조리 따져서 승진 점수만을 획득하기 위해 골몰하게 된다. 학생 지도보다는 자신의 일신상의 영달을 위해서 승진 추구에 혼신의 노력을 쏟고 있는 안타까운 현실이다.

일반적으로 교사들은 30대 중반 이후를 승진을 위해 출발하는 시기로 보고 있다. 그러다 보니 소위 교사의 전문성, 교수 전문성보다는 '윗사람들에게 보이려는 태도'가 몸에 배게 마련이 된다.

대다수 교사들은 교사가 갖추어야 할 교과 전문성, 교수 전문성보다는 승진에 필요한 점수에 더 많은 의미를 부여하고 있다. 교사들이 이와 같은 지배적 가치를 갖는다는 것은 현재 실질적인 기득권을 갖고 있는 집단의 구조적 재생산과 밀접하게 관련되어 있다. 즉 교사 스스로 이들 가치를 내면화한다는 것은 기존의 교육제도를 재생산하고 기득권이 유지하고 있는 지배 질서를 그대로 유지하게 된다.

이와 같은 교사의 교과 전문성, 교수 전문성을 저해하는 요소를 개선하기 위해서는 교사의 전문성에 대한 평가 시스템을 체계적으로 개발하여 승진의 가장 중요한 요소로 반영하는 방안을 마련하거나, 외국의 사례처럼 아예 교장과 교사의 채용 방식을 다르게 할 필요가 있다. 그렇게 하려면, 현재 우리나라 학교의 교장처럼 무소불위의 전권을 가진 체제를 완화하여 최소한의 교육 행정 기능만을 수행하도록 인사 제도가 개선되어야 할 것이다. 우리나라에서 2008학년도부터 일부 학교에 도입된 수석교사제가 하나의 대안이 될 수 있을 것이다.

4) 교실 수업 장학력 제고를 위한 전문성 인사 확보

2007년 개정 교육과정의 실행에서 교사의 전문성 확보는 매우 중요하면서도 어려운 여건이다. 특히 사회과 수업에서의 교사 전문성은 크게 강조되지만 교실 현장에서는 여러 가지 벽에 부딪히고 있는 게 현실이다. 교사의 전문성 신장은 개인적 연찬과 연수를 통해서 가능하다. 아울러, 개인적인 노력과 연찬으로 얻어진 지식 내용도 그다지 전문적이지 못한 경우가 있다. 그러다 보니 사회과 수업 적용에 많은 애를 먹고 있다. 변화된 교육과정 실행도 창의성을 결여하기 쉬운 것이다.

이와 같은 사회과 교사들의 수업 전문성 개선에 결정적 역할을 하는 것이 교감, 교장의 임상장학과 장학사, 장학관의 수업 장학이다. 하지만 현실적으로 우리나라 학교 현장은 장학력이 매우 제한적이다. 교사들이 수업에 대한 지도와 조언 등 제대로 된 장학을 받고 싶어도 우리 현실에서는 그리 녹록지 않은 것이다(이종일, 2008: 333).

사실 2007년 개정 교육과정은 제7차 교육과정과 마찬가지로 몇 시간의 연수나 간헐적인 장학으로 수업 전문성을 신장하기 어렵도록 되어 있다. 지속적이고도 의도적인 장학과 함께 교사 개인의 연수, 연찬이 뒷받침되어야 하는 것이다. 모름지기 사회과 교사는 사회과 교수에 대한 높은 전문성과 함께 사회과학방법론과 사회과 관련 이론에 대한 수준 높은 이해와 식견을 갖추어야 한다.

5) 반성적 실천가로서의 사회과 교사

학교 현장에서의 반성적 실천가로서의 사회과 교사는 가르칠 교과목의 과다와 학년 전담제 문제 등과 밀접하게 관련되어 있다. 특히 중등학교 교사에 비해서 초등학교 교사는 여유를 갖고 반성적 실천가로서 역할을 할 수 있는 여건이 상대적으로 미약하다. 이는 담당하고 있는 과목 및 시수의 과다, 교과 외의 재량 활동과 특별활동 지도, 방과 후 학교 교육활동 지도, 그리고 기타 분장 업무 처리 등으로 과중한 업무에 시달리고 있는 실정이다. 그 외에도 일선 학교 교사들은 각종 행사 주관, 각종 대회 학생 인솔, 준거 집단 지도 학교의 다양한 업무에 대한 기획과 추진 등 업무에 시달리고 있다. 그러한 어려움 속에서 반성적 실천가로서의 교사의 역할을 기대하기는 어렵다.

이와 같은 일선 학교 교사들을 둘러싸고 있는 주변 상황은 사회과를 강의식, 암기식으로 몰아가는 주요인이다. 나아가 이와 같은 사회과의 여건은 사회과 교사들이 자신의 수업을 창의적으로 기획하고 실천하고 관찰하며 반성, 평가하는 가운데 새로운 사회과 수업 기획을 수립하는 하나의 체제로서의 환류(feedback)를 제약하고 있다.

2007년 개정 사회과 교육과정은 사회과 교사들의 창의적인 수업 계획과 적용, 실천을 지향하고 있다. 사회과 교사들이 하얀 백지 위에 그림을 그리듯이 사회과에 대한 자신의 뜻을 창의적으로 구현하는 것을 기대하고 있다. 그와 같은 교육과정의 기대대로 사회과 교사들이 반성적 실천가로서의 역할에 충실하도록 유도하기 위해서는 사회과 교사들을 잡무에서 해방시켜야 하며, 나아가 진정한 사회과 수업에 진력할 수 있도록 수업 외의 활동에서 자유롭도록 행정적, 제도적 개선이 선행되어야 할 것이다.

6) 교육에 대한 고착된 인식 개선 필요

한국의 교육열과 교육에 대한 관심은 가히 세계적이다. '우골탑', '상아탑'은 이제 과거의 이야기가 되었다. 서울 강남 지역, 기타 대도시 지역의 특수 학구(군)는 자녀의 교육열을 업은 엄마들의 치맛바람이 거센 것이 사실이다. 교육에 대한 폭발적인 관심과 지원은 순기능과 더불어 역기능이 상존하는 것이 사실이다. 지나친 교육에 대한 관심이 우리 교육이 올바로 나아가는데 오히려 장애가 될 수도 있기 때문이다.

첫째, 일반인인 학부모들이 과거 자신들이 경험한 바를 준거 기준으로 하여 현시점의 교육을 재단하려는데 대한 오류이다. 오늘의 학부모들은 대부분 40대, 50대로 과거 30여 년 전의 대입예비고사 세대로 당시 대입예비고사의 잣대로 현 대입수능을 비판하고 있다. 하지만 현 대입수능은 객관식이라는 한계는 있지만, 과거의 대입예비고사에 비해서 문제 해결력, 탐구력, 창의력 등 고급 사고력을 측정하려는데 근접한 문제들이다. 하지만 학부모들을 비롯한 일반인들은 과거 자신의 잘못된 잣대를 현재에 들이대어 측정의 오류를 야기하고 있다. 현행 교육과정과 교과서에 대한 비판도 마찬가지이다.

둘째, 학부모, 일반인, 교원들이 갖는 이중적 모습이다. 많은 사람들이 선진국의 사고력 신장을 위한 학습자 주도적인 교실 수업에 대해서 지지를 보내다가도 막상 자기 자녀가 배울 교과서와 수업 방법에 대해서는 우리 실정에 맞지 않는다고 비판하고 있다. 특히 교원들은 교육과정과 교과서 개편에 대해서 상당히 비판적 시각을 갖고 있다. 이는 개정된 교육과정과 개편된 교과서에 대한 이해 부족과 적응에 대한 심적 부담에서 연유하는 반응이기도 하다.

셋째, 교육 관계자들의 인식 변화이다. 21세기 세계화 시대, 지식정보화 사회에서는 단편적인 사회 변화에만 그치는 것이 아니라, 새로운 교육 이론을 요구하고 있다. 새로운 교육 이론의 현장 정착화는 교육 현장의 변화 없이는 이루어지기 어렵고, 이 교육 환경의 획기적 변화는 교감, 교장, 장학사, 장학관 등의 인식 변화와 지원이 필수적이다. 새로운 교육 이론의 현장 적용과 창의적인 사회과 수업의 실행을 위해서는 교육 관계자들이 상의하달식의 감독자라기보다는 하의상달식의 지원자 역할에 충실하여야 한다.

CBTE(Competence–Based Teacher Education)와 PCK(Pedagogical content Knowledge)

1. CBTE(Competence–Based Teacher Education)

일반적으로 CBTE(Competence–Based Teacher Education)는 교사 교육의 자질로 이해된다. 슐만(Shulman)은 CBTE 항목을 분석하면서 교사의 자질에 대한 다양한 연구를 진행하였다. 사회과에 대한 CBTE 연구로는 1973년 미국 New York에서 시행한 사회과 교사 자질(Social Studies Teacher Competencies)이 대표적이다.

CBTE적 접근은 교사의 자질을 행동주의적 입장에서 측정이 가능할 정도로 구체적으로 제시한 점에서 중요한 기여를 하였다. 1980년대 이후 다수의 교육학자들은 CBTE에 대해서 비판을 가하였다. 그 비판의 초점은 교과교육학적 지식에 대한 경시, 그리고 교사 자질에 대한 외부자적 접근 소홀 등 두 가지이다.

첫째, 교과교육학적 지식을 등한시한 데 대한 비판은 CBTE에 제기된 항목들은 교원들을 양성하는 교수가 교육과정의 마련과 예비 교사가 교사로 나아가는 목표 설정에 매우 효과적이었으나, 그것 자체가 실제 수업 상황에 적용되기 위해서는 또 다른 지식이 필요할 것이라는 비판이 제기된 것이다.

둘째, 교사 자질에 대한 외부자적 접근을 소홀히 한 데 대한 비판은 교사 스스로 자기 자질을 개선하려는 내부자적 접근이다. 1980년대에 스촌(Schon)이 저술한 '반성적 실천가(The Reflective Practitioner)'가 대표적이다. 스촌은 교사 자질의 개발 방향을 실천 중에 반성을 하는 '반성적·실천적 연구자'로서의 역할에 충실해야 함을 강조하면서 교사 자질을 교원 양성 기관, 교육 실습, 그리고 현장 교사의 연수 과정에서 교육하려는 기존의 교육에 대해서 비판적 시각을 가지고 있다. 스촌은 실제의 교사 자질은 교사가 자신의 수업을 진행하는 가운데 스스로 자신의 수업을 관찰, 반성함으로써 자신의 자질을 끊임없이 개선할 수 있다는 점을 강조하고 있다.

결국 교사 자질에 대한 중요 요소로서 현장의 교과교육학적 지식을 강조한 슐만(Shulman)의 지적 조차도 교사의 외부자적 접근에 그치는데 비하여, 스촌(Schon)이 제기한 자기 자질 개선 방안은 여타의 외부자적 접근과는 근본적으로 구분되는 내재적 면에서의 비판인 것이다.

2. PCK(Pedagogical content Knowledge)

사회과 교사의 전문성과 관련하여 최근 크게 강조되고 있는 개념이 소위 교수 내용 지식(PCK)이다. 이 용어는 슐만(Shulman)이 처음 제시한 개념인데, 관련 개념으로는 내용 지식(content knowledge)과 교육과정 지식(curricular knowledge)이 있다. 슐만의 문제 설정은 교사가 수업 실천을 위하여 갖추어야 할 지식의 체계는 무엇인가이다. 사실 이러한 문제 제기는 슐만 이전에도 있었다. 가령 지리학과와 지리교육과의 정체성 등이 사례이다. 지리학과와 지리교육과에서 교수하는 내용의 본질적 체계는 무엇이며, 교사 양성 학과로서 지리교육과가 갖는 독특한 정체성은 무엇인가 하는 것이다(남호엽, 2008: 177).

교과교육자로서 교사가 갖추어야 할 소양으로서의 교수 내용 지식은 사회과의 성격과 구조에 대한 심오한 이해와 식견을 겸비해야 한다. 사회과 교사가 사회과 수업에서 가르쳐야 할 지식이 사회과의 내용이고, 이 내용이 사회과 학습자에게서 학습이 가능하도록 사회과 교사는 지속적으로 판단과 의사 결정을 내려야 하는데, 이 과정에서 고려해야 할 준거점은 바로 사회과 교육의 논리이다. 사회과의 논리는 사회과의 성격 및 구조의 형태로 체계화될 수 있고 바로 그러하기에 사회과 교사 교육에서 일차적인 고려 대상인 것이다.

슐만(Shulman)이 CBTE 연구에서 제시한 교사의 자질에 대한 항목들은 구체적이지만, 너무 많은 항목을 나열, 분산하였음을 지적하고 이들 항목들을 교사가 갖추어야 할 기초 지식 범주(categories of the knowledge base) 7가지로 나누었다.

즉, ① 내용 지식(content knowledge), ② 교과 교육학적 지식(pedagogical content knowledge), 교육학적 지식으로 ③ 일반 교육학적 지식(general pedagogical knowledge), ④교육과정 지식(curriculum knowledge), ⑤ 학습자와 학습자의 특성에 관한 지식(knowledge of learners and their characteristics), ⑥ 교육적 상황에 관한 지식(knowledge of educational contexts), ⑧교육 목적, 목표, 가치와 그들의 철학적, 역사적 배경에 관한 지식(knowledge of ends, purposes, and values and their philosophical grounds) 등으로 구분하였다(이종일, 2008: 237－238).

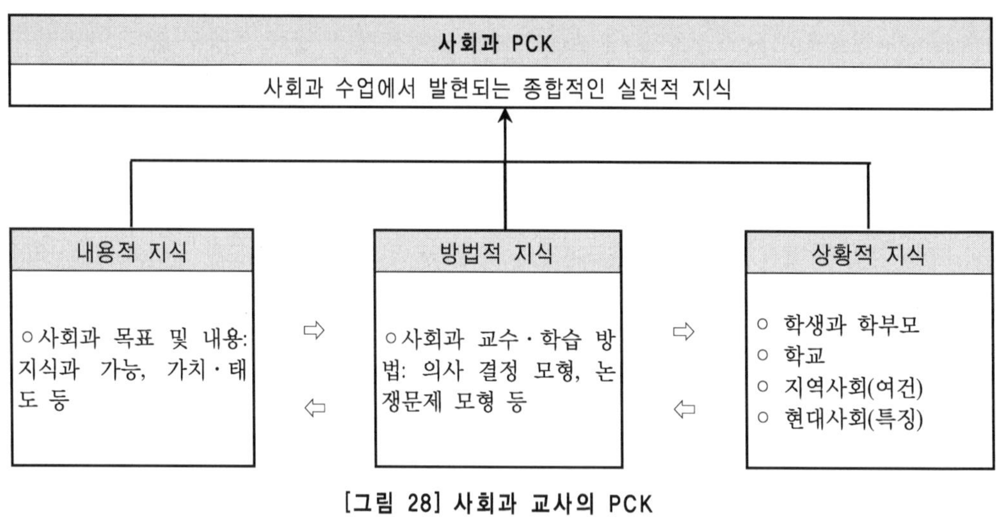

[그림 28] 사회과 교사의 PCK

교과 내용에 관한 지식 강조는 교과 내용의 효과적인 전달이 교과의 목표이고, 교사는 교과 내용을 있는 그대로 학습자에게 전달하는 것이 교사의 임무라는 것이다. 교사 자질은 전달하고자 하는 교과 내용을 잘 이해하고 그 학문을 연구하는 방법을 알고 있으면 되는 것이다. 교육학적 지식 강조의 시각은 교육학자들에 의해 영향을 받은 것으로 교과 내용을 학습자에게 전달함에 있어서 학습자의 연령별 특성, 교실 환경, 수업 지도 방법 등에 관한 이해가 중요하며, 일반 교육학에 대한 이해가 이루어지면, 교과별 지도는 별문제가 없다는 입장이다.

PCK 개념은 슐만(shulman)에 이르러 독자적 영역으로 설정되고, 그 후 PCK 개념이 '교과 영역 전문가'와 '교과 영역에서의 전문적 교사'로 분화되었다. 결국 PCK 개념은 스촌(Schon)에 의해 제기된 '반성적 실천가'와 별로 다르지 않다. 그 지향점도 일맥상통한다.

일반적으로 교과 교육학적 지식인 PCK는 교원 양성 대학(교육대학교·사범대학)에서 주로 형성되어야 한다는 입장과 교육 실습, 교직 생활 전반 등 교육 현장에서 형성되어야 한다는 입장이 있다.

3. 반성적 실천가로서의 사회과 교사

1) 실천적 지식(Practitioner's knowledge)의 중요성

사실 스촌(Schon) 이전의 많은 학자들은 이론가와 실천가의 역할을 다르게 사고하였다. 즉 실천가는 이론가가 정립한 이론을 그대로 적용하면 된다는 시각을 견지하고 있었다.

전문적·합리적인 학문적 전통에 기초하여 스촌(Schon)은 연구자가 형성한 이론적 지식과 실천에 대한 반성에서 이루어지는 실천가의 지식을 다르게 보고 있다. 전문적 합리주의에 토대를 둔 연구자들은 적합한 자료를 선정하여 과학적 방법론과 기술·방법 등을 이용하여 새로운 교육 이론을 개발하였다. 그리고 새롭게 개발된 연구 결과는 항상 거시적인 이론 속으로 종합되어 갔으며, 이 이론들은 하나의 지식으로 조직화되어 현장의 실천 논리로 제시되었다(이종일, 2008: 246－254)

이와 같이 형성된 이론의 현실 적용에 대한 한계점을 실천가들은 인식하기 시작하였고, 나아가 이론가들이 형성한 이론들이 겨우 지식의 한 부분에 국한한다는 점을 인식하게 되었다. 뿐만 아니라, 이론 자체가 실제 수업 속에 그대로 적용되는 것이 아니라는 사고를 하기에 이르렀다. 그 결과 실천은 단순히 예비 실천의 단계를 넘어서, 실천해 봄 그 자체에 가치와 목표, 목적, 관심의 갈등 등을 포함하기에 이르렀다. 이로써 교사의 가르치는 행위 또한 이론대로 해 보는 활동임과 동시에 이론의 형성을 위한 활동이 되었다.

스촌(Schon)은 실천적 행위를 이론적 지식에 수동적으로 적용되는 것으로 보는 종래의 입장을 거부하면서 그 자체를 하나의 독자적인 지식 영역으로 간주하였다. 즉 실천적 지식은 이론적 지식과는 대조적으로 다른 차원으로 보면서, 실천가인 교사들이 쉼 없이 노력하는 과정에서 누적되는 과정으로 보고 있다. 이론적 지식은 연구자, 학자들의 논문, 강의 등을 통하여 전달 가능한 영역이지만, 실천적 지식은 거의 대부분이 실천의 과정 중에 일어나는 행(行)함에 대한 자기반성 과정에서만 얻어진다는 점이 결정적인 차이점이다.

2) 반성적 실천가인 사회과 교사

스촌(Schon)은 이론적 지식과 실천적 지식을 구분하고, 이를 바탕으로 전문적 연구자와 전문적 실천가를 다르게 보면서, 실천적 지식은 실천가를 통해서 개선, 발전될 수 있음을 밝히고 있다. 특히 그는 전문가들이 알고 있는 것을 어떻게 알게 되었는가에 대해서 관심을 가지고, 그 전문가들이 그 대답을 어떻게 발견하는가에 주의를 기울이고 있다. 경험 있는 전문가들은 공식적인 지식, 방법, 기술 등을 소유한다. 전문가들은 전혀 새로운 상황에 직면하였을 때, 가장 유사한 이전 사례에서의 경험에 기초한 자신만의 지식을 끌어온다. 전문가들은 새로운 사례의 고유한 면을 생각하고 현재까지 유지해 온 그들의 사고와 의사 결정의 틀을 수정한다. 즉 전문적인 실천가들은 자신의 실천적 경험에 바탕을 둔 답변을 항상 추구한다.

스촌(Schon)은 '실천가들은 행위 과정 중에 반성하고 행위에 관해 반성한다.'고 생각하였다. 행위 과정 속에 실천가들은 그 자신의 이론을 만든다는 것을 의미한다. 일반적으로 사람들은 일상생활 속에서 문제 상황에 발견되지 않으면, 자동화된 반응을 함으로써 계속적으로 동일한 행위를 한다. 사람들은 복잡한 총체적 상황에 직면하였을 때 문제 상황 가운데에서 당해 문제에 대하여 반성하게 된다. 이 점에 초점을 두고, 인간에게 반성은 행위 과정 속의 반성이라고 보는 것이다. 즉 실천가들은 자신의 행위와 그 행위의 근거가 되는 이론에 대해서 반성하며, 이 과정을 통해서 선행 이론을 수정한다. 이 순간 실천가들은 예전의 자신의 판단을 분석하고, 새로운 문제와의 모순을 고려하여 자신의 새로운 판단을 확보한다. 이 과정을 거치면서 자신의 행위가 수정되어야 하는 합당한 이유를 갖게 되고, 이 행위 수정에 대한 이유의 근거를 개발하고 이해하게 된다.

전문적인 실천가들에게는 사고하고, 행동하고, 의사 결정하는 것이 분리되어 있지 않고, 모두가 실천의 한 부분이다. 모든 인간의 행위에는 행위가 이루어지는 상황이 존재하고 있다. 다만, 이 상황 속에 있다고 해서 어떻게 해야 한다고 하는 행위의 방향이 미리 정해져 있는 것은 아니다. 즉 인간의 행위를 고찰해 보면, 그 행위가 발생할 상황 속에는 불확실성과 새로움이 항상 존재한다. 행위에 관한 반성은 행위가 이루어지는 과정 속에서 계속적으로 일어나는 것이다.

하지만 행위에 대한 반성을 함에 있어서 자신의 '행위 과정 속에서의 반성'만 하는 것은 한계가 있다. 이는 한 사람이 모든 것을 다 알 수도 없고, 이해할 수도 없기 때문이다. 이것이 교사들이 자신의 경험을 장학진, 학교 행정가, 학생, 학부모 등과 공유해야 하는 핵심적 이유인 것이다.

직장 동료들은 도움을 주는 청자, 실제 연기자, 관찰자, 협조자, 비판적인 친구이다. 이들은 다른 관점을 제공하고, 대안적인 가치와 선택들이 있음을 인식하게 하며, 구체적인 도움을 주고받을 수 있게 한다. 동료들과 실제 활동을 함께 반성할 때 그들은 자신의 이야기를 하는 과정을 거치면서 자신의 상황을 좀 더 객관적으로 바라보며 여유를 갖게 될 것이며, 실제적인 문제 해결 방안이 논의 과정에서 일어날 수도 있다. 그리고 이 과정을 거치면서 말로 나타내기 어려운 앎, 서로 간의 공감이나 일상생활 속에서 기대하지 못한 반성, 자신의 행동과 언어에 내재해 있는 근본적인 이유를 발견하게 된다. 이러한 집단적인 토의와 활동의 결과 이들은 스스로 자신의 행위를 생각하고 문제를 해결하려 한다. 교사들이 자신의 행위에 관해서 동료들과 함께 반성하는 가운데, 그들 스스로 자신의 능력을 발견한다. 이때 자신의 행위 사례를 넘어서서 자신이 형성한 국부적 이론을 있게 한 맥락을 이해하게 된다.

반성적 실천가로서의 사회과 교사들은 수업 과정에서 직면한 문제 해결 과정에 적합하지 않은 이론을 폐기하거나 재구성하게 된다. 교사의 실천 중 반성은 타인이 만들어 놓은 이론의 피상적 적용이 아니라, 자신의 사회과 교수·학습에 대한 자신의 일련의 자기 학습 과정(Self leaning process)인 것이다.

스촌(Schon)은 교사의 자기 자질 획득의 과정을 '실천 중 반성'이라고 칭하고, 이 새로운 자질의 형성은 교사가 먼저 배울 것을 이해하고 있는 것이 아니라, 그가 이해하지 못한 것을 그 자신의 수업 과정, 행동 과정에서 배울 수 있는 것이다. 이것이 곧 '실천적 지혜'인 것이다.

사회과 교사가 진정한 반성적 실천가가 될 때, 사회과 수업 사태에서 발생하는 모든 사건들이 의미 있는 검토의 대상이 될 수 있다. 따라서 사회과 교사는 다양한 각도에서 수업을 기록하고 다시 검토할 수 있는 기회를 확보해야 한다. 이는 다양한 성찰의 계기들이며, 여러 매체를 통하여 프로토콜이 확보될 수 있다. 수업 녹화 및 녹음 자료, 학생의 수행 자료, 교사의 수업 일지, 학생 면담 자료 등 수업에 대한 여러 가지 경험적 데이터가 소중한 이유이기도 하다.

사회과 수업은 외형적으로 볼 때 반복적인 인간 활동이지만, 수업 그 자체가 가치 지향성을 갖기 때문에 끊임없이 새로움을 추구해야 할 사항이다.

교사의 자기 자질 개선 이론은 대학의 교수가 연구실에서 사고함으로써 만들어져 교원양성대학교 교육과정에서 습득될 수 있는 이론이라기보다는 교사가 실제 사회과 수업 활동 속에서 스스로 자신의 수업 행위를 관찰하고 반성하는 과정에서 그들 자신의 국지적인 이론을 추출하고, 그 다음 형성된 국지적인 이론을 종합하는 과정에서 보다 거시적인 이론이 형성된다는 이론이다.

〈표 135〉 교사 자질 이론의 변천 과정

연대(시기)	1960－1970년대	1970년대 후반	1980년대 이후
연구 경향	CBTE: 자질 항목 나열	슐만(Shulman)의 교과교육학적 지식 강조	스촌(Schon)의 반성적 실천 자질 강조
교사 자질	교육학적 지식, 내용 지식, 교과교육학 지식	현장 실천 교과교육학 지식	교사 자기 자질 개선 방법
교육 대상	교원 양성 기관: 학생	교육실습(PDS): 수습 교사	현장 수업 상황: 현직 교사
개선 대안	CBTE 연구 결과를 토대로 교원양성대학교 교육과정 개선	PDS에 대한 행재정적 지원과 협력 교사의 연수 프로그램의 체계화	반성적 실천 연구를 위한 행위 당사자 연구 방법의 체계적 연수

* 출처: 이종일, 『사회과 탐구와 교사 자질』, 파주: 교육과학사, 2008: 254.

1. 사회과 교육의 목표와 사회과 교사 교육

현장 친화적인 사회과 교사 교육과정이 예비 교사들을 주어진 환경을 수동적으로 수용할 수 있는 것으로 준비시키는 것으로 해석되어서는 안 된다. 교직은 기술적인 측면 못지않게 규범적인 측면을 강조한다(모경환, 「환경 친화적인 교사 양성의 실천적 방향 모색」, 2008: 129 – 134).

그러므로 현장 친화적인 교사 교육은 우선 해당 교과가 추구하는 규범적인 교사상을 명확히 한 다음, 주어진 상황에서도 그것을 실천할 수 있는 능력과 태도를 함양하는 방안 모색에 관심을 기울여야 한다. 즉 현장 친화적인 사회과 교사 교육에 대한 논의는 사회과 교육의 목표와 현실이라는 맥락에서 요구되는 교사 전문성에 대한 이해를 전제로 이루어져야 한다.

사회과의 목표는 적극적으로 사회생활의 구성원으로서 사회생활에 참여하는데 필요한 지식, 가치, 기능 등을 획득할 수 있도록 하는 것이다. 이를 위해서는 사회현상을 올바르게 이해하기 위한 지식과 기능을 습득하고, 민주적인 가치와 태도를 익힐 수 있도록 해야 한다. 따라서 사회과에서는 사회현상과 관련된 사실, 개념, 이론뿐만 아니라 탐구 능력과 종합적인 사고력, 공동체의 문제 해결을 합리적으로 수행하기 위한 적극적인 참여 능력과 태도를 길러 줄 수 있는 기회를 제공하여야 한다.

이와 같은 목표를 달성하기 위하여 사회과는 다른 교과와 구별되는 독특한 특징을 갖고 있다. 사회과는 인간과 사회가 당면한 문제를 주된 교육 내용으로 다룬다. 또한 사회현상은 총체성을 그 특징으로 하는 만큼 정치학, 경제학, 사회학, 법학, 문화인류학 등과 같은 다양한 학문적 배경을 기반으로 성립한다. 따라서 사회과 교사는 다양한 학문에 대한 소양과 다양한 학문적 배경을 기반으로 성립한다. 따라서 사회과 교사에게는 다양한 학문에 대한 소양과 사회에 대한 관심과 참여하는 태도, 사회를 바라보는 비판적인 시각 등이 요구된다.

2. 사회과 교육과 사회과 교사 교육

1) 사회과 교육과정과 사회과 교사

사회과는 사회현상을 교과 내용으로 한다. 사회현상을 이해하기 위해서는 종합적인 시각이 요구된다. 뿐만 아니라, 사회과는 정치학, 경제학, 사회학, 법학, 문화인류학 등의 다양한 학문에 이론적 토대를 두고 있다. 따라서 사회과는 어느 교과보다 통합 교육과정에 대한 논의와 관련을 맺고 있다. 교육과정에 대한 통합적인 접근과 함께 학습자의 다양한 필요와 욕구를 충족시키고 심층 학습을 강화하기 위해서는 선택 과목의 개설, 운영이 요구되고 있다. 사회과 교사 교육에서 중요한 과제를 시사하는 교육과정상의 최근 변화는 참평가 및 수행 평가에 대한 강조이다. 수행 평가는 학습자의 실제 수행 과정을 평가하는 것이며, 참평가는 실제적인 상황 속에서 학습자의 목표 성취 여부를 평가하는 것이다. 따라서 참평가와 수행 평가에서는 학습과 평가가 별도로 존재하기보다는 통합되어 이루어져야 한다.

교육과정에 대한 통합적 접근, 선택 과목의 개설, 참평가 및 수행 평가에 대한 강조 등과 같은 교육과정상의 변화는 사회과 교사의 전문성에 대한 기대 수준을 한층 높게 하였다. 통합 교육과정은 사회 현상에 대한 교사의 깊이 있는 안목과 폭넓은 교양을 요구한다.

2) 고급 사고력과 사회과 교사

1970년대 이후 사회의 복잡성과 불확실성이 증가하면서, 사회과에서 고급 사고력의 함양이 중요한 목표로 강조되고 있다. 고급 사고력(high level thinking)은 새로운 문제 상황에 대하여 도전적인 자세로 기존의 지식과 사고를 보다 창의적으로 활용하는 것이다. 따라서 사회 변화와 속도가 나날이 빨라지고 그 파급 범위 또한 확장되고 있는 현대사회에서 반드시 갖추어야 할 시민적 자질이다. 고급 사고력에는 문제 해결력, 창의력, 비판적 사고력, 탐구력, 의사 결정력, 메타 인지(meta cognitive) 등이 있다(차경수, 2008: 34-36).

오노스코(Onosko, 1991)는 고급 사고력의 발달을 저해하는 요인을 제시하고 있는데, 특히 교사 교육에서는 다음과 같은 점에 유념하여야 한다.

첫째, 수업을 지식 전달로 보고 학습 성과를 정보 재생의 여부에 따라 평가하는 전통적인 수업 방식이 문제이다. 오노스코는 지식 전달로서의 수업에 대한 교사들의 선호는 그들이 학생 시절부터 강의를 통한 지식 전달로서의 수업을 받아 온 것에 뿌리를 두고 있다고 지적하고 있다.

둘째, 학생에 대한 교사의 낮은 기대가 고급 사고력 함양 수업을 방해한다. 학생들이 고급 사고력 수업을 이해하지 못할 것이라고 생각하는 교사들은 단순한 사실적 정보를 위주로 하여 수업을 구성하게 된다. 하지만 이는 상관관계에 대한 일방적인 해석에 의한 것이다. 즉 학생들의 관심과 흥미 저하가 사실은 지식 전달 위주의 수업에서 기인한다고 볼 수도 있는 것이다.

셋째, 교사들의 고립 문화가 문제이다. 교사들은 대부분의 시간을 학생들과 함께한다. 따라서 교육과정이나 수업에 대한 아이디어 및 건전한 비판이 공유되지 않으며, 공통의 문제를 해결하기 위한 협동 작업이 이루어지지 않는다.

학생들의 고급 사고력을 함양하기 위해서 교사는 지식 전달 위주의 전통적인 수업에서 벗어나 소수 주제에 대한 깊이 있는 탐구가 이루어질 수 있도록 수업을 조직하여 체계적으로 수행하여야 한다. 학생들의 잠재적 발전 가능성을 자극하는 도전적인 과제를 부과하되, 무엇보다도 교사 자신이 고급 사고력을 발휘하는 모델 역할을 하여야 한다.

3) 다문화 이해 교육과 사회과 교사

21세기 지식기반사회, 지식 정보화 사회를 맞아 지구촌 시대가 열리고 있다. 세계화·정보화 시대에 우리는 세계가 일일생활권인 역동적인 사회에서 살고 있는 것이다.

이에 따라 최근 외국인 근로자의 유입, 국제결혼, 새터민, 유학생, 대외 무역 종사자 등이 획기적으로 증가하면서 우리나라도 다문화 사회로 진입하고 있다. 이는 교사들이 이전에는 경험하지 못했던 새로운 문제를 제시하고 있다. 다문화 가정 자녀의 경우 상당수가 언어 능력 부족으로 인한 학업 성취 결여, 중도 탈락, 주변의 편견과 놀림 등으로 인한 부적응, 집단 따돌림, 정체성 혼란 등의 문제가 야기되고 있다.

다문화 이해 교육은 다양한 인종, 민족, 계층, 문화 집단의 학생들에게 평등한 교육 환경을 제공하여 사회 구성원으로서의 자질을 익힐 수 있도록 하는 것을 목표로 하는 교육적 노력이다. 그러나 현장에서 다문화 가정의 자녀가 차지하는 비율은 증가하고 있으나 대부분의 교사들은 이에 대한 지식이나 경험이 충분하지 않으며, 교원 양성 기관 교육과정에서도 다문화 이해 교육 관련 강좌가 설강되어 있지 않은 실정이다(모경환, 2008: 132 – 133).

다문화 이해 교육의 성공을 위해서는 무엇보다도 다양성에 대한 사회과 교사의 이해와 인식을 확장하여야 한다. 다문화 이해 교육에 대한 지식, 태도, 기능 등을 습득하여야 하며, 사회의 문화적 다양성 기여에 대한 사회과 교사의 이해와 함께 다양한 인종과 민족, 종교 등에 대해서 이해하고, 스스로의 고정관념이나 편견에 대하여 반성하여야 한다. 이를 위하여 교원 양성 기관에서는 다양성에 대한 이해를 돕고, 다문화 가정 자녀를 가르치기 위한 수업 전략 등을 다루어야 한다.

4) 가치 갈등의 심화와 사회과 교사

가치 판단이란 사회적 상황이나 관계가 정당하다, 옳다, 공정하다, 바람직하다 혹은 그 반대의 판단을 의미한다. 한 개인이 지니는 의견 속에는 보통 정보와 함께 가치관이 포함된다. 따라서 사회적 논쟁 문제의 해결을 위해서는 가치 갈등의 해결이 필수적이다. 사회적 다양성이 증가하고 공적 토론이 활성화되면서 가치관의 갈등이 빈번해지고 있다. 그동안 교원 양성 기관의 가치 교육은 예비 교사들에게 교사로서의 윤리적 자질이나 교육철학에 대한 소양을 길러 주는 것에 치중되어 있었다. 현장에서 직면하게 될 가치 갈등 상황에 대한 준비에 대한 관심은 상대적으로 부족한 형편이다.

현장 사회과 교사들이 대처해야 할 가치 갈등의 문제는 매우 다양하다. 교육 내용과 관련하여 사회과에서 논쟁 문제가 중요하게 다루어진다. 논쟁 문제는 대개 서로 경합하는 가치들 간의 갈등을 내재하고 있다. 따라서 사회과 교사가 논쟁 문제를 다루는데 있어서 어떤 입장을 취할 것인가가 중요한 문제로 대두되었다. 뿐만 아니라 상이한 교육 주체들 간의 의견을 어떻게 조정하고 합의를 도출할 것인가가 역시 중요한 문제이다. 사회가 다원화되면서 교사, 학생, 학부모, 교육과정, 학교 행정가 등의 상호간에 가치 갈등이 야기될 가능성이 확대되었다. 가치 갈등에 대처하는 것과 관련하여 교사의 확고한 가치관의 성립과 함께 유연하고도 개방적인 태도가 강조되고 있다.

3. 반성적 실행과 사회과 교사

사회과 교사 교육과정과 일선 학교 현장 간의 괴리는 교직을 전문직으로 개념화하는데 강력한 논거가 된다. 사회과 교사는 기계적으로 이론과 원리를 실천하는 것이 아니라, 자신이 지닌 지식과 이론을 구체적 상황에 적합한 형태로 재구성하여 실천하는 능동적인 역할을 하는 것이다.

현대 사회과의 주된 경향은 교사가 교수·학습을 전개하는데 고려하여야 할 맥락적인 요인이 더욱 복잡해지고 있음을 시사하며, 결과적으로 교사 전문성에 대한 기대가 높아지고 있다. 따라서 원리, 이론 전수를 통한 기술적 능력의 향상에 치중하는 교사 교육으로는 복잡하고도 빠르게 변화하는 현장에 유연하게 대처할 수 있는 교사의 자질을 함양하는데 지속적인 도움을 주기 어렵다. 현장 친화적인 교사 교육은 교사 전문성 발전 메커니즘을 발견하여 예비 교사들이 습득할 수 있도록 해야 한다.

스촌(Schon, 1983)은 사회과 교사는 외부 여건의 변화에 부응하여 스스로 자신의 교수·학습을 반성, 연구하여 변화된 상황에 적합한 방향으로 발전시켜 나아가야 한다고 제안하였다. 스촌이 제안한 반성적 실행가(reflective practitioner)로서의 교사 개념은 이러한 측면에 주목하고 있다. 반성적 실행이란 교사가 자신의 수업 활동을 스스로 관찰하고 반성하는 일련의 메타 인지(meta cognitive)적 활동을 의미한다. 스촌은 반성과 실천의 상호 작용이 이루어질 때만이 교사의 실천적 지식이 향상될 수 있다고 주장하였다. 따라서 교사 교육은 좋은 수업에 대한 교사의 안목과 반성적 태도의 습관을 길러 줌으로써 교직 진입 이후에도 꾸준히 자기 개발이 이루어질 수 있도록 동기화하는데 초점을 맞추어야 한다.

4. 한국 사회과와 PCK

사회과 교사의 자질 함양에서 슐만(Shulman)이 제시한 교과교육적 지식은 그 역사가 그리 길지는 않다. 우리나라와 마찬가지로 미국에서도 대학교의 교육과정에서 문리과 대학에서 사회과 교과와 관련된 사회과학적 지식을 교과 내용 지식으로 이수하고, 교육학과에서 교육학적 지식을 이수하는 체제를 취하고 있다. 실제 사범계 대학의 예비 교사들은 일반 교육학적 지식에 대한 것을 배울 뿐이었고, 교과교육학적 지식에 관한 문제는 슐만(Shulman)이 PCK란 개념을 제시하기 전까지는 독자적 성숙을 기하지 못하였다.

현재 한국에서 사회과 교사를 양성하는 교육과정에 대한 일반적인 경향으로 조영달(1994, 사회과 교육의 성격과 동향, 교과교육의 탐구(이돈희 외 저), 서울: 교육과학사, 106)은 한국 사회과 교육과정의 구성을 다음의 세 가지로 제시하고 있다(이종일, 2008: 240-241).

첫째, 일반 교양 과목 및 일반 선택 과목: 일반적인 교양과 본인의 선택에 의해 과목이 구성되어 있다.

둘째, 교과 내용 과목: 제 사회과학의 각 영역에 해당하는 과목들이 개설되어 있다.

셋째, 교과교육학 및 교직 관련 과목: 일반 교육학의 중요 과목들과 사회 교육론 및 교재, 교수법 등이 이에 포함된다.

즉, PCK 영역은 교육학적 지식 영역과 함께 제시되었다. 이와 같은 교육과정 영역 구분은 NCSS

에서 제시한 교사 교육의 표준 지침과 마찬가지로 교과교육학적 지식이 독자적이지 못하다. 이처럼 과목과 내용 구성, 명칭이 단순한 일반 교육학의 그것이나 순수 사회과학적인 것에서 벗어나, 사회과 교육의 내용과 학습자를 염두에 둔 사회과 교과의 특수성이 어느 정도 고려되어야 한다는 점과 교과 내용과 관련된 개설 강좌는 가능한 한 내용 자체와 현장의 교수 학습이 유기적으로 연계되어야 한다는 점을 강조하고 있다.

따라서 한국에서도 PCK 영역이 독자적으로 인정받는 방향으로 나아가고자 함을 알 수 있다. 따라서 교사 교육에서 교과교육학적 지식은 교사 교육 담당자와 현장 교사 양측에서 그 필요성이 시급하게 제기되고 있다.

5. 21세기 신리더로서의 사회과 교사

사회과 교육의 주체는 사회과 교사이다. 세계화·정보화 시대인 21세기 사회과 교육을 이끌어 가는 뉴 리더로서의 사회과 교사는 다음과 같은 능력과 자질을 구비하여야 한다(김성열, 2008: 34-35).

첫째, 지식기반사회, 지식정보화 사회의 사회과 교사들은 새로운 역할에 요구되는 능력을 갖추는 데 많은 노력을 하여야 한다. 오늘날 교사들은 변화무쌍한 사회 발전 속에서 생활하고 있다. 즉, 현대의 사회과 교사들은 동료 교사 및 학생들과의 관계에서부터 교수 기술 및 교재·교구와의 관계, 자신의 교직 내 전문성 발달 문제와 교직 단체 및 학교 경영자, 학부모와의 관계에 이르기까지 제반 관계들의 총체적 전환이 일어나는 와중에 놓여 있다. 교사들은 이러한 와중에서 코치, 상담자, 참여자, 조언자, 학습 관리자, 지도자로서 교수·학습에 참여하게 된다. 따라서 사회과 교사들은 이들 역할 수행에 요구되는 능력을 최대한 고양시켜야 한다.

둘째, 사회과 교사들은 동료 의식을 갖고 상호 협력하여야 한다. 학교의 모든 활동은 교장과 교사 관계를 포함하여 교원들의 관계가 상호 협동적이고 배려적일 때 기대하는 성과를 거양할 수 있다. 동료 의식은 학교 조직 내에서 업무의 상승효과를 배가시키고, 지위의 고하나 부서 경계를 넘어서 정보와 지식을 공유하고 협동적 인간관계를 형성할 수 있다. 물론 사회과 교육을 전공한 사회과 교사들끼리는 동 교과연구협의회 등 여러 가지 동아리 연구 활동을 통해서 정보 공유와 교류를 활성화할 수 있다.

셋째, 학생들은 직접 교사의 지도를 받거나 교사의 면밀한 지도 아래 학습할 때 보다 나은 학업 성취를 이루기 때문에 수업 시간이 학구적 활동에 투입되는 비율을 높여야 한다. 하루의 수업 시간은 정해져 있기 때문에, 정해진 수업 시간 내에 실제로 중요한 수업 내용을 다루는 시간의 비율이 높아져야 한다. 사회과 교사는 사회과 교육에 대한 교과 전문성이 최고로 함양된 새로운 교사상을 견지하여야 한다.

넷째, 사회과 교사들은 학생들에 대해서 항상 긍정적인 기대를 가져야 한다. 사회과 교사의 학생들에 대한 기대는 알게 모르게 학생들에게 전달되고, 학생들은 그러한 기대에 부응하려는 경향이 있다. 사회과 교사들은 학생들의 능력과 역량을 신뢰한다는 기대를 표명하고, 실제로 그렇게 행동하여야 한다.

다섯째, 사회과 교사들은 학교운영위원회를 비롯하여 단위 학교의 각종 의사 결정 기구, 자문 기구 등에 적극 참여하여 공동 의사 결정자로서의 역할을 수행하여야 한다. 일반적으로 교사들은 공동 의사 결정자로서 적극적으로 교사 집단의 의견을 대변하여야 한다. 그러면서도 교사들은 학생들의 교육이라는 공익을 최우선으로 고려하여 교육적 책무와 근무 부담을 적절하게 균형을 맞추어 나아가는 모습을 보여 주어야 한다.

여섯째, 사회과 교사들은 부단히 연구와 연찬에 매진하여야 한다. 모든 교사들이 마찬가지겠지만 특히 사회사상을 교수·학습의 주제로 하는 사회과 교사들은 더욱 혁신적·변혁적으로 연구와 연찬을 통한 전문성 개발에 노력하여야 한다. 즉 사회과 교사들의 자질 함양과 능력 신장이 곧 좋은 사회과 교육, 탁월한 사회과 수업 개선의 첩경이라는 점을 인식하고 '일신우일신'의 자세로 전문성 개발에 몰두 하여야 한다.

일곱째, 사회과 교사들은 이 시대 교육을 선도하는 '교육 이끄미' 역할을 자임하여야 한다. 과거에는 '군사부일체'로 교원을 추앙했었으나, 최근 교육계 추락, 교권 실추 등으로 교사들의 입지가 극도로 좁아지고 있다.

하지만, 이와 같은 교육 난세에도 불구하고 그래도 교육을 바로 세우고, 교육과 교권 회복의 견인차는 역시 교원이 하여야 한다. 그리고 그 핵심적 역할을 사회과 교사가 하여야 한다.

6. 사회 모델(Model)로서의 역동적인 사회과 교사

전통적으로 스승은 제자들의 사표(師表)가 되고 겨레의 스승이 되어야 한다고 회자되고 있다. 즉 언행이 모범이 되고 높은 도덕성을 겸비한 수범적인 인간상을 추구해 왔다. 이와 같은 전통적인 스승상은 현대 사회에 이르러서도 변하지 않고 계승되고 있다. 교사들에게는 일반인들에 비해 훨씬 높은 수준의 도덕성과 수범성을 요구하고 기대하고 있는 것이다.

21세기 세계화 시대, 지구촌 시대의 사회과 교사는 모든 면에서 학생들과 일반인들에게 모범을 보이고 수범적 언행과 태도를 보여야 한다. 사회과 교사의 일거수일투족이 곧 학생들에게 투영되어 모델로서의 기능을 하기 때문이다.

사회과 교육은 사회 사상, 사회 현상을 탐구하는 교과이다. 학생들이 올바른 사회 인식을 토대로 바람직한 민주 시민적 자질을 육성하는 교과이다. 이와 같은 사회과 교육의 주체자인 사회과 교사는 항상 뉴스(news), 이슈(issue) 등 사회 문제에 대하여 문제 의식을 갖고 접근하여야 한다. 무엇인가를 예리하게 관찰하고 역동적으로 해결하려는 태도를 가져야 한다.

사회적 문제 해결과 교사로서의 소명을 누가 시켜서 마지못해 시행하는 것이 아니라, 자신이 스스로 알아서 자발적으로 실행하고 해결하려는 역동적인 자세가 요구되는 것이다. 사회과 교육의 개선과 발전, 그리고 사회과 교육의 혁신의 견인차가 곧 학교 형장의 일선 사회과 교사라는 점을 항상 명심하고 교단에 설 때 우리나라 사회과 교육은 더욱 더 발전할 것이다.

▌제5장▐ 학교 정보 공시와 교사 자질

2008년 12월 1일부터 '교육기관의 정보 공개에 관한 특례법'이 발효되어 전국의 모든 초·중·고·대학교는 학교정보공시제를 통해서 학교의 정보를 공개하게 되었다. 정보 공시 통합 자료는 초·중·고의 경우 '학교알리미(www.schoolinfo.go.kr)' 사이트에서, 대학(교)의 경우 대학알리미'(www.academyinfo.go.kr)' 사이트에서 열람할 수 있다. 2009년 2월부터는 전국의 모든 학교가 홈페이지를 통하여 당해 학교 정보를 모두 공개하고 있다(꿈나래21, 학교정보공시제, 제317권, 2008.12. 교육과학기술부, 40 - 43).

정보공시 대상 기관은 초·중·고교 1만 1283개 학교, 대학 등 고등교육기관 414학교(기관) 등인데, 각급 학교는 학교별로 공시 항목을 입력하고 시·도교육청 등으로부터 확인, 검증을 거쳤다. 즉 15개 대항목, 39개 소항목에 걸쳐서, 학교와 교직원에 대한 시설, 교육과정 운영, 각종 실태 등을 종합적으로 공개하게 된 것이다. 교육에 관한 국민의 알 권리를 충족시키기 위해서 학교의 모든 정보를 적나라하게 공개하게 된 것이다. 학교를 보면 교육의 미래가 보이고, 교육의 미래를 보면 국가의 미래가 보인다는 관점에서이다.

이제 한국의 모든 학교는 교원 정보를 비롯하여 모든 정보를 학부모를 비롯한 국민들에게 공시하여야 한다. 모든 학교가 정보를 공개, 공시하면 학생 및 학부모는 학교에 대한 정보를 인지하게 되고 알 권리를 충족하게 되므로 학교에 대한 관심이 제고될 것이다. 지역사회에서는 지역 주민의 복지 차원에서 관심과 지원이 제고될 것이다. 지역사회 발전의 중요 요소인 초·중·고교의 지원을 위한 판단 자료가 제공되므로 객관적 자료를 통한 공교육에 대한 관심과 투자가 확대되어 지역사회 발전을 촉진시킬 것이다. 아울러, 단위 학교에서는 교육과 학교의 책무성과 투명성이 제고될 것이다. 정보 공개, 공시를 통하여 타 학교의 우수 사례를 벤치마킹할 수 있고, 기초 학력 미달 학생에 대한 관심도도 신장될 것이다. 특히, 단위 학교별 교육 성과에 대한 책무성과 학교 경영의 투명성이 강화될 것이다.

교육계에서는 모든 학교의 정보 공시가 다양한 교육 및 연구 활동에 촉매제 역할을 할 것으로 기대하고 있다. 정부와 시·도 차원에서도 학교나 지역별 특성을 고려한 정책 수립과 지원이 활성화될 것으로 전망된다.

앞으로 학교의 정보 공시는 학교 발전과 교원의 전문성 신장에 큰 영향을 미칠 것이다. 특히 교원능력개발평가와 더불어 교원에 대한 학교 정보 공시는 교육 전문성 신장과 교원의 능력 개발에 중요한 촉매제 역할을 수행할 것이다. 그리고 학교와 교원이 더욱 반듯해지고, 교육이 바로 서는 계기이자 전환점이 될 것이다.

특히 2010학년도부터 전국의 모든 초·중·고교에서 일제히 시행되는 '교원평가제도'에 의한 교원평가에서 교사, 교감, 교장 등 전 교원들의 자질과 전문성이 제일 요소로 평가되고, 이를 등급화하여 교원연구년제 대상자, 재교육 대상자 선발의 척도로 기능을 다할 것이다. 이 교원평가제도는 우리나라 교육 현장에 새로운 바람을 불러일으키고 나아가 학교평가제도와 함께 우리 교육 혁신 및 교원들의 자질과 전문성 신장의 촉매제가 될 것이다.

〈표 136〉학교정보공시제의 공시 항목

순	정보 공시 항목(대항목)	정보 공시 범위(소항목)
1	학교 규칙 등 학교 운영에 관한 규정	가. 학교 규칙 나. 학교 규칙 외 학교 운영에 관한 건
2	교육과정 편성 및 운영 등에 관한 사항	가. 학교 교육과정 편성 운영 및 평가에 관한 사항 나. 교과 재량 활동 특별활동 계획, 교외 체험 학습활동 계획 다. 수업 일수 및 수업 시수 현황
3	학년 학급당 학생 수 및 전·출입, 학업 중단 등 학생 변동 상황	가. 학년·학급당 학생 수 나. 전출·입 및 학업 중단 학생 수
4	학교의 학년별·교과별 학습에 관한 사항	가. 교과별(학년별) 평가 계획에 관한 사항 나. 교과별 학업 성취 사항
5	교지(校地), 교사(校舍) 등 학교 시설에 관한 사항	가. 학교 용지, 교지(校地) 현황 나. 각종 지원 시설 현황 다. 학교 시설 개방에 관한 사항
6	직위자격별 교원 현황에 관한 사항	가. 직위별 교원 현황 나. 자격별 교원 현황
7	예·결산 내역 등 학교 및 법인의 회계에 관한 사항	가. 학교회계 예·결산서(국·공립학교) 나. 사립학교 교비 회계 및 법인 회계 예·결산서 다. 학교 회계 발전 기금
8	학교운영위원회에 관한 사항	가. 학교운영위원회 구성 현황 나. 학교운영위원회 심의 결과
9	학교 급식에 관한 사항	학교 급식 실시 현황
10	학교의 보건 관리·환경 위생 및 안전 관리에 관한 사항	가. 보건 관리 현황 나. 환경 위생 관리 현황 다. 안전 관리 현황
11	학교 폭력의 발생 현황 및 처리에 관한 사항	학교 폭력 발생 및 처리 현황
12	국가 또는 시·도 수준 학업 성취도 평가에 대한 학술적 연구를 위한 기초 자료에 관한 사항	가. 국가 수준 학업 성취도 평가 응시 현황 나. 국가 수준 학업 성취도 평가 결과 3등급 비율(보통 학력 이상, 기초 학력, 기초 학력 미달) 다. 국가 수준 학업 성취도 평가 결과 전년 대비 향상도 (보통 학력 이상, 기초 학력 미달)
13	학생의 입학 상황 및 졸업생의 진로에 관한 사항	가. 입학생 현황 나. 졸업생의 진로 현황
14	초·중등교육법 제63조부터 제65조까지의 시정 명령 등에 관한 사항	위반 내용 및 조치 결과
15	그 밖에 교육 여건 및 학교 운영 상태 등의 정보에 관한 사항	가. 장학금 수혜 현황 나. 동아리 활동 현황 다. 교육 운영 특색 사업 계획 라. 학교 도서관 현황 마. 방과 후 학교 운영 및 지원 현황 바. 학생·학부모 상담 실적 사. 연수 참여 교원 현황 아. 사무직원 현황 자. 교직원의 교원 단체 및 노동조합 가입 현황(인원 수)
계	15개 대항목	39개 소항목

✍ 연구 문제

1. 일반적인 교원 교직관으로서 전문직관, 성직관, 노동직관에 대해서 간단히 설명해 보시오.

2. 사회과 교사의 전문성인 교수 내용 지식(PCK)에 대해서 설명해 보시오.

3. 반성적 실천가로서의 사회과 교사의 역할과 기능, 그리고 사명에 대해서 논하시오.

4. 사회과 교사의 교육과정 전문성, 수업 전문성에 대해서 간단히 설명해 보시오.

5. 현대 지식정보화 사회에서 필요한 사회과 교사의 자질과 능력에 대해서 설명해 보시오.

6. 세계화 시대의 세계시민교육과 관련하여 사회과 교사의 사명에 대해서 설명해 보시오.

7. 2010년부터 전국의 초·중·고교에 일제히 도입된 '교원능력개발평가'와 관련하여 사회과 교사의 능력 개발 방안에 대해서 설명해 보시오.

8. 사회과 교사가 통합 교육과정 운영, 민주시민 교육 수행, 세계시민교육 선도 등의 특별한 역할을 수행한다는 점을 전제하고, 타 교과 교사보다 더 요구되는 자질에 대해서 논해 보시오.

9. 세계화 시대에 사회과 교사의 전문성 발달(PDS) 방안과 교사 교육의 자질(CBTE)에 대해서 설명해 보시오.

10. 사회과의 수업 개선과 사회과 교사의 수업 전문성 함양의 관계를 구체적으로 설명해 보시오.

참고문헌

1. 단행본(국내 문헌)

강경원 외(2002), 『초등 지리교육론』, 서울: 학문사.

강대현(2008), 『시민교육과 사회과』, 파주: 한국학술정보(주).

강봉규 외(2007), 『교육과정과 교육평가』, 서울: 태영출판사.

강선주·설규주(2008), 『좋은 사회과 수업을 위한 컨설팅 내용과 방법』, 파주: 교육과학사.

강신택(2007), 『사회과학 연구의 논리』, 서울: 박영사.

강우철(1991), 『달라져야 할 사회과 교육』, 서울: 교학사.

강우철 외(1978), 『사회과교육』, 서울: 한국능력개발사.

강인애(2000), 『구성주의와 교과교육』, 서울: 문음사.

강현석 외(2008), Murray Print 저, 『교육과정 개발과 설계』, 파주: 교육과학사.

강환국(1985), 『사회과 교육학』, 서울: 학연사.

강환국(2007), 『사회과교육과 교사 자질』, 서울: 학연사.

강현석 외 공역(2008), 『교육과정 개발과 설계』(Murray Print 저), 서울: 교육과학사.

강현석 외 공역(2008), 『통합 교육과정의 이론과 실제』(Donna M. Wolfinger·James W.Stockard Jr 공저), 파주: 양서원.

경상대학교 중등교육연구센터·한국사회과교육학회(2006), 『제7차 교육과정과 교과서(일반사회)』, 서울: 교육과학사.

경성대학교 교육정보연구소(2009), 『교육학의 이해』, 파주: 교육과학사.

고형일 외(1990), 『학교 학습의 탐구』, 서울: 교육과학사.

공주교육대학교 교육대학원(2008), 『초등 수업 개선 어떻게 하여야 하나』, 공주: 합동인쇄출판사.

공주교육대학교 초등교육연구소(2003), 『제7차 교육과정 탐구』, 대전: 대교출판사.

곽병선(1986), 『한국의 교육과정』, 서울: 민족문화 문고 간행 회.

곽병선·김재복(1989), 『교육과정 운영론』, 서울: 배영사.

교육과정·교과서연구회(2000a), 『한국 교과교육과정의 변천(초등학교)』, 서울: 대한교과서주식회사.

교육과정·교과서연구회(2000b), 『한국 교과교육과정의 변천(중학교)』, 서울: 대한교과서주식회사.

교육과정·교과서연구회(2000c), 『한국 교과교육과정의 변천(고등학교)』, 서울: 대한교과서주식회사.

교육과학기술부(2008a), 『초등학교 교육과정 해설(Ⅲ)』, 광주: 한솔사.

교육과학기술부(2008b), 『중학교 교육과정 해설(Ⅲ)』, 광주: 한솔사.

교육과학기술부(2008c), 『고등학교 교육과정 해설(Ⅲ)』, 광주: 한솔사.

교육법전편찬회(2007), 『교육법전』, 서울: 교학사.

교육부(1986a), 『초·중·고등학교 교육과정(1946－1981), 총론』, 서울: 대한교과서주식회사.

교육부(1986b), 『초·중·고등학교 교육과정(1946－1981), 사회과·국사과』, 서울: 대한교과서주식회사.

교육부(1992a), 『중학교 사회과 교육과정 해설』, 서울: 대한교과서주식회사.

교육부(1992b), 『고등학교 사회과 교육과정 해설』, 서울: 대한교과서주식회사.

교육부(1993a), 『국민학교 교육과정 해설(Ⅰ)』, 서울: 대한교과서주식회사.

교육부(1993b), 『국민학교 교육과정 해설(Ⅱ)』, 서울: 대한교과서주식회사.

교육부(1993c), 『국민학교 교육과정 해설(Ⅲ)』, 서울: 대한교과서주식회사.

교육부(1997a), 『사회과 교육과정, 교육부 고시』, 제1997 – 15호(별책 7), 서울: 대한교과서주식회사.

교육부(1997b), 『초등학교 교육과정 해설(사회)』, 교육부 고시 1997 – 15(별책), 서울: 대한교과서주식회사.

교육부(1997c), 『중학교 교육과정 해설(사회)』, 교육부 고시 1997 – 15(별책), 서울: 대한교과서주식회사.

교육부(1997d), 『고등학교 교육과정 해설(사회)』, 교육부 고시 1997 – 15(별책), 서울: 대한교과서주식회사.

교육부(1998), 『교육 50년사: 1948 – 1998』, 서울: 교육50년사편찬위원회.

교육부(1999a), 『교육발전 5개년 계획』, 서울: 교육부.

교육부(1999b), 『초 · 중 · 고등학교 국가 수준 교육과정 기준』, 서울: 교육부.

교육부(2000), 『제7차 교육과정의 개요』, 서울: 교육부.

교육부(1997a), 『초등학교 교육과정』, 교육부 고시 1997 – 15, 별책 2, 서울: 대한교과서주식회사.

교육부(1997b), 『초 · 중등학교 교육과정』, 교육부 고시 1997 – 15, 별책 1, 서울: 대한교과서주식회사.

교육부(1997c), 『초 · 중등학교 교육과정 해설』, 서울: 대한교과서주식회사.

교육위원회(2002), 『한국의 학교 제도와 평가 방법 개선 연구』, 교육위원회 정책연구개발과제 연구 2002 – 05.

교육인적자원부(1998), 『교육 50년사』, 서울: 교육인적자원부.

교육인적자원부(2001), 『제7차 교육과정과 학교 교육의 발전 전망』, 교육과정 자료 제74호, 교육인적자원부.

교육인적자원부(2002), 『지식 사회의 도래와 한국 교육의 대응』, 『교육마당 21』 특별호.

교육인적자원부(2006a), 『고등학교 사회 교사용 지도서』, 서울: 대한교과서주식회사.

교육인적자원부(2006b), 『중학교 사회 교사용 지도서』, 서울: 대한교과서주식회사.

교육인적자원부(2006c), 『초등학교 사회 교사용 지도서』, 서울: 대한교과서주식회사.

교육인적자원부(2007a), 『2007년 개정 교육과정(사회과)』, 교육인적자원부 고시, 2007 – 79, 교육인적자원부.

교육인적자원부(2007b), 『2007년 개정 교육과정(총론)』, 교육인적자원부 고시 2007 – 79, 교육인적자원부.

구득환(1991), 『사회과 교육론』, 서울: 교문기획.

권태환 외(2009), 『사회학의 이해』, 서울: 도서출판 다산.

구병두 · 김범준(2009), 『교육과정 및 교육평가』, 서울: 도서출판 공동체.

국립사범대학장협의회(2000), 『국립 사범대학 표준 교육과정』, 국립사범대학장협의회 정책팀.

권낙원(1997), 『교육과정 총론』, 한국교원대학교 대학원 보고서.

권낙원(1998), 『수업의 원리와 실제』, 서울: 성원사.

권낙원(2008), 『학교 교육과정 개발론』, 파주: 학지사.

권오정 외(1992), 『통일 시대의 민주시민교육론』, 서울: 탐구당.

권오정 · 김영석(2006), 『사회과교육학의 구조와 쟁점』, 서울: 교육과학사.

권오정 · 김영석(2008), 『사회과교육학의 구조와 쟁점(증보판)』, 파주: 교육과학사.

구득환(1991), 『사회과 교육론』, 서울: 교문기획.

권효숙 외(2007), 『사회과교육의 논리』, 서울: 교육과학사.

김경배(2008), 『교과교육론』, 서울: 학지사.

김대현 · 김석우(2008), 『교육과정 및 교육평가』, 파주: 학지사.

김두정(2006), 『한국 학교 교육과정의 탐구』, 서울: 학지사.

김만곤 외(1999), 『초등 사회과교육』, 서울: 도서출판 두산동아.

김만곤 외(2002), 『사회과 교육의 실제』, 서울: 대한교과서주식회사.

김병무(2006), 『현대 사회학의 이해』, 서울: 청목출판사.

김석우(2008), 『사회과학 연구를 위한 SPSS WIN 12.0 활용의 실제』, 파주: 교육과학사.

김성훈(2008), 『교육과정 강의』, 서울: 동문사.

김용만 외(1998), 『사회과 교육과정 해설』, 서울: 교육과학사.

김용신(2000), 『사회과 현장 학습론』, 서울: 문음사.

김운삼(2008), 『교육학 개론』, 서울: 창지사.

김원겸(2008), 『사회과 교육 연구의 이론과 실제』, 서울: 학연사.

김일남·이광성(2007), 『사회과 의사 결정 수업 모형 탐구』, 파주: 양서원.

김재복(1988), 『교육과정의 통합적 접근』, 서울: 교육과학사.

김재복(1999), 『초등학교 교육과정 해설』, 서울: 교육과학사.

김재복(2000), 『통합 교육과정』, 서울: 교육과학사.

김재복 외 공역(1997), 『수업 모형』, 서울: 형설출판사.

김재형 외 공역(1999), 『사회과 탐구 논리』, 서울: 교육과학사.

김정호(2007), 『사회과 교육학 신론』, 서울: 문음사.

김종서 외(1990), 『교육과정과 교육평가』, 서울: 교육과학사.

김현석(2006), 『사회과 통합교과 교육론』, 서울: 형설출판사.

김현석·한관종(2008), 『사회과 통합교과 교육론』, 서울: 형설출판사.

김형수(2008), 『사회과 내용학의 이해』, 서울: 형설출판사.

김형수(2008), 『전공 일반사회』, 서울: 형설출판사.

김호권(1982), 『학교 학습의 탐구』, 서울: 교육과학사.

김호권(1986), 『교육과 교육과정』, 서울: 배영사.

김호권 외(1980), 『현대 교육과정론』, 서울: 교육출판사,

나일주·정인성(1998), 『교육공학의 이해』, 서울: 학지사.

남경희 외 역, DAVID W VAN CLEAF 저, 『사회과 교수 학습론』, 서울: 교육과학사.

남상준(2005), 『지리교육 탐구』, 서울: 교육과학사.

남호엽(2008), 『사회과 교육 입문』. 파주: 교육과학사.

노정식 외(2007), 『사회과교육』, 서울: 형설출판사.

라종일(1995), 『세계화 시대의 세계시민교육』, 서울: 공보처.

문교부(1975), 『국민학교 교사용 교과용 도서(사회 4)』, 서울: 교학도서주식회사.

문교부(1982a), 『국민학교 새 교육과정 개요(연수 자료)』, 서울: 대한교과서주식회사.

문교부(1982b), 『중학교 새 교육과정 개요(연수 자료)』, 서울: 대한교과서주식회사.

문교부(1982c), 『고등학교 새 교육과정 개요(연수 자료)』, 서울: 대한교과서주식회사.

문교부(1986), 『초·중·고등학교 교육과정 해설[사회과·국사과](1946-1981)』, 서울: 대한교과서주식회사.

문교부(1988a), 『국민학교 교육과정』, 서울: 문교부.

문교부(1988b), 『국민학교 교육과정 해설』, 서울: 문교부.

문교부(1988c), 『중학교 교육과정 해설』, 서울: 서울인쇄공업협동조합.

문교부(1988d), 『문교 40년사』, 서울: 문교부.

문교부(1992a), 『국민학교 교육과정』, 서울: 문교부.

문교부(1992b), 『중학교 교육과정』, 서울: 문교부.

문교부(1992c), 『고등학교 교육과정』, 서울: 문교부.

박병기·추병완(1996), 『윤리학과 도덕교육』, 서울: 인간 사랑.

박상준(2008), 『사회과교육의 이론과 실제』, 서울: 교육과학사.

박선미(2009), 『사회과 평가론』, 서울: 학지사.

박성익(2006a), 『교수 학습 방법의 이론과 실제(Ⅰ)』, 서울: 교육과학사.

박성익(2006b), 『교수 학습 방법의 이론과 실제(Ⅱ)』, 서울: 교육과학사.

박용헌(1996), 『민주화·세계화와 교육 과제』, 서울: 서울대학교 출판부.

박은종(2003), 『재량 활동 지도 자료』, 서울: 한국교육출판사.

박은종(2005), 『특별활동 길라잡이』, 서울: 한국교육신문사.

박은종(2006), 『사회과교육학과 교육평가』, 공주대학교 사범대학 사회과교육 강의 교재.

박은종(2008), 『한국 사회과 교육과정 탐구: 분석 및 모형 개발 탐색』, 파주: 한국학술정보(주).

박은종(2009), 『사회과교육학 핸드북: Key Point』, 파주: 한국학술정보(주).

박인현(2006), 『초등 사회과교육』, 서울: 교육과학사.

박인현(2008), 『정보 사회의 시민 생활과 법』, 파주: 교육과학사.

박인현(2009) 『2007 개정 교육과정 초등 사회과교육론』, 파주: 교육과학사.

박인환(2009), 『교재 연구 및 지도법의 이해』, 서울: 대왕사.

박인환·이주헌(2009), 『교육과정 및 교육평가』, 서울: 대왕사.

박현주(2007), 『교육과정 개발의 모형과 실제』, 서울: 교육과학사.

백승대 외(2007), 『사회과 교육의 실천과 대안』, 서울: 교육과학사.

변홍규(1994), 『질문 제시의 기법』, 서울: 교육과학사.

사회과연구모임 역, William B. Stanley 편저(2007), 『21세기 사회과 교육 연구의 핵심 쟁점들』, 서울: 교육
　　　과학사.

서재천(1996), 『사회과 수업 방법』, 서울: 도서출판 유천.

성병창(2000), 『교육과정 개발과 지도성』, 서울: 양서원.

성태제(2004), 『문항 제작 및 분석의 이론과 실제』, 서울: 학지사.

성태제(2008), 『현대 교육 평가』, 파주: 학지사.

소경희(2006), 『교육과정 개발』, 서울: 교육과학사.

손인수(1992), 『미군정과 교육 정책』, 서울: 민영사.

손인수(1998a), 『한국 교육사 연구(상)』, 서울: 문음사.

손인수(1998b), 『한국 교육사 연구(하)』, 서울: 문음사.

손인수(1994), 『한국교육운동사』, 서울: 문음사.

손충기(2007), 『교육과정과 교육평가』, 서울: 태영출판사.

손충기(2007), 『교육연구 방법론』, 서울: 태영출판사.

송대영((1991), 『윤리 교육』, 서울: 한국방송통신대학교출판부.

송대영(2000), 『사회생활교육』, 서울: 한국방송통신대학교출판부.

송용의 역, Jack R, Fraenkel 저(1986), 『가치 탐구 수업 어떻게 할 것인가?』, 서울: 교육과학사.

송창석(2001), 『새로운 민주시민 교육 방법』, 서울: 백산서당.

신동로(2009), 『교육과정 및 교육평가』, 서울: 형설출판사.

신세호 외(1980), 『초·중등학교 교육과정 개선을 위한 기초 연구』, 서울: 한국교육개발원.

심광택(2008), 『사회과 지리 교실 수업과 지역 학습』, 서울: 교육과학사.

안경식 외(2009), 『다문화 교육의 현황과 과제』, 파주: 학지사.

안천(2006), 『생활화 사회과교육론』, 서울: 교육과학사.

안천(2008), 『신사고 사회과교육론』, 서울: 교육과학사.

양미경(2008), 『교육과정 및 교수방법(증보판)』, 파주: 교육과학사.

양호환 외(1997), 『역사교육의 이론과 방법』, 서울: 도서출판 삼지완.

오영태(1996), 『사회과교육론』, 서울: 갑을출판사.

오영태(2000), 『사회과교육론』, 서울: 형설출판사.

오택섭 외(2008), 『사회과학 데이터 분석법』, 서울: 도서출판 나남.

유광찬(2009), 『교육과정의 이해』, 파주: 교육과학사.

유명철(2008), 『민주시민교육론』, 파주: 교육과학사.

유봉호(2002), 『한국 교육과정사 연구』, 서울: 교학연구사.

유봉호(2000), 『현대 교육과정』, 서울: 서울: 교학연구사.

유제천 역, 밥 파이크 저(2006), 『창의적인 교수법』, 서울: 김영사.

윤광보(2008), 『교육방법과 교육공학의 이해』, 파주: 양서원.

윤기옥 외(2001), 『수업 모형의 이론과 실제』, 서울: 학문출판.

윤덕중 역(2000), STANLEY P. WRONSKI, 외 저, 『사회과교육과 사회과학』, 서울: 교육과학사.

이간용(2008), 『사회과 교육의 참평가론』, 서울: 도서출판 한울.

이경섭(1997), 『현대 교육과정사 연구(상)』, 서울: 교육과학사.

이경섭(1997), 『교육과정 쟁점 연구』, 서울: 교육과학사.

이경한(2008), 『사회과 지리 수업과 평가』, 서울: 교육과학사.

이경환(1994), 『학교 교육과정의 편성과 운영』, 교육과정연수자료, 서울: 대한교과서주식회사.

이경환 외(2002), 『한국 교육과정의 변천』, 서울: 대한교과서주식회사.

이대식 외 공역(2008), 『수업 설계 및 교재개발의 원리』(Edward J. Kame'enui · Douglas W. Carnine · Robert C. Dixon · Deborah C. Simmons · Michael D. Coyne 공저), 서울: 시그마프레스.

이동원 외(2008), 『초등 사회과 좋은 수업안 쓰기 follow up』, 파주: 교육과학사.

이석주 외(1997), 『사회과 열린 교육』, 서울: 교육과학사.

이성은(1999), 『학교 변화와 열린 행정』, 서울: 교육과학사.

이성호(1982), 『교육과정 개발 전략과 절차』, 서울: 문음사.

이성호(2006), 『교육과정 개발의 원리』, 서울: 학지사.

이성호(2008), 『교수방법의 탐구』, 파주: 양서원.

이성호(2009), 『교육과정론』, 파주: 양서원.

이영기 외(1984), 『사회과교육(Ⅰ)』, 서울: 한국방송통신대학교출판부.

이영기 외(1990), 『사회과교육(Ⅱ)』, 서울: 한국방송통신대학교출판부.

이원순(1991), 『역사교육론』, 서울: 삼영사.

이원희 외(2008), 『교육과정과 수업』, 파주: 교육과학사.

이종국(2006), 『한국의 교과서 출판 변천 연구』, 서울: 일진사.

이종일(2008a), 『과정 중심 사회과 교육』, 파주: 교육과학사.

이종일(2008b), 『사회과 탐구와 교사 자질』, 파주: 교육과학사.

이종일 외(2008), 『교육적 질문하기』, 파주: 교육과학사.

이칭찬(2007), 『교육 방법 및 교육 공학』, 서울: 태영출판사.

이태근 외(1987), 『경제교육론』, 서울: 교육과학사.

이해명 외(2006), 『현대 교육과정과 평가』, 서울: 교육아카데미.

이혁규(2008), 『교과 교육 현상의 질적 연구: 사회 교과를 중심으로』, 서울: 학지사.

임채식 외(2007), 『교과교육론』, 서울: 태영출판사.

임청환 외 공역(2008), 『교사를 위한 수업 전략』(Paul D. Eggen · Donald P. Kauchak 공저), 서울: 시그마프레스.

전국교육대학원연합회 박사 수석교사 명단작성위원회, 『전국 박사 수석교사 명단』, 전국 박사 수석교사 포럼, 제1집, 서울: 건국대학교 출판부

전국사회과교사모임(2008), 『주요 외국 사회과 교육과정 및 교과서 내용』, 미출판 인쇄물(핸드 아웃).

전숙자(2008), 『사회과 교육의 새로운 이해』, 파주: 교육과학사.

전정태(2007), 『현대사회와 정보윤리』, 서울: 도서출판 학이당.

정문성(2001), 『사회과 수행중심 평가』, 서울: 학문출판(주).

정문성(2002), 『협동 학습의 이해와 실천』, 서울: 교육과학사.

정문성 외(2008), 『사회과 교수 · 학습법(개정판)』, 파주: 교육과학사.

정문성 외(2009), 『초등 사회과교육』, 파주: 교육과학사.

정범모(1972), 『가치관과 교육』, 서울: 배영사.

정병기(2002), 『초등 사회과교육의 이론과 실제』, 서울: 교육출판사.

정병기 외(1997), 『사회과 교육과정 영역별 수업 기법 · 수업 모형 및 평가』, 서울: 배영사.

정병기 외(2000), 『사회과 교육론』, 서울: 교육출판사.

정병기 · 홍기룡(2000), 『사회과 교수법』, 서울: 형설출판사.

정선영 외(2002), 『역사교육의 이해』, 서울: 삼지원.

정세구(1990), 『사회과 교육의 과제』, 서울: 배영사.

정세구 역, Shirley H, Engle · Anna S, Ochoa 공저(1991), 『민주시민교육』, 서울: 교육과학사.

정태범(1999), 『교육정책 분석론』, 서울: 원미사.

정태범(1998), 『학교 교육의 구조적 개혁』, 서울: 양서원.

정태범(2002), 『교육 정책과 교육 제도의 발전』, 교육 경영 총서(1), 서울: 양서원.

조광준(2006), 『인간형성의 사회과교육』, 서울: 집문당.

조병철(2000), 『글로벌 시민성과 경제교육(Ⅰ)』, 대구: 문창사.

조병철(2001a), 『글로벌 시민성과 경제교육(Ⅱ)』, 대구: 문창사.

조병철(2001b), 『사회과 경제교육 연구(Ⅰ)』, 대구: 문창사.

조병철(2003a), 『사회과 교육학 신론』, 서울: 문음사.

조병철(2003b), 『경제학적 사고방식의 이해』, 대구: 문창사.

조병철(2004), 『사회과교육의 이해』, 대구: 문창사.

조병철 역(1998), 『국제적 시각의 경제교육』, 대구: 문창사.

조병철 역(1999), 『새로운 사회과 교육과정』, 대구: 문창사.

조병철 역(2002), 『경제교육의 이론과 실천』, 대구: 문창사.

조병철 역(2003), 『사회과와 연계된 경제교육』, 대구: 문창사.

조병철 역(2005), 『효율적인 학교 경제교육』, 대구: 문창사.

조승제(2008), 『교과교육과 교수·학습 방법론』, 파주: 양서원.

조영달(1999), 『한국 교실 수업의 이해』, 서울: 교육과학사.

조영달·김영수(1992), 『사회과 교육에서의 컴퓨터 활용』, 서울: 교육과학사.

조영달 외(2006), 『경제학 산책』, 서울: 김영사.

조영복(2008), 『초등 사회과 교과서 삽화 오류의 대안적 고찰』, 파주: 한국학술정보(주).

주삼환(1997), 『변화하는 시대의 장학』, 서울: 원미사.

진영은·조인진(2008), 『교과 교육의 이해』, 파주: 교육과학사.

진영은·조인진·김봉석(2006), 『교육과정과 교육평가의 탐구』, 서울: 학지사.

차경수(2008), 『현대의 사회과교육』, 서울: 학문사.

차경수(2009), 『사회과 교수법과 교재 연구』, 서울: 학문사.

차경수·모경환(2008), 『사회과교육』, 서울: 동문사.

차경수·이미나·최충옥(1995), 『교육사회학의 이해』, 서울: 양서원.

차석기 외(1985), 『한국 교육사 연구』, 서울: 재동문화사.

차조일(2008), 『사회과 교육과 합리성』, 파주: 한국학술정보(주).

천호성(2009), 『수업 분석의 방법과 실제』, 파주: 학지사.

최병모 외(2005), 세계화·지식기반사회와 경제 교육』, 대구: 문창사.

최병모 외 공역, James A. Banks 저(1993), 『사회과 교수법과 교재 연구』, 서울: 교육과학사.

최병모 외 공역(1999), Catherine Cornbleth, 『사회과 교육 연구에의 초대』, 서울: 원미사.

최상희(2003), 『NIE의 이해와 실천』, 서울: 커뮤니케이션북스.

최용규 외(2007), 『사회과, 교육과정에서 수업까지』, 파주: 교육과학사.

최용규 외(2008), 『사회과, 교육과정에서 수업까지(개정판)』, 파주: 교육과학사.

최용규 외 공역(2006), George W. Maxim 저, 『살아 있는 사회과 교육』, 서울: 학지사.

최충옥 외 공역(2006), 『사회과교육의 이해』, 파주: 도서출판 서원.

최호성(2008), 『교육과정 및 평가: 이해와 응용』, 파주: 교육과학사.

최호성 외 공역(2008), 『교육과정 설계의 이론과 실제』(George J, Posner·Alan N, Rudnitsky 공저), 서울: 시그마프레스.

충청남도교육청(2000), 『초등학교 교육과정 핸드북』, 대전: 용해출판사.

충청남도교육청(2008), 『학교 자율화 추진 계획』, 학교장 회의 자료, 2008.5.1, 충청남도교육청 장학자료.

탁영진(2006a), 『탐구 교육학(상)』, 서울: 도서출판 박문각.

탁영진(2006b), 『탐구 교육학(하)』, 서울: 도서출판 박문각.

한국교원대학교(2004),『학교 교육 50년 반성과 전망』, 한국교원대학교 개교 20주년 기념 심포지엄자료집, 청원: 한국교원대학교 종합교육연수원.

한국교원대학교(2005),『한국 교육 50년: 그 반성과 전망』, 한국교원대학교 개교 20주년 기념 논집, 청원: 한국교원대학교출판부.

한국교원대학교·서울대학교 사범대학(2008),『교실친화적 교사 양성의 실천적 방향 모색』, 합동 세미나 자료집, 청원: 한국교원대학교 교육연구원.

한국교원대학교 교육연구원(2005),『전국 초·중등 교사 우수 연구 결과 발표 대회 및 전시회 자료집』, 교과교육연구자료집, 한국교원대학교 교육연구원.

한국교원대학교 교육연구원(2006a),『교육과정 개정 시안에 대한 전국 현장 교사 대토론회』, 교육과정학 술세미나집, 한국교원대학교 교육연구원.

한국교원대학교 교육연구원(2006b),『전국 초·중등 교사 우수 연구 결과 발표 대회 및 전시회 자료집』, 교과교육연구자료집, 한국교원대학교 교육연구원.

한국교원대학교 교육연구원(2007),『전국 초·중등 교사 우수 연구 결과 발표 대회 및 전시회 자료집』, 교과교육연구자료집, 한국교원대학교 교육연구원.

한국교원대학교 부설교과교육공동연구소(2005),『차기 초·중등 교육과정 개선과 교과용 도서의 개발 방향』, 교과교육공동연구 학술 세미나집.

한국교원대학교 사회과교육과정개정연구위원회(1997),『제7차 교육과정 개정 시안 연구·개발』, 1997 교 육부 위탁과제 답신보고서, 한국교원대학교 사회과교육과정개정위원회.

한국교원대학교 사회과교육연구회(1994),『사회과교육연구』, 창간호, 청원: 협신사.

한국교원대학교 제6차 사회과 교육과정개발연구위원회(1992),『제6차 사회과 교육과정 개발 연구』, 청원: 협신사.

한국교원대학교 통일교육연구소(2004),『오늘의 북한: 현실 인식과 교육』, 청원: 한국교원대학교 통일교육 연구소.

한국교원대학교 통일교육연구소(2005),『동북아 시대의 국토 통일과 국제 협력』, 청원: 한국교원대학교통 일교육연구소.

한국교원대학교 통일교육연구소(2006),『북한 연구와 통일 교육을 위한 한·중 협력 방안』, 청원: 한국교 원대학교 통일교육연구소.

한국교원대학교 통일교육연구소(2007),『남·북한 교육제도 비교 및 통일 후의 전망과 방안』, 청원: 한국 교원대학교출판부.

한국교육개발원 사회과교육연구실 편(1983),『사회과 탐구 수업』, 서울: 교육과학사.

한국교육30년사편찬위원회(1980),『한국 교육 30년』, 서울: 삼화서적주식회사.

한국사회과교과교육학회·한국교원대학교 사회과학교육연구소(2005),『한국 사회과교육 60년: 회고와 전망』, 제12회 연차학습대회 발표자료집, 청주: 도서출판 한알.

한국사회과교육연구학회(2008),『초등 지도 학습 33선: Map skill』, 파주: 교육과학사.

한국사회과교육연구회(1990),『한국 사회과교육학 개론』, 서울: 교육과학사.

한국사회과교육학회(2007),『사회과 교과서 쓰기와 읽기(Ⅱ)』, 제17회 연차 학술대회 발표자료집, 한국사 회교과교육학회.

한국사회과교육학회(2005),『한국 사회과 교육 60년: 회고와 전망』, 제12회 연차 학술대회 발표자료집, 한국사회교과교육학회.
한국사회과교육회 역, H. D. Mehlinger & O. L. Davis 편(1986), 『사회과교육』, 서울: 교육과학사.
한국중등교육협의회(1984), 『중·고등학교 신교육과정 해설』, 서울: 대한교과서주식회사.
한기언(2006), 『초등 사회과교육』, 파주: 한국학술정보(주).
한면희(1998), 『사회과 교육』, 서울: 교육과학사.
한면희(2008), 『새로운 패러다임에 기초한 사회과 교육』, 파주: 교육과학사.
한면희 외(2004), 『사회과교육론』, 서울: 갑을출판사.
한면희(2000), 『사회과 교육의 과정 탐색』, 서울: 배영사.
한면희 외 공역(1998), JAMES A, SMITH 저, 『사회과 창의적 교수법』, 서울: 교육과학사.
함수곤(2007), 『교육과정과 교과서』, 서울: 대한교과서주식회사.
함종규(2006), 『한국교육과정변천사 연구』, 서울: 교육과학사.
허영식(2006), 『민주시민 교육』, 서울: 배영사.
허영식(2007), 『세계화·정보화 시대의 민주시민교육 어떻게 할 것인가?』, 서울: 원미사.
허영식(2009), 『지구촌 시대의 시민 교육』, 서울: 학문사.
허혜경(2008), 『현대 교육과정 요론』, 서울: 창지사.
홍성윤 외 역(2000), 『교육과정 개발론』, 서울: 교육과학사.
황정규(1986), 『학교 학습과 교육평가』, 서울: 교육과학사.
황정규(1990), 『학교 학습과 교육평가』, 서울: 교육과학사.
황홍섭(2006), 『초등 사회과 교수법』, 서울: 세종출판사.
홍영기 외(2008), 『초등 교육과정의 통합적 운영』, 파주: 양서원.
홍후조(2001), 『현대 교육과정』, 서울: 교육과학사.

2. 논문(국내 문헌)

강대현(2000), 「현대 자유주의와 공동체주의 시민교육에 대한 비판적 고찰」, 『시민교육연구』, 제31집, 한국사회과교육연구회.
강대현 외(2004), 「사회과 교육 내용 적정성 분석 및 평가」, 한국교육과정평가원 연구보고서, PRC 2004-1-4.
경상대학교 중등교육연구센터 한국사회과교육학회 편(2003), 「제7차 사회과 교육과정 개정에 대한 문화기술적 연구」, 제7차 교육과정과교과서 연구보고서.
공주대학교 교육대학원·한국교과서연구학회(2009), 「한국 교과서의 발전 방향과 미래 전망」, 『2009 연구포럼 및 동계학술대회 논문집』.
곽병선(1984), 「소련의 교육 개혁 동향」, 『교육학 연구』, 22(3), 한국교육학회.
곽병선(1987), 「교과에 대한 한 설명적 모형의 탐색」, 『한국교육』, 14(1), 한국교육개발원.
곽병선(1993), 「학교 교육의 적합성과 교사의 문제」, 『교육과정 연구』, 제11집, 한국교육학회 교육과정연구회.
곽병선(1997), 「정보화 시대의 교과 교육의 과제」, 『사회과교육』, 제30호, 한국사회과교육연구회.
곽병선(2002), 「제7차 교육과정의 반성적 회고와 전망」, 『교육과학연구』, 33(2), 이화여자대학교.
교육인적자원부(2002), 「지식 사회의 도래와 한국 교육의 대응」, 『교육마당 21』, 특별호, 교육인적자원부.
교육인적자원부(2005), 「사회과 교육과정 개정 방안 연구」, 연구보고서.
교육인적자원부(2007), 중등 교원 자격 양성 보도자료(2007.03.30), 교육인적자원부 교원양성과.

구난희(2008),『자율과 통제의 양날로 헤쳐 나가는 중국의 교과서 제도 개혁』,『교과서 연구』, 제53호, 한국교과서연구재단.

구정화(1995),「사회과 동위 개념의 효과적인 학습 방법 연구」, 서울대학교 대학원 박사학위논문.

구정화(1996),「사회과 논쟁 문제 수업에 관한 연구」,『시민교육연구』, 제28호, 한국사회과교육학회.

구정화(1999),「사회과 학업수준별 논쟁 문제 인식 및 수업에 관한 연구」,『시민교육연구』, 제29집, 한국사회과교육학회.

권낙원(1987),「우리나라 교육과정의 변천(총론)」,『교원교육』, 제3권 제1호, 한국교원대학교.

권낙원(1996),「토의 수업의 이론과 실제」, 서울: 현대교육출판사.

권낙원(2005),「제7차 교육과정 운영 실태 및 요구 조사 분석」,『제7차 교육과정의 진단과 새교육과정 개정의 기본 방향 탐색(학술 세미나 자료집)』, 2005.01, 한국교원대학교 교육과정연구소.

권오정 외(1992),「제6차 사회과 교육과정 개발 연구」, 한국교원대학교 사회과 교육과정개정위원회.

김경모(1993),「한국 학생의 소득 분배 개념 이해에 관한 연구」, 서울대학교 대학원 박사학위논문.

김경완(1995),「시민성 교육과 반성적 사고: J. Dewey의 사상을 중심으로」, 서울대학교 대학원 석사학위논문.

김만곤(1996),「사회과 교과서의 개편 및 활용 방안」,『사회과교육』, 제29호, 한국사회과교육연구회.

김만곤(2000),「교과서관에 따른 사회과 교과서의 변화」,『사회과교육』, 제33호, 한국사회과교육연구회.

김안중(1995),「학교의 본질: 오늘날 학교의 기능은 그 본질에 충실한가?」,『교육학연구』, 33(4), 한국교육학회.

김영석(2003),「사회과에서 지역화 교육의 유형과 지역교재 활용의 방식」,『사회과교육』, 제42권, 제1호, 한국사회과교육연구회.

김성열(2008),「좋은 학교 만들기 전략」,『교육복지연구포럼 2008-5』, 공주대학교 스타프로젝트 교육복지연구포럼.

김영희(1996),「초등 사회과 교과서 삽화 자료에 대한 분석」, 성균관대학교 교육대학원 석사학위논문.

김왕근(1999),「세계화와 다중시민성 교육의 관계에 관한 연구」,『시민교육연구』, 제28집, 한국사회과교육연구회.

김왕근(1995),「시민성의 내용과 형식으로서의 덕목과 합리성의 관계에 관한 연구」, 서울대학교 박사학위논문.

김용(2003),「교육과정 정책 과정에 대한 신제도주의적 분석」, 서울대학교 대학원 박사학위논문.

김용만(1975),「교육과정 지역화의 접근 방향」,『새교육』, 통권 제391호, 대한교육연합회.

김용만(1987),「사회과 교육의 변천과 전망」,『사회과교육』, 제20호, 한국사회과교육연구회.

김용민(1992),「중학교 사회생활과 교육과정 모형에 대한 개발 연구」, 충북대학교 교육대학원 석사학위논문, 1992.

김유통(1991),「교육과정 지역화를 위한 교육과정 개발 체제 연구」, 한국교원대학교 대학원 석사학위논문.

김인식(1990),「한국 초·중등학교 사회과 교육과정의 변천사」, 경남대학교 교육대학원 석사학위논문.

김인회(1999),「21세기 한국 교육과 홍익인간의 교육 이념」, 한국정신문화연구원 연구처 (편),『홍익인간 연구』, 성남: 한국정신문화연구원.

김일기 외(1997),「제7차 사회과 교육과정 개정 시안 연구 개발」, 교육부 위탁연구 과제 답신보고서, 한국교원대학교 사회과교육과정개정연구위원회.

김재복(1983),「교육과정의 통합적 접근에 관한 연구」, 동국대학교 대학원 박사학위논문.

김재춘(2002),「국가 교육과정 연구 개발 체제의 문제점과 개선 방향(제7차 교육과정 연구 개발 체제를 중심으로)」,『교육과정 연구』, 20(3), 한국교육과정학회.

김재형(1999),「제7차 사회과 교육과정의 교과교육론적 탐구」,『사회과교육』, 제32호, 한국사회과교육연구회.

김정원(1997),「초등학교 수업에 관한 참여 관찰 연구」, 서울대학교 대학원 박사학위논문.

김정호(2005), 「사회과 교육과정 개정의 쟁점과 영역별 대안, 국가 수준 교육과정 무엇을, 어떻게 개정할
    것인가?」, 『한국교육과정평가원 개원 7주년 기념 세미나 자료집』, 한국교육과정평가원.
김정호 외(2005), 「사회과 교육과정 개정 방안 연구」, 『연구보고서, 2005-5』, 한국교육과정평가원.
김종건(1999), 「교육과정학의 역사」, 『교육과정 연구』, 제17권 제2호, 한국교원대학교.
김준택(1988), 「우리나라 국민학교 사회과 교육과정 변천에 관한 연구」, 인하대학교 교육대학원 석사학위논문.
김현진(1994), 「비판적 사고력을 향상시키기 위한 사회과 수업의 효과적인 토의 유형 연구」, 서울대학교
    대학원 석사학위논문.
나미숙(1994), 「사회과 교육과정의 변천 및 개선방안에 대한 연구」, 공주대학교 교육대학원 석사학위논문.
나흥하(1996), 「교육과정 개발 접근 방식별 교육내용 선정 준거 고찰」, 한국교원대학교 대학원 석사학위논문.
남상준(1996), 「사회과에서의 창의적 사회과교육」, 『사회과교육』, 제33호, 한국사회과교육연구회.
남제희(1993), 「한국 국민학교 사회과교육과정의 변천 과정에 대한 역사적 연구」, 충북대학교 교육대학원
    석사학위논문.
노경주(2000), 「초등 사회과에서의 쟁점 중심 교육」, 『시민교육연구』, 제31집, 한국사회과교육학회.
대전일보(2007.03.22), 2008학년도 전국 대학 입시 전형 계획, ≪대전일보≫ 제17705호, 제5면.
모경환(2008), 『현장 친화적 사회과 교사 교육과정 모색』, 『한국교원대학교・서울대학교 사범대학 합동
    세미나 자료집』, 한국교원대학교・서울대학교 사범대학.
모경환・이정우(2004), 「좋은 시민에 대한 학생들의 인식 조사 연구」, 『시민 교육 연구』, 제36권, 제1호,
    한국사회과교육학회.
모경환・황혜원(2007), 「중등 교사들의 다문화적 인식에 대한 연구」, 『시민교육연구』, 제49권 제3호, 한국
    사회과교육연구회.
민병수(2008), 「세계의 교육과정: 영국」, 한국교육신문 한교닷컴. 2008.05.14.
박광희(1965), 「한국 사회과의 성립 과정과 그 과정 변천에 관한 연구」, 서울대학교 교육대학원 석사학위논문.
박남수(2000), 「다문화 사회에 있어 시민적 자질의 육성: 사회과교육을 통한 다문화교육의 모색」, 『사회
    과교육』, 제33권, 제1호, 한국사회과교육연구회.
박미진(2004), 「1950년대 전반기 교육과정 개조운동과 사회과 교육」, 한국교원대학교 대학원 석사학위논문.
박상흠(1998), 「사회과 수행 평가의 이론적 배경과 적용 방안」, 『사회과교육』, 제31호, 한국사회과교육연구회.
박선미(1998), 「초・중・고 학업 성취도 비교 연구」, 서울: 한국교육과정평가원.
박선미(2006), 「협력적 설계가로서 사회과 교사 전문성 개발을 위하 패러다임 탐색」, 『사회과교육』, 제45
    권 제3호, 한국사회과교육연구회.
박성혁(2001), 『인권 교육의 사적 발달과 초등 사회과 인권교육의 원리에 관한 연구』, 『초등교육 연구』,
    제12호, 전주교육대학교 초등교육연구원.
박수용 외(2001), 「우리나라 연구자의 2000년도 SCI 인용지수 분석」, 교육인적자원부 정책연구.
박순경(2001), 「포스트모더니즘과 교과서」, 『교과서 연구』, 제37호, 한국교과서연구재단.
박은종(1988), 「현행 국민학교 사회과 교과서 자료 분석 연구」, 충남대학교 교육대학원 석사학위 논문.
박은종(1996), 「초・중・고교 사회과 법교육과정 연계성 분석 연구」, 한국교원대학교 대학원 석사학위논문.
박은종(2006a), 「사회과 교육의 트렌드와 구성주의적 접근」, 중등학교 사회과 1급 정교사 자격연수교재,
    공주대학교 중등교원연수원.
박은종(2006b), 「새로운 사회과의 평가 방법과 실제」, 『교육연구』, 제26권 제3호, 2006.3, 한국교육생산성
    연구소.
박은종(2006c), 「인터넷 활용을 통한 사회과 수업 방법 개선 방안 모색」, 『교육연구』, 제26권 제11호,

2006.11, 한국교육생산성연구소.

박은종(2007a), 「세계화·정보화 시대의 바람직한 민주시민 교육의 방향」, 『교육연구』, 제21집 제1호, 2007.2, 공주대학교 교육연구소.

박은종(2007b), 「세계화 시대 한국 민주시민 교육의 접근 방법 모색」, 『인문학 연구』, 제34권 제1호, 2007.4, 충남대학교 인문과학연구소.

박은종(2007c), 「한국 사회과 교육과정 분석 및 발전적 모형 개발에 관한 연구」, 공주대학교 대학원 박사학위논문.

박은종(2008), 「교과교육 차원에서의 사회과 통합교육의 방향 모색」, 『교육연구』, 제22집, 공주대학교교육연구소.

박치현(1990), 「교육과정 개발 이론과 개발 실제의 비교」, 한국교원대학교 대학원 석사학위논문.

사회교사 모임 연구부(1992), 「사회과 교육과정과 교과서 변천사」, 서울: 우리교육출판사.

서재천(1986), 「일본 사회과 교육과정의 변천」, 『사회과교육』, 제19호, 서울: 한국사회과교육회.

서재천(1987), 「제2차 세계 대전 후 일본의 중학교 사회과 공민 교육과정의 변천 고찰」, 『사회와 교육』, 제11집, 서울: 한국사회과교육학회.

서재천(1997), 「정보화 시대에 있어서의 사회과 교육 내용 구성」, 『사회과교육』, 제30호, 한국사회과교육연구회.

서재천(1998), 「사회과 시뮬레이션 학습에 관한 일 고찰」, 『사회과교육』, 제31호, 한국사회과교육연구회.

서태열(1998), 「구성주의와 학습자 중심 사회과 교수·학습」, 『사회과교육』, 제31호, 한국사회과교육연구회.

설규주(2000), 「세계화·지방화 시대의 시민 교육」, 서울대학교 대학원 석사학위논문.

설규주(2004), 「제7차 교육과정의 현장 운영 실태 분석(Ⅱ)-중등학교 사회과」, 서울: 한국교육과정평가원.

성경희 외(2004), 「제7차 교육과정 현장 운영 실태 분석(Ⅱ)-중등학교 국민공통기본교과를 중심으로(총론)」, 서울: 한국교육과정평가원.

손병노(1996), 「사회과 협동 학습의 의의와 이론적 토대」, 『사회과교육』, 제29집, 한국사회과교육연구회.

손병노(1998), 「사회과 교사의 전문성: 교수 내용 지식의 관점」, 『사회과교육학 연구』, 제2호, 한국사회과교육연구회.

손병노·권오정(1996), 「교원 양성 대학의 초등학교 사회과 교육학 교재 개발 연구」, 한국교원대학교 부설교과교육공동연구소.

손민정(2009), 「세계의 교육과정: 중국」, ≪한국교육신문≫, 제2391호, 2009.03.09, 제3면.

송현정(2001), 「시민 사회의 개념 변화와 현대 시민 교육의 방향 모색」, 『시민 교육 연구』, 제32집, 제2호, 한국사회과교육학회.

송현정(2003), 『현대 시민교육의 목표로서 인권에 관한 연구』, 서울대학교 대학원 박사학위논문.

신득렬(2000), 「학교 교육의 철학」, 『교육철학』, 제22집, 한국교육철학회.

신현순(2004), 「사회과 지역화 자료의 외적 구성 분석과 개선 방안」, 『교육과정학연구』, 제4권, 2004.12, 한국교원대학교 교육과정연구소.

안재경(1997), 「비판적 사고력 함양을 위한 시사 만화 활용 방안」, 한국교원대학교 대학원 석사학위논문.

양미경(2000), 「정보화 시대 도래에 따른 교과서의 성격과 기능의 재조명」, 『교과서연구』, 제34호, 한국교과서연구재단.

오천석(1975), 「민주주의 교육의 건설·민주 교육을 지향하여」, 『오천석 교육사상 문집』, 제1호, 서울: 광명출판사.

유위준(2002), 「초·중등학교 교육과정 정책 형성과정에 관한 연구」, 한국교원대학교 대학원 박사학위논문.

은지용(1999), 「반성적 사고력 함양을 위한 사회과 통합 교육과정 모형에 관한 연구」, 서울대학교대학원 석사학위논문.

이경진(2006), 「교육과정 실행에 나타난 교육과정 변화의 내용과 요인에 대한 연구」, 이화여자대학교 대학원 박사학위논문.

이광성(1997), 「고급 수준 질문의 활용 정도가 사회과 고급 사고력과 학업 성취에 미치는 효과」, 서울대학교 대학원 박사학위논문.

이명희(2001), 「일본의 사회과 교육과정」, 『사회과교육학연구』, 제6호, 한국사회과교육학회.

이미영(1987), 「한국 사회과 교육의 변천 과정에 관한 연구」, 경상대학교 교육대학원 석사학위 논문.

이상주(1980), 「의사 결정 과정에서 본 교육과정」, 교육과정 연구의 과제 보고서, 한국교육과정연구회.

이성수(1968), 「교과서론」, 『교과서회지』, 제1집, 한국검인정교과서발행인협회.

이승종(1997), 「지방화·세계화 시대의 시민 의식」, 『사회와 교육』, 제24집, 한국사회과교육학회.

이양우(1992), 『사회과 평가론』, 『한국 사회과 교육학 개론』, 한국사회과교육연구회.

이연복(2003), 「제6차, 제7차 교육과정의 사회과 교과서 비교 연구」, 서울교육대학교 교육대학원 석사학위논문.

이영호 외(1980), 「교육 혁신 보급에 관한 이론적 기초」, 교육 혁신 보고서, 한국교육개발원.

이종일(1997), 「사회과 간학문적 단원 구성의 이론과 실제」, 『초등 사회과교육』, 제7집, 한국초등사회과교육연구회.

이종일(1998), 「주제 중심 토의학습과 학습 자료 개발」, 『초등 사회과교육』, 제8집, 한국초등사회과교육연구회.

이종호(1996), 「한국 사회과 교육과정 이념의 시대성 변천 연구」, 한국교원대학교 대학원 박사학위논문.

이진석(1992), 「해방 후 한국 사회과의 성립 과정과 그 성격에 관한 연구」, 서울대학교 대학원 박사학위논문.

이찬(1977), 「고등학교 사회과 교육과정의 변천」, 『사회과 교육』, 제10호, 한국사회과교육회.

이태언(1999), 「사회과 교육 내용 및 과정의 변천에 관한 연구」, 『교육연구』, 제11집, 부산외국어대학.

이혁규(2001), 「사회과 교실 수업 연구의 동향과 과제」, 『사회과학교육 연구』, 제4집, 한국교원대학교 사회과학연구소.

이혁규(2003a), 「사회과 교육과정의 개발과 실제」, 『청주교대 논문집』, 제13집, 청주교육대학교.

이혁규(2003b), 「사회과 교육과정의 개발 체제의 문제점과 대안에 대한 논의」, 『초등교육 논문집』, 제40집, 청주교육대학교 초등교육연구소.

임명자(1989), 「국민학교 교육과정 편제에 관한 분석적 연구」, 이화여자대학교 교육대학원 석사학위논문,

임청환·권성기 역(2008), Paul D. Eggen·Donald P. Kauchak 저, 「교사를 위한 수업 전략」, 서울: 시그마프레스.

장언효 외(1979), 「교육과정 국제 비교 연구」, 서울: 한국교육개발원.

장원순(2003), 「한국 사회과교육에서 시민의 실천 문제와 과제」, 『시민 교육 연구』, 제35권, 제2호, 한국사회과교육학회.

전영천(1988), 「한국 국민학교 사회과 교육과정 변천에 관한 연구」, 동아대학교 교육대학원 석사학위논문.

정만근(1983), 「교육과정의 변천과 배경에 관한 일 연구」, 연세대학교 교육대학원 석사학위논문.

정문성(1996), 「사회과 협동 학습에서의 논쟁 교수 모형」, 『교육논총』, 제13집, 인천교육대학교.

정문성(1997), 「사회과 협동 학습에서의 집단 탐구 모형」, 『사회과교육학연구』, 제1호, 한국사회과교육학연구회,

정문성(2005), 「사회과 교수-학습 방법의 동향과 과제」, 『교원교육』, 제21권 제3호, 2005.12, 한국교원대학교 교육연구원.

정세구(1989), 「한국 사회과 교육학 정립의 방향」, 『사회과교육』, 제22호, 한국사회과교육연구회.

정태범(1994), 「제3공화국 교육 개혁의 허상과 실상」, 『하계 학술 세미나 자료집』, 한국행정학회.

정태범(2001), 「총체적 질 관리를 위한 학교 경영 체제 확립 방안」, 2001년 제2차 교육개혁 대토론회 주제 발표 자료, 한국교원대학교 종합교육연수원.

정호범(1997), 「초등 사회과에서의 가치 교육」, 한국교원대학교 대학원 박사학위논문.

조경자(1999), 「교과서 정책의 비교와 변화에 관한 연구」, 원광대학교 교육대학원 석사학위논문.

조도근(1983), 「사회과 탐구 수업 및 평가 방법」, 인천직할시 교육위원회, 중등 교사 교과별 연수 교재(사회과).

조도근(1986), 「개화기 사회 교육과정에 관한 연구」, 『인하대학교 인문과학연구소 논문집』, 제12집.

조도근(2000), 「학교 교육과 민주시민 교육」, 『심수 윤덕중 박사 정년퇴임 기념 논문집』(사회발전과교육), 한국교원대학교 일반사회교육과・윤덕중 박사 정년퇴임 기념 논문집 발간위원회.

조영달(1990), 「미국 사회과의 경향과 교육 목표의 변화」, 『사회과 평가 연구 세미나 자료집』, 서울: 한국교육개발원.

조영제(1998), 「다원주의 사회의 기본 덕목으로서 관용과 그 시민교육적 함의」, 서울대학교 대학원박사학위논문.

조효형(1992), 「한국 일반계 고등학교 사회과 교육과정 개정의 배경과 원인의 변천 과정에 대한 연구」, 충북대학교 교육대학원 석사학위논문.

주은옥(1995), 「사회과 수업에서의 교사의 질문 유형이 학생의 사고력 신장에 미치는 효과에 관한 연구」, 서울대학교 대학원 석사학위논문.

주태원(1989), 「우리나라 중등학교 사회과 교육과정 변천에 관한 연구」, 인하대학교 교육대학원 석사학위논문.

진재관(2006), 「고등학교 사회과 교과서의 변천과 전망」, 『교과서연구』, 제47호, 2006.4, 한국교과서연구재단.

진시원・이종미(2007), 「2007년 개정 사회과 교육과정에 대한 비판적 평가와 통합 사회과의 미래」, 『시민교육연구』, 제40권, 제2호, 한국사회과교육학회.

차경수(1993), 「개념 학습과 고급 사고력 함양: 21세기 한국 시민사회의 발전과 한국병 치료를 위한 사회과교육의 처방」, 『사회와 교육』, 제19집, 한국사회과교육학회.

차경수・조도근・이진석(1998), 「고등학교 공통사회의 완전 통합단원 구성 연구」, 한국교원대학교 부설 교과교육공동연구소.

차우규(2007), 『남북한 초등교사 양성제도 비교 및 통일 후의 방향 모색』, 한국교원대학교 부설 통일교육연구소.

차조일(1989), 「사회과 통합 교육과정 모형에 관한 연구」, 『시민교육연구』, 제27집, 한국사회과교육학회.

차조일(1999), 「사회과 개념 수업 모형의 이론적 문제점과 해결 방안」, 『시민교육연구』, 제29집, 한국사회과교육학회.

최병모(1985), 「사회과 탐구 수업의 특징과 그의 적용을 위한 과제」, 『사회와 교육』, 제9집, 한국사회과교육학회.

최병모(1992), 「사회과 교육과정 개발의 체제적 접근」, 한국교원대학교 대학원 박사학위논문.

최병모(2006), 「중학교 사회과 교과서의 변천과 전망」, 『교과서연구』, 제47호, 2006.4, 한국교과서연구재단.

최병모(1991), 「중학교 사회과 교육과정의 변천」, 『교과교육 연구』, 제11호, 교과교육연구회.

최병모・김화자(2004), 「제7차 교육과정에 따른 중학교 사회과 교과서 분석」, 『교원교육』, 제19권, 제2호, 2004.2, 한국교원대학교 교육연구원.

최용규(1998), 「제7차 사회과 교육과정과 창의성 교육」, 『초등사회과교육』, 제10집, 한국초등사회과교육연구회.

최용규(2006), 「초등학교 사회과 교과서의 변천과 전망」, 『교과서연구』, 제47호, 2006.4, 한국교과서연구재단.

추정훈(2004), 「민주시민성 교육 과정 속에서의 민주주의 교육」, 『시민 교육 연구』, 제36권, 제2호, 한국 사회과교육학회.

한국교원단체총연합회(2008), 「세계의 교육과정」, 한국교육신문 한교닷컴, 한국교육신문사.

한국교원대학교 교육연구원(2006), 「e-learning을 활용한 각 교과 수업방안 연구」, 『교원교육』, 제22권 제 1호, 2006.7, 한국교원대학교 교육연구원.

한국교원대학교 부설 교과교육공동연구소(2001a), 「통합 교과로서의 사회과 운영 방안」, 연구 보고서 99-1.

한국교원대학교 부설 교과교육공동연구소(2001b), 「통합 사회 교과교육학의 교재 개발 연구」, 연구 보고 서 99-3.

한국교육개발원(1981), 「교육과정 개정안의 연구·개발 답신 보고서」.

한국교육개발원(1986), 「제5차 교육과정 총론 개정 시안의 연구·개발 답신 보고서」.

한국교육개발원(1987), 「제5차 고등학교(일반계) 교육과정 총론 시안의 개발 연구」.

한국교육개발원(1996), 「초·중등학교 교육과정 재구조안, 교육과정 연구 개발 보고서」, ≪한국교육신문≫ (2000.10.23).

한국교육개발원(1999), 「새 학교 문화 방향 정립과 창조 가능성 탐색 연구」, 연구보고서 99-2.

한국교육과정·교과서연구회(1988), 「한국 교육과정 변천에 관한 연구」.

한국교육과정·교과서연구회 (1999), 「인물로 본 편수사」, 대한교과서 주식회사.

한국교육과정학회(2004), 「학교 교육과정의 개발과 운영: 학제적 관점」, 『한국교육과정학회 추계 학술 대 회 발표 논문집』.

한국사회과교과교육학회(2005), 「한국 사회과교육 60년: 회고와 전망」, 『제12회 연차학술대회 발표 자료집』.

한국사회과교과교육학회(2006), 「한국 사회과교육의 미래 전망」, 『제13회 연차학술대회 발표 자료집』.

한명희(1992), 「교육과정 결정과정의 이론과 실제-제6차 교육과정 개정을 중심으로」, 『교육과정연구회 92년도 연차학술대회 발표 논문·토론집』.

함수곤(1997), 「제6차와 제7차 교육과정의 관계」, 『교육진흥』, 9(4), 중앙교육진흥연구소.

허강 외(2000), 「한국 편수사 연구(Ⅰ)」, 한국교과서연구재단.

허경철(1996), 「제7차 교육과정 개정의 기본 방향과 내용」, 『교육과정 연구』, 제3호 제1집, 1996.1, 한국 교원대학교 대학원 교육과정학회.

허경철(2001), 「제7차 교육과정, 그 성공을 위한 전제적 이해」, 『한국교육과정평가원 창립 3주년 기념 세 미나 자료집』.

허경철 외(2003), 「국가 수준 교육과정 개정 방식 개선에 관한 연구」, 한국교육과정평가원 연구 보고서.

홍미화(2006), 「교사의 실천적 지식으로 읽는 초등 사회과 수업」, 한국교원대학교 대학원 박사학위논문.

홍선표(1987), 「사회과 교육과정 변천에 관한 연구」, 단국대학교 교육대학원 석사학위논문.

홍영환·빈선옥(1998), 「사회과 인터넷 학습 프로그램 설계」, 『중등교육연구』, 제10집 제1호, 경상대학교 사범대학 중등교육연구소.

홍웅선(1982), 「한국의 교과서 변천사」, 한국교육개발원.

홍후조(1999), 「국가 수준 교육과정 개발 패러다임의 전환(Ⅰ)-전면 개정형에서 점진 개선형으로」, 한국 교육과정학회, 『교육과정연구』, 17(2).

홍후조(2000), 「국가 교육과정 개정의 정치학-제7차 교육과정 개정을 중심으로」, 『교육정치학연구』, 7(1), 한국교육정치학회,

홍후조(2001), 「제7차 교육과정에 따른 일반계 고등학교 선택 중심 교육과정의 편성과 운영의 이해와 오해」, 『교육과정 연구』, 제19집 제1호, 한국교육과정학회.

홍후조(2002), 「국가 수준 교육과정 개발 패러다임의 전환(Ⅱ)－국가 교육과정 기준 변화 관련 기본 개념 정립을 중심으로」, 『교육과정연구』, 제20집, 제2호, 한국교육과정학회.

황보효석(1997), 「사회과 토의 학습이 지적 기능 발달과 학습 태도에 미치는 영향」, 한국교원대학교 대학원 석사학위논문.

3. 외국 문헌

梅根悟·岡津守彦(1959), "社會科のあゆみ", 東京: 小學館.

社會認識教育學會編(1981), 初等社會科教育學, 東京: 學術圖書出版社.

鈴木英(1983), 日本占領ど教育改革, 郵草書房.

日本教科書研究會(1973), 教科書の 公教育, 東京: 第一法規社.

日本教育新聞(1987), 教科審 特輯號, 東京.

日本文部省(1974), '民主主義'(上) 上田薰緝, "社會科 教育史料2", 東京法令出版株式會社.

日本文部省(1978), '我が國の教育水準', 東京: 大藏省印刷局.

日本文部省(1980), 中學校 指導書, 東京: 大藏省印刷局.

日本文部省(1982), 最新 國民學校 教育課程, 東京: 大藏省印刷局.

日本文部省(2000), 教科書 制度の 槪要, 東京: 文部省初中等教育局.

日本文部省 編(1989), '我が國の文教施策', 大藏省印刷局.

日本民主黨教科書問題特別委員會(1974), 'うれうべき教科書の問題' 上田薰編, "社會科教育史料3", 東京 法令 出版株式會社.

日本社會科教育學會編(1984), 初等社會科教育學槪論, 東洋館出版社.

日本社會科教育學會編(1986), 中等社會科教育學槪論, 東洋館出版社.

田中史郎(1989.6), 社會科教育史研究の課題, 全國社會科教育學會, 社會科教育 論叢, 第36輯, 第一法規出 版株式會社, '教育の情報'.

中野目直明外編著(1983), "現代社會の理論と實踐" 酒井書店.

片上宗二(1974), "敗戰直後の公民教育構成", 教育史料出版會.

片上宗二(1984), '戰後の公民教育', 日本社會科教育學會編, "社會科における公民的 資質の形成", 東洋館 出版社

Adler., S.(1994), Reflective pratice and teacher education, In E, Wayne Ross(Ed.), *Reflective pratice in social studies,* Bulletin No.88, pp.51－58.

Apple. M. W.(1983), *"On Analyzing Hegemony"* in H.A.Giroux(eds.), Teory & Resistance in Education, Massachusetts: Bergin & Garver Publishers, Inc.

Apple. M. W.(1986), Teachers and text, London: Routledge & Kegan Paul.

Ausubel. D. P.(1968), The use of advance organizers in the learning and retention of meaningful verbal material, *Journal of Educational Psychology,* Vol.51, pp.267－272.

Banks. J. A.(2002), *An introduction to multicultural education*(3rd edition), Boston: Allyn and bacon.

Barth, James L, et, al.(1984), *Principle of Social Studies,* Univ, Press of America, Inc.

Beauchamp. G. A.(1968), Curriculum Theory, 2nd ed, Wilmett: The Kagg Press.

Beauchamp. G. A.(1981), Curriculum Theory, 4th ed, Itasca: Peacock Publisher.

Bobbit. J. F.(1918), The Curriculum, Boston: houghton−Mifflin.

Bobbit. J. F.(1972), The Curriculum, New York: Arno Press.

Brady. L.(1983), *Curriculum Development in Australia,* Prentice Hall of Australia, Sydney.

Edwards Clifford H(ed)(1974), Reading in Curriculum: A Process Approach Champaign, Ill: Stipes Publishing Co, Champaign, Ill: Egglestone. J.(1997), *The Sociology of the School Curriculum,* London: Routledge & Kegan Paul.

Eisner. E. W.(1979), *The Educational Imagination: On the Design and Evaluation of school programs,* Collier macmillan canada, Inc.

Eisner Elliot & Vallence Elizabeth(eds.)(1974), *Confoicting Conceptionsof Curriculum,* Berkeley, Calif: McCutchen Publishing Corportation.

Elmore. R. F, and McLaughin. M. W(1988), Steady Work: Policy, *Practice, and the Reform of American Education,* Santa Monica, CA: The RAND Co.

Fuhrman. S. H(ed.)(1993), *Designing Coherent Education Policy: Improving the System,* San Francisco: Jossey−Bass Publishers.

Gibson. R.(1984), Structure and education, London: Hodder and Stoughton.

Giroux. H.(1988), *Teachers as Intellectuals: Toward a Critical Pedagogy of Learning,* South Hadley, MA: Bergin & Garvey.

Giroux. H. & McLaren. P.(1992), *America 2000 and the Politics of Erasure: Democracy and Cultural Difference under Siege,* International Journal of Educational Reform, 1(2).

Goodlad. J. I.(1984), A Place Called School, New York: McGraw−Hill.

Goodman. J.(1986), *Teaching Preservice Teachers a Critical Approach to Curriculum Design, A Descriptive Account,* Curriculum Inquiry.

Gowin. D. B(1981), Educating, Ithaca, New York: Cornell Univ, Press.

Gross. N. Giacquinta. J. & Bernstein. M.(1971), *Implementing Organizational Innovation: A Sociological Analysis of Planned Educational Change,* New York: Basic books.

Grant. C. & Sleeter. C.(1985), *After The School Bell Rings,* Philadelphia, PA: Falmer.

Gudmundsdottir. S.(1990), *Values in Pedagogical Content Knowledge,* Journal of Teacher Education, 41(3).

Handel. G. & Lauvas. P.(1987), *Promoting Reflective Teaching: Supervision in Practice,* Philadelphia: Open University press.

Handler. B. S.(1982), *Coming of Age in Curriculum: Reflections on 'Thinking About the Curriculum',* Journal of Curriculum Studies, 14(2).

Heater. D.(1990), *The civic ideal in world history, politics, and education,* New York: Longman.

Holmes. B. & M. Mclean(1989), *The Curriculum: A Comparative Perspective,* Boston: Unwin Hyman. http://inca.org.uk(국가별 교육과정 자료).

Jarolimek. J.(1990), Social Studies in Elementary Education(8th), Macmillian Pub.

Johonsen. J. H.(1982), *American Education: An Introduction to Teaching,* Iowa, Dubuque: Wmc Brown Co.

Kaufman. R. A(1972), *Educational System Planning, Engleword Cliffs*. New Jersey.

Kelly. A. V.(1982), *The Implications of a Centralized Curriculum for Curriculum Development*, The Curriculum Theory and Practice, London: Harper & Row ltd.

Kerr. Donna. H(1976), *Educational Policy: Analysis, Structure, and Justification*, New York: David Mcakay Company, Inc.

Klein. M. Frances. ed(1991), *The Politics of Curriculum Decision−Making: Issues in Centralizingthe Curriculum*, New York: State University of New York Press.

Knight. P.(1985), *The Practice of School−based Curriculum Development*, Journal of Curriculum Studies, Vol.17, No.1.

Massialas. Byron. G.(ed.)(1996), *Critical Issues in Teaching Social Studies K−12*, Ward worth Publishing Co.

McNiff. J.(1993), Teaching and learning, London: Routledge.

NCSS.(1994a), *Curriculum standards for Social Studies*, Washington, NCSS.

NCSS.(1994b), *Expectation of Excellence: Curriculum Standard for Social Studies*, Washington, NCSS.

Parker. Walter C. & Jarolimek. John(1993), *Social Studies in Elementary Education*, Prentice−Hall, Inc.

Phenix. P. H.(1964a), Realms of Meaning, New York: McGraw−Hill.

Phenix. P. H.(1964b), The Architectronics of Knowledge, In s, Elam(ed), Education and the structure of Knowledge, Chicago: Rand McNally.

Posner. G. J.(1998), Models of Curriculum Planning In L. E. Beyer, & M. W. Apple.

Popkewitz. T. S.(1987), *The Formation of School Subjects: the Struggle for Creating an American Institution*. New York: The Falmer Press.

Powell. W. W. and DiMaggio. P. J.(eds.)(1991), *The New Institutionalism in Organizational Analysis*. The University of Chicago Press.

Pressman. J. L. and Wildavsky. A(1984), Implementation.(3rded.), Univ. of California Press.

Ravitch. D(1995), *National Standards in American Education: A Citizen's Guide*. Washington. D.C.: The Brookings Institution.

Ravitch. D.(1995.), *Debating the Future of American Education: Do We Need National Standards and Assessments?* Washington, D.C.: The Brookings Institution.

Reich. R. B.(ed.)(1988), The Power of Public Ideas. Cambridge: Balliger Publishing Co.

Reid. W. A.(1999), *Curriculum as Institution and Practice.* Manhwa, N. J &London: Lawrence Erlbaum Associates Publishers.

Saylor. J. G & Alexander. W. M.(1974), *Planning Curriculum for School,* New York: Jolt, Rivehart & Winston.

Schwab(1962), *The Concept of the Structure of a Discipline,* The Educational Record, 43(197).

Short. E. C.(1983), *The Form and Use of Alternative Curriculum Development,* rev. ed. New York: Jarcourt Brace, Jovanovich, Inc.

Short. E. C(1993), *Three levels of questions addressed in the field of curriculum research and practice,* Journal of curriculum supervision, 9(1).

Strike. K. A(1988), The Ethics of school Administration. New York: Columbia University Press.

Taba. H.(1962), *Curriculum Development: Theory and Practice*. New York: Harcourt, Brace, Hovanovich.

Tanner. D. & Tanner. I. N.(1975), *Curriculum Development: theory into Practice,* New York: MacMillan Publishing Co.

Tanner. D. & Tanner I. N.(1980), *Curriculum Development: theory into Practice*(2nd. ed.), New York: MacMillan Publishing Co.

Tyack. D.(1993), *School govermance in the United States: Historical Puzzles and Anomalies.* In J. Hannaway. & M. Carnoy(eds.), Decectralization and school impprovement: Can we fulfill the promise?(1 − 32), Sanfrancisco. CA: Jossey − Bass Publishers.

Tyler. R. W(1949), *Basic Principles of Curriculum and Instruction.* Chicago: University of Chicago Press.

Vockell Edward, Brawn Water, the computer in the Social Studies curriculum, McGraw-Hill Inc: Warsonvile, CA., 1992.

Walker. D. F(1971), *A Naturalistic Model for Curriculum Develope,* School Review, 80(1).

Walker. D. F(1979), *Approach to Curriculum Development in Schaffarzick,* J. & Sykes. G(eds.), Value Conflicts and Curriculum Issues, Berkeley: McCutchan Publishing Co.

Walton. J.(1978), *School −based curriculum development in Australia.* In Walton, J. & Morgan. R.(eds.), *Some Prespectives on School −based Curriculum Development.* Armidale: university of New England Press.

Weiler. H.(1993), *Control versus legitimation: The politics of ambivalence.* In J. Hannaway. & M. Carnoy(eds.), *Decedtralization and school improvement Can we fulfill the promise?* Sanfrancisco. CA: Jossey − Base Publishers.

Willis. G.(1998), *The Human Problems and Possibilities of Curriculum Evaluation.* In I. E. Beyer. & M. W. Apple(eds.), The Curriculum(2nd ed), New York: SUNY Press.

Zais. R. S(1976), Curriculum: Principles and Foundations. New York: Thomas Y. Crowell.

Zevin, Jack, Social Studies for the Twenty-first centurt, New York: Longman, 1992.

찾아보기

326, 334, 339, 340, 350, 375, 786, 787, 792, 797, 823, 829, 830, 839, 849, 865

교과서 중심 ; 252, 258, 286, 499, 521, 571, 788, 789

교과용 도서 ; 305, 491, 493, 501, 516, 532, 533, 558, 772, 854, 859

교사 수준 교육과정 ; 238, 248~250, 258, 302, 529

교사 임용시험 ; 5, 6

교사 자질 ; 832, 837, 838, 841, 848, 852, 856

교사 전문성 ; 6, 813, 814, 831, 832, 834, 842, 845, 862

교수 매체 ; 514, 567, 696, 828

교수·학습 설계 ; 591, 783

교수·학습 지도(과정)안 ; 488

교수요목 ; 64, 77, 80, 81, 84~90, 92, 110, 132, 214, 220, 254, 278, 328, 329, 363~365, 776

교수요목기 ; 44, 46, 85~87, 89, 90, 109, 110, 112, 214, 316

교수요목제정위원회 ; 80

교육 목적 ; 17, 28, 58, 107, 124, 160, 161, 164, 193, 214, 238, 244, 256, 338, 382, 492, 518, 534, 574, 591, 700, 701, 707, 722, 748, 784, 829, 838

교육 연구 ; 5, 761~772, 774~778, 786, 790, 794~799, 809, 811, 825, 855, 857, 858, 862, 864

교육 전문직 ; 238, 255, 301

교육 평가 ; 42, 120, 241, 250, 251, 256, 258, 363, 491, 699, 702, 703, 705~708, 715, 724, 726, 728, 731, 737, 738, 740, 742, 743, 746, 759, 769, 773, 777, 780, 784, 826, 827, 829, 830, 855

교육 프로그램 ; 45, 119, 149, 249, 267, 287, 311, 337, 374, 442, 699

교육 현장 ; 44, 62, 94, 115, 116, 161, 195, 214, 243, 253, 263, 266, 425, 443, 467, 602, 619, 629, 715, 736, 763, 764, 767, 768, 771, 772, 776, 788, 790, 794, 809, 821, 823, 831, 836, 839, 848

교육개혁위원회 ; 295

교육과정 내용 ; 6, 63, 86, 103, 214, 251, 278~282, 286, 326, 329, 338, 357, 374, 379, 384, 405, 407, 428, 518, 622, 709, 781, 782, 816

교육과정 요구 사정 ; 267, 268

교육과정 조직 ; 252, 260, 385, 390, 391

교육과정 체계 ; 170, 249, 260, 296, 326, 357

교육과정 체제 ; 91, 103, 110, 284, 285, 288, 304, 316, 375, 820, 833

교육과정 평가 ; 120, 260, 261, 726

교육과정령 ; 91

교육과정의 사조 ; 94, 214

교육과정의 실천 ; 261

교육과정의 틀 ; 90, 293, 420, 778

교육기본법 ; 173, 216, 250, 251, 346, 350, 496

교육용 콘텐츠 ; 509, 511, 513

교육의 과정 ; 56, 193, 206, 251, 423, 426, 602, 768, 778, 859

교육의 다양성 ; 258, 571

교육의 자율화 ; 252

교육학적 내용 지식 ; 119

교육현상 ; 264, 572, 763~766, 769, 857

교재 연구 ; 39, 461, 649, 828, 855, 858

교재의 지역화 ; 38, 275

교화주의 ; 62, 278

구명(究明) ; 141, 158, 267, 269, 270, 601, 635, 771, 774

구성주의 ; 36, 65, 75, 106, 111, 125, 193, 209, 407, 410, 435, 437, 465, 503, 507, 508, 515, 569, 570, 571, 577, 589, 600, 611, 696, 706, 733, 752, 862, 863

구인 타당도 ; 701, 738~740

구조적 지식 ; 27

구체성 ; 39, 43, 155, 238, 389, 517, 595, 718

구체적 내용 ; 22, 66, 86, 106, 172, 407

구체적 목표 ; 171, 194, 239~242, 245

국가 수준 교육과정 ; 103, 107, 117, 216, 248~252, 254~257, 259, 284, 286, 293, 298, 302, 320, 350, 374, 498, 866, 867

국가고시 ; 256

국가주의 ; 60, 62, 95, 351, 355, 359, 641

국민경제 ; 146~149, 237, 344, 360, 414, 416

국민공통기본교과 ; 18, 26, 44, 173, 295, 296, 863

국민공통기본교육과정 ; 17, 18, 41, 63, 105,~109, 117, 215, 218, 222~224, 228, 274, 284, 285, 291, 292, 300, 316, 371, 384, 391, 406, 417, 771, 776, 786, 820, 822

국민교육헌장 ; 62, 93, 95, 109, 110

국민소득 ; 127, 140, 148, 149, 165

국민윤리 ; 91, 92, 94~96, 109, 214, 357

국민의 정부 ; 31, 127, 510

국민정신교육 ; 98

국부론(國富論) ; 146

국사 ; 31, 87~91, 94, 96, 98, 101~104, 107, 109, 111, 214, 215, 226, 285, 295, 412, 417

국사교육 ; 91, 94~96, 98, 110, 214, 215

국제결혼 ; 213, 598, 844
국제구제금융 ; 127
국토 지리 ; 96~98
궁극적 목표 ; 95, 191, 225, 246, 276, 337, 703, 758
귀납적 ; 137, 262, 291, 595, 695, 769
귀납적 인식 ; 587
규준 ; 562, 701, 715, 716, 718, 724
규준 지향 평가 ; 718, 722
그래프 ; 180, 183, 186, 189, 203, 230, 446, 473,
    517, 532, 541, 545, 549, 550, 554, 587, 648,
    664, 675, 712
근대화 ; 31, 91, 93, 397, 400, 571
기능 ; 17, 20, 22, 24, 25, 27~29, 33~41, 45,
    47~49, 51, 52, 58~60, 77, 85, 87, 89~92, 98,
    99, 101, 103, 107, 108, 110, 115, 120, 124,
    129, 140, 143, 145, 149, 150~152, 155, 163,
    169, 170, 172, 174~180, 184~190, 194, 196~198,
    202, 204, 206~209, 213~215, 217~224, 229,
    232, 235, 238, 239, 241, 243, 244, 246, 251,
    260, 263, 272, 274~276, 280, 305, 312, 313,
    322, 331, 338, 341, 354, 363, 372~375, 380,
    381, 384, 391~395, 398, 399, 402, 405, 408,
    412, 418, 424, 426, 427, 455, 456, 461, 465,
    467, 485, 487, 491, 492, 494~496, 506, 507,
    509, 513, 516, 518, 520, 530~532, 538~540,
    543, 548, 554, 556, 558, 569, 571, 578, 584,
    589~591, 594, 595, 598~600, 602, 607, 617,
    626, 628, 629, 646, 648, 649, 656, 661, 662,
    665, 666, 668, 671, 675, 678~681, 684, 692,
    694, 699, 704, 705, 707~713, 715, 716, 719,
    721, 722, 724, 731, 739, 747, 748, 750, 756,
    759, 771, 783, 788, 803, 820, 830, 831, 842,
    850, 861, 863, 867
기능 목표 ; 181, 183, 184, 187, 189, 192, 202, 209,
    246
기능 영역 ; 184, 189, 202, 226, 322, 330, 331,
    365, 446, 708, 710, 711, 712, 735
기능 요소 ; 66, 168, 198, 721
기능 중심 ; 99, 100, 110, 156, 169, 387, 395, 588,
    607
기능적 목표 ; 168
기능주의 ; 26, 143, 151, 152, 155, 169, 379
기복 ; 543, 544, 678
기본 개념 ; 93, 149, 200, 201, 214, 221, 223~225,
    236, 281, 384, 386, 391, 393, 407, 408, 425,
    598, 712, 718

기술적 연구 ; 860
기초 복귀 운동 ; 53, 283
기초적 지식 ; 77, 97, 121, 220, 221, 223~225, 231,
    756
기초학교 ; 327, 341, 342
기호 ; 189, 530, 543~545, 548, 674~677, 752, 753,
    756

[ㄴ]

나선형식 교육과정 ; 41, 328, 365, 384, 386, 391,
    406, 407, 432, 781, 782, 791
나선형식 배열 ; 389
내용 구조 ; 405, 428
내용 선정 ; 37, 41, 89, 102, 110, 111, 120, 130, 139,
    241, 262, 271, 280, 284, 375, 379, 382~384,
    388, 409~412, 528, 607, 684, 686, 772, 781,
    862
내용 조직 ; 98, 99, 103, 378, 384, 387, 390, 391,
    412, 514
내용 지도 교수법 ; 119
내용 체계 ; 81, 90, 101, 104, 106, 111, 120, 275,
    322, 410, 411, 413, 428, 524, 707, 729, 787
내용 타당도 ; 701, 738, 739
내용 통합 ; 106, 499
내용적 지식 ; 281, 733, 838
내적 동기 ; 153, 425
논리적 ; 17, 37, 75, 95, 128, 134, 164, 178, 184,
    190, 200, 201, 217, 218, 261, 267, 275, 279,
    290, 382, 383, 389, 394, 419, 421, 424, 432,
    441, 474, 482, 498, 517, 522, 526, 527, 546,
    562, 563, 582, 586, 601, 604, 605, 613, 615,
    617~619, 622, 647, 649, 656, 659, 733, 739,
    755, 766, 767, 770, 782, 783, 803
논술형 ; 332, 731, 732, 733, 737, 752
논쟁문제 ; 838
능력 목표 ; 226

[ㄷ]

다문화 교육 ; 75, 210, 213, 315, 316, 381, 409, 856
다문화 이해 ; 66, 133, 157, 273, 277, 468, 776,
    817, 821, 844
다분기화 ; 776
다양한 관점 ; 232, 235, 237, 381, 397, 412, 590
다원적 사회 ; 313
다원화 ; 52, 198, 236, 261, 282, 403, 409, 410, 844

다중시민성 ; 66, 193, 209, 409, 861
다학문적 접근 ; 395, 397, 398, 399
다학문적 통합 ; 119, 284, 378, 393, 396, 397, 399,
　　428
단답형 ; 451, 717, 725, 731, 748, 752
단순 재생법 ; 748
단순 재생형 ; 752
단원 ; 72, 74, 86, 89, 90, 92, 95, 97, 100～103,
　　107, 110, 177, 214, 222, 228, 271, 275, 391,
　　398, 420, 438, 440, 445, 446, 452, 453, 461,
　　524, 539, 541, 555, 582, 587, 588, 591, 604,
　　609, 667, 670, 673, 683, 723, 728, 736, 780,
　　783, 788, 790
단원 목표 ; 222, 223, 228, 238, 441, 591
단원 일람표 ; 110
단원 지도 계획 ; 228
대강적 ; 252, 253, 259
대강화 ; 63, 107, 108, 222, 238, 284～286, 293,
　　302, 305, 497, 709
대안적 평가 ; 731, 737
대중매체 ; 51, 75, 145
도덕 추론 ; 619, 620
도덕교육 ; 24, 89, 109, 110, 193, 241, 254, 307～309,
　　339, 347, 351, 355, 363, 364, 366, 433, 854
도서 자료 ; 539, 553, 554, 555
도시화 ; 244
도의교육 ; 88, 89, 91, 109, 255
도화 ; 307
독립 변인 ; 469, 789, 790
독창성 ; 249, 262, 463, 596, 774, 775
동기 유발 ; 120, 381, 392, 425, 440, 441, 443, 453,
　　485, 487, 495, 500, 513, 528, 541, 576～578,
　　582, 604, 707, 716, 717, 719, 726, 788, 828
동북공정 ; 453, 495, 578
동심원적 확대법 ; 41, 85, 86, 90, 280, 384, 389,
　　407, 781, 791
동아시아사 ; 235
동일시 ; 252, 818
동태적 ; 125
디오라마(diorama) ; 542, 543
디지털 교과서 ; 513, 514, 558
디지털 도서관 ; 509
디지털(digital) ; 514, 638
띠그래프 ; 549

[ㄹ]

라디오 ; 541, 551, 591, 678, 680
리더십 ; 55, 181, 189, 817, 822

[ㅁ]

만들어 가는 교육과정 ; 106, 258, 829, 831
멀티미디어 ; 334, 336, 361, 374, 453, 507, 511,
　　533, 534, 536, 540, 663, 684, 685
메커니즘 ; 146, 845
메타 인지 ; 42, 171, 176, 204, 249, 273, 424, 587,
　　625, 628, 733, 843, 845
멤버십(membership) ; 172
명세적 동사 ; 239, 240
모의 학습 ; 584
목표 ; 18, 22, 26, 31, 33, 38, 40, 41, 45, 47, 61,
　　74, 76, 81, 87, 92, 95, 99, 106, 108, 110, 111,
　　117, 118, 120, 129, 171, 173, 175～177, 179～184,
　　186, 189, 190, 192～195, 198, 206, 208～211,
　　220～227, 232, 235, 237～243, 245, 250, 257,
　　260, 261, 270, 271, 274, 285, 287～290, 293,
　　312, 313, 319, 321, 327, 328, 329, 331, 335,
　　338, 340, 341, 343～345, 367, 381, 394,
　　400～402, 405, 422, 427, 438, 459, 460, 534,
　　538, 550, 551, 561, 563, 567, 585, 600, 624,
　　625, 627, 628, 630, 634, 644, 659, 673, 693,
　　699, 702, 706～711, 765, 771, 773, 776, 784,
　　787, 838, 844
목표 체계 ; 106, 189, 192, 223, 229, 246
문답식 ; 57, 370, 656, 671
문서화된 계획 ; 251
문제 중심 통합 ; 399, 401
문제 해결 능력 ; 41, 53, 59, 65, 105, 176, 193,
　　208, 220, 224, 225, 227, 236, 241, 271, 331,
　　394, 410, 504, 518, 588, 591, 607, 662, 693,
　　695, 705, 725, 732, 771
문제 해결 방안 ; 586, 681, 779, 840
문제 해결 학습 ; 37, 42, 85, 86, 192, 214, 275,
　　453, 462, 467, 488, 536, 540, 571, 584, 585,
　　606～609, 611, 628, 662, 692, 695, 777, 783
문제 해결력 ; 21, 25, 39, 42, 51, 56, 134, 149, 171,
　　174, 192, 195, 217, 218, 221, 222, 237, 243,
　　244, 249, 273, 399, 401, 407, 500～502, 504,
　　519, 533, 537, 582, 586, 590, 608, 623, 628,
　　630, 705, 706, 733, 771, 835, 843
문항 난이도 ; 743, 745

문항 내적 합치도 ; 742
문항 변별도 ; 740, 743∼746
문헌 ; 51, 230, 305, 330, 331, 446, 538, 590, 663,
  687, 800, 803, 808, 867
문헌 고찰 ; 800, 802, 803, 807
문헌 자료 ; 385, 535, 539, 554, 663, 689, 775, 796,
  804
문화 ; 21, 26, 31, 43, 45, 71, 75, 76, 81, 86,
  89∼91, 97, 98, 103, 107, 119, 122, 124, 130,
  150, 154∼156, 158, 163, 165, 210, 217, 221,
  222, 225∼227, 231, 234, 235, 237, 244, 250,
  287, 311, 314, 334, 347, 352, 354∼365, 381,
  385, 388, 398, 401∼403, 409, 413,∼415, 417,
  442, 468, 496, 497, 530, 563, 564, 573, 590, 594,
  596, 607, 637, 683, 687, 713, 747, 757, 765
문화 변동 ; 156, 165, 403, 409
문화 접변 ; 140, 156
문화권 ; 413, 416, 417, 573
문화유산 ; 18, 25, 26, 47∼49, 55, 56, 60, 67, 131,
  191, 211, 220, 278, 279, 342, 354, 355, 385,
  419, 421, 422, 518, 547, 590, 763
문화인류학 ; 17, 19, 29, 34, 39, 44, 75, 76, 94,
  114, 115, 129∼132, 138, 140∼142, 150, 153∼157,
  273, 275, 282, 380, 683, 769, 780, 820∼822,
  825, 842
문화재 학습 ; 584, 682∼685
문화적 다양성 ; 261, 342, 381, 844
문화적 정체성 ; 410
문화절대주의 ; 140, 156
문화화(文化化) ; 156
물질적 자료 ; 538, 553
미 군정청 ; 79, 80, 84, 85, 87
미국교직원조합 ; 816
미국사회과교육협의회 ; 21, 22, 70, 77, 132, 172, 204,
  207, 210, 314, 402, 403, 418, 442, 505
미국지리학회 ; 77, 78, 443
미래 사회 ; 27, 37, 38, 48, 50, 96, 99∼101, 103,
  109, 123∼125, 127, 164, 174, 175, 190, 199,
  206, 263, 272, 293, 327, 332, 372, 380, 512,
  513, 558, 679
미시적 ; 152, 195, 242, 262, 524, 672
민족 주체성 ; 62, 91, 93, 95, 109
민족문화 ; 87, 98, 140, 170, 220∼222, 227, 230,
  244, 245, 412, 852
민주시민 육성 ; 90, 106, 174, 223, 276, 283, 371,
  606, 780

민주시민교육 ; 853, 856, 857, 860
민주시민의 자질 ; 17, 18, 24, 28, 38, 39, 40, 43,
  46, 59, 76, 81, 131, 138, 139, 152, 171∼174,
  176, 192, 202, 207, 210, 211, 215, 216, 223∼225,
  231, 238, 239, 244, 249, 272, 274, 276, 380,
  445, 583, 601, 650, 656, 681, 708, 767, 770
민주적 ; 18, 20, 21, 27, 28, 35, 36, 39, 49, 50, 55,
  56, 79, 80, 84, 91, 94, 95, 123, 144, 145, 147,
  170, 177, 179, 181, 182, 184, 189, 190, 198,
  205∼210, 217, 218, 221, 226, 227, 229∼231,
  236, 241, 245, 252, 272, 274, 276, 277, 288,
  292, 293, 302, 316, 327, 330, 331, 340, 344,
  345, 355, 356, 371, 379, 385, 388, 418, 422,
  445, 446, 451, 468, 471, 505, 574, 605, 606,
  607, 655, 656, 658, 668, 671, 695, 703, 708,
  784, 816, 817, 842
민주정치 ; 91, 127, 142, 170, 172, 190, 229, 236,
  386, 413, 415, 417, 747
민주주의 ; 31, 40, 43, 49, 57∼61, 73, 74, 77∼81,
  84∼86, 89, 90, 92, 93, 109, 110, 125, 127,
  141, 142, 144, 165, 170, 176, 190, 192∼194,
  206, 207, 209∼211, 213, 217, 218, 220, 236,
  244, 282, 329∼331, 342∼344, 351, 356, 367,
  379, 394, 414, 416, 572, 589, 623, 627, 637,
  650, 659, 770, 817, 863, 866
민주주의 이념 ; 71, 403

[ㅂ]

바른생활 ; 65, 97∼99, 104, 110, 111, 128, 215, 395
바른생활과 ; 97
반대 과학 ; 151
반성적 사고 ; 23, 37, 52, 179, 313, 486, 586, 598,
  603, 609, 625, 783, 861
반성적 사고력 ; 29, 53, 203, 273, 863
반성적 실천가 ; 833, 835, 837, 839∼841, 850
반성적 실행가 ; 845
반성적 탐구 ; 19, 38, 47, 52∼54, 56∼60, 191∼193,
  209, 236, 249, 250, 278, 282, 283, 522, 528
반성적 탐구 모형 ; 47, 52, 53, 67, 192
반성적 탐구력 ; 211, 623
반응 ; 153, 196, 197, 205, 209, 243, 270, 439,
  440, 443, 479, 535, 567, 574, 582, 603, 649,
  657, 660, 701, 718, 721, 725, 742, 745, 746,
  755, 757, 787, 840
반추 ; 781

발견학습 ; 37, 275, 283, 390, 423, 425, 568, 645, 782
발달 단계 ; 171, 258, 347, 381, 383, 407, 408, 425, 432~435, 437, 445, 493, 530, 537, 544, 546, 611, 619~621, 781, 782, 791
발문 ; 108, 472, 473, 475, 479, 488, 576, 577, 579, 580, 582, 589, 599, 659~662, 776
발문의 유형 ; 661
발언 분석 평가 ; 749
방법적 지식 ; 34, 102, 103, 125, 174, 505, 733, 832, 838
배합형 ; 725, 731, 748, 752, 754
백화난만(百花爛漫) ; 509
백화점식 망라 ; 523
범속직 ; 815
범위(Scope) ; 41, 90, 365, 378, 384, 387, 412, 418, 428, 607
범주 ; 838
법규 ; 251, 287
법리 모형 ; 584, 633~635, 637, 692
법리적 접근 ; 58
법리적 접근법 ; 57, 58, 60, 61
변인 ; 27, 115, 148, 270, 290, 291, 583, 584, 714, 724, 739, 766, 768, 789, 790, 795, 796, 800, 801, 805
변천 ; 27, 64, 70, 72, 73, 81, 102, 109, 110, 112, 122, 140, 158, 160, 162, 165, 210, 214, 220, 234, 246, 352, 408, 413, 416, 523, 689, 776, 778, 779, 815, 841, 852, 856, 860~866
보고서 ; 22, 42, 186, 188, 289, 295, 311, 314, 315, 319, 320, 332, 354, 363, 423, 432, 437, 448, 498, 532, 587, 605, 664, 686, 689, 694, 732, 735, 750, 762, 775, 806, 808, 811
보통 교과 ; 96
보편적 가치 ; 129, 434
복지사회 ; 170, 193, 241, 409
봉사 활동 ; 535, 538, 542, 666, 755
분과형 ; 74, 279, 323, 364, 394
분단 학습 ; 568, 582
분석 ; 29, 40, 42, 52, 55, 58, 61, 66, 117~120, 123, 129, 131, 133, 134, 137, 142, 143, 147, 148, 151, 152, 155, 159, 162~164, 174, 179, 180, 183, 186, 197, 199, 203~205, 207, 213, 223, 224, 226, 228, 230, 232~238, 240, 243, 245, 248, 249, 257, 260, 261, 266, 267, 270, 280, 282, 291, 293, 295, 299, 305, 312, 321, 329, 330, 331, 340, 342, 343, 352, 395, 402,

423, 445, 462, 463, 465, 469, 472, 473, 479, 480, 482, 483, 487, 488, 496, 497, 501, 519, 524, 525, 533, 535, 538, 544, 546, 549, 562, 563, 595, 599~605, 610, 619, 624, 625, 634, 636, 638, 641, 655, 657, 661~664, 673, 681, 686, 690, 691, 693, 695, 701, 705, 706, 708~710, 713, 720, 721, 729, 732, 736, 739, 745, 746, 747~749, 751, 755, 756, 759, 765, 767, 770, 780, 783, 785, 788, 790, 800, 801, 805, 810, 822, 829, 840, 855, 860
브레인스토밍 ; 572, 624, 625
비공식적 ; 143, 294, 318
비디오 ; 531~635, 731, 732
비판적 사고 ; 30, 35, 37, 52, 187, 188, 193, 194, 202, 209, 219, 277, 500, 504, 518, 591, 625, 647, 725, 783
비판적 사고력 ; 17, 29, 35, 66, 203, 219, 232, 236, 272, 275, 354, 401, 424, 496, 586, 623, 641, 782, 843, 861, 863

[ㅅ]

사고 과정 ; 21, 23, 37, 51, 146, 275, 445, 561~563, 587, 595, 598, 599, 603, 606, 608, 609, 615, 622, 625, 647, 695
사고 기능 ; 179, 180, 189, 202, 204, 210, 239, 600, 656, 733
사고 능력 ; 52,~54, 56, 213, 321, 432, 556, 599, 607, 610, 611, 688, 725, 730
사고력 ; 17, 19, 25, 29~31, 35, 52, 59, 60, 105, 106, 111, 211, 212, 219, 232, 274, 282, 346, 380, 394, 397, 400, 419, 424, 445, 496, 533, 534, 555, 587, 600, 621, 624, 647, 657, 659, 662, 668, 669, 705, 708, 710, 724, 750, 756, 782, 783
사관 ; 158
사례 연구 ; 98, 119, 319, 532
사례 조사 ; 51, 663
사료 학습 ; 37, 41, 51, 584, 590, 687, 689
사료법 ; 131
사물 학습 ; 306, 326~'328
사실 ; 33, 38, 53, 56, 60, 66, 90, 107, 108, 115, 121, 123, 126, 127, 131, 134, 135, 141, 142, 152, 158, 159, 162, 164, 171, 173, 177, 178, 187, 189, 190, 197, 199, 201, 242, 244, 262, 263, 278, 281, 282, 284, 285, 287~289, 291,

294, 301, 334, 374, 382, 385, 386, 393~395,
408, 411, 421, 423, 424, 426, 441, 464, 494,
496, 502, 503, 513, 522, 523, 530, 533, 535,
538, 543, 544, 553, 562, 563, 565, 566, 586,
592, 607, 609, 617, 618, 624, 635, 640, 642,
646, 647, 657, 660, 675, 676, 679, 681, 688,
704, 711, 712, 730, 765, 771, 783, 786, 795,
831, 833

사실적 지식 ; 57, 58, 60, 89, 129, 199, 278, 566,
601, 616, 629, 660, 708, 712, 752

사회 기능 ; 98, 110, 169, 197, 214, 221, 275, 280,
384, 388, 405, 409, 607, 646, 707

사회 문제 ; 17, 18, 20, 24, 25, 29, 37, 56, 119,
130, 152, 208, 281, 409, 601, 776

사회 사상 ; 5, 17, 29, 38, 57, 121, 122, 128, 199,
249, 406, 408, 467, 517, 538, 540, 592, 637,
679, 754, 777, 823

사회 인식 ; 17, 20, 21, 28, 33, 39, 40, 60, 98, 101,
128, 138, 171~173, 206, 224, 249, 272, 274,
276, 352, 354, 388, 561, 591, 602, 635, 640,
659, 669, 695, 705, 756, 770, 779

사회 탐구 ; 17, 34, 39, 49, 116, 135, 138, 192,
199, 201, 212, 600, 602, 623, 624, 665, 770

사회 현상 ; 843

사회・문화 ; 30, 81, 95, 96, 98, 102, 103, 105, 131,
210, 219, 225, 226, 231, 237, 274, 421, 516,
590, 591

사회과 ; 17~23, 25~38, 40, 41, 43~51, 57, 60,
62, 65, 71, 73, 75, 77, 81, 85, 88, 90, 92, 94,
96, 98, 101, 102, 104, 106~108, 115, 116,
121, 127, 128, 130, 132, 134, 139, 142, 171,
173~176, 189~194, 198, 199, 203, 206, 207,
211, 212, 214, 218, 219, 226, 241~243, 272~275,
283, 284, 286, 287, 294, 306, 313, 315, 321,
326, 328, 343, 351, 353, 355, 363, 379, 382,
383, 385, 390, 393, 400, 406, 407, 410, 419,
428, 445, 467, 494, 498, 505, 523, 527, 533,
537, 540, 546, 583, 586, 588, 596, 600, 634,
646, 703~705, 711, 713, 731, 732, 757, 771,
772, 778, 780, 784, 823, 842

사회과 교과서 ; 284, 351, 359, 467, 491~494, 496,
498~501, 504, 506, 508, 512, 519, 521, 522,
527, 533, 537, 558, 732, 858, 861, 862

사회과 교사 ; 5, 39, 41, 51, 54, 62, 108, 118~120,
145, 177, 208, 238, 285, 286, 404, 459, 466,
471, 472, 479, 493, 494, 496, 498, 500, 502, 524,

528, 533, 538, 539, 581, 588~590, 595, 599,
607, 612, 635, 659, 680, 686, 690, 693, 728,
767, 768, 770, 778, 784, 785, 789, 793, 815~824,
828, 831~835, 837~846, 850, 862, 863

사회과 교수・학습 ; 37, 39, 41, 49, 190, 192, 208,
406, 442~444, 482, 488, 493~495, 500, 501,
516, 527, 532, 537~540, 542, 544, 549, 551,
552, 566, 583, 586, 589, 591, 626, 635, 674,
681, 706, 729, 747, 768, 771, 772, 776, 779,
780, 782, 785, 821, 841, 863

사회과 교육 ; 17, 19~21, 23, 24, 26~32, 34, 36~40,
42, 44~50, 52~55, 58, 60~63, 65, 73, 74, 77,
81, 83, 93, 118, 122, 128, 130, 132, 138, 171,
173, 175, 190, 192, 193, 198, 207, 209, 210,
216, 241, 272, 274, 278, 279, 282, 284, 287,
293, 311, 317, 330, 357, 379, 384, 388, 390,
401, 406, 408, 410, 467, 493, 506, 522, 529,
532, 533, 583, 602, 628, 696, 707, 708, 743,
759, 767~769, 774, 778, 797, 811, 819, 824,
842, 857, 859, 865

사회과 교육 연구 ; 73, 177, 466, 695, 768~772,
774, 775, 777, 778, 780, 782, 785, 786, 795~798,
808, 810, 811

사회과 교육 평가 ; 698, 702, 707, 759, 773, 777,
785

사회과 교육과정 ; 27, 35~38, 41, 42, 45, 53, 62,
63, 65, 70, 75, 81, 85~87, 89~92, 94, 96~100,
103~105, 107~110, 112, 121, 128, 170, 172,
177, 186, 199, 203, 208, 214, 216, 218, 220,
222, 223, 225, 227, 228, 231, 238, 246, 247,
249, 250, 272, 275, 279~285, 287~289, 291~295,
298, 301~306, 311, 312, 314~316, 321~324,
326~328, 330~332, 337, 341, 350, 355, 357,
359, 367, 376, 385, 386, 388, 390~392, 395,
405~408, 410, 412, 413, 417~419, 423, 428,
458, 493, 497, 524, 537, 551, 564, 583, 606,
623, 634, 680, 683, 702, 707, 709, 768, 776,
778, 779, 781, 785, 787, 816, 820, 821, 825, 835,
843, 845, 852~855, 857, 859~861, 863~866

사회과 교육학 ; 19, 42~44, 47, 73, 115~117, 121,
128, 130, 131, 166, 174, 200, 208, 385, 442,
466, 533, 598, 623, 731, 767, 772, 774~776,
778, 821, 852, 854, 857, 863~865

사회과 내용 선정 ; 379, 382, 411

사회과 내용 조직 ; 387

사회과 목표 ; 22, 97, 101, 112, 171, 173, 176, 177,

180, 182, 184~189, 192, 198, 208, 213, 218, 222,
223, 238, 240, 241, 246, 276, 400, 471, 494,
528, 703, 708, 772, 773, 777, 778, 785, 838
사회과 본질 ; 92, 505
사회과 탐구 ; 28, 98, 203, 453, 488, 505, 547, 599,
601, 605, 776, 841, 854, 856, 859, 865
사회과 탐구 수업 ; 601, 865
사회과 통합 ; 101, 107, 284, 315, 378, 392, 394,
396, 398, 404, 625, 854, 863, 865
사회과 평가 ; 65, 323, 702~707, 709~711, 713,
715, 728, 730, 738, 747, 748, 752, 753, 772,
773, 777, 780, 784, 785, 791, 865
사회과 학습 자료 ; 516, 536, 537, 553, 556, 558,
777, 792
사회과학 ; 17, 18, 20, 23, 24, 27~29, 32, 34,
37~39, 44, 45, 47, 49~51, 60, 73, 78, 115,
121, 128, 130, 131, 134, 138, 139, 154, 165,
174, 199, 208, 225, 278, 383, 388, 405, 506,
566, 604, 703, 769, 817, 845, 864
사회과학 모형 ; 47, 50, 51, 56, 57, 192
사회과학 접근법 ; 57, 60
사회과학 탐구 ; 19, 51, 57, 135, 189, 204, 210, 506,
602, 624
사회과학자 ; 17, 19, 50, 51, 56, 115, 122, 154,
174, 178, 208, 212, 601, 823
사회과학적 방법 ; 117, 131, 602
사회교육 ; 17, 45, 46, 116, 152, 153, 156, 157,
190, 774, 817
사회변동 ; 5, 31, 56, 123~126, 206, 380, 394, 409,
424, 468, 494, 678
사회비판 모형 ; 67
사회생활 ; 17, 18, 20, 21, 23~25, 27~29, 32, 35~37,
39, 44, 46, 53, 57, 84, 85, 86, 91, 92, 115,
124, 129, 156, 170, 172~175, 191, 199, 202,
206, 218, 226, 231, 244, 272~274, 276, 283,
383, 408, 415, 586, 587, 607, 634, 659, 663,
703, 708, 757, 771, 776, 777, 784, 842, 861
사회생활과 ; 17, 23, 34, 44, 80, 81, 84~90, 110,
214, 607, 861
사회의식 ; 104, 351, 384, 386, 391, 412
사회인식 ; 20, 21, 28, 39, 40, 92, 101, 111, 128,
172, 173, 224, 276, 354, 561, 659, 705
사회적 기능 ; 179, 181, 185~187, 189
사회적 변동 ; 126
사회적 사실 ; 17, 28~30, 34, 35, 37, 135, 164, 206,
219, 221, 275, 407, 408, 555, 600, 604, 606,

663, 672, 711, 782, 791
사회적 상황 ; 25, 71, 74, 86, 193, 198, 208, 241,
275, 276, 402, 436, 593, 594, 596, 687
사회적 행동 ; 30, 35, 58, 59, 118, 152, 173, 181,
184, 190, 212, 213, 219, 313, 314, 769
사회적 효율성 ; 33
사회참여 ; 18, 20, 22, 27, 55, 130, 191~193, 199,
204, 206, 207, 209, 220, 225, 589, 590, 591,
672, 783
사회학 ; 17, 19, 29, 32, 34, 39, 44, 74~76, 115,
129~132, 135, 138, 140~143, 150~152, 155,
165, 192, 273, 275, 282, 315, 319, 364, 380,
394, 395, 400, 419, 763, 769, 780, 820, 842,
853, 858
사회화 ; 20, 26, 27, 29, 31, 72, 152, 165, 185, 191,
276, 280, 386, 403, 409, 563, 568
산업사회 ; 33, 59, 63, 109, 122~124, 212, 380,
426, 497
상관(관계) 개념 ; 200, 201
상관형 ; 98, 279, 397, 399
상세화 ; 63, 101, 107, 184, 238, 249, 284, 285,
293, 302, 305, 441, 534
상식적 지식 ; 133, 561
상위 목표 ; 238
상위개념 ; 598
상호 평가 ; 667, 710, 751
상호작용 ; 175, 567
생태 교육 ; 328
생활 경험 ; 85, 89, 90, 92, 101, 102, 106, 170,
176, 214, 258, 351, 382, 384, 391, 411, 412,
572, 586, 611, 646, 783
생활 중심 ; 71, 90, 91, 98, 214, 316, 408, 424
서술적 연구 ; 795, 796
서술형 ; 732, 733, 737
서열 ; 267, 270, 706, 743, 748
서책형 ; 497, 507, 508, 509, 511, 513, 514
선다형 ; 717, 725, 730, 731, 745, 748, 752, 753,
827, 829
선다형 문항 ; 730, 745, 753
선언적 지식 ; 436, 733
선택 문제 ; 425
선택 중심 교육과정 ; 18, 105~107, 109, 215, 222,
291, 300, 316, 867
선택과목 ; 103, 277, 296, 300, 341
선택형 ; 451, 710, 725, 731, 733, 737, 744, 745
선행 연구 ; 139, 212, 775, 782, 794, 799, 800, 802,

583, 635, 671, 695, 737, 764, 776, 829, 840
실증적 ; 118, 136, 138, 152, 267, 275, 538, 591,
　　602, 649, 662, 688, 770, 790, 795, 800, 803
실증주의 ; 50, 118, 134, 136, 137, 379, 565, 601,
　　602, 634, 695, 770
실질적 ; 6, 63, 79, 150, 200, 206, 421, 465, 634,
　　655, 683, 729, 827, 834
실행 연구 ; 292
실험 연구 보고서 ; 808
실험적 연구 ; 795, 796
심리학 ; 19, 29, 32, 44, 130, 138, 193, 282, 315,
　　431, 572, 592, 619, 763, 822

[ㅇ]

양성 평등 교육 ; 375
양성평등 ; 273, 590, 687
양적 측면 ; 131
양적 평가 ; 708, 733, 777
여가 ; 170, 232, 280, 328, 341, 682
여론 ; 90, 294, 296, 317, 332, 339, 477
역사 연표 ; 546, 734, 736
역사교육 ; 17, 22, 40, 44, 45, 78, 107, 114, 128,
　　156, 157, 160, 161, 166, 294, 321, 322, 330,
　　331, 338, 381, 412, 640, 641, 682, 685, 768,
　　823, 833, 856, 857
역사의식 ; 37, 235, 329~331, 408, 687, 688
역사적 연구 ; 158, 688, 795, 862
역사학파 ; 155
역할놀이 ; 574, 594, 669, 670, 731
연구 계획서 ; 796, 799, 801, 808, 811
연구 동향 ; 775
연구 보고서 ; 731, 736
연구 주제 ; 469, 736, 775
연속성 ; 335, 402
연역적 ; 262
연합형 ; 399
영역 목표 ; 110
예 ; 103, 115, 116
예언 타당도 ; 701, 738~740, 805
예측 ; 124, 129, 133, 135, 137, 151, 153, 164,
　　180, 239, 240, 291, 498, 509, 586, 590, 616,
　　624, 636, 640, 680, 722, 765~767, 783
오개념 ; 119, 121, 598
오답의 매력도 ; 745, 746
요강적 ; 252

요구 사정 ; 248, 260, 263, 266, 267, 269~271, 302
워크시트(worksheet) ; 732
원그래프 ; 549
원형 모형 ; 594, 596
웹(web) ; 663
위계화 ; 228, 746
위치이론 ; 163
유러닝(U-learning) ; 509
유목 ; 179, 180, 187, 282, 383, 659, 782, 784
유물사관 ; 160
윤리 ; 17, 45, 76, 115, 131, 353, 356
융통성의 원리 ; 784
융합형 ; 98, 99, 279, 285, 399
의사 결정 ; 20, 22, 54, 263
의사 결정 능력 ; 22, 30, 35, 41, 52, 59, 103
의사 결정 모형 ; 16, 623, 624
의사 결정 학습 ; 37, 209, 275, 488, 623
의사 결정력 ; 17, 19, 21, 25, 29, 176, 590, 843
이념적 지식 ; 133, 134
이러닝(e-learning) ; 509, 558, 590
이론적 배경 ; 800~802, 808, 862
이명박 정부 ; 31, 64, 127, 216, 753
이슈(Issue) ; 53, 107, 133
이원 목적 분류표 ; 455, 721, 747
이접 개념 ; 200
이중 언어 교육 ; 66
인간 사회와 환경 ; 105, 107, 295
인간 중심 ; 23, 73, 100, 131, 393, 426
인간 중심 교육과정 ; 96, 209
인간과 사회 ; 17, 150, 206, 275
인류학 ; 32, 154
인문학적 지식 ; 129
인문환경 ; 162, 232, 233, 365
인물 학습 ; 41, 685
인적 자료 ; 538, 553
인지적 모형 ; 75
인지적 목표 ; 168, 195
인지적 요소 ; 187
인지적 지육 ; 75
인터넷 ; 41, 65, 120, 332~335, 361, 374, 385,
　　445~450, 507, 509, 513, 536, 590, 591, 663,
　　681, 684, 693, 734, 862
인터넷 활용 교육(IIE) ; 590
일관성 ; 31, 34, 84, 91, 202, 238, 256, 338, 374,
　　384, 405, 418, 434, 467, 472, 478, 486, 521,
　　613, 659, 702, 740, 783, 804

일관성의 원리 ; 702, 784
일반 선택 과목 ; 105, 845
일반사회 ; 26, 33, 45, 92
일반화 ; 32, 41, 135
일탈 ; 46, 152
일화 기록 ; 735

[ㅈ]

자기 주도적 학습 ; 37, 42, 52, 105, 127, 382, 410, 411, 485, 487, 505, 587, 600, 601, 790, 829
자기 참조적 ; 770
자기 평가 ; 29, 42, 54
자료 처리 ; 687, 748
자민족 중심주의 ; 156
자아 개념 ; 54, 427, 727, 784
자아 발달 ; 437
자아실현 ; 20, 28, 53, 571
자아실현의 과정 ; 262, 302
자연환경 ; 32, 85, 86, 93, 162, 164, 220, 229, 233, 365, 389, 414, 445, 446, 447, 452, 546, 675
자유민주주의 ; 109, 170
자율성 ; 21, 42, 73, 108, 169, 254, 258, 293, 335, 371, 434, 571, 751
잠재적 교육과정 ; 426, 571
재구성 ; 39, 41, 42, 709, 776, 783, 845
재량성 ; 249, 262, 550
재량활동 ; 888
재화 ; 146, 147, 149, 185
전국교직원노동조합(전교조) ; 816
전문가 ; 100, 200, 514, 569, 632, 690, 840
전통적 평가 ; 733
전파주의 ; 155
절대 평가 ; 211, 341, 715, 733
절차적 ; 275, 292, 430, 436, 733
절차적 지식 ; 430, 436
점그래프 ; 549
점진적 개혁 과정 ; 263, 302
접합(종합) 개념 ; 200
정각 ; 543, 544
정거성 ; 543, 544
정량적 분석 ; 805
정방성 ; 543, 544
정보사회 ; 26, 33, 41, 66, 101, 123, 342, 468
정보처리 모형 ; 75
정보통신기술 ; 463

정보통신기술교육 ; 536, 540
정보화 ; 25, 31, 40, 42, 64~66, 75, 76, 106, 125, 133, 293, 683, 715
정서적 덕육 ; 75
정성적 분석 ; 805
정의적 모형 ; 75
정의적 목표 ; 153, 168, 184
정의적 요소 ; 187, 467
정적성 ; 543, 544
정체성 ; 6, 115, 523
정치 참여 ; 144
정치교육 ; 166
정치적 사회화 ; 143, 144
정치학 ; 17, 19, 29, 32, 34, 39, 44, 115, 138, 141
정형성 ; 543, 544
제3의 물결 ; 123
제7차 교육과정 ; 31, 65, 105, 107, 109, 214, 216, 262, 291, 295, 445, 513, 771, 820, 828, 831, 852, 853, 859, 861, 864, 867
제7차 사회과 교육과정 ; 63, 105, 106, 172, 222, 228, 384, 861
제도적 자료 ; 538, 553
조사 연구 보고서 ; 808, 809
종합 ; 25, 32, 45, 174, 183, 243, 245, 479, 564
종합 목표 ; 110, 111, 220, 222~224
종합적 · 통합적 접근 ; 133, 173
종합적 과정 ; 262, 302
주관식 ; 726
주관식 평가 ; 724~726, 733, 792
준거 지향 평가 ; 718
준거 타당도 ; 738
중심지 이론 ; 163
중핵 교과 ; 173, 253, 374
중핵 교육과정 ; 373
지구촌 ; 5, 20, 29, 355, 411
지구촌 시대 ; 76, 191, 407, 548, 844
지도 이용 학습 ; 590, 675, 676
지도 이해 학습 ; 675, 676
지리 의식 ; 677
지리교육 ; 7, 17, 40, 44, 163, 164
지리적 사상 ; 354, 542, 544, 546
지리학 ; 17, 19, 162
지속성 ; 165, 537, 679
지식 ; 17, 18, 21, 22, 57
지식 목표 ; 168, 181, 192
지식 영역 ; 712

박은종(朴殷鍾)

▌학 력

진주교육대학교 사회교육과 졸업
충남대학교 교육대학원 사회교육과 졸업
한국교원대학교 대학원 사회과교육학과 사회과교육 전공 졸업
충남대학교 대학원 교육학과 교육심리학 및 교육과정 전공 박사과정 수료
공주대학교 대학원 사회교육학과 사회과교육 전공 박사과정 졸업
(교육학 박사: 사회과 교과 교육 전공)

▌경 력

한국교총 정책위원, 혁신위원, 교권위원
충남교총 연구위원, 한국교총 정책연구소 객원연구원
한국 교원 교직윤리헌장 제정위원
충남대학교 교육연구소 객원연구원
충남대학교 인문과학연구소 객원연구원(Post – doc)
공주대학교 시간 강사, 공주교육대학교 시간 강사
한국산업연수원 청주능력개발원 외래 첨삭 교수
동신대학교 교양교직학부 외래 교수
홍익대학교 교양학부 외래 교수
충청남도교육청 장학사(충청남도당진교육청 · 부여교육청 근무)
(현) 충청남도교육연수원 교육연구사
(현) 공주대학교 겸임 교수

▌주요논문

「사회과 기능 영역의 지도 방안 연구」
「사회과 수업 설계에 관한 연구」
「사회과의 새로운 평가 방법 연구」
「사회과 법교육과정 연계성 분석 연구」
「초등학교 사회과 교과서 자료 분석 연구」
「현대 사회과 교육의 구성주의적 접근 방법 연구」
「세계화 시대 한국 민주시민교육 접근 방법 탐색」
「국제 이해 증진을 위한 세계 시민 교육의 방안 연구」
「제7차 사회과 교육과정의 문제점과 대안적 접근 방안 연구」
「세계화 · 정보화 시대 바람직한 민주시민교육 방법 연구」 외 다수

▌주요저서

『학위 논문 작성법』(공)
『수업 장학 및 수업 분석』(공)
『현장 체험 학습 길라잡이』(공)
『재량활동 교육과정 지도』(공)
『특별활동 길라잡이』(공)
『사회과 평가 자료집』(공)
『사회과 교육학과 교육평가』
『한국사회과 교육과정 탐구 : 분석 및 모형 개발 탐색』
『사회과 교육학 핸드북: Key Point』
e – mail: ejpark7@kongju.ac.kr

현대 사회과 교육학·
사회과 교육론 신강
이 / 론 / 과 / 실 / 제

초판인쇄 | 2009년 8월 31일
초판발행 | 2009년 8월 31일

지은이 | 박은종
펴낸이 | 채종준
펴낸곳 | 한국학술정보㈜
주 소 | 경기도 파주시 교하읍 문발리 파주출판문화정보산업단지 513-5
전 화 | 031) 908-3181(대표)
팩 스 | 031) 908-3189
홈페이지 | http://www.kstudy.com
E-mail | 출판사업부 publish@kstudy.com

등 록 | 제일산 115호(2000. 6. 19)
가 격 52,000원

ISBN   978-89-268-0291-5 93370(Paper Book)
       978-89-268-0292-2 98330(e-Book)